中國古籍總目編纂委員會 編

中國古籍總目

索引

3

中華書局 上海古籍出版社

5

5000₀ 丈

44 丈荷齋南華日抄　子5-29330
60 丈量簡法　子3-12553
　　丈田繪圖章程　子3-12661,7-36254

5000₆ 中

00 中立四子集(中都四子集)　子1-22
　　中立公集　集2-8936
　　中庵集　叢1-223(60)
　　中庵集、目錄　集1-4853
　　中庵先生劉文簡公文集　集1-4854
　　中庵簽易　經1-2374　子3-14630
　　中序　集6-45530　叢1-114(4)
　　中庸　經1-8、12～3、15、18、87～9、132、139、
　　　169,2－8902、8904、8911、8916～7、8922、
　　　8958、8960～4、8974～5、8979～82、8987、
　　　8989～90、8995、9001～3、9009～10、9013～4、
　　　9023～4、9026～7、9029～30、9032、9038～9、
　　　9043、9053～5、9060～1、9063、9070、9073、
　　　9078、9090、9092～3、9096、9110～1、9113、
　　　9122、9124、9126～7、9136～8、9151～2、9170、
　　　9184、9186　叢1-217,2-702
　　中庸(滿文)　經2-8908
　　中庸(滿漢對照)　經2-8906
　　中庸(滿漢合璧)　經2-8907
　　中庸(滿蒙漢對照)　經2-8910
　　中庸(蒙漢對照)　經2-8909
　　中庸(篆文)　經2-8905
　　中庸、審音辨體考異　經2-9087
　　中庸、校刊記　經1-131
　　中庸、四書講義合參　經2-8976
　　中庸塵言　經2-9101
　　中庸意　經2-8991
　　中庸章句　經1-68,2－8954、9033、9144、
　　　10205、10258、10568　叢1-223(13)、227(4)
　　中庸章句說　經2-10916
　　中庸章句詳說　經2-8959、10280
　　中庸章句議畧　經2-9162
　　中庸章句重訂輯釋通義大成　經2-8944、

10259
中庸章句修補　經2-9089
中庸章句凝道錄　經2-9091、10735
中庸章句大全　經2-8951　叢1-223(14)
中庸章句大全、或問　經2-10271
中庸章句增釋　經2-9168
中庸章句本義彙參　經2-9076
中庸章句或問　經2-8952
中庸章句或問通證　經1-77(4),2-8942
　　叢1-223(14)、227(4)
中庸章句輯釋　經2-8943
中庸章句圖纂釋　經2-8950
中庸章句質疑　經2-9143
中庸章句箋義　經2-8927
中庸章句箋義、或問箋義、註疏纂要　叢1-
　　274(3),2-731(5)
中庸章句纂箋　經1-77(4),2-8931、10257
中庸章圖概括總要　經2-8946
中庸章圖概括總要、中庸輯畧、中庸朱子或
　　問　經2-10260
中庸章段　經2-9057、11134　叢1-223
　　(14),2-1346
中庸章段、餘論、四記　叢2-1347
中庸註　經2-9177
中庸訂釋　經2-8986
中庸訓蒙瑣言　經2-9149
中庸新義　經2-9189
中庸誼證　經2-9182
中庸誼詁　經2-9176　叢2-691(2)
中庸詁　經2-9005
中庸詁解　叢2-723
中庸諸家考辨　經2-10160
中庸讀法　經2-9080　叢2-1405
中庸講語　經2-9066、9108　叢1-299～300
中庸講義　經2-8925、9049、9068、9095、9104、
　　9181　叢2-813、1374、1456
中庸講義集說　經2-9102
中庸講義續困勉錄　經2-9048
中庸講義困勉錄　經2-9047
中庸課藝　集4-29450
中庸翊註　經2-9036
中庸說　經2－8914、9020、9044、9130、9191、
　　9811、10543　叢1-447,2-637(2)、1309
中庸說要　經2-8970
中庸說約　叢2-1657
中庸三十三章　經2-9169
中庸正說　經2-8992　叢2-1154～5、1157
中庸正說詳節　經2-8993
中庸疏畧　經1-76,2-9051　叢2-1289
中庸發覆編　經2-9006
中庸君子之道章解　經2-9174

中庸翼註論文 經2-9056
中庸集註、四論解 經2-9172
中庸集說啓蒙 經1-77(4)、2-8683、8941 叢1-223(14)
中庸集編 經1-77(4)、2-8923~4 叢1-223(13)、227(4)、2-879
中庸統論 叢2-1113
中庸順講 經2-9031
中庸衍義 子1-1020 叢1-223(31)
中庸旨說 經2-9161 叢2-1240
中庸經筵直解 經2-8973
中庸私解 經2-9120 叢2-1624
中庸外傳 經2-8998 叢2-1184
中庸外傳畧例 經2-9000、10568
中庸外傳前語 經2-8999、10568
中庸參證 經2-9145
中庸俟 經2-9139 叢2-1729
中庸傳 經2-8913 叢1-336~7
中庸傳註 經2-9064
中庸傳註問 經2-9065
中庸傳注 叢1-215
中庸朱子大全 經2-9062、10654
中庸朱子大全、圖、讀法 經2-9103、10777
中庸朱子或問 經2-8948
中庸總說 經2-9081 叢2-1405
中庸總論 經2-9160
中庸繹蘊 經2-9132
中庸釋 經2-9157 叢2-2040
中庸解 經2-9037 集7-50246
中庸解辨 經2-9035
中庸解辯 經2-9159
中庸解醒編 經2-8988
中庸彙解 經2-9165
中庸約說 經2-9015
中庸約旨 經2-9072
中庸注疏大全合纂 經2-10530
中庸注疏纂要 經2-8929
中庸宗朱直解 經2-9131
中庸竊補 經2-9094
中庸測意 經2-8985
中庸心悟 經2-9146
中庸淺說 叢2-944
中庸補註 經2-9098
中庸補釋 經2-9141
中庸補注 叢2-814
中庸述朱大全 經2-9082
中庸述同支言 經2-8984
中庸述義 經2-9133、9164 叢2-1748
中庸述義續 經2-9134 叢2-1748
中庸遺語 經2-9007

中庸湖南講 經2-9004
中庸澹言 經2-9041 叢2-1283
中庸通 經1-77(4)、2-8930 叢1-223(13)、227(4)
中庸通義 經2-9022、9180
中庸大意 經2-8994 叢2-985
中庸大全章句 經2-8955、9045
中庸大全章句、中庸或問 經2-10612
中庸大全講意 經2-9025
中庸大義 經1-169
中庸直講 叢2-1100
中庸直解 經2-8934 叢2-1053
中庸直指 經2-9034 子1-1185
中庸古文臆說 經2-8997
中庸古本 叢1-22(1)、23(1)
中庸古本旁釋、古本前引、古本後申 經2-9017
中庸古本旁釋、前引、後申 叢1-64、2-730(3)
中庸古本說 經2-9128
中庸古本傍釋、後申 叢1-63
中庸古本後申 經2-9019
中庸古本述註 經2-9147 叢2-1817
中庸古本前引 經2-9018
中庸校刊記 經2-8918
中庸姚氏讀本 叢2-2243
中庸札記 經2-9079 叢2-1392
中庸考異 經2-9012
中庸瞽談 經2-9158
中庸切己錄 經2-9040 叢2-669
中庸故 經2-9153
中庸摘訓 經2-8968
中庸本文 經2-9074
中庸本解、中庸提要 經2-9155 叢2-731(9)、782(4)
中庸本義 經2-9188
中庸指歸、中庸分章 經2-8937
中庸指歸、中庸分章、大學發微、大學本旨 叢1-223(13)
中庸指歸、圖、中庸分章 經2-8938 叢1-195(1)
中庸指歸圖 經2-8939
中庸指掌 經2-9135
中庸或問 經1-40、2-8919~21、8956、9046 叢1-223(14)
中庸或問重訂輯釋通義大成 經2-8945、10259
中庸或問箋義 經2-8928
中庸或問纂釋 經2-8949、10261
中庸或問纂箋 經1-77(4)、2-8932
中庸或問纂箋通證 經2-8933、10257

中庸輯要　經2-9106

中庸輯畧　經2-8915、8947、10222　叢1-223(13)、574(2)、2-1039

中庸撮總　叢1-332

中庸提要　經2-9156

中庸四記　經2-9059

中庸思辯錄　經2-9167

中庸困學錄　經2-9071　子1-101

中庸題解參畧　經2-9142　叢2-1855

中庸時習錄　經2-9166

中庸味根錄　經2-9114

中庸明解　經2-9163

中庸明鏡　經2-8815、9105

中庸臆說今文、中庸古文臆說　經2-8996

中庸臆測　經2-9129

中庸脈絡　經2-9088

中庸凡　經2-8957　叢2-1082～3

中庸學思錄　經2-9042　叢2-1283

中庸闡要　經2-9148　叢2-1871

中庸闡微說　經1-140

中庸閑筆講義後集　叢2-1644

中庸勝唱　叢2-2273

中庸賸語　經2-9075

中庸分章　經2-8940　叢2-731(9)

中庸義　經2-8912　叢2-1035

中庸合註定本　經2-9171

中庸會解　經2-9112

中庸剳記　經1-83,2-9067

中庸鄭朱異同說　經2-9173

中庸篇義　經2-9175　叢1-561,2-940

中庸節訓　經2-9150　叢2-1946

中庸管窺　經2-8707、8971

中庸餘論　經2-9058、11134　叢1-223(14),2-1346、1348

中庸纂疏　經1-77(4),2-8926　叢1-223(13)、227(4),2-754

中庸纂箋　叢1-223(14)、227(4)

中庸類編　經2-9183

中庸精義一貫真傳　經2-9190

中唐唐求詩　集1-1783,6-41879

中唐許稷詩　集6-41883

中唐于鵠詩　集1-1238,6-41883

中唐賈島詩　集1-1458,6-41883

中唐張繼詩　集1-1194,6-41883

中唐張祐詩　集1-1472,6-41883

中唐張南史詩　集6-41883

中唐張夫人詩　集6-41883

中唐張籍詩　集1-1260,6-41883

中唐孟郊詩　集1-1180,6-41883

中唐邵楚萇詩　集6-41883

中唐熊孺登詩　集6-41883

中唐儲嗣宗詩　集1-1718,6-41879

中唐朱慶餘詩　集1-1618,6-41883

中唐朱放詩　集6-41883

中唐朱灣詩　集6-41883

中唐朱長文詩　集6-41883

中唐鮑溶詩　集1-1547,6-41883

中唐竇庠詩　集6-41883

中唐竇羣詩　集6-41883

中唐竇鞏詩　集6-41883

中唐竇牟詩　集6-41883

中唐竇叔向詩　集6-41883

中唐竇常詩　集6-41883

中唐潘存實詩　集6-41883

中唐沈亞之詩　集6-41879

中唐沈亞之詩(沈亞之詩)　集1-1462

中唐十二家詩集　集6-41849

中唐李嘉祐詩　集1-1154,6-41883

中唐李郢詩　集6-41883

中唐吉中孚詩　集6-41883

中唐姚合詩　集6-41879

中唐姚合詩(姚合詩)　集1-1454

中唐韓翃詩　集1-1171,6-41883

中唐秦系詩　集1-1167,6-41883

中唐戎昱詩　集1-1217,6-41879

中唐暢當詩　集6-41883

中唐劉商詩　集1-1252,6-41879

中唐劉言史詩　集1-1505,6-41879

中唐劉叉詩　集6-41879

中唐劉叉詩(劉叉詩、唐劉叉詩)　集1-1541

中唐陳詡詩　集6-41883

中唐陳通方詩　集6-41883

中唐陳去疾詩　集6-41883

中唐周賀詩　集1-1606,6-41879

中唐周匡物詩　集6-41883

中唐歐陽詹詩　集6-41883

中文高等讀本書　子7-36237

中文釋例　子7-36236～7

中文修身書　子7-36237

中文古籀篆隸通　經2-13243

中文孝經　經2-8467　叢1-242(2),2-731(16)

中文孝經、孝經外傳　叢1-241,2-1495～6

中文類識字法　子7-36237

中離先生文稿　集2-8037

中玄子本語　叢2-1099

01 中語　叢1-194

07 中部縣鄉土志　史7-54921

中部縣鄉土志[光緒]　史8-62749

中部縣志[康熙]　史8-62747
中部縣志[嘉慶]　史8-62748
08 中說　子1-3～6、8、27、30～1、55、537～8、
　　540、958　叢1-74～7、101、182、223(29)、
　　227(6)、447、473、2-635(4)、698(6)、731(10)
中說考　子1-545
中論　子1-61、66、83、473、475、6-32081(23)、
　　32083(16)、32084(14)、32085(23)、32086
　　(26)、32088(17)、32089(42)、32090(47)、
　　32091(45)、32092(31)、7-32739　叢1-71～
　　2、74～7、101、182、223(29)、227(6)
中論、逸文、札記　叢1-380
中論、札記、逸文　子1-474　叢2-731(10)
中論序疏　子7-33560
中論平議補錄　子1-480
中論佚文　子1-477　叢2-777
中論釋　子6-32093(26)
中論潤文畧解　子7-33561
中論頌、顯揚聖教論頌　子7-32740
中論纂　子1-42、44、476
中議公(袁保慶)事實紀畧　史2-10312
中議公自訂年譜、吹蘆小草　史2-12083
中議公自乂瑣言　子4-21979　叢2-957
中議公事實紀畧　叢2-957
10 中一緒言集、性靈詩　子5-32011
中亞細亞圖說畧　史7-49317(9)、49318
　　(17)、54469
中亞洲俄屬遊記　子7-38021
中亞遊記　史7-49357、54470
中亞美利加五國政要　史7-49318(19)、
　　54888
中露集　集3-13752
中天紫微星真寶懺　子5-29531、29535(4)、
　　29536(3)、30571
中天皇極太素　子3-12994
中天八卦數天盤　經1-2329
中天八卦數地局　經1-2329
中西齊家譜　子7-35432
中西度量權衡備考　史6-44536
中西度量權衡表　史6-44533　子3-
　　12370、12388、12396　叢1-524、568、2-731
　　(27)
中西交涉通論　子7-36254
中西新學大全(中西時務策學大全)　子7-
　　38079
中西記載　子7-36254
中西天文算學問答　子7-37689
中西天文算學精蘊、萬年書、推測易知　子
　　7-37688
中西武備兵書　子7-36936
中西政治經緯較　子7-36262

中西經星同異考　叢1-223(35)、229、272
　　(2)、2-731(26)
中西名目對照表　子7-37717
中西名目表　子7-36228(2)
中西紀事　史1-3814～5　叢1-496(6)
中西紀事、後記、磬聲錄、泰西稗聞　史1-
　　3816
中西紀年　子7-36228(2)、36331
中西滙通醫經精義　子2-4711、4750
中西滙通醫書五種　子2-4711
中西測算高遠術　子3-12370
中西近事圖說　子7-36254
中西演算法一得全書　子7-36260
中西通商原始記　子7-36254
中西通術　子7-36228(3)
中西大局論　子7-36254
中西地理輯要　子7-36247
中西蘭島紀畧　史7-49317(5)、54848
中西權度合數考　史6-44534
中西事務紀要　史6-44926
中西數學圖說　子3-12478
中西星要　子3-11469
中西星要五種　子7-36260
中西星經同異考　子3-11394
中西四千年紀曆、正統改元　子3-11727
中西四大政　子7-38065
中西時務策學纂要　子7-38080
中西時務類考　子7-38081
中西兵畧指掌　史6-45320
中西骨格辯正　叢2-2129(3)、2130(2)
中西聞見錄選編　子7-38033
中西學門徑書七種　子7-36261
中西醫辨　子2-4705
中西醫解　子2-4741、5378
中西醫學要論圖考　子7-37868
中西醫學羣書　子2-4749
中西醫學勸讀十二種　子2-4750
中西醫學全書　子2-4730
中西醫粹　子2-4707
中西關繫畧論　史7-49318(17)　子7-
　　38072
中西關繫畧論、續編　子7-38071
中西關係史、前編　子7-36834
中西人物通考　史2-6241
中西益智圖前編、後編、外編　子3-18531
中西合法擬草　子3-12389　叢1-274(4)、
　　453、2-731(27)
中西合曆(清光緒二十九年陰歷十一月起
　　至光緒三十年十一月十六日)　子7-
　　36333
中西普通書目表　史8-66415

中西會參醫書　子2-4750
中西算法一得全書四種　子3-12383
中西算學課藝鴻裁　子3-12828
中西算學集要　子7-37497
中西算學集要、引蒙、重學　子3-12380
中西算學集要三種　子3-12375
中西算學集要五種　子3-12376
中西算學比例滙通　子3-12648
中西算學叢書初編　子3-12389
中西算學啓蒙　子3-12839
中西算學啓蒙、天元代數勾股草、代數闡微
　　衍草　子7-37498
中西算學九種　子3-12381
中西算學大成（重校中西算學大成）　子3-
　　12377
中西算學大成後編　子3-12378
中西算學提要　子3-12382
中西算學四種　子3-12374　叢1-437
中西算學題鏡　子7-37499
中西算學合訂、補遺　子3-12379
中西算學合訂三編附算學雜存　子7-
　　37496
中西火器測量表　子3-12370,7-37010
12 中瑞通商條約　史6-44083
17 中丞集　叢2-827、1027
中丞集、中丞遺事　叢1-223(63)
中丞松洲柴公遺稿　集2-8403
中丞馬先生文集、詩集、詩餘、外編　集2-
　　7390
中丞念山公集　集2-10057
中丞念山公奏疏　史6-48467
中丞公署磬階梅華詩　集6-44168
中柔孫氏宗譜[浙江金華]　史5-33622
21 中虛寶全集　子5-32056
中行齋集　集1-5478
中行狂狷說　叢2-1317
中衛縣志[道光]　史8-63327
中衛縣志[乾隆]　史8-63326
中衢一勺　史6-43181　叢1-242(5),2-
　　731(46)、1662
中經簿　史8-65415　叢2-776
中緬邊界記　史6-45654,7-49357
中緬界務與片馬交涉　史6-45653,7-49357
22 中川先生集　集2-7783
中川遺藁　集2-7784
中倭戰守始末記　史1-4256
中巖文介先生文集　集3-15479
中峯廣錄　集1-5036
中峯廣錄（觀世音魚籃記）　集7-49756
中峯文選　集2-7964

中峯文選、應制稿　集2-7962
中峯三時繫念、自知錄、長慶集警悟選　子
　　7-32124
中峯集　集2-7963　叢2-985
中峯制藝　叢2-985
中峯制義　集2-7968
中峯和馮海粟梅花詩　集1-5034,6-41788
中峯和尚梅花百詠附小窗校似梅花詩一百
　　首　集6-41714
中峯禪師梅花百詠　叢1-86,2-730(8)、731
　　(42)
中峯禪師梅花百詠（梅花百詠）　集1-5035
中峯禪師梅花百詠七言絕句　集6-41930
中峯祖集　集1-4984、5037
中峯古文鈔　集4-29387
中峯蒼雪大師集　集3-13086
中峯國師三時繫念佛事　子7-34448
中峯普應國師圓覺提綱偈　子7-33499
中山高氏家譜[福建福州]　史4-32432
中山文鈔　叢2-1311
中山顏氏宗譜[江蘇溧水]　史5-40959
中山謝氏家譜[安徽祁門]　史5-40742～3
中山詩文　叢2-1320
中山詩文集十八種　集6-41754
中山詩話　集6-45490、45557　叢1-169
　　(3)、223(71),2-731(46)
中山詩集　史7-54515
中山詩鈔　集3-14501　叢2-1311
中山張氏宗譜[浙江黃巖]　史5-35108
中山集（中山郝中丞全集）四種　叢2-1311
中山集詩鈔　集6-44392
中山集錦江十六疏　史6-48612
中山傳信錄　史7-49318(16)、49338、54523
中山傳信錄、富建道中詩、舶中集、遊泰山
　　詩　史7-54522
中山傳信錄、贈送詩文　史7-54521
中山紀遊吟　集4-33041
中山紀畧　史7-49318(16)、54517
中山湯氏家乘[浙江松陽]　史5-36564
中山沿革志　史7-54518　叢2-1320
中山郎氏宗譜[浙江蘭溪]　史4-30279
中山狼　集7-48775、48778、49117　叢2-
　　672
中山狼傳　子4-18792,5-26222　叢1-29
　　(5)、56、185
中山狼傳奇　集7-49119
中山狼圖　子4-18796
中山狼院本　集7-49118
中山蔡太史館閣宏辭　集2-11193
巾山史論　史1-5603　叢2-1311
中山奏議　史6-48613　叢2-1311

中山見聞辨異　史 7 - 49317(8)、49318(16)、
　54537～8
中山劉金氏宗譜[浙江東陽]　史 4 - 29727,
　5 - 39302
中山劉金氏宗譜[浙江義烏]　史 5 - 39293
中山金氏宗譜[浙江義烏]　史 4 - 29708
中山第一居劉金氏宗譜[浙江義烏]　史 4 -
　29712～3
23 中外度量衡表、外國度量衡名韻編　史 6 -
　44538
中外章程彙編　叢 1 - 531
中外交涉約案據摘要　子 7 - 36864
中外交涉案件　史 6 - 46137
中外交涉成案集編　史 6 - 44914
中外交涉類要核表　子 7 - 36249
中外交涉類要表　子 7 - 36259
中外交涉類要表、光緒通商綜覈表　史 6 -
　44930
中外交涉類要表、光緒通商綜表、中俄界約
　注　子 7 - 36863
中外交涉類要表光緒通商綜核表　子 7 -
　36862
中外交兵一段　集 7 - 51639
中外新舊條約滙刻　史 6 - 44967
中外百年曆　史 1 - 4634
中外政俗異同考　史 6 - 41939
中外政治類編　史 6 - 41940、41942
中外政學五種(錢氏政學五種)　子 7 -
　36259
中外衛生要旨　子 2 - 11097
中外比較改良編序　叢 2 - 2129(4)
中外經濟政治彙考　史 6 - 41941
中外戲法圖說　子 3 - 18525
中外和　集 7 - 53396
中外和戰議　史 6 - 44917
中外條約(咸豐同治)　史 6 - 44943
中外條約大全　史 6 - 44965
中外條約易檢錄　史 6 - 44957
中外名人格言　叢 2 - 724
中外紀事本末　史 6 - 44910
中外紀年通表　史 1 - 4635　子 7 - 36330
中外約章纂新　史 6 - 44964
中外述遊　史 7 - 49318(15)、54153
中外通商始末記　子 7 - 36865
中外遊記彙編一百三十種　史 7 - 49357
中外大畧　史 6 - 41938
中外地輿圖說集成　史 7 - 54388
中外權衡度量釋義合數表　叢 1 - 530～1
中外事本末　史 6 - 44897
中外時務新書敍錄　子 7 - 37995
中外時務經濟文編六種(中外時務經濟文

編初集、二集、三集、四集、籌洋芻議、出
　使英法義比四國日記)　集 5 - 36421
中外時務經濟新論　子 7 - 37378
中外時務經濟統宗　子 7 - 37386
中外時務海防新策　史 6 - 45540
中外時務海防策要　子 7 - 36968
中外時務策府統宗　史 6 - 44916
中外醫書八種合刻　子 2 - 4741
中外輿地彙鈔、圖　史 7 - 54417
中外輿地全圖　史 7 - 54396
中外輿地全圖目錄序例　史 8 - 66282
中外掌故　子 4 - 23595
中外掌故論海　史 1 - 5281
中允詩集　集 6 - 41894(2)
中俄交涉　史 6 - 45048
中俄交涉、中法交涉　子 7 - 36857
中俄交涉記　史 6 - 45049
中俄交涉記、和約陸路通商章程卡倫單　子
　7 - 36856
中俄交涉考　史 6 - 45047,7 - 49319
中俄交涉史　史 6 - 45050
中俄交界記　史 6 - 45724,7 - 49317(3)、49318
　(4)　子 7 - 36258
中俄交界續記　史 6 - 45725,7 - 49318(18)、
　49356
中俄交界演記　子 7 - 36855
中俄交界地名表　史 7 - 49781
中俄交界全圖　子 7 - 37784
中俄改訂條約　史 6 - 44035、44052
中俄改訂條約二十一款　史 6 - 45043
中俄外交說明書　子 7 - 36859
中俄和約　史 6 - 45041　叢 1 - 496(6)
中俄伊犁交涉始末　史 6 - 45053
中俄伊犁交涉始末　史 1 - 1995
中俄約章會要、續編　史 6 - 45046
中俄邊界銅柱銘　史 6 - 45721
中俄邊防奏疏　史 6 - 48975
中俄中法交涉　子 7 - 36860
中俄日意通商章程　子 7 - 36876
中俄國際約注　史 6 - 45045
中俄界記　史 6 - 45722、45729
中俄界記、中俄交界全圖十六幅　子 7 -
　36858
中俄界務　子 7 - 36259
中俄界務沿革記署　史 6 - 45726
中俄界線簡明說　史 6 - 45727,7 - 49318(18)
中俄界約評注、帕米爾分界私議、中俄界線
　簡明說明　子 7 - 36258
中俄界約注　子 7 - 36863
中俄界約斠注　史 6 - 45728

中俄會訂條約　史6-45044　子7-36875
中牟魯君闕　史8-63501、64620
中牟縣志[康熙]　史8-59567
中牟縣志[正德]　史8-59564
中牟縣志[天啓]　史8-59565
中牟縣志[順治]　史8-59566
中牟縣志[乾隆]　史8-59568
中牟縣志[同治]　史8-59569
中牟縣志五編[民國]　史8-59570
26 中皇靈寶洞微十品至妙真經　子5-30263
中吳紀聞　史7-50192～3　叢1-17、19(5)、
　20(3)、21(5)、22(4)、23(4)、24(6)、195(7)、
　220、223(25)、244(6)、273(4)、275、418、456
　(1)、2-629、672、731(57)、735(4)
中吳紀聞、校勘記　史7-50194、54915
中吳紀聞摘要錄　史7-50195
中和集　子5-29530(5)、29535(5)、29536(5)、
　29543、29588、31968～9
中和集三關圖說　子5-31970
中和集前集　子5-31967
中和遺直集　集6-44014
中和領約　史6-45091
中和堂隨筆　子4-20404　叢2-1081
27 中候雜篇　經1-171　叢1-273(2)、274(2)、
　2-731(14)
中候雒予命　叢2-821、1872
中候雒師謀　叢2-821、1872
中候我應　叢2-821、1872
中候我施　經1-3493
中候稯起　經1-171、3484～5　叢1-273
　(2)、274(2)、2-731(14)、821、1872
中候儀明　經1-3479　叢2-821、1872
中候儀明篇　經1-171、3478
中候準讖哲　經1-171、3491～2　叢1-273
　(2)、274(2)、2-731(14)、821、1872
中候洛予命　經1-171、3482～3　叢1-273
　(2)、274(2)、2-731(14)
中候洛師謀　經1-3486
中候運行　經1-171、3474　叢1-273(2)、
　274(2)、2-731(14)
中候運衡　經1-3475　叢2-821、1872
中候考河命　經1-171、3476～7　叢1-273
　(2)、274(2)、2-731(13)、821、1872
中候苗興　經1-3480　叢2-821、1872
中候摘雒貳　叢2-821、1872
中候摘洛貳　經1-3490
中候摘洛戒　經1-171、3488　叢1-273(2)、
　274(2)、2-731(13)
中候摘洛戒　經1-3489　叢1-273(2)、2-
　731(14)
中候握河記　叢1-273(2)

中候握河紀　經1-171、3472～3　叢1-274
　(2)、2-731(13)、821、1872
中候契握　經1-3481　叢2-821、1872
中候敕省圖　經1-171、3470～1　叢1-273
　(2)、274(2)、2-731(14)、821、1872
中候義明　叢1-273(2)、274(2)、2-731(14)
中候合符后　經1-3487　叢2-821、1872
中候鑿洛戒　叢1-274(2)
中旬縣志稿[民國]　史8-62504
中旬縣纂修縣志材料[民國]　史8-62503
28 中復堂(姚瑩)年譜　史2-12071　叢2-
　1715
中復堂遺稿、續編　叢2-1715
中復堂全集九種附一種　叢2-1715
中谿家傳彙稿　集2-8444　叢2-886(2)
29 中秋記　集7-54123
中秋奇遇記　集7-54124
中秋會　集7-50447
30 中憲詩鈔　集5-36074　叢2-2146～7
中憲裕齋張公文集、詩集、詞集遺編、附小
　曲　集6-45057
中憲大夫徐公巖叟(起霖)墓誌銘　史2-
　9229
中宕吳氏宗譜[浙江平陽]　史4-27982～3
中襄集　集2-10829
31 中江詩畧　集6-41963
中江講院建立經誼治事兩齋章程　子1-
　2450　叢1-508、2-731(1)
中江講院建立經誼治事兩章程　史8-
　66194
中江紀年詩集　集3-16301
中江紀年詩集、黃山紀遊詩　集3-16300
中江李氏續譜[四川中江]　史4-27653
中江李氏家譜[四川中江]　史4-27652
中江考　史7-49318(10)、52868
中江縣新志[道光]　史8-61787
中江縣新志補遺編[同治]　史8-61788
中江縣鄉土志[光緒]　史8-61790
中江縣志[康熙]　史8-61784
中江縣志[道光]　叢1-373(2)
中江縣志[嘉慶]　史8-61786
中江縣志[乾隆]　史8-61785
中江縣志[民國]　史8-61789
中江尊經閣藏書目　叢1-508
中江尊經閣藏書目、中江講院建立經誼治
　事兩齋章程　史8-65529
中江尊經閣藏書目　叢2-731(1)
32 中州彰善錄　史2-8190
中州詩選　集6-43635
中州疏稿　史6-48376
中州琴譜　子3-17809

中州武錄　集2-10570～1
中州集　集4-24804,5-39431,6-42007(4)、43631　叢2-1050
中州集、中州樂府　集6-43632～3　叢1-223(69)、227(11),2-635(14)、672
中州集詩選　集1-4685
中州集諸賢小傳　史2-8185
中州觚餘　子4-19494　叢2-729
中州樂府　叢2-1050
中州樂府音韻類編　集7-50524
中州樂府集　集7-48466
中州朱玉錄　史2-8191
中州名賢文表　叢1-223(70)
中州名賢文表内集　集6-44854
中州叢刻二種　叢2-955
中州冢墓遺文　史8-63999
中州冢墓遺文補遺　史8-64000
中州道學編　史2-8188　叢2-1308
中州啓劄　集6-45196
中州存牘　史6-47317　叢2-1691
中州戰畧　史1-3105
中州同官錄　史3-23765～73
中州愍烈記　集7-50432
中州人物考　史2-8187　叢1-223(22),2-1230
中州全韻　集7-54839～40
中州金石記　史8-63994　叢1-257,2-731(31)
中州金石考　史8-63512、63993
中州金石目　史8-63995
中州金石目、補遺　史8-63996　叢1-433,2-731(32)
中州金石目錄　史8-63997　叢1-517
中洲程氏宗譜[浙江淳安]　史5-35997
中洲道學存真錄　史2-8189　叢2-963
中洲莊氏宗譜　史4-31475
中洲草堂遺集　集2-12648
中洲草堂曲　集7-50632
中洲野錄　史7-50587　叢1-22(22)、29(7)、57～8
33 中心經　子6-32083(22)
中祕讀書稿　集2-9974
34 中法交涉　史6-45081　子7-36857
中法天津條約　史6-45084
中法俄英歷年交涉事宜章程條約　子7-36877
中法俄美歷年交涉事宜章程條約　史6-44984
中法兵事本末　史1-1995、4261
中法會訂滇越鐵路章程　史6-44340
中法會訂越南新約　史6-44035、44069

中法會議越南邊界通商章程　史6-44035、44068　子7-36878
35 中清堂集(中清堂賦集、詩集、文集)　集2-9767
36 中湘方氏重修族譜[湖南湘潭]　史4-25875
中湘方氏四修族譜[湖南湘潭]　史4-25876
中湘高橋郭氏四修族譜[湖南湘潭]　史4-32370
中湘高橋彭氏三修族譜[湖南湘潭]　史5-35598
中湘高橋彭氏五修族譜[湖南湘潭]　史5-35599
中湘唐氏五修譜[湖南湘潭]　史4-32561
中湘龍山周氏四修家乘[湖南湘潭]　史4-30179
中湘譚氏族譜[湖南湘潭]　史5-41269
中湘譚氏三修家譜[湖南湘潭]　史5-41276
中湘譚氏重修族譜[湖南湘潭]　史5-41273
中湘譚氏支譜[湖南湘潭]　史5-41279
中湘譚氏四修家譜[湖南湘潭]　史5-41277
中湘龔氏族譜[湖南湘潭]　史5-41475
中湘謝氏四修族譜[湖南湘潭]　史5-40804
中湘韶山毛氏房譜[湖南韶山]　史4-25644
中湘許氏六修族譜[湖南湘潭]　史5-34492
中湘許氏重修族譜[湖南湘潭]　史5-34489
中湘下砂陳氏族譜[湖南湘潭]　史4-33344～5
中湘霞石王氏宗譜[湖南湘潭]　史4-25481～2
中湘百井袁氏七修族譜[湖南湘潭]　史4-31393
中湘百井袁氏八修族譜[湖南湘潭]　史4-31394
中湘石潭馮氏五修族譜[湖南湘潭]　史5-36469
中湘石氏三修族譜[湖南湘潭]　史4-26020
中湘石氏四修族譜[湖南湘潭]　史4-26021
中湘石羊龐氏族譜[湖南湘潭]　史5-41309
中湘石羊龐氏二修族譜[湖南湘潭]　史5-41310

中國古籍總目·索引

中湘雲湖張氏三修族譜［湖南湘潭］　史5-35395

中湘雲湖倪氏五修譜［湖南湘潭］　史4-31761

中湘雲湖韓氏三修族譜［湖南湘潭］　史5-40387

中湘張氏續修族譜［湖南湘潭］　史5-35382

中湘張氏支譜［湖南湘潭］　史5-35380

中湘延化塘劉氏四修族譜［湖南湘潭］　史5-39612

中湘鄧氏三修譜牒［湖南湘潭］　史5-38857

中湘伍趙氏續修族譜［湖南湘潭］　史5-38418

中湘何氏六修族譜［湖南湘潭］　史4-28408

中湘衡汪趙氏族譜［湖南湘潭］　史5-38419

中湘熊氏宗譜［湖南湘潭］　史5-38969

中湘後所梁氏三修族譜［湖南湘潭］　史5-34694

中湘後所梁氏四修族譜［湖南湘潭］　史5-34695

中湘射圃譚氏銅杯四續家譜［湖南湘潭］　史5-41284

中湘升廷山劉氏三修族譜［湖南湘潭］　史5-39590

中湘白汜陳氏六修族譜［湖南湘潭］　史4-33343

中湘白洋陳氏六修族譜［湖南湘潭］　史4-33363

中湘白沙頭向氏六修族譜［湖南湘潭］　史4-26822

中湘泉塘沖金氏四修族譜［湖南湘潭］　史4-29798

中湘程氏三修族譜［湖南湘潭］　史5-36183

中湘向氏五修族譜［湖南湘潭］　史4-26821

中湘徐氏五修族譜［湖南湘潭］　史4-32170

中湘徐氏七修族譜［湖南湘潭］　史4-32171

中湘涼傘橋楊氏五修族譜［湖南湘潭］　史5-37033

中湘賓氏三修族譜［湖南湘潭］　史5-38772

中湘馮氏續修支譜［湖南湘潭］　史5-36466

中湘渤海甘氏三修族譜［湖南湘潭］　史4-26061

中湘油麻嶺馮氏三修族譜［湖南湘潭］　史5-36465

中湘湖上張氏族譜［湖南湘潭］　史5-35379

中湘涌田胡氏六房七修族譜［湖南湘潭］　史4-30630

中湘淦田舊坊唐氏支譜［湖南湘潭］　史4-32562

中湘沙頭郭氏五修族譜［湖南湘潭］　史4-32366

中湘沙頭金霞山郭氏六修族譜［湖南湘潭］　史4-32367

中湘沙塘周氏支譜［湖南湘潭］　史4-30180

中湘十畝丘張氏四修支譜［湖南湘潭］　史5-35381

中湘十都銅陂軍籍張氏三修族譜［湖南湘潭］　史5-35394

中湘大嶺劉氏四修族譜［湖南湘潭］　史5-39603

中湘大荷塘胡氏四修族譜［湖南湘潭］　史4-30628

中湘李氏四修族譜［湖南湘潭］　史4-27559、27566

中湘古潭陳氏支譜［湖南湘潭］　史4-33348

中湘古塘文氏三修支譜［湖南湘潭］　史4-25691

中湘古塘文氏四修族譜［湖南湘潭］　史4-25692

中湘古塘劉氏四修族譜［湖南湘潭］　史5-39605

中湘袁氏五修族譜［湖南湘潭］　史4-31395

中湘彭氏五修族譜［湖南湘潭］　史5-35603

中湘薑黃沖李氏三修族譜［湖南湘潭］　史4-27565

中湘薑畬聶氏三修族譜［湖南湘潭］　史5-40920

中湘薑畬聶氏續修族譜［湖南湘潭］　史5-40919

中湘花石謝氏族譜［湖南湘潭］　史5-40802

中湘花石彭氏三修房譜［湖南湘潭］　史5-35600

中湘茅亭王氏續修族譜［湖南湘潭］　史4-25487

中湘茅亭張氏族譜［湖南湘潭］　史5-35383

中湘茅亭張氏三修族譜［湖南湘潭］　史5-35384

中湘葛氏支譜[湖南湘潭]　史 5 - 35858
中湘黃榜山許氏三修族譜[湖南湘潭]　史 5 - 34490
中湘黃氏族譜[湖南湘潭]　史 5 - 34047～8
中湘黃氏三修族譜[湖南湘潭]　史 5 - 34049
中湘黃氏五修族譜[湖南湘潭]　史 5 - 34051
中湘黃氏七修族譜[湖南湘潭]　史 5 - 34056
中湘黃氏四修族譜[湖南湘潭]　史 5 - 34050、34054
中湘株洲雷氏六修支譜[湖南湘潭]　史 5 - 37165
中湘株洲李氏支譜[湖南株洲]　史 4 - 27542
中湘賀家段賀氏三修族譜[湖南湘潭]　史 5 - 36728
中湘賀氏續修族譜[湖南湘潭]　史 5 - 36727
中湘賀氏支譜[湖南湘潭]　史 5 - 36729
中湘賀氏四修族譜[湖南湘潭]　史 5 - 36730
中湘柏氏三修族譜[湖南湘潭]　史 5 - 38421
中湘楊梓塘張氏四修族譜瑣支[湖南湘潭]　史 5 - 35388
中湘楓梓沖李氏四修族譜[湖南湘潭]　史 4 - 27564
中湘婁氏三修歷牒[湖南湘潭]　史 5 - 34344
中湘東霧山陳氏支譜[湖南湘潭]　史 4 - 33355
中湘戚里鋪劉氏三修族譜[湖南湘潭]　史 5 - 39593
中湘戚里鋪劉氏四修族譜[湖南湘潭]　史 5 - 39594
中湘扶椅山羅氏三修族譜[湖南湘潭]　史 5 - 41122
中湘扶椅山羅氏四修支譜[湖南湘潭]　史 5 - 41131
中湘蟬塘楊氏六修族譜[湖南湘潭]　史 5 - 37032
中湘羅氏三修族譜[湖南湘潭]　史 5 - 41123
中湘長山谷氏三修族譜[湖南湘潭]　史 4 - 28647
中湘劉氏三修族譜[湖南湘潭]　史 5 - 39602、39604
中湘劉氏續修族譜[湖南湘潭]　史 5 - 39589、39596
中湘劉氏支譜[湖南湘潭]　史 5 - 39582

中湘陳氏族譜[湖南湘潭]　史 4 - 33335、33356
中湘陳氏三修族譜[湖南湘潭]　史 4 - 33340、33346
中湘陳氏五修族譜[湖南湘潭]　史 4 - 33337
中湘陳氏四修族譜[湖南湘潭]　史 4 - 33347
中湘周氏雍和族譜[湖南湘潭]　史 4 - 30187
中湘段西塘譚氏續修支譜[湖南湘潭]　史 5 - 41282
中湘留型山謝氏四修族譜[湖南湘潭]　史 5 - 40807
中湘金霞山沙頭郭氏七修族譜[湖南湘潭]　史 4 - 32368
中湘姜氏三修族譜[湖南湘潭]　史 4 - 31081
中湘姜氏續修族譜[湖南湘潭]　史 4 - 31080
中湘義井劉氏四修族譜[湖南湘潭]　史 5 - 39611
中湘余氏延祝堂三修族譜[湖南湘潭]　史 4 - 28629
中湘錦市譚氏支譜[湖南湘潭]　史 5 - 41278
中湘篁奇林賀氏三修譜[湖南湘潭]　史 5 - 36731
中湘竹霞沖陳氏三修族譜[湖南湘潭]　史 4 - 33359
中邊分別論　子 6 - 32081(24)、32083(16)、32084(14)、32085(24)、32086(27)、32088(17)、32089(42)、32090(50)、32091(48)、32092(33)、32093(25)
37 中祀合編　史 6 - 42213
中郎觴政　子 3 - 18314,4 - 19095
中郎女　集 7 - 49305
中郎全集詩　集 2 - 11052
38 中泠詩草　集 5 - 41505
中道全書　子 5 - 24858
40 中塘議　叢 1 - 378
中南王氏宗譜[浙江紹興]　史 4 - 25009
中南王氏四修宗譜[浙江紹興]　史 4 - 25026
中古文尚書　叢 2 - 764
41 中極戒　子 5 - 29535(6)、29536(7)、30309
中樞政考　史 6 - 45164～5
中樞例限圖　史 6 - 46934
中樞備覽(清光緒三十一年夏季)　史 3 - 24415
中樞備覽(清光緒三十年夏季)　史 3 - 24386

中樞備覽(清光緒十九年)　史3-24197
中樞限圖　史6-41729
43 中越交界各隘卡畧　史6-45640,7-49318
　(16)
中越勘界往來電稿　史6-49118
中越東西定議全界約文　史6-45641　叢
　1-528
44 中麓山人拙對　集2-8588、8590
中麓山人拙對、續對　集2-8589
中麓畫品　子3-15859、16036　叢1-235、
　240、282(3)、283(2)、2-731(36)
中麓小令、跋語　集7-50633
中葡條約　史6-44096
中藏集(彭鵬)　史2-9366
中藏經　子2-4785~6
中藏經、附方　子2-4727
中藏英印道商章程　子7-36866
中華帝圖搢紳全書　史3-24562
中華古聖醫經大全　子2-4759
中華古今註　叢1-24(12)
中華古今注　子4-22116、22120　叢1-2~
　3、6、8、11~2、20(10)、21(11)、22(2)、23(2)、
　24(12)、77、91~3、223(39)、407(2)、2-698
　(7)、730(5)、731(6)
中華基督教會全國總會邊疆服務部五六兩
　月工作報告　子7　35787
中華搢紳全書(清咸豐二年冬季)　史3-
　23965
中華拼音等韻易簡　經2-14494
中華民國新修豐順縣志　史8-60959
中華民國搢紳全書　史3-24561、24563
中華與各國分界疆域考　史7-54397
中英兩國和約條款　史6-45066
中英續訂藏印條約　子7-36884
中英續議滇緬界務彙錄　史6-44056,7-
　49319
中英和約、燕臺條約　史6-45065　叢1-
　496(1)
中英和約通商稅則　子7-36882
中英條約、續增條約、中美條款　子7-
　36883
中英南京舊約　史6-44956　叢1-496(1)
中英會訂保工章程　史6-45071
中英會議藏印條約、續約、續訂條約　史6-
　45067
中菴集　集1-4852
中巷余氏族譜[江蘇宜興]　史4-28517
中黃道經　子5-30244
中黃道經內外集　子5-30245
中村詩草　集3-16736
中村逸稿　集3-13799

中林合修程氏支譜[安徽祁門]　史5-
　36138
46 中觀論疏、中論科判　子7-33559
47 中聲集　叢2-2088
中聲樓初稿　叢2-682
中朝近政錄要　史6-43069
中朝故事　史1-1914　子4-22848~9,5-
　26220　叢1-19(4)、20(2)、21(3)、22(8)、23
　(7)、24(5)、29(3)、40、95、223(44)、255(1)、
　306、374、519,2-730(2)、731(52)
中都何氏四修宗譜[福建上杭]　史4-
　28355
中都志[成化]　史7-57838
中都闉律　集2-10719
48 中翰公未刻稿　集3-15260
50 中史畧論　子7-36236~7
中本起經　子6-32081(27)、32083(18)、32086
　(29)、32088(19)、32089(18)、32091(22)
中本起經(四部僧)　子6-32084(15)
中本起經(四部僧始起經)　子6-32085
　(26)、32090(23)、32092(15)、32093(18)
中書　叢2-2270(1)
中書楷訣　子3-15089
中書典故彙記　叢2-670
中書典故彙紀　史6-42801
中東兩路高等小學堂一覽　史6-42557
中東戲法　子3-18524
中東和約、中英南京舊約　史6-44956　叢
　1-496(1)
中東和戰本末紀畧　子5-28227
中東名臣言行錄　子7-36498
中東秋聲賦一枝　集7-52068
中東大戰演義　子5-28224~5
中東古今和戰端委考　史1-1982、6001
中東戰紀　史1-4262
中東戰紀本末　子7-36455
中東戰紀本末、續編、三編　子7-36456
中東戰紀輯要　史1-1917、4263
中東戰史　子7-36454
55 中井河東馮氏宗譜[安徽祁門]　史5-
　36450~1
中曲山房詩集　集2-12960
60 中日商辦瀋陽馬車鐵道股份有限公司條規
　史6-44252
中日商約　史6-44045
中日交通彙務事宜　史6-44109
中日新訂商約　史6-44037
中日議訂東三省條約　子7-36880
中日議和紀畧　子7-36881
中日通商行船條約　子7-37408
中日通商行船條約續約　史6-44044　子

7-37409

中日戰輯　史1-4257,6-45011

中日馬關新約　史6-45004　子7-36861

中日馬關條約　史6-45003

中日兵事本末　史1-1995、4267

中日會議東三省事宜正約　子7-36879

中日會議東三省事宜條約　史6-45006

中星譜　子3-11542　叢1-223(35)

中星儀說　子3-11458～9、11488

中星定時　子3-11526～7

中星表　子3-11242、11435、12659　叢1-241、242(3)

中星全表　子3-11434

中國商務條陳　史6-41535、43940

中國商務志　子7-37300

中國商務公司草定章程　史6-41535、44007～8

中國商業地理　子7-37301

中國方志考　史8-66278

中國方域考　史7-49318(1)、49724

中國度支考　子7-36240(2)

中國度支考、印度鹽法考　子7-37325

中國文字來源及變遷　經2-13582

中國文字學貫解　經2-13584～5

中國文字問題　叢2-2129(4)

中國文明新史　史6-41490　子7-36256

中國文明發達史　子7-36431

中國文明小史(支那開化小史)　子7-36432

中國文學珍本叢書第一輯　叢2-720

中國文學教科書　叢2-2248

中國六十年戰史　子7-36460

中國話規　經2-14948

中國新政錄要　子7-36254

中國新舊債表　史6-41535、43240

中國工商業考　子7-37299

中國亟宜創設女學議　史6-42411

中國天主教傳教史　子7-35769

中國天主教史論叢甲集　子7-35781

中國天津鐵路公司公牘章程　史6-44236

中國電報商總局密碼變章　史6-44402

中國電報新編　史6-44390

中國電報要例　史6-44392

中國電報例舉要　史6-44393

中國電報局名詳述並補遺　史6-44396

中國電局案牘、章程　史6-44387

中國雲南英國緬甸界約　史6-45651

中國預言七種　子3-14637

中國預算要畧　史6-43200

中國水利珍本叢書　史6-46588

中國形勢考畧　史7-49318(1)、49725

中國聖賢要道類編　子1-1936

中國現世論　子7-36227

中國魂　子4-22022

中國政治　子7-36253

中國政治史事論　子7-36237

中國政治史事論上編　子7-36255

中國改良監獄意見書　史6-46302

中國變新策、七國新學備要、華英讞案定章考　子7-38064

中國出口貨物稅則　史6-43543

中國外交奏疏文牘　子7-36240(1)

中國息借各洋款每年應還本息表　子7-37304

中國郵政詳細章程全編　史6-44374

中國物產考畧　史7-49318(1)、49726

中國名山圖　子3-16343

中國名畫集　子3-16759

中國各省府廳州縣方名歌表　子7-36237

中國各省及大北青島電報價目　史6-44398

中國宜改革新政論議　史6-47533

中國之金融　子7-37302、37377

中國官制考　子7-36240(2)

中國江河行船各項章程　史6-44190

中國河渠書提要　史8-66280

中國近世輿地圖說　史7-49782

中國造糖法　叢1-530

中國邊事論　史7-49319

中國沿海險要圖志、補編　子7-37762

中國通商省分內港准行華洋小輪新章程、江海關訂定五項專章　史6-44192

中國通史　史1-5038　叢2-2162

中國通覽　史7-49785

中國軍實論　子1-3931

中國海島考畧　史7-49318(15)、49727

中國海道圖說　史7-49319、53055

中國大主保聖若瑟聖月　子7-35533

中國大政治家袁世凱　史2-10835

中國大事月史　史6-41494

中國內亂外禍歷史叢書　史1-1982

中國女史、正誤　史2-6455

中國女學集議初編　史6-42410

中國女學堂捐欵章程　史6-42472

中國古玉之研究初編　史8-65147

中國古世公法論畧　子7-36249、36614

中國地方志綜錄　史8-66275

中國地理　史7-49796

中國地理沿革史　史7-49385　叢2-2186

中國地理教科書　史7-49789、49792　叢2-

2248
中國地理學　史7-49786
中國地理與世界之關系　子7-36251
中國地輿誌畧、圖　史7-49797
中國革命日記　史1-1994、4341
中國藝學策一至　子7-36255
中國黃河經緯度里之圖　子3-12369　叢
　　1-436
中國朝鮮商民水陸貿易章程　史6-44035、
　　44038
中國朝鮮日本形勢圖畧　子1-3535
中國切音字母　經2-14487
中國中古文學史講義　叢2-2248
中國史研究法八章　史1-5325
中國史事　子7-36253
中國史蹟風土叢書　史7-49326
中國史學通論　史1-5818
中國史學通論三編　史1-5820
中國史學通論續編　史1-5819
中國拒賭會章程　史6-47577
中國最新度支全錄　史6-43203
中國四千年開化史、歷代大事年表　子7-
　　36433
中國回教史　子7-36072
中國回教史鑑　子7-36073
中國財政紀畧　子7-37298
中國歷代帝王年契　史1-4601,2-11002
中國歷代疆域沿革考　子7-37745
中國歷代名人年譜目錄　史8-66270
中國歷代法制史　子7-36559
中國歷代都邑考　史7-49318(1)、49376
中國歷代事類歌　子7-36237
中國歷朝統系圖　史1-4609
中國歷史　史1-5815~7、5828
中國歷史課本三編　史1-5827
中國歷史地名彙考　史7-49803
中國歷史考　子7-36240(5)
中國歷史教科書　史1-5036、5822~3、5826
　　叢2-2248
中國歷史教科書第　史1-5824~5
中國歷史戰爭形勢圖說附論　子1-3932
中國歷史問答　子7-36430
中國長年攷證　子4-22747
中國所定內港江河各船行停免碰及救護賠
　　償審斷五項專章　子7-37406
中國腦　子4-21999
中國兵器沿革　子1-3612
中國學術史　叢2-2162
中國學術史定稿　叢2-2162
中國學術史長編　叢2-2162
中國醫學大成一百三十四種　子2-4771

中國醫學入門　子2-5307
中國民族志　叢2-2248
中國民約精義　叢2-2248
中國關平一兩合各國金銀錢數　史6-
　　44452
中國人種從來攷　子5-27224
中國人種所從來考　史7-49310
中國人種學　叢2-2170
中國美術史　叢2-2162
中國美術史二編　叢2-2162
中國美術史定稿　叢2-2162
中國鐵道述畧　子7-37143
中國鐵路歷史　子7-37160
中國第一大偉人岳飛　史2-8747
中國符號語言與聲音語言之分合　叢2-
　　2168
中國籌防記　子7-36254
中國省會租市房住屋定例舉要　史6-
　　47569
中田詠吟　集3-19625
中田詩草　叢1-412
中呂集　叢2-1745
67中晚唐主客圖　集6-46017
中晚唐詩　集6-41879、41882
中晚唐詩紀　集6-41883
中晚唐詩叩彈集、續集　集6-43431
中晚唐詩鈔　叢1-564
71中雁蕩紀遊　史7-49318(7)
中阿含經　子6-32079、32081(26)、32082
　　(14)、32083(18)、32084(15)、32085(26)、
　　32086(29)、32088(19)、32089(17)、32090
　　(23)、32091(21)、32092(15)、32093(15),7-
　　32532~3
中鴈蕩紀遊　史7-53443~4
中原文獻子集　子4-23988
中原音韻　集7-48473、54648、54835~7　叢
　　1-223(73),2-661
中原紀痛詩　集5-41222
72中隱園草、嵩遊草　集2-11906
中隱堂雜著五種　叢2-1955
中隱堂詩(鈍吟草、消寒草、出山草、燕遊
　　草、河上草、粵遊草、投戈草、退食草)
　　集5-34593
中隱堂三種　子4-19497
77中癱瘓驗方　子2-4591、7214
中風証　子2-7210
中風証治集要　子2-7231
中風論　子2-4768、7219
中風傷寒各瘵類抄　子2-7235
中風大法　子2-4612、7218
中風簡要　子2-4701、7224

中學正宗　叢2-690
中學正宗四種　叢2-691(3)
中學西洋歷史教科書　子7-36301
中學礦物教科書　子7-37109
中學樂曲教科書　子7-37637
中學動物教科書　子7-37829
中學生理衛生新教科書　子7-37855
中學校初年級理化教科書　子7-37961
中學萬國地志　子7-37746
中學中國地理教科書　史7-49800
中醫診法　子2-6199
中醫學堂講義　子2-5269
中醫精粹　子2-5258
中巴公斷專約　史6-45093
中印度那蘭陀大道塲經　子6-32084(11)、
　32085(17)、32093(41)
中興講義　史1-5905
中興論　史1-5377　叢2-857
中興疏稿　史6-48052
中興兩朝編年綱目　史1-1492
中興平捻記　子5-28220
中興百官題名記　史2-7068
中興羣公吟稿戊集　集6-43572
中興羣公吟藁戊集　集6-41891
中興政要　史1-2549　叢1-472
中興集　集1-4499
中興備覽　史6-48138　叢1-336~7,2-
　731(19)
中興將帥別傳　史2-7513　叢2-698(5)
中興將帥別傳續編　史2-7514
中興名將圖　子3-16562
中興名臣事畧　史2-7515
中興禦侮錄　史1-2550　叢1-456(3)　叢
　2-731(66)、2-735(4)
中興綱目　史1-1307
中興以來絕妙詞選　集7-48452　叢2-635
　(14)
中興以來花庵絕妙詞選　集7-46348
中興實錄　史1-3389
中興實錄敘　叢1-309
中興禮書、中興禮書續編　史6-41985
中興鼓吹　叢2-748
中興蘇浙表忠錄、續錄　史2-7776
中興別記　史1-4146
中興戰功錄　史1-2535　叢1-511
中興閒氣　集6-41840、41853、41876
中興閒氣集　集6-41841、43247
中興閒氣集、補遺　集6-43249
中興閒氣集、校文　叢2-635(14)
中興閒氣集選　叢2-948

中興閒氣集選(中興閒氣集)　集6-43248
中興間氣集　叢1-223(68)
中興館閣續錄　史6-42897
中興館閣錄　史6-42896
中興館閣錄、續錄　史6-42895
中興小記　叢2-653(6)
中興小紀　史1-1489　叢1-223(18),2-
　731(66)
78 中陰經　子6-32081(17)、32082(12)、32083
　(12)、32084(11)、32085(17)、32086(18)、
　32088(12)、32089(14)、32090(20)、32091
　(18)、32092(13)、32093(15),7-32485
80 中分體用論　叢2-1929
中美新訂商約、中日新訂商約、奏定約束出
　洋學生並鼓勵章程　史6-44037
中美續議通商行船條約　史6-44104　子
　7-37412
中美續修條約　史6-45092
中美續定限禁華工條款　史6-44103
中美會訂限禁來美華工保護寓美華人約稿
　史6-44102
中弇山人稿　集2-11264
82 中蘇韶樂　子3-17928
85 中饋錄　子2-4745,4-18928~9、18957　叢
　1-22(16),23(15),2-1806
88 中鑑錄　史2-6566
中等地文學教科書　子7-37709~10
中等地理教科書　史7-54418
中等地理教本　子7-37760
中等植物教科書　子7-36234
中等教育生理衛生學九章　子7-37916
中等歐洲地理教科書　子7-37761
中算斠　子3-12808
90 中堂事記　史1-2649　叢1-382
92 中恬府君(葛錫)年譜　史2-11564

串

50 串本七國傳　集7-50148
70 串雅外編　子2-9461
串雅補　子2-9462
串雅內外編　子2-4688　叢1-373(4)
串雅內編　子2-9460
串雅內編、外編　子2-9459
77 串貫三上轎　集7-53099
串貫雙官誥　集7-53558
串貫秋胡戲妻　集7-53488
串貫黃金臺　集7-53098
串貫蟠桃會　集7-49667

史

00 史亭識小錄　史1-6038　叢2-2124
　　史席閒話　集3-19582
　　史旁　史1-5545　叢2-1220
　　史府君(善福)家傳　史2-10149
　　史文學集　集2-8815,6-41935(3)
　　史文肇要　史2-6550　叢1-386~7
01 史評　史1-5533、5660　叢2-698(5)、1414
　　史評小品　史1-5535
03 史詠　集1-4370
　　史詠詩集　叢1-265(5),2-860
　　史詠集　史1-6044　集1-4369
04 史諱舉例　史6-42262　叢2-2240
07 史記　史1-11、14、16~7、19、31~2、34、37、
　　39、44~53、56、5133、5174　叢1-217、227
　　(5)、559,2-697、1443
　　史記、方望溪平點史記　史1-41
　　史記、補　史1-12~3
　　史記、補史記三皇本紀、史記正義論例謚法
　　　解列國分野、考證　叢1-223(17)
　　史記、索隱　史1-15、38
　　史記、考證　史1-18、20、40　叢2-698(3)
　　史記、桐城吳先生彙錄諸家史記評話、桐城
　　　吳先生史記初校本點識　史1-54
　　史記文統　集6-42963
　　史記辨證　史1-84　叢2-1706~7
　　史記辨惑　史1-58
　　史記言左丘明作春秋傳　叢1-532
　　史記六國表新校正　叢2-2170
　　史記雜誌　叢2-923
　　史記評議　史1-5282、5345
　　史記評林　史1-22、61~2
　　史記評林、難字直音　史1-63
　　史記讀法　叢2-1405
　　史記論文　史1-5842
　　史記論畧　史1-5840　叢2-1221
　　史記三注旁訓　史1-64
　　史記三書正譌　史1-10(1)　叢2-653(3)、
　　　1456
　　史記三書釋疑　史1-10(1)
　　史記正譌　史1-96~7　叢2-731(4)
　　史記正義　史1-36
　　史記正義、史記正義論例謚法解　叢1-223
　　　(17)
　　史記疏證　史1-106
　　史記天官書補目　史1-8、10(1)、111　叢1-

　　203(15),2-653(4)、731(26)
　　史記天官書星度釋畧　史1-112
　　史記天官書恆星圖考　子3-11578
　　史記列傳鈔　叢1-379
　　史記孔子世家集證　史1-113
　　史記珍抄　史1-5114
　　史記瑣言　叢2-2109
　　史記毛本正誤　史1-89　叢2-653(3)、731
　　　(4)、1766
　　史記集說　史1-66
　　史記集解　史1-55　史1-223(17)
　　史記統　史1-5115
　　史記剿說　史1-5276
　　史記貨殖列傳注　史1-114　叢2-2041
　　史記佚文　史1-33　叢2-777
　　史記自怡　史1-69
　　史記釋疑　史1-98　叢2-712
　　史記蠡測　史1-82　叢2-1678
　　史記疑問　史1-75　史1-223(17)
　　史記彙纂　史1-5122
　　史記紀疑　史1-85　叢2-963
　　史記約言　史1-5105
　　史記注補正　史1-74　叢2-653(3)、1386
　　史記扁鵲倉公傳補注　史2-8442
　　史記河渠書、平準書　叢1-379
　　史記法語　史1-5081　叢1-19(9)、20(7)、
　　　21(8)、24(9)
　　史記達旨　史1-5343　叢2-2146~7
　　史記選　史1-5116~7、5121、5125　集6-
　　　41689　叢1-297~8
　　史記太史公(司馬遷)自序注　史2-11100
　　史記太史公自序注　叢2-2041
　　史記存　叢2-600、750
　　史記志疑　史1-8、79~81　叢2-653(3)、
　　　731(4)、971
　　史記李延年傳書後　史1-5846　叢2-1664
　　史記奇鈔　史1-5113
　　史記七篇讀法　史1-76~7
　　史記索隱　史1-35　叢1-223(17),2-653
　　　(3)
　　史記校　史1-87~8
　　史記校釋　史1-104
　　史記校勘記　史1-91~2
　　史記獵俎　史1-5119
　　史記札記　史1-26、100
　　史記考證　史1-72~3　叢2-665、1433~5
　　史記考要　史1-67
　　史記菁華錄　史1-5129~30　叢1-482
　　史記萃寶評林　史1-5103
　　史記權參、漢書權參　史1-5848
　　史記觀要　史1-5127

史記散筆　史1-103　叢2-2078
史記摘麗　史1-5091
史記摘鈔　史1-5099
史記摘鈔、補抄　史1-5100
史記惠景閒侯者年表校補　叢2-847
史記惠景閒侯者年表校補　史1-10(1)、110　叢1-258,2-731(2)、1466
史記書後　叢2-2272
史記末議　史1-5844
史記拔奇　史1-5098
史記斠　叢2-823
史記探源　史1-105
史記拾遺　史1-86
史記抄　史1-5118
史記題評　史1-60
史記別鈔　史1-5132
史記月表正譌　史1-10(1)、108　叢2-653(3)
史記闡要　史1-70
史記弟子傳名字齒居考　史2-6344　叢2-1950
史記短長說　史1-2270　叢1-310、404
史記短長說集　叢1-453
史記鉤玄　史1-68
史記節抄　史1-5111
史記纂　史1-5093~5
史記鈔　史1-5086、5088、5090、5126、5128　叢2-1540
史記鈔、補遺　史1-5087
史記半解　史1-71
史記精選要言　史1-5120
史部要目　叢2-2270(4)
08 史說　史1-5682、5710,2-6457　叢1-552,2-775(4)、1092、1734
史說萱蘇　子5-25813
史說畧　史1-5994　叢2-1971
史論　史1-3~4、5496、5576、5654、5750、5779~80、5782　叢1-254
史論課孫草　史1-5811
史論一編　史1-5554
史論二集綱目議　史1-5653
史論正鵠二集　史1-5585
史論正鵠初集、二集、三集　史1-5755
史論五種　史1-5277
史論五答　史1-759~60、762　叢1-203(15),2-614、841、1569
史論引端　史1-5752
史論彙函甲編二十六種　史1-5280
史論彙選　史1-5803
史論彙選丙編　史1-5762
史論彙選甲編、乙編　史1-5761

史論叢編　史1-5279
史論大全　史1-5802
史論存稿　史1-5794
史論薈萃　史1-5786
史論觀止正集　史1-5792
史論管見　集5-39295
史論類纂　史1-5793
09 史談補　史1-5512
10 史要　史1-4881、4962~3
史要聚選　子5-25180
史要編　史1-4876
史可法答攝政王書、致史閣部書、高傑致清肅王書　史1-1938
12 史砭　史1-5543
17 史子樸語　子1-814　集1-3311
史翼　史1-5765,2-7315
18 史致康詩存　集4-31599
20 史位存著書六種　叢2-1452
史億　史1-5727
史乘考誤　史1-1929
史乘纂誤　史1-2693
史系　史2-6959　叢2-776
史系簡抄、史事簡抄　史1-4972
史統　史1-4925、5524
史稿三種　史1-1936
21 史衡　史1-5428
22 史例議　史1-5626
史爩　史1-4896
史觸　史1-4887
史觸、史測　史1-4888
史斷選粹　史1-5529
史山詩　集4-25731
史山樵唱　集3-20669
史山人集　集2-7001,6-41935(1)
史糾　史1-5961~2　叢1-223(29)、272(3)
23 史外　史2-7283~5
史外韻語書後　史1-6160　叢2-1852
史編雜錄　叢1-330
史編補議　史1-5621
史編抄斷　史1-5432
史編餘言　史1-5523
24 史緯　史1-4931
史緒　史1-4
25 史佚書　叢2-774(10)
史傳三編　叢1-223(22)
史傳事畧(廣東儒林文苑采進稿)　史2-8254
26 史伯平先生所著書六種　子3-11584
史伯平先生所箸書　經1-146
史繹　史1-5696　叢2-981

27 史疑　史1-5492、5726　叢2-816
　　史旬　史1-4354　叢1-146
　　史繩　史1-5754
　　史綱要領　史1-5472
　　史綱纂要　史1-4879
28 史微內篇　史1-5327~8
　　史微內篇、札記、補遺　史1-5329
30 史流百一錄　叢2-2270(3)
　　史注平義　史1-5337
　　史注集評　史1-5336
　　史進士新鐫四子纂要　子1-29
　　史案　史1-5691
34 史漢方駕　史1-304
　　史漢文統　集6-42963
　　史漢文選　叢1-576
　　史漢評校　史1-5837
　　史漢評林　史1-22
　　史漢發明彙鈔　史1-5838
　　史漢初學辨體　史1-5183
　　史漢通鑑注正　叢1-330
　　史漢求是、尚書文義　史1-5839
　　史漢拾遺　史1-307
　　史漢愚按　史1-303　叢2-1169
　　史漢異同補評　史1-5836
　　史漢異同是非　史1-302　叢2-963
　　史漢駢枝　史1-8、306　叢1-439,2-653
　　　(3)、1867
　　史漢合編題評　史1-5182
　　史漢箋論　史1-305　集6-41757　叢2-
　　　954
35 史遺　史1-2076　叢1-15、142、146
37 史通　史1-5283~4、5287　叢1-31、223(29)
　　史通、札記　史1-5285
　　史通、札記、札記補　史1-5286　叢2-635
　　　(3)
　　史通註　史1-5290
　　史通評釋　史1-5288
　　史通訓故　史1-5291
　　史通訓故補　史1-5292
　　史通補釋　叢2-2170
　　史通通釋　史1-5293　叢1-223(29),2-
　　　697、698(5)
　　史通校正　史1-5294　叢1-258,2-731
　　　(2)、847、1466
　　史通札記　史1-5334
　　史通贅議　史1-5335
　　史通會要　史1-5289　叢2-1081
　　史通削繁　史1-5295~7　叢2-709、717
38 史海淘珍　集6-42852
　　史道鄰先生遺稿　集2-12361,6-41716
　　史緊　史1-5620
40 史太常三疏、趙南星二疏　史6-48453
　　史存　史1-1022　叢2-1640
　　史志土風　叢2-2270(4)
41 史概　史1-5542
43 史弋　史1-5635　叢2-817
　　史載之方　子2-9133　叢1-265(3)、465,2-
　　　731(29)
　　史裁　史1-4890
44 史夢蘭傳　史2-10104
　　史考　史1-5958
　　史薈　史1-4902
　　史老圃菊譜　叢1-4、19(10)、24(10)
　　史桂材(丙榮)傳　史2-9896
　　史林測義　史1-5685
45 史姓韻編　史2-13326
48 史梅叔詩選　集4-29938
50 史事論甲編、乙編、丙編、丁編、戊編　史1-
　　　5766
　　史事易求　史1-4874
　　史事舉要　史1-5798
　　史事簡抄　史1-4972
　　史忠正公文集　集2-12359,6-41795　叢1-
　　　574(3)
　　史忠正公集　集2-12356~8,6-41701,43118
　　　叢1-482,2-731(41)、782(3)
　　史忠正公尺牘　集2-12363
　　史書　史1-1301、4918
　　史書論纂　史1-5513
　　史書佔儷　史1-5957　叢2-653(3)、1163
　　史書大紀　史1-4880
　　史書纂畧、目錄　史1-4884
　　史表功比說　史1-8、109　叢2-653(3)、731
　　　(4)
　　史表號名通釋　史7-49420　叢2-1946
52 史折、續編　史1-5637
55 史抽　史1-5683
　　史抽詩　集4-23290
58 史輪　史1-5570　叢1-143
　　史拾四集十八種　叢1-162
60 史目表　史1-5320、5323　叢2-1558~9
　　史目表補　史1-5321
　　史見　史1-5628　叢2-731(62)、881
　　史見、迂言　史1-5627
　　史畧　史1-4985、5595、8-66257　叢1-134、
　　　202(7)、203(13)、446、515,2-731(1)、845(1)
　　史畧百篇　史1-4943
　　史畧歌論　史1-5706~7
　　史畧啓蒙　史1-4928
　　史畧校補　史8-66258
　　史品赤函　史1-4905　集6-43915　叢2-
　　　1204

史品赤函、文品苪函　史 1 - 4906
史異編　子 3 - 13063
史異編天象圖　子 3 - 13064
史異纂　子 5 - 27080
67 史呴　史 1 - 5705
史眼十章　子 7 - 38045
68 史瞰　史 1 - 4356　叢 2 - 2237
70 史麌　子 4 - 24130
72 史氏慶傳宗譜[浙江杭州]　史 4 - 26142
史氏族譜　史 4 - 26168
史氏族譜[江蘇武進]　史 4 - 26125
史氏譜錄合編[浙江紹興]　史 4 - 26151、26153
史氏譜錄合編續纂[浙江紹興]　史 4 - 26152
史氏務本堂支譜[江蘇溧陽]　史 4 - 26130
史氏續修族譜[江蘇溧陽]　史 4 - 26131
史氏吳中派文獻譜[江蘇蘇州]　史 4 - 26139
史氏吳中派族譜[江蘇吳江]　史 4 - 26141
史氏家譜　史 4 - 26163～4
史氏家譜[山東樂陵]　史 4 - 26156～8
史氏家乘[山東樂陵]　史 4 - 26159
史氏家藏左文襄公手札　子 3 - 15760
史氏實法痘疹　子 2 - 8475
史氏實法寒科　子 2 - 6298
史氏實法婦科　子 2 - 8172
史氏宗譜　史 4 - 26165～7
史氏宗譜[江蘇武進]　史 4 - 26126～7
史氏宗譜[江蘇溧陽]　史 4 - 26128、26132～3
史氏宗譜[浙江嵊州]　史 4 - 26154
史氏宗譜[湖南桂陽]　史 4 - 26161～2
史氏通譜[江蘇溧陽]　史 4 - 26129
史氏菊譜　子 4 - 19254　叢 1 - 223(39)
史氏鳴冤畧　史 2 - 8850
77 史學　子 7 - 36252
史學(四篇)　叢 2 - 2020
史學文編　史 6 - 41489　子 7 - 36257
史學三種　叢 2 - 1948
史學要義　史 1 - 5528
史學研究法　史 1 - 5339　叢 2 - 2166
史學研究法大綱　史 1 - 5340
史學聯珠　子 5 - 25349
史學彙鈔三種　史 1 - 6
史學綱領　史 1 - 4992、5398
史學叢書四十三種　史 1 - 8
史學叢鈔　叢 1 - 575
史學述林　史 1 - 5332　叢 2 - 2270(2)
史學考　子 7 - 36240(5)
史學提要　史 1 - 5382～5　叢 1 - 32～3

史學提要、歷代帝統歌　史 1 - 5387
史學提要輯注　史 1 - 5389
史學提要箋釋　史 1 - 5386
史學提要纂言前編、後編、金史通輯　史 1 - 4927
史學璧珠　子 5 - 25811
史學策　經 1 - 106
史學纂要　史 1 - 4982　叢 1 - 367～8
史闕　史 1 - 5567
史閣部文集　集 2 - 12360
史閣部遺集、補篇　集 2 - 12362
史閣部草書杜詩真蹟　子 3 - 15721
史閣部黃虎山殉國記畧　史 1 - 3194
史印　子 3 - 16971
史貫　史 1 - 5563
80 史義拾遺　史 1 - 5396　集 1 - 5492　叢 1 - 330
史義拾義、左逸、短長　史 1 - 5397
史會大綱　史 1 - 5573　叢 2 - 1329
史公論六家要指篇釋　叢 2 - 2261
83 史鉞　史 1 - 5412
史館正字攷　經 2 - 13116
史館稿傳　叢 2 - 610
史館傳稿　史 1 - 820
史館擬判　叢 2 - 1309
史館剳子　叢 2 - 1309
88 史筌　史 1 - 4981　叢 2 - 886(2)
史鑑理話　史 1 - 5730　叢 2 - 2047
史鑑理畫　史 1 - 5731　叢 2 - 2047
史鑑集要　史 1 - 5007
史鑑綱目論說　史 1 - 5408
史鑑標目　史 1 - 4986
史鑑撮要　史 1 - 7
史鑑年表彙編　史 1 - 4580
史鑑錄　史 1 - 5703
史鑑錄要　叢 2 - 1790
史鑑節要便讀　史 1 - 4979～80　叢 1 - 534
史籀篇　經 2 - 12737　叢 2 - 774(7)
史籀篇疏證　叢 2 - 2227～9
史籀篇疏證、敍錄　經 2 - 12738　叢 2 - 630
史籀篇疏證辨　經 2 - 12739
史餘、補錄、揭庶韓先生注　史 1 - 5659
史餘萃覽　史 1 - 4392　叢 1 - 496(3)
史纂　史 1 - 4903
史纂通要後集　史 1 - 5395
史籍　叢 1 - 71
89 史鈔　史 1 - 4867、4872、4882、4904
90 史懷　史 1 - 5515～8　叢 2 - 731(62)、872
史懷、晉史懷　史 1 - 5519
史尚　史 1 - 5541

　　史省齋稿　集3-14661
92 史刾　史1-5355　子5-26221　叢1-22
　　(2)、23(2)、34、163、180
94 史料叢刊初編　史1-1984
　　史料叢編　史1-1985
96 史悍堂集　集2-9301

吏

07 吏部文選司則例稿、光緒五年八月籌餉八
　　十卯掣簽簿、光緒五年十二月籌餉八十
　　一卯掣簽簿　史6-46950
　　吏部職掌　史6-42818
　　吏部酌擬再調章程　史6-42717
　　吏部處分章程　史6-42713、42715
　　吏部處分則例　史6-42708～12、42714、
　　46939、46943～4、46946～7
　　吏部例章揭要　史6-46954
　　吏部獻納稿　史6-48184
　　吏部稽勳司則例　史6-46946～8
　　吏部條法殘　叢2-600
　　吏部進道光廿三年秋冬二季在京文職漢官
　　領過俸米及職名黃册　史1-1985,6-
　　43931
　　吏部進道光廿三年春夏二季在京文職漢官
　　領過俸米及職名黃册　史1-1985,6-
　　43930
　　吏部官册　史3-23687
　　吏部大小九卿科道訪單　史1-3197
　　吏部志　史6-42819
　　吏部考功司題稿　史6-47814
　　吏部增改銓選滿官品級考　史6-42695、
　　46943
　　吏部增改銓選滿官則例　史6-42680
　　吏部增改銓選漢官品級考　史6-42701、
　　46943
　　吏部增改銓選漢官則例　史6-42686、46943
　　吏部增改銓選滿官則例　史6-46943
　　吏部奏稿　史6-47948
　　吏部四司條例、考功驗封條例　史6-42821
　　吏部則例　史6-46943
　　吏部戶部則例　史6-46956
　　吏部又奏阿城縣缺應一併添設片　史6-
　　42779,7-49357
　　吏部驗封司則例　史6-46946～7、46951
　　吏部會議覆東督等奏更改吉林各道缺摺
　　史6-42778
　　吏部會議覆東督等秦更改吉林各道缺摺
　　史7-49357

　　吏部頒發雙單月州縣選表　史6-42718
　　吏部銓選滿官品級考　史6-42694、46943～4
　　吏部銓選滿官則例　史6-42676、42679、
　　46939、46943～4
　　吏部銓選滿洲官員品級考　史6-42696～7、
　　46946～7
　　吏部銓選滿洲官員則例　史6-42678、
　　42681、42683、46946～7
　　吏部銓選漢官品級考　史6-42700、42702～
　　3、46943～4、46946～7
　　吏部銓選漢官品級考、漢軍品級考　史6-
　　42707
　　吏部銓選漢官則例　史6-42684～5、42687～
　　90、46939、46943～4、46946～7
　　吏部銓選蒙古官員品級考　史6-42704～6、
　　46943～4、46946～7
23 吏皖存牘　史6-47294
25 吏律考　子7-36240(2)
33 吏治集事　史6-43066
　　吏治輯要　叢2-1807
　　吏治撮要　史6-43027
36 吏視　史6-46440　叢2-956
44 吏考新章　史6-42719
55 吏曹章奏(順治元年八月份)　史1-1985,
　　6-47880
72 吏隱齋集　集2-10843
　　吏隱集詩鈔　集4-22433
　　吏隱軒詩存　集5-37316
　　吏隱盟　子5-27299
　　吏戶禮曹章奏　史6-47881
　　吏兵二部會議保獎新章　史6-42720
77 吏學指南　史6-46385

曳

77 曳尾塗中　集5-34254

申

00 申齋集　叢1-223(60)
　　申齋劉先生文集(申齋集)　集1-5011
　　申文定公集(綸扉簡牘、綸扉奏草、外制草、
　　綸扉筍草、儲彙錄、召對錄)　集2-9832
　　申文定公集(賜閒堂集、綸扉簡牘、綸扉奏
　　草、綸扉筍草、外制草)　集2-9831
　　申义定公集五種　叢2-1127
　　申文定公賜閒堂集(賜閒堂集燼餘)　集2-

9835
01 申訂詁經精舍規約　史7-52043
02 申端愍公(佳胤)旌忠錄、年譜畧、任杞實政
　　錄　史2-9185
　　申端愍公(佳胤)年譜　史2-11624
　　申端愍公文集　集2-12265～6　叢2-731
　　(45)、782(3)
　　申端愍公詠史詩集　集2-12260
　　申端愍公詩集　集2-12261　叢2-731(43)、
　　782(3)
　　申端愍公詩集、文集、外集、申端愍公年譜、
　　任杞實政錄、旌忠錄　集2-12258
　　申端愍公集　集2-12263～4,6-43118
08 申詳成規　史6-41729
10 申爾福解　子7-35453
17 申子　子1-4040～2　叢1-19(3)、21(5)、24
　　(4)、237,2-774(9)、775(5)
27 申鳧盟先生(涵光)年譜　叢2-782(3)
　　申鳧盟先生(涵光)年譜畧　史2-11700
　　申鳧盟先生荆園小語　子1-1362
　　申鳧盟先生年譜畧、申鳧盟傳　叢2-1296
　　申督軍撫散難民文　史6-44569
30 申進士和九齋新藝　集2-12268
　　申宗傳　叢1-29(4)、255(3)
31 申江百韻(申江竹枝詞)　集5-34778
　　申江名勝圖說　史7-51348
　　申江避寇雜感詩　史1-3863
　　申江時下勝景圖說　史7-51350
　　申江隨錄　史7-50049
　　申江勝景圖　史7-51349
33 申浦繆氏族譜[江蘇江陰]　史5-40900
34 申斗垣校正外科啓玄　子2-7680
40 申左　叢1-532
　　申士學校正詩經大全、序、圖　經1-3716
44 申范　叢2-611
　　申范(范曄)　史2-8530
47 申報館叢書正集、附錄、續集　叢1-496
　　申報館書目、申報館書目續集　史8-66437
　　申椒二集　集3-16102
　　申椒集　集3-16099
　　申椒園二集　集3-19560
　　申椒館敝帚集　集2-10518
　　申椒館敝帚集、薄蹢書、申椒館選大家瓊瑤
　　集2-10517
50 申忠愍詩集　集2-12259、12262　叢1-223
　　(67)
60 申日經　子6-32085(10)、32090(11)、32092
　　(7)
　　申日兒本經　子6-32088(7)、32089(7)、
　　32093(11)
　　申日兜(兒)本經　子6-32081(9)、32082(9)、

32083(7)、32085(10)、32086(11)
67 申明憲綱　史6-42941
71 申厚卿　子5-26231
72 申氏族譜[河南延津]　史4-26071
　　申氏譜系畧[江蘇蘇州]　史4-26069
　　申氏受族三續譜[湖南邵陽]　史4-26073
　　申氏條規[江蘇蘇州]　史4-26070
　　申氏世譜[江蘇蘇州]　史4-26067～8
　　申氏拾遺集　叢2-782(3)
77 申學士校正古本官板書經大全　經1-2700
78 申鑒　子1-61、66、467～8　叢1-69、71～7、
　　101、182、223(29),2-628、635(4)、698(6)、
　　730(6)
　　申鑒(小荀子)、札記　叢1-380,2-731(10)
　　申鑒、札記　子1-465
　　申鑒校正　子1-470　叢1-258,2-731(2)、
　　847,1466
80 申公詩說　經1-3798
87 申鄭軒遺文　集4-22016
　　申鄭軒遺文、經史問答校記　叢1-479

車

00 車塵集　集5-40372
　　車塵稿　叢2-2196
　　車廣文集　集5-39433
10 車貢士集　集3-18608
17 車君滋園(銑培)行實述畧　史2-10827
20 車雙亭集　集3-18646
22 車制考　經1-117、163(1)、5201　子7-
　　36240(3)　叢1-493
　　車制圖解　叢1-203(13)
23 車參政集　集2-10157
27 車督學集　集3-17604
28 車徵鴻錄　子4-24287
37 車逸民集　集3-13301
40 車太常集　史7-49309　集1-392
42 車橋聞見記　史7-50140
44 車孝廉集　集5-40570
　　車村遺稿(鄧隆中先生古文遺稿)　集3-
　　16837
45 車樓鄉賴氏族譜[廣東大埔]　史5-39891
47 車都諫集　集3-15315
50 車中吟存草　集4-24772
　　車書樓新刻當代名公尺牘類函　集6-
　　45275
　　車書樓彙輯旁註當代名公四六瑤函　集6-
　　43901
　　車書樓彙輯皇明四六叢珠、官制事實　集

6-43905

車書樓彙輯各名公新製四六珍函　集6-
43904

車書樓彙輯各名公四六爭奇　集6-43906

車書樓選註名公新語滿紙千金　集6-
43900

車書樓選註當代名公新製四六明珠　集6-
43902

車書樓選註當代名公四六天花　集6-
43907

車書樓選刻各名公短札字字珠新集　集6-
45276

車書樓選刻歷朝翰墨鼎彝　集6-45220

車書樓選刻舉業必用四津梁　集6-45431

車書樓纂註四六逢源　集6-43909

車書樓精選名公四六篇篇錦　集6-43908

車書圖考　史7-49643

60 車田坊李氏族譜［湖南平江］　史4-27533

62 車別駕集　集5-39711

72 車隱君集　集3-14565

75 車陣叩答合編　子1-3696

車陣防禦圖說　子1-3707

80 車銃圖　子1-3535　叢1-241、242(2)

87 車飲賓集　集3-15565

99 車營　子1-3695

車營百八叩　史1-1937　子1-3691~2
叢2-782(3)

車營百八叩答說合編(車營叩答合編)　子
1-3694

車營圖制(車營陣圖制)　子1-3693

5000₇　事

00 事文標異　子4-19491、21148

事言要玄　子5-25122

事言日記　史2-12932　叢2-1979

06 事親庸言　叢2-958、1367

事親述見　子4-23004

07 事詞類奇　子5-25027~8

10 事天謨　叢2-669

事天謨(西銘)　子1-641

16 事理鏡　子7-32111

21 事師法五十頌　子6-32085(54)、32086(64)、
32088(40)、32089(38)、32090(44)、32091
(42)、32092(28)、32093(47)

23 事編內篇　史2-6588

24 事備　史1-5560

27 事物聚攷　子4-23553

事物紺珠　子5-25689

事物紀原　子5-25534~5、25537　叢1-223
(43)、347、349、2-731(24)

事物紀原集類(事物紀原)　子5-25533

事物紀原補、目錄　子5-25538

事物溯源　叢2-2158

事物初畧　子4-22293

事物考　子5-25637

事物考辨　子4-22348

事物捷錄　子5-25135

事物異名　子5-25621

事物異名錄　子5-25977

事物別名　子5-25710

事物原會　子5-25900　叢2-1461、1463

事物類聚　子5-25991

事物類編　子5-26064

事紀　史6-46085

30 事宜須知　史6-43060

事定錄　集2-10530

事實冊　子4-21645

事實類苑　子4-23790　叢1-223(42)

40 事友錄　子4-21191　叢2-998、1455

43 事始　子4-22125、5-25525　叢1-19(4)、20
(2)、21(4)、24(5)

60 事畧附記　史1-3810、7-49327

71 事原　子5-25524　叢1-22(2)、23(3)、29
(6)、195(7)

77 事賢錄　史2-6284　叢2-1497

78 事覽　子5-25166

87 事錄　叢2-2133

91 事類統編　子5-25358、25414

事類通考　子5-25059

事類提要　子5-25688

事類數目攷　子5-25949

事類異名　子5-25819、25948

事類異名錄　子5-26059

事類賦　子5-24782~4　叢1-223(42)

事類賦補遺　子5-24792

聿

27 聿修堂集　集3-13937

5001₁　轄

51 轊轄亭筆記　叢2-876、2163

5001₄ 拄

41 拄頗樓詩集　集5-38705
　　拄頗樓詩鈔、補遺　集5-38706
50 拄齇初集　集2-11215
88 拄笏軒存草　集4-22779

推

00 推廣上海巡警章程　史6-45364
　　推廣種橡樹育山蠶說　子1-4445
　　推廣農林簡明章程　史6-44890、47082
11 推背圖　子3-13004、14559
　　推背圖說　子3-14560
　　推背圖轉金鎖鑰(推背圖轉天金鎖鑰)　子
　　　3-14561
　　推背圖精天歌表　子3-14611
　　推步歲躔術　子3-12585
　　推步法解　子3-11642、12389　叢1-274
　　　(4)、2-731(27)
　　推步迪蒙記　叢1-439
　　推步七政補　子3-12397
　　推步惟是　子3-11652、12349
　　推衍皇極經世先天曆數綱要　子3-11602
31 推源正道論　子7-35269
32 推測地球　子7-36229、37675
　　推測易知　子3-11246~8、7-37688
　　推測錄　子4-24350
36 推視差法　子3-11244
40 推十齋劄記　叢2-2270(4)
　　推十文集　叢2-2270(3)
　　推十詩集　叢2-2270(3)
　　推十談藝　叢2-2270(2)
　　推十書(劉咸炘)繫年錄　史2-12504
　　推十書繫年錄、續　叢2-2270(5)
　　推十書類錄　叢2-2270(2)
　　推十全書總目　叢2-2270(5)
　　推太陰盈虧法　子3-11244
　　推七曜中星法　子3-11244
　　推七曜全法　子3-11555
42 推圳吟、杜陵七歌　集3-13599
43 推求師意　子2-4557~8、10468　叢1-223
　　　(34)
44 推蓬寤語　叢1-22(23)
　　推蓬寤語　子2-4768

45 推坤輿圖法　子3-11244
50 推春秋日食法　經1-7930　子3-11662
　　　叢2-1661
60 推日食法　子3-11244、11456
　　推日食坤輿圖步法　子3-11491
　　推易始末　經1-1039　叢1-223(4)、249
　　　(4)、2-1309
77 推月食法　子3-11244
80 推拿廣意　子2-8551
　　推拿廣意(小兒推拿廣意)　子2-10412
　　推拿玄祕　子2-10434
　　推拿要訣　子2-10442
　　推拿手法要訣　子2-10452
　　推拿總訣仿歌　子2-10420
　　推拿祕方　子2-10431
　　推拿祕訣　子2-10453
　　推拿祕要　子2-10443
　　推拿祕籍　子2-10435
　　推拿述署　子2-4722、10424
　　推拿法　子2-10426
　　推拿摘要辨証指南　子2-10418
　　推拿輯要　子2-10419
　　推拿揉穴祕書　子2-10427
　　推拿小兒祕訣　子2-10433
　　推拿小兒全書　子2-10441
88 推蓬寤語　子4-20534　叢1-29(7)
　　推蓬寤語、餘錄　子4-20533
　　推策備檢　叢2-2265
　　推策小識　子3-11656
　　推策小識十種　子3-11583
90 推小雅十月辛卯詳疏　經1-4543
　　推掌廣意　子2-6175
　　推當佃八項旗租完稅辦法章程　史6-
　　　43508

撞

10 撞天婚　集7-52575

擁

17 擁翠詞稿　集5-35703~4
20 擁雙艷三種(粲花齋三種曲)　集7-50266
34 擁被吟　集3-20469
43 擁城書屋集(北行草、北行續草、一帆風草、
　　　癸未歸來雜詩、閒居偶草、淚墨草)　集

　　　4－29708
46 擁絮迂談　史1－2767　叢1－22(21)、29(8)
50 擁書樓詩稿　集3－19240
　　擁書樓詩草　集4－33602
　　擁書樓詩鈔　集4－33601
　　擁書堂詩集　集4－23505
77 擁月樓詩存　集4－28797

　　　　擤

81 擤飯續譚　子4－22450
　　擤飯續談　叢1－496(4)

5001₆ 擅

47 擅殺留養案　史6－46247

5001₇ 丸

21 丸經　子3－18478～9　叢1－11～2、22(17)、
　　23(16)、25、37、49、86、169(2)、268(4)、2－730
　　(7)、731(36)
44 丸藥滙編　子2－9953
　　丸藥成方配本　子2－9718
48 丸散方稿　子2－9990
　　丸散膏丹集　子2－10195
　　丸散集錄　子2－9751、10063
　　丸散求是　子2－9815
　　丸散撮要　子2－9768
77 丸丹全集　子2－9998

　　　　抗

00 抗塵齋詩畧、東塘詩鈔　集3－17609
　　抗言在昔集　子4－22403
33 抗心齋遺集　集5－36439
40 抗希堂稿　集3－17587
　　抗希堂十六種(抗希堂全集)　叢2－1386
　　抗古堂詩集　集5－34951
90 抗懷山房詩鈔　集6－42007(4)

5001₈ 拉

00 拉章扎西溪概況　史8－62642
　　拉雜叢談　叢2－2158
23 拉卜楞設治記[民國]　史8－63272
40 拉臺四境　史7－51109　叢1－496(4)
44 拉薩廳志[道光]　史8－62641

5002₇ 摘

00 摘方備要　子2－10003
　　摘玄天文風晴陰雨占駁圖總畧　子3－
　　11339
06 摘譯英國海軍名將聶爾遜生平事蹟言論
　　史2－9634
10 摘要良方　子2－9950
22 摘樂府小令　集7－50551
26 摘繆會　集7－53066
37 摘選幼科傳旨　子2－8459
40 摘古今說詩要論　經1－3872
44 摘黃瓜一枝　集7－51053
50 摘書放生說　子7－34701
59 摘抄三岡識畧、續識畧　子4－21081
　　摘抄玉海宋朝事實　史1－2462
　　摘抄歸田瑣記　子4－21413
　　摘抄各種丹方　子2－10137
　　摘抄綱鑑便覽　史1－5032
　　摘抄本草綱目醫方　子2－9695
　　摘抄坐隱齋棋譜　子3－18061
60 摘星譜　子3－18138
　　摘星樓傳奇　集7－50250
　　摘星樓治痘全書　子2－8687
　　摘昌谷　子5－25321
77 摘印英美日葡加稅免釐商約　史6－43596
78 摘驗良方　子2－9623
87 摘錄經驗方　子2－10062
　　摘錄經驗良方　子2－9972、10074
　　摘錄經驗醫案　子2－10836
　　摘錄備宋　子4－23400
　　摘錄科場事例　史6－42318
　　摘錄安氏宗譜　叢2－888
　　摘錄法英美國條款　史6－45061
　　摘錄法英美國簡明條款　史6－45062
　　摘錄漢南詩約　叢2－992
　　摘錄洋務事宜　史6－44944

摘錄李笠翁詞、笠翁偶集頤養部　集7-46902

摘錄古今類傳麗句　子5-25383

摘錄董公選論畧三則　子3-14480

摘錄蘇詩　集1-2486

摘錄婦科指歸産後方　子2-4694、8181

摘錄書法通文便解　經2-15134　子3-15227

摘錄景岳雜症論　子2-7146

摘錄呻吟語、補遺　叢1-576

摘錄銀河棹詹課　子3-13885

88 摘纂隨園史論　史1-5972　叢1-331

89 摘鈔救急良方　子2-9496

摘鈔陸宣公集　叢1-576

摘

00 摘文堂集　集1-2953　叢1-223(53),2-798

44 摘藻瓊琚　集6-42478

摘藻集　集4-23451

摘藻堂詩稿、續稿　集3-17044

摘藻堂續稿　集3-17045

摘藻堂四庫全書薈要目錄　史8-65258、65480

摘藻堂四庫全書薈要　叢1-227

攜

10 攜雪齋詩鈔、詩續、文鈔　集4-23879

攜雪堂文集　集4-32198

攜雪堂文集、詩　集4-32197

攜雪堂家訓　子1-2276

攜雪堂全集　集4-32196

44 攜草　集3-13768

82 攜劍集、恆西游草　集2-11237

88 攜笈通書　子3-14487　叢1-373(6)

5003₀　夫

21 夫須山館詩稿　集4-32276

47 夫椒丁氏族譜[江蘇蘇州]　史4-24617

夫椒丁氏宗譜[江蘇蘇州]　史4-24618

夫椒山館詩　集4-26694

夫椒山館集、補遺　集4-26693

夫椒李氏家乘[江蘇無錫]　史4-27140

50 夫妻法塲相會(胡太太探監劉太爺私訪)　集7-53144

80 夫人楊氏詩稿　集2-8545

夬

00 夬庵文鈔　集5-38982

夬廬襍錄　叢2-707

夬齋雜著　集4-32765

夬齋詩集　集4-32763

夬齋詩集(省愚詩草、味道軒詩鈔、夬齋近稿、藤寮初稿、藤寮續草、浮家小草、悲秋集)　集4-32764

夬齋日記　史2-12845

80 夬盦獄中詩　叢2-2216

夬盦獄中集　集5-40919

夬盦獄中集二種　叢2-2216

央

57 央掘魔羅經　子6-32081(17)、32082(12)、32083(12)、32084(11)、32085(17)、32086(18)、32088(12)、32089(14)、32090(19)、32091(17)、32092(12)、32093(8)

5003₂　夷

00 夷齊志　史2-6982

夷齊考疑　史2-6981

夷齊錄　史2-6980

01 夷語夷字　史7-54511　叢2-727、731(59)

10 夷夏論　子5-31893　叢2-774(9)

夷夏用兵鑒古錄　子1-3383

18 夷務換約條議　史6-44945

26 夷白齋詩話　子5-26219　集6-45486、45490、45830　叢1-22(26)、39、195(4),2-731(47)

夷白齋稿、外集　集1-5742

夷白齋稿、外集、補遺　集1-5745

夷白齋稿、拾遺、外集　集1-5743～4

夷白齋稿、拾遺、外集、校勘記　集1-5747

夷白齋稿外集　集1-5746

夷白齋藁、外集　叢1-223(62)

夷白齋藁、外集、補遺、校勘記　叢2-637(4)
夷白齋藁、外藁　集1-5740
夷白集　集1-5741
夷白草　集3-18366
27 夷艘寇海記　史1-3828
夷艘入寇記　史1-3826
夷艘入寇記、海角遺編　史1-3827
28 夷俗記　史7-49932　叢1-14(2)、22(22)、
111(2)
夷俗記、世系表　史1-2918
夷俗考　史7-54239　叢1-11、22(9)、27、
45、109、111(5)
30 夷寇雜錄　史1-3802
夷安詩草　集4-29849
夷牢溪廬詩鈔、文鈔　集5-38470
40 夷難日記(清道光二十二年)　史2-12737
50 夷事春　史1-3839
夷患備嘗記、事畧附記　史1-3810,7-49327
60 夷困文編　集2-10999　叢2-845(4)
70 夷雅　經2-15075
71 夷匪犯境錄　史1-3833～4
72 夷氏奏片　史6-47946
74 夷陵州志[弘治]　史8-60339
77 夷堅丁志　子5-26959
夷堅志　子5-26962　叢1-19(11)、20(9)、
2-735(2)
夷堅志、續夷堅志　子5-26966
夷堅志、志補、再補、校勘記　子5-26967
夷堅志支甲、支乙、支丙、支丁、支戊　叢1-
223(46)
夷堅志甲集　子5-26960～1
夷堅志甲集、乙集、丙集、丁集　叢1-465,
2-731(50)
夷堅志甲集、乙集、丙集、丁集、戊集、己集、
庚集、辛集、壬集、癸集　子5-26964
夷堅志陰德　叢1-21(10)、24(12)
夷堅支志　子5-26965
夷堅甲志、乙志、丙志、丁志　子5-26958
夷堅甲志、乙志、丙志、丁志、支甲、支乙、支
丙、支丁、支戊、支庚、支癸、三志己、三志
辛、三志壬　子5-26957
夷堅甲志、乙志、丙志殘、丁志　叢1-265(4)
夷門廣牘一百七種　叢1-86,2-730(6)
夷門詩存　集3-19117
夷門詩鈔、詩餘、雜文　集3-19116
夷門遊草　集3-19611
80 夷人圖說　史7-51062
夷氛紀畧　史1-3785、4113
夷氛聞記　史1-3790～1

攘

50 攘書　叢2-2248

5003₇ 摭

00 摭言　子4-22845　叢1-22(6)、23(6)、29
(4)、31、99～100、154、255(2),2-624(2)
摭言述妓館五段事　子5-26220　叢1-40
06 摭韻　子5-26146
40 摭古遺文(上下去入)　經2-13152
50 摭青雜記　叢1-374
摭青雜說　叢1-19(7)、20(5)、21(6)、22(3)、
23(3)、24(8)、29(5)、249(3)、2-731(49)
60 摭異記　子5-26222、26225　叢1-22(9)、23
(8)、29(3)、185、255(3)

5004₃ 捽

11 捽琴(伯牙捽琴)　集7-52469
捽琴一枝　集7-51929
捽琴子弟書　集7-52157
80 捽鏡架　集7-52619、52747

5004₄ 接

04 接護越南貢使日記　史6-45017　叢2-
893～4
接護越南貢使日記(清道光二十九年)　史
2-12810
24 接續三下南唐　集7-52885
接續大唐征西二棄梨花全本　集7-52887
27 接多情一枝　集7-52685
接衆機緣　子7-34059
30 接濟國志　史7-57353
44 接葉亭詞　集7-48287
接葉閒吟　集5-37980
55 接耕小草　集5-35753
77 接骨方書　子2-7960
接骨手法　子2-7894　叢1-371
接骨祕方　子2-7905
接骨入骱全書　子2-7902

接骨入骱金槍杖傷一切雜症　子2-7960
接骨全書　子2-7918

5004₇ 掖

20 掖乘　史7-50618　叢2-729
　掖乘[道光]　史8-59269
38 掖海叢書十一種　叢2-729
41 掖垣諫草　史6-48395
　掖垣疏草　史6-48431~2、48513
　掖垣稿、朗陵稿、入蜀稿、尺牘、燕市稿　集
　　2-10288
　掖垣題稿　史6-48354~5
　掖垣人鑑　史2-7211~2
　掖垣類稿　集1-3492　叢2-1038
44 掖草　史6-48473
62 掖縣鄉土志[光緒]　史8-59273
　掖縣志[道光]　史8-59270
　掖縣志[乾隆]　史8-59267

5004₈ 較

10 較正幼學須知成語考(成語考)　子1-2769
　較正官音仕途必需雅俗便覽　子4-24547
30 較准總綱曲譜　集7-54785
60 較量一切佛刹功德經　子6-32083(31)

5006₁ 掐

60 掐黑豆集　子7-34112~3

5008₆ 擴

00 擴充外銷俄國東海濱阿莫爾各省華貨各情
　　形奏摺　史6-44021
　擴廓帖木兒(王保保)列傳　史2-8826
　擴廓帖木兒列傳　叢2-953

5009₄ 攓

40 攓古錄　史8-63666
　攓古錄殘稿　史8-63665
　攓古錄校勘記　史8-63667、63786
　攓古錄金文　史8-64192

5010₆ 畫

21 畫上人集　叢2-635(7)
　畫上人集(杼山集、皎然集)　集1-866
30 畫永編　子4-20519
60 畫星樓醫案　子2-10825
86 畫錦堂　集7-54125
　畫錦堂詩集　集4-33649
　畫錦堂經學偶錄　經2-11793
88 畫簾緒論　史6-41519、42930　叢1-2~7、
　　9、19(11)、20(9)、22(12)、23(12)、24(12)、223
　　(26)、268(2)、330~1,2-731(19)、854
　畫餘詩鈔　集4-27308

畫

00 畫亭詩草、詞草　集3-21214
　畫塵　子3-15859、15937、16016　叢1-13、14
　　(3)、22(26)、25、37、119~20、142、173、181、
　　202(8)、203(14)、220、353
　畫竟剩稿　叢1-300
　畫雜俎　子3-15863
01 畫譚　子3-15999　叢2-642
　畫評會海　子3-15918
　畫評會海、唐名公山水訣　叢1-86,2-730
　　(7)
　畫語　子3-16033
　畫語錄　子3-15859,5-28357　叢1-202
　　(4)、203(10)
　畫語錄(苦瓜和尚畫語錄、苦瓜和尚畫語)
　　子3-15947
02 畫話　子3-16017
　畫話初稿、續稿、補遺、國朝畫話續輯　子3-
　　15975
04 畫詩樓稿　集4-31184
05 畫訣　子3-15859、15861、15901、16018　叢
　　1-201、202(8)、203(4、14)、244(3)、469、495、

586(3)、2-716(3)

畫訣(龔安節先生畫訣、半千畫訣、柴丈人畫訣) 子3-15942

畫訣十則 子3-15916 叢2-731(33)

07 畫部雜錄、外編 子3-15862

08 畫說 子3-15859、15919～20、16001 叢1-13、14(3)、22(26)、106、111(2)、181、363、2-731(36)

畫論 子3-14693、15858、15903、16054 叢1-4～5、9～10、22(15)、23(14、15)、26、28、202(7)、203(13)、353、369、373(9)、418、2-731(36)

畫論(郭若虛畫論) 子3-15886

畫論(瓜田畫論、浦山論畫) 子3-15961

畫譜 子3-14986、15910、15949、16293、16304、16312

畫譜采新、西湖十八景圖 子3-16609

畫譜全錄 子3-16055

09 畫談 子3-15859、15939

10 畫一百單八將 集7-53172

畫一枝 集7-51757

畫一幣制條議 史6-44436

畫靈 子7-38206

畫雨樓稿 集4-25687

畫天津一枝 集7-51016

畫石瑣言 子3-14690、15974 叢2-1364

畫石軒詩集 集4-22209 叢2-1519

畫石軒詩集臥遊隨錄合刻二種 叢2-1519

畫石軒臥遊隨錄 子3-14828

12 畫引 子3-15929

畫延年室詩稿、詞 集4-25377～8

畫延年室詩稿、詞、遊吳草 集4-25379

畫延年室詩餘 集7-47742

畫延年室詞稿 集7-47743

畫延年室詞稿摘錄 集7-47741

畫形圖說 子7-37942

畫形圖說、圖 子7-36228(4)

16 畫理齋詩稿 集4-28481

20 畫信杆北京圖 集7-53171

畫舫齋詩集 集3-16024

畫舫齋稿 集4-24023

畫舫記 叢1-30、37、154、181

畫舫續錄投贈 叢1-496(6)

畫舫約 叢1-22(25)、154

畫舫餘譚 子5-26465～6 叢1-496(1)、587(6)

畫舫餘談 子5-26232

畫稿 子3-16341

21 畫虎集、畫虎續編、虎尾吟 集5-33814

畫虎集文鈔 集5-38827

畫旨 子3-15859、15923

22 畫斷 叢1-16

畫山水訣 子3-14692、15858～9、15896、15955 叢2-642

畫山水歌 子3-14692、15858～9、15897

畫山水賦、筆法記 子3-15879 叢1-223(37)

畫山水錄 叢1-353

畫繼 子3-14692、15857、15859、16065 叢1-169(3)、223(37)、268(3)、353

畫繼、五代名畫補遺 子3-16064

畫繼補遺 子3-16066

25 畫傳習錄 子3-15859、15912

26 畫偈 子3-15930 叢2-814

29 畫紗室吟稿 集4-31701

30 畫准 子3-15859

畫扇齋(嚴元照)叢錄 史2-9727

畫扇面一枝 集7-51015

畫家韻集 子3-16120

畫家三昧 子3-16004

畫家知希錄 叢2-785

畫準 子3-15870

畫宗姓類 史2-6727 子3-16105

31 畫江詩鈔(梅修書屋詩鈔) 集4-30735

32 畫溪詩集 集4-22596 叢2-1426

畫溪詩集、家傳 集3-18743

畫溪漁唱 集7-47503

34 畫法大成 子3-15935

畫法小學 子3-15934

畫遠山樓吟稿 集4-24589

36 畫禪 史2-6758 子3-15859 叢1-13、14(3)、22(26)、30、37、111(4)、181、2-731(36)

畫禪室隨筆 子3-14694～5、15860 叢1-223(42)、2-735(3)

畫禪室隨筆(董太史畫禪室隨筆) 子3-14696

40 畫友詩 史2-7672 子3-16221 叢1-524、2-731(36)

畫友錄 史2-6761、7667 子3-16088 叢2-1565

畫志 子3-16079

44 畫苑 子3-14692、15857

畫苑紀藝 叢1-4

畫苑補益 子3-14692

畫莊類稿 集3-20419

畫蘭百詠(詠蘭集) 集4-33283

畫蘭室遺稿 集4-24901、25319

畫蘭題記 子3-16220 叢1-369

畫蘭題句 子3-16195 叢1-369

畫蘭贈言 子3-16378

畫葫蘆館錄存 集5-39108

畫林 子3-16113

中國古籍總目·索引

畫林、補遺　史2-6767
畫林新咏、補遺　子3-16114
畫林雁塔　史2-6635
46 畫墁雜錄　叢2-2082
畫墁集　集1-2379　叢1-223(52)
畫墁集、補遺　集1-2380　叢1-244(5)、2-731(40)、735(4)
畫墁錄　子4-22884　叢1-4～5、9、22(3)、23(3)、26、28、31、99～101、175、223(44)
47 畫聲　子3-15998
48 畫梅雜咏　子3-16242
畫梅譜　子3-16287　叢1-11～2、22(15)、23(14)、30、119～20、181、220、353
畫梅百詠　集5-41662
畫梅題記　子3-16178、16198　叢1-244(6)、2-731(35)、784
畫梅題跋　子3-16194　叢1-369
50 畫中詩　集5-40111
畫中緣　集7-50412、53586
畫中九友　史2-6631
畫中人傳奇　集7-50018、50021
畫史　史2-6724　子3-15859、16078、16087　叢1-4、19(7)、20(4)、22(15)、23(15)、24(7)、26、28、169(3)、223(37)、353、2-731(35)、873
畫史(米海嶽畫史)　子3-16250
畫史通考　子3-16118
畫史會要　史2-6749　子3-15859　叢1-223(37)
畫事叢談　子3-15859、15913
55 畫耕偶錄　子3-15997
60 畫圖緣(畫圖緣平夷全傳)　子5-28288
畫圖緣傳奇　集7-50359
畫品　子3-14737～9、15859、16026、16032、16035、16042　叢1-4～5、9～10、16、22(15)、23(15)、111(4)、282(3)、283(3)、345、353、2-622、731(36)、1092
畫品(陳眉公訂正畫品)　子3-16027
畫羅漢頌　子3-16161　叢1-202(4)、203(10)、319
63 畫跋　子3-15859、16131、16152　集3-15322　叢1-269(5)、270(3)、2-731(35)
66 畫器須知　子7-36230、37943
畫器體用　子7-36254
67 畫眼　子3-15924
70 畫壁詩　叢1-210、212
畫壁遺稿　集3-14571
畫壁遺稿自序　叢1-210
71 畫脂草　集3-20833
72 畫隱　集7-49608
畫隱軒題畫詩存　集5-39701
74 畫髓玄詮　子3-15933

77 畫眉記　集7-49648
畫眉山人集　集4-33177
畫眉解　子4-19340、19361、19371～2
畫眉筆談　子4-19373　叢1-201、203(5、18)
畫眉餘署集　集5-35363
畫學雜論　子3-15859、15968～9
畫學心法問答　叢2-746
畫學心法問答、畫學心法集古(畫學心法)　子3-15962
畫學心印　子3-16011
畫學淺說　子3-15859　叢1-373(6)
畫學祕訣　子3-14692、15859、15872　叢1-22(15)、23(15)、29(4)、255(2)、350、353
畫學南宗　子3-16321
畫學指南　叢1-373(9)
畫學鉤元　子3-15859、15992
畫母聯解　經2-12905
78 畫鑒　子3-15859、15904　叢1-19(5)、20(3)、21(5)、22(15)、23(15)、26～8、121、171、223(37)、374、2-721
79 畫賸　叢1-353
80 畫人備考　子3-16089
畫八座城　集7-51013、53170
畫鏡剩稿　集3-13642
畫美傳　子3-16124
87 畫錄　子3-15915　叢2-731(33)
畫錄、畫訣十則　叢1-195(6)
畫錄廣遺　史2-6760
88 畫筌　子3-14711、15859～61、15943　叢1-202(4)、203(10)、244(3)、320、353
畫筌析覽　子3-15859、15985～6　叢1-369、422、424、469、586(3)、2-716(3)
畫鑑　叢1-353、2-807
畫竹齋評竹四十則　子3-16044
畫竹譜　子3-16289　叢1-11～2、22(15)、23(14)、26、28、119～20、220、353、2-731(35)
畫竹草　集5-40877
畫筴扒砂經、補遺　子3-13354
畫筴圖解　子3-13371
畫箋　子3-15859、15921、4-18538　叢1-14(2)、25、111(1)、249(3)、461、2-624(3)、731(33)
畫節錄(朱廷煥)　史2-9140
畫餘詞　集4-26216
畫餘譜　集7-46398～400
畫餘剩墨　集4-28072
畫餘偶存(同心之言集、和羹用汝集、虛心晚節集、弦外餘音集、云誰之思集、亦復如是集、蘭言餘韻集、長言詠歎集)　集4-33282
90 畫堂歡慶一枝　集7-51758

5010₇ 蛊

40 蛊友先生文稿　集 4 - 28420

盍

44 盍葉記抄　子 4 - 23558

盡

00 盡言集　史 6 - 48130　叢 1 - 223(21)、2 - 636
　　(2)、731(18)、782(2)
20 盡信書　子 2 - 8472
24 盡勳錄(黃翼升)　史 2 - 10188
44 盡孝全節一段　集 7 - 51474
50 盡忠實錄　史 2 - 7404
　　盡忠錄　集 1 - 3163

蠱

71 蠱膈彙選驗方　子 2 - 4591、7213
　　蠱脹腳氣兩癥經驗良方　子 2 - 7276

5012₇ 螭

21 螭虎釧　集 7 - 53711
76 螭陽志[民國]　史 7 - 57529

5013₁ 蟦

57 蟦蝗　叢 2 - 1874

5013₂ 泰

10 泰西育蠶新法　子 7 - 37066

泰西新史攬要　子 7 - 36306~7
泰西新史贅談　史 7 - 54436
泰西說苑　子 7 - 38151
泰西水法　子 1 - 4225　叢 1 - 135、223(32)
泰西君臣名號歸一圖　經 2 - 15071　叢 2 -
　　2091
泰西政治學者列傳　子 7 - 36479
泰西稗聞　史 1 - 3816
泰西船政論　子 7 - 36229
泰西名家畧傳　子 7 - 36480
泰西名人證道譚　子 7 - 35688
泰西各國采風記　史 7 - 49318(22)、54429
泰西各國采風記、時務論　史 7 - 54430
泰西各國名人言行錄　史 2 - 6251
泰西各國史畧　子 7 - 36304
泰西各國兵政考　叢 1 - 531
泰西實學精義　子 7 - 36254
泰西河防　叢 1 - 531
泰西近百年來大事演義下編　子 7 - 36309
泰西割症大全　子 7 - 37897
泰西禮俗新編　子 7 - 38146、38154
泰西通史上編　子 7 - 36305
泰西十八史攬要　子 7 - 36308
泰西大臣進謁紀畧　史 6 - 45057　子 7 -
　　36872
泰西城鎮記　史 7 - 49317(2)、49318(18)
泰西著述考　叢 2 - 1974
泰西藝學通考　子 7 - 37259
泰西救急奇方　子 7 - 37908
泰西教育史二篇　子 7 - 36713
泰西事物叢考　子 7 - 37452
泰西事物起源　子 7 - 37418
泰西撰述考　子 7 - 36228(4)、36243、36246、
　　37997
泰西蠶事書　子 7 - 36228(5)
泰西歷史演義　子 5 - 28230
泰西風土事物考　史 7 - 54431
泰西用藥要法　子 7 - 37903
泰西學校論畧、敎化議　子 7 - 36732
泰西民族文明史　子 7 - 36310
泰西人物志　史 2 - 6249　叢 2 - 2220
泰西八愛國者傳　子 7 - 36481
泰雲堂詞集　集 7 - 47464
21 泰順縣志[雍正]　史 7 - 57694　叢 1 - 373
　　(2)
泰順縣志[康熙]　史 7 - 57693
泰順縣志[崇禎]　史 7 - 57692
泰順分疆錄[同治]　史 7 - 57695
22 泰嶽府君記　叢 1 - 20(1)
泰山刻石　史 8 - 63501、64524

泰山石刻記　史8-63987　叢2-611

泰山殘石樓藏畫集錦　子3-16535

泰山聖母護世弘濟妙經　子5-30267

泰山生令記　叢1-29(1)

泰山紀游　史7-53615

泰山紀遊　集6-43788

泰山紀事　史7-52519

泰山紀勝　史7-49318(4)、49353、53610　叢1-210~1、249(3)、395、2-617(5)、731(55)

泰山叢書第一集　史7-49353

泰山述記、御製詩文、國朝盛典　史7-52532

泰山道里記　史7-49318(4)、52531　叢1-242(4)、2-731(55)

泰山志　史7-52516、52522、52533

泰山蒐玉集　集6-44832

泰山東岳十王寶卷　子7-36127

泰山輯瑞集　集6-44833

泰山圖說　史7-49353、52525

泰山圖志　史7-52526

泰山脈絡記　史7-49318(4)

泰山脈絡紀　史7-52527

泰山全圖　史7-52524

泰山小史　史7-52520~1

23 泰然齋集　集3-18462

25 泰律　經1-6482

泰律、外篇　叢2-886(1)

泰律外篇　經1-6483

泰律補　經1-6484　叢2-886(5)

26 泰泉集　集2-8173~4　叢1-223(65)

泰泉鄉禮　經1-6304　叢1-223(9)、2-880

泰和五音新改併類聚四聲篇　經2-13733

泰和宜山會語合刻　叢2-754

泰和梁太史三華集、豫章書院唱和詩　集3-18134

泰和志[萬曆]　史8-58932

泰和縣志[道光]　史8-58935

泰和縣志[乾隆]　史8-58934

泰和縣志[同治]　史8-58936

泰和縣志稿[民國]　史8-58937

泰和前程李氏八修族譜[江西泰和]　史4-27397

泰和簪源蕭氏族譜[江西泰和]　史5-39969

30 泰寧縣鄉土志[民國]　史8-58292

泰寧縣志[康熙]　史8-58289

泰寧縣志[乾隆]　史8-58290

泰寧縣志[民國]　史8-58291

泰安府志[乾隆]　史8-59400

泰安州志[康熙]　史8-59399

泰安州志[弘治]　史8-59397

泰安州志[萬曆]　史8-59398

泰安姚氏家譜[山東泰安]　史4-31215

泰安趙氏家譜[山東泰安]　史5-38411

泰安縣鄉土志[光緒]　史8-59405

泰安縣志[道光]　史8-59403

泰安縣志[乾隆]　史8-59401~2

泰安縣志[民國]　史8-59404

泰定養生主論　子2-10975

31 泰顧北詩集　集6-41780

泰顧北詩集(顧北集)　集1-5618

32 泰州新志刊謬[道光]　史7-56765

泰州緯堤說畧　史6-46780

泰州崇祀名宦錄　史2-7802

泰州鄉土志[光緒]　史7-56771

泰州宮氏族譜[江蘇泰州]　史4-31040

泰州志[雍正]　史7-56763

泰州志[崇禎]　史7-56762

泰州志[宣統]　史7-56767

泰州志[道光]　史7-56764

泰州志[萬曆]　史7-56761

泰州志[同治]　史7-56766

泰州志[民國]　史7-56768

泰州塲河緯堤說畧　叢2-1405

40 泰塘程氏具徵錄　史3-24581

泰來設治局志書[民國]　史7-56335

50 泰東之休戚　子7-36821

51 泰軒易傳　經1-517　叢1-265(1)、456(7)、2-731(9)、778

52 泰誓答問　經1-3313　叢1-586(1)、2-716(1)

60 泰里蔣氏宗譜[浙江東陽]　史5-38166~9

泰昌朝記事　史1-2969

泰昌朝記事、天啓朝記事　史1-2970

泰昌日錄、河清賦　史1-1613

62 泰縣方言補(吳陵語錄)　叢2-2266

泰縣三大災錄　叢2-2266

泰縣鄉土志[民國]　史7-56773

泰縣內政志　叢2-2266

泰縣志稿[民國]　史7-56772

泰縣氏族畧　叢2-2266

泰縣風俗談　叢2-2266

71 泰階六符經　子3-12998　叢2-774(10)

77 泰熙錄　子1-1255　叢1-62、64、2-730(4)、731(18)

泰興張氏家乘[江蘇泰興]　史5-34797

泰興何氏家乘[江蘇泰興]　史4-28238~40

泰興城北大馬莊泰州城南大泗莊于氏重修族譜[江蘇泰州]　史4-24716

泰興縣志[康熙]　史7-56782~3

泰興縣志[嘉慶]　史7-56784

泰興縣志[萬曆]　史7-56781

泰興縣志[光緒]　史7-56785

泰興縣志稿[民國]　史7-56787

泰興縣志續[民國]　史7-56786

泰興劉氏重修族譜[江蘇泰興]　史5-39214

87 泰舒胡先生(寶琛)年譜　史2-11840

5013₆ 蟲

10 蟲天志　子4-19405　叢1-143

27 蟲魚志　叢1-9、22(11)、23(11)

蟲魚雅集　子4-19350

30 蟲窗詩餘　集7-47189

44 蟲獲軒詩鈔　集3-20273　叢2-834

蟲獲軒筆記纂　子4-21227

蟲薈　子4-19408　叢1-533

67 蟲鳴漫錄　子4-23550,5-26666　叢1-496(2),2-735(2)

蟲鳴吟　集4-29147～9

68 蟲吟詩草　集4-32434

蟲吟集詩鈔　集4-26824

77 蟲學畧論　子7-36229

蟲學畧論、巨動物說　子7-37837

88 蟲餘集　集3-14182

91 蟲類字釋名　子7-36237

蠢

17 蠢子醫　子2-4770、10745

36 蠢遇錄　子4-23054

80 蠢翁詞　集7-47329　叢2-731(49)

蠹

00 蠹齋先生鉛刀編、拾遺詩、目錄　集1-3356

蠹齋鉛刀編　集1-3357,6-41904

蠹齋鉛刀編、拾遺詩　叢1-223(55)

蠹言　子4-21527

27 蠹魚集　叢2-2088

蠹魚稿　集3-13223,6-41753

蠹魚草　集4-23041

30 蠹窗詩二集　集3-17619

蠹窗詩集　集6-41999

蠹窗集　集3-17617

蠹窗集、文集續刻　集3-17618

40 蠹存　子4-23519

50 蠹書　子4-21010～1

88 蠹竹山房詩集　集4-22372

蠹餘詩稿　集5-36352

蠹餘殘稿　集4-30713

蠹餘集　集4-28278～9

蠹餘草　集3-19474,4-25125,6-41982　叢1-300

蠹餘草、補遺　集5-37832

5014₈ 蛟

10 蛟西莊氏宗譜[浙江定海]　史4-31496

蛟西壓賽村陳氏宗譜[浙江鎮海]　史4-32842

22 蛟川詩話　集6-46171

蛟川詩繫　集6-44657

蛟川王氏宗譜[浙江鎮海]　史4-24958

蛟川靈巖竺氏宗譜[浙江鎮海]　史4-29597

蛟川靈緒鄉癩浦余家塘余氏宗譜[浙江鎮海]　史4-28548

蛟川備志[嘉慶]　史7-57423

蛟川吳氏宗譜[浙江鄞州]　史4-27835

蛟川倪氏宗譜[浙江寧波]　史4-31732

蛟川沙氏宗譜[浙江鎮海]　史4-28968

蛟川李氏宗譜[浙江鎮海]　史4-27175

蛟川范氏宗譜[浙江鎮海]　史4-29444

蛟川菱漕村陳氏宗譜[浙江鎮海]　史4-32843

蛟川樊氏宗譜[浙江鎮海]　史5-39164

蛟川耆舊傳　史2-8040

蛟川黃氏本派草譜[浙江鎮海]　史5-33760

蛟川東管朱氏房譜[浙江寧波]　史4-26510

蛟川東管朱氏宗譜[浙江寧波]　史4-26509

蛟川唱和集　集6-44656

蛟川竹枝詞　集4-23956

蛟峯文集、外集　集1-4345

蛟峯文集、蛟峯外集　叢1-223(58)

蛟峯集　集1-4349

蛟峯集、蛟峯外集、山房先生遺文　集1-4341

蛟峯集鈔　集1-4350,6-41901

蛟峯先生文集　集1-4347

蛟峯先生文集、外集、山房先生遺文　集1-4346
蛟峯先生集　集1-4348
蛟峯批點止齋論祖　集1-3705
蛟峯批點止齋論祖、論訣　集1-3706
37 蛟湖詩鈔　集3-18598
42 蛟橋折柳圖題詠　集6-44548
50 蛟東胡氏重修宗譜［浙江寧波］　史4-30405

5022₇ 蕭

06 蕭親王遺墨　子3-15843
20 蕭雝集　集1-5783　叢2-674
30 蕭寧縣志［康熙］　史7-55378
　　蕭寧縣志［萬曆］　史7-55377
　　蕭寧縣志［乾隆］　史7-55379
32 蕭州新志稿［光緒］　史8-63145
44 蕭藻遺書　集5-39457
48 蕭松錄　史7-51893～5　集3-14599　叢2-973
50 蕭忠親王遺稿　集5-40354
84 蕭鎮華夷志［萬曆］　史8-63143
90 蕭堂詩草　集3-20698,6-45089

青

00 青立軒詩稿　集3-18583
　　青磨館詩存、小娜嬛館詞草　集5-34220
　　青玄救苦寶懺　子5-29530(11)、30559
　　青衣小名錄　史2-13396
01 青龍山集　集4-26491　叢2-1815
　　青龍山志　史7-52217
　　青龍寺軌記　子6-32093(40)
02 青氈夢　子5-26594、26737　叢1-537
07 青郊六十自定稿　集5-40521
　　青郊雜著、文韻考衷六聲會編　經2-14310
　　青郊詩稿、續存　集5-40519
　　青郊詩存　集5-40518
10 青玉版十三行　子3-15575
　　青玉閣詞　叢2-1412
　　青玉館集　史1-2665　叢1-310
　　青霞(沈鍊)年譜　史2-11496
　　青霞文集　集2-8834
　　青霞文集、褒忠錄　集2-8835
　　青霞詩集、雨花集、後集、詞、澹雪詞　集3-14967
青霞詩稿　集4-27605
青霞集　集2-8832,6-43118
青霞集、青霞沈公年譜　集2-8831
青霞集、年譜　叢1-223(66)
青霞集偶存　集4-28728
青霞集鈔　集2-8833
青霞仙館詩錄　叢1-339～40
青霞仙館詩錄(青霞仙館集)　集4-27492
青霞仙館遺稿　集4-27494
青霞沈公遺集(沈青霞集)　集2-8830
青霞漫稿　集2-8988,8991
青霞夢　集7-49606　叢2-2067
青霞草堂　集3-14970
青霞吟館詩鈔　集5-36329
青霞醫案　子2-4770,10774
青霞館論畫絕句一百首　子3-16045
青要集　集3-16742～3
青要山房文集　集3-16744
青要山房詩選　集3-16741
青天歌　子5-29547
青天歌註釋　子5-29530(3)、29537、29549、31244　叢1-82
青石山　集7-51210
青石山狐偃傳五部　集7-51209
青雲詩鈔　集4-31665
青雲集分韻試帖詳注　子5-26192
青雲洞遺書初刻八種二刻六種　叢2-1497
青雲草稿　集5-34663
青雲梯　叢1-265(5)、266
青雲梯、續　集4-25224
青雲堂詩草　集5-34734
11 青項大悲觀自在菩薩修習要門　子7-32097
　　青頸觀自在菩薩心陀羅尼經　子6-32093(38)
13 青琅玕吟館詩鈔　集4-28830
　　青琅玕吟館詞鈔　集4-29025
　　青琅玕館詩集　集5-38997
　　青琅玕館遺文、遺詩、竹椰草堂詞草　集4-33585
　　青酸毒　子7-38232
17 青瑯玕館印存、摹古印存　子3-17212
　　青瑤草堂詩集(三使集、倚雲草)　集3-18511
　　青郡志要補遺稿［嘉慶］　史8-59208
　　青郡趙氏宗譜［山東青州］　史5-38403
18 青珍館詩集　集5-39320
19 青瑣高議　叢1-22(4)、23(4)
　　青瑣高議、後集、別集　叢2-672
　　青瑣高議全集　叢1-163

青瑣高議前集、後集　子5-26926
青瑣高議前集、後集、別集　子5-26924
青瑣詩話　集6-45486、45667　叢1-22
　(14)、23(13)
青瑣疏署　史6-48243
青瑣後集　叢1-19(10)、20(8)、21(9)、24(11)
青瑣薈言　史6-48385
20 青愛山房詩鈔　集4-29263
21 青虛山房文集、詩集、尺牘　集3-20715
青虛山房集　集3-20711~3　叢2-783
青拜廬詩　集5-40703
22 青岑遺稿　集3-19389
青岑遺藁　叢2-1428~9
青崖詩稿　集4-32424
青崖集　集1-4788　叢1-223(59)
青崖奏議　史6-48203
青巖文稿　集3-14544
青巖集　集3-13368
青巖傅氏宗譜[浙江義烏]　史5-36247
青巖禦寇實錄　史1-4036
青巖禦寇錄　史1-4037
青巖叢錄　子4-20278　叢1-22(20)、29
　(7)、61~4、174、195(2)、242(5)、2-730(3)、
　857、859
青峯詩鈔　集3-17492
青峯集　集3-17493
青峯先生存稿　集2-8654
青岩御寇錄(陳真卿)　史2-10639
青山童氏續修族譜[浙江淳安]　史5-
　36494
青山詩選　集6-44763
青山詩餘、補遺　集7-46377、46751
青山集　集1-2334、2336~40、4819、3-
　14611、6-41894(1)、41895、41904、41999
　叢1-223(52、59)、227(9)、2-660
青山集、續集　集1-2335
青山何氏三修族譜[湖南湘潭]　史4-
　28410
青山何氏支譜[湖南湘潭]　史4-28409
青山續集　集1-2341　叢1-223(52)
青山草堂詩鈔　集5-41317
青山著書吟草　集4-30929
青山藁　集1-4818
青山楊氏重修族譜[湖南長沙]　史5-
　36988
青山書屋詩稿　集4-30520
青山呂氏宗譜[浙江永康]　史4-26323
青山館曲譜　集7-54789
25 青嶁詩草　集3-18747
青嶁詩鈔、遺照手卷題辭　集3-18748
青嶁遺稿　集3-18749

青嶁遺稿、續集　集3-18750
青朱出入圖說　子3-12387
26 青白堂存稿　集3-20486~8
青白堂存稿、初稿、雜記　集3-20485
青嶨劉氏宗譜[浙江義烏]　史5-39298
青緗堂詩　集3-16833
27 青黎子　子1-18、410
青烏經　子3-13138、13141~2、13253
青烏先生葬經　子1-58、3-13255　叢1-
　49、169(2)、268(3)
青烏先生葬經(葬經)　子3-13254
青烏緒言　叢1-195(6)
青烏夢影　叢2-2267
青翻詞　集7-46440、47165
青島紀遊詩　集5-41351
青島濰縣火車各項價目表　史6-44314
青島濰縣火車來往時刻表　史6-44313
青島安島留別手書稿　集5-41294
28 青谿山人文集常談考誤　子4-22260
青谿寇軌　叢2-859
青谿漫稿　叢1-223(64)
青谿漫稿、補遺　集2-7101
青谿漫稿、補遺、附錄　叢2-833
青谿漫藁　集2-7100
青谿嚴氏家譜[浙江桐鄉]　史5-41208
青綸館藏書錄　史8-65251、65665
30 青宮譯語節本　史1-1918、2583　叢2-649
31 青江修方案證　子2-10528
32 青州府高苑縣賦役全書(光緒二十二年)
　　史6-43714
青州府志[康熙]　史8-59205~7
青州府志[嘉靖]　史8-59203
青州府志[萬曆]　史8-59204
青州府志[咸豐]　史8-59209
青州百問　子7-34037
青州先賢傳　史2-8179　叢2-776
青州明藩錄　史1-2703
青溪文集　集3-18756
青溪文集、續集　集3-18757
青溪玄同子雪舟胜詩　集6-44731
青溪詩話　叢2-795
青溪詩集　集6-44730
青溪詩選　集5-37728
青溪弄兵錄　史1-2474　子1-3259　叢1-
　246、282(2)、283(2)
青溪弄兵錄、出師錄　史1-2476
青溪琴況摘錄　子3-17573
青溪集　集2-9599、3-17273　叢2-788
青溪何介夫詩集　集6-44731
青溪出師錄　史1-2475

青溪先正詩集　集6-44731
青溪魯道原先生詩集　集6-44731
青溪徐氏福祿壽三派總譜[浙江淳安]　史4-31890
青溪寇軌　史1-2473　叢1-11～2、22(7)、23(9)、56、195(3),2-857
青溪富山先生遺藁　集1-4403
青溪遺韻　叢1-358
青溪遺稿　集3-13338～9
青溪載酒記　叢2-1746
青溪草堂詩集　集3-21029
青溪舊屋文集　集4-28619
青溪投贈集　集4-25776
青溪暇筆　子4-20336～8,5-26219　叢1-22(23)、29(8)、34、39、51、55、87～9、175,2-624(3)、730(1,10)
青溪暇筆摘抄　叢1-84(3)
青溪劉氏宗譜[浙江義烏]　史5-39296～7
青溪風雨錄　子5-26482
青溪笑　集7-49489
青溪小草、補陀遊記　集2-10764
青衫記　集7-49709、49851
青衫淚　集7-48777、49451
33 青浦詩傳、詞　集6-44419
青浦張氏族譜[上海青浦]　史5-34776
青浦續詩傳、續　集6-44420
青浦鄉志[民國]　史7-56490
青浦潘氏家譜[上海青浦]　史5-39746
青浦縣續志[民國]　史7-56489
青浦縣志[康熙]　史7-56486
青浦縣志[萬曆]　史7-56485
青浦縣志[乾隆]　史7-56487
青浦縣志[光緒]　史7-56488
青浦入泮題名錄　史3-14908
34 青社遺聞　史1-3663　叢2-823
青社黃先生伐檀集　集1-1990
35 青溝偈語　集3-14001
青油史漫　史1-5531
青神縣備徵錄三輯[民國]　史8-62070
青神縣鄉土志講義[民國]　史8-62069
青神縣志[嘉慶]　史8-62067
青神縣志[嘉靖]　史8-62064
青神縣志[萬曆]　史8-62065
青神縣志[乾隆]　史8-62066
青神縣志[光緒]　史8-62068
37 青泥蓮花記　子5-27298
青湖文集補編　集2-8069
青湖詩鈔　集5-35868
青湖先生文集　集2-8068　叢2-1972
青湖佳話　集7-49700
青湖別墅駢文　集5-35869
青湄遺稿　集3-16397
青冢志　史7-51889～90
38 青海[民國]　史8-63283～5
青海玉樹囊謙稱多三縣調查報告書[民國]　史8-63308
青海志[雍正]　史8-63274
青海志[宣統]　史8-63275
青海志[民國]　史8-63277
青海志署　史8-63279
青海地畧　史7-49318(20)、51179
青海考畧　史7-49318(2)、51178
青海事宜論　史7-49318(2)、51177
青海奉使集(豹隱山房詩集)　集5-38288
青海圖說　史8-63276
青海風土記[民國]　史8-63282
青海省循化縣鄉土教材參考　史8-63303
青海省通志[民國]　史8-63281
青海省巴燕縣風土調查概況[民國]　史8-63301
青海省人文地理志[民國]　史8-63280
青衿全祿　子4-23604
40 青塘雙溪勞氏宗譜[浙江龍游]　史5-36537
青塘錄　史7-51186　叢1-19(7)、20(5)、24(7)
青在堂蘭譜　子3-16331
青在堂草上花卉譜　子3-16333、16368
青在堂菊譜　子3-16331、16367
青在堂梅譜　子3-16331
青在堂畫梅淺說　子3-15952
青在堂畫學淺說　叢1-353
青在堂翎毛花卉譜　子3-16333、16369
青在堂竹譜　子3-16331
青南興頌　集6-44432
青南興頌(馮筱雲)、續刻　史2-9900
青來閣二集　集2-10756
青來閣初集　集2-10755
青來館吟稿、文　集4-24653
41 青坪詩稿　集3-19736
青獅橋黃氏五修族譜[湖北]　史5-33990
青柯亭詩稿　集3-21018
青柯館詞　集7-47276
青欞山房詩鈔、壽詩　集4-30458
青欞館詩鈔賦稿、詞稿初鈔　集4-22336
青欞館詞稿初鈔、賦稿初鈔　集7-47244
青欞館集　集4-22333～4
42 青埵山人詩集　集4-26234
43 青城詩錄　叢2-2150
青城記[民國]　史8-63098

青城詞　集7-46397~400
青城石室印譜　子3-17329
青城山記　史7-52631~2　叢1-19(2、10)、
　20(8)、21(2、9)、24(3)、2-682
青城山記補正　史7-52633
青城山行記　史7-49318(8)、53723
青城山人詩集(青城山人集)　集2-6316
青城山人集　集4-23172　叢1-223(63)
青城先生詩選　集2-8270
青城續修縣志[民國]　史8-59178
青城縣志[萬曆]　史8-59176
青城縣志[乾隆]　史8-59177
青棕草　集3-19426
44 青荃詩集、外集　集4-27190
青藜齋集　集2-10737
青藜齋集、養明儲郡制義、祀嶽集、孝行始
　末文稿、學行始末文稿、洛書樓社草　集
　2-10736
青藜子　子1-19
青藜書屋曲譜　集7-54788
青藜顯異　集7-49700
青藜影　子7-38231
青藜閣文鈔　集4-24080
青藜閣詩集　集6-41999
青藜閣詩鈔　集4-30649
青藜閣集詞(青藜閣詞)　集7-47259
青藜閣吟草　集4-29857
青藜館詩集　集2-10031
青藜精舍詩鈔　集4-25521
青萍軒文錄、詩錄　集5-36740
青萍劍　集7-53894
青蕤庵詩　集5-38836
青蕤庵詩鈔、詞鈔　集5-38837
青藤山人路史　子4-22266
青藤古意　史7-50432
青藤書屋文集、補遺　集2-9356　叢1-
　453、2-731(41)
青蓮舫琴雅　子3-17634
青蓮觴詠　叢1-86、2-731(38)
青蓮觴吟　叢2-730(8)
青蓮花館詩存　集5-37446
青蓮華館詩草　集5-40410
青蓮軒菊觴集　集5-41444
青蓮別墅疏鈔　史6-47977
青蓮閣集　集2-10280
青蓮閣風人稿　集3-14347
青蓮館集　集4-22085、6-44994
青芝山館詩　集4-25323
青芝山館詩集、淅水詞、駢體文集　集4-
　25320

青芝山館駢體文集　集4-25325　叢1-487
青草堂文約鈔　集5-36416
青草堂三集詩餘　集7-47854
青草堂集、二集、三集、補集　集5-36415
青草堂遺稿　集5-36414
青華集　集1-5812
青華祕書　子5-31168
青芙山館詩鈔　集5-39409
青芙蓉室藏碑目、吉金文字目、秦漢瓦當文
　目、漢晉古磚文目　史8-64748
青芙蓉閣詩鈔　集4-23256
青芙蓉館詩草　集4-27644
青芙館詞鈔　集7-47607　叢2-731(49)
青芙館全集　集4-32440
青苔集　叢2-1131
青苔館詩鈔　集4-24797
青村遺稿　叢1-223(61)、2-731(41)、859
青村遺藁　集1-5351~2
青菜名一段　集7-51529
青萊續史　史1-5600
青虀館詩　集2-9267
青虀館詩前集、續集　集2-9268
青虀館集　集2-10189
45 青杖忿怒咒　子7-32094
青樓韻語　叢2-721
青樓韻語輯註校證　集6-42390
青樓集　史2-7128　叢1-11~2、22(13)、23
　(13)、56、168(3)、175、189、544、547(3)、587
　(2)、2-731(50)
青樓代靴一枝　集7-52730
青樓濟困　集7-49457~8
青樓寶鑑　子5-28532
青樓遺恨　集7-52434~5
青樓遺恨子弟書頭回第四落、第十一落　集
　7-52166
青樓夢　子5-28530　叢1-496(6)
青樓小名錄　史2-13397
47 青塚志　叢1-587(6)
青鶴詩選　集3-16567
青桐書屋學語　集3-21904
青桐軒詩集　集5-36404
青桐軒詩集、破山集　集3-17646
48 青松集(昭覺丈雪禪師青松集)　集3-
　13543
青梅巢詩鈔　集4-27288
青梅軒詩話　集6-46015　叢2-1452
50 青史子　叢2-774(10)、775(5)
青史吟談　集5-34485
青囊　子3-13325
青囊立效祕方　子2-9861

青囊序　子3-13140、13152、13339　叢1-223(36)
青囊序(青囊敍)　子3-13338
青囊雜纂　子2-4554
青囊正義　子3-13144
青囊玉尺度金鍼集　子3-13529
青囊天玉通義　子3-13331　叢1-477
青囊經　子3-13139、13152
青囊經、青烏經、紅鸞經　子3-13253
青囊經序　子3-13139、13340
青囊解惑　子3-13547
青囊奧語　子3-13140、13143、13149、13329　叢1-223(36)
青囊奧旨控龍制水神經　子3-13138
青囊心法認體五星祕學　子3-13689
青囊祕要　子3-13593
青囊祕錄　子2-10949
青囊海角正經　子3-13564
青囊内傳　子3-13570
青囊有祕　子2-10831
青囊奇祕　子2-10159
青囊真祕　子2-5194
青囊萬選　子2-9512
青囊藥性賦直解　子2-4721、5780
青囊輯便　子2-5102
青囊眼科　子2-7309
青囊敍　子3-13149
青囊粹編　子3-13661
青囊粹編(地理青囊粹編)　子3-13574
51 青軒滙稿　集3-21365
青虹嘯(青虹嘯傳奇)　集7-50027
56 青螺公遺書　集2-10081
57 青蜕居士集　集3-20234
60 青圃詩文鈔　集3-19212
青園詩草　集4-25425
青田詞草　叢2-1020
青田石考　叢2-934
青田集　集4-22397
青田山廬詩鈔、詞鈔　集4-33051~2　叢2-1017
青田山廬詞　叢2-885
青田山廬詞鈔　集7-47896
青田縣續志[乾隆]　史7-57730
青田縣志[雍正]　史7-57729
青田縣志[康熙]　史7-57728
青田縣志[光緒]　史7-57731
青嵒文外集　集3-13697
62 青影軒詩集　集6-45002
青縣志[康熙]　史7-55368
青縣志[嘉慶]　史7-55369
青縣志[民國]　史7-55371
青縣志[光緒]　史7-55370
66 青暘張氏重修宗譜[江蘇江陰]　史5-34850
青暘集　集2-6286~7
青暘集、補遺　集2-6285　叢2-799~801
67 青墅詩集(青墅詩鈔)　集4-24637
青墅詩稿　集4-23574
青墅詩鈔　集2-8013、4-24635~6
青墅讀史雜感　史1-6079
青照堂叢書續八種　叢1-332
青照堂叢書摘四十三種　叢1-331
青照堂叢書八十五種　叢1-330
70 青壁齋詩畧　集3-21484
71 青原志畧　史7-52501
青原愚者智禪師語錄　子6-32091(77)
青原餘集　集5-34599
青原小艸　叢2-1514
青原小草　集3-21667　叢2-1513
青臣且存稿　集5-35406
72 青丘高季迪先生(啓)年譜　史2-11400
青丘高季迪先生詩集、補遺、詩餘、附錄　集2-6232
青丘詩鈔、補遺　集2-6249
青氏三修族譜　史4-29272
74 青陂廖氏四修族譜[湖南湘鄉]　史5-38549
76 青陽文集　集1-5608、5-40948
青陽張氏宗譜[安徽青陽]　史5-35160
青陽季氏支譜[安徽青陽]　史4-29593
青陽季氏支譜[江蘇江陰]　史4-29580
青陽集　集1-5600、5608　叢1-223(61)
青陽山房集　集6-41716　叢2-820
青陽先生(余闕)忠節附錄　史2-8814
青陽先生文集　集1-5602、6-43118　叢2-636(4)
青陽先生文集(青陽集)　集1-5607
青陽先生文集(余忠宣集)、忠節附錄　集1-5606
青陽先生文集、忠節附錄　集1-5605
青陽科肇基莊氏族譜五部[福建晉江]　史4-31502
青陽洪氏譜[浙江金華]　史4-30948
青陽洪氏宗譜[浙江金華]　史4-30949
青陽胡氏家譜[浙江金華]　史4-30452
青陽胡氏家譜文獻錄[浙江金華]　史4-30453
青陽縣志[順治]　史7-58084
青陽縣志[萬曆]　史7-58083
青陽縣志[乾隆]　史7-58085
青陽縣志[光緒]　史7-58087

青陽縣志刊誤補遺［光緒］　史 7 - 58086
青陽堂文集　集 4 - 24664
青陽堂制藝　集 4 - 24665
77 青閨錄　叢 2 - 1524
青邱高季迪先生詩集、補遺、扣舷集、鳧藻
　　集、青邱高季迪先生年譜　叢 2 - 698(11)
青邱高季迪先生詩集、遺詩　集 2 - 6247
青邱高季迪先生詩集、遺詩、扣舷集、鳧藻
　　集、高季迪先生年譜、附錄　集 6 - 41752
青邱高季迪先生詩集、遺詩、扣舷集、鳧藻
　　集、青邱高季迪年譜　集 2 - 6231
青邱高季迪先生鳧藻集（鳧藻集）　集 2 -
　　6243
青邱詩集擷華　集 2 - 6252
青岡縣志［民國］　史 7 - 56368
青岡縣志通志書［民國］　史 7 - 56369
青屏山房詩稿　集 5 - 36148
青學齋五種　叢 2 - 2015
青學齋集　集 5 - 36214
青留草　集 2 - 11850
青閣詩集　集 4 - 29770
青門文鈔　集 3 - 15658,6 - 42064
青門詩　集 6 - 41995
青門詩集　集 3 - 16086～7
青門詩鈔　集 3 - 15657
青門集　集 3 - 15619
青門山人文　集 2 - 8119
青門草　集 3 - 14836～7
青門小稿　集 3 - 18921
80 青金集　集 2 - 6079
青年德育鑒　子 7 - 36750
青年基督徒七章　子 7 - 35701
青羊詩集　集 4 - 29386
青羊集　集 5 - 37094
青羊宮二仙菴碑記　史 7 - 51754
83 青鈇鴨　子 3 - 17859
85 青鏤管夢　子 3 - 15121　叢 1 - 143
86 青錦園文集選　集 2 - 10994
青錦園賦草　集 2 - 10992
青錦園賦草、廣連珠　叢 2 - 718
87 青銅自考　史 6 - 47492
88 青笠山房詩鈔、文鈔　集 3 - 15867
青簾詞　集 7 - 46405,47019
青箱齋琴譜、琴學　子 3 - 17747
青箱雜記　子 4 - 19942～3　叢 1 - 15、19(3、
　　10)、20(8)、21(3)、22(3)、23(3)、24(11)、26、
　　28、31、34、99～101、175、223(44),2 - 617(2)、
　　652、735(3)
青箱室詩鈔　集 5 - 35910,6 - 41760
青箱褉記　叢 1 - 21(10)

青箱存稿　集 3 - 21888
青箱閣詩集　集 4 - 28397～400
青箱閣詩草、詠東林諸子詩、詠西域諸回疆
　　詩　集 4 - 28396
青箱館詩鈔　集 4 - 29948～9
青箱餘論　集 4 - 29719　叢 2 - 946
青箱堂文集、遺稿續刻、年譜　集 3 - 13277
青箱堂詩集　集 3 - 13276
青箱堂王氏家譜［北京豐臺］　史 4 - 24755
青箱堂印雋　子 3 - 17325
90 青雀集　集 2 - 9809　叢 2 - 1130～2、1134～5
青棠集　集 2 - 10741
青棠花室偶筆　子 4 - 22696
91 青煙錄、嘯岩吟草　子 4 - 18901
92 青燈雜記　子 4 - 23323
青燈淚　集 7 - 50386
95 青精草、青留草　集 2 - 11850
99 青燐屑　史 1 - 1946、1953、1965～9、1977、
　　1982,3327～8
青燐屑、嘉定屠城紀畧、揚州十日記　史 1 -
　　3329
青燐屑引　叢 1 - 256

5023₀　本

00 本立堂重梓燕居筆記藻學情林　子 5 -
　　27605
本立堂藏書目　史 8 - 65689
本齋集　集 1 - 5290
01 本語　子 4 - 20351　叢 1 - 223(39)、272(3)、
　　373(9),2 - 731(11)、1100～1
06 本韻一得　經 2 - 13859
07 本部奏開海防事例章程　史 6 - 45531
10 本一禪院志　史 7 - 51553
21 本行記　史 1 - 801
本經　子 2 - 4575
本經（神農本經）　子 2 - 5489
本經序疏要　子 2 - 5503
本經歌訣　子 2 - 4700
本經便讀　子 2 - 4660～3、4697、5812
本經經釋　子 2 - 4723
本經續疏　子 2 - 5503
本經逢原　子 2 - 4599、4751、5611
22 本艸集注序錄存　叢 2 - 600
本艸經　叢 2 - 698(7)
27 本色山人詩稿　集 5 - 35720
33 本心齋疏食譜　叢 1 - 2～3、6～8,2 - 731(30)
本心齋蔬食譜　子 4 - 18914　叢 1 - 269(5)

40 本士記　史1-801
　本支世系記畧　史2-7895　叢2-901
　本支世德錄　叢2-913
44 本地分中畧錄名數贅言　子7-33642
　本草　子2-4747、4764、5701～2、5704、5732、
　　5734、5757
　本草方滙　子2-10131
　本草新編　子2-5597
　本草詩　子2-5828
　本草詩解　子2-5830
　本草詩補　子2-5814
　本草詩箋　子2-5794
　本草諸方集要　子2-10130
　本草諸種摘錄　子2-5733
　本草韻語　子2-5825
　本草詳節　子2-5594
　本草二十四品　子2-5664
　本草三家合注、神農本草經百種錄　子2-
　　5504
　本草正　子2-4907、5572
　本草正論　子2-4696
　本草正別名總錄　子2-5903
　本草正義　子2-5644
　本草疏證、本經續疏、本經序疏要　子2-
　　5503
　本草元命苞　子2-5534
　本草要訣　子2-5831
　本草再新、難産篇　子2-5655
　本草發揮　子2-4560、5536
　本草發明　子2-5550
　本草發明蒙筌、總論、歷代名醫考　子2-
　　5546
　本草歌括各種成方歌括合抄　子2-10155
　本草翼　子2-4634、5637
　本草乘雅半偈　子2-4623、5580　叢1-223
　　(34)
　本草集　子2-5638、5698
　本草集方　子2-9207
　本草集要　子2-5540
　本草集要按　子2-5680
　本草衍句　子2-4768、5816
　本草衍義　子2-4743、4771(2)、5523　叢1-
　　465,2-731(29)
　本草衍義補遺　子2-5535
　本草便　子2-5579、9288
　本草便方　子2-5666
　本草便讀　子2-5818
　本草便讀、補遺、續遺　子2-5811
　本草須知　子2-5708
　本草經　子2-4727、5483、5490
　本草經疏　子2-4727、5299

　本草經疏輯要、朱氏痘疹祕要、經驗效方
　　子2-5502
　本草經百種錄　子2-4663
　本草經百種錄注解　子2-4660
　本草經解要　子2-5497
　本草經解要附餘　子2-5498　叢1-367～8
　本草經附歌括　子2-5819
　本草利害　子2-5675
　本草崇原　子2-4603、5494
　本草崇原集說、本草經讀　子2-5495
　本草参解　子2-5729
　本草備要　子2-4594～5、4598、4667、4746、
　　5601、5603～8、5610
　本草備要、經絡歌訣、醫方湯頭歌括　子2-
　　5602
　本草備錄　子2-5809
　本草總括分類　子2-5565
　本草釋名類聚　子2-5910
　本草彙、補遺　子2-5585
　本草彙言　子2-5567
　本草彙箋　子2-5583～4
　本草彙纂　子2-5661～2
　本草約言　子2-5544
　本草約編　子2-5687
　本草約編、本草選餘備考　子2-5686
　本草綱目　子2-5551～3　叢1-223(34)
　本草綱目正誤　子2-5627　叢1-367～8
　本草綱目必讀　子2-5590
　本草綱目補正　叢2-2170
　本草綱目選補　子2-5728
　本草綱目萬方類編(古今名醫萬方類編)
　　子2-9545
　本草綱目摘要　子2-4588、5591
　本草綱目輯注札記　叢2-2162
　本草綱目拾遺　子2-5626
　本草綱目易知錄　子2-5671
　本草綱目圖　子2-5554
　本草綱領論　子2-5749
　本草傷寒輯要合編　子2-4627
　本草徵要補遺　子2-5575
　本草從新　子2-4667、5621～2
　本草從真　子2-5691
　本草注可　子2-5694
　本草實錄　子2-5533
　本草滙纂　子2-4682
　本草必用　子2-4605、5598
　本草補遺　子2-5299
　本草述　子2-5587
　本草述鉤元　子2-5589
　本草述錄　子2-5588

本草清裁　子2-5743
本草洞詮　子2-5586
本草通玄　子2-4586
本草通玄(本草通元)　子2-5571
本草選　子2-4573、5563
本草柈應　子2-5695
本草求真　子2-4692
本草求真、脈理求真　子2-5628
本草求真主治　子2-5629
本草求原、奇病症治　子2-5656
本草蒙筌(撮要便覽本草蒙筌)　子2-5545
本草蒙筌、總論　子2-5547
本草萬方鍼線　子2-9346
本草藥性　子2-5716
本草權度　子2-5539
本草觀止　子2-5652
本草切要分職錄　子2-5703
本草切要分職錄、醫格、汗吐下三法解、寒
　溫補議、舌說、脈辨、藥戶言、景素軒方
　子2-5173
本草警心　子2-5676
本草串珠　子2-5748
本草摘新　子2-5731
本草摘要　子2-5756
本草摘錄　子2-5713
本草擇要綱目　子2-4770、5593
本草輯要　子2-4627、5635
本草撮要　子2-4770、5672
本草撮要類編　子2-4738、5679
本草搜根　子2-5636
本草易讀　子2-5609
本草思辨錄　子2-4770、5682
本草圖譜　子2-5574
本草圖解　子2-5570
本草品彙精要　子2-5542
本草品彙精要、續集、脈訣四言舉要　子2-
　5543
本草別名　子2-5660
本草時義　子2-5510
本草單方　子2-9232、9317
本草明覽　子2-5659
本草原始　子2-5564
本草附經歌括　子2-4700
本草附錄　子2-5718
本草隨錄徵實　子2-5648
本草醫方合編　子2-4594
本草問答　子2-4711、4730、4750、5677
本草分經　子2-5263、5650　叢1-373(4)
本草分隊　子2-5653
本草分類　子2-5700

本草飲食譜　子2-5879～80
本草簡明圖說　子2-5674
本草纂要　子2-5555、5697
本草纂要稿　子2-5641
本草鈔　子2-4636、5556、6332　叢1-223
　(34)、2-702
本草省長　子2-4677
本草省常　子2-5658
本草類方　子2-9430
本草類要　子2-4735、5678
本草精華　子2-5693
本草精義類編　子2-5741
本華堂喉科　子2-7535
46 本相倚致經　子6-32083(18)
47 本朝應制琳琅集　集6-44037
本朝應制和聲集　集6-44039
本朝應制和聲集、二集、補編　集6-44040
本朝應制和聲集首、一集、二集、補編　集6-
　44041
本朝文武滿漢陞官全圖　子4-23502
本朝京省人物考　史2-7235
本朝試賦新硎、補編、失編　集6-44343
本朝詩鈔小傳　叢1-395
本朝王公對號、異姓公侯伯名　叢2-1901
本朝王公封號　史1-4824
本朝王公封號、異姓公侯伯　叢2-1900
本朝五言近體瓣香集　集6-44111
本朝聖政捷錄　史1-5460
本朝甬上耆舊詩　集6-44637
本朝甬上耆舊詩(續甬東耆舊詩)　集6-
　44636
本朝甬上耆舊詩、續甬上耆舊詩　集6-
　44638
本朝政治全書前集、後集、附錄　史6-
　41726
本朝崇祀三先生傳　史2-7577
本朝科名盛事錄　史2-7997
本朝生氣錄　史2-7238
本朝名家詩鈔小傳　史2-7544～6　叢2-
　621
本朝名家詩鈔小傳(國朝名家詩鈔小傳)
　叢1-249(2)
本朝名媛詩餘　集7-48561
本朝名媛詩鈔　集6-44143
本朝名臣言行錄　集1-2325
本朝滿漢陞官圖　子4-23331
本朝湖州府縣官考　史2-7997
本朝廿二家詩　集6-44256
本朝茶法　子4-18979、19001　叢1-22
　(15)、23(15)、29(6)
本朝史講義　史1-4328

本朝奏疏　史6-47798
本朝四書文　叢1-223(71)
本朝題駁公案　史6-46084
本朝則例　史6-46918
本朝則例類編、續增新例　史6-46919～20
本朝歷科吳江縣入學全錄　史3-14930
本朝學術源流概畧　叢2-2195
本朝八旗軍志　史6-45159
本朝館閣詩、續附錄　集6-44103
本朝館閣賦後集、補遺、附錄　集6-44345
本朝館閣賦前集　集6-44344
50 本事方釋義　子2-9148
　本事詩　子5-26218　集6-42453～4、
　45486、45538　叢1-22(14)、23(13)、26～8、
　29(4)、38、91、147、169(3)、223(71)、249(1)、
　255(2)、395、407(2)、478、2-730(5)
　本事詩、續本事詩　叢2-731(46)
　本事詞　集7-46437、48730
　本事經　子6-32081(31)、32083(21)、32084
　(17)、32085(31)、32086(35)、32088(22)、
　32089(22)、32090(29)、32091(27)、32092
　(19)、32093(18)、7-32553
　本末雜錄　集6-44762
60 本國中等教科地理志　史7-49787
　本署奏定章程　史6-41785
　本邑革除由單費碑示稿　史6-47290
77 本學指南、奏摺款式　史6-42062　叢2-
　746
　本學居文鈔　集4-32118
88 本篤會史畧　子7-35747
90 本堂詞　集7-46374、46697
　本堂集　集1-4298　叢1-223(57)
　本堂集、佚文、詩、校錄　集1-4299
　本堂先生文集　集1-4297

5032₇ 鴦

27 鴦崛摩經　子6-32083(19)
　鴦崛髻經　子6-32085(28)、32088(20)

5033₃ 惠

00 惠庵詩稿　集5-38369
　惠帝起居注　史1-1733～4　叢2-653(5)、
　731(64)、772(4)、773(4)
　惠音集　叢2-1441
08 惠施詭辯新解　叢2-944

10 惠雲寺詳考　史7-51631
12 惠烈錄　史2-8843
　惠烈錄(青文勝)　史2-8842
17 惠子　子1-18、20,4-19609～10　叢2-774
　(9)
21 惠紅豆三國志評語　叢2-757
22 惠山聽松庵竹鑪志、竹爐圖咏補輯　史7-
　51574
　惠山聽松石床題字　史8-63873
　惠山鄧尉紀遊草　史4-33604
　惠山集　集6-44542
　惠山古今考　史7-52269
　惠山竹枝詞　集5-37189
23 惠獻貝子功績錄　史2-9268
　惠獻貝子忠定錄、跋、頌言　史2-9269
26 惠泉鴻爪　叢1-571
　惠泉鴻爪(清光緒十九年)　史2-13094
30 惠濟河輯說　史7-52978
　惠安政書　史6-43101
　惠安古跡新吟　集3-19862
　惠安縣續志[道光]　史8-58331
　惠安縣續志[萬曆]　史8-58328
　惠安縣鄉土記[民國]　史8-58333
　惠安縣鄉土志[民國]　史8-58332
　惠安縣志[嘉慶]　史8-58330
　惠安縣志[嘉靖]　史8-58327
　惠安縣志續補[康熙]　史8-58329
　惠定宇先生更定四聲稿　經2-14089
　惠定宇先生所定考古應查之書　叢1-307
　惠定宇校說文　經2-12058、12724
32 惠州府志[康熙]　史8-61013
　惠州府志[崇禎]　史8-61012
　惠州府志[嘉靖]　史8-61008～9
　惠州府志[萬曆]　史8-61011
　惠州府志[光緒]　史8-61014
　惠州西湖志　史7-53007
34 惠遠新城保甲辦法　史6-45446
35 惠迪書　子5-30518
36 惠禪師三度小桃紅　集7-48774(7)、49083、
　49105
37 惠運禪師請來教法目錄　子6-32093(39)
40 惠大記[嘉靖]　史8-61007
　惠直堂經驗方　子2-4770、9390
　惠志畧[嘉靖]　史8-61010
　惠來縣鄉土志[光緒]　史8-61001
　惠來縣志[雍正]　史8-61000
　惠來縣志[康熙]　史8-60999
44 惠奢錄　史2-10247
45 惠棟九經古義所引國語　史1-2131
　惠棟易漢學正誤　經1-1966

48 惠翰鈔存　叢2-1593
53 惠威錄　史6-48207
72 惠氏詩說　叢1-312
　惠氏讀說文記　經2-12116～7、15126　叢
　　1-269(2)、270(1)、271、272(2)、2-731(22)
　惠氏經說　經2-11549
　惠氏宗譜[江蘇蘇州]　史5-35922
　惠氏禮說　叢1-312
　惠氏春秋說　叢1-223(11)、312
　惠氏春秋左傳補註　叢1-223(11)
　惠氏易說　叢1-223(4)、312
74 惠陵工程備要　史6-46563
　惠陵隆恩殿全座做法錢糧表　史6-47404
76 惠陽集　叢2-1358
　惠陽山水紀勝　史7-52151
　惠陽紀勝二集　集1-2422
　惠陽縣志[民國]　史8-61018
77 惠民新志[民國]　史8-59446
　惠民藥局記　叢1-29(7)
　惠民縣鄉土志[光緒]　史8-59447
　惠民縣志[乾隆]　史8-59443
　惠民縣志[光緒]　史8-59444
　惠民縣志補遺[光緒]　史8-59445
　惠民頌言　史2-9414　叢2-1852
88 惠敏曾公(紀澤)行狀　史2-10545

5033₆ 忠

00 忠文靖節編　史1-1976　叢1-203(14)
　忠文王紀事實錄　史2-8739
　忠言　子7-35427
05 忠靖集　叢1-223(64)
　忠靖江淮詩　集6-43786
　忠諫靜思張公遺集、侍御靜生張公遺集　集
　　2-8342
10 忠正德文集　集1-3143～6、6-41784、43118
　　叢1-223(53)
　忠王致護王書　史1-1989、4212
　忠王致潮王書　史1-1989、4213
12 忠烈誌銘　史2-9065
　忠烈盧公事實俟傳　史2-9173　叢1-398
　忠烈編　史2-6206
　忠烈編(孫燧)　史2-8895
　忠烈編(何騰蛟)　史2-9135
　忠烈備考　史2-7305～6
　忠烈俠義傳　子5-28736
　忠烈傳　集7-50300
　忠烈朱公(廷煥)盡節錄　史2-9180

忠烈考　史2-7384
　忠烈小傳　史2-7297
13 忠武侯文集　叢2-1028
　忠武侯諸葛孔明先生故事　叢2-1028
　忠武侯諸葛孔明先生全集　集1-321
　忠武祠墓志　史7-51966
　忠武志　史2-8502
　忠武摭稿　集6-41894(2)
　忠武公(楊遇春)年譜　史2-11988
　忠武錄　史2-8498
20 忠信堂四刻分類注釋合像初穎日記故事
　　子5-26345
　忠統日錄　子1-3843
21 忠貞軼記　史1-1935、3137
　忠貞錄　史2-8836　叢1-223(21)
　忠貞錄(顧長庚)　史2-9952
　忠貞堂年譜　史2-11712
　忠經　經2-8533　子1-58、61、441～2、447
　　叢1-22(12)、23(12)、49、71～2、74～7、101、
　　114(5)、169(2)、182～3、268(3)、2-731(18)
　忠經詳解　子1-443、446、2681
　忠經疏義集註、備考　叢1-149
　忠經集註　子1-444～5
　忠經集註詳解　子1-2687
　忠經集註指南大全　子1-449　叢1-150
　忠經孝經合刊二種　叢1-149
　忠經篆註　子1-440
23 忠獻韓王家傳　集1-2070、2072
　忠獻韓魏王(琦)家傳、別錄、遺事　史2-
　　8641
　忠獻韓魏王君臣相遇別錄、遺事、傳　史2-
　　8642
　忠獻韓魏王家傳　集6-42036～7
　忠獻韓魏王別錄　集6-42037
25 忠傳　史2-6543　叢2-674
26 忠保國　集7-53070
　忠穆集　集1-3066　叢1-223(53)
30 忠定集選　集1-3123
　忠定公履歷　史2-11554
32 忠州直隸州志[道光]　史8-61605
　忠州直隸州志[同治]　史8-61606
　忠州志[道光]　叢1-373(2)
　忠州志[乾隆]　史8-61604
35 忠清書院志　史7-52058
38 忠裕堂詩集　集3-15764～5
　忠裕堂詩集、文集　集3-15766
　忠裕堂集　叢2-731(45)、782(3)
44 忠勤錄　史2-8942
　忠孝廉節彙集　史2-6562
　忠孝勇烈奇女傳　子5-28017
　忠孝編(劉孔暉)　史2-9134

中國古籍總目·索引

忠孝牌　集7-53517
忠孝福　集7-49378、49384
忠孝別傳　子4-24157
忠孝錄　史2-7619～20
忠孝節義二度梅全傳(新刻二度梅奇說全集)　子5-28455
忠孝節義見聞紀畧　史2-7618
忠孝堂文集　集3-13416,4-33324
48 忠敬堂彙錄、新編　史2-8961
50 忠肅集　集1-2344,3175,2-12249,6-41894(1)　叢1-223(51、53、64、66),2-782(2)
忠肅集(劉忠肅集)、拾遺　集1-2345
忠肅集、拾遺　叢1-230(4),2-731(39)
忠肅公集　集6-41894(2)
忠肅公和梅花百詠　集2-6704
忠惠詩集　集6-41894(1)
忠惠集　集1-3020～1　叢1-223(53)
忠惠祠錄　史7-51849
忠惠咸陽王賽氏家傳　史2-8328
62 忠縣鄉土志[民國]　史8-61607
70 忠雅堂文集　集3-20954～5
忠雅堂文集、詩集　集3-20952
忠雅堂文集、詩集、詩補遺、銅絃詞　集3-20953
忠雅堂文錄　集6-42066
忠雅堂評選四六法海　集6-42656
忠雅堂詩　集3-20944
忠雅堂詩集　集3-20948～9
忠雅堂詩集、詩補遺、銅絃詞、南北曲　集3-20946
忠雅堂集　集7-47247
71 忠臣傳序　史2-6542　叢2-775(4)
77 忠賢遺翰藏真　集6-45299
78 忠愍集　集1-3213,6-43118　叢1-223(50、53)
忠愍公詩集　集1-1874　叢2-829
忠愍公詩集(寇忠愍公詩集、忠愍集、忠愍公詩)　集1-1871
忠愍公詩集、文集　集1-1872
忠愍公詩集、校勘記　叢2-637(3)
忠愍公集(李忠愍公集)　集1-3214
80 忠介公正氣堂文集、越中集、南征集　集2-12531
忠介公集、附錄　集2-8306
忠介燼餘集　集2-11670　叢1-223(66)
忠義廟記畧　史7-51832
忠義水滸傳　子5-28658～62、28664、28666～7
忠義水滸全書　子5-28668
忠義集　史2-6905、8515　集1-4842,4-26298,6-41782,43648～50　叢1-223(69)

忠義集(周處)　史2-8514
忠義崔大同傳　史2-10120
忠義傳　史2-6906、7161　集2-12656
忠義傳十八本　集7-50467
忠義鄉志　史8-61074
忠義鄉志[道光]　史8-61075
忠義鄉志[民國]　史8-61076
忠義鄉志[光緒]　史7-57463
忠義紀畧　史2-8014
忠義紀聞錄　史2-7616
忠義紀聞錄、續錄　史2-7617
忠義實記　史2-8927
忠義神武靈佑關聖大帝覺世寶訓圖說　子5-30458
忠義祠紀畧　史7-51869
忠義士豫讓吞炭　集7-48770、48774(3)、48953
忠義恩　集7-50484
忠義臣民　史1-1974、3340
忠義錄　史2-7410,8787　叢1-467
忠義錄、隱逸錄　史2-7411
88 忠簡詩集　集6-41894(2)
忠簡宗公(澤)遺事　史2-8710
忠簡公集、辨誣考異　叢2-731(39)、859
忠簡公集、辯誣考異　集1-2906
忠簡公年譜　集1-2899
忠敏公遺文　集2-12119
忠節語錄　叢1-194
忠節吳次尾(應箕)年譜　史2-11005
忠節吳次尾先生年譜　史2-11603
忠節吳次尾先生年譜、樓山遺事　叢2-1215
忠節紀畧(黃觀)、續編　史2-8834
忠節馬光錄先生軼詩　集2-7989
忠節附錄　集1-5605～6
忠節錄　史2-7298　集2-11993～4,11996
忠節錄(孫傳庭)　史2-9139

5034₃ 專

00 專文類聚羣書通要存己集　子5-24921
04 專誌徵存　史8-63524,65237　叢2-602
21 專征賦、六甲主事賦遁甲起例　子3-14558
27 專修法門解謗　子7-34551
33 專治麻疹初編　子2-4768、8957
專治血症經驗良方論(血症良方)　子2-7242
專治時疫白喉疳痧經驗良方　子2-7491

專治時疫白喉彙編　子2-7489
專治時疫白喉捷要合編　子2-7513
專治咽喉簡易經驗良方　子2-7589
34 專達的弓一個勁爾一枝　集7-52073
77 專門名家一集、二集、三集　史8-63508、65243

5040₄ 妻

48 妻梅子鶴　集7-49472

婁

17 婁子柔先生集(吳歈小草、補、學古緒言、補)　集2-11021
婁子靜文集　集2-9769
婁子靜文集、醇儒傳　集2-9770
21 婁上張氏說詩　經1-3744
婁上編　集6-45054
22 婁山易輪　經1-1204　叢2-1392
31 婁江雜詞　史7-50236　叢2-811
婁江條議　史6-46787　叢2-811、1268
婁江志　史6-46585,7-52896
40 婁塘風雅　史7-56433
婁塘鎮志[乾隆]　史7-56433
婁壽碑　史8-63498、63519、64603~5　子3-15307
44 婁地全圖　史7-50075
50 婁東雜著(棣香齋叢書)五十六種續刊十二種　叢2-811
婁東詩派　集6-44535
婁東五先生詩選　集6-44536
婁東太原王氏宗譜圖[江蘇太倉]　史4-24906
婁東耆舊傳　史2-7919~21
婁東畫苑補錄　史2-7927
婁東明經張君(鐸)墓誌銘　史2-9731
婁東周氏叢刊初輯四種　叢2-931
婁東小志　史7-50076
62 婁縣續志[光緒]　史7-56475
婁縣沈氏家譜[上海松江]　史4-28979
婁縣沈氏宗譜[上海松江]　史4-28980
婁縣志[乾隆]　史7-56474
72 婁氏族譜[湖南寧鄉]　史5-34343
77 婁關蔣氏木支錄[江蘇吳縣]　史5-38109
婁關蔣氏本支錄右編[江蘇吳縣]　史5-

38107~8

5043₀ 奏

00 奏章　叢2-2120
奏辦京師工巡捐局章程　史6-43602
奏辦京師華商電燈有限公司章程　史6-44769
奏辦滇蜀鐵路總公司集股章程　史6-44339
奏辦海州雲臺樹藝公司案牘章程　史6-44801
奏辦堯陵事宜　史6-48752
01 奏訂結社集會律　史6-45958
04 奏謝折子　史2-10145
奏謝錄　史6-48233
05 奏請設立調查局章程　史6-41788
奏請於簡易識字學塾內附設簡字科等摺　史6-42374
奏請湘省鐵路歸商籌辦摺　史6-44324
奏請推廣中央銀行先齊幣制摺片清單　史6-44442
奏請國喪服色儀制摺　史6-49193
07 奏設外務部章程　史6-41787
奏設津浦鐵路公司原案暨招股章程　史6-44238
奏設吏部學治館法政新班同學錄　史6-42443
08 奏議　史6-47934、48063、48267、48457、48634~5　叢2-635(8)、1029、1844、2000
奏議集　叢2-698(9)
奏議彙鈔　史6-48022
奏議補缺　叢1-508
奏議初編　史6-49080
奏議輯覽初編　史6-48048
奏議公牘　史6-49062
10 奏疏　史6-47843、48041、48344、48579、48615、48675　子3-11234　叢1-151,2-821、1053、1201、1309、1714、1778、1787、1958、2150
奏疏、傳記　史6-48695
奏疏、補遺　叢2-1579
奏疏詳稟　史6-48080
奏疏稿　史6-48342
奏疏稿署　史6-48716
奏疏便覽　史6-48042
奏疏滙鈔　史6-48040
奏疏存稿　史6-48599、48657~8、48797
奏疏表箋　叢2-1140

中國古籍總目 · 索引

奏疏輯存　叢 2 - 845(1)
奏疏錄要　史 6 - 48039
奏疏類鈔　史 6 - 47974
20 奏爲新造省城模範監獄詳定約束矜恤勸善
　習藝諸章程摺　史 6 - 46303
　奏稿　史 6 - 47980、47984、47989、48054、
　　48065~6、48765、48787、48798、48809、48833、
　　49106　叢 2 - 947、1019、1879、2022、2200
　奏稿(乾隆五十年至五十一年七月)　史 6 -
　　48779
　奏稿(咸豐元年至八年)　史 6 - 48848
　奏稿(同治元年至二年)　史 6 - 48990
　奏稿(光緒三十二年鐵路總公司奏銷摺)
　　史 6 - 44206
　奏稿雜鈔　史 6 - 48037
　奏稿彙存　史 6 - 47975
　奏稿錄要　史 6 - 48064
　奏稿鈔存　史 6 - 48038
23 奏牋成帝　史 6 - 48092
　奏狀題跋　叢 1 - 223(40)
24 奏牘　史 6 - 48563、48568
27 奏御集　叢 2 - 1565
　奏御稿存　史 6 - 48785　叢 2 - 1530
　奏御存稿　集 4 - 22820
　奏修石經字像册　經 2 - 11376
28 奏繳咨禁書目　史 8 - 66217　叢 1 - 580
30 奏准商辦全浙鐵路有限公司章程　史 6 -
　　44290
　奏准天津新議通商條款　子 7 - 37387
　奏准總理各國衙門咨行洋務事宜册　史 6 -
　　44931
　奏進郭勛招供　史 6 - 48270
　奏定商船公會章程　史 6 - 43953、47082
　奏定商會簡明章程　史 6 - 43949、47082
　奏定府廳州縣地方自治章程並選舉章程
　　史 6 - 41797
　奏定度量權衡畫一制度圖說總表推行章程
　　史 6 - 44537、47082
　奏定廣東課吏館試辦章程　史 6 - 42785
　奏定文朝禮典記　子 3 - 15770、15775
　奏定文學堂冠服章程　史 6 - 42366
　奏定京師法政學堂章程　史 6 - 42449
　奏定京内各官制　史 6 - 42750
　奏定新軍武職官制摺　史 6 - 45230
　奏定礦政調查局章程　史 6 - 44753
　奏定礦務章程　史 6 - 44756~7
　奏定北洋練兵營制餉章　史 6 - 45264
　奏定北洋陸軍武備學堂章程　史 6 - 45265
　奏定酌改陸軍測繪學堂章程并增訂課程
　　史 6 - 45226
　奏定改訂獎勵華商公司章程　史 6 - 43951、

47079、47082
奏定山東賑捐章程　史 6 - 44710
奏定科舉章程　史 6 - 42280
奏定結社集會律　子 7 - 36638
奏定獎給商勳章程　史 6 - 43952、47079、
　47082
奏定各省諮議局及議員選舉章程　史 6 -
　41774
奏定督辦鹽政處辦事章程摺并清單　史 6 -
　43784
奏定約束出洋學生並鼓勵章程　史 6 -
　44037
奏定憲政編查館辦事章程　史 6 - 41761
奏定審判廳章程　史 6 - 46019
奏定江西軍制　史 6 - 45278
奏定江寧織造章程　史 6 - 44797、46975
奏定江蘇織造章程　史 6 - 44791、46975
奏定巡防隊暫行章程　史 6 - 45399
奏定大八成選補班次章程　史 6 - 42723
奏定杭州織造章程　史 6 - 44808、46975
奏定校閱陸軍軍隊章程　史 6 - 45237
奏定城鎮鄉地方自治并選舉章程　史 6 -
　41795
奏定考試法官應用法律章程會覽　史 6 -
　46015
奏定考驗游學日本畢業生章程　史 6 -
　42388
奏定勸學所章程　史 6 - 42378
奏定華商辦理農工商實業爵賞章程　史 6 -
　43950、47082
奏定東河新設河防局章程　史 6 - 46682
奏定農會章程　史 6 - 44887
奏定農會簡明章程　史 6 - 44888、47082
奏定釐訂各種銀行則例折　子 7 - 36639
奏定釐訂各種銀行則例摺　史 6 - 44479
奏定國幣則例　子 7 - 36637
奏定昭信股票章程　史 6 - 44514
奏定路礦章程　史 6 - 44749
奏定陸軍衣製圖說　史 6 - 45212
奏定陸軍部官制附現行辦法　史 6 - 45233
奏定陸軍任職等級補官章程　史 6 - 45232
奏定陸軍各學堂及出洋學生畢業考試出身
　授官摘要章程　史 6 - 45228
奏定陸軍審判試辦章程　史 6 - 45235
奏定陸軍官弁服帽章記　史 6 - 45211
奏定陸軍速成學堂章程　史 6 - 45218
奏定陸軍軍隊學堂服色章記圖說　史 6 -
　45213
奏定陸軍游學畢業生考試章程　史 6 -
　45225
奏定陸軍標旗及閱兵大臣旗式　史 6 -

45210
奏定陸軍警察隊試辦章程　史6-45329
奏定陸軍槍炮程式　史6-45246
奏定陸軍中學堂章程　史6-45224
奏定陸軍貴胄學堂章程　史6-45222
奏定陸軍貴胄學堂聽講章程　史6-45223
奏定陸軍畢業學生考試授官暫行章程　史
　6-45227
奏定陸軍學堂辦法　史6-45219
奏定陸軍小學堂章程　史6-45220
奏定陸軍營制餉章　史6-45216
奏定學堂章程摘錄　經2-11900
奏定公司注册試辦章程　史6-43957、47082
奏定鐵路礦務章程　史6-44750
34 奏對機緣　子7-34238　叢1-201、203(4、
　18)
37 奏祀段懋堂先生(玉裁)鄉賢錄　史2-9552
38 奏遵旨收回粵漢鐵路照繳美國合興公司售
　讓合同進呈並瀝陳籌辦情形摺　史6-
　44328
40 奏土論　史7-49307~8、49411
49 奏檔簿　史6-47959
50 奏事錄　史6-48119　叢2-635(8)、698(9)、
　1029
57 奏摺　史6-47879、48905
奏摺譜　史6-41522、42194　叢1-413
奏摺程式　史6-42195
奏摺條件輯覽　史6-48026
奏摺欵式　叢2-746
奏摺存稿　史6-47917、47986
奏摺存草　史6-48869　集4-29285
奏摺款式　史6-42062
奏摺檔　史6-48070
奏摺檔(道光二十三年七月至十二月)　史
　6-47937
奏摺體例輯要　史6-42198
奏摺錄存　史6-47985
奏摺簿　史6-49095、49121、49140
60 奏畧　叢2-940
70 奏雅世業　集6-43734~5
77 奏開天文算學科　史6-42277
88 奏籌辦川漢鐵路摺　史6-44333
89 奏銷康熙貳拾伍年分蘇州府屬額徵起存地
　丁本折錢糧督催經徵各官職名完欠分數
　文册　史6-47363
奏銷案　叢2-2203
奏銷乾隆二十八年盈餘引目摺　史6-
　43209

5044₇ 冉

17 冉子[冉雍]書　子1-95、243
冉子[冉求]書　子1-95、242
冉子[冉耕]書　子1-95、237
46 冉覲祖集　集3-15652
51 冉蟫庵先生語錄類編　子1-1485
72 冉氏家譜　史4-26119
冉氏家譜[四川德陽]　史4-26118
冉氏宗譜[四川宣漢]　史4-26117

5050₃ 奉

02 奉新彭蔡族譜[江西奉新]　史5-35561
奉新甘氏重修族譜[江西奉新]　史4-
　26054
奉新縣志[康熙]　史8-58866
奉新縣志[道光]　史8-58868
奉新縣志[乾隆]　史8-58867
奉新縣志[同治]　史8-58869
07 奉詔錄　史6-48142　集1-3492　叢2-
　1038
10 奉天交涉案牘　史6-47268
奉天新志畧[光緒]　史7-56097
奉天靖難記　史1-2776　叢1-50~2、54~5
奉天旗制變通案甲乙二類　史6-45162、
　45269
奉天刑賞錄　史1-2778　叢1-46
奉天巡警總局治事日記　史6-45360
奉天巡警總局防疫所事務報告書　史6-
　45361
奉天形勢　史7-49317(7)、49318(2)
奉天形勢論　史7-49316、49979
奉天上海間貿易概畧　史6-43982
奉天行宮游記　史1-1995
奉天行省同官錄　史3-23729
奉天備志[宣統]　史7-56099
奉天官銀號貸出各債戶歸欠表　史6-
　44489
奉天實業學堂章程規則　史6-42464
奉天巡警教練所講義　史6-45362
奉天遼陽州千山剩禪師塔碑銘　史2-9235
奉天遼陽州千山剩禪塔碑銘　子7-34793
奉天清宮書畫錄　叢2-2235
奉天通志[民國]　史7-56100
奉天通志稿[光緒]　史7-56098

中國古籍總目·索引

奉天海龍府東平縣鄉土志[光緒]　史7-56272
奉天地理　史7-49981
奉天地畧　史7-49318(19)、49980
奉天朝鮮貿易章程　子7-36840
奉天賦役全書　史6-43664
奉天鳳凰直隸廳寬甸縣分志[宣統]　史7-56168
奉天全省試辦宣統三年預算比較表說明書　史6-43284
奉天全省地輿圖說圖表　史7-49978
奉天全省農試驗場報告第　史6-44891
奉天全省農業試驗場報告第　史6-44892
奉天全省光緒三十四年入款說明書　史6-43278
奉天善後賑捐章程　史6-44643
奉天命三保下西洋雜劇　集7-48774(5)、49279
奉天錄　史1-2378~9　叢1-272(2)、323~4、456(1)、509、2-731(65)
奉天等省民數穀數滙總黃册(乾隆六年)　史1-1986、6-43276
奉天省新民府經費預算分册　史6-43288
奉天省試辦宣統三年預算歲入歲出比較表說明書　史6-43286
奉天省靖安縣志[宣統]　史7-56231
奉天省旗屬光緒三十四年款項說明書　史6-43280
奉天省洮安縣志書[民國]　史7-56234
奉天省城巡警教練所簡章　史6-45363
奉天省劃分國家地方兩稅說明書　史6-43283
奉天省劃分國家地方兩稅稅目及稅額表　史6-43282
奉天省財政沿革利弊說明書　史6-43281
奉天省輿地全圖　史7-49982
奉天輝南廳志[宣統]　史7-56285
奉天輝南縣風土志[民國]　史7-56287
奉西陳氏家譜[江蘇高郵]　史4-32720
16 奉聖回劫顯化錄　子4-21392
21 奉旨各州縣應付湘淮兩軍勇車酌加價銀以免賠累章程例册　史6-45291
22 奉川丁氏宗譜[浙江奉化]　史4-24631~4
奉川吳氏宗譜[浙江奉化]　史4-27842~3
奉川蔣氏宗譜[浙江奉化]　史5-38127
24 奉化新志[民國]　史7-57461
奉化縣鄉土志[光緒]　史7-56265
奉化縣官立中學改訂章程　史6-42530
奉化縣補義志[民國]　史7-57460
奉化縣志[康熙]　史7-57457
奉化縣志[順治]　史7-57456

奉化縣志[乾隆]　史7-57458
奉化縣志[光緒]　史7-56264、57459
奉化縣圖志[嘉靖]　史7-57455
奉先思孝　史2-9357
25 奉使交趾贈送詩　集2-5953
奉使記(清道光二十年)　史2-12728
奉使琉球詩、詞、文　集3-17762
奉使西域行程記　史7-54245
奉使集　集2-8842,3-19223~4　叢2-1439
奉使倭羅斯日記　史6-45024　叢1-211
奉使俄羅斯行程錄　史7-49339　叢1-241、242(3)
奉使俄羅斯日記　史1-1982,7-49317(2)、49318(4)　叢1-355
奉使紀行詩　集3-19107
奉使紀行詩、奉使行紀　史7-53908
奉使紀勝　史1-4957,7-49318(13)、53953
奉使倫敦記　史7-49318(22)、54134
奉使安南水程日記　史7-53831　叢1-84(3),2-730(10)、731(59)
奉使遼東集　集3-18617
奉使吉林日記(清光緒六年)　史2-13015
奉使英倫記　史1-4097　叢1-472
奉使朝鮮稿、東方和音　集2-10369
奉使朝鮮倡和集　集2-6787　叢2-594
奉使朝鮮紀程(光緒七年)　叢2-2061
奉使朝鮮日記　史7-49318(19)、54114
奉使朝鮮日記(清光緒十六年)　史2-13090
奉使朝鮮驛程日記(清道光二十三年)　史2-12734
奉使車臣紀　史7-49357、54131
奉使車臣汗紀程詩　集5-37424
奉使日記　史2-12952
奉使日記(清光緒十二年至十五年)　史2-12951
奉使陝甘日記(清嘉慶十一年)　史2-12667
奉使金鑑、補遺　史6-44920
奉使金鑑續編　史6-44921
奉使公函稿　史6-44922
奉使錄　集2-6869,3-15612　叢1-34,2-731(41)
26 奉和陸郡公落花詩三十首　集2-11147
40 奉直大夫吏部員外郎豫如府君(華允誠)年譜　史2-11586
44 奉萱草堂文續集　叢1-505,2-1748
奉萱草堂文鈔　叢2-1748
奉萱草堂文鈔、文續集、詩鈔、詩續集、廉泉先生字學一得　集4-28935
奉萱草堂詩集　叢2-1748

奉禁義和拳彙錄　史1－4296
48 奉檄吟草　集3－21574
60 奉思錄　史2－8116　叢2－1934
77 奉賢張氏家譜[上海奉賢]　史5－34777
　　奉賢鄉土地理[宣統]　史7－56519
　　奉賢鄉土歷史[宣統]　史7－56520
　　奉賢縣鄉土誌三編[民國]　史7－56521
　　奉賢縣志[乾隆]　史7－56515
　　奉賢縣志[民國]　史7－56518
　　奉賢縣志[光緒]　史7－56516
　　奉賢縣志稿[民國]　史7－56517
78 奉鹽調查錄　史6－43816
80 奉慈正義　子7－35399
88 奉節縣志[乾隆]　史8－61585
　　奉節縣志[光緒]　史8－61586
90 奉常疏稿　史6－48468
　　奉常集　集2－9487
　　奉常家訓　叢2－811
　　奉常家訓(奉常公遺訓)　子1－2177
　　奉常草　集2－11353　叢2－783、1193
　　奉常公(王時敏)年譜　史2－11594
　　奉常公遺訓　子1－2178　叢2－1231
　　奉省收支統一暫行章程　史6－43287
　　奉省裁併稅捐一覽表　史6－43604
　　奉省整頓田房稅契章程　史6－43572

5050₇ 毒

00 毒疫問答　子2－6973
44 毒藥樽　子7－38273

5055₆ 轟

10 轟天雷　子5－28788

5060₀ 由

00 由庚集　集3－20472　叢2－1733
　　由庚堂詩集　集2－10290
　　由庚堂集　集2－10291
　　由京至巴里坤城等處路程記　史7－49741
10 由醇錄十三種　叢1－83
33 由心集曲譜　集7－54768
44 由藏歸程記　史7－49318(3)、51094

50 由中國寄往各國包裹章程　史6－44381
80 由余書　子4－19563　叢2－774(10)
90 由拳集　集2－9982

5060₁ 書

00 書癖樓藏書目錄　史8－65907
　　書癡　集7－52540
　　書癡子弟書　集7－52156
　　書序　經1－3360～1　叢1－236～7
　　書序辨　叢2－714
　　書序辨正　經1－3366　叢2－1640
　　書序說　經1－130
　　書序集傳　叢1－414、574(1)
　　書序注　經1－130、3363
　　書序述聞　經1－163(2)、3369
　　書序考證　經1－3375
　　書序考異　經1－3372
　　書序晷考　經1－3368
　　書序答問　經1－3373
　　書齋夜話　子4－20197　叢1－175、223(41)、
　　　265(4)、266
　　書齋夜話、霏雪錄　子4－20199
　　書齋夜話、建炎以來朝野雜記　子4－20198
　　書齋樂事　叢1－187
　　書齋清事　叢1－128～9、192
　　書齋快事　叢1－197(4)、2 617(2)
　　書高母李太夫人事晷後　史2－10196
　　書高公秀東暨淑配李夫人家傳後　史2－
　　　10196
　　書庚辛之變　史1－3887
　　書文音義便考私編、難字直音　經2－13802
　　書言羣玉要刪　子5－25017
　　書言故事大全　子5－24870
　　書衣雜識　史8－65964
　　書襄城公主事　子5－26317
01 書評　子3－15001、15015、15049　叢1－4～5、
　　　9～10、22(14、15)、23(14)、27、29(2)、378
　　書評(古今書評)　子3－15013
05 書訣　子3－15101　叢1－223(37)、306、2－
　　　845(3)
　　書訣墨藪　1－19(10)、20(8)、21(9)、24(10)
07 書記洞詮、目錄　集6－45204
08 書說　經1－2937、2996　史1－2052　叢2－
　　　1596
　　書說綱領　經1－40～1、2697～9
　　書論　子3－15011　叢2－775(3)
　　書議　史6－48053
　　書議、玉堂禁經、論用筆十法　子3－15023

書議殘葉　叢2-608
書議斷片　叢2-608
書議錄　子4-21473
書譜　子3-14692、15001、15028～9、15036、
　　15345、15408、15515　叢1-2～7、9～10、22
　　(15)、23(14)、173、176、223(36)、353、2-731
　　(35)、2200
書譜(初拓書譜)　子3-15030
書譜釋文　子3-15033
10 書一枝　集7-51925
書二房會試同門硃卷　集6-45436
書三味樓叢書六十五種　叢1-300
書三味樓叢書十一種附一種　叢1-299
書王氏注　經1-2594　叢2-775(1)
書疏叢抄　經1-2724
書疏叢鈔　叢2-1124
書函錄要　史6-41755
書賈氏義　經1-2530　叢2-775(1)
11 書張主客遺事　子5-26315
書張相國保存國粹疏後　史6-49081
書張尚書之洞勸學篇後　子1-2457　叢1-
　　561
12 書孔氏傳彙校　經1-2557
書形辨似　經2-13074、15122
17 書翼堂改存　集6-44456
書翼堂改存稿　集3-20016
20 書雋　集6-41750
書系　史1-4908
書集傳　經1-2643～4　叢1-449
書集傳(滿文)　經1-2652
書集傳、書序集傳　叢1-414、574(1)
書集傳、書圖、朱子說書綱領、書序、音釋
　　經1-2671
書集傳音釋　經1-2672
書集傳音釋、書序、書圖、朱子說書綱領　經
　　1-2670
書集傳或問　經1-77(2)、2661　叢1-223
　　(5)、2-857、860
書集傳輯錄纂注　經1-2667～8
書集傳纂疏　經1-77(2)、2675　叢1-223
　　(5)、227(2)
書稿　叢2-1038
21 書虞雍公守唐鄧事　史1-2548
書經　經1-12、17、56、74～5、87～9、107、132、
　　2522、2611、2646～7、2947　叢1-186
書經、校刊記　經1-131
書經主意綱目　經1-2763
書經旁訓　經1-39、60、112、2690～1、2912
書經旁訓增訂精義　經1-116、2927
書經旁訓合璧　經1-3071
書經旁注　經1-62

書經章句訓解　經1-2707
書經音訓　經1-170、3401　叢2-691(2)
書經音義字考　經2-15111
書經衷論　經1-2826　叢1-223(6)、2-
　　690、691(2)、1340～1
書經衷要　經1-123、2979
書經訓解　經1-38
書經讀　經1-2753
書經讀本　經1-100
書經講義六章　經1-3130
書經詮義　經1-2856　叢2-1421
書經說　經1-2622、2980　叢2-1022
書經說畧　經1-57
書經論文　經1-2768
書經詳說　經1-81、2825
書經三注粹抄　經1-51
書經正解圖　經1-2843
書經互解　經1-2949
書經疏畧　經1-76、2817　叢2-1289
書經要義　經1-2803
書經禹貢要注便蒙　經1-3165
書經禹貢通考　經1-161
書經禹貢節注　經1-3159
書經集傳　經1-44、2645、2648　叢1-223
　　(5)、227(2)
書經集傳、新增輿圖　經1-2651
書經集傳校勘記　經1-2649
書經集傳異同商　經1-3014
書經集句　經1-161、3004
書經集注　經1-68、2653
書經儷句　經1-3135
書經便注　經1-2714
書經便蒙講意　經1-2749
書經便蒙詳節　經1-2792
書經參義(書經蔡傳參義)　經1-2839
書經備旨　經1-143、2905
書經傳說　經1-3137
書經傳注　經1-2740
書經白文　經1-6～7、3392
書經稗疏　經1-2805～6　叢2-1291～3
書經稗疏(尚書稗疏)　經1-2804
書經繹　經1-52、2721
書經釋義　經1-2831
書經疑　經1-3074
書經疑言　經1-3076
書經疑問　經1-53、2736
書經彙解　經1-2758
書經以俟錄　叢2-1146
書經倫次　經1-3134
書經注　叢1-465

書經注疏大全合纂　經 1 - 2783
書經字考　經 1 - 3399
書經近指　經 1 - 2794　叢 2 - 1230
書經心典　經 1 - 2829
書經補注　經 1 - 2772
書經補遺　經 1 - 2681　子 3 - 15079　叢 1 - 265(3)、2 - 674
書經補篇　經 1 - 2899　叢 2 - 1487
書經述　經 1 - 2903
書經襯解　經 1 - 3133
書經通論　經 1 - 152
書經大統凡例　經 1 - 3086　叢 2 - 2129(2)、2130
書經大全　經 1 - 2702、2704
書經大全、綱領、圖說　叢 1 - 223(6)
書經大全、書說綱領、圖說　經 1 - 2698
書經大全疑問要解　經 1 - 2759
書經大義　經 1 - 3081
書經直解　經 1 - 2719、2801
書經直指　經 1 - 2696
書經古注音義經典釋文　經 1 - 3388
書經去疑　經 1 - 2854
書經校注　叢 2 - 1521
書經地理今釋　叢 1 - 203(7)
書經考畧　經 1 - 2900
書經考異　經 1 - 2798　叢 1 - 223(6)
書經蔡傳　經 1 - 2650
書經蔡傳參義　經 1 - 86
書經娜嬛集注　經 1 - 2787
書經增訂旁訓　經 1 - 2913～4
書經增訂旁訓辨體合訂　經 1 - 2915
書經申釋　經 1 - 3122
書經摘注　經 1 - 2793
書經批　經 1 - 2904、2973
書經揭要　經 1 - 97、2902
書經輯解　經 1 - 3009
書經提要　經 1 - 2706
書經擬題　經 1 - 3136
書經敷言　經 1 - 2715
書經圖　經 1 - 2821
書經删正　經 1 - 2741
書經體注約解　經 1 - 2765
書經體注大全合參　經 1 - 126、2845
書經體注大全合參、御纂經解　經 1 - 2846
書經周禮皇帝疆域圖表　經 1 - 3089　叢 2 - 2129(2)
書經金氏注(金氏書經注)　經 1 - 2664
書經簡明白話解　經 1 - 3118
書經節解　經 1 - 2936
書經管窺　經 1 - 3121

書經纂言　叢 2 - 1051
書經纂註　經 1 - 55
書經纂詁　經 1 - 54
書經纂注　經 1 - 66
書經恆解、書序辨正　叢 2 - 1640
書經恆解、凡例　經 1 - 2948
書經精華　經 1 - 133、2954～5
書經精義　經 1 - 114～5、2925
書經精義、古尚書序　經 1 - 113
書經精義旁訓　經 1 - 2926
書經精義彙抄　經 1 - 2971
22 書岑猛　史 1 - 2828
書後緣起　叢 2 - 1309
書巖剩稿　集 4 - 23060
書巖賸稿　叢 1 - 426、2 - 731(46)
書斷　子 3 - 15001　叢 1 - 3～5、9～10、16、20(9)、21(10)、22(15)、23(14)、24(12)、147、223(36)
書斷(新刻書斷)　子 3 - 15021
書斷列傳、雜編　子 3 - 15022　叢 1 - 2、6
書巢詩草、試帖詩　集 5 - 36498
書巢碎金　史 6 - 47849
書巢箋註杜工部七言律詩　集 1 - 973
書種放事　子 5 - 26316
24 書牘　子 1 - 1256　叢 1 - 62、64、2 - 730(4)、731(16)
書牘雜著　集 2 - 11613　叢 2 - 978
書牘續三十二則　叢 2 - 1361
書牘存稿　叢 2 - 2065
書牘輯存　叢 2 - 733
書牘會稿　集 2 - 11129
書備吟　集 2 - 6353
書贊　經 1 - 3374　叢 2 - 775(1)
書緯　經 1 - 3494
書續　史 6 - 48440
25 書生初見　史 6 - 43065
書傳　經 1 - 42　叢 1 - 223(5)
書傳音釋　叢 1 - 427
書傳正誤　子 4 - 22248　叢 1 - 22(20)
書傳集解　經 1 - 2705
書傳疑纂　經 1 - 3005
書傳補商　經 1 - 3006
書傳補義　經 1 - 3015　叢 2 - 1888
書傳通釋　經 1 - 2703
書傳大全、書說綱領、圖　經 1 - 40～1、2697
書傳輯錄纂註、綱領　叢 1 - 223(5)
書傳問答　經 1 - 2633
書傳鹽梅　經 1 - 2880
書傳會衷　經 1 - 61、2756
書傳會通　經 1 - 2660

書傳會選　經1-2694　叢1-223(6)
書傳纂注、綱領　叢1-227(2)
書紳語畧　子1-1509　叢2-1368
書紳要語　子4-20903　叢1-128～9,2-1173
書紳集　子1-1443、2164
書紳錄　子1-2252　叢2-1555
26 書舶庸譚　史8-65328～9
書緯　經1-2988　叢1-388～90
27 書舟詞　集7-46352、46380、46382、46614　叢1-223(72),2-698(13)、720(2)
書疑　經1-77(2)、2659、2928　叢2-857、859、981
書疑辨證存　經1-2887
書名及著者姓名索引　叢1-223(73)
28 書儀　叢1-223(9)
30 書房贊　集7-53271
書家　子3-15264
書家要覽　子3-15001
書家傳、畫家傳　史2-6728
書惠　子4-20849　叢1-142、176、187、192
書寓詩鈔　集3-15855
書寓拈碧草　集3-15856
32 書淫薈鈔　子4-24651
34 書法　子3-15001、15017～8　叢1-11～2,22(14)、23(14)、25、29(4)、119～20、173、181、255(2)、350、371
書法離鉤　子3-15125～6　叢1-223(37)、347,2-731(35)
書法語鈔　子3-15239
書法論　子3-14703、15153　叢2-619
書法論義　集4-33469
書法三昧　子3-15000、15099
書法正傳　子3-15141　叢1-223(38)
書法正傳(增補分部書法正傳、重校分部書法正傳、重校書法正傳)　子3-15162
書法正宗　子3-15159　叢1-353
書法要訣　子3-15154
書法要錄　子3-15103
書法集要　子3-15178
書法備要　子3-15236
書法傳流　子3-15237
書法偶集　子3-15143　叢2-784
書法彙表　經1-7918　叢2-1629
書法彙鈔　子3-15174
書法約言　子3-15142　叢1-201、203(3)、353,2-807
書法必稽　子3-15131
書法津梁　子3-15204
書法存疑　史1-1133、1135
書法苑　叢1-16
書法鵠　子3-15150　叢2-1384
書法摘要善本　子3-15210
書法規範　子3-15090
書法雅言　子3-15001、15113　叢1-223(37)、242(5),2-731(35)
書法雅言(重刊書法雅言)　子3-15114
書法鉤玄　子3-14692、15077
書法鉤玄、閣帖評語、翰林要訣　子3-15078
書法管見　子3-15235
書法小學　子3-15127
書法粹言　子3-15128　叢1-195(6),2-731(35)
書法精言　子3-15185
書洪範　叢2-1003
35 書遺句　經1-135
書遺篇　經1-135
37 書湖州莊氏史獄　史1-3610　叢2-670
書冢碑　子3-15770～1
38 書啓　叢2-1140
40 書臺詩鈔　集4-22154
書帷別記　經1-2718
書古文訓　經1-77(2)、164、2559、2634　叢2-775(1)
書古文訓旨　經1-164
書古文訓旨(古文尚書訓旨)　經1-2561
書古文同異　經1-164
書古微　經1-163(4)、2981～2
書奩　子4-24081
41 書帖識語　叢1-223(40)
書板存亡考　史8-66460
42 書札　叢2-2000
書札雜箸　子1-1878
書札記事　叢2-1852
書札僅存　叢2-1595
書札燼存　集2-9996　叢2-1147～9
43 書城詩稿　集5-36977
書城偶輯　叢1-373(7)
44 書范氏集解　經1-2597　叢2-775(1)
書考辨　經1-2866
書考辯　經1-2625　叢1-574(4)
書苑　子3-14692　叢1-94
書苑補益　子3-14692
書苑菁華　子3-15063～4　叢1-223(37)、422
書莊精校新增繪圖幼學故事瓊林、詳考正字彙集句應酬彙選　子5-25613
書帶草堂詩選、文選　集3-13665
書帶草堂詩鈔　集3-21425
書帶草堂字話　經2-13574
書藏四約　史8-65347

書蕉 子4-20668 叢1-110、111(5)、435、
　2-731(54)、1171~2、1174
書老生蒙難事 叢2-791、793
書藝 集5-37676
書藝蒙求 叢1-503
書蔡傳附釋 經1-2983 叢2-653(1)
書蔡氏傳旁通 經1-77(2)、2682 叢1-223
　(6)
書蔡氏傳輯錄纂注 經1-77(2)
書葉氏女事 叢1-587(4)
書林正宗 子3-15160
書林外集 集1-5338~9 叢2-674
書林清話 史8-65326 叢1-547(2)、579
書林揚觶 史8-65273~4 叢1-427、523、
　2-662、1652
書林揚觶、刊誤補義 叢2-1650
書林揚觶評 叢2-2270(5)
書林餘話 史8-65327
45 書勢 子3-15172
書樓林氏世系[廣東高要] 史4-29410
47 書聲辨異 經2-14167、15122
書聲韻考後 經2-14107
50 書中候弘道篇 經1-3469 叢2-2129(2)、
　2130
書史 子3-15001~2、15259 叢1-4~5、9~
　10、22(15)、23(14)、223(37)、353、569、2-731
　(34)、873
書史(米元章書史、米海嶽書史) 子3-
　15265
書史、畫史 史2-6724
書史紀原 史2-6737 叢1-142
書史指南 子5-25330
書史會要、補遺 史2-6735
書史會要、補遺、續編 史2-6736
書史會要、補遺、續書史會要 叢1-223(37)
書事志恨 史1-3948
書事七則 史1-4451 集6-45076 叢1-
　202(3)、203(9)、2-624(3)、798、918、1244
書事七則、山陽錄、秋園雜佩 史1-4450
書畫 叢2-771(1)
書畫競秀、畫譜 子3-14986
書畫評 子3-14717
書畫詩夢石研屏歌 史2-12624
書畫記 子3-14771
書畫說 子1-72
書畫說鈴 子3-14700、14792 叢1-486,2-
　609、731(34)
書畫碑帖目 叢2-1693
書畫舫 子3-14831
書畫舫試體詩 集4-28310,6-42071
書畫舫詩課 子3-14830

書畫舫詩稿 集4-28309
書畫經眼錄 子3-14861 叢2-1019
書畫估 子3-14876
書畫傳習錄、續錄、梁谿書畫徵 史2-6723
書畫總考 子3-14698
書畫緣書譜姓類、畫宗姓類 史2-6727
書畫作偽日奇論 子3-14701
書畫家齋名錄 史2-6730 史8-63507
書畫家考 子3-14728
書畫涉記(書畫涉筆) 子3-14799
書畫心賞日錄 子3-14886
書畫萃苑 子3-14755
書畫史 叢1-13、14(3)、22(26)、111(5)、154、
　181、353、371,2-731(34)
書畫書錄解題 史8-66305
書畫書錄解題補乙編 史8-66307
書畫書錄解題補編 史8-66306
書畫指南 子3-14719
書畫搜奇 子3-14824
書畫目錄 子3-14902
書畫見聞表 叢1-223(37)
書畫題跋 子3-14709、14952、14956
書畫題跋記 子3-14935~7 叢2-609
書畫題跋記、續記、補 子3-14938
書畫題跋記、續書畫題跋記 子3-14934
書畫題跋記、續題跋記 叢1-223(37)
書畫跋語精選 子3-14959
書畫跋跋、續 子3-14929 叢1-223(37)
書畫所見錄 子3-14837 叢1-437,2-
　1696
書畫同珍二刻 子3-14720
書畫冊(十竹齋書畫譜) 子3-14974
書畫閣詩鈔 集4-27137
書畫金湯 子3-14754 叢1-22(26)、110、
　119~20、154、181,2-1172
書畫錄 史8-65713
書畫鑑真 子3-14858
書畫鑑影 子3-14859 叢2-1818
書畫筆談 子3-14857 叢2-2101
書本瑣抄 叢2-2270(5)
書本草 叢1-197(4)
書春堂詩集、續集 集4-31676
書柬活套翰墨連環譜 子5-26125
55 書農府君(胡敬)年譜 史2-12026 叢2-
　1642
56 書輯 子3-15086 叢2-1081
57 書契原恉 經2-12899
書契原恉二集 經2-12900
60 書目 史8-65828 叢1-20(4)、2-913、
　1973、2099、2122
書目雜鈔 叢2-1019

書目二編　史8-66010　叢2-2265
書目三種　叢2-2270(2)
書目便查　史8-65814
書目彙編　史8-65252
書目叢鈔五種　史8-65254
書目答問　史8-66186　叢2-2000
書目答問、校勘記　叢2-659
書目答問、輶軒語、求在我齋示子弟帖　史8-66187
書目答問、別錄、國朝著述諸家姓名畧　史8-66184
書目答問、別錄、國朝著述諸家姓名畧、校勘記　史8-66188
書目答問、別錄、國朝著述諸家姓名畧、四川尊經書院記、輶軒語　史8-66185
書目答問續　叢2-2270(2)
書目答問補　史8-66191
書目答問補正　史8-66190
書目答問箋補　史8-66189
書目類編　史8-66151
書四房會試同門硃卷　集6-45436
書圃古文(張梅渠古文)　集4-25249
書田近稿、簳山草堂續稿、三稿　集4-26323
書品　子3-15001、15014、15016、15020、15087、15170、15223　叢1-11〜2、22(15)、23(14)、29(2)、74〜7、94、101、111(1)、147、181、216、223(36)、282(3)、283(3)、345、353、431、490、2-622、873、1092
書品序　叢1-566
書品詞函　集6-43915
書品優劣　子3-15047　叢1-22(14)、23(14)、27
書品畫旨錄　子3-14714
書品同函　叢2-1204
62 書則　子3-15073
書影　子4-21016　叢1-373(9)
63 書跋　叢2-2122
67 書眼　叢1-353
71 書原　叢2-2270(3)
書原答問　叢2-2270(3)
72 書隱叢說　子4-21279　叢1-373(3)
74 書附記　經1-2906
書髓樓藏書目　史8-65934
75 書體篆印譜　子3-17180
書肆說鈴　子4-20761　叢1-22(22)、29(7)、131
77 書同文詩草　集3-21485
書屏詩文鈔　集4-23432
書學正韻　經2-13741
書學手眼　子3-15194

書學緒聞　子3-15229
書學彙編　子3-15144
書學彙編四種　經2-15122
書學大成　子3-15000
書學南鍼　子3-15213
書學捷要　子3-15191　叢1-244(6)、353、2-731(35)
書學拾遺　子3-15208　叢2-1755
書學雅言　集4-29845
書學印譜　子3-17090　叢2-886(2)
書學會編　子3-15002
書學慎餘　叢2-1333
書興　子4-20724　叢1-302
78 書鑒　叢1-24(5)
80 書人身圖說後　叢2-1664
書今文解　經1-2992
書義主意　經1-2687　叢1-456(6)、457、2-731(63)
書義矜式　經1-2686
書義斷法　經1-2680　叢1-223(6)
書義綱領　經2-12445
書義叢抄　經1-2946
書義原古　經1-2994
書義會真錄　經2-10348
書曾襲侯中國先睡後醒論後　子7-36233
書倉編　子4-23390
81 書敘指南　子5-25542〜3　叢1-223(43)、273(5)、275、347、2-731(54)
82 書劄雜著　集5-36186
書劄記事　集5-39826
83 書館閒吟　集3-17436
87 書錄　子3-15092、15257　叢1-195(6)、2-731(33)
書錄、外篇　叢1-223(37)
88 書簡　集1-2007〜8　叢2-635(8)、698(10)、1029
書筏　子3-15139　叢1-202(7)、203(12)
書笑　子4-24162
書箋　子4-18538　叢1-14(2)、25、111(1)、249(3)、461、2-624(3)、731(33)
書答　叢2-1113
書餘　史8-64187　叢2-1779〜80
書餘譜　集7-47057
書纂言　經1-77(2)、2674　叢1-223(5)、227(2)
書籍碑版題跋偶錄　史8-65899
89 書鈔閣雜抄　子4-24453
書鈔閣行篋書目　史8-65862
書鈔閣題跋　史8-65863
書鈔閣鈔書五種　叢1-354
90 書小史　史2-6734　叢1-223(37)、392、2-

833

書堂雜著　經2-11574
書堂詩鈔　集4-28375
書堂趙氏四修族譜［湖南益陽］　史5-38416
書尚書弘道編　經1-3088　叢2-2129(2)
書尚書弘道篇、書中候弘道篇　叢2-2130

5060₃ 春

00 春應豐和　集7-49705
　春庭說錄　集4-23239
　春夜宴桃園一枝　集7-51684
03 春詠亭集　集1-5284
07 春鶊集　集4-32788
　春郊詩集　集4-26286
　春詞、秋辭　集7-47006
10 春王正月考、辨疑　叢1-227(3)
　春至河開一枝　集7-51685
　春雪亭詩話　集6-46074　叢1-369、372、2-843
　春雪集、詩餘　集4-25040
　春雪館詩　集2-11176
　春雪館曲譜　集7-54810
　春雪篇　集2-11445
　春雪箋　集6-45217
　春雨齋詩集、桃花亭詞　集3-21874
　春雨雜述　子3-15083～4　叢1-13、14(2)、22(23)、111(4)、353,2-617(3)、731(35)
　春雨詩鈔　集3-20764
　春雨山房曆算集攷五種　子3-12397
　春雨逸響　子4-20819　叢1-62、64,2-730(4)、731(53)
　春雨草堂集、外集、宦稿　集3-13617
　春雨草堂剩稿　集4-26048
　春雨草堂別集、庭聞州世說、續、先進風格　叢2-809
　春雨草堂別集七集　集3-13618
　春雨草堂筆記　子4-23115
　春雨樓雜文、詩、採香詞、附錄　叢2-745
　春雨樓訓蒙百首詩　集6-42578
　春雨樓詩詞存鈔　集5-39124
　春雨樓詩集　集3-21554
　春雨樓詩集、文集、詞　集4-29609
　春雨樓詩集、文集、跋　集4-29610
　春雨樓詩存　集5-34523
　春雨樓詩畧　集4-23494～6
　春雨樓詩鈔　集5-34247　叢1-477
　春雨樓詞　集7-48065

春雨樓集　集3-21555
春雨樓稿　集3-21556
春雨樓稿雜文、採香詞、附錄　集3-21557
春雨樓叢書六種　叢2-1719
春雨樓初刪稿　集3-20433～4　叢2-845(4)
春雨軒詩正集、附集　集2-5940
春雨軒集　集2-5942　叢2-870(5)
春雨軒集、校勘記、校勘續記　集2-5943
春雨園詩　集4-24400
春雨唱酬集　集5-35472
春雨堂雜抄　叢2-1081
春雨堂詩選　集5-33728
春雨堂集　集2-12305,3-17135
春雨堂集方　子2-9963
春雨堂集四種　叢2-1380
春雨堂稿、續稿　集2-7014
春雨堂隨筆　子4-20400　叢1-87,2-730(1)
春雨堂隨筆(春風堂隨筆)　叢2-731(53)
春夏秋冬四枝　集7-51682
春靄亭雜錄文稿　集3-15086
春靄堂集　集3-16391
春靄堂集、續集　集3-16392
春雲集　集6-41997
春雲館讀書日記　子4-21912
11 春韭秋菘館未定草　集4-28999
12 春到廬詩鈔　集5-41105
　春水詞　集7-46429、47172、47703
　春水船詩集、詩補遺、文鈔　集5-34310
　春水船詞鈔　集7-47559
　春水船散體文　集4-33467
　春水船易學四種　經1-2323
15 春融堂雜記八種　子4-23254　叢1-496(3),2-1472
　春融堂雜著　叢1-373(3)
　春融堂詞　集7-47250
　春融堂集　叢2-1472
　春融堂集、年譜　集3-20916
　春融堂集三種　叢2-1472
17 春鸝詞　集7-47881
　春及生詩草　集4-26383
　春及草堂詩鈔(春及堂初集、二集、三集、四集)　集3-17958
　春及園蟲鳴草　集4-28808
　春及園蟲鳴草選鈔　集4-28809
　春及堂詩集　集3-19316
　春及堂稿　集4-22001
　春及堂遺稿　叢2-911
　春及堂藁　叢2-800

20 春舫詩鈔　集4－25586
　春香遙祭　集7－52792
　春香鬧學　集7－52272～3
　春香鬧學子弟書　集7－52085、52274
21 春紅晚白軒雜綴　叢2－2266
22 春艸堂遺稿　叢1－433
　春山文集四六鈔　集1－4391～2
　春山詩存、外編　集4－24971
　春山先生文集　集3－16154
　春巢詩餘　集7－47495
　春巢詩鈔　集4－23745～6
　春巢樂府　集7－50652
25 春生妙術瘟疫論　子2－6902
　春生投江打魚收子（二度梅後集）　集7－
　　53101
　春生閣詩鈔　集3－21905
26 春泉聞見錄　子5－26457
　春皋詩草　集4－30468
　春和隨筆　子4－23198
　春和堂詩集　集3－19102
　春和堂紀恩詩　集3－19101
　春和堂史記讀本　史1－5124
27 春歸詞　集7－48049　叢2－1805
　春鳧詩稿　集3－21734
　春鳧小稿　集3－18626～9
　春颿吟草　集4－28725
　春彝軒印譜　子3－17474
　春名兒一枝　集7－51681
　春甸集　集3－21053
　春綠山房詩集　集5－41033
29 春秋　經1－4～5、12、14～5、56、59、63、74、87、
　　107、166、6626、6678、7430、7432～3、7622、
　　8036、8068、8153　叢1－217、223（13）、330、
　　574（1）、2－771（3）、772（3）、773（3）、1092
　春秋（題何焯撰）　經1－139
　春秋、陸氏三傳釋文音義　經1－88
　春秋序題　經1－7611
　春秋旁訓　經1－39、60、112、7548～9、7876
　春秋旁訓辨體合訂　經1－7877
　春秋旁訓增訂精義　經1－116、7879
　春秋旁注　經1－62
　春秋應舉輯要　經1－7830　叢2－998、1455
　春秋意林　經1－37
　春秋意林（劉氏春秋意林）　經1－7459
　春秋文謚例　經1－7250　叢2－774（4）
　春秋文曜鉤　經1－176、8175、8177～8
　春秋文耀鉤　經1－171、8176、8181　叢1－22
　　（1）、23（2）、273（2）、274（2）、330～1、2－731
　　（14）、772（3）、773（3）、821、1872
　春秋文耀鉤、補遺　經1－174、8179
　春秋辨疑　經1－7474　叢1－223（10）、227

（3）、468
　春秋辨疑、校勘記　叢1－230（2）、2－731（63）
　春秋辨疑校　經1－8000　叢2－2004
　春秋辨疑校勘記　經1－7473
　春秋辨義　經1－7854
　春秋辯義　經1－7613～5　叢1－223（11）
　春秋音義字考　經2－15111
　春秋衷要　經1－123、7936
　春秋雜案　叢2－1484～5
　春秋訂誤　經1－7786
　春秋訓解　經1－38
　春秋新義　經1－7907～8
　春秋新義、春秋表、星新經　經1－7909
　春秋詠史樂府　經1－7010　叢1－203（16）
　春秋識小錄　叢1－223（11）、2－786～8
　春秋識小錄三種　叢1－242（1）
　春秋識　經1－173
　春秋讞義　經1－7538～9　叢1－223（10）
　春秋讞義補　經1－8001　叢2－2004
　春秋詩話　集6－46034～5　叢2－731（37）、
　　881
　春秋諸傳辨疑　經1－7588
　春秋諸傳斷　經1－7652
　春秋諸傳參說　經1－8018
　春秋諸傳會通　經1－77（3）
　春秋諸傳會通（春秋會通）　經1－7540
　春秋諸家引經異字同聲攷　經1－8111
　春秋諸家解、總論　經1－7846
　春秋諸國統紀　經1－77（3）、7530
　春秋諸國統紀、目錄　叢1－223（10）
　春秋諸國興廢說　叢1－223（10）
　春秋讀意　經1－7576　叢2－1093
　春秋讀左　經1－6964
　春秋讀本　經1－7894、8054、8061、8121
　春秋講義　經1－7506、8066～7　叢1－223
　　（10）、2－867
　春秋講義衷　經1－7866
　春秋詞命　經1－6803
　春秋族系表　經1－7919
　春秋說　經1－111（2）、7511、7793、7796、7902、
　　8020、8043、8053　叢1－269（2）、270（1）、
　　271、272（2）、437、561、2－943
　春秋說、補遺　經1－7825
　春秋說志　經1－45、7570　叢1－347、2－731
　　（63）
　春秋說畧　經1－7897、8118　叢2－1596
　春秋說題　叢1－24（1）
　春秋說題辭　經1－171、176、8248～51、8254
　　叢1－19（1）、21（1）、22（2）、23（2）、273（2）、274
　　（2）、330～1、2－731（14）、772（3）、773（3）、
　　821、1872

春秋說題辭附補遺　經1-174、8252
春秋說命徵　經1-8274　叢2-775(3)
春秋謚法表　史6-42223
春秋論旨　經1-7742
春秋論畧　經1-7794
春秋詳說　經1-81、7520、7730
春秋詳說、綱領　叢1-227(3)
春秋一百二十四國　經1-8084
春秋一得　經1-7841　叢2-1478
春秋二十國年表　經1-6623
春秋二槐詩鈔　集3-13273
春秋三發　經1-7682
春秋三子傳　經1-7847
春秋三變說　史1-6025
春秋三傳　經1-159、7551、7890、7994　叢2-1748
春秋三傳立學考　經1-7861
春秋三傳辨疑(三傳辨疑)　經1-7533
春秋三傳衷考　經1-7667
春秋三傳雜案　經1-7844
春秋三傳讞　經1-8115　叢1-223(10)
春秋三傳比　經1-7865　叢1-282(3)、283(3)
春秋三傳經訓通編　經1-8029
春秋三傳參鈔　經1-8102
春秋三傳總義　經1-7569
春秋三傳釋文　經1-7889
春秋三傳釋地　經1-128、7881、7904
春秋三傳約注　經1-8015　叢2-956
春秋三傳定說　經1-95、7806
春秋三傳補註　經1-7850　叢2-1503
春秋三傳通經合纂　經1-7677
春秋三傳存畧異同考　經1-8014
春秋三傳事實廣證　經1-8080
春秋三傳折中　經1-8088　叢2-2129(2)、2130~1
春秋三傳異文釋　叢1-333~5,2-731(63)
春秋三傳異文考　經1-8110
春秋三傳異文箋、補、附錄　叢1-460
春秋三傳異同說　經1-7438、8062、8121　叢2-774(4)
春秋三傳異同考　經1-7708　叢1-201、203(3)、241、242(1)
春秋三傳明辨錄　經1-7805
春秋三傳駁語　經1-8120
春秋三傳體注　經1-7892
春秋三傳全錄　經1-7888
春秋三傳合編　經1-8086
春秋三傳合纂　經1-7769
春秋三傳合鈔　經1-8081
春秋三注粹抄　經1-51

春秋三家經本訓詁　經1-164、7437　叢2-775(2)
春秋三家異文疏　經1-8109　叢1-557~8
春秋三書　經1-8116
春秋正辭　經1-7835
春秋正辭、春秋舉例、春秋要指　經1-111(2)、120
春秋正旨　經1-7584　叢1-223(11)、273(2)、274(1)，2-1099~101
春秋正經全文左傳增注句解　經1-6792
春秋正傳　經1-7565~6　叢1-223(11)，2-1068
春秋正解體要　經1-7887
春秋正宗　經1-8037
春秋正業經傳刪本　經1-7693
春秋正義　經1-6733~4　叢2-636(2)
春秋正義序　叢1-532
春秋正義存、校勘記　叢2-670
春秋正義校勘記　經1-6735
春秋正朔平實算稿　經1-8063
春秋正箋　經1-7790
春秋玉版　經1-8271　叢2-821、1872
春秋玉版讖　經1-8272　叢2-775(3)
春秋王霸列國世紀編　經1-77(3)、7509　叢1-223(10)
春秋至朔通考　經1-7939
春秋五論　經1-77(3)、7522　集1-4592　叢1-223(10)
春秋五霸源流　經1-8104
春秋五行災異卦炁屬比考　經1-7986
春秋五傳　經1-7646
春秋五測　經1-7842　叢2-1481
春秋五禮例宗　經1-7467　叢1-223(10)、456(5)、457
春秋五禮源流口號　經1-6917　叢1-202(7)、203(13)
春秋疏畧　經1-76、7718　叢2-1289
春秋疏義統宗　經1-54、7630
春秋元命包　經1-171、8166、8168　叢1-273(2)、274(2)，2-731(14)、1872
春秋元命苞　經1-172、176、8164~5、8167、8170、8173　叢1-19(1)、21(1)、22(1)、23(1)、24(2)、330~1，2-771(3)、772(3)、773(3)、821
春秋元命苞、補遺　經1-174、8169
春秋夏正　經1-7809　叢1-416~7、468，2-731(27)
春秋要指　經1-7837
春秋平議　經1-7944　叢1-493
春秋平義　經1-7697　叢1-223(11)，2-839~40

春秋天子二伯方伯卒正附庸尊卑表　經1-
　7319　叢1-568
春秋不傳　經1-7728
春秋不書義　經1-7619
春秋非左　經1-6843～4　叢2-872、1169
春秋瑞應傳　經1-8273　叢2-821、1872
春秋列傳　史2-6293～5
春秋列傳節要　經1-7758
春秋列女本事詩　集5-38654
春秋列女圖考　經1-7136　叢2-2095
春秋列表　叢2-2106
春秋列國讀法　叢1-312
春秋列國論　經1-7651、8116
春秋列國官名異同考　經1-7867　叢1-
　455、2-927
春秋列國地形犬牙相錯表　經1-6921
春秋列國地形口號　經1-6916　叢1-202
　(3)、203(8)
春秋列國地名考畧　子4-22675
春秋列國地圖　經1-8069
春秋列國考據　經1-8083
春秋列國考畧　經1-7926
春秋列國世代便覽　經1-7990
春秋列國表　經1-7707
春秋列國輯畧　經1-7774
春秋列國圖　經1-7975　史7-49313、49407
春秋列國戰守形勢　史1-6024
春秋列國時事說　經1-8103
春秋列國時事圖說　史1-6023
春秋列國臣傳　叢1-227(3)
春秋列國卿大夫世系表　經1-155、6922
春秋列國年表　經1-8033
春秋發疑　經1-7784
春秋刑法義　經1-7871
春秋孔演圖　經1-172、176、8155、8157、8160
　叢1-22(2)、23(2)、330～1、2-821
春秋孔義　經1-7608　叢1-223(11)、2-
　1178～9
春秋孔録法　經1-8267　叢2-821、1872
春秋職官考畧　史6-42608　叢1-241、242
　(1)、2-786～7
春秋殘稿　經1-8076
春秋取義測　經1-7812
春秋君臣世系圖考　經1-7891
春秋配　集7-51092～3、53524
春秋翼附　經1-7600
春秋攻昧　經1-6727　叢2-774(5)
春秋璇璣樞　經1-8268　叢2-821、1872
春秋億　經1-7592　叢1-223(11)
春秋手鈔　經1-7664
春秋毛氏傳　經1-111(2)、7711　叢1-223

　(11)、2-1309
春秋集註　經1-7501　叢1-223(10)、230
　(2)、2-731(63)、845(3)
春秋集註、綱領　經1-7507　叢1-227(3)
春秋集傳　經1-77(3)、147、7442、7544、7547、
　7580、7795、7803、7913　叢1-223(11)、227
　(3)、265(2)、266、2-774(5)、1421
春秋集傳、綱領　經1-7508
春秋集傳、義例　經1-8038
春秋集傳辨疑　叢1-223(9)、251
春秋集傳辨異　經1-7979
春秋集傳辯疑　叢2-731(63)
春秋集傳詳說、綱領　叢1-223(10)
春秋集傳釋義大成　經1-77(3)、7526
春秋集傳釋義大成、諸家傳序、綱領、春秋
　世次圖說　叢1-223(10)
春秋集傳微旨　經1-7450、8117　叢1-195
　(1)、223(9)、251
春秋集傳大全　經1-7559
春秋集傳大全、序論、春秋二十國年表、諸
　國興廢說　經1-7558
春秋集傳大全、春秋二十國年表、諸國興廢
　說、春秋列國東坡圖說　經1-40～1
春秋集傳纂例　經1-7452　叢1-223(9)
春秋集傳纂例校　經1-7999　叢2-2004
春秋集傳纂例校勘記　經1-7456
春秋集解　經1-34、77(3)、121、7454、7466、
　7499～500、7714　叢1-227(3)、2-731
　(63)、1987
春秋集注、綱領　經1-77(3)
春秋集古傳注　經1-7820
春秋集義　經1-7849、7906、7972　叢2-
　1888
春秋集義、諸家姓氏事畧、綱領　叢1-223
　(10)
春秋集義、綱領　經1-7512
春秋集善　經1-7502
春秋集纂例　經1-7455
春秋統畧删　經1-8048
春秋上律表　經1-7874
春秋衡庫　經1-7625～6、7628
春秋衡庫、備錄　經1-7624
春秋歲星行表　經1-7910
春秋歲星考　經1-7982　叢2-1920
春秋歲月日通考　經1-7785
春秋占筮書　經1-163(1)、2385　叢1-223
　(4)、249(4)、2-731(15)、1309
春秋比　經1-7898～9、8118　叢2-1596
春秋比辨　經1-7940　叢2-1645
春秋比事　經1-7498　叢1-223(10)
春秋比事參義　經1-7729、7831　叢2-998、

1455

春秋比事目錄　經1-7783　叢2-1386
春秋比類觀例　經1-7987
春秋師說　經1-77(3)、7542～3　叢1-223
　(11)、2-754
春秋經文、異同考　叢1-372
春秋經文三傳異同考　經1-8106　叢1-
　369
春秋經文異同畧　經1-8107
春秋經論摘義　經1-7960　叢2-822
春秋經玩　叢1-242(2)
春秋經翼　經1-7900
春秋經傳　經1-43、6615、7562、7757
春秋經傳辨疑　經1-7564　叢1-223(11)、
　2-860
春秋經傳集解　經1-6664～70、6672～3、
　6680～4、6688、6692　叢1-559、2-601、
　697、698(1)、750
春秋經傳集解、經傳識異　經1-6674
春秋經傳集解、考證、春秋年表、考證　叢
　1-341
春秋經傳集解、考證又附春秋年表、春秋名
　號歸一圖、考證　經1-16
春秋經傳集解、春秋二十國年表　叢2-635
　(2)
春秋經傳集解、春秋名號歸一圖　經1-
　6687、6707
春秋經傳集解、春秋名號歸一圖、春秋年
　表、考證　經1-6690
春秋經傳集解序　叢1-532
春秋經傳集解外傳考正　經1-6957
春秋經傳集解疑參　經1-6935
春秋經傳集解考正　經1-6955～6
春秋經傳集解卷　經1-6663
春秋經傳比事　經1-7928　叢2-1660
春秋經傳參訂讀本　經1-7485
春秋經傳敬繹　經1-7992
春秋經傳日表　經1-7009
春秋經傳日月考　經1-7976
春秋經傳闕疑(春秋關疑)　經1-7534
春秋經傳合編、雜說、書法彙表、辨疑　經1-
　7918　叢2-1629
春秋經傳朔閏表　經1-7006　叢2-1601
春秋經傳類聯　子5-25573～4
春秋經傳類對賦　子5-25571
春秋經傳類求　經1-7802
春秋經解　經1-77(3)、7461～2、7470　叢1-
　223(10)、230(2)、2-731(63)
春秋經左氏傳句解　經1-6793
春秋經世　經1-7571　叢2-1087
春秋經世論　經1-8028

春秋經異　叢2-1608
春秋經義　經1-7616
春秋經朔表　經1-7013
春秋經筌　經1-77(3)、7465　叢1-223
　(10)、227(3)
春秋例要　經1-7471　叢1-223(10)
春秋例統　經1-7443　叢2-774(5、11)
春秋例表二十四篇　經1-8011
春秋例表二十八篇　經1-8012
春秋例表三十八篇　經1-8013
春秋例畧　經1-7853
春秋亂賊考　經1-7945　叢1-558
春秋後語　經1-176、史1-2200～5　叢1-
　22(2)、23(2)、330～1、2-765、772(5)、773
　(4)、775(4)
春秋後語卷背記　叢2-592
春秋後傳　經1-77(3)、7504　史1-2207～8
　叢1-223(10)、227(3)、2-765、772(2)、773
　(2)
春秋后妃本事詩　叢2-685
春秋後國語　叢2-592
春秋斷義　經1-57、7567
春秋災異歲事物害說　經1-8058、8121
春秋剩義　經1-7801　叢2-1446
春秋樂府　史1-6101　叢2-1805
春秋私考　經1-7572
春秋外傳考正　史1-2130
春秋外傳國語　史1-2088
春秋外傳國語唐氏注　史1-2110　叢2-
　774(5、11)
春秋外傳國語平議　經1-145、163(4)　史
　1-2144　叢2-1920
春秋外傳國語孔氏注　史1-2112　叢2-
　774(5、11)
春秋外傳國語虞氏注　史1-2107　叢2-
　774(5、11)
春秋外傳國語釋文、國語補音　史1-2141
春秋編　經1-8075
春秋牒例章句　經1-6631　叢2-774(4)
春秋佐助期　經1-171、176、8227～30、8233
　叢1-22(2)、23(2)、273(2)、274(2)、330～1、
　2-731(14)、772(3)、773(3)、821、1872
春秋佐助期、補遺　經1-174、8231
春秋備旨　經1-143
春秋備覽集案、摘要　經1-7581
春秋緯　經1-177、8150～2、8154、8278　叢
　1-19(1)、21(1)、22(2)、23(2)、24(2)、273
　(2)、274(2)、330～1、2-731(14)、775(3)、
　821、1872
春秋緯文耀鉤　經1-8180、8182　叢1 441、
　2-774(7)、775(3)

春秋緯雜篇　叢2－821、1872

春秋緯說題辭　經1－8253、8255　叢1－441、2－774(7)、775(3)

春秋緯元命苞　經1－8172、8174　叢1－441、2－774(7)、775(3)

春秋緯佐助期　經1－8232、8234　叢1－441、2－774(7)、775(3)

春秋緯保乾圖　經1－8219、8221　叢1－441、2－774(7)、775(3)

春秋緯潛潭巴　經1－8245、8247　叢1－441、2－774(7)、775(3)

春秋緯演孔圖　經1－8161、8163　叢1－441、2－774(7)、775(3)

春秋緯漢含孳　經1－8226　叢1－441、2－774(7)

春秋緯運斗樞　經1－8189、8191　叢1－441、2－774(7)、775(3)

春秋緯考異郵　經1－8213、8215　叢1－441、2－774(7)、775(3)

春秋緯史集傳　經1－8279

春秋緯感精符　經1－8198、8200　叢1－441、2－774(7)、775(3)

春秋緯握誠圖　經1－8238　叢1－441、2－774(7)

春秋緯附錄、補遺　經1－8277

春秋緯附錄附補遺　經1－174

春秋緯合誠圖　經1－8206　叢1－441、2－774(7)

春秋緯合誠圖(合讖圖)　經1－8208

春秋緯合讖圖(合讖圖)　叢2－775(3)

春秋續義纂要發微　經1－7676

春秋使師義　經1－7872

春秋律身錄　經1－7968

春秋傳　經1－37、42、7457、7475、7823　叢2－1449

春秋傳(葉氏春秋傳)　經1－7496

春秋傳、綱領、提要、諸國興廢說　經1－7489

春秋傳、綱領、提要、春秋列國圖說、列國圖說、諸國興廢說　經1－7479

春秋傳、校勘記　經1－7484　叢2－636(2)

春秋傳說例　經1－7458　叢1－223(10)、230(2)、241、242(3)、388～90、468、2－731(63)

春秋傳說從長　經1－7864

春秋傳說薈要　經1－75、7761

春秋傳議　經1－7694～5

春秋傳正誼　經1－7973　叢2－1888

春秋傳飛錄　經1－94

春秋傳續經補　叢2－1464

春秋傳彙　經1－7574

春秋傳注　經1－7765

春秋傳注、提綱　經1－7696

春秋傳注彙約　經1－7623

春秋傳注會參　經1－7775

春秋傳禮徵　經1－7059　叢2－615(3)

春秋傳本　經1－7799

春秋傳駁　經1－6722　叢2－774(5)

春秋傳刪　經1－61

春秋傳質疑　經1－7829

春秋傳服氏注　經1－26、6651

春秋傳義　經1－7617

春秋傳義、補義　經1－8023　叢2－1817

春秋白文　經1－6～7、7431

春秋皇綱論　經1－77(3)、7463　叢1－223(10)

春秋偶記　經1－122、7882

春秋保乾圖　經1－171、8216～7、8220　叢1－273(2)、274(2)、2－731(14)、772(3)、773(3)、821、1872

春秋保乾圖、補遺　經1－174、8218

春秋程傳補　經1－7688

春秋總要　經1－6745

春秋總綱　經1－7856

春秋稗疏　經1－71、163(1)、7704～5　叢1－203(15)、223(11)、2－1291～3

春秋繹義　經1－7057、7984

春秋釋　經1－163(3)、7947～8　叢2－1734

春秋釋痾駮　經1－164、7251

春秋釋經　經1－7920

春秋釋例　經1－33、7190～4　叢1－223(9)、286、460、2－765～6、774(4)

春秋釋例、校勘記　叢1－230(2)、2－731(63)

春秋釋例殘稿　經1－8009

春秋釋例補遺　經1－7198

春秋釋例校勘記　經1－7195

春秋釋例世族譜補缺　經1－7197

春秋釋地韻編　經1－7085　叢2－2093

春秋釋義集傳　經1－7525

春秋釋義大成　叢1－227(3)

春秋釋義未定草　經1－8065

春秋歸義　經1－7632

春秋歸義、總說　經1－7633

春秋御案　叢1－379

春秋解　經1－36、149、7503、7974

春秋條貫　經1－8021

春秋條貫篇　經1－7709　叢2－1309

春秋疑問　經1－53、7601

春秋疑年錄　經1－7084　叢1－491

春秋疑義　經1－125、7740、7925　叢1－290

春秋疑義錄　經1－7895

春秋名字解詁補義　經1－163(4)、7981　叢2－1918～20

春秋名號歸一圖　經1-77(3)、6688、7486
　叢1-223(10)
春秋名號歸一圖、考證　叢1-341
春秋名號歸一圖、春秋二十國年表、春秋圖
　說　經1-6743
春秋名號歸一圖校勘記、拾遺　經1-7179
春秋名氏譜　經1-6893
春秋魯十二公年譜　經1-8072
春秋彙選前集、正集、末集　經1-8077
春秋紀傳　史1-120
春秋紀事考　經1-7957
春秋紀年　經1-7111　叢1-349
春秋綱領　經1-130、6924
春秋微旨　經1-33、121　叢1-268(2)
春秋復始　經1-8089
春秋從聖　經1-7659
春秋徐氏音　經1-7214　叢2-774(5)
春秋房會試同門硃卷　集6-45436
春秋家望讀本　經1-8078
春秋家說　經1-7700~1　叢2-1292~3、
　1295
春秋究遺　經1-7826
春秋究遺、總說、比例　經1-7827
春秋究遺、春秋總說、春秋比例　叢1-223
　(12)
春秋客難　經1-106、7817　叢1-203(16)
春秋審鵠　經1-7852
春秋定義　經1-8002
春秋實錄　經1-7642
春秋寶筏　經1-7699
春秋宗孟　經1-6909
春秋宗旨　經1-7590、7679
春秋宗朱辨義　經1-7759
春秋宗朱辨義、總論　叢1-223(11)
春秋河圖揆命篇　經1-8270　叢2-821、
　1872
春秋潛潭巴　經1-171、176、8240~3、8246
　叢1-23(2)、273(2)、274(2)、330~1,2-731
　(14)、772(3)、773(3)、821、1872
春秋潛潭巴、補遺　經1-174、8244
春秋潛澤巴　叢1-19(1)、21(1)、22(2)、24
　(2)
春秋源流、雜錄　經1-8073
春秋測微　經1-7734
春秋測義　經1-7597、7989
春秋叢錄補正　經1-7706
春秋演孔圖　經1-171、8156、8158、8162　叢
　1-273(2)、274(2)、2-731(14)、772(3)、773
　(3)、1872
春秋演孔圖、補遺　經1-174、8159
春秋補傳　經1-7807

春秋述義　經1-7868　叢1-523,2-635
　(13)、698(12)、926~7
春秋述義拾遺　經1-7038
春秋述義拾遺、河間劉氏書目考　叢2-653
　(1)
春秋漢議　經1-164、7252　叢2-775(2)
春秋漢含　經1-8222　叢1-24(1)
春秋漢含孳　經1-171
春秋漢含孳、補遺　經1-174
春秋漢含孳　經1-8223~4　叢1-19(1)、21
　(1)、273(2)、274(2)、2-731(14)、821、1872
春秋漢含孳、補遺　經1-8225
春秋決獄　經1-7229　叢1-261,2-761
春秋決事　經1-7226~7　叢2-765~6、774
　(4)
春秋決事比　經1-163(3)、7304
春秋禮經　經1-7029　叢2-1726
春秋禮徵　叢2-1747
春秋初讀　經1-7966　叢2-1827
春秋逸傳　經1-8024
春秋通　經1-52、7595
春秋通訓　經1-7468　叢1-223(10)、273
　(2)
春秋通說　經1-77(3)、7516~9　叢1-223
　(10)、227(3)
春秋通論　經1-99、152、7782、7815、7857
　叢1-223(11)、574(4)、2-1386
春秋通論、論旨、春秋無例詳考　經1-7741
春秋通議　叢2-2146~7
春秋通例　經1-7449　叢2-774(5)
春秋通志　經1-7602
春秋通義　經1-7469、7524、7800　叢1-223
　(10)、380
春秋運斗樞　經1-171、176、8183~7、8190
　叢1-19(1)、21(1)、22(1)、23(2)、24(2)、273
　(2)、274(2)、330~1,2-731(14)、771(3)、772
　(3)、773(3)、821、1872
春秋運斗樞、補遺　經1-174、8188
春秋十論　經1-7880
春秋左翼　經1-6805
春秋左傳　經1-1、11、13、17、56、68、89、126、
　6616~7、6624、6691、6693、6698~700、6704、
　6708~9、6825、6863、7188　叢1-172,2-
　1443
春秋左傳(增訂春秋左傳杜林詳解)　經1-
　6697
春秋左傳(春秋左傳杜林合註)　經1-6694
春秋左傳(春秋左傳杜林善本)　經1-6696
春秋左傳序[注疏校正]　叢2-1466
春秋左傳序校正　叢1-258
春秋左傳旁訓　經1-7146

春秋左傳意解　經1-7077
春秋左傳文法讀本　經1-7065、7094
春秋左傳辯章題解、摘鈔目錄、續鈔目錄
　　經1-7067
春秋左傳音訓　經1-170、7219
春秋左傳註　經1-18
春秋左傳註評測義　經1-6837
春秋左傳註疏、考證　經1-6741
春秋左傳註疏校正　經1-6965
春秋左傳註疏考證　經1-6952
春秋左傳註解辯誤、補遺、古器圖　經1-
　　6833
春秋左傳註校勘記　經1-6740
春秋左傳註林　經1-6838
春秋左傳評苑　經1-6813
春秋左傳評林　經1-6815
春秋左傳識小錄　經1-7027　叢2-1730
春秋左傳讞　經1-6747、8115　叢1-223
　　(10)
春秋左傳詁　經1-163(2)、6994　叢2-698
　　(2)、1559
春秋左傳讀、敍錄　經1-7173
春秋左傳讀本　經1-131、169、6628
春秋左傳讀本、春秋提要　經1-100
春秋左傳讀敍錄　經1-7174　叢2-2206
春秋左傳說　叢2-1614
春秋左傳許氏注　經1-6659　叢2-774(5)
春秋左傳許氏義　經1-164、6642
春秋左傳詳節句解　經1-6787
春秋左傳正義　經1-6736
春秋左傳王氏注　經1-6661　叢2-774(5)
春秋左傳要義　經1-6786　叢1-223(10)
春秋左傳平議　經1-145、163(4)、7071　叢
　　2-1920
春秋左傳賈服注輯述　經1-163(3)
春秋左傳翼疏　經1-6966
春秋左傳釋文校勘記　經1-7216
春秋左傳釋附　經1-6820
春秋左傳釋人　經1-7007
春秋左傳釋義評苑　經1-6817
春秋左傳解　經1-149、7063
春秋左傳彙輯　經1-6992
春秋左傳紀事　經1-7144
春秋左傳綱目　經1-6791
春秋左傳綱目定註　經1-6829
春秋左傳綱目杜林詳註　經1-6705~6
春秋左傳注　經1-6675
春秋左傳注疏　經1-23~5
春秋左傳注疏、諸家序、原目、春秋三傳注
　　解傳述人、考證　叢1-223(9)
春秋左傳注疏、考證　經1-19

春秋左傳注疏校正　叢2-731(2)、847
春秋左傳注疏校勘記、釋文校勘記　經1-
　　20
春秋左傳注疏考證　經1-111(2)
春秋左傳補註　經1-6949~50　叢1-223
　　(11)、247、273(2)、274(1)、312
春秋左傳補疏　經1-111(4)、7008　叢2-
　　1625~6
春秋左傳補注　經1-111(2,4)、6990　叢1-
　　463
春秋左傳初學讀本　經1-6627
春秋左傳古義凡例　經1-165、7203　叢1-
　　568,2-2130~1
春秋左傳古義凡例、春秋左氏傳漢義補證
　　簡明凡例、春秋古經左氏說後義補證凡
　　例、左氏春秋學外編凡例　叢2-2129(2)
春秋左傳校勘記(春秋左傳注疏校勘記)、
　　釋文校勘記　經1-6738
春秋左傳校勘記、釋文校勘記　經1-111
　　(3)
春秋左傳校勘記補正　經1-7046　叢2-
　　1795
春秋左傳標釋　經1-6865
春秋左傳地名疏證　經1-7108
春秋左傳地名集錦　經1-6875
春秋左傳地名補注　叢1-463
春秋左傳地名考　經1-6968　叢2-1091
春秋左傳地名考、大明清類天文分野書　經
　　1-6806　叢2-1089~90
春秋左傳地名錄、春秋外傳國語地名錄　經
　　1-6852
春秋左傳杜註　經1-6933
春秋左傳杜註校勘記　經1-6679
春秋左傳杜注綜覽　經1-7105
春秋左傳杜注補輯　經1-132
春秋左傳杜注校勘記　叢1-475,2-656、
　　2130
春秋左傳杜林合註　經1-6695、6701~2
春秋左傳杜氏集解辨正　經1-7163
春秋左傳姓名同異考　經1-6908
春秋左傳事類年表　經1-7102
春秋左傳擷要　經1-7044
春秋左傳典畧　經1-6853
春秋左傳國次　經1-6997
春秋左傳異文釋　經1-163(2)、7218　叢1-
　　333~5,2-731(63)
春秋左傳異名考　經1-6870
春秋左傳異義錄聞　經1-7112
春秋左傳氏族地名類編　經1-7125
春秋左傳屬事　經1-6834　叢1-223(11)
春秋左傳屬事古字奇字音釋　經1-7215

春秋左傳服注　叢1－586(1)、2－716(1)

春秋左傳服注存、續、補遺　經1－6650　叢1－424

春秋左傳闡義　經1－7110

春秋左傳分國土地名　經1－6939　叢1－241、242(2)、515、2－731(56)

春秋左傳分國土地名、職官器物宮室　經1－82

春秋左傳分類賦　經1－6982

春秋左傳義疏　經1－6742　叢2－774(5)

春秋左傳合解　經1－7114

春秋左傳會要　經1－6979　叢1－283(3)

春秋左傳鍵　經1－7101

春秋左傳鄭氏義　經1－164、6649

春秋左傳節文、音義　經1－6810

春秋左傳節文注畧　經1－6811

春秋左傳節鈔　經1－7138

春秋左傳小疏　經1－111(2)　叢1－223(11)

春秋左傳類聯　叢1－202(6)、203(12、18)

春秋左傳類編　經1－6782

春秋左傳類解、地譜世系　經1－6802

春秋左傳類對賦補注　經1－6795

春秋左傳類纂　經1－6901

春秋左史捷徑　經1－6816

春秋左國公穀分國紀事本末　經1－7822　史1－1793

春秋左氏膏肓釋痾　經1－6657　叢2－774(4)

春秋左氏函傳義　經1－6718　叢2－774(5)

春秋左氏經傳章句　經1－6660　叢2－774(5)

春秋左氏經傳集解、春秋名號歸一圖、春秋提要　經1－6689

春秋左氏經傳集解後序　經1－130、6713

春秋左氏經傳義畧　經1－6720　叢2－774(5)

春秋左氏經遺文　經1－135

春秋左氏傳　經1－6676～7　叢2－604、1747

春秋左氏傳章句　經1－6630　叢2－774(4)

春秋左氏傳雜論　經1－6746

春秋左氏傳說　叢1－227(2)、2－857

春秋左氏傳賈服注輯述　經1－7011

春秋左氏傳延氏注　經1－6641　叢2－775(2)

春秋左氏傳集釋　經1－7079

春秋左氏傳集義　經1－144　叢2－1865

春秋左氏傳例畧　經1－7211　叢2－2248

春秋左氏傳嵇氏音　經1－7213　叢2－774(5)

春秋左氏傳續紀　集5－37884

春秋左氏傳傳例解畧　經1－7209　叢2－2248

春秋左氏傳傳注例畧　經1－7210　叢2－2248

春秋左氏傳傳時月日古例考　經1－7207

春秋左氏傳吳氏義　經1－6629　叢2－775(2)

春秋左氏傳解誼　經1－6654～5　叢2－772(2)、773(1)、774(4)

春秋左氏傳解詁　經1－6632、6634　叢2－765～6、774(4)

春秋左氏傳補註　經1－6796、7017　叢1－223(11)

春秋左氏傳補注　經1－77(3)、163(2)　叢1－420、2－731(63)

春秋左氏傳述義　經1－6724～6　叢2－765、772(2)、773(1)、774(5)

春秋左氏傳漢誼　叢2－2178

春秋左氏傳漢義補證簡明凡例二十則　經1－7204

春秋左氏傳遺文　經1－135

春秋左氏傳土地名集釋　經1－7162

春秋左氏傳古例詮微　經1－7185、7208　叢2－2248

春秋左氏傳古注　經1－7090

春秋左氏傳古義輯說長編　經1－7161

春秋左氏傳校本　經1－6685～6

春秋左氏傳地名補註　經1－7018

春秋左氏傳地名補注　經1－163(2)　叢1－420、2－731(56)

春秋左氏傳舊注疏證　經1　7035

春秋左氏傳事類始末　經1－77(3)　史1－1789

春秋左氏傳事類始末(春秋左傳事類始末)、目錄、附錄　經1－6785

春秋左氏傳事類始末、目錄、附錄　叢1－223(19)

春秋左氏傳時月日古例考　叢2－2248

春秋左氏傳劉氏注　經1－6719　叢2－775(2)

春秋左氏傳服氏注　經1－6652　叢2－775(2)

春秋左氏傳義注　經1－6662　叢2－774(5)

春秋左氏傳答問　經1－7186　叢2－2248

春秋左氏解詁　經1－6633　叢2－772(1)、773(1)

春秋左氏疑義答問　經1－7171　叢2－2207

春秋左氏古經　經1－6981　叢1－515、2－1517

春秋左氏古經、釋文證義　經1－7118

春秋左氏古義　經1－163(2)、7026　叢1－419、2－731(63)

春秋左氏古義補證長編　經1－7148

春秋左氏長經章句　經1－6635　叢2－774
　(4)
春秋左氏全傳白文　經1－6618
春秋左氏小疏　叢2－1413
春秋左氏小疏(春秋左傳小疏)　經1－6937
春秋左類聯　經1－7115
春秋大意　經1－8051
春秋大旨提綱表　經1－8027
春秋大傳　經1－7435　叢2－774(4)、775(2)
春秋大傳補說　經1－124、7436
春秋大事記　經1－8042
春秋大事表　經1－162、6918　叢1－312
春秋大事表、讀春秋偶筆、輿圖　叢1－223
　(11)
春秋大事表、讀春秋偶筆、輿圖、附錄　經1－
　6919
春秋大事表、輿圖　經1－163(1)、6920
春秋大事表序錄　經1－6923　子4－19500
春秋大事表摘要　經1－6926
春秋大事表畧　經1－7150
春秋大成　經1－7719
春秋大成講意　經1－7720
春秋大成題意　經1－7685
春秋大全　經1－7561、7607
春秋大全、序論、諸國興廢說、二十國年表
　　經1－7560
春秋大全、序論、諸國興廢說、列國圖說、二
　十國年表　叢1－223(11)
春秋大義　經1－8100
春秋大義繹釋　經1－7135
春秋大義述　經1－7956
春秋土地名　經1－6714～7　史7－49307～8
　叢1－261,2－761、765～7、772(2)、773(1)、
　774(5)
春秋直解　經1－7605、7781、7828　叢2－
　1386
春秋直解、讀春秋　經1－46
春秋坊記問業　經1－69
春秋坊記問業(坊記春秋問業)　經1－7637
春秋內外傳筮辭考證　經1－7997
春秋內傳古注補輯　經1－8016
春秋內傳古注輯　經1－7883
春秋內事　經1－171、8261～4　叢1－273
　(2)、274(2)、441,2－731(14)、771(3)、772
　(3)、773(3)、774(7)、821、1872
春秋希通　經1－7958
春秋存佚　經1－7579
春秋志在　經1－70、7681
春秋女譜　經1－7946
春秋古經說　經1－163(3)、7959　叢2－731
　(63)、881
春秋古經左氏說後義補證凡例　經1－7205
春秋古經舊注疏證零稿　經1－8099
春秋古經箋　經1－8098
春秋古經箋存、春秋古經舊注疏證零稿　叢
　2－2248
春秋古今地名考　經1－7789
春秋七國統表　經1－7951
春秋校記　經1－7862
春秋札記　經1－7787、8019　叢2－1392
春秋析疑　叢2－1799
春秋求故　經1－7689
春秋求中錄　經1－98、7717
春秋載記　經1－8092
春秋卅韻　集3－20985
春秋董氏學、傳　經1－7325
春秋地理志　經1－6883
春秋地理考實　經1－111(2)、6934　叢1－
　223(12)
春秋地理今釋　經1－7141
春秋地名　經1－6712　叢1－238～9
春秋地名辨異　經1－6943　叢2－731(56)、
　786
春秋地名辨異、晉書地理志證今　叢1－
　241、242(1)、2－787
春秋地名考　經1－6987
春秋地名考、補遺、疏引地名、地名考異　經
　1－7001
春秋地名考畧　經1－6906　叢1－223(11),
　2－2178
春秋地名考畧目　經1－6907　叢1－349
春秋地名圖考　經1－7143
春秋地名同名錄　經1－7002
春秋地名同名錄補遺　經1－7003
春秋地考　經1－7573
春秋地異名同輯釋　經1－8085
春秋地輿分韻考　經1－7154
春秋地義　經1－7621
春秋考　經1－7497　叢1－223(10)、230(2)
春秋考畧　經1－7993
春秋考異　經1－8209　叢1－19(1)、21(1)、
　24(1)
春秋考異郵　經1－171、8210～1、8214　叢1－
　273(2)、274(2)、2－731(14)、772(3)、773(3)、
　821、1872
春秋考異郵、補遺　經1－174、8212
春秋世族譜　經1－6999、7747　叢1－223
　(11)、339～40、478
春秋世族譜、補正　經1－7749　叢1－526
春秋世族譜、補鈔　經1－7748
春秋世族譜補　經1－6988
春秋世族譜考　經1－7000

春秋世族譜拾遺　經1-7061　叢1-439
春秋世族志畧　經1-7942
春秋世族輯畧　經1-7773
春秋世論　經1-7702～3　史1-5275　叢2-1291～3、1295
春秋世譜拾遺　經1-7062　叢2-1867
春秋世系　經1-7753
春秋世系考　經1-8047
春秋世系表　經1-7977
春秋世紀編　叢1-227(3)
春秋世次圖　經1-7744
春秋世本圖譜　經1-7750～1
春秋世學　經1-7596
春秋楚地疆域表　叢2-1952
春秋楚地答問　經1-7048　叢2-731(56)、872
春秋權衡　經1-37、77(3)、7460　叢1-223(10)、227(2)
春秋林氏傳　經1-7662
春秋胡傳　經1-7490～1
春秋胡傳、諸國興廢說　經1-7476
春秋胡傳、綱領、春秋列國東坡圖說、春秋諸國興廢說　經1-68
春秋胡傳、綱領、提要、諸國興廢說　經1-7478
春秋胡傳、綱領、提要、諸國興廢說、列國東坡圖說、正經音訓　經1-7483
春秋胡傳、綱領、提要、諸國興廢說、古今輿地考　經1-7492
春秋胡傳、綱領、提要、列國東坡圖說、諸國興廢說　經1-7488
春秋胡傳、綱領、提要、春秋列國圖說　經1-7480
春秋胡傳、春秋列國圖說、諸國興廢說　經1-7477
春秋胡傳、提要、諸國興廢說、正經音訓　經1-7481
春秋胡傳、提要、列國東坡圖說、正經音訓　經1-7482
春秋胡傳翼　經1-7610
春秋胡傳參義　經1-86、7494
春秋胡傳審鵠會要　經1-7851
春秋胡傳考誤　經1-7568　叢1-195(1)、223(11)、268(2)、424、469、586(1)、2-716(1)
春秋胡傳考正、續錄　經1-7952
春秋胡傳申正　經1-7953
春秋胡傳附錄纂疏　經1-7536　叢1-223(11)
春秋胡傳體注　經1-7754
春秋胡氏傳　叢2-754
春秋胡氏傳、春秋諸國興廢說、春秋提要

叢1-227(3)
春秋胡氏傳、春秋名號歸一圖、諸國興廢說、春秋二十國年表　經1-7487
春秋胡氏傳辨疑　經1-7575　叢1-223(11)、272(2)
春秋胡氏傳集解　經1-7563
春秋胡氏傳纂疏　經1-7535
春秋穀梁疏　經1-7374
春秋穀梁經傳補注(穀梁補注)、律句　經1-7401
春秋穀梁經傳古義疏　經1-7414
春秋穀梁傳　經1-1、13、17、132、7334、7356～7、7359、7364～5、8113　叢1-140,2-635(2)、698(1)
春秋穀梁傳、攷　經1-7358、7360
春秋穀梁傳、校刊記　經1-131
春秋穀梁傳、考異　經1-7361　叢1-446,2-731(63)、873
春秋穀梁傳、附考　經1-18
春秋穀梁傳序　經1-7412　叢2-775(2)
春秋穀梁傳旁訓　經1-7411
春秋穀梁傳糜氏注　經1-7350　叢2-774(5)
春秋穀梁傳章句　經1-7336　叢2-774(4)
春秋穀梁傳音訓　經1-170、7429
春秋穀梁傳讖　經1-7383、8115　叢1-223(10)
春秋穀梁傳讀本　經1-100、169
春秋穀梁傳讀本、考異　經1-7362
春秋穀梁傳說　經1-7338　叢2-774(4)
春秋穀梁傳平議　經1-145、163(4)、7402　叢2-1920
春秋穀梁傳集解　經1-7353～4
春秋穀梁傳集解存　叢2-601、750
春秋穀梁傳釋文校勘記　經1-7427
春秋穀梁傳解釋　經1-7347、7424
春秋穀梁傳解釋存　叢2-592
春秋穀梁傳徐氏注　經1-7351　叢2-774(5)
春秋穀梁傳注　經1-7349　叢2-772(2)、773(2)
春秋穀梁傳注疏、考證　經1-19　叢1-223(9)
春秋穀梁傳注疏、考證晉范寧集解　經1-7380
春秋穀梁傳注疏校勘記　經1-7382
春秋穀梁傳注疏校勘記、釋文校勘記　經1-20
春秋穀梁傳注疏考證　經1-111(2)、7388、7392
春秋穀梁傳注義　經1-7352　叢2-774(5)

春秋穀梁傳補注　經1-7413　叢2-2121
春秋穀梁傳校刊記　經1-7366
春秋穀梁傳校勘記(春秋穀梁傳注疏校勘記)、釋文校勘記　經1-7381
春秋穀梁傳校勘記、釋文校勘記　經1-111(3)
春秋穀梁傳異文釋　經1-163(2)、7428　叢1-333~5,2-731(63)
春秋穀梁傳時月日書法釋例　經1-163(2)、7396　叢1-456(4)、460
春秋穀梁傳鄭氏說　經1-7371　叢2-774(5)
春秋穀梁注疏　經1-23~5、7379
春秋穀梁古注彙考　經1-7426
春秋穀梁劉更生義　經1-7339　叢2-775(2)
春秋穀梁劉氏注　經1-7372　叢2-775(2)
春秋穀梁劉氏義　經1-164、7337
春秋穀梁氏經遺文　經1-135
春秋穀梁氏傳遺文　經1-135
春秋穀梁段氏注　經1-7340　叢2-775(2)
春秋增註　經1-7716
春秋增訂旁訓　經1-7878
春秋事義全考　經1-7587　叢1-223(11)
春秋事義合註　經1-7832
春秋事義慎考　經1-7779
春秋摘微　經1-7447~8　叢1-439
春秋本例　經1-77(3)、7472　叢1-223(10)、227(3)
春秋本義　經1-77(3)、7116、7531、7713　叢1-227(3)、2-788
春秋本義、春秋傳人名氏、春秋綱領、春秋本義通論、春秋本義問答　叢1-223(10)
春秋書法比義　經1-7905
春秋書法解　經1-7650、8116
春秋書法凡例附胡氏釋例　經1-7202　叢2-1726
春秋書法鉤玄(春秋書法鉤元)　經1-7557
春秋書法鉤元　叢1-223(11)
春秋書義　經1-7618
春秋春王正月考　叢2-731(26)
春秋春王正月考、辨疑　經1-77(3)　叢1-223(11)、242(5)、468
春秋春王正月考、辨疑(春王正月考)　經1-7556
春秋春王正月考辨疑　叢2-731(26)
春秋表　經1-7943
春秋表記問業　經1-69、5874、7636　叢1-223(9)
春秋指掌　經1-7723
春秋折衷論　經1-7445~6　叢2-774(5)

春秋揣義述說　叢2-1987
春秋揆畧　經1-7638
春秋揆命篇　經1-8269　叢2-821、1872
春秋或辯　經1-7715　叢1-241、242(1)、2-731(27)
春秋或問　經1-77(3)、7521、7532、7821　叢1-223(10)
春秋或問、春秋五論　叢1-227(3)
春秋感精圖符　叢1-21(1)
春秋感精符　經1-171、176、8192~6、8199　叢1-19(1)、22(2)、23(2)、24(2)、273(2)、274(2)、330~1,2-731(14)、772(3)、773(3)、821、1872
春秋感精符、補遺　經1-174、8197
春秋成長說　經1-6656　叢2-774(4)
春秋井田記　經1-7042　叢2-774(5)
春秋規過　經1-6728、6731　叢2-774(5)
春秋規過考信　經1-7039　叢2-653(1)
春秋揭要　經1-97
春秋輯說彙解　經1-7863
春秋輯說彙解、淡和堂經說、敬修齋經說　叢2-962
春秋輯傳　經1-7589
春秋輯傳、宗旨、春秋凡例　叢1-223(11)
春秋輯傳辨疑　經1-7738
春秋輯解　經1-7969
春秋提要　經1-7641　叢1-223(10、11)
春秋提要便考　經1-7634
春秋提綱　經1-77(3)、7537　叢1-223(10)、227(3)、2-1799
春秋握誠圖　經1-171、174、8235~7、8239　叢1-273(2)、274(2)、2-731(14)、772(3)、773(3)、821、1872
春秋口義說　經1-8055、8121
春秋日南至譜　經1-163(4)、7971　叢2-1867
春秋日月考　經1-7941　叢2-2048
春秋日月時例　經1-8034、8040
春秋日食交周算稿　經1-8064
春秋日食辨正　經1-8006　叢2-1974
春秋日食譜古微　叢2-2265
春秋日食集證　經1-8031
春秋日食考　經1-7995、8005　叢2-1992
春秋日食星度表　經1-7911
春秋日食質疑　經1-7938　叢1-195(1)、201、203(5)、269(2)、270(1)、272(3)、480,2-731(26)
春秋目　經1-7860
春秋目論　經1-7934
春秋國語　史1-2089
春秋國名考釋　經1-8030

春秋國華　經1－7582

春秋國都爵姓考　經1－7068

春秋國都爵姓考、補　叢1－456(5)、457

春秋國都爵姓考補　經1－7069

春秋國邑釋今　經1－8039

春秋四傳　經1－7554～5

春秋四傳、綱領、提要、列國東坡圖說、春秋
　二十國年表、諸國興廢說　經1－7552

春秋四傳、綱領、提要、春秋列國東坡圖說、
　春秋諸國興廢說、春秋二十國年表　經
　1－44

春秋四傳、綱領、提要、東坡地理圖說、春秋
　二十國年表、諸國興廢說　經1－7553

春秋四傳詁經　經1－7965　叢2－1822

春秋四傳斷　經1－8116

春秋四傳糾正　經1－7698　叢1－203(7)、
　223(11)、2－839～40

春秋四傳私考　經1－7593～4　叢2－878～9

春秋四傳通辭　經1－7657

春秋四傳刈實、前　經1－7824

春秋四傳異同辨　經1－7813　叢2－731
　(63)、869

春秋四傳質　經1－7669　叢1－223(11)

春秋四傳質(石崖遺書)　經1－7670　叢2－
　1291

春秋四傳管窺　經1－7814

春秋四家　經1－7647

春秋四家五傳平文　經1－7645

春秋見心　經1－7914

春秋易簡　經1－7727

春秋因是　經1－6851

春秋圖　經1－7777

春秋圖表　經1－8087　叢2－2129(2)、
　2130～1

春秋異文箋　經1－111(4)、8108

春秋異名辨異　經1－6871

春秋異地同名考　經1－7096　叢1－537

春秋困學錄　經1－7839

春秋羅纂　經1－7578

春秋題要辯疑　經1－7721

春秋題旨　經1－7686

春秋題旨輯要　經1－7684

春秋題解類編　經1－161、8052

春秋題彙　經1－7612

春秋題輅　經1－7656

春秋別典　史1－1463　叢1－223(20)、273
　(4)、274(3)、2－881

春秋戰殺例補　經1－7196

春秋戰國文選　集6－43172～3

春秋戰國異辭、通表　史1－2194

春秋戰國異辭、春秋戰國通表、摭遺　叢1－

223(20)

春秋戰國年表　史1－4639

春秋時義　經1－7620

春秋單合析義　經1－7661

春秋單合撮要　經1－8082

春秋明志錄　經1－7577　叢1－223(11)

春秋盟會圖　經1－7230～1　叢2－765、772
　(2)、773(2)

春秋啖趙二先生集傳辯疑　經1－33、8117

春秋啖趙二先生集傳辯疑(春秋集傳辯疑)
　經1－7453

春秋啖趙二先生集傳纂例　經1－7451、8117

春秋啖趙集傳纂例　經1－33、121

春秋啖趙集傳纂例(春秋集傳纂例)、校勘
　記　叢2－731(63)

春秋原本　經1－8060、8121

春秋匡解　經1－6841

春秋臣傳　經1－77(3)　史2－6291　叢1－
　223(21)

春秋長曆　經1－163(1)、6710～1、7745　叢
　1－223(11)、238～9、2－809

春秋長曆集證　經1－7746

春秋長曆考　經1－7199

春秋長厤　叢2－765～6

春秋劉氏傳　經1－77(3)　叢1－227(2)

春秋后妃本事詩　史1－6102

春秋后妃本事詩、遯齋殘稿　集5－38652

春秋氏族彙考　經1－7840

春秋氏族圖　經1－7927

春秋氏族圖考　經1－7923

春秋氏族畧　經1－7924

春秋兵志　子1－3454

春秋質疑　經1－7603、7609　集3－13453
　叢1－223(11)

春秋附記　經1－7859

春秋隨筆　經1－7833、7964　叢1－223(12)、
　2－1710

春秋體註　經1－7495、7722

春秋體註大全合參　經1－7791

春秋咫聞鈔　經1－7901

春秋凡例　經1－6877、7591

春秋周魯纂論　經1－7921

春秋屬辭　經1－77(3)、7541、7855　叢1－
　227(3)

春秋屬辭、目錄　叢1－223(11)

春秋屬辭辨例編　經1－7949

春秋屬辭比事記　經1－111(2)、7710　叢1－
　223(11)、249(4)、526、2－1309

春秋屬比考例　經1－7985

春秋闕疑　叢1－223(11)、227(3)

春秋闕如編　叢1－223(11)

春秋闕如編(此木軒春秋闕如編)　經1-7767、1-7768

春秋舉例　經1-7836

春秋闡旨　經1-7886

春秋闡微　經1-7737

春秋闡微纂類義統　經1-7444　叢2-774(5)

春秋輿圖　史7-49406

春秋輿圖繪證　經1-8017

春秋貫　經1-7811

春秋貫玉　經1-7585

春秋貫玉世系　經1-7586

春秋貫解　經1-7978

春秋陰陽　經1-7225　叢1-183

春秋滕薛杞越莒邾許七國統表(春秋七國統表)　史1-4641

春秋人物譜　經1-7675

春秋人名同名錄　經1-7004

春秋人地名對　叢2-1920

春秋人品論　經1-8101

春秋全經左傳句解　經1-6790

春秋全經口義說　經1-8056、8121

春秋金鎖匙　經1-7545~6　叢1-195(1)、223(11)、238~9、268(2)、388~90、424、469、586(1)、2-716(1)

春秋前傳　史1-2206　叢2-775(4)

春秋分記　經1-7510

春秋分記、春秋分記例要　叢1-223(10)

春秋分年系傳表　經1-6973　叢2-1513~4

春秋分合纂例　經1-8049

春秋無例詳考　經1-7743

春秋尊王發微　經1-77(3)、7464　叢1-223(10)

春秋尊孟　經1-6962　叢2-998、1455

春秋年譜　經1-7736

春秋年考　經1-7668

春秋年表　經1-77(3)、6688、6744　叢1-223(10)

春秋年表、春秋名號歸一圖　叢2-697、698(1)

春秋義　經1-7797、8022

春秋義補註　經1-7771、7798

春秋義補注　經1-84

春秋義存錄　經1-80、7770　叢2-1381

春秋義畧　經1-7845

春秋合誠圖　經1-171、176、8201~4、8207　叢1-22(2)、23(2)、273(2)、274(2)、330~1、2-731(14)、772(3)、773(3)、821、1872

春秋合誠圖、補遺　經1-174、8205

春秋合傳　經1-8032

春秋會要　經1-8046

春秋會傳　經1-7665

春秋會解　經1-7666

春秋會通、春秋諸傳序、讀春秋綱領　叢1-223(10)、227(3)

春秋會異　經1-7599

春秋會義　經1-7513~5　叢1-452、505、586(1)、2-716(1)

春秋命歷序　經1-8256~8、8260　叢1-273(2)、274(2)、441、2-731(14)、771(3)、774(7)、775(3)、821、1872

春秋命曆序　經1-171、8259

春秋命曆序考　經1-7933

春秋命厤序　叢2-772(3)、773(3)

春秋公子譜　史2-6290、11007　叢2-775(4)

春秋公法比義發微　經1-8010

春秋公法內傳　經1-8070　叢2-2094

春秋公華經　經1-7896

春秋公穀傳　經1-8113

春秋公羊立劉氏注　經1-7263

春秋公羊顏氏記　經1-7234　叢2-774(4)

春秋公羊王門子注　經1-7262　叢2-775(2)

春秋公羊疏　經1-7265

春秋公羊疏殘、校勘記　經1-7266

春秋公羊疏存　叢1-447

春秋公羊疏存、校勘記　叢2-670

春秋公羊疏校勘記　經1-7267

春秋公羊賈氏義　經1-164、7236　叢2-775(2)

春秋公羊孔氏傳　經1-7261　叢2-775(2)

春秋公羊何氏釋例、公羊何氏解詁註箋、穀梁廢疾申何　叢1-312

春秋公羊何氏箋　叢2-2106

春秋公羊經何氏釋例　經1-110、111(4)、7300

春秋公羊經何氏釋例、後錄　經1-7299

春秋公羊經傳　經1-7239

春秋公羊經傳解詁　經1-7241　叢2-635(2)

春秋公羊經傳解詁(春秋公羊傳)　經1-7242

春秋公羊經傳解詁、重刊宋紹熙公羊傳注附晉本校記　經1-132

春秋公羊經傳解詁、釋文　經1-7240

春秋公羊經傳通義、敘　經1-7292　叢2-1580

春秋公羊傳　經1-1、13、17、7221~2、7246~8、8113　叢1-140、2-698(1)

春秋公羊傳、重刊宋紹熙公羊傳注附音本校記　經1-7243

春秋公羊傳、校刊記　經 1-131

春秋公羊傳、附考　經 1-18、7280

春秋公羊傳旁訓　經 1-7301

春秋公羊傳音訓　經 1-170、7331

春秋公羊傳讖　經 1-7278、8115　叢 1-223
(10)

春秋公羊傳讀本　經 1-100、169、7244、7275

春秋公羊傳平議　經 1-145、163(4)、7312
叢 2-1920

春秋公羊傳注疏、考證　經 1-19、7274　叢
1-223(9)

春秋公羊傳注疏校勘記、釋文校勘記　經
1-20

春秋公羊傳注疏考證　經 1-111(2)、7277

春秋公羊傳校刊記　經 1-7249

春秋公羊傳校勘記(春秋公羊傳注疏校勘
記)、釋文校勘記　經 1-7271

春秋公羊傳校勘記、釋文校勘記　經 1-111
(3)

春秋公羊傳穀梁傳　叢 2-1443

春秋公羊傳異文釋　經 1-163(2)、7330　叢
1-333~5、2-731(63)

春秋公羊傳曆譜　經 1-163(3)、7308

春秋公羊傳箋　經 1-7318　叢 2-2105

春秋公羊注疏　經 1-21~5

春秋公羊注疏校勘記　經 1-7272~3

春秋公羊注疏質疑　經 1-7305　叢 2-653
(1)、1784

春秋公羊禮疏　經 1-118　叢 1-433、2-731
(63)

春秋公羊禮疏(公羊禮疏)　經 1-7295

春秋公羊通義、敘　經 1-111(3)、7293

春秋公羊穀梁諸傳彙義　經 1-86、7780

春秋公羊穀梁二傳評　經 1-7441　叢 2-
774(5)

春秋公羊穀梁傳集解　經 1-7439　叢 2-
765

春秋公羊穀梁傳解詁　經 1-7440　叢 2-
774(5)

春秋公羊穀梁傳合刻附重刊宋紹熙公羊傳
注附音本校記　經 1-8122

春秋公羊穀梁傳合纂　經 1-7635　叢 1-
138

春秋公羊穀梁合傳　經 1-7631

春秋公羊眭生義　經 1-7235　叢 2-775(2)

春秋公羊眭氏義　經 1-164

春秋公羊嚴氏義　經 1-164、7233　叢 2-
775(2)

春秋公羊劉氏注　叢 2-775(2)

春秋公羊氏經遺文　經 1-135

春秋公羊氏傳遺文　經 1-135

春秋公羊鄭氏義　經 1-164、7259

春秋劄記　經 1-83

春秋鑽燧　叢 2-1798

春秋鑽燧、止雨法　經 1-7692

春秋錄要　經 1-7963

春秋錄疑　經 1-7583

春秋錄運法　經 1-8266　叢 2-821、1872

春秋錄圖　經 1-8265　叢 2-821、1872

春秋朔至表　經 1-8007

春秋朔閏至日考　經 1-8003~4　叢 2-
1974

春秋朔閏表　叢 2-1974

春秋朔閏表發覆　經 1-7929、7931　叢 2-
1661

春秋朔閏日食考　經 1-7996

春秋朔閏異同　經 1-163(3)、7922　叢 1-
426

春秋鑰　經 1-8026

春秋簡融　經 1-7885

春秋簡秀集　經 1-7643

春秋簡書刊誤　經 1-111(2)、7712　叢 1-
223(11)、2-1309

春秋符　經 1-8275　叢 1-19(1)、21(1)、24
(2)

春秋算法題目　經 1-7932

春秋箋例　經 1-7935

春秋筆削微旨　經 1-7816　叢 1-574(4)

春秋筆削大義微言考　經 1-8090

春秋管窺　經 1-7762　叢 1-223(11)

春秋管見　經 1-7735、8044

春秋餘論　經 1-7804　集 3-19273　叢 2-
1422

春秋繁露　經 1-33、8123~6、8129、8132、
8134、8138、8142　子 1-52　叢 1-19(1)、
21(1)、22(2)、23(2)、24(2)、69、72~7、152、
182~3、223(12)、227(6)、236~7、258、410、
2-628、635(2)、698(3)、730(6)

春秋繁露、淩注校正　叢 2-782(1)

春秋繁露、校勘記　叢 1-230(2)

春秋繁露、題跋　叢 1-71

春秋繁露評補、逸文輯補　叢 2-2248

春秋繁露平議　經 1-8143　子 1-82　叢 2-
1920

春秋繁露集註　叢 2-985

春秋繁露集注　經 1-8144

春秋繁露佚文　經 1-8131　叢 2-777

春秋繁露釋文　經 1-8147

春秋繁露注　經 1-118、163(3)、8135

春秋繁露注、淩注校正　經 1-8137

春秋繁露注、題跋附錄　經 1-8136

春秋繁露直解　史 6-49254

春秋繁露求雨止雨直解　經1-8148
春秋繁露求雨止雨考定　經1-8149　叢2-1405
春秋繁露求雨篇參註　叢2-1594
春秋繁露考證　經1-8141
春秋繁露斠補　經1-8145
春秋繁露斠補、逸文輯補　經1-8146
春秋繁露閱　子1-71
春秋繁露義證　經1-8140
春秋繁露箋注　經1-8128
春秋纂　經1-7691
春秋纂、提要、叢說　經1-7690
春秋纂言、總例　經1-7527~9　叢1-223(10),2-1051
春秋纂註　經1-55
春秋纂要　經1-8050
春秋纂要傳本　經1-7778
春秋纂注　經1-66
春秋鈔　經1-7776　叢1-218
春秋小學　經1-7873
春秋賞析　經1-7672
春秋恆解　經1-7915
春秋恆解、附錄餘傳　經1-7916　叢2-1640
春秋恆解餘傳　經1-7917
春秋類　叢1-532
春秋類文求義　經1-8057、8121
春秋類例　經1-7200
春秋類編　史1-119
春秋類對賦　經1-77(3)　子5-25572
春秋類事求異　經1-8059、8121
春秋慎行義　經1-7870
春秋精華　經1-8025
春秋精義　經1-113~5、7884
春秋精義鈔　經1-7970
春秋熰餘　經1-7733　叢2-1347
30 春宵一刻一枝　集7-51683
春宵寐賸　子5-26469
春宵寐賸　叢1-490
春宵藝語　子4-21377~8
春宵囈語　子5-27319~20
春永堂文存　集4-24942
春寒閒記　子4-20892
31 春江意釣圖　子3-15531
春江文集　集3-20892
春江詩文集　集3-20891
春江聽雨錄　子4-23162
春江何氏家譜[浙江富陽]　史4-28262
春江遺稿　集4-23097
春江花史　子5-26233、26663

春江別曲集唐　集3-13304
春江燈市錄　子5-26233、26662
春酒堂(周容)外紀　史2-9281
春酒堂文集　集3-14131~3
春酒堂文存、詩存、詩話、外紀　叢2-845(2)
春酒堂詩　集3-14129~30
春酒堂選稿　集3-14134
32 春冰室野乘　史1-1995、4537~8　子5-26700　叢2-829
春浮集八種(春浮堂初集、言行世則鈔評、車塵筆記、秋晏草、公餘吟、枝吟、敬勝堂雜語、友聲)　集2-12895
春浮書屋印譜　子3-17110
春浮園文集　叢2-1207
春浮園詩集　叢2-1207
春浮園詩集、文集、偶錄、附錄　集2-11745
春浮園詩紀　叢2-1206
春浮園集(春浮園文集、春浮園偶錄、春浮園詩集、南歸日錄、汴遊錄、蕭齋日記、深牧庵日涉錄)　集2-11744
春浮園集八種　叢2-1207
春浮園偶錄　史2-12547　叢2-1206~7
春浮園偶錄(明崇禎三年至四年)　史2-12543
春浮園內編　叢2-1206
春浮園前集別集　叢2-991
33 春溥先生(黃公輔)年譜　史2-11563
春冶草堂詞　集7-48318
34 春池文鈔　集4-25241
春池草堂集(詩編、雜文滙集、顧山廟中雜詠)　集5-36513
春漪齋筆識　子4-21446
春滿長空一枝　集7-51680
春波詞　集4-24604
春波夢傳奇　集7-50418
春波影　集7-48775、49260　叢2-672
春渚紀聞　子4-20044~6　叢1-19(7)、20(5)、21(7)、22(6)、23(6)、24(8)、29(5)、108、111(3)、169(4)、223(41)、268(3)、2-652、731(50)、878~9
春渚紀聞補闕　子4-20047　叢1-258,2-731(3)、847、1466
春渚草堂居士自訂年譜　史2-12299
春渚草堂居士年譜　集5-36212
春社猥談　叢1-154
36 春溫　子2-6819
春溫三字訣　子2-4659~63、6860
春瀑山館詩存　集5-36692
37 春深堂文集　集3-20369
38 春洋子自訂年譜　史2-12002
春海侍郎焦桐遺響　集4-27956

春海堂詩鈔　集5-39741～2
春遊唱和詩　叢2-1681
40 春壺殘滴　集5-37417
春在堂雜文　集5-33756
春在堂雜文、續編、三編　集5-33757
春在堂雜文、續編、三編、四編　集5-33758
春在堂雜文、續編、三編、四編、五編、六編、
　補遺　集5-33759　叢2-1920
春在堂雜詩（自杭州至福寧雜詩）　集5-
　33734
春在堂雜稿四種　叢2-1917
春在堂詩文賸稿　集5-33731
春在堂詩壬戌編　集5-33735　叢2-1918
春在堂詩稿　集5-33732
春在堂詩編　集5-33737～41
春在堂詩編、詞錄　集5-33742　叢2-1920
春在堂詞錄　集7-47970～1
春在堂傳奇二種　叢2-1920
春在堂挽言　史2-10248
春在堂輓言　叢2-1920
春在堂四書文存　經2-10937
春在堂隨筆　子4-23415～6　叢2-735(2)、
　1920
春在堂隨筆、小浮梅閒話　叢2-736
春在堂尺牘　集5-33766～8　叢2-1920
春在堂尺牘、金鵝山人尺牘　集5-33765
春在堂全書三十六種　叢2-1920
春在堂全書校勘記　叢2-1920
春在堂全書錄要　史8-66035　叢2-1920
春在堂銘　子3-15770、15772
春樵詩選　集4-28995
42 春橋詩選　集3-20613,6-44593
春橋草堂詩集　集3-20612
43 春城詞　集7-46873
春娘傳　叢1-587(4)
44 春萱草堂遺稿　集5-33810
春坡夢傳奇　集7-50408
春萍集　集3-21135
春藻遺芳（番禺鄔氏家集）八種　叢2-1007
春藻堂詩集　集4-30720,6-42007(2)
春藻堂嘯廬稿、滌雪稿　集3-16315
春夢初覺室詩草　集4-31786
春夢書屋詩存　集3-20673
春夢留痕　子5-28608
春夢錄　叢1-19(7)、20(5)、21(7)、22(19)、23
　(18)、24(8)、168(2)、175、587(2)
春花集　集6-43022～3
春花秋月詞　集7-47414
春莊膚見本草發明　子2-5747
春蕪記　集7-49709

春蕪記定本　集7-49973
春蕪詞　集7-46983　叢2-885
春草　集7-48151
春草齋文集選　集2-5967
春草齋文集選、詩集選　集2-5965
春草齋文集選、詩集選、附錄　集2-5964
春草齋詩集　集4-29253
春草齋詩集、文集　叢1-223(63)
春草齋詩集、文集、名公讚春草集歌詠　集
　2-5963
春草齋集　集2-5966　叢2-845(3)
春草齋集（文集、詩集）　集2-5962
春草齋集（詩集、文集）、附錄　集2-5961
春草遺句　叢2-1622
春草草堂集　集4-33690
春草樓集　集2-11100
春草軒詩稿　集3-21750
春草軒詩存（芙蓉湖櫂歌）　集4-22474
春草園詩存　集4-23782
春草園小記　叢2-832(3)
春草園小景分記　史7-52004　叢1-369
春草閒房題畫存稿　集4-31343
春草堂文約　集3-17869
春草堂詩　集4-27740
春草堂詩訂、江行草、竹西亭稿、鷄肋編餘
　集3-18395
春草堂詩話　集6-46095～7　叢1-373(4)、
　2-1696
春草堂詩集　集3-16826,5-36595
春草堂詩稿　集5-35556
春草堂詩鈔　集3-17032
春草堂詞錄　集7-47640
春草堂集　集3-17868
春草堂集（春草堂叢書）十三種　叢2-1696
春草堂偶見　集4-23206
春草堂遺稿　集5-34206
春草堂古近體詩、駢體文　集4-27738
春草堂四六文集　集4-27741
春草堂駢體文、古近體詩、詞錄　叢2-1696
春華集　集4-28376
春華秋實齋詩、應制詩　集4-24900
春華秋實之齋詩集、詩餘、試帖詩、畫蘭室
　遺稿　集4-24901
春華閣詞　集7-47232
春華小草　集3-20555
春樹齋雜著　子4-24447
春樹齋叢說、附錄天步真原中卷　子3-
　14153
春樹樓遺詩　集3-15040
春樹閒鈔　叢2-645

中國古籍總目·索引

春林詩選　集4-28690,6-42012
春林仙館遺稿　集4-25564
春林賦稿　集6-42605
45 春蟄吟　集7-48300
46 春旭齋詩存　集4-26823
47 春帆府君(吳贊誠)行述　史2-10266
春帆集　集4-23337
春帆紀程　史7-49317(6)、49318(12)、53900
　　叢2-1335
春帆別集　集3-16452
春帆吟稿　集3-18630
春聲書屋詩草　集5-36016
春聲堂詩初集　集3-20368
春柳詩　集7-47397
春柳湖莊詩集　集4-25303
春柳湖莊詩集、二集　集4-25304
春柳湖莊排律　集4-25301
春柳草堂詩集、詩餘、文集　集3-21268
春柳吟　集4-29738
春柳堂詩稿　集3-20012
春柳堂詩鈔　集3-17934
春柳鶯　子5-27807
春穀奚氏宗譜[安徽南陵]　史4-32233
春穀戴氏宗譜[安徽南陵]　史5-40531
春穀蒲城桂氏宗譜[安徽繁昌]　史4-
　　31285
春穀葛氏宗譜[安徽南陵]　史5-35853
春穀東溪王氏續修族譜[安徽黃山]　史4-
　　25262
春穀陳氏宗譜[安徽南陵]　史4-33159
48 春梅遊舊家池館(舊院池館、春梅池館、春
　　梅遊舊院)　集7-52276
50 春申集　集4-29047
春申江之新笑談　子5-27263
春畫考證　子4-22682
55 春農草堂文集　集4-25769
春曹儀式　史3-13480~1
57 春艷天桃紈扇　集7-49189
60 春星草堂詩　集3-20191,5-37757
春星草堂詩集　集5-36023
春星草堂詩稿　集3-19904　叢1-373(6)
春星草堂集(文、詩)　集4-32799
春星草堂相述　子3-14212
春星閣詩鈔　集4-30248,6-42007(2)
春星堂詩集　集6-45003　叢2-969~70
春星堂詩稿　集2-9140
春星堂續集　叢2-970
春園詩文合刻　集4-28557
春園詩草　集4-28558
春園吟稿　集4-25928~33

春早堂詩文集　集3-14938
春田詩　集4-24046
春田簡翰　集4-24907
62 春影詞　集7-48282
春影樓詩　集6-42004
春影樓詩稿　集4-33559~60,6-42008
67 春明雜著　叢2-1691
春明新詠　集4-25978
春明稿詩編、填郖續稿　叢2-6849
春明歲時瑣記　史7-49324、49863
春明紀遊　史7-49319、53137
春明叢說　叢2-1581
春明退朝錄　史1-1914　子4-19956~7
　　叢1-2~3、6,9~10、15~6、19(7)、20(5)、22
　　(7)、23(7)、24(7)、26~8、95~6、195(2)、223
　　(40)、268(3)、383、388~90,2-730(2)、731
　　(50)、782(2)
春明夢錄　史1-4539　叢2-2138
春明夢餘錄　史7-49818　叢1-217、223
　　(42)、227(5)
春明日記　史2-12786
春明日記(清道光五年至七年,十年)　史2-
　　12903
春明日鈔　子4-23205
春明吟稿　集3-19208
春暉雜稿十一種附五種　叢2-2040
春暉詞　集7-46405、47125
春暉戴筆　子4-22567
春暉草堂詩集　集4-26058
春暉草堂詩存　集4-24686、30750,5-40682
春暉草堂詩鈔　集5-36396
春暉韓氏宗譜[江蘇江陰]　史5-40348
春暉樓讀左日記　經1-7070
春暉樓讀易日記　經1-1152
春暉樓論語說遺　經2-9605
春暉樓百花詩　集3-17448
春暉樓禹貢地理舉要　經1-3265
春暉樓十三君子表忠詩　史2-7391
春暉樓四六　集3-17445~7
春暉樓四書說畧　經2-10941
春暉樓駢體　集3-17444
春暉樓尚書釋疑　經1-3022
春暉書屋詩集　集4-26979,6-42007(1)
春暉書屋詩鈔　集4-27033
春暉軒文集　叢1-577,2-620
春暉園詠花詩　集4-29010
春暉園詩鈔　集3-21645
春暉園賦鈔　集3-21644
春暉閣雜著四種　叢2-1773
春暉閣詩選、校勘記　叢2-1774
春暉閣詩鈔選　集4-29765

春暉餘話　子4-19494　叢2-729
春暉堂文集　集4-29972
春暉堂文畧　集5-39679
春暉堂詩　集3-13983,6-44992
春暉堂詩文集　集2-12987
春暉堂詩集、文集、附錄　集2-12986
春暉堂詩鈔　集5-37327
春暉堂詩鈔、賦鈔　集3-19139
春暉堂叢書十二種　叢1-401
春暉堂初稿　集5-34257
春暉堂書目　史8-65667
春暉堂印始　子3-17045
春煦軒文集、詩集　叢2-1857
春煦軒詩集　集2-9275
春煦軒殘稿文集　集2-9277
68 春曦堂詩集　集4-26414
71 春蠶集　集4-32244
77 春闈雜詠　集5-37782　叢1-587(6)
春風　子3-15505
春風廬詩集　集4-25159
春風慶朔堂　集7-48777
春風唐氏家譜[河南鄧州]　史4-32532
春風澹蕩室詩畧　集4-28716
春風草廬遺稿　集4-32781
春風草堂詩　集3-20868
春風圖畫返明妃　集7-49545
春風圖畫返明妃(琵琶語)　集7-49541
春風坐餘草　集5-34602
春風堂雜鈔　子4-20401
春風堂試帖　叢2-1412
春風堂隨筆　子4-20399　叢1-22(24)、29
　(7)、107、111(3)、2-617(4)、731(53)
春鳳堂隨筆　叢2-1081
春覺齋著述記　史8-66040
春覺軒詩鈔　集4-23862
春腳集　子2-4770、9671
春居集杜、秋居集杜　集2-10311
春駒小譜　叢1-251
春熙亭詩稿　集4-26035
春熙堂稿　集4-26389
春闈雜詠　集5-37546、38170　叢1-507～
　8、2-731(44)
春卿遺稿　集1-1913、1915、6-41748
春卿遺稿、續、補　叢2-798
春卿遺稿、續編　集1-1916　叢2-687
春卿遺稿、續編、補遺、附錄　集1-1914
春卿遺稿、傳　叢1-223(50)
春闈雜詠　集5-38009
78 春臥庵詩稿　集5-35865
80 春人賦　集5-39224　叢1-587(4)

春剪曲　集7-50555
春谷詩鈔　集4-21986
春谷集　集3-17128
春谷遺草　集3-20269
春谷嚶翔　子3-16308　叢1-86,2-730
　(7)、731(35)
春谷小草　集4-21985
春畬草堂詩鈔　集3-21006
春氣錄　子4-20793
88 春餘續附　集2-11863,6-45102
90 春慵軒詩集　集1-5782,6-41780
春懷詞　集7-48146
春堂三言詩　集3-17292
春光百一詞　叢2-2030
92 春燈新集　子3-18383
春燈玉簪記、春燈雁書記　集7-49569

5071₇ 屯

11 屯頭王氏宗譜[浙江紹興]　史4-25014
18 屯政考　史6-41653
27 屯墾策議　子7-36240(2)
屯租清單附二十三、四年麥收分數　史6-
　43299
77 屯留縣志[雍正]　史7-55671
屯留縣志[康熙]　史7-55670
屯留縣志補記[民國]　史7-55672
屯門林氏族譜[廣東寶安]　史4-29397

5073₂ 囊

10 囊雲文集　集2-12640
囊雲文集、補遺　集2-12641　叢2-845(4)
囊雲詩集　集2-12639
囊雲詞　集5-35966
17 囊翠樓詩稿　集4-28533
33 囊祕喉書、附錄驗方　子2-7577
79 囊賸　子5-25868～9
80 囊金正義　子3-13144

表

00 表度說　子3-11329　叢1-135、223(34)
表章先正正論　叢2-2157

中國古籍總目·索引

07 表記集傳　經1-5873
　　表記集傳、春秋表記問業　經1-69　叢1-223(9)
08 表譜考證　叢2-698(5)
21 表貞錄(李筠)　史2-10337
27 表約　史6-47797
44 表孝慰孤記、綸音恭錄　史2-9472
50 表忠記　集2-9211
　　表忠記傳奇　集2-9213
　　表忠譜　史2-7394
　　表忠崇義集　史2-7307
　　表忠彙錄　史2-7299
　　表忠觀原碑紀事詩　集3-19306
　　表忠錄　史2-7296、9066,6-48286　叢2-799~800、1633
　　表忠錄(朱萬年)、續錄、附錄　史2-9133
　　表忠錄(吳名揚)　史2-8799
　　表忠錄(繆昌期)　史2-9042
　　表忠錄(劉師勇)　史2-8798
　　表忠錄、續錄、附錄　史2-6206
　　表奏書啓四六集　集1-2007　叢2-635(8)、698(9)、1029
56 表揚錄續編　史2-7622
60 表異錄　子4-23729、24025　叢1-347、496(3)、2-731(4)
　　表異錄附　叢1-373(7)
77 表學軌範　集6-42762
　　表賢錄　史2-7517
88 表餘堂詩　集3-14703

5077₇ 春

00 春音集　集2-7959
74 春陵褒貞錄　史2-8244　叢2-1502
　　春陵褒貞錄　叢2-1500
　　春陵志　史7-49309,50709
　　春陵舊圖經　史7-49309、50710
　　春陵吟草偶存　集4-27843
　　春陵館詩話　集6-46048

5080₆ 責

24 責備餘談　史1-5423　叢1-244(3),2-731(62)、735(3)
40 責志約言　子1-1773
72 責耳奴辭　子5-26222、26235　叢1-185

貴

10 貴耳集　史1-1914　子4-20170~2　叢1-17、19(4)、20(2)、21(3)、24(4)、31、95、107、111(2)、169(4)、268(3)、374、408,2-730(2)、731(51)
　　貴耳集、二集、三集　叢1-223(41)
　　貴耳錄　子4-20174　叢1-22(7)、23(6)、29(5)、96
22 貴山書院學約　叢2-1431
　　貴私篇　子7-36251
24 貴德縣志稿[民國]　史8-63306
　　貴德縣風土調查大綱[民國]　史8-63307
30 貴定縣志稿[民國]　史8-62287
32 貴州武舉鄉試錄　集2-11574
　　貴州鄉土地理[民國]　史8-62183
　　貴州鄉土歷史二編[民國]　史8-62184
　　貴州安國亨安智奢效忠列傳　史1-1929
　　貴州巡撫定長奏稿(乾隆十八年至十九年)　史6-48738
　　貴州通志[康熙]　史8-62175~7
　　貴州通志[嘉靖]　史8-62172
　　貴州通志[萬曆]　史8-62173
　　貴州通志[乾隆]　史8-62179　叢1-223(24)
　　貴州通志十九編首[民國]　史8-62182
　　貴州通省糧儲兼巡貴陽等處兵備道移交册(光緒二十八年)　史6-43506
　　貴州道中記　史7-49317(7)、49318(14)、53963
　　貴州志畧[乾隆]　史8-62178
　　貴州地畧　史7-49318(20)、51001
　　貴州考畧　史7-49317(1)、49318(2)、51000
　　貴州圖經新志[弘治]　史8-62171
　　貴州全省諸苗圖說　史7-51011
　　貴州全省地輿圖說　史7-51013
　　貴州籌餉捐章程　史6-43526
　　貴州省不符册　史6-46364
　　貴州省國稅廳十月份田賦徵收報告表　史6-43507
　　貴州省賦役全書　史6-43744
　　貴州省財政沿革利弊說明書　史6-43355
　　貴州省民政賦役全書　史6-43741~3
　　貴溪胡氏族譜[安徽祁門]　史4-30530
　　貴溪縣志[康熙]　史8-58557
　　貴溪縣志[道光]　史8-58560
　　貴溪縣志[乾隆]　史8-58558~9
　　貴溪縣志[同治]　史8-58561

34 貴池高田吳氏世表　史2－11604
　　貴池唐人集十種　叢2－818
　　貴池二妙集　叢2－818
　　貴池石刻記　史8－63927
　　貴池先哲遺書(唐石簃叢書、唐石簃彙刻貴
　　　池先哲遺書)二十種附刻一種續刊一種
　　　附一種　叢2－818
　　貴池先哲遺書待訪目　史8－66207　叢2－
　　　818
　　貴池清賦蒭言　史6－43479
　　貴池姚氏宗譜[安徽貴池]　史4－31207
　　貴池縣沿革表　叢1－557
　　貴池縣沿革表[光緒]　史7－58071
　　貴池縣志[道光]　史7－58069
　　貴池縣志[光緒]　史7－58070
　　貴池縣志續編[乾隆]　史7－58068
　　貴池縣志畧[康熙]　史7－58067
　　貴池縣志畧[順治]　史7－58066
　　貴池劉氏信天堂滙刻醫書三種　子2－4732
40 貴希函　叢2－1175
50 貴東書牘節鈔　史6－47351　叢2－1959
62 貴縣志[民國]　史8－61349
　　貴縣志[光緒]　史8－61348
72 貴驕問病　集7－52803
76 貴陽府志[道光]　史8－62185
　　貴陽山泉志　史7－52152　叢1－22(24)
　　貴陽陳氏聽詩齋所藏明人集目錄　史8－
　　　66385
　　貴陽陳氏所刊書二種　叢1－473
　　貴陽省城移向說　子3－13531
77 貴門呂氏宗譜[浙江嵊州]　史4－26303～5

5090₀ 未

00 未亭文集　集3－18666
　　未庵詩集　集3－19511
　　未庵詩鈔　集3－15669～70
　　未庵初集　集3－15667～8　叢2－803
　　未齋雜言　子4－20296　叢1－22(20)、87,2－
　　　730(1)
　　未齋雜釋　叢1－34、163
02 未刻詩文　集2－11766
17 未弱冠集、詞　集5－36317
　　未了緣　子5－27915
　　未了緣集　集4－29812
　　未了吟草　集4－28697
　　未了居士集　集4－32111
20 未信齋詩似二集　集4－26627

　　未信編　史6－47488
　　未信編二集　史6－47489
　　未信草　集4－27415
　　未信餘編　子4－21719
　　未信堂近稿　集3－15937　叢2－951
　　未雙塘遺稿　集5－38859
21 未上疏揭稿　史6－48553
　　未能信錄　史6－46225
　　未能寡過齋詩初稿、續編　集5－39149
　　未能錄　子1－1684　叢2－1652
　　未虛室印賞　子3－17260
22 未山堂集　集3－15957
25 未生怨經　子6－32083(21)、32085(31)、32086
　　　(36)、32088(22)、32089(22)、32090(28)、
　　　32091(27)、32092(18)、7－32615
30 未之思軒詩草拾遺　集4－24778
　　未安詩存　集5－37491
　　未定草詩鈔　集5－34349
40 未灰齋文集、外集　集4－31841　叢2－1834
　　未克列夫紀畧　子7－35876
　　未來世界論　子7－38142
　　未來星宿劫千佛名經　子6－32083(11)、
　　　32089(13)、32091(16)、7－32442、32445
　　未來星宿劫千佛名經(集諸佛大功德山)
　　　子6－32090(18)、32092(11)、32093(6)
44 未焚集　集2－12366,3－13323
　　未焚草　史6－48460　集5－40653
50 未央天傳奇　集7－50209
　　未央硯室詩卷　集4－29569
　　未央術　子3－13000　叢2－774(10)
51 未軒文集、補遺　叢1－223(64)
　　未軒公文集　集2－7020、7022～4
　　未軒公文集(未軒文集)、補遺、附錄　集2－
　　　7021
60 未園詩集　集3－21831
　　未園集選　叢2－2165
　　未園集畧　集5－39762　叢2－2165
　　未園著藪(原書、未園集選、未園集畧、寶書
　　　堂詩集、冷雅)　集5－39761
　　未園著藪五種　叢2－2165
65 未味齋詩集　集5－37421
67 未晚樓文續　集5－41541
　　未晚樓文續存、別卷　叢2－2245
　　未晚樓文存、書牘　集5－41543
　　未晚樓文存、別卷　叢2－2245
　　未晚樓聯稿　叢2－2245
　　未晚樓書牘、續存　叢2－2245
　　未晚樓全集(李洞庭全集)五種　叢2－2245
77 未覺軒剩草　集5－34371,6－42007(2)
　　未學庵詩藁(尺五集、得閒集、懷古集、愚公
　　　集、集外詩)、頤仲遺稿　集2－12870

未學齋詩集　集4－22174
未學學　叢2－1093
未學學引　子1－3799
未學堂集　集4－24817
80 未曾有經　子6－32083(8)、32089(9)
未曾有因緣經　子6－32083(11)、32089(13)、
　　32090(17)、32091(16)、32092(11)
未谷詩集　集4－21942、21947～8
88 未篩集、枯木禪七十唱和詩　集3－18096

末

22 末利支提婆華鬘經　子6－32084(29)、32085
　　(54)、32086(65)、32088(40)、32093(36)
末利支提華鬘經　子6－32089(33)
末利軒詩集　集4－32280
末利軒詩草　集4－32279
48 末塌節要　子5－25182
60 末羅王經　子6－32083(22)

耒

36 耒邊詞　集7－46430、47086　叢2－838
57 耒耜經　子1－4269　叢1－4～5、9～10、22
　　(18)、23(17)、29(4)、49、86、119～20、169(2)、
　　173、255(2)、268(3)、2－730(8)、731(30)
76 耒陽縣鄉土志[光緒]　史8－60597
耒陽縣志[雍正]　史8－60594
耒陽縣志[康熙]　史8－60593
耒陽縣志[道光]　史8－60595
耒陽縣志[光緒]　史8－60596

5090₂ 棗

00 棗慶長生　集7－49707、49597
13 棗強縣志[嘉慶]　史7－55405
棗強縣志[萬曆]　史7－55403
棗強縣志[乾隆]　史7－55404
棗強縣志補正[同治]　史7－55406
棗強縣志補正三稿　叢2－1887
棗強縣志補正四稿　叢2－1887
棗強縣志料[民國]　史7－55407
20 棗香山房詩集　集4－29689
棗香書屋文稿　集5－39917

棗香書屋詩鈔　集4－30744
27 棗名兒一枝　集7－52063
30 棗窗文稿　集4－26003、26006～7
棗窗閒筆　子5－28416
44 棗花莊詩稿　集3－17174
棗花老屋集　集4－31414、6－42003
棗花樓詩畧　集4－27545
棗花書屋詩集　集3－18253　叢2－1719
棗花書屋詩選　集3－18252
棗花田舍詩　集3－17390
棗林雜俎　子4－20944～5、20948　叢1－373
　　(3、5)、2－613、735(5)
棗林雜俎、外索　子4－20947
棗林雜俎、棗林外索　子4－20946
棗林詩集　集2－12074～6　叢2－611
棗林集　集2－12077
棗林外索　子4－20949～51　叢1－373(6)
棗林藝簀　子4－20952　叢1－195(4)
76 棗陽縣鄉土志[民國]　史8－60147
棗陽縣志[乾隆]　史8－60142
棗陽縣志[咸豐]　史8－60143～4
棗陽縣志[同治]　史8－60145
棗陽縣志[民國]　史8－60146
90 棗堂集選　集2－10030、6－41949

5090₃ 素

00 素癡集　集5－40585
素庵文稿　集5－39605
素庵文存　集5－41663
素庵詩草　集3－15952
素庵先生文　集3－19887
素庵先生詩　集1－4711
素庵吟稿　集3－21423
素庵公神授奇方　子2－10210
素文女子遺稿　集3－20567～9　叢2－1459
　　～60
素言集　集5－33848
10 素王記事　子1－204
素靈雜解　子2－4647、5349
素靈約選經穴歌括　子2－10345
素靈約囊　子2－5372
素靈微蘊　子2－4617、5366　叢1－327
素靈摘要　子2－4605、5343
素靈精義　子2－4761、5384
素雯齋集、西湖造游草　集2－11086
素雯齋集、目錄　集2－11088
素雲昭彩　集7－49700

12 素水居遺稿　集2-12139,6-41941
20 素位齋詩文存　集5-38554
　素位堂新訂周易備旨詳解、圖　經1-1248
　素舫齋詩鈔　集3-20008
21 素行廬國難救聲　集5-40768
　素行室經說　經2-11805
　素行錄　史2-7625
22 素巖文稿　集3-16374~5
　素仙舊遊詩草　集4-24047~8
　素仙簡要　子2-5094
27 素修堂詩集、後集、補遺　集4-22558~9
　素修堂集　集4-22554
　素修堂遺文　集4-22560
30 素宦稿、清代前期　叢2-1226
32 素業堂雜著　集3-17857
33 素心集　集6-44184
　素心蘭室詩鈔　集5-36793
　素心書屋叢鈔二十一種　叢1-406
　素心閣詩草　集5-38136
　素心閣詩賦草　集4-23263
　素心閣偶吟　集5-34225　叢1-367
　素心簃文、詩、補遺　集5-36890
　素心堂偶存集　集3-16499
34 素濤詩草　集3-16934
40 素壺便錄　子4-23200
　素女方　子2-11073,11109　叢1-305、544,
　　2-731(30)
　素女方、製大黃丸方　叢1-303~4
　素女經　子2-11108　叢1-540、544
　素女賣枕記　子5-26814
44 素蘭集　集2-11454~5　叢1-406
　素蘭集、詩　集2-11452
　素蘭集、河東小集　集2-11451
　素蘭集、補遺　集2-11453
　素蕙遺著　集2-12880、13007
　素菴先生樓綠堂經史籀義　子1-1286
　素村小草　集4-23042
47 素聲集　集2-11966
48 素梅玉蟾　集7-48776、49204　叢2-672
50 素史氏感學篇　叢2-1093
　素書　子1-20、39、58、61、69、3066、3091、
　　3220、3224、3226~7、3230,5-29535(4)、
　　29536(4)　叢1-19(11)、20(9)、22(2)、23
　　(2)、24(12)、71~7、144、152、182~3、566,2-
　　731(19)
　素書註　子1-3225
　素書校注　叢2-1521
　素書輯註　子1-3229　叢2-1710
51 素軒詩集、詞剩　集4-23129
　素軒集　集1-5330,2-6686
　素軒吟蘽　集2-8186

素軒公集　集1-4072,6-45118
60 素圃醫案　子2-4596、4770、10519
　素園文　叢2-2166
　素園文存　集5-41163
　素園詩　集2-12107　叢1-151
　素園詩集　集3-15343、19275
　素園詩草　集3-20660、21490
　素園詩抄　叢2-2166
　素園讀經記　叢2-2166
　素園石譜　子4-19472
　素園稿　集2-12529
　素園叢稿八種　叢2-2166
　素園遺書　集2-12111
　素園存稿　集2-9250
　素園桑者詩集　集5-39010
68 素吟集　集3-14298
72 素隱所刻書　經1-155
77 素風居士集擟遺　叢2-875
　素風居士集擟遺　集2-10720
　素聞齋吟草　集4-27209
　素履齋稿　集1-4992~3,6-41715
　素履子　子1-20、58、60~1、553~4,5-29530
　　(20)　叢1-47、223(29)、241、242(3)、246、
　　282(1)、283(1)、490,2-731(10)
　素履堂稿、小獨秀齋近草、集古　集3-
　　18833
　素問　叢1-237
　素問、素問說意　子2-5408
　素問病機氣宜保命集　子2-4564、6468~9
　　叢2-731(29)
　素問病機氣宜保命集(病機氣宜保命集)
　　子2-5426
　素問玄機歌訣、補遺脈體捷法　子2-5438
　素問玄機原病式　子2-4564、5421~5、
　　6468~9　叢1-223(33),2-731(29)
　素問六氣玄珠密語　子3-13029~31,5-
　　29530(20)
　素問說意　子2-5439
　素問靈臺祕典論篇新解、瘖解補證　叢2-
　　2129(3)、2131
　素問靈樞經　子2-5313、5440
　素問靈樞類纂約注(黃帝素問靈樞合纂)
　　子2-5338
　素問集注　子2-5409
　素問佚文　叢2-777
　素問釋義　子2-5410　叢1-327
　素問心得　子2-4570、5430
　素問補遺　子2-5323、5326
　素問遺篇　子1-62、64~5、67~8,2-5320~
　　1、5324、5388
　素問運氣淺說　子2-5436

素問運氣圖說　子2-5433
素問運氣圖括定局立成(運氣圖括定局立
　　成、新增素問運氣圖括定局立成)　子2-
　　5420
素問難字畧　叢2-1893
素問校義　子2-4768、5434
素問楊氏太素注本目録　叢2-2131
素問提要靈樞提要　子2-4755
素問懸解、校餘偶識　子2-5367、5431
素問臆說　子2-5403
素問隋楊氏太素注本目録　叢2-2129(3)
素問入式運氣論奧　子2-5418～9,5-29530
　　(20)　叢1-452、586(3)、2-716(2)
素問入式運氣論奧、黄帝内經素問遺篇　叢
　　1-223(33)
素問鈔補正、滑氏診家樞要　子2-5400
80 素翁續集　集2-7202、7204
88 素餘堂集　集3-20151
90 素賞樓詩稿　集6-41999
素賞樓集、破涕吟　集3-16967

5090₄　橐

88 橐籥子　子5-29535(5)、29536(5)、30935
橐籥子、陰丹内篇　子5-29530(23)
橐餘集　集3-21283

秦

00 秦亭文集　集3-13867
秦亭山民移居倡和詩　叢2-832(7)
秦齋怨　集6-45102　叢1-547(4),2-720
　　(6)
秦齋怨、春餘續附、碁淚　集2-11863
秦方伯集　集2-9157,6-41935(4)
秦文歸　集6-42872、42874
秦文恭公古文鈔　集6-43091～2
秦音　叢2-1685
秦襄毅公自訂(紘)年譜　史2-11433
秦京雜記　叢1-15
02 秦端敏公集　集2-7392,6-41935(4)
07 秦記　史1-2361　叢2-653(6)、731(65)
秦詞正訛　集7-50613
08 秦敦考釋　史8-64229　叢2-2162
秦敦夫筆録　子4-21308
10 秦璽始末　子3-16804　叢1-195(6),2-

　　731(32)
秦王降香　集7-52433
秦雪梅三元記　集7-51230、53906
秦雪梅弔孝　集7-51528、52537
秦雪梅弔孝一段　集7-51527
秦雪梅吊孝　集7-52102
秦雪梅吊孝子弟書　集7-52101
秦西雜詠　集5-40192
秦晉詩存　集4-22774,6-42006
秦晉連程　史7-54079　叢2-1892
秦晉遊草　集5-34170
秦瓦硯齋詩鈔　集4-33027
秦雲擷英小譜　史2-7676　叢1-202(4)、
　　203(9、18)、319、544
秦雲堂文集、駢體文集、詩集、詞集　集4-
　　25826
11 秦疆治畧　史6-41931、45670
秦張兩先生詩餘合璧　集7-46348、46376
12 秦廷鏡　叢2-1357
秦廷筑　集7-48780、49239
17 秦弱水集　集2-12334
秦瓊發配　集7-53412
秦瓊觀陣　集7-53629
秦瓊起解　集7-53413
秦子　子4-19809　叢2-774(10)
秦子文諫　史6-48133
秦郡縣圖　史7-49313、49418
20 秦系詩集　集6-41848
22 秦川焚餘稿　集4-30853
秦川焚餘草、補遺　集4-30854
秦川八十祝辭　叢1-263
26 秦皇島記　史7-49319、49908
27 秦郵居氏續修家譜[江蘇高郵]　史4-
　　30291
秦郵居氏家譜[江蘇高郵]　史4-30290
秦郵竹枝詞　集5-37933
秦佩鶴(蕚盦)行狀　史2-10842
秦佩鶴遺集　集5-37978
秦梟舟詩稿　集4-24303
秦修然竹塢聽琴　集7-48924
秦修然竹塢聽琴雜劇　叢2-698(16)
秦修敬集　集2-6683,6-41935(1)
秦儵然竹塢聽琴　集7-48769　叢2-720
　　(4)
秦儵然竹塢聽琴雜劇　集7-48767(4)、
　　48770
30 秦淮雜詩　集3-15446,6-44965
秦淮劇品　集7-54853　叢1-22(28)
秦淮豔品　子4-23724
秦淮秋夢録　集4-24518
秦淮士女表　叢1-22(27)、37

秦淮志　叢2-795

秦淮畫舫錄　子5-26232　叢1-587(5)

秦淮畫舫錄、畫舫餘譚、三十六春小譜　子5-26465　叢1-496(1)

秦淮畫舫餘譚　叢2-752

秦淮春泛圖詠　叢2-1633

秦淮感逝　叢2-795

秦淮感舊集　子5-26675　叢2-683

秦淮四美人詩四集　集6-41939

秦淮聞見錄　子5-26483

秦安張氏族譜[甘肅秦安]　史5-35437

32 秦州記　史7-51165～7　叢1-19(2)、21(2)、24(3)、2-779

秦州西廂里張五甲張氏族譜[甘肅天水]　史5-35436

秦州樂　集7-50299

秦州直隸州新志續編[民國]　史8-63119

秦州志[康熙]　史8-63116

秦州志[順治]　史8-63115

秦州公餘偶吟　集3-20074

34 秦漢文　集6-42740～1　叢1-503

秦漢文歸　集6-42874

秦漢文準　集6-42915～6

秦漢文定　集6-42934

秦漢文神駒　史1-5109

秦漢文尤　集6-42933

秦漢文鑑　集6-42664

秦漢文鈔　集6-42900～3、42906～7、43081

秦漢文懷　集6-42873

秦漢六朝文　集6-42787

秦漢六朝人文選玉　集6-42855

秦漢三十體印證　子3-17209

秦漢三國文評註讀本　集6-43111～2

秦漢三國六朝唐宋文歸　集6-42875

秦漢丁氏印緒　史8-65072

秦漢百壽印譜　史8-65066

秦漢瓦圖記、補遺　叢2-1428

秦漢瓦當文字　史8-65195、65200、65233　叢2-597、1875

秦漢瓦當文字、續　史8-65197～8

秦漢瓦當文目　史8-64748

秦漢瓦當圖記、補遺　史8-65196

秦漢郡考　史7-49413　叢2-599

秦漢魏晉文選　集6-42766

秦漢官印類選　史8-64988

秦漢鴻文　集6-42892

秦漢十印齋藏書目錄　史8-65878

秦漢十印齋書目　史8-65877

秦漢書疏　史6-47770

秦漢圖記　史7-49305、51500

秦漢印章拾遺　史8-65037

秦漢印譜　史8-64942、64951

秦漢印集　史8-64944

秦漢印統　史8-64927

秦漢印存　史8-64972、64985、65021　子3-17348

秦漢印範　史8-64929

秦漢金文錄　史8-64253

秦漢金石錄文　史8-63500、63706

秦漢金石篆隸記誤　史8-63500、63707

秦漢銅印　史8-64958

秦漢小私印選　史8-65080

秦濤居士詩集　集3-19792

36 秦邊紀畧　史6-45666～9　叢1-394、2-829

37 秦潤泉稿　集3-20227

38 秦遊草　集3-17326

40 秦太師東窗事犯　叢2-720(5)

秦土論　叢2-767

秦女賣枕記　叢1-29(1)、168(2)

秦嘉徐淑詩文合鈔　叢2-756

秦校白喉辨證　子2-7508

42 秦韜玉詩集　集1-1765、6-41741、41824、41858、41878

44 秦封君集　集2-8026、6-41935(4)

秦地圖　史7-49307～8、49417　叢2-767

秦藩世德錄　集6-41933

秦藻幽勝錄、蜀藻幽勝錄　集6-42867

秦藻幽勝錄存　集6-42866

秦楚之際遊記　史7-53101

45 秦樓月　叢2-689

秦樓月、二分明月集、名媛題評　集7-50210

47 秦婦吟　叢2-603

50 秦中文牘　集5-41460

秦中瑣錄記　史7-51491

秦中歲時記　史7-51142　叢1-15、19(10)、20(8)、21(9)、22(12)、23(12)、24(11)

秦中遊草　集3-17004

秦事通徵　史1-5835　叢2-2237

秦書　史1-2359～60　叢2-653(6)、731(65)、776

秦書疏　史6-47770～1

秦書疏文鑑　集6-42664

58 秦輶日記　叢2-1984

秦輶日記(清咸豐八年)　史2-12938

60 秦蜀遊草　集5-40986

秦蜀驛程記　史7-49318(13)、53874　叢2-948

秦蜀驛程後記　史7-53873　叢1-254、2-948、1336

秦園詩草、詩餘　集 5 - 41639
秦邑胡氏家譜[甘肅秦安]　史 4 - 30663
68 秦吟集　集 3 - 13979
71 秦隴回務紀畧　史 1 - 1898
72 秦隱君詩集　集 6 - 41858
　秦隱君集　集 6 - 41738、41743、41819、41838
　秦隱君集(唐秦隱居詩集、秦隱君詩集、
　　秦公緒詩集、中唐秦系詩)　集 1 -
　　1167
　秦饗樓談錄　史 1 - 1995、4558
　秦氏族譜[安徽潛山]　史 4 - 31265～7
　秦氏族譜[安徽舒城]　史 4 - 31269
　秦氏族譜[浙江紹興]　史 4 - 31258
　秦氏族譜[湖北黃州]　史 4 - 31270
　秦氏族譜[四川廣漢]　史 4 - 31279
　秦氏三修族譜[湖南沅江]　史 4 - 31274
　秦氏三修支譜[湖南寧鄉]　史 4 - 31272
　秦氏五修宗譜[湖南衡山]　史 4 - 31277
　秦氏硯齋詩鈔　集 6 - 42007(3)
　秦氏先城集補[江蘇無錫]　史 4 - 31241
　秦氏續修支譜[湖南衡陽]　史 4 - 31275
　秦氏續修支譜[湖南寧鄉]　史 4 - 31271
　秦氏宗譜　史 4 - 31281
　秦氏宗譜[上海崇明]　史 4 - 31235～6
　秦氏宗譜[安徽潛山]　史 4 - 31264
　秦氏宗譜[安徽舒城]　史 4 - 31268
　秦氏宗譜[江蘇溧陽]　史 4 - 31238
　秦氏宗譜[江蘇無錫]　史 4 - 31244、31249
　秦氏宗譜[湖南桂陽]　史 4 - 31278
　秦氏宗譜[四川南江]　史 4 - 31280
　秦氏四修族譜[湖南衡山]　史 4 - 31276
　秦氏四修支譜[湖南寧鄉]　史 4 - 31273
　秦氏憶子(秦氏思子、憶子)　集 7 - 52432
73 秦腔戲詞八種　集 7 - 53528
77 秦月娥誤失金環記　集 7 - 48774(5)、49044
80 秦金石刻辭　史 8 - 63506、63742　叢 2 - 597
　秦鏡漢硯齋詩餘　叢 2 - 1256
　秦前文字之語　史 8 - 63693
　秦前世系譜　史 1 - 4638
　秦會要　史 6 - 41594
　秦公緒詩集　集 1 - 1167、6 - 41878
87 秦錄　史 7 - 51487　叢 1 - 195(7)
90 秦少游文鈔　集 1 - 2774、6 - 41794
　秦少游詩集　集 1 - 2769、6 - 41779～80
　秦少游集摘　集 1 - 2667、2768

5090₆ 束

00 束鹿新志考徵文料[民國]　史 7 - 55045

束鹿五志合栞　史 7 - 54912
束鹿鄉土志[光緒]　史 7 - 54912、55044
束鹿縣志　史 7 - 54912
束鹿縣志[康熙]　史 7 - 55040
束鹿縣志[嘉慶]　史 7 - 54912、55042
束鹿縣志[乾隆]　史 7 - 54912、55041
束鹿縣志[同治]　史 7 - 54912、55043
束廣微集　集 1 - 344

東

00 東亭詩選　集 6 - 44593
東亭別集　集 3 - 16307
東雍士女志　史 2 - 8170
東雍耆舊傳、後集　史 2 - 8171
東雍耆舊傳、後集、續東雍耆舊傳　史 2 -
　8172
東庵集　叢 1 - 223(59)
東庵筆記　子 4 - 23216
東廬詩鈔　集 3 - 15934
東廬遺稿　集 3 - 15933
東廬吟草　集 5 - 41413
東齋雜誌　叢 2 - 700、1008～9
東齋就正草　集 4 - 33288
東齋詩偶成　集 4 - 29723
東齋詩刪　集 3 - 15365
東齋詩鈔、詩續鈔、文鈔、文續鈔　集 5 -
　40075
東齋詩鈔、續鈔、文鈔、續鈔　叢 2 - 705
東齋記事　叢 1 - 10、15、19(6)、22(5)、23(5)、
　24(7)、29(6)、223(44)、249(3)、2 - 731(7)
東齋記事、補遺　子 4 - 22875　叢 1 - 273
　(5)、274(5)、2 - 731(50)
東齋記錄　叢 1 - 20(4)
東齋詞畧　集 7 - 46872
東齋稿畧、濟美錄摘畧　集 2 - 7767、6 - 45026
東齋吟藁　集 6 - 41889、41896
東齋脞語　子 4 - 21269　叢 1 - 202(6)、203
　(12)、295
東齋小集　集 1 - 4322、6 - 41744～6、41888、
　41891～3、41894(3)、41895、41897～8、41904、
　41911、41913、41917、41919、41921、41923
東齋憶記　子 5 - 26686
東齋掌鈔　子 4 - 19492、21023
東廓先生文集　集 2 - 8205
東廓鄒先生文集　集 2 - 8207
東廓鄒先生遺稿　集 2 - 8206、8209～10
東方商埠述要　史 6 - 44023、7 - 49319
東方三大賦　集 2 - 11020

東方先生語類 子5-25693
東方先生集 集1-179,6-41695～7
東方先生集(東方大中集) 集1-177
東方先生類語 子4-24017
東方和音 集2-10369
東方大中集 集1-178,6-41694、41698
東方最勝燈王如來經 子6-32093(42)
東方最勝燈王如來遣二菩薩送咒奉釋迦如來護持世間經 子6-32081(14)、32083(10)、32085(15)、32088(11)
東方最勝燈王如來助護持世間經 子6-32086(16)、32089(12)
東方最勝燈王如來助護持世間神咒經 子6-32090(16)、32091(14)、32092(10)
東方最勝燈王陀羅尼經 子6-32093(42)
東方最勝燈王陁羅尼經 子6-32084(9)
東方曼倩文抄 集1-181
東方曼倩文鈔 集6-41794
東方時局論畧 子7-36228(6)、36231(6)、36239、36263、38073
東方時局畧論 子7-36248
東方兵事紀畧 叢1-531
東方學會叢書二集四種 叢2-605
東方學會叢書初集十三種 叢2-604
東方朔記 叢1-19(2)、21(3)、24(3)
東方朔先生射覆無移集 子3-13869
東方朔傳 叢1-22(18)、23(18)、29(1)
東方朔偷桃 集7-49398
東方朔神異經 子5-26220 叢1-40
東方朔探春歷記 子1-4081、4236 叢1-116
東方朔探春歷紀 子1-4246
東廚司命九靈元王定福真君勸善文 子5-30507
東廚司命燈儀 子5-29530(5)、30602
東廚錫福 集7-49700
東廂記 集7-50403 叢1-496(8)
東唐市鄉志[民國] 史7-57095
東文書譯 子7-36237
東京府十一縣聯合共進會章程 史6-47583
東京雜事詩 集5-41605
東京志畧 史7-50641
東京夢 子5-27898
東京夢華錄 史7-50636 叢1-22(12)、23(11)、26～8、98、169(3)、223(25)、268(2)、383,2-731(58)、826
東京竹枝詞(三十六荷花院詩鈔) 集5-39934
01 東語入門 經2-15068
03 東詠軒筆記 子4-23348

05 東塾雜俎 子4-22624
東塾讀詩錄 經1-4232
東塾讀書記 經1-163(3)、2-11889 子4-22620～3 叢1-563,2-690、691(3)、698(7)、1832
東塾讀書記殘稿 子4-22619
東塾集 集4-31848
東塾集、申范 叢2-1832
東塾集、申範 集4-31849
東塾叢稿 子4-22618
東塾遺書四種 叢2-653(2)
東塾初學編 經2-14510
東塾初學編音學 經2-14511
東塾藥方 子2-10057
東塾餘集 集4-31852
東塾類稿 集4-31846～7
07 東望望閣雜著 集4-24509
東望望閣詩鈔 集4-24504～8
東望望閣隨筆 子4-23229 叢1-373(4)
東郊土物詩 史7-50319 叢2-832(3)
東郊草堂集 集3-15972
東郊草堂集鈔 集3-15973
東郊問耕錄 子4-23068
東郭記 集7-49709、50013～4
東郭記鼓詞 集7-51239
東郭傳傳奇 集7-51107
東郭傳鼓詞 集7-53650
東郭野史 集7-53722
08 東施騷 集4-29968
東旋草 叢2-1508
10 東三邊速把亥列傳 史1-1929
東三邊黑石炭列傳 史1-1929
東三省交涉輯要 史6-45036
東三省交涉輯要、圖說 子7-36839
東三省職司官制及督撫辦事要綱摺 史6-42777
東三省政畧 史6-41839～40
東三省各官銀號改革辦法意見書 史6-44487
東三省各官銀號報告冊 史6-44486
東三省紀畧[民國] 史7-56093
東三省移民開墾意見書 史6-44872～3
東三省官銀號暨公司稱貸各戶押款表 史6-44488
東三省邊防議 史6-45617,7-49318(2)
東三省邊防答問 史6-45620,7-49319
東三省沿革表 史7-49779
東三省吉林清理財政局擬定辦理決算章程 史6-43293
東三省地圖說錄 史7-49966
東三省蒙務公牘彙編 史6-45711

東三省韓俄交界道里表　史 7 - 49315　叢 2 - 731(59)

東三省奉天旗屬光緒三十四年入款說明書 史 6 - 43279

東三省奉天清理財政局擬定各種簿單式樣 史 6 - 43285

東三省奉天光緒三十四年支款說明書　史 6 - 43277

東三省輿地圖說　史 7 - 49314、49319、49964~5　叢 2 - 785

東三省輿圖說　史 7 - 49315

東三省鹽法新志　史 6 - 43815

東三省鹽法志　史 6 - 43814

東三省鐵路問題　史 6 - 44242

東亞三國地志　子 7 - 37728

東亞將來大勢論　子 7 - 38084

東亞各港口岸志　子 7 - 37727

東亞史要　子 7 - 36326

東亞風雲錄　史 6 - 41491~2

東夏王氏纂修宗譜[浙江永康]　史 4 - 25119

東霞山館詩鈔　集 4 - 26815

東干詩草　集 2 - 12205

東平寶卷　集 7 - 54261

東平州續志[康熙]　史 8 - 59422

東平州鄉土志[光緒]　史 8 - 59426

東平州志[康熙]　史 8 - 59421

東平州志[道光]　史 8 - 59424

東平州志[乾隆]　史 8 - 59423

東平州志[光緒]　史 8 - 59425

東平梁氏族譜[廣西北流]　史 5 - 34717

東平教案記　史 1 - 4312　子 7 - 35795　叢 2 - 1852

東平縣志[民國]　史 8 - 59427

東天目山昭明禪寺志　史 7 - 51627

東石近稿　集 2 - 7875

東石澗日記　史 2 - 12562~3

東石澗日記、瀑雪記(清康熙十四年至十五年)　史 2 - 12561

東西文菁華　叢 2 - 2187

東西二漢水辯　史 7 - 49318(9)、52982　叢 1 - 201、203(4)

東西三十甲孔氏第四股家譜[山西太原] 史 4 - 25930

東西玉井蔡氏二房長尚愛公派下重修家乘 [福建晉江]　史 5 - 38035

東西晉全傳　子 5 - 28012

東西魏北齊周隋方鎮年表　史 1 - 4563、4758

東西漢全傳　子 5 - 27962~3

東西洋考　史 7 - 54268　叢 1 - 223(26)、347、2 - 731(59)

東西林彙考　史 7 - 50359

東西林彙考[乾隆]　史 7 - 57264

東西勢社番記　史 7 - 49317(2)、49318(15)、51255

東西均　子 4 - 21007

東西敎化論衡　子 7 - 35657

東西學書錄　史 8 - 66417~8

東西學書錄總敍　史 8 - 66416

東西命局圖　子 3 - 14180

東晉方鎮年表　史 1 - 10(3)、4563、4695~7

東晉文　集 6 - 43222

東晉新安太守程元譚祠墓傳紀　史 2 - 8518

東晉畺域志　叢 2 - 653(4)、1557

東晉疆域志　史 1 - 8、10(3)、534,7 - 49311 叢 2 - 731(56)、1559

東晉疆域圖　史 7 - 49313、49443

東晉將相大臣年表　史 1 - 10(2)、4689

東晉南北朝輿地表　史 1 - 10(4)、526　叢 2 - 653(4)、731(56)

東晉志傳題評　子 5 - 28010

11 東北文獻零拾　史 7 - 49975

東北邊防論　史 6 - 45621,7 - 49318(2)

東北邊防輯要　史 6 - 45618~9,7 - 49314、49319　叢 2 - 785

東北海諸水編　史 7 - 49318(10)、52861

東北古印鈎沈　史 8 - 65081

東北閩遊記　史 7 - 53516　叢 2 - 2235

東北輿地釋畧　史 7 - 49968　叢 2 - 785

東頭竹籬齋詩鈔　集 5 - 36485

12 東水詩集　集 4 - 25734

東水質疑(讀史質疑)　史 1 - 5960

13 東武高士劉翼明詩稿　集 3 - 14555

東武山房詩文集　集 3 - 18649

東武山人集　集 2 - 8622

東武翆音　集 7 - 48084

東武呂氏家乘[山東諸城]　史 4 - 26357

14 東聽雨堂刊書　子 1 - 1964

17 東郡雷氏族譜　史 5 - 37167

東郡任氏族譜[山東聊城]　史 4 - 26795

東郡傅氏族譜[山東聊城]　史 5 - 36266

東郡趙人集　集 4 - 32708

20 東航紀遊(清光緒三十一年)　史 2 - 13206

東香山房詩初集　集 4 - 30100

東維子文集(東維子集)　集 1 - 5515

東維子文集、校勘記　集 1 - 5516　叢 2 - 635(11)

東維子集　集 1 - 5510　叢 1 - 223(62)

21 東征雜記　史 7 - 49317(2)、49318(15)、51237

東征集　史 1 - 1873　叢 1 - 223(19)、496(3)、2 - 1403~4

東征紀行錄　史 1 - 1929、2817　叢 1 - 50~2、

　　55、87、2－730(2)、731(68)
東征紀畧　史1－4104
東征紀畧總論　史1－4103
東征奏稿初編　叢2－1848
東行雜詠　集4－31504
東行雜志　史2－9502
東行百詠集句、和、再和　集2－6628
東行百詠集句、芳州先生年譜　集2－6627
東行集(乙巳東行草)　集5－38879
東行述　史2－9339　叢1－203(8)
東行初錄、續錄、三錄　史1－1982、7－49318
　　(21)、54141
東行日記　史7－49317(5)、49318(18)、54139
東行吟草　集4－26005
東行筆記(清光緒十六年)　史2－12782
東街肅正宗錢氏世系譜[浙江慈溪]　史5－
　　40204
東犫集　集4－30113、6－42009
22 東川府續志[光緒]　史8－62348
東川府志[雍正]　史8－62346
東川府志[乾隆]　史8－62347
東川詩鈔　集1－789
東川集(楚南集、春暉集、都門集、楚南續
　　集、北上集、歸田集、東川詞)　集4－
　　23394
東川林氏宗譜　史4－29418
東川羅先生潛心語錄、内稿、外稿　子1－
　　980
東川劉文簡公集　集2－7251
東豐縣鄉土志[民國]　史7－56275
東豐縣志[民國]　史7－56274
東豐縣志畧[民國]　史7－56273
東岑黃氏家譜[浙江東陽]　史5－33836～7
東崖詩草　集4－24101
東嵐謝氏族譜[福建長樂]　史5－40745
東嵐謝氏明詩畧　集6－45140　叢2－1883
東崗高遷劉氏族譜[湖南寧鄉]　史5－
　　39496
東崗高遷劉氏七修族譜[湖南寧鄉]　史5－
　　39495
東嶽紀勳陰陽查考　子5－31777
東嶽大生寶懺　子5－29530(11)、30561
東嶽獨體關元帥大法　子5－31682
東岸吟稿　集3－18294
東倭考　史1－1982、7－49318(21)、54606
東倭表　史7－54605
東倭表、東倭考　叢1－537
東巖府君(裕泰)年譜　史2－12081
東巖詩稿　集3－18807～8
東巖集　叢1－223(65)
東巖禪師語錄　子6－32091(80)

東巖周禮訂義　經1－77(3)
東巖周禮訂義(周禮訂義)　經1－4940
東峯集　集1－4628、3－19074
東山(查繼佐)外紀　史2－9183
東山文稿　集4－22034
東山雜錄、隱梅樂　子4－23559
東山詶和集　叢2－794
東山謝氏世系圖[浙江上虞]　史5－40721
東山詩　集5－38940
東山詩集　集2－7046
東山詩選　集1－4000　叢1－223(56)
東山詩鈔　集3－19570、4－22035、29816～7
東山詞　集7－46357、46360～1、46487～8　叢
　　2－799～800
東山論草　集2－9158　叢2－1216
東山談苑　子5－26622
東山張氏宗譜[浙江]　史5－35124
東山酬唱　叢2－1656
東山破峯重禪師語錄　子6－32091(78)
東山政教錄　子1－1818　叢2－1867
東山集　集3－14359
東山上四族陳氏宗譜[浙江]　史4－33153
東山師氏族譜　史4－31765
東山任氏宗譜[浙江餘姚]　史4－26771
東山巖記　史7－49317(2)、49318(8)、52488
東山崇藏主送子行腳法語　子6－32090
　　(66)、32093(52)
東山外紀　叢2－670
東山傅氏先立堂家譜[浙江金華]　史5－
　　36231
東山傅氏宗譜[浙江金華]　史5－36222
東山傅氏十六修宗譜[浙江金華]　史5－
　　36229
東山傅氏十一修宗譜[浙江金華]　史5－
　　36224
東山傅氏十二修宗譜[浙江金華]　史5－
　　36225
東山傅氏十三修宗譜[浙江金華]　史5－
　　36226
東山傅氏十五修宗譜[浙江金華]　史5－
　　36228
東山傅氏十修宗譜[浙江金華]　史5－
　　36223
東山傅氏十七修宗譜[浙江金華]　史5－
　　36230
東山傅氏十四修宗譜[浙江金華]　史5－
　　36227
東山偶集　集3－17732
東山吳氏宗譜[浙江淳安]　史4－27811
東山寓聲樂府　集7－46491
東山寓聲樂府、補遺　集7－46373、46490、

46492
東山遺集二種　叢 2 - 658
東山存稿　集 1 - 5772～4,6 - 41784　叢 1 -
　223(62)
東山志　史 7 - 52342～5
東山草　集 5 - 36561
東山草、滇遊草、燕遊草、伯兄遺草　集 3 -
　16681
東山草堂文集　集 3 - 18358
東山草堂詩鈔　集 5 - 34279
東山草堂集　集 3 - 17731、18359、18528～9
東山草堂邇言　子 4 - 21637
東山老人詩剩　集 4 - 27452
東山葛氏遺書三種　叢 2 - 1216
東山樓詩集　集 4 - 22463
東山樓詩續稿　集 4 - 22464
東山婦人科附諸症驗方　子 2 - 8193
東山趙先生文集　集 1 - 5776
東山趙先生文集、詩集　集 1 - 5771
東山趙先生文集、詩補、文補、附錄　集 1 -
　5770
東山趙先生文集補遺　集 1 - 5777
東山趙先生沜行狀　叢 1 - 223(62)
東山書院誌畧　史 7 - 52068
東山書院課集　叢 2 - 2070
東山書屋周易課藝　經 1 - 1547
東山國語　史 1 - 809　叢 2 - 637(2)
東山余氏宗譜[江西廣豐]　史 4 - 28594
東山鄭氏世譜[江蘇蘇州]　史 5 - 38597～8
東山餘墨　集 2 - 9159　叢 2 - 1216
東山堂集　集 3 - 21730
東巢雜著、策斷　子 4 - 20447
東樂軒詩集　集 2 - 8535
東樂縣志[民國]　史 8 - 63160
23 東矣吟　集 5 - 35404
東牟集　集 1 - 3170～1　叢 1 - 223(53)
東牟紀事　史 6 - 45553　叢 2 - 1924
東牟守城紀畧、東牟守城詩　史 1 - 3992
　叢 2 - 920
東牟攀轅錄　史 1 - 3993
東岱山房詩錄　集 2 - 8976～7
東岱山房詩錄、外集　集 2 - 8978、8980
東岱山房詩錄、李氏山房詩選　集 2 - 8979
東岱山房詩錄江右稿　集 2 - 8975
24 東崦草堂雜著　集 3 - 15406
東崦草堂詩鈔　集 3 - 15405
25 東生集外科　子 2 - 7835
東使紀程　集 4 - 31287
東使紀程、東使吟草　史 7 - 54116
東使紀事詩畧　史 7 - 54024
東使吟草、出塞雜詠　集 4 - 31286

26 東白璜溪張氏宗譜[浙江金華]　史 5 -
　35020～1
東白草堂集　集 2 - 8596
東白書院章程　史 7 - 52059
東白日抄　史 1 - 5997
東白日鈔　叢 2 - 2039
東白堂文集　集 3 - 15348
東白堂詞　集 7 - 46397～400
東白堂詞選初集、詞論十三則　集 7 - 48494
東白棠詞　集 7 - 46959
東皇山志　史 7 - 52275
東皇布令　集 7 - 49705
東粵疏草　史 6 - 48446
東粵疏抄　史 6 - 48623　叢 2 - 1342
東粵藩儲考　史 6 - 43350
東粵日省　史 2 - 12593　叢 2 - 1342
東粵竹枝詞　集 6 - 42022
東泉文集　集 2 - 7347
東泉文集、詩話續册　集 4 - 29388
東泉誌　史 7 - 52770
東泉遺詩　集 2 - 7744、7750
東泉青屋喉醫　子 2 - 7555
東皋雜錄　子 5 - 26976
東皋子集　集 1 - 654～5、657
東皋握靈本草、序例、補遺　子 2 - 5595
東皋雜抄　子 5 - 27233
東皋雜錄　叢 1 - 17、19(1,2)、20(1)、21(2)、22
　(7)、23(7)、24(2)、29(5)
東皋雜鈔　子 5 - 27234　叢 1 - 241、242(3)、
　2 - 731(54)
東皋詩文集　集 3 - 13539
東皋詩集　集 3 - 20584　叢 2 - 673
東皋詩存、詩餘　集 6 - 44468
東皋詩史(咏史詩集、詩史)　集 3 - 18001
東皋詩餘　集 7 - 46400、46923、48618
東皋詩鈔　集 1 - 3398,6 - 41900
東皋琴譜　子 3 - 17658
東皋子詩　集 1 - 3397,4002～3　叢 1 - 223
　(56)
東皋子集　叢 1 - 287,2 - 731(39)
東皋子集、校勘記　叢 2 - 636(3)
東皋子集、附東皋子集傳、附錄　叢 1 - 223
　(48)
東皋子傳　叢 1 - 119～20
東皋集　集 3 - 15167,6 - 44533
東皋集補鈔　集 1 - 3399,6 - 41901
東皋山房集　集 3 - 16630
東皋先生詩集　集 1 - 5671～2　叢 1 - 265
　(5)、266,2 - 809
東皋褉錄　叢 1 - 21(1)
東皋漫錄　史 1 - 4889

東皋草堂詩　集5-35535
東皋草堂詩文集　集3-17949
東皋草堂詩集　集3-17388
東皋草堂醫案　子2-10526
東皋握靈本草、補遺　叢1-385
東皋唱和詩、晴雲書屋唱和詩　集6-44187
東皋唱和集　集2-10195
東皋印人傳　史2-7810
東皋錄　集2-5875～9　叢1-223(62)
東魏將相大臣年表　史1-10(4)、4747
東吳記　集7-52302
東吳王氏三種　叢2-1095
東吳水考　史6-46755
東吳名賢記　史2-7853　叢2-931
東吳名賢記、先祖通奉府君遺藁　史2-7852
東吳招親　集7-52303
東吳小稿　集1-5033　叢2-751
27 東歸記事　叢1-397
東歸紀事　史7-53848　叢2-617(4)
東歸紀畧　叢1-373(8)
東歸紀畧(清康熙五十五年至五十六年)　史2-12589
東歸途詠　集4-22193
東歸日記　史7-49316、49317(6)、49318(3)、53968、54053　叢1-571,2-1724
東歸唱和　集6-43783
東歸錄　史7-49318(13)、54036
東鄉縣鄉土志[光緒]　史8-58836
東鄉縣志[康熙]　史8-58831～2
東鄉縣志[道光]　史8-58834
東鄉縣志[嘉慶]　史8-58833、62004
東鄉縣志[嘉靖]　史8-58830
東鄉縣志[乾隆]　史8-62003
東鄉縣志[同治]　史8-58835
東鄉縣志[光緒]　史8-62005
東鄉風土記　史7-50591　叢2-1633
東將詩　集3-14987
東阜堂詩集　集4-32152
東魯唐氏宗譜[浙江蘭溪]　史4-32518
28 東微紀行(清光緒二十四年至清光緒二十五年)　史2-13227
東谿詩草　集3-17978～9
東谿集　集6-41895
東谿先生集(東溪先生文集)　集1-3223
東谿遺稿、紀行稿、附錄　集2-7384
30 東流縣志[順治]　史7-58080
東流縣志[嘉慶]　史7-58082
東流縣志[萬曆]　史7-58079
東流縣志[乾隆]　史7-58081

東瀛識畧　史7-51252
東瀛詩記　集6-46173　叢2-1920
東瀛詩選、補遺　集6-42525
東瀛百詠　史7-54532
東瀛參觀學校記　史6-42583
東瀛參觀錄　史7-54194
東瀛紀事　史1-1984、3737～8
東瀛遺稿　集2-7252
東瀛觀兵記事(清光緒二十七年)　史2-13053
東瀛觀學記　史6-42582
東瀛警察筆記　史6-45400
東瀛戰士策　子7-36891
東瀛學校舉概　史6-42581　子7-36755
東渡百一詩　集5-40765
東渡日記(清光緒二十一年)　史2-13114
東寧雜詠　集3-18704
東寧雜詠、臺陽紀巡百韻、西遊小稿　集3-18707
東寧縣志畧[民國]　史7-56359
東家雜記　史2-8383　叢1-223(21)、229
東家雜記、孔聖生年月日考異　史2-8384
東家雜記、校譌　史2-8385
東家雜記、校譌、續校　叢1-376
東家雜記、校譌、續校、補校　史2-8386　叢2-731(60)
東家矍　集7-49640
東進涼家口花名冊　史6-44524
東窻集　集1-2869　叢1-223(53)
東安席氏三修譜[湖南東安]　史4-32485
東安章氏宗譜[浙江富陽]　史5-34523～4
東安裴氏宗譜[江蘇常州]　史5-38488
東安孫氏宗譜[浙江富陽]　史5-33585
東安吳氏六修宗譜[浙江富陽]　史4-27801
東安寧善下山何氏宗譜[浙江富陽]　史4-28264
東安江氏族譜[廣東羅定]　史4-26917
東安潘氏宗譜[浙江富陽]　史5-39787～9
東安李都憲先生文集　集2-6738
東安袁氏宗譜[浙江富陽]　史4-31323
東安日程　子1-2479　叢2-2102
東安縣志　史7-54910
東安縣志、古誌備考[康熙]　史8-61140
東安縣志[康熙]　史7-55209,8-61141
東安縣志[天啓]　史7-55208
東安縣志[道光]　史8-61143
東安縣志[乾隆]　史7-55210,8-60672、61142
東安縣志[光緒]　史8-60673
東安人物志　史2-8250

中國古籍總目・索引

東宮備覽　子1-1991　叢1-195(3)、223
　　(30),2-731(13)
東宮保墨迹　集4-28117
東宮官寮題名　叢1-511
東宮舊事　史6-41969　叢1-22(10)、23
　　(9)、29(1)、407(2)
東宮切韻　經2-13637、15137
東窗存稿　集5-37333
31 東江詩鈔　集3-15461　叢2-641
東江詞　集7-46405、46861
東江疏揭塘報節抄、東江客問　史1-2980
東江子　叢1-197(1)
東江集鈔、別集、附錄　集3-14211
東江後詠　集5-37994
東江借箸錄　史6-43149
東江家藏集　集2-7288　叢1-223(65)
東江家藏集、風聞言事論　集2-7289
東江遺事　史1-1980、3050
東江遺事、補遺　史1-3051　叢1-354
東江始末　史1-1951、1982、3049　叢1-269
　　(2)、270(2)、580
東江楊氏行述待訪錄　史5-37055
東江別集　集3-14212
東滙詩集　集2-8392
東滙潘氏族譜[江蘇吳縣]　史5-39779
東瀧遺稿、制策、附錄　集2-7064
東汀小稿　集4-29840
東河新櫂歌、續　史7-52908
東河櫂歌　史7-52906　叢2-832(5)
東河奏疏　叢2-1940
東河奏稿　史6-48973
東浯家乘　集6-44959
東潛文稿　集3-19847、19849　叢1-493
東潛文稿鈔　集3-19848
東源李氏族譜[江西萍鄉]　史4-27352～3
東源黃氏宗譜[江西宜黃]　史5-33967～8
東遷後詩世次表　經1-4371
32 東州草堂詩鈔、詩餘　集4-30199
東洲詩文　叢2-1084
東洲艸堂金石詩　史8-63509
東洲艸堂金石跋　史8-63509　叢2-625
東洲初稿　集2-7826　叢1-223(65)
東洲初稿四種　叢2-1084
東洲草堂文鈔　集4-30210～1
東洲草堂詩　集4-30204
東洲草堂詩文稿　集4-30193
東洲草堂詩鈔　集4-30205～7
東洲草堂詩鈔、文鈔、詩餘、遺文、遺詩　集
　　4-30200
東洲草堂叢稿　集4-30196

東洲草堂日記(清道光十四年十九年、二十
　　三年至二十四年,咸豐元年至二年、四
　　年、十年至同治元年、十年)　史2-12754
東洲草堂金石詩　史8-63673　集4-30208
東洲草堂金石書畫詩鈔　子3-14965
東洲草堂金石跋　史8-63672　叢2-877
東洲几上語、枕上語　叢2-674
東洲几上語、東洲枕上語　子4-20215
東洲賸稿　集2-7827
東溪試茶錄　子4-18978、18980、18996～7
　　叢1-2～3、6、223(38)、569,2-731(30)
東溪詩文選　集3-14700
東溪詩集　集5-37226
東溪詩選、文選、羅浮集　集3-17401
東溪詞　集7-46369、46375、46386、46555
東溪集　集1-3225、4722,6-41894(2)　叢1-
　　223(54)
東溪先生文集　集1-3223
東溪先生詩　集3-21115
東溪先生集(高東溪先生文集、東溪集)、附
　　錄　集1-3221
東溪續稿、別稿　集2-7154
東溪漁隱吟草　集5-37935
東溪大宗祠祭文　史5-34124
東溪草堂詞　集7-48304
東溪草堂存稿　集4-31355
東溪黃氏宗譜[浙江浦江]　史5-33846
東溪日談錄　子1-979　叢1-223(31)
東溪陸氏支譜[浙江湖州]　史4-32659
東溪算學八種　子3-12395
東巡記　史1-2505　叢1-22(7)、23(7)、29
　　(5)
東巡記署　史7-52529
東巡扈從詩草　集4-29279
東巡八賦　集3-19804
東巡金石錄　史8-63954
33 東浦詩鈔　集3-16004
東浦詞　集7-46352、46357、46371、46380、
　　46382、46669　叢1-223(73),2-698(14)、
　　720(2)
東浦集　集5-36054
東浦草堂詩　集3-17781,4-28548
東浦草堂詩集　集3-17782
東浦草堂課餘文集、後集、闕餘別集　集3-
　　17785
東冶古文類選　集6-42749
東冶國朝文編　集6-44788
東濱先生詩集(宦遊稿、歸田稿、東濱先生
　　詩集續稿)　集2-7872
34 東池詩集　集6-43843
東池草堂尺牘　集5-37825　叢1-496(7)

東池精舍詩別集　集5-39145

東漪草堂詩曆　集3-15121

東漢文　集6-43200、43205

東漢文統　集6-42963、43207

東漢文紀　集6-41793、43201　叢1-223
(70)

東漢文選　集6-41689

東漢文鑒　集6-43198、43202

東漢文鑑　叢1-265(5)、266

東漢文類、目錄　集6-43199

東漢諸帝統系圖　史1-10(2)、4651

東漢諸王世表　史1-10(2)、4652

東漢詔令　史6-47595　叢1-223(20)

東漢詳節　史1-4835~6、5135

東漢三公表　史1-4660

東漢三公年表　史1-10(2)

東漢王叔師集　集6-41698

東漢王叔師集(王叔師集)　集1-212

東漢雲臺功臣侯表　史1-10(2)、4654

東漢崔亭伯集　集1-208,6-41698

東漢外戚侯表　史1-10(2)、4656

東漢皇子王世系表　史1-10(2)、4653

東漢將相大臣年表　史1-10(2)、4658

東漢宦者侯表　史1-10(2)、4657

東漢演義　子5-27969~72

東漢九卿年表　史1-10(2)、4662

東漢志傳　子5-27959

東漢荀侍中集　集1-236,6-41698

東漢中興功臣侯世系表　史1-10(2)、4655

東漢史刪　史1-5171

東漢奏疏　史6-47773

東漢書疏　史6-47770、47772、47774、47780~1

東漢書疏文鑑　集6-42664

東漢書刊誤　史1-364　叢2-596

東漢書姓名韻　子5-25842

東漢馬季長集　集1-206,6-41698

東漢會要　史6-41598~9　叢1-223(26)、
230(3)、336~7,2-731(3)

東漢銅弩圖　史8-64294

東漢精華　史1-5137

東波手澤　叢1-24(7)

東渚詩集　集3-14171

東社讀史隨筆　史1-5771

35 東津館文集　集4-29146　叢2-907

東溝義社收支清册第一次報告　史6-
47271

36 東泊張譜[江蘇丹陽]　史5-34812~3

東澤綺語　集7-46358、46363、46374、46378、
46388、46660

東還紀程　史7-49317(8)、53861　叢1-210

東還紀程、續抄　史7-53862　叢1-249
(4),2-731(56)

東還紀程、續鈔　史7-49318(13)

東還紀程、贈言　史7-53863

東還紀程續鈔　史7-49317(8)　叢1-211

東還紀畧　史7-53956　叢2-1639

東還贈言　集3-14799

37 東湖文集　集3-17563

東湖試辦法政學堂簡章　史6-42533

東湖詩鈔　集3-21452

東湖記　史7-49318(10)、52854

東湖王氏族譜[湖南寧鄉]　史4-25428

東湖弄珠樓志　史7-51403

東湖乘　史7-50389　子4-22032　叢2-
648

東湖集(奏疏、吟稿)　集2-7268

東湖倡和集　集6-44181

東湖叢記　史8-65306　叢1-373(8)、509

東湖汲古閣毛氏世譜[江蘇常熟]　史4-
25576

東湖消夏續錄　子4-23495

東湖消夏錄　子4-23494

東湖大宗祠胡氏祝文[浙江東陽]　史4-
30489

東湖志　史7-52853

東湖地學　子3-13512

東湖櫂歌　史7-50390

東湖奏疏、東湖吟稿　史6-48518

東湖縣志[乾隆]　史8-60342

東湖縣志[同治]　史8-60343

東湖居士集　集1-3011,6-41894(2)、41895

東湖餞飲一分　集7-49705

東澗集　集1-4047　叢1-223(56)

東澗先生妙絕今古文選　集6-42692

東湄王氏宗譜[浙江武義]　史4-25170

東溟文集、文外集、文後集、文外集　集4-
27914

東溟文集、外集　集4-26279

東溟文集、外集、文後集、文外集　叢2-
1715

東溟集、雁喙編、補注　集3-14459

東溟蠡測　子4-20821　叢1-62、64,2-730
(4)

東溟校伍錄　子1-3404　集5-33786　叢2
-1930

東溟奏稿　史6-48828　叢2-1715

東溟粹言　子3-13735　叢2-754

東祀草　集3-17180

東祀錄　集2-7141、7147

38 東游詩草初草、續草　集2-10588

東游記　史7-53577　子1-1141

東游紀程　史7-54122
東游紀程、圖說　史7-54070
東游紀盛　史7-49318(16)
東游紀念　史7-54623
東游觀政論畧　史6-47567
東游捫蝨(三養軒日記)　史7-54127
東游日記、歸槎日記、游琿春記　史7-54189
東游闕里記　史7-53616　叢1-371
東洋記　史7-49317(5)、49318(16)、54601
東洋瑣記　史7-49317(1)、49318(16)、54620
東洋之佳人　子7-38158
東洋教育史　子7-36680
東洋史要　子7-36387～8
東洋車自美　集7-53129
東洋東自美一枝　集7-51709
東洋蠶事書　子7-36228(5)
東洋小艸、斫劍詞　叢2-1859
東海廟殘碑　史8-63501、64618
東海詩選　集6-44580
東海記　集7-50350　叢1-327
東海更言、厦門泉州雜詠　集5-35848
東海張先生文集　集2-6872
東海郡徐氏宗譜[浙江麗水]　史4-32086
東海郡徐氏宗譜[浙江淳安]　史4-31897
東海行吟　集4-25859
東海傳奇　集7-50349
東海徐氏譜畧[廣東廣州]　史4-32181
東海徐氏家譜[安徽歙縣]　史4-32117
東海徐氏宗譜　史4-32190
東海徐氏宗譜[上海青浦]　史4-31793
東海徐氏宗譜[福建浦城]　史4-32134
東海徐氏宗譜[浙江]　史4-32096
東海徐氏宗譜[浙江德清]　史4-31903
東海徐氏宗譜[浙江松陽]　史4-32091
東海襄冥氏三十以前舊學四種　叢2-2089
東海若解　子7-34346、34525
東海散人詩稿　集5-38438
東海散人集(于役草、海雲樓七十二候詩、虎林游、來鶴軒草、松風樓稿)　集2-12085
東海戚氏宗譜[浙江金華]　史5-34315～6
東海投桃集　叢2-1920
東海公年譜　史2-11735
東海半人詩鈔　集4-24954～5　叢1-373(7)
東遊六十四日隨筆　史7-54188
東遊詩　集5-39595
東遊詩詞　集5-40639
東遊詩紀　集5-40907

東遊詩草　集5-39287、40502
東遊記　史7-49318(15)、53070、53080　子5-28850　叢2-1136
東遊集　集2-8147、8886
東遊集法語　叢2-973
東遊偶吟草　集5-36094
東遊紀　叢2-937
東遊紀盛　史7-49317(1)、54637
東遊紀畧　史7-49317(4)、53911、54086、54571　叢1-530～1
東遊鱗爪錄　史7-49357、54125
東遊叢錄　子4-23405
東遊草　集2-10084～5,3-18049,4-22342、31099,5-35904、38406、39689、41067
東遊草、鶴野詞　叢2-842
東遊日記　史7-49317(1)、49318(16、21)、54121、54126、54177～8、54182、54196、54199、54204～5、54207～8、54619、54636、54638
東遊日記(清光緒十年至十一年)　史2-13018
東遊贈言　集5-38637
東遊隨筆　史7-54129
東遊節錄　經2-15091
東遊小草　集5-38326
東遵紀畧　集3-19416
東道集　集5-39885
東道紀行集　史7-54072
東道圖說便覽　史7-54049
39 東沙古塘王氏宗譜[江蘇江陰]　史4-24870
40 東土耳基斯坦志　史7-54720
東土耳其考畧　史7-49317(6)、49318(17)、54721
東土鄉王氏宗譜[浙江紹興]　史4-25033
東臺縣志[咸豐]　史7-56695
東臺縣志稿[光緒]　史7-56696
東臺縣志四十券[嘉慶]　史7-56694
東臺縣栟茶市鄉土志[民國]　史7-56697
東塘詩鈔　集3-17609
東塘集　集1-3744　叢1-223(55)
東塘集(東塘詩集)　集2-7902
東塘先生文集　集2-7903
東塘日札　叢1-496(3)
東塘日劄　史1-1937、1976,3129　叢1-573
東南諸山記　史7-52302　叢1-373(9)
東南三國記　史7-49317(4)、49318(15)、54493
東南水利　史6-46603
東南水利論、樓流論　史6-46605
東南水利疏議畧　叢1-378
東南水利畧　史6-46604

東南紀行雜詠　集5-37646

東南紀事　史1-1982、3279　叢1-478

東南紀畧　史1-3898　叢1-477

東南紀聞　子5-26327　叢1-223(45)、273
(5)、274(5)、490

東南湖胡氏宗譜[浙江東陽]　史4-30483～7

東南洋記　史7-49317(5)、49318(17)、54477

東南洋島紀畧　史7-49317(5)、49318(17)

東南洋鍼路　史7-49318(17)、54485

東南海島圖經　子7-38027

東南樵草堂詩鈔　集5-35587

東南防守利便　史6-45629　叢1-156、195
(3)、241、242(2)、2-731(59)

東南輿誦　集6-44189

東李宗譜[浙江東陽]　史4-27235～42

東嘉王氏家錄[浙江溫州]　史4-25204

東嘉先哲錄　史2-8092

東嘉英橋王氏重修宗譜[浙江溫州]　史4-
25203

東嘉姓譜　史2-13345

東古文存　集6-43171　叢1-442～3、2-
731(39)、1984

東壽昌寺志畧　史7-51645

41 東垣此事難知節抄　子2-6484

東垣先生試效方　子2-9182

東垣先生此事難知集　子2-4549～50、
4564、6482

東垣十書　子2-4549、4551～2

東垣十書(新刊東垣十書、醫學十書)二種
子2-4550

東壖東隅東日天真四先生殘稿　集2-7946

東壖三官廟籤詞　叢2-795

東壖稅務局文稿　史6-43569

東坪詩集　集3-16383

東坪詩集、文集　集5-37484

東極篇　集2-11490

東樗雜詩、詞稿　集3-20545

42 東橋張氏宗譜[江蘇宜興]　史5-34853

東橋集詩、文　集2-7677

東橋集詩、文、詞　集2-7678

東橋蘭譜　子3-16376

43 東城雜記　史7-50305～6　叢1-202(4)、
223(26)、373(6)、448、456(1)、2-731(58)、
735(3)、736、832(3)

東城記餘　史7-50322　叢2-832(7)

東城褉記　叢1-203(9)

東城志畧　史7-49328、50119　叢2-795

東城老父傳　子5-26222　叢1-22(19)、23
(18)、29(3)、185、255(3)

東城老父斗鷄懺傳奇　史7-49479

東城拾遺　史7-50307

東城陳氏宗譜[江蘇宜興]　史4-32791

東越文苑　史2-8138～9

東越文苑後傳　史2-8141

東越文苑傳　叢2-1001

東越文苑傳、儒林傳　史2-8140

東越證學錄　集2-10346～7

東越儒林後傳　史2-8142　叢2-1001

東越祭蛇記　叢1-29(1)

東越沿革表　史7-50526～7

44 東封事壞庸臣誤國疏　史6-47799、48379

東坡(蘇軾)烏臺詩案　史2-8677

東坡應詔集　集1-2406

東坡文　集1-2533、6-41804

東坡文談錄　集6-45698　叢1-195(4)、2-
731(48)

東坡文談錄、東坡詩話錄　集6-45697

東坡文集　集1-2531　叢2-1587

東坡文選　集1-2539～40、2547

東坡文苑　集1-2551

東坡文鈔　集6-45165

東坡詩文選　集1-2429

東坡詩話　子5-27669　集6-45486、45559
叢1-22(14)、23(13)

東坡詩話錄　集6-45696　叢1-195(4)、2-
731(47)

東坡詩集　集1-2456、6-41908　叢2-1587

東坡詩集註　叢1-223(52)

東坡詩選　集1-2461～4、6-41777、41781、
41903、45165

東坡詩選、東坡先生年譜　集1-2460

東坡詩鈔　集1-2447、2450～2、6-41773、
41900

東坡詞　集7-46380、46478　叢1-223(72)、
2-698(13)、720(2)

東坡詞、拾遺　集7-46352、46357、46479～80

東坡詞鈔　集7-46481

東坡二妙集　集1-2404

東坡五古選　集1-2476、6-41774

東坡列國圖說　經1-7486

東坡手澤　叢1-17、19(6)、20(4)、21(6)、374

東坡集　集1-2382、2387、2400、2471

東坡集、後集　集1-2383

東坡集、後集、奏議、外制集、內制集、樂語、
應詔集、續集、校記　叢2-698(10)

東坡集論　集1-2555

東坡集補鈔　集1-2459、6-41901

東坡集選　集1-2433～4

東坡集選、集餘、東坡先生年譜、外紀、外紀
逸編　集1-2435

東坡集選志林　子4-19974

東坡集錄　集1-2396、6-41799

東坡樂府　集7-46396、46475～6
東坡稱賞道潛之詩　集1-2478、2667
東坡先生(蘇軾)年譜、宋史本傳　史2-11253
東坡先生文集　集6-45151
東坡先生文集、詩集、紀年錄、東坡墓誌銘　集1-2391
東坡先生譚史廣　史2-6204、8688
東坡先生詩話　叢1-34
東坡先生詩話(東坡詩話)　集6-45558
東坡先生詩集註(東坡詩集註)　集1-2497
東坡先生詩鈔　集1-2448～9,6-41902
東坡先生瑣言別集　子4-23037
東坡先生往還尺牘　集1-2562
東坡先生集　集1-2399,6-45172
東坡先生後集　集1-2384
東坡先生後集、外制集　集1-2385
東坡先生編年詩補註、年表　集1-2504
東坡先生仇池筆記　子4-19976　叢1-467
東坡先生傳誌　史2-8685
東坡先生和陶淵明詩　集1-2523
東坡先生物類相感志　子4-23668
東坡先生遺事　史2-8686～7
東坡先生禪喜集　集1-2407
東坡先生禪喜集、禪喜紀事　集1-2408
東坡先生志林　子4-19968、19972　叢1-99～100
東坡先生志林(東坡志林)　子4-19969
東坡先生志林、蘇黃門龍川別志　子4-19973
東坡先生志林集　子4-19967　叢1-2～3、6～7
東坡先生七言古詩　集1-2474
東坡先生墓誌銘　集1-2503　叢1-223(52)
東坡先生艾子雜說、漁樵閒話、雜纂　子5-27381
東坡先生翰墨尺牘　集1-2561、2568　叢1-325
東坡先生史評　史1-5361　叢1-34
東坡先生奏議　史6-48125
東坡先生書傳　經1-34　叢2-999
東坡先生易傳　經1-34、433　叢2-999
東坡先生別傳　史2-8690
東坡先生尺牘　集1-2565
東坡先生全集、詩集註、宋史本傳、東坡先生墓誌銘、東坡先生年譜　集1-2390
東坡先生全集、詩選　集1-2392
東坡先生全集錄　集1-2397,6-41708
東坡先生年譜　史2-11255、11257　集1-2387～9、2393、2401、2413～4、2416～7、

2502～3、2510　叢1-217、223(52),2-698(10)
東坡先生賞心十六事、冶梅賞心隨筆　子3-16614
東坡續集　集1-2402
東坡和陶詩　集1-402、442、445、2522
東坡和陶集　集6-41702
東坡和陶合箋　集1-446、2525
東坡和陶合箋、陶詩彙評　集1-2526
東坡烏臺詩案　叢1-282(2)、283(2),2-731(17)
東坡紀年錄　史2-11256　集1-2489、2491～2　叢2-635(8)
東坡寓惠集註釋　集1-2421
東坡寓惠集注釋、雜著、增補東坡海南集注釋、惠陽紀勝二集、羅浮紀勝三集、西湖蘇蹟　集1-2422
東坡遺意　子3-14982～3、15343
東坡禪喜集　集1-2409～10
東坡禪喜集、詞　集1-2411
東坡志林　子4-19970　叢1-31、223(41)、268(3),2-652、731(52)、735(3)
東坡七律　集1-2475
東坡地理圖說　經1-7553
東坡事蹟類要　史2-8692
東坡事類　史2-8693　叢2-1780
東坡書傳　經1-2623～4　叢1-227(2)、268(1)
東坡四六　集1-2527
東坡易傳　叢1-223(2)、227(1)
東坡易傳、王輔嗣總論(王輔嗣論易)　經1-436
東坡題跋　子3-14909～10　叢1-169(4),2-731(34)
東坡題跋、東坡尺牘、東坡小詞　集6-42042
東坡刪改圓澤傳　叢1-223(46)
東坡閑適詩選　集1-2477　叢2-691(3)
東坡居士佛印禪師語錄問答　子5-27692
東坡居士艾子雜說　子5-26218　集1-2430　叢1-38、184
東坡尺牘　集1-2563、2566、2573
東坡全集　叢1-223(52)、227(9)
東坡全集(蘇東坡集)、目錄、東坡先生年譜、東坡先生墓誌銘　集1-2394
東坡全集(東坡集)、目錄、東坡先生年譜　集1-2395
東坡養生集　集1-2425
東坡小詞　集7-46477
東藩紀要、補錄　史7-54573　叢1-496(6)
東藩事畧　史7-54589

東莞庠士錄　史2-8270

東莞倫氏續書樓藏書目錄　史8-65981

東莞梁氏崇桂堂族譜[廣東東莞]　史5-34702

東莞袁督師後裔考　史2-9107,7-49324

東莞袁督師遺事　史2-9106,7-49325

東莞茶園衛氏族譜[廣東東莞]　史5-39159

東莞縣續志[嘉慶]　史8-61031

東莞縣志[雍正]　史8-61029

東莞縣志[康熙]　史8-61028

東莞縣志[崇禎]　史8-61027

東莞縣志[嘉慶]　史8-61030

東莞縣志[民國]　史8-61032

東麓先生(惲巍)年譜　史2-11453

東麓遺稿　集2-7591

東苑文鈔　集3-14207　叢2-1300～1

東苑詩鈔　集3-14206　叢2-1300～1

東莊詩鈔　集3-14984

東莊論畫　子3-15859～61、15965　叢1-469、495、586(3)、2-644、716(3)

東莊遺集　史6-46656　集3-19600～1

東莊農隱集　集5-34179

東莊吟稿　集3-14985　叢2-609

東莊醫案　子2-4606、10511

東莆集　集2-8999

東莆先生文集　集2-9000

東蒙詩鈔　集3-21896

東蒙古形勢考　史7-49318(2)、49939

東蒙古紀程　集5-39479

東蓀先生集　集2-11546

東華塵夢　史7-54175　叢2-2175

東華廡廬集　叢2-2183

東華僊三度十長生　集7-48770、48774(2)、49083、49093

東華續錄　史1-1630

東華續錄(咸豐朝)　史1-1632

東華續錄(光緒朝)　史1-1633

東華絕句、藕花莊近詠、綺雪齋近詠、獨倚樓近詠　集6-44069

東華退食記　史1-3770

東華易知錄　史1-1642

東華全錄九朝　史1-1634

東華錄　史1-1626～8　叢1-373(7)

東華錄記、內苑三海等處畧記、諸王監國畧記　史1-1629

東華錄詳節　史1-1637

東華錄天命朝、天聰朝、崇德朝、順治朝、康熙朝、雍正朝、東華續錄乾隆朝、嘉慶朝、道光朝、咸豐朝、同治朝　史1-1631

東華錄綴言　史1-1641　叢2-1900～1

東薔草廬稿　叢2-639

東菴集　集1-4846

東黃時文　集3-19256

東村詩鈔　集3-20459

東村記事　史1-1964、1981、4481

東村集　集3-13949、16717～8、20458

東村先生詩　集3-19383

東村遺集、自注年譜　集3-16551

東蔡宗譜[江蘇蘇州]　史5-37984

東萊詩話　叢1-31

東萊詩集　叢1-223(54)

東萊北魏石刻考畧　史8-63968

東萊翟氏家乘　史5-38929

東萊子　經1-6781　子1-18、20

東萊郡暮夜卻金　集7-49397、49418

東萊集　集1-3686,6-41894(3)、41895

東萊集、別集、外集、附錄　叢1-223(55)

東萊集註類編觀瀾文集甲集、乙集　叢1-265(5)

東萊集註類編觀瀾文集甲集、乙集、丙集　集6-42666

東萊集註類編觀瀾文集甲集、乙集、丙集、劄記　集6-42667

東萊先生唐書詳節　史1-4837

東萊先生音註唐鑑　史1-5886　叢1-574(3)

東萊先生音註唐鑑、音註考異　史1-5888

東萊先生詩集　集6-41784　叢2-636(4)

東萊先生詩集(東萊詩集、紫薇集)　集1-3133

東萊先生詩集、外集　集1-3134、3685

東萊先生詩律武庫　子5-25553

東萊先生三國志詳節　史1-4836～7

東萊先生五代史詳節　史1-4836～7

東萊先生西漢詳節　史1-4836

東萊先生西漢詳節、西漢詳節　史1-5135

東萊先生西漢書詳節　史1-4837

東萊先生晉書詳節　史1-4836～7

東萊先生北史詳節　史1-4836～7

東萊先生左氏博議　經1-6749～53、6757　叢2-731(64)、859

東萊先生左氏博議(左氏博議)　經1-6748

東萊先生左氏博議、虛字註釋備考　經1-6754

東萊先生左氏博議集要　經1-7076

東萊先生南史詳節　史1-4836～7

東萊先生古文關鍵　集6-42669～70

東萊先生校正晉書詳節　史1-4835

東萊先生校正北史詳節　史1-4835、5224

東萊先生校正南史詳節　史1-4835

東萊先生校正隋書詳節　史1-4835
東萊先生標註三國志詳節　史1-4835
東萊先生增入正義音註史記詳節　史1-4835、5082
東萊先生史記詳節　史1-4836~7
東萊先生史說　史1-5362　叢1-34
東萊先生東漢詳節　史1-4836
東萊先生東漢書詳節　史1-4837
東萊先生呂太史全集(東萊集)　集1-3684
東萊先生呂成公點句春秋經傳集解　經1-6692
東萊先生隋書詳節　史1-4836~7
東萊先生分門詩律武庫、後集　子5-25552
東萊紀畧　史6-43139
東萊左氏博議課鈔　經1-6758
東萊李氏族譜[山東萊州]　史4-27410
東萊校正五代史詳節　史1-4835
東萊標註三蘇文集　集6-45151
東萊標註潁濱先生文集　集1-2619
東萊標註老泉先生文集　集1-2103
東萊博議　經1-6760、6763~9
東萊博議、增補虛字註釋　經1-6761~2
東萊博議續編　經1-6774
東萊博議約選　經1-6771
東萊博議摘鈔　經1-6773
東萊博議删本　經1-6772
東萊趙氏先世酬唱集　叢2-953
東萊趙氏先世學行記　叢2-953
東萊趙氏楹書叢刊十二種　叢2-953
東萊呂紫微雜說　子4-19996　叢1-465
東萊呂紫微雜說(紫微雜說)　子4-20090
東萊呂紫微雜說、師友雜志　子4-20091
東萊呂紫微詩話　集6-45483　叢1-2~3、6、8
東萊呂紫微詩話(紫微詩話)　集6-45571
東萊呂紫微師友雜誌　叢1-465,2-731(12)
東萊呂紫微師友雜志　史2-7077
東萊呂紫薇詩話　叢2-731(46)
東萊呂先生左氏博議句解　經1-6777~8
東萊呂太史(祖謙)年譜　史2-11331
東萊呂太史文集　集1-3682、3689~90
東萊呂太史文集、別集、外集、考異　集1-3681　叢2-860
東萊呂太史文集、別集、外集、附錄拾遺、麗澤論說集錄　集1-3680
東萊呂太史春秋左傳類編(春秋左傳類編)　經1-6782
東萊呂太史春秋左傳類編、校勘記　叢2-636(2)
東萊呂氏西漢精華　史1-5136
東萊呂氏西漢精華、東漢精華　史1-5137

東萊呂氏古易　叢2-859
東蘿遺稿　集4-26610
東林商語　子1-1127　叢2-1161~2
東林文草　集4-30010
東林三錄　史1-1952
東林列傳　史2-7334~5
東林列傳、熹宗原本本紀　叢1-223(22)
東林列傳凡例　叢1-373(9)
東林山志　史7-52314
東林和尚雲門菴主頌　子7-34404
東林和尚雲門菴主頌古　子7-34177
東林紀事本末論　史1-1953~8、1963、1978、3008
東林遊草　叢2-2252
東林十八高賢傳　史2-6790
東林始末　史1-1982、3009　叢1-195(3)
東林蓮社十八高賢傳　子7-34738　叢1-22(9)、23(9)、26~8、29(2)、74、383
東林史料叢鈔十一種　叢1-209
東林事畧　史1-1953~8、1963、1978
東林事畧、始安事畧　史1-3007
東林本末　史1-1937、1982、3005~6　叢2-818、1215
東林書院志　史7-52039
東林書院志、續　史7-52038
東林書院志續　史7-52040
東林書院會語　子1-1188　叢2-1178~9
東林點將錄　史1-1946,2-7326　叢1-209、411、544、547(4)
東林吟草　集4-30006~7
東林陳氏支譜[浙江湖州]　史4-32828
東林同志錄　史1-1946,2-7328　叢1-209、411
東林同難錄、列傳、傳　史2-7333
東林同難錄、同難列傳、同難附傳　叢1-512
東林朋黨錄　史1-1946,2-7329　叢1-209、411
東林會約　子1-1125　叢2-1161~2
東林籍貫　史2-7327　叢1-209、411
東林籍貫錄　史1-1946
東林黨人榜　史1-1952
東林粹語　子1-1299　叢1-310
45 東埭詩鈔、文鈔　集5-35367
東樓王氏宗譜　史4-25532
東樓王氏宗譜[安徽桐城]　史4-25236~7
46 東觀裔草學　子1-3924
東觀集　集1-1865、1868~9,6-41895、41904　叢1-223(50)
東觀室遺稿　集5-34934
東觀漢記　史1-5、308~9　叢1-223(19)、

230(2)、2-698(4)、731(64)、775(3)、873

東觀漢記、拾遺　史1-310　叢2-780

東觀存稿　集4-25988　叢2-1001

東觀草、使荊草、折柳草、奚囊草、盍簪草、
　西山紀遊、南歸草、歸雲洞草、據梧閣草、
　津逮樓草　集3-15211

東觀奏記　史1-2386　叢1-11～2、15、19
　(3)、20(8)、21(3,9)、22(7)、23(7)、24(3,11)、
　26～8、99～101、223(20)、364、457、511、2-
　731(65)、735(4)

東觀錄　史7-51891　叢2-1088

東觀餘論　子3-14692,4-22127～30　叢1-
　169(3)、223(39)、268(3)、478

東觀餘論校　子4-22131　叢2-2004

47 東朝崇養錄　史6-42119　叢2-631

東朝紀　史1-2752　叢1-13、14(1)、22
　(21)、134

東都冢墓遺文　史8-64017

東都事畧　史1-708、1916　叢1-223(19)

東都事畧注殘稿　史7-49693

東都事畧校識　史1-710

東都事畧校記　叢2-615(2)

東都事畧校勘記　史1-709　叢2-615(2)

東都事畧跋　史1-711　叢2-904

48 東教宗鑒　子7-35635

東槎雜著　史7-49318(16)、54653　子4-
　21666

東槎紀畧　史7-51249～50　叢1-203(15)、
　408、496(3)、2-1715

東槎聞見錄　史7-49318(16)、54634～5

50 東中集　叢2-1363

東事紀畧、歸圃日記　史1-3333

東事大系安危罷兵未可輕議疏　史6-
　47799、48322

東事始末　史1-1616

東事書　史1-2963　集2-10876　叢2-741

東事答問　史1-2920～1,7-49957～8　叢
　2-741

東夫山堂詩稿　集4-30395

東夫山堂詩選、三樻老屋詞　集4-30394

東夷列傳地理考證　史1-349、665,7-49310

東夷考畧　史1-1983、2920～1,7-49956

東夷考畧、東事答問　史7-49957

東夷考畧、圖、東事答問　史7-49958　叢
　2-741

東夷圖總說、嶺海異聞、嶺海續聞　史7-
　54258

東書葉氏宗譜[浙江龍游]　史5-35690

東書堂硯銘　子4-18755

51 東軒雜錄　叢1　15

東軒詩鈔　集4-22600

東軒手鑑　叢2-2122

東軒集　集1-5645～6　叢2-852

東軒集選、補遺、附錄　集2-6723　叢2-
　833

東軒溫故錄　子4-22771

東軒晚語　子4-23140

東軒吟社畫像、記傳題跋　史2-7561

東軒筆錄　子4-22894～5　叢1-16、19(1,
　4)、20(1,3)、21(1,4)、22(7)、23(7)、24(2,5)、
　29(5)、31、99～101、223(45)、374、2-731
　(50)、735(4)、873

52 東虬草堂詞　集7-46413、48007

53 東盛和債案報告　史6-44490

東盛東阪 盛氏宗譜[浙江金華]　史5-
　34290

東甫文稿　集5-38285

東甫遺稿　集5-38284

東甫遺書　子4-21889

55 東井文鈔　叢2-845(2)

東井詩鈔、文鈔　集4-22888

東井誥敕　史6-47644　叢2-731(18)、816

東井登雲邵氏宗譜[浙江淳安]　史4-
　29217

東農草堂選稿、文鈔正集、外集　集3-
　13968

57 東邨隨筆　子4-23149

60 東目館詩集　集3-20761

東目館詩集、詩見　集3-20762

東目館詩見　集6-46045

東里高氏世恩錄　叢2-1101

東里高氏世恩錄[山東沂源]　史4-32443

東里文集　集2-6458～9

東里文集、詩集、續集、別集　叢1-223(63)

東里文集、別集、太師楊文貞公年譜　集2-
　6460

東里詩集　集2-6455

東里詩集、文集、文集續編、別集、代言錄
　集2-6453

東里詩集、文集、文集續編、別集、附錄　集
　2-6454

東里一廛文集　集4-22650

東里子集正編、別編　集3-16094

東里子集正編六種別編一種　叢2-1351

東里集(文集、詩集、續集、別集)　集2-
　6451

東里續集　集2-6457

東里生爐餘集　集4-26432

東里草堂詩鈔　集4-32607

東里八房鄭氏家譜[江西廣豐]　史5-
　38745

東里全集(東里文集、東里詩集、東里別集、

附錄）　集2-6452
東里鄭氏家譜[江西廣豐]　史5-38744
東里類稿、詩集　集3-19838
東國名勝記　史7-49317(4)、49318(15)　子7-36345
東國觀學記　史6-42586
東國史畧　史7-54551
東園痘症要訣　子2-7967、8669
東園文集　集2-7075　叢1-223(64)
東園語錄　子5-29536(4)、31911
東園詩集　集3-13241
東園詩存　集3-21480
東園詩賦存畧　集4-32294
東園詩鈔　集4-27512
東園琴譜　子3-17647
東園集　集3-14531
東園徐氏重輯宗譜[江蘇吳縣]　史4-31852
東園客談　叢1-175
東園叢說　子4-20088　叢1-223(41)、272(2)、425,2-731(4)
東園叢編詩選、詩續選、文選、文續編、文續選　集5-39298
東園遺稿　集2-6625、7474
東園友聞　史1-1914　子4-20247、22952　叢1-22(4)、23(4)、56、95、195(5)、2-730(3)
東園鄭先生文集續編　集2-7074
東田文集、詩集　叢2-731(41)、782(3)
東田詩集、東田文集　集2-7127
東田集　集2-7124,6-41751
東田先生奏稿　史6-48204
東田皐言　子4-20420,叢1-22(20)
東田遺稿　集2-7671　叢1-223(65)
東田閒居草　集3-17920
東昌府志[嘉慶]　史8-59001
東昌府志[萬曆]　史8-58999
東昌府志[乾隆]　史8-59000
東昌軍中牘藁　史6-47311
東昌志[永樂]　史8-58907
東圖玄覽　叢1-572
東皐草堂評訂唐詩鼓吹　集6-43283
65 東嘯詩草、燕臺吟稿、西湖櫂歌、懶眠集　集4-24798
67 東明紀行　史7-54081　叢2-2014
東明寺志　史7-51612
東明范先生(欽)神位履歷稿　史2-8949
東明書院志　史7-52050～1
東明縣新志[民國]　史8-59512
東明縣續誌[宣統]　史8-59511
東明縣志[康熙]　史8-59509
東明縣志[乾隆]　史8-59510

東明曆　子3-13004
東明聞見錄　史1-1946、1953、1960、1965～70、1977、3479～81
東墅詩集　集2-6551
東墅詩錄　集4-27329
東野志　史2-13406,7-51856、51858
東野志、續志　史7-51857
東野軒文集　集3-18161
東野軒詩　集3-18160
東野軒暇集　集3-18159
東野農歌集　集1-4124　叢1-223(57)
東路記　史7-49317(6)、49318(12)、53946
東煦堂詩稿　集5-40268
70 東壁先生書鈔四種　叢2-1537
東壁疑義　經1-5029
東壁園隨筆　叢1-321
東雅堂昌黎集註　集1-1270
東雅堂昌黎集註、遺文、朱子校昌黎集傳、外集註　叢1-223(49)
71 東阿詩鈔　集3-16489　叢1-369
東阿于文定公(慎行)年譜　史2-11526
東阿縣鄉土志[光緒]　史8-59055
東阿縣志[康熙]　史8-59049～50
東阿縣志[道光]　史8-59052
東阿縣志[民國]　史8-59053～4
東阿縣志畧[道光]　史8-59051
東原文集　叢1-238,2-1475
東原詩集、文集　集2-6689
東原集　集2-6693
東原考古錄　史7-51465
東原錄　子4-19921～2、19996　叢1-223(40)、241、242(3)、246、282(2)、283(2)、465,2-652、731(6)
東馬莊許氏宗譜[江蘇武進]　史5-34372
東甌詩集、續集、補遺　集6-44741
東甌詩存、補遺　集6-44742
東甌記畧、東甌留別和草　集5-34273
東甌三先生(陳虬、陳黻辰、宋衡)年表　史2-12354
東甌百詠　集4-31729
東甌百詠(甌江竹枝詞)　集5-37091
東甌張文忠公奏對稿　史6-48244
東甌集　史4-32080
東甌先正文錄、補遺　集6-44743
東甌紀遊　集3-17160,5-37129
東甌紀畧、東甌留別和章　史6-41529、43160
東甌九說　子4-21644
東甌拾遺　史7-50466
東甌日記(清宣統元年)　史2-13257
東甌金石志　史8-63916、63918

東甌金石志、校記、補遺、附錄 史8-63917
72 東丘程氏宗譜[安徽休寧] 史5-36113
　東陲芻議 史6-47566
　東陲紀行 史7-54156 集5-38753
　東陲道里形勢 史6-45622,7-49318(2)
　東所先生文集 集2-7220
　東隱集 集5-35531
73 東院王氏家譜[江蘇如皋] 史4-24814
74 東陵邵氏宗譜 史4-29269
　東陵邵氏桂馥堂宗譜 史4-29263
　東陵紀事詩 史1-4353 叢2-645
　東陵盜案彙編 史1-4351 叢2-607
　東陵道 史1-1996、4352
　東陵蔣氏宗譜[浙江義烏] 史5-38154
　東陵楊氏宗譜 史5-37097
　東陵日記 史7-51900 叢2-1984
76 東陽亭塘陳氏重修家譜[浙江東陽] 史4-
　　33012
　東陽亭塘陳氏家譜[浙江東陽] 史4-
　　33013
　東陽亭塘陳氏宗譜[浙江東陽] 史4-
　　33014、33016～20
　東陽夜怪錄 子5-26879 叢1-22(19)、23
　　(18)、185、255(4)
　東陽許氏家乘[浙江東陽] 史5-34420
　東陽許氏宗譜[浙江東陽] 史5-34421～7
　東陽三元徐氏宗譜[浙江東陽] 史4-
　　32059
　東陽王氏宗譜[安徽涇縣] 史4-25298
　東陽西源馬氏宗譜[浙江東陽] 史4-
　　31609
　東陽張氏宗譜[浙江東陽] 史5-35061～2
　東陽雙泉徐氏宗譜[浙江東陽] 史4-
　　32050
　東陽上潢王氏宗譜[浙江東陽] 史4-
　　25161～2
　東陽盧氏家乘[浙江東陽] 史5-40070
　東陽何府何氏宗譜[浙江東陽] 史4-
　　28315～9
　東陽何氏宗譜[浙江東陽] 史4-28320～2
　東陽虞氏宗譜[浙江東陽] 史5-37218
　東陽嶺南厲氏宗譜[浙江東陽] 史5-
　　38469～70
　東陽卜氏宗譜[浙江東陽] 史4-24703
　東陽盤谷吳氏宗譜[浙江東陽] 史4-
　　27951～3
　東陽倪氏宗譜[浙江東陽] 史4-31750
　東陽象塘樓氏宗譜[浙江東陽] 史5-
　　39038
　東陽象岡呂氏重修宗譜[浙江東陽] 史4-
　　26334～6

　東陽永寧虞氏宗譜[浙江東陽] 史5-
　　37220
　東陽永寧沈氏宗譜[浙江東陽] 史4-
　　29102～3、29106
　東陽潘氏重修宗譜[浙江東陽] 史5-
　　39806
　東陽梁渡郭氏宗譜[浙江東陽] 史4-
　　32316
　東陽沈氏家乘[上海嘉定] 史4-28975
　東陽沈氏宗譜[江蘇武進] 史4-28999
　東陽汝南郡周氏宗譜[浙江東陽] 史4-
　　30046
　東陽汝南仰氏宗譜[浙江東陽] 史4-
　　26812
　東陽社姆張氏宗譜[浙江] 史5-34870
　東陽南岑吳氏宗譜[浙江東陽] 史4-
　　27933～8
　東陽杏溪傅氏重修宗譜[浙江東陽] 史5-
　　36248
　東陽城頭蔡氏宗譜[浙江東陽] 史5-
　　38020
　東陽蓮溪虞氏宗譜[浙江東陽] 史5-
　　37222
　東陽葛府宗譜[浙江東陽] 史5-35847～8
　東陽葛氏宗譜[浙江東陽] 史5-35835、
　　35845～6
　東陽甘井吳氏宗譜[浙江東陽] 史4-
　　27930～2
　東陽黃沙陳氏宗譜[浙江東陽] 史4-
　　33034
　東陽黃氏宗譜[浙江東陽] 史5-33840～1
　東陽蔡氏宗譜[浙江東陽] 史5-38016～9
　東陽林氏宗譜[浙江東陽] 史4-29290～1
　東陽樓氏宗譜[浙江東陽] 史5-39058
　東陽楊氏宗譜[浙江東陽] 史5-36909～10
　東陽杞國樓氏家乘[浙江東陽] 史5-
　　39044、39048
　東陽杞國樓氏宗譜[浙江東陽] 史5-
　　39039～43、39045～7、39049
　東陽趙氏宗譜[安徽涇縣] 史5-38393～5
　東陽趙氏宗譜[浙江東陽] 史5-38363～9
　東陽畫溪王氏宗譜[浙江東陽] 史4-
　　25146～52
　東陽畫溪王氏地派宗譜[浙江東陽] 史4-
　　25142～4
　東陽畫溪王氏人派同房宗譜[浙江東陽]
　　史4-25145
　東陽蟠松周氏宗譜[浙江東陽] 史4-
　　30043
　東陽曲江張氏家譜[浙江東陽] 史5-
　　35040
　東陽曲江張氏年譜[浙江東陽] 史5-

35038～9

東陽曹氏宗譜[浙江東陽]　史5-34202

東陽縣志[康熙]　史7-57604

東陽縣志[道光]　史7-57605～6

東陽縣志[隆慶]　史7-57603

東陽歷朝詩　集6-44720

東陽厲氏宗譜[浙江東陽]　史5-38471

東陽匪難錄　史1-3965

東陽長衢郭氏宗譜[浙江東陽]　史4-32313

東陽兵變　史1-1937、1954～7、1959、1963、1982、3055

東陽陸氏宗譜[浙江東陽]　史4-32673～8

東陽陸氏宗譜續編[浙江東陽]　史4-32679

東陽隨筆　叢2-1721～2

東陽陳氏宗譜[浙江東陽]　史4-33015、33061

東陽周氏宗譜[浙江東陽]　史4-30033～42

東陽屏巖張氏宗譜[浙江東陽]　史5-35055

東陽屏麓張氏宗譜[浙江東陽]　史5-35056

東陽醫貫　子2-10918

東陽興賢邵氏宗譜[安徽涇縣]　史4-29255

東陽興賢邵氏宗譜[浙江東陽]　史4-29241～3

東陽興賢少溪樓氏重修宗譜[浙江東陽]　史5-39050

東陽興賢少溪樓氏宗譜[浙江東陽]　史5-39051～5

東陽金氏宗譜[浙江東陽]　史4-29730～2

東陽俞氏宗譜[浙江東陽]　史4-30822～5

東陽錦溪陳氏宗譜[浙江東陽]　史4-33031

東陽少溪樓氏重修宗譜[浙江東陽]　史5-39037

東隅瑣記　史7-54624　子4-23575

東隅内袁氏族譜[江西萬載]　史4-31366

東隅袁氏族譜[江西萬載]　史4-31365

77 東周列國傳奇　集7-50466

東周列國志　子5-27939、27941～3

東周列國志輯要　子5-27945

東周列國考畧　史1-2074、6022

東周列國全志　子5-27938

東周紀年　史1-1404

東周宮詞　史1-6105

東岡文集　集2-6663

東岡文稿　集3-13834

東岡詩文鈔　集3-13833

東岡詩媵　集4-23148

東岡詩鈔　集3-18441

東岡集　集2-6662,6-44533

東岡小稿　集2-7469～70

東閣稿吟稿　集6-41895

東閣吟稿　集1-4181,6-41889、41894(3)

東閣剩稿　集6-44957

東鷗草堂詞　叢2-934

東鷗草堂詞、補遺、附錄　集7-47993　叢2-799～800

東關紀畧　史6-43977　叢2-1721～2

東關戴氏宗譜[安徽績溪]　史5-40544

東關甘氏重修支譜[江西南昌]　史4-26049

東關甘氏支譜[江西南昌]　史4-26048

東門樓氏宗譜[浙江義烏]　史5-39029～30

東門閒閒閣草、寄軒草　集3-17240

東門閑閑閣草、寄軒草　集6-44644

東歐文錄　集4-26886

東興繆氏宗譜[江蘇江陰]　史5-40897～8、40901

東興繆氏潤州分支宗譜[江蘇鎮江]　史5-40896

東興繆氏支譜[江蘇江陰]　史5-40899

79 東塍潘氏宗譜[浙江臨海]　史5-39815

80 東人詩話　集6-46174　叢1-467

東舍集　集3-16279

東倉書庫叢刻初編十一種　叢2-812

東谷文集　集3-19571

東谷集詩、詩續刻、文、文續刻　集3-13397

東谷集詩、續刻、文、續刻　叢2-1241

東谷遺藁　集2-6823

東谷草堂詩鈔初集　集5-39173

東谷贅言　子4-20449～50　叢1-22(23)、29(7)、107、111(3)、2-731(53)

東谷贅言、校勘記　叢2-870(3)

東谷易翼傳　叢1-227(1)

東谷所見　子4-19928　叢1-2～7、9、19(10)、20(8)、21(9)、22(13)、23(12)、24(11)、29(6)、154

東谷隨筆　子4-19929　叢1-195(2)

東谷全集四種　叢2-1241

東谷鄭先生易翼傳　經1-77(2)、468

東畲雜記、幽湖百詠　史7-50369

東畲先生詩選　集2-7414

東畲先生家藏集　集2-7416

83 東錢湖志　史7-52940

東館缶音　集2-9670

東館缶音、續集　集2-9671

84 東鎮沂山志　史7-52505

87 東銘　叢2-1031

88 東籬詩集 集4-24465
　東籬集、文集 集5-40489
　東籬集、續集 集3-19380
　東籬存草 集3-14434
　東籬中正 子4-19278、21379
　東籬耦談 子7-36348 叢1-426
90 東堂詞 集7-46352、46380、46382、46510 叢
　　1-223(72)、2-698(13)、720(2)
　東堂集 集1-2867 叢1-223(53)
　東堂老 集7-48778
　東堂老勸破家子弟雜劇 集7-48767(3)、
　　48774(6)、48950 叢2-698(14)
　東堂小集 集1-2868,6-41894(1)
　東光霍氏家乘[河北東光] 史5-40043
　東光于氏族譜[河北東光] 史4-24712
　東光縣志[康熙] 史7-55372
　東光縣志[光緒] 史7-55373
　東光馬氏家乘[河北東光] 史4-31546
　東省成案考 史6-46115
　東省與韓俄交界道里表 史6-45730,7-
　　49318(20)
　東省養蠶成法 子1-4420
　東省養蠶成法、授時分收圖 叢1-369
　東省鐵路本處載運搭客行李貨物章程 子
　　7-37171
　東省鐵路合同 史6-44243
　東省鐵路合同成案要覽 史6-44245
　東省鐵路公司購地伐木合同暨各章程 史
　　6-44244
　東省籌辦重要事宜分類簡明說畧 史6-
　　41841
　東眷韋氏家乘[浙江東陽] 史4-31135~8
91 東悟本禪師語錄 子7-34354~5

　　　　　柬

00 柬亭詩選 集3-21234
43 柬埔寨以北探路記 子7-38022
60 柬園詩草 集5-38292

5101₀ 批

01 批評東萊博議 經1-6769
30 批注地理辨正直解 子3-13481
37 批選唐詩 叢2-1169
　批選六大家論 集6-44000
　批選漢書 史1-5085

　批選杜工部詩 集1-1009 叢2-1169
　批選四書新義續編 經2-11052
　批選四書義、續編 經2-11051
40 批檀弓 經1-5825
50 批本隨園詩話 集6-45974
61 批點唐音 集6-43288
　批點唐詩正聲 集6-43302
　批點詩經 經1-3789
　批點三國志瑣瑣 史1-431 叢2-1169
　批點晉書瑣瑣 史1-551 叢2-1169
　批點北史瑣瑣 史1-133 叢2-1169
　批點孫子正義、新鐫孫子兵法衍義 子1-
　　3145
　批點聊齋志異 子5-27626
　批點毛詩振雅 經1-3823
　批點何高二論 子4-20913
　批點後漢書瑣瑣 史1-365 叢2-1169
　批點崇正文選 集6-42814
　批點牡丹亭記 集7-49897
　批點左氏新語 經1-6845 叢2-1169
　批點南史瑣瑣 史1-127 叢2-1169
　批點考工記 叢1-79
　批點考工記、圖說 經1-5180
　批點舊唐書瑣瑣 史1-653 叢2-1169
　批點史記瑣瑣 史1-59 叢2-1169
　批點史記節畧 史1-5092
　批點四書、句辨、字辨、音義 經2-10973
　批點四書音義 經2-11115
　批點四書字辨 經2-11116
　批點明詩七言律 集6-43725
　批點前漢書瑣瑣 史1-257 叢2-1169
　批點分韻試帖青雲集合注 子5-26194
　批點分格類意句解論學繩尺、諸先輩論行
　　文法 集6-42711
　批點分類誠齋先生文膾前集、後集 集1-
　　3539
　批點管子全集 子1-3972
77 批歐陽永叔詞 叢2-1252
　批歐陽永叔詞十二首 集7-46464 叢2-
　　720(5)
92 批判尺牘 叢2-1874

5101₁ 排

06 排韻增廣事類氏族大全、綱目 叢1-223
　　(43)
10 排王贊 集7-53624
22 排山後集、續集 叢2-1428

排山續集　叢2-1429
排山周氏崇禮堂宗譜［江西廣豐］　史4-30095
排山小集　叢2-1428～9
排山小集、續集、後集、遺詩鈔　集3-19015
25 排律　叢2-1309
排律辨體　集6-45799
排律新詠　集4-26968
30 排家宴四美祝花朝　集7-49376
77 排悶集、野庵詩鈔、翡翠蘭苕集　集3-19547
排悶錄　子5-26641
88 排筵宴一枝　集7-51857

輕

44 輕世金書　子7-35252
輕世金書直解　子7-35253
60 輕罪禁用刑訊申明新章例册　史6-46287

5102₀ 打

01 打龍袍　集7-53108
02 打新春一套(寡婦論)　集7-50948
10 打王八　集7-50990、53652
12 打登州　集7-51101、52282
21 打紅臺　集7-53560
25 打牲烏拉志典全書［光緒］　史7-56244
打牲烏拉地方鄉土志［光緒］　史7-56245
26 打皂王　集7-53109
27 打鳥一本　集7-52603
35 打連成一枝　集7-50993
40 打十湖　集7-52286
41 打麵缸　集7-52283
43 打犬一本　集7-52604
44 打黃狼一段　集7-51407
打茶園一套　集7-50739
打茶園　集7-53102
打權杖　集7-53562
46 打棍出箱　集7-53107
47 打狗勸夫一段　集7-51408
打朝　集7-52280
打靶通法、打靶法　子7-36901
50 打棗譜　叢1-22(17)、23(17)
60 打圍回圍　集7-52285
61 打啞禪院本　集7-49125

71 打牙牌一枝　集7-50994
打馬圖　子3-18193、18198　叢1-22(17)、23(16)、35、37、168(1)、181
打馬圖譜　子3-18246
打馬圖經　子3-18195　叢1-17、19(5)、20(3)、21(4)、24(6)、456(2)、545、547(4)
打馬圖式　子3-17956、18197
77 打骨牌　集7-53103
打關西　集7-52281
打門吃醋(吃醋)　集7-52284
打門吃醋一本　集7-52649
80 打金枝一枝　集7-53561
88 打箭廳志［光緒］　史8-62121
打箭鑪志畧［乾隆］　史8-62120
97 打爛老婆櫃　集7-52793

5103₂ 振

00 振文堂集　集2-9679
振衣亭稿　集2-12973
13 振武將軍陝甘提督孫公思克行述　史1-1984
17 振勇步隊演練快槍六陣圖說册　子1-3717
20 振秀集　集2-7854
24 振綺堂詩集　集3-20616
振綺堂詩存　叢1-471
振綺堂叢刻七種(汪氏振綺堂刻書七種)　叢1-470
振綺堂叢刊八種　叢1-471
振綺堂叢書初集十種、二集十二種　叢1-472
振綺堂遺書五種　叢2-1769
振綺堂存稿　集3-20615
振綺堂書目　史8-65769～70
振綺類纂　子5-25272
32 振業堂雜錄　集6-43123
50 振素庵詩鈔　集5-39648
51 振振堂稿(聯稿、聯續稿、詩稿、文稿)　集5-38037
67 振鷺集　集6-43780
70 振雅雲箋　子5-25107　集6-42930
振雅堂集　叢2-2169
振雅堂稿　集3-16247
振雅堂彙編詩最　集6-44074
振雅堂彙編詩最三集　集3-17503
77 振興步隊演陣式圖說册、親軍步隊演練快槍六陣圖說册、振勇步隊演練快槍六陣圖說册　子1-3717
振興中國棉業說　叢1-530～1

中國古籍總目書名索引

據

16 據理質証(至天主教書)　子7-35910
41 據梧齋詩集、外集　集3-19518
　據梧詩集　集3-17274
　據梧詩集、外集　集3-17275
　據梧集　集5-40006
　據梧軒玉環緣　集7-50517
　據梧吟　集4-32457
　據梧吟館詩存　集4-31611
　據梧閣草　集3-15211
　據梧鈔　子4-23859
　據梧小集　集6-41894(2)
43 據鞍錄　史7-49357、53910　叢1-511
50 據書明孔　史2-8402
90 據懷稿　集3-17453

5103₆ 攄

57 攄抱軒詩鈔　集4-26211
90 攄懷編　叢2-1689
95 攄情草　集4-28983

5104₀ 軒

10 軒霞詞　集7-47179
31 軒河嶺　集7-53359
　軒渠詩稿　叢2-1352
　軒渠詩餘稿　叢2-1352
　軒渠集　叢2-1352
　軒渠錄　子5-27387　叢1-10、17、19(4)、21
　(3)、22(6)、23(6)、24(4)、29(5)、157
47 軒翹全集　集4-32344
54 軒轅碑記醫學祝由十三科　子2-6283
　軒轅逸典(逸典)　子2-8838
　軒轅黃帝水經藥法　子5-29530(18)、30875
　軒轅黃帝傳　史2-8332～3　叢1-265(4)、
　303～5
　軒轅黃帝補代經　叢1-82
　軒轅黃帝補生後嗣論　子2-4699、8001
　軒轅氏徵文　叢2-2082
　軒轅鏡傳奇(軒轅鏡)　集7-50225

5104₁ 攝

04 攝諸善根經　子6-32085(16)、32090(18)、
　32092(12)、32093(8)
18 攝政王多爾袞薨逝詔書一道　史6-47659
　攝政王多爾袞開國起居注　史1-1755
　攝政王之禮節　史6-42211
22 攝山紀遊　史7-49318(5)、53207
　攝山紀遊集　史7-53206　叢1-512
　攝山遊草　集6-44263
　攝山志　史7-52218
　攝山棲霞寺誌　史7-51557
25 攝生論　子2-11128
　攝生二種合抄　子2-11014
　攝生三要　子2-11012、11014　叢1-195(7)
　攝生要語　子2-11013～4　叢1-195(7)
　攝生要義　子2-11020　叢1-114(6)
　攝生要錄　子2-10998　叢1-22(13)、23
　(12)、173,2-617(3)
　攝生種子祕方　子2-8051
　攝生總要　子2-11050
　攝生衆妙方　叢2-845(5)
　攝生衆妙方(攝生衆妙方)　子2-9225
　攝生衆妙方、急救良方　子2-9226
　攝生祕剖　子2-11050
　攝生祕剖衛生祕要種子祕方合刻　子2-
　11049
　攝生消息論　子2-10973、11085　叢1-195
　(6),2-731(30)、2130
　攝生真詮　子2-11131
　攝生月令　子2-10971
　攝生纂要　叢1-66
　攝生纂錄　子2-10994,5-29530(12)
　攝生堂痘疹正宗　子2-8762
40 攝大乘論　子6-32081(24)、32083(16)、32084
　(14)、32085(23)、32086(26)、32088(17)、
　32091(46)、32093(25)、7-32758
　攝大乘論、攝大乘論　子6-32089(42)、32090
　(48)、32092(31)
　攝大乘論、攝大乘論本、攝大乘論釋、攝大
　乘論釋、攝大乘論釋、攝大乘論釋　子6-
　32083(16)
　攝大乘論釋　子6-32081(24)、32084(14)、
　32085(24)、32086(26、27)、32088(17)、32091
　(45)、32093(28)
　攝大乘論釋、攝大乘論釋　子6-32086(26)
　攝大乘論釋、攝大乘論釋、攝大乘論釋論、
　攝大乘論釋　子6-32089(43)、32090(47)、

32092(31)

攝大乘論釋論　子6－32081(24)、32084(14)、32085(24)、32088(17)、32093(28)

攝大乘論修釋　子7－33587

攝大乘論本　子6－32081(24)、32084(14)、32085(24)、32086(26)、32088(17)、32089(42)、32090(50)、32091(48)、32092(33)、32093(25)

攝大乘義章卷第　子7－33586

攝大毘盧遮那成佛神變加持經入蓮華胎藏海會悲生曼荼攞廣大念誦儀軌供養方便會　子6－32093(41)

77 攝閒詞　集7－46399～400、47096

80 攝無礙大悲心大陀羅尼經計一法中出無量義南方滿願補陀落海會五部諸尊等弘誓力方位及威儀形色執持三摩耶幖幟曼荼羅儀軌　子6－32093(38)

攝養枕中方　子2－4768、11141

88 攝篆半月錄　史6－47128　叢2－1383

5104₆ 掉

08 掉譜集覽　子3－18273

掉譜合參　子3－18248

5106₀ 拈

21 拈紅詞人日記　史2－12856

44 拈花詞　集7－47754

拈花吟館詩鈔　集4－29141

拈花錄　子7－34895　叢2－1223

拈花小社遺稿、詞　集5－40498

拈花小草　集4－22748、22944

77 拈屏語　子4－20863　叢1－30、119、181

5106₁ 摺

25 摺紳全書(清嘉慶二十一年冬)　史3－23892

摺紳全書(清嘉慶十七年秋季)　史3－23889

摺紳錄(清宣統三年夏、秋)　史3－24546

指

00 指玄篇　子5－29547

指玄篇一十六首　子5－31051

指玄篇木其律詩一十六篇　子5－31054

10 指正淺言、補遺　子1－1761

11 指頭畫說　子3－15859、15967　叢1－203(16)、2－785

27 指歸集　子5－29530(18)、29556、31210

32 指測瑣言、團防芻議、擬陳政本疏　子4－23419

34 指法　子3－17661、17674、17686

指法譜　子3－17589　叢1－195(6)、2－731(36)

指法要論　子3－17523

指法琴說　子3－17535、17694

指法圖　子3－17495、17657

37 指鴻閣詩鈔　集4－23219

38 指海　叢1－272(1)

39 指迷語錄　子1－2629

指迷引真寶卷　集7－54245、54535

指迷寶錄　集7－54584

指迷十六觀　叢2－1061

指迷考證　子7－35992

指迷金箴　集7－54534

40 指南廣義　子2－5300

指南京弔　子3－18253

指南要言(清真指南要)　子7－35961

指南後論　子2－10566

指南後錄　集1－4439、4441～2　叢1－288、411、2－1049

指南總論　子2－9164～7　叢1－223(33)

指南總論(太平惠民和劑局方指南總論)　子2－9170

指南車　子2－7888

指南摘要　子2－4692

指南針　子5－29568

指南錄　集1－4437～8、4440　叢2－1049

指真寶卷(孝道寶卷)　集7－54536

42 指嬌斷色篇　子4－21258

指機軒揣課　子3－14074

44 指莽小詞　叢1－378

50 指中祕錄　子7－38266

60 指日高昇一枝　集7－52067

66 指嚴筆記　史1－1995

71 指馬樓詩鈔、詞鈔　集5－39421

指馬樓綺語刪剩、外集　集5－39422

72 指所齋文集　集4－32285

指所齋文集、駢體文　集4-32284
77 指月錄　子6-32091(71)　叢1-394
　　指月錄(水月齋指月錄)　子7-34076
90 指掌錄　叢2-1871

搢

25 搢紳新書(清乾隆十年春季)　史3-23808
　　搢紳客目　史3-24553
　　搢紳冊(清順治十八年)　史3-23794
　　搢紳全本　史3-23868
　　搢紳全本(清乾隆二十二年)　史3-23814
　　搢紳全本(清乾隆二十三年)　史3-23816
　　搢紳全本(清乾隆十三年)　史3-23810
　　搢紳全本(清乾隆十八年)　史3-23811
　　搢紳全書　史3-23844、24163、24200
　　搢紳全書(清雍正二年冬)　史3-23799
　　搢紳全書(清宣統二年冬季)　史3-24518
　　搢紳全書(清宣統二年秋季)　史3-24515
　　搢紳全書(清宣統二年春季)　史3-24508
　　搢紳全書(清宣統三年春季)　史3-24531
　　搢紳全書(清宣統元年夏季)　史3-24493
　　搢紳全書(清宣統元年冬季)　史3-24499
　　搢紳全書(清宣統元年秋季)　史3-24495
　　搢紳全書(清道光二十五年秋季)　史3-
　　　23943
　　搢紳全書(清道光十六年)　史3-23922
　　搢紳全書(清道光十二年春季)　史3-
　　　23912
　　搢紳全書(清嘉慶三年秋季)　史3-23877
　　搢紳全書(清嘉慶十七年秋季)　史3-
　　　23889
　　搢紳全書(清乾隆二十九年)　史3-23826
　　搢紳全書(清乾隆二十九年春季)　史3-
　　　23825
　　搢紳全書(清乾隆三十九年)　史3-23843
　　搢紳全書(清乾隆三十七年)　史3-23840
　　搢紳全書(清乾隆三年)　史3-23805
　　搢紳全書(清乾隆五十三年春季)　史3-
　　　23859
　　搢紳全書(清乾隆五十年)　史3-23857
　　搢紳全書(清乾隆四十二年)　史3-23847
　　搢紳全書(清乾隆四十七年)　史3-23852
　　搢紳全書(清乾隆四十四年)　史3-23851
　　搢紳全書(清乾隆八年)　史3-23807
　　搢紳全書(清咸豐十年冬季)　史3-23991
　　搢紳全書(清咸豐十年秋季)　史3-23990
　　搢紳全書(清同治六年秋季)　史3-24007
　　搢紳全書(清同治五年春季)　史3-24003

搢紳全書(清同治十三年秋季)　史3-
　24038
搢紳全書(清同治十年夏季)　史3-24020
搢紳全書(清同治十年春季)　史3-24019
搢紳全書(清同治九年夏季)　史3-24014
搢紳全書(清同治九年冬季)　史3-24018
搢紳全書(清同治四年夏季)　史3-23999
搢紳全書(清同治八年冬季)　史3-24011
搢紳全書(清同治八年春季)　史3-24010
搢紳全書(清光緒)　史3-24489
搢紳全書(清光緒二十六年春季)　史3-24316
搢紳全書(清光緒二十一年冬季)　史3-24229
搢紳全書(清光緒二十一年秋季)　史3-24225
搢紳全書(清光緒二十一年春季)　史3-24215
搢紳全書(清光緒二十二年夏季)　史3-24241
搢紳全書(清光緒二十二年冬季)　史3-24250
搢紳全書(清光緒二十二年秋季)　史3-24245
搢紳全書(清光緒二十三年秋季)　史3-24270
搢紳全書(清光緒二十三年春季)　史3-24259
搢紳全書(清光緒二十五年冬季)　史3-24308
搢紳全書(清光緒二十五年秋季)　史3-24305
搢紳全書(清光緒二十九年夏季)　史3-24364
搢紳全書(清光緒二十九年冬季)　史3-24371
搢紳全書(清光緒二十九年秋季)　史3-
　24367
搢紳全書(清光緒二十四年冬季)　史3-
　24291
搢紳全書(清光緒二十四年秋季)　史3-
　24287
搢紳全書(清光緒二十八年夏季)　史3-
　24348
搢紳全書(清光緒二十八年冬季)　史3-
　24355
搢紳全書(清光緒二十八年秋季)　史3-
　24351
搢紳全書(清光緒二十年夏季)　史3-
　24203
搢紳全書(清光緒二十年春季)　史3-
　24199
搢紳全書(清光緒二年春季)　史3-24050
搢紳全書(清光緒三十一年夏季)　史3-
　24411
搢紳全書(清光緒三十一年秋季)　史3-
　24417
搢紳全書(清光緒三十一年春季)　史3-
　24405
搢紳全書(清光緒三十二年冬季)　史3-
　24438
搢紳全書(清光緒三十二年秋季)　史3-
　24434
搢紳全書(清光緒三十二年春季)　史3-

24427

搢紳全書(清光緒三十三年冬季)　史3-24462

搢紳全書(清光緒三十三年秋季)　史3-24459

搢紳全書(清光緒三十三年春季)　史3-24450

搢紳全書(清光緒三十四年冬季)　史3-24484

搢紳全書(清光緒三十四年秋季)　史3-24481

搢紳全書(清光緒三十四年春季)　史3-24471

搢紳全書(清光緒三十年夏季)　史3-24383

搢紳全書(清光緒三十年秋季)　史3-24389

搢紳全書(清光緒三十年春季)　史3-24380

搢紳全書(清光緒三年冬季)　史3-24058

搢紳全書(清光緒元年春季)　史3-24043

搢紳全書(清光緒十一年春季)　史3-24105

搢紳全書(清光緒十三年夏季)　史3-24124

搢紳全書(清光緒十三年冬季)　史3-24131

搢紳全書(清光緒十五年春季)　史3-24143

搢紳全書(清光緒十九年夏季)　史3-24186

搢紳全書(清光緒十九年秋季)　史3-24188

搢紳全書(清光緒十九年春季)　史3-24184

搢紳全書(清光緒十七年夏季)　史3-24165

搢紳全書(清光緒十七年冬季)　史3-24169

搢紳全書(清光緒十七年秋季)　史3-24166

搢紳全書(清光緒十七年春季)　史3-24162

搢紳全書(清光緒十四年夏季)　史3-24136

搢紳全書(清光緒十四年秋季)　史3-24139

搢紳全書(清光緒十四年春季)　史3-24134

搢紳全書(清光緒十八年秋季)　史3-24177

搢紳全書(清光緒十八年春季)　史3-

24173

搢紳全書(清光緒十年夏季)　史3-24100

搢紳全書、中寅錄(清光緒三十二年秋季)　史3-24435

搢紳全書、中樞備覽(清宣統二年春季)　史3-24509

搢紳全書、中樞備覽(清宣統三年秋季)　史3-24539

搢紳全書、中樞備覽(清宣統元年秋季)　史3-24496

搢紳全書、中樞備覽(清咸豐三年)　史3-23969

搢紳全書、中樞備覽(清光緒二十七年秋季)　史3-24334

搢紳全書、中樞備覽(清光緒二十九年春季)　史3-24362

搢紳全書、中樞備覽(清光緒二十六年春季)　史3-24317

搢紳全書、中樞備覽(清光緒二十四年冬季)　史3-24292

搢紳全書、中樞備覽(清光緒二十年夏季)　史3-24205

搢紳全書、中樞備覽(清光緒二十年春季)　史3-24202

搢紳全書、中樞備覽(清光緒三十一年夏季)　史3-24412

搢紳全書、中樞備覽(清光緒三十一年春季)　史3-24407

搢紳全書、中樞備覽(清光緒三十三年秋季)　史3-24460

搢紳全書、中樞備覽(清光緒五年冬季)　史3-24067

搢紳全書、中樞備覽(清光緒十一年秋季)　史3-24109

搢紳全書、中樞備覽(清光緒十三年秋季)　史3-24130

搢紳全書、中樞備覽(清光緒十九年秋季)　史3-24189

搢紳全書、中樞備覽(清光緒十六年秋季)　史3-24157

搢紳全書、中樞備覽(清光緒四年春季)　史3-24060

搢紳全書、中樞備覽(清光緒八年春季)　史3-24086

搢紳全書、中樞備覽(清光緒八年秋季)　史3-24089

搢紳全書中樞備覽(清光緒十二年夏季)　史3-24118

搢紳錄　史3-24042

搢紳錄(清宣統二年夏、冬)　史3-24524

搢紳錄(清宣統元年春、冬)　史3-24505

搢紳錄(清宣統四年春)　史3-24559

搢紳錄(清道光二十六年)　史3-23948
搢紳錄(清道光二十二年)　史3-23936
搢紳錄(清光緒二十六年春新增)　史3-24318
搢紳錄(清光緒二十一秋新增)　史3-24226
搢紳錄(清光緒二十一年新增)　史3-24235
搢紳錄(清光緒二十一年冬新增)　史3-24230
搢紳錄(清光緒二十一年春新增)　史3-24217
搢紳錄(清光緒二十二年新增)　史3-24257
搢紳錄(清光緒二十二年夏新增)　史3-24242
搢紳錄(清光緒二十二年冬新增)　史3-24251
搢紳錄(清光緒二十二年秋新增)　史3-24246
搢紳錄(清光緒二十二年春新增)　史3-24238
搢紳錄(清光緒二十三年夏新增)　史3-24266
搢紳錄(清光緒二十三年秋新增)　史3-24271
搢紳錄(清光緒二十三年春、夏、秋)　史3-24277
搢紳錄(清光緒二十三年春、夏、秋新增)　史3-24278
搢紳錄(清光緒二十三年春新增)　史3-24260
搢紳錄(清光緒二十五年秋、冬新增)　史3-24313
搢紳錄(清光緒二十九年冬新增)　史3-24372
搢紳錄(清光緒二十四年春、冬新增)　史3-24295
搢紳錄(清光緒二十四年春、秋、冬)　史3-24297
搢紳錄(清光緒二十四年春新增)　史3-24284
搢紳錄(清光緒二十八年春、秋)　史3-24357
搢紳錄(清光緒三十一年春、夏)　史3-24416
搢紳錄(清光緒三十一年春、夏新增)　史3-24420
搢紳錄(清光緒三十一年春新增)　史3-24406
搢紳錄(清光緒三十二年夏)　史3-24433
搢紳錄(清光緒三十二年冬新增)　史3-24439
搢紳錄(清光緒三十三年春、夏)　史3-24466
搢紳錄(清光緒三十年夏、冬新增)　史3-24401
搢紳錄(清光緒三十年夏、秋、冬)　史3-24400
搢紳錄(清光緒三十年夏新增)　史3-24384
搢紳錄(清光緒三十年冬新增)　史3-24393
搢紳錄畧(清順治三年)　史3-23793

5108₆　擷

20　擷秀軒隨筆　叢2-706
　　擷香詩鈔　集3-19542
21　擷衡堂詩鈔　集4-28387
　　擷紅詞館吟鈔　集7-47965
27　擷綠山房隱語　子3-18468
35　擷清書屋遺稿　集4-30769
44　擷芳詞　集7-47702
　　擷芳集　集6-44144
　　擷芳錄　叢2-2082
　　擷芳堂箭說　子1-3667
　　擷華齋古印譜　子3-17401
　　擷華小錄　史2-7692
　　擷芙蓉集　集3-14285
62　擷影詞　集7-47226

5111₀　虹

10　虹玉樓賦鈔　集4-29750
　　虹玉堂文集　集3-19322
22　虹嶺詩草　集5-34027
27　虹舟四書講義　經2-10732
42　虹橋詩稿　集4-23271
　　虹橋遺詩　集4-30775
　　虹橋老屋遺稿,補遺　集4-32392
　　虹橋甘氏支譜[江西永新]　史4-26055
43　虹城子集　集3-17136
44　虹村詩鈔　集3-18504
62　虹縣志[康熙]　史7-57782
65　虹映堂集　集3-14443~4
72　虹隱樓稿(嘆逝集、楚雨集、癸卯質神集、虹隱樓尺牘錄存、集義山詩稿)　集5-40434

77 虹岡詩存　集3-21643

虸

52 虸蜉傳　叢1-56

5111₄ 虻

12 虻孫鑑　子4-19424～6

5112₇ 蠕

88 蠕範　子4-19351　叢2-731(28)、872

5114₆ 蟫

20 蟫香館手劄第一輯　集5-39600
21 蟫紅集　集4-31261
30 蟫窠集　史7-52172　集2-12459
50 蟫史　子5-28882　叢1-22(18)、23(17)、496(8)
　　蟫史集　子4-19429
72 蟫隱廬叢書十八種　叢2-745
80 蟫食餘編　子4-23388
88 蟫餘詩鈔　集4-28991
　　蟫餘集、會墨　集4-24135
95 蟫精雋　子4-20330　叢1-223(42)

5119₄ 蝶

00 蝶亭書牘　叢2-2200

5128₆ 顡

81 顡頜集　集3-14216～7、14219
　　顡頜集、補遺　集3-14218

5131₇ 甄

00 甄文考畧　史8-65204～5　叢2-630
37 甄祖齋詩鈔　集4-32170

5178₆ 頓

17 頓子真小傳　叢1-587(2)
72 頓丘葛氏重修世家[浙江淳安]　史5-35828
91 頓悟論校勘記　叢2-713
　　頓悟入道要門論　子7-33972
　　頓悟入道要門論、諸方門人參問語錄　子6-32091(72)、7-33992
　　頓悟入道要門論、諸方門人參問語錄、方聚成禪師語錄禪淨合要、初祖菩提達磨大師安心法門　子7-33993
　　頓悟入道要門論、初祖菩提達磨大師安心法門、佛說金剛經八道門金沙論　子7-33994

5193₁ 耘

10 耘石詩稿　集2-8324
16 耘硯山房集　集3-18461
20 耘香書屋詩草　集5-34830
26 耘臯老人古文遺集　集4-26508
32 耘業齋詩稿(續鴛鴦湖櫂歌)　集3-19917
　　耘業堂遺稿　集3-16925～6
33 耘心軒詩集、浙遊小草、文集　集5-39837
44 耘花館詩鈔　集5-34199,6-42007(2)
　　耘莊詩稿、詞稿、題畫稿　集4-24016
　　耘蓮詩鈔　集3-13770　叢2-834
55 耘耕堂古體文稿　集4-23754
60 耘圃詩鈔　集3-20024
80 耘谷詩鈔　集4-27154

5194₃ 耮

10 耮雲軒詩鈔　集4-28509
　　耮雲軒詞　集7-47484

5201₃ 挑

00 挑疔瘡祕訣　子2-7813
　　挑疔歌訣　子2-7773
17 挑子桶喜話　集7-53634
21 挑經救母目蓮全本　集7-53292
44 挑花織紋法　子7-36228(5)
88 挑簾定計(挑簾裁衣)　集7-52496
92 挑燈新錄　子5-27137~8
　　挑燈詩話　叢2-1621

5201₄ 托

27 托盤和草　集5-38081
　　托物草　集3-13611
72 托氏宗教小說　子7-38180

捶

11 捶琴詞　集7-48186

5202₁ 折

00 折麻集、水影堂編　集2-10101
10 折霽山文稿　集3-21339
27 折疑論　子6-32089(52)、32090(66)、32091
　　(64)、32092(42)、32093(52)、7-34949、34955
　　折疑論、續增補折疑頌論詩　叢2-680
　　折疑論、續增折疑論頌詩　子7-34950
　　折疑論集註　子7-34953
　　折疑論集註、詩　子7-34951
　　折疑論述註、續增折疑論頌詩　子7-34954
28 折徵籽本末、馬房裁革本末　史6-43397
　　折徵籽粒本末　叢2-1193
30 折客辨學文　子1-1462　叢2-1309
35 折漕彙編　史6-44159
43 折獄新語　史6-46406　叢2-721
　　折獄要編　史6-46407
　　折獄便覽　史6-41533、46436
　　折獄龜鑑　史6-46375~8　叢1-19(12)、20
　　(9)、21(11)、24(12)、223(32)、273(4)、274

　　(4)、360、386~7,2-731(17)
　　折獄龜鑑、折獄龜鑑補　史6-46379
　　折獄龜鑑補　史6-46380　叢2-2004
　　折獄卮言　史6-46414
　　折獄卮言　叢1-195(4)、366~8,2-731(17)
　　折獄金鍼　史6-41540、46420
44 折韓　子1-4077
　　折枝雅故　子3-18362
47 折柳草　集3-15211
50 折中曆法　子3-11691
　　折奏成語附公文成語附衙署名目附官衙名
　　　目　經2-15061
74 折肱編　子4-21458
　　折肱心悟明辨　子2-5124
　　折肱漫錄　子2-4625、4776、10486
　　折肱錄　子3-15859、15990　叢2-1686

斬

17 斬子見英(木桂英跪獻降龍木)　集7-
　　53387
26 斬鬼傳　子5-27820~1
30 斬竇娥　集7-52225、54374
　　斬竇娥子弟書　集7-52085、52135
40 斬李廣　集7-53510
44 斬黃袍　集7-53509
　　斬蔡陽　集7-53015
　　斬蔡陽一段　集7-51630

5202₇ 揣

00 揣摩有得集　子2-9899
88 揣籥續錄　子3-12351、12637
　　揣籥小錄　子3-12351、12636

撝

00 撝庵詩稿鈔　集4-23872
　　撝廬氏自編年譜　史2-12313
27 撝叔考藏秦漢印存　史8-65019

轎

42 轎獵從古　集7-49700

5203₁ 拆

30 拆字續編　集6-45477

5203₄ 揆

60 揆日正方圖表　子3-11242
　　揆日候星紀要　子3-11238,7-36241
　　揆日紀要　子3-11239

撲

00 撲塵居集　集2-10098

5204₀ 抵

27 抵疑　子4-22560

抵

27 抵疑　叢2-1684
90 抵掌八十一吟　集4-22878　叢1-371

5204₁ 挺

48 挺幹堂古今體詩初集　集4-25511

5204₇ 授

00 授衣廣訓　子1-4298
10 授三歸五戒八戒正範　子7-33953
11 授研齋詩　集3-18278
　　授研齋鑑藏錄　子4-18637
20 授受金針、增輯、附錄　史6-42431
21 授經石歌　集5-37992
　　授經室文定　叢2-2067
　　授經室述聞　叢2-2067
　　授經圖　史8-66239　叢1-347,2-731(5)
　　授經圖義例　叢1-223(28)
　　授經簃集　叢2-2070
24 授徒閒筆　子1-2429　叢2-1643
46 授楊義書　集1-364　叢1-168(4)
50 授書隨筆　子4-21013
64 授時平立定三差詳說　子3-11238
　　授時術諸應定率表　子3-11583
　　授時術氣朔用數鈐　子3-11583
　　授時假如　子3-11619～20
　　授時歷經　叢2-1053
　　授時曆要法　子5-29561
　　授時曆法撮要　子3-11590
　　授時曆故　子3-11617
　　授時厤故　叢2-670
　　授時分收圖　叢1-369
77 授居家二衆三□(皈)[正]範　子7-33963
88 授簡集　集3-17510
90 授堂文鈔　集4-22716　叢1-456(7),2-
　　731(46)
　　授堂文鈔、續集　叢2-1553
　　授堂文鈔、續集、詩集　集4-22715
　　授堂詩鈔　叢2-1553
　　授堂遺書七種　叢2-1553
　　授堂金石文字續跋　史8-63612　叢2-
　　1553

援

07 援鶉堂詩經筆記　經1-4031
　　援鶉堂集　集3-19457
　　援鶉堂筆記　子4-22513
　　援鶉堂筆記、刊誤、刊誤補遺　子4-22514
　　援鶉堂筆記二十六種　叢2-1443
　　援鶉堂筆記刊誤　子4-22515～6

　援鶉堂筆記杶誤、補遺　叢2-1650
25 援生四書　子2-4677
30 援守井研記畧　史1-4063　叢2-917
37 援溺寶筏　子7-35385
68 援黔錄　史1-4035

撥

10 撥一切業障根本得生淨土陀羅尼　子7-
　　32110
　撥正散　子2-6931
19 撥砂訣　子3-13152

5206₄ 括

00 括庵先生詩集　集2-7328
09 括談　叢2-1900～1
44 括地志　史7-49487～8、49490～2　叢1-
　　286、288、411、500、2-772(5)、773(5)、776
　括地志、補遺　史7-49489　叢1-418
　括地志補輯、考異　史7-49493
　括地圖　史7-49307～8、49415～6　叢2-
　　767、776
　括地畧　史7-49316、49318(1)、54398
　括蒼二子　子4-19637
　括蒼叢書第一集八種、第二集十二種　叢
　　2-856
　括蒼驛考　史7-50479
　括蒼金石志補遺　史8-63922　叢1-558
50 括春軒駢體文集　集4-27614
　括囊詩草、詞草　集5-35940　叢2-788
　括囊稿　集2-6882
60 括昌項氏族譜[浙江遂昌]　史5-35521
　括異志　子5-26917　叢1-13、14(2)、15、19
　　(3、8)、20(6)、21(5、7)、22(19)、23(18)、24(4、
　　8)、27～8、29(6)、148、2-636(3)

5206₉ 播

11 播琴山館雜錄　集6-42563　叢2-1795
　播琴堂文集、詩集、壤麑詞　集4-21941
　播琴堂詩集　集4-21940
22 播川詩鈔　集4-32230
　播川詩鈔、遺詩　集4-32231
　播變紀畧　史1-4147

27 播般曩結使波金剛念誦儀　子6-32093(39)
31 播遷日記　史1-3194
70 播雅　叢2-1814
80 播酋楊應龍傳　史1-1929

5207₂ 拙

00 拙庵詩稿　叢2-639
　拙庵詩鈔　集3-13317,4-24845
　拙庵韻語　集3-16949
　拙庵韻悟　經2-14371
　拙庵詞　集7-46369、46375、46386、46427、
　　46588
　拙庵近稿　集3-17895
　拙齋文集　集1-3340,6-41784
　拙齋文集、拾遺、附錄　集1-3339
　拙齋文集、拾遺、附錄行實　叢1-223(54)
　拙齋詩集、外集　集5-39833
　拙齋詩鈔、詞鈔　集4-23194
　拙齋集　集1-4639,3-17789～90
　拙齋集、補遺　集1-4640
　拙齋集補遺　集1-4641
　拙齋十議　史6-43179　叢2-731(16)、816
　拙齋古文稿　叢2-823
　拙齋蔣夫子請兵日記　史1-4138
　拙齋別集　集1-4627,6-41894(2)
　拙齋學測　子1-1107　叢2-731(13)
08 拙效傳　叢1-22(27)
10 拙吾文稿　集5-34885
　拙吾詩稿、文稿　集5-34884
　拙雲詩鈔　集5-34226
18 拙政編　史1-4428,6-45148　叢1-538
　拙政園詩集、詩餘　集3-14751
　拙政園詩集、詩餘、附錄　集6-41792　叢
　　1-291
　拙政園詩集、拙政園詩餘、附錄　叢1-294
　拙政園詩餘　集7-46854
　拙政園圖題詠　集2-7452　叢1-369
　拙政園圖題咏　集1-2822
　拙政園題詠　史7-51990
22 拙巢先生遺稿　叢1-556
　拙巢遺稿　集3-20620
27 拙修庵讀書脞記　集5-35063　叢2-887
　拙修齋稿　集4-26991
　拙修子太平書　叢2-634
　拙修集　集4-29287
　拙修集、續編、補編　叢1-450～1
　拙修集記疑　叢2-2263

拙修集續編　集4-29288
拙修集補編　集4-29289
拙修老人遺稿　集4-33224
拙修書屋文稿、詩稿　集4-23771
拙修吟館詩存　集4-28405
拙修堂詩集　集4-27793
30 拙宜書屋詩存　集5-38243
拙宜園詞　叢2-838
拙宜園詞(拙宜園集詞)　集7-47820
拙宜園集　集4-31133
拙宜園稿　集4-31134
拙安堂詩集　集5-38512
拙窗小草　集4-30077
拙宧詩存(吳山索居吟草、江上扁舟吟草、
　拙餘吟草、秋蟬吟)清史復善撰　集4-
　27603
拙宧詩存(吳山索居吟草、越遊吟草、江上
　扁舟吟草)　集4-27602
35 拙連詩存　集5-40781
拙速詩存　叢2-908
37 拙逸堂草　集2-12503,6-44961
40 拙存居詩稿　集4-25756
拙存堂文初集　集3-17837~8
拙存堂碑帖題跋　叢2-622
拙存堂逸稿　集2-12776~7
拙存堂逸稿文賸　集2-12778
拙存堂逸稿詩、文賸　集2-12773
拙存堂逸稿詩、尺牘　集2-12772
拙存堂題跋　史8-64394　叢2-654
41 拙樗山房印似　子3-17407
43 拙哉吟稿　集4-23758
44 拙老人赤牘　子3-15404
拙菴詞　集7-46378~9、46388、46391、46393~4
拙菴集　集1-5280,2-6735
46 拙娛軒詩鈔　集5-35572
拙娛軒吟鈔　集5-35571
47 拙好軒詩稿　集5-36901
51 拙軒集　集1-3932,6-41784、41925　叢1-
　223(58)、230(5)、231、468,2-731(40)
60 拙圃詩草　集3-19231
拙圃詩草、拙圃吟嵩　集3-19230
拙園詩集、附編　集5-40739
拙園詩選　集4-25784
拙園老人壬申自述　史2-12388
拙園燈謎草　子3-18439
72 拙隱園可人集　集3-14504
77 拙叟詩稿　集5-35911
拙叟遺稿(王拙叟集)　集5-35912
拙叟賸言　叢2-935
拙學齋詩草　集5-35158

拙民經義待訪錄　經1-4500
80 拙盦詩草　集5-39037
拙盦叢稿五種附一種　叢2-2054
拙翁庸語　子4-20996　叢1-197(3)
拙翁僅存集　集3-18442
拙翁遺詩　集4-31669
拙尊詩稿　集5-36289
拙尊園叢稿(前編、外編、內編、餘編)　集5-
　36288
拙尊園存書目　史8-65876
拙尊園畫存錄　子3-14863
88 拙餘老人遺稿　集4-26291
拙餘軒詩集　集3-19400
93 拙怡堂文稿　集5-35955

5207₇ 插

10 插天巢詩集　集3-13980
44 插菊軒詩鈔　集5-35238,6-42007(2)
插菊吟　集4-31444
47 插柳全孤錄　史2-6940

5209₄ 採

00 採訪崑新兩邑節孝底册　史2-7918
10 採硫日記　史7-49338,51231
20 採香詞　集3-21557　叢2-745
採集痘疹家藏祕書　子2-9107
採集遺書總錄　叢1-373(6)
37 採運皇要案牘　史6-47232
採運皇木案牘　史6-47374
40 採真機要　子5-31110　叢1-117
43 採朮雜詠　叢2-1330
44 採花心　集7-53090
採花違王上佛授決號妙花經　子6-32084
　(7)、32093(11)
採芹錄　叢1-223(42)
採蘭雜志　叢1-22(5)、23(5),2-617(3)
採薇集　集2-12542
採蓮一枝　集7-51674
採蓮船　叢2-721
採芝集、續蕘　集6-41888
採華違王上佛授決經　子6-32081(10)、
　32082(10)、32083(8)、32085(11)、32086(12)、
　32088(8)、32089(9)、32090(12)、32091(11)、
　32092(8)
採茶　集7-53089

採茶錄　子 4 - 18979　叢 1 - 22(15)、23(15)、2 - 617(3)
採菊東籬下一枝　集 7 - 51673
56 採輯名家批評詩經刪補　經 1 - 3898
採輯歷朝詩話　集 6 - 41703、41885、46138
採輯騎步射法　子 1 - 3049
77 採風詩二集　集 4 - 28255
採風詩三集　集 4 - 28256
採風詩初集　集 4 - 28254
採風詩四集　集 4 - 28257
80 採金歌　子 5 - 29577、31071
採善錄　史 2 - 8180
87 採錄大通縣乘佚稿[光緒]　史 8 - 63291

5210₀ 劃

80 劃分國家地方兩稅意見書　史 6 - 43295

蚓

00 蚓庵瑣語　叢 1 - 373(8)、2 - 617(4)
30 蚓竅集　集 2 - 6265、5 - 34213　叢 1 - 223(63)、2 - 637(4)
蚓竅集、全菴記　集 2 - 6264
44 蚓遽齋蘭竹譜　子 3 - 16448
蚓菴瑣語　子 5 - 27073　叢 1 - 210～1,2 - 621、632
60 蚓園詩鈔　集 5 - 38886
88 蚓笛稿　集 4 - 31051

5210₄ 塹

44 塹堵測量　子 3 - 11239～40

5211₀ 虹

10 虹雲山房詩鈔　集 5 - 36314
22 虹川黃氏宗譜[安徽歙縣]　史 5 - 33888
虹峯文集　集 3 - 15458
72 虹舄客傳　子 5 - 26218、26224　叢 1 - 22(18)、23(18)、29(4)、38、175、249(2)、255(3)、395
虹舄翁　集 7 - 48776、49213　叢 2 - 672

5211₆ 蠟

09 蠟談　叢 1 - 202(5)
蠟談、雜說　子 4 - 21220
蠟談附雜說　叢 1 - 203(10)
65 蠟味小稿　叢 2 - 1563

5213₉ 蟋

50 蟋蟀譜　子 4 - 19419～21
蟋蟀窩詩集　集 3 - 13810
蟋蟀心法　子 4 - 19422
蟋蟀祕要　子 4 - 19418
蟋蟀在堂草　集 2 - 11923　叢 2 - 796
蟋蟀軒草　集 2 - 10987～8

5214₇ 蝯

77 蝯叟詩存　集 5 - 37866　叢 2 - 2065
80 蝯翁日記(清道光十五年)　史 2 - 12755

5216₉ 蟠

00 蟠庵吟編年草創　集 3 - 19000
10 蟠石松貞齋詩課　集 4 - 33345
27 蟠谿山房論畫　子 3 - 15859、15991
30 蟠室老人文集、奏議、涉史隨筆　集 1 - 3807
42 蟠桃上壽曲譜　集 7 - 49690
蟠桃初熟　集 7 - 49593、49707
蟠桃會　集 7 - 49666、50503
48 蟠松山房詩草　集 4 - 31935

5225₇ 靜

00 靜庵文集、詩稿　集 5 - 41331
靜庵詩文集　集 3 - 20027
靜庵詩集　集 3 - 20026
靜庵詩畧　集 3 - 17665
靜庵詩鈔　集 3 - 20028

靜庵集(靜庵賸稿)　集2-6884
靜庵遺集　集4-22258
靜庵草　集3-15411
靜庵賸稿　叢1-291、294
靜庵賸稿摘鈔　集2-6885
靜廬詞　集7-48329
靜齋新集、散文存編、楹聯、時藝續存　集5-35019
靜齋詩集　集2-6529
靜齋至正直記　子5-26322　叢1-456(6)
靜齋存草　集4-25523　叢2-900
靜齋小稿　集4-22689
靜齋小草　集4-32816
靜廉齋詩集　集3-19450
靜廉堂集　集3-18500
靜庠題名錄　史3-13508
04 靜讀齋詩話　集4-24136
10 靜一齋詩存、試帖詩　集4-32177
靜一齋詩草、詩餘　集4-33106
靜一齋詩餘　集7-47864
靜一堂羅經解　子3-13611
靜吾齋詩文鈔　集4-27239
12 靜水學器圖說　子7-36229、37664
17 靜子日記　子1-1549　集3-19224　叢2-1439
20 靜重學　子7-36254
靜重學及動重學考　子7-36240(4)
靜住詩　集2-6634
靜香齋詩草　集4-26690
靜香室詩鈔　集3-19889
靜香樓醫案　子2-4748、10534~5　叢1-418
靜香書屋詩草　集4-22079
靜香閣詩存　集5-36654
靜香閣詩草　集6-41999
21 靜虛齋惜陰錄　子4-20426
靜虛堂吹生草　集4-32186　叢1-564,2-788
靜便齋集　集3-19207
靜皆同年楷則　子3-15836
22 靜崖先生大學集解　經2-8888
靜崖先生中庸集解　經2-9178
靜巖孫公(仁榮)傳畧、孫梧江廉訪傳　史2-9700
靜山詩　集3-13775
靜山詩草(金臺詩鈔)　集4-32685
靜山集　集4-28854
靜樂軒詩鈔　集4-26765
靜樂縣志[康熙]　史7-55749
靜樂縣志[同治]　史7-55751
靜樂居印娛　子3-17036

23 靜然齋雜著、清映軒遺稿　集5-36211
24 靜佳龍尋稿、乙稿　集6-41894(4)、41895、41917、41924
靜佳龍尋稿、乙藁　集6-41893、41897~8
靜佳龍尋稿、靜佳乙藁　集6-41744
靜佳龍尋藁、乙藁　集1-4320
靜佳龍尋藁、乙藁、補遺　集1-4321
靜佳龍尋藁、靜佳乙藁　集6-41899
靜佳龍尋藁　集6-44775
靜佳龍尋藁、乙藁　集6-41888、41892、41913
靜佳龍尋藁、靜佳乙藁　集6-41745
靜佳詩集　集1-4319,6-41904
靜佳乙稿、靜佳龍尋稿　集6-41891
靜佳乙藁補遺　集6-41891
27 靜修齋詩稿、詞稿、詩話　集5-34477
靜修齋詩草　集5-39866
靜修詞　集7-46352、46356、46755
靜修集　集1-4900
靜修集、續集　叢1-223(59)、227(10)
靜修先生文集　集1-4888、4896　叢2-635(11)、731(40)、782(2)
靜修先生文集(劉文靖公文集)　集1-4898
靜修先生文集、補遺　集1-4901
靜修先生文集、拾遺　集1-4897
靜修先生詩詞　集1-4891
靜修先生丁亥集　集1-4889
靜修先生遺文　集1-4895
靜修先生遺詩、詩文拾遺、續集、文集附錄　集1-4890
靜修遺詩、續集、拾遺　集1-4893
靜修堂詩經解　經1-4401
靜修堂詩鈔　集5-39336
靜修堂書經解　經1-3124
靜鄉居詞　集7-48334
靜叔遺文　集4-22450
28 靜儉堂集　集2-11182
靜儉堂集、麥有堂詩集　集2-11181
靜馥室愛別離語　集5-41160
30 靜宜室詩集　集4-23720
靜宜軒遺稿　集5-37097
靜宜吟館詩集　集4-25715
靜寧州志[康熙]　史8-63200
靜寧州志[乾隆]　史8-63201
靜寧縣新志[民國]　史8-63202
靜寧堂詩集　集3-18582
靜永堂詩稿、應制詩　集4-22312
靜安文集、詩稿、文集續編　集5-41332　叢2-2229
靜安書舍課藝(澹園文存)　集5-38597
靜安八詠詩集、事蹟　集6-44013

靜安八詠集　史7-51351　叢1-242(5),2-731(38)

靜安八詠集、事蹟　史7-51352

靜寄齋詩稿　集5-34731

靜寄雜鈔　子4-24701

靜寄軒詩文鈔　集4-26540

靜寄軒詩鈔　集4-26969

靜寄軒書目、續　史8-65725

32 靜淨齋第八才子書花箋記　子5-27168

34 靜濤齋詩草　集4-30578

靜遠廬試帖　集5-34769

靜遠齋詩集　集3-19104~6

靜遠齋未是草　集5-38484

靜遠草堂塵談　子4-23287

靜遠草堂雜鈔　集6-44383

靜遠草堂詩話　集6-45919

靜遠草堂詩稿　集4-27905

靜遠草堂稿　集4-27907

靜遠草堂初稿　集4-27906

靜遠草堂初稿、文章遊戲選鈔　集4-27904

靜遠草堂初蕖七種　叢2-1441

靜遠居詩選　集3-13263

靜遠小草　集3-20827

靜遠堂詩、東京雜事詩　集5-41605

靜遠堂詩集　集3-13492

靜遠堂詩存　集4-24410

靜遠堂集　集2-10196,4-32220,6-42021

靜遠堂集、東皋唱和集　集2-10195

36 靜泊軒所著書九種　叢2-1705

37 靜涵書屋詩存　集4-31280

靜涵書屋隨筆　叢1-373(4)

靜通草堂詩集　集4-23959

靜退齋集、甜雪詞　集3-21136

38 靜海翟氏世譜[江蘇南通]　史5-38921

靜海鄉翟氏宗譜[江蘇南通]　史5-38922

靜海鄉志[道光]　史7-56814

靜海徐相國(桐)傳　史2-10207

靜海縣志[康熙]　史7-55011

靜海縣志[同治]　史7-55012

靜海縣志十二集[民國]　史7-55013

40 靜存齋詩集　集4-26198　叢1-373(9)

靜存草堂集　集4-30753

靜志齋吟稿　集4-23934

靜志齋吟草　叢2-828

靜志居詩話　集6-45922

靜志居詩話偶抄　集6-45923

靜志居詩餘　集7-47024

靜壽齋詩鈔　集3-20000

靜壽軒詩　子4-24668　集5-41304

靜檀詩粹、續　叢2-2085

44 靜蘭集、獨秀峯題壁詩　集4-22260

靜者居詩集　集4-23673

靜菴文集、詩集　叢2-1542

靜菴張先生詩集　集2-6161

靜菴集　集2-6164　叢1-223(62)

靜菴遺集二種　叢2-1542

靜菴賸稿　集6-41792

46 靜觀齋文稿初集、二集、三集、詩稿、尺牘　集5-39539

靜觀齋詩　集6-42004

靜觀齋詩稿　集5-39538

靜觀齋詩稿(聽甌館稿)　集4-33320

靜觀齋詩鈔　集5-34558~60,6-42008

靜觀山房詩稿、賦　集2-11290

靜觀自得錄　子3-17959,4-21914

靜觀室三蘇文選　集6-45167

靜觀室增補史記纂　史1-5101

靜觀樓制藝　集4-30286

靜觀樓几屏本末　集6-41987

靜觀樓印言　子3-16997

靜觀書屋詩集　叢2-818

靜觀書屋詩鈔(靜觀書屋詩集)　集4-30826

靜觀堂詩集　集3-15827~8

靜觀堂集　集2-7472,6-45189

靜觀堂剩稿　集5-34835

靜娛亭筆記　子5-26472

靜娛室詩　集4-28836

靜娛室偶存稿　集4-25684

靜娛室題畫詩詞　集5-35237

47 靜好樓繪像錄　叢2-685

48 靜敬山齋詩稿　集3-18372

49 靜妙齋詩草　集4-30107

靜妙山房遺集、詩集補遺　集5-38138

靜妙軒吟稿　集4-23368

50 靜中吟　集3-15272

靜夫遺集(斷鐵集)　集5-36028

靜春詞　集7-46352、46356、46760

靜春堂詩集　集1-5025、5027~9,6-41749　叢1-244(6),2-731(42)

靜春堂詩集、外集　集1-5030

靜春堂詩集、目錄　叢1-223(60)

靜春堂集　集1-5026

51 靜軒文鈔　集2-7159

靜軒詩集　集1-4026,6-41894(3)、41896

靜軒集　集1-4811　叢1-511

靜軒先生文集　集2-7158

靜軒駢文剩稿　集4-29071

靜軒公集　集1-4166,6-45118

靜軒筆記　子4-23660

　　靜耘齋集驗方　子2-9535
57 靜歡齋遺文　叢2-843
　　靜歡齋存草　集2-11751
　　靜歡齋存草、遺文　集2-11750
60 靜園詩餘、詞鈔後集　集7-48326
　　靜園詩鈔　集5-36205
　　靜園詩鈔前集　集5-36204
　　靜園集　集5-36206
　　靜園集句、別集　集3-13753
　　靜園叢書十種　叢2-633
　　靜園八景圖題詠集　史7-51478
　　靜思齋詩存　集5-38048
　　靜思集　集1-5757　叢1-223(61)
　　靜思先生詩集　集1-5758
　　靜思先生詩集(靜思集)　集1-5759
　　靜思堂集　集3-16467
　　靜思堂續稿　集3-16469
　　靜思堂初稿　集3-16468
63 靜默齋日記　史2-12730
65 靜嘯山房詩稿　集4-25314
67 靜明園現行則例　史6-47051
71 靜厓詩後稿　集4-23032
　　靜厓詩初稿、後稿、續稿　集4-23031
77 靜用堂偶編、續編　子1-1536
　　靜閒雜錄　叢2-1524
　　靜居集　集2-6163　叢2-637(4)
　　靜居集(重刻張來儀靜居集、靜菴集)　集2-6164
　　靜居集、補遺、校勘記、校勘續記　集2-6165　叢2-870(5)
　　靜叟自述年譜　史2-12216
　　靜學廬遺文　集5-36007　叢2-977
　　靜學廬逸筆　子4-22721　叢2-977
　　靜學齋文鈔　集4-24879
　　靜學齋偶誌　子4-21430　叢2-1452
　　靜學文集　集2-6350　叢1-223(63)、527
　　靜學堂詩稿　集3-17137
88 靜坐要訣　子2-11186　叢2-1126
　　靜坐法　子2-11216
　　靜坐指南　叢2-724
　　靜鎡湖倡和詩　集6-44324
　　靜餘玄問　子5-29530(24)、31941
91 靜悱集　集2-11183
93 靜怡齋約言錄內篇、外篇　子1-1382
　　靜怡軒詩草　集4-22027
　　靜怡軒詩鈔　集4-32515
　　靜怡軒詞鈔　集4-27817
96 靜惕逸集　叢1-373(4)
　　靜惕堂詩　集6-41995
　　靜惕堂詩集　集3-13806～7

　　靜惕堂詞　集7-46848
　　靜惕堂宋元人集目　史8-65626
　　靜惕堂藏宋元人集目　叢2-611
　　靜惕堂書目　史8-65624～5
　　靜惕堂書目宋人集、元人文集　史8-65257
　　　叢1-539～41、547(3)
　　靜惕堂詞　集7-46847

5260₁　誓

07 誓詞　史1-1938
10 誓天紀實　史2-10752
33 誓心編　史6-47228
　　誓心編、退思編　史1-4088

5260₂　哲

22 哲川詩草　集4-29797
71 哲匠金桴　子5-26108　叢1-282(2)、283(3)、2-731(4)、1092
77 哲學新詮　子7-37957
　　哲學論綱四篇　子7-37973
　　哲學要領　子7-37962、37984
　　哲學要領前編、後編　子7-37959
　　哲學妖怪百談、續　子7-37958
　　哲學提綱靈性學　子7-37981
　　哲學提綱名理學　子7-37982
　　哲學提綱倫理學　子7-37983
　　哲學思想論　叢2-2129(4)
　　哲學原理　子7-37960

暫

07 暫設新聞浮橋案由附刊徵信錄　史6-44356
23 暫編書目　叢2-2270(5)
30 暫定各學堂應用書目　史6-42424～5
77 暫留軒文鈔、詩鈔、詩鈔二刻　集4-33408

5280₁　蹔

40 蹔存文稿　集4-26019

5290₀ 刺

00 刺疔捷法　子2-4660、4662～3、4712、4769
　　刺疔捷法(重刊刺疔捷法)　子2-7780
　　刺疔捷法、考正穴法　子2-7779
　　刺疔捷法大全　子2-7836
21 刺虎　集7-52114～5
　　刺虎一段　集7-51404
　　刺虎子弟書　集7-52112～3
　　刺虎時篇　集7-51405
22 刺種牛痘要法　子2-4722、8987
25 刺繡圖　子4-18870　叢1-168(1)、378
　　刺繡圖案　子4-18872
27 刺灸心法要訣　子2-4989、10375
30 刺字章程補遺　史6-46464
　　刺字集　史6-46465
　　刺字條例　史6-46467
　　刺字條款　史6-46463
　　刺字彙纂　史6-41729、46934
　　刺字會鈔　史6-41540、46466
33 刺心寶卷　集7-54524
　　刺梁　集7-52278
36 刺湯　集7-52279
45 刺熱篇解　子2-5411
47 刺桐陳氏族譜[福建莆田]　史4-33215
50 刺史姚合詩集　集6-41850
77 刺桑譚氏宗譜[江西宜黃]　史5-41253

刺

33 刺梁子弟書　集7-52128

5291₄ 耗

17 耗子告貓一段　集7-51446
　　耗子名一枝　集7-51744

5300₀ 戈

08 戈說　子4-20547
12 戈登將軍　子7-36503

40 戈存橘祕用女科傷寒祕要一袖釵　子2-
　　7999
72 戈氏族譜[河北景縣]　史4-25557
　　戈氏家乘[雲南保山]　史4-25560～1
　　戈氏南譜存疑　史4-25557
　　戈氏醫學叢書　子2-4713

掛

20 掛秀山房詩集　集5-38522
24 掛帥印　集7-53755
26 掛帛　集7-52327、52673
44 掛枝兒　集7-50694　叢1-177
　　掛枝兒、山歌　集7-50695
77 掛月山莊詩鈔　集4-27485～6

5301₁ 控

37 控溮芻言　叢1-459

5302₇ 捕

21 捕虎須知　叢2-900
56 捕蝗要訣　子1-4082
　　捕蝗要訣、除蝻八要　子1-4283
　　捕蝗要說　子1-4279
　　捕蝗備要　子1-4287
　　捕蝗彙編　子1-4276　叢2-1728
　　捕蝗考　子1-4273　叢1-195(3)、201、223
　　　(27)、241、242(4)、269(4)、360、377
　　捕蝗撲蝻掘子章程、祭蝗孳法捕蝗撲蝻圖
　　　說　子1-4286
　　捕蝗成法　子1-4277
　　捕蝗圖說　子1-4278
　　捕蝗異考　叢1-203(6)
　　捕蝗除種告諭　子1-4280

搧

44 搧墳　集7-52457

中國古籍總目·索引

輔

11 輔彌撒經文　子7-35492
17 輔弼嘉謨　子4-21871
21 輔仁錄　子1-1831　叢2-1888
　輔行記　子7-33832　叢1-419
　輔行記校注　叢2-623
24 輔化壇鸞鳴錄　子5-32040
30 輔官巡撫時奏議　史6-48674
44 輔世揭要、撫時紀署、治平便覽　史6-41733
48 輔教編　子6-32090(62)、32091(60)、32092(43)、32093(52)
　輔教篇　子6-32085(56)、32088(41)、32089(48)
53 輔成王周公撮政　叢2-720(5)
67 輔嗣康伯舊本異文　經1-301~2
71 輔臣贊和詩集　集6-43776
80 輔晉昌郡唐氏三修宗譜[浙江金華]　史4-32517
　輔倉湯溪虞氏家譜[浙江金華]　史5-37209

5303₃ 撚

72 撚鬚草存稿　集4-27278

5303₄ 挨

60 挨星祕訣　子3-14155

5304₂ 搏

21 搏上陳氏五修族譜[湖南攸縣]　史4-33330
39 搏沙錄　叢1-203(17)

5304₄ 按

00 按摩經　子2-10444

按摩法　叢2-1967
　按摩導引訣　子2-11181、11183　叢1-173
07 按部分經絡　子2-4633
　按部分經錄　子2-4695　叢2-1611~2
26 按吳親審檄稿　史6-47279
　按吳疏稿　史6-48646
　按吳審錄詞語　史6-47280
　按吳清留州守疏稿　史6-48558
　按吳檄稿、牌示稿　史6-47278
　按吳奏疏　史6-48551
　按吳尺牘　集2-12377
34 按對大元九宮詞譜格正全本還魂記詞調　集7-49902
　按遼疏稿　史6-48439
　按遼禦瑠疏稿　史6-48409
　按遼奏疏　史6-48498
40 按索圖星煞考注補　叢1-160~1
47 按聲指數法　經2-14342　集6-41718
50 按史校正唐秦王傳　集7-51072
60 按蜀疏草　史6-48390
77 按閩政署　史6-43119
　按閩奏議　史6-48607
　按月折報錢糧式　史6-43394
　按屬考查日記(清宣統二年)　史2-13259
78 按鑒演義帝王禦世有夏志傳　子5-27927
88 按鑑演義帝王御世盤古至唐虞傳　子5-27926
　按鑑演義帝王御世有商誌傳　子5-27929

5304₇ 拔

10 拔一切業障根本得生淨土神咒　子6-32088(7)、32091(8)
　拔一切業障根本得生淨土神咒、阿彌陀經不思議神力傳　子6-32085(9)、32090(9)、32092(6)、32093(4)、7-32469
　拔貢朝考卷(清咸豐辛酉科、同治癸酉科、光緒庚辰科、光緒丙戌科)　史3-22702
26 拔白菜一枝　集7-50986
30 拔濟苦難陀羅尼經　子6-32081(18)、32088(13)、32089(15)、32091(19)、32093(43)
　拔濟苦難陀羅尼經(勝福往生淨土經)　子6-32085(18)、32090(21)、32092(14)
　拔濟苦難陁羅尼經　子6-32083(13)、32086(20)
44 拔萃良方　子2-4714、9650
　拔萃良方錄要　子2-9651
74 拔陂菩薩經　子6-32081(3)、32082(4)、32083(3)、32084(3)、32086(4)、32088(3)、

32089(4)、32091(4)、32093(6),7-32211
　拔陂菩薩經（拔陁經）　子6-32085(4)、
　32090(5)、32092(3)
78 拔陁經　子6-32085(4)、32090(5)、32092(3)
　拔除罪障咒王經　子6-32083(13)
82 拔劍集　集2-7694、7698

5305₀ 撼

01 撼龍　子3-13151、13308
　撼龍統說　子3-13301　叢1-411
　撼龍經　子3-13140~1、13304、13309　叢1-
　457、525
　撼龍經、疑龍經　子3-13297
　撼龍經、疑龍經（撼龍經疑龍經）　子3-
　13292
　撼龍經、疑龍經、葬法倒杖　叢1-223(36)
　撼龍經註、葬書註、疑龍經註、水鉗圖補注
　子3-13302
　撼龍經傳訂本注　叢2-2129(4)、2130~1
　撼龍經批註校補　子3-13306
　撼龍經批注校補　子3-13305
　撼龍經批注校補、疑龍經批注校補　子3-
　13298
22 撼山草堂遺稿、補錄　集4-30042

5306₄ 轄

60 轄園窩雜著　集2-8440　叢2-1093

5308₁ 擁

10 擁雲閣詞　集7-48399

5309₁ 攃

26 攃白鏡一段　集7-51398

5310₀ 或

00 或庵評春秋三傳　經1-7755

01 或語集　集3-15682
10 或可軒詩鈔　集5-38382
　或可軒詞鈔　集7-48333
77 或問箋義　叢1-274(3)、2-731(5)

5310₇ 畫

44 畫莊詩草　集4-28303

盛

00 盛應蛟妻張氏事畧　史2-9398
　盛唐彙詩、詩人氏系履歷、目錄　集6-
　43363
　盛唐四名家集　集6-41860
　盛唐雅緒箋　集6-41871
　盛唐風緒箋　集6-41871
　盛衰考　子7-36240(1)
　盛京廂白正藍二旗宗室等輩分支派譜册
　史5-37836
　盛京諸水編　史7-49318(10)、52858
　盛京三陵戶股官莊地册　史6-47438
　盛京正黄正紅廂藍三旗覺羅等宗譜名册
　史5-37851
　盛京疆域考　史7-49985　叢1-558,2-785
　盛京刑部則例　史6-47090
　盛京崇謨閣滿文老檔譯本　史1-3550
　盛京將軍奏稿　史6-49139
　盛京將軍奏事摺檔、查辦東邊朝鮮諮文並
　飭委員會劄諭　史6-47926
　盛京移駐宗室新生子女等名册　史5-
　37868
　盛京移駐宗室花名總册　史5-37870
　盛京移駐宗室花名清册　史5-37872
　盛京移駐宗室覺羅等新生子女名册　史5-
　37873
　盛京移駐宗室覺羅等分晰字輩譜中紅黑字
　名册　史5-37874
　盛京移駐宗室覺羅等分晰字輩名册　史5-
　37869
　盛京移駐宗室等子女册　史5-37863
　盛京宗室覺羅等分晰字輩花名譜册　史5-
　37875
　盛京宗室等輩分支派譜册　史5-37876
　盛京宗室營造報移駐官員宗室等所有陞授
　降調各職衛花名清册　史5-37864
　盛京宗室營造報移駐宗室官員等所有升授

各職銜花名清册　史 5 - 37865

盛京宗室營造報移駐宗室覺羅等分晰字輩譜中紅黑字花名譜册　史 5 - 37871

盛京宗室營造報移駐宗室等所有娶妻花名清册　史 5 - 37867

盛京宗室營造報移駐宗室等所有聘嫁花名清册　史 5 - 37866

盛京禮部則例　史 6 - 47088

盛京通志[雍正]　史 7 - 56088

盛京通志[康熙]　史 7 - 56086~7

盛京通志[乾隆]　史 7 - 56089~91　叢 1 - 223(24)

盛京通鑑　史 6 - 42204

盛京左翼廂白正藍旗宗室輩分支派譜册　史 5 - 37841~2

盛京左翼廂白正藍二旗宗室　史 5 - 37856

盛京左翼廂白正藍二旗宗室族長學長等補造宗室等輩分支派譜册　史 5 - 37810

盛京左翼廂白正藍二旗宗室族長處造送宗室等所有卒女數目清册　史 5 - 37850

盛京左翼廂白正藍二旗宗室旗長學長等造報宗室等輩分支派譜册　史 5 - 37819

盛京左翼廂白正藍二旗宗室輩分支派譜册　史 5 - 37826

盛京左翼廂白正藍二旗宗室等輩分支派譜册　史 5 - 37818、37833

盛京左翼廂白正藍二旗宗室等輩分支派清册　史 5 - 37849

盛京左翼廂黃正白旗宗室等輩分支派譜册　史 5 - 37832

盛京左翼廂黃正白二旗輩分支派譜册　史 5 - 37825、37859

盛京左翼廂黃正白二旗宗室族長委署學長委學長等造送宗室等輩分支派譜册　史 5 - 37820

盛京左翼廂黃正白二旗宗室族長學長等造送宗室等輩分支派譜册　史 5 - 37807

盛京左翼廂黃正白二旗宗室輩分支派譜册　史 5 - 37812

盛京左翼廂黃正白二旗宗室等輩分支派譜册　史 5 - 37847~8

盛京左翼廂黃正白二旗宗室等輩子女册　史 5 - 37857

盛京左翼覺羅旗長輩分清檔　史 5 - 37821

盛京左翼覺羅旗長輩分次序清檔　史 5 - 37834

盛京左翼覺羅譜中輩分次序册　史 5 - 37858

盛京左翼覺羅輩分次序清檔　史 5 - 37811、37843、37861

盛京左翼覺羅册　史 5 - 37835

盛京大差程站里數單　史 7 - 49988

盛京志畧　史 7 - 56092

盛京右翼廂紅廂藍旗宗室輩分支派譜册　史 5 - 37814、37838

盛京右翼廂紅廂藍旗宗室等輩分支派譜册　史 5 - 37813、37837

盛京右翼廂紅廂藍二旗宗室族長處造報宗室等譜輩分清册　史 5 - 37806

盛京右翼廂紅廂藍二旗宗室族長處造報宗室等譜宗輩分清册　史 5 - 37809

盛京右翼廂紅廂藍二旗宗室等輩分支派譜册　史 5 - 37815、37855

盛京右翼廂紅廂藍旗宗室等輩分支派譜册　史 5 - 37828

盛京右翼正黃正紅廂藍旗覺羅等宗譜輩分清册　史 5 - 37839

盛京右翼正黃正紅廂藍三旗宗譜輩分清册　史 5 - 37823

盛京右翼正黃正紅廂藍三旗覺羅等宗譜輩分清册　史 5 - 37845

盛京右翼正黃正紅廂藍三旗覺羅等宗譜輩分册　史 5 - 37824、37853

盛京右翼正黃正紅旗宗室等輩分支派譜册　史 5 - 37830、37840

盛京右翼正黃正紅二旗輩分支派譜册　史 5 - 37822

盛京右翼正黃正紅二旗宗室族長學長等造報宗室等輩分支派譜册　史 5 - 37817

盛京右翼正黃正紅二旗宗室等輩分支派譜册　史 5 - 37831、37846、37854

盛京右翼宗室族長處造報宗室等譜輩分清册　史 5 - 37805

盛京右翼宗室族長支造報宗室等譜宗輩分清册　史 5 - 37804

盛京右翼宗室等輩分支子女册　史 5 - 37862

盛京右翼覺羅族長處造報正黃正紅廂藍三旗覺羅等譜輩分清册　史 5 - 37808

盛京右翼覺羅族長處造報正黃正紅廂藍三旗覺羅等宗譜輩分清册　史 5 - 37816

盛京右翼覺羅族長处造報正紅正黃廂藍三旗覺羅等宗譜輩分清册　史 5 - 37829

盛京右翼覺羅輩分支派譜册　史 5 - 37860

盛京右翼鑲紅旗鑲藍旗宗室等輩分支派譜册　史 5 - 37827

盛京右翼鑲紅鑲藍二旗宗室輩分支派譜册　史 5 - 37844

盛京右翼鑲紅鑲藍二旗宗室等輩名册　史 5 - 37852

盛京城垣事蹟考　史 7 - 51347

盛京考畧　史 7 - 49317(1)、49318(1)、49986

盛京事宜　史6-47091

盛京典制備考　史6-42205

盛京景物輯要　史7-49984

盛京戶部造送盤查內倉四柱黃册(漢滿文
　對照)　史6-47440

盛京戶部恭造餘地考成黃册(漢滿文對照)
　史6-47439

盛京兵部則例　史6-47089

10 盛于埜遺著(字雲全集)五種　叢2-1440

21 盛虎文詩稿　集3-17919

22 盛川稗乘　史1-3908

26 盛伯羲雜記　子4-23330

盛伯羲祭酒手劄　集5-38126

30 盛宣懷書劄　集5-37265

盛宏之荊州記　史7-49307、50660　叢2-
　767

盛宮保(宣懷)行述初稿　史2-10634

37 盛湖志[乾隆]　史7-57012

盛湖志[同治]　史7-57013

40 盛太宜人懿行錄　史2-10934

盛杏蓀丑歷史　子5-27909

盛杏蓀抄家五更(盛宮保抄家五更)　集7-
　50771

42 盛橋里志[民國]　史7-56416

44 盛世新聲　集7-49715、54597

盛世詞林樂府大全　集7-54601

盛世元音　子3-17903

盛世羣英　集7-53729

盛世儒風　集7-49705

盛世參苓、九章補例　子3-11243

盛世危言　子4-21785~7

盛世危言、二編、三編　子4-21788

盛世危言後編　子4-21790

盛世危言外編　子7-36233

盛世危言續編　子4-21791,7-36233

盛世危言增訂新編　子4-21789

盛世芻蕘、首篇　子7-35343

盛世良圖紀　史2-9604

盛世鴻圖　集7-50514

盛世奇英　集7-50487

47 盛朝詩選初集、二集　集6-44076

盛朝律楷　集6-44110

50 盛事美談　史1-4381　叢1-19(11)、20(9)、
　21(10)、22(5)、23(5)、24(11)

盛夫人行述　史2-10183

67 盛明雜劇二集三十種　集7-48776　叢2-
　672

盛明雜劇三十種　集7-48775　叢2-672

盛明百家詩　集6-41935(1)

盛明百家詩選　集6-43729

盛明十二家詩選　集6-43760

72 盛氏族譜[湖南漢壽]　史5-34302

盛氏族譜[湖南湘潭]　史5-34303

盛氏族譜[湖南長沙]　史5-34301

盛氏宗譜[江蘇江陰]　史5-34279

盛氏宗譜[江蘇鎮江]　史5-34273

盛氏世譜[上海崇明]　史5-34270

盛氏圖書館善本書目、續編　史8-65892

80 盛公伯光(本杰)墓誌銘　史2-10866

88 盛竹書先生(炳紀)墓誌銘　史2-10849

5311₁ 蛇

08 蛇譜　子4-19434　叢1-201、203(5、18)

40 蛇女士傳　子7-38236

5315₀ 蛾

17 蛾子時術小記　子4-22397

蛾子時述小記　叢2-842

21 蛾術齋試帖　集4-25164

蛾術齋詩集　集4-25163

蛾術齋詩草　集5-36746

蛾術齋古今體詩　集4-25162

蛾術集　集4-22194

蛾術山房詩稿　集4-30126

蛾術山房詩鈔　集4-25448

蛾術編　子4-22435~7

蛾術草稿　集1-5705　叢2-657

蛾術堂集十四種　叢2-1703

33 蛾述集　子4-21459

5318₆ 蟥

00 蟥廬未定稿　集5-40959

蟥廬未定稿續編　集5-40960

蟥

00 蟥廬詩鈔　集4-27497~8

蟥衣生傳草　集2-10078

蟥衣牛粵草、蜀草　集2-10073

蟥衣生浙草、晉草、楚草、閩草、閩藩草、家

草　集2-10074

蠖衣生蜀草、閩草、養草、留草　集2-10075

蠖衣生黔草　集2-10076～7

蠖衣生馬記　子4-19389　叢1-111(3)，2-731(28)

蠖衣生馬記、蠖衣生劍記　叢1-107

蠖衣生養草　集2-10079

蠖衣生劍記　子4-18570　叢1-111(3)

5320₀ 咸

00 咸齋續圖序　集4-29305

咸京被難述畧、續記　史1-4050

10 咸平六營岡于氏重修宗譜[河南通許]　史4-24742

咸平詩集　集1-1842,6-41894(1)

咸平集　集1-1841　叢1-223(50)

22 咸豐辛亥至辛酉四季條例　史6-46929

咸豐六年丙辰科江蘇歲貢卷　史3-23311～3

咸豐六年丙辰科浙江恩貢卷　史3-23610

咸豐六年丙辰科會試聯捷硃卷、咸豐五年乙卯科順天鄉試硃卷　史3-15469

咸豐六年丙辰科會試硃卷　史3-15444～8、15452～6、15458～9、15462～8、15470～8

咸豐六年丙辰科會試硃卷、咸豐三年癸丑科會試薦卷　史3-15451

咸豐六年丙辰科會試硃卷、咸豐五年乙卯科覆試卷　史3-15449

咸豐六年丙辰科會試硃卷、咸豐五年乙卯科順天鄉試硃卷　史3-15460～1

咸豐六年丙辰科會試硃卷、咸豐五年乙卯科順天鄉試硃卷、咸豐五年乙卯科覆試卷　史3-15450

咸豐六年丙辰科會試硃卷、咸豐六年丙辰科覆試卷　史3-15457

咸豐六年丙辰科會試題名錄　史3-13778

咸豐六年丙辰科會試同年齒錄　史3-13779

咸豐六年丙辰年湖南恩貢卷　史3-23655

咸豐六年補行辛亥乙卯兩科廣西鄉試同年齒錄　史3-14670

咸豐六年補行元年辛亥五年乙卯兩科廣西鄉試硃卷　史3-21955

咸豐二年武進士登科錄　史3-13774

咸豐二年壬子順天鄉試正副榜　史3-13992

咸豐二年壬子科廣東鄉試錄　史3-14628

咸豐二年壬子科五年乙卯補行江蘇恩貢卷　史3-23538

咸豐二年壬子科五年乙卯考准江蘇歲貢卷　史3-23310

咸豐二年壬子科丙辰年考准江蘇恩貢生　史3-23537

咸豐二年壬子科雲南鄉試硃卷　史3-22147

咸豐二年壬子科順天鄉試覆試卷　史3-17093

咸豐二年壬子科順天鄉試副貢硃卷　史3-22209

咸豐二年壬子科順天鄉試硃卷　史3-15543、17094～6、17098～105

咸豐二年壬子科順天鄉試硃卷、咸豐二年壬子科覆試卷　史3-17097

咸豐二年壬子科江西貢卷　史3-23496

咸豐二年壬子科江西鄉試副貢硃卷　史3-22461～2

咸豐二年壬子科江西鄉試硃卷　史3-20952～4

咸豐二年壬子科江南鄉試硃卷　史3-18013～8、18020～32

咸豐二年壬子科江南鄉試硃卷、道光二十九年己酉科薦　史3-18019

咸豐二年壬子科江蘇歲貢卷　史3-23307～9

咸豐二年壬子科河南鄉試硃卷　史3-21418

咸豐二年壬子科福建鄉試錄　史3-14341

咸豐二年壬子科浙江優貢卷　史3-22595～7

咸豐二年壬子科浙江鄉試副貢硃卷　史3-22373

咸豐二年壬子科浙江鄉試硃卷　史3-19698～704、19706～10、19712、19714～9、19721～5

咸豐二年壬子科浙江鄉試硃卷、咸豐二年壬子科浙江優貢卷　史3-19720

咸豐二年壬子科浙江鄉試硃卷、咸豐二年壬子科錄取優貢卷　史3-19713

咸豐二年壬子科浙江鄉試硃卷、咸豐元年辛亥恩科浙江鄉試硃卷　史3-19705

咸豐二年壬子科浙江鄉試硃卷、道光二十六年丙午科薦卷　史3-19711

咸豐二年壬子科浙江鄉試題名錄　史3-14245

咸豐二年壬子科浙闈齒錄　史3-14246

咸豐二年壬子科十八省鄉試同年錄　史3-13889

咸豐二年壬子科直省舉貢同年錄　史3-14849

咸豐二年壬子科四年甲寅年考准江蘇恩貢卷　史3-23539

咸豐二年壬子鄉試齒錄　史3-13890

咸豐二年壬子補行道光三十年庚戌恩科江蘇恩貢卷　史3-23536

咸豐二年壬子恩科順天鄉試同年齒錄　史3-13993

咸豐二年壬子恩科殿試館選錄　史3-13772

咸豐二年壬子恩科會試硃卷　史3-15412~26、15428

咸豐二年壬子恩科會試硃卷、咸豐元年辛亥恩科福建鄉試硃卷　史3-15427

咸豐二年壬子恩科會試題名錄　史3-13771

咸豐二年十一月十六日壬戌望月食圖　子3-11484

咸豐三年詳准添議緝私章程　史6-45406

咸豐三年至五年吏部議卹忠義錄　史2-7512

咸豐三年癸丑科宗室會試齒錄　史3-13776

咸豐三年癸丑科江南恩貢卷　史3-23542

咸豐三年癸丑科江蘇恩貢卷　史3-23540

咸豐三年癸丑科朝考館選錄　史3-14851

咸豐三年癸丑科會試硃卷　史3-15429~31、15433~43

咸豐三年癸丑科會試硃卷、道光十四年甲午科山西鄉試硃卷　史3-15432

咸豐三年癸丑科會試同年齒錄　史3-13775

咸豐三年癸丑恩科江南貢卷　史3-23541

咸豐三年進士登科錄　史3-13777

咸豐三年避寇日記　史1-4156

咸豐三年國子監學正學錄同年齒錄　史3-14850

咸豐五年乙卯科順天鄉試覆試卷　史3-17115

咸豐五年乙卯科順天鄉試硃卷　史3-17107~9、17111~2、17114、17116

咸豐五年乙卯科順天鄉試硃卷、咸豐五年乙卯科覆試卷　史3-17110、17113

咸豐五年乙卯科順天鄉試齒錄　史3-13994

咸豐五年乙卯科順天鄉試闈墨　史3-17106

咸豐五年乙卯科山東鄉試朱卷　史3-21240~1

咸豐五年乙卯科各省鄉試同年鄉試錄　史3-13891

咸豐五年乙卯科江西部卷　史3-23497

咸豐五年乙卯科江南恩貢卷　史3-23544~51

咸豐五年乙卯科福建省文闈鄉試題　史3-20849

咸豐五年乙卯科浙江優貢卷　史3-22598

咸豐五年乙卯科浙江鄉試硃卷　史3-19726~35

咸豐五年乙卯科浙江鄉試題名錄　史3-14248

咸豐五年乙卯科浙江鄉試同年齒錄　史3-14249

咸豐五年乙卯科浙江鄉試錄　史3-14247

咸豐五年乙卯科補試二年壬子科湖南優貢卷　史3-22682

咸豐五年乙卯科直省鄉試同年齒錄　史3-13892

咸豐五年乙卯科四川鄉試硃卷　史3-22043

咸豐五年乙卯科四川鄉試同門錄　史3-14713

咸豐五年乙卯科陝西鄉試硃卷　史3-22156~7

咸豐五年乙卯科陝西鄉試題名錄　史3-14796

咸豐五年乙卯恩科江蘇貢卷　史3-23543

咸豐五年乙卯八年戊午併科河南鄉試硃卷　史3-21421

咸豐五年乙卯八年戊午併科河南鄉試朱卷　史3-21426

咸豐五年十月內恭移大行皇太后梓宮至慕東陵暫安大差沿途辦差各官單　史6-47401

咸豐五年十月內恭移大行皇太后梓宮沿途管押擡夫單　史6-47400

咸豐元年辛亥科順天鄉試同年錄、殿試儀注　史3-13991

咸豐元年辛亥科江西部卷　史3-23650

咸豐元年辛亥科江西鄉試副貢硃卷　史3-22460

咸豐元年辛亥科江蘇歲貢卷　史3-23306

咸豐元年辛亥補試道光三十年庚戌科江南恩貢卷　史3-23535

咸豐元年辛亥恩科廣東鄉試硃卷　史3-21867

咸豐元年辛亥恩科順天鄉試副貢硃卷　史3-22208

咸豐元年辛亥恩科順天鄉試硃卷　史3-17081~8、17091~2

咸豐元年辛亥恩科順天鄉試硃卷、覆試卷　史3-17089

咸豐元年辛亥恩科順天鄉試硃卷、咸豐元年辛亥恩科覆試卷　史3-17079~80、17090

咸豐元年辛亥恩科順天鄉試同年齒錄　史3-13990

咸豐元年辛亥恩科順天鄉試錄　史3-13989

咸豐元年辛亥恩科山西鄉試硃卷　史3-17704～6

咸豐元年辛亥恩科山東鄉試硃卷　史3-21237～9

咸豐元年辛亥恩科江西鄉試副貢硃卷　史3-22459

咸豐元年辛亥恩科江西鄉試硃卷　史3-20947～51

咸豐元年辛亥恩科江西闈墨　史3-20946

咸豐元年辛亥恩科江南鄉試副貢硃卷　史3-22253

咸豐元年辛亥恩科江南鄉試硃卷　史3-17992～8012

咸豐元年辛亥恩科江南鄉試同年齒錄　史3-14130

咸豐元年辛亥恩科江南鄉試錄　史3-14129

咸豐元年辛亥恩科河南鄉試硃卷　史3-21411～7

咸豐元年辛亥恩科浙江鄉試副貢硃卷　史3-22371～2

咸豐元年辛亥恩科浙江鄉試硃卷　史3-19662～72、19674～96

咸豐元年辛亥恩科浙江鄉試硃卷、道光二十九年己酉科浙江選拔貢卷　史3-19697

咸豐元年辛亥恩科浙江鄉試硃卷、道光二十年庚子恩科薦卷、道光二十六年丙午科薦卷　史3-19673

咸豐元年辛亥恩科浙江鄉試題名錄　史3-14244

咸豐元年辛亥恩科湖北鄉試硃卷　史3-21546～51

咸豐元年辛亥恩科湖南鄉試副貢硃卷　史3-22477

咸豐元年辛亥恩科湖南鄉試硃卷　史3-21676～8

咸豐元年辛亥恩科十八省鄉省試同年錄　史3-13887

咸豐元年辛亥恩科直省同年全錄　史3-13888

咸豐元年辛亥恩科貴州鄉試硃卷　史3-22133

咸豐元年辛亥恩科四川鄉試同年齒錄　史3-14712

咸豐元年中星表　子3-12656

咸豐要錄　史1-1721

咸豐乙卯客滇詩文存草　集4-32001　叢2-1838

咸豐己未辛酉科浙江武鄉試硃卷　史3-19816

咸豐壬子恩科會試同年齒錄　史3-13773

咸豐上諭　史6-47697

咸豐上諭、議條款　史6-47696

咸豐御製詩、御製文　集5-35355

咸豐御製詩集、文集　集5-35354

咸豐象山粵氛紀實　史1-3956

咸豐條約　史6-44942

咸豐以來功臣別傳　叢1-528

咸豐初朝邑縣志　史8-62803

咸豐初年用兵上諭　史6-47698

咸豐軍務奏稿　史6-47971

咸豐十一年辛酉科廣東武鄉試同年錄　史3-14629

咸豐十一年辛酉科廣東選拔貢卷　史3-23261

咸豐十一年辛酉科雲南選拔部卷　史3-23282

咸豐十一年辛酉科順天優貢卷　史3-22487

咸豐十一年辛酉科順天鄉試硃卷　史3-15533、17151～5、17157～9

咸豐十一年辛酉科順天鄉試硃卷、咸豐十一年辛酉科覆試卷　史3-17150、17156

咸豐十一年辛酉科順天選拔貢卷　史3-22706

咸豐十一年辛酉科順天選拔貢卷、咸豐十一年辛酉科順天鄉試硃卷　史3-22707

咸豐十一年辛酉科山西鄉試硃卷　史3-15562、17707～8

咸豐十一年辛酉科山東選拔貢卷　史3-15699、21327、23220～1

咸豐十一年辛酉科鄉試各省同年錄　史3-13898

咸豐十一年辛酉科江西部卷　史3-23499

咸豐十一年辛酉科江西選拔貢卷　史3-23207～8

咸豐十一年辛酉科江南選拔貢卷　史3-22758、22764

咸豐十一年辛酉科江南選拔貢卷、同治六年丁卯補行彙考江南選拔貢卷　史3-22756

咸豐十一年辛酉科江南恩貢卷　史3-23560～5

咸豐十一年辛酉科江蘇選拔貢卷　史3-22754、22757、22759

咸豐十一年辛酉科河南選拔貢卷　史3-21438、23228

咸豐十一年辛酉科湖北選拔貢卷　史3-23234～5

咸豐十一年辛酉科湖南選拔貢卷　史3-23250～1

咸豐十一年辛酉科選十八省拔貢同年全錄
　　史 3－14855

咸豐十一年辛酉科選拔貢卷　史 3－21274

咸豐十一年辛酉科薦卷　史 3－15547

咸豐十一年辛酉科貴州選拔貢卷　史 3－
　　23279

咸豐十一年辛酉科四川選拔硃卷　史 3－
　　23272～3

咸豐十一年辛酉科明經通譜　史 3－14854

咸豐十一年辛酉科陝西鄉試硃卷　史 3－
　　15547

咸豐十一年辛酉科並補行八年戊午科廣東
　　鄉試硃卷　史 3－21868～75

咸豐十一年山西選拔同年齒錄　史 3－
　　14895

咸豐十一年補行壬子己未兩科廣西武鄉試
　　錄　史 3－14671

咸豐十一年中星更錄　子 3－12219

咸豐十一年陝西鄉試題名錄　史 3－14798

咸豐十年庚申科江南恩貢卷　史 3－23552～9

咸豐十年庚申科江蘇歲貢卷　史 3－23314～5

咸豐十年庚申科浙江歲貢卷　史 3－23404～5

咸豐十年庚申科浙江恩貢卷　史 3－23611

咸豐十年庚申科同治五年丙寅年考准江蘇
　　歲貢卷　史 3－23316

咸豐十年庚申恩科會試硃卷　史 3－15508～
　　11、15513～23

咸豐十年庚申恩科會試硃卷、咸豐九年己
　　未恩科順天鄉試硃卷　史 3－15512

咸豐十年庚申恩科會試同年錄　史 3－
　　13781

咸豐十年至十一年日記　史 2－12708

咸豐九年詳准復辦緝私章程　史 6－45407

咸豐九年己未科教習同年齒錄　史 3－
　　14852

咸豐九年己未科會試硃卷　史 3－15479～
　　81、15484～9、15491～4、15496～7、15499～
　　500、15502～7

咸豐九年己未科會試硃卷、道光三十年庚
　　戌科會試薦卷　史 3－15501

咸豐九年己未科會試硃卷、咸豐九年己未
　　科覆試卷　史 3－15483、15490、15495、
　　15498

咸豐九年己未科會試同年齒錄　史 3－
　　13780

咸豐九年己未江西鄉試題名錄、三場試題
　　史 3－14397

咸豐九年己未恩科順天鄉試硃卷　史 3－
　　17135～41、17144～9

咸豐九年己未恩科順天鄉試硃卷、咸豐五
　　年乙卯科順大鄉試硃卷　史 3－17142

咸豐九年己未恩科順天鄉試硃卷、咸豐九
　　年己未恩科覆試卷　史 3－17143

咸豐九年己未恩科山西鄉試題名錄　史 3－
　　14066

咸豐九年己未恩科山東鄉試硃卷　史 3－
　　15627、21249

咸豐九年己未恩科鄉試謄錄卷　史 3－
　　16308

咸豐九年己未恩科江南鄉試硃卷　史 3－
　　18034～5、18041、18050～3、18055、18058～
　　60、18062～4、18066、18068、18070、18073～4

咸豐九年己未恩科河南鄉試硃卷　史 3－
　　21427～30

咸豐九年己未恩科浙江鄉試硃卷　史 3－
　　19776～815

咸豐九年己未恩科浙江鄉試題名錄　史 3－
　　14252

咸豐九年己未恩科十八省鄉試同年錄　史
　　3－13896

咸豐九年己未恩科四川鄉試硃卷　史 3－
　　22044

咸豐九年己未恩科四川鄉試第壹房同門錄
　　史 3－14714

咸豐九年己未恩科並補應五年乙卯正科江
　　南鄉試副貢硃卷　史 3－22254～5

咸豐九年己未恩科並補行五年乙卯正科江
　　西鄉試副貢硃卷　史 3－22463

咸豐九年己未恩科並補行五年乙卯正科江
　　西鄉試硃卷　史 3－20955～86

咸豐九年己未恩科並補行五年乙卯正科江
　　南鄉試硃卷　史 3－18036～40、18042～9、
　　18056～7、18061、18065、18067、18069、18072

咸豐九年己未恩科並補行五年乙卯正科江
　　南鄉試硃卷、道光二十九年己酉科鄉試
　　薦卷　史 3－18071

咸豐九年己未恩科並補行五年乙卯正科江
　　南鄉試硃卷、咸豐元年辛亥恩科鄉試薦
　　卷　史 3－18054

咸豐九年己未恩科並補行五年乙卯科江南
　　鄉試硃卷　史 3－18033

咸豐九年己未恩科並補行乙卯正科江南鄉
　　試題名錄　史 3－14131

咸豐九年己未恩科並補行十年戊午正科福
　　建鄉試硃卷　史 3－20850～5

咸豐九年己未科并補乙卯正科江南江西
　　貴州廣西湖南湖北河南鄉試同年齒錄
　　史 3－13897

咸豐九年山西鄉試錄　史 3－14065

咸豐九年考取國子監學正學錄齒錄　史 3－
　　14853

咸豐九年恩科並補行乙卯正科江西鄉試錄

史 3 - 14398

咸豐九年邸抄　史 6 - 47234

咸豐七年丁巳科江西歲選貢卷　史 3 - 23498

咸豐七年丁巳補行二年壬子五年乙卯兩科湖南鄉試硃卷　史 3 - 21679

咸豐朝籌辦夷務始末　史 6 - 44902

咸豐中星更錄　子 3 - 11486

咸豐戊午通商稅則　子 7 - 37370

咸豐四年四月十六日甲申望月食圖　子 3 - 11485

咸豐四年甲寅歲湖南歲貢卷　史 3 - 23511

咸豐四年甲寅科浙江歲貢卷　史 3 - 23401

咸豐甲寅中秋詩文存草　集 4 - 32000　叢 2 - 1838

咸豐縣志[同治]　史 8 - 60402

咸豐縣志[民國]　史 8 - 60403

咸豐八年至九年日記　史 2 - 12707

咸豐八年併行乙卯戊午兩科河南鄉試題名錄　史 3 - 14526

咸豐八年戊午五年乙卯併科河南鄉試硃卷　史 3 - 21420

咸豐八年戊午順天鄉試正副榜　史 3 - 13995

咸豐八年戊午科順天鄉試硃卷　史 3 - 17117～34

咸豐八年戊午科順天鄉試同年齒錄　史 3 - 13996

咸豐八年戊午科山東鄉試硃卷　史 3 - 21242～5、21308

咸豐八年戊午科山東鄉試朱卷　史 3 - 21246～8

咸豐八年戊午科河南鄉試硃卷　史 3 - 21419、21423～5

咸豐八年戊午科浙江歲貢卷　史 3 - 23402

咸豐八年戊午科浙江鄉試硃卷　史 3 - 19736～75

咸豐八年戊午科浙江鄉試題名錄　史 3 - 14251

咸豐八年戊午科浙江鄉試錄　史 3 - 14250

咸豐八年戊午科十八省鄉試題名錄　史 3 - 13893

咸豐八年戊午科十八省鄉試同年錄　史 3 - 13894

咸豐八年戊午科直省同年齒錄　史 3 - 13895

咸豐八年戊午科陝西鄉試硃卷　史 3 - 22158

咸豐八年戊午科陝西鄉試題名錄　史 3 - 14797

咸豐八年戊午科並補行五年乙卯科湖北鄉試硃卷　史 3 - 21552

咸豐八年戊午並五年乙卯科河南鄉試硃卷　史 3 - 21422

30 咸淳集　集 1 - 4499

咸淳遺事　史 1 - 2564　叢 1 - 196、223(20)、273(4)、274(3)、456(1)

咸淳毘陵志　叢 1 - 373(2)

咸淳臨安志　史 7 - 57132～4　叢 1 - 223(23)

咸寧縣志[康熙]　史 8 - 60278、62686

咸寧縣志[嘉慶]　史 8 - 62687

咸寧縣志[同治]　史 8 - 60279

咸寧縣志[光緒]　史 8 - 60280

咸寧長安兩縣續志[民國]　史 8 - 62688

咸定錄　叢 1 - 22(6)、23(6)

咸賓錄　史 7 - 54263

咸賓錄、校勘記　史 7 - 54264

咸賓錄、校勘記、校勘續記　叢 2 - 870(3)

47 咸歡河沿余氏家譜[浙江紹興]　史 4 - 28551

71 咸陟堂文集、文二集、賦集、詩集、詩二集　集 3 - 15769

咸陟堂詩集、文集　集 3 - 15767

咸陟堂二集　集 3 - 15768

76 咸陽誌(咸陽邑乘)[康熙]　史 8 - 62835

咸陽王撫滇功績　史 2 - 8788

咸陽鄉土志[光緒]　史 8 - 62839

咸陽縣新志[萬曆]　史 8 - 62834

咸陽縣志[道光]　史 8 - 62837

咸陽縣志[乾隆]　史 8 - 62836

咸陽縣志[民國]　史 8 - 62838

咸陽金石遺文　史 8 - 64099

77 咸同將相瑣聞　史 1 - 1995、3856

咸同以來中俄交涉記　子 7 - 36852

咸同宣威大事記　史 1 - 4049　叢 2 - 889

咸同之際川黔軍事檔　史 1 - 4032

咸同軍興瑣記　史 1 - 3857

咸同奏稿　史 6 - 47942

咸同間名人詩箋　集 6 - 44326

咸同間官名錄　史 3 - 23700

咸熙錄　史 2 - 7498

86 咸知集　集 5 - 37732

威

08 威施長者問觀身行經　子 6 - 32085(15)、32093(4)

20 威信公詩集　集 3 - 18544

30 威寧縣志[民國]　史 8 - 62239

34 威遠廳志[道光]　史 8 - 62488

威遠縣志[嘉慶]　史 8 - 61861

威遠縣志[乾隆]　史8-61860
威遠縣志三編[光緒]　史8-61862
38 威海衛形勢　史6-45554、7-49319
威海衛形勢論　史6-45555、7-49319
威海衛志[康熙]　史8-59280
威海衛志[乾隆]　史8-59281
44 威林筆記　子7-38294
62 威縣續志[順治]　史7-55494
威縣志[康熙]　史7-55495
威縣志[嘉靖]　史7-55492
威縣志[萬曆]　史7-55493
威縣志[民國]　史7-55496
77 威鳳堂文集　集3-13715
威鳳堂集十五種附一種　叢2-1280
威鳳堂偶錄　集3-13714
威卿集　集1-4744

感

00 感症寶筏　子2-6895
感應歌曲　子6-32091(63)、7-34612、34664
感應經　子5-29551、29586、30319、30360　叢1-10、19(4)、20(2)、21(3)、22(18)、23(17)、24(5)、29(7)、374
感應經印譜　子3-17106
感應經箋注　叢2-2067
感應編注畧　叢1-153
感應彙徵夷纂　子5-26955
感應紀述靈驗　叢1-114(3、6)
感應敬信錄　子4-21467
感應篇　叢1-114(3)、2-771(2)
感應篇註釋　子5-30348　叢2-1640
感應篇詩　子5-30386
感應篇韻語　子5-30347　叢2-1640
感應篇引證句解　叢2-724
感應篇集證　子5-29583、30351
感應篇儒義　子1-1942
感應篇經摘典史養正集評註　子5-30381
感應篇彙編　子5-30359
感應篇通考附說　叢2-1285
感應篇直講　叢2-724
感應篇古本考　子5-30389
感應篇史鑒證　子5-30383
感應篇贅言　子5-30388
感應篇圖說　子5-30369、30378
感應篇印譜、陰騭文印譜、覺世訓印譜　子3-17221
感應類編　子5-27021

感應類從志　子4-23665　叢1-17、19(6)、22(18)、23(18)、24(6)
感應類叢志　叢1-20(4)
感應類鈔　子5-30358
感應類鈔、淨意說　叢2-724
02 感證集腋　子2-6839
10 感天動地竇娥冤　集7-48774(7)、48790
感天動地竇娥冤雜劇　集7-48767(3)
感天動地竇娥冤　叢2-720(3)
感天動地竇娥冤雜劇　叢2-698(16)
感天地羣僊朝聖雜劇　集7-48774(3)、49278
感天四本　集7-53536
感天后神女露筋　集7-49397、49416
12 感發集　集6-44433
24 感劬山房日記節鈔　叢2-2156
27 感物吟　集3-14296
29 感秋吟　集5-38972
32 感逝草　集4-26569
感逝吟　叢1-346、2-1741~2
33 感述錄、續錄　子1-1095
34 感濤小舍續鈔　集4-31748
36 感遇百韻詩草　集4-32260
感遇堂詩集、文集、外集　集4-27707
感遇堂詩外集　集4-27709
37 感深知己錄　叢2-1655
感通賦　子7-34662
38 感遊草　集4-26116
44 感慕錄(明崇禎十三年)　史2-12550
感舊詩　集4-29457、5-35045
感舊詩鈔　集4-25098
感舊集　集5-40974、6-44063~4　叢1-373(7)
感舊集小傳拾遺　史2-7633　叢2-2140
感舊吟　集4-29249
45 感樓集　集2-6743~4
50 感春詞　集7-48144
60 感恩縣志[民國]　史8-61474
64 感時百韻、燕享花木感詠、懷知詩　集5-40694
感時集　史2-7839
77 感學篇　子1-1063
感興詩　子1-100、749
80 感氣十六轉金丹　子5-29530(18)、29555、30866
82 感劍堂選書畫扇譜　子3-14987
86 感知錄　叢1-19(8)、20(5)、21(7)、24(8)、374
90 感懷詩　集6-45086
感懷百詠　集5-34096
感懷身世詩百韻　史2-10717

戊

00 戊庚隨筆　子4-21173　叢2-909
10 戊丁詩存　集5-40531
17 戊子詩稿　集4-28110
　戊己銷夏百一詩　集5-33890
20 戊壬錄　史1-1994~5、4273~4
　戊集續編補七種　叢1-203(10)
　戊集續編四十三種　叢1-203(8)
30 戊寅山行記　集2-10278
　戊寅叢編十種　叢2-648
　戊寅草　集3-14058
50 戊申立春考　叢1-22(20)
　戊申立春考證　子3-11594　叢1-13、14
　　(1)、107、111(3),2-731(26)、782(3)
　戊申粵遊草、楚遊草　集4-29307
　戊申大政紀　史1-1645
　戊申考查西美商務情形報告　史6-44105
　戊申日記(清光緒三十四年)　史2-13190
　戊申隨筆　子4-22097
　戊申筆記　集2-9366
53 戊戌六君子遺集　集6-41766
　戊戌新政上諭　史6-47728
　戊戌新政芻言　史6-47547
　戊戌詩存　集5-40532
　戊戌政變記　史1-4270~1
　戊戌政變始末　史1-1995、4276
　戊戌集、訪粵集　集4-30551
　戊戌變法權議　史6-47550
　戊戌芻議存稿　史6-49177
　戊戌遺筆　史1-4272
　戊戌遊記　史7-54440
　戊戌草　集3-19236
　戊戌奏草　叢2-2068
　戊戌日記(清光緒二十四年)　史2-13041
　戊戌履霜錄　史1-4275　叢2-626、2211
　戊戌會房同門錄　史3-13842
71 戊辰雜抄　叢1-22(5)、23(5)
　戊辰詩稿　集5-41395
　戊辰詞　集5-35193
　戊辰科曹會元館課試草　集2-12206
　戊辰修史傳　史1-2537　叢2-845(2)
　戊辰春講語　叢2-2270(4)
80 戊午廣陵日遊記(清咸豐八年)　史2-12814
　戊午偶吟　集4-31602
　戊午客吉林詩　集5-40270

　戊午輓言錄　史2-10663
　戊午同人問答　叢2-1317
　戊午年日記(清乾隆三年)　史2-12599
　戊午答問　叢2-1318
88 戊笈談兵、補校錄、四翼附編　叢2-1421
　戊笈談兵、補校錄、四翼附編、奇門遁甲啓悟　子1-3873

戌

00 戌廬隨筆　經2-11675
11 戌北樓耐苦志(孫繩武)　史2-9116
45 戌樓閒話　史1-2924
50 戌事彙纂　子1-3887

成

00 成齋遺詩(北道漫吟、南中游草)　集4-33534
　成方集驗　子2-9822
　成方便讀　子2-9897
　成方切用　子2-4667、9455
　成方輯要　子2-9616
　成率庵詩　集3-14376
　成衣知縣　集7-53092
01 成語　子4-22489　叢1-504
　成語考　子1-2769
　成語輯要　經2-15065
03 成就妙法蓮華經王瑜伽觀智儀軌　子6-32084(28)、32085(52)、32086(62)、32088(38)、32089(37)、32090(56)、32091(54)、32092(37)
　成就妙法蓮華經王瑜伽觀智儀軌經　子6-32093(34)
06 成親王自書詩稿　子3-15447
　成親王歸去來兮辭　子3-15752
10 成王(姬誦)年表　史2-11033
14 成功論　叢2-2259
　成功寶訣　子7-35678
20 成雙譜　集7-50299
21 成仁集、續　史2-9555
22 成山廬主人自撰年譜　史2-12274
　成山廬詩稿、文稿、家譜、年譜　集5-35025
　成山廬稿　集5-35023~4
　成山老人自撰年譜　史2-12275
24 成化二十二年廣東鄉試錄　史3-14598
　成化二十二年山西鄉試錄　史3-14034

成化二十二年河南鄉試錄　史3-14495
成化二十二年浙江鄉試錄　史3-14189
成化二十三年丁未科會試錄　史3-13442
成化二十三年進士登科錄　史3-13565
成化二十三年會試錄　史3-13564
成化二十年甲辰科會試錄　史3-13442
成化二十年會試錄　史3-13563
成化二年進士登科錄　史3-13551
成化二年會試錄　史3-13550
成化五年己丑科會試錄　史3-13442、13552
成化五年進士登科錄　史3-13553
成化元年山東鄉試錄　史3-14422
成化元年四川鄉試錄　史3-14688
成化十六年應天府鄉試錄　史3-14079
成化十六年順天府鄉試錄　史3-13930
成化十六年山東鄉試錄　史3-14424
成化十六年浙江鄉試錄　史3-14187
成化十六年湖廣鄉試錄　史3-14542
成化十一年乙未科會試錄　史3-13442
成化十一年進士登科錄　史3-13558
成化十一年會試錄　史3-13557
成化十三年應天府鄉試錄　史3-14078
成化十三年順天府鄉試錄　史3-13929
成化十三年江西鄉試錄　史3-14362
成化十三年浙江鄉試錄　史3-14186
成化十九年山東鄉試錄　史3-14425
成化十九年浙江鄉試錄　史3-14188
成化十七年辛丑科會試錄　史3-13442
成化十七年進士登科錄　史3-13562
成化十七年會試錄　史3-13561
成化十四年進士登科錄　史3-13560
成化十四年戊戌科會試錄　史3-13442、
　13559
成化十年應天府鄉試錄　史3-14077
成化十年廣東鄉試錄　史3-14597
成化十年順天府鄉試錄　史3-13928
成化十年山東鄉試錄　史3-14423
成化十年江西鄉試錄　史3-14361
成化十年浙江鄉試錄　史3-14185
成化十年陝西鄉試錄　史3-14773
成化七年應天府鄉試錄　史3-14076
成化七年廣西鄉試錄　史3-14645
成化七年廣東鄉試錄　史3-14596
成化七年浙江鄉試錄　史3-14184
成化七年湖廣鄉試錄　史3-14541
成化七年陝西鄉試錄　史3-14772
成化四年應天府鄉試錄　史3-14075
成化四年廣東鄉試錄　史3-14595
成化四年浙江鄉試錄　史3-14183
成化間蘇材小纂　史2-7850～1　叢1-46

成化八年進士登科錄　史3-13556
成化八年會試錄　史3-13554～5
25 成佛止觀　子7-33817
26 成皐雜著　子4-24334
27 成修神務　子7-35319
成叔文存　集4-31628
30 成家寶書　子4-18595
成憲錄　史1-1527～8
成安縣志[康熙]　史7-55529
成安縣志[嘉慶]　史7-55530
成安縣志[萬曆]　史7-55528
成安縣志[民國]　史7-55531
成實論　子6-32081(38)、32082(17)、32083
　(25)、32084(21)、32085(36)、32086(41)、
　32088(26)、32089(45)、32090(52)、32091
　(50)、32092(34)、32093(30)
成案新編　史6-46113
成案備考　史6-46108～9
成案備考(嘉慶十八年至道光三年)　史6-
　46111
成案備考(嘉慶十年至十二年)　史6-
　46110
成案續編　史6-46100
成案續編、二刻　史6-46101
成案續編、二刻、補　史6-46102
成案續編、補編　史6-46103
成案彙編、目錄　史6-46099
成案拾遺、驗屍目錄　史6-46107
成案所見集、二集、三集　史6-46104
成案所見集四集　史6-46105
31 成祖府君自著年譜　史2-11860
38 成裕堂　集7-48841
成裕堂繪像第七才子書　集7-49736
成道記　史2-6801
成道降魔得一切智經　子6-32084(9)、
　32093(45)
40 成志堂詩集、外集　集3-20241
成吉思汗實錄　史1-1653
成吉思汗實錄、序論　史1-1654
成吉思汗陵寢辨證書　史7-51905　叢2-
　2186
44 成華節孝錄　史2-7770
成藥配方　子2-10197
47 成均課講大學　經2-8809
成均課講中庸　經2-9084
成均課講周易　經1-1235
成均奏疏　史6-48655
成都府志[康熙]　史8-61633
成都府志[天啓]　史8-61632
成都文類　集6-44920　叢1-223(69)
成都諫奏疏　史6-48614

成都理亂記　史1-2434
成都君平張氏家譜[四川成都]　史5-35418
成都顧先生詩集、補遺　集5-38854
成都通覽　史7-50977
成都通覽[宣統]　史8-61636
成都遊宴記　史7-50974　叢1-195(7)
成都大學文課題存　叢2-2270(4)
成都古今記　史7-50972　叢1-19(2、10)、20(8)、21(2)、22(11)、23(11)、24(3)
成都賣卜　集7-49705
成都鞫部題名(諸伶小傳)　叢2-682
成都縣志[嘉慶]　史8-61634
成都縣志[同治]　史8-61635
成都氏族譜　史2-13344　叢2-615(3)
成都竹枝詞　集4-23962
成趣園詩鈔　集5-39158
成柳莊詩集　集1-5305,6-41780
成桐村遺稿　集4-31345
48 成教約編、儒學源流考　子1-1953
成教約編、儒學源流考、附錄　子1-1927
56 成規拾遺　史6-41727
60 成唯識論　子6-32081(25)、32083(16)、32084(15)、32085(24)、32086(27)、32088(18)、32089(43)、32090(48)、32091(46)、32092(32)、32093(28),7-32762
成唯識論文釋併記　子7-33625
成唯識論音嚮補遺　子7-33623
成唯識論音響補遺　子6-32091(70)、32092(44)
成唯識論訂正　子7-33620
成唯識論講錄　子7-33621
成唯識論詮　叢2-2235
成唯識論疏　子7-33599、33618
成唯識論了義燈記　子7-33607
成唯識論了義燈鈔　子7-33604～5
成唯識論了義燈鈔科文　子7-33606
成唯識論集解　子7-33622
成唯識論自考　子7-33619
成唯識論俗詮　子6-32091(70)
成唯識論演祕　子7-33608
成唯識論演祕釋　子7-33609
成唯識論述記　子6-32084(33),7-33592、33594
成唯識論述記殘　子7-32119
成唯識論述記科文　子7-32119
成唯識論述記義演　子7-33611～2
成唯識論述記鈔祕蘊　子7-33613～4
成唯識論觀心法要　子6-32091(78),7-33624
成唯識論四緣述記義演　子7-33610

成唯識論別鈔　子7-33595
成唯識論學記　子7-33600、33602
成唯識論義蘊　子7-33601
成唯識論掌中樞要　子6-32084(33),7-32119、33596～7
成唯識論掌中樞要記　子7-33603
成唯識論料簡　子7-33598
成唯識二十論述記　子7-33589
成唯識寶生論　子6-32081(25)、32083(16)、32086(27)、32088(18)、32089(43)、32091(47)
成唯識寶生論(二十唯識順釋論)　子6-32084(14)、32085(24)、32090(49)、32092(32)、32093(28)
成唯識述記應新抄科文　子7-33616
62 成縣新志[崇禎]　史8-63228
成縣新志[乾隆]　史8-63230
成縣要覽[民國]　史8-63231
成縣志[康熙]　史8-63229
68 成敗鏡　子7-32111
72 成氏先德傳　史2-7800　叢2-1867
成氏續修族譜[湖南]　史4-26257
成氏續修族譜[湖南寧鄉]　史4-26252
成氏續修族譜[湖南湘鄉]　史4-26255
成氏遺書二十七種　史2-1867
成氏遺書七種　叢2-1866
76 成陽靈臺碑　史8-63518、64613
77 成周石鼓攷　經2-13216
成周石鼓考　史8-64489
成周徹法演　叢2-782(5)
成具光明定意經　子6-32081(15)、32083(11)、32085(15)、32086(16)、32088(11)、32089(12)、32090(17)、32091(15)、32092(11)
80 成人篇　子1-2617　叢1-462
95 成性齋文集　集1-5486～7

戚

21 戚價人稿　集3-14680,6-45336、45340
23 戚參軍八音字義便覽　經2-14329
26 戚總戎兵法　子1-3090、3421
40 戚大將軍練兵紀效合刻　子1-3064
44 戚蓮庵稿　集3-14679
戚林八音合訂　經2-14328
47 戚鶴泉所著書十一種　叢2-1547
72 戚氏族譜[山東蓬萊]　史5-34318
戚氏周禮音拾遺　經1-105
戚氏醫案　子2-10879
90 戚少保(繼光)年譜耆編　史2-11511
戚少保軍中占書　子3-13845　叢1-407

(2)
戚少保奏疏　史6-48288
戚少保年譜耆編　史2-11512
戚少保年譜節要　史2-11513

5322₇ 甫

34 甫遠山人遺稿　集6-42021
42 甫斯基游記　史7-49356
　甫斯基遊記　子7-38013
60 甫里集　集1-1658,3-14634　叢1-223
　（50）、227（9）
　甫里先生集　集1-1658
　甫里倡酬集、逸文、聞見集、詩文選、假年
　　錄、竹素園詩選、古文、拾遺　集6-44477
　甫里寇難紀畧、野烟錄　史1-3911
　甫里逸詩　集6-44476
　甫里志[乾隆]　史7-56977
　甫里志稿[光緒]　史7-56978〜9
　甫里曹氏世譜[江蘇吳縣]　史5-34168
　甫田集　集2-7455、7457〜8　叢1-223
　　（65）、227（11）
　甫田別集　集2-7459

鬻

88 鬻筴格　子3-17839　叢1-22（16）、23（16）

5333₀ 惑

37 惑溺供　叢1-142

5340₀ 戎

08 戎旃遣興草　集4-25633
11 戎疆瑣記　史1-4110
18 戎政要書　子1-3750
　戎政芻言　子1-3891
　戎政全書　史6-45136
44 戎幕閒談　子4-22824　叢1-22（8）、23（7）、
　157
　戎幙閒談　叢1-17、19（4）、21（3）、24（4）

50 戎車日記　史1-1954〜6、1958、3074　叢2-
　753
　戎事類占　子3-13041、13836
60 戎昱詩　集6-41880、41882
　戎昱詩集　集6-41741、41824、41858〜9、
　41869
　戎昱詩集（中唐戎昱詩）　集1-1217
　戎昱詩集、補遺　集1-1218,6-41878
71 戎馬風濤集　集4-28986
　戎馬風濤集四種　叢2-1908
72 戎氏宗譜[江蘇興化]　史4-26240

戒

00 戒亭詩草　集3-21239
　戒亭續集　集3-21240
　戒庵文集　集2-7341
　戒庵詩草　集3-15031
　戒庵詩草、律陶、集杜、琵琶十七變　集3-
　15029
　戒庵漫筆　叢2-617（3）、799〜801
04 戒詩後草稿　集4-27850
08 戒訟說　叢2-771（1）
10 戒疏發隱事義　子7-32099、33542〜3
17 戒子通錄　子1-2092　叢1-223（30）
20 戒香經　子6-32083（32）
　戒香涵鏡　子7-32111
22 戒山文存、戒山詩存、河工見聞錄、熙朝聖
　德詩　集3-15483
24 戒德香經　子6-32083（19）
30 戒之在色　子4-21728
31 戒酒一枝　集7-51787
32 戒淫文輯證　叢2-724
　戒淫詩　叢2-2052
　戒淫說靈驗記事　子1-76
　戒淫歌詳注　子4-21769
　戒淫寶訓　叢2-1640
　戒淫寶錄　子4-21770
　戒淫錄　叢1-201、203（6）
35 戒禮須知　子7-36230
37 戒溺女歌　子1-3011〜2
39 戒消災經　子6-32083（24）、32089（40）,7-
　32653
40 戒士文徵信錄、先賢文錄　子5-29581、
　30495
　戒士子文圖說　子4-21881
　戒士子文覺世格言　子5-30493
　戒壇普說法儀　子7-32986
44 戒菴漫紀　子4-23019

中國古籍總目·索引

戒菴漫筆　子4－23014　叢1－22(23)
戒菴老人漫筆　子4－23013　叢1－97,2－798
47 戒殺文　叢1－197(3)
戒殺放生文　子4－20649,7－32099、34924
戒殺放生文、放生義　子7－34925
戒殺放生文、普勸戒殺放生、示沈少宗伯薦天求子、釣弋說　子7－34425
戒殺三記　子7－34574
戒殺弭劫編　子7－34927
60 戒口孽文　叢2－771(1)
戒因緣經　子6－32081(36)、32082(15)、32085(35)、32086(40)、32088(25)、32089(40)、32090(45)、32091(43)、32092(30)
戒因緣經(鼻奈耶經)　子6－32083(24)
64 戒賭文　叢1－201、203(3,17)、366～7
戒賭十則　子2－4621
67 戒吸煙歌　集7－50800、53653
91 戒煙斷癮前後兩方總論　子2－9704
戒煙十更調　集7－50754
戒煙全法　子2－9828
戒煙善後策　子2－10011

5400₀ 抖

30 抖空鍾一枝　集7－50896

拊

74 拊膝錄　史1－1932,2－7197
80 拊缶堂詩　集3－16720
90 拊掌錄　子5－27395,7－38283　叢1－4～5、9～10、19(6)、20(4)、22(6)、23(6)、24(7)、29(5)、56、154、195(6)、490,2－731(50)

5401₂ 抛

13 抛球寶卷　集7－54549
15 抛磚引玉集　集4－31472
27 抛物線說　子3－12387
29 抛毬樂　子3－17956、18486

5401₄ 擡

11 擡頭字樣　經2－15132～3

5401₆ 掩

25 掩繡戶一枝　集7－52773
46 掩埋章程、掩埋備考　史6－44733
掩埋備覽　史6－44731
掩埋備覽、掩埋集證　子4－24556
掩埋備覽集證　史6－44732
71 掩陋集　集6－42566
77 掩關集　集2－7405

5401₇ 軌

18 軌政紀要初編、軌政紀要次編　史6－44216
38 軌道考　子7－36240(3)

5402₇ 拗

21 拗柴尹氏五修族譜[湖南湘潭]　史4－25913
拗柴胡氏五修譜[湖南湘潭]　史4－30627
44 拗蓮詞集溫庭筠詩　集7－47296
90 拗堂詩集　集3－16666

拷

21 拷紅　集7－52359、52361
拷紅一本　集7－52360、52374
27 拷御　集7－52375
51 拷打鳳嬌　集7－52814

5403₂ 轅

01 轅龍鏡　集7－54098

07 轅韶集　集3-21408
10 轅下吟編　集5-35206
　　轅下吟編、吳趨詞鈔　叢2-1981
77 轅門十詠　集6-43770
　　轅門斬子　集7-53067、53504
　　轅門斬子真本　集7-53505

5403₄ 摸

81 摸釘步月　集7-49700

　　　　撻

21 撻虜紀事　史1-1934、2899　叢1-84(2)、2-
　　730(10)

5404₁ 持

00 持庵集　集5-40766
07 持誦準提真言法要　子6-32091(67)
27 持名四十八法　子7-34573
　　持句神咒經　子6-32083(10)
33 持心梵天所問經　子6-32081(6)、32082(6)、
　　32083(5)、32086(7)、32088(5)、32089(6)、
　　32091(8)
　　持心梵天所問經(莊嚴佛法諸義經、佛說等
　　御諸法經)　子6-32084(5)、32085(6)、
　　32093(8)
　　持心梵天所問經(莊嚴佛法經、等御諸法
　　經)　子6-32090(9)、32092(6)
40 持志塾言　子1-1820　叢2-1856
　　持志居稿　集5-36157
44 持世經　子6-32081(6)、32082(6)、32083(5)、
　　32085(7)、32086(7)、32088(5)、32089(6)、
　　32091(7)、32093(9)、7-32115、32259
　　持世經(佛說法印品經)　子6-32090(8)、
　　32092(5)
　　持世陀羅尼經　子6-32083(13)、32093(44)
　　持世陀羅尼經注　子7-33684
　　持世陀羅尼經法　子5-29574、7-35008
50 持忠集　集2-12106
52 持靜齋藏書記要　史8-65813
　　持靜齋藏書紀要　叢2-662
　　持靜齋書目　史8-65812
67 持明藏瑜伽大教尊那菩薩大明成就儀軌
　　子6-32083(30)
　　持明藏八大總持王經　子6-32083(29)
70 持雅堂文集、詩集　集4-27900
　　持雅堂文鈔、詩鈔　叢2-1706
　　持雅堂文鈔、續集、三集、詩鈔、續集　叢2-
　　1707
　　持雅堂文鈔續集　叢2-1706
　　持雅堂詩鈔　集6-42008
　　持雅堂詩鈔、詩續鈔　集4-27901
　　持雅堂詩鈔續集　叢2-1706
　　持雅堂全集　集4-27898～9
　　持雅堂全集六種　叢2-1706
　　持雅堂全集三種　叢2-1707
72 持脈大法　子2-5263、6060
80 持人菩薩經　子6-32093(9)
　　持人菩薩所問經　子6-32081(6)、32082(6)、
　　32083(5)、32085(7)、32086(7)、32088(5)、
　　32089(6)、32090(8)、32091(7)、32092(5)、7-
　　32258

　　　　擣

00 擣塵集詞鈔　集7-46423、47180
77 擣堅錄　子4-24120

5404₇ 技

57 技擊餘聞　子5-26698

　　　　披

10 披雲詩草　集4-25766
　　披雲山記　史7-49318(6)、53491
　　披雲閣詞　集7-47334
　　披雲閣嘯虹詞　集7-46996
38 披豁軒詩集　集3-18647
44 披芸漫筆　子5-25403
71 披肝露膽經　子3-13140、13406、13482

5408₁ 拱

11 拱頭孫氏族譜[福建連江]　史5-33660
　　拱頭對門林氏族譜[福建連江]　史4-

29318~21
26 拱和詩集　集1-5693
30 拱宸橋竹枝詞(瓜山新詠)　集5-41428
70 拱璧緣傳奇　集7-53754
71 拱辰劉氏七修族譜［湖南茶陵］　史5-
　39575
90 拱堂堯水劉氏八修族譜［湖南茶陵］　史5-
　39576

5408₆　攢

44 攢花易簡方　子2-9493
77 攢眉集　集2-7235　叢2-1064~5
88 攢筆錄　子5-25306

5409₄　揲

44 揲蓍說　子3-13731　叢2-1053

5411₁　蟯

44 蟯夢春紅詞　集7-47950

5411₄　蛙

44 蛙鼓詩集　集5-34962
67 蛙鳴詩集　集4-23981

5412₇　蜥

88 蜥籛瓿筆　子4-20435　叢1-22(24)

5413₄　蟆

54 蟆蛞雜記　子5-26426
71 蟆頤山樵存稿　集5-35892

5414₇　蟆

00 蟆齋詩話　集6-45874~5　叢1-203(10)、
　321,2-1288
　蟆齋談助　子4-21848　叢2-977
　蟆齋史評　史1-5688
44 蟆菴疏稿　史6-48188
60 蟆園文存　集5-40895
　蟆園詩草　集5-39846
90 蟆堂稿　集3-17554

5415₃　蟆

54 蟆蠓集　集2-8031　叢1-223(66)

5416₁　蛞

58 蛞蜙集　集2-8144

蜡

09 蜡談　叢2-1169

5419₄　蝶

00 蝶庵詩鈔　集4-28261
　蝶庵詞　集7-46405、47067
　蝶庵詞四集　集7-47064
　蝶庵自藥　子1-1384　叢2-1233
　蝶庵賦鈔　集4-28262
21 蝶儸度東坡　集7-49398
22 蝶岑詩草、詞鈔　集5-36328
　蝶仙詞(藕鄉詞)　集7-47066
　蝶仙小史彙編　子4-24607
31 蝶江日記、續編　子4-21681
32 蝶洲詩鈔　集4-24391
44 蝶花庵詩鈔、詩餘　集3-20367
　蝶花吟館詩鈔、詩餘　集4-30917
　蝶菴詞　集7-46431、47255

　　蝶菴道人清夢錄　子 4－23030
　　蝶菴夢話　子 4－23608
45 蝶樓詩　集 3－19882,6－45074
51 蝶軒詩集　集 4－25413
　　蝶軒隱居兵法圖說全集　子 1－3415
60 蝶園詩集　集 3－16432,6－45049
　　蝶園詩集(甲寅詩、未學草)　集 3－16431
　　蝶園詞　集 7－48109
　　蝶園草殘稿　集 2－11977,6－41955
72 蝶隱庵丙辰詩稿　集 4－25296
77 蝶几譜　子 4－18613～4　叢 1－170～1

　　　　蝶

44 蝶菴夢話　子 4－21866

5440₀ 斠

21 斠經室集初刻　史 8－63520
33 斠補隅錄　子 4－22667～8　叢 1－337
　　斠補隅錄十四種　叢 2－731(3)

5500₀ 井

00 井裏日札　叢 2－2237
10 井礦工程　子 7－36228(2)、36231(5)、36241、
　　36242(2)、36248、37122
11 井研縣志[雍正]　史 8－61892
　　井研縣志[嘉慶]　史 8－61893
　　井研縣志[光緒]　史 8－61894
30 井字山人詩存　集 5－40073
　　井窗蛩吟集　集 4－33039～40
31 井福錄　子 1－3851　叢 2－1220
　　井福堂文稿　集 4－23033
　　井遷文集、詩集　集 3－20341
33 井心集詩鈔　集 3－18421
36 井邊尹氏續修族譜[湖南邵陽]　史 4－
　　25919
40 井南詩草(從征詩草、出棧草、過嶺草、嶺南
　　草、嶺南續草、敝帚草、龍門詩草、舟車一
　　集、舟車二集、羊城需次草)　集 4－24267
41 井墟集　集 4－28661
44 井花館論書　集 5－35918
　　井花館蒲石贊　叢 2－757

　　井華詞　集 7－47549、48113
46 井觀瑣言　子 4－20360～1　叢 1－22(23)、
　　26～8、87、106、111(2)、195(5)、223(42)、2－
　　730(1)、731(7)
　　井觀瑣言、鄭省齋蝟笑偶言　子 4－20362
　　井觀漫言　子 4－22377
50 井夫詩存　集 4－33113
54 井蛙雜記　史 7－50963　叢 1－283(4)
　　井蛙雜紀　子 5－26413
　　井蛙雜錄　子 5－26496
　　井蛙集　集 3－19505
　　井蛙吟　集 4－30144
　　井蛙錄　子 5－26495
60 井田計畝　史 6－44854　叢 2－1912
　　井田議　叢 2－1604
　　井田圖考　史 6－44856
71 井陘縣志[雍正]　史 7－55046
　　井陘縣志[光緒]　史 7－55047
　　井陘縣志料[民國]　史 7－55048
77 井眉居詩錄　集 4－30097
　　井眉居詩錄、雜著　集 4－30096
　　井眉居詩鈔、續鈔　集 5－36942
　　井丹先生文集　集 2－9424
　　井丹先生集　集 2－9421～2
80 井養草堂詩鈔　集 4－29682

5502₇ 弗

24 弗告堂集　集 2－10491
46 弗如室詩鈔　集 4－23518
90 弗堂詞、蓼猗曲、庚午春詞　叢 2－885
　　弗堂類稿　集 5－41290～1

　　　　拂

10 拂雲書屋詞　集 7－48283
12 拂水草堂詩鈔　集 5－37838
15 拂珠樓偶鈔　集 3－19678,6－45066
17 拂珊吟　集 5－33911
44 拂蓮堂集　集 3－13648

5503₀ 扶

00 扶病寫真　集 7－52798

中國古籍總目·索引

扶癮芻言　子2-10037
10 扶天廣聖如意靈籤　子5-29530(24)
　扶醉詞　集7-47007
12 扶孤始末　叢2-783、1193
17 扶胥集　集3-17182
22 扶鸞　叢2-771(2)
35 扶溝縣志[康熙]　史8-60018～9
　扶溝縣志[道光]　史8-60021
　扶溝縣志[乾隆]　史8-60020
　扶溝縣志[光緒]　史8-60022
38 扶海樓文續集　集4-23987
　扶海樓詩集、詞鈔　集4-23985
40 扶塘楊氏族譜[湖南湘鄉]　史5-37036
　扶塘楊氏續修族譜[湖南湘鄉]　史5-
　　37037
　扶南記　史7-49309、54224
　扶南傳　史7-49309、54225～6　叢1-19
　　(4)、21(3)、24(4)
　扶南土俗　史7-54217　叢1-22(10)、23
　　(10)
　扶南土俗傳　史7-49309、54218
　扶南異物志　史7-49309、54216
　扶南鍾氏族譜[廣東南海]　史5-40666
　扶壽精方　子2-4770、9244～5
44 扶獲日記(清光緒十四年)　史2-13057
　扶荔詞　集7-46397～400、46890～1
　扶荔詞、別錄　集7-46889
　扶荔生覆瓿集　集5-35698～9
　扶荔軒詩存　集5-40607
　扶荔堂文集選、詩集選、扶荔詞、詞別錄　集
　　3-14370
　扶荔堂詩稿　集3-14369
　扶荔堂集　集6-41969
58 扶輪廣集、補遺　集6-42436
　扶輪新集　集6-42437
　扶輪集　集6-42434
　扶輪續集　集6-42435
70 扶雅齋讀醫札記　子2-10874
　扶雅堂詩集　集4-33477～8
74 扶助善終　子7-35437
77 扶風許氏仙集　子5-27287
　扶風班氏佚書　叢2-827
　扶風傳信錄　子5-27119　叢1-291、293～
　　4,2-731(50)
　扶風魯氏彩公枝譜[湖南瀏陽]　史5-
　　39723
　扶風世澤錄　史2-8316
　扶風題贈錄　叢1-373(10)
　扶風縣石刻記　史8-64103　叢2-674
　扶風縣鄉土志[光緒]　史8-62929
　扶風縣志[雍正]　史8-62926

扶風縣志[順治]　史8-62925
扶風縣志[嘉慶]　史8-62928
扶風縣志[乾隆]　史8-62927
扶風馬氏族譜[上海松江]　史4-31558～9
扶風馬氏宗譜[廣東廣州]　史4-31636
扶桑雜詠　集5-37611
扶桑兩月記　史7-54179
扶桑百八吟　史7-54654　叢2-685
扶桑紀年　史7-54648
扶桑游記　史7-49317(1)
扶桑遊記　史7-49318(16)、54130、54609
扶桑十旬記(清光緒三十三年)　史2-
　13236
扶桑考察工業日記(宣統元年)　史2-
　13243
扶桑閣詩集　集3-15313
扶桑閣集　集3-15311
88 扶餘縣鄉土志資料[民國]　史7-56243
　扶餘縣志[民國]　史7-56242

軼

01 軼語考鏡　子4-22281
50 軼史隨筆　史1-5495
55 軼典僻事便覽　叢2-2071
77 軼聞墜緒　集5-37085
　軼歐集　集5-41527

5504₀ 捷

20 捷稚梵讚　子6-32084(25)
73 捷陀國王經　子6-32085(31)、32088(22)

5504₃ 搏

39 搏沙錄　史2-7638

轉

00 轉音撮要　經2-13870、14327
　轉註古音　叢2-1090
　轉註古音畧、古音後語　經2-15110

03 轉識論　子6-32081(25)、32083(16)、32084
　　(15)、32085(24)、32086(27)、32088(18)、
　　32089(43)、32090(49)、32091(47)、32092
　　(32)、32093(25)
10 轉天心　集7-49390
21 轉徙餘生記　史1-1988,4098　叢1-472,
　　2-832(5)
　　轉徙餘生記、奉使英倫記　史1-4097
27 轉假造字原　經2-12540
　　轉移鏡　子7-32111
30 轉注正義　經2-12545
　　轉注續考　經2-12532
　　轉注古音畧　經2-14031　叢1-223(16),
　　2-1092
　　轉注古音畧、古音後語　叢1-282(2)、283
　　(3),2-731(24)
　　轉注古義考　經2-12471~2,12726,12730
　　叢1-241、242(2)、440~1、514,2-731(22)
　　轉注本義考　經2-12515
34 轉法輪論　子6-32083(16)
　　轉法輪經　子6-32083(20)、32085(29)、32086
　　(33)、32088(21)、32089(20)、32090(27)、
　　32091(25)、32092(18)
　　轉法輪經憂波提舍　子6-32081(23)、32082
　　(14)、32084(13)、32085(23)、32088(16)、
　　32093(27)
　　轉法輪經優波提舍　子6-32086(25)、32089
　　(41)、32090(49)、32091(47)、32092(32)
　　轉法輪菩薩摧魔怨敵法　子6-32093(34)
35 轉漕日記　史7-49317(6)、49318(12)、
　　53979~80
40 轉有經　子6-32081(11)、32083(8)、32085
　　(12)、32088(8)
　　轉女身經　子6-32083(8)
　　轉女身菩薩問答經　子6-32084(6)、32085
　　(9)、32090(10)、32092(6)、32093(9)
　　轉女菩薩經　子6-32093(9)
44 轉蓬集鈔　集3-18772
　　轉蓬筆記　子5-26691
　　轉蕙軒詩稿、詞　集4-32342
　　轉蕙軒詩存、駢文稿　集4-32343
　　轉蕙軒詞　集7-47561、48082
　　轉菴集　集1-3716,6-41894(3)
　　轉世報應　集7-54541
95 轉情集　集2-10150

5505₃ 捧

16 捧硯編　集4-27020

77 捧月樓詩　集4-26437~8
　　捧月樓詞　集7-47432~3　叢2-1459~60
　　捧月樓綺語　集7-47434~5
78 捧腹集　子5-27479
　　捧腹集詩鈔　子3-17958
　　捧腹編　子5-27408

5506₀ 抽

40 抽大煙歎十聲　集7-53094
88 抽簪贅言　史6-48425
97 抽燬書目　史8-66216,66219,66227　叢2-
　　731(2)

5508₁ 捷

21 捷徑雜字　經2-13532
24 捷緯探驪　子3-12819
77 捷用雲箋　子5-25779　集6-45286~7
87 捷錄法原旁注　史1-5964~5
88 捷策書程　子4-23565

5509₆ 揀

00 揀言要理　子7-35362
15 揀珠錄　集5-38804
37 揀選八角鼓　集7-51641
80 揀金集　叢2-1168

5512₇ 蜻

52 蜻蜓奇緣　集7-53751、54076

5517₇ 彗

60 彗星奪婿錄　子7-38208

中國古籍總目·索引

5518₁ 睫

00 睫庵詞　集7-47216
22 睫仙詩鈔　叢1-564
44 睫夢詞　集7-48011
　　睫花樓詞鈔　集7-47723
　　睫花樓詞鈔續集　集7-47724
　　睫花吟館詩鈔　集6-42007(3)
71 睫階外史　子5-27163　叢2-735(5)
　　睫階外史、續編　子5-27164　叢2-1788
77 睫几圖　子4-18615

5519₀ 蛛

30 蛛寄窩吟草　集5-38901
72 蛛隱瑣言　子5-27358

5523₂ 農

00 農産製造學　子7-37104
　　農言著實　子1-4161
　　農諺　叢2-1770
02 農話　子1-4178
07 農部瑣錄[乾隆]　史8-62383
08 農說　子1-58、60、4193　叢1-13、14(3)、22
　　(25)、111(3)、119~20、2-731(30)
10 農工商部工藝局擴充試辦簡章　史6-
　　47082、47084
　　農工商部丙午年紀事簡明表　史6-44763
　　農工商部職掌事宜　史6-47082~3
　　農工商部現行章程二十一種　史6-47082
　　農工商部統計表　史6-47080~1
　　農工商部咨商務總分會與地方官衙門行文
　　章程　史6-43960
　　農工商部女子繡工科暫行章程目錄　史6-
　　42381、47082
　　農工商部奏辦京師自來水有限公司招股簡
　　章　史6-44770
　　農工商部奏行辦理農會工業商船會全案甲
　　編　史6-47576
　　農工商部奏定爵賞章程、奏定改訂獎勵華
　　商公司章程、奏定獎給商勳章程　史6-
　　47079

農工商局稟請奏定領種鄉間荒田地蕩章程
　史6-44863
17 農歌集補鈔　集1-4128
　　農歌集鈔　集1-4126~7,6-41900、41908
　　農歌續集　集1-4125,6-41896
　　農歌鈔　集6-41901
18 農政　叢1-460
　　農政考　子7-36240(2)
　　農政輯署　史6-44885
　　農政全書　子1-4129　叢1-223(32)
　　農政全書水利摘要補注　子1-4228
　　農務論說　子7-36240(3)
　　農務要書簡明目錄　子7-37043
　　農務要書簡明目錄刻本　史8-66296
　　農務集　集1-5123
　　農務化學問答　子7-36231(4)、36247、37042
　　農務化學簡法　子7-36231(4)、37047
　　農務化學簡易要法　子7-37048
　　農務述聞　子1-4175
　　農務土質論　子7-37049~50
　　農務土質論、圖說　子7-36231(4)
　　農務全書　子7-37049
　　農務全書上編　子7-36231(4)
　　農務公牘　史6-44886
21 農術要理　子7-37041
22 農山文集　集2-11155
27 農候雜占　子1-4266
　　農候襍占　叢2-1663
28 農作物病理學　子7-37032
30 農家言　子1-4184
　　農家諺　子1-4237　叢1-22(13)、23(12)、
　　173
　　農家必讀　子1-4182
　　農安鄉土志[光緒]　史7-56229
　　農安縣丁未報告書　史6-41847
　　農安縣志[民國]　史7-56230
　　農安縣戊申報告書　史6-41848
32 農業雜叢　子7-37053
　　農業經濟篇　子7-37031
44 農藝化學　子7-37621
　　農藝輯要(農書述要)　子1-4187
　　農林蠶說、畜牧圖事居家食物常菜　子1-
　　4189
50 農丈人文集、詩集　集2-9313
　　農事試驗場章程　史6-44889、47082
　　農事論署　子7-37058
　　農事論署、圖　子7-36249
　　農事私議、墾荒裕國策　史6-44884　子1-
　　4173
　　農事直說　子1-4208　叢1-467

農事署論　子7-36229、36250
農夫一枝　集7-51848
農書　子1-4109～10、4128　叢1-203(17)、223(32)、230(3)、244(3)、249(1)、282(2)、283(2)、395、483、2-731(30)、1263、1267
農書(沈氏農書)　子1-4132
農書、蠶書、於潛令樓公進耕織二圖詩　子1-4098
農書述要　子1-4187
55 農曹案彙　史6-43388、47520
農曹草　叢2-783、1193
農典　子7-36245
60 農圃六書　子1-4135
農圃瑣談　子1-4218
農田要務稿　子1-4197
農田餘話　子4-20340～1、5-26792　叢1-22(23)、29(7)、107、111(3)
農田類字釋名　子7-36237
66 農器滙說　子7-36229、37040
70 農雅　子1-4149
71 農蠶經　子1-4165
77 農用政書曆占　子1-4254
農用種子學　子7-37070
農用動物學　子7-37095
農用提要　子3-12383
農學新法　子7-36228(5)、36249～50、36258、37052、37056　叢1-549
農學試種法　子7-37030
農學論　子1-4171
農學五種　子1-4082
農學理說　子7-37051
農學理說、表　子7-36231(4)
農學總考　子7-36240(5)
農學津梁　子7-36231(4)、37046
農學初級　子7-36228(5)、36231(4)、37044
農學初階　子7-37045
農學考　子7-36240(5)
農學書目考　子7-36240(5)
農學階梯　子7-37029
農學纂要　子1-4177
農丹　子1-4195　叢1-511
農具記　子1-4271　叢1-197(2)
農桑衣食撮要　子1-4106～7　叢1-223(32)、273(4)、275、377、394、468、491、2-731(30)
農桑衣食撮要佚文　子1-4108　叢2-777
農桑二編　叢1-330
農桑通訣六集農器圖譜二十集穀譜十一集　子1-4111
農桑奏摺告示　子7-36240(2)
農桑書錄要　叢1-330

農桑書錄要、二編　子1-4154　叢1-331
農桑輯要　子1-4081、4100、4170　叢1-223(32)、227(7)、230(3)、373(7)、508、2-698(7)、731(30)
農桑輯要校勘記　子1-4103
農桑撮要　子1-4104　叢1-86、2-730(7)、731(30)
農桑撮要(新刊農桑撮要)　子1-4105
農桑易知錄　子1-4148
農桑簡要新編　子1-4176
80 農鏡全書　子1-4167
農會章程　子7-36564
88 農餘贅筆　子4-23500
91 農類譯叢　子7-37055

5533₇　慧

00 慧文正辯佛日普照元叟端禪師語錄　子7-34217
慧文閣詩集　集4-29503
10 慧雲梅詠意釋　集3-14090
14 慧琳一切經音義引說文箋(一切經音義引說文箋)　經2-12083
慧琳大藏經音義摘　叢2-1893
15 慧珠閣詩　集4-33196
慧珠閣詩鈔　叢2-785
20 慧香室集　集5-35781
21 慧上菩薩問大善權經　子6-32081(2)、32082(3)、32083(3)、32084(3)、32086(3)、32088(3)、32089(3)、32091(3)、32093(4)
慧上菩薩問大善權經(善權方便所度無極經)　子6-32085(3)、32090(4)、32092(2)
22 慧山記　史7-52270
慧山記、續編　史7-52271
30 慧定盦近詩　集5-37619
31 慧福慶詞　集7-48249
慧福樓幸草　集5-37929　叢2-1920
38 慧海小草　集5-34202、6-42007(4)
40 慧力寺志　史7-51686
43 慧娘鬼辨　集7-52350
46 慧觀詩集　集5-40592
慧觀室謎話　叢2-622
47 慧超往五天竺傳殘卷　史7-53779　叢2-598
慧超往五天竺國傳殘卷　叢2-676
慧超往五天竺國傳殘卷、校錄札記　史7-53780　叢1-589
60 慧日永明寺智覺禪師自行錄　子7-34004
慧日永明智覺壽禪師山居詩　子7-34150

慧日永明智覺壽禪師山居詩、福源石屋珙
　禪師山居室　集1-1826
慧田詩草　集4-30843
慧因室雜綴　史1-1995、4533
慧因寺志　史7-51599　叢2-832(1)
67 慧明居士遺稿　集5-40201
慧眼山房說書　經2-10497
慧眼山房原本古今文小品(古今小品)　集6-42961
77 慧覺衣禪師語錄　子6-32091(78)
80 慧忿怒咒　子7-32094
慧命經　子5-31388
88 慧餘莞存　集4-28037

5550₆ 輦

10 輦下歲時記　史7-51143　叢1-22(12)、23(12)
輦下和鳴集　集6-41963
輦下送行詩、補遺　集6-44169
輦下歙、鄆下草、後西湖草　集2-7108

5560₀ 曲

00 曲廬遺著　集5-41657
曲率回求　子3-12401
01 曲評　叢1-94
02 曲話　集7-54857　叢1-282(4)、408,2-731(49)、1779~80
04 曲譧　子3-17842　叢1-143
07 曲調　叢1-176
08 曲譜　集7-54659、54692、54706、54715、54722、54725~6、54766、54769、54793~4、54800、54804~5　叢1-223(73)
曲譜(一曲熏風)　集7-54723
曲譜(妙曲清歌)　集7-54724
曲譜雜錄　集7-54746、54807
曲譜兩種　集7-54799
曲譜集碎　集7-54770
曲譜紅樓　集7-52341
曲譜彙抄　集7-54806
曲譜選　集7-54698
曲譜七十三種　集7-54718
曲譜輯抄　子3-17927
曲譜四種　集7-54753
曲譜會選　集7-54795
10 曲石文續錄　集5-41459

曲石詩錄　集5-41451~3
曲石詩錄、文錄　集5-41450
曲石詩錄續編　集5-41454
曲石叢書二十種　叢2-705
曲面容方　子3-12780
12 曲水庵八詠　集2-12088
曲水軒印志　子3-16915
21 曲紅堂詩集　集3-14533
23 曲台四書輯註　經2-11004
24 曲豔品　集7-54845　叢1-22(28)、181
曲豔品、後、續　叢1-13、14(3)
25 曲律　集7-50548　叢1-272(5)、2-630、672
曲律、曲律後語　集7-54827
26 曲牌子譜總本　子3-17900
曲牌分韻　經2-14911
曲線新說　子3-12733,7-36228(4)
曲線新說、隄積術辨　子3-12707
曲線新說及隄積術辨　子3-12840
曲線發明　子7-36254
曲線重學考　子7-36240(4)
曲線須知　子7-36230、37563
曲線剩義　子3-12402
曲線數理　子7-36254
27 曲阜詩鈔　集6-44953
曲阜孔母徐太孺人壽序　史2-9729
曲阜碑碣考　史8-63970
曲阜集　集1-2742　叢1-223(51)
曲阜集、遺錄、附錄　集1-2741
曲阜集、校勘記　集1-2743　叢2-870(3)
曲阜集補　集1-2744　叢2-2004
曲阜游覽指南　史7-51462
曲阜志畧[乾隆]　史8-59357
曲阜縣鄉土志[光緒]　史8-59360
曲阜縣志[康熙]　史8-59356
曲阜縣志[崇禎]　史8-59355
曲阜縣志[乾隆]　史8-59358
曲阜縣志[民國]　史8-59359
曲阜鄭氏遺書十種　叢2-1987
曲名溯原　叢2-619
30 曲室璅譚　子4-21971
31 曲江(張九齡)年譜　史2-11161
曲江張文獻先生文集　集1-766
曲江集　集1-765,5-34050　叢1-223(48)、227(8)
曲江集、補遺　集1-763
曲江集考証、張曲江年譜　集1-767
曲江集考證　叢2-883
曲江鄉土志[宣統]　史8-60893
曲江池　集7-48779
曲江遊草　集5-41467

曲江書屋新訂批註左傳快讀　經1-7052
曲江春　集7-48776　叢2-672
曲江縣志[康熙]　史8-60890～1
曲江縣志[光緒]　史8-60892
曲江年譜(張九齡)　叢2-883
32 曲沃莊簡公李氏家譜[山西曲沃]　史4-27079
曲沃縣志[康熙]　史7-55834
曲沃縣志[道光]　史7-55837
曲沃縣志[嘉靖]　史7-55831
曲沃縣志[乾隆]　史7-55835～6
曲沃縣志[民國]　史7-55839
曲沃縣志[光緒]　史7-55838
曲溪遺稿　集4-23017
34 曲洧新聞　子4-20556　叢2-1186
曲洧紀聞　叢1-19(7)、24(8)
曲洧存稿　集6-41894(1)、41895
曲洧舊聞　子4-20062～4　叢1-20(5)、21(7)、22(6)、23(6)、29(5)、31、108、111(3)、223(41)、227(7)、243、244(6)、252、268(3)、373(5)、374、407(3)、470、2-617(2)、731(51)、735(4)
曲波園傳奇二種　集7-50182
曲波移集　集5-40615
35 曲禮淺解　經1-5805
曲禮全經附傳、外集　經1-5801
37 曲選　集7-50544
38 曲海零拾　集7-50707
曲海總目提要　史8-66408
40 曲臺四書輯注　子1-94
41 曲垣遺稿　集5-37752
44 曲藻　集7-54846　叢1-14(3)、25、36～7、119～20、181
50 曲中九友詩　集5-40026　叢1-547(2)
曲中志　叢1-22(28)、168(3)
曲本雜抄　集7-53539
54 曲轅集　集3-16248
55 曲典　集7-50615
60 曲目新編　集7-54872
曲目韻編　史8-66411
曲目表　史8-66404
曲園雜纂　子4-22692　叢2-1920
曲園詩翰　集5-33733
曲園三要　子3-18264　叢2-1920
曲園先生書札手稿　子3-15776
曲園先生書劄手稿　集5-33769
曲園自述詩　史2-10246
曲園自述詩、詩補、集千字文詩、小蓬萊謠、佚詩　集5-33745
曲園自述詩、補　史2-12240　叢2-1920
曲園遺詩　集5-33747

曲園老人經濟備考　子4-21534
曲園擬賦　集5-33762
曲園日記(清光緒十八年)　史2-12870
曲園墨戲　子3-18504　叢2-1920
曲園四書文　經2-10938～9
曲園留別詩　叢2-1920
曲園篆書五種　子3-15770
曲品　集7-54849～50
曲圓容芳　子3-12399
71 曲阿詞綜　集7-48585
73 曲院風荷一枝　集7-51902
76 曲陽縣新志[康熙]　史7-55329
曲陽縣鄉土志[光緒]　史7-55331
77 曲周縣志[順治]　史7-55582
曲周縣志[乾隆]　史7-55583
曲周縣志[同治]　史7-55584
曲尺軒詩集(顧東崑詩集)　集3-20297
87 曲錄　史8-66405～6　叢1-585、2-2227～9
曲錄、戲曲考原、詞錄　集7-54873

5560₃ 替

88 替竹盦詞　集7-47637

5560₆ 曹

00 曹唐詩　集1-1747,6-41872、41882　叢1-223(50)
曹唐詩集　集6-41858
曹文正公詩集　集4-23867
曹文正公自訂年譜　史2-11970
曹文貞公文集後錄　集1-4966
曹文貞公詩集、後錄　叢1-223(59)
曹文愨公(福元)哀輓彙錄　史2-10754
曹文敏詩稿　集3-21868
04 曹詩　集1-287
10 曹正學(端)先生言行錄、月川曹先生粹錄　史2-8854
曹于野集　集2-8674～5,6-41935(4)
17 曹孟德集　集1-267
曹子玉詩集(自娛集、天許集、清嘯集、珠塵集、碎琴集、指水集、青蔞集)　集2-12755
曹子建(植)年譜　史2-11138　叢2-2252
曹子建文集　叢1-447,2-660
曹子建文鈔　集6-41794

曹子建詩箋、本傳　叢2-2252
曹子建詩箋定本　叢2-2253
曹子建集　集1-279～80、282、286,6-41695～7、41719　叢1-182,2-635(6)、698(8)
曹子建集(陳思王集、曹子建文集)　集1-275
曹子建集、疑字音釋　集1-277　叢1-223(47)
曹子建集、補遺、紱錄、年譜　集1-285
曹子建集、逸文　集6-41699
曹子桓集　集1-274
曹司馬集　集3-13289
20 曹季玉先生遺稿　集2-7238
曹集、總評　集1-284,6-41769
曹集詮評、逸文、魏陳思王年譜　集1-291
曹集考異　叢2-788
21 曹仁伯琉球百問　子2-4695、10682
曹仁伯過庭錄存　子2-4695
曹仁伯醫案論　子2-4768,10686
曹能始詩　集2-11276
曹能始先生詩　集6-41948
曹能始先生石倉全集(金陵初稿、石倉詩稿、夜光堂近稿、石倉文稿、淼軒詩稿、林亭詩稿、林亭文稿、福廬遊稿、錢塘看春詩、遊太湖詩、藤山看梅詩、續遊藤山詩、潞河集、遊房山詩、浮山堂集、芝社集、武林稿、筥上篇、玉華篇、天柱篇、春別篇、豫章遊稿、江上篇、掛劍篇、海色篇、巴草、雪桂軒草、兩河行稿、石倉三稿、石倉四稿、石倉五稿、石倉六稿、詞、聽泉閣近稿、湘西紀行、桂林集詩、蜀草、石倉文稿)　集2-11267
曹貞吉父子詩稿　集6-45065
22 曹樂山先生醫案　子2-10678
23 曹峨雪稿　集2-12207,6-45336
24 曹侍御忠諫集　史2-9038,6-48314
26 曹皇寶卷　集7-54276
曹吳合譜[江蘇吳江]　史5-34169
27 曹甸鎮志[民國]　史7-56664
曹叔玉先生遺稿　集2-7237
28 曹微亭年譜、外紀　史2-12364
曹從事詩集　集6-41878
曹從事詩集(曹唐詩集、曹唐詩、晚唐曹唐詩)　集1-1747
29 曹倦圃未刻編年佚詩　集3-13808
曹秋岳詩選　集6-41970
30 曹安峯地理原本說(地理原本說)　子3-13530
曹寅年譜　史2-11785
曹寅谷稿　集3-20687

曹寅谷制藝、續集　集3-20688
曹寅谷時文全集選鈔　集3-20689
曹宗伯全集　集2-12204
31 曹江集　集3-15638
曹江孝女廟誌　史7-51821～2
曹江孝女廟志　史7-51820
曹江孝女廟志、補遺　史7-51823
曹沅行述　史2-10699
曹顧庵詩　集3-13952
曹顧庵詩選　集6-41970
32 曹州府志[乾隆]　史8-59480
曹州牡丹譜　子4-19214
曹州牡丹譜、附記　叢1-426,2-689、731(28)
曹州志[康熙]　史8-59479
曹州教案條約、鐵路章程　史6-44997
曹溪一滴　子7-34178
曹溪一滴、夢語撮要　子6-32091(71)
曹溪通志　史7-51709～10
曹溪中興憨山肉祖(德清)後事因緣、東遊集法語　史2-9004
曹溪中興憨山肉祖後事因緣　子6-32091(71),7-34095
曹溪中興憨山肉祖後事因緣、東遊集法語　叢2-973
37 曹祠部詩集　集1-1603,6-41858
曹祠部詩集、補遺　集1-1604,6-41878
曹祠部集　集1-1602　叢1-223(50)
曹鄴詩　集1-1605,6-41880、41882
曹鄴詩集　集6-41741、41824、41872
曹鄴詩集(唐祠部詩集、曹祠部詩集、詩集、唐祠部集)　集1-1603
40 曹大理詩文集(石倉詩稿、金陵集、金陵初稿、浮山堂集、石倉詩稿夜光堂近稿、福廬遊稿、石倉文稿)　集2-11269
曹大理集、石倉文稿　集2-11271
曹大家集　叢2-827
曹大家女誡　子1-1976～7、2924、2926～7　叢1-34
曹大家女誡白話註釋(女誡註釋)　子1-2929
曹大家女誡直解　子1-2925　叢2-1155、1157
曹太史文集　集2-9344
曹太史含齋先生文集　集2-9341～3
曹存耕妻陳孺人輓詩　集6-43772
曹李尺牘合選　集6-45316
曹真予集　集2-10669
42 曹彬下江南不殺一人　集7-49398、49421
43 曹娥碑　叢1-168(2)
曹娥鄉土稿[民國]　史7-57531

　　曹娥鄉土志[民國]　史7-57532
　　曹娥江志　史7-52945
44 曹莊殺妻(七金子白旋風)　集7-53552
　　曹恭愨公贖稿　叢2-706
　　曹孝廉文稿　集3-17288
　　曹孝娥名賢題詠　集6-42421
　　曹村雜著　叢1-373(4)
　　曹植詩　集1-289
45 曹棟亭五種　經2-15114
48 曹松詩　集6-41882
　　曹松詩集　集1-1621,6-41824、41848、
　　　41858~9、41878
　　曹松詩集(曹松詩)　集1-1620
　　曹松詩集、補遺　集1-1622
51 曹振鏞行述　史2-9629
　　曹耘蓮詩　集6-44580
56 曹操夜走陳倉路雜劇　集7-48774(3)、
　　　49020
60 曹國裕年譜　史2-11508
　　曹思誠奏議　史6-48478
　　曹毘志怪　子5-26817
62 曹縣鄉土志[光緒]　史8-59487
　　曹縣志[康熙]　史8-59484
　　曹縣志[光緒]　史8-59486
　　曹縣萬氏詩文集六種　集6-45100
72 曹氏痘疹準則　子2-8786
　　曹氏彥靖公支譜[湖南長沙]　史5-34242
　　曹氏族譜　史5-34262
　　曹氏族譜[廣東番禺]　史5-34258
　　曹氏族譜[上海]　史5-34149
　　曹氏族譜[安徽休寧]　史5-34214
　　曹氏族譜[安徽歙縣]　史5-34212
　　曹氏族譜[江西]　史5-34234~5
　　曹氏族譜[浙江海鹽]　史5-34183
　　曹氏族譜[浙江嘉善]　史5-34182
　　曹氏族譜[湖南]　史5-34239
　　曹氏族譜[湖南宜章]　史5-34255~6
　　曹氏族譜[湖南安化]　史5-34246
　　曹氏族譜[湖南長沙]　史5-34240~1、
　　　34243
　　曹氏族譜[四川綿竹]　史5-34260
　　曹氏族譜世系圖節畧[江蘇蘇州]　史5-
　　　34166
　　曹氏三修族譜[湖南湘潭]　史5-34248
　　曹氏重修譜牒[安徽歙縣]　史5-34211
　　曹氏續修族譜[湖南郴州]　史5-34253
　　曹氏續修宗譜[安徽青陽]　史5-34216
　　曹氏續修支譜[湖南益陽]　史5-34244
　　曹氏家譜[江蘇宜興]　史5-34164
　　曹氏家譜[河南夏邑]　史5-34237

　　曹氏家乘[上海崇明]　史5-34151
　　曹氏家乘[江蘇鎮江]　史5-34155
　　曹氏家乘[江蘇常熟]　史5-34170
　　曹氏宗譜[安徽祁門]　史5-34215
　　曹氏宗譜[安徽青陽]　史5-34217
　　曹氏宗譜[安徽繁昌]　史5-34208
　　曹氏宗譜[江西]　史5-34233
　　曹氏宗譜[江蘇]　史5-34174
　　曹氏宗譜[江蘇江陰]　史5-34163
　　曹氏宗譜[江蘇南通]　史5-34154
　　曹氏宗譜[江蘇蘇州]　史5-34165
　　曹氏宗譜[江蘇鎮江]　史5-34157
　　曹氏宗譜[浙江上虞]　史5-34193
　　曹氏宗譜[四川榮縣]　史5-34261
　　曹氏支譜[安徽桐城]　史5-34209~10
　　曹氏支譜[湖南益陽]　史5-34245
　　曹氏世譜[江蘇常熟]　史5-34172~3
　　曹氏轉註古義　叢1-312
　　曹氏墨林　子4-18816
　　曹氏墨林、續　子4-18817
　　曹氏墨林初集、二集　子4-18818
　　曹氏四修族譜[湖南安化]　史5-34247
74 曹陸海詩　集3-15869
77 曹月川(端)先生年譜(理學月川曹先生年
　　　譜纂)　叢2-1054
　　曹月川集　集2-6562~3　叢1-223(64)
　　曹月川集、年譜　集2-6561
　　曹月川先生(端)年譜　史2-11407　叢2-
　　　1054~5
　　曹月川先生夜行燭　子1-894
　　曹月川先生文集　集2-6566
　　曹月川先生語錄　子1-897　叢2-1055
　　曹月川先生集　集2-6565
　　曹月川先生集、諸儒評論年譜　集2-6564
　　曹月川先生家規輯畧　叢2-1055
　　曹月川先生家規輯畧(家規輯畧)　子1-
　　　2119
　　曹月川先生家規輯畧、曹月川先生記　子
　　　1-2118
　　曹月川先生遺書十種　叢2-1055
　　曹月川先生遺書八種　叢2-1054
　　曹月川先生錄粹　叢2-1055
　　曹鵬翮先生畫譜　子3-14815
　　曹學士(仁虎)年譜　史2-11898
　　曹門學則　子4-20746
82 曹劍亭先生自撰譜　史2-11871
84 曹鎮齋(文昭)行狀　史2-9879
90 曹少(學好)家傳　史2-9895

中國古籍總目·索引

5580₁ 典

01 典語　子1-507～9,4-19785　叢2-615(2)、768、774(9)、775(4)
02 典訓恭記　叢2-1812
　　典訓恭紀　集4-31158
03 典試事宜　史6-42323
04 典謨記　史1-801
06 典韻易簡　經2-13922
08 典論　子1-56、471、489～91、493　叢1-260～1,2-628、731(48)、768～9、772(4)、773(4)、775(4)
　　典論(典畧)、補遺　叢2-775(4)
　　典論、補遺　子1-492
10 典三剩稿　集4-30451
　　典三賸稿　集4-30450
　　典要　子5-25484
　　典要大全　經2-15014
21 典徙錄　集3-15163
22 典制　子5-26025
　　典制便覽　經2-11048
　　典制測蠡　史6-42200～1　子5-25459
　　典制分類文稿　子5-25489
　　典制類林　史6-42130
　　典劇疏草　史6-48462
　　典劇奏疏　史6-48492
31 典滙　子5-25407
35 典禮備要　史8-61505
　　典禮備考　史8-61564
　　典禮質疑　叢1-547(4)、2-1947～8
　　典禮會通　叢2-1279
43 典裘購書唫　子4-23173
44 典考　子4-23719
　　典巷史氏續修宗譜[江蘇宜興]　史4-26137
　　典林新采　子5-26019
　　典林瑯嬛　子5-26023
　　典林瑯嬛、續　子5-26022
　　典林集駢　子5-26020
　　典林博覽　子5-25885
48 典故　子5-26008
　　典故雜錄　子5-26007
　　典故紀聞　叢2-731(51)、782(3)
　　典故類抄　子5-26009
60 典畧　子4-23717　叢2-775(4)
70 典雅詞十種　集7-46378
　　典雅詞十四種　集7-46379

77 典學樓文鈔　集5-34831
80 典午同姓名錄　子5-25754
87 典餉草　叢2-783、1193
88 典籍便覽　子5-24990
　　典籍格言　子4-23844
91 典類　子5-25844

5580₆ 費

00 費唐臣雜劇一種　叢2-720(5)
　　費文通公集選　集2-7893～4
10 費爾巴爾圖派之教育　子7-36232
17 費子統天易說　經1-1046
26 費伯雄醫案(費伯雄先生醫案)　子2-10695
30 費宮人(貞娥)傳　史2-9347
　　費宮人傳　子5-26224　叢1-407(3)
34 費漢源山水畫式　子3-15978
37 費冠卿詩　叢2-818
　　費冠卿詩、文　集1-1532
38 費滋衡詩、詞　集3-17363
40 費太史市隱園集選　集2-11835
51 費批醫學心悟　子2-4980
60 費邑古跡考　史7-51464
62 費縣鄉土志[光緒]　史8-59332
　　費縣志[康熙]　史8-59329～30
　　費縣志[光緒]　史8-59331
64 費曉樓百美畫譜　子3-16544
　　費曉樓補景美人冊　子3-16747
　　費曉樓臨耕烟十萬圖　子3-16748
　　費曉樓美人冊　子3-16746
72 費隱禪師語錄、紀年錄　子6-32091(73)
　　費隱與知錄　子4-21454
　　費氏家訓　子1-2143
　　費氏宗譜　史5-36707
　　費氏宗譜[安徽桐城]　史5-36704
　　費氏宗譜[江蘇常州]　史5-36694
　　費氏宗譜[湖南]　史5-36705
　　費氏遺書三種　叢2-656、702、1321
　　費氏古易訂文　經1-214　叢2-2127
　　費氏易　經1-213　叢2-774(1)
　　費氏易林　經1-2322、2336　叢2-774(1)
　　費氏全集(費伯雄先生醫書)四種附二種　叢2-1796
　　費氏全集五種　叢2-1797
　　費氏食養三種　子2-5879

5580₉ 㮰

50 㮰夷譯語　經2-14978、14986

5590₀ 耕

04 耕讀亭詩鈔　集4-32679
　　耕讀草堂詩鈔　集3-15577
　　耕讀堂詩集、文集、遊嶗記、辛巳記亂　集5-35418
07 耕氓草　集3-21492
10 耕雪詩鈔、初集、二集　集4-29436
　　耕雪堂遺稿　集4-24748
　　耕雲書屋印譜　子3-17049
　　耕雲圃吟草　集3-14530
　　耕雲別墅詩話　集6-46184　叢2-700、1005~8
　　耕雲別墅詩集　集5-35251　叢2-700、1005~6、1008
　　耕雲堂集　集3-17382
16 耕硯齋遺稿　集3-19255
　　耕硯齋印稿　子3-17485
20 耕香書屋詩草　集4-22620
21 耕經堂年譜　史2-12262
22 耕崖文稿　集3-21308
　　耕崖先生(周廣業)傳、聽松圖題辭　史2-9542
　　耕崖初稿　集3-21309
23 耕織圖　子1-4136,3-16365　叢1-496(6)
　　耕織圖詩　史2-13318　叢2-689
　　耕織圖解　子1-4141
　　耕織圖題詞　子1-4140
27 耕綠草堂詩草　集3-14855
33 耕心齋詩鈔　集6-41763
　　耕心子漫稿　集2-10929
　　耕心堂詩存　集3-21833
　　耕心堂遺集(耕心堂遺著)　集5-34592
35 耕禮雜志　子4-21594
37 耕祿稿　集1-3983　叢1-99
　　耕祿稿　叢1-23(12)、29(7)
　　耕祿藁　叢1-2~3、6、22(13)、2-731(55)、735(4)
　　耕祿藁　叢1-7、10、100
　　耕逸稿　集6-44991
38 耕道獵德齋詠史樂府　集4-27404
　　耕道獵德齋詠史樂府、補遺　集4-27405

　　耕道獵德齋詩文集　集4-27402
　　耕道獵德齋吟稿　集4-27403
40 耕寸集　子3-14162
44 耕蔭義莊祖墓圖　史4-28693
　　耕莘陳公(成郊)行實　史2-9429
50 耕夫野錄　子3-13745
54 耕耤紀要　史6-42210
　　耕耤典禮　史6-42209、47082
57 耕邨全集(耕邨姑留稿、自鳴集、北游草、北游續詠)　集4-27390
　　耕邨全集六種　叢2-1692
67 耕暇堂吟草、續集　集4-31662
　　耕野遺詩　集4-26113
72 耕隱集　集2-6034
77 耕間偶吟　集3-16816、18368~9　叢2-901
　　耕學齋詩集　集2-5986~7　叢1-223(63)、2-639
　　耕閑集、補遺　集1-4241
80 耕養齋集　集3-20722,6-41986
84 耕鑢倡隨錄　叢2-895~6
87 耕釣草堂　集3-14756
　　耕釣草堂近詩　子4-18823
　　耕錄藁　叢1-101
88 耕餘雜識　子4-21403
　　耕餘瑣聞　子5-26541
　　耕餘集　集2-6536,5-34153
　　耕餘剩技四種　子1-3067
　　耕餘博覽　叢1-22(5)、23(4)
　　耕餘吟稿　集4-27801
　　耕餘居士詩集　集3-17776~7
　　耕餘小藁　叢2-1622
90 耕堂雜鈔　子4-24524
91 耕煙詞　集7-46398~400、46980、48127
　　耕煙集　集3-15277,6-41962
　　耕煙草廬全集　集3-15305
　　耕煙草堂詩鈔　集3-16454,4-28980　叢1-520,2-785
　　耕煙散人絹本著色山水册　子3-16664
95 耕情詩稿　集4-28145
96 耕烟散人擬宋元遺意山水　子3-16665

5599₂ 棘

00 棘庭漫藁　集2-13000
14 棘聽草、賦役詳稿　史6-46083　叢2-1305
30 棘窗鷊論　叢2-1889
77 棘闈倡和詩　集3-17374
　　棘闈奪命錄　子4-24276

棘闌草　集4-23107

5600₀ 扣

20 扣舷詞　集7-46367、46796
　　扣舷集　集2-6230～1,3-20599,6-41752
　　　　叢1-353,2-635(11)、698(11)
27 扣槃吟　集4-22348

拍

30 拍案驚奇　子5-27729～35、27738　叢2-720(2)

5601₀ 規

28 規復兩浙節孝總祠事實、鄉賢崇祀錄　史2-7971
　　規復兩浙節孝總祠事蹟　史2-7970
30 規家日益編前集、後集　子1-2146
37 規過　經1-6729～30、6732　叢2-765、773(2)
50 規中指南　子2-11008,5-29535(5)、29536(5)、29588、31249
　　規中圖十二字訣　子5-31205

5601₇ 挹

00 挹甕齋詩草　集6-42007(1)
10 挹雲樓遺稿　集4-33018
17 挹翠山房詩鈔　集4-30896
　　挹翠樓詩存　集5-35485
　　挹翠樓詩鈔　集4-30948
　　挹翠樓存藁　叢1-564
　　挹翠軒草　集3-19287
　　挹翠堂詩集　集4-33257
　　挹翠堂詩稿　集4-24443
20 挹秀山房詩集、西江一櫂集、附錄　集3-21498
　　挹秀山房叢書十一種　叢1-445
27 挹綠軒詩稿、續稿、吟餘詩草、補遺　集4-22371
29 挹秋軒遺稿　集5-39136

31 挹江軒防浦紀署　史1-3749
35 挹清閣集　集3-17931
36 挹湘閣集　集5-39643
40 挹爽軒琴譜　子3-17742
　　挹爽軒遺集　集4-23355
　　挹奎樓選稿　集3-14930
44 挹芬廬存稿　集5-39089
　　挹芬軒詩存　集5-36143
　　挹蘇樓遺集　集4-29485
50 挹青樓詞鈔　集5-37152
　　挹青軒詩稿　集3-17528　叢2-1370
　　挹青軒詩稿、詩餘、自怡錄　集3-17529
　　挹青軒詩餘　叢2-1370
　　挹青軒自怡錄　叢2-1370
　　挹青軒藁　叢2-1370
　　挹青閣詩集　集4-26327
　　挹青堂詩選　集4-26762
　　挹青堂詩選、退學詩選　集4-26761

5602₇ 拐

45 拐棒樓　集7-52328
73 拐騙公子　集7-54397

捐

00 捐齋文集雜錄　集4-33381
　　捐齋文鈔、外集　集4-33380
24 捐納論說　子7-36240(2)
　　捐納大爺　集7-52370
30 捐官章程　史6-42735
58 捐釐新章　史6-43611
77 捐悶錄　子3-12747

揚

00 揚豪別錄　史2-8128
14 揚聽臚遺書　集5-35154
17 揚子　子1-7、18～20、26、414、431～2　叢1-19(10)、20(7)、21(9)、24(10)
　　揚子新注　子1-422　叢1-22(2)、23(2)
　　揚子雲文抄　集1-194
　　揚子雲文鈔　集6-41794
　　揚子雲集　集1-187～8、191～2,6-41695～

7、41699　叢1-223(47)

揚子注釋評林　子1-28

揚子江　子7-37701

揚子江(揚子江溪谷之研究)　子7-36227

揚子江流域現勢論四編　子7-38051

揚子江籌防芻議　子7-38137

揚子法言　子1-1、5、8、21、25、27、30~2、43、
55、61、69、415、419、423、426~8、430　叢1-
183、223(29)、227(6)、236~7

揚子法言(法言)　子1-417

揚子法言、音義　子1-62、64~5、67~8、420
叢2-635(4)、698(6)、873

揚子法言、揚子法言音義　子1-63

揚子法言、附考、考異、音義　子1-421

揚子法言平議　子1-82、433　叢2-1920

揚子法言校補、逸文　叢2-2248

揚子法言纂　子1-74、418　叢1-138

揚子太玄平議　子1-82、3-12922　叢2-
1920

揚子太玄經　子1-48、3-12901、12910

揚子太玄經(太玄經)　子3-12900

揚子太玄經、說玄　子3-12914

揚子太玄別訓　子3-12915

揚子折衷　子1-1030

揚子年表　史2-8451

24 揚侍郎集　集1-189~90、6-41694、41698
叢1-183

26 揚伯手稿　集5-39812

28 揚舲集、課餘錄、嶺南集、續集　集3-21820

32 揚州府　集7-51339

揚州府宦浙同官錄　史3-23748

揚州府江都縣謝氏重修族譜[江蘇揚州]
史5-40680

揚州府志[雍正]　史7-56709

揚州府志[康熙]　史7-56706~8

揚州府志[嘉慶]　史7-56711

揚州府志[萬曆]　史7-56705

揚州府志[同治]　史7-56712

揚州府圖經[嘉慶]　史7-56710

揚州詩草　集3-21611

揚州北湖續志　史7-52882　叢2-810

揚州水利論　史6-46769、7-49317(6)、49318
(10)　叢2-810

揚州水道記　史7-52880

揚州瓊華集　子4-19197

揚州聚盛堂印小唱本　集7-53634

揚州變畧　史1-1938、1979、1982、3307

揚州休園志　史7-51979

揚州吳氏測海樓藏書目錄　史8-65903

揚州名勝圖說　史7-51355

揚州名勝錄　史7-49318(12)、51365~6　叢

2-810

揚州禦寇錄　史1-3891　叢2-619、810

揚州叢刻二十四種　叢2-810

揚州十日記　史1-1937、1944、1946、1953、
1965~9、1976~7、1982、3329、3335　叢2-
810

揚州十日屠殺記　史1-1917

揚州存濟堂藥局膏藥方　子2-4706、9859

揚州城守紀畧　史1-1937、1982　叢2-810

揚州鼓吹　叢2-632

揚州鼓吹詞序　史7-50142　叢1-210~1、
249(3)、395,2-731(57)、810

揚州夢　子5-28656　集7-48772、50257~8
叢2-624(4)

揚州夢、補　叢1-128~9

揚州夢記　子5-26222、26224　叢1-29(4)、
185、249(2)、255(3)、2-731(50)、810

揚州夢傳奇　集7-50290

揚州芍藥譜　子4-19296　叢1-2~6、8~
10、22(17)、23(17)、223(39)、273(4)、275、
353、569、2-731(28)、810

揚州萸灣勝覽　史7-50148　叢2-810

揚州刧餘小誌　史1-3892

揚州畫舫詞　史7-50145　集4-28383　叢
1-382

揚州畫舫錄　史7-50143　叢1-373(9)、496
(1),2-1551

揚州畫苑錄　子3-16117　叢2-810

揚州東園題詠　集6-44451

揚州足徵錄　集6-44452~3　叢1-390

揚州賦　集1-2265

揚州賦、續揚州賦　集1-2264

揚州歷代疆域沿革圖說　史7-50146

揚州學記　叢2-2274

揚州輿地沿革表　史7-50147　叢2-810

揚州金石編目　史8-63868

揚州金石目　史8-63867

揚州竹枝詞　史7-50144　集7-50534、
50539　叢1-371,2-619、810

揚州憶　叢1-408

揚州營志　史6-45273

35 揚清祠志　史7-51793　叢2-832(2)、2073

40 揚雄方言存沒考　經2-14846　叢2-2162

揚雄訓纂篇攷、詞源觕律　經2-13327

揚雄訓纂篇考　經2-13326　叢2-2143

揚雄說故　叢2-2143

揚雄十二州箴　史6-42920、7-49307　叢2-
767

揚雄太玄經校正　子3-12920　叢1-258,
2-847

揚雄蜀王本紀　史1-2266　叢2-767

揚雄蜀都賦讀　集1-193

43 揚城殉難續錄　史2-7790　叢2-810
　　揚城殉難錄、補遺　史2-7789
44 揚芬集　史2-9541
　　揚芬錄　史2-10482
84 揚鎮沙洲義振函電存稿　史6-44672

揭

00 揭庶韓先生注　史1-5659
　　揭文安公文集　集1-5222～3
　　揭文安公文粹　集1-5225～7　叢1-394、
　　　456(1),2-731(45)
　　揭文安公詩集、續集、文集　集1-5208
　　揭文安公詩集、續集、文集、補遺、校勘記
　　　集1-5209　叢2-870(4)
　　揭文安公詩集、補遺、文粹　集1-5207
　　揭文安公詩鈔　集1-5216
　　揭文安公集　集1-5217,5219～21
　　揭文安公集、補遺　集1-5218
　　揭文安公全集　集1-5219
　　揭文安公全集、補遺　叢2-635(11)
17 揭子　叢2-1309
　　揭子宣先生兵法百言　子1-3351
　　揭子戰書　子1-3348
29 揭秋宜詩集　集1-5213,6-41779～80
40 揭希韋詩　集1-5243
44 揭蒿庵詩集　集2-12633
　　揭蒿庵先生集　集2-12634,6-44818
　　揭蒿庵先生集(揭蒿庵先生文集、揭蒿庵先
　　　生詩集、遺集、附錄)　集2-12632
60 揭曼碩文選　集1-5224,6-41808
　　揭曼碩詩　集1-5211,6-41929　叢1-453
　　揭曼碩詩集　集1-5210　叢2-731(42)
　　揭曼碩詩集、續　集1-5212
76 揭陽縣續志[光緒]　史8-60995
　　揭陽縣志[雍正]　史8-60993
　　揭陽縣志[崇禎]　史8-60992
　　揭陽縣志[乾隆]　史8-60994
81 揭短包之客一枝　集7-52686

揖

16 揖碑法　叢1-378
44 揖花詞稿、月夜詠懷　集7-47110

暢

10 暢雲館詩存　集5-38567
40 暢真機室遺稿　集4-31341
50 暢春苑御試恭記　叢1-203(4)
　　暢春苑御試恭紀　史6-42874　叢1-201
60 暢園叢書甲函六種　叢1-501
　　暢園遺稿(大野草堂詩稿、白癡詞)　集5-
　　　37095
80 暢谷文集(暢谷文存)　集3-21805
　　暢谷文存、校勘記　叢2-870(5)
81 暢敍譜　子3-18341　叢1-319、498
87 暢飲屠蘇　集7-49700

5604₁ 捍

38 捍海塘志　史6-46838～9　叢2-832(3)、
　　　1026

揖

10 揖雲齋集　集3-16722
17 揖翠山房小草　集5-34253,6-41985
22 揖山集　集3-14477
　　揖山樓詩集　集4-22353
　　揖山樓遺詩　集4-30589
24 揖射老夫詩　集4-28183
29 揖秋集詩草　集3-16636
44 揖坡詩稿　集5-37517
47 揖柳書堂試律　集4-33209
50 揖青閣遺詩　集5-38120
77 揖月齋詩稿　集4-33137
88 揖竹詞館吟草、詞　集5-37489

擇

00 擇言尤雅錄　子5-25475
03 擇識錄　子1-1668
38 擇道筆記　叢2-2122
40 擇吉會要　子3-14518
44 擇基童氏宗譜[浙江蘭溪]　史5-36505

45 擇執錄　子4-24221
60 擇日記　子3-13188
　　擇日便覽　子3-14459　叢1-158
　　擇是居叢書初集十九種　叢2-616
70 擇雅堂二集　集5-36403
　　擇雅堂初集　集5-36401~2
87 擇錄星江查氏統譜[浙江海寧]　史4-
　　30702
　　擇錄箴言、簡捷良方　子2-9902

輯

00 輯庵集　集3-16980
02 輯刻琵琶亭詩　集6-44815
10 輯要良方　子2-9983
12 輯瑞陳言　史6-48628
16 輯硯瑣言　子3-14690,4-18710　叢2-
　　1364
25 輯佚叢刊十種　叢2-780
30 輯安縣鄉土志[光緒]　史7-56281
　　輯安縣志[民國]　史7-56280
　　輯宋四書五經義式　經2-11056
33 輯補溫熱諸方　子2-4771(2)、6882
36 輯溫病條辨論　子2-4771(2)
40 輯古算經補注　子3-12355　叢1-367~8
50 輯本考異　經2-13342
58 輯整桂林方氏宗譜[浙江淳安]　史4-
　　25742
60 輯園偶吟草(扣槃吟)　集4-22348
77 輯周禮　經1-5156
87 輯錄雲峯文集易義　經1-77(2)、566

5604₄ 攖

30 攖寧齋詩草　集5-36987　叢2-896
　　攖寧山房遺集　集4-22257
　　攖寧靜禪師語錄　子6-32091(77)

5604₇ 撮

10 撮要便覽本草蒙筌　子2-5545
40 撮奇　子5-26363

5605₀ 押

06 押韻釋疑、拾遺　經2-13715
　　押韻釋疑拾遺　經2-13716
40 押衙詞　集3-18890

5608₁ 捉

00 捉塵集　集4-31262,6-42007(1)
08 捉放曹操　集7-53519
55 捉曹放曹　集7-53401
80 捉拿潘仁美　集7-53520

提

10 提正編　子7-35304
27 提綱釋義　子1-2801,4-21834
　　提綱釋義歷代國號歌　史1-4950
　　提綱十門　子7-33764
　　提綱大學　經2-8860
　　提綱中庸　經2-9069
30 提牢瑣記　史6-46442　叢2-683
　　提牢備考　史6-46451
34 提婆菩薩破楞伽經中外道小乘四宗論　子
　　6-32081(26)、32083(18)、32085(26)、32086
　　(29)、32088(19)、32090(51)、32091(49)、
　　32092(33)、32093(27)
　　提婆菩薩破楞嚴經中外道小乘四宗論　子
　　6-32089(44)
　　提婆菩薩傳　子6-32081(41)、32082(19)、
　　32083(26)、32084(22)、32086(45)、32088
　　(28)、32089(35)、32090(59)、32091(57)、
　　32092(39)、32093(32)
　　提婆菩薩釋楞伽經中外道小乘涅槃論　子
　　6-32081(26)、32083(18)、32085(26)、32086
　　(29)、32088(19)、32090(51)、32091(49)、
　　32092(34)、32093(27)
　　提婆菩薩釋楞嚴經中外道小乘涅槃論　子
　　6-32089(44)
37 提軍陳忠愍公殉節始末記　史2-9752
77 提舉集　集2-6317,6-45010~2
88 提籃、回郎寶卷　集7-54469

5608₆ 損

00 損齋文集　集4-27336
　損齋文鈔、外集　叢2-1898
　損齋文鈔、外集鈔　叢1-574(6)
　損齋語錄鈔　子1-1837　叢2-1898
　損齋詩集　集3-16317
　損齋先生(楊樹椿)編年　史2-12225
　損齋先生(楊樹椿)全書附錄　史2-10199
　損齋備忘志　叢1-53
　損齋備忘錄　史1-1914,1929　子4-20350
　　叢1-50～1、55～6、87～9、95～6、195(6),2-
　　730(1、3)、731(53)
　損齋遺書　經2-11714　集3-20880　叢2-
　　1857
　損齋焚餘　集3-14931～2
　損齋焚餘集　集3-14933,6-41969
　損齋吟草　集5-35149
　損齋全書四種　叢2-1898
　損齋全書附錄　叢2-1898
28 損傷科　子2-7899
30 損庵詩鈔、補遺　集4-33354

5609₄ 操

00 操齋集　集3-16631～2
10 操砭法　子1-3647
11 操瑟迂譚　集2-10165
17 操砲教練　子1-3610
22 操觚十六觀　集6-46274　叢1-197(1),2-
　　622
　操觚錄　集4-23381
25 操練洋槍淺言　子1-3098,7-36228(6)、
　　37008
26 操縵集　集3-21203
　操縵安弦法　子3-17544
　操縵古樂譜　經1-6584～6　子3-17621
　操縵草　集2-12575
　操縵易知　子3-17552　叢2-1653
　操縵卮言　子3-11239、12735、17553
　操縵合樂譜　子3-17623
　操縵錄　子3-17525　叢2-1232
77 操風瑣錄　經2-14893　叢2-630
79 操勝要覽　子1-3376　叢1-548
81 操戔養齋詩解　經1-4370
　操戔齋遺書　集5-38228　叢1-439

5610₀ 蜘

55 蜘蛛蝴蝶蜂王配　集7-53516

5611₄ 蝗

54 蝗蝻例案　子1-4289

5612₇ 蜎

17 蜎子(淵)考　史2-8440
　蜎子考　叢2-2265

蝐

21 蝐經堂續提要　叢1-373(7)

5613₄ 蜈

58 蜈蚣嶺　集7-52509、53004
　蜈蚣嶺快書詩篇　集7-53305

5615₆ 蟬

10 蟬雪吟　集5-36518
58 蟬蛻集　叢2-1798
62 蟬嘶續稿　集3-15720
67 蟬鳴小草　集5-35078
68 蟬吟集　集3-19418

5619₃ 螺

00 螺齋詩鈔　集3-16721
10 螺石詩鈔　集4-30745
22 螺峯說錄　叢2-1301

螺峯說錄、稚黃子文泮　子1-1391
螺峯集　集4-24863
螺峯彭氏繼修族譜[湖南湘陰]　史5-35593
螺峯草堂集　集3-20693
27 螺舟綺語　集7-46397～400、46997
螺繩礮架說　子7-36999
31 螺江志　史8-58174
螺江日記　子4-22327
螺江日記、續編　叢1-454
螺江日記、螺江日記續編　子4-22326
螺江日記續編　子4-22328
螺江陳氏家譜[福建福州]　史4-33190
32 螺洲文集　集4-30174
螺洲近稿　集4-30175
螺洲志(螺江志)　史8-58174
36 螺溪竹窗稿　集4-26918
37 螺冠子詠物詩、茶歌、酒詠　集2-10176
44 螺樹山房叢書五種　叢1-527
45 螺樓海外文字　集5-38989
74 螺陂蕭氏族譜[江西吉水]　史5-39968
76 螺陽文鈔　集6-44800
80 螺龕詞　集7-46405、47175

5621₀ 靚

90 靚粧錄　子5-27375　叢1-22(13)、23(13)

5692₇ 耦

37 耦漁詞　集3-17948
50 耦春山館詩稿、駢文　集5-41525
55 耦耕堂詩集、文　集2-10940
耦耕堂詩集、文、松園詩老小傳　集2-10938
耦耕堂集選　集2-10944,6-41949
耦耕堂存稿詩　集2-10939
耦耕堂存稿詩、文　集2-10937
60 耦園圖詠　集6-43830
80 耦衾遺稿　集5-36589
90 耦堂詩鈔　集3-21031～2
耦堂集杜、詩鈔　集3-21030

5698₆ 賴

32 賴業齋續鴛鴦湖櫂歌　史7-52939　叢2-838

5701₂ 抱

00 抱癡林屋叢稿　集5-40098
抱甕亭詩(抱甕亭詩未刪稿、抱甕亭詩稿續鈔)　集5-41391
抱甕集　集3-21372
抱甕南詩草　集4-29054
抱甕軒文彙稿　集4-23346
抱甕軒詩文彙稿　集4-23335
抱甕軒詩彙稿　集4-23343
抱甕吟　集5-39611
抱甕餘聞　子4-24282
10 抱一文錄抱一詩錄抱一前聞　叢2-2264
抱一函三訣　子5-29530(12)、31258
抱一子三峯老人丹訣　子5-29530(6)、31257
抱一遺著二十五種　叢2-2264
抱一堂經疑　經2-11620
抱一堂詩集　集5-38192
抱玉堂集　集4-27505
抱雲山房遺稿　集4-29544
12 抱璞亭集　集4-27940
抱璞齋詩集　集4-28077
抱璞齋詩稿　集5-38216
抱璞集　集4-32948
抱璞山房詩鈔　集4-24628　叢1-477
抱璞守貞錄　史2-10864
抱璞軒詩存　集5-39699
抱璞時文　集4-28081
抱璞簡記　子4-20457　叢1-22(23)、241、242(2),2-1128
13 抱殘經舍詩錄　集5-41279
15 抱珠軒詩存　集3-18201　叢2-639
16 抱碧齋詩　集3-20088
抱碧齋集(詩、詞)　集3-20089
抱碧堂詩餘　集7-47923
17 抱乙子幼科指掌遺稿　子2-8439
20 抱香廬摘稿　集4-32291
抱香書屋初草　集4-29688
21 抱經齋詩集　集3-15220

抱經齋詩集、文集　集 3 - 15221
抱經室文稿　集 4 - 27171
抱經室詩文初編（歲寒草、芬生草、虛谷文）　集 5 - 40182
抱經樓彙抄三十種　叢 1 - 246
抱經樓淳化祖帖考　子 3 - 15442
抱經樓叢刊五種　叢 2 - 679
抱經樓藏書志　史 8 - 66022
抱經樓藏書目錄　史 8 - 65692
抱經樓書目　史 8 - 65693~4　叢 1 - 573
抱經樓日課編　子 3 - 17091
抱經閣集　集 5 - 39141　叢 2 - 884
抱經堂文　集 3 - 20388
抱經堂文集　集 3 - 20385,4 - 23770　叢 1 - 258,2 - 635(13),731(45)
抱經堂文鈔　集 3 - 20387
抱經堂雜鈔　子 4 - 24264
抱經堂詩參　經 1 - 4506
抱經堂詩鈔　集 3 - 19670,20386
抱經堂子書彙刻　子 1 - 52
抱經堂子書彙刻五種附經義劄記二種　子 4 - 24265
抱經堂叢書十六種　叢 1 - 258
抱經堂叢書七種　叢 2 - 719
抱經堂古文、續編　集 4 - 24104
22 抱山亭詩鈔　集 3 - 16860
抱山詩鈔　集 3 - 21476
抱山集詩　集 3 - 14767
抱山集選　叢 2 - 948、1336
抱山草堂遺稿（抱山草堂詩、文）　集 4 - 32941
抱山草堂吟稿　集 4 - 32940
抱山樓詞錄　集 7 - 47347
抱山樓集　集 5 - 35322
抱山堂詩集　集 3 - 21375
抱山堂集　集 3 - 21376~7
抱山堂小草　集 3 - 14769
24 抱犢山房三種　集 7 - 50257
抱犢山房集　集 3 - 15691　叢 1 - 223(67)
抱犢山人詩集　集 3 - 21620
26 抱泉山館詩集、文集　集 5 - 35913
抱泉山館詩稿、辛壬脞錄　集 5 - 35914
抱泉紀畧　史 7 - 54091
29 抱秋亭詩集　集 3 - 18150
抱秋齋吟草（螺峯集）　集 4 - 24863
31 抱潛詩稿　集 5 - 34139
抱潛詩存　集 5 - 34141　叢 2 - 655
32 抱冰堂弟子記　史 2 - 10446　叢 2 - 2000
35 抱沖齋詩集　集 4 - 27710
抱沖齋詩集、眠琴僊館詞、年譜　集 4 - 27711
抱遺經軒詩文集　集 4 - 33650
37 抱潤軒文　集 5 - 38784
抱潤軒文集　集 5 - 38785~6
抱潤軒讀尚書記　經 1 - 3094
抱潤軒集外文稿　集 5 - 38788
抱潤軒遺集　集 5 - 38783
抱罕陳氏族譜［甘肅臨夏］　史 4 - 33443
40 抱真集　集 4 - 25107
抱真書屋詩鈔　集 4 - 31002
抱真書屋詩鈔、詩餘　集 4 - 31003　叢 2 - 886(4)
抱真堂詩稿　集 3 - 13917~8
42 抱樸居詩、續編　集 4 - 22683,6 - 45050
43 抱朴子　子 1 - 18,20~1,25,83,5 - 31877~8,31886　叢 1 - 15,19(4)、20(2)、21(3)、24(5)、182~3、374
抱朴子評林　子 1 - 28
抱朴子平議補錄　子 5 - 31890
抱朴子外篇　子 5 - 29530(23)、31873　叢 1 - 303~5
抱朴子外篇注　子 5 - 31887
抱朴子外篇校勘記　叢 1 - 305
抱朴子外篇勗學　子 5 - 31881
抱朴子佚文　子 5 - 31883　叢 2 - 777
抱朴子神仙金汋經　子 5 - 29530(18)、29555、30870
抱朴子內外篇　叢 1 - 227(7)
抱朴子內篇　子 5 - 29530(23)、29594、31872、31874　叢 1 - 304~5
抱朴子內篇、外篇　子 1 - 61,66,5 - 29535(4)、31870、31875、31879~80　叢 1 - 75、223(47)、303,2 - 635(5)、731(10)
抱朴子內篇、外篇、校勘記　子 5 - 31871
抱朴子內篇、外篇、篇　叢 2 - 698(7)
抱朴子內篇、抱朴子外篇　子 5 - 29536(4)
抱朴子內篇佚文　叢 1 - 305
抱朴子內篇佚文、外篇佚文　子 5 - 31882
抱朴子內篇校勘記　叢 1 - 305
抱朴子校記　叢 2 - 2193
抱朴子別旨　子 5 - 29530(23)、30934　叢 1 - 305
抱朴子附篇　子 5 - 31891　叢 1 - 305
抱朴子駢言　子 5 - 31888　叢 1 - 349
抱朴子養生論　子 2 - 10991,5 - 29530(17)　叢 1 - 305
抱朴外篇佚文　叢 1 - 305
抱朴神仙金汋經　叢 1 - 305
44 抱芳閣書目　史 8 - 66466
抱樹圖題辭、潭邑雞足山前明節烈文母張太孺人墓地紀源　史 2 - 9071

45 抱樓居印存　子3-17275
47 抱桐軒文集　集3-18140
48 抱楡小閣詩署　集4-32621
50 抱春林屋詩　集5-38820
　抱耒堂集　集3-15799
　抱素堂詩　集5-33773~4
　抱素堂詩鈔　集5-33775
　抱素堂遺詩、補遺　集5-33776　叢2-886
　　(4)
52 抱拙齋文集、詩存、詩餘　集5-36077
　抱拙小稿　集6-41744~5、41892、41895、
　　41898、41912、41917、41924
　抱拙小藁　集1-3804
　抱拙小藁　集6-41746、41888、41891、41893、
　　41894(3)、41897、41904、41923
60 抱蜀廬雜鈔三種　叢2-759
　抱景集　集4-23411
62 抱影廬詩　集3-20650,6-44666
　抱影軒詩鈔　集4-23861
72 抱質堂易說　叢1-300
74 抱膝廬文集　集3-15696　叢2-963
　抱膝廬詩草、娛暉草　集3-15208
　抱膝齋集　集2-10949
　抱膝齋漫筆　集2-10950
　抱膝山房詩稿、文稿　集5-38149
　抱膝山房詩稿、駢體文　集5-38150
　抱膝山房古近體詩稿　集5-38151
　抱膝居存稿　集2-10781
　抱膝小草　集3-16539
77 抱月樓小律　集4-24994
　抱月軒詩續鈔　集4-25087
　抱月軒詩鈔　集4-25086
88 抱竹筠堂詩鈔　集4-27363
　抱簫山道人遺稿　集4-26524

5701₃ 拯

44 拯荒事署　史6-44548　叢1-195(3)、351
　拯世署說　子7-35312
66 拯嬰滙編　子2-8512
　拯嬰圖說集證　子4-21803

5701₄ 握

40 握奇經　子1-3683　叢1-146、223(31)
　握奇經、握奇經續圖　叢1-86,2-730(7)

握奇經、握奇經續圖、八陣總述　子1-3678
握奇經註　叢2-1347
握奇經訂本　子1-1969　叢1-574(5),2-
　1346
握奇經訂本(握奇經註)　子1-3681
握奇經續圖　子1-61、3677　叢1-29(2)、
　49、76~7、169(2)
握奇經解、握奇經續圖　叢1-241、242(3)、
　310
握奇經解、握奇經續圖、八陣總述　子1-
　3680
握奇經定本、正義、圖　子1-3682　叢1-
　477
握奇兵　子1-3679
42 握機經　子1-3103、3690、3701、3703　叢1-
　74
　握機經、握機緯　子1-3699~700
　握機經傳　叢2-1095
　握機經輯注圖議　子1-3702
44 握蘭初藁選　叢2-1611~2
　握蘭軒隨筆　子4-23268　叢1-195(6),2-
　731(7)

5701₆ 挽

27 挽角蔣氏九修宗譜[江蘇丹陽]　史5-
　38079

輓

20 輓辭彙編(郭嵩燾)　史2-10191

5702₀ 抑

00 抑庵文集　集2-6603
　抑庵遺詩　集4-23843
　抑齋文集、詩集　集5-40294
　抑齋記聞　子4-23560
　抑齋手稿、逸士吟　集5-35815
　抑齋自述七種　史2-12424
44 抑菴文集、抑菴文後集　叢1-223(64)
　抑菴集　集2-6601
　抑菴集、後集　集2-6604
50 抑末錄　子4-22419
57 抑抑齋日記(清光緒二十四年至二十七年)

　　史 2－13040
　　抑抑堂集、甦餘日記　集 5－40419
76 抑隅堂詩鈔　集 3－20148
95 抑快軒文集　集 4－26334～5
　　抑快軒文鈔　集 4－26336
　　抑快軒集　集 4－26333

拘

21 拘虛晤言　叢 2－730(1)
　　拘虛集　集 2－7411
　　拘虛集、後集、詩談　叢 2－845(3)
　　拘虛集、後集、拘虛詩談、游名山錄　集 2－
　　　7409
　　拘虛後集　集 2－7412
　　拘虛晤言　子 4－20302,5－26220　叢 1－22
　　　(21)、40、87,2－731(11)、1069
40 拘大缸　集 7－52613
41 拘墟私語　子 4－21870、23361

捫

17 捫蝨新話　子 4－20133～6　叢 1－1、17、19
　　　(4)、20(2)、21(3)、22(4)、23(4)、24(4)、26～
　　　8、108、111(3)、169(3)、374,2－652、731(6)
　　捫蝨新話(新刊潮溪先生捫蝨新話)　子 4－
　　　20132
　　捫蝨談虎錄　子 7－36251
　　捫蝨璅譚　子 4－21493
　　捫蝨瑣譚　叢 1－373(6)
33 捫心齋集　集 3－19460
74 捫膝稿　集 1－3212,6－41894(2)、41895
　　捫膝偶詠　集 3－15722
　　捫膝軒豐溪詩草　集 3－16121
　　捫膝軒草稿　集 3－16122
78 捫腹齋詩鈔　集 3－18658
　　捫腹齋詩鈔、詩餘　集 3－18659
96 捫燭脞　子 4－21355

掏

40 掏灰爬一段　集 7－51556

掬

33 掬淚錄(連樹善)　史 2－10997
35 掬清稿　集 2－6169　叢 2－854
44 掬芷園集　集 3－18470

攔

31 攔江截斗　集 7－52816

鞠

87 鞠錄齋稿　集 4－30225

輞

22 輞川雜詠　集 4－26118
　　輞川詩鈔　集 3－14113　叢 1－241
　　輞川集　叢 1－22(13)、23(12)、30、119～20
　　輞川樂事　集 3－21253
　　輞川姚氏宗譜[江蘇常州]　史 4－31160
　　輞川畫訣　子 3－15860、15876
　　輞川里姚氏宗譜[江蘇常州]　史 4－31159
　　輞川圖　集 7－49536
50 輞中泛舟　集 7－49705
77 輞岡上邌畫冊　子 3－16399

5702₂　抒

90 抒懷集　集 3－18371
　　抒懷操　子 3－17659
95 抒情錄　集 6－45624　叢 1－5、22(4)、23(4),
　　　2－617(3)

5702₇　掃

10 掃雲齋詩草　集 5－35311

掃雲記　子7-35386
掃雲仙館詩鈔　集5-34668
掃雲仙館詩鈔(掃雲仙館古今詩鈔)　集4-
　30763
21 掃紅亭稿　集4-25187
掃紅亭吟稿　集4-25186
掃紅詞　集7-46406、46875
29 掃愁軒詩稿　集5-40591
39 掃迷帚　子5-28634
42 掃垢山房詩鈔　集4-21953
44 掃落葉齋詩稿　集4-25449～50
掃花仙館抄方　子2-10145
掃苔山館詩鈔　集4-31489
掃葉亭詠史詩集　集4-33615
掃葉詩存　集4-33045
掃葉山房發行石印精本書目　史8-66472
掃葉山房書目　史8-66469～71
掃葉莊一瓢老人醫案　子2-4770
掃葉莊醫案(掃葉莊一瓢老人醫案)　子2-
　10563
掃葉村莊五種　集3-18202
掃葉樓集　集5-40779
掃葉錄　叢2-1302～3
54 掃軌閒談　子5-27171　叢1-320
掃撛集　集5-34828
77 掃邪歸正論　集7-54168
88 掃籜山房存稿　集4-23418
掃餘之餘　集2-11567、11571　叢2-1192

擲

44 擲地金聲搜真祕訣　子3-13676
88 擲餘堂吟草　集5-34606

邦

00 邦交公法新論　子7-36806
04 邦計彙編　史6-41536　叢1-195(3)、2-
　731(17)
22 邦畿水利集說、九十九淀考　史6-46729
60 邦國類字釋名　子7-36237

5703₂ 掾

55 掾曹名臣錄　史2-7215　叢1-13、14(2)、22

(21)、59～60

5703₄ 換

17 換子　集7-53587
27 換身榮　集7-50299
30 換扇巧逢春夢婆　集7-49397、49426
40 換去羅裙帶一枝　集7-51759
43 換嫁衣　子5-27804
44 換蘿詩鈔　集4-29426

5703₆ 搔

80 搔首問　叢2-1293

5704₆ 撛

54 撛撄集　叢2-689
撛撄集稿　集5-33790

5704₇ 投

00 投店(投店三不從)　集7-52499
投甕隨筆　子4-20459　叢1-22(23)、241、
　242(3)、2-624(3)、1128
17 投子青禪師頌古　子7-34186
投子青禪師頌古集　子7-34185
21 投順提督張天祿呈報功績冊　史1-1984、
　3588
27 投身飼虎經　子7-32237
40 投壺新格　子3-18181　叢1-22(17)、23
　(16)、34、173、545、547(4)
投壺譜　子3-18183、18191
投壺變　子3-18179　叢2-774(10)
投壺儀節　子3-17957、18182、18186～7　叢
　1-22(17)、23(16)、86、498、2-730(7)、731
　(36)
投壺考原　子3-18189　叢1-432、439
投壺格　子3-18180　叢1-25、37、181
投壺算草　子3-18190　叢2-1606
42 投桃記　集7-49958
43 投梭記　集7-49709
投梭記定本　集7-49929

44 投荒雜錄　史7-50822　叢1-22(4)、23(4),2-617(4)
53 投轄錄　子5-26301　叢1-10、19(7)、21(6)、22(5)、23(4)、24(8)、29(5)、175、223(45)、374,2-652、673
60 投圂中南調　集7-49459
68 投贈詩詞補遺　叢2-1043
投贈集　集4-31090,6-44317
88 投筆集　集3-13048～9　叢1-580
投筆集箋注　集3-13050

搜

00 搜玄集　子5-32010
搜玄曠覽　子3-13140、13496
10 搜玉詩集選　集6-41876
搜玉集(搜玉詩集選)　集6-43255
搜玉集選　叢2-948
搜玉小集　集6-41840～1、41853、43254
搜玉小集一集　叢1-223(68)
13 搜殘詩集　集3-20205
15 搜珠集　集5-37293
20 搜采異聞　子4-22204
搜采異聞錄　子4-22203、22205　叢1-100～1,2-735(4)
28 搜微錄　叢2-1191
搜徵錄　子4-22282
35 搜神記　子1-61,5-26224、26805～6、26808、26892、29531　叢1-15、19(2)、21(2)、22(19)、23(19)、24(3)、29(1)、74～7、98～101、169(4)、223(45)、249(1)、268(4)、395,2-617(3)、624(1)、726、731(49)
搜神記、搜神後記　子5-26804
搜神記存　叢2-603
搜神後記　子1-61,5-26224、26810～1、26813　叢1-22(19)、23(19)、26～8、29(1)、74、76～7、98、169(4)、223(45)、249(2)、268(4),2-617(3)、731(49)
搜神祕覽　子5-26927　叢1-19(7)、20(4)、22(3)、23(3)、24(7)、249(3)、447,2-731(50)
44 搜地靈　子3-13665
搜地斷墳　子3-13717
搜花窗詩草、賦草、補遺　集4-29431
52 搜採異聞錄　叢1-99、252,2-731(52)
搜採歷朝賢豪筆舌珠璣　集6-45224
86 搜錦集　集4-24744

輟

51 輟耰述　子4-20527
55 輟耕消暑錄　子4-21924　叢2-2075
輟耕書屋詩鈔　集3-20759～60
輟耕吟稿　集4-31052
輟耕吟墅詩鈔　集5-34810
輟耕錄　子4-20256、20258、20260,5-26224　集3-18173　叢1-31、169(3)、223(45),2-731(4)
輟耕錄二編　子4-20259
輟耕筆記　子4-21923　叢2-2075
65 輟畊錄摘抄　子4-20261
87 輟鍛錄　集6-46280
88 輟築記　叢1-22(23),2-1129

5705$_6$ 揮

00 揮麈新譚　子5-26999
揮麈詩話　集6-45746　叢1-233、496(5),2-731(47)
揮麈後錄　叢1-166
揮麈拾遺　子4-22914　叢2-2104
揮麈前錄、後錄、三錄、餘話　叢1-169(4)、223(45)、268(4),2-731(51)
揮麈前錄、後錄、第三錄、餘話　子4-22909　叢2-636(3)
揮麈錄　史1-1914　子4-22910～1　叢1-2～6、9～10、19(7)、21(6)、22(7)、23(7)、24(8)、26～8、95、374,2-730(2)
揮麈錄、揮麈餘話　子4-22912　叢1-20(5)
揮麈餘話　叢1-19(7)、21(6)、22(7)、23(7)、24(8)、374
10 揮雲閣印藁　子3-17452
20 揮手吟遺稿　集5-34013

5706$_1$ 擔

22 擔峯詩集　集3-15903
80 擔公遺詩(擔當和尚詩集)　集2-13008
擔公遺詩、秋雨軒詩遺、素蕙遺著　集2-13007
90 擔當和尚詩集　集2-13008

擔當遺詩　集2-13009　叢2-886(3)
擔當大師全集　叢2-888
擔當年譜　叢2-888

5706₂ 招

10 招西秋閱記　史7-51103
　招西秋閱紀　史7-49318(20)
17 招子庸原本正粵謳解心(正粵謳)　集7-
　50728
22 招山小集　集1-4118,6-41744~6、41888、
　41891~3、41894(3)、41895、41897~8、41904、
　41911、41923~4
　招山小集、補遺　集1-4119
　招山小集補遺　集6-41891
30 招涼亭賈島破風詩雜劇　集7-48774(3)、
　49050
　招寶山志　史7-52329
34 招遠縣續志[道光]　史8-59279
　招遠縣志[順治]　史8-59278
44 招考内外課簡章　史6-42554
47 招鶴堂詩選　集4-29859
53 招捕總錄　史1-2650　叢1-265(2)、274
　(3)、529,2-731(66)
57 招搖池館集　集2-9382
　招擬假如行移體式　史6-41518~9、42063
58 招撫條議　史6-44569
64 招財寶卷(招財進寶)　集7-54520
72 招隱山房詩續鈔　集5-37127
　招隱山房詩鈔　集5-37124~6
　招隱山房詩鈔、詠物詩　集5-37123
　招隱山志　史7-52256
　招隱樓稿　集2-11238
77 招股簡章　史6-44875
　招鷗別館筆記　子4-23444
　招賢寺畧記　史7-51619

摺

20 摺稿　叢2-1745
30 摺扇書畫册　子3-14967、14985
50 摺奏近選　史6-47907
　摺奏格式　史6-42196
　摺奏成語　經2-15062

輻

50 輻中稿　集2-9242　叢2-1105
　輻車雜錄　史6-44582、47499

5707₂ 掘

44 掘藏大發(藏神卷)　集7-54382

5708₁ 撰

12 撰聯偶記　子4-24321　叢2-1823
17 撰孟子正義日課記　經2-10009
20 撰集三藏及雜藏傳　子6-32081(39)、32082
　(19)、32083(26)、32085(38)、32086(45)、
　32088(28)、32089(35)、32090(60)、32091
　(58)、32092(39)、32093(31)
　撰集百緣經　子6-32081(39)、32082(17)、
　32084(21)、32085(37)、32086(43)、32088
　(27)、32089(33)、32090(54)、32091(52)、
　32092(35)、32093(22)
　撰集傷寒世驗精法　子2-6534
　撰集傷寒世驗精法、修補傷寒金鏡錄辨舌
　世驗精法　子2-6533
21 撰貞亮室隨筆　子4-22023
45 撰杖瑣言　子3-14690　叢2-1364
　撰杖集　集3-13548　叢2-635(12)
60 撰異遺文　集5-38913
71 撰辰集　集7-48500

擬

00 擬庵遺詩　集3-14754
　擬唐宋雜體詩　集4-25462
　擬辦實學社章程　史6-47580
　擬言　叢2-2214
01 擬訂廣東監所改良暫行草章　史6-46304
　擬訂巡防隊暫行章程　史6-45239
　擬訂山西教案善後章程　子7-35803
　擬訂大清國鑛務正章　史6-44758
02 擬刻古籍書目　史8-66210
03 擬詠史小樂府　集4-33698

擬詠鏡款茶花詩　子4-19300
04 擬詩處傳　子4-20318
擬詩外傳　叢1-61～4、174、195(2)、2-730
(4)
05 擬請試辦四川礦務備覽　史6-44840
擬請中國嚴整武備說　子7-36258、38135
叢1-530～1
08 擬譜十局　子3-18137
10 擬王之臣與其友絕交書　叢1-587(3)
擬兩晉南北史樂府　史1-6109　集4-
22862　叢2-1558
擬兩晉南北史樂府、鮐軒外集唐宋小樂府
叢2-1559
擬更季漢書昭烈皇帝本紀　史1-471　叢
1-202(7)、203(13)
11 擬張令韶傷寒直解辨證歌　子2-6748
擬瑟譜　子3-17825　集4-24897　叢1-
288
22 擬山園文選集　集3-13122
擬山園詩稿　集3-13115
擬山園詩選集　集3-13121
擬山園初集　集3-13117
擬山園初集(王覺斯初集)　集3-13118
擬山園選集　集3-13119～20
擬山園書剳　集3-13123
擬出子式　子3-17962、18058
23 擬我法集　集4-24345
擬編次白苧先生文稿　集3-13315
27 擬修平山棲靈塔記　叢2-771(2)
擬名家制藝　經1-2318　叢2-1615
擬名家制義　集4-24670
擬彙刊周秦諸子校注輯補善本敍錄　史8-
66295　子1-90
30 擬塞下曲　集2-9898
擬寒山詩　子6-32091(77)　集2-8405
擬寒山詩類編　集2-8406
擬定營制餉章　史6-45215
34 擬漢樂府　集2-7833～4
擬漢樂府、補遺、附錄　集2-7835
擬漢魏樂府　集2-7832
35 擬清史藝文志稿　史1-902
擬禮志　史6-42029
擬連廂詞　集7-47037　叢2-1309
擬連珠編　集2-5936　叢1-87,2-730(1)
擬連珠編(誠意伯連珠)　叢2-731(45)
40 擬大統春秋條例　經1-7321～2　叢2-
2129(2)、2130～1
擬太平策　子1-1524　叢2-731(16)、782
(3)
擬嘉定縣藝文志稿　史8-66064
擬古詩　集2-9554

擬古詩十九首　集2-12736
擬古百首　集3-15644
擬古樂府　史1-6051～3　集2-7832～3、
11747　叢2-1011、1076
擬古宮詞　集2-8448　叢1-269(5)、2-731
(44)
擬古草堂詩鈔　集3-19466,6-44409
擬古閨聲　集2-10444
48 擬故宮詞　史1-1946、6184～5　集2-11320
叢1-209、269(6)、411、525,2-731(44)
50 擬史籍考校例　史8-66259
擬摘入藏南華經　子4-20988　叢2-1430
60 擬罪言　叢2-1588
擬易　子4-20477　叢1-142
63 擬賦試帖體　集3-19689
67 擬明代人物志　史2-7146　叢2-963
擬明史列傳　史1-817　叢2-904
擬明史樂府　史1-6151　叢2-1287
擬明史傳　史1-824
72 擬刪舊例　史6-47067
75 擬陳政本疏　子4-23419
77 擬周官辨　叢1-312
擬騷集、二友傳　集2-8325
擬學小記、續錄　子1-1069
擬學小記、續錄、附錄　子1-1070
80 擬合德諫飛燕書　集2-12084　叢1-587
(2)
88 擬築全國鐵路意見書　子7-37163

5708₂ 軟

00 軟塵集　集3-14542
21 軟紅軒詩　集5-35772
軟紅竹枝詞　集4-25028

5709₄ 探

00 探病一枝　集7-52753
探病提媒一枝　集7-51038
06 探親　集7-53435
探親(鄉下媽媽睄親家)　集7-51006
10 探靈巖記　史7-49317(3)、49318(9)、53756
探雯換裳　集7-52238
探酉詞　集7-46398～400、47116
探礦取金、續編、附編　子7-36231(5)、
37135
35 探清水河　集7-53286

38 探道本原　子7-35675
40 探杏譜　史6-42338
　　探杏譜、磨勘條例摘要　史6-42337
44 探地記　史7-49317(3)、49318(18)、54857
　　探塔　集7-52485
　　探花集字譜　叢2-1382
　　探莊　集7-53037
48 探梅圖　子3-16380
50 探本錄　子4-21543
　　探春歷記　子1-4081　叢1-29(2)、30、86、
　　116,2-730(7)、731(15)
　　探春歷記(東方朔探春歷記、探春曆記)　子
　　1-4236
　　探春曆記　叢1-173
67 探眼真源全集　子2-7408
　　探路日記　史7-49317(2)、49318(14、17)
77 探母回令　集7-53430

5711₇ 蠅

13 蠅武堂詩古文辭　集5-33974
60 蠅吊軒詩集　集3-14198
67 蠅鳴集　集5-36778
72 蠅鬚館叢話　子4-21431

5712₀ 蜩

17 蜩翼盦遺詩　集5-37269
67 蜩鳴集　叢2-823
86 蜩知集(半塘戊稿)　集7-48239
88 蜩笑子　子4-20643
　　蜩笑偶言　子4-20362~3　叢1-13、14(2)、
　　22(23)、31、61~4、111(2)、195(2),2-730
　　(4)、731(8)
　　蜩笑偶言、長松茹退　子4-20364

蝴

54 蝴蝶詩　集4-32824,5-40709
　　蝴蝶盃　集7-51134~5
　　蝴蝶秋齋藏册　子3-16416
　　蝴蝶寶卷　集7-54294、54346
　　蝴蝶杯(帥府招親代洞房)　集7-51136
　　蝴蝶夢　集7-48781、50010、52110~1、52679

　　蝴蝶夢四本　集7-51452
　　蝴蝶媒　子5-28365
　　蝴蝶吟草　集4-32162

5712₇ 蝸

00 蝸廬詩存　集3-16327
22 蝸山草堂集　集5-36795
　　蝸巢聯語　叢2-2220
25 蝸牛廬詩草　集4-33065
　　蝸牛草堂詩稿　集3-20902,6-45089
　　蝸牛舍詩集　集5-41196
　　蝸牛舍詩別集　集5-41197
26 蝸觸蠻三國爭地記　子5-28583
27 蝸角棋譜　子3-17959、18140
30 蝸寄廬文撮　集5-39895
　　蝸寄廬詩草、詩餘　集4-32887
　　蝸寄廬詩餘　集7-48348
　　蝸寄居隱語　子3-18427
60 蝸園詩鈔、梅隱廬檻聯　集5-39625
68 蝸吟集　集4-28811
72 蝸隱詩鈔　集5-38984~5
77 蝸居老人遺筆　子4-24511
88 蝸簃弈錄　子3-17963

酆

47 酆都擬罪斷崇符　子5-31679

5714₇ 蝦

50 蝦夷紀畧　史7-49317(9)、49318(4)、54646

5715₄ 蜂

21 蜂衙小記　子1-4521　叢2-1596
30 蜂房春秋　叢1-496(4)
54 蜂蝶鬧　子3-17915
72 蜂鬚集　子4-20731

5716₁ 蟾

00 蟾齋吟稿　集4-23955
22 蟾仙解老　叢2-731(10)
　　蟾仙解老(道德寶章)　叢1-111(4)
30 蟾宮操　集7-50302
　　蟾宮第一枝繡像全書　子5-26583
32 蟾溪程氏家譜[安徽休寧]　史5-36109～10
40 蟾士賦稿　叢2-837
　　蟾臺集　集2-12527
44 蟾藥山房詩草　集4-29442
58 蟾蜍佳偶　集7-49257

5718₀ 螟

22 螟巢詞　集5-38543
50 螟蟲驅除法　子7-37028
58 螟蛉寶卷(文瑞寶卷)　集7-54403

5719₄ 螩

12 螩磯山志文集、後集、詩集、後集　集6-44765

5728₂ 歙

00 歙庵詩存　集5-38710
80 歙盦詞甲卷乙藁、丙藁、丁藁、霄夢詞　集7-47964

5743₀ 契

00 契文舉例　史8-65192　叢2-600
10 契元論草　子4-20287～8
　　契元墓誌銘　子4-20288
　　契元公論草　史4-24718
　　契元公神道碑　子4-20288
44 契蘭堂書畫錄　子3-14833
　　契蓮駢體文　集4-30272

77 契丹官儀　史6-42645
　　契丹藏　子6-32080
　　契丹藏(遼藏、契丹大藏經)　子6-32079
　　契丹國志　史1-1916、2568　叢1-223(19)
80 契翁中說錄　子1-957

5750₂ 挈

10 挈要登壇必究兵錄大成　子1-3840

擊

40 擊壺編(關中雜詠、珠泉紀遊、閒居漫稿、鴈山游草、天台吟)　集2-9647
　　擊壤亭集　叢2-1187
　　擊壤集　子5-29535(6)、29536(6)　集1-2138、2154　叢1-223(51)、2-1030、1405
　　擊壤集選　集1-2155　叢2-691(3)
　　擊壤紀年箋　集3-13713
　　擊壤來怡　集7-49703
54 擊轅稿　集2-6473
　　擊轅草　集2-11288～9
80 擊缶詞　集7-48174
　　擊缶吟　集4-27195
82 擊劍詞　叢1-586(4),2-716(4)
83 擊鐵集　集3-14365
85 擊鉢集　集4-30936
88 擊筑餘音　史1-1960　集2-11423,7-50602　叢2-640
　　擊竹山房吟草　集4-25129
90 擊掌、換子、摘纓會、太行山　集7-53593
　　擊掌知音　經2-14259

5774₇ 彀

39 彀淡廬叢藁十九種　叢2-779

5790₃ 絜

00 絜齋毛詩經筵講義　經1-3660　叢1-223(7)、230(1)、388～90,2-731(37)、754、845(3)

絜齋集　集1-3796　叢1-223(55),2-731
　(40)
絜齋集、宋儒袁正獻公從祀錄　集1-3798
絜齋集、拾遺　叢1-230(5)
絜齋集、拾遺、拾遺　集1-3797
絜齋家塾書鈔　經1-2641　叢1-223(5),
　2-845(5)
絜齋老人遺稿　集5-35488
44 絜華樓存稿　集4-27763
60 絜園詩鐘　叢2-622
絜園詩鐘續錄　叢2-622

　　　　繫

20 繫辭　經1-2113
繫辭講義　經1-955
繫辭一得　經1-2023　叢2-691(2)
繫辭疏　叢2-773(1)
繫辭億　經1-666
繫辭上傳　經1-1385
繫辭傳論　經1-120、1335
繫辭傳考　經1-1415
繫辭補注　經1-454　叢2-843
繫辭十篇書　經1-899
繫辭分章訂　經1-2112
繫辭義疏　經1-350　叢2-772(1)
25 繫傳　經2-12102
繫傳(說文繫傳)(說文解字通釋、部敍、通
　論、袪妄、類聚、錯綜、疑義、系述)　經2-
　12095
繫傳、校勘記　經2-12096
繫傳校錄　經2-12101

5790₄　挈

00 挈齋古印存　史8-65077

5794₇　籽

00 籽庵吟草　集5-35413
20 籽香堂詞　集7-47802

5797₇　耜

32 耜洲詩鈔　集4-22948

5798₆　賴

22 賴嵩蘭處方　子2-10090
賴仙心印　子3-13366
40 賴古齋文集　叢1-327
賴古集　集6-41959
賴古堂文集、續集　集3-21330
賴古堂文選　集6-42995
賴古堂詩　集6-41995
賴古堂詩集　集3-13657
賴古堂詩集選　集6-41972
賴古堂集　集3-13660
賴古堂集、賴古堂藏書甲集十種　集3-
　13661
賴古堂名賢尺牘新鈔　集6-45239　叢2-
　720(2)
賴古堂藏書甲集十種　叢1-206
賴古堂書畫跋　子3-14944
賴古堂別集印人傳　史2-6768
賴古堂印譜　子3-16952～3
賴古堂尺牘新鈔　集6-45235
賴古堂尺牘新鈔二選(藏弃集)　集6-
　45236　叢2-720(6)
賴古堂尺牘新鈔三選(結鄰集)　集6-
　45237　叢2-720(6)
賴古堂全集三種　集6-45238
62 賴吒恕羅所問德光太子經　子6-32083(13)
賴吒和羅經　子6-32083(19)
72 賴氏族譜　史5-39873
賴氏族譜[廣東]　史5-39890
賴氏族譜[湖南平江]　史5-39888
賴氏族譜[湖南瀏陽]　史5-39886
賴氏續修族譜[湖南]　史5-39885
賴氏續修支譜[江西萍鄉]　史5-39880
賴氏宗譜[湖南平江]　史5-39887、39889
賴氏脈案　子2-10840
賴氏合譜[江西]　史5-39884
80 賴公天星篇校　子3-13139、13365
賴公催官書　子3-13137

5800₀ 扒

39 扒沙經　子3-13352

5801₄ 拴

44 拴娃娃一本　集7-52620

5801₆ 攬

17 攬翠山房詩輯　集4-28583
20 攬香閣詩稿　集4-32306,6-42007(4)
22 攬轡錄　史7-53798～9　叢1-11～2、19
　　(7)、20(5)、21(7)、22(11)、23(11)、24(8)、
　　108、111(3)、119～20、134、181、244(5)、2-
　　731(56)
32 攬洲日記(清嘉慶二年)　史2-12638
40 攬古軒書畫錄　子3-14870
44 攬芳園詩鈔　集6-42007(3)
　　攬莛微言　叢1-22(23)
50 攬青閣詩鈔　集4-27503
79 攬勝圖　子3-18331　叢1-197(4)
　　攬勝圖譜　子3-18332　叢1-202(3)、203
　　(8、18)、319
　　攬勝圖酒令　子3-18333　叢1-371

5802₁ 輴

00 輴廖館集　集2-10692
37 輴運考　子7-36240(3)

5802₂ 輴

10 輴石文鈔　集6-42064　叢1-373(4)

5802₇ 掄

10 掄元彙考　集6-46263

擒

00 擒玄賦　子5-29530(6)、30827
11 擒張格爾子弟書　集7-52103
42 擒妖始末　史6-48493

輪

10 輪王七寶經　子6-32091(38)
20 輪香局徵信錄　史6-44685
27 輪船布陣　子7-36228(3)、36231(2)、36242
　　(3)、36972
　　輪船招商局帳畧(同治十二年六月至光緒
　　二年六月)　史6-44176
　　輪船招商局第二十六屆帳畧　史6-44180
　　輪船招商局第二十三屆帳畧　史6-44179
　　輪船招商局第三十二屆帳畧　史6-44182
　　輪船招商局第三十三屆帳畧　史6-44183
　　輪船招商局第三十屆帳畧　史6-44181
　　輪船招商局第十八屆帳畧　史6-44178
　　輪船招商局第九年帳畧　史6-44177
33 輪演瑜伽法事　子7-35098
40 輪臺雜記　史7-51208　叢2-1639
　　輪臺縣鄉土志[光緒]　史8-63431
55 輪轉道罪福報應經　子6-32083(22)
77 輪輿私箋　經1-163(3)、5205　叢1-452、
　　586(1)、2-653(1)、716(1)、1814

5803₁ 撫

10 撫夏奏議　史6-48369～70
　　撫雲集　集3-16231～2　叢1-373(9)、2-
　　641
12 撫延疏稿　史6-48329
　　撫孤錄(高妙青)　史2-8904
17 撫豫宣化錄　史6-48698～704
　　撫郡農產攷畧、種田雜說　子1-4179
21 撫順縣志[民國]　史7-56143
　　撫順縣志畧[宣統]　史7-56142
　　撫上郡集　集2-7581
　　撫虔密奏　史6-48639
　　撫虔草　集3-13938
　　撫虔奏稿　史6-48280

22 撫畿疏草　史6-48462
　撫畿奏疏　史6-48359〜60
　撫畿奏疏、計部奏疏　史6-48361
　撫嵊功績　史2-9265
　撫綏西藏記　史1-3689,7-49317(6)、49318
　　(3)
23 撫皖治畧　史6-48621
　撫皖奏議、撫黔奏議　史6-49049
　撫皖奏稿　史6-48754
　撫皖題藁　叢1-223(21)
24 撫幼合編　子2-8495
26 撫粵條告彙編　史6-47332
　撫粵條奏　史6-48610
　撫吳疏草　史6-48550、48648、48652
　撫吳封事、輯瑞陳言、督漕封事、撫楚封事、
　　撫黔封事、興革事宜畧　史6-48628
　撫吳草　集4-26930
　撫吳尺牘　集2-12375
　撫吳公牘　史6-47281
　撫吳公移　史6-48377
30 撫宣疏稿　集2-11456
　撫寧縣志[康熙]　史7-55158〜9
　撫寧縣志[光緒]　史7-55160
　撫寧縣志料[民國]　史7-55161
　撫安東夷記　史1-1983、2816　叢1-22
　　(22)、29(8)、46、84(2)、87,2-730(2、9)
31 撫江集　集3-13266
　撫江奏疏　史6-48748
32 撫州府志[雍正]　史8 50779
　撫州府志[康熙]　史8-58777〜8
　撫州府志[弘治]　史8-58775
　撫州府志[嘉靖]　史8-58776
　撫州府志[光緒]　史8-58780
　撫浙疏草、檄草、移牘　史6-48669
　撫浙疏草、趙南星二疏　史6-48454
　撫浙疏草、署督疏草、撫浙檄草、撫浙移牘
　　史6-48645
　撫浙條約　集3-15051
　撫浙密奏　史6-48639
　撫浙奏疏　史6-48374、48640
33 撫治奏疏　史6-47829
　撫梁疏稿、撫梁咨稿　史6-48490
34 撫滇奏疏　史6-49036
　撫滇奏藁　史6-49053
　撫遠大將軍奏議　史6-48732
　撫遠大將軍奏疏　史6-48733
　撫遼疏稿　史6-48365
35 撫津疏草　史6-48416〜7
　撫津疏草、咨稿　史6-48479
　撫漕奏議　史6-48218

36 撫湘公牘　史7-50531　集5-34414
　撫邊屯鄉土志[光緒]　史8-62110
　撫邊屯志畧草案[光緒]　史8-62109
40 撫臺奏議　史6-48221
　撫直奏稿　史6-48662
44 撫苗錄　史1-3671
　撫苗錄、沿邊營汛路程、新撫苗寨路程、紅
　　苗歸化恭紀詩　史6-47356
　撫楚疏稿　史6-48528　叢2-937
　撫楚治畧　史6-48668
　撫楚封事　史6-48628
　撫楚公牘　史6-47318　叢2-937
48 撫松集　集1-3273,6-41894(2)、41895
　撫松軒詩稿　集4-32121
　撫松縣志[民國]　史7-56292
　撫松吟　集3-16219
　撫松吟集　叢2-886(5)
50 撫夷記畧　史1-3803
　撫夷紀畧　史1-1926,3804
　撫本禮記鄭注考異　經1-111(3)、169、
　　5543〜4
　撫東政畧　史6-47220　叢2-2161
　撫東奏疏　史6-48653
60 撫蜀奏議　史6-48333
64 撫時紀畧　史6-41733
　撫勦疏稿　史6-48592
67 撫鄂書牘　叢2-1849
　撫鄂批牘　叢2-1849
　撫郇雜錄　集3 13003
68 撫黔紀畧　史6-43110　叢2-1144
　撫黔紀別錄　史2-8985　叢2-1144
　撫黔封事　史6-48628
　撫黔奏議　史6-49049
　撫黔奏疏　史6-48627
　撫黔奏稿　史6-49153
77 撫閩密奏　史6-48639
　撫閩奏疏　史6-48640
　撫閩奏稿　史6-48737
　撫屬疏草　史6-48430
80 撫金廿六都東溪王氏曲江公支譜[江西金
　　谿]　史4-25349
90 撫掌詞　集7-46367、46369、46375、46378、
　　46388、46390、46732

5804₁ 拼

00 拼音識字表　經2-14484
　拼音代字訣　經2-14481

拼音字譜　經2-14476
拼音官話　經2-14485
拼音分韻　經2-14477

5804₆ 搏

00 搏齋先生緣督集　集1-3421、3424
　　搏齋先生緣督集、補遺　集1-3425

5806₁ 拾

10 拾零編文集　集5-40699
11 拾珥樓新鐫繡像小說一枕奇　子5-27777
　　拾珥樓新鐫繡像小說雙劍雪　子5-27779
　　拾珥樓新鐫像小說鴛鴦鍼　子5-27778
17 拾翠　子3-16987
　　拾翠集　集3-19335～6
　　拾翠堂醫案　子2-10915
20 拾重恩一段　集7-51549
　　拾愛一枝　集7-51026
　　拾香草　集2-12511,6-44424
　　拾香草堂　集4-25781
　　拾香草堂集　叢1-373(7)
21 拾伍端玫瑰經詩　子7-35517
　　拾比拾想　集7-53267
　　拾經樓紬書錄　史8-65949
23 拾俊圖放風箏一枝　集7-51027
25 拾穗山房文稿、倡和集　集4-26137
　　拾穗山房文鈔　集4-26138
　　拾穗山房詩稿　集4-26135
　　拾穗山房詩存　集4-26136
　　拾穗山房詩存、文鈔　集4-26133
　　拾穗山房集　集4-26134
26 拾得詩　集6-41820
35 拾遺　叢1-72
　　拾遺詩草　集3-20166,4-22988
　　拾遺記　子1-61,5-26224、26830～1　叢1-
　　　15、19(6)、20(4)、21(6)、24(7)、73～7、91～3、
　　　96、125～6、162、223(45)、227(7)、407(2)、2-
　　　730(5)
　　拾遺編初刻　集3-17666
　　拾遺名山記　子5-26832　叢1-22(12)、23
　　　(11)、29(2)、2-617(2)
　　拾遺補藝齋文鈔、詩鈔、詞鈔　集4-26337
　　拾遺補藝齋詞鈔　集7-47452
　　拾遺補藝齋遺書五種　叢2-1658

拾遺錄　子4-22296　叢1-223(40)、306
拾遺錄、校勘記、續校勘記　子4-22297
拾遺錄、校勘記、校勘續記　叢2-870(3)
拾遺類總　叢1-16
40 拾古印遺　史8-64952
44 拾藻　子5-26057
　　拾草堂詩存　集3-21558　叢2-886(3)
　　拾葉山房詩鈔　集5-33876
50 拾青客稿隨集　集5-35727
　　拾忠記十八本　集7-53925
55 拾慧集　子2-4734
　　拾慧錄　子5-25482
62 拾唾詩文全集　集3-13197
70 拾雅　經2-14668～9
　　拾雅、附音　叢1-330
77 拾朵花　集7-53268
80 拾八團忠義會一段　集7-51548
　　拾美國放風爭　集7-53269
88 拾鐸餘閒　子4-23121　集3-16678
　　拾餘詩草　集4-29353
　　拾餘編　集4-28891
　　拾餘偶存　集6-41985
　　拾餘四種　叢2-1640
　　拾餘類編　子5-25393

輶

51 輶軒雜錄　史1-4375　叢1-22(5)、23(5)
　　輶軒語　史8-66185、66187　子1-1965、
　　　2451～5　叢2-659、2000
　　輶軒記事　史1-1953
　　輶軒續錄　集6-44560
　　輶軒使者絕代語釋別國方言　經2-14826、
　　　14833　叢1-71、90～1、223(15)、230(2)、
　　　579,2-698(3)、730(5)、731(24)
　　輶軒使者絕代語釋別國方言、續方言、續方
　　　言補　經2-14847
　　輶軒使者絕代語釋別國方言、宋本方言校
　　　勘記　經2-14830
　　輶軒使者絕代語釋別國方言、校正補遺　經
　　　1-33,2-14828、15127　叢1-258,2-731(24)
　　輶軒使者絕代語釋別國方言[疏證]　叢1-
　　　238
　　輶軒使者絕代語釋別國方言疏證補　經2-
　　　14835　叢2-925
　　輶軒使者絕代語釋別國方言解(輶軒使者
　　　絕代語釋別國方言)　經2-14825
　　輶軒使者絕代語釋別國方言校正補遺　經
　　　2-14829

輓軒使者絕代語釋別國方言箋疏　經2-
　14839　叢1-516
輓軒使者絕代語釋別國方言箋疏、方言箋
　疏校勘記　經2-14840
輓軒使者絕代語釋別國方言箋疏、校勘記
　叢2-653(2)
輓軒使者絕代語釋別國方言類聚　經2-
　14832
輓軒絕代語　經2-14823　叢1-22(2)、23
　(2)、29(2)、77、249(2)、2-617(3)
輓軒博記續編　史2-8193
輓軒博紀　史2-8192
輓軒博紀續編　叢2-826
輓軒抗議　史6-47522
輓軒日記　叢2-1549
輓軒今語　子7-36261

5806₄　捨

17 捨子寶卷　集7-54585

5806₇　搶

48 搶楡子評古、覆瓿語　子4-20628
80 搶傘　集7-53628

5808₁　輚

87 輚鄿樓遺稿　叢2-623

5810₁　整

16 整理全國鹽務意見書　史6-43783
27 整勾股釋術　子3-12400
44 整菴先生存稿(整菴存稿)　集2-7351
　整菴續稿、整翁儀訓錄　集2-7349
　整菴續稿、銓部題奏摘要、整翁儀訓錄　集
　2-7348
　整菴存稿　叢1-223(65)
50 整書例署　叢1-187
51 整頓水師說、英埃戰紀、祕智戰紀　子7-

　36961
　整頓保甲巡防章程　史6-45430
　整頓稅契章程　史6-43482
　整頓淮南通泰兩屬二十塲鹽務章程　史6-
　43867
　整頓土貨條議　史6-43944
　整頓中國條例　子7-36258
　整頓中國桐油條陳　史6-43945
　整頓釐金章程議　叢2-1985
　整頓田房稅契章程　史6-43428
58 整數勾股和較表　子3-12845
80 整翁儀訓錄　集2-7348〜9

5811₆　蜕

00 蜕疣集　集3-13690
　蜕鹿軒詩存　集5-38932
　蜕庵詩存　集5-39164
　蜕庵賦存　集5-36497
　蜕齋詩稿、講義　集5-38473
　蜕齋遺集(蜕齋詩稿、蜕齋講義)　集5-
　38474
　蜕齋奏議　史6-49119
10 蜕石文鈔　集4-29994　叢2-843
20 蜕稿　集3-21725　叢2-971、1550
22 蜕巖詞　集1-5429〜30、5432〜3、7-46352、
　46791　叢1-223(73)、244(2)、353、2-698
　(11)、731(49)
　蜕私軒文稿　集5-39683
　蜕私軒詩說　經1-4454〜5
　蜕私軒集　集5-39681
　蜕私軒續集　集5-39682
　蜕私軒易說　經1-2025　叢2-690、691(2)
30 蜕窩集　叢2-1384
40 蜕存詩草　集5-38368
　蜕樵詩鈔　集5-35896
44 蜕菴詩　叢2-636(4)、672
　蜕菴詩(張蜕菴詩集)　集1-5434
　蜕菴詩(蜕菴集)　集1-5436
　蜕菴詩、集外詩、蜕巖詞　集1-5430
　蜕菴詩、集蜕巖詞　集1-5431
　蜕菴詩、集蜕巖詞、附錄　集1-5428
　蜕菴詩、補遺、附錄　集1-5437
　蜕菴詩、蜕巖詞　集1-5429、5432
　蜕菴集　集1-5435　叢1-223(61)
　蜕菴集、補遺　集1-5438
　蜕菴集詩、蜕巖詞　集1-5433
51 蜕軒集、續　叢2-691(3)
72 蜕隱山農墓表　史2-10740

中國古籍總目·索引

77 蛻學齋兩漢書校讀記　史1-6028
　蛻學翁遺集　集4-28226
　蛻學翁遺集五種　叢2-1682
80 蛻盦詩詞集　集5-41212
　蛻翁詩詞稿　集3-17612
　蛻翁詩集、文集　叢2-886(3)
　蛻翁草堂全集　集3-17613
　蛻龕詩集　集5-41108

5813₇ 蛉

10 蛉石齋詩鈔　集4-27977　叢2-1017

螊

00 螊廬詩集　集4-26236

5815₃ 蟻

21 蟻術詩選　集1-5703～4　叢1-265(5),2-637(4)
　蟻術詩選、詞選　集1-5701
　蟻術詞選　集7-46792　叢1-265(5)
24 蟻儲　叢2-2270(4)
60 蟻園自記年譜　史2-11850
88 蟻餘偶筆、附筆、讕言瑣記　子4-21738
　蟻餘偶筆、附筆　叢2-788

5816₁ 蛤

27 蛤仔難紀畧[嘉慶]　史8-63466

5821₄ 鼇

01 鼇訂官制參考摺件彙存　史6-42748
10 鼇正詩經序　叢2-1067
　鼇正按摩要術　子2-4724、10425
18 鼇務總局會詳遵札整頓鼇務增加各廠比較
　額數並暫行功過章程　史6-43586
30 鼇定直省官制酌改官規官俸意見書　史6-

42774
　鼇定整頓捕務章程　史6-45345
62 鼇剔官吏經征錢糧積弊摺　史6-43381

5824₀ 敖

10 敖西李氏族譜[江西上高]　史4-27395
　敖西翰溪劉氏族譜[江西上高]　史5-39407
　敖西羅氏六修族譜[江西上高]　史5-41081
22 敖山記　史7-49317(4)、49318(8)、52515
34 敖漢紀程　史7-53985　集4-32178
40 敖南孝友李氏族譜[江西上高]　史4-27394
　敖南孝友李氏三修族譜[江西上高]　史4-27393
43 敖城況氏家譜[江西上高]　史4-28664
50 敖東谷集　集2-8156,6-41935(4)
66 敖器之詩話　集6-45486、45612　叢1-22(14)、23(13)
72 敖氏傷寒金鏡錄　子2-4561、4603
　敖氏傷寒金鏡錄(金鏡錄傷寒驗證舌法圖說)　子2-6232
　敖氏金鏡錄驗舌法　子2-5006、6247
76 敖陽蛇溪鄔氏族譜[江西上高]　史5-36301
　敖陽嚴氏四門族譜[江西上高]　史5-41232
　敖陽陳氏族譜[江西上高]　史4-33261
　敖陽聞氏族譜[江西上高]　史5-38792
80 敖公紀述　子1-3922

敷

00 敷文詩集　集6-41894(2)
　敷文書說　經1-121　叢1-388～90
　敷文書院課藝　集5-38064
　敷文鄭氏書說　叢1-246、282(1)、283(1)
50 敷奏以言　史6-47968

5824₄ 嫠

30 嫠泣集　集2-11872

5833_4 熬

34 熬波圖　史7-49327　叢1-223(27),2-
　　599～600
　　熬波圖說　史6-43762

5833_6 鰲

11 鰲頭通書大全　子3-11685
22 鰲峯書院講學錄　子1-1585,4-21136
　　鰲山存真集詩鈔　集4-32337
　　鰲山存真草　集4-32336
32 鰲洲蒔草　集3-19308
　　鰲溪先生文集、詩學梯航　集1-5835

5840_1 聲

00 聲齋詩稿　集5-41166
76 聲隅子　子1-20,4-19941　叢1-265(3)
　　聲隅子歔欷瑣微論　子1-61,4-19940　叢
　　1-19(8)、20(6)、21(7)、24(9)、244(4),2-
　　731(11)

5844_0 數

00 數度衍　子3-12514
　　數度衍、比例測量儀器法　子3-12520
　　數度衍、幾何約　叢1-223(35)
　　數度小記　經1-108　叢2-814
16 數理通考　子3-11244
　　數理摘要　子3-12352
　　數理本原　子3-12521
　　數理問答　子3-12876
20 數往錄　史1-5721　叢2-1827
21 數術記遺　子3-11250、11255、12396、12411、
　　12413　叢1-22(18)、23(18)、98、169(2)、
　　223(35)、268(3)、418,2-731(25)
　　數術記遺、沈括隙積會圓二術　叢1-238
22 數峯草堂稿　集4-24331
23 數卜傳真　經1-2400
27 數紀典故補三集　子5-25833
　　數紀典故補四集　子5-25834

33 數述記遺、沈括隙積會圖二術　叢1-239
44 數藝蒙求　叢1-503
47 數帆樓焚餘詩鈔　集4-22594
　　數根術解　子3-12386～8
　　數根述解　子3-12370
50 數書九章　叢2-731(25)
　　數書九章(數學九章)　子3-12426
　　數書九章、數書九章札記　子3-12427
　　數書九章、附考、札記　叢1-343
　　數書九章札記　叢2-731(25)
　　數表　子3-12538
　　數表問答　子3-12539
60 數羅漢　集7-52197
71 數馬集　集2-10436
　　數馬集、續　集2-10437
　　數馬堂答問　子4-21149
77 數腿一枝　集7-51927
　　數學(翼梅)、續　叢2-731(27)
　　數學、續　子3-12389
　　數學、續數學　叢1-223(35)、274(4)
　　數學一隅　子3-12759
　　數學五書　子3-12349
　　數學理　子3-12388,7-36231(3)、37476
　　數學尋原　子3-12572
　　數學習題　子3-12877
　　數學上編　子3-12756
　　數學循途　子3-12758
　　數學名詞對照表　子3-12875
　　數學心得　子3-12757　叢1-394
　　數學補論　子3-12389　叢1-274(4),2-
　　731(27)
　　數學啓蒙　子7-36254、37477
　　數學啓蒙圖解　子3-12396
　　數學九章　子3-12426　叢1-223(35)
　　數學九章後記　子3-12395
　　數學探原　子3-12383
　　數學拾遺　子3-12364,7-36241
　　數學舉要　子3-12555
　　數學問答　子3-12760
　　數學鑰　子3-12515　叢1-223(35)
　　數學精詳　子3-12516～7
83 數錢葉譜　子3-18221　叢1-22(27)
90 數卷書屋偶筆　集4-26260
91 數類存　子5-26070

5871_7 籔

00 籔齋日記(清同治五年至八年)　史2-

13035

22 黿峯文集　集2-11281
　黿峯課選大題　叢2-1660
　黿峯課選古學　叢2-1660
　黿峯課選小題　叢2-1660
　黿峯集　集2-11282
　黿峯集選　集2-11283、6-41949
　黿峯倡和詩　叢2-832(3)
　黿峯書院志　史7-52071
　黿峯類藁　集2-7333～4
　黿山存真草　集6-42007(3)
　黿山蕭氏三修族譜[湖南湘潭]　史5-
　　40002
　黿山蕭氏續譜[湖南湘潭]　史5-40001
　黿山蕭氏四修族譜[湖南湘潭]　史5-
　　40003

5880₆ 贅

00 贅言續　子4-20582
　贅言十則　史6-41534、43085
　贅言存稿　集4-22264
　贅言錄　子4-21799
80 贅翁詩遺、雜著　集3-18662
　贅翁詩草　集4-28626

5894₀ 敕

00 敕褒即墨縣節孝錄　史2-8181
08 敕諭錄　史6-47646
　敕議或問　史6-47641　叢1-50、84(1)、85、
　　2-730(8)、731(45)
　敕議或間　叢1-51
15 敕建弘慈廣濟寺新志　史7-51540
　敕建環峯潭溪書院重修黃氏宗譜[福建建
　　陽]　史5-33921
　敕建淨慈寺志　史7-51616　叢2-832(4)
　敕建黃墩世忠廟集　史7-51782
　敕建攝山棲霞禪寺同戒錄　史7-51558
　敕建隆興寺誌　史7-51544
　敕建金山江天寺新志　史7-51565
20 敕住善果旅庵月和尚奏對錄　子7-34239
　敕香館詩存　集5-39039
27 敕修兩浙海塘通志　史6-46835～36
　敕修兩浙鹽法新志　史6-43829～30
　敕修兩浙鹽法志　史6-43828

　敕修百丈清規　子6-32089(52)、32090(66)、
　　32093(52)、7-34025
　敕修河東鹽法志　史6-43804
　敕修明史、目錄　史1-833
44 敕封靈佑襄濟河神黃大王(黃守才)事蹟
　　史2-9191
　敕封平天僊姑寶卷　集7-54265
　敕封天后志　史2-8619
　敕封空王古佛如來寶卷　集7-54171
　敕封光祿大夫議政大臣領侍衛內大臣滿洲
　　都統世襲一等男爵加一級諡勤僖蘇拜行
　　畧　史2-9152
52 敕授文林郎福建羅源縣知縣崔東壁先生行
　　畧　史2-9563
66 敕賜平山棲靈寺同戒錄　史7-51562
　敕賜紫雲書院志　史7-52102
　敕賜紫雲書院志、學規、三十六詠　叢2-
　　1368
　敕賜潘許同宗濟美譜牒[浙江餘姚]　史5-
　　34404
　敕賜滁陽王廟碑　史7-51844　叢1-50～
　　1、54
　敕賜餘姚潘許同宗濟美寶給堂譜牒[浙江
　　餘姚]　史5-39797

5902₀ 抄

02 抄刻淮北調十不全　集7-53634
17 抄胥剩墨　子4-21905
20 抄集諸家治痘祕訣、治麻疹祕訣　子2-
　　9090
25 抄朱子札言　叢1-151
　抄朱子劄言　子1-803
26 抄和珅家產單並各詩　史1-3758
30 抄寫新刻王天寶　集7-52086
47 抄報隨聞錄　史1-4073
50 抄本琴譜　子3-17794
　抄本經驗良方册　子2-10177
　抄本推穴針灸藥書　子2-10260
　抄本煉丹書四種　子5-29578
87 抄錄名案醫方　子2-10038
　抄錄各項條奏存案　史6-48000

5905₀ 拌

61 拌嘴子弟書(姑嫂拌嘴)　集7-52147

5906₆ 擋

55 擋曹　集 7 - 52217

5911₄ 螳

57 螳螂做親寶卷　集 7 - 54468
　　螳螂寶卷　集 7 - 54468
70 螳臂錄　史 1 - 3418～9

6

6000₀ □

00 □庵槩　子3-11337
08 □譜類篇　子5-25262
11 □北三廳志[乾隆]　史7-55103
　　□孺人行實　史2-9425
28 □峪子　子4-21635
37 □湖北山豫章蔣氏合修族譜[江西南昌]
　　史5-38190
47 □榴齋詩集　集4-29452
60 □園詩鐘　子3-18167
87 □鍈龍頭一覽學海不求人　子5-25183

口

00 口音辯訛　經2-13870~1
11 口頭語　叢2-1545
　　口頭吟詩草　集4-25144
16 口碑集　集3-17922
21 口齒類要　子2-4559~61、4771(3)、7376、
　　7427
25 口傳梔子花兒號子書　集7-53634
　　口傳相與姐姐號子書　集7-53634
　　口傳懶梳妝號子書　集7-53634
86 口鐸日抄　子7-35282
88 口筆刀圭　子4-23872

6001₄ 唯

03 唯識論(破色心論)　子6-32084(15)、32085
　　(24)、32093(25)
　　唯識論述記　子7-33593
　　唯識二十論　子6-32081(25)、32083(16)、
　　32085(24)、32086(27)、32088(18)、32089
　　(43)、32090(50)、32091(48)、32092(33)、
　　32093(25),7-32761
　　唯識二十論述記　子7-33588
　　唯識三十論　子6-32081(25)、32083(16)、
　　32085(24)、32086(27)、32088(18)、32089(43、

52)、32090(66)、32091(47)、32092(32)
　　唯識三十論要釋　子7-33590
　　唯識三十論約意　子7-33642
　　唯識三十論直解　子7-33591、33645
　　唯識三十論頌　子6-32084(15)、32090(49)、
　　32093(25)
　　唯識開蒙問答　子7-33617
26 唯自勉齋文存　集4-32918
　　唯自勉齋長物志　叢2-796
30 唯室集　集1-3312~6,6-41784　叢1-223
　　(54)
33 唯心詩集、詩續集　集5-34790
　　唯心訣　子7-33974
　　唯心五種　子7-33974
　　唯心集　子7-34586　集4-24423
90 唯堂遺詩　集4-27021

瞳

32 瞳浮山人稿　集4-22212

睢

30 睢寧王氏家譜[江蘇睢寧]　史4-24805
　　睢寧潘傑三(宰英)事畧　史2-10387
　　睢寧縣志(睢寧縣舊志)[康熙]　史7-
　　56614
　　睢寧縣志[康熙]　史7-56615
　　睢寧縣志稿[光緒]　史7-56616
32 睢州逸德軒田簀山先生評選史記　史1-
　　5123
　　睢州志[康熙]　史8-59845~6
　　睢州志[弘治]　史8-59844
　　睢州志[光緒]　史8-59847
　　睢州人物藝文所見錄　史7-50650
76 睢陽五老會　叢1-119~20
　　睢陽衛田氏家乘[河南睢縣]　史4-26105
　　睢陽沈氏家譜[河南商丘]　史4-29122
　　睢陽蔣氏家譜[河南商丘]　史5-38193
　　睢陽劉氏家譜[河南睢縣]　史5-39433
　　睢陽人物志　史2-8202
　　睢陽節　集7-50489

60027 啼

88 啼笑姻緣正續集　集7-53975

60036 噎

88 噎餘室詩鈔　集5-39746

60048 咬

47 咬根山房詩存　集4-31241
70 咬臍郎打圍一段　集7-51612

晬

27 晬盤詩鈔　集4-25749

60061 暗

20 暗香疏影齋詞鈔　集7-48077
　　暗香樓樂府　集7-50378
27 暗修記　子1-1922
30 暗室燈　子5-30489　叢2-724
　　暗室燈註解　子5-29582、30490
　　暗室燈注釋　子5-30491
44 暗藏鶯　集7-49639
47 暗殺奇案報仇恨　子5-27904
　　暗殺史　史1-1994、4332
72 暗隱八條腿一枝　集7-51651

60082 咳

08 咳論經旨　子2-4768
　　咳論經旨（欬論經旨）　子2-7222
67 咳嗽治法　子2-7221

60086 曠

00 曠亭集　史8-65335
　　曠廬詩集　集5-37064
　　曠廬詩續集、補遺　集5-37065
08 曠論　子4-21646　叢2-2093
36 曠視山房雜著　子4-21699
　　曠視山房小題　集4-32183
46 曠觀樓詩存　集4-33076
　　曠觀樓詞　集7-46399～400、47147
　　曠觀園文集、詩集　集3-13687
60 曠園雜志　子5-27079　叢1-210～1、373
　　(8)
72 曠氏七修族譜[湖南衡山]　史5-40932
90 曠懷堂詩鈔　集5-35759

60100 日

00 日庵詩選　集3-18667
　　日旁氣候　子3-11249
　　日文書目　史8-65539
　　日文圖書草目　史8-65543
02 日新樓詩草　集4-32828,6-42007(1)
　　日新書屋稿　集3-19455
05 日講禮記解義　經1-5699　叢1-223(9)、
　　227(3)
　　日講書經解義　經1-2830　叢1-223(6)、
　　227(2)
　　日講春秋解義、總說　經1-7731　叢1-223
　　(11)、227(3)
　　日講四書解義　經2-10576、10632　叢1-
　　223(14)、227(4)
　　日講易經解義　叢1-227(2)
　　日講易經解義、筮儀、朱子圖說　叢1-223
　　(4)
　　日講易經解義、筮儀、圖說　經1-1113
06 日課便蒙旁注畧解正編、文贊類集附編
　　子7-35087
　　日課便蒙文讚類集附編　子7-35088
　　日課撮要　子7-35550
07 日記　史2-13170　叢2-1018
　　日記(清宣統元年至三年)　史2-13245
　　日記(清道光二十年二月初一日至二十一
　　年正月十二日)　史2-12762
　　日記(清道光十二年十六年至十八年、二十
　　六年、二十九年至三十年,咸豐三年、七

　　　年、十年）　史 2 - 12791
　　日記（清光緒二十五年）　史 2 - 13180
　　日記（清光緒二年）　史 2 - 13184　叢 2 -
　　　2082
　　日記（清光緒三年至十一年）　史 2 - 12990
　　日記（嘉慶二十二年三月十三日至二十四
　　　年九月二十八日）　史 2 - 12677
　　日記（咸豐十一年至同治元年）　叢 2 - 1019
　　日記（同治四年至五年）　叢 2 - 1019
　　日記、札草　史 2 - 13134
　　日記僅存　子 1 - 1646　叢 2 - 1595
　　日記之模範　史 2 - 12950
　　日記存稿　集 5 - 40191
　　日記故事　子 4 - 23907
　　日記日記之餘　叢 2 - 1807
08 日譜（清嘉慶二十年至同治四年）　史 2 -
　　　12742
　　日譜（清乾隆四十八年至嘉慶十七年）　史
　　　2 - 12622
10 日露戰爭未來記　子 7 - 38139
　　日爾曼史　子 7 - 36350
　　日下賡歌集　集 4 - 26620
　　日下賡歌集、豔雪軒文稿、詩存　集 4 -
　　　26619
　　日下新謳　集 4 - 23191
　　日下看花記　史 2 - 7679
　　日下集　集 3 - 20716
　　日下梨園百詠　集 7 - 54867
　　日下舊聞　史 7 - 49826　叢 1 - 373(6)
　　日下舊聞選　史 7 - 49827　叢 1 - 407(3)
　　日下舊聞考　史 7 - 49828～9
　　日下題襟集　集 6 - 41992
　　日下題襟合集　集 6 - 44044
　　日下尊聞錄　史 7 - 49322、49835
11 日北居獨坐談　子 4 - 20921
　　日北居周易獨坐談　經 1 - 915
20 日香居課餘吟草鈔　集 4 - 23423
　　日纏表　子 3 - 11400
22 日山文集　集 4 - 22058
23 日俄交涉戰紀初編　史 6 - 45107
　　日俄戰後滿洲處分案　史 6 - 45013
　　日俄戰紀上編　子 7 - 36452
　　日俄勝敗扶論　子 7 - 36819
25 日生集（綠映樓文鈔，詩鈔）　集 3 - 14958
26 日程　子 1 - 1512
27 日紀警策　叢 2 - 1192
30 日注鈔（清光緒三十二年至三十三年）　史
　　　2 - 13177
　　日家心得、神峯通考中諸格局　子 3 - 14590
　　日家奇門便用　子 3 - 14357
　　日進直講　經 2 - 10320　叢 2 - 1099、1101

31 日河新燈錄　子 3 - 18381
　　日涉編　史 6 - 49257～9
　　日涉園集　集 1 - 2675、2677　叢 1 - 223(53)
　　日涉園集、補遺　集 1 - 2676　叢 2 - 870(4)
　　日涉錄　子 4 - 22598
33 日祕史　子 7 - 36389　叢 1 - 531
34 日法界地鐵路例章　子 7 - 37178
　　日法朔餘彊弱攷　子 3 - 12354
35 日清海陸戰爭史　史 1 - 4259
37 日湖毛氏宗譜［浙江寧波］　史 4 - 25589
　　日湖集　叢 2 - 2183
　　日湖漁唱　集 7 - 46363、46701
　　日湖漁唱、補遺、續補遺　集 7 - 46349、
　　　46702～3　叢 1 - 456(3)，2 - 731(48)
38 日游筆記　史 7 - 54650
　　日遊瑣識　史 7 - 54124
　　日遊瑣識（清光緒三十一年）　史 2 - 13210
　　日遊彙編　史 6 - 42579
40 日南隨筆　叢 2 - 2109
　　日李花譜　子 4 - 19242
42 日斯巴尼亞國條款　史 6 - 44035、44090
　　日斯巴尼亞國條款和約章程　史 6 - 44034、
　　　44089
44 日葡界地鐵路例章　子 7 - 37179
46 日觀集、續集　集 3 - 15314
　　日觀集文稿　集 3 - 15312
47 日起錄　叢 2 - 2270(4)
50 日本商務視察書　史 6 - 44048
　　日本商律五編　子 7 - 36626
　　日本商約原送條款　史 6 - 44047
　　日本商法　子 7 - 36625
　　日本商法論・手形編（法學名撰）　子 7 -
　　　37282
　　日本商法論・總則編（法學名撰）　子 7 -
　　　37279
　　日本商法論・海商編（法學名撰）　子 7 -
　　　37281
　　日本商法論・會社編（法學名撰）　子 7 -
　　　37280
　　日本帝國憲法義解、皇室典範義解　子 7 -
　　　36586
　　日本高等師範學校章程　子 7 - 36792
　　日本高等學校規則要覽　子 7 - 36232、36701
　　日本府縣制郡制要義　子 7 - 36590
　　日本廣島高等師範學校附屬中學校規程譯
　　　要　子 7 - 36788
　　日本文部省沿革及官制　子 7 - 36557
　　日本文部省沿革署　子 7 - 36232、36791
　　日本訪書志　史 8 - 65396～7
　　日本訪書志補　史 8 - 65398
　　日本雜詩　史 7 - 54604　叢 1 - 242(3)

日本雜記　史7-49317(1)、49318(16)、54622
日本雜事　史7-49317(5)、49318(16)、54613
日本雜事詩　史7-54614　子7-36249　集5-37875~6
日本新政考　史6-41946　子7-36249~50
日本新定工場法案　子7-36629
日本新史攬要　子7-36390
日本新聞紙條例　子7-36630
日本記游　史7-49317(1)
日本記遊　史7-54621
日本記遊、雜記　叢1-562
日本議會詁法　史6-46057
日本議會紀事全編　子7-36514
日本議會史　子7-36515
日本丙午議會　子7-36548
日本疆域考　史7-54633
日本疆域險要　史7-49318(16)、54630
日本水産會章程　子7-37101
日本刑法　子7-36666、36668
日本刑法四編　子7-36667
日本武學兵隊紀畧、附存　史6-45323　子7-36228(5)
日本殘碑　史8-63498、64134
日本現勢論　子7-38094
日本現時教育　子7-36232、36706
日本耶穌教之近況　子7-35763
日本司法窺要　史6-46056
日本政治要覽十篇　子7-36549
日本政治地理　子7-37732~3
日本政體史　子7-36448
日本改正刑法草案　子7-36647
日本改正刑法第三次草案　子7-36676
日本瑣誌　史7-49317(1)、49318(16)、54639
日本維新三十年史　子7-36444
日本維新史　子7-36447
日本維新慷慨史(近古慷慨家列傳)　子7-36392
日本師船考、表　子7-37354
日本經營阿里山記　史7-49357、54541
日本變法次第類考三集　子7-36540
日本山表說　史7-49318(16)、54631
日本外史　子7-36395
日本貨幣史　子7-37278
日本傳畧　史2-6248
日本皇室典範義解　子7-36491
日本各校紀畧　史6-42578　子7-36765
日本各校紀畧、附存　子7-36228(5)
日本各地特有物産表　史7-54628
日本各學校章程　史6-42589
日本各學校規則　子7-36766

日本紀游詩　史7-54118
日本紀遊　史7-49318(16)
日本紀遊詩　集5-36779
日本憲政畧論　子7-38095
日本憲法說明書　子7-36595
日本憲法疏證　子7-36627
日本憲法要義　子7-36596
日本憲法法理圖解　子7-36593
日本憲法全書　子7-36594
日本憲兵制　子7-36934
日本寄語　叢1-22(22)
日本官制通覽　史6-42787
日本河渠志　史7-49318(17)、54632
日本源流考　史7-54649
日本遞信省職制　子7-36565
日本近世教育概覽　子7-36232、36790
日本近事記　史7-49317(5)、49318(16)、54607
日本法制要旨　子7-36589
日本法制史　子7-36566
日本法制錄　史6-46055
日本法規解字　史6-46053
日本法規大全　子7-36587
日本法規大全附解字　子7-36588
日本沿革　史7-49318(16)、54626
日本通中國考　史7-49317(5)、49318(16)、54608
日本軍政要畧　子7-38130
日本軍制　子7-36930
日本軍事教育編　子7-36235、36770
日本軍隊給與法　子7-36929
日本游學指南　史6-42584
日本海軍刑法　子7-36664
日本海軍教育條規　子7-36767
日本海軍學校章程滙纂　子7-36232、36789
日本海道圖說　史6-45574,7-49319
日本海陸兵　子7-36928
日本道澄寺鐘銘　史8-63501、64296
日本大阪府立農學校章程　子7-36700
日本存銀制度四種、貨幣鈔票等條例　史6-44503
日本志　子7-36245
日本志畧　子7-36234　叢1-549
日本女子高等師範學校章程　子7-36705
日本古刻佛足跡碑　史8-63501、64729
日本古刻銅燈檯銘　史8-63501、64297
日本載筆　史7-49317(5)、49318(16)
日本裁判所構成法　子7-36585
日本栽桑捷法圖說四章　子7-37061
日本地埋志　子7-37731

日本地理兵要　史7-54652
日本地理問答　子7-37779
日本考　史7-54597　叢2-727
日本考察學務遊記、訪書記　史6-42580
日本考畧　史7-49317(5)、49318(16)、54596、
　　54625　子1-3066、3081　叢1-55、326、2-
　　731(60)
日本華族女學校規則　子7-36768、36792
　　叢1-524
日本共進會章程　史6-44049
日本犯華考　史1-1982,6-45012
日本橘氏敦煌將來藏經目錄　史8-66362
　　叢2-599
日本教育制度　子7-36792
日本教育家福澤諭吉傳　子7-36232
日本教育法規　子7-36555
日本教育法規、文部省直轄各部位置、索引
　　子7-36567
日本教育法令　子7-36556
日本警察調查提綱　史6-45401
日本警察法概要　史6-45402
日本中興先覺志　子7-36488
日本史畧、日本師船考　子7-36386
日本書目志　史8-65399
日本東京府尋常中學校一覽　子7-36764
日本農科大學章程　子7-36704
日本農業家伊達邦成傳　子7-36497
日本撰作權法　子7-36631
日本國通商行船條約　史6-44043
日本國志　史7-54618、54651
日本國志序　史7-54617　叢1-531
日本國志序論　史7-54616
日本國志序例　史7-54615　叢1-479
日本國考畧　史7-54593　叢1-51、164
日本國考畧、補遺　史7-54594　叢1-50
日本國見在書目錄　叢1-446
日本圖書館調查叢記　子7-36774
日本圖纂　史7-49334、54595
日本題名殘碑　史8-63501、64728
日本財政考畧　史6-43205
日本財務行政述要　史6-43204
日本財務行政述要五篇附錄一篇　子7-
　　37353
日本明治法制史　子7-36443
日本明治學校沿革史　子7-36703
日本歷史　子7-36383~5
日本所刊書目　史8-65252、66291
日本陸軍刑法、日本海軍刑法　子7-36933
日本陸軍軍制提要　子7-36932
日本陸軍大學校論畧　子7-36228(5)
日本陸軍學校章程滙編　子7-36771

日本陸海軍刑法　子7-36931
日本風俗　史7-49318(21)、54629
日本風土記　史7-49318(21)、54602
日本學校章程三種　子7-36792
日本學校章程彙編　史6-42590
日本學校源流　子7-36751
日本學校述畧　子7-36228(5)、36775
日本民法(債權編親族編相續編)　子7-
　　36592
日本民法要義(債權編)　子7-36591
日本興業銀行章程　子7-37356
日本興地通志　子7-36396
日本監獄實務　子7-36665
日本監獄實務第一編　史6-46307
日本監獄法　子7-36648
日本鹽政考　史6-43925
日本鹽專賣法規　子7-37357
日本全史　子7-36382
日本全國漫遊記　子7-38011~2
日本金石志、金石年表　史8-64132
日本金石年表　史8-64133　叢1-419、2-
　　731(32)
日本普通學務錄　子7-36772
日本會計檢查院情形　史6-46058
日本乞師記　叢2-1261
日本乞師紀　史1-3422
日本食貨志　子7-37355
日本鐵路法規滙纂　子7-37177
日本竹譜　子7-37074
日本小學校章程　子7-36237
日本小學教育制度　史6-42588
日本火車時刻價目表　史6-44344
日本燈詞　集7-49375
日東先生文　集5-37218
55 日典紀要　史6-49288
56 日損齋文稿、詩稿　集5-35031
日損齋稿　集1-5261
日損齋日記(清同治七年至九年)　史2-
　　12930
日損齋筆記　子4-22945　集1-5259　叢
　　1-34、163、223(40)、273(5)、274(5)、2-731
　　(4)、857
日損齋筆記、考證　子4-22946　叢2-859
日損益齋詩鈔　集5-33736
日損益齋古文　集4-28838
日損益齋古今體詩　集4-28839
日損益齋駢儷文鈔　集5-33755
日損益齋駢體文鈔　集5-33764
日損堂初稿　集2-12080
60 日星測時新表　子3-11487
日躔表　子3-11234

日躔曆指　子3-11234　叢2-1792

日晷圖法　子1-3103,3-11242

67 日照許氏諸城李氏金文拓本釋　史8-64194

日照丁氏家乘[山東日照]　史4-24673～4

日照丁氏藏器目　史8-63510、64338

日照縣志[康熙]　史8-59308～9

日照縣志[光緒]　史8-59310

68 日吟小草　集4-32791

71 日長山靜草堂詩存、補遺　集5-36530

74 日熨灸法　子2-10382

77 日月刻度通書　子3-12194

日月雲山地震災詳圖錄　子3-11304

日月以尊卑起例　經1-8035

日月大小論　叢1-371

日月坤輿七政指南　子3-11558

日月眼科　子2-4670、7343

日月食考　子7-36240(4)

日月燈　經2-14540

日用便覽事類全集　集5-25642

日用經　子5-29547、29586

日用經約解　子5-29580、30036

日用必須　子3-12383

日用本草　子2-5849

日聞錄　子4-23823　叢1-223(41)、246、273(5)、274(5)、282(2)、283(2)、448,2-731(7)

日貫齋說　叢2-624(4)

日貫齋塗說　子4-21381　叢1-203(16)、2-683、971、1474

80 日食　子3-11440

日食一貫歌　叢2-731(26)、869

日食步法　子3-11489

日食細草　子3-11441

日食通軌　子3-11344

日食南北里差立成　子3-11585

日食蒙求、附說　子3-11239

日食推算法　子3-11490

日食表　叢2-2265

82 日劄　子4-21698

84 日鋤齋詩集、缶音、洵嗃　集4-25310

86 日知薈說　子1-2001　叢1-223(31)

日知薈說講義　子1-2002

日知月無忘齋課稿　集4-30296

日知錄　經1-111(1),2-11848　子1-1419,4-22303～4　叢1-373(5),2-1283

日知錄、謠觚十事　子4-22305

日知錄、日知錄之餘　子4-22306

日知錄、目錄　叢1-223(40)

日知錄集釋、刊誤、續刊誤　子4-22319　叢1-437,2-698(7)

日知錄集釋詩說　經1-3925

日知錄栞誤合刻　子4-22320　叢2-1791

日知錄續補正　子4-22309、22568　叢2-630

日知錄之餘　子4-22307　叢1-373(5),2-609

日知錄補正集說　子4-22308

日知錄校記　子4-22310

日知錄校正　子4-22540～1　叢1-537

日知錄史評　史1-5966　叢1-330～1

日知錄小箋　子4-22690　叢2-1920

日知堂文集　集3-15834

日知堂試帖　叢2-2040

日知堂賸集　叢2-2040

日知堂筆記　子4-23344　叢2-2040

87 日錄　子4-21056、22791　叢1-563

日錄裏言　子4-21054

日錄裏言　叢1-195(2)、201、203(4)、2-731(8)

日錄雜說　子4-21055　叢1-201、203(2)

日錄論文　集6-46269　叢1-201、203(4)

88 日餘詩鈔、詞　集4-24755

90 日懷堂奏疏　史6-48632　集3-14009

日堂文鈔　集3-18073

日光菩薩月光菩薩陀羅尼　子6-32093(35)

日省齋文集、詩集　集4-31125

日省齋偶抄　史1-5739

日省三戒　子4-23271

日省吾齋讀曲禮　經1-5802

日省吾齋讀曲禮內則　經1-5803

日省編　子1-2563、2623

日省編(清嘉慶二十二年至二十五年)　史2-12636

日省錄　子1-1602、2555　叢1-299～300、365、481

日省錄、補遺　子1-2557

91 日悟錄　子1-1741

94 日慎齋詩草、外集　集4-33606

旦

44 旦華樓詩　集4-25423

曰

44 曰若編　史2-13386　叢2-1946

6010₁ 目

00 目方　子2-4723、7362　叢2-1817
08 目論　子2-7415
21 目經大成　子2-7327
24 目科正宗　子2-7328
　　目科捷徑、絳雪丹全書　子2-7334~5
25 目犍連尊者救母脱離地獄生天寶卷　集7-54221
33 目治偶鈔　史8-65370
35 目連生救母全本　集7-51517
　　目連僧救母一段　集7-51515
　　目連救母出離地獄生天寶卷　集7-54222
　　目連救母十殿尋娘　集7-53228
　　目連所問經　子6-32083(28)
　　目連問戒律中五百輕重事經　子6-32083(24)、32089(40)
38 目游錄　史7-53126
44 目蓮三世寶卷(目蓮寶卷)　集7-54224
　　目蓮生救母一段　集7-51516
　　目蓮生救母全本　集7-53403
　　目蓮寶卷　集7-54227~8
　　目蓮救母幽冥寶傳(幽冥寶傳、幽冥傳)　集7-54225
　　目蓮救母幽冥寶傳(目蓮救母幽冥傳、幽冥寶傳、幽冥傳)　集7-54226
　　目蓮卷全集　集7-54223
46 目覩天一閣書錄、附編　史8-65571
55 目耕初稿　集4-22228
　　目耕帖　經2-11681　叢2-774(11)
　　目耕堂制藝　集4-28624
　　目耕堂筆記　子4-22677
57 目擊東倭釁隙專修備禦疏　史6-47799、48323
80 目前集　集2-10430　叢2-1154~5、1157~8
87 目錄校勘記　史6-47516
　　目錄學　史8-65280　叢2-2270(2)
　　目錄敍畧　叢1-223(15)
　　目錄類編　史6-45594
99 目營小輯　史7-49583

6010₄ 呈

10 呈貢文氏三遺集合鈔三種　叢2-886(3)
　　呈貢二孫遺詩二種　叢2-886(4)

　　呈貢鄉先輩著述目錄　史8-66138
　　呈貢縣志[雍正]　史8-62356
　　呈貢縣志[康熙]　史8-62355
　　呈貢縣志[光緒]　史8-62357
37 呈洛洞玄經論圖訣　子3-13737

墨

00 墨亭新賦　史7-51918　叢2-1070
　　墨庵樓試草　集3-19656
　　墨齋詩錄　集5-36600
　　墨齋存稿　集5-40060
　　墨商　子4-19540
　　墨商、補遺　叢2-867
　　墨商、墨商補遺　子4-19541
　　墨商五編　集4-32808
　　墨磨軒劫餘剩草　集4-31032
　　墨辨評注　叢2-2162
　　墨辨評注殘稿　叢2-2162
　　墨辨評注初稿　叢2-2162
　　墨辨釋要札記、墨辨釋詞擬目　子4-19561
　　墨辨斠注　子4-19555
　　墨辨斠注殘稿　子4-19556
　　墨辨斠注初稿　子4-19557
　　墨辯釋要札記、墨辯釋詞擬目　叢2-2162
　　墨辯解故序　叢2-2129(3)、2130
　　墨雜說　子4-18775、18790
01 墨譚　子4-18775、18797
05 墨訣　子4-18834　叢1-367
　　墨訣四則　子1-2411　叢1-368
07 墨記　子4-18775、18782、18798　叢1-22(16)、23(16)、195(6)、353、2-731(31)
08 墨說　子4-18799、18836
　　墨說、茶說、花說、香說、爐硯說　子4-18542
　　墨說、筆說、紙說　子1-72
　　墨說要指　子4-19559　叢2-2162
　　墨譜　子4-18548、18778~9、18783、18825　叢2-833
　　墨譜、如韋館墨評　子4-18777
　　墨譜法式　子4-18780　叢1-223(38)
09 墨麟詩　集3-18897
　　墨談　叢1-94
　　墨紗法式論注　子4-18802
10 墨爾根志[光緒]　史7-56341
　　墨雨齋文鈔　集4-22046
　　墨雨齋詩鈔、詩續鈔、詩近鈔　集4-22047
　　墨雨堂印館　子3-17001

墨霞堂詩鈔　集3-18989
墨西哥記　史7-49317(5)、49318(18)
墨西哥述署　史7-54876　叢1-531,2-2056
墨西哥共和國鐵路律　史6-44350
墨西哥國通商條約　子7-37383
墨西哥與美合衆國　子7-36832
墨醉軒詩存　集4-32807
墨雲堂詩　集3-15825
17 墨子　子1-16～20、23、25、35、42、61、65、67～70,4-19525～33、19535,5-29530(22)　叢1-19(3、8)、20(6)、21(5、7)、24(4、9)、223(39)、227(7),2-635(4)、697、698(6)、730(6)
墨子(翟)傳　史2-8430
墨子(墨子上下篇註)　子4-19545
墨子、目、篇目考　子4-19534
墨子、篇目考　子1-62、64　叢1-257,2-731(11)
墨子雜誌　叢2-923
墨子評注補正　叢2-2127
墨子平議　子1-82,4-19543　叢2-1920
墨子引書說　子4-19551　叢2-1950
墨子刊誤　子4-19542　叢1-529
墨子經說解　子4-19548　叢2-610、1616
墨子經校注　子4-19546
墨子佚文　子4-19552　叢2-777
墨子傳　叢2-776
墨子注　叢2-2105～6
墨子注、佚文　子4-19544
墨子校記　子4-19539
墨子批選　子4-19549　叢2-1115
墨子斠注補正　子4-19550
墨子拾補　叢2-2248
墨子閒詁、目錄、後語　子4-19537
墨子學說今釋　叢2-2264
墨子箋　子4-19536
墨子尚書古義　經1-3120
墨君題語　子3-16137、16139　叢2-1181
墨君題語、蓟旋錄、璽召錄、墨君題語　叢2-721
18 墨憨齋訂定萬事足傳奇　集7-49951
墨憨齋訂定人獸關傳奇(一笠庵重定人獸關傳奇)　集7-50143
墨憨齋新訂精忠旗傳奇　集7-49951、49954
墨憨齋新編醒名花　子5-28249
墨憨齋新定灑雪堂傳奇　集7-49951、49955
墨憨齋新灌園傳奇　集7-49951
墨憨齋新曲十種(墨憨齋定本十種傳奇)　集7-49951
墨憨齋詳定酒家傭傳奇　集7-49951
墨憨齋重訂永團圓傳奇　集7-50145

墨憨齋重定三會親風流夢　集7-49953
墨憨齋重定西樓楚江情傳奇　集7-49951
墨憨齋重定雙雄傳奇　集7-49951
墨憨齋重定永團圓傳奇　集7-50140
墨憨齋重定女丈夫傳奇　集7-49951～2
墨憨齋重定夢磊傳奇　集7-49951
墨憨齋重定量江記　集7-49951
墨憨齋重定人獸關傳奇　集7-50140
墨憨齋批點北宋三遂平妖傳　子5-28820
墨憨詞存　集7-47590
20 墨舫剩稿　集3-20506
墨香書屋詩草　集4-29850
墨香書屋叢書十一種　叢2-1900
墨香居畫識　子3-16100～1
墨香閣文集　集3-18069
墨香簃叢編六種　叢2-623
墨乘三種　子4-18840
21 墨經　子4-18781　叢1-11～2、22(16)、23(16)、25～6、28、37、49、86、169(2)、181、205、223(38)、268(4)、353,2-730(6)、731(31)、1025
墨經詁義　子4-19553　叢2-2162
墨經詁義初稿　子4-19554　叢2-2162
墨經正文解義　子4-19547
墨經堂集　集3-21382
墨經光學發微　叢2-2264
22 墨岑遺稿　集3-18549
墨鶯書畫　子5-30514
墨崑崙傳　叢1-29(4)、255(3)
墨山草堂初集　集2-12421
墨巢集　集2-12795
23 墨稼穡齋詩文稿　集4-33154
墨稼穡齋刪存稿　集4-33155
墨稼軒詩集　集3-17661
墨稼軒遺稿　集4-33491
墨稼堂稿　集4-23006
26 墨泉遺稿　集4-26400
27 墨緣彙觀(墨緣彙觀錄)　子3-14788
墨緣彙觀撰人考　子3-14789
墨緣彙觀錄　叢1-456(7),2-731(34)
墨緣館文鈔　集4-28314
墨緣館詩鈔　集4-28313
墨緣小錄　史2-7671　子3-16116　叢2-662
30 墨守要義　子4-19558　叢2-2162
墨客揮犀　子5-26277～8　叢1-17、19(6)、22(3)、23(3)、24(6)、31、56、99～101、223(45),2-735(3)
墨客揮犀續　叢1-20(4)
墨宧文鈔、嘯樓吟稿　集5-39092
墨宧詩鈔、詞　集5-39091

墨寶齋集驗方　子2-9295
31 墨江修禊詩　子4-21667
墨江縣志稿[民國]　史8-62483
墨江縣地誌資料[民國]　史8-62482
墨汀文補錄　集3-18259
墨汀文錄　集3-18258
32 墨洲雜記　史7-49317(5)、49318(18)、54866
墨溪盧氏族譜[江西萬載]　史5-40099
33 墨浪軒遺稿　集3-21024
墨瀋詞　集7-47889
34 墨池雜著　集4-24362
墨池新組　集6-43155
墨池璅錄　叢1-22(26)、114(3)、223(37)、353
墨池璅錄(墨池璅錄)　子3-15088
墨池殘沈　子4-21573
墨池璅錄　叢1-282(3)、283(3)、2-1092
墨池編　子3-15056　叢1-223(37)
墨池編、續編　子3-15054
墨池編、印典　子3-15055
墨池魚　子5-25360
墨池浪語　子4-20535　叢1-22(23)、252
墨池初稿　集2-10060
墨池堂選帖　子3-15713
墨法集要　子4-18787　叢1-223(38)、227(8)、229、230(4)、353、2-731(31)
墨法通精　子4-18839
37 墨瀾亭文集　集3-16384
38 墨海　子4-18803~4
墨海金壺　叢1-273(1)
40 墨志　子4-18808　叢1-203(16)、336~7、448、456(6)、457、2-731(31)
墨壽閣詩集　集5-34693
墨壽閣詞鈔、續鈔　集7-48598
墨樵詩概選　集3-17573
41 墨顛齋吟草　集4-22595
42 墨楯　史1-3138　叢2-869
43 墨娥漫錄　史7-51275　叢1-17、19(2)、20(1)、21(2)、22(3)、23(6)、24(2)
墨娥小錄　子4-23697~8
44 墨苑序　子4-18789
墨苑叢談　子4-18775
墨花香館詩存、詩餘　集5-35822
墨花仙館遺稿　集4-29096
墨花禪印稿　子3-17023~4
墨花書舫吟稿　集4-27268
墨花軒詩詞删存　集4-33128
墨花吟館病幾續鈔　集5-33941
墨花吟館文續鈔　集5-33947
墨花吟館文鈔　集5-33946
墨花吟館詩鈔　集5-33943

墨花吟館感舊懷人集　集5-33940　叢2-683
墨花館文鈔　集5-33945
墨花館詩鈔　集5-33939
墨莊文鈔　集4-25185　叢2-1631
墨莊雜著四種　叢2-1631
墨莊詩草　集4-26758
墨莊詩鈔　集3-19723、20876~7
墨莊詩鈔、文鈔、詞餘　集3-16844
墨莊詞餘　集7-50663
墨莊集　集3-16793
墨莊何氏族譜[湖南瀏陽]　史4-28380
墨莊樂府鈔　集7-47960
墨莊漫錄　子4-20084~5　叢1-22(4)、23(3)、31、99~101、223(41)、252、2-731(52)、735(3)
墨莊漫錄、侍兒小名錄拾遺、補、續補　子4-20086
墨莊漫錄、校勘記　叢2-637(3)
墨莊書跋　史8-65744　叢2-1631
墨蘭譜(東橋蘭譜、蘭譜)　子3-16376
墨蘭梅石四種畫譜　子3-16342
墨蕉館詩鈔　集4-31211
墨藪　子3-14689　叢1-16、27、223(37)、306、465、2-731(35)
墨藪(新刻墨藪)　子3-15050
墨華齋稿　集4-26150
墨華集　集2-11710
墨華册(十竹齋墨華譜)　子3-14978
墨韃事畧、校記　叢2-603
墨菊吟　集5-37725
墨林初集　子4-18819
墨林今話　叢1-373(4)
墨林今話、續編　史2-7670　叢1-437
47 墨歡吟館詩存　集4-28847
48 墨梅人名錄　史2-6763　子3-15859　叢1-326、2-731(36)
49 墨妙亭碑目考、附考　史8-63883　叢1-426
墨妙齋詩稿　集5-35208　叢2-1979
墨妙樓銕筆　子3-17119
墨妙軒法帖錄　子3-15436
墨妙纂　子3-15115
50 墨史　子4-18784、18786　叢1-223(38)、244(3)、353、578、2-622、731(31)
墨史、客杭日記　子4-18785
墨史、耕釣草堂近詩　子4-18823
墨書叢鈔　子4-18842
墨表　子4-18809、18811　叢1-424、469、586(3)、2-716(3)
55 墨井詩鈔　集3-15323　叢1-364

墨井詩鈔、畫跋、三巴集　集3-15322
墨井集　集3-15324
墨井集源流考　叢2-2240
墨井畫跋　叢1-202(5)、203(11)
墨井畫跋(墨井題跋)　子3-16149
墨井書畫集　子3-16680
墨井題跋　叢1-364
墨農詩草　集4-22483,6-41983
60 墨品　子4-18776
64 墨畦　叢1-29(7)、180
65 墨蹟未乾　集5-37944
76 墨陽集　集3-14411
77 墨學派衍攷證　子4-19560
墨學派衍考證　叢2-2162
墨卿談乘　子4-20699
80 墨金剛　集7-53620
墨奩錢鏄　子4-20464　叢1-241、242(3)、
2-1128
81 墨領峽考　史7-49319、54729
87 墨錄　子4-18788　叢1-195(6)、2-731(33)
88 墨竹記　子3-15858～9
墨竹記(張退公墨竹記)　子3-15898
墨竹譜　子3-16290　叢1-11～2、22(15)、
23(15)、168(4)、220、353
墨竹工卡記　史7-49318(3)、51084
墨竹軒詩草　集5-37111
墨箋　子4-18538　叢1-14(3)、25、181、249
(3)、461、2-624(3)、731(33)
墨筆抄錄年譜　史3-16236
墨餘便錄　子4-23567
墨餘書異　子5-27155
墨餘贅稿　子4-18734、18833
墨餘贅藁　叢2-1611～2
墨餘吟　集3-16924
墨餘閣詩草　集3-20873
墨餘錄　叢2-735(1)

曡

30 曡字編　經2-12883　叢2-1461、1463
曡字考　經2-12884

星

00 星齋府君(潘曾瑩)暨陸太夫人行述　史2-
10025

星度表九執曆術　叢2-1792
星辛庵雜著　集5-37806
星辛庵賦　集5-37805
02 星新經　經1-7909、7912　叢1-369
08 星說　子3-11235、13092
10 星平集腋統宗　子3-14145
星平大成　子3-14143
星石許先生詩草　集2-10044
12 星烈日記(清咸豐六年至同治二年)　史2-
12826
星烈日記彙要　叢2-1846
星烈日記彙要、新烈日記(清咸豐五年至光
緒七年)　史2-12827
16 星硯齋存稿　集6-44957
17 星子縣志[同治]　史8-58530
21 星占　子3-13084
星占殘　叢2-592
星占殘卷　子3-13035
星經　史7-49307～8　子3-13002～3　叢
1-22(18)、23(17)、29(3)、74～7、566、2-731
(26)、767
22 星變志　史1-1933、2909　叢2-730(11)
星變志引　叢1-84(4)
星山詩草　集4-27350
23 星卜雜錄　子3-13786
26 星伯先生小集　叢1-512
星泉自記四種　子4-24480
27 星象考　叢1-195(6)、2-731(26)
星象全圖　子3-11402
星船詩鈔　集4-23142
星名分類　集4-29286
30 星宿說　子3-11291
星宿論解　子3-11502
星宿海　子3-14151
星宿圖　子3-11477
星官筆記　子3-11318
31 星江清華戴氏世譜[江西婺源]　史5-
40546
星江嚴田李氏宗譜[江西婺源]　史4-
27372～3
星江嚴田李氏宗譜[江西浮梁]　史4-
27344
星江嚴田李氏九修宗譜[江西婺源]　史4-
27374
星源慶集　史5-37349
星源張氏世譜[江西婺源]　史5-35208
星源集慶　史5-37249～348、37350
星源樂安孫氏宗譜[江西婺源]　史5-
33662
星源甲道張氏宗譜[江西婺源]　史5-
35204、35207

星源嚴田李氏家譜[浙江東陽]　史 4 - 27234

星源嚴田李氏宗譜[江西婺源]　史 4 - 27371

星源公(管善聯)事畧、哀挽文　史 2 - 10659

星源銀川鄭氏宗譜[江西婺源]　史 5 - 38746

星福堂全集　集 5 - 35866

32 星灣魯氏族譜[湖南瀏陽]　史 5 - 39724

星溪集畧七種　叢 2 - 1967

37 星湖詩集　集 4 - 22187～90

星湄詩話　集 6 - 46061　叢 2 - 638

星湄吟稿　集 4 - 27318

38 星海詞林　子 3 - 14154

39 星沙廖氏續修支譜[湖南長沙]　史 5 - 38536

星沙章氏續修支譜[湖南長沙]　史 5 - 34606

星沙張氏支譜[湖南長沙]　史 5 - 35280

星沙李氏支譜世系實錄[湖南長沙]　史 4 - 27438

40 星土釋　子 3 - 11467

43 星卦考原　子 3 - 13630

47 星匏館隨筆　子 4 - 22670～1

48 星槎詩鈔　集 4 - 28864

星槎先生遺集五種　子 4 - 22373

星槎勝覽　史 1 - 1914,7 - 54250～2　叢 1 - 50～1,56,84(2)、95、114(6)、195(7)、269(3)、270(3)、367～8,2 - 730(3、10)

星槎勝覽前集、後集　叢 1 - 52、55,2 - 603

57 星軺理舊錄　叢 2 - 1853

星軺指掌、續　史 6 - 42805　子 7 - 36241

星軺日記(清咸豐二年)　史 2 - 12681

星軺日記(清咸豐十一年)　史 2 - 12849

星軺日記類編　史 7 - 54435

58 星軺考轍　子 7 - 37175

60 星圖　子 3 - 11393　叢 1 - 379

62 星影　子 3 - 11384、13546

星影樓詩外集　集 5 - 41234

星影樓壬辰以前存稿　集 5 - 41235

星影樓尺牘　集 5 - 41247

67 星暉閣詩　集 4 - 25786

71 星階詩稿　集 4 - 31389

72 星隱樓文草、詩草、詩剩　集 5 - 41231

星隱樓集　集 5 - 41233

星兵輯覽　子 3 - 13846

77 星周紀事　史 2 - 6209、12984,7 - 49327

星周紀事(清同治元年至三年)　史 2 - 12983

星學　子 3 - 11468

星學發軔　子 7 - 37685

星學發軔引說　子 7 - 37677

星學初階　子 3 - 11511

星學大成　子 3 - 14128　叢 1 - 223(36)

星學指原　子 3 - 11549～50

星學四要　子 3 - 14152

星學入門　子 3 - 11551

星閣詩集　集 3 - 19709

星閣正論　子 1 - 1593　叢 2 - 731(13)、816

星閣史論　史 1 - 5661　叢 2 - 731(62)、816

78 星臥樓詩集　集 4 - 24169

80 星禽　子 3 - 14122

星命須知　子 3 - 11708、11713

星命總括　子 3 - 14112　叢 1 - 223(36)

星命溯源　子 3 - 14140　叢 1 - 223(36)

星命摘抄　子 3 - 14172

88 星算補遺　子 3 - 12816～7

星算補遺十六種　子 3 - 11243

星算補遺八集　子 3 - 12363

星餘筆記　子 4 - 21086　叢 2 - 1312

90 星堂印存、用印瑣言、梁星堂鑒刻各體書畫印章鐵筆單　子 3 - 17308

97 星輝樓詩鈔　集 5 - 39003

里

00 里言　叢 2 - 1213

里言百韻　子 3 - 15358

01 里語徵實　經 2 - 14877

05 里塾規條　子 1 - 2491

20 里乘　子 5 - 27237～8　叢 1 - 437,2 - 735(5)

里乘備識　叢 2 - 795

24 里先忠三先生文選　集 6 - 44863

44 里村洪氏家譜[江西婺源]　史 4 - 31008

50 里中尺牘　集 2 - 12379

里中入都尺牘　集 2 - 12378

64 里睦小志[光緒]　史 7 - 57108～9

77 里居雜詩　集 3 - 15051、18209　叢 2 - 832(3)

里居雜著　叢 2 - 1691

里居漫草　集 4 - 32195　叢 1 - 295

里居越言　集 2 - 12384

里學笑山人詩文草　集 5 - 40631

90 里堂文稿　集 4 - 24937

里堂詩集、詞集　集 4 - 24936

里堂家訓　子 1 - 2242　叢 2 - 751、808

里堂道聽錄　子 4 - 21421

里堂易學　經 1 - 2059　叢 2 - 2268

里堂思想與戴東原、雕菰樓集選錄　叢 2 - 2268

里堂隨筆　子4-21422
里堂學算記　子3-12350、12389、12603　叢2-1625
里堂學算筆記　叢2-1626
里堂劄錄　子4-21423

量

00 量齋詩鈔　集4-33667
　量度經續補　子7-32299
　量度圖樣　子7-32299
10 量天尺說　子3-11448
20 量手經緯祕術　子3-14236
21 量處輕重儀　子7-33910
34 量法須知　子7-36230、37932
　量法代算　子3-12512
　量法考　子7-36240(4)
44 量藥漲力微尺說畧　子7-36229
　量藥漲力羅德滿器具說畧　子7-36229
　量藥漲力銅柱器具說、表　子7-36229
80 量倉通法　子3-12351、12633
　量倉通法、方田通法補例、倉田通法續編
　　子3-12630
90 量光力器圖說　子7-36229、36241、37650

6010₇ 疊

47 疊檔旅行記　史7-49357、54110

疊

06 疊韻詞　集7-46946
　疊韻續錄　經2-14156
　疊韻轉語　經2-14767
　疊韻附錄　經2-14157
　疊韻錄　經2-14153、14155
17 疊聚星堂韻詩　集4-27849
　疊翠居文集　叢2-615(3)
　疊翠居文集、詩集　集4-26499
20 疊嶂樓紀　史7-51421
22 疊山謝先生文集　集6-42035
　疊山謝先生文集(新刊重訂疊山先生文集、
　　謝疊山先生文集)　集1-4380
　疊山集　集1-4371、4374,6-41896　叢1-

223(57),2-636(4)
　疊山集鈔　集1-4379,6-41901、41914
　疊山先生批點文章軌範　集6-42695
　疊山批點陸宣公奏議　史6-48104
28 疊徵比例術　叢1-502
30 疊字韻編　經2-14774
　疊字雙名賦　集4-28974
50 疊書龕遺稿　集4-31266
63 疊戰陣排隊體式　子1-3711
　疊戰陣圖說　子1-3710
70 疊雅　叢2-1857
　疊雅、雙名錄　經2-14678

置

27 置物總登　子4-23543

6010₈ 昱

50 昱青堂雜集　叢2-1253
　昱青堂詩集　集3-14831

6011₁ 罪

00 罪言　史6-46645　叢1-369
　罪言存畧　史6-48979　集4-33215　叢1-562
32 罪業應報教化地獄經　子6-32083(20)
90 罪惟錄　史1-808　叢1-373(2),2-637(2)

6011₃ 晁

00 晁文元公法藏碎金要語　子7-34889
　晁文元公逸事　子7-34888
　晁文元公道院集要　叢2-1024
　晁文元公道院集要(道院集要)　子7-34884
　晁文元公道院集要、晁氏儒言、桂林風土記
　　子7-34885
10 晁无咎文鈔　集6-41794
　晁无咎詞　集7-46500　叢1-223(72)
72 晁氏三先生集五種　叢2-1024

晁氏琴趣外篇　集7－46500
晁氏儒言　子7－34885　叢1－136、195(2)、
　2－731(12)、1024
晁氏儒言(儒言)　子1－705
晁氏客語　子4－20003　叢1－2～3、6～7、
　11、20(9)、21(10)、22(3)、23(3)、24(12)、31、
　136、195(2)、223(41)，2－731(7)、1024～5
晁氏客語、儒言　子4－20004
晁氏寶文堂書目　史8－65574
晁氏叢書六種　叢2－1025
晁氏無咎詞　叢2－1025
77 晁具次詩集　叢2－1025
晁具茨先生詩集　叢1－265(5)、453，2－731
　(42)
晁具茨先生詩集(晁具茨詩集)　集1－2862

6011₄　躔

00 躔離引蒙　子3－11522～3、12388
躔離引蒙表說　子3－11524
躔離法推　子3－12352

雖

60 雖園漫記　子4－24627

6012₃　躋

02 躋新堂集　經1－64
躋新堂集七種　叢2－1189
50 躋春臺　子5－27861

6012₇　蜀

00 蜀産吟　史7－50964　叢1－346，2－1741～2
蜀方言　經2－14883　叢2－2055
蜀文叢錄　史8－66135
蜀辛　史1－4336　叢2－989
蜀譙周法訓　叢2－771(3)
蜀譙周法訓(法訓)　子1－499
01 蜀語　經2－14862　叢1－282(3)、283(2)、2－
　731(24)
04 蜀詩　叢1－328

蜀詩鈔　集6－44917
07 蜀記　史1－1979、3123
蜀記、頤說、補說　子1－1855　叢2－1817
蜀誦　叢2－2270(2)
10 蜀王本紀　史1－2265～7　叢1－261，2－
　682、761、776
蜀石經殘字　史8－63504　叢1－318
蜀石經殘字毛詩　經1－3548
蜀石經攷異　經2－11363
蜀石經毛詩考正　經1－4148
蜀石經毛詩考異　經1－4085～6　叢1－294
蜀石經校記　經2－11381　叢2－611
蜀石經考異　經1－2、111(4)
蜀石經春秋穀梁傳殘石　叢2－600
蜀西鍾氏續修族譜[四川成都]　史5－
　40669
蜀雲詩草　集4－32973
11 蜀燹死事者彙傳　史1－1995，2－8283
蜀燹述彙　史1－4024
12 蜀水經　史7－53012
蜀水考　史7－53013
14 蜀破鏡　史1－3124　叢1－328
蜀破鏡、補遺　叢2－682
16 蜀碧　史1－1935、1982、3121～2　叢1－269
　(3)、270(2)、271、272(3)、496(1)，2－731
　(67)、735(2)
蜀碑記　史8－64067　叢1－282(3)、283(4)
蜀碑記、辨譌考異　史8－64068　叢2－731
　(34)、859
蜀碑記補　史8－64069　叢1－282(3)、283
　(4)，2－731(34)
17 蜀丞相諸葛亮文集(蜀丞相諸葛孔明文集)
　集1－327
21 蜀行紀事草　集3－21091
蜀行日記　叢1－373(6)
22 蜀川紀彙　史1－2429
蜀亂述聞　史1－1995，4022
蜀山潘氏宗譜[江蘇宜興]　史5－39769
蜀山蔣氏宗譜　史5－38222
蜀山葬書　子3－13150、13620
蜀山柳氏宗譜[浙江浦江]　史4－30350
23 蜀牋譜　子4－18851　叢1－11～2、22(16)、
　23(16)、273(4)
24 蜀僚問答　史6－41526～7、41531、43032
蜀僚問答、漁陽山人手鏡　史6－41530
25 蜀使漫草　集2－12931
26 蜀粵名宦錄　史2－9326
蜀程稿記　集6－45107
蜀程小紀　史7－54044
蜀綿州思賢堂九賢傳彙　史2－8295
27 蜀龜鑒　史1－3125

蜀將相大臣年表　史1-10(5)、4783
蜀阜文獻彙刊九種附一種　叢2-863
蜀阜徐氏文獻錄　叢2-863
蜀阜徐氏世譜[浙江淳安]　史4-31891
蜀阜存稿　叢2-863
蜀阜小誌　叢2-863
蜀郫范氏族譜[四川郫縣]　史4-29491
蜀船詩錄　叢2-2150
28 蜀徼紀聞　史1-3713,7-49317(7)、49318
　　(14)　叢1-202(7)、203(13)、496(3),2-617
　　(4)、1472
蜀僧記　史2-8284
30 蜀宮詞　集6-41714
31 蜀江詩選　集4-25866
蜀江指掌　史7-53010
34 蜀漢本末　史1-1420
38 蜀游記　叢1-267
蜀游手記　史7-53721
蜀游紀畧　史7-49358
蜀游視篆經畧佚書　史6-43097
蜀游存稿　史7-54038
蜀游草　集5-39027
蜀游日記(清光緒十五年)　史2-12781
蜀游詩鈔　集3-21810,6-44287
蜀遊記　史7-53722
蜀遊詞、懊儂詞、沙麓詞、大梁詞、貫風詞、
　　運甓詞　集7-46900
蜀遊手記　叢1-537
蜀遊集　集5-40869
蜀遊稿　集3-14688
蜀遊紀程　集5-35708
蜀遊紀畧　史7-49318(13)、53720
蜀遊鴻雪集初刻　集5-35284
蜀遊草　集3-20360,4-22403、29661、30034,
　　5-33701、36293、41343　叢2-886(4)
蜀遊草、使東雜詠　集5-35099
蜀遊日記　史7-49318(13)
蜀遊日記(清道光六年)　史7-53974
蜀遊吟稿　集4-30719
蜀遊吟草　集4-31356
蜀道集(懶芋遺稿)　集4-31212
蜀道征討比事　史1-2547　叢1-19(6)、20
　　(4)、21(6)、22(8)、23(8)、24(7)
蜀道紀遊　史7-53944
蜀道紀聞　史1-1971,3119　叢2-790
蜀道鴻痕錄　集5-35842
蜀道吟　集3-20679
蜀道驛程記　史7-49318(13)、53868~9　叢
　　1-254,2-948、1336
40 蜀九種夷記　史7-49318(21)、50979
蜀塘土氏宗譜[浙江義烏]　史4-25140

蜀才易注　經1-322　叢2-772(1)、773(1)
蜀才周易注　經1-320,2321
蜀有聞　史7-50962
蜀志　叢1-566
蜀志疑年錄　史2-7004
蜀志鈔　史1-5197
蜀李書　史1-2335　叢2-653(6)、731(65)
蜀難本末傳　集3-13542
蜀難敍畧　史1-1978,3120,2-9162　叢1-
　　202(5)、203(10)、244(5)、2-731(67)
蜀難敍畧書　叢2-735(3)
43 蜀尤詩文拾遺集　集5-40866
44 蜀藻幽勝錄　集6-42867~8
蜀花蕊夫人宮詞　集1-1823
蜀花蘂夫人宮詞　集6-41810~1
蜀草　集2-10073
蜀檮杌　史1-1914,2435~6　叢1-11~2、
　　19(8)、20(6)、21(7)、22(9)、23(8)、24(8)、95、
　　195(1)、223(22)、241、242(2)、246、282(2)、
　　283(1)、2-730(2)、731(66)
蜀檮杌補遺　史1-2437
蜀檮杌校記　史1-2438
47 蜀都雜抄　史7-50975　叢1-13、14(3)、22
　　(24)、106、111(2)、2-731(58)、1081
蜀都碎事、藝文補遺　史7-50958　叢2-
　　735(5)
蜀都賦　集2-10139
蜀桐弦詞　集7-47953
蜀桐絃詞　集7-47955
48 蜀故　史7-50959
蜀故[光緒]　史8-61629
蜀槎小草　集4-29332
50 蜀中廣記　史7-50956　叢1-223(25)
蜀中詩話　集6-45725~6　叢1-22(26)
蜀中名勝記　史7-51495~6　叢1-456(7)、
　　2-731(58)
蜀中叢稿　集4-30771
蜀中古刻補編　史8-64070
蜀中草　集1-3241,3-15064
蜀中草鈔　叢2-834
蜀中著作記　史8-66134
蜀中畫苑　子3-16080
蜀中金石志　史8-64066
蜀事紀畧　史1-2972,6-48433
55 蜀典　史7-50960~1
蜀典[道光]　史8-61628
57 蜀抱軒文雜鈔　集5-38263
蜀輶偶吟　集4-30954
蜀輶紀程　史7-54009　叢2-785
58 蜀輶詩紀　集5-40316
蜀輶日記　史7-49317(3)、49318(13)、

　　53958～60　叢1-312、408
　　蜀輶日記皇華草合編　史7-53961
　　蜀輶吟艸　史7-53938
　　蜀輶吟草　集4-33197～8、33200
60 蜀景彙考　史7-50968
　　蜀景彙覽　史7-50967
65 蜀蹟辨　史7-51497
68 蜀吟　集3-14269
70 蜀雅　叢1-282(4)、283(4)、2-731(38)
77 蜀岡禪智寺唱和詩　集6-44965
　　蜀學編　史2-8280
80 蜀公詩集　集6-41894(1)
86 蜀錦譜　史6-49242　子4-18869　叢1-
　　11～2、22(16)、23(16)、107、111(3)、207、223
　　(25)、273(4)、587(2)
　　蜀錦袍　集7-50396
87 蜀錄　史1-2336　叢2-776
88 蜀鑑　史1-1787　叢1-223(19)、274(3)、2-
　　731(58)
　　蜀鑑、札記　史1-1788
　　蜀箋譜　史6-49242

蹄

32 蹄涔詩文集　集4-30093
　　蹄涔集　集2-5952,4-30095,6-45010～2
　　蹄涔草堂詩集　集5-35134

6013₂ 暴

01 暴証知要　子2-7114
40 暴麥亭稿　集4-32109

6014₇ 最

02 最新夜間戰鬥論　子7-38132
　　最新天文圖　子7-37678
　　最新百官錄(清光緒三十四年春季)　史3-
　　24473
　　最新職官全錄(清宣統二年冬季)　史3-
　　24522
　　最新職官全錄(清宣統三年夏季)　史3-
　　24537
　　最新職官全錄(清宣統元年冬季)　史3-
　　24503
　　最新職官全錄(清光緒三十四年春季)　史
　　3-24474
　　最新職官全錄、中樞備覽(清宣統三年秋)
　　史3-24540
　　最新醒世歌謠　子1-2612　集7-53654
　　最新動物學講義　子7-37826
　　最新動物學教科書　子7-37828
　　最新化學講義　子7-37591
　　最新化學理論解說　子7-37593
　　最新微積學教科書　子7-37569
　　最新繪圖幼學雜字　經2-13533
　　最新憲法要論　子7-36603
　　最新漢譯英吉利史　子7-36413
　　最新初版遊戲奇觀　子3-18530
　　最新初等小學珠算入門　子7-37475
　　最新初等小學地理教科書　史7-49794
　　最新支那史　子7-36422
　　最新支那小說　子5-28533
　　最新地形學教程　子7-37721
　　最新地質學教科書　子7-37697
　　最新萬國政鑑　史7-54370
　　最新萬國輿地韻編　史7-54444
　　最新中國歷史教科書　史1-5826
　　最新中等西洋歷史教科書　史7-54438
　　最新中等生理學教科書　子7-37812
　　最新史事論　史1-5767
　　最新書畫譜　子3-14989
　　最新日本教育法規十編　子7-36769
　　最新日本全國漫遊記　子7-38012
　　最新星圖　子3-11565
　　最新養蠶學　子7-37063
　　最新小學虛字教科書　經2-14951
20 最秀園稿　集4-24982
21 最上意陀羅尼經　子6-32083(29)
　　最上一乘慧命經　子5-29552、31389～90
　　最上乘論　子7-33975
　　最上密祕那天經　子6-32083(32)
　　最上大乘金剛大寶王經　子6-32089(27)
　　最上大乘金剛大教寶王經　子6-32081
　　(47)、32082(24)、32084(25)、32086(52)、
　　32088(32)、32090(35)、32091(33)、32092
　　(23)、32093(45)
　　最上根本大樂金剛不空三昧大教王經　子
　　6-32083(32)
22 最樂亭詩草　集5-39110　叢2-2027
　　最樂亭三種　叢2-2027
　　最樂山莊詩鈔　集4-32459
　　最樂編　子4-24066～7
　　最樂編、續編　子4-24068
　　最樂編正集、續、續編　子4-24069
　　最樂堂應驗神方　子2-9399

最樂堂文集　集3-19787
最樂編　子5-25150
最(寂)調音所問經　子6-32083(15)
32 最近預算決算論　子7-37296
最近代數學　子7-37520
最近俄羅斯政治史　子7-36521
最近俄羅斯海軍考　子7-36948
最近俄羅斯情勢論　子7-38052
最近之滿洲　子7-38053
最近之青海[民國]　史8-63278
最近實驗蠶桑學新法、桑樹種植新法　子
　　1-4398
最近寶雞鄉土志[民國]　史8-62910
最近梁任公文集　集5-41021
最近社會祕密史二編　子5-28612
最近嫖界祕密史　子5-28628
最近萬國公法提要編錄　史6-45115
最近東亞外交史　子7-36823
最近揚子江之大勢　子7-38131
40 最古園二編　集3-15420
最古園集　集3-15419
最喜芳郊一枝　集7-52083
49 最妙眼科神方　子2-7366
79 最勝上(聖最上)燈明如來陀羅尼經　子6-
　　32089(25)
最勝佛頂陀羅尼經　子6-32081(43)、32083
　　(28)、32084(23)、32085(40)、32086(48)、
　　32088(29)、32089(24)、32090(32)、32091
　　(30)、32092(21)、32093(46)
最勝佛頂陀羅尼淨除業障經　子6-32083
　　(10)、32086(15)、32089(11)、32090(15)、
　　32091(14)、32092(10)、32093(33)
最勝佛頂陁羅尼淨除業障咒經　子6-
　　32084(8)
最勝根本教經　子6-32083(30)
最勝問菩薩十住除垢斷結經(十千日光三
　　昧定經)　子6-32084(10)、32093(8)
最勝錄　叢2-1995
80 最無比經　子6-32081(10)、32082(10)、32083
　　(8)、32084(7)、32085(10)、32088(8)、32093
　　(12)
87 最錄南唐五百字　子3-15757

6015₃　國

00 國立北平圖書館善本叢書第一集十二種
　　叢2-727
國文教範　集6-43170
國文典二編　子7-37989

國文典問答　經2-14953
國文學　叢2-2166
國弈二刊　子3-17963
國弈三刊　子3-17963
國弈初刊　子3-17963
國弈初刊、二刊、三刊　子3-18139
國音分韻檢字　經2-14499
01 國語　史1-2080～1、2084、2092～3、2097、
　　2119～20、2123～4、2129、5042、5133、2-7380
　　叢1-223(20)、227(6)、2-635(3)、2148
國語(國語奇觀)　史1-2121
國語、補音　史1-2091
國語、古文音釋　史1-2096
國語、校刊札記　叢1-316～7
國語、校刊明道本韋氏解國語札記　史1-
　　2085
國語、校刊明道本韋氏解國語札記、明道本
　　考異　史1-2086
國語、札記　叢2-731(64)
國語、札記、考異　叢2-697、698(4)
國語文歸　集6-42872
國語章句　史1-2099、2106　叢2-772(5)、
　　773(4)、774(5、11)
國語音　史1-2114　叢2-774(5、11)
國語註　叢2-765
國語評苑　史1-2115
國語讀本　史1-2083、2126
國語詳註　史1-2149
國語三君注輯存　史1-2137　叢2-1769
國語正義　史1-2132
國語賈景伯注　史1-2104　叢2-1978
國語賈氏注　史1-2105　叢2-775(2)
國語發正　經1-163(2)　史1-2138　叢2-
　　1769
國語翼解　史1-2139～40　叢2-653(6)
國語集解　史1-2150
國語虞氏注　史1-2109　叢2-775(2)
國語佚文　史1-2082　叢2-777
國語釋地　史1-2146　叢2-2048
國語解訂譌、惠棟九經古義所引國語　史
　　1-2131
國語解詁　史1-2100、2102　叢2-772(5)、
　　773(4)、774(5、11)
國語彙評　史1-2125
國語注　史1-2101、2103、2108、2111、2113
　　叢2-772(5)、773(4)
國語字音標準表　經2-14500
國語補音　史1-2092、2094、2141　叢1-223
　　(20)、238～9、2-873
國語補音、札記　史1-2095
國語補註　叢2-1503

國語補注　史1-2133　叢1-439,2-1504
國語補韋　史1-2143
國語補校　經1-163(1)　史1-2135　叢2-
　　653(2)、1571～2
國語補常　史1-2142
國語選　史1-5054～5　集6-41689　叢1-
　　297～8
國語韋解補正　史1-2090
國語校文　史1-2134　叢1-524,2-927
國語校注本三種　叢2-1769
國語敬姜論勞逸說例　叢2-2148
國語抄評　史1-5050
國語國策旁訓讀本　史1-2209
國語明道本考異　史1-2136　叢2-1769
國語鹽析　史1-2122
國語箋　史1-2147
國語鈔　史1-5056　叢2-1540
國語鈔評　史1-5049
04 國計疏　史1-1929
08 國諭黃氏家譜[安徽]　史5-33915
10 國王不犁先泥十夢經　子6-32093(15)
　　國王不犁先泥十夢經　子6-32084(17)
　　國王不黎先尼十夢經　子6-32083(20)
12 國瑞先生詩　集1-5670
14 國瑋集　集6-42936
17 國琛集　史2-7194～5　叢1-84(3),2-730
　　(10)、731(61)、1093
　　國子先生璞山蔣公政訓　史6-41519～20、
　　42947
　　國子先生全集(棕亭古文鈔、駢體文鈔、詩
　　鈔、詞鈔)　集3-20427
　　國子監續志　史6-42831
　　國子監通志　史6-42830
　　國子監典籍廳存貯書目、石刻目錄　史8-
　　65513
　　國子監監規　史6-42832
18 國政貿易相關書　子7-36228(6)、36231(2)、
　　37311
20 國秀集　集6-41840～1、41853、43242～3
　　叢1-223(68),2-635(14)
　　國秀集選　集6-41876、43244　叢2-948
21 國術點穴祕訣傷穴治法合刊　子2-7904
　　國穎　史1-1795
22 國變難臣鈔　史1-1979、1982、3136
　　國變錄　史1-3258
　　國山碑釋文　史8-64643
　　國山碑考　史8-64641　叢2-731(35)
　　國山碑考、補遺　史8-64642　叢1-291～4
　　國山周氏宗譜[江蘇宜興]　史4-29876
25 國債論三章　子7-37267
27 國名紀　叢2-698(4)

國色天香一枝　集7-51736
30 國家思想變遷異同論　子7-36251
　　國家原理　子7-36547
　　國家學綱領　子7-36522
　　國憲家猷　子5-24986
　　國寶新編　史2-7224　子5-26219　叢1-
　　22(24)、29(8)、39、46、84(3)、2-730(10)、731
　　(61)、1080
33 國治錄　叢2-1026
35 國清百錄　子6-32089(50)、32090(63)、32091
　　(61)、7-34626
　　國清百錄、智者大師年譜事跡　子6-32093
　　(51)
　　國清耀冶禪師語錄　子7-34369
37 國初羣雄事畧　史1-2711～3　叢2-615
　　(2)
　　國初禮賢錄　史1-2715　叢1-46、50～5、84
　　(1)、2-730(8)
　　國初十大家詩鈔　集6-41995
　　國初事蹟　史1-2718　叢1-46、50～2、54～
　　5、175、269(3)、270(2)
　　國初成案　史6-44897、44899
　　國初品級考　史6-42691　叢1-369,2-683
　　國初明末佚書　子4-24557
40 國士譜　叢1-176、187
　　國志蒙拾　史1-439　叢1-558,2-1635～6
　　國志陳評贅言　史1-1422
　　國難叢書第一輯六種　史1-1917
　　國難覩記　史1-3194
　　國難睹記　史1-3171
　　國壽錄　史2-7379
　　國壽錄、便記　史2-7378
41 國概　史1-2116
44 國地異名錄　史7-49318(1)、54356
　　國老談苑　史1-1914、4377～8　子4-20059
　　叢1-2～3、6～8、11～2、20(9)、21(10)、22
　　(7)、23(7)、24(12)、31、95～6、223(45)、268
　　(4)、2-730(2)、731(50)
　　國藥出處　子2-5918
　　國權　史1-1582～4　叢1-373(2)
47 國朝文徵姓氏總目　史2-7556
　　國朝文徵姓氏總目、今文偶見門類、今文偶
　　見人目、國朝二十四家人目　史2-7557
　　國朝文述　集6-44378
　　國朝文苑傳　史2-7542　叢2-2150
　　國朝文臣諡錄　叢2-1976
　　國朝文錄　集6-42066
　　國朝文錄續編　集6-42067
　　國朝文錄小傳　史2-7555　叢2-1995
　　國朝文範　叢2-2197
　　國朝文纂　集6-43932

國朝文鈔初編、二編、三編、四編、五編、論文　集6-44374

國朝文類　叢2-635(14)

國朝文類、目錄　集6-43691

國朝章氏進士題名錄　史8-65841

國朝弈譜目錄　史8-66312　子3-17962、18121

國朝弈家姓名錄　子3-17962、18120

國朝弈滙　子3-18098

國朝弈滙、稼書樓　子3-18099

國朝六科滿蒙給事中題名錄(清順治元年至光緒十三年)　史3-23686

國朝六科漢給事中題名錄(清順治元年至道光二十八年)　史3-23682

國朝六科漢給事中題名錄(清順治元年至同治五年)　史3-23684

國朝六科漢給事中題名錄(清順治元年至光緒十三年)　史3-23685

國朝六家詩鈔　集6-41979

國朝六家詞選　集7-46411

國朝六家詞鈔　集7-46410

國朝六屬國小記　史6-45732,7-49357

國朝雜學辨正　叢1-375

國朝新增賢儒功德錄後集　史2-6367

國朝試體賦約　叢2-988

國朝謨烈輯遺　史1-1925

國朝詩、外編、補　集6-44124　叢1-550

國朝詩評　集6-45757　叢1-147,2-731(47)

國朝詩話　集6-46033　叢2-1498

國朝詩話補　集6-45963

國朝詩正　集6-44083

國朝詩正聲集　集6-44112

國朝詩正聲集八集　集6-44113

國朝詩的　集6-44088

國朝詩源　集6-44136

國朝詩選　集6-42539,44100~1、44123

國朝詩選、外編　集6-44122

國朝詩選、歸愚詩鈔　集6-44107

國朝詩萃　集6-44093、44140

國朝詩萃、後編、補編、方外補編、閨秀補編　集6-44141

國朝詩萃初集、二集　集6-44094

國朝詩觀　集6-44109

國朝詩觀二集　集6-44108

國朝詩因　集6-44091

國朝詩品　集6-44089

國朝詩別裁集　集6-41778、44105

國朝詩隱　集6-44096

國朝詩人徵畧　叢1-373(4)

國朝詩人徵畧初稿　史2-7551　叢2-1681

國朝詩人小傳　史2-7550

國朝詩鐸　集6-44092

國朝詩餘卷首　集7-48482

國朝詩鈔　集6-44098、44135

國朝詩鈔、鈔案述畧等雜鈔　集6-44099

國朝諸先生孟子精義　經2-9932

國朝諸名家墨蹟手札　子3-15724

國朝諸老先生論語精義　經2-9324　叢2-1039

國朝諸老先生論語精義、孟子精義　叢1-451

國朝諸老先生論孟精義　叢1-574(2)

國朝諸老先生孟子精義　經2-9824　叢2-1039

國朝諸臣奏議　史6-47782

國朝諸人著述目錄補編　史8-65401

國朝詞綜　集7-48538

國朝詞綜、二集　叢2-698(13)

國朝詞綜、國朝詞綜二集　集7-48556

國朝詞綜二集　集7-48538

國朝詞綜續編　集7-48557　叢2-698(13)

國朝詞綜補　集7-48558~9

國朝詞綜補、二集　集7-48560

國朝詞續選　集7-48597

國朝詞鵠　集7-48572

國朝詞選　集7-48566、48571

國朝詞垣考鏡　子4-22552

國朝詞林摘錦　集7-48593

國朝詞雅　集7-48567

國朝詞人名氏爵里表補　史2-7543

國朝謚法考　史6-42248　叢1-201、203(4)、254,2-948

國朝二十四家文鈔　集6-42064　叢1-373(10)

國朝三元題詠　史3-13431

國朝三家文鈔　集6-42063

國朝三槎存雅　集6-44427

國朝三槎風雅　集6-44426

國朝三邑諸生譜　史2-7878

國朝三邑鼎甲表　史3-14925

國朝正學三書　子4-21393

國朝王公員勒貝子將軍謚　叢2-1976

國朝五言長律賡颺集　集6-44118

國朝五家詠史詩鈔　集6-42013

國朝兩浙科名錄　史3-14948

國朝兩浙科名錄(清順治丙戌科至光緒癸卯恩科)　史3-14947

國朝兩浙校官詩錄　集6-44310~1

國朝平原諸生譜　史2-7879

國朝天台文存　集6-44691

國朝天台詩存、補遺　集6-44690
國朝天台耆舊傳　史2-8089
國朝百六名家史論　史1-5790
國朝石經考異　經1-2、111(4)、2-11368
國朝石鼓志(石鼓書院志)　史7-52118
國朝貢舉考畧　史6-42267～70
國朝貢舉年表(清順治二年至光緒十二年)
　　史3-13485
國朝采芹錄初編　史3-13499
國朝麗體金膏　叢1-395
國朝列卿紀　史2-7202
國朝列卿年表　史3-23666、23668
國朝武功紀勝通考、補漏居寓言　史1-
　　2695
國朝武定詩鈔　集6-44836、44838
國朝武機捷錄　子1-3781
國朝武臣謚錄　叢2-1976
國朝碑版考、碑帖目錄　史8-64724
國朝承天明良隆遇錄　史1-2721
國朝郡縣韻編　史7-49748
國朝柔遠記　史6-44030～1　子7-36239
國朝政令紀要　叢2-2183
國朝重修鄧巷蔣氏家譜[江蘇吳縣]　史5-
　　38110
國朝香遠記　子4-23513
國朝香奩詞選　集7-48624
國朝上虞詩集　集6-44622
國朝儒林經籍小志　叢2-1976
國朝儒林傳狀　史2-7541
國朝虞陽科名錄　史3-14940
國朝師儒言行錄　史2-7591
國朝師儒論畧　子1-1817　叢2-1867
國朝師儒傳學表　史2-7583
國朝經師經義目錄　史2-7570　叢2-731
　　(5)、1618～9
國朝經學諸儒記　史2-7574
國朝經學名儒記　史2-7573
國朝制書　史1-5426
國朝鼎甲徵信錄　史3-13464
國朝鼎甲錄　史7-49841～2　叢1-322
國朝嶺南文鈔　集6-44886
國朝畿輔詩傳　集6-44393
國朝畿輔畫錄　子3-16122
國朝山左詩續鈔　集6-44823
國朝山左詩彙鈔　集6-44824
國朝山左詩補鈔　集6-44821
國朝山左詩鈔　集6-44822
國朝山右詩存、附集　集6-44410
國朝山右館選題名錄、御史題名錄、國朝山
　　右諫院補遺　史3-14893

國朝山東歷科鄉試錄　史3-14455
國朝嶸詩鈔　集6-44623
國朝狀元事考　史3-13434、13474
國朝狀元策　史3-13434
國朝先正事畧　史2-7535～6　叢1-564、
　　2-698(4)
國朝先正事畧、續編　史2-7538
國朝先正事畧續編　史2-7537
國朝先正事畧補編　史2-7539
國朝先正學規彙抄本　史6-42350
國朝先正學規彙鈔　子1-2439
國朝峽山寺留題詩合刻　史7-51707
國朝科場異聞錄　史1-4502
國朝科場異聞錄、前明科場異聞錄　子5-
　　27139
國朝律賦偶箋　集6-44342
國朝律賦揀金錄二刻　集6-44347
國朝律賦揀金錄初刻　集6-44346
國朝律介　集6-44244
國朝律纂　史6-45805
國朝練水文存初編、二編　集6-44434
國朝吳郡丹青志　叢2-1133～5
國朝吳郡丹青志(吳郡丹青志)　子3-
　　16075
國朝吳興科第表　史3-14959
國朝吳興科第表、拔貢表　史3-14958
國朝稗乘三種　史1-1987
國朝御史題名　史3-13493～5
國朝御史題名錄　史3-13496
國朝名文讀本　集6-43094
國朝名文摘抄　叢2-2270(4)
國朝名文抄讀　叢2-2270(4)
國朝名家詩餘　集7-46404
國朝名家詩鈔小傳　叢1-249(2)
國朝名家遺墨　子3-15745、15840
國朝名家史論彙鈔　史1-5787～8
國朝名家小傳　史2-7462
國朝名宦傳畧　史2-7475
國朝名世宏文　史6-47887
國朝名世類苑　史2-7173
國朝名臣言行畧　史2-7171
國朝名臣言行錄　史2-7482～3　叢1-483
國朝名臣大事紀　子7-36237
國朝名臣事畧　史2-7120
國朝名臣事畧校　史2-7122　叢2-2004
國朝名臣奏議　史6-47871
國朝名賢小傳　史2-7540
國朝名人詞翰　叢2-1632
國朝名人手蹟八集　子3-15851
國朝名人傳畧　史2-7467

國朝名人赤牘小傳　史2-7469

國朝名人著述叢編十三種　叢1-421

國朝名人史論　史1-5785

國朝名人書札　集6-45331～2

國朝名人書劄　集6-45195

國朝名人小傳　史2-7468

國朝名人小簡　集6-45333

國朝名公詩選　集6-43751

國朝名公經濟文鈔、第一續　集6-43943

國朝名公經濟宏詞選　集6-45371～2

國朝名公翰藻　集6-45258

國朝名公翰藻、氏名爵里　集6-45257

國朝各家詩鈔　集6-44139

國朝紀要　史1-1530

國朝紀事　史1-1531

國朝紹興詩錄　集6-44668

國朝給事中題名　史3-23681

國朝進士列卿表　史3-23667

國朝安徽詞錄、閏集　集7-48580

國朝宮史　史6-42104　叢1-223(27)、227
　(6)、2-603

國朝宮史續編　史6-42105

國朝宋學淵源記、記　史2-7571　叢1-
　440～1、2-1618～9

國朝江西節孝錄　史2-8151

國朝河南進士名錄　史3-14993

國朝河南舉人名錄　史3-14994

國朝河臣記　史2-7523　叢2-691(1)、2107

國朝近思錄　子1-1910

國朝治說文家書目　史8-63520　叢1-497

國朝治說文家書目、國朝治說文家未刻書
　目　史8-66256

國朝滿洲蒙古御史題名　史3-14896

國朝滿漢大臣謚法考　史6-42254　叢2-
　1675

國朝漢學師承記　史2-7567　叢1-440～
　1、2-1618～9

國朝漢學師承記、經師經義目錄　史2-
　7566

國朝漢學師承記、國朝經師經義目錄、國朝
　宋學淵源記、記　叢1-456(5)、2-698(7)

國朝漢學師承記註底本　史2-7568

國朝漢學經師書目　史8-66199

國朝滇南詩畧　集6-44926

國朝滇南詩畧、流寓詩畧　集6-44927

國朝遺事紀聞　史1-3577

國朝湖州府科第表(吳興科第表)　史3-
　14960～1

國朝湖州詩錄、補編、續錄　集6-44616

國朝湖州詩錄三編　集6-44617

國朝湖州詩錄三編續、國朝湖州逸詩　集

6-44618

國朝湖州詞錄　叢2-843

國朝洋務新論　子7-37306、38082

國朝海上詩鈔　集6-44416

國朝海上詩鈔、初續集　集6-44417

國朝海寧舉貢表　史3-14967

國朝海陵詩彙補遺　集6-44464

國朝滄州詩續鈔、補遺　集6-44396

國朝滄州詩鈔、滄州明詩鈔　集6-44395

國朝祥符文獻志　史2-8200

國朝十家四六文鈔　集6-42075

國朝大家文歸　集6-42878

國朝大事記　史1-1866

國朝大臣謚法錄　叢2-1590

國朝太鎮諸生譜　史3-14934～5

國朝內閣名臣事畧　史2-7226

國朝女史詩合鈔　集6-42020

國朝李侍御奏疏、續刻　史6-48686

國朝古文彙鈔作者姓氏爵里　史2-7558

國朝古文選　叢1-328

國朝右文掌錄　史6-42349　子4-23518

國朝七律詩鈔　集6-44138

國朝七名公尺牘　集6-45261

國朝杭郡詩續集　集6-44564

國朝杭郡詩輯　集6-44565

國朝杭郡詩輯、姓氏韻編　集6-44566

國朝姚江詩存　集6-44680

國朝芹香錄　史3-13498

國朝莆陽詩輯　叢2-2016

國朝蘇州府長元吳三邑科第譜　史3-
　14923

國朝孝子傳　史2-6956

國朝孝子小傳　史2-6957　叢2-2150

國朝萬年書　子3-11722

國朝萬年曆、星命須知　子3-11713

國朝英烈傳十二集　子5-28138

國朝耆獻類徵初編、賢媛類徵初編　史2-
　7460

國朝耆獻類徵初編總目　史8-66172～3

國朝耆老錄　史2-7461　叢2-2016

國朝著述諸家姓名畧　史8-66184～5、
　66188

國朝著述未梓書目　史8-66212

國朝著述未梓書目、國朝海寧著述未梓書
　目畧　史8-66211

國朝隸品　子3-15179　叢2-599

國朝隸則三種　子3-15856

國朝鄞縣舉人題名區　史6-42526

國朝鄞縣舉人題名錄、試館里區屋宇圖及
　收除清册　史3-14975

國朝翰詹源流編年　史6-42881~2
國朝翰詹源流編年、國朝館選爵里謚法考、
　國朝館職補選爵里謚法考　史6-42880
國朝松江詩鈔　集6-44421
國朝松陵詩徵　集6-44525
國朝史論萃編甲集　史1-5789
國朝史餘　史1-2683
國朝事畧　史1-3561~2
國朝畫話續輯　子3-15975
國朝畫識　子3-16099
國朝畫識、墨香居畫識　子3-16100
國朝畫後續集　子3-16203
國朝畫傳編韻　子3-16104
國朝畫徵錄　史2-7664~5
國朝畫徵錄、續錄　子3-15859　叢2-1406
國朝畫徵錄、續錄、明人附錄　史2-7666
　子3-16096
國朝畫徵錄姓氏目　子3-16091、16097
國朝畫家書、荔香室石刻　子3-15838
國朝畫家書小傳　史2-7675
國朝奏章彙錄　史6-47869
國朝奏疏　史6-47870
國朝書苑　子3-15493
國朝書畫名家考畧　史2-7657
國朝書畫家筆錄　史2-7658　叢2-662
國朝書品　子3-15203
國朝書人輯畧　史2-7659
國朝春曹題名　史3-13482
國朝春曹題名、春曹儀式　史3-13480~1
國朝未采遺書志畧　史8-66209　叢1-498
國朝盛湖詩萃　集6-44527
國朝盛典　史6-42117,7-52532
國朝甫里詩編　集6-44478
國朝甫里人物志　史2-7892
國朝捷錄　史1-5459、5461、5936
國朝典章　史6-41642
國朝典彙　史1-2864,6-41661
國朝典故六十二種　叢1-50
國朝典故六十種　叢1-51、55
國朝典故志要　史6-41738
國朝典故□□種　叢1-52~4
國朝四庫全書辨正通俗文字　經2-13054
　叢1-330~1
國朝四名家文精選　集6-44382
國朝四十名家墨跡　子3-15830
國朝昌陽詩綜、外集　集6-44844
國朝昆新青衿錄　史3-14931
國朝昆山詩人小傳　史2-7916
國朝別號錄　史2-13402　子5-26003
國朝防倭十一疏輯議　史6-47799

國朝歷下詩鈔　集6-44828
國朝歷科鼎甲題名錄　史3-13467
國朝歷科題名碑錄初集、明洪武至崇禎各
　科題名錄　史3-13475
國朝歷科會元鼎甲全錄　史3-13469
國朝歷科館選錄　史3-13486~8
國朝臣工言行記　史2-7601
國朝后妃備考　史2-7453
國朝院畫錄　史2-7668　子3-14710　叢
　2-1642
國朝閨秀詩話　叢1-375
國朝閨秀正始集、補遺　集6-44147
國朝閨秀正始集、補遺、題詞、續集、補遺、
　輓詞　集6-44148
國朝閨秀正始集小傳　叢1-373(9)
國朝閨秀正始續集、補遺　集6-44149
國朝閨秀香咳集　集6-44145　叢1-496
　(6)
國朝閨秀摛珠集　集6-44150
國朝閨閣詩鈔　集6-41999
國朝閩詩選　集6-44784
國朝風雅、雜編　集6-41931、43656
國朝殿閣部院大臣年表　史3-23669~70
國朝學統　叢1-375
國朝學案目錄　史2-7582　叢2-2150
國朝學案小識　史2-7578~80
國朝學畧丙集　史2-7581
國朝册府畫一元龜　史6-41624
國朝印識　史2-6774　子3-16876~7　叢
　2-662
國朝印識、近編　子3-16878
國朝尺牘　集6-45307
國朝駢體正宗　集6-44336
國朝駢體正宗、續編　集6-44338
國朝駢體正宗評本、補編　集6-44337　叢
　1-462
國朝駢體正宗續編　集6-44339
國朝駢體正聲　集6-44340
國朝人書評　子3-15215　叢1-537
國朝八旗封爵考　史6-42673
國朝八家四六文鈔(八家四六文鈔)　集6-
　42074
國朝全蜀詩鈔　集6-44915
國朝全蜀貢舉備考　史6-42273
國朝全蜀貢舉考要　史6-42272
國朝全閩詩錄初集、續　集6-44781
國朝金文著錄表　史8-64341　叢2-599、
　2227~9
國朝金文著錄表校勘記、校補、補遺　史8-
　64342
國朝金陵詞鈔　集7-48601

國朝金陵叢書十三種　叢2-786
國朝金陵通紀　史7-50115〜6　叢2-2108
國朝館選爵里謚法考　史6-42249
國朝小簡鈔　集6-45263
國朝尚友錄　史2-6222、7644
國朝常州詞錄　集7-48607〜8
國朝掌故　史1-3573,6-41682
國朝掌故講義　子4-24680
國朝掌故彙編內編、外編　叢1-530〜1
國朝當機錄　史1-4427　叢2-742
48 國故論衡　叢2-2206
國故政畧注釋　叢2-723
50 國史列傳　史1-931〜2、934、980　叢2-603
國史列傳(陽湖籍)　史1-953　叢2-1812
國史稿大臣列傳　史1-910
國史儒林傳　史1-943、945〜6、955　叢2-611
國史儒林傳、文苑傳、循吏傳、賢良傳　史1-947
國史儒林傳、賢良傳　史1-948
國史儒林黃仲弢(紹箕)先生傳　史2-10771
國史經籍志　史8-65356、65358　叢1-456(2),2-731(1)
國史經籍志、補　史8-65357
國史經籍志補　史8-65359
國史循吏傳　史1-937
國史紀聞　史1-1540
國史補　子4-22816　叢1-15、19(10)、20(8)、21(9)、24(11)、255(2)、326,2-735(5)
國史通義　史1-5781
國史逆臣傳　史1-976〜8
國史貳臣傳表　史1-964　叢1-512
國史考異　史1-6037　叢1-420,2-731(68)
國史本傳　集4-27981
國史唯疑　史1-2697
國史異纂　子5-26242　叢1-19(9)、20(7)、21(8)、24(10)
國史羅閣學公(長祐)列傳　史2-10712
國史賢良循吏儒林文苑傳　史1-935
國史賢良祠王大臣小傳、國史儒林傳、國史文苑傳　史1-936
國史館(郭沛霖)傳　叢2-2040
國史館列傳稿　史1-933
國史館循吏列傳何金壽傳　史2-10429
國史館籤檔　史1-979
國史纂異　叢1-15、374
國事　史1-2226、2229
國事悲英雄淚合編　集7-51123
國泰年豐　集7-49595

63 國賦紀畧　史6-43375　叢1-195(3)、351,2-731(17)
70 國雅、續、雜附、國雅品　集6-43748
國雅初集　集6-44070
72 國脈民天　史6-41538　子1-4134、4192
75 國㬠　史1-5048
77 國風偶筆　經1-4532
國風字畫辨疑　經1-4744
國風字畫辨疑(朱墨套印)　經1-4816
國風述　經1-4529
國風報全集目錄　史8-66413
國風臆說　經1-4534
國風錄　經1-4530　叢2-1440
國風省篇　經1-3938　叢2-1309
國際制航路契約草案　史6-44203
國際私法　史6-45117　子7-36509
國際條約分類輯要　史6-45102
國際法學　子7-36570
國際地理學　子7-37775
國際員警論　子7-36552
國際民商法論　子7-37303
國際公法　子7-36796
國際公法大綱　子7-36800
國際公法志　史6-45111
國聞備乘　史1-4544　叢2-2211
國學商榷記　叢2-2269
國學訓諸生十二條　子1-2353
國學講議　子1-1534
國學講演錄　叢2-2216
國學講義　集3-18177　叢1-574(5)
國學研究　叢2-2162
國學研究法　叢2-2162
國學研究法初稿　叢2-2162
國學研究社詩文選　叢2-2266
國學發微論(未完)　叢2-2248
國學司成題名碑錄　史3-13490、23689
國學珍本文庫第一集　叢2-721
國學保存會章程、藏書樓章程　史6-47584
國學叢刊十三種　叢1-588
國學禮樂錄　史6-42081
國學通論　叢2-2162
國學基礎叢書二種　叢2-717
國學別錄三種　叢2-2261
國學學校課藝　叢2-2130
國學門徑叢書　叢2-709
國學筆談　叢2-2164
國醫宗旨　子2-7105
國醫小叢書　子2-4769
國民必讀　子4-21851
國民十人元氣論　子7-36251

中國古籍總目·索引

國民教育論　子7-36683
國民教育資料　子7-36232、36684
國民同盟會始末　子7-36510
國民鏡　子4-21852
國民錄　子4-20958
國門集　集6-44059
88 國策編年　史1-2181、2196,7-49410　叢2-1792
國策紀年　叢2-1793
國策注釋新編　史1-5079
國策補遺　史1-2179
國策選　史1-5073
國策選評　集6-43047
國策標奇　史1-5045
國策地名考　史1-2193　叢1-456(5)
國策異同　史1-2175
國策膽　史1-2173
國策鈔　史1-5062、5078　叢2-1540
國策精語　史1-2188　叢2-1726
90 國粹叢書四十九種　叢1-580

6021₀ 兄

30 兄字說　叢2-814、1649

四

00 四童子三昧(昧)經　子7-32482
四童子三昧經　子6-32081(5)、32082(5)、32083(4)、32084(5)、32085(5)、32086(5)、32088(4)、32089(5)、32090(6)、32091(5)、32092(4)、32093(14)
四方七星總論　子3-13118
四方同人贈答　叢2-1317
四方令　史7-49307~8、49401　叢2-767
四裔　叢1-460
四裔編年表　史7-54364　子7-36231(7)、36248、36329
四裔年表　子7-36328
四庫後出書序跋、四庫未收書序跋　史8-65374
四庫湖北先正遺書存目、札記　史8-66124
四庫著錄江西先哲遺書鈔目　史8-66117　叢2-870(6)
四庫書目署　史8-65455
四庫未收書目提要　史8-65371~2
四庫提要辨證　史8-65474

四庫提要稿　史8-65472~3
四庫闕書　史8-65425
四庫全書序　史8-65267
四庫全書辨正通俗文字　經2-13055　叢1-285、322
四庫全書辨正通俗文字(國朝四庫全書辨正通俗文字)　經2-13054
四庫全書辨字　叢1-371
四庫全書珍本六集九十九種　叢1-228
四庫全書珍本二集一百三十四種　叢1-228
四庫全書珍本三集一百六十六種　叢1-228
四庫全書珍本五集一百二十種　叢1-228
四庫全書珍本初集一百六十七種　叢1-228
四庫全書珍本初集三百三十二種　叢1-228
四庫全書珍本十一集六十二種　叢1-228
四庫全書珍本十二集五十九種　叢1-228
四庫全書珍本十集七十四種　叢1-228
四庫全書珍本九集八十七種　叢1-228
四庫全書珍本七集六十六種　叢1-228
四庫全書珍本四集一百七十種　叢1-228
四庫全書珍本別輯一百四十九種　叢1-228
四庫全書珍本八集六十二種　叢1-228
四庫全書字體辨正　經2-13068
四庫全書初次進呈存目　史8-65466
四庫全書考證　史8-65446　叢2-731(3)
四庫全書薈要目　史8-65479　叢2-631
四庫全書書目表、四庫未收書目表　史8-65490
四庫全書表文箋釋　史8-65270　叢2-671
四庫全書表注　史8-65448
四庫全書批校　史8-65488
四庫全書輯永樂大典本書目　史8-65497　叢2-785
四庫全書提要分纂稿　叢2-847
四庫全書提要類敍　叢2-2270(2)
四庫全書分架圖　史8-65491
四庫全書分纂稿　史8-65467~8
四庫全書敍　叢2-659
四庫全書簡明目錄標注　史8-65453
四庫全書纂校事署　史8-65471
四庫館甄別違礙禁書總目　叢2-619
四庫簡明目錄標注　叢2-1836
四庫簡明目錄札本附記　史8-65456
四庫精華初編　子4-24588
四文定目　叢2-2270(3)

四率淺說　子3-12355　叢1-367～8
四言便讀　子1-2834
四言藥性　子2-5800
四言藥性分類精要　子2-5843
四言史徵　史1-5615
四言本草　子2-5829
四言脈訣　子2-6050、6203
四言閫鑑　子1-1975、2983　叢1-574(5)
四言舉要　子2-4721、4746、6014
四音辨要　經2-14240
四音釋義　經2-12889
四音字彙　經2-12890
四音定切　經2-14418　叢2-1856
四諦論　子6-32081(38)、32083(25)、32084(21)、32085(37)、32086(43)、32088(26)、32089(46)、32090(51)、32091(49)、32092(34)、32093(30)
四諦經　子6-32083(18)
四諦淺說　子7-34880
四六文鈔　集6-42654
四六話　叢1-223(71)、268(4)、2-731(48)
四六新函　集6-43903、43911
四六談塵　集6-45675　叢1-2～3、6、195(4)、223(72)、268(4)、2-731(48)、854
四六正始　子5-25056
四六霞肆　子5-25168
四六雲蒸　集6-43910
四六函　集6-43915
四六琯朗集　集6-42651
四六珠璣　集6-42647
四六儷　集6-41750、42646
四六鴛鴦譜、新集　子5-25732
四六徽音集、後集、續集、徵集、羽集　集6-43893
四六寶露類選　集6-42650
四六叢話、選詩叢話　集6-46051
四六叢話緣起　集6-46052　叢1-267
四六叢珠　子5-25557
四六叢存六種　叢2-700
四六法海　集6-42642～3、42656　叢1-223(70)
四六清麗集　集6-42655
四六初徵　集6-44335
四六選銳　集6-42648
四六標準　集1-4064～6　叢1-223(57)
四六狐白　集2-7648、10389、10825、6-43913
四六藻語　集6-42636
四六菁華　集6-42635
四六妙句　集2-8102　叢2-1092
四六採腴　集6-42644
四六雕龍　子5-24977

四六雕蟲　集2-12195～7　叢2-966
四六全書五種　叢2-1183
四六金鍼　叢2-2118
四六金針　集6-45920　叢1-195(4)、2-731(48)
四六合璧　集6-45295
四六餘話　叢1-17、22(14)、23(14)、353
四六餘話補　子4-21181
四六纂組、歷代官制　集6-42652
四六類編　集6-43896、43917～8　叢2-1183
四六類編、官制備考　集6-43916
01 四語彙編　子1-111
04 四詩世次通譜　經1-160、4721　叢2-1914
四詩悼內　集7-50635
06 四譯成書目　叢2-2129(4)
四譯館考　史6-42892
四譯館增定館則、新增館則　史6-42890　叢2-743
四譯館館則、四譯館館考　史6-42891
四韻譜　經2-14451
四韻晬盤　子5-26168～9
07 四望樓詩稿　集5-39931
四詞宗合刻四種　集7-50533
四部正譌　叢2-653(3)、1163
四部正訛　史8-65281　叢2-714
四部備要三百一種　叢2-698(1)
四部僧　子6-32084(15)
四部僧始起經　子6-32085(26)、32090(23)、32092(15)、32093(18)
四部寓眼錄　史8-65367～8
四部寓眼錄補遺　史8-65369　叢2-746
四部源流　叢2-2265
四部叢刊三百八種　叢2-635(1)
四部叢刊三編七十一種　叢2-637(1)
四部叢刊續編七十七種　叢2-636(1)
四部日抄　子5-25275
四部日鈔　子5-25276
四部別錄　史8-65354
四部類稿　子5-25274
08 四診　子2-5994
四診要訣　子2-4735、6174
四診歌括　子2-5983
四診集成　子2-5977
四診心傳　子2-5969
四診心法要訣　子2-4989、5975
四診法　子2-4573、5968
四診抉微、管窺附餘　子2-5974
四診脈鑒大全　子2-5971
四診精義　子2-5984

四論奇賞(逸樓四論、逸樓偶著)四種　叢2－1349

10 四一居士文鈔、詩鈔　集4－23030
四王傳　史1－1953,2－7443～6
四王吳惲山水合册　子3－16599
四王吳惲畫册　子3－16598
四王合傳　史1－1937
四靈留題　集1－3874
四雪草堂重訂通俗隋唐演義　子5－28024
四元記　集7－49714
四元記(小菜子)　集7－50244
四元玉鑒細草　子3－12396
四元玉鑑　子3－12437
四元玉鑑、四象假令細草　子3－12364
四元玉鑑細草　子3－12388、12438
四元玉鑑細草、四象細草假令之圖、補增　子3－12353
四元玉鑑細草、四象細草假令之圖、補增、四元釋例　子3－12439
四元術贄　子3－12394
四元細草　子3－12725
四元釋例　子3－12353、12388、12396、12492～3
四元釋例補增　子3－12494
四元解　子3－12356
四元名式釋　子3－12364
四元名式釋例　子3－12361～2、12370
四元消法易簡草　子3－12882
四元草　子3－12361～2
四元草、四元加減乘除釋　子3－12364
四元人集四種　叢2－870(4)
四雨草稿　集4－29257
四焉齋文集、詩集　集3－18136
四焉齋詩集、文集　集6－45066
四天王經　子6－32083(22)
四百齋詩稿　集4－31867
四百齋蜀遊草　集4－31868
四百三十二峯草堂詩、召南續集　集5－36333
四百三十二峯草堂詩鈔　集4－22894～7
四百三十二峯草堂印章　子3－17413
四百味藥性歌括　子2－5846
四西齋決事　史6－46496
四面觀音　集7－53964
四不可齋文稿　集4－28358
四不可得經　子6－32083(11)
四不如類鈔　子4－20916、24010

11 四巧說　子5－27836
四蕫學經　子6－32085(20)、32090(20)、32092(13)

12 四水子遺著　集4－26955

四水子遺書　子4－24595
四烈祠錄　史7－51863
四砭齋省身日課　子1－1894

16 四聖一心錄　經1－755
四聖心源　子2－4617～8、4997　叢1－327
四聖心源、莊氏慈幼二書　子2－4998
四聖神咒　子5－29592
四聖真君靈籤　子5－29530(24)
四聖書合鈔　經1－2019
四聖圖解　經1－6582
四聖懸樞　子2－4617～8、4999
四硯堂集　集4－31300
四魂集　叢2－2150
四魂集、四魂外集　集5－39207
四魂外集　叢2－2150

17 四丞相高會麗春堂　集7－48767(3)　叢2－720(3)
四丞相高會麗春堂雜劇　叢2－698(15)
四丞相歌舞麗春堂　集7－48774(1)、48871
四子六經蒙求　叢2－2086
四子譜　子3－17962、18038～9、18125　集6－43534
四子集　集6－41942
四子經　子6－32085(27)、32090(24)、32092(16)
四子考音正字便讀　經2－11122
四子覈音初編、續編、三編、四編、連語　子3－18454　叢2－1949
四子書　子5－28927
四子書塵言(大學塵言、中庸塵言、論語塵言、孟子塵言)　經2－10765
四子書一得考、半知錄、續　經2－11003
四子書真讀　經2－10129
四子丹元　子1－1470　叢2－1236
四子全書　子5－28928
四子合編　子3－13666
四君子詩畫舫　子3－16318
四郡驪唱集　史2－10753
四翼附編　子1－3873　叢2－1421

20 四爲堂焚餘草、評語　集5－35766
四千年史論驚奇　史1－5778
四季承應　集7－49705
四季須知　史6－49255
四季從良後悔一套　集7－50903
四季蓮花　集7－52836
四季相思一套　集7－50904
四季相思一枝　集7－50911
四香詩草　集3－20489
四香樓詩鈔　集3－16591
四香閣詩集(山中吟、山中續吟、松霞集、廣

川集、定武集） 集4-25033

四香閣初集、食舊德齋後集、續集 集4-27792

四香堂摹印 子3-17092

四香堂摹印、百壽圖 史8-64954

四香堂印餘 史8-64955

四集五色神旗 集7-52946

四集太子下漁舟 集7-52929

四集鍾國母 集7-52975

四集銀合太子走國 集7-52965

四絃秋 集7-49438

四絃秋（青衫淚） 集7-49451

四絃秋、香祖樓 集7-49452

21 四此堂稿 史6-47116 集3-14274

四行站隊圖說 子1-3748

四經 子5-29544

四經稗疏 經1-71

四經薈刊 子7-32103

四經精華（增訂四經精華） 經1-133

22 四川商辦鐵路駐宜公司第一期報告冊 史6-44336

四川商辦鐵路駐宜公司第二期報告冊 史6-44337

四川商辦鐵路駐宜公司第三期報告冊 史6-44338

四川方志簡編[民國] 史8-61626

四川摩崖像 史8-64071 叢2-2162

四川新設鑪霍屯志畧[光緒] 史8-62129

四川新地誌[民國] 史8-61627

四川諮議局議案 史6-41922

四川諮議局第一次議事錄二編 史6-41923

四川諮議局第二屆常年會決議案報告 史6-41924

四川諮議局籌辦處第二次報告書 史6-41921

四川旅行記 史7-49357

四川郡縣志[民國] 史8-61625

四川重刊賦役書冊 史6-43739

四川順慶府鄰水縣李氏戀熙堂族譜[四川鄰水] 史4-27656

四川經籍志 史8-66131

四川僑道計岸官運鹽案彙輯、章程 史6-43919

四川縣州羅江縣蕭氏族譜[四川羅江] 史5-40033

四川彩票章程 史6-43595

四川保寧府廣元縣志[乾隆] 史8-61702

四川總督告示 史6-41915

四川總志[康熙] 史8-61620

四川總志[嘉靖] 史8-61617

四川總志[萬曆] 史8-61618～9

四川歸圈日記 史2-12557

四川鄉土常識[民國] 史8-61630

四川名勝記 史7-51498

四川名勝志 史7-51494

四川稅釐摺 史6-43578

四川官廳法政研究會批示詳文章程 史6-41926

四川官運鹽案類編（壬寅至丙午） 史6-43917

四川官運鹽案類編、續編、再續、三續、四續、五續（丁丑至庚寅） 史6-43914

四川官運鹽案類編、首（丁丑至乙未） 史6-43915

四川官運鹽案類編、首（丁丑至辛丑） 史6-43916

四川派赴東瀛遊歷閱操日記 史2-13237

四川法政講義 史6-46046

四川清理財政局造呈光緒三十四年歲出入一覽表 史6-43353

四川通商部經徵總局評定稅契章程 史6-43570

四川通志[雍正] 史8-61621 叢1-223(24)

四川通志[嘉慶] 史8-61622 叢1-373(2)

四川通志稿[民國] 史8-61623

四川通省礦務總公司章程 史6-44841

四川南閬鹽務圖說 史6-43920

四川布政錄 史6-41917

四川志[正德] 史8-61616

四川地畧 史7-49318(20)、50966

四川考畧 史7-49317(1)、49318(2)、50965

四川勸工局章程 史6-41920

四川蔣大人勸民歌（蔣大人提醒良方歌、清官勸民） 集7-53281

四川綦江續志[光緒] 史8-61537

四川款目說明書 史6-43354

四川教案文件 史6-45059

四川警務文牘彙編 史6-45396

四川警務文牘彙編第二期 史6-45397

四川警務公所改訂分科辦事細則 史6-45395

四川警察總局消防章程 史6-45394

四川忠義總錄、續錄 史2-8281

四川奏議 史6-48871

四川奏定警察章程 史6-45393

四川東鄉案奏稿 史6-49078

四川成都府志[康熙] 史8-61633

四川成都府華陽縣鄭氏族譜[四川成都] 史5-38764

四川釐金總局徵收郵政包件章程　史6-43640
四川釐金劃一章程　史6-43639
四川賦役全書　史6-43740
四川馬邊夷務獎案(光緒十五年)　史6-45658
四川輿地蒙學讀本　史7-50971
四川鹽務釐金案牘　史6-43921
四川鹽務金案牘(光緒)　史6-43918
四川鹽法志　史6-43913
四川全省出産行銷貨物表　史6-43998
四川金堂南華宮目科　子2-7370
四川尊經書院記　史8-66185
四川會議廳暫行章程　史6-41925
四川敘州府志[康熙]　史8-61940
四川敘州府志慶符縣[康熙]　史8-61963
四川敘州府志宜賓縣[康熙]　史8-61942
四川簡州遵辦學田章程册　史6-42573
四川省雷馬屏峨調查記[民國]　史8-62169
四川省各府直隸廳州圖　史7-50970
四川省城尊經書院記　史7-52133　叢2-659
四川營制錄　史6-45304
四仙弈圖序　子3-17964、17998
四山先生詩集　集6-44979
23　四然齋藏稿　集2-10277
24　四豔記碧蓮繡符　集7-49199
四豔記夭桃紈扇　集7-49197
四豔記素梅玉蟾　集7-49203
四豔記丹桂鈿合　集7-49201
四先生講學集註　叢2-1317
四休堂詩集　集6-41894(1)
四休堂叢書十一種　叢2-989
四休堂逸稿、後稿　叢2-989
四科簡效方　子2-9782　叢1-479
四續施公案　子5-28705
四續疑年錄　史2-6261
四續汶上縣志稿[宣統]　史8-59392
四續萬花樓全傳築烏臺全本　集7-52936
四續掖縣志[民國]　史8-59272
25　四生譜　子4-19340
四生合編　子2-8080
四傳權衡　經1-70、7680
四傑詩選　集6-41950
26　四自侵經　子6-32083(21)
27　四勿齋詩鈔、文鈔　集5-35177
四勿軒叢鈔　集6-44380
四勿堂詩稿　集3-18640
四修李氏族譜[湖南平江]　史4-27540

四衆弟子淨土詩　子7-34586
四象細草假令之圖　子3-12353、12437、12439
四象假令細草　子3-12364
四名家填詞摘齣　集7-49363
四色石　集7-49455~6
四絢詞　集7-49461
四終畧意　子7-35345
28　四徽堂詩鈔　集4-30156
四牧齋詩集　集3-16702
四繪軒詩鈔　集3-17387　叢1-241、242(4)
29　四愁吟樂府四種　集7-49562
30　四塞紀畧賦　史7-49685
四禘通釋　經1-6147
四家評唱黍丘集　集2-10983
四家語錄　子7-34237
四家詠史樂府　叢1-461
四家詩詞合刻　集6-42014
四家詩選　集6-41951
四家詩餘　集7-46403
四家詩鈔　集6-42019
四家詞選　集7-46406
四家宮詞　集6-41810、41812、42041、42384~5,7-46347　叢1-114(4)
四家選集　叢1-282(4)
四家奏議合鈔　史6-48021
四家四六　集6-42072
四家賦鈔　集6-42070
四家醫案　子2-10907
四家錄　子7-34184~6
四家纂文敍錄彙編　集6-46323　叢1-533,2-2103
四進士楊素貞　集7-53428
四安堂詩鈔　集5-33992
四字經　子3-14085　叢1-86,2-730(7)、731(15)
四字經文　子7-35541
四字鳥語　叢1-332
四字藥性附各草方　子2-5801
四字書法　子3-15506
四字鑑引　史1-4952
四字類賦　子5-25865
四宋人集四種　叢2-870(3)
31　四福音目錄合編　子7-35102
四福音鑰　子7-35163
32　四洲志　史7-49318(22)、54303
四淫齊　子4-24298~9
33　四祕全書十二種　子3-13147
四述奇[航海]　史7-54380
34　四斗二十八宿天帝大籙　子5-29530(26)、

　　31669
　　四洪年譜四種　叢2-943
35　四神祕訣　子3-13391
　　四禮辨俗　叢1-330~1
　　四禮要規　經1-6263
　　四禮翼　經1-6256~8　叢1-299~300、
　　　330~1、483、574(4)、2-1138
　　四禮翼合編、教民三圖　經1-6259
　　四禮疑　經1-6255
　　四禮疑、喪禮餘言　叢2-1138
　　四禮彙編　經1-6351
　　四禮約言　經1-6260
　　四禮從宜　經1-6282~3　叢1-375
　　四禮寧儉編　經1-6269　叢2-829
　　四禮補注　經1-6112　叢2-2078
　　四禮初稿　經1-6254
　　四禮權疑　經1-6279　叢1-418
　　四禮輯畧　經1-6278
　　四禮圖考　經1-6224、6351
　　四禮畧　經1-6249、6351
　　四禮合參　經1-6268
　　四禮纂要　經1-6248、6351
　　四連雪景一枝　集7-51943
36　四邊形算法　子3-12365
37　四泥犂經　子6-32083(20)
　　四溟詩話　集6-45785　叢1-453、2-731
　　　(47)
　　四溟詩鈔　集2-8365
　　四溟瑣紀　子4-23509　叢1-496(2)
　　四溟集　集2-8368　叢1-223(66)
　　四溟山人詩、詩家直說　集2-8363
　　四溟山人詩集　叢2-612
　　四溟山人詩家直說　集6-45783
　　四溟山人集選　集2-8369
　　四溟山人集選、詩說　集6-41949
　　四溟山人全集　集2-8362
　　四郎探母　集7-53429
　　四郎探母(探母回令)　集7-53430
　　四郎回令　集7-53282
38　四海記　子5-27272　叢1-496(4)
　　四海昇平　集7-49702
　　四海鬚眉集　集5-36628
　　四海鬚眉傳　史2-6240
　　四海同春　子2-6028
　　四海棠鼓詞　集7-51271
40　四十二章經　子6-32081(30)、32083(20)、
　　　32085(30)、32086(34)、32088(22)、32089
　　　(21)、32090(28)、32092(18)、32093(30)、7-
　　　32555、33478　叢1-114(3)、200
　　四十二章經疏鈔　子6-32092(44)
　　四十二章經解　子6-32091(69)

　　四十五自定藁　叢2-2094
　　四十張紙牌說　子3-18251　叢1-197(4)、
　　　2-617(2)
　　四十叢存　叢2-700
　　四十初度述懷　叢1-484
　　四十日萬八千里游記　史7-53130
　　四十賢人集　集4-22350
　　四十賢人集(屠酤集)　集4-31121
　　四十八局圖說　子3-13140、13323
　　四十八鏡　子7-32111
　　四大慶四本　集7-50220
　　四大家文選　集6-41801、42735
　　四大家選　集6-42986
　　四大家圍棋譜(四大家棋譜)　子3-18116
　　四大奇書第一種(第一才子書)　子5-
　　　27996
　　四大奇書第一種(第一才子書、三國志演
　　　義)　子5-27994
　　四大奇書第一種三國志、讀三國志法　子
　　　5-27993
　　四大套(二十枝)　子3-17896
　　四大觀樓詩鈔　集5-34669
　　四大恩論　子1-1248　叢1-151
　　四爽軒文集　集3-18999
　　四友齋叢說　子4-20592~3
　　四友齋叢說摘抄　叢1-84(4)、2-730(11)
　　四友齋叢說摘鈔　子4-20594　叢2-731
　　　(51)
　　四友齋畫論　子3-15914
　　四友齋書論　子3-15105
　　四友齋書論、畫論　子3-14693
　　四友記　集7-50318
　　四才子奇書　集7-49379
　　四存編　叢1-215、2-782(3)
　　四寸學　子4-21278　叢1-373(8)、2-1563
　　四寸學殘存　集3-21311
　　四喜記　集7-49709
　　四喜記定本　集7-49812
　　四喜緣　集7-49610
　　四喜寶卷　集7-54343~4
　　四喜四受　子3-17919
　　四奇觀　集7-50221
　　四奇四正辯　子1-3078
　　四奇合璧　子4-22660、5-27670
　　四賣一本　集7-52621
44　四藩王列傳　史2-7447
　　四藩本末　史1-1863、1942
　　四藩本末、除奸檄文除馬阮疏　史1-1864
　　四夢彙譚四種　叢1-496(7)
　　四英傳　集7-50104

　　　四世祖妣高太孺人年譜　史2-11907
46　四如講稿　叢1-223(12)
　　　四如集、拾遺　集1-4417　叢1-223(58)
　　　四如黃先生文藁　集1-4416
　　　四嬋娟　集7-49358
　　　四槐寄廬類稿、別稿　集5-36868
　　　四槐居存稿　集3-16942
　　　四槐堂藏書錄　史8-65921
47　四聲辨異　經2-14261～2
　　　四聲辨義詩韻　經2-13896
　　　四聲韻譜　經2-14435
　　　四聲韻母　經2-14011
　　　四聲譜考畧　經2-14388
　　　四聲五音九弄反紐圖　經2-14281～2、
　　　　14540　叢2-774(8)
　　　四聲千字文、音釋　經2-13431
　　　四聲綜辨　經2-14206
　　　四聲通協譜　經2-14010
　　　四聲猿　集2-9345、9347、9349～50、7-
　　　　49132～3、49135～6　叢2-672
　　　四聲均和表　經2-14382～3、14540
　　　四聲切韻表　經2-14368、14540　叢1-423、
　　　　574(5)
　　　四聲切韻表、校正　經2-14531　叢2-814
　　　四聲切韻表、凡例　經2-14363　叢1-247、
　　　　456(2)、2-731(25)
　　　四聲切韻表、凡例、校正　經2-14364
　　　四聲切韻表、凡例、校刊記　經2-14366
　　　四聲切韻表校正　經2-14365
　　　四聲切韻表校刊記　經2-14367
　　　四聲切韻類表　經2-14369
　　　四聲括韻　經2-14007
　　　四聲成語　經2-13425
　　　四聲易知錄　叢2-1601
　　　四聲易知錄、文字偏旁舉畧　經2-14137
　　　四聲闡微　叢2-2168
　　　四聲全形等子　經2-14295　叢1-223(16)
　　　四聲等子　經2-14296　叢1-433、456(7)、
　　　　2-731(24)
　　　四聲纂句　經2-14067　叢1-330～1
　　　四聲類率譜　經2-14315、15112
　　　四聲精辨四集附四聲辨異　經2-14261
　　　四朝雜記　史1-2958
　　　四朝詩史　集6-42534～5
　　　四朝子史彙鈔□□種　叢1-166
　　　四朝經籍志補　史8-65360
　　　四朝先賢六家年譜　史2-11011
　　　四朝先賢七家年譜　史2-11008
　　　四朝名臣言行別錄　史2-7041
　　　四朝名臣言行錄　史2-6202、7037、7040
　　　四朝寶繪錄　子3-16257

　　　四朝大政錄　史1-3315
　　　四朝成仁錄　史2-7398～9
　　　四朝國史本傳　叢1-223(51)、227(9)
　　　四朝聞見錄　子4-22934　叢1-19(2、8)、20
　　　　(1、6)、21(2、8)、22(8)、23(8)、24(2、9)、244
　　　　(2)、407(3)、2-731(51)、879
　　　四朝聞見錄、目錄　叢1-223(45)
　　　四朝聞見錄甲集、乙集、丙集、丁集、戊集
　　　　子4-22933
　　　四朝鈔幣圖錄、考釋　史8-64908　叢2-
　　　　597
　　　四婦人集　集6-41776
　　　四柳唱和詩　集4-22857
48　四教要括　子7-36000
　　　四教集註節義　子6-32091(79)
　　　四教義　子6-32088(42)、32089(49)、32090
　　　　(63)、32091(61)、32092(41)、32093(50)、7-
　　　　33825
　　　四松齋集　集3-20085
　　　四松草堂詩畧　集5-36763
　　　四松堂詩集、古文、四松堂稿　集4-23594
　　　四松堂集　集3-17257、20086、21788～9
　　　四松堂集、鵰鶚庵筆塵、雜志　集3-21787
　　　四梅花屋詩鈔　集4-31256～7
50　四中閣詩鈔　集3-21819
　　　四史　史1-18～9
　　　四史評議　史1-5282
　　　四史論事　史1-5737
　　　四史發伏　史1-477～8
　　　四史聖經譯注　子7-35158
　　　四史集　子7-35153
　　　四史剿說　史1-5276
　　　四史鴻裁　史1-5133
　　　四史餘論　史1-5714
　　　四夷廣記　史7-54269　叢2-742
　　　四夷考　史6-41653,7-54260、54262　叢1-
　　　　106、111(2)、2-1094
　　　四夷風土記　史7-54357
　　　四夷館譯語六種　經2-14986
　　　四夷館考　史6-42888　叢2-604
　　　四蟲備覽　子4-19407
　　　四本堂座右編　子1-2543
　　　四本堂座右編、四本堂座右編二集　子1-
　　　　2544
　　　四本堂文集、外集、詩集　集5-38283
　　　四本堂自撰編年　史2-11711
　　　四本堂印譜　子3-17098
　　　四本堂印史　子3-16958
　　　四忠集　叢1-574(3)
　　　四忠遺集　集6-41701
　　　四書　經2-10125～6　叢1-217、223(12)

四書、通考 經2-10572
四書主意鄒魯真源 經2-10504
四書序考 經2-10225
四書旁音 經2-11132
四書庭訓 經2-10383
四書廣註 經2-10704
四書廣炬訂 經2-10505
四書文 集5-33761,6-43043 叢1-524,2-731(4)、1920
四書文殘稿、試帖詩殘稿 叢2-1648
四書文翼 經2-10931
四書文彙 經2-11038
四書文法述聞 叢1-330
四書文法摘要 集6-46301 叢1-331
四書文海 經2-11037
四書文性理精詣 經2-10911
四書章句集註 經2-10201~2、10207、10220 叢1-227(4)、414、574(1)
四書章句集註(大學章句、中庸章句、論語集註、序說、孟子集註、序說) 經2-10200
四書章句集註、考異 經2-10208
四書章句集註、四書家塾讀本句讀、四書句集註定本辨、四書章句附考 經2-10205
四書章句集註定本辨 經2-10205
四書章句集註標題 經2-10242
四書章句集註蒙求 經2-10218
四書章句集注 叢1-223(13)
四書章句附考 經2-10205~6
四書章句金鎞 經2-10870
四書章圖隱括總要 經2-10262
四書章圖隱括總要發義 經2-10259
四書章圖纂釋 經2-10261
四書辨證 經2-10776
四書辨說考 經2-10927
四書辨釋備考 經2-11020
四書辨疑 經1-77(4),2-10241、10675~6 叢1-227(4)
四書辨疑、目錄 叢1-223(13)
四書辨疑辨 經2-10936 叢2-1920
四書辨疑圖 經2-10682
四書辨真 經2-11046
四書辯訛 經2-10656
四書音註 經2-11130
四書音證 經2-11107
四書音補 經2-11120
四書音補、土音正誤 經2-11121
四書音義字考 經2-15111
四書註 經2-10944
四書註說參證 經2-11005

四書註說輯要 經2-10912
四書註疏大全合纂(大學注疏大全合纂、中庸注疏大全合纂、論語注疏大全合纂、孟子注疏大全合纂) 經2-10530
四書註解撮要 經2-10986 叢2-1721~2
四書六經讀本 經1-68
四書評 經2-10338
四書評本 經2-10954
四書評點 經2-11065~6
四書評眼 經2-10385
四書語錄 經2-10477
四書訓解參證 經2-10886
四書訓解參證續補編 經2-10888
四書訓解參證補遺 經2-10887
四書訓義 經2-10590 叢2-1291、1293
四書訓義、四書稗疏、四書考異 經2-10591
四書證經異句 經1-153
四書證疑 經2-10876
四書證義筆記合編 經2-10450
四書新編 經2-11070
四書識小錄 經2-10678、11049
四書就正 經2-10363
四書就正錄 經2-10733
四書詩 叢1-311
四書諸儒輯要 經2-10669
四書讀 經1-90,2-10430
四書讀註提耳(大學、中庸、上論、下論、上孟、下孟) 經2-10727
四書讀本辨義、經註詳讀 經2-10901
四書講 經2-10653
四書講議自得錄 經2-10757
四書講習錄 子1-1511
四書講稿 經2-11076
四書講宗 叢2-1219
四書講義 經2-10394、10419、10609、10868、10945、11054 史7-52064 叢1-364,2-1178~9、1334、1456
四書講義(大學講義、中庸講義、論語講義、補遺、孟子講義) 經2-10749
四書講義集說(大學集說、中庸集說、論語集說、孟子集說) 經2-10766
四書講義參真 經2-10910
四書講義續困勉錄 經2-10614
四書講義大全 經2-10785
四書講義萃精 經2-10947
四書講義切近錄 經2-10903
四書講義持衡 經2-10685
四書講義輯存 經2-10603 叢2-1268
四書講義日攻錄 經2-10793

中國古籍總目·索引

四書講義困勉錄　經2-10613　叢1-223
　　(14)
四書講義尊聞錄　經2-10711
四書講義合參　經2-10330
四書翊註　經2-10577
四書翊注　叢2-1237
四書記聞　經2-10867
四書記悟　經2-10861
四書詮義　經2-10721　叢1-1421
四書說　經1-120,2-10543、10753　叢2-
　　821
四書說(大學說、中庸說、論語說、孟子說)
　　經2-10544
四書說乘　經2-10649
四書說剩　經2-10361
四書說約　經2-10573、11073　叢2-669
四書說約(大學、中庸、上論、下論、上孟、下
　　孟)　經2-10455
四書說叢　經2-10443
四書說補編　經2-10943
四書說苑、補遺、續遺　經2-10970
四書說苑續遺　經2-10972
四書說苑補遺　經2-10971
四書說摘畧、補編　經2-10942
四書說畧　經2-9028、10873　叢2-1699～
　　701
四書說畧、教童子法　經2-10874
四書論　經2-10440、10992～3
四書論議統編、辨說考　經2-10928
四書論經正篇　經2-11030
四書詳說　經2-10277
四書詳說續編　經2-10818
四書詳解　經2-10566
四書議畧(大學章句議畧、中庸章句議畧、
　　論語章句議畧、孟子章句議畧)　經2-
　　10981
四書一得錄　經2-10882
四書一貫講　經2-10792
四書一貫錄　經2-11006
四書正誤論語　經2-9445
四書正誤大學　經2-8781
四書正韻　經2-11100
四書正疑　經2-10851
四書正字彙　經2-11094
四書正蒙三辨(大學十章中庸三十三章論
　　語二十章)　經2-11041
四書正事括畧　經2-10600
四書正本　經2-10946
四書正體、校定字音　經2-10849
四書正體、四書正體校定　經2-10848
四書正體校定字音　經2-11097

四書正學淵源　經2-10553、11001
四書正義　經2-10301
四書五經新義　經2-11033
四書五經字辨　經2-11977
四書五經字考　經2-11112、11974
四書五經難字　經2-12846、12849
四書五經義彙海　經2-11904
四書五經義彙鈔　經2-11902
四書五經義策論初編　經2-11057
四書五經類集成　子5-25919
四書五經類典集成　經2-11901
四書疏註撮言大全　經2-10760
四書疏註撮言大全論語　經2-9495
四書疏註撮言大全孟子　經2-9981
四書疏註撮言大全大學　經2-8827
四書疏註撮言大全中庸　經2-9099
四書疏記　經2-10807　叢1-556
四書疏草　經2-10508
四書要言　經2-10759
四書要言論語　經2-9494
四書要言孟子　經2-9979
四書要言大學　經2-8825
四書要言中庸　經2-9097
四書要解　經2-10490
四書要達　經2-10421
四書平語　經2-10570
四書吾學望洋編　經2-10408
四書不二字　經2-11036
四書不二字音釋　經2-11114
四書玩註詳說　經2-10634～5
四書玩注詳說　經1-81
四書聯珠　經2-10816
四書引經節解圖考　經2-10456
四書引解　經2-10751
四書引左彙解　經2-10769
四書水月　經2-10368
四書發註　經2-11025
四書發明　叢2-1299
四書副墨　經2-10411
四書武備編　經2-10679
四書琳琅冰鑒　經2-10775　子5-25914
四書殊　經2-10902
四書聖賢心訣　經2-11078
四書理話　叢2-2047
四書理話、補遺　經2-10948
四書理話補遺　經2-10949
四書理畫　經2-10950　叢2-2047
四書醒言　經2-10373
四書醒義　經2-10794
四書瑯玕　經2-10558

四書弓冶　經2-10416

四書尋真　經2-10747

四書子史集證　經2-10979

四書翼註論文　經2-10722、10917

四書翼註論文(大學、中庸、上論、下論、上孟、下孟)　經2-10723

四書翼傳三義　經2-10342

四書翼注論文　叢2-1803

四書翼箋　經2-10480

四書改錯　經2-10597、11134

四書改錯、補遺　經2-10598

四書改錯平　經2-10956

四書改錯補遺　經2-10599

四書瑣言　經2-10996　叢2-2087

四書瑣語　經2-10815　叢2-1601

四書千百年眼　經2-10514~5

四書集註　經2-10198~9、10203~4、10213、10617

四書集註(大學章句、中庸章句、論語集註、孟子集註)　經2-10211

四書集註(四書章句集註、四書)　經2-10197

四書集註正蒙　經2-10217、10897

四書集註正蒙釋文合刻　經2-10898

四書集註正篆釋文合刻　經2-10822

四書集註引用姓名考、論語詩　經2-10802

四書集註引用姓氏考　叢1-322

四書集註繹義雪疑　經2-10924

四書集註補　經2-10674、11072

四書集註大全(讀大學法、人學章句大全、或問、讀中庸法、中庸章句大全、或問、讀論語孟子法、論語集註大全、序說、孟子集註大全、序說)　經2-10268

四書集註大全(大學章句大全、中庸章句大全、論語集註大全、孟子集註大全)　經2-10269

四書集註大全(大學章句大全、大學或問、中庸章句大全、中庸或問、論語集註大全、孟子集註大全)　經2-10267

四書集註大全、論語考異孟子考異　經2-10271

四書集註考證　經2-11013　叢1-526

四書集註指要　經2-10762

四書集註闡微直解(大學中庸、論語、孟子)、纂序四書說約合參大全　經2-10331

四書集註闡微直解論語　經2-9374

四書集註闡微直解論語、纂序四書說約合參大全　經2-9373

四書集註闡微直解孟子　經2-9871

四書集註闡微直解孟子、纂序四書說約合

參大全　經2-9870

四書集註闡微直解大學　經2-8719

四書集註闡微直解大學、纂序四書說約合參大全　經2-8718

四書集註闡微直解中庸　經2-8978

四書集註闡微直解中庸、纂序四書說約合參大全　經2-8977

四書集註箋　叢2-1936

四書集註管窺　經2-10805、10878

四書集註管窺續增　經2-10879

四書集說　經2-10581~2、10839、10852

四書集說論語　經2-9433~4

四書集說孟子　經2-9921~2

四書集說大學　經2-8768~9

四書集疏附正、論語緒言　經2-10741　叢1-414、574(3)

四書集編　叢1-223(13)、227(4)

四書集編(大學集編、中庸集編、論語集編、孟子集編)　經2-10228~9

四書集釋就正稿　經2-11014

四書集釋就正藁　叢1-526

四書集解、大學古本說大學今本說　經2-10899

四書集注　叢2-697、698(3)

四書集注大全、讀大學法、大學或問、中庸或問、讀論語孟子法　經1-40

四書集注管窺　叢2-1575

四書集字　經2-11124　叢2-896

四書集字、五經集字　叢1-300

四書集字音義辨　經2-11129、11133

四書集趣　集7-49583

四書集成　經2-10648

四書集益　經2-10796

四書集義精要　經2-10238　叢1-223(13)

四書集義精要(大學、論語、孟子)　經2-10239

四書統宗會元　經2-11012

四書順義解　經2-10763

四書虛字講義　經2-11105

四書便讀　經2-10215

四書便蒙　經2-10216、10877

四書便蒙講述　經2-10370~1

四書便蒙添註　經2-10978

四書經註詳讀　經2-10214、10667

四書經註集證　經2-10817　叢1-427

四書經正錄　經2-10523~4、10831

四書經疑問對　經2-10265

四書經疑貫通　經2-10250　叢1-223(14)

四書經疑貫通、校勘記、校勘續記　經2-10251　叢2-870(2)

四書經疑貫通校勘記　經 2－10252
四書經疑貫通校勘續記　經 2－10253
四書經史摘證　經 2－10585～6
四書經典通考　經 2－10830
四書經學續考　經 2－10519
四書經學考、補遺　經 2－10702
四書經學考、補遺、續考　經 2－10500
四書經學考續考　經 2－10502
四書經學考補遺　經 2－10501、10703
四書經義聯珠　經 2－10859
四書經義考辨沈存　經 2－10919
四書經義策論啓蒙　經 2－10994
四書經筵直解　經 2－10315
四書制藝文　叢 2－1255
四書制義　集 2－10689　叢 2－1169
四書鼎臠　經 2－10547
四書後編　經 2－10894
四書崇熹註解　經 2－10457
四書樂器編　經 2－10680
四書私談　經 2－10906　叢 1－366～8
四書私存　經 2－10294
四書參　經 2－10339
四書參註　經 2－11018　叢 2－1409
四書代言　經 2－10417
四書備考　經 2－10875
四書備考考異　經 2－10471
四書緯　經 2－11140
四書緒言　經 2－10651
四書緒餘錄、補　經 2－10677
四書續談　經 2－10790
四書續談內編、補　叢 2－1547
四書續考　經 2－10841
四書傳習心譚　經 2－10369
四書朱註發明　經 2－10659
四書朱子語類　經 2－10580
四書朱子集註古義箋　經 2－11063
四書朱子大全　經 2－10654
四書朱子大全、圖　經 2－10777
四書朱子大全經傳蘊萃　經 2－10712
四書朱子大全精言　經 2－10724
四書朱子大全精言論語　經 2－9471～2
四書朱子大全精言孟子　經 2－9964～5
四書朱子大全精言大學　經 2－8810～1
四書朱子大全精言中庸　經 2－9085～6
四書朱子本義滙參　經 2－10687
四書朱子異同條辨　經 2－10668
四書朱子異同條辨論語　經 2－9456
四書朱子異同條辨孟子　經 2－9946
四書朱子異同條辨大學　經 2－8797
四書白話註解　經 2－11074

四書白話解說始末記　經 2－11062
四書白話句解　經 2－11077
四書自課錄　經 2－10693
四書自課錄論語　經 2－9462
四書自課錄孟子　經 2－9956
四書自課錄大學　經 2－8801
四書自課錄中庸　經 2－9077
四書偶談內編、外編　經 2－10789　叢 2－
　1546～7
四書總字同聲集　經 2－11108
四書稗疏　經 1－163(1)，2－10592～3　叢 2－
　1291～3
四書繹　經 2－10935
四書繹註　經 2－10658
四書繹註覽要　經 2－10921
四書繹義　經 2－10636
四書釋文　經 2－10666、11111
四書釋地　經 2－10631　叢 1－202(2)
四書釋地、續、孟子生卒年月考　經 2－
　10622
四書釋地、續、又續、三續　經 1－111(1)
四書釋地、續、又續、三續、孟子生卒年月考
　經 2－10623
四書釋地辨證　經 1－111(4)，2－10858　叢
　2－1668
四書釋地三續　經 2－10625　叢 1－223(14)
四書釋地三續補　經 2－10629
四書釋地重校編次附孟子生卒年月考　經
　2－10630
四書釋地續　叢 1－223(14)
四書釋地續補　經 2－10627
四書釋地補、續補、又續補、三續補　經 2－
　10626
四書釋地又續　經 2－10624　叢 1－223(14)
四書釋地又續補　經 2－10628
四書歸一集　經 2－10560
四書蠡言　經 2－10933
四書鄉音辨譌　叢 2－1748
四書鄉音辨譁　經 2－11102
四書鄉黨考　經 2－10774
四書解　經 2－10196、10850　叢 2－1022
四書解詩經　經 1－4273
四書解瑣言、補編　經 2－10871
四書解瑣言補編　經 2－10872
四書解縳編　經 2－10525
四書解細論　經 2－10786　叢 2－1487
四書解疑　經 2－10811、10834
四書解義　經 2－10642　叢 2－1347
四書解義(大學古本說、中庸章段、中庸餘
　論、中庸四記、讀論語劄記、讀孟子劄記)
　經 2－10644

四書解義(榕村四書說)(大學古本說、中庸
　章段、中庸餘論、讀論語劄記、讀孟子劄
　記)　經2-10643
四書解尚書　經1-2953
四書條辨　經2-10951
四書條考　經2-10779
四書疑言　經2-10925
四書疑誤　叢2-1187
四書疑句輯解　經2-11010
四書疑字辨　經2-11126
四書疑問　經2-10358～60、10382
四書疑節　經2-10246　叢1-223(14)
四書疑節、校勘記、校勘記續　叢2-870(2)
四書疑節、校勘記、校勘續記　經2-10247
四書疑節校勘記　經2-10248
四書疑節校勘續記　經2-10249
四書名物考　經1-48,2-10389～90
四書句辨　經2-10511、10974
四書句辨詳　經2-11002
四書句辨詳訂　經2-11040
四書句讀釋義　經2-10740
四書彙辨、續、續補　經2-10845
四書彙辨續　經2-10846
四書彙辨續補　經2-10847
四書彙講薪傳　經2-11011
四書彙解　經2-10587、10908
四書彙徵　經2-10474
四書彙通　經2-10652
四書紀疑錄　經2-10907　叢2-1613
四書約說四書題說　經2-10517
四書約旨　叢2-1390
四書約旨(大學中庸、孟子、論語)　叢2-
　1389
四書約旨(四書約旨大學、四書約旨中庸、
　四書約旨論語、四書約旨孟子)　經2-
　10683
四書約解　經2-10940　叢2-1787
四書紹文編　經2-10318
四書徵　經2-10498
四書徵引錄　經2-10958
四書窮鈔六補定本　經2-10422
四書家塾讀本句讀　經2-10205
四書字辨　經2-11116、11125
四書字辨疑字辨　經2-11127
四書字識法　經2-13515
四書字詁、檢字　經2-11103
四書字解　經2-11128
四書字句辨疑　經2-10534
四書字帖　經2-10131
四書字考　叢2-1423

四書字母　經2-11096
四書字義　經2-11091　子1-821
四書字義說畧　經2-11101
四書字類釋義　經2-11095　叢1-574(4)
四書宮室圖考　經2-10884
四書審問錄　經2-10754
四書定本辨正　經2-10486
四書宗旨要言　經2-10552
四書逐字辨聲　經2-11123
四書測疑　叢2-1790
四書叢說　叢2-857
四書近語　經2-10337　叢2-1108～9
四書近指　經2-10482～3　叢1-223(14)、
　2-1230
四書心解、偶思錄　經2-10650
四書補音　經2-11098
四書補註、補註續編、考正古本大學　經2-
　10638
四書補考　經2-10788
四書補典　經2-10835
四書補義　經2-10840
四書補義論語　經2-9540
四書補義孟子　經2-10022
四書補義大學　經2-8844
四書補義中庸　經2-9123
四書述　經2-10645、10787　叢2-979
四書述言　經2-10952
四書述要　經2-10756
四書述統　經2-10671
四書述朱大全　經2-10705
四書述義後集　叢2-1748
四書述義後集(大學述義續、中庸述義續、
　論語述義續、孟子述義續)　經2-10892
四書述義前集　叢2-1748
四書述義前集(大學述義、中庸述義、論語
　述義、孟子述義)　經2-10891
四書對語　叢1-371
四書漢詁纂　經1-48,2-10386
四書達　經2-11059
四書遺義、管氏弟子職、朱子童蒙須知、崇
　道編　經2-10646
四書溫故錄　叢2-1485
四書溫故錄(學庸、論語、孟子、孟子章指)
　經2-10767
四書襯　經2-10662
四書遇　經2-10569
四書湖南講(大學詁、中庸詁、大學湖南講、
　中庸湖南講、論語湖南講、孟子湖南講)
　經2-10439
四書湖南講(大學湖南講、中庸湖南講、論

語湖南講、孟子湖南講）　經2-10438
四書凝道録　經2-10735　叢1-574(3)
四書初問　經2-10322
四書逸箋　經2-10783　叢1-223(14)、273(3)、404、453、456(2)、2-731(5)、872
四書通　叢1-223(13)、227(4)
四書通(大學通、中庸通、論語通、孟子通)　經2-10240
四書通證　經2-10245　叢1-223(14)、227(4)
四書通旨　經1-77(4)、2-10264　叢1-223(14)、227(4)
四書通疑似　經2-10968
四書通義　經2-10278
四書通義(大學通義、中庸通義、論語通義、孟子通義)　經2-10528
四書通敍次　經2-10969
四書過庭編　經2-10998
四書遵朱求是録　經2-10896
四書遵朱會通　經2-10909
四書十一經通考　經2-10520
四書左國彙纂　經2-10768
四書左國輯要　經2-10752
四書大註彙參合講題鏡合纂、四書串珠、四書音註　經2-11042
四書大成　經2-10655
四書大全　經2-10274、10746　叢1-223(14)
四書大全(大學章句大全、中庸章句大全、論語集註大全、孟子集註大全)、四書備考　經2-10470
四書大全辨　經2-10568
四書大全說約合參證解　經2-10639
四書大全摘要　經2-10719
四書大全學知録　經2-10726
四書大全纂　經2-10460
四書直解　經2-10332
四書直解、四書講義合參　經2-10329
四書直解、四書指南纂序合參　經2-10327
四書直解正字論語　經2-9370
四書直解正字孟子　經2-9867
四書直解指南論語　經2-9371
四書直解指南孟子　經2-9868
四書存參　經2-11007　叢2-956、1687
四書古註羣義彙解九種　經2-11134
四書古語録證　經2-10987　叢2-1950
四書古詁總目　經2-10568
四書古人紀年　經2-10809
四書古人典林　經2-10700
四書古今訓釋　經2-10856　叢2-1667
四書古今四體全書集註　經2-10343

四書古今異義備覽　經2-10863
四書真解　經2-10657
四書索解　經2-10596　叢1-241、242(3)、2-731(5)、1309
四書鞭影　經2-10485
四書標題一得解　經2-10748
四書札記　叢1-223(14)
四書博徵　經2-10795　叢2-900
四書求是　經2-10838、10865
四書地記　經2-10985
四書地理通釋　經2-11081
四書地理考　經2-10880
四書地理畧　經2-11027
四書地圖　經2-10729
四書考　經2-10412、10437、10976
四書考論語　經2-9405
四書考正訛　經2-10773
四書考孟子　經2-9895
四書考編修飾　經2-10539
四書考備　經2-10533
四書考彙刪　經2-10641、10670
四書考大學　經2-8747
四書考中庸　經2-9011
四書考摘要　經2-11023
四書考典　經2-10690～1
四書考輯要　經2-10814
四書考輯要、地圖　經2-10728
四書考畧　經2-11024
四書考異　經1-111(2)、2-10209、10594、10780　叢1-371、2-662、1291～3
四書考異(總考、條考)　經2-10778
四書考異訂　經2-10781
四書考異疏證　經2-10864
四書考異總考　叢1-460
四書考異條考　叢1-460
四書勸學録(大學、中庸、上論、下論、上孟、下孟)　經2-10829
四書勸學録論語　經2-9536
四書勸學録孟子　經2-10019
四書勸學録大學　經2-8840
四書勸學録中庸　經2-9119
四書蒙引　經2-10284
四書蒙引、四書蒙引別録　叢1-223(14)
四書蒙引便覽　經2-10286
四書蒙引別録　經2-10285
四書孝語　經2-8574、8576、8578、8580～2
四書萃精録　經2-10923
四書若解篇　經2-10542
四書也足園初告(大學、中庸、上論、下論、上孟、下孟)　經2-10279

四書権解錄　經2-10844
四書想　經2-10583
四書趨庭講義會編　經2-10562
四書教子尊經求通錄　經2-10997
四書檢字　經2-11104
四書中說　經2-10276
四書串珠　經2-11043
四書串釋　經2-11075
四書摘訓(大學摘訓、中庸摘訓、論語摘訓、
　孟子摘訓)　經2-10316
四書摘解　叢2-1688
四書摭餘說　經2-10803
四書摭餘說論語　經2-9521
四書摭餘說孟子　經2-9999
四書摭餘說大學　經2-8833
四書摭餘說中庸　經2-9107
四書蠹簡　經2-10900
四書攝提　經2-10402　叢2-1169
四書指韻　經2-10960
四書指南纂序合參　經2-10328
四書指月(論語、孟子)　經2-10451
四書按稿　經2-10701
四書或問　叢1-223(13)、451、574(2)
四書或問(大學或問、中庸或問、論語或問、
　孟子或問)　經2-10221
四書或問、中庸輯畧　經2-10222
四書或問、四書或問考異　經2-10223
四書或問語類集解釋註大全　經2-10713
四書或問語類集解釋註大全大學　經2-
　8806
四書或問語類大全合訂　經2-10686
四書或問考異　經2-10224
四書成語對聯彙編　經2-11113
四書典　經2-10473
四書典論　經2-10860
四書典要、典制便覽　經2-11048
四書典制彙編　經2-10706
四書典制類聯　子5-25915、25918
四書典制類聯音註　子5-25916~7
四書典林　經2-10698
四書典林、四書古人典林　經2-10699
四書典故辨正　經2-10799
四書典故辨正續編　經2-10800
四書典故覈　經1-118,2-10853　叢1-460
四書典故聚覽、四書別解聚覽　經2-11021
四書典故考辨　經1-128,2-10823
四書典故輯要　經2-11080
四書典腋　經2-10926　子5-26055
四書典類淵海　經2-10984　子5-26054
四書揚明　經2-10537

四書擇識編　經2-10426
四書輯釋　經2-10259~60
四書輯釋大成　經2-10258
四書撮　經2-10755
四書提要　經2-11938
四書拾疑　經2-10854
四書拾疑論語　經2-9547
四書拾疑孟子　經2-10030
四書拾疑大學　經2-8847
四書拾疑中庸　經2-9125
四書拾遺　經2-10681　叢2-1659~60
四書拾義　叢1-558
四書拾義、續　經2-10889
四書口義　經2-10302
四書口義論語　經2-9364
四書口義孟子　經2-9861
四書口義大學　經2-8709
四書口義中庸　經2-8967
四書日記續　經2-11009
四書最勝藏　經2-10372
四書易簡錄　經2-10758、10934
四書因論　經2-10862
四書因問　經2-10292　叢1-223(14)
四書圖說　經2-10744
四書圖考　經2-10715、10883
四書圖考集要　經2-10770
四書圖史合考　經2-10287
四書圖表就正　經2-10801　叢2-1591
四書是訓　經2-10855　叢1-558
四書異解彙解　經2-11079
四書異同商(學庸、論語、孟子)　經2-
　10929
四書異同商、補訂(學庸、補訂、論語、補訂、
　孟子、補訂)　經2-10930
四書困學編　經2-10694
四書題說　經2-10518、10905　叢2-1518
四書題解撮要　經2-11039
四書題鏡　經2-10826
四書題鏡論語　經2-9480
四書題鏡孟子　經2-10013
四書題鏡大學　經2-8818
四書題鏡中庸　經2-9116
四書題鏡味根合編　經2-10827
四書晰疑　經2-10734
四書別解聚覽　經2-11022
四書則　經2-10526
四書味根錄(大學味根錄、中庸味根錄、論
　語味根錄、孟子味根錄)　經2-10824
四書味根錄論語、四書題鏡　經2-9481
四書味根錄孟子、四書題鏡　經2-10014

四書味根錄大學、四書題鏡　經 2－8819
四書味根錄中庸、四書題鏡　經 2－9117
四書味根錄題鏡合編、四書宗旨　經 2－10828
四書味根錄題鏡合編論語、四書宗旨　經 2－9482
四書味根錄題鏡合編孟子、四書宗旨　經 2－10015
四書味根錄題鏡合編大學、四書宗旨　經 2－8820
四書味根錄題鏡合編中庸、四書宗旨　經 2－9118
四書叩心說錄　經 2－10541
四書明儒大全精義　經 2－10660
四書眼　經 2－10384
四書臆說　經 2－10833　叢 2－1674
四書反身續錄　叢 2－1328
四書反身錄　叢 1－313,2－1325～6
四書反身錄(大學、中庸、論語、孟子、二孟續補)　經 2－10604～6
四書反身錄、四書反身續錄　叢 2－1327
四書反身錄論語　經 2－9441
四書反身錄論語、孟子　叢 2－1328
四書反身錄續補　經 2－10607
四書反身錄大學　經 2－8776
四書反身錄中庸　經 2－9050
四書原旨　經 2－10647
四書卮言　經 2－10810
四書所見錄　經 2－11016
四書刪正　經 2－10350～1
四書質疑　經 2－10707～8、10966、10980、10995　叢 2－1010、1407
四書隨見錄　經 2－10922
四書隨見錄論語　經 2－9581
四書隨見錄孟子　經 2－10050
四書隨見錄大學　經 2－8859
四書隨見錄中庸　經 2－9140
四書體註　經 2－10618
四書體註合講　經 2－10714
四書體註合講論語　經 2－9467
四書體註合講孟子　經 2－9962
四書體註合講大學　經 2－8807
四書體註合講中庸　經 2－9083
四書體要　經 2－10575
四書體味錄、大學新得、大學擬序測蠡殘稿　經 2－10869
四書體味錄殘稿論語　經 2－9556
四書體義　經 2－10365
四書屑考　經 2－10423
四書闡旦　經 2－10409
四書居閑箋　經 2－10914

四書聞　經 2－10494
四書學旨　經 2－11026
四書闡註　經 2－10710
四書留書　經 2－10464　叢 1－223(14)
四書問答　經 2－10555　叢 2－1574
四書貫　經 2－11000
四書貫珠講義　經 2－10842
四書貫解　經 2－10381、10890
四書閑筆講義　經 2－10975　叢 2－1644
四書駢字集解　經 2－11110
四書賸言　叢 2－1309
四書賸言、補　經 1－111(2),2－10601　叢 1－223(14)
四書賸言補　叢 2－1309
四書賸言卷補　經 2－10602
四書人物概　經 1－48,2－10388
四書人物考　經 2－10303、10314、10717
四書人物考訂補　經 2－10306
四書人物圖全考　經 2－10467
四書人物類典串珠　經 2－10819
四書人名廋辭　子 3－18380
四書人名考　經 2－10806
四書人鈔　經 2－10782
四書全章聯正文備　經 2－11044
四書全註、詩韻音義辨異　經 2－11032
四書全解　經 2－10672
四書益智錄　經 2－10709
四書鏡典故附考　經 2－10742
四書分聲正體　經 2－13103
四書尊註大全(大學大全、中庸大全、論語大全、孟子大全)　經 2－10531
四書義　子 7－36253
四書義正鵠初編　經 2－11055
四書義經正篇　經 2－11029
四書義彙編　經 2－10227
四書義述(大學中庸、論語、孟子)　經 2－11058
四書義史證　經 2－10962
四書義精騎集、五經義精騎集　經 2－11034
四書合講　經 2－10716、10959
四書合喙鳴　經 2－10961
四書會要錄　經 2－10696
四書會解(大學會解、中庸會解、論語彙解、孟子會解)　經 2－10820
四書會解新意　經 2－10469、10489
四書劄記　經 2－10761、11050、11068　叢 2－1374
四書知新　經 2－10377
四書知新日錄　經 2－10522
四書箋解　經 2－10589

四書箋疑疏證　經2-11064

四書箋義、紀遺　經2-10234　叢1-265(2)

四書箋義、補遺、續遺　經2-10235　叢2-731(5)

四書箋義續遺　經2-10237

四書箋義纂要、補遺、續遺　叢1-274(3)

四書答問　經2-10321、10812、10843、10977　叢2-1151

四書管窺　經2-10254～6、10904　叢1-223(14)、2-867

四書餘說　經2-10692

四書策論　經2-11047

四書纂言　經2-10857　叢2-1667

四書纂疏　叢1-223(13)、227(4)

四書纂疏(大學纂疏、中庸纂疏、論語纂疏、孟子纂疏)　經2-10231

四書纂箋　經2-10257　叢1-223(14)、227(4)

四書鈔　經2-10621

四書小參、四書問答　經2-10554

四書憶　經2-10982

四書恆解　叢2-1640

四書恆解(大學、中庸、上論、下論、孟子)　經2-10836

四書恆解論語　經2-9538

四書恆解孟子　經2-10020

四書恆解大學　經2-8842

四書恆解中庸　經2-9121

四書類編(大學類編、中庸類編、論語類編、孟子類編)　經2-11069

四書類考　經2-10797

四書類典賦　經2-10736～7

四書燃犀解論語　經2-9366

四書燃犀解孟子　經2-9863

四書燃犀解大學　經2-8712

四書燃犀解中庸　經2-8969

四書精義補　經2-10983

四春詞　集7-47613

四囊書　子1-3320

四未曾有經　子6-32084(17)

四未曾有法經　子6-32083(19)

四末真論　子7-35326

四素山房集　集2-10771

四素餘珍(四素老人集稿)　集4-26921

54　四持軒詩鈔　集4-30793

55　四典要會　子7-35974

57　四艷記　集7-49189

60　四國遊記　史7-54191

四國志畧　子7-36247

四思堂文集　集3-13933

四甲陳氏族譜[湖南益陽]　史4-33307

四品稿　集2-11307

四品稿、五品稿　集2-11308

四品彙鈔四種　叢1-345

四品法門經　子6-32091(38)

四品學法　子6-32081(39)、32082(18)、32085(37)、32086(43)、32088(27)、32089(34)、32090(58)、32091(56)、32092(38)

四品學法經　子6-32083(25)、32093(30)

四貝上工　集7-53280

四景絕句　集6-44166

64　四時病機　子2-4641、6838

四時調攝　子2-10981

四時幽賞　史7-53319　叢1-154、181

四時幽賞錄　叢2-832(4)

四時宜忌　史6-49246　子2-10980　叢1-173、195(6)、2-731(27)

四時寶鏡　史6-49232　叢1-22(12)、23(12)

四時對雪樓雜錄　子4-22472

四時逸事　叢1-154、181

四時存采稿　集2-6928

四時花月賽嬌容　集7-48774(1)、49083、49110

四時歡　叢1-30、154、181

四時格物滙編　子7-38028

四時春　集7-49565

四時攝生消息論　子2-11018　叢1-173

四時氣候集解　史6-49243　子3-11309

67　四明文獻　集6-44646

四明文獻(四明文獻集)　集6-44647～8

四明文獻誌　集6-44649

四明文獻集　集1-4353　叢1-223(58)、227(10)

四明文獻集、補遺　集1-4354

四明文獻集、補遺、深寧先生文鈔摭餘編、深寧先生年譜、王深寧先生年譜、王深寧先生年譜　集1-4355

四明文獻集、深寧先生文鈔摭餘編、補遺　叢2-845(2)

四明文徵　叢2-845(5)

四明六志校勘記[咸豐]　史7-57412

四明詩萃　集6-44641

四明詩幹　叢2-845(4)

四明詩鈔　集6-44642

四明談助　史7-50400

四明平水潭邵氏宗譜[浙江鄞州]　史4-29218

四明天一閣藏書目　叢2-594

四明天一閣藏書目錄　史8-65570

四明石馬塘聞氏家乘[浙江鄞州]　史5-38790

四明張村項氏宗譜[浙江鄞州]　史 5 - 35507

四明水氏留碩稿[浙江寧波]　史 4 - 25976

四明水氏留碩稿前編五種後編四種附一種　叢 2 - 978

四明上菁李家塔王氏宗譜[浙江餘姚]　史 4 - 24981

四明儒林董氏宗譜[浙江鄞州]　史 5 - 35876

四明經籍志　史 8 - 66097

四明經籍提要　史 8 - 66098

四明山寨記　叢 2 - 1261

四明山寨紀　史 1 - 3423

四明山游記　史 7 - 53405

四明山遊記　叢 1 - 371

四明山遊錄　史 7 - 53406　叢 2 - 718

四明山志　史 7 - 52326　叢 2 - 845(4)

四明先生續資治通鑑節要　史 1 - 1087～8

四明先生遺集　集 2 - 12534,6 - 43118

四明它山水利備覽　史 6 - 46819　叢 1 - 223(24)、274(3),2 - 731(55)

四明它山水利備覽、釋文　史 6 - 46820,7 - 54917

四明它山水利備覽、校勘記　史 6 - 46821　叢 2 - 845(3)

四明它山圖經　史 7 - 52332～4

四明宋僧詩、元僧詩　叢 2 - 845(4)

四明宋氏家傳產科全書祕本　子 2 - 8327

四明宋氏女科祕書　子 2 - 8031

四明叢書一百六十七種　叢 2 - 845

四明近體樂府　集 7 - 48579

四明心法　子 2 - 4606、4974、6747

四明洞天丹山圖詠集　史 7 - 52335　子 5 - 29530(12)

四明十二先生贊　史 2 - 8037

四明九題　集 5 - 39015

四明志[寶慶]　史 7 - 57408

四明志補[乾隆]　史 7 - 57418

四明李氏宗譜[浙江鄞州]　史 4 - 27178

四明古藤史氏宗譜[浙江寧波]　史 4 - 26145

四明古蹟　史 7 - 51404　叢 2 - 845(4)

四明七觀　集 1 - 4362

四明櫟溪楊氏宗譜[浙江鄞州]　史 5 - 36844

四明范氏宗譜[浙江寧波]　史 4 - 29438

四明萬氏家寶十種　叢 2 - 980

四明黃氏家譜[浙江餘姚]　史 5 - 33772

四明黃氏宗譜[浙江餘姚]　史 5 - 33770

四明桂氏家乘稿[浙江鄞州]　史 4 - 31284

四明藕橋朱氏宗譜[浙江鄞州]　史 4 - 26513

四明鸛嶺志畧　史 7 - 52331

四明梅江王氏宗譜[浙江鄞州]　史 4 - 24965

四明趙氏宗譜[浙江寧波]　史 5 - 38306

四明摭餘錄　史 7 - 50401　叢 2 - 2183

四明忠孝節義傳圖　史 2 - 8036

四明四友詩　集 6 - 44644　叢 1 - 263

四明圖經[乾道]　史 7 - 57407

四明吟稿　集 1 - 4192～3,6 - 41889

四明吟藁　集 6 - 41896

四明馬氏縣東派支譜[浙江鄞州]　史 4 - 31591

四明月湖徐氏家譜[浙江寧波]　史 4 - 31914

四明醫案　子 2 - 4606、10530

四明人鑑　史 2 - 8034～5　叢 2 - 845(4)

四明分支稿[史氏]　史 4 - 26120

四明尊堯集　史 1 - 5900　叢 2 - 673

四明尊者教行錄　史 2 - 8621　子 7 - 34622

四明餘話　史 7 - 50402　叢 2 - 2183

四明光溪桂林徐氏重修宗譜[浙江鄞州]　史 4 - 31925

四鳴集　集 3 - 17639

四盟山　集 7 - 53431

四照亭詩鈔　集 3 - 17567

四照堂文集　集 3 - 13188、13343

四照堂文集、詩集、校勘記、校勘記補　叢 2 - 870(5)

四照堂文錄　集 6 - 42066

四照堂詩集　集 3 - 13187,4 - 30153,6 - 42007(2)

四照堂詩集、詞、文　集 4 - 30152

四照堂詩集、樂府詩、詩餘、時曲　集 3 - 13342

四照堂集　集 6 - 41959

71　四阿含暮抄解　子 6 - 32081(39)、32082(19)、32085(38)、32088(27)、32089(34)、32090(56)、32091(54)、32092(37)

四阿含暮抄解經　子 6 - 32083(26)、32086(44)

四阿鋡暮抄解　子 6 - 32084(22)、32093(30)

四願經　子 6 - 32081(32)、32083(21)、32085(31)、32086(36)、32088(22)、32089(22)、32090(28)、32091(27)、32092(18),7 - 32595

四馬詩鈔　集 4 - 23744

四臣輔政始末　史 1 - 3585

72　四岳遊記　史 7 - 53100

75　四體千字文　經 2 - 13370　子 3 - 15302

四體書法(善成堂增訂四體書法)　子 3 - 15104

四體書勢　子3-15001、15008　叢1-22
(15)、23(14)、27、29(2)、2-774(8)
四體合璧文鑑、總綱、目錄　經2-15020
77 四朋居新訂四書講意存是　經2-10512
四朋居朱訂四書句辨　經2-10511
四朋居朱訂四書字畫辨疑　經2-10510
四朋居刪補四書講意聖賢心決、字畫辨疑、
句辨　經2-10509
四留山人自記　史2-12104
四留堂雜著　集2-11512
四留堂稿　集2-10221
四留堂褉著　集2-11513
四印齋所刻詞三十一種　集7-46369
四印堂詩稿　集2-10562
四民月令　史6-49209～15　叢1-22(12)、
23(12)、403,2-656、765～6、775(4)、1576
四民月令、札記　史6-49216　叢2-738
四門謝氏族譜[浙江餘姚]　史5-40711
四門謝氏二房續譜[浙江餘姚]　史5-
40706
四門謝氏續修前譜[浙江餘姚]　史5-
40705
四門謝氏家譜[浙江餘姚]　史5-40710
四門謝氏大房譜[浙江餘姚]　史5-40707
四門謝氏四房譜[浙江餘姚]　史5-40709
四賢記　集7-49709
四賢記定本　集7-50118
四賢配　集7-50338
四賢集　集6-45121
80 四人出現世間經　了6-32083(19)
四並集　叢2-622
四益詩說　經1-4444　叢2-2129(2)、
2130～1
四益宧駢文稿　集5-41014
四益友樓文鈔　集5-37077
四益易說　經1-2026　叢2-2130～1
四益易說、墨辯解故序　叢2-2129(3)
四益因緣　子4-21759
四益館文集　集5-38466
四益館文鈔　叢2-2129(4)
四益館雜著　集5-38467　叢2-2129(4)
四益館雜著、文集　叢2-2130～1
四益館經學五變記　經2-11815
四益館經學叢書　經1-165
四益館經學四變記　經2-11814　叢2-
2131
四益館經學四變記、五變記　叢2-2130
四益館經學四變紀、五變紀　叢2-2129(2)
四益館穀梁春秋外編敍目　經1-7422
四分術　子3-11660
四分術章蔀定率表　子3-11583

四分比丘戒本　子6-32084(19)、32085(34)、
32086(39)、32088(25)
四分比丘戒本集解　子7-33915
四分比丘尼戒本　子6-32081(35)、32083
(23)、32085(34)、32086(39)、32088(25)、
32089(40)、32090(46)、32091(44)、32092
(30)、32093(23)、7-33913～4
四分比丘尼羯磨法　子6-32081(36)、32082
(15)、32083(23)、32085(34)、32086(40)、
32088(25)、32089(40)、32090(45)、32091
(43)、32092(30)、32093(23)
四分律　子6-32084(18)、32093(23)、7-
32642
四分律行事鈔資持記　子7-33526
四分律比丘戒本　子6-32093(23)、7-32633
四分律比丘含注戒本　子7-33519
四分律名義標釋　子6-32091(68)
四分律藏　子6-32081(35)、32082(15)、32083
(23)、32085(34)、32086(39)、32087、32088
(24)、32089(39)、32090(45)、32091(43)、
32092(29)、7-32643
四分律藏大小持戒犍度署釋　子6-32091(68)
四分律拾毘尼義鈔　子7-33525
四分律刪補隨機羯磨　子6-32081(36)、
32083(23)、32084(19)、32085(34)、32088
(25)、32089(40)、32093(23)
四分律刪補隨機羯磨疏濟緣記　子7-
33527
四分律刪補隨機羯磨教徵文抄　子7-
33521
四分律刪繁補闕行事鈔　子7-33524
四分律含注戒本疏行宗記　子7-33528
四分僧戒本　子6-32084(19)、32093(23)
四分僧羯磨　子6-32081(36)、32083(23)、
32085(34)、32086(40)、32088(25)、32089
(40)、32090(45)、32091(43)、32092(30)
四分戒本　子6-32081(35)、32083(23)、32085
(34)、32086(39)、32088(25)、32089(39)、
32090(46)、32091(44)、32092(30)、7-32640、
32986、33929
四分戒本便蒙擷署記　子7-33518
四分戒本如釋　子6-32091(68)、7-33523
四分尼戒本　子6-32084(19)
四分食月表　叢2-2265
四令花考　叢2-1451
四無妄齋吟稿　集5-37948
四無所畏經　子6-32083(30)
四念處　子6-32088(42)、32089(49)、32090(63)、
32091(61)、32092(40)、32093(50)、7-33842
四美圖　集7-50452
四美圖傳　集7-53965
四美同心金釵記　集7-53966

中國古籍總目·索引

四合工册　子3-17884
四會縣補志[康熙]　史8-61117
四會縣志[康熙]　史8-61116、61118
四會縣志[道光]　史8-61119
四會縣志[光緒]　史8-61120
四養齋詩稿　集4-26435
四氣攝生圖　子2-10993,5-29530(15)、31596
84 四鎮記　史2-7448
四鎮三關誌[萬曆]　史7-55021
四鎮紀畧　史1-3253
四鎮畧迹[光緒]　史7-57110
86 四知堂文集、崇祀錄　集3-19361
四知堂文錄　集6-42067
四知堂遺稿、試帖　集5-37256
四知堂印譜　子3-17073
87 四銅鼓齋論畫集刻　子3-15861
四錄堂類集五種　叢2-1623
88 四鑑錄　叢2-731(8)、782(4)、1419
四篇要道譯解　子7-35956
四箴雜言　子1-2502　叢1-62、64,2-730
(5)、731(8)
四箴封事錄　史6-48396
四籤齋　子5-27918
四餘立成　子3-11585
四餘交官　子3-11585
四餘偶錄文鈔　集3-19429
四餘通軌　子3-11344
四餘捷法立成　子3-11585
四餘隨筆　子4-20757
四餘堂遺稿　集3-17406
90 四憶堂詩集　集3-14064　叢1-482
四憶堂詩集(四憶堂詩)、遺稿　集3-14062
四憶堂詩集、遺稿　叢2-698(11)
四當齋讀書札錄　史8-65956
四當齋集　集5-40143
四當齋集節錄　集5-40144
97 四恨五更　集7-50870
四恨五更兒一套　集7-50869

見

00 見庵雜著　集4-23983
見齋詩稿、文稿　集5-39999
10 見一詩薈　集2-8653
見天生悶氣一枝　集7-51780
見天小築詩存、詩餘　集3-16077
見吾隨筆　子4-21210
17 見君子閣日箋　子4-23100

22 見山亭詩集　集3-15540
見山亭古今詞選　集7-48493
見山樓詩集　集3-15162,4-33300,6-41969
叢2-845(5)
見山樓詩集、文集　集3-15161
見山樓詩稿　集4-32139、33301,5-34763
見山樓詩草　集2-10421,4-31349、33299
見山樓詩鈔、文鈔　集4-29061
見山樓遺詩　集4-24960
見山園存草、入越吟、上江集、亦吟、補遺
集3-15570
見山堂詩集　集4-26413
見山堂詩草　集4-28495
見山堂詩鈔　集3-20050
26 見鬼傳　子5-26222　叢1-154、185
27 見象章　子2-7449
見物　子4-19344　叢1-347
28 見復文稿、詩稿　集3-17965
33 見心齋藥錄　子2-5668
見心集(新刻通用尺素見心集)　子5-25824
見心和尚詩　集3-16056
37 見祖傳戒正(范)[範]、寶華傳戒祕本　子7-33949
38 見滄先生待問錄　史6-42960
40 見在龕雜作存稿、附稿　集5-35260
見在龕詩鈔　集5-35261
見在龕集、補遺　集5-35259
見南齋詩集、解佩吟　集3-15756
見南江閣文選　集2-8800
見南江閣詩選　集2-8800
見南草堂詩集　集3-20470
見真吾齋詩草、詩餘　集4-30736
見真吾齋詩鈔　集4-30737,5-40100
42 見獵草　集4-22655
44 見莽雜著　叢2-1673
見莽制義　叢2-1674
見莽四書百辨錄　經2-10832　叢2-1674
見莽錦官錄五種　叢2-1673
見莽錦官錄釋地圖考　叢2-1672~4
見莽錦官錄釋星圖考　叢2-1673~4
見莽錦官錄河洛圖說　叢2-1672~4
見莽錦官錄九種　叢2-1674
見莽錦官錄四種　叢2-1672
見莽錦官錄圜海圖考　叢2-1672、1674
見莽錦官錄周官圖說　叢2-1672~4
見黃稿　叢1-263
見黃稿詩刪　叢1-263
50 見素文集(見素集)、素翁續集(見素續集)、附錄　集2-7204

見素詩集　集 2 - 7203
見素集　集 2 - 7201
見素集(見素文集、奏議、素翁續集、宸翰
　錄、清朝特典、紀事、雲莊公畫像贊、自考
　集)　集 2 - 7200
見素集、續集、奏議、附錄　叢 1 - 223(64)
見素集、見素詩集、見素集、素翁續集　集
　2 - 7202
見素奏疏　史 6 - 48177
見素抱璞齋詩存　集 5 - 34607
60 見星廬文鈔　集 4 - 27786
見星廬詩　集 4 - 27785
見星廬詩稿　集 4 - 27784
見星廬賦話　集 6 - 46153
見星廬館閣詩話　集 6 - 46151
見田公(趙燏)行述　史 2 - 8989
見只編　叢 1 - 204,2 - 731(67)
見羅先生正學堂稿　集 2 - 9738～9
見羅先生書　子 1 - 1109
見羅先生教學錄要　子 1 - 1111
見羅李先生正學堂稿　子 1 - 1112～3
見羅李先生福堂稿、爲翟從先書門人李汝
　潛傳、見羅李先生讀孫子、明經會約、意
　見　集 2 - 9735
見羅李先生南中問辨錄要　子 1 - 1110
見羅李先生觀我堂稿　集 2 - 9737
見羅李先生書要　集 2 - 9740
63 見貽雜錄　史 2 - 7771
64 見曉集治一切惡瘡方　子 2 - 10113
77 見聞雜記　史 1 - 4133　叢 1 - 373(8)
見聞雜紀、續　子 5 - 26386
見聞雜錄　叢 1 - 15
見聞記署　子 5 - 26409
見聞瑣錄　子 4 - 21233　叢 2 - 1427
見聞集　子 4 - 21802
見聞續紀　子 4 - 23106
見聞續筆　子 5 - 27236
見聞偶錄　集 2 - 11706
見聞偶筆　叢 2 - 2166
見聞蠡測　叢 2 - 1889
見聞紀訓　子 4 - 22996～7　叢 1 - 22(24)、29
　(8)、84(4)、109、111(4)、131,2 - 730(11)、731
　(49)
見聞紀訓、董漢陽碧里雜存六事　子 4 -
　22998
見聞實錄　史 1 - 3087
見聞近錄　子 5 - 27113
見聞搜玉　子 4 - 23010
見聞日錄　子 1 - 1304
見聞臆錄　子 4 - 23124

見聞隨錄　子 4 - 23445
見聞隨筆　史 1 - 3455　子 5 - 26540　叢 2 -
　849
見聞錄　史 1 - 4424,7 - 52899　子 4 - 21773,
　5 - 26229、26340、26365、27081, 6 - 32091
　(71),7 - 32137、33552、34648　集 6 - 41759
　叢 1 - 15～6、19(1)、20(1)、21(1)、24(2)、111
　(5)、210～1、373(8)、499,2 - 632、1174、1267、
　2009
88 見笑集　集 5 - 34482～3
90 見堂文鈔　集 4 - 24392
見堂文鈔、詩鈔、詩餘　集 4 - 24393

6021₁ 晃

22 晃巖集　集 2 - 11748
32 晃州廳志[道光]　史 8 - 60772
晃州探防日錄　史 1 - 4029

6022₇ 吊

08 吊譜、京吊譜　子 3 - 18289
吊譜集成、緒餘　子 3 - 18274
吊譜補遺　子 3 - 18272
吊譜大全　子 3 - 18288
吊譜增删　子 3 - 18275
21 吊經集腋　子 3 - 18285
77 吊腳痧症方　子 2 - 7059
吊腳痧方論　子 2 - 4661、4769、7038～9
吊腳痧證　子 2 - 4654～5、4657～8、4660、
　4662～3、7050
80 吊金鼉　集 7 - 53122～3
90 吊小五更　集 7 - 53124

圃

19 圃玩巖館詩鈔　集 5 - 33801　叢 2 - 1907
44 圃花小說　子 4 - 19164、19170
50 圃史　子 4 - 19148
51 圃軒詩草　集 3 - 15969
60 圃田日記、續錄　子 4 - 21150
72 圃隱詩存、補遺　叢 2 - 1361
圃隱詞　叢 2 - 1361
圃隱稿、近稿　叢 2 - 1361
圃隱歲紀署、補、圃隱曆除歲紀署　叢 2 -

1361
圍隱偶存　叢2-1361
圍隱存餘　叢2-1361
圍隱類編二十二種　叢2-1361
78 圍鑒　子7-37072
88 圍筠詩稿簡存　集4-22052

圖

50 圖東學詩　集3-18675

易

00 易童子問　經1-415　集1-2007~8　叢2-
635(8)、698(9)、1029
易庵先生詩選　集2-6269,6-44892~3
易庵先生編註丹溪纂要　子2-9200
易序測象　經1-1150
易序叢書　經1-2311
易序圖說　經1-2155
易齋詩稿　集4-26637
易齋集　集2-6324,6327,6-43118　叢1-
223(63),2-856
易齋集、補遺　集2-6326
易齋稿　集2-6329
易齋稿、補遺　集2-6328
易齋馮公(溥)年譜　史2-11647　叢2-
1309
易齋劉先生遺集(易齋集)　集2-6325
易庸　經1-1683
易庸會通、補遺附記　經1-2187
易庸會通續編　經1-2188
易廣文遺說　經1-1999
易廣記　經1-1514　叢2-1625~6
易意參疑外編　經1-736
易意參疑首編　經1-735
易文言傳　經1-1648
易章句　經1-111(3)、220、224、259、273、
1509、2320　叢2-772(1)、773(1)、1625
易章句異同　經1-1608
易辨終備　經1-171、174、2452、2455、2457、
2489　叢1-273(2)、274(2),2-731(14)、
821、1872
易辨終備鄭氏注　經1-2456　叢2-773(3)
易辨體　經1-1062
易言　經1-254、1913　子4-21704　叢2-
772(1)、773(1)

易言隨錄　經1-2034　叢2-2146
易音　經1-111(1)、2283,2-14529　叢1-
223(16)、579,2-2269
易音注　經1-266,2269　叢2-772(1)、773
(1)
易音補顧　經1-2309　叢2-2150
易音補遺　經1-2294　叢2-1753
易京氏章句　經1-164
易雜占條例法　經1-2351　叢2-773(4)
易雜緯　經1-171　叢1-273(2)、274(2),2-
731(14)
易雜家注　經1-371　叢2-773(1)
02 易話　經1-1513　叢2-1625~6
03 易讖　經1-173
04 易詩叶韻　經1-2310
易讀　經1-1294
易讀考異　經1-2289
05 易講義　經1-416
易講會籤　經1-85、1340　叢2-1470
06 易韻　經1-2276、2285　叢1-223(17),2-
1309
08 易說　經1-158、419　叢2-1031、1035、
1123、1614、1970、2033、2074、2263
易說(方楷)　經1-2070
易說(王育)　經1-893　叢2-811
易說(司馬光)　經1-417　叢1-230(1)、
388~90,2-731(8)
易說(熊朋來)　經1-552
易說(吳汝綸)　經1-1839
易說(吳鍾巒)　經1-855
易說(馮時可)　經1-747~8
易說(心齋居士)　經1-1783
易說(祝塏)　經1-1797
易說(游酢)　經1-443
易說(查慎行)　經1-1116　叢1-202(4)、
203(10)
易說(柯汝霖)　經1-1644
易說(蔡克猷)　經1-2094
易說(趙善譽)　經1-519　叢1-273(2)、
274(1),2-731(8)
易說(惠士奇)　經1-111(2)、125、1185
易說(呂祖謙)　經1-508　叢1-156、195
(1)
易說(嚴毅)　經1-904
易說(陳遷鶴)　經1-1068
易說(周韶音)　經1-1795
易說(周錫恩)　經1-1869
易說、便錄　叢2-1596
易說、易　經1-1471
易說旁通　經1-1575~6
易說要旨　經1-1061

易說醒　經1-865、1894　叢2-943
易說上經、易說下經、易說圖解　子5-29535(4)
易說便錄　經1-1472
易說彙解　經1-1703
易說綱領　經1-40~1、493
易說通旨畧　經1-84、1241
易說存稿　經1-1807
易說存悔　經1-1355
易說求源　經1-1817
易說摘存　經1-1747　叢2-1002、1873
易說圖解、易說上經、易說下經　子5-29536(4)
易論　經1-1354,2-11833
10 易一房同門稿　集6-45420
易一貫　經1-1820~1　叢2-1946
易三房會試同門硃卷　集6-45436
易王氏義　經1-164
易互　經1-1194　叢2-1402
易互卦圖　子3-13775
易五贊　經1-40、130
易五房會試同門硃卷　集6-45436
易疏、圖說　經1-877
易元包　子3-12928　叢2-772(4)、773(4)
易下邳傳甘氏義　經1-164、212　叢2-775(1)
易天人應　經1-2473　叢2-821、1872
易賈氏注　經1-164
易賈氏義　經1-164
11 易玩　經1-1230~1
易璿璣　經1-77(1)
易甄　叢1-371
易研　叢2-1203
易研、圖　經1-1368
12 易水歌　集7-49191
易水往還稿　集4-28159
易水續志[康熙]　史7-55280
易水紀行　史2-9843
易水寒　集7-48776、49192　叢2-672
易水志[順治]　史7-55279
易水村集　集3-20814
易發　經1-975
易飛候　經1-176、2348~50　叢1-19(1)、21(1)、22(1)、23(1)、24(1)、330~1,2-765~6
14 易確　經1-1584
16 易理　經1-1108
易理三種初稿　經1-2328
易理正旨　經1-1588
易理象數合解　叢2-1657
易理彙㕙　叢2-690
易理彙參　經1-2020　叢2-691(1)、2107
易理彙參臆言　經1-2021　叢2-691(2)
易理濟險總解　經1-2328
易理蒙訓　經1-1748　叢2-1002、1873
易理隨筆　經1-2100
易理體用一源卦圖總見錄　經1-2328
易環俚言　經1-1469
17 易君子以錄　經1-1635
易君實甫(順鼎)墓志銘、哭盦叢書目錄、題詩　史2-10819
易酌　經1-988　叢1-223(4)
易酌、雜卦圖、諸圖附考　叢2-1237
易翼　經1-969
易翼說　經1-1226、2317　叢1-223(5),2-1411
易翼傳　叢1-223(3)
易翼傳(東谷鄭先生易翼傳)　經1-468
易翼宗　經1-1227、2317　叢1-223(5),2-1411
易翼述信　經1-1206　叢1-223(5),2-1405
易翼貫解　經1-1984
18 易璇璣　經1-520　叢1-223(2)、227(1)
20 易備　經1-892
易備、諸儒傳畧、諸儒著述　經1-891
易香齋遺稿　集4-26445
易集解　經1-339　叢2-772(1)、773(1)
易統論　經1-549~50　叢1-223(3)
易統驗玄圖　經1-171,2447
易統驗元圖　叢1-273(3)、274(2),2-731(14)
21 易順鼎詩鈔　集5-39222
易盧孫三家醫案　子2-10881
易衍　經1-2153　叢2-1200~1
易衍與易圖說　經1-861
易占經緯　經1-2372
易旨　經1-1172
易旨一覽　經1-927
易經　經1-56、132、1732　叢1-186
易經主意　經1-833
易經旁訓　經1-39、60、112、606~7、767、945、1429
易經旁訓增訂精義　經1-116、1431
易經旁注　經1-62
易經意旨(精訂易經意旨)　經1-926
易經文通　經1-1813
易經文捷訣、易漢學、易例大全　經1-2008
易經辨疑　經1-1071~2
易經音訓　經1-170、2296　叢2-691(2)
易經音義字考　經2-15111
易經玄備、圖說　經1-846

易經衷論　經1－1065　叢1－223（4），2－1340～1

易經衷要　經1－123、1642

易經衷旨說統大全合纂　經1－959

易經衷旨原本　經1－957

易經雜錄　經1－1815

易經訓解　經1－38、568

易經新義疏證凡例　經1－2028　叢2－2129（3）

易經就正　經1－749

易經讀本　經1－100、1371

易經講意　經1－859

易經講義　經1－2007

易經韻讀　經1－2293

易經說　經1－669、2036

易經說意　經1－825

易經說意、繫辭　經1－824

易經說衷　經1－854

易經詳說　經1－81、1066

易經詳解　經1－732

易經一說　經1－1449

易經三注粹抄　經1－51

易經三注粹鈔　經1－941

易經正譌　經1－864

易經正解　經1－778

易經正義　經1－694

易經靈圖　經1－2475

易經疏義統宗　經1－897

易經碎言　經1－1213　叢2－1446

易經玩辭合參　經1－431

易經背錄　經1－190

易經引事　經1－1107

易經發蒙　經1－1103

易經聚正　經1－687

易經羣解彙編　經1－1814

易經酌注（易傳酌注）　經1－1566

易經翼注、總圖　經1－842

易經翼注刪補直斷　經1－1991

易經集說　經1－1504

易經集解、上下篇義、筮儀、圖、卦歌　經1－1141

易經集注　經1－706、769、794

易經便蒙窮抄翼、圖說、雜著　經1－999

易經經釋　經1－2027

易經變卦　經1－1402

易經備　經1－2474　叢2－775（3）

易經備旨　經1－143、1249

易經備解　經1－1546

易經傳互卦卮言　經1－1609

易經傳注、圖說目錄易經卦序通例傳注

經1－713

易經傳義大全、易經彙徵　經1－627

易經白文　經1－6～7

易經程傳　經1－425

易經程傳（伊川先生周易經傳）、上下篇義　經1－426

易經繹　經1－52、715

易經釋義、卦圖卦歌　經1－1201

易經象類　經1－1664　叢1－517

易經解　經1－149、439～40　叢1－452、586（1），2－716（1）

易經解醒　經1－866

易經解注傳義辯正、圖說辯正　經1－1716

易經解注圖說辨正　經1－2216

易經勺解　經1－857

易經奧論　經1－459

易經疑言　經1－1736

易經疑問　經1－53、756

易經彙解　經1－2071

易經彙徵　經1－930

易經以俟錄　經1－757　叢2－1146

易經徵實解　經1－1095　叢2－1824

易經注疏大全合纂　經1－916

易經注祥　經1－2102

易經窮抄六補定本　經1－807

易經家訓（新鐫易經家訓）　經1－860

易經家法表　經1－2082

易經字詁　經1－2297

易經實義　經1－2041

易經宗旨　經1－787

易經潛解　經1－782

易經淵旨　經1－691

易經演　經1－832

易經補義　經1－1300

易經述　經1－1091

易經襯講　經1－876

易經鴻裁　經1－1756

易經澹窩因指　經1－821

易經通論　經1－152、848、1122

易經通注　經1－1004～5　叢1－223（4），2－731（9）、872

易經選注　經1－793

易經遵孔八皙類稿　經1－1316

易經遵朱　經1－1954

易經大全會解　經1－126

易經大全會解（與周易本義合刻）　經1－1133～4

易經大義　經1－1960

易經直解　經1－733

易經直解（新鐫刪補易經直解）　經1－729

易經存疑　叢1－223（3）

易經存疑(新刊增訂的藥易經存疑、增訂易經存疑的藥)　經1-668

易經爻辰貫　經1-1589

易經古本　經1-2029　叢2-2129(3)、2130～1

易經真詮　經1-2109

易經札記　經1-136、1170

易經析義　經1-1877

易經析錄　叢2-1987

易經卦變解八宮說　經1-2169　叢2-1253

易經卦名試帖選本、續選　經1-1879

易經考　經1-1162

易經考異　經1-626、2279

易經蒙引　經1-641、643～4、646　叢1-223(3)

易經如話　經1-1234　叢2-1421

易經切解　經1-1183

易經增註、考　叢2-782(3)

易經增註、易考　叢2-731(9)

易經增訂旁訓　經1-1430

易經增注　經1-965

易經增删來註　經1-1312

易經翰林家說　經1-763

易經中說　經1-631

易經本意　經1-124、1697

易經揆、易學啓蒙補　經1-1356

易經抉微　經1-873

易經輯要　經1-1540

易經易解　經1-1488

易經圖　經1-2247

易經圖釋　經1-2140　叢2-1059

易經異文　經1-2280

易經異文釋　經1-163(2)、2292

易經困學錄　經1-1791

易經臆闡　經1-875

易經脈　經1-830～1

易經附義、圖說　經1-1974

易經隨筆　經1-96

易經體注大全合參　經1-1148

易經體注會解合參　經1-1135

易經兒說(重鎸蘇紫溪先生易經兒說)　經1-741

易經兒說、圖　經1-742

易經貫　經1-1271

易經全解　經1-1902

易經全題彙會編　經1-766

易經合證　經1-843

易經劄記　經1-1145　叢2-1374

易經知一訓　經1-1272

易經簡明集解　經1-1420

易經答問　經1-1591

易經筍中利試題旨祕訣　經1-982

易經策案　經1-1435

易經纂言　叢2-1051

易經纂註　經1-55

易經纂詁　經1-54

易經纂注　經1-66、483

易經火傳新講(鼎鍥李先生易經火傳新講)　經1-770

易經恆解　經1-1531　叢2-1640

易經精華　經1-133、1571

易經精華(增訂易經精華)　經1-1570

易經精義旁訓　經1-611

易經精義彙參　經1-1915

22 易川靈圖　經1-176

易例　經1-163(1)、1265～6、1553、1666　叢1-223(5)、247、269(2)、270(1)、271、272(2)、2-731(9)

易例大全　經1-1941、2008、2010

易例輯畧　經1-1637　叢1-439

易巛靈圖　經1-2426、2431　叢1-22(1)、23(1)、330～1

易變釋例　經1-2091～2

易變體義　經1-456　叢1-223(2)

易斷辭　經1-1553

23 易牖　經1-1873

易外傳　叢1-223(3)

易外偶記　經1-1353

易外別傳　子5-29530(19)、29549　叢1-223(47)

易外別傳(俞石澗易外別傳)　子5-31237

易參　經1-836

易侉　經1-1097

易侉、易侉圖　叢1-223(4)

易稽覽圖　經1-171、174、2419～20、2423、2425、2489　叢1-22(1)、23(1)、241、242(4)、273(2)、274(2)、2-731(14)、821、1872

易稽覽圖鄭氏注　經1-2424　叢2-773(3)

24 易緯　經1-172、177、2477～8、2482～3、2485　叢1-227(2)、230(1)、273(2)、274(2)、441、2-731(14)、772(3)、773(3)、821、1872

易緯辨終備　經1-32～3、172、2453～4、2488　叢1-230(1)

易緯辨終備(易緯之三)　叢1-223(5)

易緯天人應　經1-172、2472

易緯稽覽圖　經1-33、172、2421～2、2488　叢1-230(1)、388

易緯稽覽圖(易緯之二)　叢1-223(5)

易緯通卦驗　經1-32～3、172、2435～6、2488　叢1-230(1)、2-657

易緯通卦驗(易緯之五)　叢1-223(5)

易緯通卦驗鄭注佚文　經1-2441　叢2-777
易緯通義　經1-2486
易緯札迻　經1-2487
易緯萌氣樞　經1-172、2443
易緯坤靈圖　經1-32～3、172、2428～9、2488　叢1-230(1)、2-731(13)
易緯坤靈圖(易緯之八)　叢1-223(5)
易緯乾元序制記　經1-32～3、172、2465～6、2488　叢1-230(1)、2-731(13)
易緯乾元序制記(易緯之六)　叢1-223(5)
易緯乾鑿度　經1-33　叢1-230(1)、388、2-731(13)
易緯乾鑿度(周易乾鑿度)　經1-2412
易緯乾坤鑿度　經1-33、2407　叢1-230(1)、241、242(3)、388、2-731(13)
易緯畧義　經1-2318、2479　叢2-653(1)、1615
易緯畧義、易圖條辨　經1-2480
易緯是類謀　經1-32～3、2460～1、2488　叢1-230(1)、241、242(3)、2-731(13)
易緯是類謀(易緯之七)　叢1-223(5)
易緯是類謀(易緯筮謀類)　經1-172
易緯八種　經1-33、2488～9
易緯筮類謀　叢1-388
易續考　經1-1397
25 易生行譜例言　經1-2030　叢2-2129(3)、2130～1
易律神解　經1-6505
易律通解　經1-1218
易傳　經1-237、411、2341、2344　子1-658　叢1-74～7、98、183、219、2-772(1)、773(1)
易傳、音義　經1-400
易傳、釋文　叢1-460
易傳、易解附錄　經1-403
易傳廣錄　叢2-2270(4)
易傳諸說　經1-424
易傳講授　經1-1089
易傳酌注　經1-1566
易傳集說　經1-1761
易傳偶解　叢2-821
易傳通解初稿　經1-1632
易傳太初篇　經1-2469　叢2-821、1872
易傳撮要　經1-630　叢2-1059
易傳圖考　經1-2256
易傳附義　經1-1242
易傳義附錄、綱領、圖說　叢1-227(1)
易傳燈　經1-121、530　叢1-223(3)、246、282(1)、283(1)、448、2-731(9)
26 易觸　經1-1019　叢2-1245
易泉詩鈔　集4-29834

易程傳　叢2-731(8)
易釋　經1-1633～4、2061　叢2-653(1)、1734
易釋文　經1-2273　叢1-169(2)
27 易修墨守　經1-678　叢2-1093
易像鈔　經1-640　叢1-223(4)
易象　經1-1988
易象意言　經1-528　叢1-223(3)、227(1)、230(1)、241、242(1)、312、388～90、2-731(9)
易象詳解　經1-1837
易象一說　經1-1758～60
易象正　經1-69、901　叢1-223(4)
易象致用說　經1-1724　叢2-1743
易象集解　經1-1722
易象參來　經1-1825
易象參義　經1-2078
易象解　經1-671～2
易象彙解　經1-697　叢2-1103～4
易象准物、總論　經1-1739
易象通釋　叢2-2064
易象通微圖說　經1-2245
易象通義　經1-1712　叢2-731(9)、872
易象大意存解　經1-1299　叢1-223(5)
易象大旨　經1-680
易象大學通解　經1-2001
易象切要　經1-1228
易象妙於見形論　經1-334、2322　叢2-774(2)
易象授蒙　經1-1096　叢2-1824
易象數理分解　經1-2042
易象數鉤深圖　叢1-227(2)
易象因重篇　經1-2104
易象圖說　經1-2161、2167～8
易象圖說內篇、外篇　經1-77(2)、2138　子5-29530(4)　叢1-223(36)、227(2)
易象顯微　經1-1720
易象質傳　經1-1986
易象附錄　經1-1109
易象闡微　經1-1470、2053
易象義(周易象義)　經1-548
易象義、易統論　經1-549　叢1-223(3)
易象合參　經1-1687～8
易象鉤解　經1-696　叢1-223(4)、274(1)、2-731(9)、1103～4
易象鉤解、易象彙解　叢2-873
易象管窺　經1-744～5
易象鈔　經1-639
易殷禮　叢2-2063
易解　經1-324、2084
易解辨異　叢1-223(5)
易解露研　經1-1901

中國古籍總目書名索引

易解醒豁　經1-1819
易解經傳證　經1-1699
易解心燈　經1-841
易解大旨、二集　經1-777
易解指要　經1-1419
易解拾遺、周易讀本　經1-1327
易解嚜通　經1-1709　叢2-1815
易解附錄　經1-403　叢1-98
易解附錄、後語　經1-247　叢2-731(8)
易解賸義　叢1-460
易解簡要　經1-1522
易疑、圖說、繫辭、說卦傳、序卦傳、雜卦傳
　　經1-692
易魯氏義　經1-164
易紀通論　經1-1866
28 易徵　經1-882
30 易注　經1-245、264、269、284、289、328、333、
　　336、340、357、359、395、1070　叢2-772(1)、
　　773(1)
易注(觀稼樓本)　經1-26
易注(蜀才易注)　叢2-772(1)、773(1)
易注音疏　經1-2305
易注雜說　經1-703
易注備考　經1-2097
易注備中、圖　經1-1875
易窮通變化論　經1-1775　叢2-1920
易家法表　經1-1867~8
易憲　經1-1016
易憲、卦歌、圖說　經1-1017
易守　經1-1383
易守、易卦總論　經1-1384
易準　經1-1273
易安齋詩集　集4-26631
易安齋集　集3-15270
易安詩稿　集3-19477
易安草創　集3-19476
易安居士(李清照)年譜　史2-11290
易安居士事輯　集7-46535
易窺　經1-870
易宗　經1-1007
易案　經1-1962
31 易河圖數　經1-171、2476　叢1-273(2)、
　　274(2)、2-731(14)
易源奧義　經1-585
易源奧義、周易原旨　叢1-223(3)
32 易州志[弘治]　史7-55278
易測(新刻易測)　經1-768
易測、繫辭、說卦傳　經1-994
33 易心存古　經1-1304
易演圖　經1-2230　叢2-2047

易述　經1-279、2050、2334　叢2-772(1)、
　　773(1)
34 易漢學　經1-163(1)、1262~4、2008~9　叢
　　1-203(15)、223(5)、257、2-731(9)
易漢學訂誤　經1-1154
易漢學師承表　經1-2264　叢2-2072
易漢學考　經1-2263　叢2-2072
易漢學舉要　經1-1153
35 易神靈圖　叢2-775(3)
36 易湇　經1-1124
易禕傳　經1-2128
易禕傳、外篇　經1-77(1)　叢1-223(3)
易禕傳外篇　經1-2129
37 易洞林　經1-176、2352~5　叢1-22(1)、23
　　(1)、330~1、2-773(4)
易洞林、補遺　經1-2356　叢2-774(10)
易深　經1-1310
易通　經1-537、868、1184、1433、1436、2315
　　叢1-223(3)、2-1471
易通論　經1-1137
易通三種、一種　經1-2316
易通正　叢2-1003
易通統圖　經1-171、2448~9　叢1-273
　　(3)、274(2)、2-731(14)、821、1872
易通例　經1-2058
易通變　叢1-223(35)
易通變(皇極經世通變、通變)　子3-12972
易通釋　經1-111(3)、1510~1、2057、2320
　　叢2-1625~6
易通卦驗　經1-171、174、176、2433~4、
　　2437~8、2440、2489　叢1-22(1)、23(1)、
　　273(2)、274(2)、330~1、2-731(14)、821、
　　1872
易通卦驗鄭氏注　經1-2439　叢2-773(3)
易通卦驗節候校文　史6-49302　叢1-547
　　(2)、2-2173
易運期　經1-171、2445~6　叢1-273(3)、
　　274(2)、2-731(14)、821、1872
38 易道真傳　經1-2114
易道入門　經1-1421
40 易九厄讖　經1-171、2458　叢1-273(2)、
　　274(2)、2-731(14)
易大誼　叢1-272(2)、2-731(9)
易大贊　經1-658　叢1-178
易大傳管窺　經1-140
易大象說　經1-652　叢1-46
易大象說錄　經1-1177
易大象義　經1-721
易大義　經1-1256　叢1-404、453、2-
　　1618~9
易人義補　經1-1757　叢2-1936

易在　經1-1215
易内傳　經1-998、2471　叢2-821、1872
易内篇　經1-2470　叢2-821、1872
易存　經1-984
易古文　經1-2288　叢1-282(3)、283(3)
易古訓　經1-1645、2308
易古興鈔　經1-1942
42 易彭氏義　經1-164
易札記　經1-1462
43 易卦玩辭述　經1-1092～3
易卦變圖說　經1-2248　叢1-479
易卦私箋　經1-1188
易卦總論　經1-1381、1384
易卦釋義　子3-13722
易卦候　經1-2214　叢1-310
易卦述要　經1-2106
易卦考　經1-83、1203
易卦星度　子3-13782
易卦圖說　經1-2195、2210　叢2-1538～9
易卦全圖　經1-2237、2327
易卦剳記　經1-1292
44 易考　經1-966、1396
易考、續考　叢2-1487
易莊殷氏宗譜　史4-32229
易芥　經1-853
易藏叢書六種　經1-2335
易萌氣樞　經1-171、2442、2444　叢1-273
(2)、274(2)、2-731(14)、821、1872
易菴遺稿　集6-45055
易菴蒲塘二翁詩稿　集6-45055
易藝十絕　集2-10917
易藝舉隅　經1-1477、1636
易蔡　子3-13739
易蔡、繫辭、節錄　子3-13738
易蘊　經1-1357　叢2-807
易林　經1-2393　叢1-183、310、2-635(4)、
698(7)
易林元籤十測　經1-2387
易林釋文　經1-2392　叢1-439、2-653(1)
易林補遺　經1-2380
易林補遺四集　經1-2379
易林洞譜　經1-2381
易林考證　經1-2390
易林勘複　叢2-2269
45 易坤靈圖　經1-171、174、2427、2430　叢1-
273(2)、274(2)、2-731(14)
易坤靈圖鄭氏注　經1-2432　叢2-772
(3)、773(3)
46 易觀　經1-1232
易獨斷　經1-2033　叢2-2146～7

47 易鶴軒燼餘草　集5-34459
易楔　經1-2249、2335
48 易乾元序制記　經1-174、2467、2489
易乾元序制記鄭氏注　經1-2468　叢2-
772(3)、773(3)
易乾鑿度　經1-174、2413、2416、2489　叢2-
821、1872
易乾鑿度佚文　經1-2417　叢2-777
易乾鑿度鄭氏注　經1-2415　叢2-772
(3)、773(3)
易乾坤鑿度　經1-174、2408、2489
易乾坤鑿度鄭氏注　經1-2409　叢2-772
(3)、773(3)
50 易中孚傳　經1-171、2450～1　叢1-273
(3)、274(2)、2-731(14)、821、1872
易史　經1-967
易史易簡錄　經1-1147
易畫軒詩錄　集4-23696
易畫軒題贈詩文彙編　集4-32926
易本　子5-29531
易本象　經1-900
易本圖說　經1-617
易本義通釋　叢1-227(1)
易本義附錄纂疏　經1-554
易本義附錄纂疏(周易本義附錄纂疏、易附
錄纂疏注)　經1-553
易本義附錄纂注　叢1-227(1)
易書詩經學課程　經2-11787
易書詩禮四經正字考　經2-11728　叢2-
843
易表　經1-2062
53 易或　經1-1024
易成　經1-2394
易成方　經1-2395
55 易典雲襄　經1-1454
56 易輯傳　叢1-223(3)
易輯注　叢1-223(3)
57 易拇經說　經1-1505
易拇例說　經1-1506
易拇通說　經1-1507
易拇圖說、經說　經1-2203
易拇附說　經1-1508
易探玄　經1-393　叢2-772(1)、773(1)
58 易輪　經1-83
易轍吟　集3-20293、6-45142
易數偶得　經1-2250、2335
易數總斷　子3-13741
易數綱目　經1-2108
易數奇談　子3-13781
易數鉤隱圖、遺論九事　經1-77(1)、2115～
6　子5-29530(4)　叢1-223(2)、227(2)

60 易目耕帖 經1-1659
易四房會試同門硃卷 集6-45436
易見 經1-1295～6、1328～9
易見啓蒙 經1-1297
易見本義發蒙 經1-1298
易園詩鈔、歸田吟稿 集3-21143
易園文集 集4-25810
易園詩集 集4-25809
易園集、詞集 集4-25808
易思蘭醫按 子2-4575、10489
易因 經1-716～7 子5-29531
易圖 經1-470、477、485、513、2150 叢1-62、64、2-730(4)、731(9)
易圖識漏 經1-2143
易圖親見 經1-70、2156
易圖說 經1-77(2)、2125 叢1-223(2)、229、2-1200
易圖說、易衍 經1-2153
易圖正旨 經1-2212 叢2-1731
易圖酌說 經1-2209
易圖瑣解 經1-2229 叢2-2047
易圖集錄 經1-492～3 叢1-446
易圖後編 叢2-1871
易圖續說 經1-2236、2327
易圖解 經1-2178
易圖條辨 經1-163(2)、2202、2318、2480 叢2-1615
易圖定本 經1-2177 叢1-320
易圖通變 經1-77(2)、2134 子5-29530 (19) 叢1-227(2)
易圖通變、易筮通變 叢1-223(3)
易圖直解 經1-2220
易圖存是 經1-2206 叢2-731(9)、869、1586
易圖畧 經1-111(4)、2204、2320 叢2-1625～6
易圖明辨 經1-163(1)、2166 叢1-223(4)、274(1)、456(2)、2-731(9)
易圖駁議 經1-2208
易圖管見 經1-2231 子3-12359
易畧(陸君啓先生易畧) 經1-852
易畧例 叢1-182～3、388～90
易是類謀 經1-174、2462、2464、2489 叢2-821、1872
易是類謀鄭氏注 經1-2463 叢2-772 (3)、773(3)
64 易曉 經1-1365
易曉、卦圖 經1-1364
70 易雅 經1-77(2)、541、1872、2311
71 易辰 經1-989
易牙遺意 子4-18924 叢1-86、187、2-

730(7)
易原 經1-462、714、974、1750、2331 叢1-223(2)、230(1)、2-731(8)、785
易原就正 經1-1035～6 叢1-223(4)
易原窺餘 經1-2060
72 易劉氏義 經1-164
易隱 經1-2378
易氏族譜 史4-29564、29566
易氏族譜[湖南寧鄉] 史4-29533
易氏族譜[湖南湘鄉] 史4-29554
易氏族譜[湖南華容] 史4-29546
易氏族譜[湖南長沙] 史4-29528
易氏族譜[湖南岳陽] 史4-29543～5
易氏族譜[湖南益陽] 史4-29542
易氏三修族譜 史4-29563
易氏重修族譜[湖南寶慶] 史4-29558
易氏續修族譜[湖南益陽] 史4-29541
易氏宗譜 史4-29565
易氏九修家譜[湖南寧鄉] 史4-29536
易氏支譜[湖南長沙] 史4-29531
易氏四修宗譜[湖南新化] 史4-29559
易氏醫案(易思蘭醫按) 子2-10489
易氏醫按 子2-4603
易氏前譜考證[廣東新會] 史4-29561
易氏省城忠潜祠志[湖南] 史4-29526
74 易附記 經1-1395
易附錄纂註 叢1-223(3)
易附錄纂疏注 經1-553
77 易用 經1-894、1980 叢1-223(4)
易眉原詩稿 集4-26494
易聞 經1-1015
易學 經1-77(1)、728、2117 叢1-223(36)
易學章句 叢2-1626
易學辨疑 經1-731
易學辨惑 經1-444、2176 叢1-203(16)、223(2)
易學六種 經1-2331
易學六十四卦啓蒙 經1-703、712
易學六原内編、外編 經1-1455
易學講意(新刻浙江餘姚進士白川諸先生祕傳易學講義) 經1-750
易學一得錄 經1-1809
易學三述 經1-987
易學要論 經1-1222、2316
易學玩圖錐指 經1-2193
易學理數纂要 經1-1721
易學集解 經1-940、953
易學須知 叢1-223(5)
易學經畧 經1-2329
易學變通 經1-598 叢1-223(3)

易學變通、校勘記、校勘續記　經1-599、
2332　叢2-870(2)
易學變通校勘記　經1-600
易學變通校勘續記　經1-601
易學參說内編、外編　經1-1886
易學待旦　經1-1900
易學得閒　叢2-2064
易學象數論　經1-1006　叢1-223(4)
易學象數舉隅　經1-636
易學彙說　經1-1830、2333
易學紀異　經1-840
易學綱領　經1-2329
易學綱領八種　經1-2329
易學窮原　經1-1640
易學宗翼　經1-1798
易學源流　經1-2265
易學源流辨　經1-2046
易學源法辨　經1-2266
易學濫觴　經1-121、578、2331　叢1-223
(3)、230(1)、336~7、380,2-731(9)、754
易學啓蒙　經1-514、1409、2118、2120　叢2-
1020、1039
易學啓蒙(重鋟朱子易學啓蒙)　經1-2121
易學啓蒙、啓蒙五贊　經1-2119　叢1-
414、574(1、2)
易學啓蒙意見　經1-2142
易學啓蒙訂疑　經1-2180
易學啓蒙翼　經1-2239
易學啓蒙集畧　經1-2151　叢1-223(4)
易學啓蒙補　經1-1356、2192
易學啓蒙通釋　經1-2132~3　叢1-223
(3)、227(1)
易學啓蒙通釋、圖　經1-77(2)
易學啓蒙圖傳　集1-4592
易學啓蒙小傳、古經傳　經1-77(2)、2130
易學啓蒙小傳、易學啓蒙古經傳　叢1-223
(3)
易學支流　經1-1628
易學考原　經1-781
易學蔣針考原解義　經1-2065
易學菩貞　經1-2382
易學史鏡　經1-1777
易學本原(啓蒙意見)　經1-2141
易學提綱　經1-1567
易學探源　經1-1719
易學贅言　經1-1564~5　叢2-797、911~2
易學四同　經1-664
易學四同別錄　經1-665
易學圖說　經1-2257
易學圖說續聞　經1-2182
易學圖說會通　經1-2181
易學圖說會通、圖說續聞　經1-84
易學圖解　經1-2160
易學別編　經1-1487
易學附圖　經1-2241、2333
易學又編　經1-1829、2333
易學舉隅　經1-620
易學闡元　經1-1651　叢1-462
易學驗來錄　叢2-1366
易學入門　經1-1975
易學會通　經1-1904
易學範圍　經1-2329
易學節解　經1-1828、2333
易學管窺　經1-1237、1647　叢2-816
易學管窺存　經1-1938
易學管見　經1-871
易學精義　經1-1221、2316
易母輓詞、玉虛齋集　史2-10770
易舉義別記　經1-1251
易闡　經1-881
易問　經1-1439、2325　叢2-1555~6
易門、義畧、圖說　經1-1537
易門縣志[康熙]　史8-62434
易門縣志[道光]　史8-62436
易門縣志[乾隆]　史8-62435
易貫　經1-1076、1770~1　叢2-1919~20
易貫章段　經1-2075
易貫殘稿　叢2-1918
易貫近思錄　經1-1485
78 易鑒　經1-1523
易鑒連山圖說　經1-2497
80 易鏡　經1-1101
易義　經1-313、316、869、1997　叢2-772
(1)、773(1)
易義(貞固齋易義)　經1-1003
易義主意　經1-624
易義訴源　經1-1702
易義講餘　經1-1033
易義經疏　叢2-2064
易義繼志　經1-1626
易義參　經1-1520　叢1-369、372
易義解補　子3-11360
易義選參　經1-1034
易義海撮要　叢1-227(1)
易義古象通　叢1-223(4)
易義古象通、總論　經1-850
易義來源　經1-1856　叢1-533
易義析解　經1-1158
易義考逸　經1-1528　叢1-261
易義輯要綴言　經1-1977
易義輯聞　經1-1604

易義提綱　經1-954
易義圖說　經1-2258
易義別錄　經1-111(4)、2318　叢2-1615
易義別錄十五種　經1-2319
易義隨記　經1-1146
易義闡、朱子易學啓蒙　經1-1409
易義前選　經1-1086　叢2-1347
易義無忘錄　經1-1536
易義纂釋　經1-1746　叢2-1002、1873
易會　經1-774
81 易領　經1-790　叢2-731(9)、872、1169
易敍　經1-1922、2327
83 易鈦　經1-2038　叢2-2258
86 易知摘要類編　史1-1244
易知錄　叢2-1640
87 易錄　經1-1596　叢2-1708
易鄭司農注　經1-164
易鄭氏爻辰廣義　經1-1607
88 易筌　經1-746、808　叢2-1180
易筮要義　經1-2404
易筮遺占　子3-13772　叢2-872
易筮通變　經1-2369　子5-29530(19)　叢1-223(3)
易筮類謀　經1-171、2459　叢1-273(2)、274(2)、2-731(14)
易筋經　子2-11037、11138
易筋經外經圖說　子2-11206
易筋經圖說附八段錦坐功圖　子2-11205
易筋經附錄　子2-11147
易筋經義　叢1-437
易筋經義圖說　子2-11148
易簡齋詩鈔　集4-22400、5-35700
易簡方　子2-9159
易簡方論(程氏易簡方論)　子2-9388
易簡方便醫書　子2-9743
易簡方便醫書、驗方　子2-9744
易簡急救方　子2-9761
易簡禱藝　子7-35548
易簡書屋詩存、剩紅詞　集4-26123
易簡單方　子2-9372
易箋　經1-1392
易箋　經1-856　叢1-223(5)、2-885
易箋(定齋易箋)、圖說　經1-1208
易箋問　經1-663　叢2-1088
易範醫疏　子2 7144
易餘　經1-980
易餘集　集4-24935
易餘籥錄　子4-21426　叢1-493
易纂　經1-404、2322　叢2-774(2)
易纂言　經1-77(2)、558～9　叢1-223(3)、

227(1)
易纂言(經、傳)　經1-557
易纂言集注(新刊周易纂言集注)　經1-560
易纂言外翼　經1-561～2　叢1-223(3)
易纂言外翼、校勘記　經1-563、2332　叢2-870(2)
易纂言外翼校勘記　經1-564
易纂一說曉　經1-1926
89 易鈔引　經1-997　叢2-720(5)
90 易小傳　經1-77(1)、453　叢1-223(2)、227(1)
易小傳、繫辭補注　經1-454　叢2-843
易小帖　經1-1040　叢1-223(4)、2-1309
易堂文鈔　集4-23404
易堂九子文鈔　集6-42065
易堂問目　經2-11565
易堂全集　集4-24036
91 易悟　經1-1362
95 易精蘊大義　經1-610　叢1-223(3)

6022₈ 界

11 界頭趙氏族譜[湖南湘鄉]　史5-38422
22 界山朱氏重修宗譜[安徽南陵]　史4-26625
60 界田朱氏續修族譜[湖南寧鄉]　史4-26711

6023₂ 園

00 園亭詩　集6-41895
25 園生樹經　子6-32091(38)
33 園冶　史6-46525　叢2-689
40 園內各殿宇陳設書籍目錄　史8-65482
44 園林草木疏　子4-19118　叢1-22(17)、23(17)
園林午夢　集7-48811、48820
園林午夢記　集7-48823、48829、48831
園林午夢院本　集7-49125
50 園史　叢1-176
園東草堂劄記　子4-24293
77 園居雜詠　集2-9980
園居隨抄　叢2-1213
園居錄詩鑑　集5-37222　叢1-496(5)
87 園銘　叢2-1270

晨

10 晨霞道言、陰翁約旨　叢2-1361
22 晨山詩文集　集3-17289
44 晨葩書屋偶存集　集4-26571
77 晨風廬叢刊十八種　叢2-2175
　　晨風廬唱和詩存、續集　叢2-2175
　　晨風閣叢書二十二種　叢1-585
　　晨風閣叢書第一集(國學粹編)五十二種
　　　叢1-584
80 晨鐘暮鼓醒迷纂要　子4-21864
　　晨鐘錄　子1-2595,4-21577

6025₃ 晟

32 晟溪漁唱　集4-28666
80 晟舍鎮志[同治]　史7-57260

6033₀ 思

00 思痛記　史1-1988、3942~3　叢2-639、832
　　(5)
　　思痛吟　集5-39546
　　思亭詩鈔　集5-40302~4
　　思亭詩鈔、文鈔　集5-40300　叢2-886(4)
　　思亭偶存詩　集4-25167
　　思亭近稿、居易居小草、湖山吟嘯集　集4-
　　　25166
　　思亭賦鈔　集4-22305
　　思亭全集(思亭詩鈔、文鈔、賦鈔)　集4-
　　　22306
　　思庵閒筆　叢2-790~1、793
　　思齊大師遺稿、勸修靜土詩　集3-18168
　　思齊草堂詩鈔　集4-27773,6-42007(3)
　　思齊堂琴音譜　子3-17636
　　思齊集　集3-17557,6-44961
　　思齊遺集　集5-40167
　　思齊存草　集3-18602
　　思文大紀　史1-1979、1982、3431~2
　　思辨學　子7-36254
　　思辨錄　子1-1739
　　思辨錄疑義　子1-1328　叢2-1881
　　思辨錄輯要　子1-1325　叢1-213、223(31)

　　思辨錄輯要(陸桴亭思辨錄輯要)前集　子
　　　1-1326
　　思辨錄輯要前集、後集、先儒陸子從祀　子
　　　1-1327
　　思言齋續草　集4-30941
　　思玄庸言　子4-20379　叢1-22(20)、61~
　　　4、174,2-730(3)
　　思玄庸言(桑子庸言)　叢2-731(11)
　　思玄集　集2-7133~4
　　思玄堂詩集　集5-41398
　　思玄堂集　集2-9242　叢2-1105
03 思誠子集　集3-17037
　　思誠錄　子4-21162
　　思誠堂文鈔、詩鈔、冷香閣唱和稿合鈔　集
　　　4-28047
　　思誠堂說詩　經1-4028
　　思誠堂集　集3-15654,4-28048,5-35458
　　思詒堂詩集　集4-27086
　　思詒堂詩稿、文稿　集4-27085
　　思詒堂稿　集4-27084
04 思訛室無事書　集2-12749
06 思誤齋詩鈔、詩餘　集4-28227
　　思誤書室祕記　叢2-1020
　　思誤書室賦鈔　集5-37828
　　思誤居叢稿　集5-36522
　　思親記　史2-12398
　　思親感神　集7-52475
　　思親操　子3-17582、17778
10 思玉戲鬘　集7-52476
　　思元齋文集續刻　集4-25997
　　思元齋續集　集4-25996
　　思元齋全集　集4-25995
　　思可堂詩集　集3-15966
　　思不辱齋文集、詩集、外集、賡颺集　集4-
　　　23625
11 思悲錄　子1-1911
16 思聰錄　子1-1281
　　思硯齋近草　集3-15905
17 思孟閣詩稿　集4-26744
　　思豫述畧　史1-4000
20 思維語言文字三者之關係及其起源新探
　　　叢2-2168
22 思樂縣志[民國]　史8-61386
24 思勉齋詩鈔　集4-22236
　　思勉齋集　集3-13198
　　思綺堂文集　集3-16913~4
25 思生錄　史6-46081
　　思純齋集　集3-21015
26 思白堂詩存　集4-29653
　　思伯子堂詩集　集4-30234
　　思得錄　子4-21364

　　思儼齋詩鈔、文鈔　集3-18137
27 思多情一枝　集7-52750
　　思屺堂文存　集4-32073
　　思屺堂文存、雜著、密庵自治官書　集4-
　　　32071
28 思復齋初稿、隨筆、縵斻亭文稿　集4-
　　　29282
　　思復齋藁　集2-6343
　　思復齋隨筆　叢2-947
　　思復堂文集　叢2-847
　　思復堂文集、附載　集3-16382
　　思復堂文存、詩存　集4-26147
　　思復堂詩集　集5-34426
　　思復堂前集　集3-16381
29 思秋吟館詩文集　集4-29103
　　思秋吟館詞集　集7-47524　叢2-928
30 思濟堂方書、續編　子2-9425
　　思永齋詩草　集5-37682
　　思適齋集　史8-65375　集4-25333　叢1-
　　　401,2-662
　　思適齋集外書跋輯存　史8-65379　集4-
　　　25336
　　思適齋集補遺、再補遺　史8-65261、65378
　　思適齋集補遺、再補遺、思適齋書跋、補遺
　　　集4-25334
　　思適齋書跋　史8-65377
　　思適齋書跋、補遺　史8-65261、65376
　　思適齋居士序跋、補　叢2-673
31 思源錄　史2-7929　叢2-811
32 思州府志[康熙]　史8-62247
33 思補齋文集　集3-20445
　　思補齋詩集　集4-25834　叢2-907
　　思補齋詩鈔、試帖存稿　集4-29884
　　思補齋奏稿　史6-48807
　　思補齋摺稿偶存　史6-48806
　　思補齋日錄　子4-21356　叢2-1507
　　思補齋筆記　子4-21309　叢1-553
　　思補齋筆記續編　子4-21310
　　思補過齋主人自敍年譜　史2-12112
　　思補過齋遺稿　集4-29475
　　思補過齋吟草　集5-41053
　　思補老人自訂年譜　史2-11005,12032
　　思補老人年譜　叢2-907
　　思補軒漫集　集2-8796
　　思補堂文集　集3-14694,6-42074
　　思補堂文鈔、詩稿、雜錄、有真意齋詩集
　　　集4-25833
　　思補精舍書目　史8-65910
37 思過齋雜體詩存　叢2-886(4)
　　思過齋雜體詩存(思過齋詩鈔)(磨研集、南
　　　遊集、梯船集、金臺集、槐市集、木天集、

　　　雲坊集、驄轡集、豸繡集、孔懷集、中興
　　　集、中興次集)　集4-32960
　　思過齋試律詩鈔　集4-32961
　　思過齋試律賦鈔　集4-32962
　　思過齋制藝、補編　集4-32963
　　思過錄　史2-10502
　　思過小錄　史6-46497
　　思退補齋詩存　集5-37347
　　思退堂詩鈔、青琅玕吟館詞鈔　集4-29025
40 思南府續志[道光]　史8-62249
　　思南府志[嘉靖]　史8-62248
　　思南縣允文鄉採訪錄[民國]　史8-62251
　　思南縣志稿[民國]　史8-62250
　　思古齋詩鈔、楚水詞　集5-37476
　　思古齋雙鉤漢碑篆額　史8-64553　子3-
　　　15492
　　思古齋隨筆　子4-21159　叢1-480
　　思古堂詩鈔　集4-25590　叢2-1863
　　思古堂詞鈔　叢2-1863
　　思古堂譔述敍目　叢2-1915
　　思古堂集　集3-14204　叢2-1300
　　思古堂集、稚黃子文泍　叢2-1301
　　思古堂十五種書　叢2-1301
　　思古堂古文　叢2-1863
　　思古堂日札　叢2-1863
44 思蘭堂詩集　集5-41270
　　思茗齋集　集4-25286
　　思菴先生文粹　集2-6513～4
　　思菴薛先生(敬之)行實　史2-8875
　　思菴野錄　叢2-829
　　思菴野錄、思菴薛先生行實、附錄　子1-
　　　947
　　思菴閒筆　叢1-512,2-789
　　思舊集　集5-38179
　　思舊草　集4-28553
　　思舊吟補鈔　集5-41489
　　思舊錄　史2-7628～9　子1-1423　集3-
　　　13558　叢1-201、202(5)、203(6、11)、263、
　　　399、537,2-1258～9、1261、1894
　　思樹軒詩稿　集3-20157
45 思樓集　叢2-2169
47 思鶴山房詩鈔、文鈔　集5-37511
50 思忠錄　叢2-800
　　思忠錄(王安節)　史2-8797
　　思春　集7-52344
　　思棗室算學餘譚　子3-12866
51 思軒文集　集2-6866
60 思兄樓文稿、爨餘稿　集5-40281
　　思易草廬祕本叢鈔九種　叢1-425
　　思恩府新編保甲事宜　史6-45444

思恩縣志八編[民國] 史8-61421
思田書 集2-7493
62 思縣志稿[民國] 史8-62268
63 思貽齋詩約存 集5-36707
思貽齋古近體詩 集5-36706
思貽堂詩 叢1-445
思貽堂詩鈔 集5-35089
思貽堂集詩集、續存、三集、書簡、後永州集
　　集4-31217
64 思嗜齋文剩 集5-38818
思嗜齋詩剩 集5-38817
74 思陵宰輔錄 史2-7362
思陵勤政紀 叢2-731(67)
思陵勤政紀(烈皇勤政記) 史1-3037 叢
　　1-269(3)、270(2)、271、272(2)
思陵翰墨志 子3-15062 叢1-223(37)
思陵書畫記 子3-14730 叢1-22(15)、23
　　(14)、29(6)、199
思陵典禮記 史6-42053 叢2-731(67)
思陵典禮紀 叢1-269(3)、270(2)、271、272
　　(5)
思陵錄 史1-2551 叢2-1038
77 思凡 集7-52474
思閒筆 叢1-406
思居堂集 集3-18138
思丹偶抄 叢2-2270(2)
思闕山館詩存、文存 集5-36426
思闇詩集 集5-40000
思問集 子2-6386
思問初篇 子4-22264
思問錄 子4-21419 叢1-203(15)
思問錄內篇、外篇 史1-5275 子1-1402
　　叢2-1292～4
思印氣訣法 子5-29530(17)、31609
思賢集(徐檉) 史2-8459
思賢書局刊書十九種 叢1-579
思賢錄 史2-8713
思賢錄(鄒浩) 史2-8712
思賢堂集 集4-25804
80 思益梵天所問經 子6-32081(6)、32082(6)、
　　32083(5)、32084(5)、32085(7)、32086(7)、
　　32088(5)、32089(6)、32090(9)、32091(8)、
　　32092(6)、32093(8)、7-32133、32283
思益梵天所問經簡註 子7-33132
思益軒觚存三十六詠 集5-35890
思益堂詩集 集4-32519
思益堂詞鈔 集7-46423、47847
思益堂集(思益堂詩鈔、詞鈔、古文、日劄)
　　集4-32518
思益堂集四種 叢2-1863
思益堂史學四種 史1-24

思益堂日札 子4-19501、21559 叢1-496
　　(8)、565
思益堂日劄 集4-32521
思益堂駢體文鈔 集4-32520、6-42075
思無邪齋文續集、詩續集 集5-35857
思無邪齋文存、詩存 集5-35856
思無邪齋詠史詩 集4-29237
思無邪齋詩存 集5-35859
思無邪齋詩鈔 集3-19929
思無邪齋集 集3-18390
思無邪齋遺文 集4-25753
思無邪齋日記(光緒二十七年、三十至三十
　　一年) 史2-13108
思無邪室文集、詩集 集4-25206
思無邪室詩集 集4-25207
思無邪室遺集 集4-25208
思無邪室日記(清同治三年至五年) 史2-
　　13057
思無邪室吟草 集4-30018、6-42001
思義堂徵信錄 史7-51846
88 思餘雜錄 叢2-1705
90 思惟要畧法 子6-32081(39)、32082(18)、
　　32083(26)、32085(38)、32086(44)、32088
　　(27)、32089(33)、32090(56)、32091(54)、
　　32092(37)
思惟畧要法 子6-32084(22)、32093(27)
93 思怡居偶吟稿 集4-33362
99 思憐詩 叢2-1211

恩

00 恩慶集 史2-8929
恩言箋句 子7-35342
03 恩詒堂四書說 經2-10804
07 恩記詩集 集2-7688～9
08 恩施縣志[嘉慶] 史8-60390
恩施縣志[同治] 史8-60391
10 恩霈草木 集7-49703
恩平岑氏家譜[廣東恩平] 史4-28225
恩平程記 叢2-1499
恩平程記(清乾隆三十四年至三十五年)
　　史2-12606
恩平馮氏族譜[廣東恩平] 史5-36475
恩平縣續志[康熙] 史8-61052
恩平縣志[康熙] 史8-61051
恩平縣志[崇禎] 史8-61050
恩平縣志[道光] 史8-61054
恩平縣志[乾隆] 史8-61053
恩平縣志[民國] 史8-61056

　　恩平縣志補遺[民國]　史8-61055
21　恩旨彙紀　史1-4469
27　恩卹諸公志畧　史1-1953~9　叢2-798
　　恩卹錄　史2-8028
　　恩怨錄　叢2-1696
　　恩怨錄(謝佩禾)　史2-9793
　　恩紀詩集、含春堂薰　集2-7426
28　恩綸　史6-47877
　　恩綸必誦　史6-47660
30　恩永堂遺稿　集5-36173
　　恩安李氏宗譜[雲南昭通]　史4-27666
　　恩安縣志[宣統]　史8-62460
31　恩福堂試帖詩鈔　集4-25906~7
　　恩福堂詩集、步魁集、植杖集　集4-25905
　　恩福堂詩鈔　集4-25909~11
　　恩福堂詩鈔、外集　集4-25908
　　恩福堂課藝　集4-25923
　　恩福堂制義　集4-25924
　　恩福堂散文　集4-25921
　　恩福堂奏議　史6-48813
　　恩福堂年譜　史2-12033
　　恩福堂筆記　子4-23220
34　恩達縣圖志[民國]　史8-62654
36　恩遇恭紀　集5-37381
44　恩封宗室王公表　史1-4825,5-37354
48　恩赦條款　史6-45895、45898
　　恩赦條款、奏定部章　史6-45897
　　恩赦述要　子7-35604
　　恩赦畧說　子7-35461
62　恩縣續志[雍正]　史8-59102
　　恩縣鄉土志[光緒]　史8-59105
　　恩縣志[宣統]　史8-59103
　　恩縣志[嘉靖]　史8-59100
　　恩縣志[萬曆]　史8-59101
　　恩縣志[民國]　史8-59104
66　恩賜御書記　史1-4460　叢1-201、203(4)
　　恩賜廕生同官齒錄　史3-14839
　　恩賜廕生同年齒錄　史3-14848、14862
67　恩暉堂詩集　集4-28200
　　恩暉堂詩集、帖體詩、律賦　集4-28201
　　恩暉堂時文　集4-28202
76　恩陽州志[光緒]　史8-61396
80　恩命錄　史2-8934
88　恩餘堂經進初稿、續稿、三稿、策問存課、知
　　聖道齋讀書跋尾　集3-21419
　　恩餘堂輯稿　集3-21420
　　恩餘堂輯稿、知聖道齋未刻文鈔　集3-
　　21421
　　恩餘堂摺稿　史6-48766
90　恩光集　集3-19075

97　恩恤諸公志畧　史1-1937,2-7364~5
99　恩榮恭紀、奏謝折子　史2-10145
　　恩榮曹氏錄　史2-8900
　　恩榮錄　叢2-1026

6033₁　罷

21　罷虎韜威　集7-49699

黑

00　黑衣教士　子7-38177
01　黑龍江[民國]　史7-56308
　　黑龍江廣信公司貸出各債戶歸還限期表
　　　史6-44494
　　黑龍江廣信公司貸出各債戶欠款數目表
　　　史6-44495
　　黑龍江礦務條約文件　史6-44782
　　黑龍江水道編　史7-49318(10)、52860
　　黑龍江外記　史7-49314、49318(20)　叢1-
　　　508,2-653(6)、731(58)
　　黑龍江外紀　史7-49318(2)　叢1-383
　　黑龍江外紀[嘉慶]　史7-56300~1
　　黑龍江鄉土志[民國]　史7-56307
　　黑龍江鄉土錄[民國]　史7-56309
　　黑龍江流域商業記　史7-49357、50031
　　黑龍江官銀號貸出各債戶歸欠表　史6-
　　　44493
　　黑龍江述畧　史7-49318(18)　叢1-498,2-
　　　2006~8
　　黑龍江述畧[光緒]　史7-56302
　　黑龍江漠河籌辦礦務章程　史6-44783
　　黑龍江通北設治局通志[民國]　史7-
　　　56340
　　黑龍江通志稿[民國]　史7-56305
　　黑龍江通志綱要[民國]　史7-56303
　　黑龍江志稿[民國]　史7-56306
　　黑龍江志畧[民國]　史7-56304
　　黑龍江地畧　史7-49318(19)、50027
　　黑龍江財政沿革利弊說明書、劃分國家地
　　　方兩稅意見書、附錄　史6-43295
　　黑龍江歷任將軍墾務奏稿　史6-49186
　　黑龍江輿地圖　史7-50028
　　黑龍江輿地圖、輿圖說　史7-50029　叢2-
　　　785
　　黑龍江省各屬規費表　史6-43294
08　黑旋風雙獻功　叢2-720(3)

黑旋風雙獻功雜劇　集 7 - 48767(2)、48774
　　(3)、48874　叢 2 - 698(15)
黑旋風仗義疏戝　集 7 - 49091
黑旋風仗義疏財　集 7 - 48778、49083
黑旋風仗義疏財雜劇　集 7 - 48774(7)
黑旗劉大將軍(永福)事實　史 2 - 10523
黑旗全臺戰事實記　史 1 - 4255
12 黑水洋考　史 7 - 49317(7)、49318(14)、53056
黑水考　史 7 - 49317(7)、49318(10)、53028～9
　　叢 2 - 1604
黑水考證　史 7 - 53026　叢 2 - 870(6)
22 黑蠻風土記　史 7 - 49317(3)、49318(18)
黑山縣志[民國]　史 7 - 56200
26 黑白衛　集 7 - 49330、49334　叢 2 - 1287
黑白半月兩乘布薩正範　子 7 - 33948
27 黑色怖畏真言　子 7 - 32094
31 黑河紀畧　史 7 - 49317(9)、49318(16)、54507
33 黑心符　子 5 - 26222、26248　叢 1 - 29(3)、
　　168(1)、185、249(2)、255(3)、587(3)、2 - 731
　　(20)
38 黑海鐘　子 5 - 28571
40 黑太子南征錄　子 7 - 38199
44 黑韃事畧　史 1 - 2604　叢 2 - 718
黑韃事畧、承華事畧　史 1 - 2605
黑韃事畧、校記　史 1 - 2606
黑韃事畧、校勘記　史 1 - 2607、7 - 49315
　　叢 2 - 731(58)
黑韃事畧箋證　史 1 - 1922、2608　叢 2 -
　　2227、2229
47 黑狗替主報仇　集 7 - 53166
黑奴籲天錄　子 7 - 38282
50 黑囊經　子 3 - 13478
54 黑蝶齋詩鈔、詞鈔　集 3 - 15169
黑蝶齋詞　集 7 - 46430、47100　叢 2 - 838
71 黑驢段一段　集 7 - 51448
72 黑氏梵志經　子 6 - 32081(32)、32083(21)、
　　32085(31)、32086(36)、32088(23)、32089
　　(22)、32090(29)、32091(27)、32092(19)、7 -
　　32616
77 黑風怕　集 7 - 50520
78 黑鹽井志[康熙]　史 8 - 62553
黑鹽井志[嘉慶]　史 8 - 62554
80 黑美人別傳　叢 1 - 587(3)

6033₂　愚

00 愚庵詩集　集 3 - 21005、4 - 33441
愚庵小集　集 3 - 13401
愚庵小集、補遺　集 3 - 13402

愚廬遺稿　集 4 - 33112
愚齋先生著書六種　叢 2 - 1338
愚齋存稿初刊　集 5 - 37264
愚齋梅花百詠　集 3 - 15598
愚齋東遊日記　史 7 - 54163
愚齋圖書館藏書目錄　史 8 - 65891
08 愚譜　子 3 - 16981
10 愚一錄　經 2 - 11673　叢 1 - 435、2 - 1803
愚一錄易說訂　經 1 - 1694、2335
愚石居集續編　集 3 - 15380
21 愚慮錄　叢 2 - 2025
22 愚峯詩鈔　集 4 - 22242
愚山文集摘鈔　集 3 - 14056
愚山文鈔　集 6 - 42064
愚山詩選　集 6 - 41960～1
愚山詩鈔　集 6 - 41979
愚山殘稿　集 3 - 14050
愚山先生文錄　集 6 - 42066
23 愚我齋詩集、文焰　集 3 - 15187
26 愚泉詩選　集 6 - 42012
30 愚定遺稿續集　集 5 - 40204
32 愚溪詩集　集 3 - 20474
愚溪詩稿　集 4 - 25389　叢 1 - 344、2 - 731
　　(44)
40 愚直存稿　集 2 - 6318、6 - 45010～2
44 愚荃敝帚　集 4 - 30497
愚鼓詞　集 7 - 46851　叢 2 - 1292～3
愚菴雜著　叢 1 - 203(16)
愚菴及禪師語錄、塔銘　子 6 - 32091(73)
愚菴小集、傳家質言　叢 1 - 223(67)
愚村詩鈔　集 4 - 28137
50 愚忠後錄　史 1 - 3350
愚忠後錄、黃烈婦傳　史 2 - 7621
愚忠錄　史 1 - 3348
愚書　子 1 - 725　叢 2 - 857～8、860、1041
愚囊彙稿、補遺　集 2 - 12606　叢 2 - 845(2)
51 愚軒文選　集 5 - 34966
愚軒詩剩　集 5 - 39807
愚軒詩鈔　集 3 - 15733、5 - 34965
60 愚園詩初稿、存稿、續稿　集 4 - 23682
愚園偶憶詩草　集 5 - 34436
愚園題咏　集 5 - 40807
64 愚畦詩鈔　集 3 - 14923
72 愚髯小稿　集 3 - 21324
80 愚谷府君(袁守侗)年譜　史 2 - 11875
愚谷文稿　集 3 - 21635
愚谷文存　集 3 - 21634　叢 1 - 294
愚谷文存、拜經樓詩集、續編、詩餘　集 3 -
　　21628
愚谷文存、續編、拜經樓詩集、續編、萬花漁

唱、拜經樓詩話　集3-21629
愚谷文存、續編、補遺、拜經樓詩集、續編、
　　萬花漁唱、拜經樓詩話　集3-21630
愚谷文存續編　集3-21636
愚谷文存續編、拜經樓詩集再續編　集3-
　　21637
愚谷詩稿　集3-13228、21633
愚谷集　集2-8481　叢1-223(65)
愚谷遺詩　集4-25354
愚谷遺詩(學吟草、北遊草)　集4-26328
愚谷公遺稿　集4-28050
愚公詩稿　集4-23393
愚公集　集2-12870
愚公谷乘　史7-51982　集2-10256　叢2-
　　802
90 愚堂詩鈔　集4-25120

6033₆ 罳

60 罳思園選輯明人尺　集6-45296

6034₃ 團

10 團石汪氏宗譜[浙江龍游]　史4-28747
20 團香吟　集3-19841
22 團山禹氏續譜[湖南邵陽]　史4-30763
25 團練說　史6-45452
　　團練私議　史6-45451　叢2-2041
　　團練鄉守備要　史6-45450
　　團練紀實　史7-56880
　　團練約編　史6-45453
　　團練實記　史6-45454
　　團練事宜、寧鄉勸誡士民條約、節錄奏疏
　　　史6-45462
27 團綠山房詩餘　集5-40875
30 團扇詞　集7-46399~400、47155
　　團守心鏡　子1-3923
39 團沙羣島小志[民國]　史8-61453
44 團花鳳　集7-48775、49196　叢2-672
　　團桂樓剩稿　集5-34890
70 團防芻議　子4-23419

6036₁ 黯

39 黯淡灘記　史7-49317(8)、49318(11)、52949

6039₆ 黥

11 黥背吟　集1-5002、5004

6040₀ 早

40 早壇晚[晚]壇功課　子7-35096
42 早婚害一段　集7-51629
44 早花集　集4-26219,7-47438
67 早晚課　子7-35636
　　早晚課不二字　子7-35564
　　早晚工課　子7-35493

田

00 田亭草　集2-10266
　　田亭草、詩　集2-10265
　　田文端公(從典)行述　史1-1985,2-9404
　　田文鏡奏疏　史6-48705
07 田畝比類乘除捷法　子3-12347　叢2-731
　　(25)
10 田下郭氏族譜[江西萬載]　史4-32341
　　田西縣志八編[民國]　史8-61408
　　田晉蕃日記　子2-4705
　　田晉蕃醫書七種　子2-4705
11 田背李氏族譜[江西萬載]　史4-27391
12 田水月山房北西廂藏本　集7-48812
16 田硯齋文集　集5-34587
　　田硯齋詩集　集5-34586
17 田豫陽集　集2-8617,6-41935(2)
　　田子　子5-29422　叢2-774(9)
　　田子壽詩集、田國華詩集　集2-9673
　　田司徒神道碑陰　叢1-223(50)
　　田司徒墓誌銘　叢1-223(50)
20 田穰苴伐晉興齊雜劇　集7-48774(3)、
　　49003
23 田俅子　子4-19517~8　叢2-774(10)、775
　　(5)
27 田盤紀遊　集3-19983
　　田鷄營六鷄識俊　集7-49503
　　田鷄營六雄識俊　集7-49376
　　田叔禾小集　集2-8618　叢2-833
28 田牧志　叢1-119~20、173

30 田家雜詠　集4-21982
田家雜事　子1-4191
田家至寶荒熟圖　子1-4267
田家五行　子1-4081、4248　叢1-13、14
(3)、22(25)、48、82、119～20、173、496(5)
田家五行、拾遺、東方朔探春歷紀、田家五
行紀歷撮要　子1-4246
田家五行志佚文　子1-4241　叢2-777
田家占候集覽　子1-4261
田家樂一枝　集7-51972
田家四時詩　叢2-1805
田家曆　子1-4242　叢1-22(25)、30、119～
20、173
37 田湖劉氏續修族譜[湖南寧鄉]　史5-
39479～80
田深甫詩　集2-8353
38 田洋湖胡氏宗譜[浙江象山]　史4-30426～8
44 田莊楊氏譜[江蘇常熟]　史5-36833
田莘野集　集2-8352,6-41935(4)
50 田表聖先生奏議集　史6-48124
60 田國華詩集　集2-9673～4
田園雜著八種　叢2-2073
田園詩　集2-10674　叢1-129,2-1173
田園詩十首　叢1-128
田園經濟　子1-4081
田恩踏雪　集7-53439
61 田曬初觀書後例　叢2-659
63 田賦　叢1-460
田賦考　史6-43380　叢2-1390
田賦考辨　史6-43377
72 田氏族譜　史4-26112～3
田氏族譜[江蘇鎮江]　史4-26085
田氏族譜[湖南長沙]　史4-26107
田氏族譜[湖南鳳凰]　史4-26111
田氏重修族譜　史4-26116
田氏重修族譜[湖南湘鄉]　史4-26109
田氏保嬰集　子2-4552　叢2-730(1)、731
(29)
田氏家譜[山西五臺]　史4-26079
田氏家譜[山東德州]　史4-26101
田氏家譜[河南開封]　史4-26102～3
田氏宗譜　史4-26115
田氏宗譜[江蘇江都]　史4-26083
田氏宗譜[浙江紹興]　史4-26095
田氏本宗世系圖[河南開封]　史4-26104
田兵部集　集2-8354
76 田陽縣志[民國]　史8-61397
77 田間書　子4-19930　叢1-19(8)
田居詩稿　集3-16996
田居乙記　子4-23990　叢1-22(22)、29

(7)、109、111(4)
田居草　集2-11189
田間文集　叢2-1272
田間詩集　集3-14968　叢2-1272
田間詩學　經1-3922～3　叢1-223(7),2-
1272～3
田間詩學補注　經1-4330
田間集　集3-13678、14969　叢2-815
田間藏山閣集　集3-13682
田間書　叢1-20(6)、21(7)、22(4)、23(4)、24
(8)、249(3),2-853
田間易學　經1-1011～2　叢1-223(4),2-
1272
田間易學、圖像　叢2-1273
田間全集五種　叢2-1272
80 田鐘臺文集　集2-9945

6040₁ 耳

37 耳湖詩鈔　集3-19614

旱

39 旱澇論　叢2-1929
77 旱母元君本願真經　子5-30264

6040₄ 晏

10 晏元獻詩鈔　集1-1937
晏元獻遺文　集1-1939
晏元獻公類要　子5-24811
17 晏子　史2-8354～5　子1-18～20、25、42、
44
晏子(嬰)春秋　史2-8342～6
晏子佚文　史2-8352　叢2-777
晏子內篇、外篇　叢2-658
晏子春秋　史2-8347、8350～1、8353、8357、
8363　子1-23、27、30、57、69　叢1-19
(1)、21(1)、24(2)、223(21)、227(7)、236～7、
272(5)、308、579,2-635(3)、731(10)、1596
晏子春秋、音義　叢1-257
晏子春秋、音義、校勘記　史2-8349　子1-
62、64～5、67～8
晏子春秋、音義、校附校勘記　叢2-698(4)
晏子春秋音義　史2-8348　叢2-731(24)

晏子春秋雜誌　叢2-923
晏子春秋評議　史2-8358
晏子春秋平議　子1-82　叢2-1920
晏子春秋補釋　史2-8361　叢2-2248
晏子春秋内篇　史2-8364～5　子1-16～7
　叢2-730(6)
晏子春秋内篇、外篇　子1-61
晏子春秋校正　史2-8356　叢1-258,2-
　731(3)、847、1466
晏子春秋校注　史2-8362
晏子春秋校補定本　叢2-2248
晏子春秋斠補、佚文輯補、黄之寀本校記
　史2-8360
晏子春秋斠補、佚文輯補、黄之寀本校記、
　篇目考　叢2-2248
晏子春秋斠補定本　史2-8359
27 晏叔原先生集　集1-2633,6-44818
　晏叔原小山詞、拾遺　集7-46387、46472
38 晏海澄先生(安瀾)年譜　史2-12356
43 晏城雜詠　集5-33865
46 晏如齋古文簡鈔、詩鈔　集4-25150
　晏如齋檠史　子4-19492、21035
　晏如筆記　子4-19492、21034
72 晏彤甫大中丞程記三種　史7-49342
77 晏同叔珠玉詞、拾遺　集7-46387、46459
　晏同叔先生集　集1-1938,6-44818

6040₇ 曼

00 曼庵詩稿　集5-40787～8
　曼廬詞　集7-48398
15 曼殊室利校量數珠功德經　子6-32083(9)、
　32089(10)
　曼殊室利菩薩五字心陀羅尼經　子6-
　32083(13)
　曼殊室利菩薩吉祥伽陀　子6-32081(49)、
　32082(25)、32085(45)、32088(33)、32089(28、
　37)、32090(43、56)、32091(41、54)、32092(28、
　37)、32093(47)
　曼殊室利菩薩吉祥伽陀經　子6-32083
　(31)、32086(54)
　曼殊室利菩薩吉祥伽陁　子6-32085(51)、
　32086(61)、32088(38)、7-32095
　曼殊室利菩薩咒藏中一字咒王經　子6-
　32082(12)、32082(10)、32083(9)、32085(8)、
　32085(13)、32086(14)、32088(9)、32089(11)、
　32090(15)、32091(13)、32092(10)、32093(45)
　曼殊室利咒藏中校量數珠功德經　子6-
　32081(12)、32085(12)、32086(13)、32088(9)、

32090(13)、32091(12)、32092(8)、32093(47)、
　7-32855
　曼殊沙館初集　集5-37796
20 曼香詞　集4-22452
21 曼衍齋文集　集2-10025
　曼衍齋草(錦盤奇勢、論學須知)　集2-
　10024
　曼衍集、前卷　集2-10501
　曼衍心漏　子4-21758
24 曼先生語錄　子1-892　叢1-477
25 曼生隨筆　叢2-706
　曼生印譜　子3-16947、17157
　曼倩集　集1-180
27 曼叔府君(呂長孫)行狀　史2-10292
40 曼志堂遺稿　集5-35033
　曼真詩畧　集3-17750
53 曼甫詩鈔　集4-31375
60 曼園詩鈔　集5-34375,6-42007(3)
73 曼陀羅詞　叢2-2142
　曼陀羅室意存集　集5-37363
　曼陀羅花室文、詩、詞　叢2-2072
　曼陀羅花室集　集5-38416
　曼陀羅花館遺詩　集4-32104
　曼陀羅華閣瑣記　子5-26546　叢1-474
　曼陀羅華閣叢書十六種　叢1-474
　曼陀羅華館集　集4-33527
　曼陀羅盦詩集　集4-27315
　曼陀羅盦詩鈔　集5-35030,6-42007(2)
　曼陀羅館詩集　集4-30387
　曼陀羅館詩鈔、詞鈔　集5-34130
　曼陀羅館詞鈔　集7-47809
　曼陀羅館紀程　史7-49316、54041
77 曼卿詩集一集　集6-41894(1)
80 曼盦壺盧銘　子4-18578
　曼盦壺盧銘　叢1-435
　曼翁詩鈔　集4-26661
　曼公先生痘疹唇舌訣　子2-8721
87 曼鋒三十自述　史2-10974

6041₆ 冕

23 冕弁冠服表　經1-155、6193
　冕弁冠服圖　經1-155、6192
77 冕服考　經1-6195　叢1-516

6042₇ 另

30 另定新軍官制例冊　史 6 - 45231
48 另樣紫受金章一枝　集 7 - 51823
　　另樣古來好漢一枝　集 7 - 51822

男

02 男訓、女訓、約言　子 4 - 23898
10 男王后　集 7 - 48773、48775、49181～2　叢 2 - 672
17 男子雙名記　史 2 - 13383　叢 1 - 195(6)
　　男子集　子 4 - 24219
24 男科　子 2 - 7969
　　男科、經驗良方　子 2 - 7968
40 男女雙十愛一段　集 7 - 51519
　　男女值年星辰屬命　子 3 - 14156
　　男女紳言　子 2 - 8035　叢 1 - 107、111(3)、113
　　男女丹工異同辨　子 5 - 29590、31478
47 男婦小兒眼科七十二症　子 2 - 7383
60 男思女　集 7 - 53229
　　男思女一套　集 7 - 50941

禺

10 禺于日錄　史 7 - 49317(1)、49318(16)
22 禺山雜著三種　子 4 - 24244
　　禺山詩　集 2 - 7803
　　禺山曹氏家譜[廣東番禺]　史 5 - 34259
24 禺峽山志　史 7 - 52605
60 禺園悼往錄　史 2 - 9085

6043₀ 因

00 因齋詩存　集 4 - 33315
　　因應便方　子 2 - 9241
　　因應撥存　集 2 - 12849
01 因語錄　叢 1 - 101
02 因話錄　子 4 - 19900～2　叢 1 - 5、15、19(5)、20(3)、21(4)、22(4)、23(4)、24(5、6)、26～8、31、99～100、134、223(44)、255(2)、374、383、2 - 731(52)、735(4)
08 因論　子 4 - 19879　叢 1 - 2～4、6～7、9、22(4)、2 - 731(11)
20 因乘指明　子 3 - 12854
23 因我的賑沉一枝　集 7 - 52034
26 因得囉菩提手印道要　子 7 - 32950
30 因寄軒文初集、二集、補遺　集 4 - 27116
　　因寄軒尺牘　集 6 - 45195
33 因述　子 4 - 20897
36 因遇詩　集 5 - 34563　叢 2 - 1959
40 因存編(革命軍)　集 5 - 41636
44 因樹山房詩鈔　集 4 - 24173
　　因樹樓贈言文、詩、詩餘　集 6 - 44042
　　因樹書屋詩稿　集 5 - 34557
　　因樹屋書影　子 4 - 21014～5
47 因柳閣讀書錄　子 4 - 21427
　　因柳閣詞鈔　集 7 - 47467　叢 2 - 808
50 因由寶卷　子 7 - 36137
60 因園函札　叢 2 - 2134
　　因園集　叢 1 - 223(68)
　　因園集十三集　集 3 - 17267
　　因是齋詩文集　集 4 - 26865
　　因果靈驗記　子 7 - 34670
　　因果實錄　子 7 - 34672
　　因果寶卷　集 7 - 54257～8
　　因果報　集 7 - 53502、54048
　　因果錄　叢 2 - 1115
64 因時集　集 4 - 30300
67 因明論理門十四過類疏　子 6 - 32084(33)、7 - 32119
　　因明正理門論　子 6 - 32081(25)、32083(16、36)、32084(14)、32085(24)、32086(27)、32088(17)、32089(43)、32090(49)、32091(47)、32092(32)、32093(25)
　　因明正理門論述記　子 7 - 33633
　　因明正理門論本　子 6 - 32081(24)、32083(16、36)、32085(24)、32086(27)、32088(17)、32089(43)、32090(49)、32091(47)、32092(32)、32093(25)
　　因明入正理論　子 6 - 32081(25)、32083(16、36)、32085(24)、32086(27)、32088(18)、32089(43)、32090(49)、32091(47)、32092(32)、32093(25)
　　因明入正理論疏　子 6 - 32084(33)、7 - 33634～5
　　因明入正理論疏殘　子 7 - 32119
　　因明入正理論集解　子 7 - 33638
　　因明入正理論後記　子 7 - 33641
　　因明入正理論續疏　子 7 - 33636
　　因明入正理論解　子 6 - 32091(69)、7 - 33637

因明入正理論直疏　子7-33642
因明入正理論直解　子7-33640、33645
因明入正理論會義　子7-33639
72 因脈用藥　子2-6207
80 因人私記　史1-3648
81 因領錄　子1-1060　叢2-1093

6043₃ 夒

00 夒亭詎話　叢2-1889

昊

10 昊天玉皇宥罪救赦　子5-31728
昊天塔　集7-50154
昊天塔孟良盜骨雜劇　集7-48767（4）、48957　叢2-698（15）
昊天金闕請恩御表　子5-30812

6044₀ 昇

10 昇平瑞　集7-49442、49698
昇平歌詠　叢1-322
昇平虞氏九修宗譜　史5-37226
昇平寶筏　集7-50354、50356
昇平寶筏西遊記　集7-50353
昇平寶筏十本　集7-50355
昇平署曲譜四種　集7-54754
昇平署臉譜　集7-54798
21 昇僊寶錄　集7-54443
30 昇官圖　集7-52462
44 昇勤直公（寅）年譜　史2-11992
昇勤直公詩草　集4-24784
昇蓮寶卷　集7-54442

6050₀ 甲

00 甲襄校錄　子4-24690
甲六集初刻、補遺　集4-33114
07 甲部奏議　集4-29299
10 甲丙之際放言　子4-22078
12 甲癸議　史6-46419　叢1-587（4）

甲癸夢痕記、補遺　史1-4509　叢2-1958
甲癸夢痕記補遺　子4-24543
17 甲子詩　集3-14732
甲子元推步簡法　子3-12710
甲子乙丑稿　集5-41392
甲子生夢餘詞　集7-47504
甲子紀元　史1-1382　叢2-1387
甲子紀元表　子3-11583
甲子紀綱元　史1-1295
甲子紀年表　史1-1386～8　叢2-2093
甲子紀年附歷朝僭竊紀元編韻　史1-1384
甲子考　史1-5686
甲子數書　子3-14174
甲子年定峯山左雜詠　集3-14712
甲子會紀　史1-987、4569～70
甲乙雜著　集2-12103
甲乙雜箸　子4-24032　叢1-426,2-731（45）
甲乙詩集、讞書　集1-1644
甲乙記政錄、續丙記政錄、續丁記政錄、新政　史1-2981
甲乙丙丁稿　集7-46688
甲乙集　集6-41850、41854、41858　叢2-635（8）
甲乙集（重校甲乙集）　集1-1638
甲乙集、補遺　集1-1639,6-41878
甲乙集、拾遺　集6-41872
甲乙剩言　子4-20684～5,5-26381　叢1-13、14（2）、22（23）、29（8）、105、111（1）,2-624（2）、857、1163
甲乙遊草　集3-16911
甲乙消夏集　叢2-2175
甲乙存稿、別稿　集3-21119
甲乙史　史1-3539
甲乙事案　史1-3385～6
甲乙事案、南渡三疑案、嘉定縣甲乙事紀、阮大鋮本末小紀　史1-3387
甲乙篇　子4-21472
20 甲秀園集　集2-10148～9
21 甲行日注　史1-1937,2-12539　叢2-670、720（5）
甲行日注（崇禎十七年至永曆元年）　史2-12538
22 甲山北灣孫氏宗譜［江蘇吳縣］　史5-33567
30 甲寅遺事　史1-3642
甲寅遇難錄　史2-9265
甲寅草　集2-11502
甲寅年譜、蘭省東歸記（清雍正十二年、乾隆十五年）　史2-12600
甲寅年存稿　集4-27963

中國古籍總目書名索引

32 甲遁真授祕集　子 3－14328
37 甲初日記　史 2－12595
38 甲道張氏宗譜[江西婺源]　史 5－35205～6
45 甲椿李氏家譜[江西婺源]　史 4－27363
　 甲椿李氏宗譜[江西婺源]　史 4－27362
50 甲申雜記　子 4－22886　叢 1－19(8)、20(6)、
　　21(9)、22(8)、23(8)、24(11)、244(2)、374,2－
　　735(2)
　 甲申雜記、聞見近錄　子 4－22885
　 甲申雜記、聞見近錄、隨手雜錄、甲申聞見
　　二錄補遺　叢 1－223(44)
　 甲申雜錄　叢 1－195(5)
　 甲申三月忠逆諸臣紀事　史 1－1953～9、
　　1963、1979
　 甲申北都覆沒遺聞　史 1－3167
　 甲申集　集 3－13828、13885、17913
　 甲申集、江山集　集 3－13886
　 甲申後亡臣表　史 2－7388
　 甲申剩事　史 1－3079　叢 2－742
　 甲申傳信錄　史 1－1917、1933、1982、3172
　　叢 1－496(1)、580
　 甲申傳信錄、訂錄　史 1－3173
　 甲申紀變錄　史 1－1937、3163
　 甲申紀事　史 1－1935、1937、3155～6、3159～
　　60
　 甲申紀事、北歸紀　史 1－3157
　 甲申紀事、滄洲紀事　史 1－3158
　 甲申紀事、大廷尉茗柯淩公殉節紀畧　叢
　　2－741
　 甲申紀聞　史 1－1938　叢 1－309
　 甲申紀聞、孤臣紀哭、北事補遺、燕都日記、
　　江上孤臣錄　史 1－3164
　 甲申紀聞、紳志畧、附錄　史 1－3165
　 甲申綱徵解一切錢糧事宜　史 6－43403
　 甲申以後亡臣表　史 1－1946,2－7389
　 甲申秋杪山僧問答　史 2－11410～2
　 甲申核真畧　史 1－1981、3168、3270　叢 1－
　　399
　 甲申核真畧、南行日記　史 1－3169
　 甲申朝事小紀、二編、三編、四編、五編　史
　　1－3077
　 甲申朝事小紀、續編　史 1－3078
　 甲申朝事小紀初編、二編、三編　史 1－3076
　 甲申忠佞記事　史 1－1937、3135
　 甲申日記　史 1－3215～7、3231　叢 2－639、
　　669
　 甲申日曆(明崇禎十七年)　史 2－12550
　 甲申日曆(明崇禎十七年)乙酉日曆(弘光
　　元年)　史 2－12551
　 甲申罪己詔　史 1－1938
　 甲申野史彙鈔十一種　史 1－1941

　 甲申野史彙鈔九種　史 1－1942
　 甲申野史紀事彙鈔六種　史 1－1940
　 甲申吟草　集 4－23865
　 甲申臆議　子 1－1332　叢 2－1268
53 甲戌雜感　集 5－41359　叢 2－715
　 甲戌元曆　子 3－11700
　 甲戌紹郡公車齒錄　史 3－14978
　 甲戌叢編二十種　叢 2－644
　 甲戌近詩　集 3－18589～90
　 甲戌日錄、乙亥日錄、丙子日錄(清同治十
　　三年至光緒二年)　史 2－13120
　 甲戌周記　史 2－12461
　 甲戌會試卷底本　叢 2－947
71 甲辰重遊泮宮詩　集 4－25837
　 甲辰歲日記(清光緒三十年)　史 2－13230
　 甲辰考察日本商務日記(清光緒三十年)
　　史 2－13233
　 甲辰日記(記事自清光緒二十九年九月至
　　十二月)　史 2－13214
　 甲辰會試硃卷　集 2－10917
77 甲骨文字研究　史 8－65185
　 甲骨文字理惑　史 8－65191
　 甲骨六錄　史 8－65179
　 甲骨叕存、釋文　史 8－65174
80 甲午新修臺灣澎湖志[光緒]　史 8－63493
　 甲午詩鈔　集 5－37308
　 甲午日記(清光緒二十年)　史 2－12953
　 甲午戰爭電報錄　史 1－1982、4264
88 甲餘錄　史 2－11836

6050₄ 畢

17 畢司徒東郊先生(懋康)年譜　史 2－11546
26 畢自嚴手訂稿本　集 2－11132
　 畢自嚴遺稿　史 6－48422　集 2－11135
　 畢伯陽奏稿　史 6－48423
29 畢秋帆奏稿　史 6－48763
31 畢沅奏降級留任謝恩摺　史 6－48761
34 畢法案錄　子 3－13947
36 畢澤遷白茆陸氏世譜[江蘇常熟]　史 4－
　　32657
72 畢氏家乘、南村畢氏家譜[山東淄博]　史
　　4－31540
　 畢氏宗譜[安徽]　史 4－31535
　 畢氏宗譜[安徽懷寧]　史 4－31533
　 畢氏四代恩綸錄　史 2－9054
77 畢堅毅先生文集　集 3－13723
80 畢公(永豐)岐山榮哀錄　史 2－10578

畢公墓碑　史2－9058
88 畢節縣志[乾隆]　史8－62227
畢節縣志[光緒]　史8－62229
畢節縣志稿[同治]　史8－62228
畢節路氏長房族譜[貴州畢節]　史5－
37233
90 畢少保公傳　史1－1980,2－9057
畢少保公傳、畢公墓碑　史2－9058
畢半齋詩鈔　集3－21569

6050₆ 圍

21 圍紅詞　集7－46405,47186
30 圍窨　集7－49355
40 圍塘張氏族譜[湖南醴陵]　史5－35353
43 圍城記　史1－3959
圍城自懺　叢2－1192
圍城褉錄　叢2－1192
圍城夢卜、圍城蓍卜、疏稿、存黔約署　叢
2－1192
圍城警策　叢2－1192
圍城日錄　史1－1941～2,3330～2
圍城日錄、十景圖　叢2－1192
圍城懺衆　叢2－1192
44 圍棋譜　子3－18149　叢1－295
圍棋近譜　子3－17963、18048
圍棋近譜(近譜)　子3－18049
圍棋十訣　子3－17964、18035
圍棋四十六訣　子3－17964、18145
圍棋賦　子3－17964、17966、17969
圍棋闖局　集7－48820　叢2－720(3)
圍棋義例　子3－17960、17973～4　叢1－22
(17)、23(16)、569
48 圍場廳志[光緒]　史7－55151
81 圍鑪詩話　叢2－615(2)
91 圍爐夜話　叢2－724、1763
圍爐新話二種　叢1－476
圍爐詩話　集6－45854　叢1－269(6),2－
731(47)
圍爐瑣憶　子4－19498、21631、23496　叢2－
1883

6060₀ 冒

22 冒嵩少憲副(起宗)年譜　史2－11599　叢
2－934
冒巢民(襄)徵君年譜、補　叢2－934

冒巢民徵君(襄)年譜、補　史2－11659
26 冒伯麐先生集　集2－11936　叢2－934
冒得庵參議(鶯)年譜　史2－11451　叢2－
934
47 冒起宗詩　集2－12775　集6－41943
72 冒氏八種　叢2－935
冒氏小品四種　子5－26234
冒氏小品四種(寒碧孤吟、集美人名詩、蘭
言、岕茶彙鈔)　子4－23727

呂

00 呂帝文集　子5－29535(4)、29536(4)、31900
呂帝詩集　子5－29535(4)、29536(4)、31901
呂帝聖蹟紀要　子5－29535(5)、29536(4)、
31820
呂帝十六篇勸戒　子5－30475
呂文懿公全集　集2－6806
01 呂語　子1－1177
呂語集粹　子1－1180～1　叢2－731(8)、782
(4)、1419
02 呂新吾訓子詞　子1－1969,2784　叢1－574
(5)
呂新吾集　集2－9875
呂新吾先生語錄　子1－1178
呂新吾先生刑政節錄　史6－46439
呂新吾先生身家衰循環園說　子4－23934
呂新吾先生實政錄　叢2－1138
呂新吾先生演小兒語　子1－1969、2779　叢
1－574(5)
呂新吾先生社學要畧　子1－1964、2355
呂新吾先生遺集　集2－9880
呂新吾先生去偽齋文集　集2－9876、9879
叢2－1138～9
呂新吾先生好人歌　子1－1964
呂新吾先生閨范圖說　叢2－1138
呂新吾先生閨範圖說　叢2－1139
呂新吾先生閨範圖說(閨範圖說)　子1－
2946
呂新吾續小兒語　子1－1969、2777　叢1－
574(5)
呂新吾九種　叢2－1137
呂新吾好人歌　子1－1969　叢1－574(5)
呂新吾全集二十二種　叢2－1138
10 呂玉泉詩稿　集5－36671
13 呂恥翁詩稿　集3－14986
16 呂聖求詞　集7－46352、46363、46382、46389
呂碧城集(信芳集)　集5－41579
17 呂鄧對局　子3－17902、18119

呂鄧九局、毛鄧三局　子3－17962、18124
呂豫石集　集2－11799
呂子　子1－18～20、24、50、4－19646
呂子六書評選　子4－19651
呂子評語正編、附刻、餘編、附刻　子1－1378
呂子評語餘編　經2－10611
呂子遺書四種　叢2－1140
呂子校補　子4－19659　叢1－416～7、2－971、1550
呂子校補、續補　子4－19660
呂子校補、校續補　叢1－418
呂子校補獻疑　子4－19661　叢2－1630
呂子易說、圖解　經1－409
呂子節識　子1－1173
呂子節錄　子1－1160、1162　叢1－483
呂子節錄、補遺　子1－1161　叢1－300、2－1387
呂子節錄續　子1－1171
呂子節錄續補　子1－1172
呂子纂要　子1－29
20 呂季子甬東雜詠　集2－9709
呂毛鄧對局　子3－18130
21 呂衡州文集　集1－1374～5、1377
呂衡州文集(呂衡州集)、考證　集1－1378
呂衡州文集、考證　集6－42032　叢1－324
呂衡州詩集　集1－1372、6－41739、41741、41824
呂衡州詩集、補遺　集1－1373、6－41878
呂衡州集　集1－1371　叢1－223(49)
呂衡州集、考證　叢1－456(5)、2－731(39)
22 呂山人集　集2－9233
呂山人集、續集　集6－41935(4)
呂山人續集　集2－9234
24 呂先生語錄　子1－998　叢1－151
呂侍講雜記　叢1－19(8)、20(6)
呂緒承遺集　集5－41490
25 呂純陽高支爻歌　子5－32016
呂純陽詞　子5－29547
呂純陽房術祕訣　子2－8312
呂純陽祖師太極生生伸數(太極生生數)　子3－14058
呂純陽真人沁園春丹詞註解　子5－29530(3)、29549、31049
呂純陽真人沁園春丹詞注解　叢1－82
呂純陽點化度黃龍雜劇　集7－48774(4)、49292
26 呂和叔文集　集1－1376、1379、6－41872
呂和叔文集(呂衡州文集)　集1－1374、1377
呂和叔文集、校勘記　叢2－635(7)
30 呂宋記畧　史7－49318(21)、54737

呂宋備考　史7－49318(21)
呂宋紀畧　史7－49317(5)、49318(17)、49336、54736
31 呂涇野五經說　經1－45
呂涇野集　集2－7790
呂涇野經說　叢1－347
32 呂近溪先生小兒語　子1－2776
呂近溪女兒語　子1－1975、2945　叢1－574(5)
呂近溪小兒語　子1－1969　叢1－574(5)
呂近溪小兒語述義　子1－2783
33 呂梁洪志　史6－42912　叢1－46
37 呂洞賓度鐵拐李岳　叢2－720(4)
呂洞賓度鐵拐李岳雜劇　集7－48767(3)　叢2－698(15)
呂洞賓三度城南柳　集7－48774(3)、49069
呂洞賓三度城南柳雜劇　集7－48767(4)　叢2－698(16)
呂洞賓三醉岳陽樓　集7－48774(5)、48891　叢2－720(3)
呂洞賓三醉岳陽樓雜劇　集7－48767(2)　叢2－698(15)
呂洞賓桃柳昇僊夢　集7－48774(7)、49077
呂洞賓花月神僊會　集7－48770、48774(5)、49083、49096
呂祖(洞賓)本傳　史2－8589
呂祖瓣香集　子5－29587、30520
呂祖註講金剛心經　子7－33222
呂祖註釋心經　子7－33299
呂祖訓世文　子5－30474
呂祖靈籤　子3－14647
呂祖醒心經　叢2－724
呂祖醒世元真經功過格　子5－30537
呂祖師度何僊姑因果寶卷(何僊姑寶卷、何僊姑、僊姑寶卷)　集7－54259
呂祖師三尼醫世說述　子5－29574～5、31430
呂祖師三尼醫世功訣　子5－29574～5、31432
呂祖師先天虛無太一金華宗旨　子5－29575、31063
呂祖師偈　子7－33215
呂祖師治心錄　子5－31902
呂祖師降諭遵信玉曆鈔傳閻王經　集7－54486
呂祖師降三十二次偈　子7－33219
呂祖参同妙經　子5－30970
呂祖編年詩集、靈寶畢法　集6－42508
呂祖編年詩集、呂氏詩鈔　集6－42507
呂祖彙集　子5－27170、31907
呂祖注講金剛心經　子7－33223

呂祖心經　子5-30226
呂祖心經釋義　子5-30227
呂祖心經解救世方　子7-33300
呂祖沁園春　子5-31050
呂祖清微三品真經　子5-30223
呂祖十六篇　子5-30476
呂祖大化歌　叢2-724
呂祖志　子5-29531、31818~9
呂祖孝經　叢2-724
呂祖韓仙師弟答問　子5-31914
呂祖本傳　子5-29536(4)
呂祖指玄篇、外篇　子5-31052
呂祖指玄篇祕註　子5-31053
呂祖醫道還元　子2-5204
呂祖全書　子5-31903~5
呂祖全書宗正　子5-31906
呂祖金剛經心經註解、金剛經感應錄分類
　輯要　子7-33225
呂祖金剛經心經注解　叢1-536
呂祖年譜海山奇遇　子5-31823~4
38 呂海寰雜鈔奏稿　史6-49126
呂海寰奏摺　史6-49127
40 呂大著增注點校三劉東漢詳節　史1-5169
呂大著點校標抹增節備註資治通鑑　史1-
　1080
呂布戲貂蟬一段　集7-51501
呂真仙文集註釋　集1-1515
43 呂城壩口陳氏宗譜[江蘇丹陽]　史4-
　32746
44 呂蒙正祭竈　集7-52355
呂蒙正祭竈(蒙正祭竈)一段　集7-51502
呂蒙正教學　集7-53214
呂蒙正教學一段　集7-51503
呂蒙正風雪破窰記　集7-48774(3)、48872
呂茶邨內經要論　子2-5350
48 呂敬夫詩　集1-5661~2
呂敬夫詩、鶴亭倡和　集1-5653~5
呂敬夫集　集1-5660
50 呂忠穆公(頤浩)年譜、勤王記、遺事、逢辰
　記　史2-8716
呂忠穆公奏議　史6-48134
呂書四種　叢2-1140
呂書四種合刻　子1-1955
呂東川詩　集2-12201,6-41943
呂東來集　叢1-213
呂東莊先生文集　集3-14994
呂東萊外集　集1-3683
呂東萊先生文集　集1-3687~8　叢2-731
　(44)、859
呂東萊先生左氏博議　經1　6755~6

呂東萊先生大事記、通釋、解題　史1-1179
呂東萊先生古文關鍵(東萊先生古文關鍵)
　集6-42669
呂東萊先生尺牘　集1-3691~2
呂東萊太史(祖謙)年譜　史2-11005、11332
呂東萊書牘　集1-3693
53 呂成公點校集註司馬溫公資治通鑑詳節
　史1-1098
60 呂四場志[道光]　史7-56812
67 呂晚村評選四書文　集6-44368
呂晚村詩、研銘　集3-14983
呂晚村詩稿舊鈔箋注　集3-14980
呂晚村稿　集6-45336
呂晚村先生文集　集3-14996
呂晚村先生文集、續集、附錄　集3-14993、
　14995
呂晚村先生論文彙抄　集6-46260
呂晚村先生行署　史2-9345
呂晚村先生古文　集3-14992
呂晚村先生四書講義　經2-10609
呂明德先生(維祺)年譜　史2-11585
72 呂氏雜記　子4-19999　叢1-223(41)、272
　(2)
呂氏詩鈔　集6-42507
呂氏讀詩記補闕　經1-3657　叢1-258,2-
　847、1466
呂氏族譜[山東萊州]　史4-26355
呂氏族譜[山東日照]　史4-26358
呂氏族譜[安徽歙縣]　史4-26342
呂氏族譜[江西萬載]　史4-26352
呂氏族譜[四川宣漢]　史4-26363
呂氏三修族譜[湖南邵陽]　史4-26361
呂氏琬琰集　史6-47625
呂氏續詩記補闕　叢2-731(2)
呂氏鄉約　子1-1964、2012　叢1-19(11)、
　20(9)、21(10)、22(12)、24(11)、34、173、330~
　1、483
呂氏鄉約(鄉約、藍田呂氏鄉約)　子1-
　2010
呂氏鄉約、鄉儀　子1-2008　叢1-519
呂氏鄉約、札記　子1-2011
呂氏家塾讀詩記　經1-121、3655~6　叢1-
　223(7)、227(2)、273(2),2-636(2)、731(37)、
　859
呂氏家譜[山西臨猗]　史4-26266~7
呂氏家譜[山東文登]　史4-26356
呂氏家譜[山東萊州]　史4-26354
呂氏家譜[浙江海寧]　史4-26288
呂氏宗譜　史4-26365、26367~8
呂氏宗譜[安徽旌德]　史4-26344
呂氏宗譜[安徽懷寧]　史4-26341

呂氏宗譜[江蘇宜興]　史4－26282～6
呂氏宗譜[江蘇江寧]　史4－26270
呂氏宗譜[江蘇鹽城]　史4－26269
呂氏宗譜[江蘇無錫]　史4－26279、26281
呂氏宗譜[浙江新昌]　史4－26307～9
呂氏宗譜[浙江永康]　史4－26313～9
呂氏宗譜[浙江海寧]　史4－26289～90
呂氏宗譜[浙江東陽]　史4－26331～3
呂氏宗譜[黑龍江齊齊哈爾]　史4－26268
呂氏支譜[江蘇蘇州]　史4－26287
呂氏古易言訓　叢1－460
呂氏草譜　史4－26366
呂氏春秋　子1－25～7、61、69、4－19638～42、
　19644～5　叢1－223(39)、257、2－635(5)
呂氏春秋、校考　子4－19643
呂氏春秋、附攷　子1－64
呂氏春秋、附考　子1－62、65、67～8　叢2－
　698(6)
呂氏春秋高注補正　叢2－2179
呂氏春秋註補正　子4－19653
呂氏春秋雜誌　叢2－923
呂氏春秋正誤　子4－19652　叢2－881、
　1548
呂氏春秋平議　子1－82、4－19656　叢2－
　1920
呂氏春秋發微　叢2－2270(2)
呂氏春秋集解　叢1－223(10)
呂氏春秋佚文　子4－19658　叢2－777
呂氏春秋補注　子4－19657　叢2－2126
呂氏春秋補校　子4－19655　叢1－526
呂氏春秋或問、春秋五論　叢1－223(10)
呂氏春秋錄要　子4－19654
呂氏春秋纂要　子4－19648
呂氏四禮翼　叢1－218
呂氏月令　史6－49217　叢1－125、162
呂氏創修族譜[湖南武岡]　史4－26362
呂氏纂要　子4－19647
77 呂用晦文集、續集、附錄　叢1－580
　呂用晦先生(留良)行畧　史2－9346
　呂用晦先生行畧　叢2－746
　呂留良先生家書真蹟　子1－2179
　呂賢基列傳　史2－9970
78 呂覽　子4－19650　叢1－237
　呂覽纂　子1－35　叢1－138
　呂覽纂、韓非子纂、揚子法言纂、淮南鴻烈
　　解輯畧　子1－74
80 呂盦稽古彙編　叢2－1949
　呂鏡宇自敍年譜　史2－12326
　呂翁三化邯鄲店　集7－48774(3)、49291
　呂舍人官箴、雜說　子1－1964

呂公實政錄(實政錄)　子4－20640
呂公渠志　史7－53040
86 呂錫侯筆記　子4－22247　叢2－730(12)、
　731(7)、836
90 呂半隱山水十二幀　子3－16639
　呂半隱山水册　子3－16640
94 呂忱字林　叢1－330
99 呂榮公官箴　叢1－330～1

回

00 回文詩集錦　子4－23725
　回文雪賦　叢1－319
　回文片錦　子3－17959
　回文傳　子5－27790、28253
　回文寶傳　集7－54418
　回文寶卷　集7－54338
　回文類聚　集6－42269、42271
　回文類聚、織錦回文圖、回文類聚續編　集
　　6－42272
　回文類聚、補遺　集6－42270　叢1－223
　　(69)
01 回龍傳六本　集7－51142
02 回話奏疏　史6－48426
07 回部政俗論　史7－49317(6)、49318(3)、
　51204
11 回疆雜詠　史7－51190　叢1－203(17)
　回疆雜記　史7－49317(7)、49318(3)、51191
　回疆通志[嘉慶]　史8－63360
　回疆志[乾隆]　史8－63342
　回疆屯墾奏稿　史6－47964
　回疆風土記　史7－49316、49317(7)、49318
　　(3)、54922　叢1－485
　回疆風土記[乾隆]　史8－63352
　回疆竹枝詞　集4－27882
　回頭看　子7－38287
　回頭傳　子5－28431
17 回豫宣化錄　史6－48697
　回子解　子7－35946
22 回鑾紀事　史1－4291
　回鑾大事記、圖七幅　子7－38037
　回嶺汪氏宗譜[江西婺源]　史4－28932
24 回特活德鋼礮(西藝知新卷四)　子7－
　　36242(3)
　回特活德鋼礮說　子7－36248
　回特古德鋼礮　子7－36228(3)
25 回生方、蘭游草　子2－9986
　回生集　子2－4770、9490
　回生集、續集　子2－9491

回生集、增補回生集良方　子2-9492
回生外科醫方　子2-7696
28 回紇等國傳地理考證　史1-665,7-49310
30 回家歡十聲　集7-53177
32 回溪先生史韻　子5-26085　叢1-265(4)、266
33 回心鏡　子7-32111
回心愈疾寶卷(金馱子寶卷)　集7-54358
37 回瀾集　子5-26478
回瀾紀效詞　集7-48350
回郎寶卷　集7-54362、54366
回郎妙典寶卷　集7-54586
45 回熱爐法　子7-36242(3)、36248、37228
回熱爐法、圖　子7-36228(3)
48 回教辨真　子7-36024
回教認禮蒙引教科書　子7-35985
回教考　子7-36070
回教考畧　子7-36091
回教哲學　子7-35993
回教入門　子7-36032
50 回中子　子1-18、20、453
回中集　集6-41974
回夷列傳　史1-1929
回春集　子2-6399
回春丹　子2-8248
回春錄　子2-10660
55 回轉活德鋼礆　子7-36991
60 回回秤解　叢2-1792～3
回回源流　子7-35946
回回源來(回回源來發明)　子7-36062
回回通考錄要　子7-35990
回回藥方　子2-9206
回回曆論吉□附交食表　子3-11236
回回曆法　子3-11672
回回曆法釋　子3-11673
回回曆法釋例　子3-11674～5
回回原來　子7-36063
回回館雜字　經2-14974
回回館譯語　經2-14973
67 回照軒詩稿　集5-41519
76 回陽錄　子4-21588
77 回風堂文集　集5-41036
回風堂詞　叢2-2142
回風堂集、婦學齋遺稿　集5-41035
回颿日記(清光緒二十年)　史2-13098
80 回谷先生人倫廣鑑集說　子3-14207
回氣攝生圖　子2-11165
90 回光折光考　子7-36240(4)

昌

00 昌言　子1-483　叢1-182
10 昌平山水記　史7-52142　叢2-1274～6、2037
昌平外志[光緒]　史7-54963
昌平外志稿、補稿、校勘記[光緒]　史7-54962
昌平州說　史7-49317(9)、49318(12)、49871
昌平州志[康熙]　史7-54959
昌平州志[隆慶]　史7-54958
昌平州志[光緒]　史7-54961
昌平州志稿[光緒]　史7-54960
昌平遺記　史6-47258
昌平知州史廷華稟稿　史6-47259
昌平知州史廷華函稿　史6-47260
12 昌瑞統志　史7-51898
昌瑞山萬年統　史7-51899
13 昌武段氏詩義指南　經1-3667　叢1-244(3)、265(2)、2-731(37)
22 昌峯論古錄　史1-5633
昌樂縣續志[民國]　史8-59234
昌樂縣鄉土志[光緒]　史8-59235
昌樂縣志[康熙]　史8-59232
昌樂縣志[嘉慶]　史8-59233
昌樂縣志[嘉靖]　史8-59231
昌樂閆氏家乘[山東昌樂]　史5-40119
24 昌化集　集3-16278
昌化縣志[康熙]　史7-57180～1,8-61486
昌化縣志[道光]　史7-57183
昌化縣志[乾隆]　史7-57182
昌化縣志[民國]　史7-57184
昌化縣志[光緒]　史8-61487
27 昌黎文　集1-1315,6-41804
昌黎文式　集1-1330～1
昌黎文鈔　集1-1317
昌黎雜說　子4-19890　叢1-22(5)、23(5)、249(2),2-731(52)
昌黎詩集　集1-1280
昌黎詩選　集1-1294
昌黎詩鈔　集1-1281、1287、1292,6-41773
昌黎集錄　集6-41799
昌黎先生文集(韓昌黎集、昌黎先生集)、外集　集1-1295
昌黎先生文鈔　集1-1302
昌黎先生詩集、外集、遺詩　集1-1277
昌黎先生詩集、外集、遺集　集6-41878

昌黎先生詩集註、年譜　集 1-1285
昌黎先生詩增註証訛、昌黎先生年譜　集 1-1286
昌黎先生集(東雅堂昌黎集註)、外集、遺文、朱子校昌黎先生集傳　集 1-1270
昌黎先生集、外集、遺文　叢 2-698(8)
昌黎先生集、外集、遺文、朱子校昌黎先生集傳、韓集點勘　集 1-1271
昌黎先生集、外集、遺集　集 1-1275
昌黎先生集、外集、附錄　集 1-1268
昌黎先生集、遺文　集 1-1274
昌黎先生集考異　叢 1-550
昌黎先生集考異(原本韓文考異)　集 1-1327
昌黎先生全集、外集、遺文、傳　集 1-1266
昌黎先生全集錄　集 1-1267,6-41708
昌黎古體詩鈔　集 1-1284
昌黎東坡詩選讀　集 6-42552
昌黎縣鄉土志[光緒]　史 7-55157
昌黎縣志[康熙]　史 7-55154
昌黎縣志[同治]　史 7-55155
昌黎縣志[民國]　史 7-55156
30 昌安童氏續修家譜[浙江紹興]　史 5-36500
昌安高氏家譜[浙江紹興]　史 4-32424
昌安錢氏支譜[浙江紹興]　史 5-40209
31 昌江瓣香集　子 5-29587、30524
昌江鄧氏續修族譜[湖南平江]　史 5-38854
32 昌溪庠里吳氏宗譜[安徽歙縣]　史 4-28041
昌溪太湖吳氏宗譜[安徽歙縣]　史 4-28034、28036
昌溪太湖支吳氏族譜[安徽歙縣]　史 4-28035
40 昌志編、續編、三編　集 3-17091
昌吉縣鄉土圖志[光緒]　史 8-63426
昌吉縣呼圖壁鄉土志[光緒]　史 8-63427
47 昌都調查報告[民國]　史 8-62646
昌都縣圖志[民國]　史 8-62645
60 昌國艅艎[崇禎]　史 8-59225
昌國州圖志　叢 1-223(23)
昌國典詠　史 7-50412　叢 2-788、845(5)
昌國縣志[寶慶]　史 7-57401
昌圖府鄉土志[光緒]　史 7-56139
昌圖府志六章[宣統]　史 7-56138
昌圖縣志[民國]　史 7-56140~1
昌邑縣續志[光緒]　史 8-59197
昌邑縣志[順治]　史 8-59195
昌邑縣志[乾隆]　史 8-59196
昌邑陶氏族譜[江西南昌]　史 5-33501

80 昌谷詩集　集 1-1495
昌谷詩鈔　集 1-1490
昌谷集　集 1-1477~8、1484、3935　叢 1-223(56)
昌谷集(昌谷集註)　集 1-1482
昌谷集、外集　集 1-1483　叢 1-223(49)
昌谷集辯註　集 1-1485
昌谷集註　叢 2-815
84 昌鎮奏議　史 6-48471

6060₄ 固

00 固庵詩鈔　集 3-19885
08 固說　史 6-43426
22 固山貝子恢復溫郡並台處事實　史 1-3649
30 固安文獻志[民國]　史 7-55226
固安志[光緒]　史 7-55225
固安縣鄉土志[光緒]　史 7-55228
固安縣志[康熙]　史 7-55222~3
固安縣志[崇禎]　史 7-55221
固安縣志[嘉靖]　史 7-55220
固安縣志[咸豐]　史 7-55224
固安縣志[民國]　史 7-55227
32 固溪漫稿　集 4-31535
37 固湖逸叟詩稿　集 5-36903
40 固有草堂文集　集 5-38045
43 固始詁經精舍章程並書目　史 8-65342
固始張侍郎手跡　子 3-15804
固始水利紀實　史 6-46877
固始吳氏一線譜[河南固始]　史 4-28131
固始吳氏家乘[河南固始]　史 4-28130
固始趙公遺墨　集 4-31505
固始縣續志[乾隆]　史 8-59998
固始縣志[康熙]　史 8-59997
固始縣志[順治]　史 8-59996
固始縣志[嘉靖]　史 8-59995
固始縣志[乾隆]　史 8-59999~60000
固哉草亭詩　集 3-18894
固哉草亭詩文、詩集、補遺　集 3-18895
固哉草亭集　集 3-18896
固哉叟詩鈔　集 3-16429
44 固村文集　集 4-30275
固村觀玩集　經 1-1417
固村觀玩集稿　經 1-1416
固蕗詩稿　集 5-40961
46 固如張侍郎遺蹟　子 3-15796
50 固本迂談　子 1-3794
60 固圉錄　叢 2-1908

固圍錄(武備固圍錄)　子1-3481
67 固明子　子4-20825
71 固原州志[嘉靖]　史8-63331
　　固原州志[萬曆]　史8-63332
74 固陵雜錄　史7-50440　叢2-846
　　固陵小草　集2-11979
80 固氣還神九轉瓊丹論　子5-29530(9)、
　　30834

　　　　　　圖

00 圖章彙篆　子3-16334
　　圖註難經脈訣　子2-4582
　　圖註指南王叔和脈訣、脈訣　子2-6009
　　圖註脈訣辨真(圖注王叔和脈訣、校正圖注
　　脈訣、脈訣辨真)、脈訣附方　子2-6007
　　圖註脈訣辨真、脈訣附方　子2-6008
　　圖註脈訣辨真、附方　子2-4581
　　圖註脈訣難經　子2-4581
　　圖註八十一難經(圖注八十一難解)　子2-
　　5463
　　圖註八十一難經辨真　子2-4581～2、
　　5464～5
　　圖註八十一難經辨真、圖註脈訣辨真、附脈
　　訣附方　子2-4773
　　圖註八十一難經定本　子2-5469
　　圖註八十一難經定本增補王叔和脈訣圖註
　　定本　子2-4775
03 圖詠題徵　叢2-972
04 圖詩　集1-4497,6-41896
08 圖說　經1-2205　叢2-1624
　　圖說辯正　經1-1716
　　圖說續聞　經1-84
　　圖說目錄易經卦序通例傳注　經1-713
16 圖理琛異域錄地理考證　史7-49310,54290
21 圖經衍義本草、圖經集註衍義本草　子5-
　　29530(15)
　　圖經衍義本草、圖經集注衍義本草　子2-
　　5524
　　圖經綱領　經1-587
　　圖經節要補增本草歌括　子2-5768
24 圖緯絳象　叢2-821,1872
27 圖像新撰五劍十八義後傳(圖像新撰大鬧
　　四門喬續)　子5-28763
　　圖像新撰大鬧四門喬(圖像新撰五劍十八
　　義)　子5-28762
　　圖像三寶太監下西洋通俗演義　子5-
　　28156
　　圖像水黃牛經大全　子1-4544

圖像水黃牛經合併大全(圖像水黃牛經大
　全)　子1-4543
圖像繡榻野史　子5-28244
圖像本草蒙筌、總論　子2-5548
圖像恩榮　集7-49700
圖象馬經全書　子1-4508
圖將軍(欽保)蘭州殉節記　史2-9498
圖解運氣圖　子2-6322
28 圖繪寶鑑　史2-6748　子3-15859
　　圖繪寶鑑、續編　子3-16070　叢1-223
　　(37)
　　圖繪寶鑑、補遺　史2-6743、6747　子3-
　　16071～3　叢1-169(3)、2-596、731(36)
　　圖繪寶鑑、補遺、續補　史2-6744
　　圖繪寶鑑、補遺、續補、續　史2-6746
　　圖繪寶鑑、補遺續補　史2-6745
　　圖繪寶鑑再續　子3-15859,16112
　　圖繪寶鑑續　子3-15859
　　圖繪寶鑑續編(圖繪寶鑑續)　子3-16074
　　圖繪宗彝　子3-16300
30 圖注王叔和脈訣　子2-6007
　　圖注活人指掌　子2-6728
　　圖注指南脈訣　子2-6027
　　圖注喉科指掌、集驗良方　子2-7465
　　圖注八十一難解　子2-5463
40 圖南齋著卜　叢2-822
　　圖南詩集　集3-16784
　　圖南集　叢2-822
　　圖南集前後編　集4-24275
　　圖南館近草　集2-10204
　　圖南錄(清道光二十五年)　史2-12687
　　圖檀陳氏宗譜[浙江浦江]　史4-33105
50 圖史提綱　史7-49759
　　圖畫要畧　叢1-34、115
　　圖畫歌　子3-15859、15889　叢1-353
　　圖畫寶鑑、補遺　叢1-388～90
　　圖畫考　子3-16069　叢2-637(2)
　　圖畫四書白話解　經2-11061
　　圖畫見聞誌　叢1-169(3)、223(37)、268(3)、
　　2-636(3)、731(36)
　　圖畫見聞志　子3-15859、16067
　　圖畫精意識　史1-1115　叢1-203(5)
　　圖畫精意識(強恕齋圖畫精意識)　子3-
　　15960
　　圖畫精意識、畫論　叢1-418
　　圖書府印譜　史8-64932
　　圖書辨惑　經1-1021～2,2174
　　圖書說　子3-11449
　　圖書集成醫部總目表　叢2-2131
　　圖書集成醫部全錄　子2-4975

圖書衍　經1-64　子3-12988　叢2-1189～90
圖書便覽　子5-25469
圖書編　子5-25019　叢1-223(43)
圖書奧義　經1-2218
圖書祕典　子1-1567　叢2-1289
圖書游戲　子3-18494
圖書檢要　叢1-330～1
圖書質疑　經1-2159
圖書管見　叢1-300
圖書精意識　叢1-369
圖表中西星名合譜　子3-11579
77 圖學辯惑　經1-2175　叢1-223(4)
圖學總考　子7-36240(5)
圖學儀器考　子7-36240(5)
圖學考、史學考　子7-36240(5)
圖學書目考　子7-36240(5)
圖民錄　史6-43016　叢1-534
圖民錄(袁易齋先生圖民錄)　子1-1579
圖門江口宜劃歸中國議　史6-45626,7-49319
圖門江分界圖說　史7-49357、50022
圖門赫舍里氏壽言　史2-10499
圖門世譜　史5-38496～8
87 圖銘合看　叢2-1824
88 圖籍志　子7-36245

暑

00 暑症發原　子2-4768
暑症指南　子2-6847
30 暑窗臆說　叢2-1312
32 暑冰　子4-20794

罟

03 罟識鳥獸昆蟲草木名　子4-19124
08 罟論安樂淨土義　子7-34432、34434
10 罟示戒相儀　子7-33925
22 罟出籯金　子5-24773　叢2-601
26 罟釋新華嚴經修行次第決疑論　子6-32081(57)、32091(65)、7-33313、33343
27 罟彙集類　經2-12870
30 罟注喪服經傳　經1-5437　叢2-774(3)
33 罟述金剛頂瑜伽分別聖位修證法門　子6-32085(54)、32086(64)、32088(39)、32089

(38)、32090(58)、32091(56)、32092(38)
罟述金剛頂瑜伽分別聖位修證法門經　子6-32093(32)
40 罟存稿　集5-35531
罟存草　集4-23303
41 罟坪鄉土志[民國]　史8-61783
42 罟橋徐氏宗譜[浙江甌海]　史4-32084
48 罟教誠經　子6-32083(22)
67 罟明般若末後一頌讚　子6-32083(15)、32086(25)
罟明般若末後一頌讚述　子6-32085(22)、32088(16)、32089(41)、32090(50)、32091(48)、32092(33)、32093(28)
76 罟陽縣鄉土志[光緒]　史8-62986
罟陽縣志[雍正]　史8-62983
罟陽縣志[道光]　史8-62984
罟陽縣志[嘉靖]　史8-62982
罟陽縣志[光緒]　史8-62985
81 罟敘傳大毘盧遮那成佛神變加持經大教相承傳法次第記、罟敘金剛界大教王師資相承傳法次第記　子7-34737

署

44 署村漁唱　集5-35185

署

16 署理黑龍江將軍壽公(袁壽山)家傳、遺折原稿遺折書後　史2-10845
27 署督疏草　史6-48645
30 署窓臆說　子4-21087

6062₀ 罰

20 罰爵典故　子3-18304　叢1-22(15)、23(15)

6066₀ 品

23 品外稿　叢2-1226
27 品級考　史6-42664
30 品官家儀考　叢2-1678

40 品南石(如金)先生家刻　史2-9447
44 品花寶鑒　子5-28500～1
　　品花箋　子4-24128
　　品芳錄　子4-19189　叢2-2093
　　品華堂詩鈔　集5-37300
　　品茶要錄　子4-18978～80、18999　叢1-19
　　　(9)、20(7)、21(8)、22(15)、23(15)、24(9)、29
　　　(6)、121、223(38)
　　品茶要錄補　子4-19000　叢1-121
　　品茶櫨翠庵　集7-52449
　　品茶八要　子4-19039　叢1-128～9

6071₁ 昆

25 昆仲寶卷　集7-54388
　　昆仲賢良　集7-54428
34 昆池勝蹟錄　史7-51499
55 昆曲工尺譜　集7-54803
60 昆邑仁聲(張廷采)　史2-9417
67 昆明市志[民國]　史8-62342
　　昆明新志[民國]　史8-62340
　　昆明王君寶仁詩稿(同遊詩稿)　集5-
　　　36902
　　昆明集　集2-9384
　　昆明官紳士庶公捐義倉錄　史6-44722
　　昆明池　集7-49357
　　昆明縣志[道光]　史8-62339
　　昆明縣志[民國]　史8-62343～4
　　昆明縣地志資料[民國]　史8-62341
　　昆明縣卷房造送本衙門應行事宜簡明便覽
　　　清册　史6-41929
　　昆明周氏族譜[雲南昆明]　史4-30249
　　昆明即景一枝　集7-51806
　　昆明賞荷一分　集7-49705
76 昆陽子龍門心法　子5-32030
　　昆陽上谷郡侯氏族譜[浙江平陽]　史4-
　　　30722
　　昆陽上谷郡侯氏宗譜[浙江平陽]　史4-
　　　30721
　　昆陽州志[康熙]　史8-62364
　　昆陽州志[道光]　史8-62365
　　昆陽李氏族譜[雲南晉寧]　史4-27665
　　昆陽縣志[民國]　史8-62366
80 昆侖釋　史7-49318(20)
　　昆侖異同考　史7-49318(8)

毘

17 毘耶婆(娑)問經　子7-32191
　　毘耶沙問經　子6-32089(3)
　　毘耶娑問經　子6-32081(3)、32082(3)、
　　　32083(3)、32084(3)、32085(3)、32086(3)、
　　　32088(3)、32090(4)、32091(3)、32092(2)、
　　　32093(4)
　　毘那夜迦誐那鉢底瑜伽悉地品祕要　子6-
　　　32093(40)
21 毘盧遮那五字真言修習儀軌　子6-32093
　　　(38)
　　毘盧大藏(毘盧大藏經、開元寺大藏經)
　　　子6-32082(1)
27 毘俱胝菩薩一百八名經　子6-32081(44)、
　　　32083(29)、32084(24)、32085(42)、32086
　　　(49)、32088(49)、32089(25)、32090(33)、
　　　32091(31)、32092(21)、32093(43)、7-32908
34 毘婆尸佛經　子6-32081(46)、32082(23)、
　　　32083(30)、32084(25)、32085(43)、32086
　　　(51)、32088(31)、32089(26)、32090(34)、
　　　32091(32)、32092(22)、32093(17)
39 毘沙門天王經　子6-32081(54)、32083(30、
　　　34)、32084(27)、32085(49)、32086(59)、32088
　　　(36)、32089(31)、32090(39)、32091(37)、
　　　32092(25)、32093(36)、7-32916
　　毘沙門儀軌　子6-32093(40)
40 毘奈耶藏近事優婆塞五戒本　子7-33923
74 毘陵六逸詩鈔　集6-44540
　　毘陵雜事　叢1-373(9)
　　毘陵謝氏叢書十六種　叢2-912
　　毘陵詩集　集1-1127、6-41849
　　毘陵諸水記　史7-49318(10)、52887
　　毘陵諸山記　史7-49318(5)
　　毘陵正學編　叢2-1086
　　毘陵丁氏宗譜[江蘇常州]　史4-24608
　　毘陵天寧定念禪和尚語錄　子7-33377、
　　　34382
　　毘陵天寧普能嵩禪師淨土詩　子7-33377、
　　　34584　集4-30915
　　毘陵天寧普能嵩禪師淨土詩、臨終舟楫要
　　　語　子7-34585　叢2-681
　　毘陵石氏宗譜[江苏常州]　史4-25992
　　毘陵西郊朱氏重修支譜[江蘇常州]　史4-
　　　26424
　　毘陵孟氏續修宗譜[江蘇常州]　史4-
　　　30308
　　毘陵孟氏宗譜[江蘇常州]　史4-30306～7
　　毘陵孟氏宗譜前集[江蘇武進]　史4-

30309

毗陵承氏宗譜[江蘇武進]　史4-30323~4

毗陵集　集1-1123~4、1126、2954~5、6-41738、41836、41864、41868、41878　叢1-223(48、53)、227(8)

毗陵集、補遺、附錄　集1-1125、2957　叢2-635(7)

毗陵集、拾遺　集1-2956　叢1-230(5)、2-731(40)

毗陵科第考補遺　史3-14912

毗陵朱氏宗譜[江蘇常州]　史4-26423、26427

毗陵鄉貢考　史3-14913

毗陵名人疑年錄　史2-7826　叢2-2247

毗陵汪作黼先生八十壽言彙錄　史2-10563

毗陵汪氏支譜[江蘇常州]　史4-28683

毗陵遷錫唐氏家乘[江蘇無錫]　史4-32506

毗陵沈氏雜著　集3-17998

毗陵沈氏雜著十三種　叢2-913

毗陵湯氏分譜[江蘇常州]　史5-36548

毗陵沙氏宗譜[江蘇常州]　史4-28964

毗陵左氏識字書　經2-13480

毗陵查氏宗譜[江蘇常州]　史4-30695

毗陵城東周氏家傳[江蘇常州]　史4-29845

毗陵戴墅高氏宗譜[江蘇武進]　史4-32402

毗陵韓樞朱氏續修宗譜[江蘇常州]　史4-26425

毗陵薛氏南河分汝雍公支譜[江蘇常州]　史5-39921

毗陵蔡莊濮氏宗譜[江蘇常州]　史5-40888

毗陵胡氏家集　史2-8879

毗陵畫徵錄　子3-14727

毗陵忠義祠錄　史7-51772

毗陵東門朱氏纂修宗譜[江蘇常州]　史4-26428

毗陵歷代傳　叢2-1812

毗陵歷代史傳　史2-7824

毗陵邱墅周氏續修宗譜[江蘇武進]　史4-29847

毗陵周氏(滄苧花館雜著)三種　叢2-1878

毗陵居氏宗譜[江蘇常州]　史4-30292

毗陵人品記　史2-7820

毗陵食品拾遺　子4-18953

毗陵錫山時氏宗譜[江蘇常州]　史4-31713

77 毗尼摩得勒伽　子7-32637

毗尼珍敬錄　子7-33531

毗尼止持會集　子6-32092(44)、7-33534

毗尼後集問辯　子6-32091(70)、7-33945

毗尼作持續釋　子6-32092(44)

毗尼日用儀範　子7-33929

毗尼日用切要　子7-33942

毗尼日用切要、沙彌律儀要署　子7-33941

毗尼日用切要香乳記　子7-33943~4

毗尼日用錄　子7-33940

毗尼母論　子6-32083(24)、32086(40)、32089(41)、32090(46)、32091(44)、32092(30)

毗尼母經　子6-32081(36)、32082(16)、32084(19)、32085(35)、32088(25)、32093(24)

毗尼關要　子7-33535

毗尼關要、[附毗尼關要事義]　子6-32092(44)

6071₆　鼁

50 鼁畫溪詞　集7-46399~400、47073

鼁畫樓詩話　集6-46004

鼁畫樓詩草　集3-14974

鼁畫樓詩草、詩餘　集3-14975

鼁畫樓集　集3-14976、16263

鼁畫樓墨餘　史4-26921

6071₇　邑

10 邑西張氏宗譜[浙江仙居]　史5-35112~4

邑西金氏宗譜[浙江諸暨]　史4-29667~8

20 邑乘備採[同治]　史8-59796

邑乘管窺[光緒]　史7-57631

27 邑侯許公保障教養實政錄　史6-42987

邑侯于公政績紀署　叢2-793

邑侯于公政蹟紀署　史1-1975　叢2-789~90

邑侯存翁施公現任實蹟　史2-9405

40 邑志拾遺[民國]　史7-56959

43 邑城上市趙氏宗譜[浙江永康]　史5-38357

80 邑前毛氏宗譜[浙江江山]　史4-25617

疉

20 疉采清課　叢1-22(25)、29(8)、113

疉采館清課　子4-23700~1、5-26359　叢

1-107、111(3),2-731(13)
72 黽氏新書　子4-19669　叢2-774(9)

6073₁ 曇

10 曇雲閣詩集　集4-28104～6、28108～9
　曇雲閣詩集、外集、補遺　集4-28107
　曇雲閣集　集4-28103
20 曇香閣琴趣　集7-47339
　曇香精舍詩草、詩歸閣記　集4-31608
　曇香精舍遺稿　集4-31609
34 曇波　史2-7685　子5-26551
44 曇花記　集7-49709、49863、49866
　曇花一現集　集4-24032
　曇花一現草　集5-41572
　曇花集　集5-34970,7-46414、48005
　曇花集(陳昌紋)　史2-10989
　曇花叢稿　集4-32876
　曇花遺稿　集4-29410
　曇花夢雜劇　集7-49552、49558　叢2-1780
　曇花吟、詩餘　集5-37022
　曇花閣詩鈔　集4-33688
　曇花閣紀事　史5-39288
　曇芳和尚五會錄　子7-34218
　曇華閣詞　集7-47292
　曇英集　集2-11689
62 曇影樓遺集　集5-41412
72 曇隱居草　集3-16613
76 曇陽傳記　史2-9017
　曇陽大師傅(王燾貞)　史2-9016
80 曇無德部四分律删補隨機羯磨　子6-
　32083(23)、32086(40)、32090(45)、32091
　(43)、32092(29),7-33520、33532～3
　曇無德律部雜羯磨　子6-32081(36)、32083
　(23)、32084(19)、32085(34)、32086(40)、
　32088(25)、32089(40)、32090(47)、32091
　(45)、32092(30)、32093(23)

6073₂ 圜

00 圜率攷真圖解　子3-12364
　圜率考真圖解　子7-37566
10 圜天圖說　子3-11517
　圜天圖說、續編　子3-11444
30 圜容較議　叢1-135
　圜容較義　子3-12374、12389、12476,7-
　36241　叢1-223(34)、274(4)、437、453

34 圜法芻議　史6-44434
　圜法考　子7-36240(2)
50 圜中語錄　集2-10114
80 圜錐曲線說　子7-36228(4)
91 圜悟勤禪師語錄　子7-32102

畏

00 畏庵零綴集　集3-17015
　畏庵集　叢2-867
　畏廬文集　集5-38425
　畏廬文集、續集、三集、詩存、論文、瑣記
　　集5-38423
　畏廬文稿　集5-38426
　畏廬詩存　集5-38424
　畏齋文集　經1-106　集3-19530～2
　畏齋詩經客難　經1-106,4030
　畏齋爾雅客難　經1-106,2-11207
　畏齋集　集1-5091～2,6-41784　叢1-223
　　(59),2-845(2)
　畏齋儀禮客難　經1-106,5322
　畏齋禮記客難　經1-106,5751
　畏齋存稿續集、遺稿　集2-6854
　畏齋存藁　集2-6853、6855～6
　畏齋薛先生緒言　子4-20502
　畏齋薛先生藝文類稿、續集　集2-8463
　畏齋書經客難　經1-106,2865
　畏齋春秋客難　經1-106,7818
　畏齋四書客難　經1-106,2-10738
　畏齋周禮客難　經1-106
　畏齋周易客難　經1-106
10 畏惡反辯　子2-5690
44 畏菴集　集2-6680
　畏菴周先生文集　集2-6681
　畏菴周先生集　集2-6679
50 畏春草堂遺詩選　集4-26045
51 畏軒文集　集3-21700
60 畏壘山民詩草　集5-40696
　畏壘山人文集　集3-17720　叢2-796
　畏壘山人詩　集3-17719,6-41995
　畏壘山人詩集　集3-17717
　畏壘山人詩鈔　集3-17718
　畏壘筆記　子4-22362～3　叢1-203(16),
　　2-606
90 畏堂詩鈔　集3-20416
97 畏懼齋文鈔　集4-31279

中國古籍總目·索引

6077₂ 疉

00 疉庵雜述　子4-20963　叢1-272(5)
44 疉菴雜述　子1-1300

6080₀ 只

26 只自怡悅詩鈔(驛路草、我園草)　集4-
　　26322
52 只拙齋詩鈔　集3-17127
77 只且園詩存　集4-32098

囚

77 囚居文稿　集5-37074

貝

27 貝多樹下思惟十二因緣經　子6-32086
　　(12)、32089(9)
　　貝多樹下思惟十二因緣經(聞城十二因緣
　　經)　子6-32093(11)
35 貝清江先生全集(文集、詩集)　集2-6123
44 貝葉齋稿、遊西山記、戊寅山行記　集2-
　　10278
55 貝典雜說　叢1-131
67 貝墅謝氏重修宗譜[江蘇武進]　史5-
　　40693
88 貝餘　叢1-302

6080₁ 是

00 是庵日記　子5-25257
　　是底言　集3-14184
　　是亦詩抄　集5-39901
　　是亦良方　子2-9912
　　是亦草堂詩稿　集4-24320~1
　　是亦樓叢書八種　叢1-357
　　是亦軒詩稿　集4-27859

10 是吾齋集　集4-28735
　　是吾齋續詩集　集4-28737
　　是吾齋續集　集4-28736
　　是吾憂齋詩集　集5-39454
17 是耶樓初稿鈔　集4-26819
　　是乃仁術醫方集　子2-10067
18 是政堂文鈔　集3-17611
21 是何庵集　集2-12714
22 是山詩草、詞草　集3-17028
　　是山詞草　集7-47207~8
　　是山花評　子4-19184
26 是程集三種　叢2-1509
　　是程堂詩二集、耶溪漁隱詞　集4-27108
　　是程堂詩集　集4-27106
　　是程堂詩初集　集4-27105
　　是程堂二集　集4-27107
　　是程堂倡和投贈集　集6-41992
34 是法非法經　子6-32083(19)
　　是汝師齋詩　集4-31405
　　是汝師齋遺詩　叢2-882
60 是園遺書(傳魯堂遺書)七種　叢2-2074
67 是路錄　子4-20838,5-25155、25225
86 是知齋雜抄　子4-24589

異

00 異疾志　子5-26222、26872　叢1-185、255
　　(2)、367~8
　　異方便淨土傳燈歸元鏡三祖實錄　子7-
　　34588~9
　　異方便淨土傳燈歸元鏡三祖實錄、戲劇供
　　通、問答因緣、客問決疑　子7-34590
　　異方便淨土傳燈歸元鏡三祖實錄、四十二
　　分錄　集7-50085
　　異文箋　經2-10190
　　異音駢字　經2-13470、13591
01 異語　經2-14873　叢2-594
02 異刻滙苑　子5-25596
03 異識資諧.續　子5-25102
05 異熟彙義　子7-33870
06 異韻字考　經2-12913
07 異部宗輪論　子6-32081(38)、32083(25)、
　　32084(21)、32085(37)、32086(43)、32088
　　(27)、32089(46)、32090(52)、32091(50)、
　　32092(34)、32093(30)
　　異部宗輪論述記　子7-33648
08 異說五虎平西珍珠旗演義狄青前傳　子5-
　　28107~8
　　異說征西演義全傳　子5-28047

異說後唐傳三集薛丁山征西樊梨花全傳
　　子5-28051
09 異談可信錄　子5-27128
　　異談隨筆錄　子5-27169
20 異辭錄　史1-9、4554
　　異香集　集3-13360
21 異經義證　叢2-1553
22 異出菩薩本起經　子6-32081(19)、32083
　　(13)、32085(19)、32086(21)、32088(14)、
　　32089(16)、32090(22)、32091(20)、32092
　　(14)、32093(18)
27 異魚贊閏集　叢2-731(28)
　　異魚圖贊　子4-19435～6　叢1-109、111
　　(4)、223(39)、241、242(2)、282(3)、283(3)、
　　325、490,2-731(28)、1089、1092
　　異魚圖贊、玉名詁　子4-19437
　　異魚圖贊、補、閏集　子4-19438
　　異魚圖贊補　子4-19440　叢2-731(28)
　　異魚圖贊補、異魚圖贊閏集　叢1-283(3)
　　異魚圖贊補、閏集　叢1-223(39)
　　異魚圖贊閏集、異魚圖贊補　叢1-282(3)
　　異魚圖贊箋、補、閏集　子4-19439　叢2-
　　1232
　　異魚圖贊箋、目錄　叢1-223(39)
　　異郛　子5-25431
　　異物彙苑　子5-25639～40
　　異物志　史7-50811、51276　子5-26896
　　叢1-19(3)、21(5)、24(4),2-731(55)、780、
　　881
　　異物奇制　叢2-731(27)
28 異伶傳　史2 7705　叢1-584
　　異僧傳　史2-6807　子5-26222　叢1-185
30 異迹仙蹤　子5-28922
　　異字　經2-14709～10、15142　叢2-774(8)
　　異字音　經2-14720～1、15116、15142　叢1-
　　495、586(2)、2-716(2)
　　異字記　經1-111(4)　叢2-1632
　　異字苑　經2-12800～2、15116、15137、15142
　　叢1-495、586(2)、2-716(2)
43 異域志　史7-54242～3　叢1-34、86、204,
　　2-624(2)、730(6)、731(59)
　　異域錄　史7-49318(4)、49339、54288～9
　　叢1-202(5)、203(11)、223(26)、269(4)、270
　　(3)、272(3)、2-731(60)
　　異域竹枝詞　史7-51189　叢1-241、242
　　(3)、2-731(59)
44 異夢記　集7-49997
　　異苑　經2-14733、15142　子5-26834、
　　26836　叢1-22(19)、23(19)、26～8、29(1)、
　　98、169(4)、223(45)、268(4)、2-617(3)、624
　　(1)
　　異苑佚文　子5-26835　叢2-777

異林　子5-26222、26329、26349　叢1-13、
　　14(2)、22(28)、26～8、29(8)、60、148、154、185
45 異姓諸侯表、傳　史2-7160　叢2-1094
　　異姓譜　史5-38720
　　異姓公侯伯名　叢2-1900～1
50 異史　叢2-1116～7
　　異事述　史1-2681
　　異書四種　子4-24614　叢1-496(2)
52 異授眼科　子2-4710、4771(3)、7310、7312、
　　7375　叢1-496(8)
　　異授喉科　子2-7563
55 異典述　史1-2681
61 異號類編　史2-13404　叢2-1857
77 異同韻辨、補遺續補遺　經2-13985
　　異同韻辨補遺續補遺　經2-13986
　　異同集　集7-54716
　　異同考　叢1-372
　　異同附載　史1-2232　叢2-1444
　　異聞　子5-27276　叢1-21(6)、24(8)、374
　　異聞識畧　子5-27143
　　異聞記　子5-27567　叢1-19(7)、20(5)、22
　　(7)、23(7)、29(5)
　　異聞集　叢1-15
　　異聞集九則　子5-27538
　　異聞總錄　子5-26982～3　叢1-99～101,
　　2-731(50)、735(4)
　　異聞實錄　子5-26874　叢1-22(19)、23
　　(19)、28,2-617(2)
　　異聞摘錄　子5-27235
　　異聞益智叢錄(異聞益智新囊)　子5-
　　27259
　　異聞錄　子5-26932、27151　叢1-15～6、19
　　(1)、20(1)、21(1)、24(2)
80 異人錄　叢1-15

　　　　　　　足

10 足雨宧詩鈔　集4-30267
　　足雨簃詩鈔　集4-30268
　　足可惜齋詩鈔　集5-39716
22 足利學校珍藏書目　史8-65536
28 足徵錄　史5-36129
40 足奔百怪　子3-14620
50 足本大字神俠桃花女　子5-28907
　　足本全圖施公洞庭全傳　子5-28714
60 足園遺稿　集4-32841
77 足民第六章　子7-36529
88 足餘居詩草　集3-14802

6080₆ 員

22 員峯稿　集2-6121,6-44961
48 員警學　子7-36553

圓

00 圓方句股圖解　子3-11256
　　圓率考真圖解　子3-12396
　　圓音　叢2-2235
　　圓音章　子7-33798
　　圓音正考　經2-14099
02 圓證鏡　子7-32111
16 圓理拾遺　子3-12404
20 圓香夢　集7-49556
　　圓香夢雜劇　集7-49552、49555　叢2-1780
27 圓修鏡　子7-32111
30 圓室案　子7-38262
35 圓津禪院小志、續　史7-51555
37 圓通大應國師語錄　子6-32093(53)
39 圓沙文集　集3-13670
　　圓沙和陶詩　集3-13672、13677
　　圓沙未刻稿　集3-13669
40 圓塘徐氏宗譜[江蘇江陰]　史4-31836
42 圓機活法　子5-26120
44 圓菴集　集2-6446
48 圓教四門問答　子7-33843
　　圓欖黎氏宗譜[廣東中山]　史5-39141
60 圓思鏡　子7-32111
　　圓圓傳　史1-1938,2-9296　叢1-587(4)
　　圓圓小影　史2-9297
67 圓明百問答　子7-34129
　　圓明十報恩　集7-54201～2
　　圓明園記　史1-1995,7-51525　叢1-369、
　　　512
　　圓明園詞序　史7-51526　叢1-590,2-683
　　圓明園聯　叢2-707
　　圓明園總管世家　史1-1995,4536
　　圓明園修建工程奏稿　史6-47969
　　圓明園修建工程則例　史6-46553
　　圓明園內工彙成工程則例　史6-46554
　　圓明園內工木料價值現行則例　史6-
　　　46555
　　圓明園考　史7-51527
　　圓明園恭紀　叢2-683

圓明園萬壽山內庭彙同則例　史6-46556
圓明園圖詠　史7-51524　集3-19960
圓明居士語錄、圓明百問　子7-32102
77 圓覺經　子7-32135、32968
　　圓覺經要解　子6-32091(66)
　　圓覺經大疏釋義鈔　子7-33496
　　圓覺經標指　子7-32098
　　圓覺經析義疏　子7-33516
　　圓覺經畧疏之鈔　子6-32089(51)、32090
　　　(66)、32091(64)、32092(42)、32093(47),7-
　　　33504
　　圓覺經畧釋　子7-33507
　　圓覺經並抄疏科文　子7-32969
　　圓覺經鈔辨疑誤　子7-33508
　　圓覺連珠　子6-32091(77)
　　圓覺運珠、梵網戒光　子7-33515
　　圓覺道場修證廣文殘　子7-33918
　　圓覺道場修證儀　子6-32084(31)
　　圓覺真經　子7-36188
　　圓覺藏(思溪藏、湖州藏、浙本大藏經)　子
　　　6-32083(1)
　　圓覺居士賸稿　叢2-706
　　圓聞鏡　子7-32111
80 圓錐曲線　子7-37564～5
　　圓錐曲線說　子3-12396
90 圓光祕法　子3-14042
　　圓光法祕滙錄　子5-31712
91 圓悟佛果禪師語錄　子6-32088(41)、32089
　　　(48)、32090(62)、32091(60)、32092(43)、
　　　32093(51),7-34191
　　圓悟禪師評唱雪竇和尚頌古碧巖錄　子7-
　　　34401

買

29 買愁集　集6-42996、42998～9　叢1-496
　　　(5),2-720(5)
　　買愁集、二集　集6-42997
40 買賣嘆十聲一套　集7-50968
　　買賣人住家曲　集7-53224
44 買花錢　集7-49340
47 買桐軒集　集3-19262～3
　　買桐軒集七種　叢2-1450
50 買春詩話　集6-46202　叢2-1770
60 買田二千約　叢1-315
71 買臣休妻　集7-52266
77 買月亭稿(詩)　叢2-1110
88 買笑局金　集7-49247

6080₉ 炅

00 炅齋詩集　集4-22048

6082₁ 貯

10 貯雲書屋詩鈔　集4-22225
20 貯香小品　子4-24393　叢2-617(5)
21 貯虛堂詩集　集3-18365
50 貯書小譜　叢1-128～9
77 貯月軒詩　集3-15968
　　貯月軒詩稿　集4-28681,6-41999

6086₁ 賠

47 賠款畧說　史6-41535、44982
　　賠款會議事宜　史6-41535、44983

6090₁ 罘

60 罘罳草堂詩集　集5-36412

6090₃ 纍

10 纍瓦二編　子4-20600
　　纍瓦編、纍瓦二編　子4-20599
60 纍纍齋賦　集4-28973

6090₄ 呆

00 呆齋藏稿　集2-6748、6750
　　呆齋前稿、存稿、續稿　集2-6749
　　呆齋公(劉定之)年譜　史2-11423　子4-22211
44 呆菴莊禪師語錄　子6-32091(73)
80 呆翁和尚詩集　集3-14122

困

00 困亨別稿　集2-8736～7
　　困齋文集、詩集　集5-41367
　　困言、非共和論　子4-22104
24 困勉齋私記　子1-1619　叢2-1478
40 困志集　集2-6784　叢2-867
47 困柳閣詩錄　集4-27548
48 困教錄　子1-2427
60 困思鈔　集2-10899
77 困學齋文存　集4-31690　叢2-1828～9
　　困學齋雜記　子4-20230　叢1-490
　　困學齋雜錄　子4-20229　叢1-19(8)、20(6)、21(6)、24(9)、204、223(41)、244(6)、2-731(52)、782(2)
　　困學齋詩集　集1-4977,6-41779～80
　　困學齋詩錄　集5-37051
　　困學齋集　集1-4978
　　困學齋集四種　叢2-1829
　　困學齋稿　集1-4979
　　困學齋藁　集6-41932
　　困學齋呻吟集　集5-37395
　　困學齋全集三種　叢2-1828
　　困學語　子1-1746
　　困學詩存　集5-36047
　　困學瑣言　叢2-1789
　　困學瑣言、牧民贅語　子1-1792
　　困學紀詩　經1-3681～2
　　困學紀聞　子4-22181～3　叢1-31、223(40)、227(8)、2-637(3)
　　困學紀聞五箋集證　子4-22185
　　困學紀聞參註　子4-22190
　　困學紀聞參注　叢2-731(7)、869、1591
　　困學紀聞注　子4-22187～9　叢2-698(7)
　　困學紀聞補注　子4-22192　叢2-845(3)
　　困學紀聞鈔　子4-22186
　　困學室讀書記　叢2-2122
　　困學邇言初編、續編、三編　子1-1752　叢2-1692
　　困學蒙語　經2-13467
　　困學蒙證　子4-22191
　　困學蒙正　經2-11846
　　困學軒小草　集5-36198
　　困學日錄　子4-21353
　　困學隨筆　子2-10794
　　困學錄　子1-1386、1669、1885,4-21352　叢1-482,2-1322、1324、2014
　　困學錄集粹　子1-1516　叢1-213～4,2-

731(13)
困學纂言　子4-23899
80 困翁易學　經1-1464
86 困知記　子1-1007　叢1-151,2-731(12)
困知記、續、三續、四續、續補、外編、附錄
叢1-496(6)
困知記、續、三續、四續、續補、附錄　子1-
1005
困知記、續、續補、外編　子1-1006
困知私記　子1-1540
困知紀　叢1-213
困知長語　子1-1677　叢2-1682
困知堂詩集　集4-32672

杲

32 杲溪詩經補注　經1-111(3)、4071　叢1-
238、242(5)、2-814、1475
90 杲堂文續鈔　叢2-845(5)
杲堂文續鈔、別錄、李氏家傳　集3-14387
杲堂文鈔、詩鈔　集3-14384
杲堂詩鈔、文鈔　叢2-845(2)
杲堂內集、外集、文鈔　集3-14386
杲堂題跋　集3-14388

果

00 果臝轉語記、校記　經2-14654　叢2-814
果臝轉語記校記　經2-14655
果齋詩鈔　集4-28916
果齋一隙記　叢2-634
果齋叢刻六種　叢2-634
果齋日記　叢2-634
果齋前集、日記　集5-40040
果齋前集、別集　集5-40041
果齋前集、續集、別集　叢2-634
果育齋讀易鏡　經1-776
07 果毅親王(允禮)恩榮錄　史2-9487
果毅親王恩榮錄　史1-1984
08 果譜(十竹齋果譜)　子3-14980
10 果疏　子1-4490　叢1-13、14(3)
26 果泉山房詩稿(山居草、近遊草、豫章草、黔
南草、鄂遊草、江南草、燕遊草、吳遊草、
江浙草、息遊草)　集5-36097
40 果志　叢1-9、22(11)、23(11)

44 果樹栽培全書　子7-37068
47 果報見聞錄　子5-26229
果報聞見錄　子5-27076　叢1-210～1
果報錄　子5-27140　集7-53995
60 果園詩鈔　集4-28347,5-37550
果園遺詩　集5-37551
77 果邸謎莊　子3-18368
90 果堂文錄　集6-42067
果堂詩文雜存　集4-33024
果堂集　經1-111(2)、2-11854　集3-
18614　叢1-223(68)、2-1413
果堂全集(沈果堂全集)三種附二種　叢2-
1413

6090₆ 景

00 景廉堂(劉廷楠)年譜　史2-11959　叢2-
896
景廉堂偶一草拾遺　集4-23660　叢2-
895～6
景慶詞　集7-47997
景文詩集　集1-1962,6-41904
景文集　叢1-223(51)
景文集(宋景文集)　集1-1960
景文集、拾遺　集1-1961　叢1-230(4)、2-
873
景文宋公集　集1-1959
景文宋公集(宋景文集)　集1-1963
景文筆記　叢1-28
景文堂詩集　集4-22466
景文堂五種　叢2-1546
景文堂前稿、後稿　叢2-1547
01 景龍文館記　史1-4368　叢1-15、19(2)、20
(8)、21(2,10)、22(8)、23(7)、24(11)
10 景石齋詞署　集7-48264　叢2-882
景雲堂詩稿　集5-34010
17 景子　子1-288　叢2-774(8)
21 景行維賢　史2-6609
景行摘篇附記　叢2-1348
景行館論　子1-1067　叢2-1093
景行錄　史1-3730,2-6605～7　子1-
1571,4-23897　集5-38191　叢1-19(9)、
20(7)、21(8)、24(10)
景行錄、守臨清日記、崇祀鄉賢錄　子1-
2561
景行篇　史2-6578
景行堂奏議稿四集　史6-48896
景紫堂文集　集4-28594　叢2-1735
景紫堂全書十一種　叢2-1735

23 景獻初編　叢2-1564
24 景德傳燈錄　史2-7106　子6-32081(50)、
　　32084(32)、32085(46)、32086(55)、32088
　　(34)、32089(48)、32090(62)、32091(60)、
　　32092(42)、32093(51)、7-34725　叢1-15～
　　6,559,2-637(3)
　　景德傳燈錄、西來年表　史2-7105
　　景德盦叢鈔二十種　叢1-306
　　景德鎮陶錄　子4-18591
27 景仰撮書　史2-6490　子5-26219～20
　　叢1-22(24)、39～40,2-798
　　景詹閣遺文　集5-35949
　　景冬陽雜方輯要　子2-9393
　　景冬陽增補方論　子2-6257
　　景船齋雜記　子4-23499　叢1-496(3)
28 景牧自訂年譜　史2-12416　叢2-795
30 景寧潘氏家譜[浙江景寧]　史5-39828～9
　　景寧縣續志[民國]　史7-57711
　　景寧縣志[雍正]　史7-57708
　　景寧縣志[萬曆]　史7-57707
　　景寧縣志[乾隆]　史7-57709
　　景寧縣志[同治]　史7-57710
　　景寧縣賦役全書　史6-43687
　　景定建康志　叢1-223(23)
　　景定嚴州續志　史7-57194　叢1-223
　　(23)、508、533,2-731(58)
　　景宋王狀元集百家注編年杜陵詩史、札記
　　叢1-559
31 景迂生文集(嵩山景迂生文集、景迂生集)
　　集1-2914
　　景迂生集　集1-2916、2919　叢1-223(52)、
　　227(9)
　　景迂小集　集1-2921,6-41894(1)、41896
　　景渠李先生文集　集2-10903
32 景州集　集2-9321,6-45096
　　景州上官張氏支譜[河北景縣]　史5-
　　34746
　　景州志[康熙]　史7-55425
　　景州志[乾隆]　史7-55427
　　景州志[隆慶]　史7-55424
34 景祐六壬神定經　叢2-2187
　　景祐新修法寶錄　子6-32084(31)
　　景祐新修法寶錄殘、總錄　子7-32119
　　景祐天竺字源　子6-32084(31),7-32119、
　　34825
　　景祐遁甲蓮華通神經　子3-14271、14286
　　景祐遁甲符應經　子3-14287
　　景祐遁甲符應經纂　子3-14288
　　景祐法寶錄畧出　子7-34853
　　景祐太乙福應集要　子3-14247
　　景祐太乙福應經　子3-14248
　　景祐乾象新書　子3-13039
37 景祖翼皇帝第五子橫格　史5-37878
　　景祖翼皇帝第五子豎格　史5-37879
　　景運門現行事宜　史6-47063
40 景士堂文集　集4-26342
　　景袁齋課藝(山鹽阜安四院課藝、龍城書院
　　課藝、鳳鳴書院課藝)　集5-37305
　　景袁齋叢書九種　叢2-2057
43 景城紀氏家譜[河北滄州]　史4-31230
44 景藩之國事宜　史6-42014
　　景芝趙氏族譜[山東安丘]　史5-38401～2
　　景蘇堂詩集　集5-40568
　　景杜軒文集　集5-38247
　　景杜堂文集(景杜堂存草)　集5-40126
　　景林詩　集4-27061
48 景教三威蒙度讚　子7-35244　叢1-589,
　　2-592
　　景教碑文註釋　子7-35248
　　景教碑文紀事考正(重刊景教碑文紀事考
　　正)　子7-35249
　　景教流行中國碑頌　子7-35246　叢1-135
　　景教流行中國碑頌正詮　子7-35247
50 景中文集　叢2-2215
　　景中遺稿十一種　叢2-2215
　　景事詞　集7-47528
　　景泰二年進士登科錄　史3-13541
　　景泰二年會試錄　史3-13540
　　景泰五年進士登科錄　史3-13543
　　景泰五年會試錄　史3-13542
　　景泰元年應天府鄉試小錄　史3-14073
　　景泰聖政記　史1-1601
　　景泰四年福建鄉試錄　史3-14308
　　景惠室詩集　集5-38585
　　景素軒方　子2-5173
　　景素公自敍年譜　史2-11522
　　景東府志[雍正]　史8-62484
　　景東直隸廳志[嘉慶]　史8-62486
　　景東直隸廳志[乾隆]　史8-62485
　　景東縣志稿[民國]　史8-62487
51 景軒詩集　集3-15761
60 景星縣狀況[民國]　史7-56333
　　景園記傳奇　集7-50003
　　景愚軒綴聞　子5-27214
62 景縣志[民國]　史7-55428
67 景瞻論草　集2-11564
70 景璧集　集2-10387
72 景氏家乘　史5-35954
　　景岳痘瘡證治　子2-8702
　　景岳新方詩括注解　子2-9528
　　景岳新方砭　子2-4648、4650、4652～5、

中國古籍總目書名索引

　4658~63、9624　叢1-435
　景岳新方歌　子2-7743、9566
　景岳新方歌訣　子2-9326
　景岳新方八陣歌　子2-4738、9959
　景岳新方八陣歌括　子2-9993
　景岳新方八陣湯頭歌訣　子2-9464
　景岳發揮訂誤　子2-4719、5188
　景岳十機摘要　子2-4624
　景岳脈神章　子2-6106
　景岳全書　子2-4907　叢1-223(34)
　景岳全書發揮　子2-4991
　景岳全書外科神效簡易方法　子2-7693
74 景陸遺詩　集5-33889
　景陸粹編　史2-9354~5
　景陵縣志[康熙]　史8-60378~9
76 景陽宮陳設書目錄　史8-65503
77 景印六泉十布拓本雜記　史8-64901
　景印元明善本叢書十種　叢2-730(1)
80 景益軒文集　集4-29040
　景善日記　史1-1995、4278
84 景鎮舊事　叢1-366~7
87 景鮒齋詩錄　集4-33262,6-41763

6091₄ 羅

00 羅度詩草　集5-38693
　羅摩伽經　子6-32083(4)
　羅店鎮志[光緒]　史7-56412
　羅店怡善堂徵信錄　史6-44659
　羅文止文鈔　集2-12168
　羅文止稿　集2-12170~1,6-45336
　羅文止先生集　集2-12165,6-44818
　羅文止先生全稿　集2-12169
　羅文莊公(欽順)完名集壽祺錄、壽榮錄、哀
　　榮錄　史2-8903
　羅文恪公遺集　集4-32595
08 羅謙甫治驗案　子2-10464
10 羅一峯集　集2-6978
　羅一峯稿　集2-6981~2,6-45336、45340
　羅一峯先生文集、補編、附錄　集2-6979
　羅一峯先生集、補編　集2-6980
　羅兩峯鬼趣圖　子3-16726
　羅兩峯九秋圖冊　子3-16727
　羅兩峯畫羅漢冊　子3-16728
　羅兩峯印存　子3-17070
　羅雨田集　集5-37586
　羅平州鄉土志[光緒]　史8-62408
　羅平州志[康熙]　史8-62405~6

　羅平縣志[民國]　史8-62407
　羅天大醮設醮儀　子5-29530(10)、30627
　羅天人醮早朝科　子5-29530(10)
　羅天大醮早朝科、午朝科、晚朝科　子5-
　　30626
　羅天大醮晚朝科　子5-29530(10)
　羅天大醮午朝科　子5-29530(10)
　羅云忍辱經　子6-32083(21)、32084(18)、
　　32093(19)
12 羅烈女(淑芳)褒揚事實清冊　史2-10876
17 羅幃草詞　集7-46999
　羅豫章先生文集　集1-2998　叢1-214,2-
　　731(44)
　羅豫章先生集　集1-2997、2999　叢1-482
　羅子要錄　子1-1092
　羅司勳文集、外集　集2-8730
　羅司勳原子集　集2-8731
20 羅紋山文集　集2-1220
　羅紋山詩餘　叢2-1220
　羅紋山先生文集　集2-12257
　羅紋山先生全集　集2-12255
　羅紋山先生全集十種　叢2-1220
21 羅經　子3-13412
　羅經說　子3-13674
　羅經解　子3-13518
　羅經解(新刻羅經解)　子3-13445
　羅經解隻訛　子3-13506
　羅經解定、都天滾盤珠　子3-13624
　羅經祕竅圖書　子3-12891
　羅經祕竅圖書(羅經祕竅)　子3-13469
　羅經述義　子3-13675
　羅經指南撥霧集　子3-13517
　羅經圖說　子3-13569
　羅經差　史7-54410　子3-11564
　羅穎樓初稿、續稿　集2-11686
22 羅川志[嘉靖]　史8-58178
　羅川鬺雪詩　集2-6925
　羅岕茶記　子4-19042　叢1-13、22(26)
　羅崑芳村徐氏族譜[安徽休寧]　史4-
　　32122
　羅山詩稿　集2-7633
　羅山記　史7-49317(4)、49318(7)、52572
　羅山四書義、羅忠節公事畧　經2-10920
　羅山縣重修縣志稿[民國]　史8-60009
　羅山縣志[康熙]　史8-60007
　羅山縣志[萬曆]　史8-60006
　羅山縣志[乾隆]　史8-60008
　羅山人集　集2-8814,6-41935(3)
23 羅參贊公(長裿)事畧　史2-10879
24 羅壯勇公年譜　史2-12006

羅壯節公(遵殿)表忠録　史2-9920
羅先生詩集　叢2-1102
羅德安先生文集　集2-6136
羅德滿器具全圖　子7-36229
羅贊善集　集2-8655,6-41935(2)
25　羅生山館文稿　集5-41116
　羅生山館詩集　集5-41115
　羅生山館詩集、治平吟草、文稿　叢2-705
　羅傳口授男星紀通書真本　子3-14503
27　羅盤說、五行表說　子3-13672
　羅盤解　叢2-681
　羅叔重集　集5-38241
28　羅以智文稿　集4-30431
　羅似臣遺文　叢1-223(55)
30　羅定直隸州志[雍正]　史8-61145
　羅定直隸州志[康熙]　史8-61144
　羅定志[民國]　史8-61146
31　羅江謝氏族譜[四川綿陽]　史5-40838
　羅江外紀[光緒]　史8-61179
　羅江東(隱)外紀、晞髪道人近稿、天地間集
　　史2-8597
　羅江東集　叢1-353
　羅江東外紀　集1-4549~50
　羅江東外紀、晞髪道人近稿、天地間集　史
　　2-8598
　羅江縣鄉土志[光緒]　史8-61782
　羅江縣志[嘉慶]　史8-61779~80　叢1-
　　282(4)、283(4),2-731(58)
　羅江縣志[乾隆]　史8-61778
　羅江縣志[同治]　史8-61781
　羅源縣志[康熙]　史8-58180
　羅源縣志[道光]　史8-58181
　羅源縣志[萬曆]　史8-58179
　羅福萇輯　叢2-2193
32　羅兆蕃(惇衍)年譜　史2-11005、12207
　羅溪陳氏九修族譜[江西崇仁]　史4-
　　33246
　羅浮石洞絅齋文集、行狀　集2-9726
　羅浮翠虛吟　子5-29547
　羅浮集　集3-15478、17401
　羅浮山誌　史7-52611
　羅浮山記　史7-52609　叢1-19(2)、21(2)、
　　24(3)
　羅浮山房詩集　集5-36480
　羅浮山志　史7-52610
　羅浮山志會編　史7-52618
　羅浮外史　史7-52616
　羅浮侍鶴山人詩草、談玄詩草　集5-37054
　羅浮侍鶴山人詩草、外集　集5-37055
　羅浮幻質　子3-16307　叢1-86,2-730

(7)、731(35)
羅浮紀游　史7-53699
羅浮紀遊　叢1-584
羅浮紀勝　史7-52617　集1-2422
羅浮游記　史7-53698
羅浮志　史7-52612~3　叢2-731(55)、881
羅浮志畧　史7-52614
羅浮夢記　叢1-496(4)
羅浮野乘　史7-52615
羅衫記(白羅衫)　集7-50097
羅衫記傳奇　集7-50098
羅近溪集　集2-9183
羅近溪先生語要　子1-1094
33　羅心魚集　集4-31937
34　羅漢十八相　史2-6831
　羅漢圖録　子7-34647
35　羅遺編　子2-10249
36　羅湘熊氏族譜[湖南湘陰]　史5-38962、
　　38967
　羅湘熊氏宗譜[湖南湘陰]　史5-38960~1、
　　38964
　羅湘鄒氏族譜[湖南汨羅]　史5-36375
　羅湘戴氏族譜[湖南湘陰]　史5-40558
　羅湘甘氏族譜[湖南湘陰]　史4-26060
　羅湘蔡氏支譜[湖南湘陰]　史5-38053
　羅湘吏牘　史6-47327　叢2-935
　羅湘四修徐氏族譜[湖南湘陰]　史4-
　　32166
　羅湘劉氏族譜[湖南湘陰]　史5-39554
　羅湘周氏支譜[湖南湘陰]　史4-30171
37　羅湖野録　子5-26311~4,6-32091(72)　叢
　　1-22(4)、23(4)、26~8、106、111(2)、223
　　(46)、538,2-731(61)
　羅次縣志[康熙]　史8-62576
　羅次縣志[光緒]　史8-62577
　羅祖五部經　子7-36112
　羅祁程氏源流譜　史5-36072
　羅祁程氏源流譜[安徽歙縣]　史5-36063
　羅逢元行狀、列傳、別傳、墓表、墓誌銘、雜
　　文　史2-10262
　羅鄴詩集　集1-1645,6-41741、41824、
　　41869、41878
38　羅洋詩文集　集3-20167
40　羅太守集　集2-7294
　羅太守集、續集　集6-41935(3)
　羅太無口授三法　子2-4815
　羅圭峯先生文集(圭峯集)　集2-7151
　羅臺山文鈔　集3-21696,6-42069
　羅臺山書札　集3-21698
　羅塘許氏宗譜[江西奉新]　史5-34476
　羅李郎大鬧相國寺　集7-48770~1、48774

（5）、48920　叢2-720（4）

羅李郎大鬧相國寺雜劇　集7-48767（2）
　　叢2-698（16）

羅雄者繼榮必六列傳　史1-1929

43 羅城縣志［道光］　史8-61419

羅城縣志［民國］　史8-61420

44 羅芝園應驗惡核良方釋疑（惡核良方釋疑）
　　子2-7087

羅葍挑經　集7-52802

羅巷楊氏宗譜［江蘇常州］　史5-36791

羅蘿村文　集4-28965

45 羅棣珊（韓）女士哀輓錄　史2-10971

47 羅郁臨凡　集7-49705

羅都憲詩　集2-6517

50 羅史部瞻六堂集　集2-12637

羅接三集　集5-37960

羅忠節集（羅羅山集）　集4-31591

羅忠節公遺集　叢2-1820

羅忠節公遺集（羅山遺集）八種　叢2-1820

羅忠節公事畧　經2-10920

羅忠節公年譜　史2-12172　叢1-483,2-
　　1820

51 羅振玉手劄　集5-40378

羅振玉先生年譜　史2-12426

羅振玉書劄　集5-40377

53 羅成托夢　集7-52171、52698、52998

羅成托夢一段　集7-51505

羅成叫關一段　集7-51504

羅成算卦一枝　集7-52699

羅成算卦一段　集7-51506

羅成算命　集7-53216

58 羅整庵集　叢1-213

羅整庵先生存稿　叢1-214,2-731（45）

羅整庵先生困知記　子1-104、1008　叢1-
　　214

羅整庵先生困知記（困知記）　子1-1007

羅整菴集　集2-7350

羅整菴先生存稿　集2-7352

羅敷采桑　集7-49518、49520

60 羅田王氏校印鄉哲遺書六種　叢2-876

羅田張氏筆記二種　叢2-2163

羅田萬密齋家藏婦人祕科　子2-8098

羅田萬氏麻疹全書　子2-8638

羅田賀氏三修族譜［湖南醴陵］　史5-
　　36723

羅田賀氏四修族譜［湖南醴陵］　史5-
　　36724

羅田縣志［康熙］　史8-60232～3

羅田縣志［嘉靖］　史8-60231

羅田縣志［光緒］　史8-60234

羅景山臺灣海防並開山日記　史7-51247

羅羅山集　集4-31591

67 羅明德公文集　集2-9185

羅昭諫文鈔　集6-41794

羅昭諫詩集　集1-1643

羅昭諫集　集1-1641　叢1-223（50）

羅昭諫集、補遺　集1-1642

羅昭諫江東集　集1-1640

羅�州遺文　集1-3325、3668～70　叢1-
　　456（5）、2-731（40）

羅鄂州小集　集1-3671～3,6-42038　叢1-
　　223（55）、456（5）、2-731（40）

羅鄂州小集、羅鄂州遺文　集1-3668～70

71 羅頎遺文　叢1-223（55）

羅馬志畧　子7-36244、36249、36370

羅馬志畧（續編）　子7-36371

羅馬教考畧　子7-35750

羅馬史　子7-36369

羅馬尼亞國志　子7-36372

羅長佑戰跡事實　史2-10628

72 羅隱秀才　史2-9215　叢2-2203

羅氏方集　子2-9853

羅氏文稿　集5-37836

羅氏識遺　子4-22195　叢1-195（5）、452、
　　586（4）、2-716（3）

羅氏詩稿分卷本　集4-27760

羅氏族譜　史5-41035、41037、41165～8、
　　41173

羅氏族譜［江西修水］　史5-41066

羅氏族譜［江西吉安］　史5-41082

羅氏族譜［湖北麻城］　史5-41087

羅氏族譜［湖南］　史5-41151、41154

羅氏族譜［湖南平江］　史5-41116

羅氏族譜［湖南武陵］　史5-41106

羅氏族譜［湖南邵陽］　史5-41140

羅氏族譜［湖南安化］　史5-41107

羅氏族譜［湖南瀏陽］　史5-41096、41099～
　　100、41102、41104

羅氏族譜［湖南岳陽］　史5-41113～4

羅氏族譜［湖南常寧］　史5-41132

羅氏族譜［四川儀隴］　史5-41161

羅氏族譜［四川丹棱］　史5-41163

羅氏族譜［四川簡陽］　史5-41162

羅氏譜圖［浙江上虞］　史5-41048

羅氏一家集　叢2-788

羅氏三修族譜　史5-41169、41172

羅氏三修族譜［湖南醴陵］　史5-41117

羅氏北門房五修族譜［湖南衡山］　史5-
　　41134

羅氏北門房四修族譜［湖南衡山］　史5-
　　41133

羅氏弼繩二房四修族譜［湖南安化］　史5-

41108

羅氏重刊家政 子1-2108

羅氏重修族譜[湖北大冶] 史5-41089

羅氏重修族譜[湖南] 史5-41090~1、
41153

羅氏重修族譜[湖南新化] 史5-41146~7

羅氏重修族譜[湖南衡山] 史5-41135

羅氏重修宗譜[江西] 史5-41063

羅氏續譜 史5-41170

羅氏續修族譜 史5-41171

羅氏續修族譜[湖南郴州] 史5-41136

羅氏續修族譜[湖南岳陽] 史5-41110

羅氏續修宗譜[湖南新化] 史5-41150

羅氏續修宗譜卷[湖南新化] 史5-41149

羅氏續修支譜[湖南] 史5-41152

羅氏家譜 史5-41164

羅氏宗譜 史5-41036

羅氏宗譜[安徽歙縣] 史5-41058

羅氏宗譜[江西] 史5-41064

羅氏宗譜[江西景德鎮] 史5-41067

羅氏宗譜[湖北大冶] 史5-41088

羅氏宗譜[湖南] 史5-41156

羅氏宗譜[湖南祁陽] 史5-41139

羅氏宗譜[湖南岳陽] 史5-41109、41111~2

羅氏祠堂錄 史7-51766

羅氏支譜[湖北黃岡] 史5-41086

羅氏支譜[湖南瀏陽] 史5-41101

羅氏支譜[湖南湘鄉] 史5-41121

羅氏古今印藪 史8-64913

羅氏七修族譜[湖南] 史5-41092

羅氏世徵集 集6-45145

羅氏楊干院歸結始末 史3-24584

羅氏四修族譜[湖南新化] 史5-41148

羅氏八修族譜[湖南] 史5-41093

羅氏會約醫鏡 子2-5025

76 羅陽沈氏家乘摘要[江蘇崑山] 史4-29020

77 羅母黃太夫人(羅度母)傳、輓辭錄 史2-10359

80 羅鐘齋蘭譜 子4-18536、19222

羅鏡泉先生(以智)年譜 史2-12134

羅念庵稿 集6-45336

羅念菴集 集2-8657

羅念菴稿 集2-8666

羅念菴先生文錄 集2-8664

羅念菴精選十二家文粹 集6-42751

羅含別傳 史2-8522,7-49309

羅公(應斿)出處紀事、趨庭紀聞、羅公星潭
夫子行狀 史2-10510

羅公(逢元)行狀 史2-10261

羅公(嘉福)家傳、德政去思碑記 史2-10094

羅公(惇衍)行狀 史2-10128

羅養儒手稿五種 叢2-2241

81 羅頌遺文 叢1-223(55)

86 羅錦堂(繡文)先生家傳、趨庭紀聞 史2-9961

87 羅鍋子搶親一枝 集7-52700

90 羅光遠夢斷楊貴妃殘本 叢2-720(4)

羅雀山房詩存 集4-26222

羅雀山房詩草 集4-26220

羅卷彙編(樂山堂全集)十種 叢2-1022

6101₀ 毗

74 毗陵庵頭吳氏宗譜[江蘇常州] 史4-27737

毗陵高氏宗譜[江蘇武進] 史4-32403、32405

毗陵唐氏家譜[江蘇常州] 史4-32496

毗陵唐氏宗譜[江蘇常州] 史4-32497

毗陵新安劉氏宗譜[江蘇常州] 史5-39231

毗陵謝氏譜鈔[江蘇常州] 史5-40685

毗陵謝氏宗譜[江蘇常州] 史5-40686、40688~9、40691~2

毗陵諸水記 史7-49317(6)

毗陵許氏宗譜[江蘇常州] 史5-34369~70

毗陵正學編 子1-982

毗陵王氏續修宗譜[江蘇常州] 史4-24843

毗陵西郊吳氏宗譜[江蘇常州] 史4-27743

毗陵西蠡薛氏續修宗譜[江蘇常州] 史5-39920

毗陵西灘陳氏宗譜[江蘇常州] 史4-32756

毗陵西關劉氏宗譜[江蘇常州] 史5-39233

毗陵賈氏宗譜[江蘇武進] 史5-37106

毗陵張氏族譜[江蘇武進] 史5-34836

毗陵張氏宗譜[江蘇武進] 史5-34833~4

毗陵張氏宗譜[江蘇常州] 史5-34824

毗陵張氏支譜[江蘇常州] 史5-34825

毗陵孫氏家乘[江蘇常州] 史5-33548、33550、33552~3

毗陵孫氏宗譜[江蘇常州] 史5-33551

毗陵邵氏宗譜[江蘇常州] 史4-29202

毗陵雙桂里陳氏宗譜[江蘇常州] 史4-

32763

毗陵集、補遺、附錄　叢2-798

毗陵循埋東萬氏家乘[江蘇常熟]　史5-35794

毗陵山東橋胡氏宗譜[江蘇常州]　史4-30386

毗陵巢氏宗譜[江蘇武進]　史5-35490

毗陵科第考　史3-14910

毗陵白旗岸楊氏宗譜[江蘇常州]　史5-36795

毗陵吳氏續修宗譜[江蘇常州]　史4-27741

毗陵修善里胡氏重修宗譜[江蘇常州]　史4-30388

毗陵鄒氏宗譜[江蘇武進]　史5-36336

毗陵鄒氏趙墅宗譜[江蘇武進]　史5-36337

毗陵徐氏宗譜[江蘇武進]　史4-31830

毗陵徐氏宗譜[江蘇常州]　史4-31823

毗陵永寧潘氏續修宗譜[江蘇常州]　史5-39759

毗陵安尚橋邵氏宗譜[江蘇常州]　史4-29203

毗陵江邑太平橋唐氏支譜[江蘇常州]　史4-32495

毗陵馮氏宗譜[江蘇常州]　史5-36408~9

毗陵顧村顧氏宗譜[江蘇常州]　史5-41373

毗陵潘氏宗譜[江蘇常州]　史5-39761

毗陵沈氏宗譜[江蘇常州]　史4-28993

毗陵洛陽秦氏族譜[江蘇常州]　史4-31237

毗陵沙氏族譜[江蘇常州]　史4-28965~6

毗陵大街楊氏族譜[江蘇常州]　史5-36793

毗陵袁氏族譜[江蘇武進]　史4-31310

毗陵袁氏宗譜[江蘇武進]　史4-31311

毗陵姚氏宗譜[江蘇常州]　史4-31158、31161

毗陵尤氏宗譜[江蘇常州]　史4-25552

毗陵城南張氏宗譜[江蘇武進]　史5-34831

毗陵范氏重修家乘[江蘇常州]　史4-29426

毗陵莊氏增修族譜[江蘇常州]　史4-31487

毗陵蔣氏世譜[江蘇常州]　史5-38081

毗陵蔣氏世譜前編[江蘇武進]　史5-38086

毗陵薛墅吳氏族譜[江蘇常州]　史4-27732~3

毗陵薛氏汝雍公支譜[江蘇常州]　史5-

39919

毗陵黃天蕩顧氏宗譜[江蘇常州]　史5-41369~70

毗陵黃氏宗譜[江蘇常州]　史5-33737

毗陵蔡氏宗譜[江蘇常州]　史5-37974

毗陵相家橋俞氏宗譜[江蘇常州]　史4-30769

毗陵楊氏詩存五種附編三種　叢1-477

毗陵楊氏宗譜[江蘇武進]　史5-36796

毗陵楊氏宗譜[江蘇常州]　史5-36789

毗陵胡氏重修宗譜[江蘇常州]　史4-30385

毗陵胡氏續修宗譜[江蘇常州]　史4-30387

毗陵東直黃氏玉林公宗譜[江蘇常州]　史5-33738

毗陵東萬氏重修家乘[江蘇常州]　史5-35795

毗陵東青鎮邱氏宗譜[江蘇常州]　史4-28454

毗陵戈氏家乘[江蘇常州]　史4-25558

毗陵戈氏宗譜[江蘇常州]　史4-25559

毗陵盛氏宗譜[江蘇常州]　史5-34275

毗陵戚墅堰劉氏增修宗譜[江蘇常州]　史5-39235

毗陵呂氏族譜[江蘇常州]　史4-26273~5

毗陵嚴氏宗譜[江蘇常州]　史5-41185

毗陵墅村蔣氏續修宗譜[江蘇常州]　史5-38082

毗陵陳氏重修族譜[江蘇常州]　史4-32753

毗陵陳氏重修宗譜[江蘇常州]　史4-32752

毗陵陳氏續修宗譜[江蘇常州]　史4-32758

毗陵陳氏宗譜[江蘇常州]　史4-32757、32764

毗陵周氏宗譜[江蘇武進]　史4-29848

毗陵金氏宗譜[江蘇常州]　史4-29627~8

毗陵前黃楊氏族譜[江蘇常州]　史5-36786~7

毗陵前舍蘇氏重修宗譜[江蘇常州]　史5-41004

毗陵余氏族譜[江蘇常州]　史4-28515

毗陵缸巷譚氏宗譜[江蘇常州]　史5-41246

毗陵錢氏宗譜[江蘇常熟]　史5-40178

毗陵錢氏宗譜[江蘇常州]　史5-40143

毗陵鎮塘橋楊氏宗譜[江蘇武進]　史5-36797

毗陵鎮塘橋楊氏宗譜[江蘇常州]　史5-36794

毗陵符言上官氏重修宗譜[江蘇常州]　史 4－24707
毗陵小南門陳氏宗譜[江蘇常州]　史 4－32751

6101₁ 曬

50 曬書堂文集、外集、別集　叢 2－1596
曬書堂文集、外集、別集、時文、閨中文存、詩鈔、試帖、詩餘　集 4－24091
曬書堂詩餘　集 7－47308
曬書堂詩鈔、試帖、詩餘　叢 2－1596
曬書堂時文　叢 2－1596
曬書堂閨中文存　集 4－24899　叢 2－1596
曬書堂筆記　子 4－23240　叢 2－1596
曬書堂筆錄　子 4－23241　叢 2－1596

6101₄ 旺

22 旺川曹氏宗譜[安徽績溪]　史 5－34225

6101₆ 嘔

22 嘔絲(別論初本)　子 4－20554　叢 1－143

眶

47 眶塢詩草　集 4－32150

6101₇ 啞

23 啞然詩句　集 4－26175
24 啞科全集　子 2－8550
46 啞娼志　叢 1－168(3)

6102₀ 呵

00 呵旁觀者义　子 7－36251

35 呵凍漫筆　子 4－20596　叢 1－241、242(3)
77 呵鵬阿那含經　子 6－32083(22)

6102₇ 眄

41 眄柯軒稿　集 4－23797

6103₂ 啄

21 啄紅集　子 5－25228

6104₀ 盱

31 盱江諸山遊記　史 7－49318(6)、53567
盱江羅近溪先生全集　集 2－9180
盱江羅近溪先生全集、鄉約、語要、孝仁訓　集 2－9178
60 盱里子集　集 1－5242

盰

30 盰客醫談　子 2－10730
31 盰江集、外集　集 1－2098
盰江集、外集、李直講年譜　叢 1－223(51)
盰江集補鈔　集 1－2102,6－41901
盰江集鈔　集 1－2100,6－41900
盰江集鈔、止齋詩鈔　集 1－2101
盰江經濟一斑　子 1－556
盰江先生全集　集 1－2095、2097、2099
盰江潛書　叢 1－34
40 盰壇直詮　叢 2－754
盰壇真詮　子 1－1093
盰南崔氏族譜[江西奉新]　史 5－34333
63 盰眙縣志[康熙]　史 7－56679
盰眙縣志[正德]　史 7－56677
盰眙縣志[萬曆]　史 7－56678
盰眙縣志[乾隆]　史 7－56680
盰眙縣志[同治]　史 7－56681
盰眙縣志稿[光緒]　史 7－56682
盰眙縣志署[民國]　史 7－56683

6106₀ 哂

60 哂園詞　集7-46405、46958

6106₁ 晤

00 晤言室文鈔初續編　集5-36775
22 晤仙集　子4-23354
50 晤書堂詩稿　集3-15609

6111₀ 趾

44 趾菴歸養草　集2-10220

6114₀ 跰

00 跰塵筆記　子5-26745

6118₂ 蹶

11 蹶張心法　子1-3067、3527　叢2-688

6121₇ 號

17 號子書莊子打馬　集7-53634

6136₀ 點

08 點論陳後山集鈔　集1-2804
10 點石齋字彙　經2-12912　叢1-496(6)
　　點石齋叢畫　子3-16566
　　點石齋周易說約　經1-819
24 點化一枝　集7-52661
27 點綴方言揚州話　經2-14890
29 點秋香寶卷　集7-54587

30 點注標記日本外史　子7-36394
44 點蒼山人詩集　集4-24347
　　點蒼山人詩鈔　集4-24348　叢2-886(3)
　　點勘記、省堂筆記　子4-23336　叢1-496
　　(3)
　　點勘記摘錄　子4-23337
60 點易軒詩鈔　集4-23886
61 點點滴滴一枝　集7-51702
　　點點煙波一枝　集7-51703
63 點默熙然　集7-53724

6138₆ 顯

03 顯識論　子6-32081(25)、32083(16、36)、
　　32084(15)、32085(24)、32086(27)、32088
　　(18)、32089(43)、32090(49)、32091(47)、
　　32092(32)、32093(25)
06 顯親王悼亡詩稿　集3-19244
10 顯靈聖牌約考　子7-35831
22 顯繼祖姚汪太夫人行狀　史2-9768
　　顯繼姚顧太孺人行述　史2-10417
　　顯繼姚史太君行述　史2-9683
　　顯繼姚呂太恭人(承娩)行述　史2-10134
　　顯繼管母吳太宜人行狀　史2-9956
23 顯允堂詩鈔　集3-16673
28 顯微鏡說　子7-36229、37651
30 顯密圓通成佛心要集　子6-32085(54)、
　　32086(65)、32088(40)、32089(48)、32092
　　(41)、7-34632~3
　　顯密圓通成佛心要集、供佛利生儀　子6-
　　32090(60)、32091(58)、32093(47)
37 顯湖應氏宗譜[浙江蘭溪]　史5-40860
　　顯祖宣皇帝位下第三子和碩莊親王之後裔
　　史5-37356
　　顯祖姚劉氏祭文　史2-9675
　　顯祖考霽峯府君(吳邦慶)行述　史2-9684
　　顯祖考干輔府君(史致謨)行述　史2-
　　10379
　　顯祖考子良府君(陸循應)行狀　史2-9852
　　顯祖考虎臣太府君(陳艾)行述　史2-
　　10049
　　顯祖考壽山太府君(呂恆安)行述　史2-
　　9833
　　顯祖考姚府君(松筠)行述　史2-10709
　　顯祖考竹垞府君(朱彝尊)行述　史2-9348
38 顯道經　子2-10986、5-29530(17)
40 顯志堂集　集4-31702
　　顯志堂稿外集　集4-31704
41 顯姚章宜人行述　史2-10457

顯妣王太夫人行述　史2-10137
顯妣丁太夫人行述　史2-9834
顯妣雷太宜人行述　史2-10273
顯妣張宜人行述　史2-9742
顯妣張太宜人行述　史2-9829
顯妣張太淑人行述　史2-10286
顯妣張太夫人行述　史2-10139
顯妣何太孺人暨生妣俞太孺人行述　史2-
　　10316
顯妣虞夫人(沈鼎甫妻)行述　史2-9842
顯妣朱太宜人行實　史2-9715
顯妣顧太恭人(王顧氏)行述　史2-10322
顯妣沈太夫人行述　史2-10779
顯妣李太夫人事畧　史2-10196
顯妣彭淑人事畧　史2-10621、10649
顯妣莫母李孺人行狀　史2-9667
顯妣葉太孺人行述　史2-10418
顯妣畢太夫人行述　史2-9836
顯妣劉太君行述　史2-9911
顯妣姜太夫人行述　史2-9878
顯妣鄭太恭人(淑蕙)行述　史2-10611
44　顯考亮甫府君(姚祖同)行述　史2-9660
顯考方之府君(陶模)行述　史2-10470
顯考康齋府君(鄒祖堂)行畧　史2-10009
顯考庚明府君(沈懋嘉)行述　史2-10426
顯考府君(于蔭霖)行述節畧　史2-10534
顯考廣甫府君(瞿廷韶)行述　史2-10533
顯考文泉府君(王灝)行畧　史2-10271
顯考文舉府君(郭夢齡)行述　史2-9919
顯考辛庵府君(徐士芬)行述　史2-9846
顯考六吉公(文謙)行述　史2-9982
顯考靖道府君(黃嗣東)行狀　史2-10668
顯考韻樓府君(沈來)行述　史2-10374
顯考望之府君(史致儼)行述　史2-9647
顯考調甫府君(錢鼎銘)行述　史2-10313
顯考玉亭府君(伯麟)行述　史2-9583
顯考玉陛府君(李明墀)行狀　史2-10270
顯考需軒府君(蔡封)行述　史2-9528
顯考平齋府君(吳雲)行述　史2-10067
顯考平泉府君(陸以莊)行述　史2-9664
顯考西麓府君(許鎬)行述　史2-9676
顯考西山府君(許三禮)行述　史2-9316
顯考晉三府君(劉錫祜)行畧　史2-9928
顯考晉甫府君行述　史2-10553
顯考可亭府君(朱軾)行述　史2-9444
顯考靄山府君(李宗沅)行述　史2-9876
顯考雲亭府君(姜熙)行述　史2-9780
顯考雲柯府君(陳桂生)行狀　史2-9659
顯考雲陛府君(賈履上)行狀　史2-10026
顯考麗崧府君(彭申甫)行狀　史2-10006

顯考碻園府君(湯成烈)行述　史2-9989
顯考乃秋府君(徐兆豐)行述　史2-10480
顯考子方府君(龐大堃)行狀　史2-9819
顯考子受府君(陸傳應)暨先妣汪太夫人行
　　述　史2-10064
顯考子嘉府君(劉永亨)行述　史2-10763
顯考子芯府君(吳式芬)行述　史2-9902
顯考子譽府君(劉瀛)行述　史2-9957
顯考子懷府君(王茂蔭)行狀　史2-9922
顯考愛山府君(托渾布)行述　史2-9932
顯考禹生府君(丁日昌)行狀　史2-10265
顯考舫齋府君(祖之望)行述　史2-9626
顯考香畹府君(吳毓蘭)行述　史2-10483
顯考仁圃府君(德元)暨顯妣金太淑人行述
　　史2-9551
顯考仁圃府君行述(宋如林)　史2-9627
顯考紫峯府君(陸黻恩)行狀　史2-9974
顯考仙洲府君(□瀛)行述　史2-10135
顯考仙屏府君(許振禕)行述　史2-10346
顯考山泉府君(朱善張)行狀　史2-10142
顯考種之府君(吳貽詠)行述　史2-9553
顯考允孫府君(湯沅宜)行述　史2-10686
顯考偉侯府君(徐家杰)行狀　史2-10169
顯考幼宜府君(鮑上傳)行述　史2-10317
顯考幼冰府君(余光倬)像贊銘傳祭文狀
　　述、周恭人行畧　史2-10147
顯考仲維府君(沈保靖)行述　史2-10364
顯考仲士府君(劉彥)行述　史2-10603
顯考仲英府君(陳宗彝)行述　史2-10518
顯考姓舫府君(吳鍾駿)行畧　史2-9934
顯考純叔府君(熊其英)行述　史2-10505
顯考伯平府君(陳恩壽)行述　史2-10508
顯考程公方忠府君(學啓)行狀　史2-10389
顯考勿庵府君(王以衡)行狀　史2-9652
顯考向叔府君(呂懋榮)行述　史2-10441
顯考叔惠府君(馮光元)行述、先妣張夫人
　　事畧　史2-10591
顯考秋浦府君(魏銀河)行述　史2-9549
顯考宛鄰府君(張琦)行述　史2-9673
顯考容深府君(劉�濬)行述　史2-10394
顯考審源府君(顏清如)行述　史2-9471
顯考寶珊府君(王篤)行狀　史2-9855
顯考潯南府君(郭衍汾)行述、顯妣張宜人
　　行述　史2-9742
顯考繡堂府君(李桓)事畧　史2-10340
顯考沈府君行述　史2-10920
顯考達甫府君(陳壽圖)行狀　史2-10084
顯考清渠府君(朱泉達)行述　史2-10391
顯考湘生府君(王福瀛)行述　史2-10200
顯考祝礽府君(朱賡堯)行述　史2-10557

顯考潤山府君(周玉衡)行述　史2-9786

顯考凝靜府君(依蘭泰)曁配誥贈一品夫人
　　顯妣那拉氏太夫人誥封一品夫人顯妣盧
　　佳氏太夫人行狀　史2-9505

顯考次雲府君(徐用福)行狀　史2-10385

顯考次山府君(惲世臨)行述　史2-10162

顯考滌甫府君(宗稷臣)行述　史2-9865

顯考冠卿府君(葉伯英)行狀　史2-10713

顯考朗甫府君(張廷鑑)行述　史2-9741

顯考海峯府君(龔景瀚)行述　史2-9581

顯考太學容巖府君(李崲)行述　史2-9495

顯考爽秋府君(袁旭)行畧　史2-10571

顯考南厓府君(魏瀚)曁顯妣左太孺人合傳
　　史2-9702

顯考古瀨府君(徐迪新)行述　史2-10511

顯考杏蓀府君(盛宣懷)行述　史2-10635

顯考壽蓀府君(田祚)行述　史2-10177

顯考梓庭府君(程祖洛)行狀　史2-9609

顯考森甫府君(沈嗣綏)行述　史2-10522

顯考樸園府君(栗毓美)行述　史2-9766

顯考藍洲府君(陳豪)事畧　史2-10561

顯考芳山府君(梅錦堂)行述　史2-9975

顯考蘭卿府君(李彥章)行狀　史2-9890

顯考蔭棠府君(瞿紹基)行述　史2-9720

顯考蒙叔府君(沈景修)行述　史2-10469

顯考蔚亭府君(蔣文慶)行狀　史2-9870

顯考薇研府君(童華)行述、盛夫人行述
　　史2-10183

顯考芝楣府君(陳鑾)行述　史2-9806

顯考芝堂府君(沈欽霖)行述　史2-9694

顯考慕莘府君(張大有)行述　史2-9449

顯考莘農府君(伊里布)行述　史2-9723

顯考莫公行狀、顯妣莫母李孺人行狀　史
　　2-9667

顯考華生府君(蔡鑾坡)行述　史2-9615

顯考蓉舫府君(江人鏡)行述　史2-10274

顯考護孫府君(劉嘉樹)行述　史2-10514

顯考喆人府君姒侯孺人行述　史2-9618

顯考藝齋府君(王家相)行述　史2-9662

顯考藝風府君(繆荃孫)行述　史2-10638

顯考菘耘府君(惲祖翼)行述　史2-10532

顯考旭齋府君(喻元升)行述附顯妣呂恭人
　　行述　史2-9816

顯考旭人府君(盛康)行述　史2-10130

顯考覲侍府君(嚴以盛)行述　史2-10797

顯考鶴岑府君(錢鷸杲)行述　史2-10718

顯考鶴窗府君(馮履咸)行述　史2-9522

顯考馨山府君(沈福眙)行述　史2-10254

顯考松麓府君(乃果)行述　史2-9439

顯考青霞府君(徐玉舉)行述　史2-9689

顯考春舫府君(王者政)行述　史2-9954

顯考東雲府君(李恩繹)行述　史2-9757

顯考哲生府君(黃家麟)行述　史2-10252

顯考輔庭府君(徐達邦)行述　史2-10227

顯考耟梁府君(史致諤)行述　史2-9966

顯考蛻農府君(鮑心增)事畧　史2-10739

顯考見亭府君(麟慶)行述　史2-9844

顯考景唐府君(朱夢元)行述　史2-10081

顯考羅府君(孝連)行狀　史2-10433

顯考號均府君(沈保衡)行述、家傳　史2-
　　10785

顯考曉舟府君(胡瀠)行述　史2-9832

顯考曦亭府君(張映斗)行述　史2-9592

顯考曦初府君(梁景先)行狀　史2-10295

顯考厚吾府君(黃袁)行狀　史2-10650

顯考劉公玖石府君(榘)行狀　史2-10156

顯考劉公幼雲府君(廷琛)行狀　史2-
　　10910

顯考肜甫府君(晏端書)行述　史2-9950

顯考體齋府君(朱根仁)行述　史2-10220

顯考歠生府君(沈中堅)事畧、顯妣彭淑人
　　事畧　史2-10621

顯考月樵府君(胡鳳丹)行述　史2-10272

顯考展卿府君(顧大成)行述　史2-10330

顯考丹盟府君(桂超萬)行述　史2-9797

顯考金晴初(應澍)府君行述　史2-10072

顯考午晴府君(項應蓮)行述　史2-9591

顯考銓生府君(陶錫祺)行述　史2-10531

顯考竹齋府君(陳德明)行述　史2-10358

顯考竹坡府君(惲思贊)行述　史2-10454

顯考簾舫府君(劉衡)行述　史2-9744

顯考簾舫府君行述、名宦錄　史2-9745

顯考符卿府君(孫瑞珍)行述　史2-9791

顯考筱沅府君(任道熔)行述　史2-10263

顯考少仙府君(朱文治)行述　史2-9648

顯考少村府君(吳昌壽)行述　史2-10039

顯考尚溪府君(張汝璜)行述　史2-9955

顯考怡山府君(趙長齡)歷年行述、曁顯妣
　　誥贈一品夫人孫綦高張太君行畧　史2-
　　9949

顯考愼亭府君(梁念祖)行述、梁先生(殿
　　元)行狀　史2-9644

50　顯忠集(李紹賢)　史2-8921
　　顯忠錄　史2-7612　集2-6442
　　顯忠錄、續顯忠錄　史2-8848

52　顯授不退轉菩薩記　子6-32085(6)

53　顯戒論、天台法華宗年分緣起　子6-32093
　　(53)

56　顯揚聖教論　子6-32081(23)、32083(16)、
　　32084(13)、32085(23)、32086(25)、32088
　　(16)、32089(42)、32090(47)、32091(45)、

32092(31)、32093(25),7－32756
　顯揚聖教論頌　子6－32083(16)、32085(23)、
　　32086(26)、32088(17)、32089(42)、32090
　　(48)、32091(46)、32092(32)、32093(25),7－
　　32740
60 顯□不退轉菩薩記　子6－32090(7)、32092
　　(5)、32093(8)
80 顯無邊佛土功德經　子6－32081(5)、32083
　　(4)、32085(5)、32086(5)、32088(4)、32089
　　(5)、32090(5)、32091(4)、32092(3)、32093
　　(2),7－32404

6180₁ 匙

22 匙巖張氏宗譜[浙江義烏]　史5－35034

6180₈ 題

00 題方氏墨雜言八則　叢1－353
　　題雜帖詩　集4－23807
03 題詠二集　集3－14423
　　題詠集錄　集4－31883
　　題詠續纂　叢2－837
16 題硯叢鈔(葉小鸞眉子硯題詞前集、今集、
　　閨秀題詞)　子4－18751
20 題辭　子1－1974,3－16151
　　題稿、廣東乞假全案　史6－47965
21 題紅詞　叢1－496(4)
　　題紅閣詞鈔、語兒村箋　集7－48034
22 題嵩洛訪碑圖　史8－64021　叢1－512
27 題解韻編續集　子5－26171
　　題名錄(宋紹興十八年)　叢1－457
30 題字分注　集4－23903
　　題宋王十朋註　叢1－223(52)
34 題襟集　集3－19695,7－46424
　　題襟館消夏倡和集　叢2－1874
40 題真語者齋吟草　集4－28996
44 題蘭稿　集4－24009
　　題蕉館集　集4－30301
　　題焚經臺詩　叢1－543
47 題桐書屋詩草　集4－27772
48 題梅詩　集3－20648
50 題畫雜言　子3－16225　叢2－2101
　　題畫詩　史2－8810　子3－16126、16156、
　　16248　集2－6463、3－13835、20778、4－
　　25761、29540、5－37251、38802、41136、6－
　　41894(1)、41895　叢1－269(5)、270(3)、2－

731(35)
　　題畫詩鈔　子3－16199　叢2－1394
　　題畫瑣存　子3－16191
　　題畫稿　集4－24016
　　題畫絕句　集5－38162　叢2－2068
　　題本彙鈔　史6－47885
　　題奏咨事件　史6－41729
　　題奏事件　史6－47900
　　題奏全稿　史6－47925
60 題園壁南調　集7－49459
61 題題詞題端　叢2－1309
63 題跋殉節錄詩　叢2－785
　　題跋續集　史8－66463
　　題跋四種　史8－63516
　　題跋附錄　經1－8136
67 題照集　集6－41964
68 題贈詩詞　集4－22918
　　題贈附錄　集1－4779
　　題贈錄　集6－43733
75 題肆　集7－49608
77 題鳳館詩稿、詞稿、文稿　集4－33512
　　題鳳館詩錄　集4－33514
　　題留新嘉驛壁詩序　集2－12751　叢1－168
　　(4)

6183₂ 賑

12 賑發款議　史6－44555
17 賑粥議　史6－44616　叢1－369
　　賑豫紀畧　史6－44539、44562　叢1－273
　　(4)、274(4)、360,2－731(19)
24 賑備款議、賑發款議、義田圖書　史6－
　　44555
27 賑紀　史6－44586
44 賑荒福報　史6－44600
56 賑捐例章、常捐例章　史6－44623
77 賑尾雜記　子4－23288

6194₇ 敗

21 敗經筆記　經1－156,2－11703　叢1－418

6198₆ 顥

00 顥亭詩選　集6－41960

6200₀ 喇

68 喇叭吹法　子7-36231(3)、37639

6201₃ 眺

29 眺秋樓詩集　集3-18546
48 眺松亭賦鈔　集4-26001

6201₄ 唾

10 唾玉集　子4-20178　叢1-19(8)、20(6)、21
　　(7)、22(4)、23(4)、24(9)
　　唾玉堂詩選　集5-40617
　　唾玉堂詩鈔、文存　集5-40616
23 唾絨詞　集7-47558
44 唾莽(羅傑)年譜　史2-12427
　　唾莽詩集、文集　集5-40364
77 唾居隨錄　子1-1359　叢2-1307
88 唾餘新拾　叢1-284
　　唾餘新拾、續拾、補拾　子4-21346
　　唾餘重拾　集4-29813
　　唾餘集　集4-22066、25632、30078　叢2-
　　856
　　唾餘集選　集2-11145,6-41949
　　唾餘續拾　子4-21347~8
　　唾餘近草　集3-18518
　　唾餘吟館遺集　集4-33614

睡

00 睡庵文稿二刻補　集2-11081
　　睡庵文稿初刻、二刻、三刻　集2-11080
　　睡庵詩稿　集2-11075~6
　　睡庵詩稿、文稿　集2-11071~3
　　睡庵稿　集2-11079
　　睡庵稿文集、詩集　集2-11069
　　睡庵稿文集、詩集、視草　集2-11070
　　睡庵稿詩集　集2-11074
　　睡廬詩選(嶺南林睡廬詩選)　集3-19279
　　睡方書　子4-20904　叢1-128~9,2-1173

16 睡醒編　集6-42946
20 睡香花室詩鈔　集4-32612
　　睡香花室詞　集4-31856
　　睡香花室詞、秋碧詞、同心室詞、憶佩居詞
　　　集7-48110
　　睡香花室詞、秋碧詞、同心室詞、憶佩居詞、
　　　蝶園詞、花好月圓室詞　集7-48109
44 睡菴稿　集2-11078
60 睡足軒詩選　集2-8150,6-41951　叢2-
　　948、1336
88 睡餘偶筆　叢2-1861
　　睡餘漫鈔　子4-24137
　　睡餘錄　集5-34961　叢2-2087

6202₁ 昕

10 昕天論　叢2-774(10)
27 昕夕閒談　叢1-496(2)

晰

28 晰微補化全書　子2-7047
　　晰微補化全書、補遺、附錄　子2-7021
43 晰獄龜鑑　叢1-22(3)、23(3)、249(3)

6202₇ 喘

77 喘月吟　集5-40386

6203₄ 暌

50 暌車志　子5-26222、26951　叢1-101

暌

50 暌車志(郭泉)　叢1-19(7)、20(4)、22(20)、
　　23(19)、24(7)、29(5)、56、99~100、223(46)、
　　249(3)、2-731(50)、735(3)
　　暌車志(歐陽玄)　叢1-22(20)、23(19)、29
　　(5)、2-617(4)
　　暌車志(歐陽炯)　叢1-148、154、185

6203₆ 嗤

62 嗤嗤先生(蕭德宣)傳　史2-9867

6204₆ 嚼

48 嚼梅山館詩文全集　集5-36158
嚼梅吟　集5-38454

6204₇ 暖

20 暖香堂先正語錄節要　子1-1926
暖香堂筆記　史2-12300
45 暖姝由筆　子5-27015　叢1-22(23)、31、
97,2-799~801
50 暖春書屋試律偶存、時文畧　集4-30792
暖春書屋詩刪　集4-30790~1

曖

45 曖姝由筆　子4-20812~3

6204₉ 呼

27 呼綠軒詩草　集4-22309
28 呼倫貝爾志畧　史7-49357、56066
呼倫貝爾志畧[民國]　史7-56067
呼倫貝爾概要[民國]　史7-56068
呼倫縣志畧[民國]　史7-56069
41 呼桓日記(明萬曆四十年)　史2-12525
44 呼蘭府志[宣統]　史7-56315
呼蘭縣志[民國]　史7-56316
47 呼鶴山人吟稿　集6-44991

6207₂ 咄

62 咄咄吟　史1-3821　集3-19854,4-29258、

31814　叢2-670
咄咄錄　史1-4128

6211₃ 跳

45 跳槽一枝　集7-51039
跳槽回頭一枝　集7-51040
86 跳鑼鍋橋一枝　集7-51041

6211₄ 踵

26 踵息廬稿　叢2-797、912
踵息廬粹語　子1-1747　叢2-797、912

6212₇ 踽

00 踽庵試帖　集5-36885
44 踽菴集　集2-11511

6213₁ 跡

14 跡弛錄　史1-4149

6216₃ 踏

10 踏雪訪賢一枝　集7-51958

6217₇ 蹈

50 蹈東集　集3-13312

6220₀ 剔

21 剔齒閒思錄　叢2-1129
98 剔弊廣增分韻五方元音　經2-13843
剔弊廣增分韻五方元音、韻法析說　經2-

13842

6233₉ 懸

27 懸解錄　子5-29530(18)、30874
35 懸袖便方　子2-9318
46 懸榻齋詩集、文集　集2-9666~7　叢2-
　　1011
　　懸榻齋集　集2-9668
　　懸榻山房詩集　集5-38089
　　懸榻編　集3-13571
47 懸磬集　集3-19901
88 懸笴瑣探　叢1-22(22)、29(7)、51~2、55、58、
　　164、326
　　懸笴瑣探摘鈔　叢2-731(53)

6237₂ 黜

25 黜朱梁紀年論　史1-5305　叢1-197(1)
40 黜奢尚儉例册　史6-42221
77 黜邪編　史6-45517　子4-21727
　　黜邪家誡　子1-2262　叢2-1716~7

6240₀ 別

00 別庵集　集4-32127
06 別譯雜阿含經　子6-32081(26)、32083(18)、
　　32084(15)、32085(26)、32088(19)、32089
　　(17)、32090(23)、32091(21)、32092(15)、
　　32093(17)、7-32524
　　別譯雜阿含經初誦、別譯雜阿含經　子6-
　　32086(29)
08 別論初本　子4-20554
10 別下齋叢書二十七種　叢1-335
　　別下齋叢書初集二十三種　叢1-334
　　別下齋叢書初集十種　叢1-333
　　別下齋書存　史8-65804
　　別下齋書畫錄　叢2-662
　　別下齋書畫錄、補闕　子3-14869
20 別集張子和心鏡(心鏡)　子2-6475
21 別上下齋詩　集5-36065
　　別行二種　叢1-559
22 別山詩鈔　集2-12541
　　別山詩鈔、補遺三首　集2-12540
　　別稱彙鈔　子5-25841

27 別名錄　子5-26010
28 別俗正音彙編大全　經2-13899
40 別女一枝　集7-52642
41 別姬　集7-52255
43 別裁詩選　叢2-947
44 別菴禪師同門錄　子6-32091(82)
46 別駕集　集2-9114
50 別史傳記　叢2-1443
　　別畫湖莊小草　集5-39021
　　別本刑統賦解　史6-45756　叢2-618
　　別本千字文　叢1-276
　　別本千字文續千字文再續千字文　經2-
　　13417　叢1-269(2)、270(1)
　　別本緯蕭齋存稿　集3-13643
　　別本結一廬書目　史8-65257、65817　叢1-
　　547(3)
　　別本續千字文　經2-13409　叢1-269(2)、
　　270(1)、276
　　別本十六國春秋　叢1-223(22)
　　別本韓文考異、外集、附錄　集1-1308
　　別本韓文考異、補遺、外集、附錄　叢1-223
　　(49)
　　別本周易本義　叢1-223(2)
60 別國洞冥記　子1-61,5-26218、26798　叢
　　1-22(12)、23(11)、29(1)、71、73~7、90~1、
　　108、111(3)、249(1)、566,2-726、730(5)
　　別國洞冥記、枕中書、佛國記　子5-26799
　　別國洞冥記、增象　子5-26800
61 別號八十一說　集3-20415,6-44966
　　別號錄　史2-13401　叢1-223(44)
　　別號錄前編　叢2-1359
　　別號錄前編、明人別號錄　史2-13400　子
　　5-25883
62 別縣思錄　叢2-1205
70 別雅　經2-14647、15125　叢1-223(15)、
　　430、440~1
　　別雅訂　經2-14648　叢1-419,2-731(23)
　　別雅類　經2-14649　叢2-2057
77 別母亂箭　集7-51396、53549
87 別錄　史8-65404~5　集6-42036　叢1-
　　261,2-635(12)、761
　　別錄補遺　史8-65410　叢2-775(4)
88 別竹辭花記　叢2-2156

6280₀ 則

10 則一道人遺稿　集5-40055
22 則例便覽　史6-47077
　　則例考　子7-36240(2)

40 則克錄、圖　子1-3546～7
　　則古昔齋文鈔　叢1-556
　　則古昔齋算學十三種　子3-12356
50 則中語錄　子1-1314
67 則鳴居茫茫詩草　集5-35885
71 則原遺稿　集3-18061
90 則堂集　叢1-223(58)
　　則堂集(則堂先生文集)　集1-4296
　　則堂先生春秋集傳詳說(春秋詳說)、綱領
　　　　經1-7520
　　則堂先生春秋集傳詳說、綱領　經1-77(3)

6283₇ 貶

42 貶妖穴爲罪隸論　史1-1990、4189
44 貶蕭瑀手詔　叢2-771(2)

6292₂ 影

01 影譚　子5-27211～3
02 影刻元延祐間覆宋本　叢1-559
09 影談　叢1-496(2)
11 影北宋鈔本毛詩卷四至六　經1-3549
22 影山詞　集7-47836　叢2-1020、1842
　　影山詞、外集　集7-47835　叢2-885
　　影山草堂六種　叢2-1021
　　影山草堂雜文　叢2-1020
　　影山草堂雜抄　叢2-1020
　　影山草堂詩鈔　集4-31977　叢2-1842
　　影山草堂書目　史8-65791　叢2-1020
　　影山草堂學詠稿　叢2-1020
　　影山草堂學吟稿、郘亭外集　集4-31980
23 影戲目錄　集7-54876
　　影戲燈說　子7-37245
　　影戲燈說、光理淺說　子7-36229
27 影響集　子7-34586　集4-32316
30 影寫隸古定尚書商書殘卷　經1-2541
　　影宋大字本尚書釋音　經1-3386
44 影舊鈔卷子原本玉篇、殘　經2-12765
　　影樹樓詞　集7-46399～400、47154
46 影相會說　子7-36229、37646
48 影梅庵傳奇　集7-50377
　　影梅庵憶語　史2-9304　子5-26234、
　　　26620～1　叢1-202(2)、203(18)、320、583、
　　　587(2)、2-624(3)、752、934
　　影梅庵悼亡題詠集　叢1-583

影梅菴憶語　叢1-203(8)
50 影春園詞　叢2-1922
59 影抄宋刻本九經直音校補　經2-11963
60 影園詩稿文稿　集2-12445
　　影園瑤華集　集6-44449
　　影園集　集2-12446、6-43118
77 影居文鈔　集3-13405
　　影印文溯閣四庫全書四種　叢1-229
　　影印文瀾閣四庫全書四種　叢1-229
　　影印李蒓客先生手稿越縵堂日記樣本(清
　　　同治二年)、李君蒓客傳　史2-12945
　　影印四庫全書四種　叢1-229
89 影鈔文溯閣四庫全書醫書十二種　子2-
　　　4623
92 影燈記　史7-50630　叢1-22(12)、23(12)

6299₃ 縣

12 縣發明、法曲祕譜　集7-54680
50 縣東曹氏譜[江蘇常熟]　史5-34171
88 縣笥瑣探　子4-22991、5-26219　叢1-34、
　　　39、50、53、88～9、2-624(3)
　　縣笥瑣探摘抄　叢1-84(4)、2-730(11)
　　縣笥瑣探摘鈔　子4-22992

6301₂ 嚛

00 嚛言　子1-1136

睕

00 睕廬遺稿　集3-20172
20 睕香亭遺稿　集6-45025
　　睕香齋吟稿　集4-22904
　　睕香詩鈔　集4-22424、27173
　　睕香村會稿　集3-21245、5-36099
　　睕香樓詩稿　集3-21107
　　睕香樓遺草　集5-34023
　　睕香居詩草　集4-31259
　　睕香小築初稿　集5-33867
　　睕香小築藏印　子3-17403
35 睕清府君(吳端甫)行述　史2-10036
40 睕南書屋詩稿　集4-27663
44 睕蘭齋文集　集5-37917

6301₄ 咤

48 咤樣　集7-52566
80 咤美　集7-52565

6302₇ 哺

07 哺記　子1-4520　叢1-202(3)、203(8、18)、
　　321
80 哺含村社　集7-49701

6303₂ 咏

10 咏霓仙館日記(清光緒六年)　史2-13163
27 咏物詩選　集6-42484
　　咏物詩選註釋　集6-42502
50 咏史詩　史1-6041
　　咏史詩集　集3-18001
88 咏籬仙館初集、二集　集5-37219

6305₀ 哦

77 哦月樓詩存、詩餘　集5-36363,6-42016
　　哦月樓詩存、詩餘、詩餘續附　集5-36362
　　哦月樓詩餘(哦月軒詩餘)　集7-48271

6306₄ 喀

10 喀爾喀地畧　史7-49318(20)、54498
　　喀爾喀四部落源流册　史5-41486
　　喀爾喀風土記　史7-49316、49318(2)、54496
24 喀什噶爾(附英吉沙爾)[嘉慶]　史8-
　　63394
　　喀什噶爾志　史8-63396
　　喀什噶爾赴墨克道里記　史7-49335、51207
　　喀什噶爾英吉沙爾事宜　子7-36848
　　喀什噶爾英吉沙爾事宜[乾隆]　史8-
　　63393
　　喀什噶爾畧論　史7-49317(6)、49318(3)

喀什噶爾畧節事宜[道光]　史8-63395
喀納塔政要　史7-49318(19)、54885
62 喀喇沙爾志畧[道光]　史8-63435

瞎

17 瞎子打混嘆十聲一套　集7-50974
　　瞎子嘆一枝　集7-50888
　　瞎子怕開溝一枝　集7-51994
25 瞎牛庵題畫詩　子3-16234
　　瞎牛題畫詩　集5-36835
73 瞎騙奇聞　子5-27870
90 瞎堂詩集　集3-13460

6311₄ 蹴

67 蹴鞠譜　子3-18485　叢2-743
　　蹴鞠毬場　集7-49703
　　蹴鞠圖譜　子3-18484　叢1-22(17)、23
　　(16)、173、220

6314₇ 跋

17 跋聊齋誌異顚道人　叢2-2203
30 跋永樂大典輯出書　叢2-673
40 跋十三經音畧　經2-11982
　　跋南雷文定　子1-1683　叢2-654、1652
50 跋東魏劉懿墓誌附記　史8-63670
72 跋所藏法帖　子3-14709、15288

6315₀ 戢

30 戢寒齋文集、詩集、詞鈔　集5-39374
60 戢思堂詩鈔　集3-20002
62 戢影述錄　子4-23538

6315₃ 踐

78 踐阼篇集解　經1-5933　子5-24880

6319₁ 踪

67 踪眼和尚機鋒語錄　子7-34233

6323₄ 猷

37 猷次瑣談　子4-20605

6333₄ 默

00 默庵文集　集5-39182
　　默庵文續集　集5-39183
　　默庵詩文稿　集5-40806
　　默庵詩集　集2-6633
　　默庵詩存　集5-39181
　　默庵詩鈔　集4-22061
　　默庵詩鈔、詩餘　集4-23114
　　默庵集　叢1-223(59)
　　默庵安先生文集　集1-5077
　　默庵安先生文集(默菴集)　集1-5076
　　默庵懷舊集、愚園題咏　集5-40807
　　默齋詩集　集3-20959
　　默齋詩稿　集5-38885
　　默齋詩存　集4-27631
　　默齋詩草　集4-29781
　　默齋遺稿　叢1-223(57)
　　默齋遺藁　集1-3826,6-41784
　　默齋遺藁、增輯　集1-3827
　　默齋公牘　史6-47136
　　默音集　史7-49350　集3-19539
04 默麒麟　集7-49706
07 默記　史1-1914　子4-19805~6,22906~8　叢1-4~5、9、19(8)、20(6)、21(7)、22(8)、23(9)、24(8)、29(5)、56、95、195(5)、223(45)、244(3)、407(3)、2-624(2)、652、730(2)、774(10)、775(5)
10 默示錄注釋　子7-35734
34 默達以哈講意　子7-36001
40 默存庵詩集　集5-40407
　　默齋泊虛孤祖齋游記　史7-53133　叢2-2231
44 默菴詩鈔　叢2-965
　　默菴集　集1-5074、5076
　　默菴稿　集6-41933

默菴先生集　集3-13125
默菴安先生文集　集1-5075
默菴遺稿、遺文　集3-13127
默菴遺藁　集3-13126
46 默想正規　子7-35557
　　默想要端四十條　子7-35547
　　默想要工　子7-35558
　　默想耶穌苦難　子7-35497
　　默想取益神書　子7-35305
　　默想寶鑒　子7-35428
　　默想神功　子7-35333
　　默想指掌　子7-35551
　　默想問答　子7-35435
50 默史遺稿　集5-39610
51 默軒詩鈔　集3-19391
53 默成文集　集1-3153　叢1-223(53),2-860
　　默成集　集1-3155,6-41784
55 默耕詩選　集3-14422　叢2-874
60 默思聖難錄　子7-35404
68 默吟詩存　集4-28634
71 默厂金石三書　叢2-745
80 默盦居士自定年譜、續編、附錄　史2-12393
　　默鏡居外集　集3-15569
90 默堂詩　集3-20478
　　默堂集　集1-3014,6-41894(2)、41904　叢1-223(54)
　　默堂先生文集　集1-3012　叢2-637(3)
　　默堂先生文集(默堂集)　集1-3013

6355₀ 戰

21 戰術學　子7-36897
22 戰例評論第一集　子1-3441
23 戰伐志　子7-36245
27 戰船五更一套　集7-50881
　　戰船及槍礮藥彈考　子7-36240(5)
28 戰艦考　子7-36240(3)
30 戰守要錄　子1-3453
　　戰守集畧　叢2-1750
　　戰守心瀊　子1-3395~6
　　戰守輯畧　子1-3337
　　戰守全書　子1-3470
34 戰法輯要　子7-38138
　　戰法學　子7-36258、36896
40 戰南昌　集7-53068
　　戰占堂集　集3-18996

中國古籍總目·索引

42 戰機覽快、覽恨、亂機鑒　子1-3304
44 戰蒲關　集7-53388
　　戰萬山姑蘇臺　集7-53511
60 戰國疆域圖　史7-49313、49412
　　戰國職官考　史6-42609
　　戰國紀年　史1-2180
　　戰國紀年、地輿、年表　叢2-1659~60
　　戰國紀年、戰國地輿、戰國年表　史1-2195
　　戰國七雄圖說　史7-49408　叢1-349
　　戰國人才言行錄　史2-6299
　　戰國策　史1-2152~3、2156、2160~2、2166~
　　　7、2170~2、2176~8、2197、5077、5133　叢1-
　　　219、223(20)、227(7)、347、2-635(3)、782(2)
　　戰國策、元本目錄　史1-2168
　　戰國策、重刻本札記　叢1-316~7
　　戰國策、札記　史1-2157　叢2-697、698
　　　(4)、731(64)
　　戰國策辨訛　史1-2198
　　戰國策雜誌　叢2-923
　　戰國策譚椒　史1-2165
　　戰國策評苑　史1-2163~4
　　戰國策佚文　史1-2155　叢2-777
　　戰國策釋地　史1-2192　叢1-327、416、
　　　550、2-653(6)、731(56)
　　戰國策約選　史1-5080　叢2-956
　　戰國策注、序錄、年表　史1-2186　叢2-
　　　2078
　　戰國策補釋　史1-2199
　　戰國策補注　史1-2187
　　戰國策選　史1-5059~60、5063、5068、5075~
　　　6　叢1-297~8
　　戰國策奇鈔　史1-5070
　　戰國策去毒　史1-2189~90　叢2-1334
　　戰國策校注　叢1-223(20)
　　戰國策狐白　史1-5057
　　戰國策考證　史1-2169
　　戰國策全編、國策異同　史1-2175
　　戰國策節本　史1-2154
　　戰國策纂　史1-5066　叢1-138
　　戰畧　子1-3086　叢2-772(5)、773(5)
　　戰畧考　子1-3302
　　戰畧學　子1-3402
71 戰長沙　集7-53016
　　戰長沙一段　集7-51631
77 戰鬥學講義　子1-3446
88 戰餘吟　集5-34766

6363₄ 獸

21 獸經　子4-19385　叢1-13、14(4)、22(27)、
　　　48、86、197(2)、422、469、495、567、586(4)、2-
　　　716(3)、730(7)、731(28)
　　獸經(新刻獸經)　子4-19386
　　獸經補錄　叢2-1451
22 獸嶺吳氏族譜[福建浦城]　史4-28098
33 獸述　子4-19387
40 獸有百種論　子7-36229、37832
　　獸志　叢1-9、22(11)、23(11)

6384₀ 賦

02 賦話　集6-46333~5　叢1-282(3)、283
　　　(4)、2-731(48)
　　賦話對聯　集5-36008
07 賦部　叢2-1111
11 賦琴樓集　集3-19807
18 賦珍　集6-42601
22 賦徭考　史6-41653
24 賦續二篇　叢2-1361
27 賦役詳稿　史6-46083　集3-14381　叢2-
　　　1305
　　賦役議　叢2-771(1)
　　賦役冊　史6-43699
　　賦役全書(嘉慶貳拾伍年至道光拾伍年)
　　　史6-43645
　　賦役全書、徭里全書　史6-43644
　　賦魚齋雜抄　叢1-373(3)
　　賦物類草　集6-42634
　　賦彙題註　集6-42626
　　賦彙題注　子5-25153~4
　　賦彙錄要、補遺、外集　集6-42629
28 賦稅考　史6-41653
29 賦秋聲館詩錄　集5-36171
　　賦秋聲館詩鈔　集5-36172
　　賦秋聲館詞錄　集6-41763
35 賦清草堂詩鈔　集3-17258
38 賦海補遺　集6-42600
　　賦海大觀、目錄　集6-42627
　　賦海類編　集6-42608~9
44 賦苑　集6-42597
　　賦苑類選　集6-42610
　　賦鶩慶詞　集7-48043
　　賦燕樓吟草　集4-28052

賦草、文　叢 2 - 1754
賦藁合編　叢 2 - 837
賦枕軒稿　集 2 - 11153
賦棋　集 7 - 49643
48 賦梅書屋詩初集、二集、三集、四集、五集、
　　六集　集 5 - 38411~2
50 賦春堂叢書二種　叢 2 - 945
60 賦日堂詩稿　集 3 - 14540
　　賦署、緒言、列傳、外篇　集 6 - 42599
　　賦品寫函　集 6 - 42603
　　賦品烏函　叢 2 - 1204
62 賦則　集 6 - 42616
77 賦閒雜錄　子 4 - 23223
　　賦閒樓詩集　集 3 - 16705
　　賦學正鵠集釋　集 6 - 42619~22
　　賦學正體　集 6 - 42607
　　賦學仙丹　集 6 - 42617
80 賦鏡錄、明賦考　史 6 - 43399
89 賦鈔箋署　集 6 - 42606
91 賦類聯英華　子 4 - 23455

6385₀ 賊

30 賊寇紀署、詩　史 1 - 4125
37 賊退譚餘　叢 2 - 1175
71 賊匪紀署　史 1 - 4124
　　賊匪始末記　史 1 - 3971
95 賊情彙纂　史 1 - 4089~91

6386₀ 貽

12 貽璞齋遺稿　集 5 - 37509
16 貽硯齋詩文稿、衍波詞　集 4 - 27516
　　貽硯齋詩稿　集 6 - 41999
　　貽硯堂詩集　集 5 - 34715
21 貽經堂試帖　子 3 - 15525
　　貽經堂試體詩　集 4 - 26872,6 - 42071
30 貽安堂詩集、外集　集 3 - 13921
　　貽安堂集　集 2 - 8939~40
　　貽安堂集、外集　集 3 - 13922
　　貽安堂稿、續集　集 2 - 7339
　　貽案始末記　史 1 - 4083
32 貽溪集　集 1 - 4710
35 貽清白齋詩鈔　集 5 - 37360
　　貽清白齋漢魏宮詞、外編　集 5 - 37361
　　貽清堂集　集 2 - 10551,12270,6 - 45128

44 貽芬書屋奏疏　史 6 - 48846
　　貽藹人將軍書　集 5 - 38893
47 貽馨堂集　集 4 - 32238
　　貽穀草堂詩集　集 4 - 29058
　　貽穀堂主人剩稿　集 4 - 26311
　　貽穀堂張氏錢塘支譜　史 5 - 34961
　　貽穀堂集　集 6 - 45044
　　貽穀堂稿　集 4 - 33449
51 貽軒詩集　集 4 - 23175
60 貽思齋古文稿　集 4 - 26203
　　貽思齋古文時文稿　集 4 - 26201
　　貽思齋爐餘稿、爐後錄　集 4 - 26202
80 貽令堂雜俎　子 4 - 21780
　　貽令堂醫學三書　子 2 - 4757
　　貽善堂四種須知　子 2 - 4589
88 貽笑大方算草少廣章初編　子 3 - 12763

6400₀ 叶

06 叶韻而已　集 2 - 10637
　　叶韻考正　經 2 - 14163

6401₀ 吐

00 吐方考　了 2 - 4760
23 吐絨記　集 7 - 49843~4
44 吐蕃傳地理考證　史 1 - 665,7 - 49310

6401₁ 曉

00 曉亭詩文集　集 5 - 38224
　　曉亭詩鈔　集 3 - 16977
　　曉亭詩鈔、鶴鳴集　集 3 - 18101
　　曉庵文集、詩集　集 3 - 14865
　　曉庵新法　子 3 - 11414　叢 1 - 274(4)、469
　　曉庵新法、五星行度解　子 3 - 11413
　　曉庵詩集　集 3 - 14864
　　曉庵先生詩集　集 3 - 14866
　　曉齋遺稿　集 5 - 38302
04 曉讀書齋初錄、二錄、三錄、四錄　子 4 -
　　22449　叢 2 - 1558~9
10 曉霞軒焚餘稿(曉霞軒詩詞焚餘集)　集 5 -
　　39017
17 曉珊得句、聯句　叢 2 - 1690

20 曉采居印印　子3-16894～5
21 曉紅軒剩稿　集5-38667
22 曉嵐雜著　集5-38669
　曉嵐閣吟稿、續　集3-19573
　曉山雜稿　集4-27026
　曉山草堂詩集　集3-18541～2
26 曉白堂詩稿　集3-18958
　曉泉集　集6-44643
30 曉瀛遺稿　集4-33159　叢2-1907
　曉寒詞　叢2-876
　曉窗春語　子4-22033
　曉窗筆錄　子4-24400
31 曉江遺稿　集5-36552
38 曉滄集　集3-18025
44 曉夢窗詩鈔　集3-15744
　曉燕堂詩鈔　集3-20283
　曉菴新法　子3-12389　叢1-223(35)、495，
　　2-731(27)
　曉菴王氏遺書三種　子3-11253
　曉菴遺書　叢1-493
　曉甘堂詩鈔　集5-34772
45 曉樓詩鈔　集4-22617
　曉樓初稿　集4-21997
47 曉帆詩草　集5-36790
　曉帆詩鈔　集5-36789
48 曉松吟　集3-18791
50 曉春閣詩集　集6-41999
　曉春閣詩稿　集4-22207
60 曉日壓妝樓一枝　集7-52009
　曉園文稿　集2-12174
　曉園子詩集殘稿　集2-12172
　曉園吟　集4-27038
65 曉晴軒遺稿　集5-40063
77 曉風殘月　叢2-1874
80 曉谷詩稿　集3-17870，6-41975
82 曉劍集　集3-20906
90 曉堂集　集3-20186～7

6401₄ 畦

22 畦樂詩集　集2-6295　叢1-223(63)
　畦樂先生詩集　集2-6294
60 畦園詩集　集3-13876

畦

22 畦嵩年詩　集2-11608，6-41943
23 畦允立詩　集2-12878，6-41943
50 畦東蓀文集　集2-11547
　畦東蓀先生集　集2-11544
　畦東蓀先生集、鎮江府均賦辨　集2-11545

睦

21 睦仁蒨傳　叢1-56、255(3)
　睦仁蒨見鬼傳　叢1-29(4)
32 睦州寓草　叢2-1612
　睦州存稿　集4-33176
　睦州古蹟記　史7-51394　叢1-22(12)、23
　　(11)
60 睦園詩集　集4-23433
　睦田陳氏宗譜[浙江雲和]　史4-33150
90 睦堂文集、詩集　集4-29396

6401₆ 俺

42 俺蒯道政要　史7-49318(19)、54891

6402₁ 畸

00 畸庵紀遊草　集5-40633
22 畸山皇甫宗譜[浙江奉化]　史4-30760
60 畸園老人詩集　集5-37556
　畸園老人詩稿、文稿　集5-37555
　畸園第三次手訂詩稿　集5-37557
80 畸人詩草　集4-28906
　畸人之詩　集6-44404

6402₇ 噶

11 噶瑪蘭番市志畧　史7-49319、51269
　噶瑪蘭紀畧　史7-49317(5)、49318(15)、
　　51267

噶瑪蘭志畧[道光]　史 8 - 63467
噶瑪蘭風俗志畧　史 7 - 49319、51268
62 噶喇吧紀畧、拾遺　史 7 - 54743　叢 1 -
　　367～8

晞

72 晞髮集　集 1 - 4551～2、4556、4558、4562
　　晞髮集、外集　集 1 - 4554
　　晞髮集、續錄、附錄　集 1 - 4553
　　晞髮集、晞髮遺集、補、謝臯羽先生年譜、冬
　　　青樹引註、西臺慟哭記註、天地間集　集
　　　1 - 4559
　　晞髮集、晞髮遺集、遺集補　叢 1 - 223(58)
　　晞髮集、晞髮遺集、遺集補、附天地間集、西
　　　臺慟哭記註、附錄　叢 1 - 580
　　晞髮集、年譜　集 1 - 4555
　　晞髮集、鄭思肖謝翱二先生年譜合編　集
　　　1 - 4563
　　晞髮集寓箋　集 1 - 4570
　　晞髮集寓箋、目錄　集 1 - 4569
　　晞髮集補鈔　集 1 - 4568,6 - 41901
　　晞髮集鈔　集 1 - 4564、4567,6 - 41908
　　晞髮集鈔、晞髮近稿鈔、天地間集　集 6 -
　　　41900
　　晞髮近稿鈔　集 1 - 4565
　　晞髮遺集、補、天地間集　集 1 - 4561
　　晞髮遺集、補遺、西臺慟哭記、冬青樹引注、
　　　天地間集　集 1 - 4560
　　晞髮道人近稿　史 2 - 8597～8
　　晞髮道人近稿、天地間集、羅江東外紀　集
　　　1 - 4549
　　晞髮道人近稿、羅江東外紀　集 1 - 4550
　　晞髮吟集　集 1 - 4557,6 - 41779～80
　　晞髮堂詩　集 3 - 16547
　　晞髮堂詩集、文集　集 3 - 16546
84 晞鑄堂文鈔　集 5 - 39410

6403₁ 噺

10 噺雪山房詩　集 4 - 28325
　　噺雪軒詩草　集 5 - 39490～1
　　噺雪軒詩草、文集　集 5 - 39489
　　噺雪堂詩集　集 6 - 45025

囈

01 囈語亭詩集、尾聲集、反童吟、孺啯草　集
　　4 - 23570
　　囈語集　叢 2 - 1363
　　囈語偶存　子 1 - 1748　叢 2 - 813
10 囈二集　集 2 - 12994
77 囈覺草前集、後集　集 2 - 8285

6403₄ 暎

64 暎咭唎紀畧　史 7 - 54828

嘆

08 嘆旗詞　集 7 - 52483
12 嘆孤孀寶卷　集 7 - 54466
13 嘆武侯(哭諸葛)　集 7 - 52484
27 嘆多情一枝　集 7 - 52754
32 嘆浮生如夢一枝　集 7 - 51961
44 嘆世經　集 7 - 54146
　　嘆世寶卷　集 7 - 54181
　　嘆世無爲寶經(歎世無爲寶卷)　子 7 -
　　　36099
　　嘆世無爲卷　子 7 - 36098、36101
　　嘆世無爲卷句解　子 7 - 36102
80 嘆人迷迷迷一枝　集 7 - 51962
91 嘆煙花五更一套　集 7 - 50871
95 嘆情樓一枝　集 7 - 50927

6404₁ 時

00 時症痧喉症經驗神祕方　子 2 - 6957
　　時症良方釋疑　子 2 - 6873
　　時症滙編　子 2 - 6874
　　時症錄要　子 2 - 6858
　　時痘論　子 2 - 4769
　　時病論　子 2 - 4718、6867
　　時病成方藥品　子 2 - 5917
　　時病撮要　子 2 - 4736、6871
　　時疫辨　子 2 - 6965

時疫證治　子2-4655
時疫結喉經驗良方　子2-7440
時疫白喉症真訣　子2-7529
時疫白喉集要　子2-10111
時疫白喉捷要　子2-4690～1、4702、4769、5184、7451　叢2-681
時疫白喉捷要(白喉症論、白喉輯要、時疫喉證良方、重刊白喉時疫方論、時疫白喉揭要)　子2-7486
時疫白喉捷要合編(專治時疫白喉捷要合編)　子2-7513
時疫核標蛇症治法附經驗良方　子2-6971
時庵自撰年譜　史2-11859
時齋府君(楊遇春)年譜　史2-11989
時齋文集初刻、續刻、又續　叢2-1643
時齋文集初刻、續刻、又續、時齋詩集初刻、續刻、又續、桐窗殘筆、餘稿、散存、拾遺　集4-25676
時齋詩集初刻、續刻、又續　叢2-1643
時齋倡和詩集　集6-44278
時齋四書簡題、簡題補　叢2-1643
時方歌括　子2-4648～63、9625
時方藥解　子2-4759
時方妙用　子2-4648～63、9626
時文五篇　集3-16800
時文蠡測　子4-20959
時文敘　叢2-1198
時文筆譜　集4-24970
02 時新怕跳槽對口滿江紅　集7-53634
07 時調下盤棋　集7-53316
時調彈詞忠孝節義金銀釵八集　集7-53801
時調洋歌三種　集7-50715
時調洋歌十二種　集7-53636
時調賣草囤(大賣草囤)　集7-50779
時調小曲二十種　集7-50704
時調小曲十四種　集7-50705
時調怕跳槽對口滿江紅　集7-50780
10 時干草　集3-21889
11 時非時經　集6-32083(21),7-32659
17 時習語錄　子1-1310
時習新知　子1-1216　叢2-1169
18 時務新論　子7-38110
時務新書七種　子7-36239
時務新策　子7-38124
時務論　史6-41495,7-54430　子4-19813　叢2-774(10)
時務要覽　史6-47532
時務條議　史6-49148
時務彙編第一集　史6-47538

時務叢鈔　史6-47537
時務通論　子7-38123
時務通考　史6-47541
時務通考續編　史6-47542
時務報論說彙錄　叢2-733
時務摘稿　子4-22703
時務學堂學約附讀書分月課程表　子7-36261
時務全書提要　史6-47543
時務金華集　子5-25933
時務策府統宗　史6-47544
21 時行課幼大全雜字　經2-13528
時術堂集選　集2-10028,6-41949
時術堂遺卷詩　集2-10029
22 時劇集錦　集7-54644
時出叢書(辛巳刊)五種　叢2-2243
26 時得佳趣軒謎存　子3-18462
27 時鳥集　集4-27346
時物典彙　子5-25805　叢2-1183
28 時俗喪祭便覽　經1-6347
30 時憲輯要　子3-11649
時憲曆(宣統朝)　子3-12326
36 時還我書錄　子4-23204
37 時逸溪詩稿　集4-23150
時逢軍政年一枝　集7-51930
時逢大比年一枝　集7-51924
時運寶卷(時運亨通、亨通卷)　集7-54446
38 時道下曲馬頭調上單下單目錄　集7-54885
時道人(假老斗歎)　集7-52468
40 時真人四聖鎖白猿雜劇　集7-48774(7)、49294
44 時藝、雜著絕筆　叢2-1608
時藝續存　集5-35019
50 時中集　集1-5737
時事雜記　叢2-1980
時事新論　子7-38108
時事新論圖說　子7-38109
時事新編　史1-4515
時事漫紀　史1-4423
時事曲　集7-50793、53653
59 時抄對口新十盃酒　集7-53634
60 時園詩草　集5-33837
65 時晴齋主人(張集馨)年譜　史2-12138
時晴齋詞鈔　集7-47936
時晴齋法帖　子3-15407
時晴齋館賦　集4-30409
72 時髦現形記　子5-28640
時氏音學叢稿三十二種　經2-14536
時氏家乘[浙江平湖]　史4-31714

77 時用集　集 3 - 16540
　　時用選擇用事宜忌　子 3 - 14537
　　時邪日知錄　子 2 - 6866
　　時學正衡　子 1 - 1882　叢 2 - 2076
　　時醫集四書文　子 2 - 10758
　　時興的小白臉一枝　集 7 - 52746
　　時興呀呀喲集　集 7 - 50737
　　時賢題詠卞氏牡丹詩　集 6 - 44048
　　時賢閱議　子 1 - 1931
80 時人賦摘鈔　叢 1 - 576
　　時鏡　子 7 - 32111
　　時令詩林尤雅　子 5 - 25860
　　時令考畧　叢 2 - 1451
　　時令事宜　史 6 - 49297
　　時令摘錦　子 5 - 26029
　　時令整散合編　史 6 - 49286
　　時畬堂詩稿　集 4 - 23236～7　叢 2 - 886(3)
88 時敏齋詩鈔　集 5 - 37122
　　時敏堂詩鈔　集 5 - 34177
　　時節氣候決病法　子 2 - 4686、6409
　　時節氣候鈔　史 6 - 49285
90 時尚古人劈破玉歌　集 7 - 50733
　　時尚笑談二十三則　子 5 - 27438

疇

00 疇齋文藁　集 1 - 4937
　　疇齋二譜　叢 1 - 392
　　疇齋二譜、外錄　叢 2 - 833
　　疇齋先生詩　集 1 - 4936
　　疇齋墨譜　子 4 - 18783
72 疇隱居士自訂年譜　史 2 - 12464
80 疇人傳　經 1 - 111(3)　史 2 - 6706～7　子 3 - 12388　叢 1 - 344
　　疇人傳三編　史 2 - 6708　叢 1 - 439
　　疇人傳三編、著述記　史 2 - 6709　子 3 - 12388
　　疇人傳四編　史 2 - 6710
　　疇人駁議　史 2 - 6711　子 3 - 12587

6406₀ 瞄

30 瞄準要法　子 7 - 36228(6)、37009

6406₁ 嗒

50 嗒史　史 1 - 4449　叢 1 - 202(3)、203(9)

嗜

26 嗜泉詩存、詩說　集 2 - 7160
37 嗜退山房稿　集 3 - 17986
　　嗜退菴語存　子 4 - 24195
　　嗜退菴語存外編　子 4 - 24197
　　嗜退菴語存內篇　子 4 - 24196
50 嗜書堂未定詩稿、文稿　集 3 - 20481

嘻

09 嘻談錄、嘻談續錄　子 5 - 27458
　　嘻談錄三十六則　子 5 - 27460

6408₆ 嚑

50 嚑史摘要　史 2 - 6633

噴

10 噴雪軒集　集 3 - 14013
81 噴飯集　集 5 - 37317
　　噴飯錄　叢 1 - 407(2)

6411₄ 跬

60 跬園詩鈔　集 5 - 40408

6412₇ 跨

58 跨鼇集　集 1 - 2860　叢 1 - 223(53)

6414₇ 跛

20 跛奚年譜　史 2－11984

6432₇ 黝

22 黝山紀遊　史 7－49318(6)　集 4－22813　叢
　　1－203(17)、371
67 黝曜室詩存　集 5－38207

6436₁ 點

77 點鼠賦虎夢來天懷坦蕩　集 7－49578

6462₇ 勖

00 勖亭集　集 3－16627
　　勖庵雜著　集 5－39827～8
　　勖庵詩選　集 5－39824
　　勖齋詩鈔　集 4－24115

6480₀ 財

10 財一枝　集 7－51672
18 財政部核定浙江省徵收地丁暫行章程　史
　　6－43464
　　財政處戶部奏定土藥統稅章程　史 6－
　　43579
　　財政條議　史 6－43198
　　財政叢書　史 6－41535
　　財政四綱　史 6－41535、43195　子 7－36259
　　財政策　子 7－36236
27 財阜鹽場　集 7－49701
31 財源廣布　集 7－49700
35 財神經　集 7－54269
　　財神寶卷　集 7－54270～1
　　財神寶卷(五福寶卷、財神卷)　集 7－54268
　　財神叫門　集 7－53088
55 財典　子 7－36245

60 財星照　集 7－50474

6486₀ 賭

44 賭棋山莊文集、文續集、文又續集、詩集、酒
　　邊詞、餘集　集 4－33577
　　賭棋山莊文集、詩集、詞話　集 4－33578
　　賭棋山莊詞話錄要　集 7－48737
　　賭棋山莊詞稿、雜鈔　集 7－48266
　　賭棋山莊詞學纂說　集 7－48738
　　賭棋山莊集　集 4－33576
　　賭棋山莊集文、續、文又續、詩、酒邊詞　叢
　　2－1883
　　賭棋山莊集詞話、續　集 7－48739　叢 2－
　　1883
　　賭棋山莊備忘錄(備忘錄)　子 4－23497
　　賭棋山莊遺稿　集 4－33582
　　賭棋山莊所著書七種(賭棋山莊全集)　叢
　　2－1883
　　賭棋山莊八十壽言　史 2－10230　叢 2－
　　1883
　　賭棋山莊筆記　子 4－23496　叢 2－1883
　　賭棋山莊筆記五種　子 4－19498
　　賭棋山莊餘集　集 4－33580～1
　　賭棋山莊餘集文、詩、詞　叢 2－1883
83 賭錢可看一套　集 7－50917

6488₆ 贖

20 贖雛鬻司業義捐金　集 7－49376、49491

6500₀ 畊

24 畊先印譜　子 3－17063
28 畊牧山人創草　集 2－11287
37 畊漁軒遺書　集 6－43739
40 畊南詩鈔、補鈔　集 4－23247　叢 2－2049
91 畊煙詩鈔　集 3－16050

6500₆ 呻

68 呻吟語　史 1－1918、2490　子 1－1152～5、

　　　1158　叢 1 - 151、313、534、2 - 649、691(2)、
　　　　724、1138～40
　　呻吟語疑　子 1 - 1174　叢 2 - 1140
　　呻吟語選　子 1 - 1167　叢 1 - 344,2 - 731(8)
　　呻吟語摘　子 1 - 1157、1169　叢 1 - 223(31)
　　呻吟語摘鈔　史 1 - 5478
　　呻吟語質疑　子 1 - 1175　叢 2 - 1334
　　呻吟語節署　子 1 - 1168
　　呻吟語節錄　子 1 - 1163～6、1170、1965
　　呻吟集　叢 2 - 1405
88 呻餘放言　叢 2 - 2209

6502₇ 嘯

00 嘯亭雜錄　子 4 - 23250
　　嘯亭雜錄、續錄　子 4 - 23247～9　叢 1 - 496
　　　(3),2 - 624(4)、735(5)
　　嘯亭雜錄、嘯亭續錄　叢 1 - 565
　　嘯亭雜鈔　子 4 - 23246
　　嘯亭詩鈔　集 5 - 40494
　　嘯廬詩草(嘯廬樵唱)　集 4 - 33291
　　嘯廬遺詩　集 4 - 26709
10 嘯雪庵詩集、題詠、題詠二集、新集　集 3 -
　　　14423
　　嘯雪庵詩鈔　集 6 - 41999
　　嘯雪齋詩選　集 4 - 25886
　　嘯雪菴詩餘　集 7 - 47003
　　嘯雨草堂集　集 4 - 29752
　　嘯霞漫稿　集 5 - 35723
　　嘯吾遺集(窺生鐵齋詩存、詞、希晦常遺文、
　　　嘯吾雜著)　集 5 - 34617
　　嘯雲文鈔、詩鈔　集 4 - 27787
　　嘯雲集　集 4 - 29787
　　嘯雲樓詩集　集 3 - 13348～9
　　嘯雲樓集印　子 3 - 17039
　　嘯雲軒詩集　集 5 - 35370
　　嘯雲軒詩集、文集　集 5 - 35369
　　嘯雲館詩草　集 4 - 31066
17 嘯歌　集 2 - 10687　叢 2 - 1169
21 嘯旨　子 3 - 18474,5 - 26218　叢 1 - 11～2、22
　　　(16)、23(16)、29(4)、30、37～8、86、119～20、
　　　175、255(2)、2 - 730(6)、731(36)
　　嘯經草堂拾唾餘草　集 4 - 24286
22 嘯崖山人剩稿　集 4 - 27508
　　嘯崖山人燼餘詩集　集 4 - 27509
　　嘯崖山人燼餘詩稿　集 4 - 27510
　　嘯巖詩鈔　集 3 - 18858
　　嘯巖草　集 4 - 22383,6 - 44970
27 嘯綠齋詩草　集 4 - 25335

29 嘯秋閣詩鈔　集 5 - 39464
32 嘯溪詩草　集 3 - 18992
40 嘯臺集　集 3 - 13728
　　嘯古堂文集　集 4 - 31567～8、31571
　　嘯古堂文鈔　集 4 - 31570
　　嘯古堂詩　集 4 - 31565
　　嘯古堂詩集　集 4 - 31566
　　嘯古堂詩集、遺集　集 4 - 31563
　　嘯古堂外集　集 4 - 31569
44 嘯夢軒新演楊狀元進諫謫滇南雜劇　集 7 -
　　　49462
　　嘯村近體詩選　集 3 - 19772
　　嘯村初稿　集 4 - 30329
　　嘯葉軒文集　集 4 - 30721
　　嘯葉盦詞集(櫻海詞、桃渡詞)　集 7 - 48403
45 嘯樓集　集 5 - 41401
　　嘯樓集續集　集 5 - 41403
　　嘯樓續集　集 5 - 41402
　　嘯樓遺文　集 3 - 20808
　　嘯樓遺稿　集 3 - 20807
　　嘯樓吟稿　集 5 - 39092
48 嘯松樓詩集　集 3 - 20229
51 嘯軒詩集　集 4 - 22197～8
　　嘯軒詩鈔　集 4 - 22438
　　嘯虹生詩鈔、詩續鈔　集 5 - 35851
60 嘯園叢書五十七種　叢 1 - 435
77 嘯風詩集　集 5 - 40740
　　嘯月亭筆記　子 5 - 27083
　　嘯月詞　集 7 - 46405、46971
　　嘯月函詩選　集 2 - 11816
　　嘯月山房文集　集 5 - 39020
　　嘯月山房詩集　集 4 - 26380
　　嘯月樓集　集 3 - 16206
　　嘯月樓印賞　子 3 - 17089
　　嘯月軒印存　子 3 - 17459
　　嘯屏剩稿　集 5 - 40712
　　嘯閣集韻詩全稿　集 3 - 13306
　　嘯閣集古　集 3 - 13305
　　嘯閣餘聲　集 7 - 46399～400、46899
80 嘯盦文稿　集 5 - 41012～3
　　嘯盦詩詞稿　集 5 - 41007
　　嘯盦詩存　集 5 - 41008～9
　　嘯盦詩存(枝巢編年詩稿)　集 5 - 41010
　　嘯盦集　集 5 - 37937
　　嘯翁老人村居以後詩　集 3 - 16795
82 嘯劍山房試帖秋鐙課草　集 5 - 34420
　　嘯劍山房詩草　集 5 - 34415
　　嘯劍山房詩鈔　集 5 - 34416～8　叢 1 - 529
　　嘯劍山房剩草　集 5 - 34419,6 - 42007(1)
88 嘯篁居吟稿　集 4 - 30318

嘯竹詩鈔　集 4 - 24363〜4
嘯竹堂二集、北遊草　集 3 - 17206
嘯竹堂集　集 3 - 17205
嘯笑齋存草、文　集 5 - 36358
嘯餘譜　集 7 - 48628〜9
嘯餘集　集 4 - 28709
90 嘯堂集古錄　史 8 - 63504、64138　叢 1 - 223
　　(38)、447,2 - 636(3)
嘯堂集古錄、考異　史 8 - 64139
嘯堂集古錄校補　史 8 - 64140　叢 1 - 258,
　　2 - 731(3)、847、1466

晴

06 晴韻館收藏古泉述記　史 8 - 64827
10 晴雪齋漫錄前集、後集　史 1 - 3379
晴雪樓遺稿　集 4 - 27228
晴雪雅詞　集 7 - 48503
晴雪堂姓譜類聚　史 2 - 13305
晴雯賣恨　集 7 - 52436
晴雯撕扇　集 7 - 52437
晴雲山房文集、文補遺、詩集、詩補遺　集
　　4 - 24529
晴雲書屋稿　集 3 - 16410,6 - 41963
晴雲書屋唱和詩　集 6 - 44187
17 晴翠山房詩鈔　集 5 - 40045
晴翠山樓詩草　集 4 - 33401
晴翠山樓詩鈔　集 4 - 23473
20 晴香閣集　集 4 - 25850
22 晴川集　集 3 - 16448、18058
晴川先生(孫之騄)事畧　史 2 - 9455
晴川蟹錄、後錄　子 4 - 19447
晴川蟹錄、後錄、續錄　叢 2 - 1313
晴川八識　叢 2 - 1313
晴嵐詩存　集 3 - 20116
晴巖詩草(夜郎瓢中稿)　集 4 - 24836〜8
晴峯詩集　集 3 - 18266
晴峯詩稿　集 4 - 27825
晴山詩草　集 3 - 19861
晴山堂詩文稿　集 3 - 15745
24 晴倚軒集　集 3 - 21050
晴綺軒集　集 6 - 44978
26 晴牕偶錄　子 4 - 24487
28 晴徹天街一枝　集 7 - 51877
30 晴空閣詩　集 3 - 17649
晴空閣集　集 3 - 17211
晴窗雜詠　集 4 - 28672
31 晴江遺詩　集 3 - 20286

晴江閣集　集 3 - 14223
34 晴漪閣詩　集 5 - 34578　叢 2 - 922
39 晴沙文鈔　集 3 - 20279,6 - 41756
晴沙詩文鈔　集 4 - 24645
44 晴坡吟稿　集 4 - 23092
晴花暖玉詞　叢 2 - 898
47 晴鶴堂詩鈔　集 3 - 13990
51 晴軒詩鈔　集 4 - 23933
77 晴隆縣志[民國]　史 8 - 62313

6503₀ 映

00 映庵自記年歷　史 2 - 12470
80 映盦詩　集 5 - 41209
映盦詞　集 7 - 48258

映

10 映玉堂集　集 2 - 12838
映雪齋詩　集 4 - 24889
映雪齋詩集　集 6 - 41894(1)
映雪齋集　集 1 - 1966,5 - 34634
映雪樓文偶鈔　集 4 - 27091
映雪樓雜著　集 4 - 27090
映雪樓古文練要正編　集 6 - 43113
映雪樓書目考　史 8 - 65753
映雪軒詩草　集 5 - 34369
映雪軒詩鈔　集 4 - 25132
映雪堂印譜　子 3 - 17127
15 映珠堂詩鈔　集 4 - 22684
17 映翠山房詩草　集 4 - 25330
21 映紅樓詩稿　集 5 - 38764
映紅樓詩稿初存集　集 5 - 38763
映紅樓遺集、倡和集　集 5 - 38765
映紅樓初存集選鈔　集 5 - 38767
23 映然子吟紅集　集 3 - 13444
46 映旭齋增訂北宋三遂平妖全傳　子 5 -
　　28821
映旭齋批點北宋三遂平妖全傳　子 5 -
　　28822
60 映日堂古體詩、近體詩　集 3 - 16456
77 映月樓詩鈔　集 5 - 34412
映閣詩草　集 3 - 16495
88 映竹軒詞　集 7 - 46398〜400、46913

中國古籍總目書名索引

6508₁ 睫

22 睫巢文稿　集4-31193
　　睫巢文薈　集4-32687
　　睫巢試律　集4-31120
　　睫巢詩集　集3-18537
　　睫巢詩草　集3-13130
　　睫巢詩鈔　集3-20350,4-28719,5-40090
　　睫巢詩鈔(秋舫詩鈔)　集4-26347
　　睫巢詩鈔、遊仙詩　集4-23672
　　睫巢集　集3-18533~4
　　睫巢集、後集　集3-18536
　　睫巢後集　集3-18535
　　睫巢鏡影　子3-17959
77 睫闇詩鈔　集5-38838~9
　　睫闇詩鈔續集　集5-38840

6508₆ 瞔

00 瞔齋稿　集2-6618　叢2-860
65 瞔瞔齋書畫記　子3-14841

6509₀ 味

00 味塵軒詩集、詩餘　集4-31095~6
　　味塵軒書廚圖說　子3-16211
　　味塵軒曲譜　集7-54694
　　味塵軒曲四種(李雲生四種曲)　集7-50373
　　味辛堂詩存　集4-28321
02 味新山館詩存　集5-38896
04 味詩草堂稿　集5-37339
　　味詩頤年館半諷草　集5-35129
05 味諫軒詩稿　集3-14676
　　味諫果齋詩集、文集、別集、外集、詩餘　集5-35379
10 味靈華館詩　集5-36471
　　味雪齋文甲集、文乙集　集4-29776
　　味雪齋詩鈔　集4-29772,5-33986
　　味雪齋詩鈔、文鈔甲集、乙集　叢2-886(4)
　　味雪齋詩鈔續　集4-29773
　　味雪齋日言(清道光四年至五年)　史2-12740
　　味雪齋吟草删存　集4-29774
　　味雪樓詩集　集5-37668
　　味雪樓詩稿　集6-41999
　　味雪樓詩草、別稿　集4-25217
　　味雪堂遺集　集5-37028~9
　　味雪堂遺草　集5-37027
　　味吾廬(江仁徵)外紀　史2-10746
　　味吾廬詩文存　集5-38407
　　味吾廬詩存、文存、外紀　叢2-845(5)
11 味琴室詩鈔　集5-36540
12 味水軒日記　叢1-435,2-670
　　味水軒日記(明萬曆三十七年至四十四年)　史2-12522
20 味雋齋詞　集7-47639
　　味雋齋史義　史1-5704　叢2-1686
　　味香居詩鈔　集3-19791
21 味虛餤叢書十一種　叢1-551
　　味紅閣詞　集7-47774
　　味經齋制藝　叢2-1788
　　味經齋遺書　經1-120
　　味經齋存稿　集4-23573
　　味經山館文鈔　集4-32590
　　味經山館文鈔、詩鈔　集4-32586
　　味經山館文鈔、行述　集4-32591
　　味經山館詩鈔　集4-32589
　　味經山館集　集4-32584
　　味經山館遺詩　集4-32588
　　味經山館遺書　集4-32585
　　味經得雋齋課徒草　集4-32582
　　味經得雋齋律賦　集4-32583
　　味經窩就正稿　集3-19458
　　味經書屋詩　集5-38762
　　味經書屋詩稿　集4-23619
　　味經書屋詩存　集4-32784
　　味經書屋金石叢書　史8-63496
　　味經堂文集　集4-28258
　　味經堂詩集　集5-35022
　　味經堂詞稿　集7-47315
22 味鼎齋詩存　集5-37197
　　味梨集(半塘丙稿)　集7-48237
23 味外軒詩輯　集3-13887
　　味外味軒吟草　集4-33074~5
26 味和堂詩集　集3-18010
28 味鮮集試帖、集唐人句　集5-33772
29 味秋吟館詩存、賦草　集5-36587
　　味秋吟館紅書　子3-17265　叢2-886(2)
　　味秋館詩鈔　集5-37778~9
35 味清堂詩鈔、補鈔　集4-26516,6-42001
37 味澹軒詩草　集4-29261
　　味退居文集　叢2-2065

味退居文集、外集　集5-37867
味退居文外集　叢2-2065
味退居書牘存稿　集5-37868
味退居隨筆、補遺　子5-26749　叢2-2065
38 味道齋文鈔　集5-34351
味道集　子1-1899
味道軒集　集3-16965
味道軒集(湖海吟、西征草、文鈔)　集5-37926
味道軒書目　史8-65819
味道腴軒自紀年譜　史2-12232
味道堂詩文稿　集5-34899
40 味古齋詩稿、枯禪室詩餘　集4-29726
味古齋詩存　集5-38155　叢2-1857
味古齋詩鈔　集5-39297
味古外集　集3-17916
味古錄　子4-24573
味古堂印存　子3-17314
味真山房詩草　集4-27144
44 味薑吟草　集5-39535
味蔬齋詩話　集6-46204
味蓼文稿　集4-22806
味蓼初稿　集4-22805
味蓼軒詩鐘彙存　集5-36154
味蓼軒詩鐘滙存　子3-18164
味蓼軒詩鈔　集4-33048
味莊遺稿　集4-27382
味莊騷齋吟稿　集5-38316
味蘭簃傳奇二種　集7-50383
味蔗詩集　集3-17440
味蔗存草　集4-26210
味蔗軒詩鈔　集4-28197　叢1-554,2-2043
味蕉試帖　集4-26663　叢2-1627
味蕉小寮集五種　叢2-1627
味薏居詩　集4-33420
味尊罏軒詩鈔　叢2-909
味尊罏軒詩鈔、遺文　集3-16715
味尊罏軒遺文　叢2-909
味蘇齋集　集5-35957
味芋山房遺集　集5-36920
味蒼雪齋詩選、補遺　集4-29233
味某華館詩初集、詩二集　集5-34392
味茶香館詩鈔　集5-38491
味菜山房吟草　集4-28987
味菜軒遺詩　集5-36891
味菜堂詩集　集5-36757〜8
味菜堂外集　集5-36759
味菜堂迭次韻詩　集5-36760
味蘗居近稿　集4-28270

味蘗齋存稿、日記存稿　集5-40191
味菘書屋詩鈔、聽雨樓詞鈔　集4-26278
味菘園詩鈔　集4-30032
47 味根山房詩鈔、文集　集4-25545　叢2-1639
味根山房全集五種　叢2-1639
48 味梅齋燼餘草　集4-33050
味梅吟草　集4-27304、30049
50 味青館課徒草　集5-36918
52 味靜齋詩存　集5-35799〜800
味靜齋詩存、文稿　集5-35795
味靜齋集　集5-35796-7
味靜齋集(味靜齋文存、文存續選、詩存)　集5-35798
60 味墨樓詩　集4-24865
70 味檗齋文集　集2-10432　叢2-731(45)、782(3)
味檗齋遺書十六種　叢2-1157
味檗齋遺書十種　叢2-1155
味檗齋遺筆　史1-5480　集2-10426　叢2-1154〜8
味檗遺書六種　叢2-1156
72 味隱自敍年譜　史2-12403
味隱遺詩　集5-39698
77 味陶軒集　集4-33611
味閒齋遺草　集4-25748,5-39748
味閒齋吟草　集5-40823
味閒室無雙詩　集5-35240
味閒軒詩鈔　集4-30592
味閒堂遺集、亦吾廬詞　集5-35239
味閒堂賦鈔　集5-35241
味腴軒詩稿初編　集5-38177
味腴堂詩錄　集4-28764
味膽凡齋雜著二種　叢2-2215
味膽凡齋詩文　叢2-2215
味膽凡齋詩詞　叢2-2215
味膽凡齋詩草　叢2-2215
味閑軒詩鈔　集6-42007(3)
80 味無味齋雜文　集4-31311
味無味齋詩集　集4-28489
味無味齋詩集、駢文、雜文　集4-31308
味無味齋詩鈔　集4-29468,31309,6-41763
味無味齋外集　集7-47401
味無味齋漢印存　史8-64967
味無味齋駢文　集4-31310
味義根齋詩稿　集4-27469、27471
味義根齋詩稿二集　集4-27470
味義根齋詩錄　集4-31466
味義根齋詩錄、詞錄、文剩　集4-31467
味義根齋待删草　集4-27472

味義根齋偶抄　子2-10613
味義根齋全書五種　叢2-2048
82 味鐙閣詠史　集4-30155
味鐙閣詩鈔　集6-42007(2)
88 味筍草堂詩集　集4-28174
味筍軒藏顧畫錄　子3-16277
味餘山館曲譜　集7-54686
味餘書室文選、詩選　集4-24546
味餘書室恭和詩　集4-24548
味餘書室隨筆　子4-21376
味餘書室全集定本、目錄、隨筆　集4-24545
90 味堂詩鈔　集4-25656
92 味燈詩話　叢2-886(5)
味燈聽葉廬詩草　集4-30284
味燈書屋詩集　集3-21524

昧

40 昧真閣詩（蕭巷集、委懷集、自怡集、榮園集、渡江集、感懷集、越遊集、翁羽集、笙陔集、邗江唱和集、消寒集、萍寄集）　集4-29116
44 昧蔗軒詩鈔　集4-28198
80 昧無味齋詩草　集4-30443

6513₀ 跌

51 跌打方藥　子2-7945
跌打雜病良方　子2-7925
跌打傷科　子2-7916
跌打祕方　子2-7946
跌打祕傳　子2-7942
跌打大全　子2-7910
跌打藥方　子2-7937
跌打損傷方　子2-7947
跌打損傷妙藥方　子2-7948
跌打損傷回生集　子2-7912
跌打損傷驗方　子2-7916
56 跌損妙方　子2-7906

6519₆ 踈

30 踈寮小集　集6-41892、41894(3)、41895、

41898、41915
踈寮小集、補遺　集6-45051
77 踈闇齋纂序四書繹註講意　經2-10608
踈闇齋纂序四書繹註講意論語　經2-9443
踈闇齋纂序四書繹註講意孟子　經2-9928
踈闇齋纂序四書繹註講意大學　經2-8777
踈闇齋纂序四書繹註講意中庸　經2-9052

6584₇ 購

44 購蘭亭序　叢1-148

6600₀ 咽

67 咽喉症類　子2-4756
咽喉證治　子2-7463
咽喉部　子2-7636
咽喉說　子2-7637
咽喉論　子2-4706、7443
咽喉論、祕授喉科、眼科原始心要　子2-7617
咽喉經驗祕傳　子2-7445
咽喉經驗祕傳（丹疹咽喉經驗祕傳）　子2-7446
咽喉總論　子2-4632、7448
咽喉急症祕書　子2-7580
咽喉祕集　子2-4710、9673、9676
咽喉祕集（喉科祕旨）　子2-7482
咽喉祕傳　子2-7479
咽喉祕宗　子2-7434
咽喉祕授　子2-7583
咽喉大綱論　子2-7466
咽喉七十二證考　子2-4771(3)
咽喉指掌　子2-7604
咽喉口舌方論　子2-7517
咽喉口齒玉鑰全函　子2-4637
咽喉口齒玉鑰全函（喉齒科玉鑰全函）　子2-7462
咽喉脈症通論　子2-4662
咽喉脈証通論　子2-4663
咽喉脈證通論　子2-4652、4657～61、4672、4688、4771(3)、7425　叢1-433、534、2-731(29)
咽喉險症叢編　子2-7454
咽喉第一科　子2-7598

6601₄ 囉

63 囉嚩拏說救療小兒疾病經　子6－32081
　　(48)、32082(24)、32083(31)、32084(26)、
　　32085(45)、32086(53)、32088(32)、32090
　　(35)、32091(34)、32092(23)、32093(46)
　　囉嚩拏說救療小兒疫病經　子6－32089(28)

6602₇ 喂

10 喂于館詩草　集5－40648

喝

77 喝月樓詩錄　集4－32076
　　喝月樓詩錄、續錄　集4－32075

喟

00 喟亭文集　集3－15759
　　喟亭詩集　集3－15758
　　喟庵叢錄　叢1－587(5)
22 喟舭齋詩文錄　集5－37059
44 喟菴叢錄　子5－26673

暘

80 暘谷謾錄　子4－20156　叢1－18、22(5)、23
　　(5)、29(5)
　　暘谷焦風集　集3－15357
　　暘谷漫錄　叢1－19(10)、20(8)、21(9)、24(10)

6603₂ 曝

24 曝犢亭詩鈔　集5－38349　叢2－822
50 曝書亭文藁　叢2－610
　　曝書亭文摘鈔　集3－15013

曝書亭詩集注　集3－15021
曝書亭詩集注、年譜　集3－15019
曝書亭詩集箋注　集3－15020
曝書亭詩榴　集3－15006
曝書亭詩錄　集3－15005
曝書亭詩錄箋注　集3－15018
曝書亭詞集　集7－47026
曝書亭詞集(曝書亭集詞)　集7－47027
曝書亭詞選　集7－47033
曝書亭詞志異　集7－47031
曝書亭詞拾遺　集7－47029
曝書亭詞拾遺、增異　集7－47030
曝書亭集　集3－15004　叢2－635(12)、698
　　(11)
曝書亭集、葉兒樂府　叢1－223(67)
曝書亭集詞註　集7－47032
曝書亭集外詩　集3－15009
曝書亭集外詩、詞、文　叢2－838
曝書亭集外稿　集3－15008
曝書亭藏書集目偶存　史8－65649
曝書亭藏書目　史8－65250、65646～8
曝書亭書畫跋　子3－14946
曝書亭書跋　叢2－673
曝書亭輯叢書二十二種　叢1－174
曝書亭目錄　史8－65249～50、65645
曝書亭删餘詞、曝書亭詞手稿原目、校勘記
　　叢1－540～3、547(4)
曝書亭删餘詞、曝書亭詞手搞原目、校勘記
　　集7－47028
曝書亭金石文字跋尾　史8－63571
曝書亭類稿　集3－15003
曝書雜記　史8－65304～5　叢1－335、373
　　(5)、416～7,2－731(2)
曝書隨筆　史8－66025　叢2－623

6604₄ 嚶

43 嚶求集　集4－26307～8
67 嚶鳴集　集6－42496、44283
　　嚶鳴合唱集　集6－41958
　　嚶鳴館雜詩　集6－44598
　　嚶鳴館百疊集　集5－38797
　　嚶鳴館春風疊唱集　集5－38796
　　嚶鳴錄　子4－24132　叢2－1229

6606₀ 唱

02 唱訓紀勝　叢2-1412
07 唱詞彙編一百二十八種　集7-54639
12 唱酬餘響　叢1-580
17 唱歌沈戲　子7-37996
21 唱經堂語錄纂　子4-24436　叢2-609、
　　1247～9、1251
　　唱經堂聖人千案　子7-34287　叢2-609、
　　1248～9、1251
　　唱經堂集要四種附一種　叢2-1251
　　唱經堂釋孟子四章　叢2-609、1247～9
　　唱經堂釋小雅　經1-4542　叢2-609、
　　1247～9
　　唱經堂通宗易論　叢2-609、1248～9、1251
　　唱經堂左傳釋　經1-6880　叢2-609、
　　1247～9
　　唱經堂才子書彙稿十六種　叢2-1249
　　唱經堂才子書彙稿十一種　叢2-720(5)
　　唱經堂才子書彙稿十種　叢2-1248
　　唱經堂古詩解　叢2-609、1247～9
　　唱經堂杜詩解　集1-998　叢2-609、1247、
　　1249
　　唱經堂杜詩解、沈吟樓借杜詩　叢2-1248
　　唱經堂批歐陽永叔詞十二首　集7-46464
　　叢2-609、1247～9
　　唱經堂隨手通　子4-24437　叢2-609、
　　1247～9、1251
27 唱名記　史6-42293　叢1-22(9)、23(8)
38 唱道真言　子5-29535(3)、29536(3)、31406
44 唱莊　子5-29372　叢2-1372
50 唱本合抄十八種　集7-53533
55 唱曲難一枝　集7-51678
66 唱喁集　集2-11286

6606₄ 曙

22 曙峯陳公(厚耀)行狀　史2-9388
　　曙彩樓詩鈔、詩補鈔、詞鈔、詞補鈔　集4-
　　27866
38 曙海樓詩鈔　集4-32503
50 曙春詩草　集6-41978
90 曙堂詩稿　集4-22130

6621₄ 瞿

00 瞿文懿公集　集2-9120～1
　　瞿文懿公集、制勅稿、制科集　集2-9119
　　瞿文慎公(鴻禨)行狀　史2-10723
　　瞿文慎公文存、書劄　集5-38141
　　瞿文慎公詩選遺墨　集5-38139
15 瞿聘君全集十一種　叢2-1146
22 瞿山詩畧　集3-14510
24 瞿先生文選　集2-9122
30 瞿宗吉詠物詩、謝宗可詠物詩　集2-6289
31 瞿涇雜俎　子4-22294
40 瞿木夫文集　集4-25714　叢1-512
　　瞿木夫先生自訂年譜　史2-12025　叢2-
　　670
　　瞿木夫先生年譜　史2-12024
47 瞿起田詩　集2-11877,6-41943
50 瞿中宣公手札　集2-11885
　　瞿忠宣公集　集2-11880～1,6-43118
　　瞿忠宣公遺墨　子3-15717　集2-11887
60 瞿園雜劇五種　集7-49639
　　瞿園雜劇續編五種　集7-49640
　　瞿園詩草　集5-41069～70
　　瞿昆湖稿　集2-9124～6,6-45336、45340
　　瞿曇彌記果經　子6-32083(19)
72 瞿脈和禪師語錄　子7-34342
　　瞿氏二親挽詩　集6-43773
　　瞿氏宗譜[江蘇常熟]　史5-40935
77 瞿冏卿集　集2-10957

6621₇ 咒

10 咒三首經　子6-32086(14)、32088(10)、32089
　　(11)、32090(15)、32091(13)、32092(9)、32093
　　(46)
　　咒五首　子6-32084(8)
　　咒五首經　子6-32081(13)、32083(9)、32085
　　(13)、32086(14)、32088(10)、32089(11)、
　　32090(15)、32091(13)、32092(9)
　　咒疏　子7-33672
21 咒齒經　子6-32083(13)
60 咒目經　子6-32083(13)
88 咒筍庵剩稿　集4-28878
　　咒筍園剩稿　集5-34956
90 咒小兒經　子6-32083(13)

6624₈　嚴

00 嚴庵稿　集3-13481
嚴齋筆談　子4-21319
嚴廉訪(金清)自敍年譜、奏對筆記　史2-12303
嚴廉訪遺稿(公牘、書劄、今體詩、年譜)　集5-36296
嚴文靖公集　集2-8960
嚴文靖公集、祭章輓辭　集2-8961
嚴文靖公年譜　史2-11500
03 嚴誠宿緣經　子6-32093(18)
04 嚴讀吳氏宗譜[江蘇江陰]　史4-27755
10 嚴正文詩集　集1-1220,6-41878
嚴石谿詩稿　集2-7073
13 嚴武集　集1-1128,6-41739、41743、41819、41824、41838、41869
嚴武伯詩集　集3-14825
20 嚴維詩集　集6-41739、41741、41824、41833~4、41858、41866
嚴維詩集(嚴正文詩集)　集1-1220
嚴維集　集1-1219,6-41737、41743、41819、41838
22 嚴嵩遺事　史1-4402
嚴幾道文鈔　集5-38700~1
嚴幾道文鈔、詩鈔　集5-38697
嚴幾道書牘　集5-38702
嚴山文牘　集5-39877
嚴山自訂年譜、南窗瑣記　史2-12487
嚴樂園集五種　叢2-1605
24 嚴先生傳　史2-10788
嚴先生遺著　集5-39596
嚴先生祠堂附祀前嚴州府知府李公(文瀛)記　史2-10119
26 嚴白雲詩集(嚴武伯詩集)　集3-14825
嚴保庸(伯常)傳、詩詞楹聯叢話　史2-9824
27 嚴修能手寫宋本東萊書說、禹貢圖說　經1-2637
嚴修能精寫東萊書說　叢2-692
嚴侯官文集　集5-38699
嚴侯官全集(嚴氏學)　集5-38696
嚴冬有詩集　叢1-547(4)
嚴繩孫詩文稿　集3-14524
嚴叔敏遺文　集5-41578
28 嚴懲會匪分別輕重辦理例册　史6-46284
30 嚴室張夫人(德璇)哀誄錄　史2-10975
嚴永思先生通鑑補正畧　史1-1050　叢1-318,2-638
嚴安書　子4-19737　叢2-774(10)
嚴定各省地方官禁煙考成例册　史6-45965
31 嚴灝亭詩選　集6-41970
32 嚴州府志[弘治]　史7-57195
嚴州府志[萬曆]　史7-57196~7
嚴州府志[乾隆]　史7-57198
嚴州府志[光緒]　史7-57199
嚴州圖經、校字記　叢1-508,2-731(58)
嚴州圖經[淳熙]　史7-57193
嚴州金石錄　史8-63905　叢2-670
嚴溪彭氏三房二修支譜[湖南湘潭]　史5-35602
嚴溪周氏宗譜[江西宜春]　史4-30099~100
33 嚴心書屋文集　集3-17134
嚴心書屋文稿、嚴心齋良友翰墨　叢2-639
35 嚴沖張氏三續修支譜[湖南長沙]　史5-35272
37 嚴逸山先生外集、善餘堂家乘後編　集3-13877
38 嚴滄浪詩集　集1-4054,6-41779~80
嚴滄浪詩體　集6-45484
40 嚴太僕先生集　集3-16552
嚴太僕未刻稿　集3-16554
嚴柱峯詩　集3-15835
44 嚴蘂傳　叢1-168(3)
45 嚴埭下旺于氏宗譜[江蘇無錫]　史4-24719
50 嚴東有詩集　集3-21430　叢1-542~3
53 嚴戒宿緣經　子6-32084(17)、32085(31)、32088(22)、32090(30)、32092(19)
60 嚴思菴先生詩集、文集　集3-16553
嚴田李氏續修宗譜[江西婺源]　史4-27365~6
嚴田李氏續修宗譜[浙江東陽]　史4-27243
嚴田李氏宗譜[江西婺源]　史4-27367
嚴田李氏宗譜[江西上饒]　史4-27357
嚴田李氏會編世譜[江西婺源]　史4-27359
61 嚴顥亭詩　集3-13974
71 嚴厚齋年譜　史2-11839
72 嚴髻珠先生印稿　子3-16933
嚴氏主牌譜[江西萬載]　史5-41230
嚴氏詩緝　經1-3628
嚴氏詩緝、校記　叢2-754
嚴氏詩緝補義　經1-4277
嚴氏詩緝校勘記　經1-3626
嚴氏族譜　史5-41174~6

嚴氏五修族譜[湖南湘潭]　史5-41238
嚴氏重修族譜[湖南瀏陽]　史5-41237
嚴氏經義叢鈔　叢1-312
嚴氏牌譜[江西萬載]　史5-41231
嚴氏像譜[浙江慈溪]　史5-41210
嚴氏濟生續方、補遺　子2-9172
嚴氏家譜　史5-41242
嚴氏家譜[廣西柳州]　史5-41240
嚴氏家譜[江蘇吳縣]　史5-41190
嚴氏家譜[江蘇常熟]　史5-41191
嚴氏家譜[浙江湖州]　史5-41206～7
嚴氏家乘[浙江淳安]　史5-41198
嚴氏家集　集5-36298
嚴氏宗譜[安徽旌德]　史5-41228
嚴氏宗譜[安徽桐城]　史5-41223
嚴氏宗譜[安徽懷寧]　史5-41227
嚴氏宗譜[江蘇丹徒]　史5-41184
嚴氏宗譜[江蘇鎮江]　史5-41180
嚴氏宗譜[浙江淳安]　史5-41196～7、
　41200～1
嚴氏宗譜[湖北武昌]　史5-41234
嚴氏支譜[江蘇丹徒]　史5-41183
嚴氏支譜[浙江杭州]　史5-41192
嚴氏書畫記　子3-14749
嚴氏明理論、後集　叢1-265(3)
嚴氏學　集5-38696
嚴氏八修族譜[江西]　史5-41233
74　嚴助書　子1-378　叢2-774(9、11)
嚴陵講義　于1-823～4　叢1-34、223(30)、
　347、386、483、534、574(2)、2-731(12)、1826
嚴陵張九儀儀度六壬選日要訣　子3-
　13956
嚴陵張九儀地理穿山透地真傳(穿山透地
　真傳)　子3-13510
嚴陵張九儀增釋地理琢玉斧巒頭歌括　子
　3-13450
嚴陵建桐溪西宦堂九保吳氏宗譜[浙江]
　史4-27793～4
嚴陵集　集6-44728　叢1-223(68)、508、
　533、2-731(37)
嚴陵紀畧、裁嚴郡九姓漁課錄　史6-
　41529、43159
嚴陵洪氏統宗譜[浙江淳安]　史4-30932
嚴陵洪氏統宗譜[浙江桐廬]　史4-30928
嚴陵洪氏宗譜[浙江淳安]　史4-30930、
　30933～5
嚴陵陳氏宗譜[浙江淳安]　史4-32823
嚴陵八景詩　集6-44729
77　嚴問樵雜著　集4-29777
80　嚴拿康有爲　集7-53365
83　嚴鐵橋輯佚稿十種　叢2-768

88　嚴範孫往來手劄　集5-39598
嚴範孫先生手劄　集5-39599
嚴範孫先生注廣雅堂詩手稿　集5-36240
嚴範孫先生遺墨　集5-39597
嚴範孫古今體詩存稿　集5-39594
93　嚴烺年譜　史2-12004

6632₇　罵

00　罵意經　子6-32083(21)
10　罵王朗子弟書　集7-52132
罵王郎　集7-52408
27　罵多情一枝　集7-52703
37　罵朗　集7-52407
罵朗(罵王郎)　集7-52408
40　罵女一枝　集7-52704
罵女代戲　集7-52409
43　罵城(樊金定罵城)　集7-52190
罵城一枝　集7-52702

6640₄　嬰

00　嬰童百問　子2-8374
嬰童類萃　子2-8406
10　嬰哥答對(新刻鸚歌對詩)　集7-53384
22　嬰山小園文集、晚年手定稿　集4-23163
嬰山小園詩集　集4-23161～2
30　嬰寧居士烏程蔣君(錫紳)墓志、蔣太夫人
　劉氏墓志　史2-10796
40　嬰壽錄　子2-8531
60　嬰啼記　子4-21570
77　嬰兒　子2-4723、8534　叢2-1817
嬰兒寶卷　集7-54509
嬰闈雜俎三種　叢2-2254
嬰闈詩存　集5-41584
嬰闈詩存、詩餘　叢2-2254
嬰闈題跋　叢2-2254
嬰闈所著書四種　叢2-2254

6643₀　哭

00　哭庵賞菊詩　集5-39221
哭廟記畧　史1-3605
哭廟記畧、覺庵筆記、再生記　子5-26460

哭廟紀畧　史1－1979
04 哭諸葛　集7－52484
10 哭玉一段　集7－51483
　　哭靈　集7－53605
17 哭殉難諸公詩、補遺　史1－1948、3067
27 哭像　集7－52379
30 哭官哥　集7－52187
40 哭大兄(羅長佑)病歿西域六首　史2－
　　10627
　　哭女詩　集4－24461
　　哭女記　史2－10724
43 哭城　集7－52376
　　哭城一段　集7－51482
44 哭塔　集7－52378
47 哭婦集　集3－18211
60 哭星燦弟　集7－49458
78 哭臨紀事　叢2－1330
80 哭盒全集　集5－39201
　　哭弟　集7－49457

6650₆ 單

00 單方選要　子2－9298
　　單方摘要　子2－10175
17 單刀法選　子1－3067、3529　叢2－688
　　單刀赴會一段　集7－51416
　　單刀會　集7－48774(2)、52290～1
21 單行字　經2－12764、15142
　　單行本琴音記下篇原紀琴音之數　子3－
　　17542　叢2－814
27 單級譚　史6－42414
35 單清語　經2－15052～3
45 單姓複姓分韻　子5－26195
46 單想思　集7－53633
62 單縣志、防河紀畧[乾隆]　史8－59497
　　單縣志[康熙]　史8－59496
　　單縣志[順治]　史8－59495
　　單縣志[隆慶]　史8－59494
　　單縣志[民國]　史8－59498
72 單氏族譜[湖南]　史5－35970～1
　　單氏族譜[湖南平江]　史5－35972
　　單氏宗譜[上海崇明]　史5－35957
　　單氏宗譜[浙江紹興]　史5－35962
　　單氏全書(單徵君全集、奉萱草堂全集)七
　　種　叢2－1748

6666₀ 嘅

66 嘅嘅子樂原　叢2－1375
　　嘅嘅子數原　叢2－1375
　　嘅嘅子四種　叢2－1375
　　嘅嘅子曆鏡　子3－11638　叢2－1375

6666₃ 器

24 器備考　子7－36240(3)
27 器象顯真　子7－36248、37926
　　器象顯真、圖　子7－36228(1)、36231(4)、
　　36242(1)
　　器物雜錄　子4－18564
40 器志　叢1－9、22(11)、23(10)
77 器皿類字釋名　子7－36237
　　器用紀畧　叢2－1451
　　器用類識法　子7－36237
　　器用類字釋名　子7－36237
87 器銘文錄　史8－63500、63705

6666₈ 囂

66 囂囂子　子1－18、20,4－19631
　　囂囂子樂原　經1－6425

6671₇ 嚚

31 嚚江吟　集3－18863

6677₂ 囂

37 囂湖丁氏宗譜稿[浙江寧波]　史4－24630

6681₀ 覞

47 覞鶴亭集　集3－15341

6682₇ 賜

00 賜慶堂文稿　集5-35659
　　賜慶堂詩稿　集5-35658
　　賜衣堂文房四事　子4-18682
　　賜衣堂字學津要、賜衣堂文房四事　子3-
　　　15243
01 賜龍堂文鈔四種　叢2-1853
　　賜龍堂雜著　叢2-1853
　　賜龍堂詩稿　集4-32221
　　賜龍堂奏牘　叢2-1853
03 賜誠堂文集　集2-12213~5,6-43118
04 賜詩更和集　集3-18625
　　賜詩樓詩稿　集3-16026
　　賜詩樓世系紀年錄　史2-11943
　　賜諸番詔敕　史6-47615
09 賜麟堂集　集2-9612
13 賜醽陳　集7-49703
16 賜硯齋詩存　集3-16587
　　賜硯齋詩鈔　集3-16491、21216
　　賜硯齋集　集4-26818
　　賜硯齋題畫偶錄　子3-16205　叢1-401、
　　　435、569,2-617(5)、1800
　　賜硯齋題畫補錄　子3-16206
　　賜硯堂文集　集4-26528
　　賜硯堂詩集　集3-16915
　　賜硯堂詩稿　集3-16916~7,19519
　　賜硯堂詩稿、補遺　叢2-886(3)
　　賜硯堂詩鈔　集4-27302
　　賜硯堂稿　集4-26526
　　賜硯堂叢書新編四十種　叢1-320
　　賜硯堂叢書未刻稿四十六種　叢1-321
　　賜硯堂清稿　集3-19520
　　賜硯堂全集　集4-26525
22 賜崔亮璽書　史6-47603　叢1-168(4)
24 賜綺堂雜曲　集7-50651
　　賜綺堂詩集、續集　集4-27860
　　賜綺堂詩稿　集4-27864
　　賜綺堂集　集4-24689、24691
　　賜綺堂集、續詩　集4-24692
　　賜綺堂集、續詩、外編　集4-24693
　　賜綺堂集、續集　集4-24688、24690
　　賜綺堂集詞　集7-47488
27 賜歸錄　史2-8971
28 賜縑閣詠古試律　集5-36463
30 賜宴詩　集3-15258
　　賜宴宗室禮成恭紀七言排律一百韻　集3-

20810
31 賜福　集7-53534
　　賜福樓啓事　叢2-2161
　　賜福樓筆記　叢2-2161
34 賜沐紀程　集6-45896
38 賜游西苑記　叢1-22(21)
　　賜遊西苑記　史7-51519　叢1-407(3)
40 賜壽謝折　史2-9790
44 賜斟閣外集　集5-38588~9
　　賜帶一枝　集7-52647
　　賜葛堂文集　集4-24149
　　賜葛堂賦存　集4-26171
45 賜姓始末　史1-1946、1953、1966、1977、3517
　　　叢2-1260~1
50 賜書樓詩草　集4-22565
　　賜書樓嶢山集、補刻、嶢山詩集　集3-
　　　16586
　　賜書樓九世詩文錄　集6-45062
　　賜書堂文稿　集3-19799~800
　　賜書堂試帖　叢2-1657
　　賜書堂詩文鈔　集4-22573
　　賜書堂詩稿　集3-18091,6-41760
　　賜書堂詩稿、文稿　集3-18090
　　賜書堂詩摘存　集4-27865
　　賜書堂詩鈔　集3-19064
　　賜書堂集鈔、詩鈔　叢2-1548
　　賜書堂稿　集3-19798
　　賜書堂嶢山集　集3-16585
　　賜書堂律賦　叢2-1657
　　賜書堂楊氏家譜[江蘇無錫]　史5-36819
　　賜書堂全集八種　叢2-1548
55 賜曲園今是堂集　集2-11898
60 賜墨齋詩集、詞　集4-22092
　　賜墨齋詞　集7-47293
61 賜號大和先生全集　集2-7269
　　賜號太和先生圖相贊　史2-8894
77 賜閒堂集　集2-9834、10776　叢2-1127
　　賜閒堂稿　集2-7909
86 賜錦堂詩存　集3-20356
　　賜錦堂集　集3-18315
　　賜錦堂經進文鈔　集4-31583　叢2-1821
　　賜錦堂江督承訊親供稿　史6-47143
　　賜錦堂江督奏疏　史6-48844
　　賜錦堂初稿　集4-25773~5
88 賜餘草　史6-48437
　　賜餘堂(錢士升)年譜　史2-11559
　　賜餘堂集　集2-9952　叢2-798
　　賜餘堂集、補遺　集2-9953
　　賜餘堂集、賜餘堂年譜　集2-11384
97 賜恤綸言　史2-9910

中國古籍總目·索引

6699₄ 槑

80 槑盦先生惠蜀書、補遺　史1-4020　叢1-384

　　槑盦先生籌蜀記　史1-4021　叢1-384

6701₀ 咀

38 咀道齋詩草　集4-33325
44 咀蔗居詩集　集3-17780

　　咀華書鈔五種　叢1-78

6701₆ 晚

00 晚唐方干詩　集1-1732,6-41883
　　晚唐詩鈔　集6-43464
　　晚唐許琳詩　集1-1762,6-41883
　　晚唐許棠詩　集1-1746,6-41883
　　晚唐王貞白詩　集1-1785,6-41883
　　晚唐于濆詩　集1-1753,6-41883
　　晚唐于鄴詩　集1-1760,6-41883
　　晚唐項斯詩　集1-1679,6-41883
　　晚唐裴說詩　集6-41883
　　晚唐孟貫詩　集1-1822,6-41879
　　晚唐邵謁詩　集1-1742,6-41879
　　晚唐伍喬詩　集1-1821,6-41879
　　晚唐朱景玄詩　集6-41883
　　晚唐徐寅詩　集1-1810,6-41883
　　晚唐江爲詩　集6-41883
　　晚唐汪遵詩　集6-41883
　　晚唐溫庭筠詩　集6-41883
　　晚唐溫庭筠詩(溫庭筠詩集、唐方城令溫飛
　　　卿詩集)　集1-1590
　　晚唐十二家詩集　集6-41850
　　晚唐李洞詩　集1-1780,6-41883
　　晚唐李咸用詩　集6-41883
　　晚唐李咸用詩(李咸用詩集)　集1-1716
　　晚唐姚鵠詩　集1-1684,6-41879
　　晚唐韓偓詩　集1-1700
　　晚唐韓偓詩、香奩集　集6-41879
　　晚唐黃滔詩　集1-1791,6-41883
　　晚唐林寬詩　集1-1743,6-41879
　　晚唐楊衡詩　集6-41883

　　晚唐楊巨源詩　集1-1209,6-41883
　　晚唐趙嘏詩　集6-41883
　　晚唐曹唐詩　集1-1747,6-41883
　　晚唐曹鄴詩　集6-41879
　　晚唐曹鄴詩(曹鄴詩)　集1-1605
　　晚唐馬戴詩　集1-1685,6-41883
　　晚唐劉得仁詩　集6-41879
　　晚唐劉得仁詩(劉仁詩)　集1-1610
　　晚唐劉滄詩　集1-1752,6-41879
　　晚唐劉駕詩　集1-1717,6-41879
　　晚唐劉威詩　集1-1680,6-41879
　　晚唐劉兼詩　集1-1825,6-41879
　　晚唐陳陶詩　集6-41883
　　晚唐周朴詩　集1-1767,6-41883
　　晚唐歐陽袞詩　集6-41883
　　晚唐歐陽玭詩　集6-41883
　　晚唐歐陽澥詩　集6-41883
　　晚唐翁承贊詩　集1-1816,6-41883
　　晚唐鄭谷詩　集1-1777,6-41883
10 晚雨樓稿　集4-29224
　　晚雲樓近稿　集3-14312
17 晚翠齋遺稿　集4-26458
　　晚翠集　集3-21122,6-45089
　　晚翠山房集存　集4-26358
　　晚翠草堂詩存　集4-30717
　　晚翠樓詩鈔　集5-35277
　　晚翠軒詩　集5-41201
　　晚翠軒詩集　集5-41200
　　晚翠軒詩續鈔　集4-28803
　　晚翠軒詩草、續鈔、三鈔、四鈔、五鈔、漫稿
　　　集4-28799
　　晚翠軒詩四鈔　集4-28801
　　晚翠軒詩鈔　集4-28802
　　晚翠軒詩鈔、續鈔、三鈔、四鈔、五鈔、漫稿
　　　集4-28800　叢2-886(4)
　　晚翠軒詞　集7-46419,48015
　　晚翠軒詞韻　集7-48660
　　晚翠軒集　集4-29118,5-41198~9,6-
　　　41766
　　晚翠軒遺稿　集3-20428
　　晚翠軒藏書目　叢2-2170
　　晚翠軒筆記　子4-23386,23630
　　晚翠堂詩鈔　集3-19535
20 晚秀堂詩鈔　集5-40402
　　晚香亭弈譜　子3-17963、18081
　　晚香亭詩集　集4-26826
　　晚香亭詩鈔　集5-35596
　　晚香亭詩鈔、袁江旅稿　集5-35597
　　晚香齋文存　集5-37414
　　晚香齋詩存　集5-37807

晚香齋吟草　集5-34519
晚香詩詞鈔　集5-38904
晚香詩草　集5-33857、35996
晚香詩鈔　集3-18943,5-34887　叢2-639
晚香詞　集7-46427、47223　叢2-949、
　　1415～6
晚香集　集4-31877
晚香續錄　集6-44025
晚香室詩草、文稿　集5-38602
晚香室詞錄　集7-48517
晚香草　集4-30850
晚香樓詩稿　集4-32338
晚香書札　集4-28451　叢2-638
晚香書屋詩存　集4-24056
晚香書屋遺稿　集4-31901
晚香軒詩錄　集4-28043
晚香軒詞錄　集7-47537
晚香吟　集4-25148
晚香吟草　集4-24140
晚香吟館詩草　集4-31751
晚香居詩鈔　集4-27175
晚香居詩鈔、詞　集4-22519
晚香居詞　集7-47383
晚香居吟草　集5-40758
晚香閣詩鈔　集4-33258
晚香閣集　集5-34805
晚香館詩存　集5-36306
晚香館塾存稿、宦遊存稿　集4-29038
晚香館遺詩　集5-39907
晚香堂雜著鈔存　集4-32120
晚香堂詩　集3-13376、18866～7、20867
晚香堂詩稿、詞稿　集4-27045
晚香堂詩存　集5-37179
晚香堂詩鈔、續鈔　集4-27152
晚香堂集　集2-10679　叢2-1170
晚香堂稿　集3-17332
晚香堂遺文　集4-27153
晚香堂遺集　集5-34598
晚香堂賦集初編、二編、試帖、詩鈔、文鈔、
　　駢文　集5-36064
晚香堂筆記四種　史1-4402
晚香堂餘稿　集4-23415
21 晚紅軒詩存　集5-40360
22 晚山人集　集5-40926
晚山堂選樂府　集6-42257
晚崧廬詩鈔、詞鈔　集3-17249
27 晚墅哀刊　集6-41987
晚墅詩餘江行草　集6-41987
晚墅倡和詩　集6-41987
晚墅纂訓　子1-2227、2552

晚綠居詩稿、詩餘　集5-38321
30 晚宜樓雜曲　集7-49324
晚宜樓集　集3-13151
晚宜樓集、補遺　集3-13152
晚進王生雜劇一種附圍棋闖局　叢2-720
　　(3)
31 晚汀詩稿　集3-19978～9
35 晚清諸臣奏議　史6-48058
晚清二十三家藏器目　史8-64335
晚清名人墨蹟　子3-15508
晚清書屋詩鈔　集4-25875
40 晚壇功課經　子5-29536(6)、30752
44 晚華居遺集　集5-38059
晚村天蓋樓偶評程墨觀書　集6-45434
晚村天蓋樓偶評十二科(十二科小題觀書)
　　集6-45433
晚村天蓋樓偶評大題觀書　集6-45432
晚村駁義偶述　子1-1543
晚村慚書　集3-14998
晚樹樓詩稿　集3-16464～5
晚菘齋遺著　集5-38666　叢2-2175
晚菘詩稿、咫聞日記　集3-18337
晚菘園詩稿　集5-36149
晚菘堂吟稿　集3-19783
46 晚娛堂二集、詩餘、文稿　集3-16477
47 晚朝行道儀　子5-30642
晚朝轉經儀　子5-30644
晚朝開收儀　子5-30643
48 晚榆雜綴　子4-21998
晚松廬詞鈔　集7-47305
50 晚書訂疑　經1-163(1)、2855　叢1-558,2-
　　788
晚春堂詩　集3-16080　叢2-886(3)
51 晚耘剩草　集3-18554
57 晚邨集偶證　叢2-2223
晚邨先生家訓真蹟(呂留良先生家書真蹟)
　　子1-2179
晚邨先生八家古文精選　集6-43002
65 晚晴集　集5-40789
晚晴室家書　集5-41292
晚晴草堂詩集　集5-35188
晚晴樓詩稿　集4-30485
晚晴樓詩稿、詩餘、行署　集3-19839
晚晴樓吟稿　集5-35992
晚晴軒詩選　集4-23517
晚晴軒詩存、駢體文存　集4-33133
晚晴軒詩鈔　集4-23515、27806、33132
晚晴軒詩鈔、續集　集4-23516
晚晴軒稿、詞　集4-22076
晚晴閣詩　集4-24880

晚晴閣詩稿　集5-38945
晚晴簃所藏清人別集目錄　史8-66386
晚晴堂稿　集5-36187
晚晴堂稿、續稿、三集　集5-36188
66 晚唱　叢2-1300~1
67 晚明百家尺牘　叢2-721
晚明百家小品　叢2-721
晚照山居參定四書酌言　經2-10481
68 晚吟草　集5-39712
77 晚盥集　集3-17711
晚聞堂詩　集3-17910
晚聞齋稿待焚錄　史6-48830　叢2-886
　（5）
晚聞集　集3-18340
晚聞集、補遺　集3-13318
晚聞集、補錄、自序　集3-18341
晚聞存稿　集3-18339
晚聞居士遺集　集4-23815
晚聞錄　子1-807　叢2-1506
晚聞堂集（山中吟草、雜文、戊寅草、卯午
　草、未戌草、亥卯草、辰未草、方外草、山
　居瑣談、元鄴素話、訪道日錄）　集2-
　12914
晚學廬文稿　叢2-2162
晚學廬文稿、詩文稿、尺牘稿　集5-39696
晚學廬詩文稿、尺牘稿　叢2-2162
晚學廬叢稿五十八種　叢2-2162
晚學廬札記　叢2-2162
晚學廬藏碑像目存　史8-64771
晚學廬藏碑象目存　叢2-2162
晚學齋文集　集4-26707
晚學齋集（晚學齋詩初集、二集、續、文集、
　外集）　集5-34749
晚學集　集4-21944~6　叢1-373（5）、
　416~7,2-731（46）
晚學集、未谷詩集　集4-21947~8
晚學軒詩稿　集4-21938
80 晚年批定四書近指　經2-10483　叢2-
　1230
88 晚笑堂詩集　集3-17402
晚笑堂畫傳　叢1-496（6）,2-688
晚笑堂畫傳、明太祖功臣圖　子3-16372
晚笑堂竹莊畫傳　子3-16371
91 晚煙居集　集3-14927
93 晚怡軒詩草　集5-38273
98 晚悔庵（黃舒昺）年譜　史2-12290
晚悔庵雜著　集5-35805
晚悔庵詩草　集5-35804
晚悔堂詩集　集5-37302

6702₀ 叩

11 叩頭蟲賦　集2-8866
20 叩舷憑軾錄　子4-20463　叢1-241、242
　（4）,2-617（4）、1128
叩舷吟　集6-44957
27 叩槃集　集4-32320　叢2-893
50 叩囊韻語　子1-3907
52 叩拙詞　集7-47340
81 叩瓴瑣語　集5-35676
85 叩鉢齋應酬全書　子5-25890
叩鉢齋四六春華　集6-42653
叩鉢齋纂行廚集、應酬詩集　子5-25889

吶

00 吶庵詩草　集4-23085

唧

67 唧唧吟　集2-11868

啁

69 啁啾漫記　史1-1995、4535

唧

34 唧遠樓詩稿　集3-20260
44 唧薑集　集4-25248

嘲

44 嘲夢詩　集2-12406

中國古籍總目書名索引

昀

80 昀谷遺詩、補錄　集5-40611

明

00 明齋小識　子5-26523　叢2-735(3)

明方以智密之通雅脈考　子2-4766、6118

明高僧傳　子6-32092(40)

明高逵山竹譜　子3-16294

明高士傳　史2-7148

明度五十校計經　子6-32083(12)

明唐襄文公揚州專祠崇祀新錄、補遺　史7-51769

明唐六如自書詩墨跡　子3-15692、15845

明唐荊川先生(順之)年譜　史2-11492

明唐桂二王本末　叢1-223(19)、227(5)

明廣陵詩　集6-44448

明文雜抄　集6-43977

明文霱　集6-43962

明文百家萃小傳　史2-7275

明文西　集6-44937

明文致　集6-43953

明文衡　叢1-223(70)、227(11)

明文衡山小楷離騷九章九歌　子3-15695

明文案　集6-43986～8

明文遠　集6-43995

明文海　叢1-223(71)

明文海、目錄　集6-43984

明文海目錄　集6-43985

明文在　集6-43994

明文奇賞　集6-42922、43961

明文博士詩集　集2-8468,6-44954

明文戴氏宗譜[浙江永嘉]　史5-40526

明文英華　集6-43993

明文授讀　集6-43989

明文鈔　集6-43975

明文鈔、詩鈔　集6-43976

明文鈔初編六編　集6-43997

明辨齋叢書二十三種　叢1-387

明辨齋叢書三十二種　叢1-386

明辨論　子4-22751

明辨錄　子1　108、1562,4-21730　叢1-574(3)、2-1405、1431

明辨類函　子4-20631

明音　經2-11968

明音類選　集6-43747

明亡述畧　史1-1937、1982、3247

明六名家集　集6-42056

明六忠節合傳　叢2-966

01 明龍師注解醒世格言　子7-35982

明語林　史1-4486　叢1-586(4)、2-716(4)

明語林、補遺　史1-4485　叢1-452

02 明刻傳奇圖像十種　叢2-689

明新建伯王文成公傳本　叢1-386

03 明詠物詩　集2-6291,6-41789

明誠意伯連珠　集2-5935　叢1-109

明誠意伯溫靈棋經解　叢1-326

明誠意伯劉伯溫靈棋經解(明誠意伯溫靈棋經解、靈棋經解)　子3-14040

明誠堂詩集　集2-11714

04 明詩、姓名爵里　集6-41787

明詩評　集6-45756　叢1-84(3)、2-730(10)、731(47)

明詩評選　叢2-1293

明詩話初編　集6-45916

明詩正聲　集6-43726～7

明詩平論二集　集6-43832

明詩百一鈔　集6-43874

明詩百三十名家集鈔　集6-43864

明詩綜　集6-43859　叢1-223(71)、227(11)、373(7)、2-1020

明詩綜采摭書目　史8-65249～50　叢1-585

明詩綜采輯書目　叢2-1695

明詩綜選　叢1-407(3)

明詩綜採摭書目　史8-66384

明詩綜採輯書目　叢1-281

明詩續選　集6-43863

明詩穆如集　集6-43870

明詩歸　集6-43756、43854

明詩彙選　集6-43857～8

明詩紀事八籤　集6-46156

明詩紀事鈔　集6-46157　叢1-584

明詩紀事小傳　史2-7274

明詩絕句　集6-43724

明詩復古集　集6-43876

明詩補鈔　集6-43875

明詩選　集6-43718、43752、43755、43850、43861～2

明詩選、續明詩選　集6-43754

明詩選最　集6-43753

明詩選鈔、續集　集6-43856

明詩十二家　集6-43759

明詩存　集6-43817

明詩去浮　集6-43865
明詩妙絶　集6-43820
明詩摘鈔　集6-43721
明詩別裁集　集6-41778、43871~2
明詩人小傳稿　史2-7272
明詩兼　集6-44186
明詩鈔　集6-43855
明諸陵圖說　史7-51888
明誥封中憲大夫太僕寺少卿鄰養安公暨配
　誥封劉太恭人合葬墓誌銘、明誥封劉太
　恭人顯姓行實　史2-8991
06 明譯天文書　子3-14438
07 明詞綜　集7-48538、48555　叢2-698(13)
08 明謚紀彙編　叢1-223(27)
明謚法考　史6-42242　叢2-1905
明謚考　史6-42236、42238、42243
明論　史1-5946　叢2-1958
明謙彙編　叢1-373(7)
10 明一統志　叢1-223(23)
明三元太傳商文毅公(輅)年譜　史2-
　11426
明三家詩選　集6-41954
明三十家詩選初集、二集　集6-43884
明三十家詩選初集、二集、自題三十家詩選
　後　集6-43885
明三異人紀畧　史2-7317
明玉珍事跡　史1-1931
明玉珍事蹟　史1-1930
明王文成客座私祝墨跡　子3-15702、15845
明王文成大草墨跡　子3-15703、15845
明王文成與朱侍御三札　子3-15704　集
　6-45193
明王文成公(守仁)年譜節鈔　史2-11011~2
明王文成公年譜節鈔　史2-11457
明王穉登和王上舍集　集2-9801
明王守仁高攀龍兩大儒手帖　子3-15699、
　15705　集6-45193
明王遂東先生尺牘存本　集2-11432　叢
　2-846
明王翹寫意草蟲卷　子3-16514
明王雅宜大草墨跡　子3-15707、15845
明五大家集　集6-42055
明五七言律詩選　集6-43853
明五忠手蹟考存　叢2-1938
明于忠肅公手蹟　子3-15687
明天啓辛酉科順天鄉試硃卷　集2-12524
明天啓元年辛酉科順天鄉試朱卷　史3-
　16849
明雷石菴胡二峯遺集合刊　叢2-886(4)
明貢舉考畧　史6-42266、42269~70
明貢舉錄　史3-13440

11 明張文烈公家玉傳　叢2-715
明張文忠公全集　集2-9502
明張元春山水卷　子3-16527
明張伯起詩稿　集2-9627
明張得中四明形勝賦　史7-51405
明瑟山莊雜著　集4-30691
明瑟山莊詩集(山居集、春明集、吳門集、投
　贈集、介壽集、傷逝集)　集4-30689
明瑟山莊時文　集4-30690
明碼電報本　史6-44407
明碼電報書　史6-44408
12 明弘光江陰殉難實迹　史1-3345
明水陳先生(九川)年譜　史2-11480
明水陳先生文集　集2-8341
明發錄　叢2-797
明發錄(張琦)　史2-7559
明刑哀鑑　史6-46389
明刑部侍郎晉官尚書廣原朱公自敍年譜
　史2-11542
明刑弼教錄　史6-41541　叢1-442~3
明刑擇要　史6-45826
明刑管見錄　史6-46428~9　叢1-415、
　435、554
明延平二王遺集　集6-45125
明孫雪居畫石譜　子3-16520
明孫石臺先生質疑稿　子1-1305
13 明武宗外紀　史1-1982
明職　史6-42661　叢2-1140
明職編　史6-42965
14 明功臣襲封底簿　史6-42668
15 明珠　子4-24693　叢2-1005~9
明珠、家傳　叢2-700
明珠記　集7-49709、49780、49783
明珠記、王無雙傳　集7-49785
明珠血　子7-38292
16 明聖經　子5-30462
明聖湖觀、錢塘潮觀、西湖補帆集　史7-
　52914
明理學文獻錄、擬修補明儒學案目敍　叢
　2-2270(2)
明碑傳集　史2-7145
17 明翠湖亭四韻事　集7-49357
明司石磐先生(邦基)事輯　史2-9264
明司寇呂叔簡公呻吟語　子1-1156
明邵瓜疇梅花册　子3-16618
19 明瑠彰瘴錄　史1-2818,2-7241
20 明僮續錄　子5-26481
明僮合錄　子5-26479
明僮小錄　子5-26480
明僮小錄、續錄　史2-7687

明秀集補遺　集6-41926
明秀閣集　集4-27167
明雋　集6-43928
明季六遺老集六種　叢2-870(5)
明季新樂府　史1-6168
明季詠史詩鈔　集4-31922
明季詠史百一詩　叢2-617(5)
明季詩話　叢1-396
明季三高士集　集6-41753
明季三朝野史　史1-3237
明季正氣錄　史2-7425　叢1-375
明季五藩實錄　史1-3184～8
明季死事諸臣考　史1-1949
明季百一詩　叢2-1369
明季北畧　史1-3530
明季烈臣傳　史2-7376
明季殉國諸臣錄　史1-1940,2-7403
明季殉義諸臣考　史1-1949
明季殉節諸臣擬諡忠烈清冊　史2-7375
明季羣賊名目　史1-3183
明季災異錄　叢1-256
明季編年　史1-1575
明季續聞　史1-3244
明季稗乘三種　史1-1948
明季稗乘四種　史1-1947
明季稗史續編六種　史1-1978
明季稗史彙編十六種　史1-1977
明季稗史四種　史1-1962
明季紀事　史1-3118
明季復社紀畧　叢1-580
明季之歐化美術及羅馬字注音　經2-14470
明季實錄　史1-1978、3232～4　叢1-203(16)、418,2-1275
明季治亂事蹟　史1-3058
明季滇南忠烈錄　叢2-888
明季遼事叢刊　史1-1980
明季遺書目　史8-65365
明季遺聞　史1-1946、1978、3240～1　叢1-203(15)
明季遺聞六種　史1-1939
明季遺聞拾遺　史1-3243　叢1-399
明季逸史　史1-3235～6
明季逸史二種　叢2-870(3)
明季逸事野錄　史1-3378
明季南北遺聞　史1-3242
明季南都殉難記　史2-7387
明季南畧　史1-3528～9
明季著述書籍　史8-65364
明季權奸罪案錄　史1-2700

明季史料叢書　史1-1981
明季事畧述注　史1-3531
明季東莞五忠傳　史2-8272
明季成仁錄　史2-7401
明季日記　史1-2891
明季國語　史1-3248
明季國初進士履歷跋後　史3-13455、13466　叢2-1836
明季甲乙兩年彙畧　史1-3230
明季甲乙彙編、甲申日記　史1-3231
明季野乘十種　史1-1963
明季野史三種　史1-1973
明季野史三十四種　史1-1953
明季野史彙編二十九種　史1-1946
明季野史彙鈔七種　史1-1971
明季野史七種　史1-1951
明季野史四種　史1-1943、1949～50
明季野史八種　史1-1952
明季雅難述畧　史1-3312
明手斧言前集、後集、明手鋤言前集、後集　子1-1226
明毛氏汲古閣刻書目錄　史8-65258、66457
明集禮、目錄　叢1-223(27)
21 明能書人名　子3-15258
明何元朗徐陽初曲論　叢2-611
明衛公自撰年譜　史2-11532
明儒言行錄、續錄　史2-7263
明儒言行錄、明儒言行錄續編　叢1-223(22)
明儒語要　子1-180
明儒詠　史2-7262
明儒講學考　子1-182
明儒王一庵王先生遺集　集2-7946、8639
明儒列傳　史2-7261
明儒理學語要　子1-151
明儒經翼　經2-11494
明儒汪東厓先生遺集　集2-12962
明儒考　經1-83　子1-1599
明儒曹月川先生從祀錄　史2-8855
明儒曹月川先生從祀錄　叢2-1055
明儒周源谿少溪元度三先生殘詩合刻　集6-41955
明儒學案　史2-7249　叢2-698(7)、1260
明儒學案、發凡　叢1-223(22)
明儒學案、師說　史2-7248
明儒學案評節抄　史2-7255
明儒學案正編　史2-7256
明儒學案小傳、師說　史2-7253
明儒粹語　了1-181
明便通書　子3-11331、14473

明紫琅詩(紫琅詩集)　集6-44467
明經胡氏(昌翼)儒宦錄　史2-8605
明經胡氏壬派宗譜[安徽黟縣]　史4-30527
明經胡氏續譜[上海]　史4-30372
明經胡氏續修宗譜[江西婺源]　史4-30555
明經胡氏家譜[江西婺源]　史4-30559
明經胡氏宗譜[安徽績溪]　史4-30541
明經胡氏宗譜[江西婺源]　史4-30556、30558
明經胡氏存仁堂支譜[安徽黟縣]　史4-30528
明經題斷詩義矜式　經1-3699
明經會約　子1-2364　集2-9735　叢1-22(25)
22 明川詩鈔　集5-37364
明制女官考　史6-42061　叢1-197(4)、587(5)
明鼎甲徵信錄、國朝鼎甲徵信錄　史3-13464
明倭寇始末　史1-2861　叢1-195(3),2-731(67)
明巖大師蓮宗語錄　子7-34397
明崑山朱柏廬先生治家格言　子1-2188
明斷編　史1-5422　叢1-87,2-730(1)
明山先生存集　集2-8078
明山書院私志　史7-52120
明崇禎間毛氏汲古閣刻　叢2-1166
明樂府　集6-44058
23 明狀元圖考　史3-13429～30、13433
明狀元圖考、國朝三元題詠　史3-13431
明狀元圖考、國朝狀元策、國朝狀元事考、歷科典試題名鼎甲錄、明典試題名鼎甲錄　史3-13434
明代雜事詩　史1-6164
明代詩甄彙編　集6-43860
明代詩才小傳　史2-7271
明代詩人小傳　史2-7273
明代謚法考　史6-42241
明代千遺民詩詠二編　集5-39568
明代千遺民詩詠三編　集5-39569
明代千遺民詩詠初編　集5-39567
明代千遺民詩詠初編、二編、三編　叢2-2145
明代版本圖錄初編　史8-66497
明代粵籍進士考　史3-13456
明代吳中往哲像傳　史2-7866
明代名臣墨寶　子3-15719
明代名人尺牘　集6-45193
明代紀事七種　史1-1931
明代進士小傳　史2-7221
明代寶應人物志　史2-7795
明代寶應人物志、秋舫日記　史2-7796
明代祕籍三種　叢2-739～40
明代祀典紀實　史6-42049
明代選屑　子5-25950
明代內府經廠本書目　史8-65258、66426
明代四奇　子5-25797
明代分隸名人小傳清本　史8-63507
24 明仕林詩類　集6-43848
明仇十州全琴圖　子3-16513
明仇十洲仕女真跡　子3-16510
明德註解(天方明德註解)　子7-36019
明德集大旨總論　子1-1225　叢2-829
明德先生文集　集2-11800
明德先生文集、制藝、新安定變全城記、明德先生年譜　集2-11797
明德實語　子7-35998
明德學堂文牘彙存　史6-42562
明德公詩　集6-45120
明德錄　子1-700
25 明律目箋　史6-45796　叢2-2109
明朱白野先生溫陵留墨　集2-9050,6-41786
明積演段　子3-12732
明練音續集　集6-44413
26 明皇雜錄　子5-26252　叢1-15、19(1,6)、20(1,4)、21(1)、24(2,7)、255(2)、407(2)
明皇雜錄、補遺　子5-26253　叢1-223(44)、273(5)
明皇雜錄、補遺、校勘記逸文　叢1-274(5)、2-731(65)
明皇十七事　子4-22819,5-26220、26226　叢1-15、22(9)、23(8)、29(3)、40、134、195(7)、546、547(3)、2-731(65)
明魏忠節公(大中)孝子學洴畫象傳贊　史2-9073
明吳又可先生瘟疫論　子2-6896
明吳又可先生瘟疫論醫門普度、痢疾論　子2-6901
明吳興閔板書目　史8-65258、66456
明總督陝西三邊軍務汪喬年襄城死事錄　史2-9112
27 明御史陸清原行狀傳志　史2-9204
明侯忠節尺牘手稿、侯文節尺牘手稿　集6-45022
明解增和千家詩註　集6-42284
明名臣言行錄　史2-7165、7172
明名臣琬琰錄、明名臣琬琰續錄　叢1-223(22)
明名臣奏議選　史6-47769

明督師盧忠肅公煅玉雙印記　史2-9174
明督撫年表　史1-10(6)、4820～1
明禦倭軍制　史1-2870　叢2-746
明紀　史1-1525　叢2-698(4)
明紀碎言　史1-1526
明紀彈詞　集7-53863
明紀編遺　史1-1524
明紀編年　史1-1522～3、1946、3246
明紀稗乘　叢1-373(7)
明紀綱目　史1-1272
明紀史闕　史1-2964
明紀事樂府　集5-33808
明紀事本末論　史1-5941
明綱目前紀　史1-1512
28 明倫大典　史6-42011
明倫堂述言　史1-1975　子4-21883　叢
　2-790～1
明徵士朱舜水先生行實　史2-9178
明僧弘秀集　集6-43757
明徐勿齋自書贈倪鴻寶詩卷　集2-12151
明徐魯庵先生(師曾)事蹟彙編　史2-8967
29 明秋館文集、詩集、詞　集5-38894
30 明永樂甲申會魁禮部左侍郎會稽質庵章公
　文集　集2-6571
明褉史鈔　史1-5261
明進士題名碑錄　史3-13451
明進士題名碑錄(天啓二年至崇禎十六年)
　史3-13449
明進士題名錄　史3-13450
明進士題名錄(宣德至崇禎)　史3-13448
明進士題名錄(洪武四年至萬曆四十七年)
　史3-13446
明宰相世臣傳　史2-7228
明宰輔七卿年表　史1-4818
明宰輔考署　史1-10(6)、4817
明安分先生文集(安分齋集)　集2-5950
明宮雜詠　史1-6170～1
明宮詞　史1-6172　叢1-321、498、587(6)
明宮史　叢1-223(27)、268(2)、407(3)
明宮錄　叢1-407(3)
明良慶會(史浩)　史2-8750
明良交泰錄　子1-948
明良記　史1-4418～9　叢1-22(21)、97、
　233、496(5)、2-617(4)、731(53)
明良集六種　史1-1923
明良志署　史2-6999　叢2-1640
明良世翰(詹同)　史2-8816
明良錄　叢1-31
明良錄署　史2-7223　叢1-13、14(2)、22
　(21)、134
明密電報新書　史6-44410

明密兼用電報碼　史6-44409
明實錄摘鈔　史1-1659
明宗正學　子1-1370　叢2-1329
明宗集　子2-6799
明宗孝義達本寶卷　子7-36113
明宋比玉長亭秋暮卷　子3-16531
31 明江廳上石州鄉土志署[宣統]　史8-
　61389
明江廳鄉土志[宣統]　史8-61387～8
明江南治水記　史6-46743　叢1-195(4)、
　2-731(55)
明江縣志[民國]　史8-61390
明源註實　子7-35999
明禋儀注　史6-41987　叢1-22(8)、23(8)
32 明州雪竇寺重復公案　史7-51650
明州天童景德禪寺宏智覺禪師語錄　子6-
　32091(76)
明州天童覺和尚法語　子7-34011
明州偶詠　集3-13859
明州定應大師布袋和尚(契此)傳　史2-
　8604
明州定應大師布袋和尚傳　子7-34785
明州福泉山法海禪寺志　史7-51646
明州札記　史7-50403　叢2-2183
明州畫史　子3-16086
明州繫年錄　史7-50404　叢2-1968～9
明州阿育王山志、續　史7-52327
明州岳林寺志　史7-51651
明州岳林寺志、補遺　史7-51652
明州八家選詩　集6-44643
明浙西李之藻傳　子7-35261
明溪縣志[民國]　史8-58263
33 明心寶鑑　子1-2493～5　叢2-724
明心教寺志　史7-51549
明心圖官話　子7-35662
明治政黨小史　子7-36227
明治維新四十年政黨史　子7-36445
明治法制史　子7-36582
明治中興雲臺圖錄　子7-36237
明治小學教育沿革　子7-36761
34 明沈石田山水册　子3-16494
明沈子居倣古山水十幀　子3-16533
明法品内立三寶章　子6-32089(50)
明洪武至崇禎各科題名錄　史3-13475
明洪武四年進士登科錄　叢1-241、242(4)
明滇南詩署　集6-44925
明滇南五名臣遺集五種　叢2-886(4)
明遼府左長史程節愍公貞白遺稿(貞白遺
　稿)、顯忠錄、續　集2-6442
35 明清瑣語　史1-3259

明清巍科姓氏錄　史3-13465　叢2-2247
明清名人尺牘墨寶三集　子3-15734
明清滇人著述書目稿　叢2-888
明清史粹甲乙丙三編　史1-5950
明清閨秀曲二種　集7-54643
明清閒耶蘇會士譯著提要　子7-35768
明清人傳記　史2-7429
明清八大家文鈔　集6-41809
明漕運志　史6-44135　叢1-195(3)、2-731(20)
明禮部侍中黄文貞公(觀)忠節紀畧、補遺、續集　史2-8846
明禮部右侍郎戚友菊先生(伯榆)年譜　史2-11403
明遺民詩選　集6-43869
明遺民錄　史2-7424
36 明況太守龍岡公治蘇政績全集(況太守集)、補遺　集2-6619
明邊鎮題名考　史2-7282　叢1-369
37 明湖韻事　子5-26505
明湖花影　子5-26476
明湖四客詞鈔　集7-46433
明初功臣傳　叢2-900
明初禮賢錄　史1-1933
明初遺事七種　史1-1930
明初四家詩　集6-41938
明通鑑　史1-1586
明通鑑、目錄、前編、附編　史1-988
明通鑑、前編、記、目錄　史1-1587
38 明海忠介大草墨跡　子3-15708、15845
明道文集　子1-655、658~60　叢2-961
明道文集、伊川文集、遺文、附錄　叢1-574(1)、2-698(6)
明道雜誌　叢1-22(7)、24(5)、26、38、374、2-731(52)
明道雜誌、續　叢1-195(5)
明道雜誌、續明道雜誌　叢1-23(7)、28
明道雜誌、續明道雜志　叢1-27
明道雜志　子4-20012,5-26282　叢1-11~2、17、19(4)、20(2)、21(3)
明道正覺森禪師語錄　子6-32092(44)
明道編　子1-1012
明道先生(程顥)年譜　史2-11017~8
明道先生文集　子1-654
明道先生詩集　集6-41894(2)
明道先生書抄　子1-691
明道先生全書　子1-688
明道程子(顥)年譜　史2-11017
明道大學　經2-8652
明道本考異　史1-2086
明道書院約言　子1-2440

明道書院志、明道書院志日程　史7-52034
明道書院鈔存、續編、晚悔庵詩草　集5-35804
明道易經　經1-2067
明道錄　集2-7812
明道篇　子5-29530(6)、29549、29588、31260
明道堂公鈔　集6-44375
40 明十一大家集　集6-42059
明十二家詩選　集6-41940
明十五完人手帖　子3-15715　集6-45193
明左右旋問答　子3-11416、11634
明左光先年譜　集2-11332、11336
明九邊考　叢1-386~7
明大誥峻令考　史6-45795　叢2-2109
明大司馬盧公奏議　史6-48544
明大參陳公手集同人尺牘　子3-15848　集6-45193
明太子少保資政大夫都察院左都御史中湛先生事述　史2-9062
明太師次溪公南遊紀並出塞詩附麟篆齋詩文集　集2-9871
明太保費文憲公文集選要　集6-45092
明太保費文憲公詩集　集2-7889
明太保費文憲公集選要　集2-7891
明太保費文通公文集選要(鐘石先生文集)　集2-7890
明太祖文集　集2-6115　叢1-223(62)
明太祖功臣圖　子3-16372~3
明太祖御製文集　集2-6116
明太祖實錄類抄　史1-1662
明太學經籍志　史8-65438　叢2-745
明內廷規制考　史6-42058　叢1-269(4)
明南京工部尚書進階榮錄大夫簡菴陳公(雍)年譜　史2-11447
明志齋詩草　集4-31171
明志稿　集2-10246
明志稿文、詩、續　集2-10245
明女史　史2-7280
明李文正公(東陽)年譜　史2-11442　集2-7138
明李淳進大字八十四法劄子　子3-15111
明嘉靖二十八年曆書　子3-11788
明嘉靖三十三年歲次甲寅大統曆　子3-11791
明嘉靖至萬曆間會試策問彙鈔　集6-45401
明嘉靖十五年歲次丙申大統曆　子3-11778
明嘉靖十四年曆書　子3-11777
明嘉靖八年曆書　子3-11770
明七子文鈔　集6-43978

明七子詩選註　集6-43765

明七卿考畧　史1-10(6)、4819

明七省督師孫大司馬(傳庭)列傳　史2-9143

明真玄要　子5-32008

明真破妄章頌　子5-29530(19)、29534、29535(5)、29536(5)、30800

42 明彭用光太素脈訣　子2-6268

44 明董玄宰書敕賜午門麥餅宴詩册　子3-15353

明藍田叔山水册　子3-16536

明地理志圖　史7-49313、49602

明范文忠公(景文)畫像宦蹟圖題詞　史2-9123

明范文忠公畫像宦蹟圖題詞　叢2-1938

明蓮池大師竹窗隨筆　叢2-2085

明薊遼督師袁崇煥傳　叢2-715

明蘇爵輔事畧　史2-9164

明孝廉李巢二先生圖詠　史7-51920　叢2-746

明孝陵　史7-51906

明孝陵志　史7-51908

明孝陵圖　史7-51907

明萬曆二年進士題名碑錄　史3-13453

明萬曆三十七年刻清道光二十八年陳斗初補修　叢2-1148

明萬曆天啓九科進士履歷、明季國初進士履歷跋後　史3-13455

明臀祕珍　子2-7418

明世學山五十種　叢1-61

明世學山九十三種　叢1-62

明葛中翰文集　集2-12274

明藝書評　集6-46275

明薛文清公年譜　史2-11421

明勅累封太安人畢母劉氏墓誌銘、行狀、行實　史2-9022

46 明相國徐文定公墨蹟　子3-15711

明楊升菴先生長短句　集7-46807

明楊忠愍公赴義前一夕遺屬、自著年譜　子1-2130

47 明懿安皇后外傳　史2-9195　叢2-638

明郝太僕(景春)褒忠錄　史2-9109

明妃別漢　集7-52418

明朝三元考、續集　史3-13439

明朝百家小傳　史2-7147

明朝張柱國發刻駱會魁家傳葩經講意金石節奏　經1-3745

明朝生動畫園　子3-16389

明朝練音初集　集6-44414

明朝名臣紀畧　史2-7234

明朝紀事本末　史1-1770、1824

明朝紀事本末補編　史1-1831~2　叢2-674

明朝宮史　史6-42054~5

明朝十先生語　子1-176

明朝忠節經濟理學名家諸先生姓氏錄　史2-7266

明朝國初事蹟　叢2-859

明朝四書文　經2-11136

明朝小史　史1-4435~6　叢1-373(2)、2-741

明朝怪異雜記　子5-27328

明都察院右僉都御史張公暨元配王恭人墓誌銘、行狀　史2-9005

明椒山楊忠愍公集　集2-9201

48 明散曲家馮惟敏年表　史2-11498

明翰林學士當塗陶主敬先生(安)年譜　史2-11397　集2-5980　叢2-1735

明故太學次公周君(文薦)暨配鄒孺人墓誌銘、紀畧、行狀　史2-9072

明故嘉靖大夫南京光祿寺卿前都察院右副都御史象岡胡公(植)行狀、墓誌　史2-8952

明故擁兵部尚書兼翰林院侍講學士鄭張公神道碑銘　史2-9283

明故戶部右侍郎贈尚書一川游公(應乾)行狀、大司徒游公傳、先考少司徒一川府君行述　史2-8987

50 明中憲大夫江西按察司提學副使金一所先生(賁亨)年譜　史2-11472

明中憲大夫南京吏部主事前巡按直隸廣西道監察御史雲　史2-9050

明中奉大夫四川布政使司右布政使充菴潘公(季馴)墓誌銘行狀行實敕諭碑記　史2-8973

明史　史1-15~7、20、834、850~1　叢2-698(4)

明史,考證　史1-835

明史,目錄　史1-14、813　叢1-227(5)

明史,目錄,考證　叢1-223(18)

明史雜詠　史1-6162、6167　集3-18977、5-34801

明史雜詠、賈鳧西鼓詞　史1-6165

明史雜詠箋注　史1-6163

明史雜著　史1-5948

明史雜錄　史1-5264　叢1-312

明史記事本末摘要　史1-1825

明史論　史1-5942

明史論畧　史1-5947　叢2-1952

明史三朝考異　史1-6036

明史碎抄　史1-5267

明史列傳　史1-816

明史列傳稿　史1-815、827~9
明史列傳稿、目錄　史1-826
明史列傳擬稿　史1-822
明史列傳分纂　史1-825
明史職官志底本　史1-841
明史彈詞　集3-13105,7-53661、53865
明史彈詞註　集7-53864
明史彈詞輯註　集7-53866
明史稿、目錄　史1-831
明史稿藝文志　史1-832
明史經籍志　史1-849　叢2-1397
明史例案　史1-5351
明史循吏傳　史1-830
明史斷畧　史1-5940
明史樂府　叢1-461
明史外國傳地理考證、西域傳地理考證
　史1-840,7-49310
明史緯　史1-5268
明史續編　史1-852
明史傳總論　史1-5943　叢2-1397
明史紀傳　史1-814
明史紀事　史1-5938
明史紀事補編　史1-1834
明史紀事本末　史1-1771~5　叢1-223
　(19)、227(6)、2-731(67)、782(4)
明史紀事本末論　史1-1826　叢2-1280
明史紀事本末論贊　史1-1827
明史紀事本末論箋注　史1-1828
明史紀事本末詳節　史1-1830
明史紀事本末補遺　史1-1833
明史綱目管窺　史1-1513
明史河渠志　叢1-379
明史遺文新柳詩　集7-53867
明史遺聞錄　史1-2742
明史十二論　史1-5280、5944　叢1-203
　(13)
明史南都紀畧　史1-3536
明史南都紀畧(明史南都大畧)　史1-3537
明史志　史1-846
明史志畧　史1-5700
明史地理志　史1-839,7-49311
明史地理志稿　史1-838
明史考證攟逸　史1-854
明史考證攟逸、補遺　史1-855
明史考證攟逸、補遺、附錄　史1-17　叢2
　-670
明史藝文志　史1-848,8-65262　叢2-731
　(1)、847、1466
明史藝文志易類　叢1-312
明史摭遺　史1-3239
明史本傳　子4-18771

明史本紀　史1-836
明史本紀、原本補本異同錄　史1-837
明史輯畧二十種　史1-1938
明史擬稿　史1-821
明史擬稿、外國傳　叢2-1287
明史擬稿、外國傳、藝文志　史1-818
明史抄　史1-811
明史抄畧　史1-810
明史畧首　史1-1594
明史賦役志　史1-845　叢2-1280
明史曆志　子3-11636
明史隨筆　史1-3238
明史閣部杜詩　子3-15720
明史興觀錄　史1-3540
明史輿服志　史1-844　叢2-1280
明史寧要　史1-5263
明史分稿殘編　史1-823　叢1-472
明史義例彙編目錄　史8-66263
明史食貨志　史1-842　叢2-1280
明史鈔畧殘　史1-5262　叢2-637(2)
明事雜詠　史1-6166　集5-40752　叢2-
　685
明事雜錄　史1-3254
明事斷畧　史1-6,5939　叢1-269(4)、552,
　2-731(68)
明夷詩鈔　集5-41043　叢2-2218
明夷詞鈔　叢2-2218
明夷集　集2-12099
明夷待訪錄　子1-1421~2,7-36263　集3-
　13558　叢1-263、272(4)、364、404、453、
　523、562~3,2-698(6)、731(16)、1258~61
明夷待訪錄、思舊錄　子1-1423
明畫姓氏編韻　子3-16103
明畫錄　史2-7278~9　子3-15859　叢1-
　278,2-731(36)
明本釋　子1-812　叢1-223(30)、230(3)、
　468,2-731(12)、754、782(2)
明本大字應用碎金　子5-25584　叢2-607
明本排字九經直音　經2-11964　叢1-223
　(12)
明本排字九經直音、補遺　經2-11965　叢
　1-465,2-731(24)
明忠觀察洪雲蒸紫雲公文集、外編　集2-
　11394
明忠肅王公(翺)行狀神道碑　史2-8858
明書　史1-812　叢2-731(67)、782(4)
明書傳集　史1-1585
明末五小史(明季五藩實錄)　史1-3184~
　8
明末殉難諸臣請卹疏　史2-7374
明末殉難諸臣備考　史1-1951,2-7373

明末殉難錄　史 1 - 4913
明末稗史鈔四種　史 1 - 1961
明末紀事補遺　史 1 - 1838、3245
明末徽人日錄　史 1 - 3282
明末滇南紀畧　史 1 - 3498
明末滇南紀畧、纖言　史 1 - 3499
明末清初兵事叢鈔　叢 2 - 2167
明末史事雜抄三種　史 1 - 1972
明末忠烈紀實　史 2 - 7405～6
明末忠烈志　史 2 - 7407
明末忠義錄　史 2 - 7308
明末野史五種　史 1 - 1970
明末野史十一種　史 1 - 1969
明末人物傳　叢 2 - 888
明東林八賢遺札　子 3 - 15714　集 6 - 45193
51 明拓柳公權玄祕塔　子 3 - 15619
52 明靜軒詩文集　集 5 - 39127
53 明輔起家考　史 2 - 7209　叢 1 - 22(21)
明成子七律詩選　集 2 - 9065
明成化說唱詞話叢刊十六種附白兔記傳奇
　一種　集 7 - 51055
明成祖寫經四十一種　子 7 - 32094
明成祖實錄　史 1 - 1667
明成祖本紀　史 1 - 799
55 明農山堂彙草詩、文　集 2 - 9872
明農考　叢 2 - 2170
明農草堂讀史衡初抄　史 1 - 5508
明農軒樂府　集 7 - 50608
明典章　史 6 - 41643
明典試題名鼎甲錄　史 3 - 13434
59 明抄幼科　子 2 - 8420
明抄醫方　子 2 - 9343
60 明目至寶(重訂明目至寶)　子 2 - 7304
明四子詩集　集 6 - 41953
明四家文選　集 6 - 42052
明四家集　集 6 - 42053
明四大家文定　集 6 - 42060
明易產科、廣嗣真詮　子 2 - 8158
明易調經胎產祕書　子 2 - 8164
明易胎產前辨論諸症醫方　子 2 - 8293
明恩寺誌　史 7 - 51654
明呂近溪先生小兒語　子 1 - 1969　叢 1 -
　574(5)
明呂近溪先生小兒語(呂近溪先生小兒語)
　子 1 - 2776
明畧雜記　叢 1 - 22(21)
明罰錄　史 6 - 45800
明景恭王之國事宜　叢 2 - 746
63 明賦考　史 6 - 43399
66 明瞿忠宣公文稿　集 2 - 11884

明瞿忠宣公手札及蠟丸書　子 3 - 15718
　集 6 - 45193
67 明明子論語集解義疏　經 2 - 9600　叢 2 -
　845(4)
明明德解義　叢 2 - 1867
明照朗禪師語錄、詩鈔　子 7 - 34386
68 明贈光祿寺郷路南楊公(以成)忠節錄　史
　2 - 9047
明贈光祿寺卿路南楊公忠節錄　叢 2 - 886
　(5)
71 明臣章奏輯要　史 6 - 47809
明臣謚考、釋義、訂誤　叢 1 - 223(27)
明臣謚畧　史 2 - 7287
明臣謚錄　叢 2 - 1976
明臣列傳　史 2 - 7199
明臣殉節事蹟　史 2 - 7418
明臣十節　史 2 - 7370　叢 1 - 22(21)
明臣奏議　史 6 - 47808、47811　叢 2 - 731
　(19)
明臣奏議彙鈔　史 6 - 47805
明臣奏議畧　史 6 - 47810
明臣印譜　子 3 - 16889
72 明劉文成公詩鈔　集 2 - 5925
明劉賓仲藏三家贈言真蹟　子 3 - 15352
明氏重修宗譜[湖北武昌]　史 4 - 29520
明氏實錄　史 1 - 2719～20　叢 1 - 195(2)、
　426
明兵部尚書贈太子太保謚恭敏青雷薛公
　(三才)傳、文武官員祭恭敏公奠稿　史
　2 - 9014
明兵書四種　子 1 - 3089
74 明陸子淵自書詩墨跡　子 3 - 15706、15845
明陵紀事　史 7 - 51887
75 明陳章侯雜畫册　子 3 - 16603
明陳于階公疏草、行狀　史 6 - 48540
76 明陽正範祕書　子 3 - 13159
明陽山房遺詩(明陽山房遺集)、遺文　集
　3 - 13091
明陽山房遺詩、遺文　叢 2 - 886(3)
77 明覺聰禪師語錄　子 6 - 32091(76)、32092
　(44)
明覺禪師語錄　子 6 - 32090(62)、32091(60)、
　32093(51)、7 - 34294
明覺顯禪師語錄　子 6 - 32092(42)
明周端孝先生血疏題跋　史 1 - 3004　叢 2 -
　796
明周端孝先生血疏貼黃真蹟　史 1 - 3003
　叢 2 - 688
明周端孝先生血疏貼黃附錄　子 3 - 17622
明周白川澄墨山水　子 3 - 16505
明月五更一套　集 7 - 50855

明月環傳奇　集7-49999、50038

明月編　叢1-13、14(3)、37

明月灣秦氏重修支譜[江蘇吳縣]　史4-31251

明月胡笳歸漢將　集7-49544

明月胡笳歸漢將(河梁歸)　集7-49541

明月篇　集2-9824~5　叢1-22(24)、2-1132、1134~5

明醫雜著　子2-4560~1、4832

明醫雜著(新刊明醫雜著)　子2-4833

明醫二著　子2-7104

明醫要訣　子2-5054

明醫保幼　子2-8384

明醫治驗　子2-4591、10517

明醫指掌　子2-4566、4849

明醫指掌藥性賦藥性解合刻　子2-4566

明醫指掌圖前集、後集　子2-4848

明卿文選　集2-9479,6-42052、42054

明卿集　集1-5279

明關九思石譜　子3-16519

明興雜記　史1-2769　子4-23049

明興野記　史1-1534

明興圖(清施世杰題識)　史7-49589

明賢詩　集6-43833

明賢詩旨　集6-45495

明賢名翰合冊　子3-15849　集6-45193

明賢遺翰　集6-45308

明賢蒙正錄　史2-7265　叢1-483,2-906

明賢尺牘　叢1-288

明賢尺牘藏真　集6-45305~6

明尺牘墨華　集6-45304　叢1-352

明尺牘谷音　集6-45293

80 明人詩文選集　集6-43717

明人詩話補　集6-45963

明人詩品　集6-46133　叢1-364

明人詩鈔、續集　集6-43873

明人說易　經1-1592　叢1-312

明人百家小說一百二十四種　叢1-29(7)

明人列傳　史2-7142~3

明人手簡序錄　集6-45298

明人集　集2-12934

明人傳抄　史2-7144

明人別號錄　史2-13400　子5-25883　叢2-1359

明人附錄　史2-7666　子3-16096

明人同姓名錄　叢2-1359

明人尺牘　集6-45297、45303　叢1-322

明人尺牘、國朝尺牘　集6-45307

明人尺牘選　集6-45301

明人尺牘鈔存　集6-45309

明人小說　叢1-373(3)

明人小傳　史2-7141

明人小史八種　叢2-870(2)

明八大家文集　集6-42057~8

明鏡匣　子5-29547

明鏡匣經　子5-29580、29586、31450

明前太僕寺少卿灤川王公配劉氏合葬墓誌銘　史2-8945

明年表　史1-4591

明善齋集　集2-8393

明善堂詩集　集3-20724~7

明善堂詩集、文集、詩餘、詞餘　集3-20729

明善堂詩集、詩餘、詞餘　集3-20728

明善堂詩餘、詞餘　集7-47288

明善堂集(流水編、南谷樵唱)　集4-30215

明會要　史6-41649

明會典　叢1-223(27)

明食貨志　史1-843　叢2-1358

83 明錢忠敏公山水畫冊　子3-16540

87 明歙縣江東之瑞陽阿集　集2-10379

明鄭世子瑟譜、明周端孝先生血疏貼黃附錄　子3-17622

88 明鑑　史1-1588、5280

明鑑攬要　史1-5266

明鑑易知錄　史1-1242

明鑑前紀　史1-1589　叢1-487

明鑑會纂　史1-1592

明策　史6-47831

89 明鈔五種　叢1-164

明鈔九種　叢1-163

90 明小紀、五朝耆舊記　史1-2699

明小竹山人集　集2-8687

明堂廟寢通考　經1-6157　叢2-599

明堂說　叢2-1604

明堂億　經1-137、6151

明堂制度論　經1-6148　叢2-774(4、11)

明堂灸經　子2-10215、10227　叢1-223(32)

明堂大道錄　經1-163(1)、6150　叢1-257,2-731(21)

明堂考　經1-6152~3　叢1-260~1,2-731(31)、845(4)

明堂圖說　經1-6155

明堂圖四幅　子2-10288

明堂臟腑經絡圖解　子2-10350

明堂月令論　經1-5839~41　叢2-765~6、773(1)

明堂問　經1-6149　叢1-249(4),2-731(31)、1309

明堂陰陽夏小正經傳考釋　叢2-1566~7

明堂陰陽夏小正經傳考釋四種　經1-6016

　　明少保費文通公文集選要　集 6 - 45092
　　明常熟科貢錄　史 3 - 14937
　　明黨禍始末記、熹朝奄黨禍國錄　史 1 -
　　　3016
91 明悟齋痘科歌訣　子 2 - 8718
94 明慎錄、呂新吾先生刑政節錄　史 6 - 46439

昀

47 昀匋所見金石書畫隨錄　子 3 - 14882

6702₂ 嘐

67 嘐嘐言　子 4 - 21494
　　嘐嘐言、續　叢 2 - 1000
　　嘐嘐言、續嘐嘐言　子 4 - 21495

嘐

43 嘐城龔氏族譜[江蘇崑山]　史 5 - 41441
　　嘐城秦氏宗譜[上海嘉定]　史 4 - 31234
　　嘐城陸生三弦譜記　子 3 - 17837

6702₇ 鳴

00 鳴哀錄　史 6 - 46357
10 鳴玉堂稿　集 2 - 9040～2
11 鳴琴集　集 1 - 5236
　　鳴琴仙館詩鈔　集 5 - 36748,6 - 42007(3)
　　鳴琴擊劍齋詩草　集 5 - 38385
29 鳴秋集　集 2 - 6739,6741,4 - 24141
　　鳴秋草　集 4 - 23739
　　鳴秋閣古樂府　集 3 - 19298
30 鳴冤錄　子 1 - 959
38 鳴道集說　子 4 - 20227
39 鳴沙石室古佚書初編十九種續編四種　叢
　　2 - 592
　　鳴沙石室古籍叢殘三十種　叢 2 - 601
40 鳴真集　子 5 - 29535(5)、29536(5)　集 1 -
　　4703
47 鳴鳩集、癖乘　集 2 - 12928
　　鳴鶴山記　叢 1 - 29(7)

　　鳴鶴餘音　子 5 - 29530(21)、29535(6)、29536
　　　(6)　集 1 - 5156,7 - 46352、46356、46768、
　　　48469～70　叢 1 - 246、353,2 - 731(48)
　　鳴鶴餘音、附錄馮尊師二十首　叢 1 - 282
　　　(2)、283(2)
　　鳴鶴堂文集　集 3 - 14025～6
　　鳴鶴堂詩集　集 3 - 14024
　　鳴鶴堂詩集、文集　集 3 - 14027
48 鳴驚集纂兒科痘疹全書　子 2 - 9042
50 鳴蚿草　集 3 - 21552
　　鳴書小品　集 3 - 17320
　　鳴春集　集 3 - 21404
53 鳴盛集　集 2 - 6065　叢 1 - 223(63)
　　鳴盛集、樂府　集 3 - 21618
　　鳴盛閣琴譜　子 3 - 17766
62 鳴呼易順鼎　子 4 - 22049
64 鳴曉堂詩集　集 4 - 27271
67 鳴野山房彙刻帖目　子 3 - 15459
　　鳴野山房書畫記　子 3 - 14845
　　鳴野山房書目　史 8 - 65754
71 鳴原集存　集 5 - 39089
　　鳴原堂論文　叢 2 - 698(17)、1839
77 鳴堅白齋詩殘稿　集 5 - 39194
　　鳴堅白齋詩存、補遺　集 5 - 39196
　　鳴鳳記　集 7 - 49709、49819、49821
　　鳴鳳集　集 4 - 23880
　　鳴鳳堂詩稿　集 4 - 25934
82 鳴劍樓筆記　子 5 - 26719
90 鳴懷集雜錄　集 3 - 16243

6703₂ 喿

67 喿鳴文集　集 2 - 9702
　　喿鳴文集、詩集、敬事草　集 2 - 9700
　　喿鳴文集摘抄　集 2 - 9703
　　喿鳴詩集　集 2 - 9701

眼

24 眼科　子 2 - 7401
　　眼科方　子 2 - 7378
　　眼科方藥　子 2 - 7369
　　眼科方書神祕便方　子 2 - 7372
　　眼科六要、附方　子 2 - 7350
　　眼科新新集　子 2 - 7373
　　眼科三種合刻　子 2 - 7384

中國古籍總目·索引

眼科要方　子2－7324

眼科要旨　子2－7352

眼科要署　子2－7413

眼科百問　子2－7313

眼科集成　子2－7365

眼科編要　子2－7416

眼科什方　子2－7389

眼科備要　子2－7412

眼科備覽　子2－7358

眼科傳心錄　子2－7419

眼科總論　子2－7398

眼科各方　子2－7411

眼科約篇　子2－7357

眼科宜書　子2－7424

眼科家傳　子2－7325

眼科良方　子2－7321

眼科寶籍　子2－7368

眼科心法　子2－4637、7330

眼科心法、補遺　子2－7400

眼科心法要訣　子2－4989

眼科祕方　子2－7348

眼科祕方、口齒類要　子2－7376

眼科祕論　子2－7403

眼科祕旨　子2－7388

眼科祕傳　子2－7319

眼科祕本　子2－7387

眼科祕書　子2－7349

眼科祕籍　子2－7402

眼科神方　子2－7359

眼科神應方　子2－7345

眼科溯源　子2－7364

眼科啓蒙　子2－7333

眼科啓明　子2－7397

眼科大旨　子2－7406

眼科内政　子2－7423

眼科奇書　子2－7360

眼科七十二症集要祕訣　子2－7405

眼科七十二症問答病因丸散　子2－7341

眼科藥性摘錄　子2－7414

眼科切要　子2－4668、7342

眼科指掌　子2－7318

眼科捷徑　子2－4660～3、7336

眼科捷徑附達生編　子2－4784

眼科輯要　子2－4734、7371

眼科撮要　子2－7363

眼科易祕　子2－7356

眼科圖証備要　子2－7404

眼科時方　子2－7390

眼科開光易簡祕本　子2－7353

眼科闡微　子2－7315、7317

眼科驗方　子2－4663

眼科入門　子2－7315～6

眼科全書　子2－7314

眼科全針　子2－7394

眼科金鏡　子2－7420

眼科精形鴻飛集　子2－7382

31 眼福編初集、二集、三集　子3－14890　叢2－2046

40 眼有七十二症醫法　子2－7381

60 眼口涉筆草　集3－18548

62 眼跳耳鳴嚏噴心驚法錄要　子3－14664

77 眼兒媚　集7－48780、49235

眼學偶得　子4－22759

6703₄ 喉

00 喉症方案　子2－4688

喉症辨驗合編　子2－7472

喉症論治　子2－7492

喉症三書節抄　子2－7435

喉症要旨　子2－4734、7562

喉症芻言　子2－7602

喉症滙參　子2－6817

喉症神效方　子2－7490

喉症回生集　子2－7560

喉症單方　子2－7572

喉症眼科治瘟滙編四種　子2－5298

喉症全科紫珍集　子2－7457、7459

喉症全科紫珍集(喉症全科紫珍集方本,喉科最要)　子2－7455

喉症全書　子2－7470

喉症類集　子2－5184、7509

喉痧症治　子2－7607

喉痧新論　子7－37879

喉痧正的　子2－4657～63、7541

喉痧至論　子2－7564

喉癰靈驗方　子2－7549

01 喉証滙參　子2－7429

喉証祕集　子2－7521

喉証圖説　子2－7567

02 喉證雜治聯璧　子2－7566

喉證約精、經驗救急良方　子2－7487

喉證指南　子2－7522

08 喉説　子2－7638

20 喉舌備要祕旨附錄　子2－4771(3)

21 喉齒科玉鑰全函　子2－7462

喉齒總論　子2－7645

24 喉科　子2－7518

喉科(圖注喉科指掌)、集驗良方　子2-7465

喉科方論　子2-7568

喉科方案　子2-7495

喉科証治要訣圖解　子2-7643

喉科三十六症　子2-7633

喉科要訣　子2-7595

喉科要領　子2-7594

喉科及針法全圖　子2-7644

喉科集要　子2-7616

喉科集腋　子2-7542

喉科集學心鏡　子2-7592

喉科種福　子2-7532

喉科備要　子2-7524

喉科白腐要旨　子2-7505

喉科得一録　子2-7548

喉科急證　子2-4655、7484

喉科急救便覽　子2-7494

喉科家訓　子2-4768、7609

喉科心法　子2-7480、7511

喉科淺祕　子2-7437

喉科治法要訣　子2-7459

喉科祕方　子2-7594

喉科祕訣　子2-4768~9、7499~500

喉科祕珍　子2-7581

喉科祕旨　子2-7482、7485、7514

喉科祕寶　子2-7630

喉科祕本　子2-7426、7594

喉科祕本、喉科附方　叢1-269(4)、270(3)

喉科祕書　子2-7530

喉科祕録　子2-7558

喉科祕鑰　子2-7493

喉科神方　子2-7640

喉科十八証　子2-4769

喉科大成　子2-7519

喉科七種　子2-7594

喉科七十二症總論　子2-7608

喉科真諦　子2-7629

喉科真訣　子2-7578

喉科枕祕　子2-4693、7539

喉科杓指　子2-7464

喉科摘要　子2-7642

喉科指掌　子2-7432

喉科指掌論畧法　子2-7433

喉科拔萃　子2-7512

喉科抱珍集　子2-7594

喉科風症全書　子2-7634

喉科驗方　子2-7593

喉科驗方全集　子2-7606

喉科全生集　子2-7632

喉科金丹　子2-7468

喉科金針　子2-7444

喉科金鑰全書　子2-7603

喉科合璧　子2-7506

喉科精論　子2-7641

71 喉牙口舌各科祕旨　子2-7515

77 喉風論　子2-7461

喉風三十六症　子2-7635

喉風要畧　子2-4634、7460

喉醫祕語　子2-7557

喫

80 喫食滋味　子4-18958

6704₇ 吸

83 吸鐵器及磁石考　子7-36240(4)

啜

44 啜茗夜話　子4-21275

60 啜墨亭集、雜著　集2-10974

暇

44 暇老齋雜記　子4-20804~5　叢2-1196

60 暇日記　子5-26283　叢1-17、19(3)、20(2)、21(3)、22(5)、23(5)、24(3)、29(6)

暇園詩草　集4-23079

眠

10 眠雲石齋梅花詩草　集4-31359

眠雲出岫集　集4-31366

眠雲閒録　子4-19492

眠雲閑録　子4-21027

眠雲館詩集　集3-16819　叢2-1245

11 眠琴儷館詞　集4-27711

眠琴山房詩鈔(南吟遺稿)　集5-38754

中國古籍總目書名索引

眠琴閣詩鈔、續鈔　集4-30884
眠琴閣詞、外集　集7-47763
眠琴閣詞鈔(海上餘弦詞)　集7-47760
眠琴閣遺文、遺詩　集5-33725
眠琴館詩鈔　集4-23096、29003,6-42007(3)
眠琴館詩鈔、詞　集5-39056
27 眠綠山房詩草　集4-33489,6-42007(4)
眠綠山房詩錄　集4-31865
眠綠山房詩鈔　集4-29355
眠綠館雜集　集5-35830
77 眠鷗集遺詞　集7-48190

6705₆ 暉

40 暉吉堂詩集(暉吉堂詩集、北湖集、山中集、
宦遊詩存)　集4-33102
暉吉堂集　集4-33101

6706₁ 瞻

00 瞻庵近稿　集4-26009
瞻袞堂文集　集4-23235　叢2-845(4)
瞻六堂集　集2-12636
10 瞻雪望月行窩吟　集4-23783
瞻雲集　集3-14352
瞻雲初集　集3-14075
瞻雲閣詩集摘鈔　集5-35180
瞻雲錄　集4-27728　叢2-1697
14 瞻琦周氏宗譜[浙江鄞州]　史4-29928
21 瞻衡堂詩集、文集　叢2-900
瞻衡堂集　集3-21114
22 瞻山醫案　子2-10539
23 瞻岱軒日記(清同治十二年至光緒十六年)
史2-13007
24 瞻化縣圖志[民國]　史8-62133
34 瞻婆比丘經　子6-32083(19)
35 瞻禮道理　子7-35105、35471
瞻禮問答　子7-35566
瞻禮舍利記　子7-34675　叢1-143
42 瞻橋小志[乾隆]　史7-56913
44 瞻麓齋古印徵　史8-65069
瞻麓齋古印徵、考釋　史8-65068
瞻麓齋古鉨印選　史8-65070
瞻麓堂詩鈔　集5-39700
瞻華集　集3-19413
60 瞻園詩草　集5-36493

瞻園詞　集7-47928
瞻園志　史7-51977
76 瞻陽何氏支譜[福建福清]　史4-28352
77 瞻閱集虛　子4-21779
瞻闕集虛　集5-37858　叢2-996

6706₂ 昭

00 昭文邵氏聯珠集　集6-45017
昭文潘君允升(欲達)年譜　史2-12353
昭文遺詩　集4-29680　叢2-886(5)
昭文縣志[雍正]　史7-57078
10 昭元祕訣　子7-35957
昭平縣志[乾隆]　史8-61319
昭平縣志[民國]　史8-61320
12 昭烈忠武陵廟志　史7-51879
17 昭君一枝　集7-52782
昭君出塞　集7-48775、49176　叢2-672
昭君出塞(出塞大鼓)一段　集7-51634
昭君怨詩集　集6-42554
昭君怨琴譜　子3-17804
昭君夢　集7-49348
21 昭仁許氏宗譜[浙江東陽]　史5-34431～4
昭仁殿天祿琳瑯目錄前編、續編　史8-
65258
昭仁殿天祿琳瑯前編目錄、續編目錄　史
8-65498
22 昭山名備考　叢2-2264
昭山宋氏續六修族譜[湖南湘潭]　史4-
29187
昭利廟誌　史7-51827
23 昭代文選　集6-44365
昭代詩文鈔　集6-44051
昭代詩存　集6-44068
昭代詩針　集6-44102
昭代詞選　集7-48565
昭代王章、名例　史6-45819　叢2-741
昭代武功編　史1-1844
昭代子快　子4-24146
昭代經濟言　史6-47800　叢2-731(16)、
881
昭代樂章恭紀　史6-42066　叢1-203(8)
昭代名臣志鈔　史2-7230
昭代名賢論　史1-5547
昭代名人尺牘　集6-45328
昭代名人尺牘、小傳　集6-45329
昭代名人尺牘續集　集6-45334
昭代名人尺牘續集、小傳　集6-45335

昭代名人尺牘續集小傳　史2-7465

昭代名人尺牘續編　集6-45330

昭代名人尺牘小傳　史2-7463　叢1-422、
　424、469、586(2),2-716(2)

昭代名人尺牘小傳補　史2-7464

昭代名人小傳　叢1-373(9)

昭代紀畧　史2-7229

昭代良錄　史2-7222

昭代叢書新編五十種續編五十種廣編五十
　種埤編五十種別編五十種　叢1-202(1)

昭代叢書五編題跋　史8-66158

昭代叢書甲集五十種乙集五十種丙集五十
　種　叢1-201

昭代叢書合刻十集五百六十種附一種　叢
　1-203(1)

昭代叢書合刻目錄　叢1-393

昭代選屑　集6-43812

昭代芳摹　史1-1578

昭代舊聞　史1-3556~7　叢2-1457~8

昭代事始　叢2-1191

昭代典則　史1-1529

昭代分隸名人小傳　史2-7661,8-63507

昭代簫韶十本　集7-50357~8

昭代纂考　史1-6039

24 昭化縣志　叢1-373(3)

昭化縣志[康熙]　史8-61704

昭化縣志[道光]　史8-61706

昭化縣志[乾隆]　史8-61705

昭德新編　子4-19919~20　叢1-17、19
　(6)、20(4)、21(6)、22(5)、23(5)、24(7)、223
　(39)、374,2-673、1024~5

昭德先生郡齋讀書志、後志、二本、附志、考
　異　叢2-637(2)

昭德先生郡齋讀書志、後志、志　叢1-251

昭德先生郡齋讀書志、後志、附志、考異
　史8-65548~9

昭德先生郡齋讀書志、附志、後志、二本、考
　異　叢1-447

昭德先生郡齋讀書志、附志、考異　史8-
　65550

昭德先生郡齋讀書志、附志、考證、考異、校
　補　史8-65551

昭德錄　史2-8926

27 昭烏達盟紀畧[民國]　史7-56062

昭疑錄　叢2-2146

37 昭通志稿[民國]　史8-62461

昭通縣志稿[民國]　史8-62462

昭通等八縣圖說[民國]　史8-62463

44 昭萍譚氏族譜[江西萍鄉]　史5-41251

昭萍何氏族譜[江西萍鄉]　史4-28357

昭萍志畧[民國]　史8-58591

昭萍李氏火德公支譜[江西萍鄉]　史4-
　27349

46 昭如女子詩鈔　集5-34916

50 昭忠集　集6-43892

昭忠祠列傳二集　史1-958

昭忠祠列傳續集　史1-959

昭忠祠列傳續集(福康安傳)　史2-9617

昭忠祠列傳續編　史1-960~1

昭忠祠列傳初集　史1-957

昭忠祠志　史1-1988,7-51795　叢2-832
　(5)

昭忠逸詠　史1-6145

昭忠逸咏　集1-5128

昭忠錄　史2-7018、7090~1、7507、7510　叢
　1-223(22)、273(4)、274(3)、456(1),2-731
　(61)、832(6)

昭忠錄(唐樹義)　史2-9871

昭忠錄、續　史2-8748

昭忠錄補遺、三續、前編補遺續　史2-7508

昭忠錄前編　史2-7509

53 昭甫集　集2-10960

65 昭昧詹言、續、續錄　集6-46302　叢2-
　1652

昭昧詹言節錄　集6-46303

67 昭明文集　集1-567,6-42083

昭明文選　集6-42077、42083、42100、42108、
　42116

昭明文選、異同札記　叢1-559

昭明文選六臣彙註疏解　集6-42115

昭明文選集成　集6-42119

昭明文選大成、補編　集6-42120

昭明文選李善註拾遺、補遺、文選膡言、補
　編　集6-42140

昭明文選芰　集6-42107

昭明集、考異札記　叢1-559

昭明選詩初學讀本　集6-42162

昭明太子(蕭統)事實　史2-8537

昭明太子(蕭統)年譜　史2-11156

昭明太子集　集1-562　叢1-182~3、223(47)

74 昭陵六駿贊辯　史8-64714　叢1-203(4)

昭陵六駿圖辨　叢1-201

昭陵碑考　史8-64096

昭陵碑錄　史8-64097　叢1-585

昭陵碑錄、補、校錄札記　叢2-595

昭陵碑錄、補、校錄劄記　史8-64098

昭陵復古錄　史8-63497、64095、64131

76 昭陽述舊編　集4-29954

昭陽夢史　叢2-1302~4

昭陽趣史　子5-28248　叢2-721

昭陽趙海仙先生脈案讀稿　子2-10884

77 昭覺潛修實悅禪師語錄　子7-34358

昭覺禪寺志畧　史7-51712
昭覺丈雪醉禪師語錄　子6-32091(74),7-34323　叢2-1017
昭覺丈雪醉禪師紀年錄、行樂圖　史2-11649
昭覺丈雪禪師青松集　集3-13543
昭覺縣志稿[宣統]　史8-62166
昭關遊草　集4-29092
78 昭鑒錄　史2-6495
昭鑒錄簡畧　史2-6496

6707₇ 咭

18 咭敢覽館稿　集4-29016　叢1-419,2-731(41)

6708₀ 暝

00 暝庵雜識、二識　叢2-735(5)

暝

00 暝庵雜識　子4-21608
暝庵雜識、二識　叢1-445
暝庵詩錄　集5-34345　叢1-445
暝庵二識　子4-21609
暝庵叢稿　集5-34347　叢1-445
暝庵學詩　集5-34346　叢1-445
60 暝眩瘳　子2-10021

6708₁ 嘆

10 嘆霞閣詞　集7-46399～400、46876

6708₂ 吹

22 吹齒錄　經1-6547
27 吹網錄　子4-21463　叢2-735(2)、736
吹網錄、鷗陂漁話　子4-21461
吹網錄、餘錄　子4-21462

44 吹蘆小草　史2-12083　集4-28265
吹蘭厄語　集7-46431、47256
吹萬集　叢2-754
吹萬樓詩　集5-41418
吹萬樓詩稿　集3-21718
吹萬樓所藏詩經目錄　史8-66235
吹萬閣詩鈔、文鈔、二如庵詞鈔、詩話　集3-19251
吹萬閣集　集3-19253
60 吹景集　子4-20923　叢2-615(3)
62 吹影編　子5-26456
77 吹月填詞館賸稿　集7-48331
82 吹劍齋文集　集2-10636
吹劍詩集(七十二青芙蓉館詩)　集4-30963
吹劍集　集2-7250、10910、3-17409
吹劍續錄　叢1-19(6)、20(4)、24(6)
吹劍草　集2-11011　叢2-1186
吹劍藁　集2-6272
吹劍軒詩集　集5-40211
吹劍錄　子4-20175　叢1-10、19(4)、20(2)、21(4)、22(5)、23(4)、24(5)、29(5)、278、374,2-617(3)
吹劍錄、三錄　子4-20176
吹劍錄外集　子4-20177　叢1-223(41)、244(6),2-735(2)、856
吹劍錄畧　叢1-153
88 吹籨集　集5-36577
吹竹詞　集4-22365
吹簫引鳳(跨鳳乘龍)　集7-49684
吹簫憶女　集7-52791

啾

02 啾證知原　子2-7243

6710₄ 墅

09 墅談　子4-20445～6　叢1-62、64,2-730(4)、731(53)
22 墅川邵氏宗譜[浙江東陽]　史4-29247
77 墅屏吳氏宗譜[浙江浦江]　史4-27963

6710₇　盟

12 盟水齋詩鈔　集5－38227
　　盟水齋存牘一刻、二刻　史6－47106
20 盟雞齋詩集　集2－12741
22 盟山堂詩初集　集4－30632
33 盟心　集7－49377
44 盟蘭山館遺稿　集3－19209
77 盟鷗舫文存　叢2－972
　　盟鷗舫詩存　集5－36998　叢2－972
　　盟鷗舫詩存、文存　集4－33396～7
　　盟鷗集　集2－12430
　　盟鷗草　集3－16100
　　盟鷗閣主人隨筆　子4－23471
　　盟鷗堂集　集2－10889

6711₂　跑

22 跑山　集7－53626
90 跑堂嘆一枝　集7－52718

6711₄　躍

01 躍龍岡羅氏重修族譜［湖南瀏陽］　史5－
　　41105
10 躍雷館日記　集3－17575　叢1－416～7,2－
　　731(41)
26 躍鯉記　集7－50114～5

6712₀　趵

30 趵突泉誌　史7－52970

6712₂　野

00 野庵詩鈔　集3－19547
　　野齋集　集1－4805
01 野語　叢1－191、194、373(4),2－989
　　野語、西吳蠶署、西吳菊署　子4－24231

02 野話　子5－27178
07 野記　史1－1914、1929　子4－22984～5　叢
　　1－50～2、55、95～6、496(3),2－730(3)、731
　　(51)
08 野說　叢1－19(7)、20(5)、21(7)、24(8)
　　野議　叢2－1211
10 野雪鍛排雜說　叢1－19(4)、20(3)、21(6)、22
　　(6)、23(6)、24(5)、374
　　野雲詩鈔　集4－25200
　　野雲居詩稿、文稿　集4－25661
　　野雲居詩稿、文稿、附錄　叢1－263
12 野水閒鷗館詩鈔　集5－35029
20 野秀堂初集　集4－22195
　　野雞告狀　集7－53383
　　野航亭稿　集1－5636
　　野航亭藁　集6－41932
　　野航文稿　集2－7103、7106　叢1－223(64)
　　野航雜著　集2－7107
　　野航雜鈔　集6－44008
　　野航詩集　集2－12949,3－15475
　　野航詩稿　集2－7103～4　叢1－223(64)
　　野航詩草　集4－30549
　　野航詩鈔　集3－18669
　　野航先生遺詩　集2－7102
　　野航遺稿　集2－7105　叢1－253
　　野航史話　子4－20806～7　叢1－22(23),2－
　　617(3)
　　野航附錄　叢1－223(64)
　　野香亭詩集　集3－17338
　　野香亭集(戊辰、己巳)　集3－17336
　　野香亭集(甲戌至戊寅)　集3－17337
　　野絃閣集存　集2－11932
　　野絃閣草　集2－11931
21 野處集　集1－5706　叢1－223(61)
　　野處類稿　集1－3408～9,6－41784、41894
　　(2)、41916
　　野處類稿、集外詩　集1－3410
　　野處類稿、集外詩、校勘記　集1－3411　叢
　　2－870(4)
　　野處類藁　叢1－223(55)
　　野處類藁　集6－41745、41893、41896～8
22 野蠻之歐洲　子7－36320
　　野變憐史　史1－3318
　　野變憐史、野史九種　史1－3319
23 野外詩　集2－12239
26 野皋顧太翁(鶴)傳　史2－9468
27 野雞告狀一段　集7－51613
28 野復學翼　子4－21660
30 野客齋詩集　集3－19690
　　野客齋詩集、擬賦試帖體　集3－19689
　　野客讕語　子5－27355

中國古籍總目 · 索引

野客叢談　叢1-27、31
野客叢書　子4-22151～3　叢1-17、19(4)、20(2)、21(3)、24(4)、99～100、111(1)、374、2-731(6)、735(4)
野客叢書、野老紀聞　叢1-223(40)
野客叢書、附錄野老記聞　子4-22150
野客叢書、附錄野老記聞、王先生壙銘、螢雪叢談　子4-22154
野客叢書考證　子4-22155
野客閒譚　子4-24090
37 野鴻詩的　集6-45953　叢1-203(16)
野鴻詩選　集6-44475
40 野志　叢2-1153
野古集　集2-6610～1　叢1-223(63)、2-643
野古集、安節先生年譜　集2-6612
44 野獲　史1-1981,6-48605
野獲編　子4-23078
野芩堂詩稿　集3-18526
野老記聞　子4-22150、22154　叢1-22(5)、23(5)、27
野老紀聞　叢1-223(40)
野老漫錄　史1-3380
野老書　子1-4084　叢2-774(9)
野茶譜　叢1-22(17)
野菜譜　子4-18535
野菜譜(王西樓先生野菜譜、王西樓野菜譜)　子1-4486
野菜贊　叢1-202(3)、203(8)
野菜贊(野蔌贊)　子1-4488
野菜博錄　叢1-223(32)、2-637(2)
野菜箋　叢1-22(27)
野蔌贊　子1-4488
野蔌品　子1-4487　叢1-13、14(3)、22(27)、30、119～20
47 野鶴山房文鈔　集4-29590
野鶴山人詩鈔　集3-19890
野鶴老人書、雜說　子3-13752
野趣有聲畫　集1-4803～4,6-41904　叢1-223(59)
野趣園詩文集　集4-31649
50 野史　叢1-19(7)、20(5)、21(6)、24(8)、374
野史家乘考誤　叢2-1111
野史九種　史1-3319
野史無文　史1-3532～5
野史愶見錄　史1-1945
野青園遺稿　集3-15143
55 野耕集、節烈詩、黃山紀遊詩　集3-15970
60 野園詩集　集4-24449
野園詩集(西清載筆錄、野園詩集、留都集)　集3-19468

野田黃氏宗譜[江蘇武進]　史5-33743
62 野眺樓近草　集3-15285
67 野野人　集2-12737
71 野鼊錄　子1-4460～1
77 野服攷　子4-18536、18868
野服考　子4-18867　叢1-195(5)、2-860
野叟閒譚　子5-26512
80 野人清嘯　集2-10177、10186　叢1-86、2-730(8)、731(43)
野人閒話　史1-2433　叢1-19(5)、20(3)、21(4)、22(5)、23(5)、24(6)、29(6)、374
野翁山居己末稿　集6-41934
野谷詩集　集1-4030,6-41894(3)、41904
野谷詩稿　集1-4031,6-41891　叢1-223(56)
野谷詩藁　集6-41919
野谷詩藁　集6-41746、41888、41897、41916、41923
87 野錄　史1-3322　叢2-2087
88 野纂聞　叢1-58
90 野棠軒文集、詩集　集5-38373
野棠軒文集、詩集、詞集　叢2-2124
野棠軒獻酬集　叢2-2124
野棠軒遊戲集　叢2-2124
野棠軒摭言　叢2-2124
野棠軒全集(文集、詩集、詞集、摭言、史亭識小錄、獻酬集、遊戲集)　集5-38372
野棠軒全集五種　叢2-2124
96 野烟錄　史1-3911

6712₇ 郢

10 郢雪齋纂稿前集、後集　集3-16180
郢雪初編　集6-44159
郢雪篇　集2-11702
郢雪堂詠古詩　集5-34613
郢雲詞　集7-48336　叢2-2142
44 郢封里吟　集2-10775
50 郢中集　叢2-1369
郢事紀畧　史1-2929　叢2-902

6716₄ 路

00 路旁花　集7-52402
路文貞公集　集2-12116
10 路西奇木陳氏世畧[浙江東陽]　史4-

33062
13 路瑄雜稿　集5－38082
18 路政統計表　史6－44110
　　路政彙鈔　史6－44352
　　路政輯要　史6－44353
24 路德改教始末記　子7－35846
　　路德改教史　子7－35847
26 路得改教紀畧　子7－35845
　　路得事蹟圖說　子7－35848
36 路邊欄　集7－50399
37 路潤生雜文稿　集4－27718
　　路潤生先生文稿　集4－27717
　　路遙知馬力　集7－53616
40 路太史文集　集4－27719
　　路南州志[康熙]　史8－62377
　　路南州志[乾隆]　史8－62378
　　路南縣鄉土志草本[民國]　史8－62380
　　路南縣鄉土志輯要[民國]　史8－62381
　　路南縣志[民國]　史8－62379
42 路橋志畧　叢2－2230
　　路橋志畧[民國]　史7－57632
44 路林緣　集7－52188
46 路加衍義　子7－35176
　　路加傳福音書　子7－35175
　　路加傳福音書、使徒行傳　子7－35173
　　路加福音讀法　子7－35174
50 路史　史1－1914、2009～10　叢1－95～6、
　　223(19)、237,2－730(2)、731(64)
　　路史前紀、後紀、餘論、發揮、國名紀　叢2－
　　698(4)
　　路史節讀　史1－5039
60 路見白詩　集2－12115,6－41943
72 路氏五種　叢2－2028
　　路氏家乘[河南寧陵]　史5－37232
　　路氏宗譜[江蘇常州]　史5－37229～30

6722₀ 鄂

90 鄂省州縣驛傳全圖、綠營汛地全圖、荆州駐
　　防牧廠全圖　史7－50688

　　　　嗣

00 嗣産法論　子2－4577
22 嗣後發遣回犯照例改發兩廣及解審中途脫
　　逃均以犯逃之日起限各條例冊　史6－

46281
　　嗣後停止分發嚴核保舉銓補章程　史6－
　　42734
30 嗣安堂詩錄　集6－41763
70 嗣雅堂詩存　集4－29871
92 嗣燈和尚語錄　子6－32091(81)

6722₇ 鄂

00 鄂商前往中國貿易過界卡倫單　史6－
　　44050　叢1－445
　　鄂庚坦手書日記　史2－12973
　　鄂文端公西林遺稿　集3－18099
10 鄂爾泰奏稿　史6－48713
　　鄂不齋詩詞、駢文、銘贊　叢2－994
　　鄂不齋集(呼崧集、湘中集、北遊集、浙遊
　　集、山陰集、桐園集、南歸集、三山集、障
　　廈集、歸覲集、劍津集、述哀集、臺陽集、
　　焦桐集、澂江集、懷人集、懷古集、鄂不齋
　　詞、駢文、銘贊、筆記)　集5－34208
　　鄂不齋叢書(善化唐氏家集)六種　叢2－
　　994
　　鄂不齋筆記　子4－21880　叢2－994
　　鄂不書齋集(聊自存草、劫餘草、唾餘漫鈔、
　　鄂不書齋文鈔)　集5－36039
21 鄂行日記　史2－12875　叢2－1934
　　鄂行日記(清光緒三年)　史2－12874
32 鄂州龍光達夫禪師雞肋集　子6－32091(75)
　　鄂州太守存齋羅公願傳　叢1－223(55)
　　鄂州小集　集6－41784、41894(2)
34 鄂渚紀事　史1－3673　叢1－320
　　鄂渚紀聞　叢2－795
　　鄂渚唱酬詩草　集4－22411
36 鄂湘酬唱集　集5－39223　叢2－2150
　　鄂湘粵會奏三省會議粵漢鐵路修路公共條
　　款十四條豫議路成后條款四條摺　史6－
　　44319
38 鄂游偶識、浙游偶識、浙游續識、浙省地漕
　　減浮釐捐核實細數備考　史6－43166
　　鄂海棲玩記　子4－21714
　　鄂遊草　集5－34487,37950
　　鄂遊棲甄記　叢2－2122
　　鄂遊日記　叢2－993
41 鄂垣浙江會館收支帳目　史7－50695
43 鄂城柯尚書(逢時)年譜　史2－12335
　　鄂城表忠詩　集4－28869
44 鄂韡堂庭訓　子1－2322
　　鄂韡聯吟稿　集6－45050
　　鄂韡聯吟處題贈錄、續錄　集6－45050

48 鄂故叢書　史 1 - 1997
50 鄂吏約　史 6 - 43036
54 鄂拊堂經解　經 2 - 11641
57 鄂輶日記(清光緒二十年)　史 2 - 13119
60 鄂國金佗稡編、續編　史 2 - 8735～6
　　鄂羅斯傳　史 7 - 49339、54772
64 鄂拊草堂詩　集 4 - 32755　叢 2 - 1868
72 鄂剛烈詩　集 3 - 20174
80 鄂公祠說琴　子 3 - 17566
90 鄂省丁漕指掌　史 6 - 43492
　　鄂省營制驛傳彙編　史 6 - 45284

鵑

00 鵑音　集 2 - 7171、10887
24 鵑化草　集 6 - 45020
27 鵑血遺草　集 4 - 29385
37 鵑湖百詠　史 7 - 50381
60 鵑啼集　集 5 - 38067
62 鵑嗁集　子 4 - 24711

鶚

00 鶚亭詩話　集 6 - 46044　叢 1 - 267,2 - 799～801

6732₇ 鷺

31 鷺江集　集 5 - 40069
　　鷺江竹枝詞　集 4 - 30950
32 鷺洲詩鈔　集 3 - 21110
39 鷺沙詩集　集 2 - 7538
44 鷺藤吟尺牘　叢 1 - 551
77 鷺股詩集　集 2 - 6560

黟

11 黟北盧氏族譜[安徽黟縣]　史 5 - 40089
22 黟山紀游　史 7 - 53490
　　黟山紀遊　叢 2 - 644
40 黟南歐村歐陽氏族譜[安徽黟縣]　史 5 - 39077
60 黟邑橫岡休寧石林西南門徐氏三族合譜三
　　種[安徽]　史 4 - 32100

62 黟縣三志[同治]　史 7 - 57989
　　黟縣山水記　史 7 - 49318(6)、52147
　　黟縣續志[道光]　史 7 - 57988
　　黟縣鄉土志[光緒]　史 7 - 57991
　　黟縣南屏葉氏族譜[安徽黟縣]　史 5 - 35740
　　黟縣志[康熙]　史 7 - 57985
　　黟縣志[順治]　史 7 - 57984
　　黟縣志[嘉慶]　史 7 - 57987
　　黟縣志[乾隆]　史 7 - 57986
　　黟縣四志[民國]　史 7 - 57990

6733₁ 覥

51 覥軒諫語　叢 2 - 1889

6733₂ 煦

00 煦齋先生手劄　集 4 - 25922

6733₆ 照

10 照天寶鑑　子 3 - 11319
27 照像法原　子 7 - 36229、37250
　　照像器圖說　子 7 - 36229、37251
30 照永神鏡　子 7 - 35353
　　照永神饒　子 4 - 24539
33 照心犀　子 1 - 1082
　　照心犀(紀述)　叢 1 - 143
41 照杯亭遺草　集 3 - 14354
44 照花臺五更一套　集 7 - 50882
　　照世杯　子 5 - 27800
46 照相機鏤板印圖法　子 7 - 37255
　　照相罢法　子 7 - 37249
　　照相鏤板印圖法　子 7 - 36231(5)
77 照膽臺志畧　史 7 - 51929　叢 2 - 832(6)

6742₇ 鷄

44 鷄林子、校謌　子 4 - 20538
　　鷄林子、校謌、續校　子 4 - 20539　叢 1 -
　　　376,2 - 731(53)
88 鷄笑齋詩集、補遺　集 3 - 13639

鸚

13 鸚武洲小志[同治]　史8-60090
　　鸚武舍利塔記　叢1-29(4)
17 鸚鵡經　子6-32083(19)
　　鸚鵡傳二十八部　集7-51342
　　鸚鵡洲　集7-48780、49321、49873
　　鸚鵡對詩一本　集7-52631
　　鸚鵡湖櫂歌　史7-50396
　　鸚鵡媒　集7-50320
　　鸚鵡舍利塔記　子5-26222,7-34674　叢
　　　1-185、255(4)
　　鸚鵡簾櫳詞鈔　集7-47694
　　鸚歌寶卷　集7-54561
22 鸚山陳氏宗譜[浙江餘姚]　史4-32860~1、
　　32863
　　鸚山陳氏大成宗譜[浙江餘姚]　史4-
　　32859
37 鸚湖詞識　集6-44589
　　鸚湖花社詩、花盦詩　集6-44199
77 鸚兒寶卷(嬰兒寶卷)　集7-54509

6752₇ 鴨

31 鴨江行部誌　史7-49953
　　鴨江行部誌節本　史7-49954
　　鴨江行部志節本　叢2-785
42 鴨桃花館集　集4-27035

6762₇ 邱

00 邱亭文稿　集4-31983
　　邱亭雜文燹餘錄　集4-31984　叢2-1020
　　邱亭雜記　叢2-1019
　　邱亭詩文稿　集4-31972
　　邱亭詩文稿、書跋　集4-31971
　　邱亭詩集　叢2-1020
　　邱亭詩鈔　集4-31978~9　叢2-1020~1、
　　　1843
　　邱亭手寫書目　叢2-1020
　　邱亭集外詩　集4-31976
　　邱亭行篋書日　史8-65793
　　邱亭外集　集4-31980　叢2-1018、1842

邱亭先生文集　集4-31981
邱亭遺文　集4-31982　叢2-1021、1843
邱亭遺文、遺詩　集4-31975
邱亭遺詩　叢2-1021、1843
邱亭遺稿　集4-31974
邱亭遺稿(邱亭奏稿、邱亭雜文燹餘錄、邱
　亭詩鈔、影山草堂學吟稿、書函稿、書札
　稿、函札稿、文稿、影山草堂雜文、邱亭雜
　記、邱亭外集、邱亭詩稿、邱亭詩集、詞
　稿、邱亭遺文、邱亭詩鈔)　集4-31970
邱亭遺鈔　叢2-1019
邱亭校碑記　史8-64426
邱亭書畫經眼錄　子3-14860
邱亭日記(清咸豐十一年)　叢2-1020
邱亭日記(清咸豐十年至十一年,同治五年
　至十年)　史2-12821
邱亭日記、詩鈔　史2-12822
邱亭四種　叢2-1842
邱亭所見書畧　叢2-1019
邱亭父子藏札　叢2-1020
邱亭知見傳本書目　史8-65389

鄙

00 鄙言、簡易圖解　子3-13452
　　鄙言舊綴　叢2-1889

6772₇ 鶡

37 鶡冠子　子1-12、16~20、23、25、32、35~6、
　　38、40~1、44、50、55、61、63~5、67~9、83、4-
　　19591~4,5-29530(22)　叢1-223(39)、227
　　(7)、230(4)、268(3)、388~90,2-635(5)、698
　　(6)、730(6)、731(11)、873、2105
　　鶡冠子平議補錄　子4-19596
　　鶡冠子佚文　叢2-777
　　鶡冠子解　子1-11
　　鶡冠子注　叢2-2106
　　鶡冠子注釋評林　子1-28

6778₂ 歇

00 歇庵詩存　集5-40888
33 歇浦倡和杏詞　集7-46401、46858

37 歇洛克奇案開場　子7-38254
44 歇菴集　集2-10820～1
　　歇菴先生集選　集2-10822
71 歇馬鄉梁姓族譜[廣東恩平]　史5-34706

6782₇ 鄔

00 鄔襄賑濟事宜　史6-44539、44580　叢2-
　　731(19)
10 鄔西縣續志[嘉慶]　史8-60126
　　鄔西縣志[康熙]　史8-60124
　　鄔西縣志[乾隆]　史8-60125
　　鄔西縣志[同治]　史8-60127
　　鄔西縣志[民國]　史8-60128
32 鄔溪集　集1-2299　叢1-223(51)
　　鄔溪集、補遺、續補遺、校勘記　集1-2300
　　叢2-873
40 鄔臺志[萬曆]　史8-60109
62 鄔縣志[同治]　史8-60117
　　鄔縣志畧[康熙]　史8-60116
76 鄔陽府志[康熙]　史8-60110
　　鄔陽府志[萬曆]　史8-60108
　　鄔陽虞氏宗譜[浙江鄞州]　史5-37200
　　鄔陽志[嘉慶]　史8-60111
　　鄔陽志[同治]　史8-60113

6792₇ 夥

40 夥壞封疆錄　史1-1946,2-7325　叢1-209
　　叢1-411

6801₁ 嗟

40 嗟來草　集5-40735
44 嗟韈曩法(佉)天子受三歸依獲免惡道經
　　子6-32083(28)
　　嗟韈曩法天子受三飯依獲免惡道經　子6-
　　32089(24)
　　嗟韈曩法天子受三歸依獲免惡道經　子6-
　　32081(44)、32085(41)、32086(48)、32088
　　(30)、32090(32)、32091(31)、32092(21),7-
　　32591

昨

11 昨非庵日纂　叢2-735(3)
　　昨非齋草　集3-18891
　　昨非集　集4-32417　叢2-1856
　　昨非菴日纂　子4-24143　叢1-373(3)
　　昨非菴日纂、二集、三集　子4-24142
　　昨非曲　集7-50684
　　昨非錄　子4-20792,5-26723　叢1-407
　　(2)
44 昨夢齋文集　集4-28791　叢2-1739
　　昨夢齋集二種　叢2-1739
　　昨夢錄　史2-11616　叢1-10、13、14(2)、
　　17、19(5)、20(3)、21(5)、22(6)、23(6)、24(6)、
　　29(5)、56、148、154,2-624(2)
　　昨夢錄(退軒筆錄)　子5-26298　叢1-195
　　(5)
　　昨夢錄(趙東田)　史2-9171

6801₇ 吃

00 吃齋經(吃素經)　集7-54364
14 吃醋　集7-52284
47 吃狗屎罵爺娘故典　集7-54476

6801₉ 唵

20 唵香仙館書目　史8-65712
40 唵壇集古　叢2-1187

6802₁ 喻

00 喻言叢談　子7-35691
17 喻子十三種祕書兵衡　子1-3085
20 喻雋生詩賦鈔　集4-27347
22 喻利算法　子3-12434
26 喻伽醫迦訖沙羅烏瑟尼沙斫訖羅真言安怛
　　陀那儀則一字輪王瑜伽經　子6-
　　32086(60)
　　喻伽醫迦訖沙囉烏瑟尼沙斫訖囉真言安怛
　　陀那儀則一字頂輪王瑜伽經　子6-
　　32083(36)

27 喻凫詩　集6-41858、41882

　喻凫詩集　集6-41739、41741、41824、41878

　喻凫詩集(喻凫詩)　集1-1784

　喻彙　子4-24099,5-25006

37 喻選古方試驗　子2-4770、9354

44 喻老　子1-4080

　喻世明言　子5-27714～5

　喻林　子5-25000～4　叢1-223(43)

　喻林一葉　子5-25471

　喻林輯要　子5-25472

　喻林髓　子5-25005

50 喻中卿稿(喻氏疏議詩文稿)　集2-11115

60 喻園集　集2-12422　叢2-883

72 喻氏族譜[江西萍鄉]　史5-35933

　喻氏族譜[湖南瀏陽]　史5-35937

　喻氏疏議詩文稿　集2-11115

　喻氏重修宗譜[湖南]　史5-35953

　喻氏續修族譜[湖南安化]　史5-35950

　喻氏宗譜[湖南平江]　史5-35951

　喻氏遺書三種校勘記校勘續記　叢2-870
　　(3)

　喻氏十一修族譜[湖南寧鄉]　史5-35945

　喻氏醫書三種　子2-4584

6802₇　吟

00 吟亭詩集　集3-20325

　吟齋筆存　叢2-784、1670

　吟齋筆成　集4-26606

　吟齋小鈔　集4-27688

10 吟雪山房詩草　集5-36231

　吟雲仙館詩集存　集4-32406

　吟雲仙館詩稿　集4-32405

11 吟琴讀畫樓詩鈔　集4-28785

12 吟孫書屋詩鈔、補遺　集4-33595

16 吟碧山房詩鈔　集4-27716

　吟碧山館詩鈔　集4-30567

　吟碧山館詞　集6-42014　叢2-1934

　吟碧山館詞鈔　集7-47899～900

　吟碧樓詩稿　集4-30566

　吟碧居曲譜　集7-54681

17 吟翠樓詩稿　集5-33996

　吟翠軒文　集4-23640

　吟翠軒詩　集4-23638

　吟翠軒謎稿　子3-18443

　吟翠軒初稿　集7-47295

　吟翠軒追和六家詩選　集4-32942

20 吟秀書屋詩　集4-24963

　吟香舫吟稿　集4-29691

　吟香室詩草　集5-35510

　吟香室詩草續刻　集5-35511

　吟香室遺詩　集5-40863

　吟香草堂遺詩　集5-36230

　吟香摘蠹　集6-41999

　吟香書室奏疏　史6-48811

　吟香書屋曲譜　集7-54760

　吟香閣詩　集4-27442

　吟香閣詩集　集5-36136

　吟香閣詩存　集4-26388

　吟香閣詩草　集5-37477

　吟香閣印譜　子3-17104

　吟香館詩草　集4-27480～1,6-41999

　吟香館謎稿　子3-18367、18405

　吟香館剩稿　集4-29647

　吟香館存稿　集4-28717,6-42006

　吟香堂曲譜　集7-54668

　吟稿偶存　集5-36588

21 吟紅山房詩草　集4-28181

　吟紅閣詩鈔　集4-32211,6-41999

　吟紅閣詩鈔、詞鈔、詞續鈔　集4-23330

　吟紅閣詞鈔　集7-47522

22 吟山堂詩稿、文稿　集4-31540

　吟巢詩集　集3-21576

　吟巢遺稿　叢2-1023

27 吟墾集　集7-47224

29 吟秋　集7-49377

　吟秋詞、假斯文賦　集7-47422

　吟秋百韻　集4-27842

　吟秋百律　集4-27690

　吟秋山館詩鈔　集4-24226

　吟秋偶存　集4-28644

　吟秋室詩　集4-33457～8

　吟秋遺稿　集4-30600

　吟秋草　集3-21456

　吟秋樓詩鈔(初集、二集、三集)　集4-
　　27245

　吟秋閣詩鈔　集4-32681,5-36662

　吟秋館詩　集4-25247

　吟秋館詩稿　集4-30440

　吟秋館詩稿、續稿　集4-30441

　吟秋館詩存　集5-36670

　吟秋館詩草　集4-31046～7

　吟秋小草　集5-37957

30 吟窗漫錄　子5-27270

　吟窗小會　集6-45765

38 吟海集　集5-35915

　吟道燕語　子7-38259

40 吟壇初業　集2-8525

　　吟古鏡齋詩集　集4-27428
　　吟古鏡齋詩續集　集4-27429
　　吟古鏡齋詩選　集4-27430
41 吟鞭草　集3-21099
43 吟越集　集3-20905
44 吟花一集、二集　集3-21457
　　吟花室詩存　集4-22685
　　吟花館詩稿　集5-33959
　　吟花小草　集4-25113
　　吟蘭書屋集　集3-16610
　　吟蘭軒詩草　集5-40731
　　吟蕉館詩鈔　集4-23600
　　吟草　集3-17318、19154,4-33335,5-38462
　　吟紅館遺詩　集5-36501　叢2-689
　　吟林綴語　集6-46324
48 吟梅仙館詩稿、詞稿　集5-35691
　　吟梅仙館絕句詩　集5-33950
　　吟梅閣集唐　叢2-622
50 吟蟲集選　集4-23936
　　吟春館詩鈔　集5-38430
　　吟囊一覽　經2-13807
65 吟嘯集　集1-4439
74 吟陸草堂詩　集5-37703
76 吟矔山房詩稿　集4-22307
77 吟風弄月詩稿(小草漫吟、琴焦錄、公餘吟
　　　弄、林下閒吟)　集3-19796
　　吟風閣　集7-49398
　　吟風閣·譜　集7-49397
　　吟風堂曲譜　集7-54669
　　吟月軒詩稿　集3-21775
　　吟鷗水榭詩稿　集5-40429
88 吟筠詩稿　集4-28036
　　吟簫偶存　集4-25408
　　吟餘詩草　集4-22371
　　吟餘編　集7-54051
　　吟餘錄　子4-24636

嗡

44 嗡花草　集3-19910

嚃

10 嚃霜撫鶴舍詩鈔　集4-30456

盼

57 盼蟾子道書　子5-29620

盼

10 盼雲軒畫傳　子3-16431
27 盼多情一枝　集7-52717
63 盼貽樓詩稿　集4-26393

睇

38 睇海樓詩　集5-39903　叢2-2169

6804₀ 噉

44 噉蔗文集、詩集　叢2-1454
　　噉蔗全集、喪禮詳考、周官隨筆　集3-
　　　19840
　　噉蔗全集三種　叢2-1454

瞰

26 瞰泉齋詩存　集4-31207

6804₆ 喭

64 喭氋棄存　集2-7703
　　喭氋集　集1-5006,6-41927～8　叢1-10、
　　　19(7)、20(4)、22(7)、23(7)、24(7)、29(5)
　　喭氋存　集2-7694
　　喭氋隨筆　集2-12653

中國古籍總目書名索引

6805₇ 晦

00 晦庵文集　集1-3565
　晦庵文鈔　集1-3606
　晦庵文鈔、詩　集1-3578
　晦庵文鈔、續集　集1-3605
　晦庵詩說　集6-45494、45621
　晦庵詞　集7-46352、46356、46361、46369〜70、46375、46591　叢1-579
　晦庵政訓　叢1-31
　晦庵集、續集、別集、目錄　叢1-223(55)
　晦庵先生文集(晦庵先生朱文公文集、朱子大全、文公先生朱子大全)、目錄　集1-3562
　晦庵先生詩話　集6-45620
　晦庵先生五言詩鈔　集1-3592
　晦庵先生朱文公文集(朱子大全)　集1-3563
　晦庵先生朱文公文集(朱子大全)、目錄、考異　集1-3566
　晦庵先生朱文公文集(晦庵集)、續集、別集、目錄　集1-3567
　晦庵先生朱文公文集、續集、別集　叢1-451
　晦庵先生朱文公文集、續集、別集、目錄　集1-3564　叢2-698(6)
　晦庵先生朱文公文集、目錄、續集、別集、考異　集1-3569
　晦庵先生朱文公文集、別集、續集　叢1-450
　晦庵先生朱文公詩集　集1-3582〜4
　晦庵先生朱文公集校釋、續　集1-3618
　晦庵先生朱文公易說　經1-77(2)
　晦庵先生朱子大全別集　集1-3571
　晦庵先生家禮集說　經1-6302
　晦庵先生校正伊川易傳　經1-421
　晦庵先生校正周易繫辭精義　經1-422、509　叢1-446,2-731(8)
　晦庵先生所定古文孝經句解　經1-77(4)
　晦庵朱先生五言詩鈔　集1-3593
　晦庵朱侍講先生韓文考異　集1-1328
17 晦子詩鈔　集5-35702
20 晦香詩鈔　集4-23125
22 晦後生覆一枝　集7-51760
　晦巖王氏宗譜[浙江桐廬]　史4-24933
28 晦僧文畧　集5-41085　叢1-584
32 晦溪蔣氏宗譜[浙江奉化]　史5-38125
40 晦木齋洪氏重刊爾雅翼校記　經2-14637

晦木軒稿　集5-37482
41 晦極明生世紀　子7-35690
44 晦菴詞　集7-46597
　晦菴先生語錄大綱領　子1-776
　晦菴先生語錄類要　子1-779〜80
　晦菴先生朱文公(熹)行狀　史2-8756
　晦菴先生朱文公文集、續集、別集、目錄　叢2-635(10)
　晦菴先生朱文公語錄　子1-775
　晦菴先生朱文公易說　經1-490
　晦菴題跋　子3-14919　叢1-169(4),2-731(33)
　晦村初集　集3-17558
60 晦園二集　集3-15481
67 晦明軒稿、壬癸金石跋、丁戊金石跋　集5-36555
　晦鳴錄　子4-21610　叢1-445
72 晦岳旭禪師語錄　子6-32091(81)
77 晦闇齋筆語　史6-47171　叢2-1968
90 晦堂文鑰　集6-46332　叢2-2111
　晦堂詩稿　集3-16752
　晦堂詩鈔　集3-16753
　晦堂書錄　子4-21939

晦

20 晦香詩草　集5-36026

6806₁ 哈

11 哈斐傳　史2-9289
30 哈密直隸廳鄉土志[宣統]　史8-63423
　哈密志　史7-49346
　哈密志[道光]　史8-63422
　哈密事蹟、趙全讞牘　史1-2822
　哈密國王記　叢1-22(22)、29(8)
37 哈退軒太史詩稿　集5-39830
44 哈薩克述畧　史1-3718
　哈薩克述畧　史7-49317(2)、49318(3)

6811₁ 蹉

63 蹉跎子詩稿　集5-39465

中國古籍總目·索引

6832₇ 黔

01 黔語　史7-50999　叢2-885
04 黔詩紀畧　集6-44922　叢2-1843
　　黔詩紀畧後編　集6-44923
　　黔詩紀畧後編、黔詩紀畧補　集6-44924
07 黔記　史1-3501,7-49315、49317(7)、49318(14)、50996～7　叢1-399,2-731(58)、885
　　黔記[萬曆]　史8-62174
10 黔靈山志　史7-52646
　　黔靈山樵詩鈔　集4-32868
　　黔靈瞿脈禪師語錄　子7-34343
　　黔西州續志[光緒]　史8-62235
　　黔西州志[道光]　史8-62234
　　黔西州志[嘉慶]　史8-62233
　　黔西州志[乾隆]　史8-62232
　　黔西古跡考　史7-49317(7)
　　黔西古蹟考　史7-49318(14)、51485　叢1-197(4),2-617(2)
20 黔信芳踪　子7-35897
21 黔行記畧　史7-53983　叢2-952
　　黔行日記　史7-54002　叢2-885、896
22 黔亂紀實　史1-4034　叢2-885、896
　　黔山采蘭錄　子5-27676
26 黔粵軍營紀畧　史1-1986、3751
　　黔粵接壤里數考　史7-51330　叢2-896
　　黔臬存牘　史6-47348　叢2-1691
30 黔寧集(沐英)　史2-8832
　　黔之驢　集7-52211
　　黔寄詩集　叢2-952
31 黔江縣鄉土志[光緒]　史8-61511
　　黔江縣志[咸豐]　史8-61508
　　黔江縣志[同治]　史8-61509
　　黔江縣志[光緒]　史8-61510
34 黔滇紀畧　集4-24314　叢2-1023
38 黔塗日記　叢2-885
　　黔游紀程草　集4-29656
　　黔遊記　史7-49317(7)、49318(14)、53730　叢1-195(7)、220,2-731(58)、885
　　黔遊記程　史7-53729
　　黔遊草　集4-32958
　　黔遊草(黔遊紀程草)　集4-29656
　　黔遊日記　史7-53728
　　黔遊畧　叢2-885
40 黔南識畧　史7-51003
　　黔南識畧[乾隆]　史8-62180

黔南職方紀畧[道光]　史8-62181
黔南集　叢2-885
黔南叢書六十一種　叢2-885
黔南軍政　叢2-1192
黔南學政、辛酉科武試錄　叢2-1192
黔南尺牘　集2-11573　叢2-1192
黔南八十一種苗夷詩　集5-38365
黔南會燈錄　子6-32091(82)
黔南類編　集2-9109
黔志　史7-50989　叢1-195(7),2-731(58)、885
黔志四種　史7-49341
44 黔藩存牘　史6-47349　叢2-1691
黔苗蠻記　史7-49317(6)、49318(14)、51007
黔苗風俗記　叢2-695
黔苗竹枝詞　史7-51005　集3-18581　叢1-203(17)、587(3),2-622
黔楚苗變憶畧　史1-3722
50 黔中雜記　史7-49317(7)、49318(14)、50990　叢1-197(3)
黔中語錄　集2-10005
黔中語錄、續語錄　子1-1148　叢2-1121、1123
黔中詩　集3-18012
黔中疏草　史6-48309　叢2-1144
黔中水道記　史7-49317(7)、49318(10)、53018
黔中集　叢2-1685
黔中程式　集2-10005,6-46241　叢2-1121、1123
黔中紀聞　史7-49318(14)、50998
黔中風土記　史7-51002
黔史　史7-49341、50995
黔婁子　子5-29512　叢2-774(9)
黔書　史7-49341、50991～2　叢1-456(7)、457,2-731(58)、885、949、1337
黔囊　史7-49317(7)、49318(14)、50994　叢2-885
57 黔輶記程　史2-13086
黔輶紀行集　史7-53982　叢2-885
黔輶紀程　史7-54034　叢2-1956
60 黔蜀種鴉片法　子1-4319
76 黔陽供洪鄉石修胡氏族譜[湖南黔陽]　史4-30658
黔陽潘氏族譜[貴州貴陽]　史5-39869
黔陽縣鄉土志[光緒]　史8-60751
黔陽縣志[雍正]　史8-60748
黔陽縣志[康熙]　史8-60747
黔陽縣志[乾隆]　史8-60749
黔陽縣志[同治]　史8-60750
77 黔風　叢2-1754

90 黔省主證遺芳　子7－35895
　黔省武俸賞卹兩項抵捐衛封章程　史6－
　　45305
　黔省剿匪在事出力人員請獎清册　史6－
　　47472
　黔省苗圖全說　史7－51010
　黔省苗民風俗圖解　史7－51012
　黔省輴車往返程記、粵西輴車往返日記
　　史2－12833
　黔省竹枝詞　集4－31231
91 黔類　子5－25749

6883₇ 賺

44 賺蘭亭　集7－49463、49470

6886₆ 贈

00 贈章　叢2－1222
　贈言集　集6－43509
　贈言隨錄　集4－33469
　贈言錄　史2－9053　叢2－1899
10 贈雲山館遺詩、紅藕花樹詩餘　集4－27616
15 贈珠寶卷　集7－54515
21 贈行倡和詩　集3－18217
38 贈送詩文　史7－54521
40 贈太子少保予諡壯敏福公(福珠洪阿)暨弟
　　壯武列傳、公次子益謙殉難事實　史2－
　　9772
　贈太僕寺少卿蒼野王公(鈇)褒忠錄　史2－
　　8963
44 贈藥編　集3－14424

50 贈書記　集7－49709
　贈書記定本　集7－50110

6902₀ 吵

17 吵子本　子3－17901

6902₇ 哨

30 哨守條約　史6－45149

6908₉ 啖

00 啖齋書屋詩稿　集4－26975
17 啖瑤集　集3－18715
44 啖芳閣詩草　集5－37759
　啖蔗詞　集7－48182
　啖蔗山房詩存　集4－28620
　啖蔗山房吟稿　集4－32131～2
　啖蔗軒詩存　集4－28199　叢2－1724
　啖蔗軒自訂年譜　史2－12079　叢2－1724
　啖蔗軒全集四種附二種　叢2－1724
　啖蔗餘甘詞　集2－6809

睒

17 睒子經　子6－32083(7)

7

7010₃ 璧

10 璧雲軒賸稿　叢2-893~4
12 璧水羣英待問會元　子5-24838
　　璧水羣英待問會元選要　子5-24839~41
22 璧峯畢氏宗譜[浙江蘭溪]　史4-31532
　　璧山何君(增元)年譜　史2-12051
　　璧山縣志[嘉慶]　史8-61551
　　璧山縣志[乾隆]　史8-61550
　　璧山縣志[同治]　史8-61552
37 璧沼集　集5-35108　叢2-2070

7010₄ 壁

10 壁疏　子4-20637　叢1-22(24),2-1168
21 壁經集解　經1-2869
　　壁經堂文集　叢2-682
　　壁經堂叢書二十種　叢2-682
42 壁札　叢2-1297~8
44 壁勤襄公遺書　史6-41532
87 壁錄遁甲天書　子3-14372

7021₄ 雅

00 雅言錄　叢2-2270(4)
　　雅言堂詩集　集4-27261
　　雅音會編　集6-43307
01 雅謔　子5-27411~2　叢1-177,2-617(5)
06 雅韻欲流　子4-24583
10 雅雪園詩鈔　集5-34250
　　雅爾圖奏疏　史6-48770
　　雅雨堂詩文遺集、雅雨山人出塞集　集3-
　　18724
　　雅雨堂叢書(雅雨堂藏書)十三種　叢1-
　　219
11 雅琴名錄　子3-17505　叢1-22(16)、23
　　(16)
14 雅確文編　集5-40951

17 雅歌註釋　子7-35132
　　雅歌拍選三集　集7-54687
　　雅歌堂文集　集4-23498　叢2-1726
　　雅歌堂外集十四種　叢2-1726
　　雅歌堂髳坪詩話　集6-46158　叢2-1726
　　雅歌堂賦　叢2-1726
　　雅歌堂全集　集4-23499
　　雅歌堂全集五種　叢2-1726
　　雅歌堂慎陟集詩鈔　叢2-1726
20 雅季詩存　集4-28840
22 雅川李氏重修宗譜[浙江永嘉]　史4-
　　27262
　　雅川李氏宗譜[浙江永嘉]　史4-27263
　　雅川李氏長房宗譜[浙江永嘉]　史4-
　　27264
　　雅樂發微　經1-6412
　　雅樂燕樂　經1-6411
　　雅樂軒開篇　集7-54029
25 雅積堂黃氏續修族譜[江西萍鄉]　史5-
　　33949
28 雅似堂文集　集2-12309~10
　　雅似堂全集(雅似堂文集、雅似堂詩集、雅
　　似堂訟過錄)　集2-12308
　　雅倫　集6-46257~8
　　雅俗辨　子1-2361　叢1-142
　　雅俗通用釋門疏式　子7-33966
30 雅宜山人集　集2-8328~9
　　雅渡橋周氏宗譜[浙江鄞州]　史4-29931
　　雅安追紀　史1-3311
　　雅安書屋詩集、文集、贈言錄　集4-27213
　　雅安圍城記、防河記　史1-4026
　　雅安縣鄉土志[光緒]　史8-62075
　　雅安縣志[民國]　史8-62074
　　雅安縣志稿[光緒]　史8-62072
　　雅安歷史[光緒]　史8-62073
31 雅江縣圖志[民國]　史8-62127
32 雅州府志[乾隆]　史8-62071　叢1-373
　　(2)
　　雅州道中小記　史7-49318(13)、53920
　　雅州公牘　史6-47347
　　雅溪盧氏家乘[浙江東陽]　史5-40075~9
　　雅遜齋詩(摩兜鞬室詩鈔)　集5-37568
33 雅述　子4-20303~4　集2-7601　叢1-
　　142,2-1077~8
38 雅游編　集2-10370
　　雅道機要　集6-45495、45543　叢1-114(4)
40 雅克薩考　史6-45713,7-49318(2)
　　雅存堂詩鈔　集4-32633
　　雅古堂詩集　集5-40112
41 雅坪詩稿、文稿　集3-15152
　　雅坪詞譜　集7-48665

　　雅坪山房集　集3-15153,6-41969
44 雅林小集　集1-3405,6-41746、41923
　　雅林小稿　集6-41744、41892～3、41896～8、
　　　41912、41917
　　雅林小蕖　集6-41899
　　雅林小薆　集1-3404,6-41745、41888、
　　　41891、41894(3)、41904
46 雅觀樓　集7-49659
　　雅觀樓全傳　子5-28483
47 雅趣藏書　集3-16132
51 雅軒琴譜叢集　子3-17796
60 雅園居士自敘　史1-3606　叢2-648
　　雅圖贊　子5-26774
77 雅學考　經2-11255　叢2-2070
81 雅頌正音　集6-43730　叢1-223(70)
88 雅笑　子4-23885
　　雅笑編署　集2-11746
　　雅餘　子5-25076
90 雅尚齋遵生八牋　子4-23702

　　　　　雕

01 雕龍扇寶卷　集7-54314
　　雕龍寶扇五美圖　集7-53725
10 雕玉雙聯　子3-17959
　　雕玉草　集4-22304
21 雕版印書考　叢2-673
44 雕菰集　集4-24932　叢2-731(41)
　　雕菰集、蜜梅花館文錄、詩錄　集4-24933
　　雕菰集文錄　集4-24938,6-42067
　　雕菰集摘鈔　集4-24934
　　雕菰樓集　集4-24931　叢1-344,2-662
　　雕菰樓集選錄　叢2-2268
　　雕菰樓集存　集4-24930
　　雕菰樓易學　經1-2320
　　雕菰樓易學三書　叢2-1625～6
50 雕蟲詩草　集4-25504
　　雕蟲集　叢1-315
　　雕蟲編　集2-12198
　　雕蟲館駢體文　集4-22505
　　雕蟲小著、嵩遊草　集3-21591
　　雕青館詩草　集4-33087
72 雕丘雜錄十八種　子4-19492
88 雕篆集　集6-44532

7022₃ 臍

77 臍風牛痘要言數則　子2-8994

7022₇ 劈

22 劈山救母　集7-51196

　　　　　防

00 防疫　子7-37912
20 防維錄　叢2-1749
21 防虜車銃議　子1-3535
22 防剿思鎮匪苗紀署　史6-47191
27 防御纂要　史6-45587
　　防禦纂要　子1-3482～3
30 防守要署　子1-3460
　　防守集成　子1-3485
　　防守江海要署　史6-45468
　　防守考　子7-36240(5)
31 防江形勢考　史6-45476,7-49318(9)
　　防河記　史1-4026
　　防河要覽　史6-46661
　　防河紀署　史8-59497
　　防河奏議　史6-48709
33 防治黃河摘記　史6-46689
36 防邊危言　史6-45591,7-49318(20)
　　防邊紀事　史1-1934、2897　叢1-84(2),2-
　　　593～4、730(9)、1100
37 防湖論署　史1-3701
　　防軍斯家派房譜[浙江金華]　史5-35539
38 防海新論　子7-36950
　　防海形勢考　史6-45520,7-49318(14)
　　防海例銓補章程　史6-45534
　　防海備覽　史6-45499
　　防海危言　史6-45523,7-49318(21)
　　防海紀署　史6-45513
　　防海事宜　史6-45527
　　防海輯要　史6-45505
　　防海節要　史6-45514　子7-36949
43 防城縣志(初稿)[民國]　史8-61369
　　防城縣小志[光緒]　史8-61368
99 防營測量圖說　子3-12499

中國古籍總目 · 索引

7023₆ 臆

00 臆言　子4-21111
　臆言紀畧　史6-47115、47486
08 臆說　子1-1654　叢2-1624
　臆論　集7-54650
20 臆乘　子4-22179　叢1-17、19(5)、20(3)、21(5)、22(2)、23(2)、24(6)、29(6)、249(2),2-731(6)
60 臆見　子4-20545
　臆見彙考　子4-22279
　臆見隨筆　叢2-955
68 臆吟集鈔　叢2-834

7024₁ 辟

00 辟塵集、小物、四課、雙素影、潞草、舲草、台宕遊、再來草、三全韻　集2-10765
　辟雍紀事　史6-42043
　辟雍紀事、原始、紀事述言、辟雍考、辟雍軼事　史6-42044
　辟雍紀事、原始、辟雍考　史6-42045
01 辟誣編　子7-35406
10 辟惡星咒　子5-29592、31721
　辟雷咒　子5-29592、31720
11 辟疆園宋文選　集6-43625
　辟疆園遺集　集6-41984
　辟疆園杜詩註解、年譜　集1-971
17 辟羣器廬詩存　集5-40062
　辟砲仁術　子1-3604
21 辟經集　集4-26373
30 辟寒部　子4-23059　叢1-106、111(2)、2-731(54)
40 辟支佛因緣　子6-32083(25)、32086(43)
　辟支佛因緣論　子6-32081(38)、32085(37)、32088(26)、32089(46)、32090(51)、32091(49)、32092(34)、32093(30)
47 辟穀太白丹方附新定太白丹方　子5-31485
50 辟蠹軒詩稿　集4-32155
60 辟園史學四種　史1-9
64 辟畦淺論　子7-35418
72 辟兵珠傳奇　集7-50486
77 辟邪論　子7-35908
　辟邪紀實　史1-4068　子7-35914
　辟邪紀實、考證書目　史1-4069　子7-35915
　辟邪實錄　史1-4070
　辟邪全書　子7-35919
　辟邪錄　史1-5757
78 辟陰集說　子2-4726、10750
　辟除諸惡陀羅尼經　子6-32083(31)
　辟除賊害咒經　子6-32083(13)
90 辟火珠　子4-21387

7024₇ 腋

43 腋裘集　叢2-724

7026₁ 陪

00 陪京雜述　史7-49990
　陪京論　叢2-2012
07 陪郭程氏教本錄[安徽休寧]　史5-36088
20 陪集　集3-15559
42 陪獵筆記(清康熙四十二年、四十四年至四十五年)　史2-12581
47 陪都記畧　子4-23464
　陪都紀畧[同治]　史7-56096
　陪都景畧　史7-49989
61 陪賑散方論(陪賑散論說、二分析義、救濟災黎陪賑散)　子2-9649
77 陪尾山房詩鈔　集3-17900

7028₂ 陔

40 陔南山館詩話　集6-46120
　陔南山館詩鈔　集4-33391
　陔南山館遺文　集4-33394
　陔南池館詩鈔　集4-29030
　陔南池館遺集　集4-29031　叢1-401
　陔南吟館詩草　集5-35895
44 陔蘭書屋詩集、詩二集、補遺、文集、睡香花室詞、秋碧詞　集4-31856
　陔蘭書屋集　集4-31857
　陔蘭書屋日記(清道光十四年至十六年、二十四年至二十五年、二十七年至咸豐元年,八年至十一年,光緒四年至七年)　史2-12817
　陔蘭書屋筆記　子4-23368～9

陔華吟館書畫雜物目　子4-18639
陔華居文錄　叢2-1704
陔華居說叢　叢2-1704
陔華居三種　叢2-1704
陔華居叢談　叢2-1704
陔華館制義存　叢2-1745
陔華館摺稿　史6-48861
陔華小題文存　叢2-1745
88 陔餘雜著　集5-40602　叢2-788
陔餘讀易隨筆　經1-2081
陔餘叢考　子4-22488　叢1-373(5),2-
　1486
陔餘叢錄　子4-24476
陔餘錄　子4-23213

7031₄ 駐

26 駐粵八旗志　史6-45300
27 駐奧使館報告書　史6-45090
30 駐淮集　集3-18465
34 駐法孫星使時政奏稿、孫星使上政務處王
　大臣書　史6-49197
駐法奏疏　史6-49103　叢2-2022
42 駐紮大臣原始　史6-44904
44 駐藏全權大臣升泰奏稿　史6-49096
47 駐帆閣文鈔　集4-30313
駐帆閣駢體文　集4-30314
50 駐春園小史(第十才子書)　子5-28439
52 駐紮海參崴委員條陳運銷華貨須知　史6-
　44054
66 駐蹕嶺下黃氏宗譜[浙江紹興]　史5-
　33786
駐蹕惠山詩　集6-44543
駐蹕惠山詩、御題竹爐圖詠　集3-19958
70 駐防德州滿營軍械工料價值圖册　史6-
　46560
駐防太原正藍鑲藍滿洲蒙古四旗造送乾隆
　四十八年四十九年兵部來文抄案册　史
　6-47437
77 駐颿閣文鈔　叢1-564
82 駐劄大臣原始　叢2-1664

7034₈ 駮

10 駮五經異義　經1-26~8,2-11404~6　叢
　2-772(5)、773(5)
駮五經異義、補遺　經1-30　叢1-242(2)、

448、468
20 駮毛西河四書改錯　叢2-1574
50 駮春秋釋痾　叢2-775(2)
駮春秋釋痾(春秋釋痾駮)　經1-7251
駮春秋名字解詁　經1-163(4)　叢2-2070
60 駮異義　經1-29

7050₂ 擘

21 擘紅樓方言訂　經2-14895
擘紅樓文集　集5-37202
38 擘海樓詩初集　集4-32147

7060₁ 譬

68 譬喻經　子6-32083(22)
譬喻畧解　子7-35700

7071₇ 麊

00 麊庵詩集　集3-15105
麊齋遺稿　經1-111(4),2-11867　叢1-
　312
麊齋日記　史2-13252
麊齋學古集　集4-31376
34 麊社游草　集2-11392
37 麊湖聯吟集　集6-44457
麊湖草堂詩鈔、文鈔、詩餘　集5-33963
麊湖草堂集　集3-15994
麊湖草堂筆記　子4-23582
44 麊勤齋詩殘稿　集5-40127
麊勤齋詩存、文存　集5-38689　叢2-2136
麊勤齋遺書二種附一種　叢2-2136
50 麊史　子4-24092
80 麊盦詩錄　集5-41445
88 麊餘齋詩　集5-41268
麊餘雜集　集2-8330

7090₄ 檕

00 檕庵別錄　集2-12438
44 檕菴集　集2-8151,6-45001

47 檗塢集唐雜感詩　集5-40796
60 檗園詩餘　集7-47103
77 檗隝詩存、詞存　集5-40790
　檗隝詩存續集　集5-40795
　檗隝詩存初集　集5-40791
　檗隝詩存別集　集5-40793～4
　檗隝詩存別集(鮫拾集)　集5-40792
　檗隝詞存初集、別集　集7-48178

7110₆ 暨

45 暨樓詩集、書法論義、贈言隨錄　集4-
　33469
50 暨東孝義邵氏宗譜[浙江諸暨]　史4-
　29235～7
61 暨顯妣誥贈一品夫人孫縈高張太君行畧
　史2-9949
76 暨陽高湖方氏宗譜[浙江諸暨]　史4-
　25757～61
　暨陽高湖余氏宗譜[浙江諸暨]　史4-
　28554～5
　暨陽唐谷陳氏宗譜[浙江諸暨]　史4-
　32892
　暨陽章氏宗譜[浙江諸暨]　史5-34566～7
　暨陽章卿趙氏宗譜[江蘇江陰]　史5-
　38283、38285
　暨陽郭氏秉誠宗譜[浙江諸暨]　史4-
　32293、32298～300
　暨陽三槐王氏宗譜[浙江諸暨]　史4-
　25056
　暨陽三都朱氏宗譜[浙江諸暨]　史4-
　26538
　暨陽王翰王氏宗譜[浙江諸暨]　史4-
　25053～5
　暨陽王氏宗譜[浙江諸暨]　史4-25041～5、
　25058、25060
　暨陽丁氏宗譜[浙江諸暨]　史4-24637
　暨陽霞陽楊氏宗譜[浙江諸暨]　史5-
　36874～5
　暨陽平闊張氏宗譜[浙江諸暨]　史5-
　34942
　暨陽平闊芝泉張氏宗譜[浙江諸暨]　史5-
　34943
　暨陽平闊厚豐顧氏宗譜[浙江諸暨]　史5-
　41416～8
　暨陽天稠鄉硯石包氏宗譜[浙江諸暨]　史
　4-26184～5
　暨陽石亭黃氏宗譜[浙江諸暨]　史5-
　33801～2
　暨陽石佛孫氏宗譜[浙江諸暨]　史5-

33618
暨陽石渚錢氏宗譜[浙江諸暨]　史5-
　40215
暨陽石氏宗譜[浙江諸暨]　史4-26002
暨陽石氏志十公房譜[浙江諸暨]　史4-
　25999～6000
暨陽石門葉氏宗譜[浙江諸暨]　史5-
　35678
暨陽石門俞氏宗譜[浙江諸暨]　史4-
　30804～5
暨陽西何何氏宗譜[浙江諸暨]　史4-
　28295～6
暨陽西安柴氏宗譜[浙江諸暨]　史4-
　31523
暨陽西安白浦劉金氏宗譜[浙江諸暨]　史
　4-29669,5-39271
暨陽西安鄉西湖阮氏宗譜[浙江諸暨]　史
　4-26947～8
暨陽西安李氏續修宗譜[浙江衢州]　史4-
　27204
暨陽西安李氏宗譜[浙江衢州]　史4-
　27205～6
暨陽西河毛氏宗譜[浙江諸暨]　史4-
　25603～7
暨陽西演陳氏宗譜[浙江諸暨]　史4-
　32916～7
暨陽琴山許氏宗譜[江蘇諸暨]　史5-
　34415
暨陽琴山許氏宗譜[浙江諸暨]　史5-
　34411～4
暨陽張氏宗譜[浙江諸暨]　史5-34941、
　34946～7、34950、34955
暨陽張氏會譜[江蘇江陰]　史5-34848
暨陽登仕橋陳氏宗譜[浙江諸暨]　史4-
　32912～4
暨陽孫氏宗譜[浙江諸暨]　史5-33617、
　33619
暨陽孟氏宗譜[浙江諸暨]　史4-30312～3
暨陽瑤山沈氏宗譜[浙江諸暨]　史4-
　29083～5
暨陽酈氏宗譜[浙江諸暨]　史5-41342～4
暨陽雞山鄭氏宗譜[浙江諸暨]　史5-
　38648
暨陽香山張氏宗譜[浙江諸暨]　史5-
　34958
暨陽毛氏宗譜[浙江諸暨]　史4-25608～10
暨陽上塘前周氏宗譜[浙江諸暨]　史4-
　29992
暨陽上林斯氏宗譜[浙江諸暨]　史5-
　35532～8
暨陽上金胡氏宗譜[浙江諸暨]　史4-
　30441～2

暨陽盧家溪方氏宗譜[浙江諸暨] 史4-25765

暨陽盧氏宗譜[浙江諸暨] 史5-40067

暨陽何氏宗譜[浙江諸暨] 史4-28299

暨陽儒城于氏宗譜[浙江諸暨] 史4-24723

暨陽紫巖新湖王氏宗譜[浙江諸暨] 史4-25046

暨陽紫巖謝氏宗譜[浙江諸暨] 史5-40718

暨陽紫巖王氏宗譜[浙江諸暨] 史4-25047~8

暨陽紫巖潭頭王氏宗譜[浙江諸暨] 史4-25049

暨陽紫巖燕林殷氏宗譜[浙江諸暨] 史4-32217~8

暨陽紫巖蔡氏宗譜[浙江諸暨] 史5-37998~9

暨陽紫巖螺山劉氏宗譜[浙江諸暨] 史5-39275

暨陽紫巖駐趙氏宗譜[浙江諸暨] 史5-38331

暨陽紫巖周氏宗譜[浙江諸暨] 史4-29997

暨陽豐江周氏宗譜[浙江諸暨] 史4-29986~8

暨陽嵩山張氏宗譜[浙江諸暨] 史5-34949、34951~2

暨陽仙閫吳氏宗譜[浙江諸暨] 史4-27872

暨陽山下周氏宗譜[浙江諸暨] 史4-29990~1

暨陽山陰合族俞氏宗譜[浙江諸暨] 史4-30774~5

暨陽佳山何氏宗譜[浙江諸暨] 史4-28284

暨陽峽嶺吳氏宗譜[浙江諸暨] 史4-27857~63

暨陽白墻頭黃氏宗譜[浙江諸暨] 史5-33804~5

暨陽白門方氏宗譜[浙江諸暨] 史4-25763~4

暨陽魏氏宗譜[浙江諸暨] 史5-40418、40421、40423

暨陽和爨何氏宗譜[浙江諸暨] 史4-28291~3

暨陽蠡湖陳氏宗譜[浙江諸暨] 史4-32893~7

暨陽倪氏宗譜[浙江諸暨] 史4-31735

暨陽烏巖蔡氏宗譜[浙江諸暨] 史5-38003~4

暨陽魯氏宗譜[浙江諸暨] 史5-39720

暨陽徐塢楊氏宗譜[浙江諸暨] 史5-36881

暨陽徐氏宗譜[浙江諸暨] 史4-31972~3

暨陽徐隝楊氏宗譜[浙江諸暨] 史5-36882

暨陽宣氏宗譜[浙江諸暨] 史4-31024、31030

暨陽宜仁村虞氏宗譜[浙江諸暨] 史5-37203

暨陽家山何氏宗譜[浙江諸暨] 史4-28279~83、28285

暨陽永安坊陳氏宗譜[浙江諸暨] 史4-32906~7

暨陽安俗徐氏宗譜[浙江諸暨] 史4-31974

暨陽安俗劉氏宗譜[浙江諸暨] 史5-39272~3

暨陽宋氏宗譜[浙江諸暨] 史4-29160~1

暨陽江大周氏宗譜[浙江諸暨] 史4-29998

暨陽顧氏宗譜[浙江諸暨] 史5-41419~20

暨陽顧隝陳氏宗譜[浙江諸暨] 史4-32928~9

暨陽浮邱劉氏宗譜[浙江諸暨] 史5-39268~70

暨陽樸峯王氏宗譜[浙江諸暨] 史4-25051

暨陽浣西姚氏宗譜[浙江諸暨] 史4-31183

暨陽浣江樓氏宗譜[浙江諸暨] 史5-39008~9

暨陽浣東袁氏宗譜[浙江諸暨] 史4-31338~45

暨陽浣東嚴氏宗譜[浙江諸暨] 史5-41211~3

暨陽浣東陳氏宗譜[浙江諸暨] 史4-32923~5

暨陽浣東駱氏七修宗譜[浙江諸暨] 史5-39899

暨陽沈氏宗譜[江蘇江陰] 史4-29009

暨陽清平周氏宗譜[浙江諸暨] 史4-29995~6

暨陽清塘邵氏家譜[浙江諸暨] 史4-29232

暨陽清塘邵氏宗譜[浙江諸暨] 史4-29229~31、29233~4

暨陽湯氏宗譜[江蘇江陰] 史5-36553

暨陽湖東章氏宗譜[浙江諸暨] 史5-34562~3

暨陽次峯于氏宗譜[浙江諸暨] 史4-24724

暨陽次峯儒城俞氏宗譜[浙江諸暨] 史4-

30786、30789

暨陽次峯俞氏宗譜[浙江諸暨]　史4-30785、30787～8、30790～3

暨陽冠山蔣氏宗譜[浙江諸暨]　史5-38135

暨陽洋湖祝氏宗譜[浙江諸暨]　史4-31098～100

暨陽洋湖戚氏宗譜[浙江諸暨]　史5-34314

暨陽沙氏宗譜[江蘇江陰]　史4-28967

暨陽十都楊氏宗譜[浙江諸暨]　史5-36868～9

暨陽十里鋪鄔氏宗譜[浙江諸暨]　史5-36300

暨陽大部鄉宣田宣氏宗譜[浙江諸暨]　史4-31029

暨陽大街徐氏宗譜[浙江諸暨]　史4-31965～7

暨陽大成徐氏宗譜[浙江諸暨]　史4-31957～62

暨陽大門翁氏宗譜[浙江諸暨]　史4-32246

暨陽直埠傅氏宗譜[浙江諸暨]　史5-36217

暨陽南屏楊氏宗譜[浙江諸暨]　史5-36883

暨陽南門趙氏宗譜[江蘇江陰]　史5-38286

暨陽南門趙氏宗譜[浙江諸暨]　史5-38315～7、38322、38334～6

暨陽南門周氏四年宗譜[浙江諸暨]　史4-29984～5

暨陽李氏宗譜[江蘇江陰]　史4-27142

暨陽李氏宗譜[浙江諸暨]　史4-27196～8

暨陽古竺王氏宗譜[浙江諸暨]　史4-25039

暨陽古竹王氏宗譜[浙江諸暨]　史4-25034～8

暨陽七里上馬石蔣氏宗譜[浙江諸暨]　史5-38132

暨陽檀溪趙氏宗譜[浙江諸暨]　史5-38333

暨陽梓里王氏宗譜[浙江諸暨]　史4-25050

暨陽橋頭黃氏宗譜[浙江諸暨]　史5-33803

暨陽城南倪楊氏宗譜[浙江諸暨]　史5-36878

暨陽戴里上馬石蔣氏宗譜[浙江諸暨]　史5-38133

暨陽花亭姚氏宗譜[浙江諸暨]　史4-31182

暨陽花亭杜氏宗譜[浙江諸暨]　史4-26991

暨陽花亭周氏宗譜[浙江諸暨]　史4-29965～73

暨陽花山許氏宗譜[浙江諸暨]　史5-34410

暨陽花山朱氏宗譜[浙江諸暨]　史4-26537

暨陽花園張氏宗譜[浙江諸暨]　史5-34956

暨陽花園金氏宗譜[浙江諸暨]　史4-29672

暨陽蘭臺趙氏宗譜[浙江諸暨]　史5-38323～4

暨陽芝泉平闊張氏宗譜[浙江諸暨]　史5-34944～5

暨陽芝泉水霞張氏宗譜[浙江諸暨]　史5-34953～4

暨陽燕山馮氏宗譜[浙江諸暨]　史5-36439～41

暨陽孝義吳氏宗譜[浙江諸暨]　史4-27855

暨陽孝義流子里吳氏宗譜[浙江諸暨]　史4-27854

暨陽孝義蔡氏宗譜[浙江諸暨]　史5-38001～2、38006～10

暨陽孝義陳氏宗譜[浙江諸暨]　史4-32902～4

暨陽孝義金氏宗譜[浙江諸暨]　史4-29670

暨陽孝義鄭氏宗譜[浙江諸暨]　史5-38649～50

暨陽蕾山楊氏宗譜[浙江諸暨]　史5-36876

暨陽葛氏宗譜[浙江諸暨]　史5-35833

暨陽甘溪謝氏宗譜[浙江諸暨]　史5-40716～7

暨陽黃氏五大族宗譜[浙江諸暨]　史5-33806～7

暨陽葉氏宗譜[浙江諸暨]　史5-35676～7

暨陽樓氏宗譜[浙江諸暨]　史5-39010～2

暨陽柏林駱氏宗譜[浙江諸暨]　史5-39897

暨陽楊氏宗譜[浙江諸暨]　史5-36870～3

暨陽楓江祝氏宗譜[浙江諸暨]　史4-31101

暨陽楓溪樓氏宗譜[浙江諸暨]　史5-39013

暨陽柳堰王氏宗譜[浙江諸暨]　史4-25059

暨陽梅嶺駱氏宗譜[浙江諸暨]　史5-39898

暨陽泰北鄉江皐傅氏宗譜[浙江諸暨] 史5-36214~6

暨陽青山章氏宗譜[浙江諸暨] 史5-34556~61

暨陽青山章氏宗譜□集[浙江諸暨] 史5-34555

暨陽青山傅氏宗譜[浙江諸暨] 史5-36208~13

暨陽惠氏宗譜[浙江諸暨] 史5-35923~4

暨陽東山王氏宗譜[浙江諸暨] 史4-25052

暨陽東安包氏宗譜[浙江諸暨] 史4-26186~7

暨陽東安潘氏宗譜[浙江諸暨] 史5-39798

暨陽東安古唐陳氏宗譜[浙江諸暨] 史4-32931

暨陽東安陳家塢金氏宗譜[浙江諸暨] 史4-29662

暨陽東海戚氏宗譜[浙江諸暨] 史5-34310~3

暨陽盛墅虞氏宗譜[浙江諸暨] 史5-37201~2

暨陽扶風馬氏宗譜[江蘇江陰] 史4-31570~1

暨陽扶風馬氏宗譜[浙江諸暨] 史4-31598

暨陽墨城壽氏宗譜[浙江諸暨] 史5-37957~9

暨陽里亭柴氏宗譜[浙江諸暨] 史4-31522

暨陽四井陳氏宗譜[浙江諸暨] 史4-32930

暨陽贈言 集2-10549

暨陽阮隝俞氏宗譜[浙江諸暨] 史4-30806

暨陽隴西李氏宗譜[浙江諸暨] 史4-27195

暨陽厚溪宣氏宗譜[浙江諸暨] 史4-31026~8

暨陽長寧泂溪周氏宗譜[浙江諸暨] 史4-29978~9

暨陽長寧泂溪駱氏宗譜[浙江諸暨] 史5-39895~6

暨陽長寧蔡氏宗譜[浙江諸暨] 史5-37997

暨陽長浦曹氏宗譜[浙江諸暨] 史5-34190~1

暨陽長瀾石氏宗譜[浙江諸暨] 史4-26003

暨陽附二都石氏宗譜[浙江諸暨] 史4-26001

暨陽陳氏宗譜[江蘇江陰] 史4-32784

暨陽陳氏宗譜[浙江諸暨] 史4-32898、32915、32927

暨陽陳留阮氏宗譜[浙江諸暨] 史4-26949

暨陽邱氏宗譜[浙江諸暨] 史4-28461~5

暨陽鳳山章氏宗譜[浙江諸暨] 史5-34568

暨陽鳳山吳氏宗譜[浙江諸暨] 史4-27870~1

暨陽同山許氏宗譜[浙江諸暨] 史5-34416~7

暨陽同山沈氏宗譜[浙江諸暨] 史4-29082

暨陽同山邊氏宗譜[浙江諸暨] 史5-40956~7

暨陽同山壽氏宗譜[浙江諸暨] 史5-37949~54

暨陽同山蔣氏宗譜[浙江諸暨] 史5-38131

暨陽同山陳氏宗譜[浙江諸暨] 史4-32908~11

暨陽同山殿前壽氏宗譜[浙江諸暨] 史5-37955~6

暨陽周氏宗譜[江蘇江陰] 史4-29875

暨陽周氏宗譜[浙江諸暨] 史4-29975~7、29989

暨陽周氏七年宗譜[浙江諸暨] 史4-29980~3

暨陽陶山金氏宗譜[浙江諸暨] 史4-29663~4

暨陽陶朱許氏宗譜[浙江諸暨] 史5-34408

暨陽陶朱氏宗譜[浙江諸暨] 史4-26531~2

暨陽陶氏宗譜[浙江諸暨] 史5-33483

暨陽開元慎氏宗譜[浙江諸暨] 史5-37937~41

暨陽開化唐里俞氏宗譜[浙江諸暨] 史4-30795~6

暨陽開化吳氏宗譜[浙江諸暨] 史4-27865~6

暨陽開化鄉棠里俞氏宗譜[浙江諸暨] 史4-30798

暨陽開化宣氏宗譜[浙江諸暨] 史4-31023、31025

暨陽開化呂氏宗譜[浙江諸暨] 史4-26295~7

暨陽開化劉氏宗譜[浙江諸暨] 史5-39262~7

暨陽開化棠里俞氏宗譜[浙江諸暨] 史4-30797

暨陽興樂里徐氏宗譜[浙江諸暨] 史4-

31963~4
暨陽興頌(劉謙山)　史2-10829
暨陽金嶺何氏宗譜[浙江諸暨]　史4-
28297~8
暨陽金劉氏宗譜[浙江諸暨]　史4-29671
暨陽金興鄉中俞俞氏宗譜[浙江諸暨]　史
4-30803
暨陽丫江楊氏宗譜[浙江諸暨]　史5-
36880
暨陽丫江楊氏宗譜十六集[浙江諸暨]　史
5-36879
暨陽俞氏宗譜[浙江諸暨]　史4-30794、
30801~2
暨陽姜山章氏宗譜[浙江諸暨]　史5-
34564
暨陽義安徐氏宗譜[浙江諸暨]　史4-
31968
暨陽義門應氏宗譜[浙江諸暨]　史5-
40857~8
暨陽善溪何氏宗譜[浙江諸暨]　史4-
28286~90
暨陽善溪宣氏宗譜[浙江諸暨]　史4-
31031~2
暨陽錢氏宗譜[浙江諸暨]　史5-40213~4
暨陽銀冶王氏宗譜[浙江諸暨]　史4-
25061
暨陽銀冶章氏三修家乘[浙江諸暨]　史5-
34565
暨陽鄭氏宗譜[浙江諸暨]　史5-38641~4
暨陽答問　子4-21502　叢2-798
暨陽鎖金王氏宗譜[浙江諸暨]　史4-
25062
暨陽鎖金屠氏宗譜[浙江諸暨]　史5-
35477

7113₆ 厴

22 厴山詩集　集4-31904
45 厴樓外史初集　子5-28176
　厴樓傳　集7-53967
　厴樓志　子5-28469~70
50 厴中樓　集7-50186
　厴中樓傳奇　集7-50187、50197
60 厴園文集、補遺、詩前集、後集、續集　集3-
13108
　厴園詩續集　集3-13104
　厴園詩前集、後集　集3-13103

蠶

00 蠶衣　子4-20416,5-26219~20　叢1-39~
40
18 蠶政萃編　子7-36228(5)
　蠶政摘要　子1-4326
　蠶政輯要　子1-4324
　蠶務說畧　子7-36258
　蠶務條陳　子1-4381
　蠶務圖說　子7-36229、36249~50、37065
21 蠶經　子1-4411、4413　叢1-13、14(3)、61~
4、168(1)、173,2-730(4)、731(30)、775(5)
22 蠶種芻論　子1-4433
　蠶種檢查法規解義　子7-37060
23 蠶外記　子1-4424
32 蠶叢計陸　史7-54080　叢2-1892
　蠶叢集　集4-25500
　蠶業白話　子1-4429
50 蠶事要畧　子1-4423　叢1-508,2-698(7)
　蠶事統紀　子1-4431~2
　蠶書　子1-4098、4412　叢1-22(18)、23
(17)、62、64、86、223(32)、244(3)、249(1)、
395、483,2-730(4,7)、731(30)
60 蠶墨　子4-21223　叢2-1440
75 蠶體病理　子7-37059
77 蠶尾文集　集3-15426
　蠶尾集　集3-15423　叢2-948
　蠶尾集、續集、後集　集3-15424　叢2-
1336
　蠶尾後集　叢2-948
　蠶尾續集　集3-15425　叢2-948
　蠶學總考　子7-36240(5)
　蠶桑說　子1-4325、4337、4378、4380　叢1-
508
　蠶桑說法　子1-4393
　蠶桑說畧　子1-4342~3、4400　叢2-1989
　蠶桑說附播棉說　子1-4377
　蠶桑論說　子7-36240(3)
　蠶桑譜　子1-4391
　蠶桑要法輯注　子1-4327
　蠶桑瑣說　子1-4406
　蠶桑紡織圖詠　子7-36228(5)
　蠶桑紡織圖說　子7-36228(5)
　蠶桑須知　子1-4359
　蠶桑豳風圖詠　子7-36228(5)
　蠶桑樂府　集3-18182
　蠶桑稽古編　子7-36228(5)
　蠶桑備要　子1-4353、4379

蠶桑備覽　子1-4355
蠶桑芻言　子1-4394
蠶桑實要　子1-4329
蠶桑實濟　子1-4346～7、4366～7　叢1-483
蠶桑實濟、紀韓來安遺政　子1-4348
蠶桑實濟、養蠶成法　子1-4349
蠶桑淺說　子1-4369、4388
蠶桑淺說附蠶標準表　子1-4396
蠶桑淺要　子1-4407
蠶桑祕要　子1-4389
蠶桑述要　子1-4334
蠶桑速效編　子1-4385
蠶桑萃編　子1-4371
蠶桑事宜　子1-4330
蠶桑摘要　子1-4399
蠶桑摘要、圖說　子1-4352、4368　叢2-834
蠶桑指要　子1-4384
蠶桑捷效　子1-4350
蠶桑輯要　子1-4332、4344～5、4372、4382
蠶桑輯要署編　子1-4373、4402
蠶桑輯要合編　子1-4354
蠶桑撮要　子1-4328
蠶桑易知錄　子1-4356
蠶桑圖說　子1-4376
蠶桑圖說、蠶桑淺說　子1-4370
蠶桑質說、種樟簡明法十二條　子1-4387
蠶桑問答　子1-4362～3、4401
蠶桑合編、圖說　子1-4331
蠶桑會粹　子1-4374
蠶桑錄要　子1-4390
蠶桑簡要錄　子1-4386
蠶桑簡編　子1-4335
蠶桑簡編續錄　子1-4336
蠶桑簡法　子1-4403～4
蠶桑簡明輯說　子1-4082、4360
蠶桑簡篇　子1-4365
蠶桑答問、續編　子1-4383

7120₀　厂

80 厂翁老和上海外禪林寺錄　史2-6817

7121₁　歷

00 歷亭詩鈔　集4-23065

歷亭吟稿　集5-36000
歷府鉤圓　子3-11605
10 歷下集、花縣集　集2-9032
歷下偶談、續編　集6-46305
歷下十六景　史7-51441　集6-44827
歷下志遊　史7-49318(13)、53581
歷下志遊、外編　史7-53580　叢1-496(6)
歷下七十二泉考　子4-23442
歷下草　集3-21605
12 歷烈婦(觀)考　史2-9492
16 歷聖道統圖贊　史2-6621
20 歷乘[崇禎]　史8-58970
23 歷代帝王廟謚年諱譜　叢2-698(5)
歷代帝王謚號年譜　史1-4600
歷代帝王統系　史1-4617～8
歷代帝王統系紀年　史1-4620
歷代帝王統系大畧　史1-4621
歷代帝王統系考　史1-4623
歷代帝王統系考畧圖　史1-4619
歷代帝王種姓世系表　子7-36237
歷代帝王傳國璽譜　子3-16782,5-26220　叢1-40
歷代帝王總紀　史1-4612
歷代帝王像　史2-6508
歷代帝王疑年錄　史2-6516　叢2-2247
歷代帝王名臣志　史2-6510
歷代帝王名臣相　史2-6507
歷代帝王紀要　史2-6511～2
歷代帝王紀年譜　史1 4599
歷代帝王紀年考　史1-1398　叢2-964
歷代帝王紀年纂要　史1-4567
歷代帝王紹運圖　史1-4566　叢1-475
歷代帝王宅京記　史7-51282　叢1-223(24)、418,2-1275
歷代帝王法帖釋文　子3-15126、15311、15399
歷代帝王法帖釋文考異　子3-15336
歷代帝王世系編便蒙　史1-4616
歷代帝王世系考　史1-4615
歷代帝王世系圖　史1-4614
歷代帝王世次紀　史1-4613　叢1-394
歷代帝王姓系統譜　史2-13298
歷代帝王姓氏錄　史2-6513
歷代帝王表　叢2-698(5)
歷代帝王表、紀元同異考署　史1-4595
歷代帝王國號世系歷數全圖　史1-4584
歷代帝王甲子表　叢2-1316
歷代帝王圖　史1-4622
歷代帝王歷祚考、音釋　史1-1330～2
歷代帝王歷祚考、音釋、歷代紹運國系之

圖、歷代紹統年表、歷代年號考同　史1-1329

歷代帝王曆祚考、音釋、歷代紹運國系之圖、歷代年號考同、歷代紹統年表　史1-1333

歷代帝王人臣記　史2-6509

歷代帝王年表　史1-4585～90、4596～8　子7-36248　叢1-344、456(3)、2-731(62)

歷代帝王年表、遼金元人名正譌表　史1-4592

歷代帝王年表、明年表　史1-4591

歷代帝系年號考　史1-1374

歷代帝統歌　史1-5387

歷代帝統年表　叢2-1763

歷代帝都疆域形勢雜錄　史7-49751

歷代帝都考　史7-49729

歷代帝都考、歷代留都考　史7-49728

歷代方輿紀要　子1-3933

歷代方鎮年表　史1-4563

歷代方鎮年表考證　史1-4628

歷代高僧集傳　史2-6780

歷代高僧別記　史2-6793

歷代應制詩選、唐應試詩　集6-42405

歷代文章論畧　叢2-2232

歷代文歸　集6-42872

歷代文宗、皇明文宗　集6-42781

歷代文選　集6-42767～8

歷代文粹　集6-42798

歷代玄學精義　子5-32043

歷代褒崇禮制　集1-2174

歷代詩話　集6-45946、46136　叢1-223(72)、2-843

歷代詩話二十七種、考索　集6-45490

歷代詩發　集6-42464

歷代詩僧履歷畧節　集6-42382

歷代詩家初集、二集　集6-42445

歷代詩選　集6-42481

歷代詩人祠堂記、潘四農先生論詩十則　史7-51833

歷代詩鈔　集6-42540、42543

歷代諱名考　史6-42257　叢2-782(4)

歷代諱字譜　史6-42260　叢2-2247

歷代郊祀志　史6-41951　叢1-195(3)

歷代記文　集6-43149

歷代詞話、蔗農詞話、賭棋山莊詞話錄要　集7-48737

歷代詞腴　集7-48586

歷代詞人姓氏　史2-6979

歷代詞鈔　集7-48504

歷代說約　史1-4973

歷代二十一傳　史1-1289

歷代二十四孝體原錄　集7-51112

歷代三元甲子編年　史1-1379、4572～3

歷代三元甲子紀年編、歷代世系紀年編　史1-1381

歷代三元甲子古今帝王世系地域圖考　史1-1354

歷代三寶紀　子6-32081(42)、32082(20)、32083(27)、32084(22)、32085(39)、32086(46)、32088(28)、32089(51)、32090(61)、32091(59)、32092(41)、32093(52)

歷代正僭世系便覽　史2-6213　叢2-1889

歷代正閏考　史1-1328

歷代兩浙詞人小傳　史2-7974

歷代兩浙人物志　史2-7957

歷代百美圖　子3-16586

歷代石刻畫象拓片目錄　史8-64440

歷代石經畧　經2-11347

歷代貢舉志　史6-42265　叢1-195(3)、351、2-731(18)

歷代不知姓名錄　子5-25839～40

歷代疆域表　史7-49367　叢2-698(5)

歷代琴印　子3-17493

歷代刑官考　史6-46276　叢2-2109

歷代刑法考　叢2-2109

歷代武舉考　史6-45119　叢1-195(3)、2-731(18)、973

歷代職官表　史6-42597～8　叢1-352、568、574(4)、2-731(17)

歷代職源　史6-42594

歷代職源撮要　史6-42595　叢2-615(2)

歷代功臣傳　史2-7477

歷代建元重號　史1-1394　叢1-394

歷代建元考　史1-1350　叢1-223(27)、273(4)

歷代建元考、總論、類考、前編、外編　叢1-274(4)、2-731(62)

歷代建元相同考　史1-990、1324

歷代建元表、建元類聚考　史1-1357

歷代聖哲學粹、後編　叢2-691(3)

歷代聖賢圖像　史2-6622

歷代羣英歌　史1-4950～1

歷代君臣姓名表　史2-6514

歷代君臣圖像　史2-6506

歷代君鑒　史2-6498

歷代郡國考畧　史1-1310、7-49644

歷代郡縣沿革表　史7-49374～5

歷代已佚或未收笑話集書目　史8-66317

歷代政要表　史1-4630

歷代政治文鈔　史6-41489　子7-36257

歷代政治論海　史1-5281、5807

歷代政事要論　史1-5806

歷代統系　史1-1346

歷代統系歌　史1-4608

歷代統系表畧　史1-1310、4603

歷代統系圖紀　史1-4606

歷代統系錄　史1-7、4604~5　叢1-352

歷代統紀表　史1-4602

歷代統紀年表　叢2-698(5)

歷代儒學存真錄　史2-6657

歷代師儒表　叢2-2170

歷代經濟考　史6-41590

歷代經世詳說　史2-6301

歷代經籍考　史8-65349

歷代經籍考存佚考　史8-65352

歷代制度詳說　史6-41588~9　子5-25551
　　叢1-223(43)、2-860

歷代鼎甲錄　史3-13419　叢1-537

歷代循良能吏列傳彙抄　史2-6554

歷代循吏傳　史2-6207、6552　叢1-218

歷代循吏紀事　叢2-947

歷代仙史　史2-6864

歷代山陵考　史7-51882~3　叢1-269(3)、
　　270(3)、271、448,2-606

歷代崇道記　子5-29530(12)、31832

歷代樂章　集6-42432

歷代編年釋氏通鑑　史2-6779

歷代編年大事表　史1-4611　叢2-1661

歷代先賢圖像題贊　史2-6625

歷代泉影　史8-64881

歷代象賢錄　史2-6591

歷代名義　集6-42887

歷代名副錄　史2-13371

歷代名儒傳　史2-6207、6656　叢1-218

歷代名家文選、續、唐宋四大家文選　集6-
　　43150

歷代名家詩賦鈔　集6-42541

歷代名家書畫題跋　子3-14933

歷代名媛雜詠　集4-23228

歷代名媛齒譜　子5-25862

歷代名媛圖說　史2-6417~8

歷代名吏錄　史2-6546

歷代名畫記　子3-14692、15857、15859、
　　16058　叢1-169(3)、223(37)、268(3),2-
　　731(35)

歷代名畫神品　子3-16016、16038

歷代名畫題跋錄　子3-16016、16140

歷代名畫錄(名畫錄)　子3-14706

歷代名畫錄、法書舉要　子3-14705

歷代名臣言行錄　史2-6547~8

歷代名臣傳、續編　史2-6207、6544　叢1-
　　218

歷代名臣傳節錄　史2-6545

歷代名臣奏議　史6-47758~60　叢1-223
　　(21)

歷代名臣奏議集畧　史6-47761

歷代名臣奏議選　史6-47769　叢1-482

歷代名臣奏議摘錄　叢2-1790

歷代名臣奏疏　史6-47764

歷代名氏爵里　集6-42381

歷代名醫外診察病法　子2-6130

歷代名醫考　子2-5546

歷代名醫蒙求、釋音　史2-6712　叢2-708

歷代名賢詩　集6-41871

歷代名賢列女氏姓譜　史2-6376

歷代名賢確論　叢1-223(29)

歷代名賢手劄　集6-45251

歷代名賢齒譜　史2-6374

歷代名賢齒譜、歷代名媛齒譜　史2-6375

歷代名人詩鈔　集6-42544

歷代名人生卒錄　史2-6269　叢1-491

歷代名人姓氏全編　史2-6237

歷代名人畫像　史2-6617

歷代名人書劄　集6-45253

歷代名人年譜　史2-11003~4

歷代名人年譜大成存六十七種　史2-
　　11005

歷代名人小傳　史2-6233~4

歷代名人小簡　集6-45254

歷代名公真蹟縮本　子3-16435

歷代名公畫譜(歷代名人畫譜)　子3-
　　16303

歷代名公敘論　集6-43295

歷代祭祀樂章　史6-42070

歷代祭祀儀注　史6-42069

歷代紀元　史1-1347

歷代紀元、紀元續編　史1-1334

歷代紀元韻覽　史1-1399~400

歷代紀元部表　史1-1368

歷代紀元歌、續編　史1-1367

歷代紀元續表　史1-3250

歷代紀元彙考　史1-1336~7、1339

歷代紀元彙考、續編　史1-1340　叢2-845
　　(4)

歷代紀元彙考、紀元彙考類編　史1-1338

歷代紀元宅都記畧、年號相同考　史1-
　　1385

歷代紀元滙考、續編　子3-11647

歷代紀元表　史1-1361~2

歷代紀元表、歷代紀元韻覽　史1-1363

歷代紀元表、年號分韻錄　史1-7　叢1-
　　352

歷代紀元歷　史1-1335

歷代紀元分韻編　叢2-1590

歷代紀年　史1-990、1314、1343
歷代紀年便覽　史1-1344、5640
歷代紀年彙考正編　史1-1342
歷代紀年彙抄五種　史1-990
歷代紀年叢書　叢2-975～6
歷代紀年甲子圖　史1-1317
歷代綸音　叢2-953
歷代流言　子3-14610
歷代注訂說文解字目　經2-12669
歷代涪溪勝覽集　史7-53011
歷代守令傳　史2-6536
歷代宰輔彙考　史6-42600
歷代字法心傳　子3-15206
歷代宮詞　史1-6094　集6-42383
歷代宮閨文選　集6-43161
歷代宮閨姓氏小錄　史2-6448
歷代宮殿名　史7-51508
歷代宅京記　叢1-452、586(2)、2-716(2)
歷代官制　集6-42652
歷代官制沿革表　叢2-1915
歷代官制考畧　史1-1310，6-42604
歷代定域史綱　史7-49384
歷代定域撮要　史7-49383
歷代宗廟圖考　史7-51755　叢2-1358
歷代河渠考　史7-52763
歷代河決考　史6-46688
歷代河防統纂　史6-46659
歷代河防類要、圖　史6-46653
歷代治亂興亡鏡　史1-5033、5690
歷代治權分合系統表　史1-4629
歷代法制考　史6-46002
歷代滇詩選　叢2-888
歷代滇詩選補編　叢2-888
歷代滇遊詩抄　叢2-888
歷代滇遊詩鈔　叢2-888
歷代神仙通紀　史2-6897
歷代禪師語錄　子7-32102
歷代沿革表　史7-49368　叢2-698(5)
歷代沿革輿圖　史7-49394
歷代褉祥錄　子3-13085
歷代通論　史1-7
歷代通畧、歷代通畧蒙求　叢1-223(29)
歷代通鑑纂要　史1-1200
歷代選舉沿革表　叢2-1915
歷代道學統宗淵源問對　子1-946
歷代大禮辨誤　史6-42216～7
歷代大事歌畧　史1-5001
歷代大事年表　子7-36433
歷代内侍考　史2-6568
歷代志畧　史1-4875

歷代嘉言　子4-24187
歷代古文國瑋集　集6-42935
歷代古文舉業標準評林　集6-45352
歷代古玉彙　子4-18599
歷代古印大觀第一集　史8-65075
歷代古人像贊　史2-6616
歷代古錢圖說　史8-64900
歷代壽考名臣錄　史2-6549　叢2-662
歷代奸庸殷鑒錄　史2-6565
歷代載籍足徵錄　叢1-428，2-1566
歷代封建史蹟考　史6-41591
歷代地理正義祕書二十四種　子3-13144
歷代地理沿革韻編　史7-49373
歷代地理沿革表　史7-49364　叢2-653
　(5)、731(56)
歷代地理沿革圖　史7-49312、49390～1
歷代地理直音　史7-49306、49361
歷代地理志韻編今釋　史7-49312、49369
歷代地理志韻編今釋、皇朝輿地韻編　叢
　2-698(5)
歷代地理志韻編今釋、皇朝輿地韻編、增補
　史7-49371
歷代地理志韻編今釋、校勘記、地志韻編唐
　志補闕正誤考異　史7-49370
歷代地理志彙編　史7-49311
歷代地理指掌圖　史7-49387～8
歷代地名異同錄　史7-49749
歷代地圖、歷代竊據圖　史7-49306、49389
歷代勸民歌一段　集7-51493
歷代蒙求　史1-4861　叢1-32～3
歷代蒙求纂注　史1-4862　叢1-265(4)
歷代藏經考畧　子7-34878
歷代孝子彙編、補卷　叢2-724
歷代樊氏名賢傳畧　叢1-356
歷代著書目　集6-45042
歷代著書年表　集6-45042
歷代世譜　史1-1318
歷代世系譜　史1-4583
歷代世系紀年編　史1-4582　叢1-394、
　495
歷代舊聞　史7-49321、49850
歷代黃河變遷圖考　史7-52795
歷代黃河指掌圖說　史6-44156
歷代姓系歌訣　史1-4935　叢2-1346～7
歷代相傳聖賢道統圖考　叢2-1967
歷代相業考、皇明軍功考　史2-7227
歷代相臣傳　史2-6527～8
歷代聲律定宮　叢2-1758
歷代都江堰功小傳　史2-6777
歷代都江堰功小傳、公牘　叢2-989

歷代史論　史1-5552~3　叢1-576

歷代史論、史論一編　史1-5554

歷代史論、昭代名賢論　史1-5547

歷代史論一編　史1-5548~50

歷代史論二編　史1-5551

歷代史譜　史1-1315

歷代史正　史1-4898

歷代史要　史1-5000

歷代史台州約鈔　史7-50457

歷代史案　史1-5692

歷代史考　史1-5998

歷代史事論海　子1-3392

歷代史事政治論　史1-5805

歷代史書大全　史1-189~90

歷代史表　史1-4576　叢2-653(5)、698(5)、731(62)

歷代史畧　史1-5808

歷代史畧十段錦詞話旁註、歷代帝王紀　集7-53663

歷代史畧鼓詞　史1-6058

歷代史畧鼓詞(木皮子詞)　集7-51074

歷代史畧鼓詞(木皮散人鼓詞、木皮子詞)　集7-51073

歷代史畧鼓兒詞、太師摯適齊全章鼓兒詞　集7-51075

歷代史腴　史1-4937　子5-25350

歷代史學存精　史1-5719

歷代史鑑綱目新論　史1-5676

歷代史纂左編　史1-4871

歷代車戰考　子1-3656　叢2-648

歷代車戰畧　子1-3575　叢1-195(3)

歷代事變圖譜、古今官制沿革圖　史1-4571,7-49306

歷代畫譜　子3-16279

歷代畫像傳　史2-6627、6629

歷代畫家姓氏便覽　史2-6765~6　子3-16110

歷代畫家姓氏便覽續編　子3-16111

歷代畫家姓氏考　史2-6750　子3-16115

歷代畫史彙傳　史2-6752~3　叢1-437

歷代畫史彙傳、總目、引証書目、附錄　子3-16109

歷代畫史彙傳、目錄、附錄　子3-16108

歷代忠義錄　史2-6903

歷代書史綱領　叢1-387

歷代典禮考　史2-8393

歷代國號歌　史1-4951

歷代國號總括歌　史1-4978　子1-1971　叢2-1732

歷代甲子紀年編　史1-1380

歷代甲子紀年表　史1-1383

歷代甲子考　史1-990、1378　叢1-195(6)、197(1),2-731(62)、1261

歷代圖繪要訣　子3-14704、15941

歷代圖繪要論　子3-14704、15940

歷代圖繪名家姓氏　史2-6764

歷代圖繪定評　子3-14704、16040

歷代圖繪姓氏備考　子3-14704、16083

歷代畧　史1-4940

歷代賦話、續歷代賦話、復小齋賦話　集6-46336

歷代賦鈔　集6-42590

歷代時勢論海　史1-5281

歷代明象歷法　子3-11536

歷代吟譜　集6-45495、45588~90

歷代馬政志　史6-45408　叢1-195(3)

歷代臣鑒　史2-6539

歷代長術　子3-11653

歷代長術輯要、古今推步諸術考　子3-11654　叢1-423,2-698(7)

歷代隱逸傳　史2-6967

歷代后妃紀　史2-6422

歷代后妃紀畧　史2-6423

歷代兵制　史6-45118　子1-3081　叢1-223(28)、273(4)、274(4)、360、377、394

歷代兵法觀畧　子1-3416

歷代陵寢備考、歷代宗廟附考　史7-51884　叢1-496(3)

歷代陵墓考　史2-6279

歷代閨媛詩選附詩餘　集6-42495

歷代閨媛小樂府　集6-42516

歷代同姓名錄　史2-13359　叢2-936

歷代服制考原、圖　經1-6202

歷代醫師記目　史2-6714

歷代關市征稅記　史6-43535　叢1-195(3),2-731(17)

歷代輿地沿革表、校勘記　史7-49365

歷代輿地沿革險要圖　史7-49313、49396

歷代輿地圖四十四種　史7-49313

歷代賢儒景行錄　史2-6608

歷代駢體書啓彙鈔　叢1-353

歷代人物論海　史1-5281

歷代人模　史2-6613

歷代人鑒便覽　史2-6579

歷代金石目分域編　史8-63788

歷代鐘鼎彝器款識　史8-64147

歷代鐘鼎彝器款識法帖　史8-64145　叢1-223(15)

歷代鐘鼎彝器款識法帖、札記　史8-64146

歷代美人綱目百韻全書　子5-26424

歷代年表　史1-4581

歷代年號譜　史1-1372

歷代年號重襲考　史 1 - 1376　　叢 2 - 809
歷代年號紀畧　史 1 - 1371
歷代年號分韻　史 1 - 1370
歷代敍論　叢 1 - 223(70)
歷代鍾官圖經　史 8 - 64812
歷代錢譜　史 8 - 64899
歷代錢譜考　史 8 - 64864　　叢 2 - 809
歷代錢法備考　史 6 - 44424、44426
歷代錢表　史 8 - 64801
歷代錢幣備考、叢桂堂錢譜　史 6 - 44428
歷代銓政要畧　史 6 - 42592　　叢 1 - 195(3)、
　　351
歷代銓選志　史 6 - 42596　　叢 1 - 195(3)
歷代符牌圖錄　史 8 - 63505、63740　　叢 2 -
　　2192
歷代符牌圖錄後編　史 8 - 63505、63741
歷代籌邊畧、目錄類編　史 6 - 45594
歷代節義名臣錄　史 2 - 6564
歷代小史　史 1 - 1914　　叢 1 - 95,2 - 730(2)
歷代小史摘編　子 4 - 24040
歷代小史摘編、五十一種　叢 1 - 96
24 歷仕錄　史 2 - 8983　　叢 2 - 948,1336
歷科廷試狀元策　集 6 - 45378
歷科廷試狀元策、總考　集 6 - 45350～1
歷科後塲鳴悅　集 6 - 45396
歷科狀元策(光緒朝)　集 6 - 45469
歷科鄉會元魁大成　集 6 - 45473
歷科拔貢朝考卷　史 3 - 22701
歷科典試考官試題錄　史 3 - 13474
歷科典試題名鼎甲錄　史 3 - 13434
歷科典試題名鼎甲錄前明、國朝　史 3 -
　　13474
歷科甲第錄　史 3 - 13468
歷科同登全錄(雍正至乾隆)　史 3 - 13503
歷科會解元脈　集 6 - 45387
26 歷程紀遊草　集 4 - 27617
30 歷官表奏　史 6 - 48141、48208～9、48211　集
　　1 - 3492　　叢 2 - 1038
34 歷法源流考　子 7 - 36240(4)
歷法求測考　子 7 - 36240(4)
歷法氣朔考　子 7 - 36240(4)
35 歷神原始　子 3 - 14530
38 歷游記　集 2 - 11415
歷游集　集 2 - 9921
歷遊記　叢 2 - 720(5)、1198
歷遊集　叢 2 - 1105
43 歷城張總憲(振卿)八十壽言　史 2 - 10540
歷城楊氏族譜[山東歷城]　史 5 - 36973
歷城楊氏三修族譜[山東歷城]　史 5 - 36974
歷城縣鄉土調查錄三編[民國]　史 8 -

58975
歷城縣志[崇禎]　史 8 - 58971
歷城縣志[乾隆]　史 8 - 58972
歷城縣志[民國]　史 8 - 58974
歷城縣志採訪冊[道光]　史 8 - 58973
44 歷藏篇附鼠瘟病情驗方　子 2 - 5938
歷苦衷言　子 3 - 17637
歷世統譜圖　叢 1 - 116
歷世淵源錄　史 4 - 30578
歷世真仙體道通鑑　史 2 - 6874、6876
歷世真仙體道通鑑、續編、後集　史 2 - 6875
　　子 5 - 29530(6)
47 歷朝應制詩鈔　集 6 - 42469
歷朝文選　集 6 - 42803
歷朝文學史　子 7 - 37990
歷朝文鈔　集 6 - 43099
歷朝弈事輯畧　子 3 - 17962、18123
歷朝詩話偶錄五種　集 6 - 45493
歷朝詩集手稿　集 6 - 43851
歷朝詩約選、海峯先生詩集、札記　集 6 -
　　42533
歷朝詩選　集 6 - 42542
歷朝詩選、國朝詩選　集 6 - 42539
歷朝詩選簡金集　集 6 - 42493
歷朝詩林廣記　集 6 - 45671
歷朝諸家評王右丞詩畫鈔　集 1 - 802
歷朝詞選　集 7 - 48501
歷朝詞林摘錦、國朝詞林摘錦　集 7 - 48593
歷朝二十五家詩錄　集 6 - 42522
歷朝五七言律選　集 6 - 42545
歷朝武機捷錄、國朝武機捷錄　子 1 - 3781
歷朝聖訓　史 6 - 47734
歷朝聖賢篆書百體千文、清書千字文、千字
　　文註　子 3 - 15405
歷朝千字文彙攷　經 2 - 13385
歷朝統系圖、歷朝統系歌畧　史 1 - 4607
歷朝貞節小傳　史 2 - 6445
歷朝制帖詩選同聲集　集 6 - 42492
歷朝崇經記　經 2 - 11908　　叢 2 - 814
歷朝狀元錄、歷朝狀元錄條存、補遺　史 3 -
　　13418
歷朝狀元錄、歷朝狀元錄條存、補遺、漢至
　　隋年號、三朝再見集　史 3 - 13417
歷朝科名錄　史 3 - 13502
歷朝傳記九種　史 7 - 49309
歷朝名詩　叢 2 - 2085
歷朝名媛詩詞　集 6 - 42497
歷朝名媛詩摘鈔　集 6 - 42377
歷朝名媛小傳　史 2 - 6416
歷朝名畫共賞集一集、二集、三集　子 3 -

16449

歷朝名賢贈詩　集 1 - 1733
歷朝名人詞選　集 7 - 48501
歷朝名人傳記　史 2 - 6235
歷朝紀元錄　史 1 - 1326
歷朝紀事本末九種　史 1 - 1775
歷朝紀事本末七種　史 1 - 1774
歷朝綱鑑總論　史 1 - 5407
歷朝綱鑑輯要　史 1 - 1261
歷朝沈氏書畫家小傳　史 2 - 6726
歷朝法華持驗紀　子 6 - 32091(67),7 - 34685
歷朝通鑑史斷　史 1 - 5363
歷朝古文選　集 6 - 43031
歷朝杭郡詩輯　集 6 - 44563
歷朝藏書　叢 2 - 1114
歷朝樊氏藝文表　叢 1 - 356
歷朝華嚴經持驗紀　子 6 - 32091(67)
歷朝茶馬奏議　史 6 - 47766～7
歷朝翰墨選註、目錄　集 6 - 45347
歷朝史印　子 3 - 17122
歷朝畫徵錄　子 3 - 16084
歷朝忠正義士卓行錄　史 2 - 6611
歷朝忠義彙編　史 2 - 6904
歷朝奏議精粹　史 6 - 47768
歷朝奏疏　史 6 - 47785
歷朝折獄纂要　史 6 - 46458
歷朝捷錄　史 1 - 1299、5435～6、5439、5441、
　5456、5459～60、5464
歷朝捷錄、元朝捷錄　史 1 - 5458
歷朝捷錄、元朝捷錄、皇明捷錄　史 1 - 5462
歷朝捷錄、元朝捷錄、國朝捷錄　史 1 - 5461
歷朝捷錄百家評林　史 1 - 5450～1、5453
歷朝捷錄增定全編大成　史 1 - 5446、5449
歷朝賦選箋釋　集 6 - 42594
歷朝賦楷　集 6 - 42593
歷朝賦格三集　集 6 - 42591
歷朝長山林氏名實志　史 4 - 29419
歷朝兵機彙纂　子 1 - 3876
歷朝閨雅　集 6 - 42483
歷朝陶氏家乘　史 5 - 33454
歷朝印識、補遺、國朝印識、補遺、近編　子
　3 - 16877
歷朝印識、歷朝印識補遺、國朝印識、近編
　叢 2 - 662
歷朝印識補遺　史 2 - 6774
歷朝尺牘大全　集 6 - 45206
歷朝鑒譜　子 3 - 14751
歷朝人君考實　子 5 - 25810
歷朝金剛經持驗紀、金剛經　子 7 - 34682
歷朝金剛持驗紀　子 6 - 32091(67)

歷朝美人綱目百韻全書　子 5 - 26425
歷朝節烈貞孝錄、續錄　史 2 - 6444
50 歷史歌　子 3 - 17594
歷史上國家種種相　子 7 - 36605
歷史上國家之種種相　子 7 - 36312
歷史大方綱鑑補、資治通鑑明紀綱目　史
　1 - 1273
歷史地名對附物名對　叢 2 - 2125
歷史哲學　子 7 - 37974
歷史咸應統紀　叢 2 - 724
歷史目錄學教本　叢 2 - 2270(4)
歷史人名對　叢 2 - 2125
歷史簡明歌詞　史 1 - 6074
歷史小說英烈全傳　子 5 - 28149
歷史小說無恥奴　子 5 - 28606
58 歷數考正集、閏集　史 1 - 1345
60 歷園詩　集 3 - 13236
65 歷畊草　集 3 - 18971
75 歷體畧　子 3 - 11588
76 歷陽俟氏重修宗譜［安徽和縣］　史 5 -
　34360
歷陽典錄［嘉慶］　史 7 - 58057
歷陽陸氏宗譜［安徽和縣］　史 4 - 32684
77 歷屏方氏家譜［浙江淳安］　史 4 - 25740
78 歷覽記畧　子 7 - 36229、38017
歷覽英國鐵廠記畧　子 7 - 37124
歷驗再壽編　子 2 - 4768
歷驗單方　子 2 - 9478
80 歷年記畧　叢 2 - 1325
歷年自記　史 2 - 11772
歷年紀畧　史 2 - 11852、12114　叢 2 - 1328
歷年城守記　史 1 - 1937、3112

阮

00 阮亭詩選　集 3 - 15434,6 - 41777、41961
阮亭詩餘　叢 1 - 426,2 - 731(49)
阮亭詩餘(阮亭詩餘異)　集 7 - 46910
阮亭詩餘畧　集 6 - 44965
阮亭詩鈔　集 6 - 41979
阮亭癸卯詩　集 6 - 44965
阮亭壬寅詩　集 6 - 44965
阮亭香祖筆記、池北偶談　子 4 - 21066
阮亭選志壑堂詩　集 3 - 14785～6
阮亭選古詩　叢 2 - 697、698(12)
阮亭選古詩(王阮亭古詩選、王文簡公五七
　言詩鈔、漁洋山人古詩選)　集 6 - 42319
阮亭選古詩五言詩、七言詩　叢 2 - 1336

阮亭遊記　集6-45241
阮亭甲辰詩　集3-15433,6-44965
阮齋文鈔、詩鈔　集3-19087
阮文達公致仕後家書　集4-25059
10 阮元列傳　史2-9679
阮元瑜集　集1-242～3,6-41699、41719～20
　　叢1-183
12 阮烈士遺稿　集5-41666
17 阮子政論　子4-19793　叢2-774(9)
21 阮步兵(籍)年譜　史2-11139
阮步兵集　集1-296～7,6-41694、41698
　　叢1-183
阮步兵鄰解嘽紅　集7-49308
40 阮大鋮始末　史2-9125
阮大鋮本末小記　史1-1943,2-9126
阮大鋮本末小紀　史1-3387
阮南自述　史2-12410　叢2-2176
44 阮芸臺珠湖草堂圖　子3-16738
阮芸臺藏印　子3-17120
阮藕汀(士彬)行述　史2-10432
67 阮嗣宗文鈔　集6-41794
阮嗣宗詠懷詩注　集1-300
阮嗣宗詠懷詩箋定本　叢2-2253
阮嗣宗詩(詠懷詩)　集1-299
阮嗣宗集　集1-294～5,298,6-41695～7、
　　41699、41702、41767　叢1-182
72 阮氏族譜[廣東台山]　史4-26968
阮氏族譜[湖南臨湘]　史4-26964～5
阮氏族譜[四川成都]　史4-26969
阮氏挲經室文集　叢1-312
阮氏續修族譜[湖南邵陽]　史4-26966
阮氏積古齋漢銅印得　史8-64965
阮氏家譜[廣東台山]　史4-26967
阮氏家乘摘錄[貴州修文]　史4-26970
阮氏宗譜[安徽桐城]　史4-26961
阮氏宗譜[江西興國]　史4-26963
阮氏七錄　史8-65419
阮氏鐘鼎補遺　史8-64164
77 阮月樓遺著(先訓導公遺著)　集5-35999
阮陶合集　集6-41702
阮學台浙士解經錄　經2-11616
80 阮盦筆記五種　子4-22066,5-26617　叢2-
　　2155
88 阮籍年譜　史2-11140
97 阮鄰自訂年譜　史2-12075

隴

10 隴西孟氏族譜[甘肅隴西]　史4-30322

隴西郡李氏家譜[福建福鼎]　史4-27335
隴西郡李氏宗譜[浙江平陽]　史4-27265、
　　27267
隴西郡李氏宗譜[浙江雲和]　史4-27276
隴西郡李氏開先祠更修族譜[陝西]　史4-
　　27671
隴西李氏族譜　史4-27063、27674
隴西李氏族譜[江西]　史4-27336
隴西李氏族譜[江西遂川]　史4-27398
隴西李氏族譜[湖南]　史4-27637
隴西李氏族譜[湖南漢壽]　史4-27482
隴西李氏續修族譜[湖南湘潭]　史4-27560
隴西李氏宗譜[福建清流]　史4-27325
隴西李氏宗譜[浙江平陽]　史4-27266
隴西李氏宗譜[浙江雲和]　史4-27275
隴西李氏宗譜[浙江松陽]　史4-27277～8
隴西李氏宗譜[浙江景寧]　史4-27279
隴西李氏宗譜[四川儀隴]　史4-27655
隴西李氏支譜[江西南昌]　史4-27339
隴西李氏世譜[江蘇太倉]　史4-27152
隴西李氏世家錄[廣東鶴山]　史4-27644
隴西董氏宗譜[浙江龍游]　史5-35891～2
隴西縣志[康熙]　史8-63225
隴西縣志[乾隆]　史8-63226
隴西縣志稿[光緒]　史8-63227
隴西分縣武陽志[光緒]　史8-63217
11 隴頭芻語　子4-21283　叢2-1622
21 隴上鴻泥　集5-35888
隴上吟　叢2-823
22 隴山客草　集5-40749
32 隴州新續志[宣統]　史8-62942
隴州續志[乾隆]　史8-62941
隴州鄉土志[光緒]　史8-62943
隴州志[康熙]　史8-62940
40 隴南王氏族譜三編[陝西]　史4-25521
隴右光復記　史1-4346
50 隴秦詩鈔　集4-32484
隴秦豫海鐵路指掌　史6-44342
60 隴蜀述聞　叢1-373(4)
隴蜀餘聞　史7-49317(3)、49318(13)、50957
　　叢1-201、203(4)、210～1、249(3)、254、373
　　(8)、395,2-617(4)、624(3)、632、731(56)、
　　948、1336
80 隴首集　集2-11843～4　叢2-948、1336
隴首集(王與胤)　史2-9130

7121₂ 陋

00 陋庵小草　集5-41661

30 陋室詞　集7-46405、46953
　　陋室銘　子3-16945、17165　集7-51830
44 陋草　集3-13202
　　陋巷志　史5-40971,7-51453～4
51 陋軒詩　集3-14035～9,6-41995
　　陋軒詩、續　集3-14041
　　陋軒詩續　集3-14040
　　陋軒詩鈔　集5-38807

7121₄ 厓

22 厓山集　史1-2566　叢2-674
　　厓山志、圖　史7-52624

屋

00 屋盧府君(沈廷鏞)追悼錄　史2-10858

壓

23 壓線二集　集3-19760
　　壓線集　集4-27539、28016
24 壓裝集　集3-19205
26 壓線錄　史6-47135　叢2-1923
77 壓關樓疊掛午時牌雜劇　集7-48774(8)、
　　49037

雁

22 雁山文集　集4-26488
　　雁山雜記　史7-52376　叢1-197(2)
　　雁山詩鈔　集4-30505
　　雁山百詠　叢1-485
　　雁山遊草　集4-29984
　　雁山十記　史7-52370　集1-5400　叢1-
　　207
　　雁山志　史7-52371～3
　　雁山志稿　史7-52374
　　雁山圖記、刊白石山敍　史7-52378
　　雁山圖記、雁蕩紀游詩草　史7-52379
　　雁山圖志　史7-52377
　　雁山吟　集1-3933,6 41896

　　雁山即目　集4-33103
26 雁帛書北曲　集7-49532
30 雁字詩　叢2-1293
　　雁字和韻詩　叢2-818
　　雁字十詠、使秦吟畧　集2-12770
　　雁字箋　集4-26741
　　雁宕遊草　集3-21193
31 雁江草　集4-32801
34 雁池分派柳市包氏宗譜[浙江樂清]　史4-
　　26200
37 雁過秋江一枝　集7-52019
42 雁橋詩鈔　集3-20450
44 雁蕩詩話　集6-46084
　　雁蕩山記　叢1-485
　　雁蕩紀游詩草　史7-52379
　　雁蕩老人年譜　史2-12443
　　雁蒼山誌　史7-52336
　　雁黃布衲黃山遊草　集3-16319～20
45 雁樓集　集3-13287
62 雁影齋詩　叢2-631
　　雁影齋詩存(雁影齋詩)　集5-39987
　　雁影齋讀書記　叢2-745
　　雁影齋題跋　史8-65385
63 雁唳編　集3-14459
67 雁鳴霜(花葉粉)　集7-50378
77 雁門童氏宗譜[浙江建德]　史5-36487
　　雁門童氏宗譜[浙江淳安]　史5-36495
　　雁門夏氏宗譜[江西德興]　史4-31696
　　雁門郡田氏族譜　史4-26114
　　雁門集　集1-5188～9、5194、5196、5198,7-
　　46361、46370、46790　叢1-223(60)、227
　　(10)、579
　　雁門集、詩餘、補遺、雁門集倡和錄、別錄
　　集1-5187
　　雁門集、補遺　集1-5190
　　雁門集、附卷、雁門集倡和錄、別錄　集1-
　　5186
　　雁門集編註　集1-5199
　　雁門集編註增補　集1-5200
　　雁門集別錄(薩都拉)　史2-8817
　　雁門郎氏宗譜[山西代縣]　史4-30275
　　雁門薩氏族譜[福建福州]　史5-40037
　　雁門薩氏家譜[福建]　史5-40039
　　雁門野說　子5-26922　叢1-22(4)、23(4)
　　雁門關存孝打虎　集7-48944
　　雁門勝跡詩集　集2-7076～7
87 雁翎甲　集7-50083

7121₇ 臚

10 臚雲集　集4-29690　叢1-338
22 臚川蔣氏宗譜［浙江縉雲］　史5-38186
　　臚川田氏宗譜［浙江縉雲］　史4-26098～
　　100
25 臚傳紀事　史6-42300　叢1-195(3)、197
　　(1),2-731(18)

7122₀ 阿

00 阿育王子法益壞目因緣經　子6-32092(37)
　　阿育王經　子6-32081(39)、32082(18)、32083
　　(26)、32084(22)、32085(38)、32086(44)、
　　32088(27)、32089(34)、32090(55)、32091
　　(53)、32092(36)、32093(32)
　　阿育王經、阿育王傳　子7-32722
　　阿育王山志畧　史7-52328
　　阿育王傳　子6-32081(39)、32082(19)、32083
　　(26)、32084(22)、32085(38)、32086(44)、
　　32088(27)、32089(34)、32090(59)、32091
　　(57)、32092(39)、32093(32)
　　阿育王息壞目因緣經　子6-32081(39)、
　　32082(19)、32084(22)、32085(38)、32086
　　(44)、32088(27)、32090(55)、32091(53)、
　　32093(32)
　　阿育王譬喻經　子6-32081(39)、32082(18)、
　　32083(26)、32085(38)、32086(44)、32088
　　(27)、32089(34)、32090(55)、32091(53)、
　　32092(36)、32093(31)
　　阿育王舍利瑞應集　子7-34676
　　阿育王舍利瑞應集、舍利塔號畧註　史7-
　　51633
　　阿文成公(桂)年譜　史2-11869
　　阿文成公(阿桂)列傳　史2-9517
　　阿文成公行狀　史2-9518
　　阿文成公心悟　子1-1586
04 阿計替傳　史1-1919,2522～4、2527,2531、
　　2533　叢1-195(2),2-735(4)
10 阿爾泰山考　史7-49319、49934
　　阿哥婚娶定例　史6-42177
　　阿雲巖館師八十壽集千字文　叢1-276
11 阿非利加洲諸國度支考　子7-36240(2)
　　阿非利加洲羣島考　子7-36240(1)
　　阿非利加洲總考　子7-36240(1)
　　阿非利加洲各國疆域考　子7-36240(1)
　　阿彌陀經　子7-32108、34426　叢1-394

阿彌陀經不思議神力傳　子6-32081(8)、
　　32085(9)、32088(7)
阿彌陀經白話解釋、修行方法　叢2-724
阿彌陀經約論　子7-33077
阿彌陀經通贊疏　子6-32084(33)
阿彌陀經通贊疏殘　子7-32119
阿彌陀經輯注、引證　子7-32105、33380
阿彌陀經畧解　子7-33378
阿彌陀經義記　子7-33364
阿彌陀佛說咒　子6-32093(5)
阿彌陀鼓音王陀羅尼經　子6-32083(12)、
　　32086(20)
阿彌陀鼓音聲王陀羅尼經　子6-32081
　　(18)、32085(18)、32088(13)、32089(15)、
　　32090(21)、32091(19)、32092(13)、32093(5),
　　7-32817、33870
17 阿那律八念經　子6-32083(19)
　　阿那邠祁化七子經　子6-32083(20)、32084
　　(17)、32085(28)、32086(32)、32088(21)、
　　32089(20)、32090(27)、32091(25)、32092
　　(17)、32093(15)
21 阿比西尼亞國述畧　史7-49317(3)、49318
　　(18)
22 阿利未加洲各國志　史7-49318(18)
25 阿繡子弟書　集7-52145
27 阿修羅　集7-50522
30 阿塞亞尼亞羣島記　史7-49317(5)、49318
　　(17)
　　阿遮曇摩文圖　子6-32084(17)、32085(29)、
　　32093(18)
　　阿字無禪師光宣臺集　集3-15379
　　阿富汗土耳基斯坦志、阿富汗斯坦志、新
　　志、土耳基斯坦志、東土耳基斯坦志　史
　　7-54720
　　阿富汗考畧　史7-49317(6)、49318(17)、
　　54719
　　阿寄傳　叢1-22(27)、29(9)
34 阿達曼羣島志、新志、婆羅島志　史7-
　　54738
　　阿達曼羣島志、阿達曼羣島新志　子7-
　　37772
35 阿禮嘎禮　子7-32794
37 阿遬達經　子6-32081(30)、32083(20)、32085
　　(30)、32086(34)、32088(21)、32089(21)、
　　32090(26)、32091(25)、32092(17)
39 阿迷州志［雍正］　史8-62581
　　阿迷州志［康熙］　史8-62580
　　阿迷州志［嘉慶］　史8-62582
40 阿難七夢經　子6-32083(22)、32089(23)、
　　32093(22)
　　阿難四事經　子6-32081(32)、32083(21)、
　　32085(31)、32086(36)、32088(22)、32089

(22)、32090(28)、32091(27)、32092(18),7-32597

阿難陀目佉尼訶離陀經　子6-32089(11)、32090(16)、32091(14)、32092(10)、32093(45)

阿難陀目佉尼訶離陀鄰尼經　子6-32089(11)、32090(16)、32091(14)、32092(10)

阿難陀目佉尼呵離陀經　子6-32081(14)、32083(10)、32085(14)、32086(15)、32088(10)

阿難陀目佉尼呵離陀鄰尼經　子6-32081(13)、32083(10)、32085(14)、32086(15)、32088(10)

阿難同學經　子6-32083(20)、32085(29)、32086(33)、32088(21)、32089(20)、32090(26)、32091(25)、32092(17)

阿難問事佛吉凶經　子6-32081(30)、32085(29)、32088(21)、32089(21)、32090(26)、32091(25)、32092(17),7-32580

阿難問事吉凶經　子6-32083(20)、32086(34)

阿難陁目佉尼呵離陁經　子6-32084(9)

阿難分別經　子6-32081(30)、32083(20)、32085(29)、32086(34)、32088(21)、32089(21)、32090(26)、32091(25)、32092(17)

43 阿城縣志稿[民國]　史7-56314

44 阿蘭那室詩鈔　集5-41259

阿勒楚喀鄉土志[光緒]　史7-56313

阿芙蓉考　子4-19339

47 阿鳩留經　子6-32083(21)、32085(31)、32086(36)、32088(23)、32089(22)、32090(29)、32091(27)、32092(19),7-32702

阿根廷政要　史7-49318(19)、54895

51 阿耨颰經　子6-32083(19)

52 阿剌伯沿革考　史7-54475

阿剌伯考署　史7-49317(5)、49318(17)、54474

60 阿毘達磨識身足論　子6-32081(37)、32082(16)、32083(24)、32084(20)、32085(35)、32086(40)、32088(26)、32089(45)、32090(52)、32091(50)、32092(34)、32093(29),7-32770

阿毘達磨發智論　子6-32079、32081(37)、32082(16)、32083(24)、32084(20)、32085(35)、32086(40)、32088(25)、32089(44)、32090(52)、32091(50)、32092(34)、32093(29)

阿毘達磨集異門足論　子6-32081(37)、32082(16)、32083(24)、32084(20)、32085(35)、32086(40)、32088(26)、32089(45)、32090(52)、32091(50)、32092(34)、32093(29)

阿毘達磨順正理論　子6-32081(37)、32082(16)、32083(24)、32084(20)、32085(36)、32086(41)、32088(26)、32089(45)、32090(51)、32091(49)、32092(34)、32093(29),7-32779

阿毘達磨順正理論辨業品　子7-32780

阿毘達磨俱舍論　子6-32081(37)、32082(16)、32083(24)、32084(20)、32085(36)、32086(41)、32088(26)、32089(45)、32090(51)、32091(49)、32092(34)、32093(29),7-32778

阿毘達磨俱舍論記　子7-33647

阿毘達磨俱舍論本頌　子6-32081(37)、32085(36)、32086(41)、32088(26)、32089(45)、32090(51)、32091(49)、32092(34)、32093(29)

阿毘達磨俱舍論本頌會譯　子7-32777

阿毘達磨俱舍釋論　子6-32081(37)、32082(16)、32083(24)、32084(20)、32085(36)、32086(40)、32088(26)、32089(45)、32090(51)、32091(49)、32092(34)、32093(29)

阿毘達磨俱舍釋論本頌　子6-32083(24)

阿毘達磨法蘊足論　子6-32081(37)、32082(16)、32083(24)、32084(20)、32085(35)、32086(40)、32088(26)、32089(45)、32090(53)、32091(51)、32092(35)、32093(29),7-32768

阿毘達磨大毘婆沙論　子6-32081(37)、32082(16)、32084(20)、32085(36)、32086(40)、32088(26)、32090(51)、32091(49)、32092(34)、32093(29),7-32773

阿毘達磨藏顯宗論　子6-32081(37)、32082(16)、32084(20)、32085(36)、32086(41)、32088(26)、32089(45)、32090(51)、32091(49)、32092(34)、32093(29)

阿毘達磨界身足論　子6-32081(37)、32082(16)、32083(24)、32084(20)、32085(36)、32086(40)、32088(26)、32089(45)、32090(52)、32091(50)、32092(34)、32093(29)

阿毘達磨品類足論　子6-32081(37)、32082(16)、32083(24)、32084(20)、32085(36)、32086(40)、32088(26)、32089(45)、32090(52)、32091(50)、32092(34)、32093(29),7-32769

阿毘達磨毘婆沙論　子6-32083(24)、32089(45)

阿毘達磨顯宗論　子6-32083(24)

阿毘曇五法行經　子6-32081(39)、32082(19)、32083(26)、32085(38)、32086(45)、32088(28)、32089(35)、32090(55)、32091(53)、32092(36)、32093(30)

阿毘曇心論　子6-32081(37)、32082(16)、32083(24)、32085(36)、32086(41)、32088(26)、32089(45)、32090(52)、32091(50)、32092(34)、32093(29)

阿毘曇心論經　子6-32084(20)、32093(29)

阿毘曇甘露味論　子6-32081(38)、32082(17)、32083(25)、32085(36)、32086(41)、

中國古籍總目·索引

32088（26）、32089（45）、32090（52）、32091（50）、32092（34）、32093（29）

阿毘曇毘婆沙論　子6-32081（37）、32082（16）、32083（24）、32084（20）、32085（36）、32086（40）、32088（26）、32089（45）、32090（51）、32091（49）、32092（34）、32093（29），7-32775

阿毘曇八犍度論　子6-32083（24）、32084（20）、32086（40）、32089（44）、32090（52）、32091（50）、32092（34）、32093（29），7-32772

阿毘曇八捷度論　子6-32081（37）、32082（16）、32085（35）、32088（25）

阿羅漢具德經　子6-32083（31）

62 阿唎多羅陀羅尼阿嚕力經　子6-32089（31）、32090（41）、32092（27）

阿唎多羅陀羅尼阿嚕力品　子6-32081（53）、32083（34）、32085（48）、32086（57）、32088（35）

阿唎多羅陀羅尼阿嚕力品第　子6-32093（35）

阿喇多羅陀羅尼阿嚕力經　子6-32091（39）

阿吒婆拘上佛陀羅尼經　子6-32089（15）

阿吒婆拘鬼神大將上佛咒經　子6-32083（13）、32086（19）

阿吒婆拘鬼神大將上佛陀羅尼經　子6-32090（20）、32091（19）、32092（13）

阿吒婆拘鬼神大將上佛陀羅尼經（阿吒婆拘咒經）　子6-32093（39）

阿吒婆拘鬼神大將上佛陀羅尼神咒經　子6-32081（18）、32085（18）、32088（13）、32093（36）

阿吒婆拘鬼神大將上佛陁羅尼神咒經　子6-32084（11）

阿吒薄拘付囑咒　子6-32093（39）

阿吒薄具元帥大將上佛陀羅尼經修行儀軌（全身金剛三昧耶、無邊甘露神力）　子6-32093（36）

71 阿厚莽齬使六十壽集千字文　叢1-276

77 阿闍梨大曼荼攞灌頂儀軌　子6-32093（40）

阿闍世王受決經　子6-32083（8）、32086（12）、32089（9）

阿闍世王經　子6-32083（6）、32089（6）

阿闍世王授決經　子6-32084（7）、32093（11）

阿闍世王品　子6-32093（8）

阿闍世王問五逆經　子6-32081（31）、32083（21）、32085（30）、32088（22）、32089（21）、32090（29）、32091（27）、32092（19）、32093（19），7-32600

阿闍貰王女阿術達菩薩經　子6-32089（3）

阿閦佛國經　子6-32084（3）

阿閦如來念誦供養法　子6-32081（55）、32083（35）、32085（49）、32086（59）、32088

（36）、32089（36）、32090（58）、32091（56）、32092（38）、32093（33）

80 阿差末菩薩經　子6-32081（3）、32083（3）、32084（4）、32085（4）、32086（4）、32088（3）、32089（4）、32090（4）、32091（4）、32092（3）、32093（5），7-32214

阿含正行經　子6-32083（21）

阿含口解十二因緣經　子6-32081（41）、32082（19）、32083（26）、32085（39）、32086（45）、32088（28）、32089（35）、32090（54）、32091（52）、32092（36）、32093（30）

90 阿惟越致遮經　子6-32081（6）、32082（6）、32083（5）、32085（6）、32086（6）、32087、32088（5）、32089（6）、32090（7）、32091（7）、32092（5）

7122₁　陜

00 陜齋詩集　集5-35268
24 陜岵編　史2-9416
　　陜岵草　集4-22321
　　陜岵樓詩稿　集4-24042
27 陜屺清吟錄　集5-34626
58 陜虀館詩　集2-11220
67 陜瞻齋集　集5-35267
77 陜岡樓叢刊　叢2-908

7122₇　鴈

22 鴈山雜記　史7-49318（7）
　　鴈山便覽記　史7-49318（7）
40 鴈木詞　集7-46405、47138
60 鴈園詞　集7-46405、47051
77 鴈門關存孝打虎　集7-48774（2）
　　鴈門公妙解錄　子5-29530（18）、30884

厲

24 厲先生文錄　集3-18854
26 厲伯符函稿　集4-31572
44 厲樊榭（鶚）年譜、樊榭山房集目錄　史2-11830
　　厲樊榭先生（鶚）年譜　史2-11831　叢2-670
72 厲氏支譜[江蘇儀徵]　史5-38462
77 厲學　子1-2329　叢2-774（9、11）

隔

31 隔江鬥智　集 7 - 48778
44 隔葉花傳奇　集 7 - 50409

7123₂ 辰

00 辰六文集　集 3 - 16103～5
10 辰夏雜言　子 4 - 20969　叢 2 - 1243
28 辰谿縣志[雍正]　史 8 - 60753
　辰谿縣志[道光]　史 8 - 60754
32 辰州誌[康熙]　史 8 - 60736
　辰州府鄉土志[光緒]　史 8 - 60738
　辰州府志[康熙]　史 8 - 60735
　辰州府志[萬曆]　史 8 - 60734
　辰州府志[乾隆]　史 8 - 60737
　辰州府義田總記　史 6 - 44697
　辰州圖經　史 7 - 49309、50794
　辰州風土記　史 7 - 49309、50795
　辰溪倪氏宗譜[浙江淳安]　史 4 - 31727～8
　辰溪潭邊倪氏宗譜[浙江淳安]　史 4 - 31729
　辰溪縣志[康熙]　史 8 - 60752
　辰溪縣志存稿[民國]　史 8 - 60755
77 辰巳集　集 3 - 16060
90 辰懷軒詩集　集 3 - 14335

7124₀ 牙

26 牙牌靈數　子 3 - 14658
　牙牌靈圖　子 3 - 14661
　牙牌參禪譜　子 3 - 14645
　牙牌參禪圖譜　子 3 - 14646　叢 1 - 498
　牙牌彙輯　子 3 - 18262
　牙牌酒令　子 3 - 18319
　牙牌神數　子 3 - 14648
　牙牌神數圖注詳解　子 3 - 14651
　牙牌數　子 3 - 14670
58 牙釐總局逐月比較表(清光緒六年)　史 6 - 43598

7124₄ 腰

10 腰雪堂詩集　集 3 - 15362

7124₇ 厚

00 厚庵鄧夫子遺書(鄧厚庵先生遺書)十九種　叢 2 - 1644
　厚庵自敍年華錄　史 2 - 12154
　厚庵存稿　集 3 - 14419
　厚庵公日記、粵遊日記(清光緒三年至四年)　史 2 - 13069
　厚齋詩選　集 4 - 22084,6 - 44593
　厚齋自著年譜　史 2 - 11768
　厚齋易學　叢 1 - 223(3)
　厚齋易學、先儒著述　經 1 - 531
　厚齋易學附錄　叢 2 - 673
　厚齋尺牘　集 3 - 20233
01 厚語　子 4 - 24065
10 厚石齋詩集　集 3 - 20617
21 厚仁吳氏重修宗譜[浙江仙居]　史 4 - 27977
　厚仁吳氏宗譜[浙江仙居]　史 4 - 27976
　厚街鄭氏宗譜[浙江衢州]　史 5 - 38655
22 厚岑山金氏家譜[浙江東陽]　史 4 - 29733～4
　厚岑山金氏宗譜[浙江東陽]　史 4 - 29735
　厚山府君(盧坤)年譜(盧敏肅公年譜)　史 2 - 12034
24 厚德祿　叢 1 - 23(12)
　厚德錄　史 1 - 1914　子 4 - 22925～6　叢 1 - 2～3、6～8、11～2、19(11)、20(9)、22(12)、24(12)、83、95～6、99～101、330～1,2 - 730(3)、731(20)、735(3)
　厚德錄節識　子 4 - 21471
　厚德堂集驗方萃編(驗方萃編)　子 2 - 9771
27 厚鄉錄　史 2 - 7126
28 厚倫方氏圖譜[浙江蘭溪]　史 4 - 25772～3
32 厚州周氏宗譜[浙江建德]　史 4 - 29910
　厚洲周氏宗譜[湖北武昌]　史 4 - 30115
36 厚澤朱氏宗譜[浙江永康]　史 4 - 26551
44 厚莊文內集、文外集、詩集　集 5 - 40462
　厚莊文鈔、詩鈔　集 5 - 40461
　厚莊王氏宗譜[江蘇崑山]　史 4 - 24904
47 厚根老人詩集　集 5 - 40086
60 厚因小草　集 4 - 27808
64 厚睦東源西田朱氏宗譜[浙江建德]　史 4 -

26467
72 厚所詩文稿　集3-20213
77 厚岡文集、詩集　集3-20731
　　厚岡文錄　集6-42066
　　厚岡詩集、文集　叢2-1487
　　厚興孫公支譜記條辨[江蘇無錫]　史5-33561
80 厚審初稿　集3-20746
87 厚銘日記　史2-9025

厦

60 厦田葉氏宗譜[浙江松陽]　史5-35716
77 厦門市志[民國]　史8-58352
　　厦門泉州雜詠　集5-35848
　　厦門保商總局保護回籍華商章程　史6-43991
　　厦門港紀事　史7-50551
　　厦門志[道光]　史8-58351
　　厦門煤礦公司章程　史6-44811

反

00 反童吟　集4-23570
　　反唐演義　子5-28060
　　反離騷　集1-20、22　叢1-285,2-616、658
07 反調下山　集7-53138
　　反調尼姑下山一套　集7-50844
08 反論　子4-19782　叢2-775(5)
22 反幾希　子4-24222　叢2-1373
27 反身要語　子1-1864　叢2-886(2)
　　反約篇六十七種　叢1-388
44 反勸妻一段　集7-51428
46 反想思一枝　集7-51003
47 反切詳論考古音辨　經1-4812
　　反切釋例　經2-14465
　　反切定譜　經2-13844、14348
48 反教議　子7-35946
52 反挑眼一套　集7-50897
57 反挽歌　集2-9874　叢2-1139
　　反輓歌　叢2-1138

阪

74 阪陸潘氏宗譜[江蘇宜興]　史5-39767

7124₈ 廠

00 廠庫須知　史1-1929
11 廠頭鎮志[同治]　史7-56440
28 廠稅要件備查　史6-43587

7126₀ 陌

21 陌上吟原上吟二稿合刊　集5-40104
44 陌花軒雜劇七種　集7-49296

7126₁ 脂

10 脂雪軒詩鈔　集5-36597～8
16 脂硯齋重評石頭記　子5-28374

階

00 階亭詩集　集3-16948
　　階庭偕詠　集3-17199
32 階州直隸州續志[光緒]　史8-63236
　　階州志[康熙]　史8-63233
　　階州志[萬曆]　史8-63232
40 階木文稿　集6-41972
　　階木詩文稿　集3-16556
　　階木詩稿　集6-41972

7126₁ 唇

00 唇亭雜記　子5-27301　叢2-753、793

7126₃ 唇

20 唇舌症候圖　子2-6267

7126₉ 曆

00 曆府鉤玄　子3-13152
　　曆府鉤圓　子3-14458
04 曆誌　子3-11599〜600
10 曆正　叢2-1146
　　曆元布演算法　子3-11603
12 曆引　子3-11612
20 曆乘　子3-11598
27 曆象考成推步法　子3-11615
　　曆象本要　子3-11610〜1　叢2-1347
30 曆家本要　子3-11624
32 曆測　子3-11604
　　曆測、曆元布演算法　子3-11603
34 曆法　子3-11253、11633
　　曆法、赤道次舍、曆策、曆說、明左右旋問
　　　答、五星行度解　子3-11416
　　曆法、赤道次舍、曆策、曆說、明左右旋問
　　　答、五星行度解、推步交朔、辛丑曆辨
　　　子3-11634
　　曆法新書　子3-11597　叢2-1126
　　曆法二十四種　子3-11585
　　曆法西傳　子3-11234
　　曆法總考　子3-11643
　　曆法大旨通書　子3-11586
　　曆法表　叢2-2265
　　曆法用數便覽　子3-11716
　　曆法問答　子3-11646　叢2-1410
50 曆事明原　子3-14493
　　曆書　子3-11686〜7
58 曆數表　子3-11671
75 曆體署、圖　叢1-223(34)
77 曆學假如　子3-11618
　　曆學疑問　子3-11622
　　曆學疑問、補　子3-11238〜9
　　曆學疑問補　子3-11623　叢1-241、242
　　　(2)、2-731(27)
　　曆學駢枝　子3-11238〜9、11621
　　曆學全書、續　子3-11723
　　曆學會通　子3-11424
　　曆學會通(正集、辨同異、比例四綫表)　子
　　　3-11236
　　曆學會通(舊中法選要、新中法選要)　子3-
　　　11236
　　曆學會通(中外水法、中外火法、中外重法、
　　　中外師學)　子3-11236
　　曆學會通(中法占驗部、中法占驗、中法選

釋)　子3-11236
　　曆學答問　子3-11238〜9　叢1-241、242
　　　(3)、2-731(27)
88 曆筌　叢2-1180
　　曆算雜記　叢2-2265
　　曆算彙編　子3-11666
　　曆算書　子3-11644
　　曆算全書　子3-11238　叢1-223(35)
　　曆算合要　叢2-1473
　　曆策　子3-11634

7128₆ 願

20 願爲明鏡室詞　集7-48262
　　願香室筆記內編、外編、雜編　子4-21337
22 願豐堂漫書　子4-20410　叢1-14(2)、22
　　　(24)、31、106、111(2)、2-731(53)、1081
26 願息齋文集　集3-14944
33 願治疏稿　史6-48315
40 願志堂詩　集3-13421
75 願體集　子1-2534〜5　叢2-724
　　願體集、倉卒救人醫術　子1-2536
　　願體醫話良方　子2-4646、10646、10655
77 願學齋文稿　集4-26911
　　願學齋文鈔　集3-21703
　　願學齋詩存　集5-41422
　　願學齋集　集3-14247
　　願學齋吟稿、補遺　集6-42006
　　願學齋吟草、補遺　集4-22924
　　願學文存續　叢2-1351
　　願學詩集　集3-15078、6-41969
　　願學詩存續　叢2-1351
　　願學記　子1-1341　叢2-1263、1265〜7
　　願學集　集2-10470、3-19018　叢1-223
　　　(66)、2-1164
　　願學集、夢曉樓集、詩餘、書　集3-19019
　　願學集詩鈔　集3-19020
　　願學稿　集4-22322
　　願學編　子1-1033、1909、1933　集2-
　　　7833〜4
　　願學篇　子4-22627〜8
　　願學堂文集、使交紀事、使交吟、安南世系
　　　署　集3-15076
　　願學堂詩集　集3-15077、16727　叢2-992
　　願學堂詩存　集4-33042
　　願學堂詩鈔　集4-27378
　　願學堂登高唱稿詩　叢2-1315

7129₁ 厏

11 厏麗情集　叢1-282(3)、283(3)、367～8,2-731(50)

7129₄ 厤

34 厤法　叢1-493
50 厤表　叢1-493
77 厤學補論　叢1-453

7129₆ 原

00 原病集　子2-4831
　　原瘖要論　子2-4771(4)、8890
　　原弈　子3-17964、17972
　　原音瑣辨　經1-6430
04 原詩　集3-14816,6-45878～9　叢1-203(11)
08 原說　子3-13140
13 原武縣志[康熙]　史8-59695
　　原武縣志[順治]　史8-59694
　　原武縣志[萬曆]　史8-59693
　　原武縣志[乾隆]　史8-59696
　　原武縣志稿[民國]　史8-59697
16 原理　子1-1551,3-11582
18 原政上編　子7-36528
21 原上草　集4-24852,7-48153
　　原上草、焚餘草　集7-48152
　　原旨　子1-1237　叢2-1200
　　原旨七首　叢2-1201
　　原紅樓夢　子5-28425
　　原經圖式　子3-13140、13380
22 原仙記三則　子5-26901
23 原獻文錄、詩錄、原故文錄、詩錄　集6-44941
24 原化記　子5-26898　叢1-15、22(4)、23(4),2-617(3)
　　原侍御先考芳侯湯府君(芬)行述　史2-9222
　　原幼心法　子2-8380
27 原象　子3-11385　叢1-203(10)、238,2-814、1475
30 原瀍　史6-46277
　　原富　子7-37321
　　原富、中西年表　子7-37322
　　原富勝義　子7-37323

　　原定清訟章程　史6-45928
33 原心堂詩鈔　集4-33096
38 原道　子5-31997　叢2-771(2)
　　原道醒世訓　史1-1990、4168
　　原道醒世詔　史1-1991
　　原道救世詔　史1-1991
　　原道救世歌、百正歌　史1-1990、4167
　　原道覺世訓　史1-1990、4169
　　原道覺世詔　史1-1991
40 原存善本草目　史8-65547
　　原李耳載　叢2-624(3)
42 原機啓微　子2-4560、4577
　　原機啓微集　子2-4561、7297
　　原機啓微集(原機啓微)　子2-7296
43 原始　史1-2942,6-42044～5　子4-21977,5-26047
　　原始三抄　子4-21978
　　原始祕書　子5-24941
44 原莊詞　集7-46405、47177
45 原姓舒詹氏宗譜[安徽潛山]　史5-37909～10
47 原起彙抄　子5-25470
48 原教論　子7-34956
　　原警察、保甲條議　史6-45334
　　原故文錄　集6-44941
50 原本廣韻　經2-13671　叢1-223(16)
　　原本玉篇殘卷　經2-12766
　　原本補本異同錄　史1-837
　　原本海公大紅袍傳　子5-28169
　　原本直指算法統宗　子3-12460
　　原本韓文考異　集1-1327
　　原本韓集考異　叢1-223(49)
　　原本革象新書　子3-11300　叢1-223(34)
　　原本茶經、續茶經、附錄　子4-18987
　　原本加批聊齋志異　子5-27635
　　原本丸散膏丹配製方　子2-9936
　　原本周易本義、圖　叢1-223(2)
　　原書　經2-12380　叢2-2165
60 原圃集、塞菴詩、塞菴遺文　集2-11152
　　原圃集、塞菴詩一續、二續、張民表先生詩、續　集2-11151
72 原質考　子7-36240(4)
76 原陽子法語　子5-29530(21)、29562、31985
77 原學三種　叢2-2111
80 原人、後編、晦堂書錄　子4-21939
　　原人論　子6-32089(50)、32090(64)、32091(62)、32093(50),7-33072、33343、33892
　　原人上下編　子4-21940
　　原善　子1-1615～6　叢1-203(10)、238、580,2-814、1475～6
95 原情　集7-49457

7131₁ 驪

06 驪韻錦繡　子5-26211
15 驪珠記　集7-53822
　　驪珠集　集6-44066
　　驪珠隨錄　集6-42750
22 驪山集　集2-8539
　　驪山傳　集7-49624　叢2-1920
40 驪塘甘氏族譜[江西豐城]　史4-26052

7131₆ 驅

50 驅蠱燃犀錄　子3-13641

7131₇ 驢

11 驢背集　史1-4302　叢2-612、2211

7132₇ 馬

00 馬主政其昶奏稿　史6-49167　集5-38790
　　馬亮奏伊犁防戍請獎摺(光緒三十年)　史
　　　6-45690
　　馬彥郇詩文稿(詩稿、文稿)　集5-40586
　　馬齊陳氏大宗崇本堂續修潁川家乘[廣東
　　　順德]　史4-33421
　　馬文毅公(雄鎮)事蹟　史2-9359
　　馬文貞公石田集　集1-5362
　　馬文莊公文集選　集2-9044
　　馬文莊公文集選、敍述　集2-9043　叢2-
　　　966
　　馬文簡公集　集2-8297
01 馬龍州志[雍正]　史8-62399
　　馬龍州志書[崇禎]　史8-62398
　　馬評陶批外科全生集、新增馬氏試驗祕方
　　　子2-4771(3)
02 馬端肅奏議　史6-48170
　　馬端肅公詩集　集2-6893
　　馬端肅公三記　叢1-46、50~1、55、84(2)、2-
　　　730(9)
　　馬端肅公奏議　史6-48168~9

　　馬端敏公(新貽)年譜　史2-12234
　　馬端敏公奏議　史6-49001
07 馬調開篇　集7-53854
10 馬一齋詩文鈔　集3-19501
　　馬王易義　經1-285　叢1-261
　　馬丕瑤列傳　史2-10423
　　馬要沈氏族譜[浙江湖州]　史4-29032
　　馬平王氏家譜[廣西柳州]　史4-25509
　　馬石田文集(石田先生文集、石田集、石田
　　　文集)、附錄　集1-5361
　　馬西玄集、續集　集2-8296、6-41935(2)
　　馬西如詩集　集1-5359、6-41779~80
　　馬可講義　子7-35170
　　馬可傳福音書　子7-35169
　　馬可傳福音書畧解　子7-35171
11 馬頭調上曲目錄　集7-54887
　　馬頭調上曲單　集7-54886
　　馬頭調彙選　集7-52634
　　馬頭調選　集7-52633
　　馬頭調八角鼓、雜曲　集7-50699
　　馬頭調小曲　集7-54888
　　馬孺人行實　集3-13542
12 馬廷亮手書日記(清光緒三十四年至宣統
　　　二年、民國九年至十五年)　史2-13224
15 馬融註論語　經2-9212
　　馬融注論語　經2-15142
　　馬融周易傳　經1-2321
　　馬建侯詩稿　集5-36327
17 馬豫竹譜　子3-16366
　　馬子琴詩　集4-27625
　　馬弔　子3-18254
　　馬弔新譜　子3-18256
　　馬弔說　子3-18255　叢1-202(6)、203(11、
　　　18)
　　馬弔譜　子3-18287
　　馬弔例　子3-18231
　　馬弔牌經　子3-18226
　　馬弔牌經、馬弔例　叢1-181
　　馬弔脚例　叢1-25、37
18 馬政記　史1-801
　　馬政紀　叢1-223(28)
　　馬政志　史6-45410~1　叢1-22(21)
　　馬致遠雜劇八種　叢2-720(3)
20 馬季長(融)年譜　史2-11113
21 馬上聯姻　集7-52406
　　馬上聯姻子弟書　集7-52131
　　馬步要訣　子1-3585
　　馬步青紀念錄　史2-10964
　　馬經　子1-4509~11
　　馬經(圖象馬經全書)　子1-4508

馬經良方附內外科等經方　子1-4540

22 馬覭志　史7-51492
馬覭驛　集7-52405

23 馬傅岩集明清印譜　史8-65052
馬戲圖譜　子3-17957、18194、18196　叢1-86、498、2-730(7)

25 馬仲良先生詩　集6-41948
馬仲田詩鈔、遺稿　集4-28311

26 馬自然傳　叢1-56
馬自然金石誥　子5-29549、31188
馬自然金丹口訣　子5-29530(22)、31187
馬鼻竹兜吳氏族譜[福建連江]　史4-28096
馬鼻半山鄭氏族譜[福建連江]　史5-38734

27 馬將軍(芳)傳　史2-8968
馬名兒一枝　集7-51833

28 馬徵君遺集　集4-33535
馬從甫賈餘稿　集2-8931

30 馬寛耍不輸媳婦(新出馬寛輸妻)　集7-53223
馬寛輸妻一段　集7-51507
馬寡婦開店　集7-53220
馬房裁革本末　史6-43397　叢2-1193
馬房本末　叢2-783
馬安徐氏宗譜[浙江蘭溪]　史4-32031

31 馬江香女士花鳥册　子3-16717
馬江香女士草蟲花卉册　子3-16716

32 馬洲吟鈔　集4-24851,6-41989

33 馬浦章氏西房世譜[浙江鄞州]　史5-34540

34 馬達加斯加風土記　史7-49357、54863

35 馬清官私訪華容　集7-53222
馬迪發夢　集7-52826

36 馬湘蘭傳　史2-9006　叢1-168(3)
馬邊廳志畧[嘉慶]　史8-61904
馬邊紀實[民國]　史8-61905

37 馬湖府志[嘉靖]　史8-61979
馬通伯文鈔　集5-38789

40 馬太僕奏畧　史6-48458~9　叢2-815
馬太傳福音書(馬太福音書)　子7-35165
馬太傳福音書注釋　子7-35167
馬太福音傳講義　子7-35168
馬太史匡菴集　集3-13509
馬太史匡菴前集　集3-13508
馬坑徐氏族譜[浙江永嘉]　史4-32085
馬培之痧症指微　子2-7058
馬培之先生醫案　子2-10826
馬培之醫錄　子2-4768
馬有三相經　子6-32083(20)、32089(20)
馬有八態譬人經　子6-32083(20)

馬吉卿詩稿　集5-39011

43 馬鞍山譜　史5-34550
馬鞍山志　史7-52226~7　叢2-931
馬鞍山景物畧　史7-52228
馬鞍山景物畧、玉山景物畧　史7-52229
馬鞍山人詩草　集4-32710
馬鞍山懷舊詩　集3-19093
馬鞍墩朱氏宗譜[江蘇武進]　史4-26429
馬戴詩　集1-1685,6-41882

44 馬恭敏公集　集2-8717
馬孝女遺稿　集5-41686
馬世俊傳、行述　史2-9224
馬巷廳志[乾隆]　史8-58357
馬巷集　集5-36785
馬其昶文稿　集5-38787

46 馬如飛先生南詞小引初集　集7-53852
馬如飛馬調開篇　集7-53853
馬相伯文集、續編、新編　集5-36708

47 馬棚灣漫工始末　史6-46777

48 馬教諭遺稿　集4-28589

50 馬中丞文集　叢2-1991
馬中丞雜箸　叢2-1991
馬中丞遺集　集5-35364
馬中丞遺集六種　叢2-1991
馬中丞奏稿　叢2-1991
馬中丞書牘　叢2-1991
馬史彙錦評林　集6-42833
馬春藹堂丸散膏丹經驗良方　子2-10157
馬東田孫沙溪兩公遺集合編　集6-41751
馬東田漫稿　集2-7125~6

52 馬援撾打聚獸牌雜劇　集7-48774(3)、49010

55 馬扶曦花鳥草蟲擬古册　子3-16704

60 馬吊譜　子3-18267、18282、18291
馬吊譜、雙姝譜　子3-18277
馬吊譜、打馬圖譜　子3-18246
馬吊經　子3-18230、18292
馬吊牌經十三篇　子3-18276
馬吊持平譜　子3-18268
馬吊持平譜、南譜麗句集、確商馬吊本義、珊瑚鞭　子3-18269
馬吊腳例　子3-18232
馬園黃氏續修族譜[湖南邵陽]　史5-34079
馬恩溥日記(清同治五年至十二年)　史2-12869
馬甲嘆一枝　集7-51832
馬邑縣志[康熙]　史7-55640
馬邑縣志[萬曆]　史7-55639
馬邑縣志[民國]　史7-55641

馬曷葛立真言　子7-32094
馬曷葛辣根本咒　子7-32094
馬曷葛剌神咒　子7-32094
65 馬蹟山志　史7-52276
67 馬鳴菩薩傳　子6-32081(41)、32082(19)、
　　32083(26)、32084(22)、32086(45)、32088
　　(28)、32089(35)、32090(59)、32091(57)、
　　32092(39)、32093(32)
馬鳴菩薩大神力無比驗法念誦儀軌　子6-
　　32093(39)
馬路汽車　子7-37231
71 馬匹調査及檢查法　史6-45413
72 馬氏痔漏科七十二種　子2-7831
馬氏庭訓　子2-10727
馬氏文通　經2-14945、14947
馬氏文通訂誤　叢2-2269
馬氏譚誤　叢1-330
馬氏族譜　史4-31645
馬氏族譜[廣東龍川]　史4-31637
馬氏族譜[山東商河]　史4-31625
馬氏族譜[江蘇]　史4-31582
馬氏族譜[江蘇崑山]　史4-31581
馬氏族譜[河南杞縣]　史4-31629
馬氏三修族譜[湖南寧鄉]　史4-31632
馬氏玉堂鈔藏傳是樓足本書目　史8-
　　65259
馬氏家刻集七種　叢2-940
馬氏家譜　史4-31647
馬氏家譜[山東章丘]　史4-31624
馬氏家譜[江蘇崑山]　史4-31580
馬氏家譜[江蘇蘇州]　史4-31578
馬氏家譜[遼寧遼陽]　史4-31550
馬氏家乘[江蘇崑山]　史4-31579
馬氏家乘[江蘇蘇州]　史4-31577
馬氏家乘[河北東光]　史4-31545、31547
馬氏宗譜　史4-31543、31644、31646
馬氏宗譜[安徽歙縣]　史4-31622
馬氏宗譜[安徽懷寧]　史4-31621
馬氏宗譜[江西萬載]　史4-31623
馬氏宗譜[江蘇]　史4-31583～4
馬氏宗譜[江蘇宜興]　史4-31573
馬氏宗譜[江蘇丹陽]　史4-31563
馬氏宗譜[江蘇常州]　史4-31566
馬氏宗譜[浙江衢州]　史4-31604
馬氏宗譜[浙江慈溪]　史4-31592
馬氏宗譜[湖北英山]　史4-31631
馬氏宗譜[四川簡陽]　史4-31639
馬氏宗祠族譜[四川]　史4-31640
馬氏叢刻(關西馬氏叢書、馬氏家集)二十
　　四種附三種　叢2-966
馬氏心書　子1-1663～4　叢2-1621

馬氏左氏釋例　經1-7201
馬氏南唐書　叢1-223(22)
馬氏芷居集　集2-7896,6-41935(5)
馬氏日抄　叢1-59～60
馬氏日鈔　叢1-195(7),2-731(52)
馬氏歷科硃卷彙刻　叢2-966
馬氏隨筆　叢1-584
馬氏醫論　子2-5239
馬氏醫案　子2-10788
馬氏醫案存真　子2-10728
馬氏醫案並附祁案王案　子2-10523
馬氏等音　經2-14333
馬兵六陣圖　子1-3756
馬兵暫行操法　史6-45414
74 馬陸里志[嘉慶]　史7-56437
馬陂錢氏重修族譜[江西宜豐]　史5-
　　40237
馬陵川十六部　集7-51177
77 馬學士文集　集2-6687
馬丹陽度脫劉行道　集7-48767(3)
馬丹陽度脫劉行者　集7-48774(7)
馬丹陽度脫劉行首　集7-48770、49073
馬丹陽度脫劉行首雜劇　叢2-698(16)
馬丹陽三度任風子　集7-48765、48774(4)、
　　48892　叢2-720(3)
馬丹陽三度任風子雜劇　集7-48767(3)
　　叢2-698(16)
馬留土股志　史7-54718
馬閣李氏宗譜[浙江麗水]　史4-27269
馬閣老洗兔錄　史6-46365
馬關議和中日談話錄　史1-1982、4265
馬關縣志[民國]　史8-62607
80 馬金龍私訪華容　集7-53221
馬介甫　集7-52404
馬前潑水(朱買臣回家祭祖)　集7-51509
馬前潑水一段　集7-51508
馬美人詩　集6-41939
馬首農言　子1-4157
馬公文集　集2-10722
馬公玉山府君(丕瑤)行狀　史2-10422
馬公神道碑銘　史2-10424
82 馬鍾山遺書正誤表　叢2-1915
馬鍾山遺書十六種　叢2-1915
馬鍾山遺書十五種　叢2-1914
馬鍾山事實清冊　叢2-1915
馬鍾山舉報原案　叢2-1915
86 馬錦門先生(龍標)年譜　史2-12408
90 馬懷遠醫案　子2-10605
馬糞孵卵法　子7-37091
98 馬悔齋先生遺集　叢2-886(5)

馬悔齋遺集　集3-17323

7138₁ 驥

37 驥湖潘氏族譜［浙江松陽］　史5-39819
驥湖潘氏重修族譜［浙江松陽］　史5-
　39822、39826
驥湖潘氏渭翁公房譜［浙江松陽］　史5-
　39825
驥湖潘氏忠房宗譜［浙江松陽］　史5-
　39823、39827

7139₁ 驃

60 驃國樂頌　子3-17574　叢1-19(9)、20(7)、
　21(8)、22(16)、23(16)、24(10)
驃國學頌　叢1-374

7144₇ 敤

00 敤讓生印存　子3-17475
44 敤藝齋文存、敤藝齋詩存、詩餘、敤藝齋外
　集　叢2-1811
敤藝齋遺書　集4-31169
77 敤學半齋詩鈔　集5-35742

7171₁ 匡

00 匡廬山居詩　集5-38444
匡廬紀游　史7-53542　叢1-210〜1、249
　(3)
匡廬紀遊　史7-49318(6)　叢2-617(5)、731
　(55)
匡廬紀勝　叢1-395
匡廬游草　集4-30233
匡廬游錄　叢1-202(5)
匡廬遊錄　史7-49318(6)、53541　叢1-203
　(11)、2-1261
07 匡謬正俗　經1-33、2-14724、15127　叢1-
　219、223(15)、241、242(4)、388、2-731(23)、
　829
匡謬正俗、匡謬正俗續述　經2-14725
匡謬正俗續述　經2-14726

22 匡山集　集3-16989
匡山避暑錄　叢2-2146〜7
匡山叢話　集6-46306
匡山社集、文集　集2-9461
匡山圖志　史7-52387
28 匡徐篇　經2-12715、12736　叢2-2172
38 匡遊草　叢2-1439
40 匡南先生詩集　集2-10484
44 匡喆刻經頌　史8-64673
匡世良言　叢2-1317
匡林　子4-21053　叢2-1300〜1
64 匡時良言　叢2-1315、1318
匡時良言、海昌講學集註、邑侯許公保障教
　養實政錄　史6-42987
72 匡氏族譜　史4-26263
匡氏續修族譜［湖南雙峯］　史4-26262
匡氏地學摘抄　子3-13637

匪

10 匪石齋詩草　集2-12945
匪石文集　集4-24533
匪石山房詩鈔　集3-13934　叢1-477
匪石山人詩　集4-24531　叢1-524、2-731
　(44)
匪石山人遺詩　集4-24530、6-42010
匪石先生文集　叢2-599
匪石居秦漢官私印存　史8-65071
匪石堂詩　集2-12891
44 匪莪文集　集3-18191
匪莪集　集3-14342、6-41962
匪莪堂文集　集3-16928、16932
匪莪堂詩集、文集　集3-16931
匪庵四書明文選、補格　集6-43999
55 匪棘堂集　集3-13448
60 匪目記　史1-4541　叢2-2146〜7

匹

50 匹夫詩、洞仙詞　集5-39030

7171₂ 匠

08 匠誨興規　子7-36228(2)、36242(3)、36248

38 匠海與規　子7-37201
77 匠門書屋文集　集3-15999

7171₄ 既

21 既上人詩集　集6-41761
26 既白軒稿　集1-5650
　　既白軒藁　集1-5651～2、5658
　　既和且平軒遺稿　集5-35905
30 既濟真經　子2-11028
31 既涿齋印譜　子3-17377
44 既勤著述五種敍例　叢2-933
　　既勤著述七種敍例　史8-66034
55 既耕堂詩集　集3-13993

7171₆ 匣

31 匣源葉氏宗譜[浙江松陽]　史5-35718

區

17 區子四書翼　經2-10507　集2-10724
22 區種五種　史6-41538　子1-4192
38 區海目集詩選　集2-10726
40 區太史文集　集2-10727
　　區太史詩集　集2-10725
　　區太史詩集、文集、區子四書翼　集2-10724
50 區奉政遺稿　集2-7389
60 區田編　史6-41538　子1-4192、4213～5
　　區田編加註　子1-4211、4216
　　區田編加註(區田編)　子1-4212
　　區田編加註、變通區田省工法　子1-4210
　　區田法　子1-4204　叢2-829
　　區田書、勸農說　子1-4207
　　區田圖說　子1-4219～21,4-21429　叢1-477、517
72 區氏族譜[廣東順德]　史5-34322～3
　　區氏族譜[廣東佛山]　史5-34320
　　區氏族譜[廣東南海]　史5-34321
　　區氏族譜[廣東羅定]　史5-34324

7171₇ 巨

00 巨文島形勢　史7-49318(15)、54585
10 巨平文鈔　集4-27289
24 巨動物說　子7-37837
32 巨溪何氏族譜[江西萍鄉]　史4-28356
37 巨湖山樵詩草　集5-34539
79 巨勝歌　子5-29530(18)、31101

甌

00 甌離子集　集3-14832
10 甌西眉公金氏族譜[安徽休寧]　史4-29785
　　甌雲館文鈔　集4-25654
11 甌北詩話、續　叢2-1486
　　甌北詩話、續詩話　集6-45987
　　甌北詩集　集3-21076、21078
　　甌北詩集(甌北集)　集3-21077
　　甌北詩鈔　集3-21074～5　叢1-373(6),2-1486
　　甌北集　叢2-1486
　　甌北集、續集　集3-21079
　　甌北先生(趙翼)年譜　史2-11885　叢2-1486
　　甌北選集　叢1-282(4)
　　甌北全集八種　叢2-1486
20 甌香(惲格)年譜簡編　史2-11741
　　甌香畫跋　叢1-373(7)
　　甌香書屋詩鈔　集4-24758
　　甌香館集、補遺　叢1-334～5
　　甌香館集、補遺、附錄　叢2-731(43)
　　甌香館集、補遺詩、補遺畫跋、附錄　集3-15395
　　甌香館畫語(惲南田畫跋、題畫詩)　子3-16155
　　甌香館畫跋　子3-16153　叢2-619
　　甌香館四書說(郝氏四書說)　經2-10764
　　甌香館四書說論語　經2-9497
　　甌香館四書說孟子　經2-9982
　　甌香館四書說大學　經2-8828
　　甌香館四書說中庸　經2-9100
　　甌乘補[道光]　史7-57658
　　甌乘拾遺　史7-50465
　　甌乘拾遺[道光]　史7-57659
22 甌川楊氏宗譜[浙江縉雲]　史5-36922～3

甌山金氏族譜[安徽休寧]　史4-29782
甌山金氏眉公族譜[安徽休寧]　史4-29783
甌山金氏眉公支譜[安徽休寧]　史4-29784
27 甌魯詩草偶存　集3-16927
30 甌寧縣志[康熙]　史8-58215
　甌安館詩集　集2-12130
31 甌江朱東村遺稿　集3-18988
　甌江逸志　史7-49317(4)、49318(14)、50467　叢1-210~1、249(3)、395
　甌江竹枝詞　史7-50468~9　集5-37091
33 甌濱摘稿、補遺、附錄　集2-7313　叢2-867
38 甌海軼聞　史2-8095,7-50470　子4-23409
　甌海軼聞、補遺　史2-8096
　甌海畸民(全晦)年譜　史2-12346
　甌遊草　集4-22690、32044
50 甌東政錄　史6-43099
　甌東私錄　集2-8496~8
52 甌括文錄　集4-25779
　甌括紀遊草　集5-37637
72 甌隱芻言　集4-27087
77 甌風社叢刊十五種　叢2-737
85 甌鉢羅室書畫過目考　子3-14883　叢1-547(4)

臣

22 臣山公劫餘詩文集　集4-29839
40 臣卉堂琴譜　子3-17648
44 臣林雜記　史1-801
　臣林記　史1-801
　臣林外記　史1-801
53 臣戒錄　史2-6531
54 臣軌　子1-2004　叢1-265(4)、456(7),2-731(18)、778
　臣軌、校記　子1-2005　叢2-604
77 臣民歡共　集7-49700
78 臣鑒錄　史6-42993
88 臣鑑錄　叢2-731(8)、782(4)、1419

7171₈ 匵

55 匵慧山房詩草　集5-37206

7173₂ 長

00 長亭餞別　集7-52257~9
　長庚劉氏宗譜[浙江金華]　史5-39286~7
　長慶空隱獨和尚語錄　子7-34283
　長慶宗寶禪師語錄　子6-32091(80)
　長文襄公題奏全稿　史6-48792
　長離閣詩集　集6-41999　叢1-304
　長離閣集　叢1-305、579,2-635(13)、731(44)
　長離閣集(林下雅音集、玉軫集)　集4-23567
　長離閣遺集　叢1-408
　長言詠歎　集5-40336
01 長語　叢2-2122
10 長元吳三邑會館募捐啓　史7-50217
　長元吳豐備義倉全案　史6-44681
　長元吳豐備義倉全案三續編　史6-44683
　長元吳豐備義倉全案續編　史6-44682
　長元吳豐備義倉全案四續編　史6-44684
　長元鄉賢小志　史2-7889
　長元節孝祠志　史7-51780~1
11 長孺先生集　集2-10045
12 長水先生文鈔(長水先生文鈔、洛誦編、賁園草、石林賸草、四餘編、水雲緒編)　集2-9918
　長水先生文鈔、石林賸草　集2-9917
　長水墉院紀　史7-51551~2
　長水日抄　子5-26334　叢1-106,2-731(53)
　長水日鈔　子4-20323　叢1-31、111(2),2-1098
13 長武縣志[康熙]　史8-62884
　長武縣志[宣統]　史8-62886
　長武縣志[乾隆]　史8-62885
17 長子縣志[康熙]　史7-55685
　長子縣志[正德]　史7-55684
　長子縣志[嘉慶]　史7-55687
　長子縣志[乾隆]　史7-55686
　長子縣志[光緒]　史7-55688
　長郡仕宦題名錄、續　史3-23779
　長郡嚴氏族譜[湖南長沙]　史5-41236
20 長毛軍鮑公案　史1-4148
21 長征草、即次吟　集3-16559
　長征吟　集2-11945
　長行經　子3-18205　叢1-238
　長衢郭氏宗譜[浙江東陽]　史4-32312
22 長川安夏詩　集3-13595

長川安期詩　集3-18433
長豐左氏宗譜[湖南湘潭]　史4-26035
長豐左氏十一修族譜[湖南湘潭]　史4-26036
長嶺張氏族譜[湖南湘鄉]　史5-35374
長山王氏族譜[山東鄒平]　史4-25397
長山縣志[康熙]　史8-59473~4
長山縣志[嘉慶]　史8-59475
長山公自書年譜　史2-11951　叢2-1017
長樂六里志[民國]　史8-58165
長樂郭氏六修族譜[湖南永興]　史4-32375
長樂集詩稿　集4-31050
長樂縣志[康熙]　史8-60960~1
長樂縣志[弘治]　史8-58159
長樂縣志[崇禎]　史8-58160
長樂縣志[道光]　史8-60962
長樂縣志[乾隆]　史8-58161
長樂縣志[咸豐]　史8-60371
長樂縣志[同治]　史8-58162、60372
長樂縣志[民國]　史8-58163
長樂縣志[光緒]　史8-60373
長樂錢氏宗譜[浙江嵊州]　史5-40223
長樂鄭叔忱先生行述配陸夫人事署　史2-10860

24 長崎紀聞　史7-54640　叢2-1400
長幼歌風　集7-49699
長綺堂喉科　子2-7543

25 長牛訐　子2-11046,4-23941
長生詮經　子2-10992,5-29531
長生樂　集7-50263~4
長生寶卷　集7-54303
長生寶卷(番西川)　集7-54304
長生祕訣　子2-11026,11057
長生述　叢2-724
長生草婦科　子2-8272
長生指要篇　子5-29530(21)、29562、31223
長生別傳禪師語錄、山居雜泳　子7-34390
長生胎元神用經　子2-11153,5-29530(26)、29535(4)、29536(3)
長生殿　集7-50271、52260
長生殿傳奇　集7-50272~3
長生殿補闕　集7-49390~1
長生殿時劇　集7-50274
長生錄　集7-49440、49698
長生籙詞　集7-48288

26 長白郭(羅絡)氏家譜[吉林]　史4-32268
長白聖德誌　史2-7753
長白山記　史7-49318(4)、52213
長白山發祥記　史1-3547

長白山人四求吟草　集5-34678
長白山錄　史7-49317(4)、49318(7)　叢1-197(3)
長白山錄、補遺　史7-52535　叢2-948、1336
長白先生奏議　史6-48082
長白先生年譜　史6-48082
長白彙徵錄[宣統]　史7-56293
長白志氏所藏曲目　史8-66393
長白李氏家譜傳[遼寧瀋陽]　史4-27088
長白英額三先生詩集　集6-45021
長白藝文志　史8-66061

27 長勿勿齋詩集　集5-40171
長物編　子4-23699　叢1-307
長物志　子4-23711　叢1-223(42)、233、456(6)、457、496(5)、2-617(2)、624(3)、731(31)

28 長谿草堂詞鈔　集7-48195

29 長秋館詠史詩妙　集4-27821

30 長淮學會章程　史6-42535
長寧滋溪謝氏三修族譜[江西尋鄔]　史5-40765
長寧樊氏續修支譜　史5-39178
長寧縣志[雍正]　史8-60913
長寧縣志[康熙]　史8-58687、61955
長寧縣志[道光]　史8-60915
長寧縣志[嘉慶]　史8-61956
長寧縣志[萬曆]　史8-58686
長寧縣志[乾隆]　史8-58688、60914
長寧縣志[咸豐]　史8-58689
長寧縣志[民國]　史8-61958
長寧縣志[光緒]　史8-58690~3
長寧縣志補遺[嘉慶]　史8-61957
長安看花記　史2-7683　叢2-683、1819
長安秋逸　集2-11085
長安客話　史7-49805~6　叢1-22(22)、29(7)、2-798
長安宮詞　史1-1995~6、6194　集5-40207　叢2-682~3
長安志　叢1-19(3)、21(5)、22(10)、23(10)、24(4)、223(25)、579、2-752
長安志、圖　叢1-257
長安志[熙寧]　史8-62670~2
長安志圖　史8-62673　叢1-223(25)、229
長安城四馬投唐雜劇　集7-48774(6)、49030
長安獲古編　史8-64305
長安獲古編、編目　史8-63510、64306
長安獲古編、補編　史8-64307
長安柏氏家譜[陝西長安]　史4-30337
長安日記(清光緒二十一年)　史2-13146

長安圍城紀事詩　集5-40965

長安品　子6-32093(13)

長安縣志[康熙]　史8-62684

長安縣志[嘉慶]　史8-62685

長安燈市詩　叢2-1188

31 長江礮臺芻議、礮臺編目　子7-36258

長江水師瓜標四營釘修各船年限清册、留
　防水師各營釘換各船年限清册　史6-
　47431

長江水師全案　史6-45256

長江水程詳記　史7-52811

長江砲臺芻議　子1-3601

長江集　集1-1455,6-41854　叢1-223(49)

長江集、闓仙詩附集　集1-1457　叢2-731
　(42)、782(2)

長江各口通商暫行章程　史6-44005

長江津要　史6-45477,7-49318(9)

長江通商章程　史6-44064

長江圖說　史7-49319、52809～10　子7-
　36231(3)、37756

長江險要圖說　史6-45470

長江鎮江上游商船公會稟定辦事規則　史
　6-43954

長江炮臺芻議　史6-45479

長江炮臺芻議、長江下游炮臺炮位編目　史
　6-45480

長汀江先生著書五種　叢2-2135

長汀縣志[康熙]　史8-58412

長汀縣志[乾隆]　史8-58413

長汀縣志[咸豐]　史8-58414

長汀縣志[民國]　史8-58416

長汀縣志[光緒]　史8-58415

長河志籍考　史7-49315、49318(13)、
　50610～1　叢2-731(57)、949、1337

長源汪氏續修世系[安徽歙縣]　史4-
　28861

32 長洲二陳先生詩集　集6-45077

長洲宋氏族譜[江蘇蘇州]　史4-29149

長洲宋氏世譜[江蘇蘇州]　史4-29148

長洲沙山春先生畫譜　子3-16563

長洲彭氏家集九種　叢2-906

長洲彭氏述官錄　史2-10226

長洲縣志、藝文志[隆慶]　史7-56962

長洲縣志[康熙]　史7-56963

長洲縣志[乾隆]　史7-56964

長洲縣志[隆慶]　史7-56961

長洲陶鳧薌小象詩册　集6-44308

長溪瑣語　史7-50549　叢2-611

長溪草堂文鈔、詩鈔、詞鈔　集4-22579

長溪草堂集　集4-22580

長溪余氏正譜　史4-28507

33 長治縣志[康熙]　史7-55663

長治縣志[乾隆]　史7-55664

長治縣志[光緒]　史7-55665

35 長清宋家莊賈氏族譜　史5-37136

長清縣志[康熙]　史8-58976

長清縣志[道光]　史8-58977

長清縣志[民國]　史8-58978

長清縣賦役全書　史6-43704

36 長澤陳氏宗譜[浙江衢州]　史4-32954

37 長泖陸子(隴其)年譜　史2-11727

38 長泠浚儀重修趙氏宗譜[浙江餘姚]　史5-
　38310

長途備忘錄　子4-23181

39 長沙市鄉土志[民國]　史8-60431

長沙方歌括　子2-4648、4651～63、4708、
　6739～40

長沙府嶽麓誌　史7-52108～9

長沙府嶽麓誌、續　史7-52110

長沙府嶽麓誌、續、補編　史7-52111

長沙府志[康熙]　史8-60420

長沙府志[順治]　史8-60419

長沙府志[崇禎]　史8-60418

長沙府志[嘉靖]　史8-60417

長沙府志[乾隆]　史8-60421

長沙章氏三修支譜[湖南長沙]　史5-
　34605

長沙雜病　子2-4734、7271

長沙正經証滙附方　子2-4768

長沙丁氏三修宗譜[湖南長沙]　史4-
　24678

長沙賈太傅祠志　史7-51870　集6-41691

長沙張文達公榮哀錄　史2-10685

長沙焦氏支譜[湖南長沙]　史5-36306

長沙集　集1-160

長沙外科　子2-4734、7801

長沙定王臺志　集6-41691

長沙萬氏三修族譜[湖南長沙]　史5-
　35813

長沙耆舊傳　史2-8236～8,7-49309　叢1-
　19(4)、21(3)、22(9)、23(9)、24(4)、2-771(4)

長沙黃氏支譜[湖南長沙]　史5-34006

長沙葉定侯家藏書紀畧　史8-65950

長沙藥解　子2-4617、5619　叢1-327

長沙藥解歌訣　子2-4716

長沙楊氏家譜[湖南長沙]　史5-36996

長沙婦科　子2-4734、8278

長沙報紙史畧　叢2-2264

長沙柞山方氏家譜[湖南長沙]　史4-
　25869

長沙柞山方氏支譜[湖南長沙]　史4-
　25868

長沙青山彭氏會宗譜[湖南長沙]　史5-35565

長沙曹公東寅學士(廣權)梅訪提學(廣楨)碑誌　史2-8239

長沙圖經　史7-49309、50752

長沙縣續志[乾隆]　史8-60433

長沙縣鄉土志[民國]　史8-60438

長沙縣志[康熙]　史8-60432

長沙縣志[嘉慶]　史8-60434~5

長沙縣志[同治]　史8-60436

長沙縣志稿[民國]　史8-60437

長沙縣學宮志　史7-51867~8

長沙瞿氏家乘　叢2-997

長沙瞿氏叢刊五種　叢2-997

長沙劉氏家傳[湖南長沙]　史5-39464

長沙陳氏宗譜[浙江臨海]　史4-33121

長沙同德泰丸散膏丹總錄　子2-10014

長沙臨湘都清塘戴氏合族全譜[湖南長沙]　史5-40552

40 長塘李氏支譜[湖南湘鄉]　史4-27587

長古集　集2-7888

長吉詩鈔　集1-1488

長吉集　集1-1488

長喜齋論畫詩　集5-39657

長壽譜　子2-4604

長壽王經　子6-32083(15)、32093(10),7-32120

長壽寶卷　集7-54282

長壽祕訣　子2-11136

長壽縣鄉土志[光緒]　史7-56325

長壽縣志[康熙]　史8-61512

長壽縣志[道光]　史8-61513

長壽縣志[同治]　史8-61514

長壽縣志[民國]　史8-61516~7

長壽縣志[光緒]　史8-61515

長真閣詩集、詩餘　集4-24510

長真閣詩稿　集6-41999

長真閣詩餘　集7-47377

41 長垣縣志[康熙]　史8-59714

長垣縣志[道光]　史8-59716

長垣縣志[嘉慶]　史8-59715

長垣縣志[嘉靖]　史8-59713

長垣縣志[同治]　史8-59717

長垣縣志[民國]　史8-59718

長坂坡　集7-52150、52987

長坂坡一段　集7-51403

長坂坡上本一枝　集7-51677

長板坡子弟書　集7-52149

長梧集　集4-29380

42 長橋王氏家譜[浙江紹興]　史4-25030

長橋賀氏族譜[湖南攸縣]　史5-36726

長橋柳氏族譜[湖南長沙]　史4-30360

43 長城遊記　子7-38009

44 長蘆鹽務議畧　史6-43802　叢1-419

長蘆鹽法志　史6-43798~800

長蘆鹽法志、援證　史6-43801

長者言　子4-20675　叢1-13、14(2)、22(25)、30

長者音悅經　子6-32081(30)、32083(21)、32085(30)、32086(34)、32088(22)、32089(21)

長者施報經　子6-32083(30)

長者子六過出家經　子6-32083(19)

長者子制經　子6-32083(7)

長者子懊惱三處經　子6-32081(32)、32083(21)、32085(31)、32086(36)、32088(22)、32089(22)、32090(28)、32091(27)、32092(18),7-32266

長者集　子4-24312

長者法志妻經　子6-32083(14)

長者女菴提遮師子吼了義經　子6-32081(21)、32083(14)、32085(20)、32086(22)、32088(15)、32089(17)

長葛縣志[康熙]　史8-59877

長葛縣志[正德]　史8-59876

長葛縣志[乾隆]　史8-59878

長葛縣志[民國]　史8-59879

長葉林　集7-50465

長林吳氏宗譜[安徽歙縣]　史4-28031

長林吳氏支譜[安徽歙縣]　史4-28032

長林河城柱氏宗譜[安徽石臺]　史4-31289

長林林氏氏族錄[福建福州]　史4-29315

46 長相思詞　集7-48379　叢2-2153

47 長馨軒集　史6-48572　集2-11296

48 長松茹退　子4-20364,7-34893　叢1-106、111(2)

長松籌堂遺集五種　叢2-1065

長槍法選　子1-3528

50 長泰縣新志[民國]　史8-58383

長泰縣志[康熙]　史8-58381

長泰縣志[嘉靖]　史8-58379~80

長泰縣志[乾隆]　史8-58382

長青閣詩鈔　集4-23413

長青小室詩　集4-26157

長春競辰藁、餘藁　集2-8447

長春廳志[光緒]　史7-56220

長春子　子1-18、20、555

長春道教源流　史2-7752　叢2-1011

長春真人西游記　叢2-731(59)

長春真人西游記、西游記金山以東釋　叢1-272(4)

長春真人西游記注　史1-1922
長春真人西遊記　史7-49314、53816～8
　子5-29530(27)、29535(5)、29536(5)　叢1-
　359、388～90,2-698(4)
長春真人西遊記注　史7-53819　叢2-
　2227、2229
長春真人遊記　叢1-265(3)
長春花館詩集　集4-28777～8
長春草廬學詩、學文　集4-23991
長春縣鄉土志[民國]　史7-56224
長春縣志[民國]　史7-56223
長春縣志初稿[民國]　史7-56222
長春縣志資料[民國]　史7-56221
長春劉真人語錄(沖虛至道長春劉真人語)
　子5-31954
長春民族生聚源流考　史7-49357、50012
長春堂丸散膏丹配本　子2-9769
60 長目電禪師語錄　子6-32091(79)
長目電禪師語錄、遠菴㒥禪師語錄、一揆禪
　師語錄　子7-34161
長園祝氏宗譜[浙江龍泉]　史4-31112～3
長恩書室叢書十九種　叢1-377
長恩閣叢書十四種　叢1-399
長恩閣叢鈔　子4-24392
長恩閣校訂三代遺著四種　叢1-398
長恩閣書目　史8-65824
長田陳氏宗譜[浙江臨海]　史4-33123
長邑鄺氏族譜[廣東惠州]　史5-40317
長邑西鄉唐氏族譜[湖南長沙]　史4-
　32537
長邑官山陳氏四續族譜[湖南長沙]　史4-
　33280
長昂列傳　史1-1929
65 長嘯齋詩集　集3-18827
長嘯齋摹古小技　子3-16968
長嘯軒詩集　集3-17344,6-45066
長嘯軒詩稿、詩餘　集4-29685
長嘯軒詩稿、月坡詞　集4-29686
長嘯軒近稿、續草　集2-9663
長嘯餘　子4-20553　叢1-143
67 長明炅禪師語錄　子6-32091(80)
68 長吟手稿　集4-33336
長吟集雜著　集3-16836
長吟閣詩集　集3-18744～6
71 長歷鉤玄　子3-14485
長阿含經　子6-32083(18)
長阿含十報法經　子6-32081(27)、32083
　(18)、32085(26)、32086(29)、32088(19)、
　32089(17)、32090(23)、32091(21)、32092
　(15)、32093(17),7-32543
長阪坡子弟書(長阪坡救主)　集7-52148

長曆補遺　經1-7142
長曆鉤玄(綈裘寶書)　叢1-405
長原詩草、詩餘　集3-17890
長原程氏重修家譜[安徽歙縣]　史5-
　36065
72 長爪梵志請問經　子6-32085(33)、32086
　(38)、32088(24)、32089(24)、32090(30)、
　32091(28)、32092(19)、32093(20),7-32101
74 長隨須知　史6-43095
長隨嘆　集7-52214、52645
長陵詔敕　史6-47617
長陵祝氏宗譜[浙江浦江]　史4-31114～5
76 長陽縣志[康熙]　史8-60367
長陽縣志[道光]　史8-60369
長陽縣志[乾隆]　史8-60368
長陽縣志[同治]　史8-60370
77 長毋相忘室詞　集7-46424、48397
長留集　集6-41968
長留集詩鈔　集3-16230
長留閣隨手叢訂　子4-24390
長門宮(長門賦)　集7-49359
長興集　集1-2347～8,6-45006～7　叢1-
　223(52),2-637(3)
長興志拾遺[光緒]　史7-57278
長興縣志[康熙]　史7-57274
長興縣志[順治]　史7-57273
長興縣志[嘉慶]　史7-57276
長興縣志[乾隆]　史7-57275
長興縣志[同治]　史7-57277
長興縣學文牘　史6-42522
長興學記　子4-23549,7-36261　叢1-568
80 長人賺　集7-49639
長善歐陽氏族譜[湖南長沙]　史5-39091
長谷詩鈔、石庵樵唱　集3-17418
長谷集　集2-7971
長命縷　集7-49710、49921
長公辛未吟草　集5-40898
長公妹　集7-49304
長公吟草、詞鈔　集5-40897
81 長短言讀　叢2-2270(3)
長短經　子4-19874、19876　叢1-223(39)、
　278、283(1)、284,2-731(11)
長短經是非篇　叢2-2130～1
長短句　集6-41888,7-46373　叢1-223
　(52)、227(9),2-635(10)
84 長鋏齋稿　集2-9427
88 長鎗法選　子1-3067　叢2-688
長笛書樓集　集3-21721
97 長恨歌傳　叢1-22(18)、23(18)、29(3)、168
　(2)、249(2)、255(3)、371、395、407(3)

7174₇ 歐

50 歐蠱燃犀錄　子2-4768、7270

7178₆ 頤

00 頤庵文選　叢1-223(63)
　頤庵詩集、文集　集3-13300
　頤庵居士集　叢2-845(4)
　頤齋文稿　集3-21418
　頤齋詩鈔　集5-36025
　頤齋僅存草　集3-21823
　頤齋居士蜀道集　集3-17610
19 頤瑣室詩　集5-36043
22 頤山詩話　集6-45773　叢1-223(72)、306
　頤山私稿　集2-8002
　頤巢類稿　集5-40013
　頤綵堂文集、詩鈔、劍舟律賦、駢體文鈔　集4-21934
　頤綵堂文集、劍舟律賦　集4-21932
　頤綵堂文集、劍舟律賦、駢體文鈔　集4-21933
　頤綵堂文錄　集4-21936,6-42067
　頤綵堂詩鈔　集4-21935
25 頤生詩文摘存　集5-39004
　頤生微論(删補頤生微論)　子2-4923
　頤仲遺稿　集2-12870,3-14759
26 頤和園詞　叢2-622
27 頤身集　子2-4672
　頤身集五種　子2-11085
32 頤淵詩集　集5-41365
37 頤澹公朱氏承家錄、續錄[浙江湖州]　史4-26470
　頤澹公朱氏承家錄[浙江湖州]　史4-26471
38 頤道堂文鈔　集4-25981～3
　頤道堂詩集補遺　集4-25973～4
　頤道堂詩外集　集4-25970～2
　頤道堂詩選　集4-25961～6、25968　叢1-373(9)
　頤道堂詩選、詩外集、文鈔　集4-25967
　頤道堂集　集4-25958
　頤道堂戎後詩存　集4-25969
40 頤志齋文集　集4-29462
　頤志齋文稿、詩稿、雜鈔　集4-29455
　頤志齋文鈔　叢2-599

頤志齋文鈔、感舊詩　集4-29457
頤志齋詩文鈔　集4-29456
頤志齋詩草　集4-29458、29460
頤志齋碑帖敍錄　史8-64424
頤志齋叢書二十二種　叢2-1766
頤志齋初稿　集4-29454
頤志齋感舊詩　叢2-599
頤志齋感舊懷人詩　集4-29459
頤志齋四譜　叢2-1766
頤志齋學彀、文彀　子4-21474
頤志堂詩稿　集2-12864
頤壽老人年譜　史2-12073　叢2-1714
頤壽堂遺稿　集5-40582
頤真園圖詠　史7-52024
44 頤蔆草堂書目　史8-65908
　頤菴文集　集2-6396
　頤菴文選　集2-6426
　頤菴居士集　集1-3343,6-41784　叢1-223(56)、244(5),2-731(42)
50 頤中堂集　集3-14587
　頤中堂集、二集　集3-14586
　頤素齋印景　子3-17364
　頤素堂詩鈔　集4-25146
　頤素堂詩鈔、題詞　集4-25147
　頤素堂叢書□□種　叢1-315
55 頤典齋賦鈔　集4-33447
60 頤園詩存　集5-36612～3
　頤園論畫　子3-16015
　頤園叢錄　子4-23615
　頤園書牘　集5-38415
　頤園日錄　史6-43051
80 頤養詮要　子2-11060
90 頤堂先生文集　集1-3344　叢1-447,2-637(3)
　頤堂先生文集、頤堂詞　集1-3345
　頤堂先生糖霜譜　叢1-205
　頤堂先生糖霜譜(糖霜譜)　子4-18975
95 頤性齋詩集　集4-23331
　頤情館詩鈔、詩外、詩續鈔　集5-35786
　頤情館書畫跋　子3-14966
　頤情館聞過集　集5-35785

7190₄ 槩

33 槩浦楊氏宗譜[浙江諸暨]　史5-36877

7210₀ 劉

00 劉彥行述　史2-10604
　劉彥沖文鈔　集6-41794
　劉彥昺詩集　集2-5941
　劉彥昺集　集2-5941　叢1-223(62)
　劉商詩　集6-41880～2
　劉方平詩　集6-41881
　劉方伯事實記　史2-10400
　劉高手治病　集7-52206
　劉庶子集　集1-561,6-41694、41698
　劉庶子集(梁劉孝威集、劉孝威集)　集1-560
　劉府君(世馨)行述　史2-9529
　劉唐巖先生文集　集2-9142
　劉廣文集　集3-20204
　劉文靖公(因)遺事　史2-8803
　劉文靖公文集　集1-4898
　劉文靖公文集(靜修集)　集1-4900
　劉文靖公文集(靜修先生丁亥集、遺文、遺詩、詩文拾遺、續集、樵庵詞)、附錄　集1-4889
　劉文靖公遺事　叢1-34
　劉文烈公文鈔　集2-11606
　劉文烈公集　集2-11605,6-43118
　劉文烈公全集　集2-11604
　劉文和公集　集2-6890
　劉文房集　集1-1091、1093
　劉文房七律鈔　集1-1101
　劉文安公文集　集2-6747　叢2-1059
　劉文安公詩集　集2-6746　叢2-1059
　劉文安公呆齋先生策畧　叢2-1059
　劉文安公呆齋先生策畧、劉文安公年譜　子4-22212
　劉文安公全集(呆齋全集)六種　叢2-1059
　劉文清家書　集3-20524
　劉文清公手書謝札　史6-48756
　劉文清公遺集、應制詩集　集3-20523
　劉文清公真蹟　子3-15738
　劉文恭公詩集、行實　集2-6678
　劉文成集　集2-5934,6-42056～9
　劉文成公(基)年譜稿　史2-11396
　劉文成公全集　集2-5922
　劉文簡公雲莊集、別本、劉文簡公年譜　集1-3794
　劉文簡公年譜　集1-3791～2
　劉文光文稿　集2-8355

　劉文恪公詩集　集4-22201
　劉言史詩　集6-41880～2
　劉玄德醉走黃鶴樓雜劇　集7-48774(5)、48956
　劉玄德獨赴襄陽會雜劇　集7-48774(7)、48875
　劉襄勤(錦棠)史傳稿　史2-10630
　劉襄勤公奏稿　集6-49141
01 劉龍洲墓詩　集1-3878
02 劉端毅公集　集2-7381
　劉端臨(台拱)先生行狀　史2-9605
　劉端臨先生文集　集4-23363　叢2-1570～1
　劉端臨先生遺書五種　叢2-1570、1572
　劉端臨先生遺書九種　叢2-1571
03 劉斌詩　集6-41881
　劉誠意伯集　集2-5923,6-41935(1)
07 劉翊宸行述　史2-10193
　劉歆七畧　史8-65414　叢1-403
　劉歆鐘律書　經1-6437
10 劉一明道書彙集　子5-29571
　劉玉山退親一段　集7-51499
　劉雪湖梅譜(雪湖梅譜)、像讚評林贈言　子3-16301
　劉元叔詩　集6-41881
　劉元濟詩　集6-41881
　劉兩谿文集　集2-6674
　劉兩溪文集　集6-43118
　劉兩溪全集　集2-6670
　劉天官府夫妻相會　集7-53209
　劉更生(向)年表　史2-11106　叢1-516
　劉石庵行楷四種真蹟　子3-15741
　劉石庵法書　子3-15737
　劉石庵書古本大學真蹟　經2-8657
　劉石庵墨蹟　子3-15740
　劉石庵小楷寫經　子3-15743
　劉西陂集　集2-8000
　劉雲詩　集6-41881
　劉貢攷父詩話　叢1-9
12 劉璠梁典　史1-584　叢2-780
　劉廷琦詩　集6-41881
　劉廷琛文稿　集5-40678
　劉廷楚集　集6-41738
　劉廷芝集　集1-726,6-41739、41824
13 劉瓛周易義疏　經1-2321
　劉武慎公(長佑)行狀　史2-10179
　劉武慎公(長佑)年譜　史2-12222
　劉武慎公稟牘　史6-47155　叢2-1890
　劉武慎公行狀　叢2-1890
　劉武慎公官書　史6-47156　叢2-1890

劉武慎公遺文詩存雜記　叢2-1890
劉武慎公遺書　集4-33236
劉武慎公遺書五種附一種　叢2-1890
劉武慎公奏稿　史6-48980　叢2-1890
劉武慎公尺牘　叢2-1890
劉武慎公全集　集4-33235
劉職方詩　集2-6037
劉職方公(永澄)年譜　史2-11562　集2-11404
14 劉瑾遺事　史1-4402
15 劉瑰詩　集6-41881
劉聘君全集　集2-10229
劉臻詩　集6-41881
17 劉孟塗集　集4-27729
劉孟瞻先生(文淇)年譜　史2-12091
劉璐詩　集6-41881
劉瑤詩　集6-41881
劉豫章集　集1-556～7,6-41694、41698
劉豫事迹　史2-8718
劉豫事蹟　叢1-195(2)、202(6)、203(12)、269(3)、270(2)
劉子　子1-16～7、19～21、25、32、44、61、4-19854、19856～7、19860、5-29530(20)、29535(4)、29536(4)　叢1-19(3)、21(5)、24(4)、223(39)、2-730(6)、731(11)、782(2)
劉子文編　集2-11486、6-43118
劉子文心雕龍　集6-45506　叢1-183
劉子文選　史1-2775
劉子玄(知幾)年譜稿　史2-11160
劉子玄詩　集6-41881
劉子新序　叢1-183
劉子新論　子4-19855、19859　叢1-71、73、183
劉子詩　叢2-1141
劉子說苑　叢1-183
劉子三種　叢2-1141
劉子殘　叢2-604
劉子政集　叢1-183
劉子政左氏說　經1-7170
劉子宣集　子4-22201
劉子注釋評林　子1-28
劉子遺稿　集5-41568
劉子遺書　子1-1242　叢1-223(31)
劉子校記　叢2-2193
劉子素言　叢2-1141
劉子威玄應錄　子7-34665　叢2-1096
劉子威雜稿　集2-9151　叢2-1096
劉子威雜俎　子4-20521　叢2-1096
劉子威集　集2-9145、9148、9150　叢2-1096
劉子威續集(太霞草)　集2-9149

劉子威禪悅小草　集2-9146　叢2-1096
劉子威燕語　叢2-1096
劉子威別集　叢2-1096
劉成集　集6-41935(5)
劉易鐸　叢2-1141
劉駿集　叢1-183
劉子人物志　叢1-183
劉子全書　集2-11472～4
劉子全書二十五種附二種　叢2-1201
劉子全書遺編　集2-11475～6
劉子全書抄述　叢2-1201
劉子節要　子1-1244
劉子纂要　子1-29,4-19861
20 劉秀峯集　集4-32474
劉秀峯遺集　集4-32475
劉千病打獨角牛雜劇　集7-48774(7)、48980
劉委員丙午查覆嘉應商學彙案　史6-42570
劉季子書經講意　經1-2737
劉季仁詩　集3-14551
劉季鳳遺書　集5-41612
劉航石詩選　集3-14963,6-41970
劉禹錫詩　集1-1389,6-41881～2
劉香寶卷　集7-54463
劉香女寶卷　集7-54463
劉采春詩　集6-41881
劉秉璋行狀　史2-10157
劉統之先生(官禮)年譜　史2-12320
劉稚川詩　集6-42023
21 劉止菴先生語錄、文集　集2-11330
劉伍寬詩　集3-19891
劉虛白詩　集6-41881
劉衡傳、循吏劉公家傳　史2-9746
劉虞部詩集　集1-1251,6-41878
劉須溪集畧　集1-4419
劉須溪先生記鈔　集1-4427　叢1-141
劉須溪先生記鈔、集畧、附錄　集1-4428
劉須溪先生集畧　集1-4426
劉須溪杜選、增趙東山五言類選、增虞伯生七言杜選　集1-1008
劉熊碑　史8-63519、64598
劉師母韓恭人(德玉)家傳　史2-10679
劉貞介公(典)事畧　史2-10202
22 劉嵩陽先生集　集2-8689
劉岸先詩選　集3-15981,6-41970
劉後村詩　集1-4163,6-41906
劉後村詩集、詩話、文集　集1-4156
劉山甫詩　集6-41881
劉幽求詩　集6-41881

劉繼莊先生廣陽雜記　子4-23127
23 劉允濟詩　集6-41881
　劉峨題奏　史6-48759
24 劉壯肅公傳志　史2-10489
　劉壯肅公奏議　史6-49074
　劉先生(城)年譜　史2-11611　叢2-818
　劉先生譚錄　子1-96、702
　劉先生邇言　叢1-136
　劉先生道護錄　子1-96、703
　劉德亮傳　史2-10115
　劉侍御集(客建集、越覽篇、續吳先賢贊、續
　　吳錄、子威先生澹思集、劉子威詩集、劉
　　子威集、劉子威雜稿)　集2-9144
　劉侍御全集(劉子威集)十五種　叢2-1096
　劉侍郎奏議　史6-48933
　劉綺莊詩　集6-41881
25 劉仲修先生詩集、文集　集1-5815
　劉仲修先生集　集1-5817
　劉朱令儀女士(毅)哀輓錄　史2-10857
　劉練江集　集2-11405
　劉練江集、離騷經纂註、劉職方公年譜　集
　　2-11404
26 劉伯純徵君詩鈔　集4-32063
　劉伯溫文鈔　集6-41794
　劉伯溫先生百戰奇畧　子1-3082、3090、
　　3263~4
　劉伯溫先生重纂諸葛忠武侯兵法心要　子
　　1-3082、3090
　劉伯溫先生重纂諸葛忠武侯兵法心要(劉
　　伯溫先生祕纂諸葛忠武侯兵法心要、諸
　　葛忠武侯兵法心要)　子1-3245
　劉伯溫先生重纂諸葛忠武侯兵法心要外集
　　子1-3246
　劉伯溫先生跌打損傷祕方(跌打損傷方)
　　子2-7891
　劉伯溫七律鈔　集2-5926
　劉伯中家書、函稿、日記　集5-36355
　劉得仁詩　集1-1610,6-41880~2
　劉魏比玉集　集6-41935(5)
　劉皂詩　集6-41881
　劉總戎南巡紀畧　史7-51246
27 劉向新序　子1-393、395　叢2-635(3)
　劉向新序旁註評林　子1-400
　劉向說苑　子1-393、404
　劉向說苑旁註評林　子1-409
　劉向古列女傳、續　史2-6200、6377、6382
　劉向古列女傳、續列女傳　叢2-635(3)
　劉向校讎學纂微　史8-65277　叢2-2219
　劉向別錄　叢1-403
　劉向別錄、劉歆七畧　史8-65414
　劉御史集　集6-44904

劉詹事(鉉)傳狀　史2-8866
劉魚計詩　集3-13411
劉郇伯詩　集6-41881
劉叔俛雜稿　集4-33570
劉叔卿祕傳白喉方　子2-7498
28 劉伶醉僊一段　集7-51498
　劉伶臺記　史7-49318(11)、53220
　劉徵君先生年紀　史2-11527
　劉復詩　集6-41881
　劉給諫文集　集1-2959　叢2-864~6
　劉給諫文集(劉太史文集)、行狀　集1-
　　2958
　劉給事集(給事集)　集1-2960
30 劉家塘劉氏族譜[湖南湘潭]　史5-39598
　劉家塘劉氏族譜[湖南湘陰]　史5-39555~6
　劉家菊譜　叢1-4
　劉憲詩　集6-41881
　劉宇鎮文稿　集3-16888
　劉宮保賜壽圖　史2-10407
　劉宮太保大事記　史2-10406
　劉奇庵文錄　集4-22982,6-42066
　劉賓客文集　集1-1397
　劉賓客文集、外集　集1-1396　叢1-223
　　(49)、227(8)、555,2-670、698(9)
　劉賓客文集、補遺　集1-1398　叢2-731
　　(39)、782(2)
　劉賓客文集、補遺、外集　集1-1399
　劉賓客詩集　集1-1392、1394
　劉賓客集(劉禹錫詩)、別集　集1-1389
　劉賓客外集　集1-1390
　劉賓客嘉話錄　子4-22822,5-26218、26221
　　叢1-11~2、19(5)、21(5)、22(6)、23(6)、24
　　(6)、29(3)、38、175、180、195(5)、223(44)、255
　　(1)、569,2-624(1)、731(52)
　劉賓客嘉話錄佚文　子4-22823
　劉賓臣臨書譜　子3-15477
　劉宗周列傳附子汋傳　史2-9081
　劉宗周傳　史2-9083
　劉宋二子　子1-15
　劉宋州郡志圖　史7-49313、49465
31 劉江東家藏善本葬書、校譌、續校　叢1-
　　376
　劉江東家藏善本葬書、校僞　子3-13261
　劉江東家藏善本葬書註釋　子3-13141
　劉河間傷寒六書(劉河間醫學六書)、二種
　　子2-6469
　劉河間傷寒三書　子2-6468
　劉河間傷寒直格論方　子2-4564、6473
　劉河間傷寒醫鑒　子2-4564
　劉河間傷寒醫鑑　子2-6469
　劉河間傷寒醫鑑(傷寒醫鑑)　子2-6477

劉河鎮記畧　史7-57064
劉馮事始　叢1-22(4)、23(4)
32 劉淵潮澮公三房復盛祭志　史5-39713
劉兆注穀梁　經2-15142
劉兆注公羊　經2-15142
33 劉祕書集　集1-552,6-41694、41698
劉祕書集(梁劉孝綽集)　集1-551
劉梁墨寶合冊　子3-15736
34 劉沈合集　集6-41722
劉瀟湘先生集　集2-9901
劉洪乾象術　叢2-771(2)
劉禕之詩　集6-41881
劉達錦寶卷　集7-54573
35 劉清惠集　集2-7623
劉清惠公集(清惠集)　集2-7622
劉禮部集　集4-26615
36 劉涓子鬼遺方　子2-4771(2)　叢1-278、
519,2-731(29)
劉涓子鬼遺方(劉涓子遺方、鬼遺方)　子2-
7651
劉涓子治癰疽神仙遺論　子2-7652
37 劉淑柔詩　集6-41881
劉澹庵詩文集　集5-35323
劉澹庵詩存　集5-35324
劉湄書畫記　史2-6729　子3-14723
劉湄書畫記、劉鎮詩人徵詩節畧　子3-14874
劉初人存痀草、未刻草　集2-9462
38 劉海峯文鈔　集6-41809　叢1-477
劉海臺四集　集7-53829
劉滄詩　集6-41880～2
劉滄詩集　集6-41741、41824、41848
劉滄詩集(晚唐劉滄詩、劉滄詩)　集1-
1752
劉遵古詩　集6-41881
劉道真錢塘記　史7-49307、50267　叢2-
767
劉道昌詩　集6-41881
40 劉左史文集　集1-2886～7　叢2-864～6
劉左史文集(劉左史集)　集1-2885
劉左史集　叢1-223(53)
劉大司成文集　集2-10360～1
劉大將軍平倭戰記二集　史1-4251
劉大將軍平倭戰記初集　史1-4250
劉大將軍大事記　史1-4252
劉大人私訪(恩放山海關)　集7-53208
劉太傅藏春集　集1-4767
劉太淑人傳　史2-8954
劉太真詩　集6-41881
劉太史文集　集1-2958,5-38843
劉太夫人行述、墓表　史2-10443

劉友賢詩　集6-41881
劉士驤哀啓、先府君往美招股日記及拒絕
惡賊康有爲梁啓超徐勤等攘奪振華公司
款項來往函電　史2-10805
劉堯誨先生全集　集2-9405
劉克猷稿　集6-45336
劉希仁文集　集1-1543～4　叢2-731(44)、
881
劉希夷詩　集6-41881
劉志堅詩　集6-41881
劉睿虛詩　集6-41881
劉七五公房譜[江西南豐]　史5-39386～8
劉真詩　集6-41881
41 劉樞雜稿　集4-29444
42 劉媛詩　集6-41881
43 劉越石集　叢1-183
44 劉基詩　集2-5924
劉蕺山(宗周)年譜　史2-11565
劉蕺山文　集2-11483
劉蕺山文抄、語錄　集2-11484
劉蕺山文鈔　集2-11485
劉蕺山文粹、蕺山先生年譜　集2-11487
劉蕺山集　集2-11480　叢1-223(66)
劉蕺山先生(宗周)傳　史2-9080
劉蕺山先生集　集2-11481
劉蕺山先生集十種　叢2-1200
劉蕺山先生遺集、先君子蕺山先生年譜　集
2-11479
劉蕺山奏疏　史6-48507
劉蕺山弟子考　史2-7432
劉夢得文集、外集　叢2-635(7)
劉夢得文鈔　集6-41794
劉夢得詩集　集1-1393
劉夢得七律鈔　集1-1395
劉夢吉文鈔　集6-41794
劉蘭洲(璈)方伯誄詞　史2-10287
劉蘭翹詩　集6-41881
劉葆真遺稿(劉太史文集)　集5-38843
劉燕庭詩稿　集4-29325
劉燕庭先生龍門造象目錄　史8-64750
劉蕉雲先生遺書　叢2-1884
劉蕉雲先生遺書二種　叢2-1884
劉孝廉選稿　集5-41103
劉孝孫詩　集6-41881
劉孝標文鈔　集6-41794
劉孝標集　集1-539,6-41722
劉孝威集　集1-560
劉姥姥初進大觀園　集7-52399
劉楚楨詩文稿　集4-28944
劉楚楨詩鈔　集4-28952

劉村毛氏世譜[江蘇常州]　史4-25572
劉桂隱先生集　集1-5061
45 劉坤一王闓運奏摺　史6-47978
46 劉垍詩　集6-41881
　劉坦齋文集　集4-25888
　劉坦齋文集、補遺　集2-5946
　劉坦齋先生文集　集2-5948
　劉駕詩　集6-41880～2
　劉駕詩集　集6-41741、41824
　劉駕詩集(晚唐劉駕詩、劉駕詩)　集1-1717
　劉恕齋遺書五種　叢2-1802
　劉恕齋遺書四種　叢2-1801
　劉柏源觀察(拱宸)名宦鄉賢錄　史2-10021
47 劉猛詩　集6-41881
　劉起堂經驗良方(經驗良方)　子2-9400
　劉椒雲先生遺集　集4-33239
　劉椒雲先生遺書　集4-33238
48 劉翰林先生斐然稿　集2-5949
　劉敬書　子1-357　叢2-774(8)
　劉槎翁先生詩選　集2-6038
　劉槎翁先生詩選、補遺　集2-6039
　劉槎翁先生詩選、目錄　集2-6040
　劉松齋(清)先生傳　史2-9584
50 劉中議公(文林)家傳　史2-10440
　劉中函文稿　集4-32956
　劉中丞奏議　史6-48957　叢2-1881
　劉中丞奏稿　史6-48934、49044　叢2-1964
　劉中壘集　集1-184
　劉申叔先生遺書七十種附二種　叢2-2248
　劉申叔先生遺書校勘記　叢2-2248
　劉夫人慶賞五侯宴雜劇　集7-48774(8)、48801
　劉夷道詩　集6-41881
　劉書新論校正　叢1-258
　劉青田雨粟賦　子3-13044
　劉青田先生鈐記　子3-13408
　劉青田劍法全集　子1-3090、3638
　劉忠誠公(坤一)榮哀錄　史2-10404
　劉忠誠公遺集　集5-35258
　劉忠宣公(大夏)年譜、宣召錄　史2-11438
　劉忠宣公(大厦)誥敕碑文　史2-8876
　劉忠宣公集　集2-7047、6-41935(3)
　劉忠宣公遺集(劉忠宣公文集、詩集、宣召錄、劉忠宣公年譜、附錄文、詩)　集2-7045
　劉忠肅集　集1-2345～6
　劉表周易章句　經1-2321
　劉貴陽說經殘稿　叢1-419

　劉貴陽說經殘稿(劉貴陽經說)　經2-11691
　劉貴陽說經殘稿、經說　叢2-731(5)
　劉貴陽經說　經1-163(4)
　劉貴陽遺稿四種　叢2-885
　劉棗強詩集二集附錄　集1-1504
　劉東山招由　史6-47817
51 劉軻文鈔　集6-41794
　劉軻詩　集6-41881
52 劉靜修文集選　集6-41798
　劉靜修詩集　集1-4892、6-41779～80
53 劉或長沙者舊傳　史2-8237
　劉或長沙者舊傳　叢2-771(4)
　劉盛藻傳　史2-10357
　劉威詩　集6-41872、41880～2
　劉威詩集　集6-41739、41824
　劉威詩集(晚唐劉威詩、劉威詩)　集1-1680
54 劉拱宸行述　史2-10020
56 劉輯達生編　子2-8254
58 劉拾遺集　集1-1612
　劉蛻文鈔　集1-1617、6-41794
　劉鼇石先生詩文集(天潮閣集)　集3-16994
60 劉國師教習扯淡歌　集7-49352
　劉見初先生全集　集2-10990
　劉晨阮肇誤入天台　集7-48770、48774(8)
　劉晨阮肇誤入桃源　集7-48766　叢2-720(3)
　劉晨阮肇誤入桃源雜劇　集7-48767(4)　叢2-698(16)
　劉晨阮肇悞入天台　集7-49067
　劉昇詩　集6-41881
　劉邑侯惠鹽治錄　史6-43117
　劉呆齋雜著　叢1-136
　劉果敏公文集　叢2-1895
　劉果敏公文集、書札　集4-33385
　劉果敏公從戎識實　史2-10221　叢2-1895
　劉果敏公奏稿　史6-48981　叢2-1895
　劉果敏公書劄　叢2-1895
　劉果敏公批牘　史6-47159　叢2-1895
　劉果敏公全集五種　叢2-1895
　劉羅氏續修族譜[湖南]　史5-41155
64 劉曉山醫案　子2-10694
65 劉嘯林史論　史1-5634　叢2-963
　劉晴川集　集2-8492
67 劉昭禹詩　集6-41881
　劉昭屬詩　集6-41881
68 劉盼春守志香囊怨　集7-48770、48774(7)、49083、49087

劉攽詩　集6-41881

71 劉阮入天台　集7-52227

　劉阮入天台子弟書　集7-52085、52134

　劉厚莊先生(紹寬)年譜　史2-12430

　劉原父公是集　集1-2091

　劉原父公是先生集　集1-2092

　劉長川詩　集6-41881

　劉長卿詩　集1-1099,6-41881～2

72 劉戶曹集　集1-540,6-41694、41698

　劉躞詩　集6-41881

　劉氏(昶)世次圖　史2-8531

　劉氏痘疹全集　子2-9088

　劉氏文武家乘　史5-39705

　劉氏文集　集5-38031

　劉氏文選　集6-45117

　劉氏六修族譜[湖南安化]　史5-39537

　劉氏六修族譜[湖南湘潭]　史5-39581、39597

　劉氏雜誌　叢1-22(22)、29(7)

　劉氏雜志　子4-20868

　劉氏詩　集6-41881

　劉氏族譜　史5-39707、39711～2

　劉氏族譜[廣東興寧]　史5-39696

　劉氏族譜[山西平定]　史5-39189

　劉氏族譜[山東齊河]　史5-39420

　劉氏族譜[山東樂陵]　史5-39419

　劉氏族譜[山東濟南]　史5-39417

　劉氏族譜[安徽桐城]　史5-39326

　劉氏族譜[江西吉安]　史5-39409

　劉氏族譜[江西萍鄉]　史5-39358

　劉氏族譜[福建建陽]　史5-39349

　劉氏族譜[浙江泰順]　史5-39307

　劉氏族譜[湖北江陵]　史5-39440

　劉氏族譜[湖南]　史5-39445～7、39450～1、39680、39682、39687～8、39691～2

　劉氏族譜[湖南武岡]　史5-39671

　劉氏族譜[湖南邵陽]　史5-39667

　劉氏族譜[湖南寧鄉]　史5-39498

　劉氏族譜[湖南寧遠]　史5-39656

　劉氏族譜[湖南永興]　史5-39655

　劉氏族譜[湖南安化]　史5-39541

　劉氏族譜[湖南江永]　史5-39657

　劉氏族譜[湖南瀏陽]　史5-39472～3

　劉氏族譜[湖南漢壽]　史5-39509

　劉氏族譜[湖南湘鄉]　史5-39615

　劉氏族譜[湖南華容]　史5-39551

　劉氏族譜[湖南郴縣]　史5-39654

　劉氏族譜[湖南長沙]　史5-39458、39461、39463

　劉氏族譜[湖南岳陽]　史5-39545～8

劉氏族譜[湖南臨湘]　史5-39549

劉氏族譜[湖南常德]　史5-39507

劉氏族譜[四川瀘州]　史5-39702

劉氏族譜[四川內江]　史5-39700

劉氏族譜[四川彭縣]　史5-39697

劉氏族譜[四川中江]　史5-39699

劉氏族譜[四川威遠]　史5-39701

劉氏族譜[四川簡陽]　史5-39703

劉氏族譜源流世系　史5-39708

劉氏二續族譜[湖南安化]　史5-39533

劉氏二家詩錄　集6-45116

劉氏二書(重刻說苑新序、劉氏新序說苑合集)　子1-393

劉氏三種　叢2-1592

劉氏三修族譜[湖南]　史5-39685

劉氏三修族譜[湖南寧鄉]　史5-39497

劉氏三修族譜[湖南沅江]　史5-39526～7

劉氏三修族譜[湖南湘鄉]　史5-39641

劉氏三修族譜[湖南湘潭]　史5-39580

劉氏三修族譜[湖南芷江]　史5-39675

劉氏三修族譜[湖南長沙]　史5-39466

劉氏三修族譜首[湖南益陽]　史5-39520

劉氏三修宗譜[湖南湘潭]　史5-39585

劉氏玉尺經　子3-13142

劉氏五修族譜[湖南衡陽]　史5-39645

劉氏五修族譜[湖南安化]　史5-39536

劉氏五修譜[湖南寧鄉]　史5-39503

劉氏碎金　經2-12267～8、14201、15136　叢2-1860··1

劉氏政論　子4-19785、19791～2　叢2-615(2)、768、774(9)、775(5)

劉氏重修族譜　史5-39186

劉氏重修族譜[江西安福]　史5-39412

劉氏重修族譜[江西萍鄉]　史5-39359

劉氏重修族譜[江西興國]　史5-39381

劉氏重修族譜[湖南平江]　史5-39560～1

劉氏重修族譜[湖南邵陽]　史5-39666

劉氏重修族譜[湖南酃縣]　史5-39653

劉氏重修族譜[湖南安化]　史5-39529

劉氏重修族譜[湖南華容]　史5-39553

劉氏續譜[湖南]　史5-39681

劉氏續修族譜[江西南豐]　史5-39389

劉氏續修族譜[湖南新化]　史5-39676

劉氏續修族譜[湖南武岡]　史5-39672

劉氏續修族譜[湖南邵陽]　史5-39664、39668、39670

劉氏續修族譜[湖南安化]　史5-39532、39538、39540、39542

劉氏續修族譜[湖南沅江]　史5-39524～5

劉氏續修族譜[湖南漢壽]　史5-39510

劉氏續修族譜［湖南湘鄉］　史5-39616、
　39627～8、39636、39640
劉氏續修族譜［湖南湘潭］　史5-39584
劉氏續修族譜［湖南桃源］　史5-39511
劉氏續修族譜［湖南長沙］　史5-39456
劉氏續修族譜［湖南隆回］　史5-39674
劉氏續修族譜［湖南益陽］　史5-39514～5、
　39521
劉氏續修族譜垂絲圖、世系表［湖南長沙］
　史5-39457
劉氏續修宗譜［湖南湘鄉］　史5-39622
劉氏續修支譜［湖南湘潭］　史5-39583
劉氏續修支譜［湖南長沙］　史5-39455
劉氏傳經堂叢書十四種　叢1-414
劉氏傳家集二十八種　叢2-963
劉氏傳家寶詩鈔　集5-39948
劉氏復修族譜［湖南安化］　史5-39530
劉氏家塾四書解　經2-10957
劉氏家譜、文獻譜　史5-39709
劉氏家譜［山東樂陵］　史5-39418
劉氏家譜［山東寧陽］　史5-39428～9
劉氏家譜［江西廣豐］　史5-39383
劉氏家譜［江西萍鄉］　史5-39362
劉氏家譜［河北滄州］　史5-39188
劉氏家譜［遼寧瀋陽］　史5-39202～3
劉氏家譜［湖北沙市］　史5-39439
劉氏家譜［湖南］　史5-39683
劉氏家乘［江蘇海門］　史5-39216
劉氏家乘［江蘇蘇州］　史5-39244
劉氏家乘［湖北］　史5-39442
劉氏家乘［湖北黃陂］　史5-39437
劉氏家乘［湖南］　史5-39690
劉氏家乘［湖南華容］　史5-39552
劉氏家傳［山西芮城］　史5-39198
劉氏家禮　叢2-956
劉氏家範　子1-2304
劉氏宗譜　史5-39710
劉氏宗譜［安徽廬江］　史5-39336
劉氏宗譜［安徽巢湖］　史5-39335
劉氏宗譜［安徽桐城］　史5-39324
劉氏宗譜［安徽合肥］　史5-39319
劉氏宗譜［江西］　史5-39416
劉氏宗譜［江西興國］　史5-39382
劉氏宗譜［江蘇句容］　史5-39230
劉氏宗譜［江蘇江陰］　史5-39243
劉氏宗譜［江蘇溧陽］　史5-39239
劉氏宗譜［江蘇如皋］　史5-39217
劉氏宗譜［江蘇丹陽］　史5-39226
劉氏宗譜［河南獲嘉］　史5-39430
劉氏宗譜［河南桐柏］　史5-39436

劉氏宗譜［浙江龍泉］　史5-39311～2
劉氏宗譜［浙江新昌］　史5-39279
劉氏宗譜［浙江上虞］　史5-39276～7
劉氏宗譜［浙江松陽］　史5-39315
劉氏宗譜［湖北黃岡］　史5-39438
劉氏宗譜［湖南］　史5-39684、39689
劉氏宗譜［湖南平江］　史5-39559
劉氏宗譜［湖南臨湘］　史5-39550
劉氏宗祠志［湖南安化］　史5-39544
劉氏源分支譜［湖南瀏陽］　史5-39467
劉氏淵房續修新譜［湖南］　史5-39448
劉氏叢刻　叢2-982
劉氏心法、楊公騎龍穴詩　子3-13504
劉氏遺著　叢2-731(7)
劉氏遺書　經1-111(3)、2-11873
劉氏遺書八種　叢2-653(2)
劉氏遺箸　子4-21744　叢1-419
劉氏鴻書　子5-25116
劉氏祖傳喉科書　子2-7611
劉氏通譜［湖北長陽］　史5-39441
劉氏通譜［湖南］　史5-39686
劉氏通譜彙［湖南新化］　史5-39677
劉氏大同宗譜［湖南平江］　史5-39562
劉氏支譜［安徽潛山］　史5-39327
劉氏支譜［湖南衡山］　史5-39652
劉氏支譜［湖南衡陽］　史5-39648
劉氏支譜［湖南寧鄉］　史5-39499、39506
劉氏支譜［湖南長沙］　史5-39452
劉氏嘉業堂刊印書目　史8-66485
劉氏奇籤　子5-25771
劉氏七修族譜［湖南］　史5-39695
劉氏七修族譜［湖南新化］　史5-39678
劉氏七修族譜［湖南安化］　史5-39539
劉氏世譜［山東廣饒］　史5-39421
劉氏世譜［江蘇蘇州］　史5-39245
劉氏世譜［河南開封］　史5-39431
劉氏菊譜　子4-19252　叢1-223(39)
劉氏棋訣　子3-17960、17993　叢1-569
劉氏婦詩　集6-41881
劉氏切韻指掌　經2-14466
劉氏春秋意林　經1-77(3)、7459　叢1-223
　(10)
劉氏春秋傳　叢1-223(10)
劉氏四修族譜［湖南寧鄉］　史5-39502、
　39505
劉氏四修族譜［湖南安化］　史5-39534
劉氏四修支譜［湖南］　史5-39694
劉氏四修支譜［湖南益陽］　史5-39518
劉氏巨波公祀譜［湖南平江］　史5-39563
劉氏長生譜　史5-39706

劉氏周易講義五種　經1-2327
劉氏醫案　子2-10858
劉氏義莊事畧　史6-44747
劉氏合修族譜[湖南安化]　史5-39535
劉氏養正遺規　子1-2305
劉氏創修宗譜[江蘇江寧]　史5-39204
劉氏類山　子5-25101
劉質夫先生春秋通義　經1-7469
74 劉隨州文集(劉隨州集)　集1-1103
劉隨州文集(劉隨州集)、外集　集1-1102
劉隨州文集、外集　叢2-635(7)
劉隨州詩、補遺　集1-1098,6-41864
劉隨州詩集　集1-1096～7
劉隨州詩集、補遺　集6-41878
劉隨州詩鈔、文集　集1-1100
劉隨州集　集1-1092、1094,6-41743　叢1-223(48)、2-731(42)、782(2)
劉隨州集(劉文房集、劉隨州詩集)　集1-1091
劉隨州集、外集　叢2-698(8)
77 劉鳳川遺稿(壯遊記、奉椿集、讀禮餘錄、秋桂紀言、桂林斧斨、省後文集、兩秋唱和集)　集2-8256
劉覺岸稿　集6-45336
劉屏山先生聖傳論　子1-711　叢2-728
劉屏山先生集　集1-3266
劉闐詩　集6-41881
劉熙事蹟考　經2-9784　叢1-547(2),2-2173
劉叉詩　集1 1541,6-41818、41880～2
劉叉詩集　集1-1542,6-41741、41824、41833～4、41859、41866
劉母方太夫人慶典全錄　史2-9930
劉母祝太夫人(淑敬)事畧　史2-10960
劉關張桃園三結義雜劇　集7-48774(5)、49017
80 劉金定灌藥　集7-52823
劉金達　集7-54395
劉金達寶卷二集　集7-54572
劉金氏宗譜[浙江東陽]　史4-29722～3、29726,5-39300
劉兼詩　集6-41880～2
劉兼詩集　集6-41739、41741、41824
劉兼詩集(晚唐劉兼詩、劉兼詩)　集1-1825
劉令君集　史7-49309　集1-330
劉無雙傳　叢1-22(18)、23(18)、29(4)、168(1)、249(2)、255(3)、395、587(3)、2-731(49)
劉念臺集　集2-11478
劉念臺先生紀過格　子1-1236
劉念臺先生鈔薁　集2-11482

劉舍人遺集　集5-39280
劉公(含芳)事寔彙編　史2-10589
劉公石函書　子3-13137
劉公雲樵府君(喬祺)行述　史2-10598
劉公崇祀名宦錄　史2-9606
劉公幹集　集1-255～7,6-41699、41719～20
劉公旦先生(曙)死義記　史2-9156
劉公旦先生死義記　史1-1937
劉公興詩　集6-41881
劉公父詩話　叢1-16
81 劉頌貢父詩話　集6-45486
劉槃堂詩集　集5-38504
84 劉鎮詩人徵詩節畧　子3-14874
86 劉知遠　集7-48757
87 劉銘傳列傳　史2-10487
劉銘傳行狀　史2-10488
劉欽耳詩　集2-12860,6-41943
88 劉竹雲詩集　集5-36508
劉竹雲自書詩册　集5-36507
劉簡齋祖孫遺集　集6-45114
劉簾舫先生吏治三書　史6-41526～7
劉放貢父詩話　集6-45483　叢1-2～3、6、10、22(14)、23(13)
劉放貢父詩話(貢父詩話)　叢1-5
劉放貢父詩話(中山詩話)　集6-45557
90 劉懷一詩　集6-41881
劉少保(綖)外傳　史2-9020
劉少彝荒著畧　叢2-836
劉少彝荒箸畧　叢2 730(12)
劉光祿遺稿　集5-33888
劉光第生平事蹟　史2-10828
劉尚賓文集、續集、奉使交趾贈送詩　集2-5953
劉尚書奏議　史6-49034
劉省庵捷法　子3-12719
劉炫規杜持平　經1-6998　叢1-439
93 劉烺年譜　史2-12276
98 劉悌堂文鈔　集4-29446

7210₁ 丘

00 丘方二太史硃訂祕筒易經講意綱目集注、周易本義　經1-929
丘文莊公集　集2-6836,6-42061
10 丘天民詩　集2-12871,6-41943
17 丘瓊山先生大學衍義補贊英華　子1-854
20 丘毛伯先生集　集2-11963,6-44818
25 丘仲深集　集2-6837

丘仲深稿　集2-6838～9,6-45336、45340
37 丘祖全書　子5-29577
　　丘逢甲傳　史1-1995,2-10875
38 丘海二公文集合編　集6-42061
57 丘邦士文集　集2-12872
　　丘邦士文鈔　集2-12873,6-42065
62 丘縣志[康熙]　史7-55561
　　丘縣志[萬曆]　史7-55560
71 丘長春真人青天歌測疏　子5-29545、31245
72 丘氏族譜[廣東]　史4-28500
74 丘陵學山七十六種　叢1-63
76 丘隅意見　子4-20382　叢1-62、64,2-730
　　(5)、731(53)
　　丘隅集　集2-9294

7212₁ 斲

11 斲研山房詩鈔　集4-33342
16 斲硯山房書目　史8-65809
32 斲冰詞　叢1-238

斳

11 斳研山房詩鈔　集4-33343
　　斳研山房詩鈔、存吾春室詩賸　集4-33341
32 斳冰詞　集7-47333
　　斳冰集　集3-16946,6-41963

7220₀ 刖

60 刖足集、鶴笙仙館詩詞雜著　集5-36741

剛

00 剛齋吟草漫錄　集5-40830
22 剛峯公案　子5-27798
27 剛叔先生詩　集1-5596
40 剛木庵詩　集5-40438
50 剛中觀光稿　集1-4830
53 剛甫詩集　集5-40454

劌

77 劌腴草　集4-25123

7221₂ 厄

20 厄辭(華川厄辭)　叢2-731(8)
44 厄林、補遺　叢2-731(7)

7221₄ 腄

71 腄脹滙參　子2-7291

陲

88 陲餘閑記二集　子1-1574
　　陲餘閑記初集　子1-1573

7221₆ 臘

50 臘丸書　集2-11886
65 臘味小稿　集4-22958

7221₇ 卮

00 卮言倪　集6-45755
　　卮言日出　子4-20858　叢2-1191
　　卮言餘錄　子4-20440
20 卮辭　子4-20280　叢1-282(3)、283(2)
44 卮林、補遺　子4-22289　叢1-223(40)、301
60 卮園詩集　集3-19046

7222₁ 所

02 所託山房詩集　集5-36225

10 所至錄　集6-44020～1
22 所樂軒文草、詩草　集5-34168
　　所樂軒稿　集5-34167
30 所宜軒詩　叢2-1679
　　所宜軒詩賸　叢2-1679
　　所安遺集　集1-5355～6　叢1-223(60)、2-674
　　所安遺集、補錄、附錄　集1-5357
40 所南集鈔　集1-4502,6-41901、41914
　　所南先生詩選　集1-4501
　　所南翁一百二十圖詩集　集6-41748
　　所南翁一百二十圖詩集(圖詩)、鄭所南先生文集　集1-4495
　　所南翁一百二十圖詩集、附錦錢餘笑、附錄　叢1-244(5)
　　所南翁一百二十圖詩集、錦錢餘笑　叢1-580,2-731(42)
　　所南翁一百二十圖詩集、錦錢餘笑二十四首　集1-4496
　　所南翁一百二十圖詩集、錦錢餘笑二十四首、鄭所南先生文集、校勘記　叢2-636(4)
　　所南翁一百二十圖詩集、鄭所南先生文集、補遺、錦錢餘笑　集1-4493
　　所南翁一百二十圖詩集、鄭所南先生文集、錦錢餘笑二十四首　集1-4494
　　所南公詩　集6-45120
　　所存集　集3-20109
51 所軒集　集3-17626
60 所見集、目錄、一集、三集　史6-46235
　　所見偶鈔　子4-24478
　　所見古書述　史8-65366　叢1-369、372
　　所見書畫錄　叢1-373(9)
　　所見錄　史1-3094　子4-23316
　　所園詩集　集4-24188～9
　　所園詩存　集4-30645
71 所願得齋書鈔四種　叢2-2036
　　所願學齋書鈔(菱湖沈氏叢書)四種附一種　叢2-1554
77 所聞錄　史1-1994～5、4549
86 所知集　集6-44114
　　所知集二編　集6-44116
　　所知集三編　集6-44117
　　所知集初編　集6-44115
　　所知錄　史1-1937、3199、3285～9、3291～2
　　所知錄、琴江雜記　史1-3290
87 所欲致患經　子6-32083(21)、32093(21)
90 所當信者誰　子7-36093
95 所性軒遺稿　集5-36014

7223₀ 爪

10 爪亞風土拾遺　史7-49336、54740
　　爪雪集　集4-32767
64 爪哇志、新志、蘇門答拉志、新志　史7-54739

瓜

00 瓜廬文剩、外編　集5-38823
　　瓜廬詩　集1-3872,6-41744～5、41891～3、41894(4)、41897～8、41917、41924
　　瓜廬詩(瓜廬集)　集1-3873
　　瓜廬詩、四靈留題　集1-3874
　　瓜廬詞　集7-47144
　　瓜廬集　集6-41889、41896、41904　叢1-223(56)
　　瓜廬紀異　叢1-373(8)
　　瓜廬客談　子1-4174
10 瓜爾佳氏傳　史2-10015
21 瓜廬詩　集6-41909
　　瓜經徐氏家乘[江蘇吳江]　史4-31868
22 瓜山新詠　集5-41428
31 瓜涇集　集2-7119
32 瓜洲續志[民國]　史7-56733
　　瓜洲伊婁河櫂歌　集5-39796
　　瓜洲志[嘉慶]　史7-56731～2
34 瓜渚張氏宗譜[江蘇江都]　史5-34788
　　瓜渚錢氏宗譜[江蘇宜興]　史5-40165
39 瓜沙曹氏年表　史1-4771　叢2-599、2197
44 瓜蔬疏　叢1-13、14(3)、22(27)、119～20、173
47 瓜棚避暑錄　子4-21373～4　叢2-1506
　　瓜棚閑語　子4-22093
60 瓜圃叢刊　集5-41416
　　瓜圃小草　集2-12841,6-45128
　　瓜田畫論　子3-15961　叢2-838
77 瓜邱孫氏續修宗譜[浙江富陽]　史5-33583

7223₂ 脈

00 脈症治方　子2-4853
　　脈症治二要　子2-5199

脈疹心法　子2-8763

脈度運行考　子2-10334

脈辨　子2-6218

01 脈語　子2-6103、9303

脈語、醫方　子2-6201

02 脈證方治存式　子2-6143

脈證清白　子2-6148

05 脈訣　子2-4549～51、4564、4569～70、4700、
4766、6009、6011、6034、6065

脈訣辨真　子2-6007

脈訣雜錄　子2-6059

脈訣訂真　子2-4688

脈訣訂纂　子2-6055

脈訣正譌　子2-4572、6030、6105

脈訣元微　子2-4634、6021

脈訣引方論證　子2-6048

脈訣刊誤　子2-6024　叢1-223(33)、272
(4)、2-731(29)

脈訣刊誤集解　子2-4727

脈訣刊誤集解(脈訣刊誤)　子2-6025～6

脈訣刊誤附錄　子2-4727

脈訣歌　子2-4595

脈訣攷證　子2-4581

脈訣采真　子2-4755、6061

脈訣須知　子2-6062

脈訣刊誤集解　子2-4558

脈訣乳海　子2-4770、6058

脈訣參同契　叢2-2235

脈訣象形　子2-6074

脈訣條辨　子2-6073

脈訣彙辨　子2-6036

脈訣彙參　子2-6052

脈訣彙編說統　子2-4583、6032

脈訣彙纂　子2-6053

脈訣宗機　子2-4591、6041

脈訣滙纂　子2-4682

脈訣祕傳　子2-4769、6039

脈訣祕鑒　子2-6044

脈訣啓悟、經絡診視圖　子2-4611

脈訣啓悟註釋　子2-4608

脈訣啓悟注釋　子2-4612、6047

脈訣真傳　子2-6064

脈訣考證　子2-4588、4598、4746、6095

脈訣藥性病機賦　子2-5840

脈訣本草錄　子2-5683

脈訣指掌　子2-4740

脈訣指掌病式圖說(重修脈訣指掌病式圖
說)　子2-6022

脈訣提要、藥性賦　子2-6049

脈訣四言舉要　子2-5543、6016

脈訣圖證彙參　子2-6070

脈訣圖證滙參　子2-4756

脈訣階梯選要　子2-6043

脈訣附方　子2-4773、6007～8

脈訣闡微　子2-6037

脈訣入門　子2-4718、5175、6054、10339

脈訣合參　子2-6045

脈訣會辨　子2-4588

脈訣筌蹄　子2-6042

脈訣纂要　子2-6038

脈訣精選　子2-6068

07 脈望　子4-20569　叢1-106、111(2)、2-731
(13)

脈望公集　集3-13225

脈望館藏書目　史8-65586～7

脈望館書目　叢2-594、674

脈望粹言　子5-29549

08 脈說　子2-4771(2)、6169

脈診歌佚　子2-6204

脈診便讀　子2-6167

脈診心法　子2-6208

脈診捷法　子2-6089

脈診附診家樞要　子2-5982

脈論　子2-6102

10 脈要圖注　子2-6149

脈要纂註　子2-6131

14 脈確　子2-4636、6136

16 脈理　子2-6222

脈理正義　子2-6107

脈理宗經　子2-6159

脈理存真　子2-6087

脈理求真　子2-5628

脈理圖　子2-6155

脈理原始全書　子2-4576

脈理入門　子2-6142

脈理全集、補遺　子2-6221

脈理會參　子2-6151

21 脈術傳真　子2-6088

脈便　子2-6115

脈經　子2-4564、4568、4626、4727、4756、4771
(2)、5996、5999　叢1-22(18)、23(17)、265
(3)、274(4)、2-2235

脈經、人元脈影歸指圖說　子2-5998

脈經直指　子2-6099

脈經真本　子2-4723、6000　叢2-1817

脈經考證　叢2-2129(3)、2131

脈經圖注　子2-6185

22 脈幾經脈發揮　子2-6124

27 脈象統類　子2-4672、6146

脈絡真經　子2-10357

　　脈絡分明　子 2-10372
28 脈微　子 2-6109
30 脈案恭存　子 2-10857
34 脈法　子 2-6129
　　脈法歌括　子 2-4697
　　脈法統宗　子 2-6133
　　脈法須知　子 2-6157
　　脈法條辨　子 2-6189
　　脈法的要附參微子診脈八段錦　子 2-6119
　　脈法彙編　子 2-6113
　　脈法心參　子 2-4616、6046
　　脈法大成　子 2-4620、6144
　　脈法考　叢 2-2235
　　脈法增注釋疑　子 2-6156
　　脈法摘要　子 2-6192
　　脈法指髓　子 2-4767
　　脈法刪繁　子 2-4605、6128
　　脈法頷珠　子 2-6110
　　脈法悟宗　子 2-4629、6150
35 脈神章　子 2-4696、4907
　　脈神章(景岳脈神章)　子 2-6106
44 脈考　子 2-6117
　　脈草經絡五種彙編　子 2-4595
　　脈薈　子 2-6091
　　脈藥玄微　子 2-4827
　　脈藥聯珠　子 2-4630、5028~9　叢 1-469、
　　　495,2-716(3)
　　脈藥聯珠古方考　子 2-9516　叢 1-469、
　　　495,2-716(3)
　　脈藥聯珠古方考合刻　子 2-4630
　　脈藥聯珠藥性考　子 2-4630、5796
　　脈藥聯珠食物考　子 2-4630、5875
　　脈藥須知　子 2-5231
46 脈如、傷寒論　子 2-6139
50 脈書　子 2-6217
　　脈書要語　叢 1-223(33)
　　脈書宗經　子 2-6075
　　脈表診病新編　子 2-4730
　　脈表診病論　子 7-36229
60 脈因證治　子 2-4727、4771(3)、6023
63 脈賦　子 2-4579、6035
　　脈賦訓解　子 2-4572、6029、6105
77 脈學　子 2-6179
　　脈學雜抄　子 2-6188
　　脈學三書　子 2-6105
　　脈學正傳　子 2-6092
　　脈學歸源　子 2-6162
　　脈學彙編　子 2-6145
　　脈學彙精　子 2-6215
　　脈學注釋彙參證治(脈學注釋)　子 2-6134

　　脈學叢書初編　子 2-6184
　　脈學叢抄　子 2-6187
　　脈學本草醫方全書　子 2-4746
　　脈學輯要　子 2-4741、6184
　　脈學輯要評　子 2-4771(2)　叢 2-2129(3)、
　　　2130~1
　　脈學四種　子 2-6180
　　脈學脈訣　子 2-4731、6182
　　脈學入門四言舉要　子 2-4588、6015
　　脈學全書　子 2-6163
　　脈學類編　子 2-6158
　　脈貫　子 2-6127
80 脈鏡　子 2-6101
　　脈鏡須知　子 2-6165
　　脈義簡摩　子 2-4727、6172、6180
　　脈會辨　子 2-6121
88 脈簡補義　子 2-4727、6173、6180
90 脈粹　子 2-6081

7223₇　隱

00 隱庵詩集　集 5-35880
　　隱文堂詩集　集 3-16097
01 隱語鯖腴　子 3-18425
　　隱語彙編初集　子 3-18433
　　隱語萃菁　子 4-24635
　　隱語萃精　子 3-18423
　　隱語萃精、悔不讀書齋謎稿　子 3-18424
10 隱元琦禪師傳、陳明德、陳元贇、朱舜水等
　　　傳記　子 7-34789
　　隱元禪師語錄　子 6-32091(74)
　　隱霞詩鈔　集 4-33163
　　隱吾草堂詩稿　集 5-34730
16 隱硯樓詩合刊　集 3-21917
20 隱秀軒詩集、文集　集 2-11244
　　隱秀軒集　集 2-11246~7、11249　叢 2-720
　　　(5)
21 隱僊菴喧闐遊桂苑　集 7-49490
22 隱川錦堂汪氏家乘[安徽休寧]　史 4-
　　　28883
　　隱山鄙事三種　叢 2-1333
27 隱修會源流考　子 7-35746
　　隱綠軒題識　史 8-63516、64391　叢 1-
　　　336~7、364、448,2-731(34)
30 隱窟雜誌　叢 1-23(3)、24(2)、29(6)
　　隱窟雜志　子 5-26295　叢 1-17、19(1)、20
　　　(1)、21(1)、22(3)
32 隱溪詩草　集 4-25856
37 隱湖續跋　史 8-66462

隱湖倡和詩　集6-44029
隱湖題跋　叢2-794
隱鴻雜著　集5-39853
隱逸考　叢2-1092
隱逸錄　史2-7411
40 隱士品　叢2-2270(2)
43 隱求草堂文稿、詩集　集4-28444
44 隱林　子3-18429
48 隱梅庵日記(清同治元年)　史2-12712
隱梅廬遺詩、玉簫詞鈔　集5-36948
隱梅樂　子4-23559
50 隱書　子1-44,3-18409　叢2-1920
隱囊　集3-13204
52 隱拙齋文鈔　集3-19440
隱拙齋文鈔、詞科試卷　集3-19439
隱拙齋集　集3-19441
隱拙齋續集　集3-19442
隱拙園詩稿　集5-38160
55 隱蛛盦文集、外集、詞稿　集5-34446
隱蛛盦詩集　集5-34444～5
隱蛛盦詩集、詞稿　集5-34443
隱蛛盦日記(清同治十三年至光緒元年,六
年至七年)　史2-12900
隱蛛盦筆記　子5-27362
61 隱顯鏡　子7-32111
68 隱吟小草　集3-19321
71 隱厚堂遺詩　集3-16596～7
77 隱几山房文集　集3-20838
隱几山房詩集　集3-20837,6-45017
隱几山房稿　集3-20839
隱居放言　子4-22058　集2-7910
隱居通議　子4-20232～4　叢1-223(41)、
278、453,2-731(4)
88 隱餘堂詩鈔　集3-20348
93 隱怡山房小詠　集5-39198

7226₁ 后

22 后山詩話　叢1-4
后山詩注　叢1-223(52)
后山古詩　集3-19858
31 后渠庸書　子4-23852　叢1-61～4、174、
195(2),2-730(3)、731(11)
40 后土聖母道源度生寶卷　集7-54158
后土法懺科儀　子5-30769

7226₄ 盾

26 盾鼻拾瀋　史1-3768
盾鼻吟草　集4-32624
盾鼻隨聞錄　史1-3920～2
盾鼻隨聞錄、江南春夢庵筆記　史1-3923
60 盾墨　史1-3853
盾墨拾餘　史1-4266　叢2-2150
盾墨留芬　史1-4079

7227₇ 戶

07 戶部廣西司奏案輯要　史6-48008
戶部試辦銀行奏稿章程　史6-44478
戶部集議揭帖　史6-47107
戶部山西司奏稿輯要、戶部山西司會議奏
稿輯要　史6-48006
戶部山東司金科檔案　史6-47369
戶部彙題光緒二十一年各直省民數穀數清
册　史6-43227
戶部彙題光緒十三年各直省民數穀數清册
史6-43226
戶部官票奏鈔　史6-48005
戶部江南司編案　史6-48007
戶部漕運全書　史6-44142～3
戶部咨行荒政條奏　史6-44605
戶部海運新案　史6-44151
戶部地畝案鈔　史6-43411
戶部奏議　史6-48178
戶部奏案　史6-48003
戶部奏咨　史6-47894
戶部奏報效鉅款人員明定核獎章程摘要
史6-42721
戶部奏檔　史6-48004
戶部奏明三織造章程原摺　史6-46975
戶部奏銷摺　史6-47924
戶部井田科奏咨輯要　史6-44861
戶部題稿　史6-47812～3
戶部題名　史3-23672
戶部則例　史6-46957、46960、46969
戶部陝西司丙戌年奏稿　史6-43357
戶部陝西司會議奏稿　史6-48009
戶部閩海關稅釐則例目錄　史6-43562
戶部籌餉海防新章捐例　史6-46973
戶部爐藏則例　史6-46974

中國古籍總目·索引

24 戶科給事中郝傑奏疏　史6-48603
　　戶科等都給事中等官趙氏等奏稿　史6-
　　47789
25 戶律考　子7-36240(2)
41 戶垣疏草　史6-48449
72 戶兵二部軍需奏案　史6-47949

7228₆ 賡

27 賡疑錄　子2-4633

7230₀ 馴

47 馴鶴樓稿　集2-11990
　　馴鶴軒詩選　集3-15502

7233₄ 驀

13 驀武二騎馬隊衝鋒六合陣　子1-3726

7240₀ 删

00 删亭文集　集5-39226
　　删亭續集　集5-39227
　　删註楚辭　集1-38
　　删註脈訣規正　子2-4582
01 删訂痘疹定論(痘麻定論)　子2-8775
　　删訂唐詩解　集6-43376
　　删訂諸家總說　子1-251
　　删訂二奇合傳　子5-27851
　　删訂通鑑感應錄　子7-34689
10 删正方虛谷先生瀛奎律髓　集6-42277
　　删正方虛谷瀛奎律髓　叢1-232
　　删正唐詩品彙　集6-43299
　　删正二馮評閱才調集　集6-43265　叢1-
　　232
18 删改史論、國朝制書　史1-5426
22 删後文集　叢2-1407
　　删後詩　集3-16127　叢2-1373
　　删後詩存　叢2-1407
　　删後詩存、文集　集3-18424
24 删續昭明文選　集6-42100

30 删注脈訣規正　子2-6040
　　删定武庫益智錄　子1-3820
　　删定止觀　子7-33835
　　删定來氏易注象數圖說　經1-2148
　　删定荀子　子1-316　叢2-1386
　　删定全書　子5-29621
　　删定管子　叢2-1386
　　删定管子、荀子　子1-73
　　删定管荀　叢2-1386
33 删補高士傳、續補　史2-6478
　　删補唐詩選脈箋釋會通評林　集6-43384
　　删補晉書　史1-520
　　删補名醫方論　子2-4989
　　删補古今文致(文致)　集6-42959
　　删補韓城老人火門心法離爐丹麥　子5-
　　31405
　　删補四書剖　經2-10444
　　删補頤生微論　子2-4923
　　删補性命圭旨　子5-31225
40 删存草　集4-27198
　　删存草、浣花小榭閒吟　集4-27197
78 删除律例　史6-45917、45997
87 删錄纂序詩經說約講旨　經1-4058
88 删餘文稿　集4-22451
　　删餘詩　集4-25686
　　删餘詩草　集4-22912,5-39483
　　删餘稿　集7-47985
　　删餘偶存　集4-33584
　　删餘小草　集4-26402
　　删纂吊譜　子3-18278

7240₇ 鬟

10 鬟天影事譜　集7-48367
　　鬟天影事譜四種　叢2-2150
　　鬟雲軒詞　集7-47914
44 鬟花閣尺牘　集5-34949
　　鬟花小草　集4-22944、25240
　　鬟華室詩選　集5-38335　叢1-587(3)
　　鬟華室詩鈔　集5-38334
　　鬟華堂文甲集　集5-40307
　　鬟華堂詩鈔　集5-40305～6

7242₂ 肜

10 肜雲罩一枝　集7-51970

彤雲閣遺詩　集5-37239
28 彤徽錄　史2-6436
40 彤奩續　子5-26388
　彤奩續些　史2-9196　集6-45102　叢1-
　　547(4)
44 彤芬室文　叢2-968
　彤芬室筆記　叢2-968
50 彤史貞孝錄　史2-6435
　彤史貞孝錄(鄧聯姑)　史2-10904
　彤史遺編　史2-6434
　彤史拾遺記　史1-1933
60 彤園婦科　子2-4631、8159
88 彤管新編　集6-42356
　彤管集　集4-23649
　彤管流芳　史2-9531
　彤管遺徽　集3-21527
　彤管小記　史2-10889
　彤籢雙璧　集6-42009

7244₇ 髮

22 髮亂紀畧　史1-3968
38 髮逆初記　史1-4137
　髮逆小史　叢2-632
50 髮史　史1-1995、4553
　髮書彙編　子3-13123
71 髮匪小紀　史1-4102

髯

22 髯仙詩舫遺稿　集5-35342
52 髯刺客傳　子7-38233
80 髯翁詩稿　集5-34943

7252₇ 髴

80 髴金山館詠人集　集4-28479

7260₁ 髻

22 髻山文鈔、補遺、校勘記、校勘續記　集2-
　12712　叢2-870(5)

72 髻鬓品　子5-27373　叢1-22(13)、23(13)、
　587(2)

7260₄ 昏

35 昏禮辨正　經1-5378　叢1-241、242(3)、2-
　731(21)、1309
　昏禮司儀辭令　經1-5382
　昏禮重別論對駁義　經1-163(4)、5380
　昏禮通考　經1-5379
　昏禮節文　經1-5381
40 昏喪二禮　經1-5384

7271₄ 髦

88 髦餘詩話　叢1-373(4)

7273₂ 髯

62 髯剔璶奇　子4-24097

7274₀ 氏

08 氏族　叢1-460
　氏族博攷　子5-26124
　氏族博考　史2-13298~9　子5-25659　叢
　　1-223(43)
　氏族箋釋　史2-13308、13310　子5-25859
27 氏名爵里　集6-45257

7277₂ 岳

00 岳廟志　集1-3289
　岳廟志畧　史7-51788
10 岳王市支顧氏世譜[江蘇蘇州]　史5-
　41396、41400
　岳王集、武穆王紀畧　集1-3294
　岳王史畧演詞　史2-8749
　岳元戎凱宴黃龍府　集7-49547
　岳元戎凱宴黃龍府(碎金牌)　集7-49541

岳石帆先生鑒定四六宙函　集 6－43899

岳石帆先生鑒定四六宙函、文武爵秩　集 6－43898

岳雲計詩鈔　集 4－27133

11 岳班集　集 4－26980

13 岳武穆(飛)年譜、附編　史 2－11301

岳武穆王世系　史 2－11302

岳武穆集　史 2－8743

岳武穆遺文　集 1－3298　叢 1－223(54)

岳武穆盡忠報國傳　子 5－28129

岳武穆精忠傳　子 5－28128

20 岳集　集 1－3287

22 岳山人集　集 2－9232、6－41935(4)

26 岳伯川雜劇一種附一種　叢 2－720(4)

27 岳色編　集 2－10355

岳紀　史 7－52171　叢 2－1103

30 岳家棍圖說　子 1－3662

岳容齋詩集　叢 1－328

岳寶公牘續刻　史 6－47205

岳寶公牘初刻　史 6－47204

32 岳州府志[康熙]　史 8－60518

岳州府志[弘治]　史 8－60516

岳州府志[乾隆]　史 8－60519～20

岳州府志[隆慶]　史 8－60517

岳州府慈利縣志[康熙]　史 8－60455

岳州救生局志　史 6－44718

岳州圖經　史 7－49309、50765

34 岳池縣志[道光]　史 8－61820

岳池縣志[乾隆]　史 8－61819

岳池縣志[光緒]　史 8 61821

44 岳麓文集　集 4－23201　叢 2－1014

岳麓先生十室遺語(十室遺語)　子 4－21367

岳蒙泉稿　集 2－6777、6－45336、45340

47 岳起齋詩存　叢 2－826

岳起齋集　集 3－13403

50 岳忠武廟名賢詩　史 2－8740

岳忠武王文集　集 1－3297、6－41795　叢 1－574(3)

岳忠武王文集、岳廟志、岳忠武王年譜　集 1－3289

岳忠武王文集、年譜　集 1－3288

岳忠武王集　集 1－3290～2、3295、6－43118　叢 1－241、242(2)、2－731(40)

岳忠武王家乘[浙江杭州]　史 4－29605

岳忠武王遺事　史 2－8746　叢 1－367～8

岳忠武王初瘞志　史 7－51931

岳忠武王初瘞墓祠記　史 7－51932

岳忠武王年譜　叢 1－367～8

岳忠武擴稿　集 1－3296

岳忠武公(飛)年譜　史 2－11009、11298～9

67 岳鄂王行實編年　叢 1－386～7

岳鄂王金陀粹編、續編　史 2－8737

岳鄂王金陀粹編、續編、拾遺　史 2－8738

72 岳后楊氏療喉祕典　子 2－7475

岳氏族譜[河南獲嘉]　史 4－29608～10

岳氏重修族譜[湖南益陽]　史 4－29613

岳氏家譜[江西南昌]　史 4－29607

岳氏宗譜　史 4－29615

岳氏宗譜[浙江嘉興]　史 4－29606

岳氏宗譜[四川]　史 4－29614

76 岳陽詩傳　集 6－44878

岳陽乙志　史 7－49309、50767

岳陽紀勝彙編　史 7－51472　叢 1－452、586(2)、2－716(2)

岳陽古集　集 6－44874

岳陽樓詩集　集 6－44873

岳陽樓記一枝　集 7－52058

岳陽甲志　史 7－49309、50766

岳陽縣志[雍正]　史 7－55868

岳陽縣志[康熙]　史 7－55867

岳陽縣志[民國]　史 7－55869

岳陽風土記　史 7－50764　叢 1－5、9～10、22(11)、23(11)、90～1、223(25)、364、452、569、586(2)、2－716(2)、730(5)

87 岳銀瓶五更一套　集 7－50880

90 岳少保忠武王集、本傳　集 1－3293

7280₁ 兵

00 兵府節制　叢 1－22(21)

兵言　史 6－45157

02 兵訓輯畧　子 1－3417

04 兵謀　子 1－3321　叢 1－203(8、16)

05 兵訣評九種　子 1－3102

07 兵部議奏清單　史 6－45322

兵部武選司現行章程　史 6－45192

兵部武選司現行章程綠營、滿營　史 6－45193

兵部武選司例章類纂　史 6－45194

兵部武選司條例　史 6－45139

兵部處分則例　史 6－45182

兵部侍郎李奕疇題本　史 6－48796

兵部督捕則例　史 6－46985

兵部右侍郎邵基誥敕誌銘行狀　史 2－9476

兵部裁汰書吏酌籌經費例冊　史 6－45200

兵部奏疏　史 6－47825

兵部奏疏、刑部奏疏　史 6－48299

兵部奏酌擬懲辦逃兵章程請仍照定例畫一

　　　辦理例册　史6-45181
　　兵部奏稿(光緒十一年至十五年)　史6-
　　　48012
　　兵部題稿　史6-47816
　　兵部則例　史6-46984
　　兵部問寧夏案　史1-2855　叢2-741
　　兵部尚書殷特布奏摺　史6-48724
08 兵論　子1-3413
10 兵要　子1-3243　叢2-775(4)
　　兵要望江南歌　子3-13805
　　兵要地志　子1-3406
　　兵函玉鏡　子1-3250
11 兵燹瑣記　史1-3096　叢2-821
13 兵武聞見錄　史6-41532　子1-3341
18 兵政總考　子7-36240(3)
　　兵政考　子7-36240(3)
　　兵政奏疏　子7-36240(3)
21 兵占祕要　子3-13843
　　兵占奇門遁甲書　子3-13827
　　兵經百篇　子1-3345、3347
22 兵制　叢1-460
　　兵制記　史1-801
　　兵制志　史1-1929
　　兵制策　子7-36236
　　兵災紀畧　史1-3874,2-6209
24 兵科造完順治十一年八月分註銷清册　史
　　6-47362
25 兵仗記　子1-3577　叢1-201、203(3)
　　兵律考　子7-36240(2)
27 兵象用度　子1-3649
　　兵將學習技藝　子1-3955
　　兵船礮法　子7-36228(3)、36231(3)、36242
　　(3)、36997
　　兵船礮法、舢舨礮法　子1-3617
　　兵船汽機　子7-36228(5)、36231(2)、36242
　　(2)、37185
　　兵船海岸礮位礮架圖說　子7-36979
30 兵家方道指南　子1-3363~5
　　兵家要領　子1-3297
　　兵家必要　子1-3428
　　兵家用度　子1-3650
34 兵法　子1-3324、3410　叢1-203(8、16)、
　　492,2-1028
　　兵法二十七占　子3-13848
　　兵法三策揭要全集　子1-3370
　　兵法正宗　子1-3456
　　兵法百言　子1-3351　叢2-1436
　　兵法百言釋義　子1-3350
　　兵法百戰經　子1-3068、3307~8
　　兵法理數論　子1-3393
　　兵法集鑑　子1-3344

　　兵法備遺　子1-3423~4
　　兵法彙編　子1-3081　叢1-394
　　兵法紀畧　子1-3349
　　兵法叢談　子1-3433、3507
　　兵法心傳　子1-3411~2
　　兵法必勝圖　子1-3331
　　兵法初讀　子1-3391
　　兵法七種　子1-3093
　　兵法史證　叢2-2167
　　兵法史畧課程(兵法史畧學課程)　子1-
　　　3388
　　兵法史畧學　子1-3387、3389　叢1-532
　　兵法指南　子1-3367
　　兵法輯要　子1-3431　叢2-1436
　　兵法四種合抄　子1-3077
　　兵法圓機　子1-3093、3352
　　兵法陣法合抄　子1-3100
　　兵法陣圖　子1-3455
　　兵法入門　子1-3097、3374
　　兵法入門輯要(兵法入門集要、兵法入門)
　　　子1-3360
　　兵法全書　子1-3332
　　兵法錄要　子1-3430
　　兵法類案　子1-3381　叢2-1282
40 兵志　子1-3269~70
41 兵垣　子1-3284
　　兵垣疏草　史6-48448
　　兵垣疏草、戶垣疏草　史6-48449
　　兵垣奏議　史6-48581~2　子1-3316　集
　　　2-12562、12565
　　兵垣四編　子1-3066
42 兵機總要　子1-3953~4
　　兵機彙纂　子1-3877
　　兵機祕纂　子1-3808
　　兵機萬戰萬勝火水神器圖註　子1-3640
　　兵機握要　子1-3944
　　兵機賦　子3-12997、13810
　　兵機纂　子1-3815
　　兵機類纂　子1-3842
43 兵式體操教科書　子7-36888
44 兵權　子1-3255
50 兵事居稽錄　子1-3459
　　兵書二種　子1-3091
　　兵書三種　子1-3097~8
　　兵書七種　子1-3099
　　兵書接要　子1-3232　叢2-775(4)
54 兵技指掌圖說　子1-3366
55 兵農考　叢2-1092
　　兵典　子7-36245
60 兵跡、校勘記　叢2-870(3)

兵畧　子1-3353
兵畧叢言提綱　子1-3400
兵畧史解　子1-3261
兵畧問奇　子1-3305
兵畧粹言　子1-3427、3447
兵罶(白豪子兵罶)　子1-3279
66 兵器三種附洋務新論　子1-3603
兵器圖説　子1-3646
兵器圖釋　子1-3558
兵器學　子1-3608
兵器學教程　子1-3609
77 兵學新法十三篇　子1-3927
兵學新書　子1-3925
兵學總考　子7-36240(5)
兵學叢抄　子1-3434
兵學考　子7-36240(5)
兵學書目考　子7-36240(5)
80 兵鏡　子1-3823
兵鏡三種　子1-3069
兵鏡百篇　子1-3346
兵鏡備考　子1-3069、3879
兵鏡吳子十三篇　子1-3168
兵鏡十三篇　子1-3824
兵鏡或問　子1-3069、3878
兵鏡類編　子1-3917
兵差腰撥章程　史6-46986
兵禽捷要　子1-3461
87 兵錄　子1-3826～9
兵錄附圖　子1-3963
88 兵鑑　子1-3318
兵鑑全集、火攻答　子1-3900
兵鈐内書、外書　子1-3938
兵符節制　子1-3271

7280₆ 質

00 質亭遺稿　集3-20971
質庵文集　集3-18460
質庵詩存　集4-28859
質齋先生(蕭培元)年譜　史2-12213
質言　經2-10346　子1-1250　叢2-845
(4)
質亡集(彙選質亡集)　集6-44369
01 質語　叢2-701
12 質璞草　集5-36575
質孔説　叢2-731(13)
質孔説、校譌、續校　子1-1535　叢1-376
20 質孚詩稿　集4-23274

27 質龜論　子3-13853　叢1-19(5)、20(3)、21
(4)、24(5)、86、374、2-730(7)
質龜經　子4-19401
質疑　經1-111(2)、2-11690、11855　子4-
22394　叢1-278、426、2-731(5)
質疑删存　子4-22512　叢1-516、558
質疑錄　子2-4603、4908、4-22583　叢2-
1611～2
35 質神錄、續錄　子4-21130
40 質直談耳　子5-26437　叢1-373(4、7)
53 質甫詩稿　集4-24166
60 質園詩集　集3-19333
質園逸稿　集3-19334
質園尺牘　集3-19337
77 質學新編　子7-37771
質學課本　子7-37759
質學叢書初集三十種　子7-36258
質問本草　子2-5633
80 質盦集　集5-37747

7290₄ 壒

52 壒括古人詩文詞　叢2-2150

髹

88 髹飾錄　子4-18629
髹飾錄、髹飾錄箋證　子4-18630
髹飾錄、箋證　叢2-687

7321₁ 腔

07 腔調考原　叢2-2271

陀

60 陀羅尼雜集　子6-32081(41)、32082(20)、
32083(27)、32085(39)、32086(46)、32088
(28)、32089(47)、32090(60)、32091(58)、
32092(40)、32093(47)、7-34631
陀羅尼集經　子6-32090(16)、32092(10)、
32093(33)
陀羅尼經注　子5-29574

陀羅尼句經　子6-32085(15)
陀羅尼最淨地品　子6-32093(7)
陀羅尼門諸部要目　子6-32081(55)、32083
　(35)、32084(28)、32085(50)、32086(60)、
　32088(37)、32089(36)、32090(59)、32091
　(57)、32092(39)、32093(33)
97 陀鄰尼鉢經　子6-32083(10)

　　　　　院

50 院本名目　叢2-1461～3
51 院批丁參議條陳各屬高等小學堂事宜清摺
　　史6-42417

7322₇ 脯

28 脯鮓品　子4-18935　叢1-119～20、173

7326₀ 胎

00 胎產症治錄　子2-8157
胎產方(汪廣期先生胎產方)　子2-8192
胎產方書　子2-8041
胎產証治要方　子2-7972、8240
胎產新書　子2-4770
胎產新書三種　子2-8142
胎產護生篇　子2-8170
胎產護生篇、補遺　叢1-474
胎產至寶　子2-8154
胎產要訣　子2-8102、9421
胎產珍慶集　子2-8200
胎產集要、幼科摘要　子2-8116
胎產須知　子2-8008、8334
胎產備要　子2-8183
胎產良方　子2-4768、8090
胎產心法(增補繪圖胎產心法)　子2-8104
胎產祕方　子2-8239
胎產祕書　子2-8160～1
胎產祕書(丹溪先生胎產祕書)　子2-7998
胎產祕書、保嬰要訣、續胎產祕書　子2-
　8162
胎產大法　子2-8206
胎產書　子2-8337
胎產指南　子2-4771(3)、8156
胎產揀要　子2-8204

胎產輯要　子2-8089
胎產輯萃　子2-8107
胎產舉要　子2-8270
胎產全書　子2-8277
胎產金鍼、胎產續要　子2-8163
胎產合璧　子2-8223
胎裏紅的小達一枝　集7-52755
17 胎孕雜病方　子2-8336
25 胎生獸類字釋名　子7-36237
26 胎息經　子1-20、60～1、2-11151、5-29547、
　29553　叢1-49、86、119～20、169(2)、268
　(4)、2-730(6)、731(13)
胎息經註　子5-29530(3)、29535(3)、29536
　(3)、29537、29558、29685　叢1-82
胎息經疏　子1-58、60～1、2-11167　叢1-
　22(25)
胎息經疏署　子2-11166　叢1-62～4、2-
　730(4)、731(13)
胎息經注　子2-11150
胎息祕要歌訣　子5-29530(3)、30813
胎息抱一歌　子5-29530(16)、29556、30898
胎息服氣訣　叢2-2217
胎息精微論　子5-29530(16)、29556、30899
60 胎恩(懷胎寶卷)　集7-54170
80 胎前產後證治　子2-4676、8215
88 胎簪集　集3-21829

7331₁ 駝

21 駝經　子1-4529、4547
40 駝南詩草(過庭草、捧檄草、若下草、洋程小
　草、越西草、括山草、黔行草、秦隴遊草)
　集4-21963
74 駝馱關氏族譜[廣東佛山]　史5-41318

7332₂ 駸

22 駸駸集　子4-23278　叢2-1597～9
駸駸吟稿　集6-41765　叢1-280
駸駸錄　史7-49358、53798　集6-41765
　叢1-11～2、19(7)、20(5)、21(7)、22(11)、23
　(11)、24(8)、108、111(3)、119～20、134、181、
　223(22)、244(5)、280、2-617(5)、731(56)、
　1709
駸駸小記　史7-54014　叢2-1955
駸駸小草、南海小草　集4-24015

7333₄ 駷

22 駷僕傳　子5－26222　叢1－185
60 駷園詩集　集3－18068

7334₇ 駿

26 駿保遺稿　集5－41434

7410₄ 墮

44 墮蘭館詞存　集7－48327

7412₇ 助

01 助語小品　叢2－1380
26 助息園詩草　集5－38044
27 助終功用　子7－35354
30 助字辨署　經2－14928　叢1－381
38 助道微機或問記　集6－43356
48 助教侯先生文集　集2－6279
　　助教侯先生詩集　集2－6277～8、6280
80 助善終經　子7－35572
　　助公車群賢爭雪夜　集7－49376、49501

7420₀ 尉

22 尉山草堂稿　集4－31557
　　尉山堂、萬清軒先生年譜　集4－31558
　　尉山堂稿　叢2－1822
24 尉繚子　子1－18～20、24～5、61、65、67～9、
　　3014～5、3017～8、3025、3028～9、3046、3048、
　　3057、3060～1、3102、3192～5、3197～8　叢
　　1－114(2)、223(31)、237、447、468、2－731
　　(19)
　　尉繚子評注　子1－3104
　　尉繚子二十四篇　子1－3036
　　尉繚子直解　子1－3019、3021～2、3196　叢
　　1－265(3)
　　尉繚子標釋　子1　3200

37 尉遲恭三奪槊　集7－48765　叢2－720(4)
　　尉遲恭鞭打單雄信　集7－48774(2)、49031
　　尉遲恭單鞭奪槊　集7－48774(3)　叢2－720
　　(4)
　　尉遲恭單鞭奪槊雜劇　集7－48767(3)、
　　48770、48908　叢2－698(16)
72 尉氏縣志[順治]　史8－59814
　　尉氏縣志[道光]　史8－59815
　　尉氏縣志[嘉靖]　史8－59813
　　尉氏留別詩　集5－39500
　　尉氏令鄭季宣碑　史8－63517、64594

肘

22 肘後備急方　子2－9111　叢1－223(32)、360
　　肘後偶抄　子2－4771(4)
　　肘後偶鈔　子2－10616

附

00 附方雜記　子2－9614
27 附修楊氏新五派支譜[江蘇無錫]　史5－
　　36810

7421₄ 陞

30 陞官圖　子3－18507

陸

00 陸庵所箸書三種　叢2－2190
　　陸廣微吳地記　史7－49307　叢2－730(12)、
　　767、836
　　陸文端公行狀　史2－10595
　　陸文端公榮哀錄　史2－10596
　　陸文安公(九淵)年譜　史2－11009～10、
　　11012、11340～1
　　陸文定公集　集2－8927
　　陸文裕公(深)榮哀錄　史2－8915
　　陸文裕公集　集2－7729,6－41935(4)
　　陸文裕公行遠集　集2－7728
　　陸文裕公行遠集、外集　集2－7727
　　陸文裕公續集　集2－7726

中國古籍總目·索引

陸文學集　集2-9399,6-41935(4)
陸文節公奏議　史6-48863～4　叢2-874
陸文慎公奏議　史6-49159
陸文慎公墨蹟　子3-15763
陸文慎公年譜　史2-12350
陸辛齋(嘉淑)先生年譜　史2-11701
02 陸端門自訂年譜　史2-11833
04 陸詩選　集1-3456
陸詩觀瀾集、無懷小集　集1-3441
07 陸詞切韻　經2-13628、15137
08 陸放翁詩　集1-3459、3463,6-41906
陸放翁詩選　集1-3457
陸放翁先生(游)年譜　史2-11005、11020、
11308　叢2-1488～9
陸放翁全集　叢2-698(10)
陸放翁全集(放翁全集)(劍南詩稿、渭南文
集、放翁逸稿、南唐書、齋居紀事、家世舊
聞)　集1-3434
陸放翁全集六種　叢2-1037
陸放翁劍南詩選　集1-3453
10 陸王二先生要語類抄　子1-102
陸疏廣證　經1-154
陸雪樵詩　集3-16486
陸雪莊詩稿　集4-24870
陸元烺(韞山)行畧　史2-9938
陸元恪草木蟲魚疏　經1-3805　叢2-730
(12)、836
陸平潘氏續修宗譜[江蘇宜興]　史5-
39770
陸平原集　集1-348～9,6-41694、41698
叢1-183
陸天池南西廂記　集7-49786
陸天隨詩集　集1-1657
陸賈新語　子1-42
11 陸麗京雪罪雲游記　史1-1995
陸麗京雪罪雲遊記　叢2-611
陸張從祀錄　叢1-375
陸張合刻　集6-41977
17 陸子　子1-16、19、25、351,4-19831～2、21197
叢2-730(6)、731(10)、774(9)、775(5)
陸子新語　子1-40～1、44、48、353、355
陸子新語(新語)　子1-352
陸子新語校注　叢2-628
陸子重光集　集1-3733
陸子學譜　子1-730
陸子全書十八種　叢2-1334
陸子年譜　史2-11732
陸子餘集　集2-8332　叢1-223(65)
陸子餘集、拾遺　集2-8333
陸君啓先生評選唐宋四大家　集6-41709
陸君啓先生易畧　經1-852

18 陸務觀文鈔　集6-41794
陸務觀先生四六　集1-3468
陸務觀七律鈔、補鈔　集1-3450
20 陸舫詩草、補遺　叢2-1235
陸舫詩鈔　集3-21714
21 陸盧龍集　集2-9533,6-41935(2)
陸貞山集　集2-8331,6-41935(2)
22 陸川縣志[乾隆]　史8-61344
陸川縣志[民國]　史8-61345
陸豐縣鄉土志[民國]　史8-61003
陸豐縣志[乾隆]　史8-61002
陸鼎文行畧　史2-10251
陸巢雲先生驗封礦洞紀畧　集3-17550
23 陸參政文集　集2-7040
陸狀元增節音註精議資治通鑑、目錄　史
1-1099
陸稼書(隴其)年譜　史2-11005、11734
陸稼書文集　叢1-213
陸稼書先生文集　叢1-214,2-731(45)
陸稼書先生松陽鈔存　子1-1407　叢1-
214
陸稼書先生四書講義遺編　經2-10615
陸稼書先生問學錄　叢1-214
陸稼書先生問學錄(問學錄)　子1-1405
陸稼書先生年譜　史2-11729
陸稼書先生年譜定本　史2-11730
24 陸射山詩餘(射山詩餘)　集7-46818
陸射山詩鈔、詩餘　集3-14255
陸射山詩鈔、燕台媵稿　集3-14254
陸射山七律詩鈔　集3-14259
陸先生詩筌　經1-3881
陸先生道門科畧　子5-29530(22)、30715
陸侍御公傳　史2-9205
25 陸生口譜　子5-25260～1　叢2-1280
陸績周易述　經1-2321　叢1-300
26 陸吳州集　集3-13811
陸程集　集3-14830
27 陸象山稿　集1-3740,6-45336
陸象山先生(九淵)年譜　史2-11005
陸象山先生文集　集1-3726
陸象山先生集要　集1-3734～6
陸象山先生集節要　集1-3737　叢1-394
陸象山先生尺牘(陸象山尺牘)　集1-3739
陸象山先生全集　集1-3725　叢2-698(6)
陸象山先生全集(陸象山先生文集)、校勘
記、象山陸先生年譜、少湖徐先生學則
辨、陸梭山公家制　集1-3727
陸象山年譜節要　史2-11339
陸魯望文集　集1-1659
陸魯望文集、續補　集1-1661

陸魯望文鈔　集1-1660,6-41794
陸魯望先生笠澤叢書　集1-1666
陸魯望先生笠澤叢書、補遺　集1-1667
陸包山詩　集2-8385
陸包山先生遺稿　集2-8386
29 陸秋丞(乃普)行述　史2-10100
30 陸宣公(贄)年譜　史2-11005、11009、11185
陸宣公文集　集1-1195　叢2-731(44)
陸宣公文選　集1-1208
陸宣公集　集1-1195、1198~200　叢1-576
陸宣公集(陸宣公全集)　集1-1197
陸宣公墓古柏重青詩選　集3-19613
陸宣公中書奏議　史6-48098
陸宣公奏議　史6-48104~5
陸宣公奏議、年譜輯畧　史6-48106
陸宣公奏議選　集6-41798
陸宣公奏議願學編　史6-48107
陸宣公年譜輯畧　史2-11183
陸涼州志[道光]　史8-62411
陸涼州志[乾隆]　史8-62410
陸家花園　集7-50757
陸客集　集2-10174,6-41935(5)
陸良縣志稿[民國]　史8-62412
陸密菴文集、錄餘、詩　集3-13956
32 陸澄地理書抄　叢2-767
陸澄地理書鈔　史7-49307、49359
陸巡日記(清光緒九年)　史2-12774
33 陸冶齋稿　集2-7015,6-45336
陸補闕詩集、補遺、陸補闕世羪　集1-1656
34 陸沈叢書四種　史1-1976
陸沈園集驗方　子2-10087
35 陸清獻公(隴其)菰嘉遺蹟　史2-9352~3
陸清獻公(隴其)年譜　叢1-299~300
陸清獻公(隴其)年譜、補遺　叢1-574(2)
陸清獻公(隴其)年譜定本　叢1-483
陸清獻公(陸隴奇)年譜、補遺　史2-11731
陸清獻公讀禮志疑　叢1-300
陸清獻公宰嘉訓俗(宰嘉訓俗)　子1-2049
陸清獻公治嘉格言　叢1-534,2-724
陸清獻公治嘉格言(治嘉格言)　子1-2047
陸清獻公治嘉格言、先哲戒色格言　子1-2048
陸清獻公日記　史2-12570
陸清獻公日記(清順治十四至十五年、康熙五至六年、八至九年、十一至十四年、十六至十七年、十九至三十一年)　史2-12568
陸清獻公日記、首(清順治十四年至康熙三十一年)　史2-12569
陸清獻公呻吟語疑　叢2-1140

陸清獻公年譜原本　史2-11733
陸清河集　集1-356~7,6-41694、41698
36 陸渭南書牘　集1-3467
37 陸湖峯詩集　集1-5490,6-41780
陸湖遺集　集5-39354
陸湖老漁行吟草　集5-39353
陸潤庠家書　集5-36880
陸次山集　集4-28688
陸祠觀禮詩紀　史7-51767
陸軍部咨會奏監國攝政王禮節由　史6-42212
陸軍部奏定巡防隊暫行章程　史6-45240
陸軍部奏定改訂陸軍小學堂章程　史6-45221
陸軍論說　子7-36240(3)
陸軍經理　子7-36893
陸軍審判試辦章程施行細則　史6-45236
陸軍軍制綱領　子7-36924
陸軍考　子7-36240(3)
陸軍老三國歌　集7-53213
陸軍教育摘要　子7-36923
陸軍學及水師學考　子7-36240(5)
38 陸游詩　集1-3447,6-41772
40 陸九芝先生遺稿七種　叢2-1893
陸太恭人(謝綬章妻)行述　史2-10201
陸太常集　集1-549~50,6-41694、41698
陸士龍文集　集6-45081　叢2-635(6)
陸士龍文集(陸士龍集)　集1-358
陸士龍文鈔　集6-41794
陸士龍集　集1-355,6-41695~7、41699、41767　叢1-223(47),2-698(8)
陸士龍集校　集1-359　叢2-2004
陸士衡(機)年譜　史2-11143~4
陸士衡文集　集6-45081　叢1-265(4),2-635(6)
陸士衡文集、札記　集1-351　叢1-380
陸士衡文鈔　集6-41794
陸士衡集　集1-347、350,6-41695~7、41699、41767　叢1-182,2-698(8)
陸士衡集、札記　叢2-731(39)
陸士衡集佚文　集1-353　叢2-777
陸士衡集校　集1-352　叢2-2004
陸塘初稿　集6-44957
陸右丞(秀夫)蹈海錄　史2-8794
陸右丞蹈海錄　史2-8795　集6-44003　叢1-580,2-806
42 陸桴亭先生文集　集3-13638　叢1-483
陸桴亭先生詩集　集3-13637
陸桴亭先生遺書二十一種附一種　叢2-1268
陸桴亭思辨錄輯要　叢1-214,2-731(13)

陸桴亭思辨錄輯要(思辨錄輯要)　子1-
　　1325
陸桴亭思辨錄輯要前集　子1-1326
陸機疏考正　經1-4145
陸機要覽　子4-19819~20　叢1-22(10)、
　　23(9)、29(2)、2-617(2)
43 陸梭山公家制　集1-3727
44 陸蓋思巢青閣詩、巢青閣偶集詩　集3-
　　16309
陸地電線考　子7-36240(3)
陸地仙經　子2-7143、11197
陸地戰例新選　子7-36249~50、36911
陸夢龍集　集2-12862
陸莊陸氏宗譜[江蘇武進]　史4-32630
陸莊簡公掌銓疏畧　史6-48295
陸葛堂試帖　叢2-1002
陸葉氏宗譜[安徽潛山]　史4-32681
陸葉氏宗譜[安徽桐城]　史4-32680
陸菊隱先生文集、詩集　集3-13954
47 陸鶴源先生箴言　子1-2576
48 陸翰林集　集3-16538
陸敬身全集(霜鏡集、悟香集、舲草、台宕
　　遊、再來草、三全韻、雙素影、四課、辟塵
　　集、開化遊、清溪小草、明山遊籍、補陀遊
　　記、青翰吟、潞草、小物)　集2-10763
50 陸肅武將軍(洪濤)年譜　史2-12420
陸忠烈公(秀夫)年譜　史2-11379
陸忠烈公遺集　叢2-807
陸忠烈公書　集1-4436、6-43118
51 陸批四書　經2-10963
55 陸費伯鴻先生(逵)年譜　史2-12497
56 陸操新義　子7-36241、36905
58 陸拾甲子書　子1-4265
60 陸圓沙稿　集6-45336
61 陸顒傳　叢1-56
67 陸路通商章程　史6-44034~5、44050~2
　　叢1-445
71 陸隴其議據稿　集3-15154
72 陸氏六種合刻　叢2-1023
陸氏六支家譜[江蘇蘇州]　史4-32646
陸氏詩廣要　經1-3847
陸氏詩疏廣要　叢1-223(6)
陸氏族譜[浙江紹興]　史4-32670
陸氏譜稿　史4-32690
陸氏三傳釋文音義　經1-88、8105
陸氏三世醫驗(習醫鈐法)　子2-10488
陸氏要覽　叢2-774(10)
陸氏經典異文輯　經1-82、2-11950　叢1-
　　515、2-731(24)
陸氏先德錄　叢2-909
陸氏先德錄[江蘇吳江]　史4-32651

陸氏傳家集十六種附一種　叢2-909
陸氏家訓　叢2-1098
陸氏家訓(雲間陸文定先生家訓)　子1-
　　2139
陸氏家乘[浙江長興]　史4-32663
陸氏家制　子1-2099
陸氏家藏　史8-65251
陸氏家史　史4-32609
陸氏宗譜　史4-32687~8
陸氏宗譜[上海]　史4-32610
陸氏宗譜[江蘇武進]　史4-32631
陸氏宗譜[江蘇蘇州]　史4-32642
陸氏宗譜[江蘇常州]　史4-32627
陸氏宗譜[浙江海鹽]　史4-32666
陸氏宗譜[湖北通城]　史4-32685
陸氏漁獵　子4-20469
陸氏大宗世譜[上海崇明]　史4-32615~6
陸氏南唐書、南唐書音釋　叢1-223(23)
陸氏支譜[浙江湖州]　史4-32660~1
陸氏薵門支譜[江蘇蘇州]　史4-32645
陸氏草木鳥獸蟲魚疏疏　經1-4146　叢1-
　　439
陸氏世譜　史4-32608
陸氏世譜[上海崇明]　史4-32612~4
陸氏世譜[江蘇]　史4-32617
陸氏世譜[江蘇蘇州]　史4-32638、32644
陸氏世譜[江蘇無錫]　史4-32632~5
陸氏世系譜[浙江湖州]　史4-32662
陸氏世系表[上海]　史4-32611
陸氏世德紀[廣東]　史4-32686
陸氏東甌掌錄　子4-23296
陸氏易解　經1-274、277、2331　叢1-223
　　(2)
陸氏異林　子5-26815
陸氏周易音義異文、補遺　經1-2286
陸氏周易述　經1-33
陸兵槍學　子7-36229
75 陸陳兩先生詩文鈔　集6-41758
77 陸學齋史塵　史1-5813
陸學訂疑　子1-729　叢2-1063
陸學士雜著(陸文定公雜著)十種　叢2-
　　1098
陸學士先生遺稿　集2-10905
陸學士題跋　子3-14931　叢2-1098
陸母吳太夫人壽言　史2-10597
陸鷗安先生(擁書)暨顧太君行畧　史2-
　　10584
80 陸公(元鼎)行狀　史2-10560
陸公紀京氏易傳註　叢2-730(12)、836
陸公紀京氏易傳注　經2-2345
陸公紀易解　叢2-730(12)、836

88 陸笈泉醫書　子2-5053　叢2-809
　　陸簣齋文集　集2-10175
90 陸堂詩集　叢2-1381
　　陸堂詩學　經1-80、3989
　　陸堂詩學、讀詩總論　叢2-1381
　　陸堂集(陸堂文集、詩集、詩續集)　集3-
　　　17424
　　陸堂集(陸堂經學叢書)六種　叢2-1381
　　陸堂經學叢書　經1-80
　　陸堂易學　經1-80、1166　叢2-1381
　　陸尚寶遺文　集2-8958　叢2-607
97 陸燿奏稿　史6-48758

7422₁ 隋

90 隋堂摘藁　集2-8739

7422₇ 勵

00 勵齋詩草　集5-36176
40 勵志齋叢書八種　叢1-231
　　勵志雜錄　子1-1560　集3-17746　叢1-
　　　581
　　勵志軒古今詩鈔　集4-31666
　　勵志軒賦鈔　集4-31667
　　勵志錄　子1-110、1537
51 勵耘書屋叢刻八種　叢2-2240
77 勵學編　子1-2417
　　勵學室詩存　集4-32648
　　勵學篇　叢2-811
　　勵學篇千字文　叢1-276

肋

50 肋未孫子經　子7-35123

隋

00 隋唐刻石拾遺、關中金石記隋唐石刻原目
　　　叢1-558
　　隋唐五代小簡精選、仙釋小簡精選　集6-
　　　42988

隋唐石刻拾遺　史8-64677
隋唐石刻拾遺、關中金石記隋唐石刻原目
　　史8-64678、叢2-877
隋唐佚事　史1-2394
隋唐傳　集7-51272
隋唐以來官印集存、補遺、附錄　史8-
　　63506、65058
隋之際月表　史1-10(4)、4759
隋唐演義圖　子5-28026
隋唐嘉話　史1-1914　子4-22841、5-
　　26218、26221　叢1-11～2、17、19(5)、21
　　(5)、22(6)、23(6)、24(6)、38、95～6、255(1)、
　　2-624(1)、730(2)
隋唐嘉話錄　叢1-180
隋唐兵符圖錄　叢1-588
隋唐兵符圖錄附說　叢1-588
隋文紀　集6-41793、43233　叢1-223(70)
04 隋諸王世表　史1-10(4)、4756
10 隋丁道護啓法寺碑　史8-63501、64679
　　隋天台智者大師(智顗)別傳　史2-8538
　　隋天台智者大師別傳　子6-32088(41)、
　　　32090(64)、32091(62)、32093(51)
21 隋經籍志考證　史1-639～43　叢1-403、
　　　410、2-2063
22 隋巢子　子4-19519～21　叢2-774(10)、
　　　775(5)
27 隋衆經目錄　史8-66320　子6-32091(63)、
　　　32092(41)
　　隋將相大臣年表　史1-10(4)、4757
　　隋名臣奏議選　史6-47769
28 隋徐智竦墓志考　史8-64681
32 隋州郡圖經　史7-49308
35 隋遺錄　史1-1914　叢1-2～4、6、9～10、19
　　　(11)、20(8)、21(10)、24(11)、95、2-730(2)
42 隋姚恭公墓志　史8-63501、64680
44 隋地理志圖　史7-49313、49485
50 隋史斷　史1-5882　叢1-195(1)
　　隋書　史1-11～4、16～7、629　叢1-227(5)
　　隋書、考證　史1-20、630　叢1-223(17)、2-
　　　698(3)
　　隋書、考異　史1-15、631
　　隋書經籍志　史1-638、8-65262　叢1-
　　　569、2-673、731(1)
　　隋書經籍志補　史1-10(4)、645
　　隋書經籍志考證　史1-10(4)、644、8-
　　　65255～6
　　隋書札記　史1-26、646
　　隋書地理志、考證　史1-632、7-49311
　　隋書地理志考證　史1-635
　　隋書地理志考證、補遺　史1-10(4)、636
　　隋書斠議　史1-25、647

隋書四夷傳地理考證　史1-637,7-49310
71 隋區宇圖志　史7-49307～8
80 隋前人物類記　史1-5239,2-6214
96 隋煬帝集　集1-645～7,6-41694、41698～9、
　　41767

7423₁ 肰

88 肰餘集　集5-33779

7423₂ 膝

30 膝寓信筆　子4-21009　叢2-937
65 膝嘯文二集、詩二集　集3-16713
　膝嘯文集、詩集　集3-16712
　膝嘯文集、詩集、集唐　集3-16711

隨

00 隨庵文集　集3-18064
　隨庵詩稿　集3-14478
　隨庵遺稿　集5-37818
　隨庵所藏龍門造象拓片目　史8-64772
　隨庵所見善本書目、雜錄　史8-65391
　隨意吟　集3-17760
　隨意吟草　集4-27461
　隨意錄　叢1-31
02 隨證分治　子2-7279
10 隨五吟　集3-19932
　隨天廬詩鈔　集5-41164
20 隨手雜錄　叢1-19(8)、20(6)、21(9)、22(8)、
　　23(8)、24(11)、195(5)、223(44)、244(2)、2-
　　735(3)
　隨手登記　子3-12863
　隨手通　叢2-720(5)、1252
　隨手札記　叢2-2094
　隨手煙雲(清同治十三年至光緒六年)　史
　　2-12805
21 隨何賺風魔蒯徹雜劇　集7-48774(7)
　隨何賺風魔蒯通雜劇　集7-48767(4)、
　　48996　叢2-698(14)
　隨便謳　叢2-2270(4)
22 隨鑾紀恩　史1-4470,7-49316、49318(2)、
　　49338
　隨山宇方鈔　子2-9854　叢1-423

隨山宇方鈔甲編　叢1-520
隨山書屋詩存　集4-25421
隨山館詩簡編　集5-34878
隨山館詞　集7-46434、48053
隨山館詞稿、續稿　集7-48052　叢2-1972
隨山館集(隨山館猥稿、續稿、詞稿、續稿、
　叢稿、無聞子、松煙小錄、旅譚、隨山館尺
　牘)　集5-34877
隨山館叢稿　叢2-1972
隨山館猥稿、續稿　叢2-1972
隨山館尺牘　叢2-1972
隨山館全集七種附刻三種　叢2-1972
隨巢子　子1-18、20
23 隨俟書屋詩集(雪鴻小草、借園吟稿、澄齋
　詩鈔)　集4-24276
25 隨使日記　史7-49317(2)、49318(17)、54143
　隨使隨筆(清光緒三十一年)　史2-13204
26 隨自意三昧　子7-33818
　隨自意三昧、觀心誦經法　子7-33819
　隨息居霍亂論　子2-4771(2)
　隨息居飲食譜　子4-18956
27 隨鄉讀韻　經2-14181
　隨綠集　集4-28176
　隨綠詩草　集4-29942
　隨綠詩草初草　集4-32329
　隨綠集　集3-15398
　隨綠便錄　子2-4694、9791
　隨綠樂　集7-52481
　隨綠草堂文稿　集3-13975
　隨綠日錄　叢2-1524
30 隨宜安葬訣　子4-24361
　隨扈紀行詩存　集5-39649
　隨適齋吟草　集5-36398
　隨安廬集　集4-32069
　隨安子(謝文衡)六秩壽言　史2-10802
　隨安山館詩草　集5-36356
　隨安居詩鈔　集4-32268
32 隨州志[康熙]　史8-60375
　隨州志[乾隆]　史8-60376
　隨州志[同治]　史8-60377
　隨州八景圖考　史7-51470
40 隨在集　集2-10930
　隨志　叢2-630
　隨志[嘉靖]　史8-60374
　隨喜庵集　史7-49354　集3-13015　叢2-
　　832(1)
　隨喜盦集　叢2-970
42 隨獵詩草　集3-19934
　隨機應化錄　子5-29530(21)、29562、31982
　隨機應化錄(何道全)　史2-8822

43 隨求即得大自在陀羅尼神咒經　子6-32083(13)
44 隨菴詩草　集2-6877
　隨村先生遺集　集3-17622　叢2-1288
　隨村先生遺集(剩圃詩集)　集3-17621
　隨村先生遺集、家風述畧　集3-17623
46 隨相論　子6-32081(38)、32082(17)、32083(25)、32085(36)、32086(41)、32088(26)、32089(45)、32090(52)、32091(50)、32092(34)、32093(30)
48 隨槎日記　史7-54202
51 隨軒詩存、續存　集4-29397
　隨軒載筆第六種　子4-23448
　隨軒金石文字九種　史8-63647
53 隨感錄　叢2-944
55 隨輦集、續集　叢2-1353～4
56 隨扣詩草　集3-17471
57 隨軺雜錄　子4-23644
　隨軺集　史7-54100　集5-33818
　隨軺紀遊吟草　集5-35860
　隨軺游紀初集　史7-54101
　隨軺遊紀續集　史7-54102
　隨軺載筆(清道光二十六年至光緒十三年)　史2-12831
　隨軺日記(清光緒十六年)　史2-13188
　隨軺筆記　史7-54099、54411
　隨軺小牘　叢2-2056
60 隨園(袁枚)八十壽言　史2-9513
　隨園病餘草　集3-19248
　隨園文鈔　集3-19249,6-42064
　隨園詩話　叢1-373(6)
　隨園詩話、補遺　集6-45970　叢2-1459～60
　隨園詩話補遺　集6-45971
　隨園詩話摘豔　集6-45972
　隨園詩話摘抄　集6-45973
　隨園詩集　集3-19245
　隨園詩稿　集3-20302～3
　隨園詩草　集3-19246,20305
　隨園詩草、禪家公案頌　集3-19247
　隨園三十種　叢2-1459
　隨園三十八種　叢2-1460
　隨園瑣記　子4-24495～6,24615　叢1-496(5),2-752,1460
　隨園手翰　集3-20322
　隨園集外詩　集3-20312
　隨園先生(袁枚)年譜　史2-11863
　隨園女弟子詩選　叢2-1459～60
　隨園老人奇異錄　子4-24297
　隨園老人食單　子4-18951
　隨園史論　叢1 330

　隨園軼事　子5-26744
　隨園圖　叢2-1460
　隨園雅集圖題詠　叢2-746
　隨園隨筆　子4-24295～6　叢1-373(5),2-1459～60
　隨園駢體文注　集3-20319
　隨園八十壽言　史2-9514　叢2-1459～60
　隨園食單　叢1-373(7),2-1459～60
　隨園食單(隨園老人食單)　子4-18950
64 隨時問學　叢2-1208
　隨時問學再集　子1-1259　叢2-1209
　隨時錄　史1-4060
68 隨吟草　集5-35091
　隨吟小草　集4-26477
72 隨隱漫錄　子4-20200～1　叢1-17、19(2)、20(1)、24(2)、31、99～101、134、223(45)、2-622、652、735(4)
　隨隱漫筆　叢1-21(2)
77 隨月讀書樓詩集　集3-20609
　隨月讀書樓集　集6-44978
　隨月草堂詩集　集3-20813
　隨闇先生集　集2-6400～2
　隨鷗草　集2-11787
80 隨盦徐氏叢書、續編　叢1-519
　隨盦所著書四種　叢2-2205
88 隨筇集　集3-17511
　隨筆　史1-3～4,5499　子4-20984　叢1-19(12)、20(10)、21(11)、24(12)、385、405
　隨筆、二筆　子4-20985
　隨筆雜記　子4-23532　叢2-1584
　隨筆雜錄　子4-22043
　隨筆記錄　子5-26576
　隨筆集　集4-29820
　隨筆兆　叢1-64,2-730(5)、731(15)
　隨筆兆紀　叢1-62
　隨筆漫記　史1-3001　叢1-272(5)
　隨筆草　集3-13818
　隨筆抄可　叢1-153
　隨筆所到　子2-10757
　隨筆錄　叢2-1368、2028
　隨筆小史　子4-23924

7423₈ 陝

02 陝刻書籍一百種　史8-66444
10 陝西靈州鹽法考　史6-43806
　陝西碑目　史8-64092
　陝西秋審榜示(道光四年至六年)　史6-

　　　　46168
　　陝西官書局書目　史8-66445
　　陝西境内漢江流域貿易稽核比較册　史6-
　　　　44002
　　陝西南山谷口考　史7-49315、52674
　　陝西地畧　史7-51145
　　陝西考畧　史7-49317(1)、49318(2)、51144
　　陝西釐稅章程　史6-43641
　　陝西四鎮圖說　史6-45671
　　陝西省更名賦役全書　史6-43759
　　陝西省西安布政司賦役全書　史6-43755～6
　　陝西省屯衞役全書　史6-43757
　　陝西省屯糧賦役全書　史6-43754
　　陝西省賦役全書　史6-43751～3、43758
40　陝境漢江流域貿易稽核表　史6-44003
44　陝甘諸山考　史7-49317(4)、52655
　　陝甘總督奏稿　史6-47962
　　陝甘味經書院志　史7-52134

陝

10　陝西商州直隸州鄉土志[光緒]　史8-
　　　63064
　　陝西文武各官等支款章程　史6-43358
　　陝西宜川續志[民國]　史8-62744
　　陝西額兵練兵及各署壯役等支款章程　史
　　　6-45314
　　陝西清理財政說明書二編　史6-43359
　　陝西洛川縣鄉土志[光緒]　史8-62742
　　陝西通志[雍正]　史8-62667　叢1-223
　　　(24)
　　陝西通志[康熙]　史8-62665～6
　　陝西通志[嘉靖]　史8-62663
　　陝西通志[萬曆]　史8-62664
　　陝西臺靈神師祕傳拳術　子1-3669
　　陝西南山谷口考　叢2-829
　　陝西志輯要[道光]　史8-62668
　　陝西右布政使備兵靖邊道畢公生祠記　史
　　　2-9055
　　陝西地畧　史7-49318(20)
　　陝西全省同官錄　史3-23785
21　陝衞治畧　史6-41930
32　陝州衡齋二十一咏印章　子3-17413
　　陝州直隸州續志[光緒]　史8-59591
　　陝州直隸州志[光緒]　史8-59590
　　陝州志[順治]　史8-59586
　　陝州志[萬曆]　史8-59585
37　陝洛日記　叢1-29(7)
40　陝境漢江流域貿易稽核表　叢2-829

　　陝右奏議　史6-48793
44　陝甘諸山考　史7-49318(8)
　　陝甘總督任内奏稿　史6-48895
　　陝甘味經書院志　叢2-829
　　陝甘味經書院志、藏書目錄　叢2-2041
　　陝甘味經書院藏書目錄　史8-65530
　　陝甘興地紀畧　史7-49736
62　陝縣志[民國]　史8-59592
90　陝省各府廳州縣宣統三年歲入歲出款目豫
　　　算表式並例言解說　史6-43360

7424₇　膝

22　膝仙遺詩　集5-39419

陂

10　陂下市王氏纂修族譜[湖南攸縣]　史4-
　　　25466
11　陂頭文氏四修族譜[江西萍鄉]　史4-
　　　25675
　　陂頭蕭氏集據[江西萍鄉]　史5-39960
　　陂頭蕭氏四修族譜[江西萍鄉]　史5-
　　　39963
77　陂門集　集2-8955、6-45094
　　陂門山人集　集2-8954

陵

12　陵水縣志[康熙]　史8-61491
　　陵水縣志[乾隆]　史8-61492
22　陵川集　集1-4774、4776　叢1-223(59)、
　　　227(10)
　　陵川宗約　史6-47482
　　陵川縣志[康熙]　史7-55719
　　陵川縣志[乾隆]　史7-55720～1
　　陵川縣志[民國]　史7-55723
　　陵川縣志[光緒]　史7-55722
30　陵寢規制　史6-46562
43　陵城唱和詩集　集4-26173
44　陵者煤礦公司集股章程　史6-44810
　　陵苕館續刻五種　史8-63519
62　陵縣續志[民國]　史8-59089
　　陵縣鄉土志[光緒]　史8-59090

陵縣志[康熙]　史8-59086
陵縣志[道光]　史8-59087
陵縣志[光緒]　史8-59088
76 陵陽詩鈔　集1-3018,6-41900
陵陽集　集1-4382　叢1-223(54)
陵陽集補鈔　集1-3019,6-41901
陵陽山人詩鈔　集3-20006
陵陽獻徵錄　史2-8119
陵陽先生詩(陵陽集、陵陽先生集、陵陽先
　生詩集)　集1-3016
陵陽先生詩、校勘記　集6-41907
陵陽先生詩集、校勘記　集1-3017
陵陽先生集　叢2-843
陵陽先生集(牟氏陵陽集、陵陽集)　集1-
　4381
陵陽先生室中語　叢1-19(7)、20(5)、24(8)
陵陽室中語　集6-45628　叢1-22(5)、23
　(5)、374
陵陽寧氏宗譜[安徽石臺]　史5-38777
陵陽別言　集3-18604

　　　　骸

20 骸稿　集6-41744、41895、41897～8、41912、
　41917
44 骸藁　集1-4302,6-41745～6、41888、41891～
　3、41894(3)、41904、41923

7425₃ 臟

70 臟腑正伏側人明堂圖四幅　子2-10325
臟腑經絡摘要　子2-10362
臟腑經絡指掌、補遺　子2-10351
臟腑經絡輯要　子2-10363
臟腑經絡圖注　子2-10355
臟腑總綸經穴起止　子2-10347

　　　　臟

27 臟象表三種　子2-5241
70 臟腑辨論　子2-4591
臟腑證治圖說人鏡經　子2-5935
臟腑證治圖說人鏡經(壽世內鏡圖說)、續
　錄　子2-5936

臟腑經絡指掌、補遺　子2-5955
臟腑各圖　子2-4707
臟腑標本藥式　子2-4727、4749
臟腑圖說　子2-4707、4741、5948
臟腑全圖　子2-4741
臟腑性鑒　子2-4587、5940

7426₀ 骭

75 骭髏格、辯音連聲歸母捷法　集7-54657

7428₁ 陡

00 陡臺黃氏宗譜[浙江紹興]　史5-33787

7431₁ 駞

21 駞征集　集3-19119

　　　　驍

74 驍騎將軍王銘公行實　史2-8829

7431₂ 馳

47 馳報軍書　史1-4141

7432₁ 騎

21 騎步射法　子1-3048
72 騎兵斥侯答問　子7-36927
88 騎竹馬灸法　子2-10239
90 騎省集　叢1-223(50)、227(9)、2-698(9)
騎省集補鈔　集1-1837,6-41901
騎省集鈔　集1-1835～6,6-41900、41908

7433₀ 慰

17 慰聊雜誌　叢2-1437
　　慰聊雜誌等三種　叢2-1437
55 慰農瑞公行畧　史2-9886

7434₀ 駁

10 駁正朔考　子3-12691　叢2-1941
　　駁五經異議、補遺　叢1-388～90、515
　　駁五經異義　經1-31
　　駁五經異義、補遺　經2-11402～3　叢1-
　　　223(12)、241、260～1、2-665、731(5)
　　駁五經異義疏證　經2-11408
11 駁張謇君改革全國鹽政計劃書條議　史6-
　　43789
20 駁毛西河四書改錯　經2-10813
30 駁案新編　史6-46227、46230
　　駁案集成　史6-46233
　　駁案續編　史6-46228、46230
　　駁案彙編　史6-46229～30
　　駁案成編　史6-46226
36 駁漫錄評正　子4-20700
50 駁春秋名字解詁　經1-7983
60 駁呂留良四書講義　經2-10673
80 駁金石萃編條記　史8-63591

7472₇ 勘

28 勘儀糾謬、集　經1-6071

7520₆ 陣

27 陣紀　子1-3081、3089、3278　叢1-223(32)、
　　273(4)、275、347、360、377、394、2-731(19)
34 陣法十三解　叢2-1175
　　陣法直指　叢1-367
　　陣法考、戎政要書　子1-3750
　　陣法馬步射法棍法　子1-3030
50 陣中必須　子1-3407
60 陣圖　子1-3752

7521₈ 體

00 體玄真人(王處一)顯異錄　史2-8769
　　體玄真人顯異錄　子5-29530(12)、31833
02 體訓堂遺詩　集5-37745
06 體親樓初稿　集4-30626
08 體論　子4-19798
21 體仁要術　史2-6822
　　體仁要術、戒殺三記　子7-34574
　　體仁彙編(重刊體仁彙編)　子2-4845
　　體仁堂心算會通、天代入門捷法　子3-
　　12629
　　體仁堂頤世方書　子2-9463
23 體稽命徵、補遺　經1-174
25 體生集　子2-8219
　　體積分劑　子7-36248
27 體物一斑　子4-19349
　　體物草　集4-27727
28 體微齋遺編語錄、詩　子1-1854　叢2-
　　1970
　　體微齋遺編三種　叢2-1970
　　體微齋日記錄存　叢2-1970
　　體微齋日記錄存(清道光三十年至咸豐四
　　年)　史2-12816
30 體宗寧禪師語錄　子6-32091(81)
40 體真山人性命要旨、葆真山人養性編　子
　　2-11104
　　體真心易　子2-11105
56 體操法　子7-38008
57 體撰錄　叢2-2207
77 體用十章　子7-37807
　　體學易知　子7-37806
90 體常壽禪師語錄　子7-34387
95 體性圖說　子7-36228(4)、37801

7522₇ 肺

00 肺病問答　子7-37843
　　肺癆病預防法　子7-37844
　　肺癆預防及治療法　子2-7230
22 肺山文存　集5-37856
　　肺山詩存　集5-37855

7523₃ 尜

60 尜園經說　經2-11570　叢1-526
77 尜民遺文　集5-41055

7529₆ 陳

00 陳鹿翁墨蹟　子3-15623
　陳方七局　子3-18097
　陳庶常遺集　集2-11692
　陳慶年補　叢2-806
　陳慶笙文集　集5-39848
　陳慶笙文集補遺　集5-39849
　陳廣敷詩文鈔　集4-23552
　陳文正公文集　集1-3249
　陳文正公家乘[江西弋陽]　史4-33241
　陳文紀　集6-43229　叢1-223(70)
　陳文定公澹然遺書全集(重刻澹然先生文
　　集、詩集、澹然先生年譜、儷喦、附錄)
　　集2-6580
　陳文恭白沙集　集2-6952
　陳文恭公手劄節要　集3-19083
　陳文恭公書牘　集3-19086
　陳文恭公年譜　叢1-483
　陳文肅公遺集　集3-19461
　陳文忠公遺集　集2-12124
　陳文忠公奏議　史6-49154
　陳文岡(棐)從政始末　史2-8958
　陳文岡先生文集　集2-8703～5
　陳文節公(傅良)年譜　史2-11334　叢2-
　　867
　陳辛白先生(懷)年譜　史2-12476
　陳章侯畫博古牌(博古頁子)　子3-16403
　陳章侯人物册　子3-16600
　陳章侯會真記圖　子3-16604
　陳奕禧墨蹟　子3-15385
　陳讓泉先生雜著十種　叢2-1831
01 陳龍川文鈔　叢1-387
　陳龍川先生(亮)年譜長編　史2-11350
　陳龍川書牘　集1-3782
02 陳刻二種　子4-23729
　陳謠雜詠　叢2-741
　陳新政遺集二種附一種　叢2-2242
04 陳諸王世表　史1-10(4)、4738
05 陳靖質居士文集　集2 11832

07 陳記室集　集1-251,6-41694、41698　叢1-
　　183
　陳記室集(陳孔璋集)　集1-253
　陳謠雜詠　史1-2932　集2-11297
08 陳議郎集　集6-44904
10 陳一齋先生文集　叢2-613
　陳一齋先生文集、詩集　集3-18425
　陳一齋先生集　集3-18423
　陳一齋全集(客星山人所著書)五種　叢2-
　　1407
　陳二峯詩草　集5-34387
　陳三立詩鈔　集5-38448
　陳玉立詩　集2-12817,6-41943
　陳亹奮集　集5-37648
　陳元凱集　集2-10749
　陳元凱先生文集　集2-10750
　陳元祿自訂年譜　史2-12246
　陳雨峯集　集4-25312
　陳雨帆詩集　集5-35052
　陳天華集　集5-41214
　陳百生遺集　集5-36264
　陳石甫師述　史2-9539
　陳石閭詩　集3-18951
　陳石閭詩(居白堂集)　集3-18950
　陳可園先生(作霖)年譜　史2-12305
　陳靄公文鈔　集3-14181
　陳雲樓　集7-52262
11 陳北溪集　集1-3862　叢1-213
　陳北溪先生文集、補遺　集1-3863　叢1-
　　574(2)
　陳北溪遺書　叢1-387
　陳疆域圖　史7-49313、49471
　陳張散騎集　集1-599,6-41698
　陳張事畧　史1-2717　叢1-195(2)、269
　　(3)、270(2)、368
　陳張貴妃傳　史2-8539　叢1-587(6)
12 陳烈士遺集　集5-41528
　陳烈士芷江先生事畧彙志　史2-10884
　陳刑部什文　集5-39085
　陳孔璋集　集1-252～4,6-41699、41719～20
　　叢2-807
　陳副使遺稿　集6-41895
　陳副使遺薰　集1-1944～5
　陳副使遺薰　集6-41904
　陳副憲奏稿　叢2-706
14 陳琳救主(陳琳救主抱忠盒)　集7-52602
　陳確菴先生手藁　集3-13716
　陳確菴先生日記　叢2-641
　陳確菴先生年譜　叢1-483
15 陳聘君海桑先生集　集2-5867、5869
　陳建安詩餘　集7-46814

17 陳羽詩集　集1-1193,6-41878
　陳了翁(瓘)年譜　史2-11274
　陳子高傳　叢1-168(2)
　陳子高遺詩、補遺、附錄　集1-3082　叢2-854
　陳子高遺稿　集1-3081,6-41895
　陳子文藪　叢2-2255
　陳子龍詩　集2-12567
　陳子旅書　叢1-206
　陳子要言　子4-19810～1　叢2-774(9)、775(5)
　陳子仙百局棋譜　子3-18095
　陳子仙圍棋百局　子3-18096
　陳子自述年譜、史論、雜文　史2-11643
　陳子萬辛酉雜鈔　子4-23469
　陳子瑢筭學稿　子3-12818
　陳子昂集　集6-41743、41839、41844～5
　陳子昂集(陳子昂詩集、陳射洪詩鈔)　集1-743
　陳子昂集(陳伯玉集)　集1-741
　陳子兼文稿　集2-8789
　陳子性藏書　子3-13515
　陳尹菴詩　集2-12538,6-41943
　陳那四論　子7-32763
　陳君舉稿　集1-3703,6-45336
　陳司業集(陳司業先生集)二種　叢2-1401
　陳司業先生集　集3-17966
　陳司業遺書　子4-21878
　陳司業遺書二種　叢2-653(2)
　陳翼叔詩集　集2-12715
　陳翼叔詩集、石棺集　叢2-886(3)
20 陳雋丞(士杰)行述　史2-10300
　陳鱣年譜　史2-11961
　陳季卿悟道竹葉舟　集7-48943
　陳季卿悞上竹葉舟雜劇　集7-48767(2)
　陳季卿悞上竹葉舟雜劇　叢2-698(15)
21 陳上年輯刻三種　經2-15113
　陳止庵致王諟尺牘　集5-36548
　陳止齋尺牘　集1-3702
　陳虛齋(榮昌)先生年譜　叢2-888
　陳虛齋詩選　集5-39577
　陳虛白先師規中指南　叢1-256
　陳虛白規中指南　子2-11006,5-29530(5)、29543、31248
　陳虛白規中指南(新刻規中指南、陳虛白先師規中指南)　子2-11008
　陳行鄉土志[民國]　史7-56394
　陳行卿集　集2-7410,6-41935(2)
　陳虞山琴溪二先生家書　集6-45073
　陳處士遺書三種　叢2-1244

陳比部遺集　集4-25990　叢1-419
陳師曾先生遺詩、補　集5-41303
陳師曾遺詩原稿　集5-41302
陳紫峯先生(琛)年譜　史2-11468　集2-7731
陳紫峯先生四書淺說　經2-10291
22 陳嵩伯詩集　集6-41878
　陳嵩伯詩集(晚唐陳陶詩、陳陶詩)　集1-1586
　陳後主集　集1-602～4,6-41694、41698～9、41767
　陳後山詩集　集1-2806,6-41779～80
　陳後山集選　集6-41712
　陳後山集鈔　叢2-1018
　陳後岡詩集、文集　叢2-845(3)
　陳後岡集　集6-41935(2)
　陳巖野先生集　集2-12508、12510,6-43118
　陳巖野先生全集　集2-12507
　陳幾亭詩　集2-12460,6-41943
　陳幾亭集　集2-12461
　陳山人集　集2-8702,6-41935(4)
　陳剩夫集　叢1-213
　陳剩夫先生集　集2-6759　叢1-214,2-731(41)
23 陳參議集　集2-8701,6-41935(2)
　陳允平詞　集7-46700
　陳獻孟遺詩　集3-15361　叢2-1011
24 陳射洪詩鈔　集1-743
　陳先生(士翹)行狀　史2-10468
　陳先生適適齋鑑鬚集　集2-11013
　陳德殘碑　史8-63501、64624
　陳侍講條陳辦理洋務六端　史6-47513
　陳侍御奏稿　史6-49189
　陳侍郎玉簡山堂集　集2-9965
　陳侍郎側室李恭人行狀　史2-10890
　陳侍郎奏議　史6-49006
　陳侍郎書劄　集5-34448
　陳勉齋(步賢)德政譜　史2-9738
25 陳仲醇詩　集2-10676
　陳仲醇先生詩　集6-41948
　陳仲醇先生詩集　集2-10677
　陳仲魚集　叢2-719
　陳仲英輶詞錄　史2-10519
　陳仲權遺著　集5-41501
　陳仲因遺詩　集6-44580
26 陳白沙集　集2-6947、6950,6-41935(1)　叢1-223(64)
　陳白沙稿　集2-6955～6,6-45336、45340
　陳白沙南嶽詩文　集2-6945
　陳白陽集　集2-7957,6-42044
　陳白陽花卉精白　子3-16508

陳白陽花草册　子3－16507
陳白陽墨花册　子3－16506
陳伯玉文集　集1－742、744　叢2－635(6)
陳伯玉文集(陳拾遺文集)　集1－746
陳伯玉文集、詩集、附錄(陳子昂詩文全集)
　集1－745
陳伯玉文鈔　集6－41794
陳伯玉集　集1－741,6－41824、41865、41867
27 陳修撰集　集1－3160,6－43118
陳修園方歌　子2－4757
陳修園方歌、吳鞠通方歌　子2－10047
陳修園先生晚餘三書　子2－4664
陳修園醫選　子2－4762
陳修園醫書二十一種　子2－4654
陳修園醫書二十三種　子2－4655
陳修園醫書二十四種　子2－4656
陳修園醫書二十八種(陳修園二十八種)
　子2－4657
陳修園醫書三十二種　子2－4659
陳修園醫書三十種　子2－4658
陳修園醫書五十種　子2－4661
陳修園醫書十六種　子2－4652
陳修園醫書十五種　子2－4651
陳修園醫書十八種　子2－4653
陳修園醫書七十二種　子2－4663
陳修園醫書七十種　子2－4662
陳修園醫書四十八種　子2－4660
陳衆仲文集(安雅堂集、安雅堂文集)　集1－
　5441
陳將軍歸骨記　史2 10507
陳將相大臣年表　史1－10(4)、4739
陳魯南雜著四種　叢2－1069
陳勾山(兆崙)年譜、陳勾山墓誌銘　史2－
　11851
陳綠崖詩　集3－13297
28 陳微君方案　子2－10705
陳徵君(世鎔)行述　史2－9822　叢1－269
　(3)、2－1729
陳徵君詩　集2－6061
陳徵士集　集2－8215
29 陳秋坪遺墨　集4－22728
陳秋坪日記(清嘉慶元年至十二年)　史2－
　12634
陳秋嚴詩集　集1－4963
陳秋門先生(光亨)年譜　史2－12127
30 陳寒山子文　集2－11856　叢2－851
陳安甫小草　集2－11377
陳宏謀家書　集3－19082
陳帝灣陳氏宗譜[江西萍鄉]　史4－33229
陳寄生圖書苑　子3－16916
陳定齋先生集七種　叢2 1431

陳定生先生遺書三種　叢2－798
陳定宇先生文集　集1－4934～5
陳定宇先生文集(定宇集)、別集、定宇先生
　年表　集1－4933
31 陳江陳氏五房五家譜[福建晉江]　史4－
　33219
陳福綏遺稿　集5－36274
32 陳州府職官備考　史3－23737
陳州府志[乾隆]　史8－60012
陳州集　集5－37415
陳州牡丹記　子4－19204　叢1－22(17)、23
　(16)、353、587(4)
陳州志[康熙]　史8－60011
陳州志[順治]　史8－60010
陳兆蘭詩選　集3－19781
陳巡撫行狀　史2－10301
33 陳心泉文稿　叢2－1002
陳心泉文稿(求在我齋制藝)　叢2－1873
34 陳澍芝遺著　集5－35506
陳沈兩先生稿　集6－42044
陳法直指　子1－3686
陳洪綬手稿　集2－12190
35 陳清端公文集　集3－16920～1
陳清瀾先生學蔀通辯　叢1－214
陳禮部文集　集4－25393
陳禮部集　集6－42007(1)
陳禮部稿詩(循陔集、含香集、附載酒集)
　集4－25392
36 陳迦陵文集、儷體文集、迦陵詞　集3－
　14646
陳迦陵文集、儷體文集、湖海樓詩集、迦陵
　詞全集　叢2－635(12)
37 陳澹然三種　叢2－2110
陳涵白詩　集2－12815,6－41943
陳祠部公(龍正)家傳　史2－9114
陳祠部公家傳　叢2－1210
陳選傳　史2－8873
陳選孝經集注　經2－8534
陳資齋天下沿海形勢錄　子1－3090
陳資齋天下沿海形勢錄、圖　史7－49710
　子1－3082
38 陳海樵律詩　集2－8450
陳滄洲集(浮石集、淮海集、秣陵集、胸山
　集、喝月詞)　集3－17299
40 陳大士稿　集2－11038,6－45336
陳大士先生集　集2－11035,6－44818
陳大士先生稿　集2－11037
陳大士先生未刻稿　集2－11036
陳大樽稿　集2－12572,6－45336
陳大樽先生集　集2－12569
陳太僕詩草　集3－19283

陳太僕批選八家文鈔(陳太僕評選唐宋八家文讀)　集6-41805
陳太史訂閱詩經旁訓　經1-3794
陳太史重訂百川學海一百七種　叢1-4
陳太史選評戰國策文範　史1-5071
陳太史昭代經濟言　集6-43955
陳太史無夢園初集　集2-11594、11596
陳太史無夢園初集十四集、遺集、家乘、小品　集2-11593
陳友諒傳　史1-1930~1
陳士巖稿　集4-33004
陳士業先生集(石莊初集、寒崖近稿、鴻桷集、鴻桷續集、恆山存稿、敦素堂留書)　集2-12175
陳士蘭先生醫案　子2-10645
陳士鐸所述醫書三種　子2-4628
陳培之先生日記(清同治六年至九年,十一年至光緒四年)　史2-12899
陳培之自訂年譜　史2-12261
陳克齋集　叢1-213
陳克齋先生集　集1-3967~8　叢1-214、2-731(40)
陳克齋先生集(克齋集)　集1-3966
陳布衣集句　集2-8861
陳希夷玄機中萃　子5-29540、31120
陳希夷先生心相篇注　叢2-724
陳希夷心相編　子4-20010　叢1-405
陳希夷坐功圖　子2-11144、11181　叢1-37、119~20
陳古白先生雜錄　子4-23946
陳古銘先生遺詩　集3-18420
陳壽三國志札記　史1-459
陳去疾詩　集6-41882
陳木叔詩　集2-11852,6-41943
43 陳榕門先生遺書補遺　叢2-1388
陳榕門先生遺書十二種附一種　叢2-1388
陳榕門先生年譜　史2-11843　叢2-1388
陳榕門四書章句集註(大學章句、中庸章句、論語集註、孟子集註)、審音辨體考異　經2-10730
44 陳墓鎮志[乾隆]　史7-56980
陳薑亦詩選　集3-13840,6-44580
陳藍洲致楊葆光遺墨　集5-36550
陳藍洲致陶模墨迹　集5-36549
陳夢琴(希恕)墓誌銘、陳養吾(希恕)家傳、陳夢琴文學誄、婦翁陳先生治疾記、夢琴府君(希恕)行畧　史2-9837
陳夢梅詩文集　集5-38738
陳荷天詩稿　集3-16252
陳蘭甫未刊稿　集4-31851

陳蘭甫未刊遺文　集4-31854
陳蓮舫先生醫案　子2-10707
陳蓮汀詩稿　集4-27949
陳恭溙公遺集　集2-7913
陳恭介公文集　集2-11915
陳懋仁雜著□□種　叢2-1195
陳莘田外科臨證　子2-4695
陳莘田外科臨證(陳莘田外科臨證醫案)　子2-7793
陳莘田外科臨證醫案續集(陳莘田醫案續集)　子2-7794
陳莘田先生醫案　子2-10708
陳莘田醫案　子2-7795
陳莘田醫案續集　子2-4695
陳孝廉勸農說　子1-4190
陳孝逸論　集2-11031
陳孝女遺詩　集5-41623
陳芰潭翁遺詩　集5-39641
陳荔溪詩集　集1-5439,6-41780
陳萬言十章　子5-27901
陳姑趄潘　集7-53554
陳老蓮離騷圖像　集1-152
陳老蓮歸去來圖卷　子3-16601
陳老蓮畫册　子3-16602
陳世璋年譜　史2-12498
陳世美琵琶詞　集7-52789
陳藝叔先生春秋八種　經1-8121
陳其年先生湖海樓全集　集3-14650
陳蔡二先生合併痘疹方　子2-8663
陳桂詩選　集3-19883
46 陳觀察(巖)遺事、墓誌　史2-8599
陳觀察遺事　叢1-234
陳如山方案　子2-4695、10709
陳槐(半湖)碑傳　史2-8910
47 陳懿叔集　集4-30755
陳朝紀年　叢1-223(23)
陳磬笙先生文稿　集5-39850
陳楓階先生訓子家書　子1-2235
48 陳乾初先生(確)年譜　史2-11634~5　叢2-599
陳松瀛遺集　集4-31236
陳松田先生遺文　集4-25136
陳檢討文集　集2-6496
陳檢討詩集　集3-21683
陳檢討詩鈔、文集　集3-14644
陳檢討詩鈔、詞鈔　集3-14645
陳檢討詞鈔　集7-47017
陳檢討集　集2-6344,3-14648　叢2-884
陳檢討集選　集3-14653
陳檢討四六　叢1-223(67)

50 陳中祕稿　集2-12337　叢2-884
　陳中書遺文　集3-17723
　陳夫人行述　史2-10092
　陳本堂先生(著)年譜　史2-11368
　陳忠烈公巖野集　集2-12509
　陳忠貞公遺集　集2-7914　叢2-845(2)
　陳忠潔公(純德)殉難錄　史2-9148
　陳忠裕詞　集7-46828
　陳忠裕公集　集6-43118
　陳忠裕公集　集2-12568
　陳忠裕公未刻稿(安雅堂稿原編、安雅堂稿
　　重編)　集2-12573
　陳忠裕公兵垣奏議(陳臥子先生兵垣奏議)
　　子3-3316
　陳忠裕公全集　集2-12563～4
　陳忠裕公全集、兵垣奏議、自著年譜　集2-
　　12562
　陳忠肅公(文龍)墓錄　史2-8790
　陳忠肅公(瓘)年譜　史2-11275
　陳忠肅公墓錄　史7-51938　叢2-832(6)
　陳忠愍公殉難記　史2-9753
　陳忠愍公表忠錄　史2-9751
　陳忠簡公遺集　集2-12125,6-43118
　陳奉常集(隅園集、黃門集、蘋川集)　集2-
　　10231
　陳書　史1-11～7、595　叢1-227(5)
　陳書、考證　史1-20、596　叢1-223(17),2-
　　698(3)
　陳書儒林傳　史1-598
　陳書獵俎　史1-5223
　陳書斠議　史1-25、597
　陳素庵稿　集6-45336
　陳東塾先生讀詩日錄　經1-169、4228　叢
　　2-611
　陳東塾先生讀陶淵明集題記　集1-460
　陳東塾遺詩　集4-31850
52 陳靜成先生詩文稿　集2-7394
53 陳輔之詩話　集6-45486、45556　叢1-16、
　　22(14)、23(13)
58 陳拾遺文集　集1-746
　陳拾遺集　集1-742　叢1-223(48)、227(8)
60 陳園公行狀　集3-13229
　陳思王集　集1-275～6、278、281,6-41694、
　　41698、41767　叢1-183
　陳思王懷舊洛神記　集7-48768、49155
　陳圓圓豔史　叢1-590,2-632
　陳圓圓事輯、續　叢2-705
　陳景辰遺書三種　叢2-1631
67 陳明水先生集　集2-8340,6-44818
　陳明卿先生訂正四書人物備考、附考　經
　　2-10308

　陳明卿先生訂正四書人物附考　經2-
　　10309
　陳明卿太史考古詳訂遵韻海篇朝宗　經2-
　　13816
　陳鳴鶴集　集2-10158
　陳鳴野集　集2-8451,6-41935(2)
　陳照紀年　史2-12124
68 陳眇兒傳　叢1-168(1)
70 陳璧詩文殘稿　集3-13369
71 陳厚甫稿、續稿　集4-24926
　陳匪玄詩選　集6-44580
　陳匪石遺稿　集5-41587
72 陳剛中詩集　集1-4834　叢1-223(59),2-
　　687
　陳剛中詩集(觀光稿、交州稿、玉堂稿)、附
　　錄　集1-4829
　陳隱士集　集2-10128,6-41935(4)
　陳后岡詩集、文集　集2-8493～4
　陳后岡集　集2-8495
　陳氏(鑑)先型錄　史2-10390
　陳氏方案　子2-10896
　陳氏裛露軒叢書四種　叢2-1536
　陳氏六修族譜[湖南寧鄉]　史4-33296
　陳氏六修族譜[湖南湘潭]　史4-33362
　陳氏六修支譜[湖南長沙]　史4-33277
　陳氏六書　子3-12352
　陳氏雜著　集4-29625
　陳氏族譜　史4-33450
　陳氏族譜[廣西貴港]　史4-33425
　陳氏族譜[廣東廣州]　史4-33409
　陳氏族譜[廣東乳源]　史4-33410～3
　陳氏族譜[廣東台山]　史4-33418～9
　陳氏族譜[廣東梅縣]　史4-33414
　陳氏族譜[廣東東莞]　史4-33416
　陳氏族譜[廣東恩平]　史4-33417
　陳氏族譜[山東長清]　史4-33267
　陳氏族譜[江西]　史4-33264～5
　陳氏族譜[江西崇仁]　史4-33248
　陳氏族譜[江西宜春]　史4-33251
　陳氏族譜[江西萬載]　史4-33254、33258
　陳氏族譜[江蘇靖江]　史4-32716
　陳氏族譜[江蘇宿遷]　史4-32715
　陳氏族譜[江蘇江都]　史4-32719
　陳氏族譜[江蘇鎮江]　史4-32736、32743
　陳氏族譜[福建建寧]　史4-33210～1
　陳氏族譜[福建寧化]　史4-33208
　陳氏族譜[湖北江陵]　史4-33273
　陳氏族譜[湖南]　史4-33275、33402、33404、
　　33408
　陳氏族譜[湖南武陵]　史4-33301

陳氏族譜[湖南醴陵]　史 4 - 33329
陳氏族譜[湖南寧鄉]　史 4 - 33293
陳氏族譜[湖南永興]　史 4 - 33387～8
陳氏族譜[湖南瀏陽]　史 4 - 33286
陳氏族譜[湖南湘鄉]　史 4 - 33366、33371
陳氏族譜[湖南湘潭]　史 4 - 33338～9、33350
陳氏族譜[湖南湘陰]　史 4 - 33317、33321
陳氏族譜[湖南郴州]　史 4 - 33383～4
陳氏族譜[湖南常德]　史 4 - 33302
陳氏族譜[四川樂至]　史 4 - 33439
陳氏族譜[四川宣漢]　史 4 - 33434
陳氏族譜[四川內江]　史 4 - 33431
陳氏族譜[四川蒲江]　史 4 - 33429
陳氏族譜[四川簡陽]　史 4 - 33437
陳氏診視近纂　子 2 - 5972
陳氏譜牒[四川]　史 4 - 33441
陳氏譜牒紀畧[浙江杭州]　史 4 - 32805
陳氏譜書[遼寧撫順]　史 4 - 32702
陳氏三種　子 4 - 22625
陳氏三修族譜[江西永新]　史 4 - 33263
陳氏三修族譜[湖南湘潭]　史 4 - 33336
陳氏三修族譜[湖南益陽]　史 4 - 33306
陳氏正易心法　叢 1 - 312
陳氏五修族譜[湖南長沙]　史 4 - 33283
陳氏天文算學叢書十五種　子 3 - 11244
陳氏西牆門支宗譜[浙江上虞]　史 4 - 32939
陳氏聯珠集　集 6 - 45079
陳氏環山續修譜牒[湖南湘潭]　史 4 - 33352
陳氏環山支譜[湖南湘潭]　史 4 - 33351
陳氏忍字箴　子 1 - 1974、2864
陳氏重續宗譜[四川資陽]　史 4 - 33436
陳氏重修族譜　史 4 - 32694、33452
陳氏重修族譜[廣東蕉嶺]　史 4 - 33415
陳氏重修族譜[江西]　史 4 - 33225、33266
陳氏重修族譜[江西樂安]　史 4 - 33250
陳氏重修族譜[江西萬載]　史 4 - 33259
陳氏重修族譜[江西興國]　史 4 - 33237
陳氏重修族譜[江蘇鎮江]　史 4 - 32739
陳氏重修族譜[福建]　史 4 - 33224
陳氏重修族譜[福建寧化]　史 4 - 33207
陳氏重修族譜[浙江常山]　史 4 - 32956
陳氏重修族譜[湖南]　史 4 - 33400、33406
陳氏重修族譜[湖南新化]　史 4 - 33395
陳氏重修族譜[湖南瀏陽]　史 4 - 33284
陳氏重修族譜[湖南湘潭]　史 4 - 33341
陳氏重修宗譜[江蘇江陰]　史 4 - 32785
陳氏重修宗譜[湖北武昌]　史 4 - 33271

陳氏香譜　叢 1 - 223(38)
陳氏香譜(新纂香譜)　子 4 - 18885
陳氏香品　子 4 - 18886、18890
陳氏集驗小兒痘疹方論、校正經驗良方　子 2 - 8596
陳氏僅存集　集 2 - 10352
陳氏幼科祕訣　子 2 - 4768
陳氏幼科醫案　子 2 - 10880
陳氏續修族譜[湖南湘鄉]　史 4 - 33380
陳氏續修族譜[湖南岳陽]　史 4 - 33315
陳氏續修族譜[四川資陽]　史 4 - 33435
陳氏續修房譜[湖南]　史 4 - 33274
陳氏續修房譜[湖南寧鄉]　史 4 - 33295、33300
陳氏續修家譜[湖南]　史 4 - 33403
陳氏續修宗譜[湖南衡陽]　史 4 - 33381
陳氏續修支譜[湖南]　史 4 - 33399
陳氏續修支譜[湖南益陽]　史 4 - 33303～5
陳氏泉塘倫房續修支譜[湖南湘潭]　史 4 - 33354
陳氏泉塘富房支譜[湖南湘潭]　史 4 - 33353
陳氏冬至公譜[湖南]　史 4 - 33407
陳氏復修族譜[湖南邵陽]　史 4 - 33392
陳氏家譜　史 4 - 32691
陳氏家譜[上海嘉定]　史 4 - 32711
陳氏家譜[山西靈石]　史 4 - 32700
陳氏家譜[江西萬載]　史 4 - 33255
陳氏家譜[江蘇蘇州]　史 4 - 32797
陳氏家譜[浙江紹興]　史 4 - 32874
陳氏家譜[浙江湖州]　史 4 - 32826
陳氏家譜[浙江杭州]　史 4 - 32804
陳氏家譜[海南文昌]　史 4 - 33427～8
陳氏家譜[四川內江]　史 4 - 33433
陳氏家譜草籍、世系圖[浙江]　史 4 - 33154
陳氏家乘、世系表[江蘇常熟]　史 4 - 32802
陳氏家乘[江蘇南通]　史 4 - 32723～4
陳氏家乘[江蘇泰州]　史 4 - 32722
陳氏家乘[江蘇常州]　史 4 - 32761
陳氏家乘[河北冀州]　史 4 - 32698
陳氏家乘[浙江嘉興]　史 4 - 32830
陳氏家乘[湖南臨湘]　史 4 - 33316
陳氏家乘[四川內江]　史 4 - 33430、33432
陳氏家乘舊譜序跋　史 3 - 24578
陳氏家乘搜遺[河北清苑]　史 4 - 32696
陳氏家集七種附二種　叢 2 - 918
陳氏永派十修族譜[湖南新化]　史 4 - 33397
陳氏安瀾園記　史 7 - 52013　叢 1 - 369、512、2 - 683
陳氏宗譜　史 4 - 33447、33449、33453

陳氏宗譜[上海崇明] 史4-32712～4
陳氏宗譜[山西洪洞] 史4-32701
陳氏宗譜[安徽休寧] 史4-33176
陳氏宗譜[安徽祁門] 史4-33179
陳氏宗譜[安徽黃山] 史4-33172
陳氏宗譜[安徽桐城] 史4-33160～1、
　33164～5
陳氏宗譜[安徽合肥] 史4-33156
陳氏宗譜[江蘇宜興] 史4-32787
陳氏宗譜[江蘇蘇州] 史4-32799
陳氏宗譜[江蘇金壇] 史4-32769
陳氏宗譜[江蘇無錫] 史4-32771～2、
　32774
陳氏宗譜[江蘇鎮江] 史4-32733、32742
陳氏宗譜[江蘇常州] 史4-32762、32767
陳氏宗譜[河北易縣] 史4-32697
陳氏宗譜[福建建陽] 史4-33202～3
陳氏宗譜[浙江雲和] 史4-33151
陳氏宗譜[浙江上虞] 史4-32935
陳氏宗譜[浙江嵊州] 史4-32951
陳氏宗譜[浙江象山] 史4-32868
陳氏宗譜[浙江紹興] 史4-32880
陳氏宗譜[浙江永康] 史4-32970
陳氏宗譜[浙江杭州] 史4-32806
陳氏宗譜[浙江蕭山] 史4-32803
陳氏宗譜[浙江東陽] 史4-33066
陳氏宗譜[浙江義烏] 史4-32973～5
陳氏宗譜[湖南] 史4-33405
陳氏宗譜[湖南衡陽] 史4-33382
陳氏宗譜[湖南瀏陽] 史4-33289
陳氏宗譜[湖南臨武] 史4-33390～1
陳氏宗譜[四川仁壽] 史4-33440
陳氏宗譜[黑龍江齊齊哈爾] 史4-32709
陳氏宗譜首編[江蘇無錫] 史4-32776
陳氏宗祠[廣西容縣] 史4-33426
陳氏兆祥宗譜[江西興國] 史4-33238
陳氏叢書十三種 叢2-1002
陳氏祕方 子2-9933
陳氏祕蘭全書婦科補解 子2-7977
陳氏法帖刊鮑 叢1-330
陳氏禮記集說 叢1-227(3)
陳氏禮記集說補正 叢1-223(9)
陳氏大乘族譜 史4-33451
陳氏大成歸一譜[福建漳州] 史4-33220
陳氏大成宗譜 史4-32692～3
陳氏太極拳圖說 子2-11219
陳氏志學齋叢刊 子5-29591
陳氏支譜[安徽歙縣] 史4-33174
陳氏支譜[江蘇常州] 史4-32759
陳氏支譜[湖南新化] 史4-33396

陳氏支譜[湖南湘鄉] 史4-33372
陳氏支譜[湖南湘陰] 史4-33319、33322～3
陳氏支譜[湖南長沙] 史4-33279、33281
陳氏森屋己譜[浙江磐安] 史4-33112
陳氏荷華山房詩稿、目錄 集2-10616
陳氏萬印樓古玉印存 史8-65023
陳氏著錄 史8-66047
陳氏世譜[江蘇蘇州] 史4-32795～6
陳氏世譜[浙江嘉興] 史4-32831
陳氏葉語[福建福州] 史4-33191
陳氏藥理近考 子2-5613
陳氏增輯宗譜[浙江餘姚] 史4-32858
陳氏本支世系圖考譜底[浙江臨海] 史4-
　33122
陳氏四修族譜[湖南邵陽] 史4-33394
陳氏四修族譜[湖南湘潭] 史4-33349
陳氏四修宗譜[安徽盧江] 史4-33184
陳氏易說 經1-1731
陳氏縣前支宗譜[浙江上虞] 史4-32936
陳氏歷代詩文徵 集6-45078
陳氏所著書三種 叢2-1833
陳氏脈學 子2-6195
陳氏凤興夜寐箴 子1-1974、2762
陳氏門診醫案 子2-10706
陳氏義莊條規 史6-44742
陳氏義門族譜[湖南] 史4-33401
陳氏義門族譜[湖南岳陽] 史4-33312～3
陳氏合修宗譜 史4-32695
陳氏纂修房譜[湖南寧鄉] 史4-33290
陳氏纂修支譜[湖南寧鄉] 史4-33297
陳氏小兒痘疹方論 子2-4559～61、8597、
　8663
陳氏小兒痘疹方論(小兒痘疹方論) 子2-
　8598
陳氏小兒病源方論 子2-8365 叢1-265
　(3)、266
陳氏尚書詳解 叢1-223(5)
陳氏眷房譜[浙江象山] 史4-32869
73 陳陀任氏宗譜[浙江義烏] 史4-26780
77 陳同叔遺著 集4-31767
陳同甫文集 集1-3779～80
陳同甫文鈔 集6-41794
陳同甫集 集1-3774
陳用賓議收蠻莫思正疏 史1-1929
陳陶詩 集1-1586,6-41882
陳陶遺致丁在居手劄 集5-41530
陳履吉采芝堂文集、行狀誌傳序誄 集2-
　10956
陳眉公訂正方洲雜言 叢1-111(4)
陳眉公訂正文湖州竹派 子3-16077 叢
　1-109

陳眉公訂正文則　集6-45562　叢1-27～8、107

陳眉公訂正許然明先生茶疏　叢1-108、111(3)

陳眉公訂正許然明茶疏、陳眉公訂正茶寮記　子4-19040

陳眉公訂正麟書　叢1-108

陳眉公訂正一庵雜問錄　叢1-109

陳眉公訂正三輔黃圖　叢1-108

陳眉公訂正正茶寮記　叢1-108

陳眉公訂正玉笑零音　叢1-108

陳眉公訂正震澤長語　叢1-108

陳眉公訂正研北雜誌　叢1-108

陳眉公訂正孔氏雜說　叢1-108

陳眉公訂正建州女直考　叢1-111(5)

陳眉公訂正碧里雜存　叢1-109、111(4)

陳眉公訂正召對錄　叢1-111(3)

陳眉公訂正卓異記　叢1-108

陳眉公訂正觚不觚錄　叢1-106

陳眉公訂正山行雜記　叢1-108、111(4)

陳眉公訂正幽閒鼓吹　叢1-108

陳眉公訂正幽閑鼓吹　叢1-111(4)

陳眉公訂正剿奴議撮　叢1-108

陳眉公訂正剿奴議撮、建州考　史1-2931

陳眉公訂正備倭圖記　叢1-108、111(4)

陳眉公訂正物異考　叢1-109

陳眉公訂正酒史　叢1-111(4)

陳眉公訂正祈嗣真詮　叢1-108、111(4)

陳眉公訂正祐山雜說　子5-26384　叢1-108、111(4)

陳眉公訂正清異錄　叢1-109

陳眉公訂正還冤志　叢1-107

陳眉公訂正漁樵閒話錄　叢1-108

陳眉公訂正渾然子　叢1-108、111(4)

陳眉公訂正洛陽名園記　叢1-108

陳眉公訂正海語　叢1-109

陳眉公訂正海槎餘錄　叢1-107

陳眉公訂正遊名山記　叢1-108

陳眉公訂正遊城南記　叢1-107

陳眉公訂正南唐近事　子4-22854　叢1-106

陳眉公訂正古奇器錄　子4-18556

陳眉公訂正古奇器錄、江東藏書目錄小序　叢1-106

陳眉公訂正夢溪補筆談　叢1-109

陳眉公訂正燕市雜詩　集2-7109　叢1-109

陳眉公訂正韓仙傳　叢1-109

陳眉公訂正世範　子1-2097　叢1-109

陳眉公訂正薛方山紀述　叢1-108、111(4)

陳眉公訂正黃帝祠額解　叢1-109

陳眉公訂正茶寮記　子4-19019　叢1-111(3)

陳眉公訂正朝野僉載　子4-22809　叢1-108

陳眉公訂正楓窗小牘　叢1-107

陳眉公訂正夷俗考　叢1-109

陳眉公訂正畫禪　叢1-108

陳眉公訂正畫品　子3-16027　叢1-109

陳眉公訂正春雨雜述　子3-15084　叢1-109

陳眉公訂正農說　子1-4193　叢1-108

陳眉公訂正曲洧舊聞　叢1-108

陳眉公訂正攬轡錄　叢1-108

陳眉公訂正蜀都雜抄　叢1-106

陳眉公訂正驂鸞錄　叢1-108

陳眉公訂正風月堂詩話　叢1-107

陳眉公訂正問答錄　叢1-108

陳眉公訂正臥游錄　叢1-108

陳眉公訂正入蜀記　叢1-107

陳眉公訂正金華遊錄　叢1-108、111(4)

陳眉公訂正尚書故實　叢1-106

陳眉公正二十一史彈詞　集7-53658

陳眉公珍珠船　子5-27057　叢1-110

陳眉公重訂歸有園塵談　叢1-105

陳眉公重訂書品　叢1-105

陳眉公重訂野客叢書　子4-22151　叢1-105

陳眉公重訂學古編　子3-16783　叢1-105

陳眉公重訂瓶史　叢1-105

陳眉公集　集2-10678

陳眉公先生訂正研北雜誌　叢1-111(4)

陳眉公先生訂正冬官紀事　叢1-108

陳眉公先生訂正畫譜　子3-16304

陳眉公先生訂正書譜　子3-15345

陳眉公先生訂正丹淵集、拾遺、石室先生年譜　集1-2200

陳眉公先生訂正丹淵集、拾遺、附錄　集2-635(8)

陳眉公先生手評書法離鉤、歷代帝王法帖釋文　子3-15126

陳眉公先生注釋日記故事　子5-26342

陳眉公先生選註左傳龍驤　經1-6846

陳眉公先生選注戰國策龍驤　史1-5072

陳眉公先生十集　叢2-1171～2

陳眉公先生批點名世文宗拔粹　集6-42771

陳眉公先生全集、眉公府君年譜　集2-10673

陳眉公吳寧野精校青蓮露六牋　叢2-1062

陳眉公寶顏堂祕笈三種家藏廣祕笈十種　叢1-113

陳眉公太平清話　叢1-110
陳眉公真跡　子3-15361
陳眉公考槃餘事　叢1-105
陳眉公梅花詩畫册　子3-16526
陳眉公馬吊論　子3-18225
陳學海遺稿　集4-22613
陳學士文集　集3-17693　叢1-483,2-731
　(45)、782(5)
陳學士文集(蘭雪堂集)　集3-17692
陳學士文鈔　史6-46584、46713、46724　集
　3-17694
陳學士先生論語貫義　經2-9425
陳學士先生初集(吏隱齋集)　集2-10843
陳學士吟窗雜錄　集6-45587
陳丹山稿　集4-23440
陳母丁太夫人七十壽言　史2-10705
陳母夏孺人節孝詩　史2-9889
陳母俞太宜人九十壽徵詩文啓　史2-9913
陳留謝氏宗譜　史5-40675、40847～8
陳留謝氏宗譜[浙江平陽]　史5-40729
陳留郡謝氏宗譜[浙江平陽]　史5-40730
陳留郡程山謝氏支譜[江西南豐]　史5-
　40753
陳留志　史7-50646　叢1-19(3)、21(5)、24
　(4)
陳留耆舊傳　史2-8196　叢1-19(4)、21
　(3)、22(9)、23(9)、24(4)
陳留耆舊傳佚文　史2-8198　叢2-777
陳留縣志[康熙]　史8-59801
陳留縣志[順治]　史8-59800
陳留縣志[宣統]　史8-59802
陳留風俗傳　史7-50644～5、50647　叢1-
　19(4)、21(3)、22(11)、23(11)、24(4)、2-776
陳卿賢鼇峯(壽祺)載筆圖紀事輯錄　史2-
　9712
78 陳臥子詩　集2-12566,6-41943
陳臥子先生安雅堂稿、兵垣奏議　集2-
　12565
陳臥子先生兵垣奏議　子1-3316
80 陳金浩集　集4-32142
陳金式行述　史2-10360
陳介石先生(黻宸)年譜　史2-12397
陳介石先生授史隨筆　史1-5814
陳夔龍奏摺　史6-49170
陳羲臣集律　集3-15096
陳無己文鈔　集6-41794
陳會要　史6-41608
陳公(夢蘭)崇祀名宦鄉賢錄　史2-10236
陳公慶雲(國瑞)行述　史2-10506
陳公孟先生(任)年譜　史2-12449
陳養吾(希恕)家傳　史2-9837

82 陳鍾信日記(清光緒三十年至三十一年)
　史2-13232
陳鍾英詩　集5-34317
陳劍溪時文、貢卷、朱卷　集4-23690
88 陳簠齋手拓古印集　史8-65015
陳簠齋寫東武劉氏款識　史8-64198
陳簠齋丈筆記、手札　史8-63694　叢1-
　419
陳簠齋筆記、手札　叢2-731(32)
陳筠齋詩　集3-20996
陳笏齋詩集　集1-4833,6-41779～80
陳簡齋詩集　集1-3186,6-41779～80
陳節婦胡孺人節孝錄　史2-10906
陳節愍公奏稿　史6-48535　叢2-870(3)
陳餘山詩誦　集4-28243
陳餘山集七種　集4-28242
陳餘山所著書七種　叢2-1728
90 陳少白先生(聞韶)年譜　史2-12439
陳少宗伯羅琴軒集　集2-6497
陳少陽集　集1-3157
陳少陽先生文集(宋陳少陽先生文集、宋少
　陽公文集、少陽集、陳少陽集)　集1-
　3156
陳光龍行畧　史2-9328
陳半亭自述　史2-9703
97 陳恪勤集(耦耕集、武夷集、于山集、香山
　集、胸山集、淮海集、水東集、蒿廬集、浮
　石集、秣陵集、喝月詞)　集3-17298
陳恪勤公(鵬年)年譜　史2-11791
陳恪勤公集　集3-17295
陳恪勤公家傳　史2-9442
陳炯齋遺詩　集5-34821　叢2-1925
陳炯齋著述二種　叢2-1925

7533₀ 駬

10 駬雪齋集　集2-11191

7570₇ 肆

44 肆考撮抄　子5-25072
46 肆觀集　集6-41765

7578₆ 賾

08 賾說　子1-1855　叢2-1817

7580₆ 贇

03 贇識錄　叢1-87,2-730(1)

7620₀ 胭

71 胭脂雪(新編臙脂雪傳奇)　集7-50260
　胭脂牡丹　子5-26074
　胭脂傳　集7-52228
　胭脂紀事　叢1-202(3)、203(8、18)、321、409、
　　587(1)
　胭脂獄　集7-50379、50382
74 胭肢鳥傳奇　集7-50373、50375

7621₂ 颶

22 颶山樓初集　集4-27569

7621₄ 臞

22 臞仙雜鈔　叢2-888
　臞仙神奇祕譜　子3-17592
　臞仙運化玄樞　子3-14443
　臞仙吟館遺集　集5-35082
　臞仙吟館遺稿　集6-44977
　臞仙肘後經　子3-14440
　臞仙肘後神樞　子3-14439
　臞仙介眉集　叢2-888
　臞仙年錄　叢2-888
44 臞菴居士年譜　史2-11823
51 臞軒詩餘　集7-46377、46657
　臞軒集　集1-4130　叢1-223(57)
　臞軒先生四六　集1-4131,6-42072~3
　臞軒四六　集1-4132
77 臞問　叢2-2262

80 臞翁詩集　集1-3889,6-41744~5、41888、
　　41891~3、41894(4)、41895、41897~8、41911、
　　41913、41915、41917、41924
　臞翁詩集、詩評　集6-41889
　臞翁集　集1-3888,6-41904

7622₇ 陽

00 陽痿論　子2-4736,7273
　陽高縣志[雍正]　史7-55614
10 陽平關五馬破曹雜劇　集7-48774(4)、
　　49022
13 陽武縣志[康熙]　史8-59700
　陽武縣志[嘉靖]　史8-59698
　陽武縣志[萬曆]　史8-59699
　陽武縣志[乾隆]　史8-59701
　陽武縣志[民國]　史8-59702
20 陽信縣鄉土志[光緒]　史8-59452
　陽信縣志[康熙]　史8-59448
　陽信縣志[乾隆]　史8-59449
　陽信縣志[民國]　史8-59451
　陽信縣勞氏族譜[山東陽信]　史5-36539
22 陽川孫氏宗譜[浙江紹興]　史5-33605~7
　陽巖山人集　集2-10445
　陽峯家藏集　集2-7647
　陽山新錄　子5-26219　叢1-39
　陽山誌　史7-52272
　陽山詩草　集5-38376~7
　陽山顧氏文房小說(梓吳、顧氏文房小說、
　　陽山顧氏文學)四十種　叢1-38
　陽山叢牘　集5-35146
　陽山志　史7-52273　叢2-638
　陽山志、舊志、新錄　史7-52274
　陽山志[嘉靖]　史8-60865
　陽山草堂詩集　集3-16091~2
　陽山景福庵紀畧　史7-51582
　陽山景福庵紀畧補　史7-51583
　陽山縣志[順治]　史8-60866
　陽山縣志[道光]　史8-60868
　陽山縣志[乾隆]　史8-60867
　陽山縣志[民國]　史8-60869
24 陽告　集7-52541
26 陽和語錄　子1-1196
28 陽復齋文集　集5-41285
　陽復齋詩偈集　集5-41284
29 陽秋賸筆　史1-1995、4534
　陽秋館集　集2-9894
30 陽安詩鈔　集4-24186

陽宅　叢2-771(1)
陽宅論　子3-13195
陽宅三要　子3-13157、13213
陽宅三格辨　子3-13147～8
陽宅正宗　子3-13223
陽宅玉髓真經　子3-13199
陽宅要覽　子3-13201
陽宅吾說篇　子3-13214
陽宅醒心錄　子3-13241
陽宅珍藏　子3-13194
陽宅愛衆篇　子3-13216
陽宅集成　子3-13203
陽宅集錦捷徑　子3-13236
陽宅統楷　子3-13229
陽宅紫府寶鑒　子3-13221
陽宅紫白訣　子3-13205
陽宅得一錄三元祕旨敘　子3-13152
陽宅祕訣　子3-13248
陽宅祕旨　子3-12896
陽宅祕傳三書　子3-13159
陽宅祕書　子3-13175～6
陽宅補遺　子3-13155
陽宅神搜經心傳祕法　子3-13158
陽宅十書　子3-13182
陽宅大成　子3-13160
陽宅大全　子3-13158、13178、13185
陽宅大全(重鐫官板陽宅大全)　子3-
　13172
陽宅内傳　子3-13240
陽宅真訣　子3-13158、13177
陽宅都天發用全書　子3-13227
陽宅都天滾盤珠　子3-13228
陽宅本旨圖解集成　子3-13192
陽宅指要　子3-13237
陽宅指迷　子3-13238
陽宅指南　子3-13147～8、13197～8
陽宅指南篇、分房變氣論宅法　子3-13196
陽宅指掌　子3-13231
陽宅輯要　子3-13239
陽宅撮要　叢1-269(4)、270(3)
陽宅撮要(陽宅撮要摘錄)　子3-13235
陽宅四十八向定局圖　子3-13247
陽宅見易正宗　子3-13220
陽宅易簡　子3-13222
陽宅甲子啓蒙　子3-13184
陽宅闢謬　子3-13230　叢1-390、433,2-
　731(20)
陽宅八門精義新書　子3-13207
陽宅鏡　子3-13211
陽宅會心集、相宅經纂　子3-13218

31 陽江舜河水利備覽　史6-46747
陽江縣鄉土志[光緒]　史8-61162
陽江縣志[康熙]　史8-61157～8
陽江縣志[道光]　史8-61160
陽江縣志[乾隆]　史8-61159
陽江縣志[民國]　史8-61161
陽源伍氏族譜　史4-26751
32 陽冰筆訣　子3-15040　叢1-173
陽冰筆訣(題冰陽筆訣)　叢1-23(14)
陽冰筆訣(原題冰陽筆訣)　叢1-22(14)
陽遁立成　子3-14324
陽遁九局　子3-14273、14406
陽遁陰遁　子3-14308
陽遁八十一局圖　子3-14374
37 陽湖沈氏算學二種　子3-12402
陽湖趙惠甫先生(烈文)年譜　史2-12285
陽湖史氏家藏左文襄公手劄　集4-32365
陽湖畢修方先生墨寶　子3-15803
陽湖縣志[乾隆]　史7-56876
陽湖縣志[光緒]　史7-56878
陽湖縣學申送國史館事實　叢2-1781
40 陽九述畧　史1-4490　叢2-1218
43 陽城黃城村陳氏家譜[山西陽城]　史4-
　32699
陽城縣鄉土志[宣統]　史7-55718
陽城縣志[康熙]　史7-55714
陽城縣志[順治]　史7-55713
陽城縣志[乾隆]　史7-55715
陽城縣志[同治]　史7-55716
44 陽基部　子3-13139、13191
陽巷戴氏八修宗譜[江蘇句容]　史5-
　40492
47 陽穀縣志[康熙]　史8-59018～9
陽穀縣志[民國]　史8-59021
陽穀縣志[光緒]　史8-59020
50 陽春詞　集6-41713
陽春集　集7-46352、46360～1、46363、46444、
　46513　叢1-244(6)、353,2-731(48)、
　799～800
陽春集、補遺　集7-46445
陽春白雪　集7-48459、50527
陽春白雪、外集　集7-46349、48457　叢1-
　265(5)、266、456(5),2-731(48)
陽春白雪、外集、考異　集7-48458
陽春白雪曲譜　集7-54693
陽春草堂稿、西行稿　集2-9430
陽春奏三十九種　集7-48768
陽春縣志[雍正]　史8-61165
陽春縣志[康熙]　史8-61164
陽春縣志[道光]　史8-61167
陽春縣志[萬曆]　史8-61163

陽春縣志[乾隆]　史8-61166
陽春縣志[民國]　史8-61168
陽春雅奏　集7-54712
陽春堂琴譜　子3-17630
陽春堂琴譜續集　子3-17631
55 陽曲丈清地糧圖册　史6-43424
陽曲縣志[康熙]　史7-55607
陽曲縣志[道光]　史7-55608
60 陽里公詩稿　集2-9912、11518
67 陽明文選　集6-42048〜9
陽明理學集　叢2-691(3)
陽明先生(王守仁)年譜　史2-11455、11459、11461〜3　叢2-635(12)、1073〜4
陽明先生文集　集2-7502
陽明先生文集、陽明先生年譜　集2-7500
陽明先生文選　集2-7506
陽明先生文錄　集2-7515
陽明先生文錄、語錄　集2-7514
陽明先生文錄、外集　集2-7516
陽明先生文錄、外集、別集、傳習錄、傳習續錄　集2-7491
陽明先生文錄、外集、別錄　集2-7487〜8
陽明先生文錄、外集、別錄、傳習錄　集2-7489
陽明先生文錄、外集、別錄、傳習錄、則言　集2-7490
陽明先生文粹　集2-7511〜2
陽明先生語錄　子1-973
陽明先生要語　子1-102、972
陽明先生要書　集2-7520〜1
陽明先生集要　叢2-635(12)
陽明先生集要、年譜　子1-975
陽明先生集要四種　叢2-1073〜4
陽明先生集抄　集2-7498
陽明先生傳習錄摘　叢2-2270(4)
陽明先生傳外錄　叢2-2270(2)
陽明先生保甲法　史6-45417　叢1-195(3)、2-731(19)
陽明先生鄉約法　史6-45418　叢1-195(3)、2-731(19)
陽明先生祠志　史7-51811
陽明先生道學鈔、廣陵書、論學書、南贛書、雜著書、平濠書、龍場書、思田書、年譜　集2-7493
陽明先生存稿三種　集2-7486
陽明先生別錄　集2-7518〜9
陽明先生則言　子1-967
陽明先生全錄　集2-7485
陽明按索　子3-12892〜3、14475
陽明按索圖、按索圖星煞考注補　叢1-160〜1

陽明輯朱子晚年定論辨　子1-971
陽明兵策　子1-3780
71 陽原縣志[民國]　史7-55131
72 陽丘牛氏族譜[山東章丘]　史4-25566
77 陽關三疊　子3-17861
陽關三疊圖譜　子3-17843　叢1-13、14(3)、22(26)、37
80 陽羡摩厓紀署　史8-63874
陽羡摩厓紀錄　叢2-611
陽羡許氏宗譜[江蘇宜興]　史5-34377〜8
陽羡北門桂陽里湯氏家乘[江蘇宜興]　史5-36554
陽羡張氏宗譜[江蘇宜興]　史5-34856
陽羡磚塲支蔣氏宗譜[江蘇宜興]　史5-38101
陽羡名陶錄　子4-18588　叢1-202(6)、203(11)、292、486
陽羡名陶錄、續　子4-18587　叢1-293〜4
陽羡名陶錄、續錄　叢1-291
陽羡名陶錄摘鈔　叢2-1980
陽羡溪西陸氏宗譜[江蘇宜興]　史4-32636
陽羡淩氏宗譜[江蘇宜興]　史4-34641
陽羡茗壺系　子4-18586　叢1-197(3)、371、469、495、586(4)、2-716(3)、799〜801
陽羡茗壺系、洞山岕茶系　叢2-798
陽羡雁蕩里潘氏宗譜[江蘇宜興]　史5-39768
陽羡風土記、校刊記、補輯、續補輯　史7-50175
陽羡風土記、校刊記、補輯、續補輯、校刊記、補輯、續補輯、考證　叢2-799
陽羡風土記、校刊記、補輯、續補輯、考證　叢2-800
陽谷殉難事實　史1-3817
陽谷集　集5-39646
87 陽朔縣志[康熙]　史8-61259
陽朔縣志[道光]　史8-61260
陽朔縣志[民國]　史8-61261
陽朔縣志十編[民國]　史8-61262
91 陽類聲說　經2-14536

隅

44 隅夢草堂集　集5-37419
45 隅樓雜記　叢2-2252
隅樓叢書四種　叢2-2251
60 隅園集　集7-50627
隅園隱語　子3-18445

7623₃ 隰

10 隰西草堂詩、文　集 2 - 12424
　隰西草堂詩集、文集　集 2 - 12423
　隰西草堂詩集、文集、拾遺　集 2 - 12425
　隰西草堂詞　集 7 - 46831
　隰西草堂集拾遺　史 2 - 11630
32 隰州志[康熙]　史 7 - 55895
　隰州志[光緒]　史 7 - 55896
44 隰岑詩鈔　集 4 - 22185
　隰樊詩鈔　集 4 - 31303
60 隰圃詩文集　集 3 - 17932

7624₀ 脾

60 脾胃論　子 2 - 4549～52、4564、7093　叢 1 -
　223(33),2 - 730(1)、731(29)
　脾胃總論　子 2 - 7132
　脾胃良方　子 2 - 7289

髀

81 髀矩測營　子 3 - 11243、12363

7628₁ 陾

00 陾疾恆談　叢 2 - 1103
25 陾積術辨　子 3 - 12707

7634₁ 驛

00 驛亭李氏宗譜[浙江上虞]　史 4 - 27199
　驛亭槐影　集 7 - 49534
01 驛站衝僻確册　史 6 - 43490
　驛站衝僻支解册　史 6 - 43490
　驛站協濟改解册　史 6 - 43490
　驛站協濟留用册　史 6 - 43490
　驛站撥協改解留用册　史 6 - 43490
　驛站路程　史 7 - 49318(2、20)、49739～40

82 驛鐙小藁　叢 2 - 1924

7680₈ 悶

00 悶商瑣言　叢 2 - 1988
30 悶進齋詩文稿　集 5 - 34098　叢 2 - 796
　悶進齋叢書三十五種　叢 1 - 433
　悶進齋叢書五種　叢 1 - 432
　悶進齋善本書目　史 8 - 65820
60 悶見類考　子 5 - 26061
　悶園瑣綴綴摘錄、待曦廬隨軍摘錄　子 4 -
　24739
　悶園宗氏藏書目　史 8 - 65953
　悶園叢書五種　叢 2 - 755
　悶園吟　叢 1 - 131
67 悶瞻日燉(清咸豐十一年)　史 2 - 12880
77 悶閒齋詩鈔　集 3 - 19330
　悶閒齋稿　集 3 - 13296
　悶閒集　子 4 - 24275
　悶閒軒詩草　集 4 - 28757～8
　悶閒軒詩草、剩稿　集 4 - 28756
　悶閒日記　集 3 - 18337
　悶閒錄　子 4 - 22467,5 - 27152～4　叢 2 - 735
　(3)
　悶學讀四書記畧　經 2 - 11019

7710₀ 且

00 且亭詩鈔　集 3 - 14267～8,6 - 44392
02 且新堂日記(清光緒十五年至二十一年)
　史 2 - 13020
11 且頑七十歲自敍　史 2 - 12379
　且孺合集　集 6 - 45002
20 且住草堂詩稿　集 4 - 25634
22 且巢詩存　集 4 - 33623　叢 2 - 788
　且種樹齋詩鈔　集 4 - 21987
24 且仕且讀軒詩　集 4 - 31041
30 且安齋波餘剩草　集 4 - 30622
36 且泊簃詩草　集 4 - 30154
40 且存稿　集 4 - 24146
42 且樸齋詩稿　集 3 - 13262
44 且夢山房詩鈔　集 3 - 15400
46 且想齋詩稿　集 4 - 25518
　且想齋詩鈔　集 4 - 22338
60 且園詩存　集 3 - 17145,4 - 31251
　且園三種　叢 2　1954

且園近詩、近集　集3-13390
且園劄記　叢2-1954
71 且甌歌　集7-50843
且甌集　集4-29128
77 且且菴初箋十六子　子1-42
且居批評息宰河傳奇　集7-50016
且留集　集3-16088
87 且飲樓詩選、續集　集4-28969
且飲樓詩選、續集、補編　集4-28970

皿

22 皿川羊氏宗譜[浙江縉雲]　史4-26837、26839～40

7710₁ 閏

72 閏氏家乘　史5-35486

7710₄ 堅

00 堅意經　子6-32083(21)
10 堅正堂摺稿　史6-49067　集5-38219
堅石山館詩稿　集4-28827
20 堅香詞　集7-47815
26 堅白齋詩存　叢1-445
堅白齋詩存、駢文存、雜稿存　集5-34677
堅白石齋詩　集4-24243
堅白石齋詩集　集4-24242、24244
堅白室詩草　集5-40123
堅白室詩草、奢柏百六詞、虞城留別　集5-40122
30 堅牢地天儀軌　子6-32093(38)
32 堅冰志　史1-4542　叢2-2146～7
堅冰志、光宣僉載　叢2-626
42 堅瓠集　子5-26643～4
堅瓠首集、二集、三集、四集、五集、六集、七集、八集、九集、十集、續集、廣集、補集、祕集、餘　叢2-735(2)、736
44 堅蕉續稿　集3-18408
47 堅匏庵集　集5-39789
堅匏盦詩文集　叢2-844
60 堅固女經　子6-32083(14)

墜

27 墜名考異　史7-51288

閏

10 閏一稿　集3-14868
46 閏榻外集　集4-22114
80 閏八月考　子3-11552
88 閏竹居叢書二十八種　叢1-349
閏餘子續集　集3-14633
閏餘集　集5-40435
閏餘稿　集3-17975
閏餘藁　叢2-963

閨

02 閨訓新編　子1-2962
閨訓圖詠類編　子1-2976
閨訓圖說　子1-2984、3008
閨訓圖咏類編　史2-6414
05 閨塾議　集7-49656
07 閨詞　集7-47399
閨詞、西虹漁唱、春柳詩　集7-47397
閨詞雜怨　叢2-718
20 閨秀　集6-44087
閨秀詩評　集6-45724、46176　叢1-22(26)、168(1)、496(4)
閨秀詩十五首　叢1-385
閨秀詞鈔、補遺　集7-48605
閨秀集、詩餘　集6-43877
閨秀補編　集6-44141
閨秀英才傳　子5-27615
24 閨豔秦聲　集7-53757
25 閨律　子4-24615,5-26514　叢1-496(5)、587(2)
27 閨怨佳人拜月亭　集7-48765　叢2-720(3)
30 閨房集、傳誄墓碣　集3-19753
42 閨媛叢錄　史2-6439　子5-26709
44 閨芳扶正集　史2-6438
閨孝烈傳　子5-28016
45 閨姓類集儷語　子5-25988

50 閫中文存　集 4-24091
　閫中怨　集 4-29012
　閫中十二曲　叢 1-587(3)
　閫中劍六章　子 5-27871
53 閫戒　子 1-1955、2948，4-23932　叢 2-
　　1139〜40
60 閫墨萃珍　叢 1-587(5)
77 閫閣豪傑談　子 5-28565
　閫閣語林　集 6-42553
　閫閣詩存　集 6-44987
　閫閣消寒雜詠　叢 1-319
　閫閣才子奇書　子 5-27616
　閫閣才子奇書(閫秀英才傳)　子 5-27615
　閫閣女四書集註　子 1-1977
　閫門要則　叢 2-724
　閫門衍訓　子 1-2938
　閫門便讀　子 1-2990
　閫門寶訓　叢 2-724
　閫門寶鑑　子 2-7965
　閫門必讀　子 1-1976
　閫門學史　子 1-3010
83 閫餞　集 7-49534
86 閫鐸類吟注釋　集 4-23786
88 閫鑑圖集　史 2-6406
　閫範　史 2-6407〜8　叢 2-691(2)、724
　閫範、女蒙要語　子 1-2947
　閫範詩集　史 2-9544
　閫範圖說　子 1-2946
　閫範類編　史 2-6409
95 閫情圖　子 3-16297

7710₇ 盟

00 盟廬詞、看鏡詞　集 7-48171
21 盟紅藕花榭顧曲詞鈔　集 7-48172
26 盟白齋詩鈔　集 4-24211〜2
68 盟吟日草　集 4-30359

闔

77 闔閭水法全書　子 3-13709

7710₈ 豎

21 豎步吟　集 6-44957

7711₄ 鬥

44 鬥花籌譜　子 3-17959、18259〜60　叢 1-
　　315
46 鬥嬋娟傳奇　集 7-50513
80 鬥金瓶　集 7-49715

7712₁ 鬮

41 鬮杯堂詩集　叢 2-2169
44 鬮茶記　子 4-18979、19003　叢 1-22(15)、
　　23(15)

7712₇ 邱

00 邱文定文牘　叢 2-706
　邱文莊公(濬)年譜　史 2-11428
10 邱至山古近體詩　集 4-21973
　邱百五郎公家譜[福建上杭]　史 4-
　　28475
11 邱北縣志[民國]　史 8-62608
28 邱給諫奏議遺稿　史 6-48860
37 邱祖語錄　子 5-31959
　邱祖全書　子 5-31958
40 邱太守文鈔　集 5-35216
　邱真人西遊記　子 5-28807
47 邱鞠懷詩　集 2-12874，6-41943
60 邱園隨筆　子 4-21647
　邱園鄭氏宗譜[湖南臨湘]　史 5-38754
62 邱縣志[雍正]　史 7-55562
　邱縣志[乾隆]　史 7-55563
　邱縣志[民國]　史 7-55564
72 邱氏族譜　史 4-28446〜8、28450〜2
　邱氏族譜[江西]　史 4-28477
　邱氏族譜[江西萬載]　史 4-28482、28484〜5
　邱氏族譜[福建莆田]　史 4-28473

邱氏族譜[湖南平江]　史4-28493~5
邱氏族譜[湖南醴陵]　史4-28496
邱氏族譜[湖南桂陽]　史4-28499
邱氏族譜[四川簡陽]　史4-28502
邱氏重修族譜[江西]　史4-28476、28487
邱氏重修族譜[江西武寧]　史4-28478
邱氏重修族譜[江西修水]　史4-28479
邱氏重修族譜[江西銅鼓]　史4-28486
邱氏重修宗譜[湖南平江]　史4-28492
邱氏續修族譜[湖南安化]　史4-28491
邱氏續修族譜[湖南湘鄉]　史4-28498
邱氏宗譜　史4-28449、28503
邱氏宗譜[福建上杭]　史4-28474
邱氏大成族譜　史4-28453
邱氏支譜[江西南豐]　史4-28481
87 邱釣磯集　集1-4607

鷗

67 鷗鳴集　集5-37799

7713₆ 蚤

48 蚤梅閣詩集　集5-35598

閩

00 閩產錄異　史7-50515　叢2-1868
閩高待詔詩集　集2-6337,6-44786
閩唐觀察詩集　集6-44786
閩稾底稿滇稾底稿　史6-47456
閩雜記　史7-49317(4)、49318(14)、50513~
　4、50517　叢1-496(3),2-1617
04 閩詩傳初集　集6-44777
閩詩錄甲集、乙集、丙集、丁集、戊集　集6-
　44782　叢2-2140
07 閩記　史1-1962,3382
閩詞鈔　集7-46437、48583
閩部疏　史7-50508　子4-20586　叢1-
　13、14(3)、22(24)、84(4)、107、111(3)、269
　(3)、270(3)、272(4),2-730(11)、731(57)、
　1136
10 閩王翰林詩集　集6-44786

閩王檢討詩集　集6-44786
閩王典籍詩集　集2-6303,6-44786
11 閩疆小草　史6-47297
16 閩碑存目　史8-63938
閩碑考　史8-63937
18 閩政彙參　史6-41894
閩政會要　史6-41893
閩政領要　史6-41892
19 閩瑣記　史7-50512　叢2-734
21 閩行日誌　史7-53504
閩行日記　史7-49317(6)、49318(12)、53892、
　54030　叢2-1350、1920
閩行日記、續記(清道光八年)　史2-12660
閩行隨筆　史7-53858　叢2-615(3)
閩儒學則　子1-1786
閩師進剿紀畧　史1-3985
22 閩川詩話　集6-46082
閩川名士傳　史2-8298　叢1-22(9)、23(9)
閩川閨秀詩話　集6-46083　叢1-587(6)、
　2-1663
閩川閨秀詩話續編　集6-46168
閩川閨秀詩話續編(閩川閨秀詩話續)　集
　6-46169
閩嶠集　集3-19029
閩嶠遊草　集5-34868
閩嶠輶軒錄　史7-50530
閩嶠輶軒錄、方嶽采風錄、撫湘公牘　史7-
　50531
26 閩臬書劄　集5-37625
27 閩歸詩集　集4-26797
閩侯縣志[民國]　史8-58169
閩紀　史6-43127
28 閩俗雜誌　史7-49319,50518
閩鹺外記　史6-43889~90
閩鹺情形彙紀　史6-43891
30 閩漳先賢列傳　史2-8147
閩案雜錄　史6-46149
31 閩江諸水編　史7-49317(7)、49318(10)、
　52948
閩江金山志[民國]　史8-58172
閩汀雷翠庭先生自恥錄　史2-9543
32 閩浙項氏宗譜　史5-35498~9
閩浙總督奏銷咸豐六年鹽課盈餘黃册　史
　6-43880
閩浙督撫奏稿　史6-47988
閩溪紀畧　史1-5623
35 閩清縣志[乾隆]　史8-58182
閩清縣志[民國]　史8-58183
36 閩還紀程(光緒十一年九月至十一月)　叢

2－2061

38 閩游詩話　叢1－373(4)

　閩游詩紀　集3－13022

　閩游草　集2－12892

　閩游月記　史1－1937、1954～9、3436～7

　閩海集　叢2－1358

　閩海紀要　史1－3510

　閩海紀畧　史1－3513

　閩海紀畧、後紀畧　史1－3514

　閩海紀錄　史1－3512

　閩海蟲毒記　叢1－29(7)

　閩海風雅　集6－44779

　閩海關常稅則例　史6－43560

　閩遊雜詩　集3－19603～4

　閩遊詩話　集6－46019

　閩遊詩紀　叢2－970

　閩遊記畧　史7－54007　叢2－1927

　閩遊集　集4－27576、32110

　閩遊偶記　史7－49318(19)、53507

　閩遊紀畧　史7－49317(4)、49318(14)、53506

　閩遊草　集4－28458、5－37578

　閩遊月記　史1－1953

　閩遊前後草　集4－26221

40 閩大記[萬曆]　史8－58138

　閩南唐賦、考異　集6－43546

　閩南唐雅　集6－44774

　閩南文鈔　集4－26662　叢2－1627

　閩南雜詠　集4－29604　叢2－1460

　閩南集　集4－26905

　閩南何氏家譜[福建泉州]　史4－28353

　閩南遊草　集4－31715

　閩南道學源流　史2－8130

　閩南草　集4－31716

　閩難記　史1－3653　叢1－202(3)、203(9)、
　320

　閩杭孔氏家譜[福建上杭]　史4－25944

　閩杭白砂白蓮塘劉氏族譜[福建上杭]　史
　5－39351

43 閩越叢談　史7－50534

44 閩藩政務　史6－41887

　閩藩草　集2－10074

　閩幕紀畧　史1－3651　叢1－369

　閩草　集2－10075

　閩黃博士詩集　集6－44786

　閩林宗譜[福建]　史4－29339～40

　閩林宗譜[福建浦城]　史4－29324

　閩林大宗世譜[福建閩侯]　史4－29317

　閩林膳部詩集　集6－44786

46 閩觀詩畧選鈔　集2－10274

47 閩都記[萬曆]　史8－58151

閩都別記雙峰夢　子5－28921

50 閩中郭氏支派大畧　叢2－1868

　閩中郭氏支派大畧[福建福州]　史4－
　32328

　閩中三宋人集　集6－44775

　閩中正聲　集6－44776

　閩中石刻記　史8－63936

　閩中理學淵源考　史2－8131　叢1－223
　(22)

　閩中稿　集2－6644

　閩中稿、湖上篇　集2－6642

　閩中紀畧　史1－3650　叢1－203(17)

　閩中沿革表　史7－50522

　閩中海錯疏　子4－19449　叢1－223(25)、
　241、242(3)、268(2)、386～7、2－731(28)

　閩中十子詩　叢1－223(70)

　閩中十子詩十種　集6－44786

　閩中古蹟輯畧　史7－51424

　閩中荔支通譜　子4－19311～2

　閩中荔枝通譜　子4－19310

　閩中撫聞　史7－50529　叢1－373(8)

　閩中書畫錄　史2－8134　子3－14724　叢
　2－751、1617

　閩中攬勝集　集4－25881

　閩中吟　叢2－1350

　閩中金石記　史8－63929

　閩中金石沽錄　史8－63933

　閩中金石志　史8－63514、63930～2

　閩中金石畧　史8－63934　叢2－710

　閩中金石畧考證　史8－63935　叢2－710

　閩中錄　史7－50532　叢2－1444

　閩中錄異　子5－27115　叢2－1617

　閩事紀畧　叢1－496(3)

　閩泰寧縣志[康熙]　史8－58288

　閩書[萬曆]　史8－58139

57 閩軺日記(清嘉慶十三年)　史2－12668

　閩軺吟　集4－26527

62 閩縣鄉土志[光緒]　史8－58167

　閩縣李氏碩果亭藏書目錄　史8－65263、
　65983

　閩縣孝義傳　史2－8137

　閩縣忠義孝悌傳　史2－8136

73 閩腔快字　經2－14489～90

75 閩陳徵君詩集　集6－44786

77 閩周祠部詩集　集2－6532、6－44786

　閩學宗傳、浙學宗傳、揚豪別錄　史2－8128

　閩闈類記　史1－3140

　閩賢遺墨　集6－44785

78 閩鹽正告書　史6－43887　叢2－2169

80 閩會水利故、福州歷代濬湖事畧　史6－
　46890

81 閩頌　史2-9301
　　閩頌彙編(姚啓聖)　史2-9301
87 閩鄭博士詩集　集6-44786
90 閩小記　史7-49318(14)　叢1-210、249(3)、
　　373(8)、2-617(5)、624(3)
　　閩小紀　史7-49317(4)、50509~11　叢1-
　　211,2-731(57)
　　閩省西路鹽務各商帮調查一覽表　史6-
　　43892
　　閩省晉江梅塘蔡氏遷粤家譜[澳門]　史5-
　　38064
　　閩省例　史6-41890
　　閩省近事竹枝詞　集4-30501
　　閩省賢書　史3-14979
　　閩省賢書、續　史3-14980
　　閩省鹽務各關局調查一覽表　史6-43893

7714₈ 閈

72 閈氏宗譜[河南羅山]　史5-41311
76 閈駟十三州志　史7-49307、49473　叢2-
　　767

7716₄ 闊

40 闊大奶奶逛二閘　集7-52380
　　闊大奶奶逛妙峯山一枝　集7-52689
　　闊大奶奶赴席一枝　集7-52690
　　闊大爺誆妓女(新從良後悔)　集7-53201

7721₀ 凡

07 凡調　子3-17883
08 凡誨書　經2-13540
27 凡將　經2-13291、15142
　　凡將齋藏甲骨文字　史8-65175
　　凡將篇　經2-13287~90、15116、15137　叢
　　1-495、586(2)、2-716(1)、772(2)、773(2)、
　　774(7)
　　凡將篇逸文注　經2-13292　叢2-764
80 凡八只　子3-17885

凰

22 凰山象山京山陳氏宗譜[浙江義烏]　史4-
　　32997~8
24 凰岐岸湖張氏義房支譜[江西新建]　史5-
　　35186
43 凰求鳳傳奇　集7-50187、50196
47 凰桐俞氏宗譜[浙江諸暨]　史4-30799~
　　800
77 凰岡徐氏家譜[江西鄱陽]　史4-32145~6
　　凰岡彭氏六修族譜[江西萍鄉]　史5-
　　35557

夙

47 夙好齋詩鈔、賦鈔、試帖詩鈔　集4-25194
53 夙威遺稿　集5-38500
77 夙興語　子1-1466　叢1-201、203(2)、
　　367~8

風

00 風塵詩草初編　集5-40091
　　風塵備忘錄　叢1-250
　　風塵囈語　集4-29832
　　風瘟驗方　子2-6968
10 風一枝　集7-51719
　　風雪漫錄　子4-20595
　　風雨廬詩草　集3-21891
　　風雨雞聲集　子7-36256
　　風雨歸舟　集7-51723、53141
　　風雨像生貨郎旦雜劇　集7-48767(2)、
　　48964　叢2-698(16)
　　風雨雞聲集　史6-41490~4
　　風雨對吟齋詩鈔、詩餘　集5-34423
　　風雨茅堂詩稿　集4-28851
　　風雨茅堂稿　集4-28848
　　風雨茅堂稿、三編、外集　集4-28852
　　風雨茅堂外集　集4-28850
　　風雨樓扇粹第六集　子3-16770
　　風雨樓扇粹第一集　子3-16765
　　風雨樓扇粹第二集　子3-16766
　　風雨樓扇粹第三集　子3-16767
　　風雨樓扇粹第五集　子3-16769

風雨樓扇粹第四集　子3-16768
風雨樓叢書二十三種　叢2-609
風雨樓祕笈留真十種　叢2-610
風雨吟草　集3-21565
風雨閉門詞　集7-47366
風雨懷人館集　集5-36183
風弄芭蕉舞一枝　集7-51722
風雷引　子3-17581、17773
風雲亭稿　集2-11790
風雲亭稿、外集　集2-12669
風雲際會法　子3-17218
風雲會　集7-50156、50379～80
12 風水辯　子3-13141
風水一書　子3-13164、13583
風水二書形氣類則　子3-13584
風水法祛惑　叢1-458
風水祛惑　子3-13636
風水問答　子3-13390　叢1-48、115
21 風儒詩草　集5-41050
22 風倒梧桐記　史1-1937、1941、1954～7、
　　　1959、3492～3
風山宦遊草　集4-26854
24 風科摘要　子2-7233
26 風泉館詞存　集4-26405
風和雲淡一枝　集7-51720
27 風角　子3-13065
風角一覽占　子3-11235、13066
風角占　子1-3090
風角書　子3-13067　叢1-411
風角指掌　子3-13068
風紀輯覽　史6-46067
28 風俗通　子1-18～20,4-19763、19765　叢
　　　1-182
風俗通佚文　子4-19772　叢2-777
風俗通逸文　子4-19768
風俗通姓氏篇　史2-13272　叢1-525,2-
　　　628、731(60)、763、1685
風俗通姓氏篇佚文、補遺　史2-13273　叢
　　　2-777
風俗通姓氏篇校補　史2-13274　叢2-
　　　2170～1
風俗通義　子1-44、61、66,4-19760～1、
　　　19764　叢1-69、71～7、90～3、114(6)、123、
　　　223(40)、519,2-628、635(5)、698(7)、730(5、
　　　6)、731(6)
風俗通義、羣書拾補　子4-19766
風俗通義佚文　子4-19771　叢1-480、537
風俗通義逸文　叢2-1489
風俗通義校正、補逸　子4-19769～70
風俗通義校正、逸文　叢1-258
風俗通義校正逸文　子4-19767　叢2-731

　　　(3)、847、1466
30 風宣玄品　子3-17603
風流詞客　集7-52314
風流天子傳　子5-28029
風流孔目春衫記殘本　叢2-720(3)
風流十傳　子5-27598
風流棒傳奇　集7-50266
風流塚　集7-48780、49312
風流眼前報　子5-27884
風流公子　集7-52315
風流悟　子5-27839
風憲約　史6-42976　叢2-1140
風憲事宜　史6-42974
風憲忠告　史6-41520、41524、42935　叢1-
　　　247、481
風穴續志　史7-51697
風穴志畧　史7-51695～6
32 風溪吟　集3-18158
34 風滿樓詩稿(胡湄村詩稿)　集3-19404
風波亭　集7-51118
40 風土雜錄　史7-49318(12)、51292
風土記　史7-50173　叢1-19(2)、21(2)、22
　　　(10)、23(10)、24(2)、29(2)
風希堂文集、詩集　集4-22927
風希堂詩集　集4-22926
風木庵圖題詠　集6-44331
風木盦圖題詠　叢2-832(6)
44 風花雪月　集7-49375
風花雪月四枝　集7-51721
風華館儷體　集3-16021
風世類編　子5-27047
風樹亭稿　集2-6523
47 風胡子　子1-18、20,4-19635
風楹待月　叢2-1621
風檐世草　叢2-1655
48 風教雲箋　集6-45267
風教雲箋、後集　集6-45268
風教雲箋、後集、續集　集6-45269
60 風眩方　子2-9113
68 風唫集　集2-11539
70 風雅廣逸　集6-42348
風雅元音　集6-42427
風雅聯珠　集6-42570
風雅翼　集6-42147　叢1-223(70)
風雅倫音　經1-3931　叢2-1282
風雅遺音　經1-4754～5　集7-46361、
　　　46370、46656　叢1-232、579
風雅遺踪　集6-42557
風雅遺聞　子4-21265
風雅逸篇　集6-42353　叢1-282(3)、283

（3），2－731（38）
風雅蒙求　經2－14111、14921
72 風后握奇經　叢1－26～8
風后握奇經(握機經)　叢1－74
風后握奇經、續圖　叢1－11～2
風后握奇經、握奇經續圖　叢1－29（2）、76～7、169（2）
風后握奇經、握奇經續圖、八陣總述　子1－61、3677
風后握奇經握奇經續圖　叢1－22（18）、23（17）
77 風月廬詩稿　集5－38265
風月廬剩稿　集5－38266
風月談餘錄　子4－21781
風月爭奇　子4－18539、19115、24189
風月紫雲亭　叢2－720（4）
風月魁　集7－52316
風月牡丹偓　集7－48776～7　叢2－672
風月南牢記　集7－48774（4）、49281
風月奇談　子5－27279
風月夢　子5－28498～9　叢1－496（7）
風月吟廬詩草　集4－33616
風月閣詩文集　集3－16345
風月鑑　子5－28479
風月餘談　集3－21706
風月堂雜識　子4－20461　叢1－241、242（3）、2－624（3）、1128
風月堂詩話　集6－45607　叢1－107、111（2）、113、223（72）、296
風骨集、續集　叢2－2270（3）
風騷要式　集6－45546
風騷要式　集6－45495　叢1－114（4）
風騷旨格　集1－1756，6－45486、45494～5、45542　叢1－22（13）、23（13）、114（4）、169（3）、268（4）、2－617（3）、635（8）、731（47）
風騷補編　經2－11895
風聞言事論　集2－7289　叢1－223（65）
80 風人詩話　叢2－650
風人近稿　集3－14346
風入松八十一闋　集7－46821
88 風簷笀見錄　子7－36239
風箏誤　集7－50186、50195
風箏誤傳奇　集7－50187、50193～4
風箏配　子5－27847
90 風懷詩案　集3－15010，5－40999　叢2－934
風懷詩補註　叢1－281，2－1695
96 風燭學鈔　史2－6371　叢2－1621

鳳

00 鳳市趙氏宗譜[浙江桐廬]　史5－38303～4
09 鳳麟寶卷　集7－54320
鳳麟襖　集7－53740～1
鳳麟翔舞　集7－49699
11 鳳頭鞋記　集7－49936
鳳研齋詩鈔　集4－26752
鳳研齋存稿　集4－26751
12 鳳飛樓傳奇　集7－50373、50376
鳳孫樓詞　集7－47682
鳳孫樓填詞　集7－47683
20 鳳毛濟美　子3－14609
鳳毛日記故事　子5－25146
21 鳳偓　集7－52218
鳳偓子弟書　集7－52123
鳳偓傳　集7－52319
鳳儒詩草　集5－39918
22 鳳川子克己示兒編　子1－2134
鳳川先生文集　集2－8258
鳳川蔣氏宗譜[江蘇宜興]　史5－38104
鳳巒僑　集7－52318
鳳崗存藁　集2－7527
鳳崗李氏宗譜[浙江桐廬]　史4－27162
鳳巖山房文草(分餘藁、視政藁、司封藁、家食藁、丁巳稿、戊午稿、壬戌稿、癸亥稿、甲子藁、乙丑藁、丙寅藁、丁卯藁、戊辰藁、己巳藁、庚午藁、辛未稿、壬申藁、癸酉藁、甲戌藁、獨鑒錄、乙亥藁、丙子藁、丁丑藁、銓古錄)　集2－9327
鳳仙譜　子4－19303　叢1－202（8）、203（14、18）
鳳仙花譜　子4－19304
鳳仙花品題　子4－19302
鳳鸞傳子弟書　集7－52122
鳳嶺詩稿駢體合存　集4－26269
鳳峯徐氏宗譜　史4－32200
鳳山詩集　集2－7393
鳳山三橋范氏宗譜[浙江松陽]　史4－29473
鳳山雞鳴陳氏宗譜[浙江]　史4－33155
鳳山何氏宗譜[浙江淳安]　史4－28270
鳳山剩稿　集3－13836
鳳山吳氏宗譜[浙江諸暨]　史4－27869
鳳山吳氏宗譜[浙江淳安]　史4－27813
鳳山牧笛譜　集5－39122
鳳山洪氏宗譜[浙江金華]　史4－30950～3

鳳山草堂詩稿　集5-38881

鳳山橫蹊張氏宗譜［浙江金華］　史5-35007

鳳山樓氏宗譜［浙江東陽］　史5-39057

鳳山縣志［康熙］　史8-63485

鳳山縣志［乾隆］　史8-63486

鳳山縣志八編［民國］　史8-61414

鳳山縣採訪冊［光緒］　史8-63487

鳳山周氏族譜［江西南昌］　史4-30086

鳳山金氏宗譜［浙江義烏］　史4-29690～5

鳳山鄭氏宗譜［浙江諸暨］　史5-38645～7

鳳巢山樵求是錄　子4-21312

鳳巢山樵求是錄、二錄、續錄　叢2-1677

鳳巢山樵求是錄外集　叢2-1677

26　鳳皇山聖果寺志　叢2-832(3)

27　鳳鄉詞　集7-47007

28　鳳儀亭　集7-52125、52668、52989

鳳儀亭訴苦　集7-52990

鳳儀亭子弟書　集7-52124

32　鳳洲文選　集2-9568,6-42048～9

鳳洲雜編　叢1-84(3),2-730(11)、731(51)

鳳洲綱鑑　史1-1245

鳳洲筆記　史1-1933　集2-9577

鳳洲筆記、後集、續集　集2-9576

鳳溪遺稿　集5-41061

34　鳳池集　集6-44082

鳳池仙館詩存　集4-32923

鳳池園詩集、文集　集3-16288

鳳池吟稿　集2-6085、6089　叢1-223(62)

鳳池食粟齋集劍餘草　集3-15130

40　鳳臺稿　集2-11393

鳳臺山館詩續集　集5-40009

鳳臺山館詩鈔　集5-40008

鳳臺山館駢散文集、續集　集5-40780

鳳臺祇謁筆記　史7-49318(2)、53139

鳳臺縣續志［光緒］　史7-55709

鳳臺縣志［嘉慶］　史7-57836

鳳臺縣志［乾隆］　史7-55708、57835

鳳臺縣志［光緒］　史7-57837

42　鳳嬌寫血書投水　集7-53642

43　鳳求凰　子3-17582、17781　集7-50186

鳳城瑣錄　史7-49996　叢2-785、1468

鳳城品花記　叢1-496(6)

鳳城縣志［民國］　史7-56162

44　鳳麓山房詩草　集5-38882

鳳麓小志　史7-49328、50120　叢2-795

鳳林龔氏宗譜［浙江蘭溪］　史5-41454～5

鳳林新坦周氏宗譜［浙江江山］　史4-30008

鳳林王氏宗譜［浙江義烏］　史4-25127～8

鳳林王氏蒲塘宗譜［浙江義烏］　史4-25136

鳳林王氏曲江宗譜［浙江義烏］　史4-25132～3

鳳林王氏僉祠總譜［浙江義烏］　史4-25130

鳳林西山王氏宗譜［浙江義烏］　史4-25129

鳳林先生文集　集2-8148

鳳林胡氏重修宗譜［浙江金華］　史4-30458

鳳林胡氏重修宗譜［浙江義烏］　史4-30479～80

鳳林嚴氏家譜［浙江湖州］　史5-41203～5

鳳林姜氏宗譜　史4-31085

45　鳳棲山王氏七修族譜［安徽望江］　史4-25261

鳳棲里人詩集　集4-32054

47　鳳姐兒送行　集7-52317

50　鳳車詞　集7-46399～400、47092

60　鳳田李氏宗譜［江西婺源］　史4-27361

62　鳳縣志［道光］　史8-62947

鳳縣志［光緒］　史8-62948

65　鳳嘯軒詩集　集3-16011

67　鳳鳴書院課藝　叢2-2057

鳳鳴丹山　子3-17741

鳳鳴關　集7-52988

鳳墅殘帖釋文　子3-15419～20　叢2-731(34)

鳳墅法帖［釋文］存　叢1-247

71　鳳阿集　集3-15351

72　鳳氏經說　經2-11577　叢1-456(6)、457,2-731(5)

鳳氏醫案　子2-10699

鳳氏醫書三種　子2-4684

76　鳳陽府誌［康熙］　史7-57840

鳳陽府志［光緒］　史7-57841

鳳陽新書［天啓］　史7-57839

鳳陽縣志［萬曆］　史7-57865

鳳陽縣志［乾隆］　史7-57867

鳳陽縣志［光緒］　史7-57868

鳳陽縣志畧［民國］　史7-57869

鳳陽興學演說、長淮學會章程　史6-42535

鳳陽倉項下嘉慶十九年分收放錢糧四柱奏銷文冊　史6-43474

鳳陽倉項下嘉慶十九年分實征錢糧奏銷文冊　史6-43473

77　鳳凰續志［光緒］　史8-60799

鳳凰廳鄉土志［民國］　史7-56167

鳳凰廳志［道光］　史8-60798

鳳凰廳志［乾隆］　史8-60797

鳳凰記二本　集7－51120
鳳凰琴　集7－50338〜9
鳳凰山記　史7－49318(6)、52498
鳳凰山聖果寺志　史7－51607
鳳凰山永慶寺志　史7－51596
鳳凰山汪氏宗譜[安徽桐城]　史4－28800
鳳凰白鶴圖　集7－53743
鳳凰池　子5－28347
鳳凰池(新編鳳凰池續四才子書)　子5－28346
鳳凰臺記事　叢1－22(24)、134,2－731(54)
鳳凰杯　集7－50335
鳳凰坡越娘背燈殘本　叢2－720(4)
鳳凰樓傳奇　集7－50492
鳳凰釵天緣珮　集7－53739
鳳尾閣詩集　集5－40267
鳳岡吟　集4－30262
80 鳳谷公詩集　叢2－863
87 鳳翔府志[康熙]　史8－62913
鳳翔府志[正德]　史8－62911
鳳翔府志[萬曆]　史8－62912
鳳翔府志[乾隆]　史8－62915
鳳翔府志畧[乾隆]　史8－62914
鳳翔紀事詩存　集5－33781
鳳翔縣志[雍正]　史8－62917
鳳翔縣志[康熙]　史8－62916
鳳翔縣志[乾隆]　史8－62918
88 鳳笙閣簡鈔　集2－8947
鳳筠館續集　集2－10314
鳳簫詞　集7－48093
鳳簫樓詩集　集6－41999
鳳簫樓詩鈔　集3－16845
鳳笯雉噫吟草　叢2－2039

7721₁ 尼

22 尼山心法　經1－2089
24 尼徒從政錄　叢2－1749
40 尼布楚城考　史1－1982
尼布楚考　史6－45714,7－49318(2)
44 尼姑下山　集7－50857
尼姑下山五更一套　集7－50856
尼姑嘆一枝　集7－52712
48 尼乾子問無我義經　子6－32093(31)
60 尼羅河同舟記事　子7－38156
尼羅海戰史外附溫聖脫海戰史哥品杭海戰史　子7－36459
70 尼防雜事詞　集7－47332

86 尼羯磨　子6－32081(36)、32082(15)、32083(23)、32084(19)、32085(35)、32086(40)、32088(25)、32089(40)、32090(45)、32091(43)、32092(29)、32093(23)

7721₂ 胞

77 胞與堂丸散譜　子2－9322

7721₄ 尾

44 尾蔗叢談　子5－26414　叢1－282(4)、283(4)、373(3)
47 尾聲集　集4－23570
尾聲集偶存　集5－36093　叢2－2093
88 尾箕吟　集3－20292,6－45142

屋

00 屋裏青山詩鈔　集5－39840

厵

30 厵夋撧筆　叢2－2055

隆

00 隆慶二年進士登科錄　史3－13632
隆慶二年會試錄　史3－13631
隆慶五年辛未科進士履歷便覽　史3－13635
隆慶五年辛未科會試硃卷　集2－9999
隆慶五年武舉錄　史3－13636
隆慶五年進士登科錄　史3－13634
隆慶五年會試錄　史3－13633
隆慶元年應天府鄉試錄　史3－14103
隆慶元年順天府試鄉錄　史3－13952
隆慶元年山西鄉試錄　史3－14048
隆慶元年山東鄉試錄　史3－14442
隆慶元年江西鄉試錄　史3－14380
隆慶元年河南鄉試錄　史3－14514

隆慶元年福建鄉試錄　史 3 - 14324
隆慶元年浙江鄉試錄　史 3 - 14207
隆慶元年陝西鄉試錄　史 3 - 14784
隆慶志[嘉靖]　史 7 - 54974
隆慶四年應天府鄉試錄　史 3 - 14104
隆慶四年廣西鄉試錄　史 3 - 14654
隆慶四年廣東武舉鄉試錄　史 3 - 14615
隆慶四年廣東鄉試錄　史 3 - 14614
隆慶四年順天府鄉試錄　史 3 - 13953
隆慶四年山西鄉試錄　史 3 - 14049
隆慶四年山東鄉試錄　史 3 - 14443
隆慶四年江西鄉試錄　史 3 - 14381
隆慶四年河南鄉試錄　史 3 - 14515
隆慶四年福建鄉試錄　史 3 - 14325
隆慶四年浙江鄉試錄　史 3 - 14208
隆慶四年貴州武舉鄉試錄　史 3 - 14742
隆慶四年貴州鄉試錄　史 3 - 14741
隆慶四年四川鄉試錄　史 3 - 14695
隆慶四年陝西鄉試錄　史 3 - 14785
10 隆平集　史 1 - 2459　叢 1 - 223(19)
隆平紀事　史 1 - 2656～7　叢 1 - 203(15)
隆平縣志[崇禎]　史 7 - 55461
隆平縣志[乾隆]　史 7 - 55462
13 隆武紀畧　史 1 - 3434
隆武紀年　史 1 - 3435　叢 2 - 1261
隆武遺事　史 1 - 1979、3433
22 隆川林氏宗譜[浙江景寧]　史 4 - 29308
隆山縣志九編[民國]　史 8 - 61256
24 隆化縣志[民國]　史 7 - 55150
隆德縣續志[道光]　史 8 - 63337
隆德縣志[康熙]　史 8 - 63336
隆德縣志[民國]　史 8 - 63338
30 隆安縣志[民國]　史 8 - 61253～4
32 隆溪麗水張氏宗譜[浙江浦江]　史 5 - 35103～4
34 隆湛齋手書詩鈔　集 4 - 25140
隆池山樵詩集　集 2 - 8686
38 隆裕皇太后大事紀　史 2 - 10907
40 隆吉詩集　集 1 - 4518、6 - 41908
隆吉詩鈔　集 1 - 4517、6 - 41900
隆吉集補鈔　集 1 - 4519、6 - 41901
44 隆萬四書文聞　叢 1 - 223(71)
50 隆中詩草　集 5 - 37116
60 隆昌縣鄉土志[光緒]　史 8 - 61874
隆昌縣志[康熙]　史 8 - 61868
隆昌縣志[道光]　史 8 - 61871
隆昌縣志[乾隆]　史 8 - 61869～70
隆昌縣志[咸豐]　史 8 - 61872
隆昌縣志[同治]　史 8 - 61873
隆昌縣採訪表[民國]　史 8 - 61875
72 隆氏族譜[湖南]　史 5 - 35487

隆氏續修族譜[湖南邵陽]　史 5 - 35488
76 隆陽蔣氏宗譜[湖南臨武]　史 5 - 38210
77 隆閃(興)釋教編年通論　子 7 - 34703

7721₆ 覺

00 覺鹿軒詩草　集 4 - 33302,6 - 42007(3)
覺庵續詠　集 4 - 25876
覺庵存稿　集 2 - 8889
覺庵筆記　子 5 - 26460
覺廬詩稿　集 5 - 41484
覺廬遺詩　集 5 - 39744
覺意三昧　子 6 - 32089(49)
10 覺王外臣筆錄　子 7 - 34651
覺不覺軒詩鈔　集 4 - 30366
11 覺非齋文集　集 2 - 6500
覺非集　集 2 - 6518,3 - 18714,4 - 31472
覺非先生文集　集 2 - 6579
覺非草　集 3 - 19926
覺非盦筆記　子 4 - 23297～8
覺非堂稿　集 5 - 34679,6 - 42007(2)
22 覺山先生緒言　子 4 - 20512
覺山洪先生史說　史 1 - 5427
25 覺生詠物詩鈔　叢 2 - 941
覺生詠史詩　史 1 - 6081　集 6 - 42013
覺生詠史詩鈔　叢 2 - 941
覺生詩續鈔、自訂年譜　集 4　25099
覺生詩鈔、詠物詩鈔、詠史詩鈔、感舊詩鈔
　集 4 - 25098
覺生詩鈔、續鈔、坿自訂年譜　叢 2 - 941
覺生自訂年譜　史 2 - 11005、12005
覺生進奉文鈔、時文鈔　集 4 - 25101
覺生未刻詩　集 4 - 25100
覺生感舊詩鈔　叢 2 - 941
覺生賦鈔　集 6 - 42070
覺生時文鈔、試律鈔、賦鈔、進奉文鈔　叢2- 941
30 覺空老人評唱通玄和尚問萬松和尚答林泉
　頌般若集　子 7 - 34418
覺之軒語錄　子 4 - 21483
33 覺浪盛禪師語錄　子 6 - 32091(73)
39 覺迷要錄　史 1 - 4080　叢 2 - 2173
40 覺來笑史　子 5 - 27493
41 覺顛冥齋内言　集 5 - 40431
44 覺夢詞　集 7 - 48150
覺夢錄　史 1 - 3871,7 - 49327
覺花園文集　集 5 - 40884
覺莊賸稿、館課　集 4 - 24273
覺莊外編　叢 1 - 373(5)

覺莊初集　集3-20070
覺蘇集　集4-25894
覺華龕詩存　集5-38148　叢2-897
覺世訓印譜　子3-17221
覺世新新集　子5-32053
覺世正宗省心經　子5-31912
覺世經　叢2-771(2)
覺世經註、閒談筆記　叢2-724
覺世經集證　子5-29583、30454
覺世經注證　子5-30455
覺世經果報圖證　子5-30459
覺世名言　子5-27787
覺世名言十二樓　子5-27788
覺世宥罪天尊赦罪寶懺誦本　子5-30590
覺世真經　子5-30451
覺世真經註釋圖說　子5-29616
覺世真經詩　集4-22732
覺世真經說證彙纂　子5-30453
覺世警心錄　子5-30528
覺世晨鐘　子4-21689
覺世金鍼　叢2-724
覺世省迷錄(謨闍必哈台)　子7-35959
51 覺軒公集　集1-3973,6-45118
60 覺園詩文鈔　集5-38999
覺思毳　集3-14426
覺因道人七十二痧症急救良方　子2-7059
覺是集　集1-5563
覺羅豫立傳　史2-10114
覺羅滿保奏疏　史6-48692
覺羅柯爾崑傳　史2-9315
77 覺覺菴筆記　子4-24380
覺覺軒語錄、正覺軒語錄　叢2-1644
覺覺覺齋詩草　集5-40042
覺民詩文集　集3-14473
80 覺今是齋詩集　集5-39188
覺今是齋詩稿　集5-39189
92 覺鴬冥齋内言　子4-21075~6

閲

11 閲裴副總稅務司和議草約第十一款致江海
　　關道節署、加贅言　史6-44979　叢2-
　　2189
17 閲羣芳譜隨筆　子4-19143
21 閲紅樓夢隨筆　子5-28414　叢1-295
　　閲經十二種　子6-32091(77)
22 閲後漢書隨筆　史1-5870
28 閲微草堂硯譜　子4-18756
閲微草堂筆記　子5-26229、27093~5、27097
　　叢1-373(3),2-735(1)、736
閲微草堂筆記五種擷抄　子5-27098
閲微草堂筆記約選　子5-27099　叢2-691(3)
閲微草堂筆記摘抄　史8-65132
閲微草堂筆記擇要　子5-27096
35 閲清樓書目　史8-65723
36 閲渭上南氏綱目前編　史1-1144　叢2-
　　1564
閲視三鎮奏議　史6-48345
40 閲克鹿卜廠造炮記　叢1-530~1
閲古隨筆　集6-46214
44 閲藏隨錄　史8-66342
閲藏隨筆　子7-34871
閲藏隨筆、音釋　史8-66349~50
閲藏隨筆、續閲藏隨筆　子7-34870
閲藏知津　子6-32091(71)
閲藏知津、總目　史8-66348
閲莒草堂遺草　集5-33704
閲世編　史7-49327、50043
50 閲史剩言　史1-5502
閲史約書　史7-49306
閲史郄視　史1-5631
閲史郄視、續　史1-5280、5630、5632　叢2-
　　731(62)、782(3)
閲史閒評　叢2-1458
閲史閑評　史1-5616
閲書帖記　子3-15059
閲書隨札　子4-22497
閲書隨劄　叢2-1529
55 閲耕倡和詩　集6-41987
閲耕餘錄　子4-23056　叢1-300
60 閲田張氏家譜[湖南長沙]　史5-35279
72 閲兵覺華島記　叢2-1225
77 閲關奏稿　史6-48477
88 閲篁山館詩鈔　集4-25366
閲鑑偶評　叢1-254
閲餘撮抄　史1-1644
90 閲卷雜記　叢2-1980
閲卷紀錄　史6-42343

7721₇ 兒

00 兒童教育鑒　子7-37999
兒童畫學　子7-36236~7
兒童矯弊論　子7-37998
兒童笑話　子7-36237
12 兒孫福　集7-49718

24 兒科痘証歌　子2-5184
　　兒科雜症治驗　子2-8417
　　兒科証治祕訣　子2-8556
　　兒科醒　子2-4770、8482
　　兒科歌訣　子2-8568
　　兒科家祕寶箴心法要集　子2-8484
　　兒科治　子2-8567
　　兒科祕要　子2-8540
　　兒科七種　子2-8459
　　兒科推拿摘要辨瘕指南、醫方湯頭歌括　子2-10437
　　兒科推拿摘要辨證指南附湯頭歌訣　子2-10447
　　兒科單方　子2-8569
30 兒寬書　子1-375　叢2-774(8)
40 兒女英雄傳　子5-28507～8　叢1-496(7)
　　兒女英雄傳評話　子5-28506、28509～10
44 兒苫錄　叢2-1919～20
　　兒世說　叢1-22(24)
60 兒易外儀　經1-906　叢1-456(5)、457,2-731(9)
　　兒易內儀以　經1-905　叢1-456(7)、2-731(9)
　　兒易內儀以、兒易外儀、兒易外儀義例八明　叢1-223(4)
88 兒筥錄　經2-12284

兇

29 兇舥詩　集3-21665

兜

00 兜率不磷堅禪師語錄　子6-32091(77)
　　兜率龜鏡集　子6-32091(78)、32092(44),7-34526
07 兜調經　子6-32083(19)
31 兜潭湯氏五修族譜[湖南寧鄉]　史5-36578

肥

10 肥西大栗樹朱氏支譜[安徽肥西]　史4-26624
22 肥川小集　集1-1896,6-41894(1)

27 肥鄉政署　史6-43134
　　肥鄉縣志[雍正]　史7-55551
　　肥鄉縣志[同治]　史7-55552
　　肥鄉縣志[民國]　史7-55553
43 肥城縣新志[嘉慶]　史8-59411
　　肥城縣鄉土志[光緒]　史8-59413
　　肥城縣志[光緒]　史8-59412
　　肥城縣志書[康熙]　史8-59410
50 肥東光農壇何氏三修宗譜[安徽肥東]　史4-28343
94 肥料效用篇　子7-37103

7722₀ 冏

18 冏政要覽　史6-45152
60 冏署疏稿　集2-11456

同

00 同亭宴　集7-50396
　　同庵史彙(史記彙纂)　史1-5122
　　同席錄　子4-23302
　　同度記　子3-12396、12569　叢1-238、516
　　同文韻統　經2-13864　子7-32794
　　同文韻綴　經2-13975
　　同文一隅　經2-13108
　　同文千字文　經2-13410
　　同文集　叢2-654
　　同文備攷、聲韻會通、韻要粗釋　經2-12827
　　同文偶錄　經2-13059
　　同文解字　經2-12926
　　同文解字釋例　經2-12927
　　同文彙集　子5-25829
　　同文字典部首　經2-12925
　　同文考證　叢1-299～300
　　同文考證六種　經2-15121
　　同文考證四種附一種　經2-15120
　　同文書局石印書目　史8-66473
　　同文署例小篆通古文舉要　叢2-2148
　　同文館題名錄　史6-42442
　　同文館唱和詩　叢1-223(68)
　　同文鐸　經2-14317、14528
　　同文算法通編　叢2-731(26)
　　同文算指通編　子3-12389、12455
　　同文算指前編　子3-12389、12457　叢2-731(25)

同文算指前編、通編　子3-12456　叢1-135、223(35)、453
同文尚書　經1-2938
同音辨義　經2-14808
同音集　集4-23822,6-44550
同音集釋要　經2-12903
同音集字便覽　經2-12907
同音集摘要　經2-14003
同音字辨　經2-12897
同音字彙　經2-12914
同音異字　經2-13469、13591
02 同話錄　子4-22197　叢1-22(4)、23(4)、26
07 同調詞、詩餘集句　集7-48516
同調集　集6-44255
同調編　史2-6775　子5-27666
10 同正縣志[民國]　史8-61374~5
21 同仁祠錄　史7-51794　叢2-832(6)
同仁堂虔修諸門應症丸散膏丹總目　子2-9813
同仁堂祕授喉科十八証、尤氏祕傳喉科真本、喉科全書　子2-7431
22 同川紀事百詠　史7-50255　叢1-571
同岑詩鈔(同岑五家詩鈔)　集6-41994
同岑集　叢2-843
同岑唱和　叢2-1679
同山蔣氏宗譜[浙江諸暨]　史5-38129~30
同樂園劇本　集7-53541
同樂院燕青博魚　叢2-720(3)
同樂院燕青博魚雜劇　集7-48767(3)、48774(6)　叢2-698(14)
23 同參經　子5-29535(4)、29536(4)、30224
24 同德王氏族譜[湖南雙峯]　史4-25498
同德王氏三修族譜[湖南雙峯]　史4-25499
同德王氏四修族譜[湖南雙峯]　史4-25500
27 同舟異榎十二吟　集4-30320
同名錄　史2-13363
30 同安察禪師十玄談　子7-32132
同安縣志[康熙]　史8-58353
同安縣志[嘉慶]　史8-58355
同安縣志[乾隆]　史8-58354
同安縣志[民國]　史8-58356
同官縣志[崇禎]　史8-62751
同官縣志[乾隆]　史8-62752
同官縣志[民國]　史8-62753
同官錄　史3-23695、23697
32 同州府續志[光緒]　史8-62790
同州府志[乾隆]　史8-62787~8
同州府志[咸豐]　史8-62789
同州志[天啓]　史8-62786

33 同心言初集、二集　集6-41964
同心集　集2-8179,4-29009
同心室詞　集7-48109~10
同心梔　集7-53983
同心梔子圖續編　集3-16512
同心隱語　子3-18521
同治庚午科直省鄉試同年齒錄　史3-13904
同治庚午科並補行丁卯科陝甘鄉試同年齒錄　史3-13905
同治庚午津案始末　集5-35304
同治六年廣東武舉鄉試錄　史3-14632
同治六年廣東鄉試錄　史3-14631
同治六年丁卯正科並行同治元年壬戌恩科浙江鄉試硃卷　史3-19923
同治六年丁卯科廣西鄉試硃卷　史3-21958
同治六年丁卯科廣西鄉試題名錄　史3-14674
同治六年丁卯科廣西鄉試錄　史3-14673
同治六年丁卯科廣東鄉試硃卷　史3-21878、21880~5
同治六年丁卯科廣東鄉試硃卷、道光二十九年己酉科廣東選拔貢卷　史3-21879
同治六年丁卯科順天鄉試副貢硃卷　史3-22213~6
同治六年丁卯科順天鄉試硃卷　史3-17199~221
同治六年丁卯科順天鄉試同年齒錄　史3-14002
同治六年丁卯科優貢朝考同年齒錄　史3-14859
同治六年丁卯科山西鄉試硃卷　史3-17713
同治六年丁卯科山東優選貢卷　史3-22667
同治六年丁卯科鄉試錄　史3-13901
同治六年丁卯科江西優選貢卷　史3-22660
同治六年丁卯科江西鄉試硃卷　史3-21015~8
同治六年丁卯科江西鄉試題名錄　史3-14400
同治六年丁卯科河南鄉試硃卷　史3-21469~70
同治六年丁卯科浙江優貢卷　史3-22602~5
同治六年丁卯科湖北武鄉試錄　史3-14562
同治六年丁卯科湖北鄉試硃卷　史3-21573~8
同治六年丁卯科湖南優貢卷　史3-22683~5
同治六年丁卯科湖南鄉試副貢硃卷　史3-

22479

同治六年丁卯科湖南鄉試硃卷　史3-21686～98

同治六年丁卯科帶補元年壬戌恩科四川鄉試硃卷　史3-22048～54

同治六年丁卯科帶補元年壬戌恩科四川鄉試硃卷、同治六年丁卯科四川優行貢卷　史3-22047

同治六年丁卯科帶補壬戌恩科四川武鄉試題名錄　史3-14717

同治六年丁卯科帶補壬戌恩科四川鄉試同年齒錄　史3-14716

同治六年丁卯科並補三年甲子科浙江鄉試副貢硃卷　史3-22381

同治六年丁卯科並行辛酉科江南鄉試題名錄　史3-14136

同治六年丁卯科並行三年甲子科浙江鄉試硃卷　史3-19900～22、19924～69、19971～8

同治六年丁卯科並行三年甲子科浙江鄉試硃卷、同治四年乙丑年補行咸豐十一年辛酉同治三年甲子科優貢卷　史3-19970

同治六年丁卯科並補行元年壬戌恩科浙江武鄉試硃卷　史3-19979

同治六年丁卯科並補行乙卯科江南武鄉試錄　史3-14137

同治六年丁卯科並補行壬戌科浙江武鄉試錄　史3-14259

同治六年丁卯科並補行咸豐十一年辛酉科江南鄉試副貢硃卷　史3-22263～72

同治六年丁卯科並補行咸豐十一年辛酉科江南鄉試硃卷　史3-18115～32、18134～76、18178～80、18182、18184～5、18187～219

同治六年丁卯科並補行咸豐十一年辛酉科江南鄉試硃卷、同治六年丁卯科並補行咸豐十一年辛酉科江蘇選拔貢卷　史3-18181

同治六年丁卯科並補行咸豐十一年辛酉科江南鄉試同懷硃卷　史3-18177、18183、18186

同治六年丁卯科並補行咸豐十一年辛酉科江南鄉試同懷硃卷、補行咸豐五年乙卯咸豐八年戊午咸豐十一年辛酉同治三年甲子科江南彙考優貢卷　史3-18133

同治六年丁卯科並補行甲子科浙江鄉試同年齒錄　史3-14258

同治六年丁卯科并補行辛酉科江南鄉試錄　史3-14135

同治六年丁卯補行三年甲子科江南歲貢卷　史3-23324～5

同治六年丁卯補行三年甲子科江蘇歲貢卷　史3-23321

同治六年丁卯補行彙考江南選拔貢卷　史3-22756

同治六年丁卯補行咸豐五年乙卯八年戊午十一年辛酉同治三年甲子科江蘇優貢卷　史3-22504～5

同治六年丁卯年補行咸豐五年乙卯八年戊午十一年辛酉同治三年甲子科江蘇優貢卷　史3-22506

同治六年癸酉科江西選優貢卷　史3-22661

同治六年江西鄉試錄　史3-14399

同治六年福建鄉試題名錄　史3-14344

同治六年補行甲子並丁卯科浙江鄉試題名錄　史3-14257

同治六年補行甲子並丁卯科浙江鄉試錄　史3-14256

同治六年舉行丁卯科廣西武鄉試題名錄　史3-14675

同治稟啓存底　史6-48882　叢2-1831

同治京外奏議彙鈔　史6-47995

同治二年癸亥科江西部卷　史3-23500

同治二年癸亥補行咸豐十一年辛酉科江南選拔貢卷　史3-22762

同治二年癸亥恩科進士題名錄　史3-13786

同治二年癸亥恩科會試硃卷　史3-15544～6、15548～51、15553～61、15563～6、15568～72、15574～80

同治二年癸亥恩科會試硃卷、元年壬戌恩科併咸豐十一年辛酉正科山東鄉試硃卷　史3-15552

同治二年癸亥恩科會試硃卷、咸豐十一年辛酉科陝西鄉試硃卷、咸豐十一年辛酉科薦卷　史3-15547

同治二年癸亥恩科會試硃卷、同治二年癸亥恩科覆試卷、咸豐二年壬子科順天鄉試硃卷　史3-15543

同治二年癸亥恩科會試硃卷、同治二年癸亥恩科覆試卷、咸豐十一年辛酉科山西鄉試硃卷　史3-15562

同治二年癸亥恩科會試硃卷、同治元年壬戌恩科順天鄉試硃卷　史3-15573

同治二年癸亥恩科會試硃卷、同治元年壬戌恩科河南鄉試硃卷　史3-15567

同治二年癸亥恩科會試同年齒錄　史3-13788

同治二年癸亥恩科會試同年錄　史3-13787

同治二年癸亥年補行咸豐十一年辛酉科江

蘇選拔貢卷　史3-22761
同治二年殿試册　集5-36254
同治二年分在京文職漢官領過春秋二季俸銀册　史6-43932
同治三年廣東鄉試錄　史3-14630
同治三年江南鄉試錄　史3-14132
同治三年甲子京師日記　史2-12841
同治三年甲子正科並補行咸豐十一年辛酉科廣西鄉試硃卷　史3-21957
同治三年甲子科廣東鄉試硃卷　史3-21877
同治三年甲子科丙寅年考准江南歲貢卷　史3-23323
同治三年甲子科順天鄉試副貢硃卷　史3-22211~2
同治三年甲子科順天鄉試硃卷　史3-17178~90、17192~8
同治三年甲子科順天鄉試硃卷、同治二年癸亥年補行咸豐十一年辛酉科江蘇選拔貢卷　史3-17191
同治三年甲子科順天鄉試齒錄　史3-14000
同治三年甲子科順天鄉試題名錄　史3-13999
同治三年甲子科順天全省鄉試同年錄　史3-14001
同治三年甲子科優貢朝考補行乙卯戊午辛酉科同年齒錄　史3-14858
同治三年甲子科山西鄉試硃卷　史3-17712
同治三年甲子科河南鄉試硃卷　史3-21461~8
同治三年甲子科浙江優貢卷　史3-22599~601
同治三年甲子科浙江歲貢卷　史3-23408
同治三年甲子科湖北鄉試硃卷　史3-21561~72
同治三年甲子科帶補辛酉科四川武鄉試題名錄　史3-14715
同治三年甲子科帶補咸豐十一年辛酉科四川鄉試硃卷　史3-22045~6
同治三年甲子科並補行咸豐十一年辛酉科江西武鄉試闈卷　史3-21013~4
同治三年甲子科並補行咸豐十一年辛酉科江西鄉試副貢硃卷　史3-22466
同治三年甲子科並補行咸豐十一年辛酉科江西鄉試硃卷　史3-21006~12
同治三年甲子科並補行咸豐十一年辛酉科湖南鄉試副貢硃卷　史3-22478
同治三年甲子科並補行咸豐十一年辛酉科湖南鄉試硃卷　史3-21683~5

同治三年甲子科並補行咸豐八年戊午科江南鄉試副貢硃卷　史3-22256~62
同治三年甲子科並補行咸豐八年戊午科江南鄉試硃卷　史3-18075~114
同治三年甲子科並補行戊午科江南鄉試題名錄　史3-14133
同治三年甲子科並補行戊午科江南鄉試同年齒錄　史3-14134
同治三年甲子補行咸豐十一年辛酉科江南選拔貢卷　史3-22766
同治三年分界條約奏案　史6-47994
同治五年丙寅歲湖南歲貢卷　史3-23512
同治五年丙寅科江西部卷　史3-23502
同治五年丙寅科江蘇歲貢卷　史3-23326
同治五年丙寅科浙江歲貢卷　史3-23410~1
同治五年丙寅科浙江恩貢卷　史3-23616~7
同治五年丙寅補行三年甲子科江南歲貢卷　史3-23319
同治五年丙寅補行三年甲子科江蘇歲貢卷　史3-23320、23322
同治五年丙寅補行咸豐十年庚申科浙江歲貢卷　史3-23403
同治五年丙寅年補行元年壬戌科江南歲貢卷　史3-23318
同治五年丙寅年補行元年壬戌科江蘇歲貢卷　史3-23317
同治五年補行甲子正科福建武闈鄉試錄　史3-14343
同治元年武進士登科進呈錄　史3-13785
同治元年壬戌科江南恩貢卷　史3-23566
同治元年壬戌科浙江歲貢卷　史3-23407
同治元年壬戌科浙江恩貢卷　史3-23612~5
同治元年壬戌科湖南鄉試同官錄　史3-14583
同治元年壬戌科恩蔭生同年齒錄　史3-14856
同治元年壬戌科會試硃卷　史3-15524~32、15534~42
同治元年壬戌科會試硃卷、咸豐十一年辛酉科順天鄉試硃卷　史3-15533
同治元年壬戌科會試同年齒錄　史3-13783
同治元年壬戌科會試同年全錄　史3-13784
同治元年壬戌考取內閣中書齒錄　史3-14857
同治元年壬戌戊午正科廣西鄉試錄　史3-14672
同治元年壬戌恩科順天文鄉試錄　史3-13997
同治元年壬戌恩科順天鄉試副貢硃卷　史

3-22210
同治元年壬戌恩科順天鄉試硃卷 史3-17161～77
同治元年壬戌恩科順天鄉試齒錄 史3-13998
同治元年壬戌恩科順天鄉試闈墨 史3-17160
同治元年壬戌恩科山西鄉試硃卷 史3-17709～11
同治元年壬戌恩科山西鄉試同年齒錄 史3-14067
同治元年壬戌恩科併咸豐十一年辛酉正科山東鄉試硃卷 史3-21250～6、21258～73、21275～307、21309～26、21328～52
同治元年壬戌恩科併咸豐十一年辛酉正科山東鄉試硃卷、咸豐十一年辛酉科山東選拔貢卷 史3-21327
同治元年壬戌恩科併咸豐十一年辛酉正科山東鄉試硃卷、咸豐十一年辛酉科選拔貢卷 史3-21274
同治元年壬戌恩科併咸豐十一年辛酉正科山東鄉試硃卷、咸豐八年戊午科山東鄉試硃卷 史3-21308
同治元年壬戌恩科併咸豐咸豐十一年辛酉正科山東鄉試硃卷 史3-21257
同治元年壬戌恩科江西恩貢卷 史3-23651
同治元年壬戌恩科補行辛酉科福建鄉試同年錄 史3-14342
同治元年壬戌恩科補行辛酉科湖北鄉試齒錄 史3-14560
同治元年壬戌恩科十八省鄉試同年錄 史3-13899
同治元年壬戌恩科並補行辛酉正科山東鄉試錄 史3-14482
同治元年壬戌恩科並補行辛酉正科山東同年齒錄 史3-14483
同治元年壬戌恩科並補行咸豐辛酉科浙江鄉試同年齒錄 史3-14253
同治元年壬戌恩科並補行咸豐十一年辛酉正科河南鄉試硃卷 史3-21431～2、21435～6、21441～2、21444～8、21451、21453～60
同治元年壬戌恩科並補行咸豐十一年辛酉正科福建鄉試硃卷 史3-20856
同治元年壬戌恩科並補行咸豐十一年辛酉科河南鄉試硃卷 史3-21433～4、21437、21440、21443、21449～50、21452
同治元年壬戌恩科並補行咸豐十一年辛酉科河南鄉試硃卷、道光二十九年己酉科河南選拔貢卷 史3-21439
同治元年壬戌恩科並補行咸豐十一年辛酉科湖北鄉試硃卷 史3-21553～60
同治元年壬戌恩科並補行咸豐十一年辛丑正科湖北鄉試同年齒錄 史3-14561
同治元年壬戌恩科並補行咸豐九年己未恩科廣東鄉試硃卷 史3-21876
同治元年壬戌恩科並補行咸豐九年己未恩科湖南鄉試硃卷 史3-21680～2
同治元年壬戌恩科並補行咸豐八年戊午正科廣西鄉試硃卷 史3-21956
同治元年壬戌恩科並補行咸豐八年戊午正科江西鄉試副貢硃卷 史3-22464～5
同治元年壬戌恩科並補行咸豐八年戊午正科江西鄉試硃卷 史3-20987～1005
同治元年壬戌恩科并補行咸豐十一年辛酉正科河南鄉試硃卷、咸豐十一年辛酉科河南選拔貢卷 史3-21438
同治癸亥寓蜀還都日記 史2-12766 叢2-1838
同治癸酉科廣東拔貢齒錄 史3-15007
同治癸酉科江南選拔貢卷 史3-22780
同治聖德千字文 經2-13429
同治聖德頌千字文 子3-15795
同治乙丑補試釁案 史6-42341 叢1-369
同治政務奏稿 史6-47947
同治重修錦山陳氏族譜[福建閩清] 史4-33201
同治條約 史6-44948
同治漢陽縣志校 史8-60094
同治十一年五月初一日甲申朔日食圖 子3-11483
同治十一年壬申科江南恩貢卷 史3-23572～3
同治十一年壬申科江蘇歲貢卷 史3-23337
同治十一年壬申科浙江歲貢卷 史3-23416～7
同治十一年壬申科浙江恩貢卷 史3-23618～20
同治十一年壬申補行七年戊辰科江蘇歲貢卷 史3-23330～4
同治十一年戶部現辨各案節要 史6-43218
同治十一年分各省奏報捐輸銀兩 史6-43217
同治十二年癸酉正科浙江鄉試題名錄 史3-14262
同治十二年癸酉正科浙江鄉試錄 史3-14261
同治十二年癸酉正科並補行咸豐九年己未恩科江南武鄉試卷 史3-18465

同治十二年癸酉科廣西鄉試硃卷　史3-15914、21960

同治十二年癸酉科廣西鄉試題名錄　史3-14678

同治十二年癸酉科廣西選拔貢卷　史3-23267

同治十二年癸酉科廣東鄉試硃卷　史3-21888～900

同治十二年癸酉科廣東選優貢卷　史3-22695

同治十二年癸酉科廣東選拔貢卷　史3-23262

同治十二年癸酉科順天文鄉試錄　史3-14004

同治十二年癸酉科順天鄉試硃卷　史3-16040、17257～61、17264～5、17267、17269～78、17280～300、17336

同治十二年癸酉科順天鄉試硃卷、同治十二年癸酉科覆試卷　史3-17262～3、17266、17268、17279

同治十二年癸酉科順天鄉試朱卷　史3-16041

同治十二年癸酉科順天鄉試同年齒錄　史3-14005

同治十二年癸酉科順天選拔貢卷　史3-22708～9

同治十二年癸酉科順天選拔同年齒錄　史3-14892

同治十二年癸酉科山西鄉試朱卷　史3-17716

同治十二年癸酉科山西選拔貢卷　史3-22712

同治十二年癸酉科山東鄉試硃卷　史3-21360～1、21363

同治十二年癸酉科山東選拔貢卷　史3-23222～3

同治十二年癸酉科備卷江南鄉試硃卷　史3-18601

同治十二年癸酉科安徽選拔貢卷　史3-22817、22820～3

同治十二年癸酉科江西鄉試硃卷　史3-21026～35

同治十二年癸酉科江西鄉試墨卷　史3-21025

同治十二年癸酉科江西鄉試錄　史3-14404

同治十二年癸酉科江西選拔貢卷　史3-23209～13

同治十二年癸酉科江南鄉試副貢硃卷　史3-22280～5

同治十二年癸酉科江南鄉試硃卷　史3-18410～63

同治十二年癸酉科江南鄉試題名錄　史3-14140

同治十二年癸酉科江南鄉試同年齒錄　史3-14141

同治十二年癸酉科江南選拔貢卷　史3-22771、22774～6、22779、22785、22787、22789、22792、22794～6、22812～3、22815、22818～9

同治十二年癸酉科江蘇優貢卷　史3-22514、22517

同治十二年癸酉科江蘇選拔貢卷　史3-22768～70、22772～3、22777～8、22781～4、22786、22788、22791、22793、22797～811、22814、22816

同治十二年癸酉科江蘇選拔優行貢卷　史3-22515

同治十二年癸酉科江蘇選拔卷　史3-22790

同治十二年癸酉科江蘇會考優貢卷　史3-22516

同治十二年癸酉科河南鄉試硃卷　史3-21477～82

同治十二年癸酉科河南鄉試錄　史3-14527

同治十二年癸酉科河南選優貢卷　史3-22672～3

同治十二年癸酉科河南選拔貢卷　史3-23229～30

同治十二年癸酉科福建鄉試硃卷　史3-20862～4、20866～71、20874～5

同治十二年癸酉科福建鄉試硃卷、同治十二年癸酉科福建選拔貢卷　史3-20861、20865、20872～3

同治十二年癸酉科福建鄉試題名錄　史3-14347

同治十二年癸酉科浙江歲貢卷　史3-23418

同治十二年癸酉科浙江鄉試副貢硃卷　史3-22385～9

同治十二年癸酉科浙江鄉試硃卷　史3-20016～42、20044～56、20058～60、20062～6、20068～79

同治十二年癸酉科浙江鄉試硃卷、同治十二年癸酉科浙江優貢卷　史3-20057、20061

同治十二年癸酉科浙江鄉試硃卷、同治十二年癸酉科浙江選拔貢卷　史3-20043

同治十二年癸酉科浙江鄉試十八省同年錄　史3-14264

同治十二年癸酉科浙江鄉試同年齒錄　史3-14263

同治十二年癸酉科浙江選拔貢卷　史3-23021～34、23036～61

同治十二年癸酉科浙江選拔貢卷、同治十
　二年癸酉科拔貢會考卷　史3-23035
同治十二年癸酉科湖北鄉試硃卷　史3-
　21584～7、21589～93
同治十二年癸酉科湖北鄉試硃卷、同治十
　二年癸酉科湖北選拔貢卷　史3-21588
同治十二年癸酉科湖北選拔貢卷　史3-
　21598、23236～8
同治十二年癸酉科湖北拔優貢同年齒錄
　史3-14995
同治十二年癸酉科湖南優選貢卷　史3-
　22687
同治十二年癸酉科湖南鄉試硃卷　史3-
　21707～9、21711～20
同治十二年癸酉科湖南鄉試硃卷、同治十
　二年癸酉科湖南選拔貢卷　史3-21710
同治十二年癸酉科湖南選拔貢卷　史3-
　23252～3
同治十二年癸酉科選十八省拔貢同年全錄
　史3-14860
同治十二年癸酉科十八省鄉試同年錄　史
　3-13906
同治十二年癸酉科帶補咸豐十一年辛酉科
　雲南鄉試朱卷　史3-22148
同治十二年癸酉科四川鄉試硃卷　史3-
　22056～7
同治十二年癸酉科四川選拔硃卷　史3-
　22065、23274
同治十二年癸酉科明經通譜　史3-14861
同治十二年癸酉科陝甘鄉試硃卷　史3-
　22179
同治十二年癸酉科並補行咸豐九年己未恩
　科江南武鄉試闈卷　史3-18464
同治十二年癸酉科山東鄉試硃卷　史3-
　21362
同治十二年癸酉補行十一年壬申恩科江蘇
　貢卷　史3-23574
同治十二年癸酉補行十一年壬申科江南恩
　貢卷　史3-23575
同治十二年癸酉年補行九年庚午科安徽歲
　貢卷　史3-23336
同治十二年癸酉年補行九年庚午科江蘇歲
　貢卷　史3-23335
同治十三年甲戌科元年壬戌恩科十二年癸
　酉科帶補咸豐十一年辛酉科會試朱卷
　史3-15848～51
同治十三年甲戌科浙江歲貢卷　史3-
　23420～2
同治十三年甲戌科浙江恩貢卷　史3-
　23621
同治十三年甲戌科會試硃卷　史3-15794～

800、15802～15、15817、15819～26、15828～
39、15841～2、15844～7、15853、15855～6
同治十三年甲戌科會試硃卷、同治九年庚
　午科順天鄉試硃卷　史3-15816
同治十三年甲戌科會試硃卷、同治九年庚
　午科併補行六年丁卯科山東鄉試硃卷
　史3-15801
同治十三年甲戌科會試硃卷、同治十二年
　癸酉科順天鄉試硃卷　史3-15827、15843
同治十三年甲戌科會試硃卷、同治十二年
　癸酉科鄉試硃卷　史3-15818
同治十三年甲戌科會試硃卷、同治十三年
　甲戌科覆試卷　史3-15840
同治十三年甲戌科會試朱卷　史3-15852
同治十三年甲戌科會試擬墨　史3-15854
同治十三年甲戌科會試錄　史3-13799
同治十三年甲戌會試同年齒錄　史3-
　13800
同治十年辛未科浙江歲貢卷　史3-23415
同治十年辛未科會試硃卷　史3-15719～
　28、15730、15732～6、15738～49、15751～60、
　15762～81、15783～7、15789～93
同治十年辛未科會試硃卷、同治九年庚午
　科並補行六年丁卯科陝甘鄉試硃卷　史
　3-15782
同治十年辛未科會試硃卷、同治九年庚午
　科並補行元年壬戌恩科江南鄉試硃卷
　史3-15737
同治十年辛未科會試硃卷、同治元年壬戌
　恩科順天鄉試硃卷　史3-15729
同治十年辛未科會試硃卷、同治元年壬戌
　恩科併補行咸豐十一年辛酉正科山東鄉
　試硃卷　史3-15788
同治十年辛未科會試硃卷、同治十年辛未
　科覆試卷　史3-15731、15750、15761
同治十年辛未科會試同年齒錄　史3-
　13798
同治十年辛未科會試錄　史3-13797
同治十年補行庚午科帶補戊午正科己未恩
　科雲南武鄉試題名錄　史3-14761
同治十年補行庚午科帶補戊午正科己未恩
　科雲南武鄉試錄　史3-14760
同治十年十二年日記　史2-12720
同治九年庚午正科帶補壬戌恩科陝西武鄉
　試題名錄　史3-14800
同治九年庚午正科並補行咸豐己未恩科貴
　州武鄉試錄　史3-14746
同治九年庚午歲秋審　史6-46175
同治九年庚午科廣西武鄉試錄　史3-
　14676
同治九年庚午科廣西鄉試硃卷　史3-

21959

同治九年庚午科廣東鄉試硃卷　史3-21886~7

同治九年庚午科順天鄉試副貢硃卷　史3-22217

同治九年庚午科順天鄉試硃卷　史3-17222~33、17235~47、17249~50、17252~6、18482

同治九年庚午科順天鄉試硃卷、同治九年庚午科覆試卷　史3-17234、17248、17251

同治九年庚午科順天鄉試同年齒錄　史3-14003

同治九年庚午科山西鄉試硃卷　史3-17714~5

同治九年庚午科山西鄉試錄　史3-14068

同治九年庚午科山東優選貢卷　史3-22668

同治九年庚午科鄉試全省　史3-13902

同治九年庚午科併補行六年丁卯科山東鄉試硃卷　史3-21353~6

同治九年庚午科併補行六年丁卯科山東鄉試硃卷、同治九年庚午科山東優選貢卷　史3-21357

同治九年庚午科併補行六年丁卯科山東鄉試朱卷　史3-21358~9

同治九年庚午科安徽優選貢卷　史3-22511

同治九年庚午科江西武鄉試題名錄　史3-14403

同治九年庚午科江西鄉試硃卷　史3-21019~24

同治九年庚午科江西省鄉試錄　史3-14401

同治九年庚午科河南鄉試硃卷　史3-21471~6

同治九年庚午科福建鄉試硃卷　史3-20859~60

同治九年庚午科福建鄉試題名錄　史3-14345

同治九年庚午科浙江優貢卷　史3-22606~9

同治九年庚午科浙江歲貢卷　史3-23413~4

同治九年庚午科浙江鄉試副貢硃卷　史3-22382~4

同治九年庚午科浙江鄉試武闈魁卷　史3-20014

同治九年庚午科浙江鄉試硃卷　史3-19980~20013

同治九年庚午科浙江鄉試題名錄　史3-14260

同治九年庚午科補行六年丁卯科安徽優貢卷　史3-22510

同治九年庚午科補帶戊午江南武鄉試錄

史3-14139

同治九年庚午科湖北鄉試硃卷　史3-21579~83

同治九年庚午科湖南優貢卷　史3-22686

同治九年庚午科湖南歲貢卷　史3-23513

同治九年庚午科湖南鄉試副貢硃卷　史3-22480

同治九年庚午科湖南鄉試硃卷　史3-21699~706

同治九年庚午科十八省鄉試同年錄　史3-13903

同治九年庚午科大同年齒錄　史3-13796

同治九年庚午科帶補六年丁卯科陝西鄉試硃卷　史3-22162

同治九年庚午科四川鄉試朱卷　史3-22055

同治九年庚午科並補元年壬戌恩科　史3-18589

同治九年庚午科並補元年壬戌恩科江南鄉試硃卷　史3-18220~8、18230~409

同治九年庚午科並補行六年丁卯科江南優選貢卷　史3-22512~3

同治九年庚午科並補行六年丁卯科江蘇彙考優貢卷　史3-22507~9

同治九年庚午科並補行元年壬戌恩科江南鄉試副貢硃卷　史3-22273~9

同治九年庚午科並補行元年壬戌恩科江南鄉試同懷硃卷、同治九年庚午科並補行六年丁卯科安徽會考優生同懷貢卷　史3-18229

同治九年庚午科並補行壬戌恩科江南鄉試同年齒錄　史3-14138

同治九年庚午補行七年戊辰正科江蘇歲貢卷　史3-23328

同治九年庚午並三年甲子科浙江武鄉試硃卷　史3-20015

同治九年庚午年補行七年戊辰科江蘇歲貢卷　史3-23329

同治九年廣東武舉鄉試錄　史3-14634

同治九年廣東鄉試錄　史3-14633

同治九年重修劉氏宗譜[江西進賢]　史5-39353

同治九年江西武鄉試錄　史3-14402

同治九年福建武闈鄉試　史3-14346

同治九年湖北武鄉試錄　史3-14563

同治九年湖南武鄉試錄　史3-14584

同治九年舉行庚午科廣西武鄉試題名錄　史3-14677

同治七年戊辰科武會試硃卷　史3-15718

同治七年戊辰科浙江歲貢卷　史3-23412

同治七年戊辰科會試硃卷　史3-15635~7、

15640～7、15649～51、15654～78、15680～98、15700～3、15705～17

同治七年戊辰科會試硃卷、同治七年戊辰科覆試卷　史3-15638

同治七年戊辰科會試硃卷、同治元年壬戌恩科順天鄉試硃卷　史3-15639

同治七年戊辰科會試硃卷、同治元年壬戌恩科鄉試硃卷　史3-15679

同治七年戊辰科會試硃卷、同治六年丁卯科廣東鄉試硃卷　史3-15652

同治七年戊辰科會試硃卷、同治六年丁卯科順天鄉試硃卷　史3-15648、15704

同治七年戊辰科會試硃卷、同治六年丁卯科順天鄉試硃卷、咸豐十一年辛酉科山東選拔貢卷　史3-15699

同治七年戊辰科會試硃卷、同治六年丁卯科河南鄉試硃卷　史3-15653

同治七年戊辰科會試題名錄　史3-13792

同治七年戊辰科會試同年齒錄　史3-13794～5

同治七年戊辰科會試同年錄　史3-13793

同治朝東華續錄　史1-1636

同治朝籌辦夷務始末　史6-44903

同治起居注　史1-1768

同治中興京外奏議約編　史6-47993

同治束鹿縣志　史7-54912

同治蜀軍平黔記　史1-4027

同治四年武進士登科進呈錄　史3-13791

同治四年乙丑科江西部卷　史3-23501、23652

同治四年乙丑科江南恩貢卷　史3-23567～71

同治四年乙丑科浙江歲貢卷　史3-23409

同治四年乙丑科補行咸豐十一年辛酉正科同治元年壬戌恩科浙江鄉試副貢硃卷　史3-22380

同治四年乙丑科會試硃卷　史3-15581～5、15587～91、15594～6、15598～608、15610～26、15628～34

同治四年乙丑科會試硃卷、咸豐九年己未恩科山東鄉試硃卷、道光二十九年己酉科選拔貢卷　史3-15627

同治四年乙丑科會試硃卷、同治三年甲子科順天鄉試硃卷　史3-15586、15593、15597

同治四年乙丑科會試硃卷、同治四年乙丑科覆試卷　史3-15592、15609

同治四年乙丑科會試同年齒錄　史3-13790

同治四年乙丑科會試同年錄　史3-13789

同治四年乙丑補行三年甲子正科福建優選

貢卷　史3-22652

同治四年乙丑補行三年甲子科福建鄉試硃卷　史3-20858

同治四年乙丑補行三年甲子科福建鄉試第拾壹房同門硃卷　史3-20857

同治四年乙丑補行咸豐辛酉正科並同治壬戌恩科浙江鄉試題名錄　史3-14254

同治四年乙丑補行咸豐十一年辛酉科江南選拔貢卷　史3-22765、22767

同治四年乙丑補行咸豐十一年辛酉科浙江選拔貢卷　史3-22998～3006、23008～20

同治四年乙丑補行咸豐十一年辛酉科浙江選拔貢卷、同治四年乙丑補行咸豐十一年辛酉科浙江會考選拔貢卷　史3-23007

同治四年乙丑補行咸豐十一年辛酉科並同治元年壬戌恩科浙江鄉試硃卷　史3-19817～20、19822～99

同治四年乙丑補行咸豐十一年辛酉科並同治元年壬戌恩科浙江鄉試副貢硃卷　史3-22374～9

同治四年乙丑補行咸豐十一年辛酉科並同治元年壬戌恩科浙江鄉試硃卷、補行咸豐十年庚申科試草　史3-19821

同治四年補行己未恩科並辛酉正科浙江武鄉試錄　史3-14255

同治甲子至丁卯寓蜀日記　史2-12767　叢2-1838

同治甲子未上書　經1-6431、6587

同治陸年到通籌備等款米石銷算清冊　史6-43409

同治八年六月十五日乙卯望月食圖　子3-11481

同治八年己巳科江西部卷　史3-23503

同治八年己巳補行六年丁卯正科江蘇歲貢卷　史3-23327

同治八年補行壬戌恩科並三年甲子正科陝西鄉試硃卷　史3-22159～61

同治八年補行咸豐九年己未恩科十一年辛酉正科同治元年壬戌恩科貴州鄉試同懷硃卷　史3-22134

同治八年補行咸豐九年己未恩科十一年辛酉正科同治元年壬戌恩科貴州鄉試硃卷　史3-22135

同治八年七月朔日食坤輿圖纂稿　子3-11482

同治光緒十八省鄉試同年錄　史3-13907

34 同波集　集2-10144

37 同咨錄　史3-23690

38 同遊詩稿　集5-36902

40 同志贈言　史2-9246　集3-13741　叢2-

1275～6
同難錄　史2-7896
同壽圖符書用法　子5-31710
同壽錄　子2-9457
同壽錄、續集(尾)　子2-9458
44 同林倡和　集6-44264
45 同姓諸王表、傳、異姓三王孔氏世家　史2-7155　叢2-1094
同姓我識畧　史2-13365
同姓名譜、補遺、目錄　史2-13358
同姓名錄　子5-25984
同姓名錄、目錄、錄補　叢1-223(43)
同姓名錄、同姓名錄補　子5-25672
同姓名錄、錄補　史2-13357
47 同歡令　子3-17959、18353
同聲韻學　經2-14522
同聲千字文　經2-13415
同聲千字文、續　經2-13416
同聲集　集6-41983、44203、44325
同聲集二種　集7-46416
同聲集九種　集7-46417
同聲集八種　集7-46418
同聲假借字考　經2-12437、12534、12735
叢1-547(2)
同聲相應　經2-14536
同根草　集5-37210
50 同事攝詩集　集3-15831
同書　史1-1313　子4-24183～4　叢1-452、586(4)，2-716(3)
同春堂遺稿　集2-8728
同束詩鈔　集3-14368
60 同里先哲志、續　史2-7903～4
同里鄉土志[民國]　史7-57020
同里志[嘉慶]　史7-57019
同里閨德志　史2-7905
同園存稿　集3-20665
同甲會　集7-48776、49171　叢2-672
同昌公主外傳　叢1-56
同昌公主傳　叢1-22(19)、23(18)、168(1)、407(3)
同異鏡　子7-32111
同異錄　子4-23857　叢1-108，2-1081
64 同時尚論錄　集6-43707
67 同野先生文集　集6-45136
同野錄、緒餘文畧、尺牘　集3-16780
70 同雅　叢2-2238
72 同氏族譜　史4-26249
77 同凡草(韶堂老人同凡草)　集3-13026
同胞歌　集7-50801、53653
同門錄　史2-7319
同賢記　叢2-776

80 同人詩錄　集6-42003　叢1-385
同人詞選　集7-46413
同人酬唱集　集4-30860
同人集　集4-30595，6-44026
同人集補　叢2-934
同人寄贈詩詞　集4-23639
同人睹快　叢1-551
同人唱和詩集　叢1-316～7，2-731(38)
同人吟稿　集6-44645
同人贈詩　叢2-1718
同人雅集詩　集6-44171
同年官職錄　史3-23696、23698
同年題名錄(自乾隆迄咸豐各科鄉會試、朝考、拔貢題名)　史3-13504
同善續錄　子1-2581
同善會講　子1-1576
同善錄、前、後　子1-2580
同善堂附辦棲流所報驗規條　史6-44724
同善堂錄　史1-3787
同普縣圖志附隆慶[民國]　史8-62648
83 同館賦鈔　集5-35741，6-42613
90 同懷集　集4-24882
同光兩朝草題名錄　史3-13505
同光集　集5-36092

周

00 周方泉詩集　集5-38761
周廣業詩稿　集3-21305
周文襄公(忱)年譜　史2-11415～6
周文武成康及周公太公陵跡易圖　史7-51969
周文歸　集6-43174
周文忠尺牘、雜文　集4-26087
周文忠公(天爵)傳畧　史2-6208、9737
周文忠公(必大)傳、年譜　史2-11005、11309
周文忠公文選　集1-3501
周文忠公集　集2-12218～21，6-43118
周文忠公奏議　史6-48140
周玄寶卷　集7-54588
周衣亭譚易　經1-1302
周衣亭先生禮記精選　經1-5718
周六泉遺詩　集4-28028
周六歡監五更　集7-53398、53652
02 周端孝先生血疏貼黃冊　史1-3002，2-7339　叢1-244(4)，2-731(67)
04 周計百詩　集3-14669

周訥谿全集(周恭節集、周恭節公集)(奏
　疏、訥谿詩録、文録、尺牘、雜録)、周恭節
　公年譜　集2-8744
周訥谿集　集2-8745
周詩遺軌　集6-42358
周諸王世表　史1-10(4)、4753
周誥遺文　史8-64219
08 周譜　史7-49307～8、52772　叢2-767
10 周工部什一草、遊隆中記　集2-10615
周正辨　叢1-378
周正彙考　子3-11635
周玉繩先生家藏二十三史綺編　史1-4901
周王佩珍夫人十週紀念録　史2-10976
周至三義傳　史2-8314
周盂鼎銘釋文　史8-64268
周元理奏疏　史6-48751
周元公集　集1-2177、2182　叢1-223(51)
周元公集、周濂溪先生年譜　集1-2181
周兩塍先生行狀、墓誌銘　史2-9538
周爾塘日記(清咸豐二年)　史2-12749
周天星位經緯宿度考　子3-11397
周天八卦圖説　子3-17956、18489
周百千宗譜册[遼寧]　史4-29811
周西坡(箭攢羅成)　集7-52201
周吾堂(景)行畧、夏太孺人行述、遺事　史
　2-9507
11 周孺人行畧　史2-9076
12 周列士傳　史2-6298　叢2-983
周廷吹先生靜文堂稿　集2-11695
13 周武壯公遺書、外集、別集、年譜　集5-
　35662
15 周聘　史8-64260
17 周孟侯先生全書五種　叢2-1228
周子　子1-504　叢2-774(9)
周子(敦頤)年譜　史2-11223
周子弸集　集2-8956
周子遺文併詩　子1-565　叢2-1032
周子遺文遺詩　集1-2180
周子遺事　史2-8666　子1-565　叢2-
　1032
周子通書　子1-594　叢2-698(6)
周子通書訓義　子1-599
周子通書講義　子1-605　叢2-1888
周子太極圖説註　叢2-1961
周子書注劄記　子1-570　叢2-1827
周子抄釋　子1-97、568　叢1-223(31)、
　347、2-731(12)
周子巖書信稿　集5-36769
周子全書　子1-98、564～7　叢1-574(1)
周子全書九種　叢2-1032

周君建鑒定古牌譜　子3-18245　集6-
　43766
周司寇匜搨本　史8-64257
18 周瑜謁魯肅殘本　叢2-720(3)
周矼奏章　史6-48893
20 周愛堂尺牘　集4-32102
周季平先生文集　集2-10732～3
周季平先生青藜館集　集2-10731
周季珍(球)行述　史2-9319
周季編畧　史1-1405～6　叢2-1734
周毛公瘖鼎銘釋文　史8-64262
21 周此山詩集　叢2-856
周此山先生詩集　集1-5109
周此山先生詩集(此山詩集)　集1-5106
周處雙瑞記(中庸解)　集7-50246
周處陽羨風土記　史7-49307、50174　叢2-
　767
周紫庭遺詩　集5-39815
22 周鼎題詠彙存　史8-64180
周山人集　集2-9375、6-41935(3)
周縣詩　叢2-818
24 周歧山詩詞遺草　集4-31476
周先生和梅花百韻七言律詩　集2-12932
周德清中原音韻、曲　集7-54841
周德潤列傳　史2-10761
周侍御公尺牘　集3-13303
周勳臣詩存　集5-35106
周犢山文稿　集4-23857
周犢山稿　集4-23855
周犢山餘稿　集4-23856
25 周生烈子　子1-494　叢2-731(10)、762～3
周生子要論　子1-495～6　叢2-774(9)、
　775(4)
26 周憩亭集　集4-33105
周程張子合鈔　子1-148
27 周修輝遺稿(胡周修輝先生遺稿)　集5-
　39448
周殷曆表　叢2-2265
周叔夜先生集　集2-9305
28 周馥奏稿　史6-49098
周給諫文　史6-48541
周給事垂光集　集2-7385～7、6-41717
30 周宣王石鼓文定本　史8-64470～1
周宜人行狀　史2-10647
周濂溪集　叢1-213
周濂溪先生全集　叢1-214、451、2-731(39)
周濂溪先生全集(宋濂溪周元公先生集)
　集1-2173
周濂溪先生年譜　集1-2181
周濂溪太極圖説　叢2-691(3)
周憲王樂府二種　集7-49084

周安期詩　集2-12930,6-41943
周官　叢2-1747
周官序論　經1-5071　叢2-981
周官辨　經1-99、5015　叢2-1386
周官辨非　經1-79、5003　叢1-202(3)、203
　(8)、492
周官證古　經1-5108
周官新義、考工記解　經1-121、4921　叢1-
　223(8)、273(2)、456(4)、2-731(17)、1033
周官識小　經1-4998　叢2-1703
周官講義　經1-5157
周官譯義　經1-5113
周官記　經1-120、163(1)、5044
周官說　經1-163(1)、5045、5117
周官說、補　經1-120
周官說約　經1-5078
周官說補　經1-163(1)、5046
周官司徒類考　經1-5109　叢2-1946
周官集說　經1-5065
周官集傳　經1-4947　叢1-223(8)
周官集傳、校勘記、校勘續記　經1-4948
　叢2-870(2)
周官集傳校勘記　經1-4949
周官集傳校勘續記　經1-4950
周官集注　經1-5016、5147　叢1-223(8)、
　2-1386
周官經　經1-4871
周官經疏備要　經1-5077
周官經長編　叢2-2170
周官參證　經1-5095
周官傳　經1-4880～2　叢2-765～6、772
　(1)、773(1)、774(3)
周官偶記　經1-122、5068
周官總義　經1-4935～6　叢1-223(8)
周官總義職方氏注　經1-4938　史7-
　49309
周官疑義舉要　叢1-223(8)
周官約解　經1-5115　叢2-956
周官注　經1-4909　叢2-772(1)、773(1)
周官心解　經1-5079
周官禮干氏注　經1-4910　叢2-774(3)
周官禮聯事　經1-5141
周官禮經注正誤　經1-5069　叢1-516,2-
　1568
周官禮注　經1-4889、4908　叢2-765～6
周官禮異同評　經1-4911　叢2-774(11)
周官禮附記　經1-5056
周官禮義疏　經1-4912　叢2-774(3)
周官祿田考　經1-111(2)、5031　叢1-223
　(8),2-1413
周官祿田考補正　經1-5032

周官古經舉例　經1-5153
周官奇字　經1-5166
周官析疑、考工記析疑　經1-5017　叢2-
　1386
周官考徵凡例　經1-5148
周官考徵凡例、周禮新義凡例　叢2-2129
　(2)
周官故書考　經1-163(2)、5222　叢2-841
周官書名考　經1-5112
周官指掌　經1-5066　叢1-288、411
周官撮要　經1-5064
周官圖　經1-5030
周官圖說　經1-5075
周官署表　叢2-2270(2)
周官臆測、敍錄　經1-5067
周官隨筆　經1-5059　集3-19840　叢2-
　1454
周官肊測、敍錄　經1-137
周官學　經1-5009
周官錄異　叢1-312
周官箋　經1-5110　叢2-2105～6
周官答問　經1-5136
周官節訓　經1-5137
周官節要　經1-5138
周官纂要便讀　經1-5129
周官恆解　經1-5084　叢2-1640
周官精騎　經1-5139
周官精義　經1-5060、5140
周官精義鈔署　經1-5101
周定齋集　集2-8228,6-41935(2)
周宗建朱卷　集2-11602
31 周灝岳詩稿　集3-16866
32 周浮峯集　集2-9774,6-41935(2)
33 周心　子4-19667
　周浦小志[民國]　史7-56509
34 周婆制禮　子5-26516
35 周神寶卷　集7-54285
周禮　經1-1、10～4、17～8、50、56、107、132、
　159、166、4867～70、4874、4884～6、4891～2、
　4898、4900、4957、4991、6353　叢1-330,2-
　635(2)、698(1)、1092、1443、1985
周禮、釋音　經1-4890
周禮、校刊記　經1-131
周禮、札記　經1-4887　叢1-316～7,2-
　731(17)
周禮、考工記　經1-4897、4958
周禮、周禮圖　經1-4893
周禮序　經1-4903　叢2-775(2)
周禮序官考　經1-5073　叢1-269(2)、270
　(1)、480
周禮旁訓　經1-4989、5145

周禮旁訓經疏節要　經1-5100
周禮文物大全圖　經1-4995
周禮音訓　經1-170、5216、5221
周禮六官考　叢1-312
周禮訂本畧注　經1-5150　叢2-2129(2)
周禮訂本畧注、周禮新義凡例　叢2-2130~1
周禮訂義　經1-77(3)、4940　叢1-223(8)、227(3)
周禮訓雋　經1-4956
周禮證經異句　經1-153
周禮新義凡例　經1-5149　叢2-2129(2)
周禮就班　經1-5144
周禮讀本　經1-100、169、4899、5054、5102
周禮講義　經1-5125、5159、5161
周禮說　經1-4978
周禮說畧　經1-5131
周禮詳解　經1-4922　叢1-223(8)
周禮二氏改官改文議　經1-4963
周禮三注粹抄　經1-51、4996
周禮三家佚注　經1-5122
周禮正文　經1-4872~3
周禮正義　經1-5040、5120、5146　叢2-698(1)
周禮正義畧例　經1-5163
周禮玉海　經1-5007
周禮五官考　經1-4986　叢1-195(1)、2-731(17)
周禮疏　經1-4913
周禮聶氏音　經1-5214　叢2-774(3)
周禮夏官殘字校記　經1-5081
周禮要義　經1-4969
周禮平議　經1-145、163(4)、5106　叢2-1920
周禮可讀　經1-5114　叢2-956
周禮賈疏引唐制輯證　經1-5158
周禮賈氏解詁　經1-4878　叢2-774(3)
周禮賈氏注　經1-4879　叢2-775(2)
周禮班氏義　經1-164、4883
周禮孫疏校補　叢2-2170
周禮職官分屬歌　經1-5104　叢2-1825
周禮職官類考　經1-5160
周禮翼傳　經1-4967
周禮政要　經1-5118~9、5126　叢2-829
周禮集說　叢1-223(8)
周禮集說、綱領　經1-4943
周禮集說、綱領、復古編　經1-4944
周禮集說、綱領、復古編、編補　經1-4945
周禮集說編補　經1-4975
周禮集說補　經1-5111　叢2-2004
周禮集傳　經1-5001

周禮集傳、綱領　經1-147
周禮集解　經1-5005
周禮集解節要　經1-5038
周禮集注　經1-4953
周禮統宗　經2-11502
周禮便讀　經1-4993
周禮經注節抄　經1-5092
周禮畿內授田考實　經1-5052　叢1-455
周禮外義　經1-5051
周禮先後鄭注異同繹義　叢2-1985
周禮升官圖　經1-5165
周禮緯　叢2-1302
周禮傳、翼傳、圖說　經1-4966
周禮傳、周禮圖說、周禮翼傳　叢1-223(8)
周禮傳敍論　經1-4974
周禮總義、考證　經1-4937　叢2-877
周禮釋文問答　叢2-731(3)、869
周禮釋文問答(周禮釋文答問)　經1-5219
周禮釋文答問　叢2-1586
周禮釋注　經1-127、5097　叢2-1766
周禮釋地　經1-128
周禮解　經1-36、4923　叢1-538
周禮冬官注疏　叢1-186
周禮疑義　經1-5028、6355
周禮疑義舉要　經1-91、111(2)、5025~7　叢1-274(1)、2-731(17)
周禮句解　經1-4941~2　叢1-223(8)
周禮句解、考工記、集注句解　經1-4985
周禮彙纂　經1-4997
周禮彙鈔刊本注疏增删　經1-5130
周禮約編　經1-5062、6356~7
周禮綱領　叢1-379
周禮復古編　經1-4925　叢1-223(8)
周禮俗說　經1-5048
周禮徐氏音　經1-5211　叢2-774(3)
周禮注　叢1-140
周禮注疏　經1-21、23~5、4915~6、5091　叢1-227(3)
周禮注疏、考證　經1-19、4917　叢1-223(8)
周禮注疏詳解　經1-5013
周禮注疏獻疑　經1-5093
周禮注疏述注　經1-5042
周禮注疏校勘記　經1-4920
周禮注疏校勘記、釋文校勘記　經1-20
周禮注疏校勘記校字補　經1-5116　叢1-526
周禮注疏删翼　經1-4988　叢1-223(8)
周禮注疏節要　經1-5088
周禮注疏小箋　經1-163(3)、5096　叢2-

882

周禮注引漢制　經1-5127
周禮注釋　經1-4896
周禮完解　經1-4981
周禮完解、讀周禮　經1-46
周禮客難　經1-106、5085～6　叢1-203
(16)
周禮定本　經1-4960　叢2-1088
周禮淺說　經1-5132
周禮補亡　經1-4951～2
周禮補注　經1-5087　叢1-558
周禮述註　叢1-223(8)
周禮述注　經1-4962、5008、6352
周禮漢讀考　經1-111(3)、5217　叢2-1517
周禮遺文　經1-135
周禮遺官　經1-135
周禮沿革傳　經1-4959　叢2-1087
周禮凝粹　經1-5090
周禮初學讀本　經1-5043
周禮通論　經1-4973
周禮通釋　叢2-1936
周禮通義　經1-4977
周禮通義問　經1-4999
周禮通纂會韻　經1-5133
周禮軍賦說　經1-111(2)、5047
周禮淪義　經1-5006
周禮直音　經1-5220
周禮直解　經1-5164
周禮李氏音　經1-5212　叢2-774(3)
周禮古注集疏　經1-5155
周禮古注集疏存　叢2-2248
周禮古本訂注、考工記　經1-4980
周禮古學考　經1-5128
周禮古義　經1-5035　叢1-203(3)
周禮校刊記　經1-4901
周禮校勘記(周禮注疏校勘記)、釋文校勘
記　經1-4918
周禮校勘記、釋文校勘記　經1-111(3)
周禮札記　經1-136、4888、5011、5024、5152
周禮地官冬官徵　經1-5169　叢2-2091
周禮考記　經1-4994
周禮考正補注、冬官考工記補注　經1-
5103
周禮考注　經1-4946
周禮杜氏注　經1-4877　叢2-774(3)
周禮故書　叢2-1534
周禮故書疏證　經1-5223、6360
周禮故書考　經1-102、5218　叢1-516,2-
1533
周禮車服志　經1-5099　叢2-922、1786

周禮摘釋、周官奇字　經1-5166
周禮摘錄　經1-5162
周禮摘箋　經1-5057　叢1-282(3)、283(3)
周禮折衷　經1-4939、5014　集1-4096　叢
2-1046
周禮戚氏音　經1-5215　叢2-774(3)
周禮井田譜　經1-5143
周禮揭要、周禮序官　經1-5021
周禮輯義　經1-86、5012
周禮撮要　經1-5041　叢2-998、1455
周禮提綱輯注　經1-5058
周禮絜領　叢2-1203
周禮因論　經1-4961　叢2-1093
周禮圖說　經1-4968
周禮異字釋　經1-5098
周禮明解　經1-4954
周禮馬融鄭玄敍　經1-5123
周禮劉氏音　經1-5213　叢2-774(3)
周禮質疑　經1-5036　叢2-963
周禮屬詞　經1-5072
周禮學　經1-163(2)、5074、5094　叢2-
1554、2036
周禮醫師補注　經1-5168
周禮醫官詳說　經1-5167
周禮問　經1-5000　叢2-1309
周禮貫珠　經1-5076
周禮全經釋原　經1-4971
周禮全經釋原、周禮通今續論　經1-4972
叢1-223(8)
周禮今證　叢2-2129(2)
周禮今釋　經1-5107　叢2-1936～7
周禮義疏　經1-6354
周禮會注　經1-4964
周禮會通　經1-5055
周禮會最　經1-5034
周禮劄記　經1-83、167
周禮鄭司農解詁　經1-4876　叢2-774(3)
周禮鄭注商榷　經1-5151　叢2-2129(2)
周禮鄭注正字考　經1-5226
周禮鄭注校字　經1-5082
周禮鄭大夫解詁　經1-4875　叢2-774(3)
周禮鄭氏音　經1-5210　叢2-774(3)
周禮筆記　經1-4976
周禮節訓　經1-5019
周禮節訓增句　經1-5020
周禮節要　經1-5142
周禮節釋　經1-5061
周禮節抄　經1-4902
周禮纂訓　經1-5010　叢1-223(8),2-
1347

周禮類編　經1-5135
周禮類綜　經1-5063
周禮惜陰錄　經1-5004
周禮精華　經1-133、5080、5089
周禮精義　經1-114~5、5070
37 周漁潢先生(起渭)年譜　史2-11792
周初年月日歲星考　叢2-1601
周冪知裁　子7-36228(1)、36241、36248
38 周海門先生文錄　集2-10348
周遂鼎圖款識　史8-64258
40 周九臯詩拾遺　集4-24150
周大理明農堂集　集2-9873
周太僕集　集2-8384,6-41935(5)
周太朴詩　集1-1767,6-41872
周太朴詩、太朴詩補遺　集1-1766
周存齋(大業)行畧　史2-9534
周存齋遺文　集3-21455
周李合譜[雲南]　史4-30250~1
周李合譜[雲南大理]　史4-27667~8
周右序先生四書節解　經2-10665
周真人集　集2-6418,6-41935(3)
周真人集、補遺　集2-6419　叢2-833
41 周顛僊人傳　叢1-22(27)、29(9)
周顛仙傳　叢1-46
42 周荊山志雪堂贈言遺蹟　史7-52009　叢2-846
周櫟園詩選　集6-41970
周櫟園先生(亮工)年譜　史2-11661
周櫟園奇緣記　叢1-587(3)
周櫟園印人傳　子3-16872　叢1-469、586(3),2-716(3)
周櫟園印人傳、印人姓氏　叢1-495
43 周朴詩　集6-41882
44 周地圖記　史7-49307~8、49480　叢2-767
周夢巖同館賦鈔、詩鈔　集4-30449　叢2-1691
周莊鎮志[光緒]　史7-56982
周蓮庵公全集　集4-29539
周恭肅公(周用)家規　子1-2121
周恭肅公集　集2-7684~5
周恭人行畧　史2-10147
周恭節集　集2-8744
周恭節集(周訒溪公全集)六種　叢2-1097
周恭節公集　集2-8744
周恭節公年譜　史2-11491　集2-8744
周慕護樞部遺稿　集4-23328
周慕護(嘉猷)年譜　史2-11949
周莘仲遺文遺詩　集5-35554
周草庭詩　集2-10302
周草庭集　集2-10301,6-41935(4)

周孝侯(處)年譜　史2-11005、11142
周孝女傳　子3-15770、15773
周若山詩存、詞　集4-26739
周世宗實錄　史1-1650　叢1-512
周巷周氏草譜　史4-30259
周萊峯稿　集2-9307~8,6-45336、45340
周菊人遺稿　集5-36772
周林於詩稿、詞　集3-14834
46 周賀詩　集6-41880、41882
周賀詩集　集6-41739、41824、41859　叢2-661
周賀詩集(中唐周賀詩、周賀詩)　集1-1606
周賀詩集、校勘記　叢2-636(3)
周賀集　集6-41869
47 周愨慎公電稿　叢2-691(1)、2107
周愨慎公行狀　史2-10526
周愨慎公自著年譜　史2-12307　叢2-691(1)
周愨慎公自著年譜(附碑誌墓表行狀諭旨祠堂碑記等)　叢2-2107
周愨慎公祀典錄　史2-10528
周愨慎公奏稿　叢2-691(1)、2107
周愨慎公奏稿、電稿　史6-49097
周愨慎公全集十種　叢2-691(1)、2107
周愨慎公全集提要　史8-66039　叢2-691(1)
周愨慎公公牘　史6-47208　叢2-691(1)、2107
周愨慎公節錄身世金箴　叢2-691(1)
周愨慎公榮哀錄　史2-10527
周嬾予先生圍棋譜　子3-18053
周桐封詩稿　集5-35102
48 周墩區志[民國]　史8-58445
周翰林近光集(近光集)、扈從詩(扈從集)補遺　集1-5550
周翰林近光集、扈從詩　集1-5551
周松靄信札手稿　集3-21226
周松靄先生遺書八種　叢2-1496
50 周中丞疏稿、救荒事宜　史6-48376
周中丞集　叢2-691(3)
周中丞撫江奏稿、函稿　史6-49184
周史　史1-191、5041
周吏部(順昌)年譜　史2-11573　集2-11672
周吏部紀事　集2-11067
周惠姬傳、周孺人行畧　史2-9076
周忠毅公(宗建)行實　史2-9108
周忠毅公奏議　集6-43118
周忠毅公奏議、行實　史6-48510
周忠武公(遇吉)實紀　史2-9181

周忠愍奏疏　史6-48450　集6-43118　叢1-223(21)

周忠愍公(起元)傳疏、補遺　史2-9067

周忠愍公垂光集　史6-48195　集6-43118

周忠愍公傳疏、補遺　史6-48451

周忠介公(順昌)同年錄、同難錄　史2-7896

周忠介公遺集、年譜　集2-11673

周忠介公燼餘集　集2-11671,6-43118　叢1-269(5),2-731(41)

周忠介公燼餘集(忠介燼餘集)　集2-11670

周忠介公燼餘集、周吏部年譜、遺事　集2-11672

周書　史1-12~7,626　叢1-227(5)

周書、逸文　叢1-410

周書、考證　史1-20、627　叢1-223(17),2-698(3)

周書、周書逸文　史1-2061

周書序　叢1-237

周書六韜　子1-3201

周書雜論　經1-3312　叢2-2146

周書王會補註　史1-2070

周書王會補注　史1-2069　子5-24880

周書王會篇補釋　史1-2073　叢2-2248

周書平議　經1-145、163(4)　史1-2065　叢2-1920、2179

周書後案、佚文考　史1-2066　叢2-2171

周書佚文　史1-2051　叢2-777

周書解義　史1-2058

周書顧命後考　經1-3358　叢2-630

周書顧命禮徵　經1-3357　叢2-630

周書補正　史1-2067　叢2-2248

周書校注　叢2-1521

周書斠議　史1-25

周書斠補　史1-2053

周書畧說　史1-2068　叢2-2248

周書異域傳地理考證　史1-628,7-49310

周書時訓　史1-2050　叢1-403

周書金氏注　經1-3309

周書年表　經1-3310

周書年月考　經1-3311

周末諸子學說節要　子1-87

周末列國有今郡縣考　史7-49404　叢1-201、203(6)

周末列國有今郡縣考、補　叢1-526

周末列國有今郡縣考補　史7-49405

周末學術史序　叢2-2248

周秦刻石釋音　史8-64366　叢1-223(16)、465,2-731(31)

周秦諸子　叢2-698(5)

周秦諸子書目　史8-66294　叢2-2232

周秦諸子學講義　子1-89

周秦諸子學畧　叢2-2232

周秦諸子劄記　叢2-2264

周秦玉印璽　史8-64987

周秦兩漢文選　集6-42765

周秦兩漢名人印考　史8-65028

周秦石存目、魏晉石存目　叢1-497

周秦行記　叢2-731(50)

周秦行紀　子5-26218　叢1-22(19)、23(18)、29(3)、38、185、255(3)

周秦名字解故　經2-14775

周秦名字解故補　經2-14777　叢1-558

周秦名字解故附錄　經2-14776　叢2-782(4)

周秦漢魏六朝隋唐金石記　史8-63650

周秦十一子(周秦十一子評選)　子1-50

周秦古鈐　史8-65061

周秦印譜　史8-64986

周東侯二四子圖　子3-17962、18127

周東田集　集2-9534,6-41935(5)

53 周成雜字　經2-15116、15142

周成難字　經2-14702~4、15137　叢1-495、586(2),2-716(2)

57 周抑庵雜著　集4-27903

60 周見素詩集　集6-41878

周見素詩集(周太朴詩、晚唐周朴詩)　集1-1767

周易　經1-4~5、10~1、13~5、18、42、59、63、74~5、87~9、107、166、179、181~5、384、428、1311、1639、1838、1909　叢1-217、446,2-698(1)、1092、1443、1747、1985

周易、校刊記　經1-131

周易、繫辭　經1-50

周易、圖說　經1-12

周易、畧例　經1-17、178　叢2-635(2)、697

周易、畧例、考證　經1-16

周易、晦庵先生校正周易繫辭精義　經1-422

周易、周易畧例　經1-1、303~4、307　叢1-139

周易、周易畧例、考證　經1-306

周易、周易畧例、輔嗣康伯舊本異文　經1-301

周易、筮儀、卦歌、圖　經1-482

周易[六十四課]　經1-2111

周易序例　經1-1192

周易廓　經1-1707

周易旁注、卦傳、前圖　經1-612

周易旁注、圖　經1-614

周易旁注、前圖　經1-613、615~6

周易旁注前圖(易本圖說) 經1-617
周易旁注會通 經1-619
周易旁注會通、周易 經1-618
周易廣義 經1-1037
周易廣義、圖 經1-985
周易意、圖 經1-1558
周易文詮 經1-622 叢1-223(3)
周易章句 經1-216、218、222、257、271、2321
　　叢2-765
周易章句證異 經1-1410 叢1-223(5)
周易章句外編(周易古占法、周易章句外
　　編) 經1-504
周易辨占 經1-2391
周易辨注 經1-1002
周易辨畫 經1-1423 叢1-223(5)
周易辨錄 經1-673
周易辯 經1-1045
周易辯占 經1-2326 子3-13765
周易辯錄 叢1-223(4)
周易音訓 經1-2278、2302 叢2-859
周易音義 經1-401 叢1-219
周易音義考證 經1-2287
周易註 經1-1947 叢1-223(2)
周易註疏、周易畧例、考證 叢1-223(2)
周易玄義 經1-391、2322
周易衷孔 經1-1214
周易衷翼集解 經1-1434
周易六龍解 叢2-754
周易六十四卦辨疑 經1-1905
周易六十四卦象占解 經1-2399
周易京氏 經1-226、2319
周易京氏章句 經1-223、225、2322 叢2-
　　774(1)、775(1)
周易雜說 叢2-2170、2217
周易雜論精義 經1-511
周易雜卦 經1-414
周易雜卦反對互圖 經1-2198
周易訂疑、序例 經1-602
周易訝 經1-1532
周易訓詁大誼 經1-2298
周易訓義 經1-1414
周易證經異句 經1-153
周易證異 經1-1557
周易證籤 經1-85、1339 叢2-1470
周易新講義 經1-420、446 叢1-223(2)、
　　265(1)、456(7)、2-778
周易新論傳疏 經1-396、2322 叢2-774
　　(2)
周易新義 經1-405、2322 叢2-774(2)
周易識餘 經1-1924

周易詁要 經1-1325
周易諸家引經異字同聲考 經1-2299
周易諸卦合象考 經1-1657 叢1-517
周易讀 經1-921
周易讀翼揆方 經1-1275
周易讀翼揆方舉要 經1-1276
周易讀本 經1-169、1327、1391、1919、1955
　　叢2-1987
周易讀本、五贊筮儀卦歌圖說 經1-486
周易讀異 經1-2306 叢2-2078
周易講疏 經1-373 叢2-772(1)、773(1)
周易講義 經1-878、1121、1314、2040 叢
　　2-1456
周易講義合參 經1-1267
周易詞彙 經1-2101
周易施氏章句 經1-215、2322 叢2-774
　　(1)
周易詮 經1-823
周易詮疑、總說 經1-1388
周易詮義 經1-1233 叢2-1421
周易說 經1-1818 叢2-2105～6
周易說文字校 經1-2303
周易說研錄 經1-98、1055
周易說翼 經1-45、655 叢1-347
周易說旨 經1-638
周易說彖 經1-2072
周易說約 經1-819、1976
周易說約、筮策訂誤、邵子易卦次序橫圖辨
　　經1-1474
周易說宗上經、下經、繫辭 經1-1105
周易說卦偶窺 經1-1274
周易說畧 經1-1009～10
周易說餘 經1-1968
周易論語同異辨 經1-1679 叢2-946
周易訟卦淺說 經1-1663 叢2-1766
周易詳說 經1-1280、1559 叢1-574(4)
周易詳解 經1-524
周易議卦 經1-57、654 叢1-195(1)、2-
　　731(9)
周易一得 經1-1074
周易二繫 經1-2103
周易二閭記 經1-85、1341～2 叢1-439、
　　2-1470
周易三極圖貫 經1-2224
周易三篇 經1-2312
周易正 經1-2105
周易正訓童子便 經1-623
周易正解 經1-788、1220、1424、2316
周易正解、讀易 經1-46
周易正蒙 經1-810、1766 叢2-1915
周易正蒙、讀易綱領 叢2-1914

周易正義　經1-377

周易正義、校勘記　經1-378　叢2-670

周易正義校勘記　經1-379

周易王弼注唐寫本殘卷校字記　經1-291
叢1-588

周易王子雍氏　經1-281、2319

周易王世將氏　經1-330、2319

周易王氏音　經1-2267、2322　叢2-774(1)

周易王氏注　經1-283、332、374、2322　叢2-
774(1、2)

周易王氏義　經1-230、369、2322　叢2-774
(2)、775(1)

周易互體詳述　經1-1602、2324　叢1-439

周易互體徵　經1-163(4)、1769　叢2-1920

周易互體卦變考　經1-1658　叢1-517

周易五贊　經1-489

周易五贊、筮儀　經1-44

周易疏畧　經1-76、1056　叢2-1289

周易疏義　經1-839

周易露研　經1-933

周易丁氏傳　經1-204、2322　叢2-774(1)

周易元義　叢2-774(2)

周易兩讀、末附周易音均表　經1-500

周易干氏　經1-326、2319

周易干氏注　經1-327、2322　叢2-774(1)

周易要言　經1-2098

周易要旨　經1-2083

周易要義　經1-35、390、535、1850　叢1-
223(3)、2-636(2)

周易平說　經1-1810

周易平議　經1-145、163(4)、1768　叢2-
1920

周易可說　經1-61

周易可說、總論　經1-847

周易函書、別集　經1-1126

周易函書三種　經1-2314

周易函書約註　叢1-223(4)

周易函書約注　經1-1128

周易函書約注合抄　經1-1129

周易函書約存　經1-1127　叢1-223(4)

周易函書補義　經1-1131

周易函書四種　經1-2313

周易函書別集　經1-1130　叢1-223(4)

周易賈氏義　經1-205、231　叢2-775(1)

周易不我解　經1-676

周易示兒錄　經1-1969

周易示掌　經1-1862

周易玩詞、六十四卦觀象　叢2-1299

周易玩辭　經1-77(2)、521、1684、1782　叢
1-223(2)、227(1)、2-873、1789

周易玩辭集解　經1-1117　叢1-223(4)

周易玩辭困學記　經1-950～1　叢1-223
(4)

周易班氏義　經1-232　叢2-775(1)

周易張氏講疏　經1-366、2322　叢2-774
(2)

周易張氏集解　經1-338、2322　叢2-774
(1)

周易張氏義　經1-318、2322　叢2-774(1)

周易研翼　經1-1946

周易研幾　經1-1785

周易引經通釋　經1-1479

周易發明啟蒙翼傳、外篇　經1-77(2)

周易孔義　經1-804　叢2-1178～9

周易孔義集說　經1-1211　叢1-223(5)

周易理數貫　經1-1945

周易孟氏　經1-217、2319

周易孟氏章句　經1-219、2322　叢2-774
(1)

周易翟氏　經1-310、2319

周易翟氏義　經1-312　叢2-774(1)

周易尋門餘論　經1-1023　叢1-203(16)

周易子夏傳　經1-196、199、2319、2322　叢
2-774(1)

周易翼　經1-1667　叢1-310

周易翼邵　經1-2093

周易翼釋義　經1-1668　叢1-310

周易翼注、繫辭　經1-1956

周易翼義集粹　經1-970

周易翼簡捷解、拾遺　經1-826

周易翼簡捷解拾遺(周易翼散論拾遺一覽)
經1-827

周易億　叢2-1079

周易億、繫辭億　經1-666

周易辭考　經1-1348　叢2-1470

周易采芳集　經1-1399

周易集註　叢1-223(4)

周易集說　經1-573、575～6、2012　叢1-
223(3)、2-1987

周易集說(俞氏集說)　經1-574

周易集傳　經1-569　叢1-223(3)、333、
335～6、2-731(9)

周易集傳(漢上易傳)　叢2-636(2)

周易集傳、補遺、考證、校正　經1-570　叢
2-1927

周易集解　經1-33、337、397、1269、1401、
1450、1749、2321　叢1-169(2)、223(2)、268
(1)、287、456(4)、2-664、731(8,9)

周易集解、周易集解署例　經1-399

周易集解、周易經典釋文、周易集解署例
經1-402

周易集解序注　經1-1451

周易集解疏證　經1-1808

周易集解補釋、易學源流辨　經1-2046

周易集解補箋　經1-1916　叢2-1721～2

周易集解校異　經1-398

周易集解增釋　經1-1270

周易集解署例　叢1-169(2)

周易集解纂疏　經1-1610～1　叢2-731
　(9)、872

周易集注　經1-702、708、1527、1717

周易集注、易注雜說、易學六十四卦啓蒙
　經1-703

周易集注粹言　經1-1983

周易集義　經1-144、1745、1847　叢2-671、
　1865

周易集瑩　經1-661

周易統署　經1-317、2322　叢2-774(1)

周易上下篇義　叢1-223(12)

周易盧氏注　經1-361、2322　叢2-774(2)

周易何氏講疏　經1-372、2322　叢2-774
　(2)

周易何氏解　經1-280、2322　叢2-774(1)

周易衍義　經1-571～2　叢1-223(3)

周易膚說　經1-858

周易虞氏消息　經1-111(4)、1491～2、2318
　叢1-312,2-1615

周易虞氏署例　經1-163(2)、1533　叢1-
　558

周易虞氏學　叢2-2269

周易虞氏義　經1-111(4)、1490、2318　叢2-
　1615

周易虞氏義箋　經1-119、1500

周易虞氏義箋訂　經1-1501

周易便記　經1-1210

周易便解　經1-1944

周易便蒙　經1-972

周易便蒙襯解　經1-1906

周易便覽　經1-1887、1994

周易占考　經1-2389　叢2-1470

周易師說　經1-376　叢2-775(1)

周易經傳　經1-426、1617、1985

周易經傳集程朱解附錄纂注(周易會通)
　經1-77(2)

周易經傳集程朱解附錄纂注、朱子易圖附
　錄纂注、朱子啓蒙五贊附錄纂註、朱子筮
　儀附錄纂註　經1-588

周易經傳集解　經1-461、1460　叢1-223
　(2)

周易經傳通解　經1-1880

周易經傳歷代因革　經1-2260

周易經疑　叢1-265(1)、266

周易經捷　經1-1973

周易經典證署　經1-1823　叢2-2057

周易經典釋文殘　叢2-601

周易經典釋文殘卷　經1-2271～2

周易經義　經1-2035

周易經義(周易經疑)　經1-597

周易經義審　經1-1473

周易例表　經1-1883

周易崔氏注　經1-368、2322　叢2-774(2)

周易後傳　經1-1517

周易變通解　經1-1735

周易剩義　經1-1155　叢2-1408

周易卜式　經1-1306

周易外傳　經1-1027、1444　叢2-1291～3、
　1295

周易參斷　經1-1324、2190

周易參考　經1-1725

周易參同契　子5-29530(19)、29588、
　30962～3、30977、30991

周易參同契註　子5-29530(19)、30971、
　31007、31024

周易參同契註(朱子周易參同契考異)　子
　5-30972

周易參同契註解(周易參同契註)　子5-
　30983

周易參同契正義　子5-29565、30997

周易參同契疏署　叢1-64,2-730(5)

周易參同契發揮　子5-29530(19)

周易參同契發揮、釋疑　子5-30979、30981
　叢1-223(47)

周易參同契發揮、釋疑、後音　子5-30980

周易參同契集韻　子5-31027～8　叢2-
　1555

周易參同契鼎器歌明鏡圖　子5-29530
　(19)、30969

周易參同契釋疑　子5-29530(19)、29549

周易參同契解　子5-29530(19)、29538、
　29543、30974、30976　叢1-223(47)

周易參同契解箋　子5-30990

周易參同契注　子5-29530(19)、30978

周易參同契測疏　子5-29545、30988

周易參同契淺顯解　子5-30998

周易參同契通真義　子5-29538、29543、
　30968　叢1-223(47),2-860

周易參同契通真義(周易參同契分章通真
　義)　子5-30967

周易參同契考異　子5-30973　叢1-223
　(47)、274(5),2-698(8)、731(10)

周易參同契脈望　子5-29564、30995

周易參同契分章註　子5-29538、29543、
　30985

周易參同契分章註解　了5　30987

周易參同契分章註解(新鐫周易參同契註解)　子5-31006

周易參同契分章注　叢1-223(47)

周易參同契分章通真義　子5-29530(19)

周易參義　經1-77(2)、621　叢1-223(3)

周易伏氏集解　經1-352、2322　叢2-774(2)

周易傅氏注　經1-2322　叢2-774(2)

周易稽疑　經1-699　叢1-22(20)

周易倚數錄　叢1-558

周易倚數錄、圖　經1-2217

周易備旨一見能解、上下篇義易經圖考朱子筮儀　經1-922

周易備中　經1-1912

周易告蒙　經1-1413

周易告蒙圖注　經1-2194

周易贊義　經1-648

周易緯傳　經1-2481

周易傳　經1-235　叢1-334

周易傳註、周易筮考　叢1-223(4)

周易傳注、繫辭、說卦　經1-1139

周易傳注、周易筮考　經1-215

周易傳義音訓　叢1-427

周易傳義音訓、易學啓蒙　經1-514

周易傳義補疑　經1-695

周易傳義大全　經1-41

周易傳義大全、上下篇義、朱子圖說、易五贊、筮儀、易說綱領　經1-40

周易傳義大全、綱領、圖說　叢1-223(3)

周易傳義大全、圖說、綱領　經1-625

周易傳義大全、圖說、綱領、易經考異　經1-626

周易傳義存疑　經1-667　集2-8064～5　叢2-855

周易傳義附錄　經1-77(2)

周易傳義附錄、上下篇義、圖說、雜卦朱氏說、序卦程朱氏說　經1-544

周易傳義附錄、上下篇義、圖說、五贊、筮儀　經1-543

周易傳義附錄、上下篇義五贊筮儀、圖說　經1-545

周易傳義附錄、綱領、圖說　叢1-223(3)

周易傳義合訂　經1-1171　叢1-218、223(4)

周易傳義合闡　經1-1014

周易朱氏義　經1-370、2322　叢2-774(2)

周易偶識　經1-2047、2334

周易偶記　經1-1437

周易偶記、周易雜卦反對互圖、讀易義例　經1-122

周易偶解　經1-1593

周易程傳(易經程傳)、上下篇義　經1-425

周易程朱傳義、上下篇義、圖說、五贊、筮儀　經1-498

周易程朱傳義、上下篇義、周易圖說　經1-44

周易程朱傳義、程子上下篇義、朱子易本義圖、周易五贊、筮儀　經1-497

周易程朱傳義、程子上下篇義、朱子圖說、卦變、周易五贊、筮儀　經1-494

周易程朱傳義、程子上下篇義、朱子周易五贊、筮儀　經1-495

周易程朱傳義、易圖集錄、上下篇義、五贊、筮儀、易說綱領　經1-493

周易程朱傳義音訓、易圖　經1-513

周易程朱傳義折衷　經1-608　叢1-223(3)

周易程氏傳　經1-429　子1-661　叢1-450～1,2-960

周易總義　經1-525　叢1-223(3)

周易總義、考證　經1-526　叢2-877

周易總義考證　經1-527

周易稗疏　經1-71、163(1)、1029～31　叢1-203(15)、2-1291～3

周易稗疏、考異　叢1-223(4)

周易釋　經1-1572

周易釋文校勘記　經1-2274

周易釋詁　經1-2307

周易釋貞　經1-2031　叢2-2128

周易釋例　叢2-1894

周易釋爻例　經1-163(4)、1738

周易蠡測　經1-1106

周易向氏義　經1-315、2322　叢2-774(1)

周易像象述　經1-812～7

周易像象述、像象述金針　叢1-223(4)

周易彖傳消息升降大義述　經1-1952　叢2-2072

周易象意　經1-1358

周易象說　經1-1200

周易象理淺言　經1-1252

周易象理指掌　經1-1627

周易象辭、周易尋門餘論、圖書辨惑　經1-1021～2

周易象辭、周易尋門餘論、圖學辯惑　叢1-223(4)

周易象旨決錄　經1-685　叢1-223(4)

周易象解　經1-1933

周易象注　經1-1282

周易象通　經1-811

周易象考　經1-1347　叢2-1470

周易象考、辭考、占考　經1-85

周易象數易知　經1-1549

周易象義　經1-548、720、737、1406　叢2-910

周易象義辨例　經1-1964

周易象義集成　經1-1613、1696

周易象義串解　經1-1930

周易象義擇要　經1-1812

周易象義合參　經1-1136

周易象義合參補署全書　經1-1948

周易象纂　經1-1483、2326

周易侯氏注　經1-394、2322　叢2-774(2)

周易解　經1-1290、1619　叢2-1449

周易解詩經　經1-4270

周易解象　經1-1624

周易解注傳義辯正　經1-1937

周易解故　經1-1662　叢2-653(1)

周易解尚書　經1-2950

周易魯恭義　經1-233　叢2-775(1)

周易句讀讀本　經1-187

周易句解　經1-604～5

周易彙統、圖　經1-1142

周易彙考　經1-1119

周易彙義　經1-1620

周易約注　經1-1846　叢2-956

周易微　經1-2049、2334

周易從周　經1-1892　叢2-2050

周易從周述正　經1-1893

周易徐幹義　經1-260　叢2-775(1)

周易徐氏音　經1-2268、2322　叢2-774(2)

周易注　經1-27、31～2、244、246、252、262、268、282、287、294～5、323、331、1205、1480、1529、1865、1921、2327　叢1-338,2-691(2)、773(5)

周易注、補遺　經1-240

周易注、抄諸儒易說　經1-309

周易注、署例　經1-300、305、430

周易注疏　經1-380　叢1-227(1)

周易注疏、署例、考證　經1-19、381

周易注疏校正　經1-382　叢1-258,2-731(2)、847、1466

周易注疏校勘記、署例校勘記、釋文校勘記　經1-20

周易注疏校勘記續　經1-383

周易注疏謄本　經1-169、1799

周易注釋　經1-2086

周易注解　經1-1972

周易注署　經1-1322

周易注署卦圖　經1-2189

周易淮南九師道訓　經1-210、2322　叢2-774(1)

周易滴露集　經1-1057～8

周易家訓　經1-849

周易守　經1-2096

周易究、宅墳圖訣　經1-1957

周易窺餘　經1-452　叢1-223(2),2-860

周易客難　經1-106、1279

周易審鵠要解　經1-1918

周易審義　經1-1499

周易實事　經1-1992

周易實義　經1-1476

周易宗孔編　經1-956

周易宗印　經1-1000

周易宗義　經1-837

周易宗義删　經1-838

周易宋氏　經1-261、2319

周易宋氏注　經1-263、2322　叢2-774(1)

周易測　經1-1740

周易測六龍解　子3-13734

周易叢說　經1-77(1)、448　叢2-873

周易心宗　經1-938

周易淺說　經1-1874

周易淺說(周易通典)　經1-651

周易淺玩　經1-1623

周易淺釋　經1-1244　叢1-223(5)

周易淺解　經1-1156、1845

周易淺述　叢1-223(4)

周易淺述、圖　經1-1120

周易淺述圖　叢1-223(4)

周易淺義　經1-990

周易治要　經1-388～9

周易演說　經1-2017

周易補疏　經1-111(4)、1512　叢2-1625～6

周易補注　經1-1209、1882

周易補義　經1-1160、1737

周易述　經1-111(2)、275、1253～5　叢1-223(5),2-698(1)

周易述翼　經1-1700　叢1-461

周易述傳　經1-1656、1660

周易述傳、續錄　叢2-1766

周易述傳續錄　經1-1661

周易述解辨義　經1-1049～50

周易述補　經1-111(4)、163(2)、1486、1524～5　叢2-698(1)

周易述補、易大義　叢2-1618～9

周易述禮　經1-1878

周易述聞　經1-1526、1917　叢2-1721～2

周易述義　經1-1303

周易梁丘氏章句　經1-221、2322　叢2-774(1)

周易對象通釋　叢2-2269

周易洗心　經1-1179～82　叢1-223(5),2-1389

周易沈氏要畧　經1-345、2322　叢2-774(2)

周易漢讀考　經1-2304

周易漢讀考、序　叢2-2040

周易漢學通義、畧例　經1-1765

周易褚氏講疏　經1-356、2322　叢2-774(2)

周易清言　經1-2085

周易清本　經1-1118

周易清明　經1-1305

周易神課　子3-13792

周易神數　經1-2088

周易遺文　經1-135

周易遺篇　經1-135

周易褌傳、外編　叢1-227(1)

周易禪解　經1-912　子6-32091(70)

周易洞林　叢2-765~6

周易初談講意　經1-799

周易通　經1-1044

周易通論　經1-1079~80、2312　叢1-223(4),2-1346~7

周易通論、周易觀象、周易觀象大指　叢1-482

周易通論月令　經1-1652　叢1-558,2-1755

周易通釋　經1-1387

周易通解、釋義　經1-1581　叢2-843

周易通解、圖說　經1-1790

周易通解釋義　經1-1582

周易通畧　經1-634

周易通畧、校勘記　叢2-870(2)

周易通畧校勘記　經1-635

周易通義　經1-1541、1545、1802

周易通義、發例、識蒙、或問　經1-579

周易海螢集　經1-1616

周易遵翼約編　經1-1389

周易遵經了義　經1-1446

周易遵經像解　經1-1445

周易遵述　經1-1337

周易啓蒙翼傳　叢1-223(3)、227(1)

周易豁解　經1-1612

周易消息　經1-1689　叢2-843

周易消息升降爻例　經1-1953　叢2-2072

周易十九篇釋　經1-1848

周易十卦解　經1-964

周易九鼎(新鐫繆當時先生周易九鼎)　經1-806

周易大衍辨　經1-1291　叢1-203(3)

周易大傳釋圖二注　經1-2238

周易大象應大學說　經2-8877

周易大象應大學說、卦畫生數序　經1-

周易大象傳解　經1-1940

周易大象解　經1-1028　叢2-1291~3

周易大指　經1-2312

周易大全纂　經1-739

周易大義　經1-353、1840、2322　叢2-774(2)

周易大義圖說　經1-2196

周易大義圖說續稿　經1-2213

周易直音　經1-2275

周易直解　經1-1084、1149、2095

周易直本中觀　經1-1239

周易內傳　叢2-1291、1293

周易內傳、發例　經1-1025~6　叢2-1292

周易內傳發例　叢2-1291、1293

周易存　叢2-601

周易爻變義蘊　經1-596　叢1-223(3),2-850

周易爻物當名　經1-920　叢2-731(9)、881

周易爻徵廣義　經1-1796

周易爻辰申鄭義　經1-163(4)、1788

周易爻辰圖　經1-2183　叢1-219

周易李氏音　經1-2270、2322　叢2-774(2)

周易古文羽義　經1-647

周易古文抄　經1-862~3

周易古文鈔　叢2-1199

周易古註兼義　叢2-2170

周易古五子傳　經1-208、2322　叢2-774(1)

周易古占　叢1-22(1)、23(1)

周易古占法　叢1-47

周易古占法(周易古占法、周易章句外編)　經1-503

周易古占法、古周易章句外編　經1-2367

周易古占法、周易章句外編　叢1-223(2)

周易古經傳　經1-538

周易古本　經1-758、2073

周易古本辯　經1-759

周易古本記疑　經1-760

周易古本集注、續編　經1-1123

周易古本十二篇　經1-1841　叢1-505

周易古本十二篇音訓　經1-507

周易古本撰　經1-1643　叢2-1817

周易古本全書彙編三集　經1-805

周易古今文全書　經1-727

周易古義　經1-211、1259~61　叢1-203(3)

周易去疑　經1-688~9

周易索　經1-1441

周易索詁　經1-1442

周易來注、上下經篇義、易經字義、易學六

1842

十四卦啓蒙　經1-709
周易校字　經1-2291、2326
周易校勘記(周易注疏校勘記)、畧例校勘記、釋文校勘記　經1-387
周易校勘記、畧例校勘記、釋文校勘記　經1-111(3)
周易標義　經1-1903　叢2-886(1)
周易彭氏義　經1-228　叢2-775(1)
周易姚氏　經1-286、2319
周易姚氏注　經1-288、367、2322　叢2-774(1、2)
周易姚氏學　經1-163(3)、1653　叢1-410、460、2-1755
周易札記　叢1-223(4)
周易札記、易學啓蒙集畧　叢1-223(4)
周易析疑、圖　經1-1293
周易析義　經1-1888、1920
周易卦序論　經1-342、2322　叢2-774(1)
周易卦變圖說　經1-2227　叢2-2024
周易卦變舉要　經1-1603、2324　叢1-439
周易卦象　經1-1855
周易卦象位義三注　經1-1928
周易卦象集證　經1-1601、2324　叢1-439
周易卦象彙參　經1-1579
周易卦爻經傳訓解　經1-529　叢1-223(3)
周易卦本反對圖說　經1-2242　叢2-2246
周易卦圖　經1-77(1)、448　叢2-873
周易卦圖衍義　經1-2146
周易卦鈐　經1-2386
周易董注　經1-603
周易董氏　經1-270、2319
周易董氏章句　經1-272、2322　叢2-774(1)
周易董氏義　經1-209　叢2-775(1)
周易考、繫辭傳考　經1-1415
周易考證　經1-1461
周易考占　子3-13771　叢1-516
周易考畧　經1-1568
周易考異　經1-163(2)、1578、1681、2284、2295　叢2-1291~3
周易莊氏義　經1-363、2322　叢2-774(2)
周易藏用　經1-1897
周易葬說　子3-13149、13600
周易韓氏傳　經1-207、2322　叢2-774(1)
周易蓍詩　經1-1379
周易荀氏例　經1-1804
周易荀氏注　經1-253、2322　叢2-774(1)
周易荀氏九家　經1-249、2318　叢2-1615
周易荀氏九家義　經1-111(4)、1498、1803、2318　叢2-1615

周易尌　經1-1018
周易薛氏記　經1-265、2322　叢2-774(1)
周易舊疏考正　經1-163(4)、1752
周易舊注　經1-1715
周易黃注　經1-1896
周易黃氏注　經1-335、2322　叢2-711、774(2)
周易黃氏義　經1-202　叢2-775(1)
周易觀玩隨筆、周易繫辭、文言傳說卦傳序卦傳雜卦傳　經1-1475
周易觀玩錄彙考　經1-1157
周易觀玩篇　經1-1376
周易觀變　經1-1378
周易觀我　經1-1864　叢2-2120
周易觀象　經1-1081~2、2312　叢1-223(4)、2-1346~7
周易觀象大指　經1-1083　叢2-1346~7
周易觀象　經1-1377、1465、2090
周易觀象補義畧　經1-1212
周易觀瀾　經1-1361
周易乾鑿度　經1-32、2412、2414、2488　叢1-47、219、236~7
周易乾鑿度(易緯之四)　叢1-223(5)
周易乾鑿度殷術　經1-2418
周易故訓訂　經1-169、2300~1
周易趙氏義　經1-255　叢2-775(1)
周易串解　經1-2069
周易史證　經1-1594　叢2-821
周易史論　經1-1857
周易史氏義　經1-201　叢2-775(1)
周易推　經1-1665
周易摘條辨義　經1-1426
周易本解　經1-2002
周易本義　經1-68、474、479~80、929　叢1-223(2)、227(1)、414、559
周易本義、音訓　經1-512
周易本義、繫辭上傳　經1-1385
周易本義、易圖　經1-473
周易本義、易圖、五贊　經1-477
周易本義、易圖、卦歌、筮儀、五贊　經1-475
周易本義、易圖、筮儀　經1-472、485
周易本義、易圖、筮儀、卦歌　經1-471
周易本義、圖說、新鍥尊朱易經講意舉叢便讀　經1-484
周易本義、圖說、卦歌、筮儀　經1-476
周易本義、圖說、筮儀　經1-478
周易本義、圖說及新增圖說　經1-487
周易本義、周易本義攷　經1-515
周易本義、周易本義考　叢1-574(1)
周易本義辨證補訂　經1-1693　叢2-843

中國古籍總目·索引

周易本義辯證　經1-157、1257～8
周易本義註　叢2-881
周易本義讀　經1-1981
周易本義正解　經1-1047
周易本義引蒙　經1-1048
周易本義集成　經1-77(2)、595　叢1-223(3)、227(2)
周易本義經、傳　經1-469
周易本義經、傳、易圖、五贊、筮儀　經1-470
周易本義參疑　經1-1534～5
周易本義注　經1-1196　叢2-731(9)
周易本義補、圖說　經1-935
周易本義補說　經1-1638
周易本義述蘊、考義、圖說、卦歌　經1-1174
周易本義通釋　經1-565　叢1-223(3)
周易本義通釋、輯錄雲峯文集易義　經1-77(2)、566
周易本義啓蒙　經1-2122
周易本義啓蒙、啓蒙　經1-2123
周易本義啓蒙翼傳(周易啓蒙翼傳)　經1-2135
周易本義啓蒙通刊　經1-1151
周易本義爻徵　經1-971　叢1-347,2-731(9)
周易本義校勘記　經1-481
周易本義析疑　經1-1138
周易本義求是錄　經1-1925
周易本義考　經1-516　叢1-414,2-731(9)
周易本義輯要　經1-1186
周易本義拾遺　經1-1191、1911
周易本義拾遺、周易序例、周易拾遺　經1-147
周易本義刪正讀本　經1-488
周易本義刪補便蒙解註、圖說　經1-903
周易本義附錄集注　經1-555
周易本義附錄纂疏　經1-553
周易本義附錄纂注　經1-77(2)
周易本義闡旨　經1-1195
周易指　經1-1554
周易指、易例、易圖、易斷辭、附錄　經1-1553
周易指南　經1-2018
周易指事　經1-1936
周易指掌　經1-1995
周易折衷講意　經1-764
周易揆　經1-851
周易撥易堂解　經1-1243
周易或問　經1-1835

周易成卦　經1-2110
周易井觀　經1-1360
周易捷決　經1-2329
周易典要　經1-1914
周易費氏學、敍錄　經1-2032　叢1-561,2-940
周易揭主遵孔錄便解　經1-1963
周易揭要　經1-97、1326
周易擇言　經1-1550
周易輯說、圖　經1-1621
周易輯說存正　經1-84、1240
周易輯注　經1-1650
周易輯注箋疏　經1-1763
周易輯聞　經1-539
周易輯聞、易雅、筮宗　經1-77(2)、540　叢1-223(3)、227(1)
周易輯義續編　經1-1544
周易輯義初編　經1-1543
周易擬像　經1-1318
周易探玄　經1-392、2322
周易探元　叢2-774(2)
周易繫辭　經1-2087
周易繫辭注疏大全合纂　經1-917
周易繫辭述　經1-586
周易繫辭桓氏注　經1-341、2322　叢2-774(2)
周易繫辭荀氏注　經1-343、2322　叢2-774(2)
周易繫辭明氏注　經1-344、2322　叢2-774(2)
周易繫辭精義　經1-510　叢2-754
周易繫辭精義(晦庵先生校正周易繫辭精義)　經1-509
周易拾遺　經1-1175、1193　叢2-1385
周易拾義　經1-1927
周易數　子3-13740
周易□□　經1-95
周易□義、繫辭、說卦、序卦、雜卦　經1-413
周易口訣義　經1-33、412、2331　叢1-223(2)、230(1)、287,2-731(8)
周易口訣義補、備考　經1-1459
周易口義　經1-1104　叢1-223(2)、227(1)
周易蜀才注　經1-321、2322　叢2-774(1)
周易蜀才氏　經1-319、2319
周易易解　經1-1967
周易易知　經1-1573～4
周易易簡　經1-1907、2066
周易易簡說　經1-803　叢1-223(4)
周易思半錄　經1-1863
周易愚猜　經1-1685

中國古籍總目書名索引

周易呂氏義　經 1－203　叢 2－775(1)
周易圖　經 1－2124、2152、2172～3、2244　子 5－29530(4)　叢 1－223(2)
周易圖、續編　經 1－2243
周易圖說　經 1－2139、2184、2225、2252　叢 1－223(3、12)
周易圖說象解　經 1－2235、2327
周易圖說述　經 1－2165
周易圖注　經 1－2191
周易圖書疏附　經 1－1982
周易圖書質疑　經 1－1308　叢 1－223(5)
周易圖賸　經 1－2201、2326
周易畧例　經 1－296～7　叢 1－22(1)、23(1)、47、71～7、227(1)、268(1)
周易畧例校正　經 1－298　叢 1－258、2－731(2)、847、1466
周易畧例校勘記　經 1－299
周易畧解　經 1－1422　叢 2－731(9)
周易畧解、羣經互解、算畧　叢 2－881
周易異同商　經 1－1751
周易顯指　經 1－1448
周易晰奧　經 1－1219
周易曉義　經 1－1167
周易時論　經 1－889
周易時論合編圖像幾表　經 1－890
周易味根錄　經 1－1891
周易明解輯說　經 1－532
周易明洛義、二義、三義　經 1－809
周易明報　經 1－1834
周易明喻編　經 1－2068
周易臆解　經 1－1762　叢 2－1904
周易臆解、圖說　經 1－1789
周易原意　經 1－1317
周易原旨　經 1－583～4　叢 1－223(3)
周易原始　經 1－1884
周易原篇解　經 1－1319
周易馬氏　經 1－234、2319
周易馬氏傳　經 1－236、2322　叢 2－774(1)
周易劉子珪氏　經 1－346、2319
周易劉晝義　經 1－365　叢 2－775(1)
周易劉景升氏　經 1－256、2319
周易劉氏章句　經 1－258、2322　叢 2－774(1)
周易劉氏注　經 1－360　叢 2－774(2、11)
周易劉氏義　經 1－227　叢 2－775(1)
周易劉氏義疏　經 1－348～9、2322　叢 2－774(2)、775(1)
周易厄言　經 1－1447
周易質實講義　經 1－1366
周易質義　經 1－1307
周易附說　經 1－1718　叢 2－1820

周易陸氏　經 1－276、2319
周易陸氏述　經 1－278、2322　叢 2－774(1)
周易隨筆　經 1－1563
周易周氏義疏　經 1－358、2322　叢 2－774(2)
周易用初　經 1－1655
周易用九用六說　經 1－1380
周易屬辭　經 1－1671　叢 2－2031
周易屬辭通說　經 1－1673　叢 2－2031
周易屬辭通例　經 1－1672　叢 2－2031
周易學　經 1－1246　叢 2－1554、2036
周易學、十四經學開宗　經 1－2043
周易學統　經 1－1826～7
周易學旨餘義　經 1－1173
周易學古編、經傳總說　經 1－1811
周易舉正　經 1－406～7　叢 1－22(1)、23(1)、47、169(2)、223(2)、268(1)、366～8、468、2－595～6、731(8)
周易闡要　經 1－879
周易闡理　經 1－1161
周易闡翼　經 1－1629
周易闡象上經、下經　經 1－1405
周易闡真　經 1－1320　子 5－29569、29571
周易問津　經 1－1686
周易問答　經 1－1283
周易貫注　經 1－1899
周易貫義　經 1－1939
周易賸義　經 1－1338
周易人事疏證　經 1－1726
周易人事疏證續編　經 1－1727
周易八卦圖說　經 1－2255
周易全旨彙述　經 1－1001
周易全考　經 1－937
周易全書龜卜考　經 1－2373
周易鏡、圖說、學易管窺　經 1－1778
周易鏡心　經 1－2080
周易介　經 1－1418
周易分野　經 1－2322、2337　叢 2－774(1)
周易兼兩　經 1－1197
周易兼義　經 1－25
周易兼義、音義、注疏校勘記、釋文校勘記　經 1－21　叢 2－698(1)
周易兼義、音義、畧例　經 1－22
周易兼義、校勘記、釋文、釋文校勘記　經 1－386
周易兼義、畧例、音義　經 1－23～4、385
周易尊翼　經 1－1313　叢 2－998、1455
周易義　經 1－311、314
周易義說　經 1－1428
周易義疏　經 1－347、1680、2321
周易義例　經 1－1088

周易義例、啓蒙附論、序卦雜卦明義　經1-1087

周易義傳合訂　經1-499

周易義叢　經1-677

周易義海撮要　經1-77(1)、458　叢1-223(2)

周易合纂大成　經1-1943

周易會占　經1-2383　叢1-22(20)

周易會歸　經1-1067

周易會通　經1-888　叢1-223(3)、227(2)

周易會纂讀本　經1-1286

周易劄記　經1-797、1144、1934　叢1-229

周易錦囊初集　經1-1951

周易錄要　經1-1898

周易鄭康成註　叢1-223(2)

周易鄭康成注　經1-238　子5-24880　叢1-98,2-637(1)

周易鄭司農注　經1-229　叢2-775(1)

周易鄭注　叢1-227(1)、301

周易鄭注、敍錄　經1-243　叢2-731(8)

周易鄭荀義　經1-1502、2318　叢1-312,2-1615

周易鄭氏注　經1-241~2、2318　叢2-1615

周易鄭氏注箋釋　經1-2044

周易鄭氏注箋釋、正誤、敍錄　經1-2045

周易鄭氏爻辰　經1-1457

周易鄭氏義　經1-111(4)、1497、2318　叢2-1615

周易筮儀　經1-2365

周易筮述　子3-13758　叢1-223(4)

周易筮法全解　經1-2403

周易筮考　經1-2388

周易篇第　經1-1398　叢2-1487

周易篇第考　經1-2076

周易簡金　經1-1556

周易節注讀　經1-1881

周易管窺　經1-1530

周易管窺、釋義摘要　經1-2056

周易管窺集解　經1-1993

周易繁露　經1-1805

周易纂　經1-895、1285

周易纂言外翼　叢2-1051

周易纂要　經1-2006

周易纂注　經1-1372、1630

周易纂義　經1-1063

周易纂義便讀　經1-1784

周易小義　經1-85、1343~4　叢2-1470

周易尚占　經1-2370　叢1-109、111(4)

周易半古本義　經1-1482、2326

周易粹義　經1-1287~9

周易粹鈔　經1-1466

周易悟真篇圖註　子5-31152

周易悟真篇圖註、外集　子5-31153

周易悟真篇圖注、外集　經1-2157

周易類經　經1-1277

周易精義　經1-113~5、1164、1990

周易精義、續編　經1-1165

周易精義續編　經1-1458

周甲集　叢2-1544

周甲錄　史2-12327　叢2-1852

周甲錄、甲餘錄　史2-11836

周景濂先生小兒推拿總賦　子2-8576

70 周雅續　集6-44857

周雅宜醫案　子2-10510

72 周氏(子良)冥通記　史2-8536

周氏族譜　史4-29807~10

周氏族譜[廣東梅州]　史4-30237

周氏族譜[安徽宣州]　史4-30074

周氏族譜[江西南昌]　史4-30085

周氏族譜[江蘇吳江]　史4-29888

周氏族譜[江蘇揚州]　史4-29825、29827

周氏族譜[江蘇丹徒]　史4-29836

周氏族譜[江蘇無錫]　史4-29867、29869

周氏族譜[河南信陽]　史4-30113

周氏族譜[福建浦城]　史4-30084

周氏族譜[浙江諸暨]　史4-29964

周氏族譜[浙江紹興]　史4-29962

周氏族譜[浙江杭州]　史4-29894

周氏族譜[浙江鄞州]　史4-29930

周氏族譜[湖北黃岡]　史4-30117

周氏族譜[湖南]　史4-30221、30227、30231~2、30234

周氏族譜[湖南平江]　史4-30172

周氏族譜[湖南邵陽]　史4-30216

周氏族譜[湖南衡陽]　史4-30204

周氏族譜[湖南宜章]　史4-30211~2

周氏族譜[湖南寧鄉]　史4-30141

周氏族譜[湖南瀏陽]　史4-30135~6

周氏族譜[湖南湘鄉]　史4-30191、30195、30200

周氏族譜[湖南湘潭]　史4-30176

周氏族譜[湖南湘陰]　史4-30168~9

周氏族譜[湖南郴州]　史4-30208、30210

周氏族譜[湖南長沙]　史4-30127、30130

周氏族譜[湖南岳陽]　史4-30161~2

周氏族譜[湖南臨湘]　史4-30164

周氏三修族譜[湖南衡陽]　史4-30205

周氏三修族譜[湖南安化]　史4-30160

周氏五修族譜[湖南]　史4-30229、30233

周氏五修族譜[湖南衡山]　史4-30206

周氏五修族譜[湖南橫山]　史4-30207

周氏翟氏義　經1-2322
周氏承志堂宗譜[浙江鄞州]　史4-29929
周氏集　集2-8229
周氏集、後集　集2-8230
周氏集驗方　子2-10008～9
周氏統宗譜[浙江]　史4-30063
周氏師古堂課選　叢2-691(2)
周氏師古堂書目提要　史8-65958　叢2-691(2)
周氏師古堂所編書五十六種　叢2-691(1)
周氏經絡大全　子2-10323
周氏先房支譜[湖南湘鄉]　史4-30202
周氏續修族譜[湖南邵陽]　史4-30218
周氏續修族譜[湖南寧鄉]　史4-30148
周氏續修族譜[湖南安化]　史4-30156、30158～9
周氏續修族譜[湖南湘鄉]　史4-30192、30194、30201
周氏續修族譜[湖南郴州]　史4-30209
周氏續修族譜[湖南益陽]　史4-30155
周氏續修家譜[湖南龍山]　史4-30220
周氏續修宗譜[湖北大冶]　史4-30122
周氏續修支譜[湖南]　史4-30235
周氏續修支譜[湖南寧鄉]　史4-30147
周氏家譜[山東]　史4-30112
周氏家譜[江蘇江都]　史4-29828
周氏家譜[浙江鹿城]　史4-30054
周氏家譜[浙江紹興]　史4-29951～2、29955
周氏家譜[湖南湘鄉]　史4-30199
周氏家譜[四川儀隴]　史4-30246
周氏家乘[上海崇明]　史4-29819～22
周氏家乘[江蘇吳江]　史4-29890
周氏家乘[浙江嵊州]　史4-30005
周氏家乘[浙江金華]　史4-30019
周氏家乘八集[江蘇蘇州]　史4-29886
周氏家世述[上海]　史4-29823
周氏宗譜　史4-30253、30256
周氏宗譜[上海青浦]　史4-29818
周氏宗譜[安徽徽州]　史4-30069
周氏宗譜[安徽祁門]　史4-30071
周氏宗譜[安徽桐城]　史4-30064
周氏宗譜[安徽無爲]　史4-30072
周氏宗譜[江西上饒]　史4-30092
周氏宗譜[江西安福]　史4-30107
周氏宗譜[江蘇]　史4-29893
周氏宗譜[江蘇武進]　史4-29849
周氏宗譜[江蘇吳江]　史4-29889、29891
周氏宗譜[江蘇宜興]　史4-29877～8、29882
周氏宗譜[江蘇江陰]　史4-29874

周氏宗譜[江蘇無錫]　史4-29857、29865
周氏宗譜[江蘇常州]　史4-29840、29843～4
周氏宗譜[福建建陽]　史4-30082
周氏宗譜[浙江雲和]　史4-30060
周氏宗譜[浙江紹興]　史4-29949～50、29960
周氏宗譜[浙江永康]　史4-30023
周氏宗譜[浙江富陽]　史4-29909
周氏宗譜[浙江江山]　史4-30014
周氏宗譜[浙江海寧]　史4-29917、29923
周氏宗譜[浙江杭州]　史4-29895
周氏宗譜[浙江蕭山]　史4-29905
周氏宗譜[浙江鄞州]　史4-29934
周氏宗譜[浙江景寧]　史4-30062
周氏宗譜[浙江金華]　史4-30017～8
周氏宗譜[浙江慈溪]　史4-29937
周氏宗譜[浙江餘姚]　史4-29946
周氏宗譜[湖北]　史4-30125
周氏宗譜[湖北蒲圻]　史4-30124
周氏宗譜[湖北黃岡]　史4-30116、30119
周氏宗譜[湖北鄂州]　史4-30120
周氏宗譜[湖南]　史4-30222、30224
周氏宗譜[湖南江永]　史4-30214～5
周氏宗譜[湖南道縣]　史4-30213
周氏宗譜[四川雙流]　史4-30243～5
周氏宗譜[四川宣漢]　史4-30247
周氏宗譜[四川成都]　史4-30241～2
周氏宗譜[四川簡陽]　史4-30248
周氏冥通記　子5-26850、26852、29530(7)
　叢1-27～8、74、98、169(4)、383、2-731(16)
周氏支譜[浙江杭州]　史4-29899
周氏支譜[湖南邵東]　史4-30219
周氏喪服注　經1-5441　叢2-774(3、11)
周氏姚氏注　經1-2322
周氏世系譜[浙江紹興]　史4-29961
周氏書目　史8-66468
周氏墨譜[湖南湘陰]　史4-30170
周氏四修族譜[湖南]　史4-30228
周氏四修族譜[湖南湘潭]　史4-30186
周氏四修支譜　史4-30260
周氏醫方集解論　子2-9534
周氏醫書摘髓(本草正)　子2-5755
周氏醫學叢書　子2-4727
周氏陰騭文印譜　子3-17238
周氏纂修族譜[湖南安化]　史4-30157
周氏纂修族譜[湖南瀏陽]　史4-30132
周氏纂修族譜[湖南湘陰]　史4-30167
周氏纂修族譜正宗[安徽績溪]　史4-30078
周氏纂修宗譜[福建建陽]　史4-30083

周氏纂修宗譜[湖北大冶]　史4-30121
周氏纂修支譜[湖南瀏陽]　史4-30134
74 周陵志　史7-51970
75 周陳弈譜　子3-18129
76 周髀　叢1-237
周髀矩數圖注　子3-12396
周髀筭經、音義　子3-11254
周髀筭經、數術記遺　子3-11255
周髀算經　叢1-26～8、74
周髀算經、音義　子3-11250、12396　叢1-98、169(2)、223(34)、227(7)、230(3)、238～9、268(2)、2-635(4)、698(7)、708、731(25)
周髀算經、音義、校勘記　叢1-418
周髀算經淺注　子3-11257
周髀算經述　子3-12396　叢2-731(25)、881
周髀算經校勘記　子3-12396　叢2-1792～3
周髀算經考証　子3-12396
周髀算經圖解　子3-12396
周髀算經圖注　子3-11258　叢2-1469
77 周尺記　經1-2311
80 周人詩說　經1-4138
周人經說　經2-11610　叢1-420
周人春秋說　叢2-1614
周人易說　經1-1481
周人明堂月令篇　經1-5512、5850
周益文忠公集　集1-3491
周益文忠公集(周益公文集、文忠集)(省齋文藁、平園續藁、省齋別藁、詞科舊藁、掖垣類藁、玉棠類藁、政府應制藁、歷官表奏、奏議、奉詔錄、承明集、雜著述、書藁)、周益國文忠公年譜　集1-3492
周益公全集　集1-3494～5
周益公全集、周益國文忠公年譜　集1-3493
周金文存、補遺　史8-63508、64241　叢2-630
周無專鼎銘攷　子3-12353
周無專鼎銘考　史8-64182　叢1-344、2-731(32)
周年主日聖經全集　子7-35210
周年主日瞻禮福音　子7-35154
周年默想題目稿　子7-35575
周年瞻禮經　子7-35208
周年瞻禮公課　子7-35207
周年快活　集7-52859
周會魁校正四書大全(大學、論語、孟子、中庸)　經2-10272～3
周會魁校正四書大全(大學、論語、孟子、中庸)讀法、論語集註序說、孟子集註序說

經2-10274
周會魁校正易經大全　經1-628
周會魁校正易經大全、上下篇義圖說五贊筮儀綱領　經1-629
周公(系英)行狀　史2-9678
周公(姬旦)年表　史2-11031
周公(昺奎)行畧、誄文　史2-10474
周公謹印說删　子3-16800　叢2-642
周公謚法　史6-42222　叢1-236～7
周公瑾得志娶小喬雜劇　集7-48774(6)、49028
周公瑾印說、印談、印旨　子3-16794
周公卜法殘　叢2-604、608
周公城名錄　史7-49308、49402　叢2-767
周公卿年表　史1-10(4)、4754
周公年表　史2-11032　叢1-443、558、2-1606
81 周頌魯頌考定　經1-4551
周頌述　經1-4549
85 周鈍軒先生文集　集2-8404
88 周籊谷先生詩文鈔　集3-14497
周節婦志姜詩遺蹟　史2-9008　叢2-846
周節母許太孺人墓誌銘、周節母許太孺人記畧　史2-9825
周管合抄　子4-24576
90 周少白先生法書琴譜　子3-17746
周尚書集　集2-7580、6-41935(4)
94 周慎齋三書(周慎齋先生三書)　子2-4857
周慎齋先生三書　子2-4593
周慎齋先生脈法解　子2-4593、6120
周慎齋醫案稿　子2-10473
周慎齋醫書　子2-4855
96 周惺庵先生事畧　叢2-888
97 周懶予先生圍棋譜(周懶予圍棋譜)　子3-18102

岡

00 岡底斯山考　史7-49318(8)
32 岡州遺藁　集6-44899
岡州遺藁、增岡州遺藁、續岡州遺藁　集6-44900
岡州公牘、濂江公牘、梅關公牘、岡州再牘、高涼公牘、煎茶閒錄　史6-47336
43 岡城枕戈記　史1-3924

月

00 月亭詩鈔 集4-26790 叢2-1678
　月鹿堂文集 集2-10295~6
　月旁氣候 子3-11249
　月底修簫譜 集7-47461
　月廎琴語 集7-47664
　月夜詠懷 集7-47110
　月夜談禪 集7-49457~8
　月夜彈琴記 叢1-587(3)
　月夜淫奔記 集7-48774(3)、49282
　月夜鐘聲 子3-17959、18350
　月離步法 子3-11493
　月離表 子3-11234、11581
　月離轉積度立成 子3-11585
　月離轉定度立法 子3-11585
　月離曆 子3-11581
　月離曆引 子3-11613
　月離曆指 子3-11234
　月離閏日轉積度立成 子3-11585
06 月課章程 史6-42423
10 月一枝 集7-52057
　月下偶談 子4-20196 叢1-195(5)、2-
　　731(6)
12 月到山房詩鈔 集4-30482
　月到山房史詠詩鈔、古今體詩鈔、試帖、賦
　　鈔 史1-6080
　月水山房遺稿 集4-22094
　月形山馮氏四修族譜[湖南湘潭] 史5-
　　36470
13 月球殖民地小說 子5-28654
14 月聽軒詩餘 集7-46398~9、46887
　月聽軒詞餘 集7-46400
15 月珠樓詩鈔 集4-25007
　月珠樓吟稿 集6-41792
20 月季花譜 子4-19305 叢1-571、2-642
　月舫詩鈔 集3-20084
　月香亭新編傳奇育英才 集7-50448
　月香仙館詩存 集3-14614
　月香綺業 集7-46431、47320
　月香小稿 集7-50630
21 月上女經 子6-32081(17)、32082(12)、32083
　　(12)、32085(17)、32086(18)、32088(12)、
　　32089(14)、32090(19)、32091(17)、32092(12)
　　叢1-114(3)
　月貞遺草 集3-18865
22 月川先生遺書 集2-6567
　月川未是集 集4-24806

　月川曹先生理學證印要覽 子1-896
　月川曹先生錄粹(錄粹) 子1-895
　月川曹先生粹錄 史2-8854
　月川曹夫子通書述解 子1-600
　月川曹夫子太極圖解 子1-579
　月川類草 集2-9192
　月巖詩鈔 集4-22783、33097~8
　月巖集 集3-15079
　月峯集 集3-18480
　月峯先生居業正編、次編 集2-10064
　月峯先生居業編 集2-10062
　月峯先生居業次編 集2-10063
　月岩詩鈔 集6-42007(3)
　月山詩話 集6-45979 叢1-241、242(4)、
　　2-731(47)
　月山詩集 集3-20108 叢1-241、242(4)、
　　2-731(43)
　月山詩鈔 集3-16880
　月山鄉土志[民國] 史8-60266
　月山派續修譜牒[浙江開化] 史4-28746
　月山遺書 集4-28517
　月山遺書五種 叢2-1518
　月山太原王氏宗譜[浙江遂昌] 史4-
　　25214~7
　月山樓詩草 集5-34623
23 月我軒梅花集句七言律百首 集3-20896
25 月生試律存 集6-42514
26 月泉詩派 集6-45014
　月泉吟社 集6-43579~80 叢1-22(14)、
　　23(14)、159、456(1)、2-731(38)、859
　月泉吟社詩 叢1-223(69)
　月泉吟社谷音河汾諸老詩中州集中州樂府
　　序目小傳 集6-43647
　月纓山房集 集4-22796
27 月船居士詩稿 集3-20806 叢2-845(4)
28 月微寶卷 集7-54166
31 月河詞 集7-46405、47085
　月河草堂叢書三種 叢2-2213
　月河草堂叢鈔 叢2-2213
　月河所聞集 子5-26274 叢1-175、2-843
　月河精舍叢鈔五種 叢1-458
　月潭邁潤朱氏支譜[江蘇鎮江] 史4-
　　26410
32 月洲詩鈔 集4-33168
　月灣感遇集 集3-21590
　月灣吟 集3-21590
　月溪集、城南草堂詩稿 集3-15646
　月溪山人集 集3-16312
33 月心笑巖寶祖南北集 子7-34235
　月浦志[光緒] 史7-56413
　月浦里志[民國] 史7-56414

34 月滿樓文集　集4-22073～4
　月滿樓詩集、文集、詞集　集4-22068
　月滿樓詩集、詞集　集4-22067
　月滿樓詩集、別集　集4-22070
　月滿樓詩集、別集、文集　集4-22069
　月滿樓詩別集　叢1-278,2-731(43)
　月滿樓詩別集(懷師友詩、拾遺記詠事詩、
　　晉十六國詠史詩、北齊詠史詩、南都詠史
　　詩、南唐雜事詩、悼亡詩)　集4-22071
　月滿樓甄藻錄　子5-25331～2　叢1-203
　　(17)
　月波詩稿　集3-16832,6-45097
　月波詞　集7-46440、47164、48092
　月波舫遺稿　集4-27612
　月波洞中記　子3-14186　叢1-223(36)、
　　246、282(2)、283(2)、422、424、448、469、586
　　(3),2-716(3)
　月波樓詩草　集4-28909,6-41996
　月波樓詩鈔　集4-31740
　月沽詩草　集4-30340
35 月沛園詩鈔　集4-27093
37 月洞詩集　集1-4400
　月洞詩集、二十一世祖皥如公詩十四首　集
　　1-4401
　月洞吟　集6-41896、41904　叢1-223(58)
　月洞吟(月洞詩)　集1-4399
　月湖詩集　集4-22998
　月湖王氏宗譜[浙江]　史4-25226
　月湖秋瑟　集7-47410　叢1-1694
　月湄詞　集7-46404～5、46896　叢2-698
　　(14)
38 月滄文集　集4-26682
　月滄文鈔　集6-42068
　月滄詩文偶存　集4-26681
　月道疏、月行九道圖併解　叢2-1268
　月道疏、月行九道圖並解　叢2-811
40 月查小品　子5-26411
　月壺題畫詩　子3-16216　叢2-689
　月塘香草集　集5-37201
　月塘書屋詩存　集4-28872～4
　月幢了禪師語錄　子6-32091(75)
　月來軒詩稿　集4-33249
　月樵偶記喉科驗　子2-7624
41 月梧詩鈔　集4-24412
43 月城趙氏續修支譜[湖南湘鄉]　史5-
　　38427
　月城趙氏四修族譜[湖南湘鄉]　史5-
　　38424
　月城趙氏益生公房譜[湖南湘鄉]　史5-
　　38425～6
44 月坡詞　集4-29686

　月村詩鈔(父書樓吟稿)　集4-24759
　月葉軒詩草　集4-28513
45 月樓琴語　集7-48115～6
　月樓吟草　集4-29215
47 月椒草堂詩鈔　集4-29541
50 月中簫譜　集3-17413
60 月日紀古　史6-49279　子5-25871
　月旦堂新鐫繡像列仙傳　史2-6895
　月旦堂仙佛奇踪合刻　子5-27046
　月旦堂仙佛奇蹤　叢2-689
　月圃詩存　集3-21039　叢2-909
　月圃偶著　叢2-909
　月團詞　集7-46397～400、47080
　月團詞、二集　集7-47079
63 月喉　子4-20544　叢1-143
67 月明珠一段　集7-51628
　月明和尚度柳翠　集7-48774(6)、48777、
　　48904　叢2-720(4)
　月明和尚度柳翠雜劇　集7-48767(3)　叢
　　2-698(16)
　月明菩薩經　子6-32083(13)
　月明樓　集7-51353
　月明樓十五部　集7-51352
　月鷺集　集3-15243
　月照西廂一枝　集7-52778
71 月匠詞　集6-41763
72 月隱先生遺集　集2-12614
　月隱先生遺集、外編　集2-12613　叢2-
　　615(1)
　月隱先生遺集、外編、祝月隱先生年譜　集
　　2-12612
　月隱遺稿鈔　集2-12615　叢2-834
77 月屋漫稿　叢1-223(59)
　月屋漫藁(月屋謾藁)　集1-5115
　月屋樵吟　集1-5112、5114,2-7083
　月屋樵吟、拾遺　集1-5113
　月兒高　子3-17878
　月卿殘稿　集5-41154
78 月覽　子2-4585
80 月鏡(滄漚集)　史1-5489　叢1-142
　月令　叢1-126
　月令廣義　史6-49252～3
　月令廣義、圖說　史6-49251
　月令廣義占候、春秋繁露直解、木郎祈雨神
　　呪　史6-49254
　月令章句　經1-101、5828、5830、5833～8
　　叢1-547(2),2-765～6、772(1)、773(1)、774
　　(3)、775(2)、2173
　月令動植小箋　經1-5849　叢2-2030
　月令佚文　經1-5826　叢2-777
　月令解　經1-5846　叢1-223(9),2-845(3)

月令彙纂　史6-49298

月令演　史6-49248、49266　叢1-30、154、181、197(1)、349

月令通考　史6-49250

月令七十二候詩　史6-49278　集3-19959,4-29489　叢2-1770

月令七十二候集解　史6-49240　叢1-195(1)、452、586(1),2-716(1)、731(27)

月令七十二候贊　史6-49290　子2-4672、5758

月令七十二候印譜　子3-17288

月令考　經1-5848　子2-4588　叢1-369

月令蒙筆記事　史6-49274

月令蔡氏章句　經1-164

月令採奇　史6-49256

月令輯要、圖說　史6-49270

月令輯佚　經1-5827　叢2-1950

月令明義　經1-69、5847　叢1-223(9)

月令問答　經1-5842~5　叢1-22(1)、23(1)、29(3)、2-772(1)、773(1)、774(3)

月令氣候圖說　史6-49277　叢1-282(3)、283(3),2-731(27)

月令纂　史6-49271

月令纂言　史6-49241

月令粹编、圖說　史6-49282

月令精鈔　史6-49272

月午樓古詩十九首詳解　集6-43186

月會約　叢1-22(25),2-832(4)

月食一貫歌　叢2-731(26)、869

月食通軌　子3-11344

月食蒙求　子3-11239

90 月光童子經　子6-32083(7)

月光菩薩經　子6-32083(30)

月當樓詩稿　集2-12835

92 月燈三昧經　子7-32375

月燈三昧經　子6-32081(8)、32082(8)、32083(6)、32084(6)、32085(8)、32086(8)、32088(6)、32089(7)、32090(9)、32091(8)、32092(6)、32093(6)

月燈三昧經(大方等大集月燈經)　子6-32085(8)、32090(9)、32092(6)

97 月輝詩存　集4-30863

朋

34 朋斗卜氏族譜[湖南瀏陽]　史4-24704

朋斗卜氏接修族譜[湖南瀏陽]　史4-24706

40 朋壽室經說、策問　經2-11822

朋壽圖詩　集6-45189

44 朋舊詩　集4-23877

朋舊及見錄　集6-44251~2

47 朋鶴草堂文集、詩留、初刻、詞　集2-12654

朋鶴草堂集　集2-12655

72 朋氏宗譜[安徽太湖]　史4-29806

88 朋簪雅聚　子3-18502

90 朋黨論　子1-2006　集3-18126

胸

76 胸陽吟草　集5-34694

用

00 用六集　集3-13299　叢2-1237

用六居士所著書五種　叢2-1237

10 用礮要言　子1-3098,3602,7-36228(6)

23 用我法齋詩存　集5-37617

27 用物類字釋名　子7-36237

30 用穴治例　子2-10344

37 用過雜項錢糧數目册　史6-47372

44 用老迂罟　史6-47105

用藥歌訣　子2-4579~80、4765

用藥須知　子2-5705

用藥總論　子2-5525、9168　叢1-245、268(3),2-731(29)

用藥總法　子2-5735

用藥準繩　子2-5684

用藥法程　子2-5736

50 用中篇、麻疹辨明　子2-8781

用事表　子3-11703

用表推日食三差　子3-12360、12364　叢1-433,2-731(26)

用表推日食三差、朔食九服里差　子3-11455

用表推月食法　子3-11492

52 用拙齋詩文集　集3-19562

用拙集、丁艾集　集2-9597

60 用易詳解　叢1-223(3)

68 用晦文稿　集5-41649

用晦文存(清白齋文集)、清詩人王用晦先生年譜　集3-19687

用晦草堂詩、駢文　集4-32430

72 用兵祕要　子1-3432

75 用陣雜錄　子1　3095　叢1-508,2-731

　　　　（19）
77 用印瑣言　子3-17308
81 用矩之道　子3-12682
88 用筆法　子3-15003　叢2-775（3）

罔

41 罔極錄、附記　子3-13150、13657
　罔極錄前編、後編、觀花雜詠　集3-15490
54 罔措齋聯集　叢2-705

胸

50 胸中鏡　子3-13673

脚

80 脚氣集　叢1-29（8）、111（3）、2-652

腳

80 腳氣集　子4-20180～1　叢1-22（24）、223
　　（41）
　腳氣集、校勘記　子4-20182
　腳氣錫言　子2-7268
　腳氣治法　叢1-538
　腳氣治法總要　子2-4623、4768、7236　叢
　　1-223（33）
　腳氣類方　子7-37907

陶

00 陶庵文集　集6-43118
　陶庵雜記　叢2-991
　陶庵詩集、年譜記事　集3-14031
　陶庵詩鈔　集4-30514
　陶庵集　集2-10874,3-16113
　陶庵集、毅簾學吟　叢1-525
　陶庵集存　集3-14353
　陶庵遺稿、劄記　集2-10871

　陶庵遺稿、劄記、續稿　集2-10870
　陶庵遺稿、劄記、續稿、行畧　集2-10872
　陶庵遺稿詩、文、劄記　集2-10869
　陶庵漫興　集3-14030
　陶庵夢憶　叢1-456（2）,2-624（3）、731（54）
　陶庵全集　集2-12796
　陶廬文集　集5-38395～7　叢2-2127
　陶廬文集、外篇、箋牘　集5-38394
　陶廬六憶　集5-36844　叢2-799～800
　陶廬雜錄　子4-23201
　陶廬雜憶、續詠、補詠　叢2-799～801
　陶廬雜憶、續憶、補詠、後憶、五憶、六憶　集
　　5-36847
　陶廬雜憶續詠　集5-36840
　陶廬雜憶補詠　集5-36841
　陶廬詩續集　集5-38393　叢2-2127
　陶廬五憶　集5-36843　叢2-800
　陶廬百篇　集5-38398
　陶廬後憶　叢2-800
　陶廬外篇　叢2-2127
　陶廬續憶補詠　集5-36842
　陶廬叢刻二十種　叢2-2127
　陶廬叢刻第二集十種　叢2-2128
　陶廬七憶　集5-36845
　陶廬老人自訂年譜　史2-12368
　陶廬老人隨年錄　史2-12369
　陶廬八憶　集5-36846
　陶廬箋牘　叢2-2127
　陶齋志果　子5-27175
　陶齋古玉圖　史8-65144
　陶齋吉金續錄　史8-64227～8
　陶齋吉金錄　史8-64226
　陶齋藏石記、藏甎記　史8-64448
　陶齋藏石目　史8-64770
　陶齋藏甎記　史8-65229
　陶齋金石文字跋尾　史8-63679　叢2-599
　陶文毅公（澍）年譜　史2-12055
　陶文毅公遺稿　集4-26935
　陶文毅公奏議　史6-48816
　陶文毅公奏疏書牘　集4-26940
　陶文殘　叢1-466
　陶文憲公全集　集2-5977
　陶文簡公集（天水閣集）、功臣傳草　集2-
　　10818
　陶文簡公集、陶文簡公館課　集2-10819
04 陶謝詩集（陶謝四家詩集、陶謝四家詩）　集
　　6-41770
　陶詩　集1-413
　陶詩集註、東坡和陶詩　集1-442
　陶詩集解、總論　集1-443

陶詩衍　集1-450
陶詩編年　集1-459
陶詩彙註、論陶　集1-444
陶詩彙評　集1-2526
陶詩彙評、東坡和陶合箋　集1-446
陶詩彙注　叢2-886(4)
陶詩真詮　集1-455　叢2-1888
陶詩本義　集1-453
陶詩輯傳、蘇氏和陶詩、年譜　集1-458
陶詩附考　集1-456
陶詩附考、解招魂　叢2-1652
陶詩鏡　集1-454
05 陶靖節文集　集1-449
陶靖節詩註、補註、附錄　集1-418
陶靖節詩註、補注　叢1-265(4)
陶靖節詩集　集1-415
陶靖節詩集、補注、附錄　叢2-731(41)
陶靖節詩集、東坡和陶詩、律陶、敦好齋律
　陶纂　集1-445
陶靖節詩箋、餘錄、校勘記　叢2-2251
陶靖節詩箋定本　叢2-2253
陶靖節集　集1-393、399、406、409、427、431、
　433、435,6-41695、41700、41702
陶靖節集(陶淵明集)　集1-422
陶靖節集、總　集6-41696～7
陶靖節集、總論　集1-421、430,6-41706
陶靖節集、總論、蘇東坡和陶詩、年譜　集1-
　424
陶靖節集、總論、附錄　集1-423
陶靖節集、東坡和陶詩　集1-402
陶靖節集詩、文　集6-41693
陶靖節集詩、文、總評、參疑、雜附　集6-
　41692
陶靖節集詩、文、總評、參疑、雜附、聖賢羣
　輔錄　集1-440
陶靖節先生(潛)年譜　史2-11146　集6-
　41700
陶靖節先生詩　叢1-292～3
陶靖節先生詩、補註、附錄　叢1-294
陶靖節先生詩、補注、附錄　集1-417　叢
　1-291
陶靖節先生詩文集　集1-393
陶靖節先生詩註、補註　集1-416
陶靖節先生集　集1-401、410
陶靖節先生集、年譜　集1-394
陶靖節全集　集1-404
陶靖節年譜　史2-11152　叢1-475,2-
　2251,2253
陶靖節年歲考證　史2-11153　叢2-2252
07 陶調甫文稿　集5-41087
08 陶說　子4-18589　叢1-249(3)、373(4)、

469、495、586(4),2-624(4)、716(3)
10 陶五松痘科祕本　子2-8779
陶元亮詩　集1-441
陶元暉中丞遺集　史1-1980　集2-
　11457～8
陶元暉中丞遺集續編　集2-11459
陶石簣稿　集2-10824,6-45336
陶石簣先生四六狐白　集2-10825
陶石簣先生批選唐宋六家表啓　集6-
　42841
陶石簣精選蘇長公合作　集1-2560
陶雲詩鈔　集3-16706～10
陶雲汀先生奏議　史6-48818～9
陶雲汀先生奏議、題本　史6-48817
陶雲汀先生奏疏　集4-26937～9
陶栗里(潛)年譜　史2-11005、11147
17 陶弼商翁詩　集1-2185
陶子師集　集3-16275
陶子師先生文集　集3-16274
20 陶集　集1-438
陶集、總評　集1-434,6-41769
21 陶處士栗里致交遊　集7-48768、49166
陶貞白集　集1-530、533,6-41695～7
陶貞白集、校勘記　叢2-788
22 陶峯小課　子3-17182
陶邕州小集　集6-41744～6、41748、41784、
　41893、41895～8、41923～4　叢1-416
陶邕州小集(邕州小集)　集1-2183
陶邕州小集(邕州小集)、外三種　集1-
　2184
陶邕州小集、輯補　集1-2186
陶邕州小集、陶弼商翁詩　集1-2185
陶山文錄　集4-23601
陶山詩前錄、詩錄、詞錄、文錄　集4-23597
陶山詩錄　集4-23598～9
陶山詩錄、前錄、露蟬吟詞鈔、詞續鈔　集4-
　23596
陶山集　集1-2664　叢1-223(52)、230(5)、
　468,2-731(39)
23 陶然亭(及第花)　集7-50400
陶然詩集　集5-41461
陶然集　集1-4739
24 陶幼美先生集　集2-9949
25 陶朱新話　叢1-374
陶朱新錄　子5-26220、26950　叢1-19(7)、
　20(5)、21(6)、22(7)、23(7)、24(8)、29(5)、40、
　223(46)、273(5)、275、306
陶朱公　集7-49463～4
26 陶侃別傳　史2-8519　叢2-776
陶峴傳　叢1-255(3)
28 陶徵士(潛)年譜　史2-11009

30 陶適齋先生詩稿　集3-21068
　　陶宮保履歷並請假還鄉文　史2-9771
　　陶密庵先生遺集、陶密菴先生年譜　集2-12416
　　陶密菴先生(汝鼐)年譜　史2-11623　集2-12413
31 陶潛詩　集1-414
　　陶潛五言詩　集1-447
32 陶淵明文鈔　集6-41794
　　陶淵明詩　集1-411　叢1-447
　　陶淵明詩、雜文　集1-439
　　陶淵明詩集　集1-412
　　陶淵明詩集文衡山寫定　子3-15333
　　陶淵明玩菊傾樽　集7-49474
　　陶淵明集　集1-395、403、419～20、422、425、432,6-41699　叢1-182
　　陶淵明集(陶靖節集)　集1-399
　　陶淵明集(陶靖節集、陶靖節先生詩文集、陶淵明文集、陶淵明全集)　集1-393
　　陶淵明集(陶靖節先生集)　集1-401
　　陶淵明集、總論　叢1-223(47)
　　陶淵明集、總論、和陶詩、律陶、律陶纂　集1-428
　　陶淵明集、補遺　集1-407
　　陶淵明集、存疑、附錄　集1-437
　　陶淵明集、陶氏二譜　集1-397
　　陶淵明歸去來兮殘本　叢2-720(4)
　　陶淵明述酒詩解　集1-457　叢2-2014
　　陶淵明東籬賞菊雜劇　集7-48774(2)
　　陶淵明東籬賞菊雜劇　集7-49026
　　陶淵明閒情賦注　叢2-2041
　　陶淵明全集　集6-41707
　　陶淵明全集(晉陶靖節集、陶彭澤詩)　集1-408
33 陶冶性靈　集4-28669
34 陶社叢書三十一種　叢2-706
36 陶湘麋學使詩文遺稿　集5-37447
　　陶澤詩　集2-5973
37 陶湖季氏宗譜[浙江諸暨]　史4-29581
　　陶通明文鈔　集6-41794
　　陶通明集　叢1-182
　　陶退庵集　集3-18020
　　陶退庵先生文稿　集3-18018
40 陶大人私訪江南　集7-53288
　　陶太常集　集3-18343
　　陶太常未刻稿　集3-18342
　　陶士升先生英江文錄　集4-23878,6-42066
　　陶圭稺詩　集2-12881,6-41943
　　陶克齋公詩稿　叢2-900
　　陶李合刻　集6-41707
　　陶嘉書屋鐘鼎彝器款識目錄　史8-64311

　　陶韋合集　集6-41706
　　陶真人內丹賦　子5-29530(6)、31091
42 陶彭澤詩　集1-408,6-41770
　　陶彭澤集　集1-400、405、436,6-41694、41698、41703　叢1-183
　　陶樸庵稿　集2-5974,6-45336、45340
43 陶哉遺稿　集4-23545
44 陶墓塘阡表　史2-10127
　　陶勤肅公奏議遺稿　史6-49073
　　陶莊敏公文集、蘭渚先生遺藁　集2-7612
　　陶恭介公(琰)傳畧、明韓霖編　史2-8882
　　陶恭介公誡子書　史2-6201
　　陶恭介公贊　史2-6201、8884
　　陶恭介公傳畧　史2-6201
　　陶恭介公像贊　史2-8883
　　陶蘇合璧詩　集6-42400
　　陶莽雜記　子4-21012
　　陶菴文　集2-12490
　　陶菴文集　集2-12477、12489
　　陶菴雜著　集2-12492
　　陶菴詩　集2-12487
　　陶菴詩集　集2-12477
　　陶菴集　集2-12488
　　陶菴集、陶菴先生年譜、谷簾學吟　集2-12481
　　陶菴集十種　叢2-1221
　　陶菴自鑑錄　子4-20953
　　陶菴夢憶　子4-23061
　　陶菴全集　集2-12477、12479　叢1-223(67)
　　陶菴全集(陶菴文集、陶菴詩集、補遺、吾師錄、自監錄)　集2-12478
　　陶菴全集、補遺　集2-12480
　　陶世名言　子4-23034
　　陶村文鈔　集3-21011
　　陶村詩稿　集3-20533
　　陶村詩鈔　集3-21010　叢2-886(3)
　　陶村詞　集7-46399～400、47091
　　陶村鄧氏家稿甄存　集5-39942
　　陶杜詩選　集6-42561
45 陶樓文鈔　集5-34125
　　陶樓文鈔定稿　集5-34126
　　陶樓雜稿　集5-34122
　　陶樓雜著　子4-24521
　　陶樓雜著四種　叢2-1938
　　陶樓手稿輯存　集5-34123
　　陶樓存稿　集5-34124
51 陶軒詩　集3-16340
　　陶軒集唐詩、二集　集3-16341
60 陶園文集　集3-20636

陶園詩集、補遺　集 3 - 20635

陶園詩餘(秋篷詞)　集 7 - 47479

陶園後集　集 6 - 43696

陶園全集　集 3 - 20637

陶園全集(陶園文集、集、詩餘、六如亭傳
　　奇)　集 3 - 20638

陶園年譜　集 3 - 20639

陶恩澤行述　史 2 - 10552

64 陶曉峯先生自訂年譜　史 2 - 12147

67 陶歇菴稿　集 2 - 10823

70 陶甓公牘　集 5 - 40271

71 陶長吉詩稿　集 2 - 10099

72 陶隱居重定甘氏巫氏石氏星經　子 3 -
　　11266

陶隱居集　集 1 - 530～1、6 - 41694、41698
　　叢 1 - 183

陶隱居集(貞白先生陶隱居集、梁陶貞白先
　　生文集)　集 1 - 532

陶氏族譜　史 5 - 33512

陶氏族譜[安徽巢湖]　史 5 - 33497

陶氏族譜[江蘇鎮江]　史 5 - 33462～3

陶氏族譜[湖南安化]　史 5 - 33505

陶氏族譜[四川簡陽]　史 5 - 33511

陶氏二譜　集 1 - 397

陶氏琴譜　子 3 - 17642

陶氏續修族譜[湖南湘陰]　史 5 - 33507

陶氏續修譜稿、三稿[江蘇無錫]　史 5 -
　　33468

陶氏傷寒完書、臨症舌辨　子 2 - 6503

陶氏傷寒全書　了 2　6491

陶氏家譜[江蘇蘇州]　史 5 - 33473～4

陶氏家譜像讚[江蘇無錫]　史 5 - 33470

陶氏宗譜[上海崇明]　史 5 - 33456～8

陶氏宗譜[安徽南陵]　史 5 - 33496

陶氏宗譜[江蘇江都]　史 5 - 33460

陶氏宗譜[江蘇蘇州]　史 5 - 33475

陶氏宗譜[江蘇無錫]　史 5 - 33469

陶氏宗譜[江蘇常州]　史 5 - 33464

陶氏支譜[江蘇無錫]　史 5 - 33467

陶氏支譜[湖南寧鄉]　史 5 - 33502～3

陶氏世烈錄[廣東新會]　史 5 - 33509

陶氏世吟集　集 6 - 45083

陶氏世吟草　集 6 - 45082

陶氏松友祖家譜[廣東]　史 5 - 33510

陶氏賢奕書樓叢書二十七種　叢 2 - 900

77 陶陶集　集 5 - 40196

陶陶室聲畫卷　子 3 - 16387

陶陶軒詩稿(竹西集、喃喃集、竹西後集、吾
　　悔集、會吟集、會吟後集、歧亭集、揮杯
　　集、清溪倦遊集、嚶其集)　集 3 - 17707

陶陶軒詩稿(竹西集、竹西後集、吾悔集、會
　　吟集、歧亭集、喃喃集、揮杯集、清溪倦遊
　　集、嚶其集、嚶其後集)　集 3 - 17706

陶學士醉寫風光好　集 7 - 48774(5)、48915
　　叢 2 - 720(4)

陶學士醉寫風光好雜劇　集 7 - 48767(2)
　　叢 2 - 698(15)

陶學士集　集 2 - 5979　叢 1 - 223(62)

陶學士集、明翰林學士當塗陶主敬先生年
　　譜　集 2 - 5980

陶學士先生(安)事蹟　史 2 - 11394

陶學士先生文集、陶學士事蹟、陶學士年譜
　　集 2 - 5978

陶學士先生事蹟　叢 1 - 34

陶母剪髮待賓　集 7 - 48774(3)、48951

陶閣史詩集　史 7 - 49309　集 1 - 2187

陶門山人詩鈔　集 4 - 24996

陶門弟子集　集 4 - 24696

陶門弟子續集　集 4 - 24697

陶門弟子餘集　集 4 - 24698

80 陶人心語　集 3 - 18327～8、18330

陶人心語、續選、補遺、可姬傳　集 3 - 18329

陶人心語續選　集 3 - 18331

陶龕語錄　子 1 - 1920

陶龕詩集　集 4 - 28196

陶龕詩草　集 4 - 28192

陶龕詩錄　集 4 - 28195

陶龕居士諭蒙書二種　子 1 - 2842

88 陶篁村詩文稿　集 3 - 20327

陶節菴傷寒全生集(陶節菴全生集)　子 2 -
　　6490

90 陶堂遺文　叢 2 - 2010

陶堂遺稿　集 5 - 35951

陶堂志微錄　叢 2 - 2010

95 陶情百友譜　子 4 - 18561

陶情集　集 7 - 54702

陶情集、詩餘　集 4 - 26164

陶情樂府　集 7 - 50579

陶情樂府、續集、拾遺　集 7 - 50578

陶情樂府、拾遺、楊夫人曲　集 7 - 50580

陶情藁　集 2 - 6054

陶情令　集 7 - 50618

陶情小草　集 5 - 37204,6 - 42007(4)

7722₂ 膠

10 膠西高氏世德錄[山東膠州]　史 4 - 32445

膠西講義　子 1 - 1805　叢 2 - 1827

膠西課存　叢 2 - 1827
膠西鄧氏族譜［山東膠州］　史 5 - 38827
22 膠山安氏黃氏家乘［江蘇無錫］　史 4 - 26922
30 膠濟鐵路章程　史 6 - 44306
32 膠州直隸州鄉土志［光緒］　史 8 - 59294
膠州志［康熙］　史 8 - 59290
膠州志［道光］　史 8 - 59293
膠州志［乾隆］　史 8 - 59292
膠灣詳述　史 6 - 45556,7 - 49319
37 膠澳志［民國］　史 8 - 59295
44 膠萊河運道圖說　史 7 - 52972
50 膠東孫氏六種　叢 2 - 1718
膠東孫氏家乘［山東平度］　史 5 - 33672
膠東山水志　史 7 - 52150
膠東遊草　集 4 - 22654

7722₇ 郿

40 郿塘謝氏五修族譜［湖南醴陵］　史 5 - 40798

鴉

22 鴉片說　叢 2 - 771(2)
鴉片論　子 4 - 21742
鴉片紀畧　史 1 - 3792
鴉片事畧　史 1 - 1982、3793
鴉片專賣條陳　史 6 - 43946
鴉片見聞錄　史 1 - 3794
鴉片戰爭史料　史 1 - 3789
鴉片戰事奏檔　史 6 - 47961
鴉片煙述　叢 2 - 1664
鴉岑詩錄　史 2 - 12254

局

00 局方發揮　子 2 - 4549～51、4564、4660～3、
4740、4811、9205　叢 1 - 223(33), 2 - 731
(30)、857、860
45 局勢圖譜　子 3 - 18001

屑

10 屑玉詞　集 7 - 48174
屑玉叢譚三集　叢 1 - 496(4)
屑玉叢譚初集　叢 1 - 496(4)
屑玉叢譚四集　叢 1 - 496(5)
屑玉叢談二集　叢 1 - 496(4)
屑玉叢談初集、二集、三集、四集　子 5 - 26694
17 屑瓊室手抄琴譜　子 3 - 17728
77 屑屑集　集 4 - 28776　叢 1 - 335,2 - 731(44)

屬

47 屬帑出納滙覽　史 6 - 43231

腎

21 腎虛非陰症論　子 2 - 4726
50 腎囊醫訣　子 7 - 37863

邪

04 邪謀誤國懇乞聖明昭察疏　史 6 - 47799、
48378
48 邪教疏　子 7 - 36223　叢 2 - 771(2)
60 邪見經　子 6 - 32083(19)
80 邪氛集　史 1 - 2996
邪氛錄　史 1 - 1939

郿

40 郿志［萬曆］　史 8 - 62930
62 郿縣鄉土志［光緒］　史 8 - 62934
郿縣志［雍正］　史 8 - 62931
郿縣志［宣統］　史 8 - 62933
郿縣志［乾隆］　史 8 - 62932

鬨

88 鬨餘叢話　集6-46079

閒

00 閒齋詩集　集4-29077
　　閒齋先生詩集　集6-44979
01 閒譚錄　叢1-21(4)
　　閒評　史1-5610　叢2-919
08 閒說　子4-20614　叢1-63~4,2-730(4)、
　　731(12)
09 閒談消夏錄　子5-27180
　　閒談錄　史1-4372　叢1-19(5)、20(3)、24
　　(5)
　　閒談筆記　叢2-724
10 閒雲詞　集3-18934
　　閒雲稿　集2-10184　叢1-86,2-730(8)、
　　731(41)
　　閒雲稿、梅塢遺瑗、尋芳詠　集2-10178
　　閒雲稿、野人清嘯、燎松吟、尋芳詠　集2-
　　10177
　　閒雲偶存　集4-25410
　　閒雲潭影詞　集7-47601
　　閒雲館別編　子4-23911
　　閒雲舒卷　叢1-571
21 閒止書堂集鈔　集3-16542
　　閒處光陰　子5-26752　叢2-624(4)
26 閒泉詩鈔　集4-24024
　　閒促齋詩集、文集　集5-37274
30 閒適劇談　子4-20583
　　閒窗論畫　子3-16013
　　閒窗集　集3-13868
　　閒窗隨錄　子4-24525
33 閒心靜居校書筆記　史1-90
37 閒漁閒閒錄　子4-21240　叢2-670
38 閒遊草　集5-36608
　　閒道堂集　集3-15554
40 閒存堂文集、詩集　集3-16414
　　閒存堂文集、賦、詩集　集3-16413
　　閒古齋集四種(吳游草、紉蘭草、涉園草、冰
　　壺草)　集2-12760
44 閒燕常談　史1-1914　子5-26220　叢1-
　　22(7)、23(6)、29(5)、40、95~6,2-730(2)、
　　731(51)
　　閒者軒帖考　子3-15377　叢1-244(2)、

486,2-609、622、731(34)
50 閒中弄筆　子3-17050
　　閒中偶錄　子4-23909
　　閒中漫編　子4-20248
　　閒中漫抄、飛霞閣社草、中都閒律、遺草　集
　　2-10719
　　閒中吟　集4-30606
　　閒中八種　叢1-159
　　閒中今古　子4-20328　叢1-45、188
　　閒中今古、吳山丁遜學詩摘稿　子4-20329
　　閒中今古錄　史1-1933　叢1-22(24)、29
　　(7)、57~8,2-617(3)
　　閒中今古錄摘抄　叢1-84(3)、2-730(10)
　　閒中今古錄摘鈔　叢2-731(52)
　　閒青堂詩集　集3-18238,6-41981
　　閒書(程氏叢書)二十三種　叢2-1373
　　閒書十五種　子4-24222
　　閒書杜律　集6-45486、45777　叢1-22(26)
　　閒書四種　叢2-2078
51 閒軒詩集　集3-17984
　　閒軒詩集、詞　集3-17983
60 閒園詩集　叢1-408
　　閒園集　集3-16478
　　閒思往事　史1-2698
　　閒署日抄　子4-20781
65 閒味軒詩鈔、詞鈔　集4-33070
67 閒暇筆記　子5-27347
68 閒吟處詩鈔　集4-29881
77 閒閒草堂詩集　集3-15128
　　閒閒草堂詩存　集5-36297
　　閒閒吟草　集5-38511
　　閒閒錄　叢2-2267
　　閒閒錄案　史1-3720　叢2-2203
　　閒閒堂會心錄　子4-20801
　　閒居雜錄　叢2-1660
　　閒居新編　子5-27346
　　閒居集　集2-10547
　　閒居樂一枝　集7-52001
　　閒居偶錄　子4-24236
　　閒居叢稿　集1-5008　叢1-223(60)
　　閒居叢稿摘錄　集1-5010
　　閒居叢槀　集1-5007、5009
　　閒居十八年剩草　集5-39044
　　閒居草　集3-21894
　　閒居擇言　子4-20810　集2-10426　叢1-
　　194,2-1154
　　閒居賦　集4-30512
　　閒居錄　史2-12507　叢1-175、223(41)、
　　268(3)、392,2-673、833、1038
　　閒居錄、東園友聞　子4-20247
　　閒居筆塵　子4-21181

閒居筆記　子4-23571
閒閒草堂所存稿　集4-28499
閒鷗集　集5-36464
80 閒氣集　集4-31893
81 閒敍幽音琵琶譜　子3-17813
87 閒錄遺編　集3-18643
88 閒筆　叢2-1438
閒筆記異　子5-27294
閒餘清賞雜纂　子5-25303
閒餘吟稿、晉遊小草、閒餘雜錄　叢2-905
閒餘筆語　叢1-203(2)
閒餘筆話　叢1-201、203(17)、587(2)
90 閒賞　叢1-176
閒賞編　叢1-187
95 閒情集　集4-24734,6-43880
閒情偶寄　子4-24186　集3-17164,6-
41761　叢2-720(5)
閒情十詠　叢1-319
閒情十二憮　子5-27434　叢1-142、202
(6)、203(12、18)、587(1)
閒情女肆　集6-42398
閒情小品二十六種　叢1-128
閒情小品二十七種　叢1-129
閒情小錄初集　子3-17958

跢

44 跢菴訂正譚子詩歸　集2-11769

骨

26 骨牌譜　子3-18286
骨牌名　集7-51731、52326
骨牌名兒一枝　集7-52671
骨牌神數　子3-14001、14683
骨牌燈戲譜　叢1-590,2-632
40 骨肉分離一段　集7-51442
44 骨董禍　史1-1995
骨董十三說　叢1-353,2-633
47 骨格圖說　子2-5949

鬧

00 鬧市入院　集7-53651
10 鬧天宮　集7-53000
21 鬧盧莊　集7-53833
鬧紅一舸詞選　集4-28784
鬧紅精舍遺稿(胡汀鷺遺稿)　集5-41633
37 鬧洞房　集7-51194
鬧洞房(小禿鬧洞房)　集7-51195
44 鬧華州　集7-50299
60 鬧昆陽　集7-52999
77 鬧門神　集7-48780、49242
80 鬧金釵　集7-53872

鵬

32 鵬溪縫隱尺餘草　集3-21108
40 鵬南文補遺　集5-37084
鵬南文鈔　集5-37082～3
鵬南詩鈔　集5-37080～1
44 鵬華詞集　集7-48138

7723₁ 爬

00 爬疥漫錄　史1-4130

7723₂ 展

16 展碧山房駢體文選　集4-33617　叢2-874
22 展峯試帖附錄　叢2-2068
展峯詩草　集5-38161　叢2-2068
展峯詩草(伍比部詩集)、焦尾殘聲、題畫絕
句、下里歌謠　集5-38162
43 展城或問　史6-46509　叢2-1137～9
51 展拓香港界址專條　史6-44985

限

22 限制稽查各項船隻配置運火試辦章程　史
6-44188
47 限期功過章程　史6-45933
60 限田均田制度論　史6-44860

7723₇ 腴

22 腴川程氏宗譜［江西婺源］　史5-36168

7724₀ 陬

22 陬山黃東衢公家譜［浙江永康］　史5-33832

7724₁ 屏

00 屏廬叢刻十五種　叢2-784
10 屏石山房詩鈔　集5-36340
22 屏巖應氏重修宗譜［浙江永康］　史5-40874
　屏巖應氏宗譜［浙江永康］　史5-40872~3
　屏巖張氏宗譜［浙江東陽］　史5-35053~4
　屏巖小稿　集1-4881、5275　叢1-223(59)、2-860
　屏峯山孫氏宗譜［浙江紹興］　史5-33608
　屏岩小稿　集6-41784
　屏山文集　集5-36147
　屏山詩存　集4-23371
　屏山孫氏宗譜［浙江紹興］　史5-33613
　屏山集　集4-30281
　屏山集(屏山先生文集、劉屏山先生集、屏山全集、屏山先生集)　集1-3266
　屏山集、詩集　集1-3269
　屏山集、目錄　叢1-223(54)
　屏山集補鈔　集1-3272、6-41901
　屏山集鈔　集1-3270~1、6-41900、41908
　屏山剩草　集3-13027
　屏山先生文集　集1-3267
　屏山草堂稿　集3-17632
　屏山草堂稿四種　叢2-1446
　屏山縣續志［光緒］　史8-61982
　屏山縣志［乾隆］　史8-61980~1
　屏山全集(宋劉文靖公屏山全集)、考異　集1-3268
　屏山舒氏宗譜［安徽黟縣］　史5-36319
40 屏南縣志［道光］　史8-58453
　屏南縣志［乾隆］　史8-58452
　屏南縣志［民國］　史8-58455

　屏南縣志［光緒］　史8-58454
44 屏麓草堂詩話　集6-46057
　屏樹山莊詩集、文集　集5-38211
47 屏坰吟草　集4-30005
77 屏居十二課　子4-23095　叢1-233、312、496(5)、2-731(13)
87 屏鍥齋詩集　集5-38071

屛

50 屛史　子4-24154

鬪

36 鬪伽奏疏、挽河奏疏　史6-48341
40 鬪袁公案　叢2-2270(4)
60 鬪異扶正數則　叢2-1317
　鬪異錄　叢2-782(3)
77 鬪邪論、譎謬論、孽鏡　子7-35907
　鬪邪集　子6-32091(71)
　鬪邪歸正消災延壽立願寶卷(立願寶卷)　集7-54187
　鬪邪錄　史1-5272
　鬪鬪錄　叢1-213

7724₄ 屨

28 屨似錄　叢2-2270(4)

7724₇ 叚

80 叚食良方　子4-18906、18919

屛

00 屛亭詩集　集5-40603
30 屛守齋遺稿　集3-19024
　屛守齋所編年譜五種　史2-11020

履

00 履齋詩餘、補遺　集 7 - 46678
　履齋示兒編　子 4 - 22156～7
　履齋示兒編、校補　叢 1 - 353,2 - 731(4)
　履齋示兒編、校補、覆校　叢 1 - 244(6)
　履齋示兒編、校補、覆校宋本條錄　子 4 - 22158
　履齋先生詩餘　集 7 - 46395、46679
　履齋先生詩餘、續　集 7 - 46363
　履齋先生詩餘、續集　集 7 - 46352、46356～7、46677
　履齋先生遺集　集 7 - 46374、46680
　履齋先生遺集(履齋遺稿)　集 1 - 4190
　履齋遺集　集 1 - 4191
　履齋遺稿　叢 1 - 223(57)
　履齋四明吟稿、詩餘　集 1 - 4192
　履齋時文　叢 2 - 1412
10 履二齋集　集 3 - 20917,6 - 41986
　履二齋尺牘　集 3 - 20919
　履霜集　子 2 - 4770、10513
22 履綏堂詩稿　集 4 - 32822
27 履巉巖本草　子 2 - 5527
32 履冰子吟草　集 5 - 41066
33 履心集、從老集　集 3 - 13819
38 履道集　集 1 - 5790
　履道荊南倡和集　集 6 - 43671
　履道堂規約　史 5 - 39866
40 履難集　集 5 - 34245
42 履橋詩鈔　集 5 - 35610
44 履菴文集　集 2 - 9237
46 履坦幽懷集　集 2 - 6805
　履坦徐氏宗譜[浙江武義]　史 4 - 32061～3
　履坦園五雜俎　子 4 - 23425
60 履園文集　集 4 - 24382
　履園叢話　子 4 - 23272～3　叢 1 - 373(4),2 - 735(2)、736
　履園畫學　子 3 - 15979
71 履長納慶　集 7 - 49705
77 履月軒稿　集 3 - 19364,6 - 45142
　履閣詩集　集 3 - 17117,6 - 41969
　履卿書畫錄　子 3 - 14852

服

00 服膺隨錄　子 4 - 22684

22 服制備考　經 1 - 5466
　服制考　叢 1 - 312
　服制塋圖　史 4 - 32709
26 服帛類字釋名　子 7 - 36237
40 服內元氣論　子 2 - 11181
　服古堂較定詩韻輯要　經 2 - 13792
78 服鹽藥法　子 2 - 5877　叢 2 - 731(30)
80 服食方　子 2 - 11017　叢 1 - 119～20、173
　服食須知　子 2 - 11201
　服食崇儉論　叢 2 - 811
　服氣功　子 2 - 11181
　服氣法　子 5 - 31296　叢 1 - 30
　服氣祛病圖說　子 2 - 11209
　服氣圖說　子 1 - 3518,2 - 11210　叢 1 - 437
　服氣長生辟穀法　子 2 - 10997
　服氣精義論　子 2 - 11143,5 - 29530(16)、29556
88 服飾篇　叢 1 - 223(40)

殿

00 殿座門聯　子 4 - 24401
03 殿試策　集 2 - 6794,6 - 45085
　殿試策(乾隆至嘉慶諸科)　集 6 - 45460
　殿試卷　史 3 - 16023、16347
20 殿爭錄　史 6 - 47834、48461
26 殿粵要纂　史 7 - 50912
50 殿本晉書考證　叢 2 - 2037
　殿本隋書考證　叢 2 - 2037
77 殿閣詞林記　史 2 - 7186　叢 1 - 223(22),2 - 873

股

41 股堰備考　史 6 - 46817　叢 2 - 846
71 股匪總錄　史 1 - 4061

閉

62 閉影雜識　子 4 - 19492、21021
77 閉關三疏　史 6 - 48227
　閉門集　集 4 - 29144
　閉門草　集 5 - 36310

中國古籍總目書名索引

骰

17 骰子選格　子3-18206　叢1-22(17)、23(16)

7725₀ 胊

75 胊陣譜　子3-18247　叢1-22(27)、25、37、173
　　胊陣指南　子3-18483　叢1-176
　　胊陣篇　子3-17957、18482　叢1-86、2-730(7)

7725₁ 屖

56 屖提齋稿　集2-10252
　　屖提精舍詩稿　集5-34969
70 屖雅　經2-14677

7725₃ 犀

00 犀庵賦鈔　集5-34762
22 犀崖文集　集3-14158、14160
　　犀崖文後集　集3-14159
　　犀峯氏著稿　集5-39098
36 犀禪山館集　集4-29722
87 犀釵記　集7-54004

閦

77 閦閦舞射柳蕤丸記雜劇　集7-48774(4)、48987

7725₄ 降

10 降三世忿怒明王念誦儀軌　子6-32093(39)
20 降香　集7-52173

25 降生論　子7-35251
77 降丹墀三聖慶長生　集7-48774(2)、49268
　　降桑椹蔡順奉母雜劇　集7-48774(4)、48931

7726₁ 膽

03 膽識類纂　子4-24009
88 膽餘軒集、疏稿、詩　集3-13802

7726₄ 居

00 居庸志畧[民國]　史7-54964
　　居庸關說　史7-49317(9)、49318(12)、49872
10 居晉草堂漢晉石影　史8-64632
21 居處衛身說　子7-36237
22 居山雜志　叢1-22(24)
23 居俟齋集(居俟齋六戊丁集)　集5-35426
　　居稽錄　子4-21723
26 居白堂集　集3-18950
27 居儋錄　集1-2593
30 居室衛生要畧　子7-37924
　　居濟一得　史6-46643～4　集3-16598　叢1-213～4、223(25)、2-731(31)
　　居家雜儀　史4-32481　子1-1964、2138　叢2-1262、1265
　　居家雜儀(司馬溫公居家雜儀)　子1-2086
　　居家便用家禮易簡　經1-6313
　　居家制用　子1-2098　叢1-22(25)、173
　　居家儀禮　叢1-173
　　居家宜忌　子2-10978　叢1-22(25)
　　居家宜忌、續錄、又續錄、三續錄　子2-10979　叢1-366～8
　　居家必備　子4-24127
　　居家必備九十五種　叢1-173
　　居家必備七編八十九種　子5-25582
　　居家必備八編一百零一種　子5-25583
　　居家必用　子4-23683、5-25928
　　居家必用方　子2-8121、8267、9831
　　居家必用事類全集　子4-23684～5、5-25581
　　居家必用事類全集前集、後集　子4-23686
　　居家十不爭　集7-53195
　　居家懿訓　叢1-119～20
　　居家懿範　子1-2142
　　居安黃氏族譜[安徽休寧]　史5-33897
　　居安黃氏家譜[安徽休寧]　史5-33896

居安軒存稿　集5-37643
居宅衞生論　子7-36229、37919
居官要類稿　史6-48558
居官備覽　史6-43431
居官寡過錄　史6-43004　叢1-330
居官必閱錄　子5-26451
居官必覽　史6-43003
居官格言　史6-41518～20、42953　叢1-
　114(2)
居官日省錄　史6-43035
居官臆測　史6-43071　叢2-1692
居官鏡　史6-43046
居官鑑　集7-49611、49619
居官慎刑錄　史6-46426
32 居業齋文稿　集3-15144、15147
居業齋文錄　集3-15145,6-42066
居業齋詩鈔、別集　集3-15146
居業集　集3-18684　叢2-734、1414
居業錄　子1-930　叢1-213、223(31)、312,
　2-731(12)
居業錄(胡敬齋先生居業錄)　子1-929
居業錄要語　子1-932　集2-6993
居業錄粹語　子1-935
居業堂文集　集3-16372～3　叢2-731
　(45)、782(5)
居業堂詩稿　集3-17101
居業堂詩續稿　集3-17102
居業堂遺稿　集6-45025
居業堂史論　史1-5280
40 居士集　集1-2007～8
居士集(新刊歐陽文忠公集)　集1-2023
居士集、外集　叢2-635(8)、698(9)、1029
居士集錄　集6-41799
居士傳　史2-6821
居士傳、二林唱和詩、體仁要術　史2-6822
居士傳節要　史2-6823
居士分燈錄　子6-32091(71)
居士分燈錄、補遺　子7-34727
居來先生集　集2-9586
43 居垞考　叢2-1026
居求錄　子1-1887　叢2-2025
44 居林適筆(明崇禎九年)　史2-12550
48 居敬齋詩鈔　集5-34465～6
居敬集　集4-22809
居敬堂詩稿　集4-22506
居敬堂集　集2-8184～5　叢1-46
50 居夷集　集2-7495
居東記　史7-49972　叢2-2146～7
居東集　集2-11017,5-41386
居東吟　集3-14926

60 居易齋詩　集5-41091
居易齋詩文集(居易齋初步草)　集4-
　22331
居易齋詩集、外集、詩餘　集5-41093
居易齋詩存　集5-41090
居易齋詩存、外集　集5-41092
居易齋詩鈔、雜作　集3-17796
居易齋集　集4-28323
居易齋遺稿　集4-31878
居易齋吟草　集4-27342
居易子鏗鏗齋外稿續集、雜　集2-11379
居易山房隨筆　子4-21663
居易室剩稿　集5-35960
居易初集　集5-36883～4
居易草堂集　集3-16655
居易樓遺稿　集5-36928
居易軒詩遺鈔、文遺鈔　叢2-886(3)
居易軒遺稿　集3-13960
居易居不易居詩存　集4-28766
居易居小草　集4-25166
居易金箋　子4-21389
居易錄　子4-23133　叢1-223(42)、373
　(3),2-948、1336
居易錄談、續談　子4-23134　叢1-195(7)
居易錄談、居易續談　叢2-731(51)
居易堂文集　集3-17636
居易堂文鈔　史2-9210
居易堂詩集　集2-12528,3-16654、21610
居易堂詩稿　集3-14396
居易堂詩鈔　集3-21619
居易堂殘稿　集4-30609　叢1-401
居易堂集　集3-14395
居易堂集、集外詩文　叢2-637(4)
居易堂稿　集3-19214
居易堂浙中新集　集3-17637
居易堂圍棊新譜　子3-18045
居易堂圍棋譜　子3-18046
居易堂鈔脈書　子2-6190
居易堂小草　集3-17460
67 居暇邇言　子4-21262　叢2-1515
77 居學錄　子1-1321　叢1-194
88 居竹軒詩集　集1-5308　叢1-223(61)
居竹軒詩集(居竹軒集)　集1-5304
居竹軒集　集1-5306

屠

00 屠康僖公文集　集6-45084

屠康僖公文集(太和堂集)　集2-7121
10 屠王二先生參補註解書言故事一覽抄　子5-24878
11 屠琴隖印譜　子3-16942、17183
14 屠酤集　集4-31121
24 屠先生評釋謀野集　集2-9813　叢2-1135
　　屠先生評釋謀野集註解評林　集2-9814
　　屠德胤重暉堂集　集2-10203
　　屠緯真集　集6-42046
　　屠緯真先生集　集2-9989
　　屠緯真先生藿語　子4-20656
30 屠寄年譜　史2-12385
32 屠漸山集　集2-8399,6-41935(2)
　　屠漸山蘭暉堂集　集2-8400
34 屠逑詩　集3-15975
37 屠退齋行述、袁太君行述　史2-9434
40 屠赤水先生集　集6-42043
50 屠夫人行狀　史2-12282
60 屠田叔詩集　集2-9838
　　屠田叔小品七種(霞爽閣空言、憨聾觀、聾政、笑詞黃鶯兒三十闋、狀游翻、狀游廿三發、游舟山籍)　集2-9837
　　屠畏菴行述　史2-9475
71 屠長卿集　集2-9987
　　屠長卿先生詩　集6-41948
　　屠長卿先生詩集　集2-9981
72 屠氏族譜、續編　史5-35470
　　屠氏族譜[江蘇吳縣]　史5-35474
　　屠氏三種　叢2-1457
　　屠氏武林支譜[浙江杭州]　史5-35475
　　屠氏宗譜[安徽寧國]　史5-35483
　　屠氏蘭陵葛橋支譜[江蘇常州]　史5-35473
　　屠氏孝感支續譜[湖北孝感]　史5-35484～5
　　屠氏毗陵支譜[江蘇常州]　史5-35471～2
90 屠光祿奏疏　史6-49122

7726₆ 層

32 層冰文畧　叢2-2253
　　層冰草堂叢書九種附一種　叢2-2252
　　層冰堂五種　叢2-2253
77 層層見喜一本　集7-52600
　　層層見喜一段　集7-51400

7726₇ 眉

00 眉庵詞　集7-46367、46794　叢1-585
06 眉韻樓詩　集5-40332
　　眉韻樓詩話　集6-46207　叢1-584
　　眉韻樓詩話續編　集6-46208
10 眉三子半農齋集　集3-14743
15 眉珠盦憶語　子5-26602　叢1-496(2)
17 眉子硯圖　子4-18765
22 眉崖文集　集4-25880
　　眉山唐先生文集　集1-2963
　　眉山唐先生文集、校勘記　叢2-637(3)
　　眉山新編十七史策要　史1-4840
　　眉山新編前漢策要　史1-5138
　　眉山詩集　集1-2968～9、2971,6-41908
　　眉山詩集、眉山文集　叢1-223(53)
　　眉山詩案廣證　集6-46148
　　眉山詩鈔　集1-2970,6-41900
　　眉山集　集1-2965
　　眉山集(詩集、文集)　集1-2966
　　眉山集補鈔　集1-2972,6-41901
　　眉山冷翠詞　集7-48112
　　眉山董氏宗譜[浙江武義]　史5-35895
　　眉山蘇氏三大家文選　集6-45173
　　眉山縣志[民國]　史8-62042
25 眉生試體詩　集4-27251
27 眉綠樓詩　集4-30009
　　眉綠樓詞　集7-47700～1
　　眉綠樓詞聯　叢2-796
32 眉州詩　集3-16403
　　眉州屬志[康熙]　史8-62039
　　眉州屬志[嘉慶]　史8-62040
　　眉洲詩鈔　集3-20815
40 眉壽駢言　集4-22909
　　眉壽翁跋語　史8-63625
　　眉壽堂方案選存　子2-4771(4)
44 眉菴集　集2-6075、6078
　　眉菴集、補遺　集2-6077　叢1-223(62)、2-637(4)
50 眉春堂丸散集錄　子2-10064
62 眉影詩龕手鈔唐詩近體　集6-43513
71 眉匠詞　集7-47034
77 眉閣詩草　集4-22911
80 眉公府君(陳繼儒)年譜　史2-11533　集2-10673
　　眉公詩鈔　集2-10675　叢2-1170
　　眉公墓碎錄　子4-23058　叢1-110,2-624

（3）、1172
　　眉公先生晚香堂小品　集2-10684～5　叢
　　　2-720(5)
　　眉公祕笈節錄　子4-20677
　　眉公十種藏書　叢2-1170
　　眉公書畫史　子3-14721　叢1-110
　　眉公見聞錄　史1-4425　叢1-110、2-1170
　　眉公筆記　子4-20670　叢1-110、371、2-
　　　1172

7727₀ 尸

17 尸子　子1-18、20、61、69、4-19564、19566～7
　　　叢1-19(3)、21(5)、24(4)、236～7、260～1、
　　　303～5、514、2-698(6)、758、1168、1576
　　尸子、存疑　子1-62、64～5、67～8、4-19568
　　　叢1-301
　　尸子、尸子補遺　子4-19565
　　尸子尹文子合刻　叢1-301
36 尸迦羅越六方禮經　子6-32083(18)
47 尸媚傳　子5-26222、27558　叢1-154、185、
　　　255(3)

7727₂ 屈

00 屈廬詩稿　集5-35514　叢2-667、1814
10 屈平文抄　集1-159
　　屈平文鈔　集6-41794
　　屈賈文合編　集6-41690～1
17 屈子　子1-19、25　集1-140～1
　　屈子、評　集6-41692
　　屈子、評、參疑、楚譯　集1-139
　　屈子章句　集1-144
　　屈子離騷彙訂、雜文箋畧　集1-103　叢2-
　　　653(6)
　　屈子雜文箋畧　集1-102
　　屈子說志　集1-146
　　屈子正音　集1-148　叢2-1650
　　屈子注釋評林　子1-28
　　屈子楚辭　集1-57
　　屈子貫　集1-142
20 屈辭洗髓、音釋　集1-99
　　屈辭精義　集1-147　叢2-929、1536
30 屈安人遺詩　集2-7937　叢1-367～8
　　屈宋方言攷　經2-14909
　　屈宋古音考　經2-14037～8　叢1-386～7
　　屈宋古音義　經2-14036　叢1-223(16)、

268(2)、2-731(24)、747～8、1147～8
40 屈大夫文　集1-32、6-41690～1
　　屈大夫魂返汨羅江　集7-49546
　　屈大夫魂返汨羅江(紉蘭佩)　集7-49541
　　屈塘門村謝氏七修族譜[湖南醴陵]　史5-
　　　40799
63 屈賦微　集1-150　叢1-561、2-940
71 屈原列傳　集1-51
　　屈原傳　集1-2～3、42、95
　　屈原傳、離騷經　史2-8443
　　屈原賦註、通釋、音義　集1-149
　　屈原賦二十五篇　子3-15798
　　屈原賦注、通釋、音義　叢2-653(6)、873
　　屈原賦注初稿　叢2-814
　　屈原賦七篇　集1-89
　　屈原賦戴氏注、通釋、音義　叢2-814
　　屈原年表　史2-11092
72 屈氏族譜[江西]　史4-30297
　　屈氏族譜[湖南岳陽]　史4-30299
　　屈氏宗譜　史4-30294
　　屈氏四續族譜[湖南長沙]　史4-30298
77 屈陶合刻　集6-41692～3
　　屈騷心印　集1-143
　　屈騷求志　集1-151
　　屈騷指掌　集1-145
80 屈翁詩稿　集5-40193
　　屈翁詩稿、秦西雜詠　集5-40192
　　屈翁山詩集、詞　集3-15131
90 屈肖巖年譜　史2-11819
98 屈悔翁詩集　集3-17541

7727₇ 陷

00 陷京三月回憶錄　叢2-795
21 陷虜記　史7-53786　叢1-22(9)

7728₂ 欣

21 欣上壽　集7-49703
23 欣然堂集　集3-15547
30 欣寄小集　集5-34239、6-42007(3)
36 欣遇齋詩鈔　集4-22637
46 欣如談玉摘抄　史8-65149
72 欣所遇齋詩　集4-26873
　　欣所遇齋詩存　集4-28912、6-42007(3)
90 欣賞齋尺牘　叢1-496(7)

欣賞編十集續編十集　子4-23906
欣賞編十種　叢1-35
欣賞續編十種　叢1-36
欣賞曲藻　集7-54847

7731₀　飚

54 飚輶近草　集4-30623

7732₀　駉

60 駉思室答問　子4-22723　叢1-439,2-
1867

駒

78 駒陰冗記　子5-26330　叢1-22(22)、29
(7)、57~8
79 駒隙錄　史2-12116、12141

7732₇　闃

30 闃宮　集7-53555

騽

72 騽氏春秋說　經1-7238　叢2-764

鶯

44 鶯林外編、編後　集2-11294
47 鶯鳩四六小啓　集2-12297
　　鶯鳩小啓　集2-12298
67 鶯鳴集　集2-12271,6-45128

7733₁　熙

00 熙齋詩鈔　集4-32106
22 熙豐日曆　史1-2508　叢1-22(7)、23(7)、
29(5)
30 熙寧新定時服式　子4-18863
　　熙寧新定時服式存　叢1-513
　　熙寧酒課　史6-43373　叢1-22(15)、23
(15)
31 熙河王氏家乘續編[江蘇]　史4-24909
40 熙臺先生詩集　集2-7763
　　熙臺先生奏議　史6-48222
44 熙莊詩鈔　集4-23364
47 熙朝新語　史1-4497　叢1-373(3),2-735
(3)、736
　　熙朝新語刊要　叢1-330
　　熙朝詠物雅詞　集7-48575
　　熙朝聖德詩　集3-15483
　　熙朝樂事　史7-50291　叢1-13、14(2)、22
(25)、37、134、154、181
　　熙朝名臣實錄　史2-7219
　　熙朝紀政　子4-23573
　　熙朝宰輔錄　史2-7487~9
　　熙朝宰輔錄續編　史2-7490
　　熙朝定案　史1-3697
　　熙朝嘉話　史7-49321、49851
　　熙朝書家姓纂　史2-6740
　　熙朝盛事　史2-6324
　　熙朝尺牘　叢1-322
50 熙春閣詩草　集4-31760
91 熙爐集　叢2-682
93 熙怡錄　叢1-406,2-753、791、793

7733₆　騷

40 騷壇祕語　集6-46249
　　騷壇八畧　集6-46041

騷

21 騷旨詩詮　叢2-2236
40 騷壇　叢2-1117
　　騷壇千金訣　集6-45790　叢2-1116

騷壇白戰錄　集6-43795
騷壇祕語　叢1-86,2-730(6)、731(47)
44 騷苑　子5-25632
騷苑補　子5-25633
60 騷客　集1-3939　叢1-2～3、6～7,2-731
(45)、845(1)
63 騷賦雜文　集6-42631
77 騷屑　子4-24249
騷屑詞　集7-46405、46859
88 騷筏　集1-124　叢2-1245

7733₇ 悶

24 悶特細格納哈　子7-36089

閟

17 閟翠山房吟草　集5-40512

7734₀ 馭

00 馭交記　史7-54661　叢1-456(7)、457,2-
731(62)、934

7734₇ 驦

10 驦粟日抄　子4-24131
驦粟暇筆　子5-27022

7736₂ 騮

22 騮山先生文集　集2-8217

7736₄ 駱

00 駱文忠公(秉章)行狀　史2-9874
駱文忠公奏議　史6-48021、48870、48872～3
駱文忠公奏議湘中稿、四川奏議、附錄　史

6-48871
駱文忠公奏稿　叢2-1847
駱文忠公輓言錄　史2-9875
駱文忠公年譜　史2-12109～10
10 駱兩溪集　集2-8378
17 駱丞文集　集1-694
駱丞集　集1-681、684,6-41723～4　叢1-
223(48)、227(8)、353、482
駱丞集(駱子集)　集1-682
駱丞集、辨譌考異　集1-692　叢2-731
(39)、859
駱丞集註(駱丞集)　集1-685
駱子集　集1-682
24 駱先生文集　集2-11231
30 駱賓王文集　集1-697,6-42033　叢2-635
(6)、698(8)
駱賓王文集(駱丞文集)　集1-694
駱賓王文集、考異　集1-700,6-42032　叢
1-324
駱賓王文鈔　集6-41794
駱賓王詩　集1-693
駱賓王詩集　集6-41835
駱賓王集　集1-679～80,6-41725、41739～
41、41743、41824、41839、41844～5、41865、
41867
40 駱太史澹然齋存稿　集2-11340
44 駱蓮橋詩稿　集4-31267
48 駱翰編集　集2-8377,6-41935(4)
72 駱氏族譜[江西豐城]　史5-39913
駱氏宗譜[湖北蘄春]　史5-39914
73 駱駝經　子1-4519　叢2-1400
78 駱臨海集　集1-690～1

7740₀ 又

00 又庵詩鈔　集3-15587
又玄集　集6-43258
又玄集選　集6-41876　叢2-948
10 又一夕話　子5-27451
又雲詩草　集5-34029
27 又盤遺詩　集3-21825
32 又溪詩稿　集4-22804
34 又滿樓叢書十六種　叢2-640
又滿樓鈔書彙訂九種　叢2-641
37 又次齋詞編十種　集7-46368
40 又希齋集　集4-23375
又來館詩集　集3-16001
44 又其次齋詩集　集4-29532
47 又報章帝詔　史6-47600　叢1-168(4)

又栩印草　子3－17438
77 又又草　集2－11562

叉

41 叉杆一套　集7－50906
叉杆樂一枝　集7－50991
叉杆打王八一枝　集7－50989
叉杆吃醋一段　集7－51401
叉杆坐獄一枝　集7－50921

閔

02 閔刻十種　叢1－131
17 閔子書　子1－95、241
22 閔川十萬程氏本宗譜［安徽休寧］　史5－36104
30 閔賓連悟雪詩草輯佚　集3－14901
44 閔莊懿公詩集　集2－6831,6－45093
閔莊懿公詩集、文集、目錄　集2－6830
閔蕘姑輓集　史2－10711
80 閔午塘先生詩集　集2－8428,6－45093

7740₁ 聞

00 聞亦不解軒詩存　集5－36058
聞音室詩集、遺文附刻　集3－21204
04 聞詩集紀、續紀　集2－12792
聞詩室學語　集4－28560
08 聞說　叢1－62
10 聞一齋詩薰　集2－6405
聞可堂集　集6－45025
11 聞琴閣詞　集7－47844
20 聞香室詩稿　集5－34847
聞香草堂客遊詩　集3－21112
22 聞川綴舊詩　集5－38329
聞川泛棹集　集4－22211
聞川泛櫂集　集6－44594
聞川懷古詩　集2－12700
26 聞和草　集3－16988
聞和見曉齋初稿　集4－32903
27 聞雞錄　史1－2570
聞紀　子5－27062
30 聞窗瑣記　叢1－373(6)

34 聞濤軒詩稿　集3－18221
聞遠樓遺草　集4－30106
35 聞禮要錄、崇祀錄、配享錄　經1－6060
37 聞湖志稿［宣統］　史7－57327
聞湖蔣氏家乘［浙江嘉興］　史5－38121
聞湖盛氏家乘［浙江嘉興］　史5－34286
聞漁閣續集　集3－20034
聞過齋集　集1－5752～3　叢1－213、223(61),2－731(45)
聞過齋集（吳朝宗先生聞過齋集）　集1－5755
聞過齋集、遺詩　集1－5754　叢2－670
40 聞太師回朝　集7－53441
聞喜縣志［順治］　史7－55964
聞喜縣志［乾隆］　史7－55966
聞喜縣志［民國］　史7－55970
聞喜縣志續［光緒］　史7－55969
聞喜縣志續編［康熙］　史7－55965
聞喜縣志補［光緒］　史7－55968
聞喜縣志斠［光緒］　史7－55967
聞喜堂詩集、題畫詩、詞　集3－20778
聞奇錄　子5－26222　叢1－22(19)、23(19)、29(4)、185、255(3)
聞奇錄佚文　叢2－777
聞木樨軒文集　史5－39516
43 聞城十二因緣經　子6－32081(11)、32085(11)、32090(12)、32092(8)、32093(11)
47 聞鶴軒錄見彙鈔　集6－44370
48 聞松園稿　集4－23519
49 聞妙香齋詩存　集5－39061
聞妙香室詩文集　集4－26897
聞妙香室詩稿、詞鈔　集5－38635
聞妙香室詩鈔　集4－26899
聞妙香室詩鈔、詩餘　集5－39484
聞妙香室詞　集7－47602、48069
聞妙香室詞鈔　集7－48107
聞妙香室集（聞妙香室詩、文、經進集、五言長排詩、試帖詩、詞）　集4－26896
聞妙香室律賦選注　集4－26898
聞妙香室遺稿　集4－30481,5－40878
聞妙香室書畫目　子3－14818
聞妙香軒集　集4－26791
聞妙香館詩存稿　集4－30332
聞妙軒詩存　集4－30013～4
60 聞見瓣香錄　子4－21255～7、23349　叢2－821
聞見雜記　叢1－20(6)
聞見雜錄　史1－1914　子4－23489　叢1－11～2、18、19(1、8)、22(8)、23(7)、29(5)、56、95～6、496(5),2－730(2)
聞見瑣錄　子4－23006　叢2－900

聞見集　集6－44477
聞見後錄　叢1－223(45)、2－652
聞見後錄(河南邵氏聞見後錄)　子4－22920
聞見偶記　叢2－2071
聞見偶錄　子5－26436、26751　叢1－202(6)、203(12)
聞見叢抄　子4－24600
聞見近錄　子4－22885　叢1－21(9)、22(8)、24(11)、26～8、195(5)、223(44)、244(2)、2－735(2)
聞見漫錄　叢2－845(3)
聞見日記(清同治三年至四年)　史2－13074
聞見日抄　叢2－2209
聞見異辭　子5－27256　叢1－496(6)、2－735(2)
聞見卮言　叢1－373(3)
聞見卮言補鈔　叢1－373(9)
聞見隨筆　子4－22742　叢2－1671
聞見闡幽錄　叢2－796
聞見錄　史1－2983、2－7497　子4－23431、5－27017、27120　集4－25440　叢1－18、19(2、4)、20(1、2)、21(1、4)、22(6)、23(6)、24(2、5)、223(45)、373(4)、374
71 聞雁齋筆談　子4－20639　叢1－22(22)
72 聞氏詩文稿　集3－15881
聞氏詩遺　集4－30772
聞氏族譜[浙江杭州]　史5－38789
聞氏家乘[江蘇崑山]　史5－38787
聞氏宗譜[江蘇崑山]　史5－38786、38788
聞氏宗譜[湖北蘄春]　史5－38793
聞氏支譜　史5－38794
77 聞犀軒詩鈔　集5－36500
聞聞錄　子4－24279
78 聞鑒錄　子2－6166
80 聞人氏痘疹論(聞人氏伯圜先生痘疹論)　子2－8595
聞人氏伯圜先生痘疹論　子2－8663
聞鐘集　集3－15287～8
聞鐘續集　子1－1468
88 聞鈴　集7－52508

7740₇　學

00 學廬自鏡語　子1－1847　集5－33786
學廬自鏡語、補勤幼學錄　叢2－1930
學齋庸訓　子1－2447
學齋詩集　集3－17172、5－38740
學齋佔畢　子4－22173　叢1－2～3、6～8、19(11)、223(40)、268(3)、2－731(6)
學齋佔畢纂　子4－22174　叢1－99～101
學齋佔嗶　叢1－21(10)、24(11)
學齋占畢　叢1－20(9)
學齋呫畢　子4－22175
學齋呫嗶　叢1－22(3)、23(3)
學庸　經2－10148、10155　叢2－1485
學庸、補訂　經2－10161
學庸文說　經2－10003
學庸章句指南　經2－10280
學庸註釋　經2－10173　叢2－2002
學庸註釋、樂記　經2－10169
學庸訓蒙瑣言　子1－2857
學庸識小　經2－10167　叢2－2040
學庸講義　經2－10150
學庸說文　經2－10147
學庸論語講義　經2－10181
學庸一得　經2－10145　叢2－1473
學庸正說　叢1－223(14)、2－1155
學庸正說詳節　經2－10138
學庸要旨　經2－10171
學庸示掌　經2－10144
學庸理鏡　經2－10168
學庸集疏　叢1－574(2)
學庸集要　經2－10151～2
學庸絃誦　叢2－1749
學庸順文、當湖陸稼書先生師弟子答問　經2－10141
學庸順講　經2－10157
學庸便閱　經2－10170
學庸便覽　經2－10166
學庸私存　經2－10175
學庸總義　經2－10176
學庸家訓　經2－10163
學庸補訂　經2－10162
學庸補釋新編　叢2－1829
學庸補釋新編、大學諸家考辨、中庸諸家考辨　經2－10160
學庸補釋新編、考辨　叢2－1828
學庸述易　經1－2074
學庸析解　經2－10179
學庸考異補　經2－10568
學庸切己錄　經2－10140　叢2－1282
學庸圖說　經2－10154
學庸困知錄　經2－10158
學庸囈語　經2－10146
學庸臆解　經2－10159　叢2－1829
學庸義府補　經2－10345
學庸會通　經2－10149

學文溯源　經2-15108
學文分劑　叢2-2270(4)
學文堂文集、詩集、詩餘　叢2-798
學文堂詩餘　集7-46976
學文堂集　集3-15907～9
學辨　子1-1578
學言　子1-1240～1、1257　叢1-223(31),
　2-1200～1、1208、1210
學言、續　子1-1368　叢2-1241
學言詳記　子1-1261　叢2-1210
學言集　叢2-1745
學言稿　叢1-223(61),2-1051
學言稿(學言詩稿)　集1-5561
01 學語齋古文、詩鈔　集4-25390
學語雜篇　子4-20998　叢1-201
學語襍篇　叢1-203(6)
04 學計韻言　子3-12390、12787
學計一得　子3-11252、12720　叢2-1896
學詩庭詩　集3-17007
學詩識小錄　經1-4182
學詩詳說　經1-4368　叢2-1785
學詩正詁　經1-4369　叢2-1785
學詩毛鄭異同籤　經1-4135
學詩毛鄭異同籤　經1-4136
學詩緒餘　經1-4184
學詩總說　經1-3665　叢1-223(7)
學詩津逮　集6-45488
學詩初稿　集1-4263、5393、6-41744～5、
　41893、41912、41917　叢2-860
學詩初藁　集6-41918、41920
學詩初藁　集6-41746、41888～9、41891～2、
　41894(3)、41897～8、41923
學詩隅見錄　經1-3996
學詩闕疑　經1-4027　叢1-435,2-963
學詩尺木　集3-21341
學詩錄　集4-22039
學詩管見　集6-45718
學詩小箋總論　叢1-223(7)
學詩堂經解　經1-4386
學詁齋文集　集4-32241　叢2-653(2)
學讀書堂文稿　集4-26451
06 學韻紀要　經2-14098　叢1-574(5)
07 學記　子4-22018
學記集義訓俗、補疑　經1-5869
學記補注　經1-5868　叢2-2148
學記臆解　經1-5866　叢2-829、2041
學記箋證　經1-5867　叢2-2127
學部訂定各學堂修業文憑條例　史6-
　42365
學部官制並辦事章程國子監改定額缺　史

6-42756
學部官制並改設國子監官缺章程　史6-
　42755
學部中央教育會議事錄附議決案　史6-
　42397
學部奏請明定教育宗旨摺　史6-42353
學部奏酌量變通初等小學章程請變中學堂
　課程爲文科實科摺　史6-42370
學部奏改訂兩等小學堂課程摺附清單　史
　6-42375
學部奏改初等小學堂章程　史6-42369
學部奏變通中學堂課程爲文科實科摺併單
　史6-42376
學部奏准各項學堂招考限制章程摺　史6-
　42363
學部奏定京師及各省圖書館通行章程摺併
　清單　史6-42385
學部奏定改訂管理游日學生監督處章程
　史6-42391
學部奏定師範獎勵義務章程　史6-42367
學部奏定續擬管理游學日本學生章程　史
　6-42390
學部奏定各學堂徵收學費章程　史6-
　42361
學部奏定各學堂考試章程　史6-42362
學部奏定各學堂畢業學生請獎執照章程
　史6-42364
學部奏定法政別科及講習科獎勵章程摺
　單、改定法政別科課程片　史6-42368
學部奏定增訂各學堂管理通則　史6-
　42360
學部奏定簡易識字學塾章程　史6-42372
學部奏定管理游學日本學生章程　史6-
　42389
學部奏咨輯要、續編、三編　史6-42352
學部甲　子7-36742
學部具奏酌擬考試畢業游學生章程奏摺清
　單　史6-42387
學部具奏改訂簡易識字學塾章程摺　史6-
　42373
學部第一次審定高等小學暫用書目　史6-
　42429
學部第一次審定初等小學暫用書目表　史
　6-42427
學部第一次審定中學堂初級師範學堂暫用
　書目　史6-42426
10 學一齋句股代數草　叢2-1010
學一齋算課草　叢2-1010
學一齋算學問答　子3-12791　叢2-1010
學要八箴　子1-2392　叢2-1368
11 學琴說　子3-17531、17654

學彊恕齋天學問答　子3-11287
學彊恕齋叢書五種　叢1-436
學彊恕齋考訂步天歌　子3-11286
學彊恕齋筆算　子3-12580　叢1-436
學彊恕齋筆算三種　子3-12369
12 學孔精舍詩鈔　集2-9441～2　叢2-1108～9
學孔精舍補輯雜文　集2-9444
17 學蝨吟草　集4-28543
學聚堂初集　集5-40326
學忍堂詩詞小草　集4-31069
學君平卜易、存驗　子3-13769
18 學政　子4-20552
學政私議　史6-42422
學政全書　史6-42301～2、42305
學政錄　史6-42911
學務文牘　史6-42395
學務奏摺　史6-42351
20 學爲福齋詩鈔　集4-33220,6-42014　叢2-1934
學統　史2-6683～4　叢2-731(60)、872
21 學步編　集3-18612,6-41761
學征　子4-22090
學術辨　子1-1409　叢1-195(2),2-731(13)、1334
學術新編　叢1-387
學旨要畧　子1-1836　叢1-574(4)
22 學川源禪師語錄　子7-34362
學制齋文集　集5-39359
學制齋詩集　集5-39356
學制齋駢文　集5-39360
學制齋駢文續集　集5-39361
學制統述　經1-6186　叢2-1735
學仙辨真訣　子5-29530(3)、30815
學變圖贊　子4-22777　叢2-2270(2)
學山詩稿　集3-15231
學山近草　集3-19434
學山樓文稿(黃韻山文稿)　集4-23994
學山樓詩集　集5-41517　叢2-888
學山樓詩鈔　集4-23992～3
學山樓叢書復本零本資料　叢2-888
學山樓叢書未刊稿八十九種附複本資料一種　叢2-888
學山牘案　子2-10912
學山尊經兩書院志　史7-52035
學山堂稿　集3-14760
學山堂書錄　史8-65912
學山堂印譜　子3-16902、16904～5
學山堂印譜、學山記、學山紀遊、學山題咏　子3-16903
學山堂印存　子3-17175

學樂錄　經1-6502
23 學稼草堂詩草(枕戈吟、耕餘吟、前明湖吟、羅峯吟、餐風吟、河上吟、遲食吟、柳湘吟、後明湖吟)　集5-34012
學稼軒遺集　集4-30891
24 學射摘要　子1-3615
學射錄　子1-3595　叢2-731(36)、782(3)
學仕遺規　史6-43010
學仕遺規、補　子1-2550
學仕遺規、補編　子1-1958　叢2-1388
學仕遺規、補篇　叢2-1387
學仕遺規輯要　子1-1959、2551
學仕錄　史6-43039
學科考畧　史6-42264　叢1-195(3),2-731(18)
25 學生立志論　子7-36721
學生讀書法　史6-42434
學生現形記　子5-27874
學生之競爭　子7-36251
學生履歷　子1-2467
學律初步　集6-46316　叢2-1645
學佛考訓　子6-32091(76)
26 學程　叢1-373(9)
27 學解　叢2-1152
學的(朱子學的)　子1-936
學約十章　叢2-2221
學約古文　集6-42727～8、42731、42733
學約古文、何大復論　集6-42729
學約書程　子1-2349　叢2-701
30 學宛堂詩稿　叢1-512
學安心室詩鈔　集4-30703
學究新談　子5-28645
學宮記　史8-60779
學宮譜　史2-6357
學宮備考　史6-42439
學宮禮器圖　史6-42185　叢1-328
學宮志　史2-6358
學宮輯畧　史2-6356　叢1-330～1
學宮圖考　史6-42184、42543
學宮義物撮要　史6-42183
學宋齋詞韻　集7-48675
學案　子1-101、1538
學案初模、續編　史6-46157
學案小識　叢2-698(7)
31 學源堂文集　集3-14402
學源堂文集、詩集　集3-14403
學源堂詩選　集3-14404
學源堂詩鈔　集3-14405,6-44392
學福齋文集　叢1-312
學福齋文錄　集6-42067

學 7740_7 2169

學福齋雜著　子4-22455　叢1-241、242(2)、2-731(7)

學福齋詩　集3-21482

學福齋詩文集　集3-19276

學福齋詩詞　集3-21733

學福齋詩稿　集3-21481

學福齋詩學　經1-4225

學福齋詩鈔　集4-24745

學福齋說文溫知錄　經2-12638

學福齋集、詩集　集3-19277

學渠小草　集3-16424

32 學測　叢2-816

33 學治識端　史6-47216

學治說贅　史6-43022　叢2-731(18)

學治一得編　史6-41528、46422～3　叢1-435

學治要言　史6-43042

學治要言續編　叢2-2174

學治續說　史6-43021　叢2-731(18)

學治偶存　史6-46457

學治存稿　集4-31796　叢2-1989

學治臆說　史6-41531、43020　叢2-731(18)、1502

學治臆說、續說　史6-41533　叢1-300

學治臆說、續說、說贅　史6-41534　叢1-278、2-1501

學治臆說參繹、學治說贅　史6-43023

學治體行錄　史6-43030

學治錄初編、二編　史6-47131　叢2-1908

學述　子1-1896

35 學津討原　叢1-268(1)

學禮　經1-6065　叢1-215、2-731(21)、782(3)

學禮齋雜纂十一種　叢2-757

學禮齋叢鈔四種　叢2-758

學禮質疑　經1-79、111(2)、6059　叢1-223(9)

學禮闕疑　經1-6074　叢2-963

學禮管釋　經1-163(3)、6104　叢2-1735

38 學海　子5-25029、25382

學海君道部、外目錄、出干名類　子5-25031

學海君道部、目錄　子5-25030、25032～3

學海蠡測　子4-23259　叢1-202(5)、203(11)

學海堂丁亥課士錄　史3-15006

學海堂叢刻(啓秀山房叢書)　叢2-882

學海堂志　史7-52122　叢2-1678

學海類編　叢1-195(1)

學道六書　子1-1568　叢2-1289

學道紀言、補遺、附錄　子4-20531

學道堂詩鈔　集4-28267

學道粹言　子1-1779　叢1-366～8

40 學士任子閱年錄(天許錄)　集5-35543

學士沈晦詩　集1-2367

學士林文恪公詩集　集2-9420

學士年表　史6-42848、42860　叢1-244(4)

學古齋文集　集4-27362

學古齋詩草　集5-33886

學古齋詩鈔　集5-35835

學古齋集　集2-7084

學古齋集、雜文　集2-7085

學古齋偶錄　子4-23187

學古齋印譜　子3-17206

學古齋金石叢書四集　史8-63502

學古診則　子2-4603、6112

學古瑣言　子4-20473　叢1-195(2)、2-731(7)

學古集　集1-5311

學古集、詩論　集4-22810

學古集雜言　集4-22812

學古編　子3-14692、16776、16784　叢1-13、14(3)、22(16)、23(15)、25～8、37、86、111(1)、159、223(38)、240、268(3)、353、392、2-730(7)、731(32)、833

學古編(陳眉公重訂學古編)　子3-16783

學古編、正韻篆　子3-16788

學古編、續三十五舉　子3-16785

學古緒言　集2-11023、6-44428　叢1-223(66)

學古偶錄　叢2-1412

學古適用編　子4-24062

學古退齋印存　子3-17309

學古軒詩草、補錄、詩餘　集5-40175

學古小志　史7-52041

學古堂詩　集3-14697

學古堂詩、文　集3-14199

學古堂詩集　集3-16652

學古堂讀漢書日記　史1-296

學古堂集　集3-17792

學古堂稿(愛古堂稿、桂子樓稿)　集3-16411

學古堂遺詩鈔　集5-36271

學古堂藏書目、叢書子目　史8-65533

學古堂捐藏書目　史8-65925

學古堂日記叢鈔　叢1-502

學古堂日記四十種　叢1-502

學古堂目記　子4-22719

學古堂目記叢鈔　子4-22718

學古堂算書叢刻　子3-12373

學古堂尚書雅言　經1-2746

學壽堂詩說　經1-4453

學壽堂詩燼餘草　集5-39691
學壽堂叢書十二種　叢2-1010
學校序書章程　子7-36240(2)
學校論說　子7-36240(2)
學校改良論　子7-36722
學校衛生論　子7-37914
學校衛生書　子7-36232
學校衛生學　子7-36232、37915
學校制度五章　子7-36725
學校志　叢2-1376
學校考　子7-36240(2)
學校奏議　子7-36240(2)
學校問　經1-6184　叢1-241、242(4),2-731(20)、1309
學校人物志　史2-6359
學校管理術　子7-36724
學校管理法　子7-36779
學校管理法問答　史6-42421
學校管理法卷　子7-36723
44 學苑堂詩稿　集4-23119
學蔭軒集　集5-36379
學萬人敵　子4-22002
學樊集　集6-44643
學菩薩戒法　子6-32091(70)
學蔀通辨　子1-108、1047　叢1-213,2-731(12)
學蔀通辯　叢1-214、574(3),2-1011
學蔀通辯終編　子1-1046
學奄類稿□□種　叢2-1358
學杜集　集3-21180
學林　子4-20078　叢1-223(40)、230(4)、301,2-731(6)
學林、考證　叢2-877
學林就正　子4-22246
45 學熱客一套　集7-50879
47 學殼　子4-24343
48 學敬齋遺稿　集5-40966
50 學中事宜　叢2-1442
學史　史1-5421　子5-25430　叢1-223(29),2-1066
學史散篇　叢2-2270(2)
學夫詩　集2-11767
學夫集　集3-21188
學畫雜論　子3-14703　叢2-619、622
學畫雜論(畫學雜論)　子3-15968
學畫淺說　子3-15951　叢1-197(3)
學畫臨畫　子3-16383
學書雜論　子3-14703、15161　叢2-619、622
學書韻語　子3-15250
學書一得　子3-15216

學書篇　子3-15132
學春秋理辯　經1-7955　叢1-310
學春秋隨筆　經1-79、111(2)、7726　叢1-492
51 學耨軒文集　集4-22649
學耨堂文集　集3-16739～40
學耨堂詩稿　集3-16737～8
52 學拙齋詩文鈔　集3-14162
學拙山房日記　史2-13240
學拙軒詩草　集4-30613
學蚓集　集4-30760
學靜軒遺詩　集4-28130　叢1-367
53 學戒法　子7-33936
學戒堂規矩牌義式　子7-33962
55 學典　史6-42297
56 學規　子1-2405　叢2-1263、1267
學規七種、續編　子1-1967
學規類編　子1-2394　叢1-213～4,2-731(13)
學規類編重纂　子1-2395
60 學圃齋隨筆　子4-20602
學圃雜說　叢1-111(3)
學圃雜疏　子1-4473　叢1-13、14(3)、22(27)、107、113,2-731(28)
學圃雜疏、拾遺　子1-4474　叢2-1136
學圃詩存、文存　集4-32830
學圃集　集3-18169
學圃蕙蘇　子4-23873
學圃老人集　集5-37711
學圃餘力　子4-20465　叢1-241、242(3),2-624(3)、1128
學易　經1-1140
學易庵詩集　集3-13519
學易庵詩選　集6-41960
學易齋集　集2-8667
學易齋約語、雜著　子1-1182
學易就正草　經1-1764
學易討原　經1-1478　叢2-1601
學易誌　經1-914
學易記　經1-77(2)、660、1606　叢1-223(3)、227(1)、347,2-731(9)
學易記、圖經綱領　經1-587
學易五種　經1-2326
學易重言　經1-1114
學易重言、詩　叢2-1361
學易集　集1-2883～4　叢1-223(52)、230(5)、468,2-731(39)、782(2)
學易山房詩稿　集3-17328
學易初津　經1-1225、2317　叢2-1411
學易初津(楚蒙山房易經解之一)　叢1-223(5)

學易枝言　經1-791　叢2-1169
學易臆說　經1-1595　叢2-811
學易反隅　經1-1654
學易隨筆　經1-1467
學易隨筆續編　經1-1468
學易居筆錄　子4-20237　叢1-195(5),2-731(8)
學易闡微　經1-1159
學易會集　經1-700
學易筆談初集、二集　經1-2063、2335
學易管窺　經1-1778～9、1950
學易堂三筆、滴露軒雜著　子4-20880
學易堂筆記、學易三章　子4-20879
學易慎餘錄　經1-1382
學園詩稿、詞剩　集5-35448
學思記　叢2-1790
學思錄　子1-1745,1790
學愚文集、續編　集3-19411
學累　叢2-2270(3)
62 學則　子1-1084
學則辯　子1-1085　叢2-698(6)
68 學吟　集1-4599,4-27264,6-41744～6、41888～9、41891～3、41894(3)、41895～8、41904、41912、41917、41923
學吟集　集4-27998,5-40822
學吟稿　集3-18576
學吟剩草　集4-33025
學吟草　集3-18235,4-24445　叢2-1378
71 學曆說　叢1-201
學曆小辯　子3 11234
學麻說　叢1-203(2)
77 學聞堂集　集4-24961
學醫一得　子2-5263
學醫隨筆　子2-10463　叢1-195(6),2-731(28)、983
學醫筆記課餘雜著　子2-10467
80 學人說話、讀書一見　子4-20933
學人二十四要　子5-29572、31403
學益堂稿　集3-15108
學鏡約　子1-1471　叢2-1236
學愈愚齋詩草　集4-29354
學會約　子1-2357　叢2-1167
學會考　子7-36240(3)
84 學針一得　子3-12389
88 學范　子4-23836～7
學范、續學范　子4-23838
學算識別　子3-12765
學算存畧　子3-12349
學算筆談　子3-12385～8、12824
學範　子1-2348

學範輯覽　子4-20591
學餘詩集　叢2-1288
學餘詩集選　集6-41972
學餘詩集存　集3-14046
學餘集　集3-14047
學餘集稿　集3-14048
學餘集客問隨述　集3-14057
學餘資覽　叢2-945
學餘園初集　集2-11961
學餘園初集、二集　集2-11962
學餘錄　集5-40644
學餘堂文集、詩集、外集　叢1-223(67)
學餘堂外集　集3-14053
學箕初稿　集3-15578　叢2-635(12)
90 學堂訓男兒經　子1-2880
學堂講語　子1-2444
學堂歌　史6-42437
學堂歌箋　子1-2902
學堂日記　子4-23430
學半齋集　集2-10367,4-26470,6-44970

殳

22 殳山先生遺稿　集2-8634

閿

27 閿鄉縣志[順治]　史8-59578
閿鄉縣志[乾隆]　史8-59579
閿鄉縣志[民國]　史8-59581
閿鄉縣志[光緒]　史8-59580

7744₀ 丹

00 丹痧咽喉經驗祕傳　子2-7446
丹亭盧真人廣胎息經注　子2-11170
丹亭真人盧祖師玄談　子5-31359
丹亭問答　子5-31372
丹亭悟真篇　子5 31358
丹方抄　子2-10209
丹方鑑源　子5-29530(18)、29556、31117
01 丹語　子4-20983
08 丹論訣旨心鑑　子5-29530(18)、29555、31212

10 丹霞山志　史7-52606
　丹霞淳禪師頌古　子7-34186
　丹霞淳禪師頌古集　子7-34185
　丹霞澹歸釋禪師語錄　子7-34316
　丹霞澹歸釋禪師語錄　子6-32091(80)
　丹霞姓氏彙典、姓氏增補　子5-25667
　丹霞縣譜　集2-12410
21 丹衢詩草　集4-26206
　丹經要語　子5-31473
　丹經示讀　子5-29577、31422
　丹經集要　子5-31371
　丹經極論　子5-29530(5)、29562、30822
22 丹崖文鈔　集6-42064
　丹崖詩鈔　集4-28363、33218
　丹崖集　集2-6145~7
　丹崖草堂詩　集4-30347
　丹峯先生文集　集2-7650,6-45044
　丹峯遺稿　集3-19135
　丹山謝氏世譜[廣東佛山]　史5-40835
　丹山王氏宗譜[浙江蘭溪]　史4-25118
　丹山草　集3-17222
　丹山圖詠　叢1-371
　丹山鳳出頭偷盜解心　集7-52794
24 丹魁書屋賸稿　集5-37822
　丹魁堂詩集、外集　集4-28914
　丹魁堂自訂年譜、感遇錄　史2-12095
　丹徒高氏族譜[江蘇丹徒]　史4-32394
　丹徒卜氏族譜[江蘇丹徒]　史4-25663
　丹徒謝氏族譜[江蘇丹徒]　史5-40683
　丹徒王九峯先生醫案　子2-10619
　丹徒張氏族譜[江蘇丹徒]　史5-34810
　丹徒完節堂繼撫塾徵信錄　史6-44674
　丹徒姚氏族譜[江蘇丹徒]　史4-31156~7
　丹徒姚氏五修族譜[江蘇丹徒]　史4-31155
　丹徒戴氏叢刻七種(戴友梅八種、戴氏所著書)　叢2-920
　丹徒蔣氏續修宗譜[江蘇丹徒]　史5-38078
　丹徒蔣氏宗譜[江蘇丹徒]　史5-38077
　丹徒柳翼南先生遺稿四種　叢2-1804
　丹徒柳翼南遺稿　集4-30686
　丹徒趙芸浦給諫行述　史2-9525
　丹徒趙氏支譜[江蘇丹徒]　史5-38265
　丹徒趙氏支譜[江蘇鎮江]　史5-38245
　丹徒縣順治十年分清文田地冊　史6-43447
　丹徒縣續志[民國]　史7-56857
　丹徒縣續志殘稿　叢2-2167
　丹徒縣徵訪冊[民國]　史7-56856

丹徒縣志[康熙]　史7-56849
丹徒縣志[正德]　史7-56846
丹徒縣志[順治]　史7-56848
丹徒縣志[嘉慶]　史7-56850
丹徒縣志[萬曆]　史7-56847
丹徒縣志[光緒]　史7-56851
丹徒縣志續志[宣統]　史7-56854
丹徒縣志摭餘[民國]　史7-56853
丹徒縣志摭餘[光緒]　史7-56852
丹徒陳亦峯選評詞則四種　集7-48747
丹徒陳氏著述十九種　叢2-921
丹稜文鈔　叢2-798
丹稜縣鄉土志二編[光緒]　史8-62063
丹稜縣志[道光]　史8-62059
丹稜縣志[乾隆]　史8-62058
丹稜縣志[民國]　史8-62061
丹稜縣志[光緒]　史8-62060
丹稜縣志雜稿[民國]　史8-62062
26 丹泉海島錄　子4-23535
30 丹房須知　子5-29530(18)、31209
　丹房奧論　子5-29530(18)、29535(5)、29536(5)、29556、31185
　丹房捷法　子5-29578
32 丹淵(文同)年譜　史2-11226
　丹淵集、拾遺　集1-2202　叢1-223(51)、227(9)
　丹淵集補鈔　集1-2206,6-41901
　丹淵集鈔　集1-2204~5,6-41900、41908
　丹溪文鈔　叢2-944
　丹溪詩鈔　叢2-944
　丹溪詩鈔補遺　叢2-944
　丹溪手鏡　子2-4813
　丹溪先生心法　子2-4564、9194　叢2-731(28)
　丹溪先生心法(新刊丹溪先生心法、重訂丹溪心法)、附錄　子2-9196
　丹溪先生心法、心法論、附錄　子2-9195
　丹溪先生治法心要　子2-9204
　丹溪先生胎產祕書　子2-7998
　丹溪先生醫書纂要　子2-9203
　丹溪先生金匱鉤玄　子2-4564、6766、9190~1　叢2-860
　丹溪先生纂要、丹溪先生治法心要　子2-9202
　丹溪朱氏因證治　叢1-586(3)
　丹溪朱氏脈因證治　叢1-469、495,2-716(2)
　丹溪朱氏脈因證治(脈因證治)　子2-6023
　丹溪心法　子2-4740、9194、9197
　丹溪心法附餘　子2-9246
　丹溪心法類集　子2-9238

丹溪治痘要法　叢1-48
丹溪遺稿　集3-19785
丹溪摘玄　子2-7108
丹溪脈訣指掌　子2-4768、6063
丹溪醫案(丹溪先生治驗醫案)　子2-10466
丹溪全書十種　子2-4740
33 丹浦欵言　子4-22255
34 丹法二十四訣　子5-29572、31404
38 丹道引真全集　子5-31501
丹道發微　子5-29565、31381
40 丹臺玉案　子2-4906
丹壺名山記　史7-49307~8、52157　叢2-767
丹鈆續些　叢2-720(6)
43 丹城稿　集2-6763
44 丹桂記　集7-49948
丹桂傳　集7-49949
丹桂良方　子2-9794
丹桂初階　經2-13448
丹桂里陳氏族譜[湖南瀏陽]　史4-33288
丹桂鈿合　集7-48776、49202　叢2-672
丹桂籍　子5-31806~7、31809
丹桂籍註案　子5-29581
丹桂籍註案(丹桂籍)　子5-31811~2
丹棱文鈔　集4-31075
丹林詩鈔　集3-20521
丹林集　集3-13844
47 丹墀獨對　子5-25588
丹橘林詩　集3-19750
48 丹散全錄　子2-9686
50 丹丸集　子2-10199
丹丸集靈　子2-10106
丹丸集錄(精一堂丹丸集錄)　子2-9555
丹青副　集7-49627、50426
丹青扇記　叢1-168(2)
丹青志　史2-7276　叢1-13、14(3)、22(26)、111(2)、181、220、363、2-731(36)、1132
丹書校注　叢2-1521
55 丹棘園詩　集3-20326、6-44666
57 丹抱軒詩鈔　集5-39488
60 丹國通商條約　史6-44035、44085
丹國通商條約稅則章程　史6-44034、44084
丹邑新志草稿　史8-63295
64 丹噶爾廳志[宣統]　史8-63294
71 丹厓集　集5-38990
72 丹丘生藁　集6-41932
丹丘小集　集6-41932
丹隱居讀書餘錄　子4-22092
76 丹陽辦理災案　史6-44675

丹陽記　史7-50088　叢1-19(2)、21(2)、22(11)、23(10)、24(3)
丹陽詞　集7-46352、46357、46380、46512　叢1-223(72)、2-698(13)、720(2)
丹陽雲山洪氏家譜[安徽休寧]　史4-30990
丹陽尹傳序　史2-7819　叢2-775(4)
丹陽集　集1-3002　叢1-223(53)、2-798、1953
丹陽何氏重修家乘[江蘇丹陽]　史4-28245
丹陽程氏新修族譜[江蘇丹陽]　史5-35988
丹陽舟次唱和　叢2-1330
丹陽包氏宗譜[浙江松陽]　史4-26202
丹陽洪氏宗譜[安徽]　史4-30974
丹陽洪氏宗譜[安徽休寧]　史4-30981
丹陽洪氏宗譜[江蘇丹陽]　史4-30927
丹陽神光燦　子5-29530(22)、29535(5)、29536(5)　集1-4634
丹陽湯氏重修族譜[江蘇丹陽]　史5-36517
丹陽吉氏宗譜[江蘇丹陽]　史4-26239
丹陽真人語錄　子5-29530(20)、29535(5)、29536(5)、31949
丹陽真人直言　子5-29530(23)、31950
丹陽蔡氏新修族譜[江蘇丹陽]　史5-37973
丹陽柳茹貢氏宗譜[江蘇丹陽]　史4-31299
丹陽縣志[乾隆]　史7-56859
丹陽縣志[隆慶]　史7-56858
丹陽縣志[光緒]　史7-56860
丹陽縣志補遺[民國]　史7-56861
丹陽厲氏族譜[江蘇丹陽]　史5-38463
丹陽劉氏重修族譜[江蘇丹陽]　史5-39229
丹陽册堂戎氏重修宗譜[江蘇丹陽]　史4-26245
丹陽滕村姜氏族譜[江蘇丹陽]　史4-31047
77 丹邱集　集1-5724
丹邱生集、補遺、附錄　集1-5723　叢2-855
丹邱生稿　集1-5721~2
丹邱生藁　叢2-851
丹巴縣圖志附倬斯甲[民國]　史8-62124
80 丹午雜記　史1-4447
81 丹甑(雜說)　子4-20690　叢1-143
87 丹鉛雜錄　子4-22223~4　叢1-22(22)、282(3)、283(3)、2-731(7)
丹鉛新錄　子4-22228　叢2-653(3)、1163

中國古籍總目·索引

丹鉛續錄　子4-22221　叢2-731(7)
丹鉛續錄經說　子4-22226　叢1-107、111
　(3)
丹鉛總錄　子4-22215~8　叢1-31、373(6)
丹鉛摘錄　子4-22222
丹鉛錄　子4-22225
丹鉛餘錄　子4-22219~20
丹鉛餘錄、續錄、摘錄、總錄　叢1-223(40)
丹鉛餘錄、丹鉛續錄、丹鉛摘錄、丹鉛總錄
　子4-22227

册

00 册亨縣鄉土志畧[民國]　史8-62314~5
　册府元龜　子5-24802、24804
　册府元龜、目錄　子5-24803　叢1-223
　(42)
　册府元龜序　子5-24808
　册府元龜序論　子5-24806
　册府元龜索引　子5-24810
　册府元龜獨制　子5-24809
　册府元龜舉要　子5-24807
22 册川先生集　集2-8860
　册山詩鈔　集5-35528~9
　册山詩鈔、賦删　集5-35530
44 册封琉球疏鈔　史7-54520　叢2-1320

7744₁ 開

00 開立方說　子3-12479
　開方　子3-12364
　開方說　子3-12354、12364、12396、12651
　開方說訂　子3-12653
　開方發明　子3-12510
　開方術　子3-12361
　開方釋　子3-12362
　開方釋例　子3-12582、12591、12593
　開方釋例識誤　子3-12583
　開方釋鎖明段　子3-12594
　開方之分還原　子3-12396
　開方之分還原術　子3-12767　叢1-558、
　2-800~1
　開方補記　子3-12576
　開方通釋　子3-12592,4-22521　叢1-493
　開方古義　子3-12385~8、12396
　開方求微數法　子3-12890

開方考　叢2-1718
開方表　子3-12388、12782
開方表、對數表　子7-36231(7)
開方表說　子7-37541
開方表說、開方表　子3-12781
開方捷法　子3-12577
開方提要　子3-12654
開方易解　子3-12383
開方易簡　叢2-1718
開方別術　子3-12386~8
開方同術　子3-12383
開方用表簡術　叢1-439
開方用表簡述　子3-12370
開方節要　子3-12383
開方餘議附開帶縱立方法　子3-12396
開慶四明續志　史7-54917、57409　叢1-
　223(23)
開辦湖北鶴峯礦務章程　史6-44819
01 開顏集　子5-26220、27378　叢1-22(6)、
　40、175
　開顏錄　叢1-19(9)、20(7)、21(8)、24(10)
04 開諸乘方捷術　子3-12367、12396
05 開講引蒙　子1-2881
09 開談寶卷(寶卷玉言)　集7-54384
　開談錄　叢1-374
10 開元文字音義　經2-12807、12809、15141
　叢2-630、772(2)、773(2)
　開元音義　經2-12808、15142
　開元天寶遺事　史1-1914　子5-26218、
　26259~62　叢1-11~2、15、22(9)、23(8)、
　29(3)、38、95、175、223(44)、255(2)、407(2),
　2-624(2)、730(2)、731(65)
　開元殘牒　史6-44520　叢2-608
　開元占經(大唐開元占經、唐開元占經)、目
　錄　子3-13026
　開元釋教錄　史8-66326　子6-32081(42)、
　32082(20)、32083(27)、32084(23)、32085
　(39)、32086(46)、32088(28)、32089(51)、
　32090(60)、32091(58)、32092(41)、32093
　(53),7-34851　叢1-223(46)
　開元釋教錄畧出　子6-32081(43)、32082
　(21)、32083(27)、32085(40)、32086(47)、
　32088(29)、32090(60)、32091(58)、32092
　(41)、32093(53)
　開元寫本本草集注序錄殘卷(本草集注序
　錄殘卷)　子2-5516
　開元遺書五種　叢2-1393
　開元寺志　史7-51578~9、51677
　開元周氏宗譜[浙江嵊州]　史4-30003~4
　開平譚氏家譜[廣東開平]　史5-41303
　開平礦務切要案據　史6-44999

開平礦局交涉事彙　史6-45000

開平黄氏族譜[廣東開平]　史5-34102

開平縣鄉土志[宣統]　史8-61070

開平縣志[康熙]　史8-61065～6

開平縣志[道光]　史8-61067

開平縣志[民國]　史8-61069

開平縣志稿[光緒]　史8-61068

開平鑛務切要案據　史6-44777

開平煤礦章程　史6-44776

開天傳信記　子5-26254　叢1-2～7、9、15、223(46)、255(2)、268(4)、407(2)、2-624(2)、730(2)、731(65)、959

開天傳信錄　史1-1914　叢1-95～6

開天宮詞　集4-32569　叢1-407(4)

開礦要　子7-36228(2)

開礦器法　子7-37118

開礦器法、圖　子7-36231(7)

15 開建縣志[康熙]　史8-61132～3

　　開建縣志[道光]　史8-61134

16 開聖記　史1-801

20 開采考　子7-36240(3)

24 開化府志[道光]　史8-62605

　　開化府志[乾隆]　史8-62604

　　開化鄉志[康熙]　史7-56911

　　開化鄉志[民國]　史7-56912

　　開化縣志[雍正]　史7-57563

　　開化縣志[康熙]　史7-57562

　　開化縣志[順治]　史7-57561

　　開化縣志[崇禎]　史7-57560

　　開化縣志[乾隆]　史7-57564

　　開化縣志[光緒]　史7-57565

　　開化小陶吳氏重修宗譜[浙江諸暨]　史4-27867

25 開繡戶一枝　集7-52688

27 開墾論　子1-4199

　　開墾水田圖說、營田四局摘要　子1-4202

　　開包五更一套　集7-50852

30 開家寶卷　集7-54383

　　開寶藏(蜀本藏、宋刻蜀版藏經、宋開寶刊蜀本大藏經)　子6-32078

31 開河記　子5-26224　叢1-22(18)、23(18)、29(3)、91、255(2)、407(2)、2-730(5)

32 開州新編輯鄉土志[光緒]　史8-59789

　　開州政蹟　史6-43098

　　開州志[康熙]　史8-59786

　　開州志[嘉慶]　史8-59787

　　開州志[嘉靖]　史8-59785

　　開州志[乾隆]　史8-62187

　　開州志[光緒]　史8-59788

　　開州志補輯[民國]　史8-62188

33 開心錄　子5-25910

　　開浦殖民地志、新志　史7-54767

　　開濬田畝水利圖說　子1-4226

34 開禧重修尚書吏部侍郎右選格　史6-45759

　　開禧德安守城錄　史1-2554　叢2-864～6

37 開通縣鄉土志[光緒]　史7-56240

38 開海山考　叢2-2264

39 開沙唐氏族譜[江蘇丹徒]　史4-32493

　　開沙王氏庚分族譜[江蘇鎮江]　史4-24818

　　開沙王氏庚分懷先公支譜[江蘇鎮江]　史4-24819

　　開沙王氏丁分重修宗譜[江蘇鎮江]　史4-24822

　　開沙王氏重修甲分譜[江蘇鎮江]　史4-24820

　　開沙孫氏宗譜[江蘇丹徒]　史5-33543

　　開沙吳氏三修宗譜[江蘇丹徒]　史4-27725

　　開沙徐氏家譜[江蘇丹徒]　史4-31811

　　開沙志[康熙]　史7-56844　叢2-806

　　開沙志[崇禎]　史7-56843

　　開沙志[宣統]　史7-56845

　　開沙蕭氏重修族譜[江蘇丹徒]　史5-39950

　　開沙曹氏宗譜[江蘇鎮江]　史5-34158

　　開沙呂氏族譜[江蘇丹徒]　史4-26272

40 開壇闡教黄粱夢　集7-48774(4)

　　開壇闡教黄粱夢(邯鄲道省悟黄粱夢雜劇)　集7-48893

　　開南隨筆　史7-51014

　　開有益齋讀書志、續志、金石文字記　史8-65774

　　開有益齋經說　經1-163(3)、2-11670

　　開有益齋金石文字記　史8-63664

43 開城錄　叢1-22(4)、23(4)

44 開封府君(孫雲錦)年譜　史2-12239　叢2-1928

　　開封府狀　史1-1918、2488　叢2-649

　　開封府志[康熙]　史8-59792

　　開封府志[順治]　史8-59791

　　開封府志[萬曆]　史8-59790

　　開封縣志[民國]　史8-59798

　　開封縣志草畧二編[民國]　史8-59799

　　開封賜樂業教考　子7-36213

　　開地道轟藥法　子7-37017

　　開地道轟藥法、圖　子7-36231(2)

　　開蒙要訓　子1-2634　叢2-608

50 開泰縣志[乾隆]　史8-62272

53 開成石經圖攷　經2 11378

中國古籍總目書名索引

開成石經圖考　叢1-511
開成紀要　子4-18647
60 開口笑　叢2-2270(5)
開國方畧摘要　叢2-1980
開國方畧節要　史6-47732
開國龍興記　史1-3551,7-49316,49317(7)、49318(2)
開國佐運功臣弘毅公家譜　史5-36747~8
開國公遺集　集1-3994
開國精忠軍師干王洪寶製　叢2-883
開邑倪氏宗譜[浙江開化]　史4-31738
62 開縣志[乾隆]　史8-61576
開縣志[咸豐]　史8-61577
開縣李尚書政書　史6-47158
70 開辟至春秋年表　史1-4610
71 開原圖說　史7-49991　叢2-741
開原圖說[萬曆]　史7-56122
開原縣鄉土志[光緒]　史7-56128
開原縣志[康熙]　史7-56123　叢2-785
開原縣志[咸豐]　史7-56124
開原縣志[民國]　史7-56126~7
開原縣志[光緒]　史7-56125
76 開陽湖川陳氏重修族譜[浙江開化]　史4-32957
開陽縣志稿[民國]　史8-62189
開陽劉氏宗譜[浙江開化]　史5-39284
77 開閩忠懿王氏族譜[福建福州]　史4-25307
開闢傳疑　史1-6006　叢2-1659~60
80 開金沙江議　史6-46898,7-49317(7)、49318(10)
開金榜朱衣點頭　集7-49397
86 開知錄　子1-1666　叢1-574(3)
90 開卷偶得　叢2-1660
94 開煤要法　子7-36231(5)、36241、36242(2)、36248、37123

7744₇ 段

10 段玉裁先生年譜　史2-11910　叢2-722
段王學五種　叢2-722
段王合鈔　經2-14536
26 段總長(祺瑞)五十壽言彙輯　史2-10878
30 段注說文部首、說文部首韻檢段注說文解字敍　經2-12172
段注說文正字　經2-12171
段容思(堅)年譜紀畧　史2-11427
40 段太尉(秀實)逸事狀　史2-8575
段太尉集　集1-233　叢2-762~3

41 段柯古文鈔　集6-41794
段柯古集　叢1-353
44 段莊錢氏族譜[江蘇常州]　史5-40140
段懋堂先生年譜　史2-11911
50 段本刊誤　經2-12162
53 段成式詩　集1-1529,6-41872、41878
72 段氏族譜[浙江常山]　史4-30730
段氏族譜[湖南]　史4-30735
段氏族譜[湖南新化]　史4-30739
段氏族譜[四川內江]　史4-30742
段氏說文引易　叢1-312
段氏說文注訂　經2-12147
段氏說文注訂、札記　經2-12148、12730　叢2-731(23)
段氏說文注訂札記　經2-12149
段氏三修族譜[湖南寧鄉]　史4-30736
段氏五應族譜[四川內江]　史4-30743
段氏重修族譜[湖南祁陽]　史4-30737
段氏經韻樓集　叢1-312
段氏家譜[山西太原]　史4-30728
段氏家乘[江蘇金壇]　史4-30729
段氏家乘[湖南邵陽]　史4-30738
段氏家乘[四川內江]　史4-30741
段氏宗譜[安徽安慶]　史4-30731
段氏宗譜[安徽懷寧]　史4-30732
段氏宗譜[湖北黃岡]　史4-30734
段氏四修族譜　史4-30747
段氏尚書古文撰異　叢1-312
80 段義刊補　經2-12163
86 段錦谷所著書　集4-33285

7748₂ 關

00 關文補　叢2-635(14)
06 關誤總類　子2-4727、5458~9　叢1-223(32)、227(7)
17 關子　叢2-774(10)
24 關待新編(關待新編總會大意)、補遺　子2-8823
關特勤碑釋文　史8-64708
27 關名八王故事　史1-2306　叢2-771(3)
40 關存齋詩詞鈔　集5-37194
50 關史　子5-26882　叢1-207、243,2-624(1)
關史(唐關史)　子5-26881
關素罔自娛草　集4-30151
60 關里廣志　史7-51452
關里文獻考　史2-8409
關里文獻考、續篇　史2-8410

闕里顏太史眞稿　經2-10620
闕里講經編　經2-11821
闕里石刻孝經　經2-8292
闕里石刻四書　經2-10130
闕里孔氏詩鈔　集6-44952
闕里孔氏詞鈔　集7-48573
闕里孔氏宗譜[山東曲阜]　史4-25947
闕里衍派湘鄉孔氏支譜[湖南湘鄉]　史4-25968
闕里祭儀錄　史6-42142
闕里祭儀錄五錄　子4-23189
闕里紀言　史2-8408
闕里述聞　子4-23407
闕里述聞、補　史2-8413　叢2-1986
闕里志　史7-51447～51
闕里書　史2-8407
闕里問答　史7-51892　叢1-62、64,2-730(5)
72 闕氏宗譜[江蘇]　史5-40997
88 闕篯齋詩剩　集5-39908
闕餘別集　集3-17785
99 闕塋石刻錄、補錄、嶽峙山石刻　史8-63882　叢2-705

7750₀　母

00 母音咒　子7-32960
24 母德錄　史2-6450　叢2-957
28 母儀故事圖說　子7-36237
48 母教錄　子1-2978　叢2-1814
72 母質堂詩鈔　集3-19048
80 母弟亮之(章鑑)家傳　史2-10896

7750₃　舉

10 舉要圖　經1-5550
22 舉鼎記傳奇　集7-49811
32 舉業正式　集6-45359～60
舉業要言　集6-45363
舉業要語　集6-46232
舉業淵源　集6-45362
舉業式程　集6-45342
舉業蓓蕾　子2-4604　集6-46245
舉業素語　集6-46242　叢2-838
舉業捷錄　集6-45361
舉業日用祕典　子5-25740

舉業厄言　集6-46246、46248　叢1-330
40 舉古堂遺詩　集4-32141
76 舉隅集　子4-24648

7750₆　闈

18 闈務全書續刻　史6-46809
60 闈里方氏宗譜[浙江黃巖]　史4-25802

闛

50 闛事紀聞　子4-24426

閩

16 閩理編　子1-1569
22 閩幽詩萃(王次素)　史2-10289
28 閩微通書　子3-13514
閩微錄　子5-26420
38 閩道要言　子5-32060
閩道篇　子5-32062
閩道堂遺稿　集4-29837～8　叢2-884
48 閩教篇　子7-32118
80 閩義　史2-6911
95 閩性述筆初編　子1-1607

7755₀　毋

10 毋不敬齋述餘　子4-23527
毋不敬齋全書十七種附一種　叢2-1827
毋不敬齋劄記　子1-1806
毋不敬編、續編　子5-30506
26 毋自欺齋詩稿　集4-32855,6-42007(4)
毋自欺齋詩署　集4-29399
毋自欺齋錄存　集5-35141
毋自欺室文集　集5-33896　叢1-483
毋自欺軒詩鈔　集4-29212
47 毋欺錄　子1-1394～5　叢1-364,2-724
毋欺錄補　子1-1397
67 毋暇齋詩集　集5-39385

7760₁ 闇

40 闇壇文稿　集4-29367

醫

00 醫瘋經驗奇方　子2-7769
醫痘金丹　子2-8914
醫病簡要　子2-4768、5140
醫方　子2-6201、8459、9356
醫方辨難大成、三集　子2-9564
醫方六種　子2-10111
醫方雜拾　子2-10086
醫方雜抄　子2-9336
醫方證治彙編歌訣　子2-4681、9755
醫方詩要　子2-9915
醫方論　子2-5160、9361、9836　叢2-1796～7
醫方一盤珠(增補醫方一盤珠全集)　子2-9446
醫方不求人(提攜便覽)　子2-9823
醫方歌括　子2-4681、4738、9746、9960
醫方集論　子2-9230
醫方集解　子2-4594、4598、4667、4746、9376～8、9380
醫方集宜　子2-9261
醫方集署　子2-9258
醫方集驗　子2-10202
醫方集錦　子2-4677、9801
醫方便查、續集　子2-10072
醫方便考　子2-4631、7733
醫方便覽　子2-9274、10146
醫方經驗　子2-9923
醫方種子　子2-4575
醫方備要　子1-3083、3090
醫方滙編　子2-8088,7-37909
醫方叢話　子2-10768
醫方叢話、鈔　子2-9908
醫方祕錄　子2-9703
醫方湯頭歌訣(湯頭歌訣)　子2-9382
醫方湯頭歌括　子2-5602、10437
醫方湯頭歌括、經絡歌訣　子2-9381
醫方通論　子2-9231
醫方選要　子2-9234～5、9257
醫方十劑解　子2-5299

醫方大成論　子2-9185
醫方考　子2-9302
醫方考、脈語　子2-4771(2)、9303
醫方藥性初學要訣　子2-9999
醫方藥性捷徑合編　子2-4721
醫方藥性賦　子2-5759
醫方切韻　子2-9733
醫方切要　子2-9765
醫方妙選　子2-10178
醫方摘要　子2-9269、10116
醫方折衷纂要錄　子2-4750
醫方捷效　子2-9418、10013
醫方捷徑　子2-4616、4721、4876
醫方捷徑(鼎刻京板太醫院校正增補青囊醫方捷徑、新刻太醫院校正增補醫方捷徑、醫方捷徑指南全書)　子2-4877
醫方捷徑指南全書　子2-4720、4778、5787
醫方擇要、續集　子2-9617
醫方撮要　子2-4747、10010
醫方絜度　子2-10066
醫方易簡新編　子2-9709
醫方易簡新編、續編、醫方易簡外科續編、續刻簡易新編新增良方　子2-9710
醫方易簡集、遂生福幼合編、外科大症形圖　子2-9716
醫方易簡外科續編　子2-7827
醫方易簡續編　子2-9766
醫方隨檢、萬氏女科　子2-9605
醫方聞見錄　子2-9342
醫方全書　子2-4615
醫方全書五種　子2-4598
醫方合編　子2-4631、6590
醫方合編、鴻亭集　子2-9974
醫方錦編　子2-10073
醫方簡能錄　子2-9474
醫方簡易　子2-9483、9593
醫方簡明　子2-5171
醫方簡義　子2-4770、5170
醫方鈔　子2-9334、10144
醫方小品　子2-9347
醫方粹言　子2-8459
醫意　子2-4733、10791
醫意内景圖說　子2-4733、5951
01 醫譚一得　子2-9292
02 醫話　子2-10770
醫話叢存　子2-10939
醫話拾零　子2-4753
04 醫讀(汪石山先生醫讀)　子2-4841
05 醫訣　子2-6317
07 醫部彙考婦人臨產門、婦人產後門　子2-

8340
08 醫效祕傳　子2-6572
　醫說　子2-4798
　醫說、續醫說　子2-4799
　醫說、目錄　叢1-223(33)
　醫說續編　子2-4854
　醫說醫案合編　子2-10703
　醫說鈔方　子2-9337
　醫論　子2-4629、4642、4753、4882、4992、
　　5014、5062、10586
　醫論、經驗要方　子2-10633
　醫論廣見　子2-4886
　醫論二則　子2-5215
　醫論三十篇　子2-5034
　醫論種子　子2-4575
　醫論摘要　子2-5309
　醫論撮要　子2-5310
　醫論問答　子2-4834
　醫論會通　子2-5301
09 醫談傳真　子2-5098
10 醫要三書　子2-4676
　醫要集覽(醫藥輯覽)九種　子2-4579
　醫要集覽七種　子2-4580
　醫要便讀湯頭歌括、珍珠囊指掌附刊、溫病
　　忌汗辨　子2-9646
　醫要滙錄　子2-10934
　醫醇賸義　叢2-1796～7
　醫醇賸義、醫方論　子2-5160
13 醫碥　子2-4619、4994
16 醫聖張仲景傷寒雜病論、思問集　子2-
　　6386
　醫聖階梯　子2-4858
　醫理論集　子2-5311
　醫理元樞　子2-4616
　醫理發明　子2-5081
　醫理信述　子2-5226
　醫理總考　子7-36240(5)
　醫理滙精　子2-5143
　醫理大概約說　子2-5159
　醫理真傳　子2-5135
　醫理折衷目科　子2-7332
　醫理捷徑真傳祕旨　子2-5179
　醫理輯要　子2-5003
　醫理撮要　子2-5219
　醫理署述　子7-36229、37891
21 醫徑句測　子2-4830、6122
　醫徑彙方　子2-4830
　醫術傳抄　子2-5093
　醫術精華　子2-5214
　醫衡　子2-10504

醫便　子2-4770、9287
醫便、禁方　子2-9284
醫便初集　子2-9286
醫便初集、二集、脈便、本草便　子2-9288
醫旨緒餘　子2-4574、4896　叢1-223(34)
醫旨遺珠　子2-10648
醫師祕笈、濕熱條辨　子2-5021
醫師祕籍　子2-4684、5020
醫經讀　子2-4768、5345
醫經正本書　子2-4796　叢1-465
醫經正本書、札記　叢1-380,2-731(28)
醫經理解　子2-5362
醫經種子　子2-4575
醫經允中(醫經允中集成)　子2-4954
醫經祕旨　子2-4768、4826
醫經津渡　子2-5370
醫經溯洄集　子2-4549～50、4564、4740、
　4822　叢1-223(33),2-731(28)
醫經大旨　子2-5360
醫經提綱　子2-5342
醫經原旨　子2-5344
醫經餘論　子2-5369
醫經小學　子2-4770、4820　叢1-117
醫經類纂　子2-4705
24 醫先　子2-11002　叢1-22(25)、61～4、173、
　2-730(4)、731(28)
26 醫稗　子2-4705、10737
27 醫約　子2-10933
　醫約、死候概要　子2-5127
　醫綱總樞　子2-5196
　醫綱提要　子2-5072
　醫級　子2-5022
　醫級脈訣　子2-6067
28 醫徵　子2-4592
　醫徵虛勞内傷　子2-4592、7211
　醫徵溫熱病論　子2-4592、6822
　醫徵女科附翼金匱　子2-4592、8072
　醫徵金匱要畧　子2-6771
　醫徹　子2-5040
　醫俗軒詩集、文集　集4-22359～60
　醫俗軒遺稿　集5-36055
30 醫家二要脈寶決疑　子2-6116
　醫家寶鑑　子2-4953
　醫家心法　子2-4603、4972
　醫家必閱　子2-10940
　醫家祕要　子2-10110
　醫家萃覽　子2-4570
　醫家四要　子2-4718、5175
　醫家脈法　子2-6214
　醫家金鑒　子2-7160

醫窟　子2-5271
醫寄伏陰論　子2-4770、6961
醫宗說約　子2-4966～8
醫宗說約小兒科節抄　子2-8442
醫宗三法百證圖　子2-5125
醫宗承啓　子2-6364
醫宗已任編(增註醫宗已任編)　子2-4606
醫宗便讀　子2-5070
醫宗便覽風証門　子2-7229
醫宗備要　子2-4640、5042
醫宗解鈴語　子2-10773
醫宗寶鏡　子2-5032～3
醫宗寶笈　子2-5122　叢1-310
醫宗必讀　子2-4921～2
醫宗必讀(三餘堂詳校醫宗必讀、古吳童氏
　重校醫宗必讀)　子2-4920
醫宗摘要　子2-4851、5213
醫宗輯要　子2-5046
醫宗撮精　子2-4850
醫宗撮精、折肱漫錄　子2-4776
醫宗會要　子2-5131
醫宗鐵網　子2-5123
醫宗簡要　子2-5218
醫宗粹言　子2-4879
醫案　子2-4574、4635、4747、4896、10734、
　10843、10862
醫案集存　子2-10677
醫案集抄　子2-10875
醫案種子　子2-4575
醫案續編　子2-4644～5、10654
醫案續錄　子2-10601
醫案偶存　子2-10696
醫案偶錄　子2-10736
醫案心得集　子2-10710
醫案初集　子2-10599
醫案初集、續錄、輯錄(光緒本)　子2-5064
醫案夢記　子2-10701
醫案摘要　子2-10906
醫案輯錄　子2-10602、10636、10945
醫案附詩草　子2-4753
醫案錄彙　子2-7805
醫案類錄　子2-4707、4741、10744
31 醫源　子2-4768
醫源記署　子2-5155
醫源總論　子2-5225
33 醫治歌方　子2-5302
醫述　子2-5064
醫述韻語　子2-10873
34 醫法新編　子2-5018
醫法約編　子2-5265

醫法徵驗錄　子2-5978
醫法滙編　子2-4737
醫法心傳　子2-4660～3、4718、5111
醫法還丹　子2-10841
醫法通彙大全　子2-5312
醫法青篇　子2-5043
醫法指要附經方衍義　子2-5115
醫法圓通　子2-5136
35 醫津一筏　子2-4768、5363　叢1-201、203
　(5)
醫津寶筏　子2-10630
醫津指迷　子2-6612
37 醫通診宗三味　子2-6125
醫通祖方　子2-9397
38 醫海測蠡　子2-10088
醫縈隨拈　子2-10623
42 醫機會要　子2-5195
44 醫范　子2-5113
醫苑　子2-4699
醫藏目錄、祕傳疹子心法　史2-6718
醫萃　子2-4699、6090
醫著全集　子2-5291
醫藥手册　子2-4940
醫藥傳心錄(傳心訣)　子2-10497
醫藥家振　子2-5158
醫藥鏡　子2-4578
醫權初編　子2-4770、4969
醫林一致　子2-4964
醫林正印　子2-4888
醫林玉尺　子2-10536
醫林元樞　子2-5287
醫林改錯　子2-4756、4771(2)、5944
醫林瑣語　子2-10755
醫林集要尋源　子2-5172
醫林集傳　史2-6721
醫林集覽　子2-5244
醫林統要　子2-5288
醫林續傳　史2-6717
醫林繩墨　子2-4867～8
醫林字典　子2-5184
醫林寶鑑　子2-5050
醫林神寶書　子2-7147
醫林初基　子2-4988
醫林大觀書目　史8-66297
醫林獵要　子2-4757、5227
醫林枕祕保赤存真　子2-8500
醫林棒睡　子2-4629
醫林棒睡等三種　子2-4629
醫林摘要　子2-4925
醫林指月　子2-4603

醫林纂要探源　子2-5002　叢2-1421
醫林小補　子2-10509
醫林類證集要　子2-7097
47 醫格　子2-5173
48 醫警新書、合三多笑諺　子2-10941
醫故　子2-5305　叢2-2143
50 醫中一得　子2-4768
醫中一得(瘰癧淺說)　子2-6998
醫中百發選方摘要　子2-10078
醫史　史2-6715~6
醫事叢記　子2-10731
醫事啓源　子2-4768
醫書六種　子2-4556、4765
醫書記署　子2-10629
醫書五種　子2-4763
醫書集　子2-7822
醫書滙參輯成　子2-5039
醫書摘錄八種　子2-4766
醫書捷抄　子2-4755、5264
醫書四種　子2-4710、4762
醫書四種(明刊醫書四種)　子2-4555
醫書類腋　子2-5063
51 醫指　子2-10931
醫指、女科纂要　子2-7183
醫指如宜方脈　子2-9268
53 醫按、論、驗方　叢2-1225
54 醫技便巧鍼灸指南　子2-10399
58 醫贅省錄　子2-10772
59 醫抄　子2-4630、9819
醫抄醇粹首集　子2-6589
60 醫壘元戎　子2-4550、4552、4564、4660~3、
　　4808~9　叢1-223(33)
醫四書　子2-4553
醫易一理　子2-4768、5952
醫易引端　子2-5117
醫易通說　子2-5308
醫界現形記　子5-28573
醫界通郵　子2-5297
醫界鏡　子5-28586
醫罢　子2-4688、5045、5092、5137
醫罢、醫罢論列方、關格考、人迎辨　子2-
　　7157
醫罢正誤概論　子2-7101
醫罢稿　子2-7158
醫罢十三篇　子2-7156
醫罢十三篇、列方、關格考、人迎辨　子2-
　　4770
醫罢存真　子2-5240
醫罢管窺　子2-10631
醫品補遺　子2-9313

62 醫則　子2-4737
64 醫時六言　子2-9942
67 醫暇卮言　子2-4771(4)、10512
71 醫歷答問　子2-5241
醫階辨證　子2-4637、4768、10611
醫階辨藥　子2-4637、5639
醫階診脈　子2-4637
醫原　子2-4771(3)、5134
醫原記署　子2-10722
醫原紀署　子2-4756
醫原圖說　子2-5000
72 醫脈真經　子2-6082~3、9173~4
醫脈摘要　子2-4768、5292
74 醫髓　子2-7172
77 醫學瘟疫指南　子2-6919
醫學方論二十種　子2-4662~3
醫學辨正　子2-5163
醫學辨疑　子2-10596
醫學玄樞推拿祕訣　子2-10429
醫學衷中參西錄　子2-4753
醫學六要(醫學準繩六要)　子2-4573
醫學六經　子2-4568
醫學六經真傳　子2-5187
醫學六種　子2-4682、4723　叢2-1817
醫學雜論　子2-10917
醫學雜編　叢2-2235
醫學雜綴　子2-10899
醫學雜抄　子2-5261、5915
醫學新案　子2-10595
醫學讀書記、續記　子2-4748、10533　叢1-
　　418
醫學讀書記、續記、靜香樓醫案　子2-4771
　　(4)
醫學讀書志　史2-6719　子2-4675
醫學讀書志(雙梧書屋醫學讀書志)、志　子
　　2-5121
醫學讀書志、附志　史8-66298
醫學讀書附志　子2-4675
醫學課讀　子2-5222
醫學課兒策　子2-4768、10649
醫學說約　子2-4768
醫學一統　子2-4668、5103
醫學一得　子2-10718、10807
醫學一見能　子2-5306
醫學一貫　子2-10713
醫學三字經　子2-4648~63、4692、4762、
　　5076、10367
醫學三書　子2-4718
醫學三書合刻　子2-4698
醫學正旨擇要　子2-5259

醫學正傳　子2-4562

醫學正傳(新編醫學正傳、京本校正大字醫學正傳、京板校正大字醫學正傳)　子2-9239

醫學正傳(王氏增補醫學正傳)　子2-9240

醫學五則　子2-4666

醫學要訣　子2-5496

醫學要數　子2-4870

醫學要則　子2-4990

醫學要覽　子2-4983、7181

醫學碎金　子2-4591、10479

醫學研悅　子2-4576

醫學引進　子2-5303、7848

醫學引彀、附方　子2-4817

醫學引路　子2-5151

醫學發微論　子2-5220

醫學發明　子2-4552、4564、4740、7094　叢2-730(1)

醫學聚錦　子2-5212

醫學及門　子2-10835

醫學尋源　子2-5057

醫學集要　子2-4941、4965、5133

醫學集成　子2-4835、5144

醫學統旨　子2-4843~4

醫學便覽　子2-4692、4871、5114　叢1-117

醫學須知　子2-10800

醫學經署　子2-4899

醫學備考一産育類　子2-8313

醫學傳心　子2-4898、4924

醫學傳心賦　子2-4747

醫學傳燈　子2-4770、7121

醫學白話　子2-5257

醫學程式　子2-5234

醫學總論　子2-5210　叢1-491

醫學急症　子2-6864

醫學芻言　子2-10872

醫學疑問、種痘仙方　子2-10482

醫學各門驗方　子2-10189

醫學彙海　子2-5049

醫學綱目　子2-4821

醫學從正　子2-5217

醫學從衆錄　子2-4648、4651~63、5080

醫學窮源集　子2-10477

醫學準繩　子2-4734、10798

醫學準規　子2-5270

醫學實在易　子2-4648、4651~5、4657~63、4692、4726、5077

醫學宗要　子2-7182

醫學宗傳　子2-5153

醫學滙編　子2-4756

醫學滙編胎孕(胎孕)　子2-8314

醫學滙粹　子2-5285

醫學源流　子2-4747、5254

醫學源流論　子2-4607~10、4612、4771(4)、5011　叢1-223(34)

醫學源流肯綮大成　子2-4865

醫學邇言　子2-5267

醫學叢抄　子2-4756、10889

醫學近編　子2-4600、4958

醫學心傳　子2-5167

醫學心得　子2-5184~5

醫學心印(風科心印)　子2-7194

醫學心鑒　子2-5201

醫學心鏡錄　子2-4993

醫學心悟　子2-4771(3)、4980

醫學心悟、外科十法　子2-4979

醫學心悟諸方歌括　子2-9423

醫學祕書　子2-4756、10890

醫學述要　子2-5086

醫學津梁　子2-4884

醫學溯源　子2-5064

醫學初階　子2-4751

醫學逢源　子2-10592

醫學啓源　子2-4802

醫學啓蒙彙編　子2-4934

醫學啓蒙輯覽　子2-5266

醫學啓悟　子2-5041

醫學十書　子2-5044

醫學圭指　子2-5096

醫學真傳　子2-4603、4658、4960、6304

醫學真宗　子2-5247

醫學索源　子2-5229

醫學樞要　子2-5120

醫學求是、二集、醫案　子2-10734

醫學求益社課卷　子2-5262

醫學考　子7-36240(5)、36245

醫學考辨　子2-5097

醫學蒙引　子2-5004

醫學蒙求　子2-5038

醫學萃要　子2-7137

醫學權輿　子2-4569、4852、11006　叢1-115

醫學薪傳　子2-4729

醫學切要　子2-4668~9、5107

醫學切要全集　子2-4668~9

醫學妙諦　子2-4768、5087

醫學摘要　子2-5242

醫學摘要附藥性歌括　子2-5209

醫學摘瑜　子2-5251

醫學摘粹　子2-4735

醫學由是　子2-5230
醫學書目考　子7-36240(5)
醫學指謎　子2-5048
醫學指要　子2-4638、5056、5112、5286
醫學指歸　子2-5106
醫學指津　子2-4976
醫學指迷貫革集　子2-7149
醫學指南　子2-4916、4987、5223
醫學指南捷徑六書　子2-4873
醫學指掌　子2-5250
醫學折衷　子2-4764
醫學折衷勸讀篇　子2-4750、5255
醫學或問　子2-10904
醫學捷要　子2-4696
醫學揭要　子2-5164
醫學輯要　子2-4768、5976、5980
醫學撮要　子2-4846
醫學提要　子2-7150
醫學提綱　子2-5248
醫學探驪　子2-5235
醫學日評　子2-10604
醫學四要　子2-4638
醫學易通　子2-5206
醫學甲集稿　子2-5174
醫學噎膈集成　子2-7225
醫學明理論　子2-7180
醫學階梯　子2-10529
醫學階梯、修事指南　子2-4780
醫學原理　子2-4840
醫學原始　子2-4962
醫學脈燈　子2-6137
醫學隨筆　子2-10628
醫學體用　子2-4768、4984
醫學兒科纂要　子2-8521
醫學同源　子2-5161
醫學舉要　子2-4771(3)、5068、7164
醫學闡要　子2-5236
醫學門經　子2-4816
醫學臨證舉隅　2-10634
醫學入門　子2-4859、5019、5085
醫學入門小品　子2-5260
醫學全書　子2-5027
醫學金鍼　子2-4708、5205
醫學分類　子2-4911
醫學會纂　子2-5119
醫學氣運治譜　子2-5177
醫學鈎玄、補議　子2-4860
醫學篇　子2-4745、5252　叢2-2096
醫學簡粹十二經脈起止訣　子2-10359
醫學筆錄　叢2-2217

醫學答問　子2-5211
醫學策問論說　子2-4756
醫學纂要　子2-4985
醫學纂要靈機條辨　子2-4986
醫學纂要湯方活法　子2-9433
醫學纂要婦人科　子2-8214
醫學纂要兒科　子2-8523
醫學鈔　叢2-2217
醫學粹精　子2-4593
醫學精要　子2-8476
醫學精要奇症便覽　子2-10834
醫學精華　子2-5197、5243
醫學精義　子2-5078
醫醫瑣言、續　子2-4733、10789
醫醫集　子2-10922
醫醫偶錄　子2-4656、4770、10593
醫醫醫　子2-4768、10870
醫醫小草、游藝志畧　子2-4770、10820
醫閭集　叢1-223(64)、2-785
醫閭先生集　集2-7055　叢2-845(3)
醫閭先生集(醫閭集)　集2-7056
醫閭漫記　叢1-22(21)、29(8)、84(3)、87,2-
　　730(2,11)
醫門要訣　子2-5126、5178
醫門集要　子2-5283
醫門總訣　子2-5082
醫門約理　子2-4588、4933
醫門滙選　子2-5282
醫門補要　子2-4770
醫門補要、附載　子2-5169
醫門法律　子2-4584、4928~30
醫門法律、寓意草　叢1-223(34)
醫門法律、校勘記、校勘續記　叢2-870(3)
醫門初步　子2-4666、5099
醫門初學萬金一統要訣　子2-4721、5191
醫門大還丹　子2-11226
醫門奇驗　子2-10780
醫門棒喝　子2-4642
醫門棒喝二集傷寒論本旨　子2-6606
醫門切要　子2-7131
醫門擎要　子2-5964　叢2-886(2)
醫門八法　子2-4981、5101
醫門普度　子2-6946
醫門普渡合編　子2-4691
醫門小學　子2-5190
醫門精萃　子2-5284
醫貫(醫無閭子醫貫)　子2-4890
醫貫砭　子2-4607~10、4612、5012
醫貫輯要　子2-10614
78 醫驗辨似　了2-10796

醫驗錄　子2-10556
80 醫鏡　子2-4553、4578、4869、4881
　醫鏡(顧氏醫鏡)　子2-4605
　醫鏡錄要　子2-8586
　醫無閭子醫貫　子2-4890
　醫會元要　子2-4638、10324
84 醫針灸經驗方　子2-10385
87 醫錄便覽　子2-5149
88 醫鈴　子2-5026
　醫餘　子2-4768
　醫纂　子2-4926
89 醫鈔類編　子2-5071
90 醫粹　子2-5289～90
　醫粹精言、補遺　子2-4733、10790
91 醫悟　子2-5202
92 醫燈集焰　子2-5129
　醫燈續焰　子2-4771(2)、6017

閣

26 閣皁山志　史7-52500

闇

00 闇齋詩集　集3-17745
　闇齋遺稿　集5-39726
23 闇然齋文稿　集5-37783
　闇然編　史2-9118　叢2-1212
　闇然室詩存、文稿　集3-20706
　闇然錄最　子5-26338　叢2-1115
　闇然堂遺集　集2-10979
　闇然堂日錄　子5-26337
　闇然堂類纂　子4-23041～2
27 闇修記　子1-1778　叢1-483,2-964
37 闇澹三言　子1-1284
60 闇園詩鈔　集5-36562
80 闇公文存　集5-40753
　闇公詩存　集5-40751

7760₂ 留

00 留癡草堂詩草　集5-40572
　留庵文存　叢2-673
　留齋藏甄、題跋　史8-65241

04 留計疏草　史6-48421
　留計東歸贈言　史2-9063
　留讀齋詩集、手札　集5-33727
10 留雪懷人詩　集3-19729
　留雪堂懷人詩鈔　集3-19731
　留石軒良方、痘科方　子2-9402
　留雲山館文鈔　叢2-1796～7
　留雲山館文鈔、詩鈔　集4-30411
　留雲山館詩鈔　叢2-1796
　留雲山館偶存　叢2-1797
　留雲山館四書文　叢2-1797
　留雲借月盦詞　集7-48289～90
　留雲借月盦詞續　集7-48291
　留雲賓月館詩解　經1-4428
　留雲閣詩草、詞　集5-36301
　留雲閣讀史詩　史1-6083
　留雲閣存稿(留雲閣讀史詩)　集4-28344
　留雲閣捕蝗記　子1-4275
11 留研堂駢文　叢2-887
　留碩稿　集2-11609
12 留璞堂詩集　集5-39437
16 留硯山房遺草　集5-39053
　留硯堂詩選　叢2-886(3)
　留硯堂詩鈔　集3-18247
　留硯堂集　集3-18245～6
　留硯堂對聯摘雋　叢2-888
20 留香集　集4-31223
　留香室詩草　集4-33275
　留香室叢刻(留香室叢刊)十種　叢2-878
　留香草堂律賦　集5-36611
　留香書屋庸言　子4-21394
　留香書屋吟草(春曉鶯語、晴天燕語)　集5-
　　34481
　留香閣詩稿　集4-30297
　留香閣詩問　集6-46181　叢2-2078
　留香閣遺詩　集4-32744
　留香閣吟鈔　集3-21501
　留香小閣集　集4-30943
21 留行贈別二詩　集6-44155
　留師閣詩集　集4-24813
22 留仙詩集　集2-12628～9
27 留多情一枝　集7-52695
30 留憲疏草　史6-48420
31 留漚唫館詞存　叢2-640
　留漚唫館詞草　集7-48060
　留漚吟館詩存　集4-30962
　留漚吟館詞存　集7-48061
32 留溪外傳　史2-6634　叢2-798
33 留補堂文集、詩選、忠義傳、杜詩選　集2-
　　12656

留補堂文集、自訂詩選　集2-12657

留補堂文集選　集2-12658　叢2-845(4)

留補堂纂乙酉以來忠義殉國十二傳　史2-7367

34 留社詩餘　集5-38627

留社贈答詩　集5-38627

40 留臺雜記　史6-42907

留有餘齋文稿、詩稿、詞草　集4-30323

留有餘齋詩鈔、二集　集4-25243

留有餘齋詩鈔二集　集4-25244

留有餘齋遺稿、錄存　集5-34241

留有餘齋算學叢書　子3-12391

留真詩草(留真集詩鈔)　集5-37052

留真詩草二集　集5-37053

留真譜二編　史8-66489

留真譜初編　史8-66488

41 留垣疏草　史6-48517

留壩廳志[道光]　史8-62988

留壩鄉土志[光緒]　史8-62989

42 留樸詩存　集4-28984

43 留垞叢刻八種　叢1-581

44 留夢閣詩鈔　集4-23765

留夢閣遺詩　集4-23764

留芬室詩剩、文剩　集5-40475

留芳齋遺稿　集4-28884

留芳錄　集2-11315

留菴文集　集2-12277

留菴文集節抄　集2-12278

留菴島噫詩集　集2-12276

留茆盦尺牘叢殘　集4-32180

留村文集　集4-27323

留村詩集　集4-27322

留村詩集、文集　集4-27321

留村詩鈔　集3-15330

留村詞　集7-46399～400、46965

留村集　集6-41969

留村禮意　經1-6063　叢2-1408

47 留都詩草　集3-18426

留都疏稿　集2-9364　叢2-1106

留都見聞錄　史7-50105～6　叢1-580,2-1215

留都見聞錄、南都應試記　叢2-818～9

留都防亂公揭　史1-1949、3278

48 留松堂集　集3-21473

50 留夷館集　集2-11100～2

留青日札　史1-1933,1982　子4-20816～7

留青日札摘抄　叢1-84(4),2-730(11)、731(53)

留青日札摘鈔　子4-20815

留書　叢2-1258

留書種閣集九種　叢2-1869

留春山房集古詩鈔初集、二集、三集、四集　集4-28390

留春草堂詩鈔　集4-23697

留春書屋詩集　集4-22486

留春閣遺草　集5-35423

留春館餘齡漫筆　集4-31806

留素堂詩集鈔　叢2-834

留素堂詩刪存、詩表　集3-13564

留素堂集　集3-13565

55 留耕草堂初稿　集4-29235～6

留耕書屋詩草　集4-25743

留耕堂詩集　集3-13307　叢2-782(5)

留耕堂詩草　集3-15352

留耕堂遺詩　集3-13507

60 留園詩鈔　集5-33722

62 留影集　集3-17457

留影稿　子1-2325

留影龕餘草(留影龕集)　集4-27856

65 留畊堂印存　史8-65050

70 留防水師各營釘換各船年限清冊　史6-47431

72 留髡堂詩選　集6-44580

留爪集鈔　集3-20874　叢2-834

77 留留青　子4-20818

留與集　集3-18082

82 留劍山莊初稿(芥圃詩鈔)　集4-22078

88 留笑集詩選　集3-16471

留餘齋詩集　集4-33034

留餘步齋署存詩稿　集5-38868

留餘生主人年譜　史2-12233

留餘草堂詩集　集5-38888

留餘草堂叢書十一種　叢2-669

留餘堂詩鈔、二集　集4-29104

留餘堂集　集2-8118,9361

留餘堂名公尺牘　集6-45274

留餘堂草　集3-13486

留餘堂史取　史1-5556

留餘堂賦存　集5-34246

留餘堂尺牘　集2-9362～3

90 留省稿　集2-8255

7760₄　昏

08 昏說　叢2-771(1)

閣

08 閣諭錄　史6-48181
　　閣訟記署　史1-1971,2-9103　叢2-790～
　　　1、793
　　閣訟紀署　叢1-406,2-789、792
22 閣制通考　史6-42742
30 閣注文鈔　集4-23019
41 閣帖評語　子3-15078、15393
　　閣帖彙考　子3-15452～3
44 閣巷陳氏大宗譜[浙江瑞安]　史4-33134
71 閣臣事署　史1-1941
　　閣臣年表　史2-7356、7359　叢1-525
77 閣居鏡語　子1-1704　叢2-1643
　　閣學公文稿拾遺、詩稿拾遺、書劄、錄遺　集
　　　5-36867
　　閣學公公牘　史6-47175
　　閣學公公牘、書札、書札錄遺、文稿拾遺、詩
　　　稿拾遺、雪鴻吟社詩鐘、聯語錄存　叢2-
　　　957
89 閣鈔彙編(光緒二十九年二至十二月)　史
　　　6-48030
　　閣鈔彙編(光緒二十八年)　史6-48029
　　閣鈔彙編(光緒三十一年)　史6-48032
　　閣鈔彙編(光緒三十二年)　史6-48033
　　閣鈔彙編(光緒三十年五月、七月至十二
　　　月)　史6-48031

7760₆ 閭

22 閭山紀遊詩　集4-25787
50 閭史　子5-27064
　　閭史瑣言　史7-50237　叢2-811
60 閭里歌德　集2-9626
72 閭丘辯囿十種　叢1-207
　　閭丘詩集　集3-17435
　　閭丘詩集、味蔗詩集　集3-17440
77 閭邱先生自訂年譜　史2-11793　叢2-646

7760₇ 問

00 問亭文稿　集4-25520
　　問亭詩集　集3-16450

問亭詩集、也紅詞　集3-16449
問亭詩草、文鈔　集4-25519
問齋詩鈔　集4-33344
問齋杜意、讀杜漫述　集1-1044
問齋醫案(問齋醫按)　子2-10668
問齋醫案、新增湯頭歌訣　子2-10669
問夜草　史6-48381
問辨牘、續　子4-20633
問辨續錄　叢2-1067
問辨錄　經2-10319　叢1-223(14),2-
　1100～1
04 問詩樓合選　集4-22496
10 問霞閣集　集2-12672
　　問天亭詩　史1-5568
　　問天旅嘯　叢2-1330
　　問天鼓詞　集7-53650
　　問石詞　集7-46429、47133
　　問石草　集2-11618
　　問吾心齋詩詞稿　集5-40561
11 問琴閣文錄　集5-39193
　　問琴閣詩指　集5-39192
　　問琴閣詩錄　集5-39191
　　問琴閣叢書二十種　叢2-2148
　　問琴閣口義　子1-1939
12 問水集　史6-46590～1　叢1-46
　　問水集、黃河圖說　史6-46588、46592
　　問水漫錄　史6-46601
　　問刑條例　史6-41518～20、45814　叢1-
　　　114(2)
15 問聃雜俎　集5-40880
17 問鸝山館詩鈔　集5-34455,6-42007(3)
　　問鸝山館詩鈔、續鈔、試帖、詩餘　集5-
　　　34456
　　問己齋詩集　集4-30334
　　問己什　集3-13707
21 問上元夫人書　集1-262　叢1-168(4)
　　問能廣禪師語錄　子7-34215
　　問紅軒詞　集7-47736
　　問紅軒詞(問紅軒蘋香絮景詞)　集7-
　　　47737
　　問經書目　史8-65721
　　問經堂叢書二十七種　叢1-261
　　問經堂叢書八種　叢1-260
22 問山亭主人遺詩正集、續集、齊音　集2-
　　　11504
　　問山亭主人遺詩正集、續集、補集、附錄　集
　　　2-11503　叢2-689
　　問山亭詩(辛亥草、酉戌草、壬子草、癸丑
　　　草、甲寅草、嵁居詩、小草草、讀李詩評、
　　　讀杜詩)　集2-11501
　　問山亭遺詩拾遺　集2-11506

問山文集　集3－15627

問山詩集、文集、紫雲詞　集3－15628

問山詩集、紫雲詞　集3－15626

問山遺稿(問山詩鈔、儷體文、律賦)　集5－37742

問山樓遺稿　集4－25655

23 問卜　集7－49457

27 問多情一枝　集7－52759

問魚篇　集2－12513、12518　叢2－1228

問疑錄　叢2－1067

28 問俗錄　史7－50533

29 問秋館菊錄、霜圃識餘　子4－19284

30 問渡小草　集3－14638,6－45025

問字樓詩　叢2－2169

問字堂文集　叢1－312

問字堂集　經1－111(3)、2－11877　集4－23604　叢1－286,2－731(46)

問字堂外集　集6－42074

問窗寄興　集4－26377

31 問源草廬十六景題詠　集3－20096

問源樓書目初編、補遺　史8－65772

問渠詩草　集3－21355,4－28378

問渠東軒詩　集4－32179

32 問業居草　集2－12645

33 問心齋學治雜錄　子4－21680

問心齋學治雜錄、續錄　史6－43050

問心一隅　史6－46435

問心集　子4－21491,5－30499

問心錄　史6－47114

問心錄周易解、義例　經1－1670

問心堂章氏本支錄[江蘇蘇州]　史5－34516

問心堂詩、補遺　集3－16649

問心堂溫病條辨　子2－6842　叢1－450

問濱餘草　集4－24922

35 問津集　集6－45074

問津漫草　集4－23902

問津草　集4－25805

問津日錄(清光緒三年至四年)　史2－13058

問津院志　史7－52106

問禮俗　經1－6287　叢2－765～6、772(5)、773(5)、774(4)

問禮盦論書管窺　集7－49616

36 問湘樓駢文初稿　集5－39305　叢1－533,2－2103

37 問次齋稿　集2－9929

問次齋稿、續稿、西遊稿　集2－9930

問瀨集　集5－39925

38 問道錄　叢2－2263

40 問奇亭印譜　子3－17136

問奇一臠　子4－24051

問奇一覽　經2－13019～20　集7－54843

問奇一覽、音韻須知　經2－13021

問奇集　經2－13013、13015～6　叢1－109、111(4)

問奇室詩集、續集、文集　集5－35252　叢2－1978

問奇志畧　史1－5604

問奇典註　子5－25378

問奇典註增釋　子5－25379

問奇典注　經2－13017

問奇類林、續集　子5－25117

問樵詩續鈔、補遺　集4－23139

問樵詩鈔　集4－23138

42 問桃花館詩鈔　集4－31248

44 問夢樓吟草　集4－31766

問花亭詩初集、外集　集4－26511

問花水榭稿(問花水榭詩集)　集4－24245

問花樓詩話　集6－45984　叢2－909

問花樓詩集　集6－41999

問花樓詩鈔　集4－26456　叢2－909

問花樓詩鈔、洞簫樓詞鈔　集4－24287

問花樓詞話　集7－48733　叢2－909

問花樓遺稿　集3－19624

問花別墅吟草　集4－30784

問花吟館詩　集4－30480

問花堂詩鈔、詩話、詞話　集4－26457

問蘇小小鄭孝女秋瑾松風和尚何以同葬於西泠橋試研究其命意所在　叢1－587(3)

問棟堂詩文存　集4－22298

48 問松堂醫案　子2－10785

問梅詩社詩鈔　集4－25351

問梅山館詩鈔、豔體詩剩、凝香書屋詩鈔　集5－39148

問梅軒文稿偶存　叢2－1014

問梅軒詩草偶存　叢2－1014

問梅軒集(問梅軒文草偶存、訓俗邇言、詩草偶存)　集4－29632

50 問青園文草　叢1－499,2－1891

問青園語　子4－21625　集6－41759　叢1－499,2－1891

問青園詩草　叢1－499

問青園詩草、文草、題跋、尺牘、手帖、家書、遺囑　集6－41759

問青園詩草、詞　叢2－1891

問青園課程　集6－41759

問青園課程、雜儀學規條規　子1－2463　叢1－499,2－1891

問青園詞　集7－48227

問青園手帖　叢1－499,2－1891

問青園集　集6－41759　叢1－499

問青園集(山居瑣言、溝洫私議、圖說、貢愚
　錄、問青園課程、園語、詩草、文草、題跋、
　尺牘、手帖、家書、遺囑)　集5－35384
問青園集十二種　叢2－1891
問青園家書　叢1－499,2－1891
問青園遺囑　子1－2284　叢1－499,2－1891
問青園題跋　叢1－499,2－1891
問青園尺牘　叢2－1891
問青閣詩集　集4－29769
55 問棘堂集　集2－10407
60 問目　子1－1342　叢2－1263、1265～7
問易商　經1－786
問易補　經1－792　叢2－1169
問園詩集　集6－42008
問園詩鈔(問園詩集)　集4－33352
問園遺集、空山夢　集4－33353
62 問影樓叢刻初編九種　叢2－612
問影樓輿地叢書第一集　史7－49315
77 問月齋詩存　集5－37121
問月詞　叢2－2179
問月窗詩草　集4－31638
問月樓詩草　集4－24214
問月樓詩鈔　集3－15418
問月樓詩鈔、續集　集4－30054
問月樓遺集　集4－22310
問月樓吟稿　集5－37503
問月軒詞　集7－46405、47170
問月閣草、湖上紀遊詩　集4－28101
問學集　集3－16560
問學錄　子1－1405　叢1－213,2－731(13)、
　1334
問學篇　叢2－1316～8
問學堂文、清閟堂詞　集5－36537
問學堂詩　集5－36536
80 問翁耿先生遺稿　集3－18939
問羲軒文鈔　集3－20112
問羲軒詩鈔、剩草　集3－20111
問羲周易經傳　經1－1985
88 問竹詩草　集5－35592
問竹軒詩稿　集2－10952
問竹軒春陰滙草　集4－33305
問答譯本　子7－35429
問答擇要　子7－35450
問答撮要　子7－35430
問答因緣　子7－34590
問答錄　叢1－108、111(3),2－731(55)
問答節要　子3－12975　叢1－223(36)

間

27 間島辨　史7－49357、50021
間島形勢　史7－49357、50019
間島確係中國領土論　史7－49357
間島紀署　史7－49357、50020
間島問題　史6－45007
間島善後協約滿洲五案件協約　史6－
　45008
40 間存集　集2－8714
46 間架結構摘要九十二法　叢1－285
50 間書　子1－3942
77 間間語　子4－20754

闖

23 闖外春秋殘卷　子1－3762
闖外春秋存　叢2－592

7768₂ 歠

10 歠醨殘客自記年譜　史2－12159

7771₇ 巴

00 巴彥縣志[民國]　史7－56322
巴音恥存　集3－21621
10 巴爾克戰術十章　子7－36899
巴爾幹半島遊記　史7－49357、54764
巴西文集　集1－4998
巴西詩集　集1－4994,6－41932
巴西鄧先生文集　集6－41715
巴西鄧先生文集(巴西文集)　集1－4996
巴西鄧先生文集、補遺　集1－4997
巴西政治考　史7－49318(19)、54883
巴西集　集1－4995　叢1－223(59)
巴西侯傳　叢1－56
巴西地理兵要　史7－49318(19)、54882
巴西國條約　史6－44035、44106
巴西國地理兵要、巴西政治考　史7－54881
21 巴比安風土記　史7－49357、54900

22 巴山詩錄　叢 2 - 2150
　　巴山七種　叢 2 - 1765
27 巴黎賽會章程　史 6 - 44071
　　巴黎賽會紀畧　史 7 - 49318(22)、54838
　　巴黎茶花女遺事　子 7 - 38271
　　巴船紀程　史 7 - 49318(13)、54035
30 巴安縣圖志[民國]　史 8 - 62144
31 巴江戴氏宗譜[湖北黃岡]　史 5 - 40549
32 巴州邛州雜詩　集 4 - 27833
　　巴州志[道光]　史 8 - 61984
　　巴州志畧[乾隆]　史 8 - 61983
　　巴溪志[民國]　史 7 - 57046
37 巴祿列傳　史 2 - 9521
40 巴塘詩鈔　集 4 - 23218
　　巴塘志畧[道光]　史 8 - 62142
　　巴塘鹽井鄉土志[宣統]　史 8 - 62143、62656
　　巴來勦政要　史 7 - 49318(19)、54893
44 巴勒布紀畧　史 1 - 1886、3744,7 - 49347
　　巴楚州鄉土志[光緒]　史 8 - 63403
　　巴林紀程　史 7 - 54010　叢 2 - 785
50 巴中縣志四編[民國]　史 8 - 61985
　　巴東縣志[康熙]　史 8 - 60399
　　巴東縣志[嘉靖]　史 8 - 60397
　　巴東縣志[萬曆]　史 8 - 60398
　　巴東縣志[同治]　史 8 - 60400
53 巴威倫王國憲法　子 7 - 36640
62 巴縣鄉土志[光緒]　史 8 - 61561
　　巴縣志[乾隆]　史 8 - 61557
　　巴縣志[同治]　史 8 - 61558
　　巴縣志[民國]　史 8 - 61559
　　巴縣志採訪冊[民國]　史 8 - 61560
71 巴馬紀畧　史 6 - 45699,7 - 49318(18)
72 巴氏族譜　史 4 - 25924～5
　　巴氏宗譜[江西]　史 4 - 25926
74 巴陵鄉土志[光緒]　史 8 - 60527
　　巴陵馮氏族譜[湖南岳陽]　史 5 - 36462
　　巴陵杜氏遺書五種　叢 2 - 1948
　　巴陵縣志[康熙]　史 8 - 60523
　　巴陵縣志[嘉慶]　史 8 - 60524
　　巴陵縣志[同治]　史 8 - 60525
　　巴陵縣志[光緒]　史 8 - 60526
　　巴陵周氏族譜[湖南岳陽]　史 4 - 30163
　　巴陵人物志　史 2 - 8243　叢 1 - 547(4),2 -
　　1947～8
77 巴邱贈言(蕭玉初)　史 2 - 9501
80 巴拿馬運河談　史 7 - 49357、54877
88 巴餘集　集 3 - 14383

畊

07 畊記　子 1 - 1121

鼠

00 鼠瘟寶卷　集 7 - 54452
　　鼠疫非疫六經條辨　子 2 - 7088
　　鼠疫彙編(鼠疫約編)　子 2 - 7084
　　鼠疫約編　子 2 - 4770
　　鼠疫良方　子 2 - 7086
　　鼠疫良方彙編　子 2 - 7089
　　鼠疫抉微　子 2 - 4771(2)、7090
12 鼠璞　子 4 - 22176～7　叢 1 - 2～3、6～7、11、
　　19(12)、20(10)、21(11)、22(3)、23(3)、24
　　(12)、26～8、31、223(40)、268(3),2 - 731(6)、
　　845(3)
　　鼠璞詩　集 3 - 20816
　　鼠璞詞　集 7 - 47584
40 鼠壤餘蔬　集 4 - 31548　叢 2 - 1823
　　鼠壤餘蔬、舒藝室詩續存　子 4 - 22646
61 鼠嚙存餘草　集 3 - 19290

7772₀ 印

33 印浦齋詩草　集 4 - 22436
　　印浦賦稿　叢 2 - 837

卯

22 卯峀記　史 7 - 49317(3)、52560
　　卯峯廣遠葉氏宗譜[浙江松陽]　史 5 -
　　35710
27 卯峒記　史 7 - 49318(9)
37 卯洞集　集 2 - 8357
50 卯春雜詠　集 3 - 17834
60 卯田寧氏二修族譜[湖南長沙]　史 5 -
　　38781

印

00 印癥篆稿　子3-17229
　　印商　子3-16932、17137
　　印商、印說十則　子3-17124
　　印度雜事　子7-37702
　　印度諸記　子7-36263
　　印度記　子7-36234　叢1-549
　　印度調查鹽法記　史6-43926
　　印度刑律　子7-36654
　　印度紀遊　史7-49317(2)、49318(17)
　　印度志　子7-36245
　　印度志畧　史7-49317(1)、49318(17)
　　印度札記　叢1-550
　　印度考畧　史7-49317(1)、49318(17)、54712
　　印度史攬要　子7-36409
　　印度國志　史7-54714
　　印度喀楚特圖說　史7-49319、54715
　　印度鑒食戰史　子7-36458
　　印度風俗記　史7-49317(1)、49318(17)
　　印度風俗總記　史7-49310、54237
　　印度鹽法考　子7-37325
　　印度劄記　史7-49317(5)、49318(17)、49356、
　　　54710～1
　　印文詳解　子3-16860
　　印文法　子3-17217
　　印文考畧　子3-16838　叢1-202(7)、203
　　　(13)
　　印文考畧、印文考畧補、漢隸辨異歌　子3-
　　　16837
　　印文輯畧　子3-17147
　　印章論　史8-64934　子3-16799
　　印章要論　史8-64931　子3-16776、16797
　　印章集說　子3-16776、16789、16793　叢1-
　　　195(6)、2-731(32)
　　印章考　子3-16776、16814
　　印章篆稿　子3-17442
　　印章小集　子3-16924
　　印辨　子3-16776、16831
　　印言　子3-16776、16834
02 印證箋　子3-16777、16853
03 印識　史2-6772～3
　　印識、補遺、國朝印識、近編　子3-16876
　　印識、歷朝印識補遺、國朝印識、近編　史2-
　　　6774
07 印記　子3-17437
08 印說　史8-64936　子3-16776～7、16812、
　　　16833、16850

印說十則　子3-17124
　　印譜　子3-17044、17488
　　印譜名目　子3-16778
　　印譜考　史8-66308　叢2-986
　　印譜舊敍　史8-64920
　　印譜摘要　子3-16777、17161
　　印譜目　史8-65260
　　印譜知見傳本書目、補遺　史8-66309
09 印談　子3-16794、16810
10 印正稿、年譜　子4-21230
　　印正附說　史8-64921　子3-16792　叢1-
　　　448
　　印雪齋官商便覽　子7-37375
　　印雪軒文鈔　集4-27227
　　印雪軒詩文鈔　集4-27225
　　印雪軒詩稿　集3-21813
　　印雪軒詩鈔　集4-27226
　　印雪軒隨筆　子5-26492　叢1-373(4)、496
　　　(2)
　　印石尋源　子3-16865
　　印可　子3-16920
　　印可齋詩餘　集7-47550
　　印可齋詩鈔　集4-22614
　　印可編、續編　集2-11780
20 印雋　子3-16891、16966
　　印香圖譜　子4-18903
　　印香閣印譜　子3-17130
　　印香篆冊　子3-17328
　　印香爐圖譜　子4-18576
21 印旨　史8-64925　子3-16776、16778、16795
　　印經　子3-16776、16798
　　印經、印圖　子3-16807
22 印川詩草初集、二集　集3-17151
　　印山堂詞　集7-46419、48025
26 印總　子3-16926
27 印彙　子3-17425
28 印徵　史8-64956
30 印寫新法　子7-36229、37207
　　印宗　子3-16847
31 印滙　子3-17415
33 印心書屋文鈔　集4-26933～4
　　印心書屋詩文鈔　集4-26924
　　印心書屋詩鈔　集4-26925、26927、26932
　　印心書屋詩鈔二集　集4-26931
　　印心書屋詩鈔初集　集4-26926
　　印心堂詩集　集4-33095
　　印述　子3-16776、16832、16991
34 印法參同　史8-64933
37 印選　子3-16914、16922、17097
　　印選、印章論　史8-64934

40 印存　子3-17074、17246、17490
　印存玄覽　子3-16940
　印存初集　子3-16939
42 印機草　子2-7122、10521
44 印苑、印說　史8-64936
　印草　子3-17478
　印萃　子3-17011、17480
　印林　子3-17317
　印林文存、詩存　集4-29888
　印林手稿彙刻　經2-12660
　印林從新　子3-17271
　印林書札　集4-29898
50 印史　史8-64917　子3-16806
　印書　子3-16808
51 印軒吟藁　集6-41763
53 印戔說　史8-64945　子3-16776、16830
55 印典　子3-15055、16822　叢1-223(38)
60 印圖正宗、鐫篆法辯　子3-17021
　印品　子3-16934
　印品、印章要論　史8-64931
71 印原　子3-17176
72 印刷局問答　史6-44851
77 印月草堂詩　集4-23756
　印月樓詩詞剩　叢1-408
　印月樓詩集　集6-41999
　印月樓詩剩　集4-25721
　印學要言　叢1-350
　印學集成　子3-16864　叢2-1351
　印學探源　子3-16778
　印學管見　子3-16776、16857、17197
　印母　子3-16801　叢2-642
　印問　子3-16917
　印印　子3-17252
78 印鑒　子3-16959
80 印人傳　子3-16776　叢2-609
　印人傳(賴古堂別集印人傳、周櫟園印人傳)　子3-16872
　印人姓氏　史2-6770　子3-16873、17000
　印人姓氏里居　子3-16778、16875
88 印籍　子3-17043
90 印光法師文鈔　集5-39665、39667~8
　印光法師文鈔、普勸發心印造經像文　集5-39666
　印光法師文鈔續編　集5-39669
　印光法師文鈔初編、續編　集5-39664
　印光縣志[道光]　史8-62257

即

00 即庵詩存　集3-13689
11 即非禪師語錄、佛祖正印源流圖像贊　子6-32091(81)
　即麗藏目錄　子6-32093(53)
17 即子集　集3-15455
22 即仙館雜詞詩　集4-29725
　即山文鈔　集5-40056
　即山文鈔、詩鈔、嫠泣集　集2-11872
　即山論　子4-20853　叢1-143
37 即次吟　集3-16559
50 即事昌言　子7-35470
60 即墨王氏族譜[山東即墨]　史4-25394
　即墨白梅安梁四氏合譜[山東即墨]　史4-26214
　即墨志[萬曆]　史8-59297
　即墨藍氏族譜[山東即墨]　史5-40466
　即墨楊氏族譜[山東即墨]　史5-36977
　即墨楊氏家乘[山東即墨]　史5-36978
　即墨楊氏世系譜[山東即墨]　史5-36979
　即墨縣鄉土志[光緒]　史8-59301
　即墨縣志[康熙]　史8-59298
　即墨縣志[乾隆]　史8-59299
　即墨縣志[同治]　史8-59300
　即墨周氏族譜[山東即墨]　史4-30109
　即墨周氏家乘[山東即墨]　史4-30108、30110~1
　即墨節婦考　集3-18102
　即墨節婦錄、採善錄　史2-8180
　即園文鈔　集4-27684
　即園詩鈔　叢2-886(3)
　即園詩鈔(留删草、游子吟、詠花人草、半閒吟、愛日吟、紫雲集、秋聲錄、味燈集、續味燈集、夢華小草、浣香吟、新樂府、擬尤西堂明史樂府、蒼華二集)　集4-27682

卵

26 卵泉文集　集5-41321

卿

72 卿氏族譜　史4-32262

卿氏族譜［四川成都］　史4－32261

7772₇ 邸

50 邸中雜記　子4－20769
59 邸抄　史6－47246
89 邸鈔彙錄　史6－47239
　邸鈔擇要　史6－47242、47244
　邸鈔輯要　史6－47245
　邸鈔全錄　史6－47238、47241
　邸鈔全錄（光緒十三年正月至十五年三月）
　　史6－47236
　邸鈔全錄（光緒十三年正月至十四年六月）
　　史6－47235
　邸鈔全錄（光緒十九年正月至五月）　史6－
　　47240
　邸鈔全錄（光緒十四年七月至九月）　史6－
　　47237

郾

43 郾城縣志［順治］　史8－59908
　郾城縣志［崇禎］　史8－59907
　郾城縣志［嘉靖］　史8－59906
　郾城縣志［乾隆］　史8－59909～10
　郾城縣志［民國］　史8－59911

鴎

50 鴎夷子扁舟五湖記　集7－48768、49157

鷗

00 鷗亭詩鈔　集3－19023
　鷗亭吟稿（配松齋詩集）　集3－19329
10 鷗雪舫日記（清嘉慶五年至十一年）　史2－
　　12645
　鷗雨亭婺源遺勝詩、鷗雨亭茶話　集3－
　　17327
　鷗天閣遺著　集4－28210、6－42021
20 鷗舫詩文鈔　集5－38841
22 鷗巢詩話　叢2－1921
　鷗巢閒筆　子4－21683　叢2－1921

30 鷗寄軒詩存　集4－32248
31 鷗汀詞草　集7－47962
　鷗汀集、續集、別集、附錄　集2－7887
　鷗汀漁隱詩集、續集、外集　集4－28788
34 鷗波雜草　集3－14350
　鷗波詩草　集3－15602
　鷗波舫詩鈔　集5－36649
　鷗波秋舫詩　集4－26172
　鷗波小草（白圭堂詩鈔、續鈔）　集4－26475
　鷗渚微吟　集6－41744～6、41888～9、41891～
　　3、41894（3）、41896～8、41904、41911～2、
　　41917、41919、41923～4
　鷗渚微吟（鷗渚微吟集）　集1－4600
40 鷗塘詩集　集3－14835
44 鷗夢詞　集7－48100　叢1－584
　鷗榭詩鈔　集4－33557
60 鷗跡集　集3－14464
　鷗園新曲　集7－46812～3、50612
62 鷗影詞鈔　集5－37021
67 鷗盟己史　史2－11757
　鷗盟書屋吟草　集4－22161
　鷗鷺忘機　子3－17583、17789
74 鷗陂詩話　集6－46142
　鷗陂漁話　子4－21461　叢2－735（2）、736
83 鷗館閒吟　集5－34290
90 鷗堂詩　集5－35953
　鷗堂遺稿　集5－35954
　鷗堂日記　叢2－799～800
　鷗堂日記（清咸豐九年）　史2－12907
　鷗堂賸稿　叢2－934
　鷗堂賸稿、補遺　集5－34570　叢2－799
　鷗堂賸藁、補遺　叢2－800

7773₂ 艮

00 艮廬自述詩　集5－41179
　艮齋雜說　叢2－1287
　艮齋雜說、續說　子4－21101
　艮齋詩集　集1－4786、6－41894（2）　叢1－
　　223（60）
　艮齋詩存　集4－23261
　艮齋集　集1－3406、6－41784
　艮齋先生薛常州浪語集　叢2－864、866
　艮齋先生薛常州浪語集（浪語集、薛常州浪
　　語集）　集1－3651
　艮齋倦稿雜說　子4－21102
　艮齋倦稿詩集、文集　叢2－1287
　艮齋吟稿　集5－36503

艮齋筆記　子4-21140　集3-15125
艮庭雜著、艮庭小慧、艮庭詞　集3-20610
11 艮背閣三世詩選　集6-45111
20 艮維窩集考　史7-49317(6)、49318(2)、
　　49971
22 艮嶽記　史1-1914、1982,7-51513　子5-
　　26224　叢1-5、9、22(12)、23(11)、29(6)、
　　56、95、407(3),2-730(2)、731(31)、857
　　艮巖餘稿　集1-4271
　　艮峯日錄、庚戌日記、帝王盛軌、爲學大旨、
　　　嘉善錄　子1-1781
　　艮山文集　集4-25475、25477～8
　　艮山文集、續集　集4-25476
　　艮山文續集　集4-25479
　　艮山雜誌　叢2-832(6)
　　艮山雜志　史7-50310～2
30 艮宧易說　經1-1772　叢2-1920
32 艮溪阮氏鼎十二公宗譜[浙江金華]　史4-
　　26958～9
　　艮溪阮氏宗譜[浙江金華]　史4-26952～3
60 艮園文集　集5-39059
　　艮園詩集　集5-39058
　　艮園詩集、詩後集、首　集5-39057
　　艮思堂詩集　集4-29377
72 艮岳記　叢1-4
77 艮居文鈔、詩括、詞選　集5-35693
　　艮居詞選　集7-48343
90 艮堂十戒　子1-2540　叢1-197(4),2-617
　　(2)

閫

17 閫珊公手抄尚書　經1-3063
22 閬仙詩附集　集1-1457　叢2-731(42)、782
　　(2)
32 閬溪集　集5-36443
42 閬桴　子5-32014
50 閬中縣志[咸豐]　史8-61798
　　閬中縣志[民國]　史8-61799
　　閬中縣志稿[民國]　史8-61800
60 閬園山人四部稿　集2-12343
77 閬風集　集1-4323、4325～6,6-41784　叢
　　1-223(58)、2-670
　　閬風集、補遺　集1-4324
　　閬風館文集　集2-12194
　　閬風館詩集　集2-12193

7774₇ 民

07 民部集　集4-25914
08 民族小說洪秀全演義四集　子5-28217
10 民天敬述　史6-44617　叢2-1794
18 民政部解釋地方自治章程彙鈔(宣統元年
　　閏二月至二年十二月)　史6-41808
　　民政部核定車捐章程　史6-43592
　　民政部奏底　史6-48083
　　民政部奏定部廳官制章程　史6-42758
　　民政部奏定巡警服章圖表　史6-45332
　　民政部摺奏彙鈔　史6-48057
　　民務　叢2-1140
26 民和縣風土調查記[民國]　史8-63299
27 民彝彙翼、續編　叢2-1749
　　民約論鉅子魯索之學說　子7-36251
　　民約通義　子7-38066
28 民俗通論　子7-36240(2)
　　民俗考　子7-36240(2)
34 民法原論　子7-36580
44 民勤縣志[民國]　史8-63140
　　民權縣志[民國]　史8-59848
48 民教相仇都門聞見錄　史1-4317
　　民教相安　子7-35776
　　民教相安議　子7-35676
　　民教相安續議　子7-35677
50 民事訴訟法八編　子7-36581
59 民抄董宧事實　史1-1982、4426　叢2-640
60 民國高要縣志初稿　史8-61114
　　民國慶元縣志採訪稿　史7-57747
　　民國新修大埔縣志　史8-60956
　　民國新志　史7-56621
　　民國三年本安次縣志　史7-54910
　　民國晉寧大事記　叢2-888
　　民國晉寧縣志綱目　叢2-888
　　民國重修大足縣志　史8-61546
　　民國俠烈傳　史2-7532
　　民國紀事　史8-61506
　　民國實錄　史8-61867
　　民國志　史8-59239
71 民曆鋪註解惑　子3-11607

7777₀ 凹

60 凹園詩續抄　集5-41353

中國古籍總目·索引

凹園詩鈔　集5-41352
凹園詩鈔、詞　叢1-469
凹園詩鈔、續鈔　叢1-586(4),2-716(4)
凹晶館劇詞　集4-32617
77 凹凸山房詩鈔　集4-32813
90 凹堂詩草　集4-29555,6-45079

臼

56 臼操　叢1-373(8)

7777₂ 關

00 關帝文昌樂舞譜　史6-42186
關帝靈卦　子3-14686
關帝聖蹟圖註全集　子5-31858
關帝聖蹟圖志全集　史2-8489
關帝君全集　史2-8486
關帝經　子5-29551、30447
關帝寶像訓註　子5-31851～2
關帝遺事輯　史2-8493
關帝志　史2-8482
關帝桃園明聖經　子5-30462～3
關帝事蹟徵信編　史2-8481
關帝本紀　叢1-358
關帝戒士子文註　子1-2421
關帝明聖經註解　子5-30465～6
關帝明聖經全集　子5-30464
關帝明聖真經　子5-30462
關帝歷代顯聖誌傳　子5-28874
關帝覺世經注證　叢1-536
關帝全書　子5-31854、31856
關帝年譜　史2-11128
關廟志　史7-51866
關廟典禮、文昌廟典禮　子5-30773
08 關於永樂大典之文獻　子5-26106
關於法國請求將庚子賠款照金佛郎付款案
　　史6-45085
10 關王(羽)事迹　史2-8469
關王(羽)事蹟　史2-11126
關王朝贈金　集7-52801
關天帝紀　史2-8477
關西方氏宗譜[安徽祁門]　史4-25847
關西講堂客問　子4-20976　叢2-937
關西楊氏宗譜[浙江衢州]　史5-36888
關西馬氏世行錄、後錄、續錄、又續錄、又續

錄之餘　叢2-966
關西馬氏世行錄、後錄、續錄[陝西大荔]
　　史4-31642
關西馬氏世行錄[陝西大荔]　史4-31643
關雲長千里獨行　集7-48774(7)、48983
關雲長大破蚩尤雜劇　集7-48774(4)、
　　49047
關雲長單刀劈四寇雜劇　集7-48774(3)、
　　49014
關雲長義勇辭金　集7-49083、49113
11 關張雙赴西蜀夢　集7-48765　叢2-720
　　(3)
16 關聖帝君親解覺世真經　子5-30452
關聖帝君親降濟世救急靈驗經文　子5-
　　30473
關聖帝君聖蹟圖誌全集　子5-31857
關聖帝君聖蹟圖志全集　史2-8487～8
關聖帝君萬應靈籤、戒士子文覺世格言　子
　　5-31706
關聖帝君教戒真經　子5-30460
關聖帝君本傳　子5-29536(6)
關聖帝君本傳年譜　史2-11129
關聖帝君昭明顯化感應寶懺　子5-31859
關聖帝君覺世真經　子5-30449～50
關聖帝君覺世真經俗解　子5-30457
關聖帝君覺世真經注證　子5-30456
關聖帝君覺世格言　子5-30471
關聖帝君全書　史2-8492　子5-31853、
　　31855
關聖帝君年表　史2-11127
關聖大帝桃園明聖經(關帝明聖真經、關帝
　　桃園明聖經、明聖經、關聖帝君明聖經)
　　子5-30462
關聖陵廟紀畧　史7-51864
關聖陵廟紀畧、後續　史7-51865
關聖類編、補編　史2-8479
17 關承孫文稿　集5-35181
關子　子4-19625
關尹子　子1-13～4、16～20、23～5、32～3、
　　36～8、44、61、66～9、5-29425、29433、
　　29436～8、29441～2　叢1-19(10)、20(7)、
　　21(9)、24(10)、223(46)、227(7)、273(5)、275、
　　2-698(6)、730(6)、731(10)
關尹子文始真經　子1-21、27、30、5-28928、
　　28937、29426、29431、29443
關尹子言外經旨　叢1-265(4)
關尹子註　子5-29432
關尹子闡玄　子5-29439
18 關政備考　史6-43969
22 關川毛氏族譜[浙江遂昌]　史4-25622
關嶺縣志訪册[民國]　史8-62224

27 關嶼趙氏房譜[浙江溫嶺] 史5-38380
28 關倫賣妹 集7-52800
　關稅成案輯要 史6-43547
31 關河集 集3-19291
　關河清嘯詞 集4-29608
34 關漢卿雜劇十四種附二種 叢2-720(3)
37 關湖徐氏宗譜[浙江諸暨] 史4-31969～71
　關洛紀游稿 史7-53079
　關洛紀游稿(紀遊稿)、歸田倡酬稿 叢2-1136
38 關遊稿 集2-8407
40 關大王單刀會 叢2-720(3)
　關內外鐵路新定腳力章程 史6-44251
　關內外鐵路合同 史6-44246
　關內外火車頭二三等客位價表 史6-44250
　關右經籍考 史8-66136
42 關栎記 史1-801
　關栎集 叢2-1405
47 關格考 子2-4770、7157
50 關中雜詠 集5-36370
　關中詩草 集3-21362
　關中記 史7-51126、51128 叢1-19(2)、21(2)、22(10)、23(10)、24(2)、2-779
　關中三李年譜 史2-11023 叢2-829
　關中兩朝文鈔、補 叢2-1643
　關中兩朝詩鈔、補、又補 叢2-1643
　關中兩朝賦鈔 叢2-1643
　關中石刻文字新編 史8-64087
　關中石刻彙編 史8-64086
　關中水利議 史6-46897 叢2-829
　關中水道記 史7-49315、53037 叢1-261、2-731(55)
　關中理學葵心王公(徵)傳、僉憲王端節公墓誌銘 史2-9064
　關中集 集2-10839,3-17079,4-26659 叢2-1685
　關中遷潤張氏五修族譜[江蘇鎮江] 史5-34802
　關中叢書五十三種 叢2-829
　關中漢唐存碑跋 史8-64088
　關中溫氏族譜 叢2-965
　關中溫氏碑傳集 叢2-965
　關中溫氏獻徵集 叢2-965
　關中溫氏著述輯遺 叢2-965
　關中道脈四種書 子1-107 叢2-1643、
　關中士夫會約 子1-2356 叢2-1167
　關中李二曲先生(顒)履歷紀畧 史2-11720
　關中奏議 叢1-223(21)
　關中奏議全集 史6-48183 叢2-886(2)

　關中奏議鈔、王李諸公書簡 史6-48185
　關中奏題稿 史6-48182
　關中書院語錄 子1-1209 叢2-1167
　關中書院試帖 叢2-1654
　關中書院志學齋藏書總目 史8-65523
　關中四先生要語錄 子1-107、177
　關中陵墓志 史7-51967
　關中同官詩鈔 集6-44934
　關中同官錄 史3-23786～7
　關中勝蹟圖志 史7-51489～90 叢1-223(25)、2-829
　關中金石文字存逸考 史8-64083
　關中金石文字存逸考撮錄 史8-64084
　關中金石記 史8-64079 叢1-257,2-731(31)
　關中金石記、目錄、附記 史8-64080
　關中金石記隋唐石刻原目 史8-64082、64678 叢1-558,2-877
　關中金石記隋唐石刻原目、補編 史8-64081
　關中金石志 叢1-373(5)
　關中金石畧 史8-64085
　關夫子誌 叢2-8480
　關夫子編年集注 叢2-11130
　關東州誌 史7-49357、49997
　關東風俗傳 史7-49307、49951 叢2-767
71 關隴叢書九種 叢2-827
　關隴輿中偶憶編 子4-24414 集4-27934,6-41765 叢2-624(4)、683
72 關氏族譜[廣東新會] 史5-41315
　關氏族譜[廣東佛山] 史5-41317
　關氏家譜[遼寧鳳城] 史5-41312
　關氏世譜[浙江杭州] 史5-41313
　關氏易傳 經1-354～5 叢1-22(1)、23(1)、26～8、47、74、76～7、169(2)、268(1)
77 關學編 史2-8311 叢2-1167
　關學原編、續編 史2-8313 叢1-574(5)
　關門李氏支譜[安徽桐城] 史4-27292
80 關公單刀赴會 集7-53160
85 關鍵增廣麗澤集文 集6-42675

7777₇ 門

26 門得內各羅國志 子7-36379
40 門奇類林 子4-24052
72 門氏家乘[四川內江] 史4-30289
80 門人考 史2-6346 叢1-349
　門人所記 子1-1340 叢2-1263、1265、1267

門人錄　集1-2095　叢2-635(8)
91 門類增廣十註杜工部詩(門類增廣集註杜
　　詩)　集1-897

閶

00 閶六山詩文存　集4-25531
12 閶瑞生謀害蓮英　集7-53634
17 閶子靖稿　集1-4809
20 閶香亭文稿　集4-32345
21 閶處士詞　叢2-2227
　　閶紅螺說禮　經1-6053
31 閶潛邱先生(若璩)年譜　史2-11752～3
　　叢1-456(5),2-731(61)
40 閶南圖詩草　集4-27857
55 閶典史(應元)傳　史2-9212
　　閶典史傳　子5-26224
60 閶羅王五天使者經　子6-32083(19)
　　閶羅寶卷　集7-54263
72 閶氏族譜[湖北宜昌]　史5-40121
　　閶氏小兒方論　子2-4601、4727、8360
　　閶氏小兒方論、董氏小兒斑疹備急方論　子
　　2-8361
90 閶懷庭集　集3-20851

7778₂　歐

00 歐庵詩鈔　集4-23544
　　歐文選　集1-2039,6-41805
　　歐文抄　集6-41800
10 歐亞紀元合表　史1-4636
　　歐西學校規制紀畧　史6-42591
　　歐可雜著　集4-25846
　　歐可詩文鈔(玉蔬軒集、樂府詩鈔、景德鎮
　　陶歌、庚申類鈔、和馦鶯集、和鷹行詩、歸
　　舟雜吟、和蘇詩、和婺於詩)　集4-25844
　　歐可外集　集4-25847
11 歐北五國志　史7-54762～3
17 歐子建集(珠玉齋稿、羅浮稿、溪上草、勾漏
　　草)　集2-11580
　　歐司訓集　集2-9243,6-41935(5)
21 歐虞部文集　集2-9246　叢2-1105
　　歐虞部集(游梁集、詔歸集、思玄堂集、南蠹
　　集、遯園集、旅燕集、北轅草、歐虞部文
　　集、浮淮集、雝館集、輅中稿、西署集、秣
　　陵集)、李英集　集2-9242

歐虞部集十六種附一種　叢2-1105
　　歐虞部選集　集2-9247
　　歐虞部崙山集　集2-9244
32 歐州東方交涉記　子7-36263
　　歐州財政史　子7-37277
　　歐洲新政史　子7-36323
　　歐洲新志　叢1-531
　　歐洲族類源流畧　史7-54760　叢2-2127
　　歐洲列國變法史　子7-36532
　　歐洲列國憲政史　子7-36609
　　歐洲列國戰事本末　史7-54761　叢2-
　　2127
　　歐洲貨幣史　子7-37314
　　歐洲和約輯要　子7-36604
　　歐洲總論　史7-49318(17)、54754
　　歐洲各國比較財政及組織　史6-41535、
　　43206
　　歐洲各國志　子7-36245
　　歐洲各國開闢非洲考　史7-49318(22)
　　歐洲近世史　子7-36321
　　歐洲連亞洲諸國度支考　子7-36240(2)
　　歐洲連亞洲二國盛衰考　子7-36240(1)
　　歐洲連亞洲之國疆域考　子7-36240(1)
　　歐洲十一國遊記　史7-54758
　　歐洲十九世紀史　子7-36322
　　歐洲地理大勢論　子7-36251
　　歐洲史畧　史7-54759　子7-36244、
　　36315～7
　　歐洲史畧續編　子7-36318
　　歐洲東方交涉記　子7-36228(2)、36231(2)、
　　36248、36827、36849
　　歐洲最近政治史　子7-36434
　　歐洲羅馬志　子7-36245
　　歐洲財政史　子7-37352
　　歐洲歷史攬要　子7-36319
　　歐洲八大帝王傳　子7-36462
　　歐洲第一雄主(拿破崙)傳　史2-9693
36 歐邏巴西鏡錄、地球圖說　子3-12604
38 歐游雜錄　史7-54756
　　歐游隨筆　史7-54757
　　歐遊雜錄　史7-49318(18)、54142
　　歐遊謳、東遊詩　集5-39595
　　歐遊隨筆　史7-49318(18)、54147
44 歐村歐陽氏族譜[安徽黟縣]　史5-39077
　　歐村歐陽氏族譜[江西吉安]　史5-39087
60 歐羅巴各國總敍　史7-49318(21)　子7-
　　36324
　　歐羅巴洲諸國度支考　子7-36240(2)
　　歐羅巴洲德意志盛衰考　子7-36240(1)
　　歐羅巴洲總考　子7-36240(1)
　　歐羅巴洲法蘭西盛衰考　子7-36240(1)

歐羅巴洲大國疆域考　子7-36240(1)

歐羅巴洲古國盛衰考　子7-36240(1)

歐羅巴洲英吉利盛衰考　子7-36240(1)

歐羅巴洲八國盛衰考　子7-36240(1)

歐羅巴洲小國疆域考　子7-36240(1)

歐羅巴通史　子7-36314

72 歐氏五修宗譜　史5-39076

76 歐陽盧陵文選　集1-2044,6-41689

歐陽文評注讀本　集1-2053

歐陽文醇讀本　集1-2051

歐陽文集、盧陵歐陽文忠公年譜　集1-2025

歐陽文選　集1-2040

歐陽文忠詩集　集1-2019,6-41908

歐陽文忠詩補鈔　集1-2021,6-41901

歐陽文忠詩鈔　集1-2017,6-41900

歐陽文忠集古錄跋尾真迹　子3-15631

歐陽文忠全集　叢2-698(9)

歐陽文忠公(修)年譜　史2-11010、11012、11216~7

歐陽文忠公文集　集1-2032,6-41803

歐陽文忠公文鈔　集1-2033、2035

歐陽文忠公文鈔(震川先生評選歐陽文忠公文鈔)　集1-2037

歐陽文忠公新唐書抄、五代史抄　史1-5245~6

歐陽文忠公試筆　叢1-2、7

歐陽文忠公試筆(歐公試筆)　子4-19962

歐陽文忠公詩集　集1-2015

歐陽文忠公詩集(盧陵詩集)　集1-2014

歐陽文忠公五代史抄　史1-5248

歐陽文忠公五代史鈔　集6-41797

歐陽文忠公集　集1-2009、2023　叢2-635(8)

歐陽文忠公集(文忠集)(居士集、外集、易童子問、外制集、内制集、表奏書啓四六集、奏議、河東奉使奏草、河北奉使奏草、奏事錄、濮議、崇文總目敍釋、于役志、歸田錄、詩話、筆說、試筆、近體樂府、集古錄跋尾、書簡)＃＃附錄　集1-2007

歐陽文忠公集、目錄　集1-2010

歐陽文忠公集、目錄、盧陵歐陽文忠公年譜　集1-2011

歐陽文忠公集選　集1-2043,6-41801

歐陽文忠公瀧岡阡表　子3-15630

歐陽文忠公内制集　集1-2027

歐陽文忠公奏議　史6-48116

歐陽文忠公書簡　集1-2054

歐陽文忠公居士全集　集1-2012

歐陽文忠公尺牘　集1-2055

歐陽文忠公全集(居士集、外集、易童子問、

外制集、内制集、表奏書啓四六集、奏議、河東奉使奏草、河北奉使奏草、奏事錄、濮議、崇文總目敍釋、于役志、歸田錄、詩話、筆說、試筆、近體樂府、集古錄跋尾、書簡)＃＃附錄、＃＃附盧陵歐陽文忠公年譜　集1-2008

歐陽文忠公全集十八種附一種　叢2-1029

歐陽文公圭齋集　集1-5387

歐陽文粹、目錄　集1-2050　叢1-223(51)

歐陽文精選　集1-2045

歐陽詢全集　子3-15585

歐陽族譜　史5-39120

歐陽族譜[湖南寧鄉]　史5-39097

歐陽族譜[湖南安化]　史5-39104

歐陽論範　集1-5699

歐陽元功文鈔　集6-41794

歐陽平章詞　叢2-2227

歐陽霖爲母何太夫人八十徵文啓　史2-9983

歐陽行周文集　集1-1212　叢1-223(49)、2-635(7)

歐陽行周文集、補遺　集1-1215

歐陽行周文鈔　集6-41794

歐陽行周集(歐陽四門文集)　集1-1210

歐陽外翰點勘記　經2-12006~7

歐陽先生文集　集1-1216、2006

歐陽先生文粹　集1-2047

歐陽先生文粹、遺粹　集1-2049

歐陽先生文粹、拾遺　集1-2048

歐陽續修族譜[湖南新化]　史5 39111

歐陽和璧祖蘇子房譜[廣東中山]　史5-39117

歐陽修文鈔　集1-2036

歐陽修詩　集1-2016

歐陽修撰集　集1-3234、3238、6-41784、43118　叢1-223(54)

歐陽修撰集(飄然集)　集1-3236

歐陽修撰集(飄然集、歐陽先生飄然集)　集1-3235

歐陽修撰集、校勘記、校勘續記　集1-3237

歐陽修撰事蹟　叢1-223(54)

歐陽修尺牘　集1-2056

歐陽詹詩　集6-41882

歐陽詹傳　叢1-168(3)

歐陽永叔文　集1-2029~30,6-41806

歐陽永叔文鈔　集6-41794

歐陽永叔集選　集1-2041,6-41709

歐陽永叔七律鈔　集1-2020

歐陽宗譜[湖南江永]　史5-39113

歐陽南野集　集2-8372

歐陽南野先生文集　集2-8373

歐陽南野先生文選　集2-8374～5
歐陽恭簡公文集　集2-7864
歐陽坦齋全集　集4-25326
歐陽書考　子3-15234
歐陽貴公支譜[湖南寧鄉]　史5-39095
歐陽原功文鈔　集1-5389
歐陽氏族譜　史5-39121
歐陽氏族譜[湖南江永]　史5-39112、39114
歐陽氏族譜[湖南桂陽]　史5-39109
歐陽氏上院支譜[江西安福]　史5-39088
歐陽氏續修族譜[湖南]　史5-39090
歐陽氏續修族譜[湖南邵陽]　史5-39110
歐陽氏續修族譜[湖南寧鄉]　史5-39099
歐陽氏宗譜[湖南桂陽]　史5-39108
歐陽氏遺書　史1-3314　集4-27194
歐陽氏通譜[廣東]　史5-39116
歐陽氏通譜[廣東新會]　史5-39118
歐陽氏四修族譜[湖南寧鄉]　史5-39100
歐陽氏四修族譜[湖南湘潭]　史5-39107
歐陽助教詩集　集6-41873、41878
歐陽助教詩集(歐陽詹詩)　集1-1211
歐陽母朱太宜人(賴)生西瑞應　史2-
　10517
80 歐侖山集　集2-9245
歐美新談、亞洲奇異錄　史7-54371
歐美電信電話事業　子7-36554
歐美強國憲法滙編第十一章　子7-36613
歐美政治要義　史6-41947～8
歐美政治要義十八章　子7-38122
歐美政體通覽　子7-38092
歐美各國憲法　子7-36583
歐美教育統計年鑒　子7-36737、36763
歐美教育實際　子7-36699
歐美教育觀　子7-36232、36698
歐美日本審判廳編制法通義　史6-46063
歐美四國交換所章程　史6-44513
歐公試筆　子3-15001,4-19962　叢1-4～
　5,9～10、22(15)、23(14)、569
歐公詩話　叢1-16
88 歐餘山房文集　集5-39601　叢2-843
歐餘漫錄　子4-20703～4　叢1-131

7780₁ 具

00 具庵詩草　集4-25235
34 具法行經　子6-32085(28)、32090(24)、32092
　(16)
44 具茨詩集、文集、遺藁　叢1-223(66)

具茨集(詩集、文集、遺藁)　集2-8933
具茨集補鈔　集1-2866,6-41901
具茨集鈔　集1-2864～5,6-41900、41908
具茨先生晁沖之叔用詩集註鈔　集1-2863
具茨晁先生詩集　集1-2861　叢2-1024
53 具戒便蒙　子7-32099
71 具區志　史7-52898
具區銷夏灣徐氏重輯宗譜[江蘇吳縣]　史
　4-31855～6

巽

00 巽廬文集　集5-39832
巽廬詩草　集5-39831
巽齋文集　集1-4274～5　叢1-223(57)
巽齋詩草　集4-26850
巽齋先生四六　集1-4276、4390,6-42072～3
巽齋所藏錢錄　史8-64889
巽齋小集　集1-3942、3944,6-41744～5、
　41888、41891～3、41894(3)、41895、41897～8、
　41904、41917、41924
巽齋小集、補遺　集1-3943
巽齋小集補遺　集6-41891
22 巽川祁先生文集　集2-7007
巽峯集　集2-7666
26 巽繹編　子5-27245
72 巽隱集　叢1-223(63)
巽隱先生文集　集2-6284　叢2-838
巽隱程先生文集(巽隱集)　集2-6281
巽隱程先生文集、詩集　集6-41752
巽隱程先生詩集、文集(程巽隱先生全集)
　集2-6282

與

00 與廖季平書、廖氏學案序　叢2-2129(4)
08 與許青嶼侍御書　子7-35906
17 與孟尚書書　叢2-771(2)
與子宇文護書　集1-635　叢1-168(4)
21 與偕集　子4-24159
23 與俄羅斯國定界之碑　史1-1982,6-45723,
　7-49339
與我周旋齋百一詩錄　集4-28763
與我周旋集詩、文、四六、雜體、寧武府志序
　集3-18566
與稽齋詩集摘錄　集4-22455
與稽齋叢稿　集4-22454

　　與稽齋叢稿、曼香詞　集4-22452
25 與佛學家及心物相對抗論者辨唯物　叢2-
　　2168
26 與總河部院劉公晉川書　叢2-1137
27 與伊藤陸奧往來照會、五次問答節畧　史
　　6-45010　子7-36874
　　與物傳　叢1-61～4,2-730(4)
29 與秋集　集3-18307
31 與沅甫書　集5-34083
33 與梁鼎芬書　集5-41202
40 與古齋琴譜　子3-17735
　　與古齋琴譜補義　子3-17736
　　與古人書　子5-27420　叢1-195(6)
　　與袁堂文集　集3-13839
　　與袁堂詩集　叢1-373(7)
　　與袁堂詩集補鈔　叢1-373(7)
　　與袁堂詩集鈔　叢2-834
　　與袁堂集　集3-13838
44 與地經緯度里表　子3-12364
　　與林奮千先生書　子4-21000,5-29574～5
46 與相如書　集1-170　叢1-168(4)
　　與楊夫人袁氏書　集1-268　叢1-168(4)
47 與壻遺言　子1-2313
　　與婦吟、鳳岡吟、泥絮詞　集4-30262
48 與梅堂遺集、耳書、鮓話　集3-16589
50 與春賦稿　叢2-837
60 與日本使人筆談瑣記　史1-4512
　　與日本通商條約二種附說帖二件　史6-
　　44046
61 與點集　集3-17897
71 與槃縣鄉親論修城書　叢2-1137～39
72 與劉忠誠書　集5-35783
80 與人同善錄　叢2-724
　　與八旗諸君子陳說時局大勢啓　史6-
　　47530
　　與善堂重刻廣善篇功過格　子4-20834
　　與舍弟書十六通、板橋詩鈔　集3-18914
88 與竹居棄稿　集4-23719

　　　　　　興

00 興文縣志[康熙]　史8-61974
　　興文縣志[嘉慶]　史8-61976
　　興文縣志[乾隆]　史8-61975
　　興文縣志[民國]　史8-61978
　　興文縣志[光緒]　史8-61977
　　興亡彙鑑　史1-5953　叢2-2225
　　興京廳鄉土志[光緒]　史7-56144

興京縣志[民國]　史7-56145～6
07 興贛塘石大都謝氏重修族譜內紀、外紀[江
　　西贛州]　史5-40747
10 興平張伯良(芳)行述附輓章　史2-10382
　　興平續志[隆慶]　史8-62840
　　興平縣鄉土志[光緒]　史8-62846
　　興平縣士女續志　史2-8315
　　興平縣志、興平縣士女續志[乾隆]　史8-
　　62844
　　興平縣志[順治]　史8-62841
　　興平縣志[乾隆]　史8-62842～3
　　興平縣志[民國]　史8-62845
　　興平縣金石志　史8-64100
18 興政急務　子7-36536
21 興仁縣補志[民國]　史8-62304
　　興仁縣志[民國]　史8-62303
　　興仁縣採訪錄[民國]　史8-62302
　　興儒行政教圖考　子1-1870
22 興山縣志[同治]　史8-60357
　　興山縣志[光緒]　史8-60358
　　興樂要論　經1-6416、6582～3
24 興化府志[弘治]　史8-58298
　　興化府志[萬曆]　史8-58299～300
　　興化府莆田縣志[康熙]　史8-58302
　　興化府莆田縣志[乾隆]　史8-58303
　　興化文正書院藏書目　史8-65520
　　興化孔氏支譜[江蘇興化]　史4-25932
　　興化魏氏族譜[江蘇興化]　史5-40404～5
　　興化顧氏家集　集6-45190
　　興化李審言先生與東莞張次溪論文書　史
　　7-49324
　　興化戎氏三修宗譜[江蘇興化]　史4-
　　26242
　　興化戎氏重修宗譜[江蘇興化]　史4-
　　26241
　　興化縣新志[萬曆]　史7-56792
　　興化縣志[康熙]　史7-56793
　　興化縣志[正統]　史8-58301
　　興化縣志[嘉靖]　史7-56791
　　興化縣志[咸豐]　史7-56794
　　興化縣志[民國]　史7-56795、56797
　　興化縣小通志[民國]　史7-56796
　　興化谷目村陳氏族譜[福建莆田]　史4-
　　33217
28 興復哈密記　史1-1914、2820　叢1-46、
　　87～9、95,2-730(2,3)
　　興復哈密國王記　子5-26220　叢1-40、84
　　(2)、195(7),2-730(9)
30 興濟縣志[嘉靖]　史7-55367
　　興寧謝氏族譜[湖南資興]　史5-40821
　　興寧鄉土志[光緒]　史8-60944

興寧志[正德]　史8-60936
興寧圖志考[光緒]　史8-60943
興寧縣志[康熙]　史8-60619、60939
興寧縣志[崇禎]　史8-60938
興寧縣志[道光]　史8-60621
興寧縣志[嘉慶]　史8-60941
興寧縣志[嘉靖]　史8-60937
興寧縣志[乾隆]　史8-60620、60940
興寧縣志[咸豐]　史8-60942
興寧縣志[光緒]　史8-60622
興寧縣胡氏族譜[廣東興寧]　史4-30660
興安府志[乾隆]　史8-63029
興安府志[民國]　史8-63031
興安州志[康熙]　史8-63028
興安縣志[康熙]　史8-58738
興安縣志[道光]　史8-58741、61274
興安縣志[乾隆]　史8-58739～40、61273
興安縣志[同治]　史8-58742
31 興福寺斷碑、蘭亭二種、釋文、解說　子3-15570
32 興業縣志[嘉慶]　史8-61342
興業縣志[乾隆]　史8-61341
33 興浦黃氏族譜[福建莆田]　史5-33929
36 興禪護國論　子6-32093(53)
41 興桓景物志畧　史7-49992
43 興城縣志[民國]　史7-56207
44 興蘭譜畧　子4-19228
興華新義書　子7-38118
興華萬年策　子7-38112
興革事宜畧　史6-48628
46 興觀集　集1-5024
興觀集、山邨遺稿、詞　集1-5016
47 興都志[嘉靖]　史8-60170
興起行經　子6-32083(21)、32086(35)
50 興泰邱氏七修族譜[福建莆田]　史4-28472
53 興盛志　子7-36245
55 興農俚言　子1-4183
60 興國王氏纂修族[江西興國]　史4-25327
興國水東黃氏四修族譜[江西興國]　史5-33957
興國嶺口鍾氏三修族譜[江西興國]　史5-40620
興國州志[雍正]　史8-60275
興國州志[康熙]　史8-60274
興國州志[嘉靖]　史8-60273
興國州志[光緒]　史8-60276～7
興國軍圖經　史7-50699　叢2-776
興國縣志[康熙]　史8-58677
興國縣志[道光]　史8-58680
興國縣志[乾隆]　史8-58679
興國縣志[同治]　史8-58681
興邑方太張氏三修族譜[江西興國]　史5-35199
興邑方太張氏三修族譜[福建莆田]　史5-35176
興邑何氏重修族譜[江西興國]　史4-28358
興邑嚴溪胡氏四修族譜[江西興國]　史4-30554
62 興縣新志[民國]　史7-56008
興縣續志[光緒]　史7-56007
興縣志[雍正]　史7-56005
興縣志[萬曆]　史7-56004
興縣志[乾隆]　史7-56006
77 興居錄　史2-7595
興學創聞　叢2-2097
興民學校小史　叢2-2199
興關奏稿　史6-47930
興賢毛氏宗譜[浙江江山]　史4-25614
興賢鄉團練禦寇紀事　史1-4015
80 興盒日事(清光緒十六年)　史2-13215
興義府志[咸豐]　史8-62299
興義府志續編[光緒]　史8-62300
興義縣志[民國]　史8-62301
興善南明廣禪師語錄　子6-32091(76)
88 興算學議　集5-40162
興築鐵路辦法草案　史6-44207

輿

07 輿誦錄存　史2-10799
23 輿稽齋叢稿　集4-22453
32 輿近園詩選　集3-13909
44 輿地　子7-36252
輿地廣記　史7-49532　叢1-223(23)
輿地廣記、校勘記　史7-49533　叢1-230(2)
輿地廣記、校勘札記　史7-49534　叢1-316～7,2-731(56)
輿地課程　叢1-532
輿地記　史1-801
輿地形勢論　史7-49722　叢1-515
輿地形勢考　子7-36240(5)
輿地碑記目　史8-64363、64365　叢1-223(28)、448、456(6)、457,2-731(34)
輿地碑目　史8-64364
輿地經緯度里表　史7-49317(8)、49318(2)子3-11503

興地總圖　史7-49599
興地紀勝　史7-49535～6
興地紀勝、補闕、校勘記　史7-49537
興地紀勝所載碑目　史8-64375
興地測繪入門　子7-36236
興地沿革表　史7-49372　叢2-1629
興地啓蒙　子7-36236～7
興地志　史7-49308、49468～9　叢2-776
興地考畧　史7-49731
興地圖　集5-37005
興地圖說　史7-49592
興地圖考　史7-49591
興地畧　史7-49316、49318(1)、49558　叢2-1423
興地學課程、戊戌遊記　史7-54440
興地全圖　史7-50868　叢2-1896
興地全覽　史7-49316、49318(1)、49649
興地金石目　史8-63787
興地今古圖考　史7-49393　叢2-1946
50 興中草　集2-12403
興中吟　集4-29660
60 興圖說　史7-50029　叢2-785
興圖論畧　史7-49713　叢2-1711～2
興圖要覽　史7-49620、49641～2
興圖便覽　史7-49600
興圖備覽全集　子1-3090、3636
興圖總論註釋　叢2-912
興圖總論注釋　史7-49715～7　叢2-797
興圖考畧　史7-49691　子4-20798
興圖摘要　史7-49564　叢2-1183
77 興服志　史1-1936
78 興覽　史7-49317(6)、49318(1)、49688

7780₆ 貫

00 貫齋詩集　集3-20542
10 貫一堂痘家普濟祕要　子2-9026
13 貫酸齋詩集　集1-5411、6-41779～80
15 貫珠集、玉鑰匙門法　經2-14303
17 貫蝨心傳　子1-3875　叢1-201、203(6)
貫蝨篇　子1-3874
21 貫經、禮記投壺篇、投壺譜　子3-18183
34 貫斗忠孝五雷武侯祕法　子5-29530(12)、31584
38 貫道堂文集　集3-17362
41 貫垣紀事　史6-46441
44 貫莊劉氏宗譜[江蘇江陰]　史5-39242
貫華叢錄　史7-51539　叢2-685

貫華堂註釋第六才子書　集7-48851
貫華堂評論金雲翹傳　子5-28279～80
貫華堂繪像第六才子西廂、醉心編　集7-48848
貫華堂選批唐才子詩甲集七言律(貫華堂批評唐才子詩集)　集6-43396
貫華堂才子書彙稿十二種　叢2-1247
貫華堂才子書彙稿十種　叢2-609
貫華堂第六才子書、西廂文　集7-48850
貫華堂第六才子書西廂記　集7-48847
貫華堂第六才子書西廂記、才子西廂醉心篇　集7-48849
46 貫如弈譜　子3-18091
60 貫唯集　子2-10806
77 貫風詞　集7-46900
貫月查　子3-18323　叢1-587(4)、2-624(3)、721
88 貫筆譜式　子3-17956、18487

貿

60 貿易通志　史6-43939、7-49318(22)、54399
貿易指南要訣　子4-21623

賢

00 賢奕編　叢1-31、106、2-731(54)
賢奕選　叢2-1116～8
賢弈亭稿　集4-33088
賢弈編　子4-23020～1　叢1-111(2)
賢弈編廣　子4-23022
賢弈選　子4-20578
03 賢識錄　史1-4408　叢1-22(21)、88～9、2-731(67)
12 賢孫孝祖　集7-52518
16 賢聖集伽陀一百頌　子6-32081(46)、32082(23)、32083(29)、32085(43)、32086(51)、32088(31)、32089(35)、32090(56)、32091(54)、32092(37)、32093(31)
賢聖集伽陁一百頌　子6-32084(24)
17 賢已編　叢2-838
賢已編　叢1-373(9)
22 賢川王氏家譜[浙江江山]　史4-25105
賢川王氏宗譜[浙江江山]　史4-25106
25 賢使君重還如意子　集7-49548
賢使君重還如意子(統如鼓)　集7-49541
30 賢良詞　集7-54139

賢良悲傷一枝　集7-52763
賢良傳　史1-947～8
賢良進卷　史6-48146　叢1-265(2)
賢良寶卷　集7-54437、54503
賢良女勸丈夫　集7-53320
賢良女勸夫一枝　集7-52000
賢良女吊孝　集7-53319、53336
34 賢達婦龍門隱秀雜劇　集7-48774(1)、49049
42 賢媛圖說　史2-7717
賢媛類徵初編　史2-7460
44 賢孝寶卷　集7-54521～2
賢者五福經　子6-32083(22)、32086(37)
賢者五福德經　子6-32081(33)、32085(32)、32088(23)、7-32115
賢劫現在千佛名經　子6-32083(11)
賢劫千佛名號　子7-32446
賢劫千佛號　子7-32447
賢劫經　子6-32081(16)、32082(11)、32083(11)、32086(17)、32088(12)、32089(13)、32091(16)
賢劫經(颰陀劫三昧經、賢劫定意經)　子6-32084(10)、32090(17)、32092(11)、32093(6)
賢劫經(颰陁劫三昧經、賢劫定意經)　子6-32085(16)
賢劫十六尊　子6-32093(40)
50 賢妻諫嫖　集7-52844
60 賢愚經　子6-32083(25)、32084(21)、32086(43)、32093(22)
賢愚因緣經　子6-32081(39)、32082(17)、32085(37)、32088(27)、32089(33)、32090(54)、32091(52)、32092(35)、7-32719～21
77 賢母錄　史2-6447、9907　叢2-1015
賢母錄、旌節錄　史2-6446　叢1-352
賢賢堂芙蓉樓傳奇(玉節記傳奇)　集7-50388
80 賢翁激壻　集7-49253
賢首五教儀　子6-32092(44)、7-33898
賢首五教儀科注　子7-33899
賢首五教儀法相數釋　子7-33900
賢首五教儀開蒙　子7-33343、33897、33901
賢首五教儀開蒙增註、引論名義　子7-33904
賢首五教儀開蒙增注、華嚴經品會大義　子7-33903
賢首經　子6-32083(13)
賢首紀聞　史7-52544　叢2-701
賢首宗乘、續補　子7-33902
賢首寺志　史7-51699

閬

80 閬谷悟禪師語錄　子7-34257

闍

35 闍清山房集　集4-22014

黌

22 黌山子　子1-18～20、488
30 黌宮敬事錄　史6-42180～1
黌宮敬事錄續集　史6-42182
37 黌祀備考　史6-42137
50 黌東樓氏宗譜[浙江義烏]　史5-39027～8
73 黌院張氏宗譜[浙江嵊州]　史5-34979
77 黌門賀氏三修族譜[湖南湘鄉]　史5-36737
黌門錄　史8-59239

7780₇ 尺

10 尺一堂詩鈔　集3-17277
尺五集　集2-12870
尺五樓詩集　集3-15022
尺五園遊草　集5-38286
尺五園四集　集5-38287
尺五堂詩刪近刻　集3-15057
尺五堂詩刪初刻　集3-15056
尺雲樓詩鈔　集4-31768
尺雲樓詞鈔　集7-48319
尺雲軒文集、詩集、外集　集4-25359
尺雲軒文集、續編　集4-25357
尺雲軒文集、續編、尺牘　集4-25358
尺雲軒集　集4-25356
22 尺崖片草　集3-20980
24 尺牘新編甲集、乙集、丙集、丁集、阮亭遊記　集6-45241
尺牘新鈔　叢1-453、2-731(54)
尺牘詩課　史2-13137
尺牘致復集　集3-20476

尺牘雋言　集6-45212～3
尺牘爭奇　集6-45221
尺牘集錦　集6-45194
尺牘集錦三種　叢1-496(5)
尺牘稿　集5-39696　叢2-2162
尺牘稱呼合解　子5-26039
尺牘偶存　集3-16537,5-36104,6-45312
尺牘叢刻　集6-45195
尺牘補遺　集6-45205
尺牘法言　子5-25169
尺牘清裁、補遺　集6-45203
尺牘初徵　集6-45246
尺牘初桄　叢1-496(7)
尺牘初桄、彙註　集6-45252
尺牘青蓮鉢　集6-45229
尺牘奏稿雜稿　叢2-1016
尺牘罢　叢2-1455
尺牘晚存　集5-37281
尺牘類便　集6-45294
36 尺澤齋詩鈔　集5-35163
37 尺鴻詩稿　集5-35988
40 尺壺詞　集7-46433、47706
尺木禪師銅鞮語錄、海天剩語、順世語　子7-34271
尺木樓詩集　集3-17860
尺木樓詩稿　集3-17859
尺木樓琴譜指法摘錄　子3-17808
尺木樓偶鈔　集3-17861
尺木居集　集4-22767
尺木居輯諸名公四書尊註講意(大學講意、中庸講意、論語講意、孟子講意)　經2-10532
尺木堂集　集3-13803
尺木堂綱鑑易知錄、明鑑易知錄　史1-1242
44 尺苑　子4-18635
尺華齋試律存草　集4-29275
尺檮殘葉　叢2-608
50 尺素遺芬　子3-15485
60 尺園佐治續記　史1-4002
67 尺鳴片草　集3-20235
77 尺岡草堂遺集　集4-33371
88 尺算徵用　子3-12694
尺算日晷新義　子3-12355
尺餘草(鵬溪縫隱尺餘草)　集3-21108

7780₉　爨

01 爨龍顏碑考釋　史8-64651　叢2-643

27 爨響　集3-16576
44 爨薪集、湘吟草　集4-23825
47 爨桐廬算剩、續編　子3-12889
爨桐廬算賸　叢2-843
88 爨餘詩鈔　集3-21648
爨餘詩鈔、文鈔　集3-21647
爨餘詞　集7-47430　叢1-486,2-698(12)、731(49)、1636
爨餘集　集4-31503,5-41184,7-47429　叢2-1635
爨餘集(配清抄本)　叢2-1636
爨餘稿　集5-40281
爨餘稿(松崖詩鈔、續編)　集3-21794
爨餘叢話　集6-41763　叢2-1635～6
爨餘吟　集4-32851
爨餘駢語(遯菴駢語、續駢語)　集2-10970

7782₇　鄞

10 鄞下草　集2-7108
鄞西謝氏宗譜[浙江鄞州]　史5-40703
鄞西張氏宗譜[浙江鄞州]　史5-34911
鄞西范氏世系家譜序次[浙江寧波]　史4-29442
鄞西范氏本支譜[浙江寧波]　史4-29441
22 鄞峯真隱漫錄　集1-3310　叢1-223(54)
鄞峯真隱漫錄、史子樸語　集1-3311
鄞山書院核實錄　史7-52052
50 鄞東施氏宗譜[浙江寧波]　史4-30884
鄞東一都桑氏副譜[浙江鄞州]　史5-33517
鄞東五鄉礁吳氏宗譜[浙江鄞州]　史4-27837
鄞東蛟礁吳氏宗譜[浙江鄞州]　史4-27836

7790₄　朵

10 朵雲樓詩稿　集5-35292
60 朵園文集　集4-31498
朵園續鈔　集4-28365

桑

00 桑麻水利族學彙存　子1-4169　集6-

41691
　桑文恪(春榮)傳　史 2 - 10288
10 桑雪蓭先生文集　集 3 - 17516
17 桑子庸言　子 4 - 20380　叢 1 - 195(2)、2 -
　731(11)、811
18 桑政邇言　子 1 - 4467
　桑政萃編　子 7 - 36228(5)
22 桑嵐草堂詩存　集 4 - 26061
30 桑寄生齋詩　集 5 - 36898
31 桑源陳氏宗譜[浙江東陽]　史 4 - 33022～4
40 桑志　子 1 - 4462
　桑梓五防　子 1 - 3894　叢 2 - 811、1268
　桑梓之遺書畫册目錄　子 3 - 14800
　桑梓之遺錄文　子 4 - 23514
　桑梓潛德錄、桑梓潛德續錄、桑梓潛德錄三
　　集　史 2 - 7805
　桑梓述聞[嘉慶]　史 8 - 62288
　桑梓吟　叢 2 - 1611～2
44 桑孝子(天顯)旌門錄　史 2 - 9422
　桑孝子旌門錄　叢 2 - 832(5)
　桑者新詞　集 7 - 47213
　桑樹種植新法　子 1 - 4398
　桑植縣志[乾隆]　史 8 - 60462
　桑植縣志[同治]　史 8 - 60463
　桑林胡氏族譜[湖南湘鄉]　史 4 - 30639～40
47 桑根先生(薛時雨)行狀　史 2 - 10178
48 桑乾集　集 6 - 45074
　桑乾草、響山樓稿、餐雲書屋稿、雪舫吟　集
　　3 - 16059
　桑榆詩集、文集　集 3 - 13400
　桑榆集詩、文　叢 2 - 1241
　桑榆夕照錄　子 4 - 22740
　桑榆漫志　子 4 - 20615　叢 1 - 22(23)、87、2 -
　　730(1)、731(54)
　桑榆留稿　集 5 - 38450
　桑松風集　集 2 - 12439
60 桑園寄子　集 7 - 53253
　桑思玄集　集 2 - 7132、6 - 41935(1)
67 桑暉升先生遺集　集 2 - 12440
71 桑蠶說　子 1 - 4441
　桑蠶摘錄、山蠶易簡　子 1 - 4439
　桑蠶提要　子 1 - 4358
　桑阿吟屋稿　集 3 - 20531　叢 2 - 837
72 桑氏宗譜[江蘇宜興]　史 5 - 33514
　桑氏宗譜[浙江鄞州]　史 5 - 33515～6
　桑氏女賢良打狗勸夫郎　集 7 - 51409
78 桑陰隨紀　子 4 - 23611

閑

01 閑評　集 6 - 44983
10 閑雲老人(紀遠宜)傳　史 2 - 9485
21 閑處光陰　子 4 - 21657～8
30 閑家編　子 1 - 2221
　閑窗括異志　叢 1 - 99～100
　閑窗括異志　子 5 - 26948　叢 1 - 101、252、
　　2 - 731(50)
　閑窗隨筆譚署、戲譚　子 5 - 26743
38 閑道集　經 2 - 9985
　閑道錄　子 1 - 1301、1453
40 閑存錄　子 4 - 20811
50 閑中今古　子 5 - 27307
　閑中錄前集　子 3 - 11314
67 閑暇清論　子 1 - 3272
77 閑邪記　子 1 - 1217　叢 2 - 1169
　閑邪衛生遠監編　子 4 - 21715
　閑闢錄　子 1 - 108、798　叢 1 - 574(3)
　閑居雜錄　子 4 - 24323
　閑居錄　子 4 - 20246　集 1 - 5015
　閑閑老人(趙秉文)年譜　史 2 - 11330　叢
　　2 - 2127
　閑閑老人詩集　叢 2 - 2127
　閑閑老人詩集、目錄、年譜　集 1 - 4652
　閑閑老人滏水文集　集 1 - 4655　叢 2 - 635
　　(10)
　閑閑老人滏水文集(滏水文集)　集 1 - 4656
　閑閑老人滏水文集、補　叢 2 - 731(45)
　閑閑老人滏水文集、補遺　集 1 - 4658　叢
　　2 - 782(2)
　閑閑老人滏水文集、校札記　集 1 - 4659、6 -
　　41925
　閑閑老人滏水集　集 1 - 4653
95 閑情偶寄　子 4 - 24185

7810₄ 墜

87 墜釵記　集 7 - 49927

7810₇ 監

10 監正元統　子 3 - 11235
22 監利縣志[康熙]　史 8 - 60336

監利縣志[順治]　史8-60335
監利縣志[同治]　史8-60337
監利風土志　史7-49318(13)
監利風土志[光緒]　史8-60338
28 監懲錄前編、後編、附編　子1-1072
31 監酒令　集7-53182
43 監獄訪問錄　子7-36645
監獄解蔽篇　史6-46301
監獄學　子7-36646
50 監本音注國語　史1-2087
監本正誤　經1-169、5256
監本五臣音注揚子法言　子1-426
監本附音春秋穀梁注疏　經1-22、7377
監本附音春秋穀梁注疏、校勘記　經1-21、7378　叢2-698(1)
監本附音春秋公羊注疏　經1-22、7268
監本附音春秋公羊注疏、校勘記　經1-7269～70　叢2-698(1)
監本附釋音春秋公羊注疏、校勘記　經1-21
監本纂圖重言重意互注論語　經2-9293
監本纂圖重言重意互注禮記　經1-5551
監本纂圖重言重意互注點校毛詩、圖譜　經1-3553
監本纂圖重言重意互注點校尚書　經1-2603　叢2-635(2)
監本纂圖春秋經傳集解　經1-6681
60 監國紀年　史1-1981、3408
監國日錄　史1-1962、3260
78 監臨條約(光緒丁酉科)　史6-42283
監臨條約點名時辰標燈起數卷袋貼式　史6-42284
88 監簿呂公家傳　叢1-223(21)

鹽

00 鹽亭縣鄉土志[光緒]　史8-61740
鹽亭縣志[乾隆]　史8-61737～8
鹽亭縣志續編[光緒]　史8-61739
鹽亭縣志書[乾隆]　史8-61736
06 鹽課　叢2-771(1)
08 鹽說　史6-43773、43778
18 鹽政通考　史6-43768
鹽政志　史6-43763
鹽務新章各項鈔存　史6-43781
鹽務輯畧　叢2-1980
20 鹽乘　史6-43793　叢2-2211
鹽乘[民國]　史8-58888
22 鹽豐縣志[民國]　史8-62570

鹽山新志[民國]　史7-55376
鹽山縣稅契公所報銷清冊　史6-43264
鹽山縣志[康熙]　史7-55374
鹽山縣志[同治]　史7-55375
30 鹽官許氏家譜[浙江海寧]　史5-34402
鹽官名德錄　史2-8026
31 鹽源縣志[乾隆]　史8-62159
鹽源縣志[光緒]　史8-62160
34 鹽法議畧　史6-41495、43775～6
鹽法統概　史6-43770
鹽法私礬私茶同居酒禁丁年考　史6-46273　叢2-2109
鹽法條例　史6-43765～6
鹽法通志　史6-43790
鹽法考畧　史6-43764　叢1-195(3)、351、2-731(17)
鹽法隅說　史6-43769　叢2-1579
36 鹽邊廳鄉土志[民國]　史8-62158
43 鹽城唐氏宗譜[江蘇鹽城]　史4-32492
鹽城續志校補[民國]　史7-56692
鹽城徐氏宗譜[江蘇鹽城]　史4-31798
鹽城祁氏宗譜[江蘇建湖]　史4-26939
鹽城趙母居太夫人七十壽徵言集　史2-10727
鹽城縣鄉土地理[民國]　史7-56693
鹽城縣志[萬曆]　史7-56687
鹽城縣志[乾隆]　史7-56688
鹽城縣志[民國]　史7-56690
鹽城縣志[光緒]　史7-56689
鹽城陸氏宗譜[江蘇鹽城]　史4-32620
44 鹽考錄　史6-43779
鹽茶廳志備遺[乾隆]　史8-63334
47 鹽埠蔡氏四修族譜[湖南湘潭]　史5-38055
48 鹽梅新俎　子4-18964
鹽梅志　史2-6529
50 鹽車道聽　叢2-1129
鹽書　子4-18976
55 鹽井縣圖志[民國]　史8-62657
60 鹽邑志林四十種附一種　叢2-730(11)
鹽邑志林四十一種附一種　叢2-836
鹽邑藝文續編殘帙　集6-44604
鹽邑藝文續鈔附補編殘稿　集6-44603
鹽邑藝文前編甲集、乙集　集6-44602
77 鹽局公件存稿　史6-43786
83 鹽鐵　叢1-460
鹽鐵論　子1-61、66、83、379、382～7　叢1-69、74～7、123、182、223(29)、227(6)、286、2-635(3)、730(6)
鹽鐵論、校勘小識　子1-381　叢1-579、2-698(6)

鹽鐵論、考證　子1-380　叢1-325,2-628、658
鹽鐵論平議補錄　子1-391
鹽鐵論引管　叢2-2063
鹽鐵論集釋　子1-392
鹽鐵論校補　子1-389　叢1-258,2-731(2)、847、1466
鹽鐵論考證　叢1-286
90 鹽省雜鈔　子4-24305

7810₉ 鑒

00 鑒齋詩草　集6-41978
03 鑒誡畧鈔　子5-30526
鑒誡錄　子5-26264　叢1-268(4)
37 鑒湖孫氏譜畧[河北清苑]　史5-33519
40 鑒古齋日記　子4-21963
鑒古韻語　集2-7866
鑒古百一詩　子3-14761、14932　叢1-437
鑒古錄　史1-4946　子4-21163
42 鑒橋傅氏宗譜[浙江鄞州]　史5-36201
鑒橋傅氏宗譜再正稿[浙江鄞州]　史5-36202
鑒橋傅氏宗譜續稿[浙江鄞州]　史5-36203
44 鑒舊齋書畫識　史2-6725
51 鑒軒醫書二種　子2-4687
53 鑒戒象讚　叢2-774(8)
鑒戒錄　叢2-624(2)
56 鑒撮節要　史1-4958
60 鑒畧四字書　子1-2804
鑒畧四字書、提綱釋義　子1-2801
80 鑒公精舍納涼圖題詠　叢2-832(5)
90 鑒賞小品(鄭秋湘所輯鑒賞小品)二十二種　叢1-187
99 鑒勞錄　史1-3069　集2-11993～4

7821₁ 胙

43 胙城縣志[順治]　史8-59707
胙城縣志[萬曆]　史8-59706

7821₂ 陁

60 陁羅尼雜集　子6-32084(22)

陁羅尼集經　子6-32084(8)

7821₆ 脫

27 脫網盟　叢1-187
30 脫空祖師　集7-52289
40 脫難紀畧　史1-3846
44 脫藁　叢1-223(54)
50 脫囊穎　集7-48776、49222　叢2-672
62 脫影奇觀　子7-37239
72 脫氏家譜書[河北新河]　史5-34361

覽

27 覽衆山館詩　集5-38182
40 覽左隨筆　經1-6892
44 覽苴言　子4-23922
79 覽勝紀談　子4-20601
84 覽鎮居彙編庭聞遺述　子4-23921

7821₇ 隘

44 隘巷集　集5-38185
隘村醫訣　子2-4932

7823₁ 陰

00 陰症　子2-4726
陰症畧例　叢2-731(29)
02 陰證畧例　子2-4552、4768、4771(2)、6479、7996
10 陰晉異函　子5-27118
陰晉陵集　集1-600
16 陰魂陣　集7-53007～8
陰魂陣快書詩篇　集7-53009
17 陰子翼先生日記(清光十□年)　史2-12688
陰子豐財　集7-49705
陰那山志　史7-52608
21 陰何詩集　集6-41771
24 陰德錄　子5-26940
25 陰律難逃　叢2-724

30 陰宅集要 子3-13204
　陰宅易知錄 子3-13225
　陰宅鏡 子3-13212
32 陰遁九局 子3-14273、14405
　陰遁全局 子3-14404
35 陰濃綠樹一枝 集7-52032
40 陰真君還丹歌注 子5-29530(3)、31119
　　叢1-82
　陰真君金石五相類 子5-29530(18)、30965
50 陰毒蓋世一枝 集7-52033
52 陰靜夫先生遺文 集3-19424
54 陰持入經 子6-32081(31)、32083(21)、32084
　　(17)、32085(31)、32086(36)、32088(23)、
　　32089(22)、32090(31)、32091(30)、32092(20)
　陰持入經、佛說慧印百六十三定解 子6-
　　32093(18)
71 陰騭文 叢2-771(2)
　陰騭文廣義節錄 子5-30403
　陰騭文註 子5-29535(6)、29536(6)、30392
　陰騭文註證 子5-29581、30393~4、30414
　陰騭文詩 集4-25269
　陰騭文詩全卷 子5-30424
　陰騭文說証彙纂 子5-30406
　陰騭文說證滙纂 子5-30404
　陰騭文靈應紀畧 子5-30400
　陰騭文集證 子5-29583、30401
　陰騭文像註 子5-30410、30416~7
　陰騭文句頌 子5-29581、30423
　陰騭文注解 子5-29576
　陰騭文直解 子5-30396
　陰騭文敷言 子5-30397~8
　陰騭文圖註 子5-30408
　陰騭文圖證 子5-30418
　陰騭文圖說 子5-30411~3、30415、30419~
　　20
　陰騭文印言 子3-17214
　陰騭文印譜 子3-17221
　陰騭文印存 子3-17408
　陰騭果報圖注 子5-30409、30421
76 陰陽辨疑、陰陽辨疑論 子3-14572
　陰陽雜法 子3-11249
　陰陽二宅 子3-13243
　陰陽二宅全書(陰宅集要、陽宅集要) 子3-
　　13202
　陰陽五要奇書 子3-12893
　陰陽五行古義鉤沉 叢2-2235
　陰陽備用三元節要 子3-14569
　陰陽宅 子3-13154
　陰陽定論 子3-14573
　陰陽寶海三元玉鏡奇書 子3-13392
　陰陽寶海三元玉鏡奇書(三白寶海) 子3-

　　12892~3
　陰陽寶海三元玉鏡奇書(三白樞機妙用、九
　　星鉤玄) 叢1-160~1
　陰陽滙錄 子3-13246
　陰陽消長論 子3-12977 叢2-1053
　陰陽九轉成紫金點化還丹訣 子5-29530
　　(17)、29555、30858
　陰陽博覽(觀象玩占) 子3-13022
　陰陽書 叢2-774(10)
　陰陽書存 叢2-592
　陰陽指正 子3-13224
　陰陽嘆 集7-52547
　陰陽鐘 集7-50479
　陰陽鏡 子5-27187
　陰陽合曆(公元一八零四年至一九二三年)
　　子3-11728
　陰陽錯雙飛鳳接玉釵 集7-53929
　陰陽管見 子4-20371 叢1-61~4、174、
　　195(2)、2-730(3)
　陰陽判傳奇 史2-9357 集7-50279
77 陰丹內篇 子5-29530(23)、29535(5)、29536
　　(5)、30936
79 陰隲文廣義、補闕 叢2-724
　陰隲文集證 叢2-724
　陰隲文頌 叢1-202(2)、203(7、18)
　陰隲神書 子3-14130
80 陰翁約旨 叢2-1361
88 陰符 子1-3091
　陰符玄解 子3-13145、13156、5-29535(4)、
　　29536(3)、29786
　陰符天機經 子5-30104
　陰符集證 子1-3068、5-29781
　陰符經 子1-20、61、3066、5-29536(5)、
　　29540、29547、29550、29553、29586、29724、
　　29727、29753、29770、29772、29777、29795
　　集1-101 叢1-22(2)、23(2)、74~7、151~
　　2、186、237、566、2-1345、2174
　陰符經(殘) 叢2-1425
　陰符經、解 子5-29769 叢1-144
　陰符經、陰符經考 子5-29762 叢2-910
　陰符經註 子5-29567~9、29571、29775、
　　29779~80、29783、29785、29793 叢1-223
　　(46)、2-1190、1347、1424
　陰符經註解 子5-29776 叢2-1191
　陰符經玄解正義 子5-29574、29794
　陰符經講義 叢1-223(46)
　陰符經三皇玉訣 子5-29530(3)、29543、
　　29721~2、29754 叢1-114(6)
　陰符經三皇玉笙 叢1-115~6
　陰符經疏 子5-29730 叢1-273(5)、275、
　　2-873

陰符經疏署　子5-29763　叢1-62～4,2-730(4)
陰符經發隱　子5-29797　叢2-2017
陰符經融解　叢2-1870
陰符經集注　子5-29558
陰符經釋義　子5-29594、29735、29799
陰符經釋義、總義　子5-29798
陰符經解　子5-29110、29766、29768、29773 叢1-22(25)、106、109、111(2,4)、223(46)、371,2-1214
陰符經注　子1-3093,2-4610、4612,5-29573　叢1-114(3),2-1139、1346
陰符經注疏　子5-29787
陰符經淺解　叢2-2217
陰符經十二家註解　子5-29721
陰符經九種　子5-29722
陰符經考異　子5-29738　叢1-223(46)、272(4)、312
陰符經口義　子5-29788
陰符經類解　子5-29580
陰符沖虛道德南華四經發隱　子7-32118
陰符神書　子3-14606、14650
陰符七篇　叢1-245
陰符眼　子5-29162、29784
陰符箋　子5-29796
90 陰常侍詩話　集6-46104
陰常侍詩集　集6-41771
陰常侍詩集(陰常侍集)　集1-601
陰常侍詩集、詩話　叢2-731(41)、763
陰常侍集　集6-41767
陰常侍集(陰晉陵集)　集1-600
91 陰類聲說　經2-14536

7823₃ 隧

10 隧石集　史2-6393

7824₇ 腹

00 腹庵章公(耿光)傳　史2-9249
腹庵章公墓誌銘　史2-9250
20 腹稿憶存　集4-27493
50 腹中女聽經　子6-32081(10)、32082(9)、32083(7)、32085(10)、32086(11)、32088(8)、32089(7)

7826₁ 膳

30 膳房辦買肉斤雞鴨清冊　史6-47386
50 膳夫經　子4-18909　叢1-207、265(3)、570、586(4),2-716(3)
膳夫經手錄　子4-18541、18911　叢1-452、456(6)、465(6),2-731(6)
膳夫經手錄、牛羊日曆　子4-18910
膳夫錄　子4-18912　叢1-22(16)、23(15),2-617(3)

7828₆ 險

00 險症擇尤　子2-6848

7829₄ 除

00 除豪集　集3-17394
10 除一切疾病陀羅尼經　子6-32081(55)、32083(35)、32086(59)、32088(36)、32089(31)、32091(38)、32093(37),7-32095
除三害　集7-53557
17 除恐災患經　子6-32081(15)、32083(11)、32085(16)、32086(17)、32088(11)、32089(13)、32090(17)、32091(16)、32092(11)
21 除歲言歡　集7-49700
除紅譜　子3-18208～9、18247　叢1-22(17)、23(16)、36～7、173、181、545、547(4)
27 除夕元旦詩　叢2-1361
41 除奸檄文除馬阮疏　史1-1864
44 除蓋障菩薩所問經　子6-32089(30)
54 除蝻八要　子1-4283～4
56 除蝗備考　子1-4288
80 除氛錄　史1-3767　叢2-1908
87 除欲究本、指婬斷色篇　子4-21258
98 除弊論　子4-21949
除弊條陳　叢2-1137

7833₄ 愍

28 愍綸錄、歷仕政績　史2-9138
44 愍孝錄(王繼谷)　史2-10728

50 憨忠錄　史1-1935,2-7402

7834₁ 駢

00 駢文　叢2-2000
　駢文一稿　集5-34759
　駢文集　集5-40584
　駢文稿　集4-32343
　駢文續稿　集5-37353
　駢文存　集5-34677、37527~8
　駢文鈔　集4-32698
　駢文省抄　叢2-2270(3)
　駢文類纂　子5-25480
01 駢語　集4-26879
　駢語珠英　子5-25994
　駢語雕龍　子5-24976　叢1-108、111(3),
　　2-731(4)
　駢語類鑑　子5-25387
20 駢香儷豔　叢1-315
21 駢儷文　叢2-698(12)、1580
30 駢字憑霄　子5-25730
　駢字啓蒙　叢1-530~1
　駢字古音　經2-12839
　駢字摘豔　子5-25995
　駢字分箋　經2-14662~3　子5-25993　叢
　　1-203(16)、241、242(2),2-731(23)、1534
　駢定獵豔　子5-26058
40 駢志　子5-25055　叢1-223(43)
44 駢花閣文選　叢1-584
　駢葩　集5-38245
　駢枝生踏歌　集7-50834
　駢枝別集　集2-11735
　駢林摘豔　子5-26066~7
45 駢隸　叢2-1920
70 駢雅　經2-14640、14642　叢1-223(15)、269
　　(2)、270(1),2-731(23)、870(2)
　駢雅、音釋　經2-14641
　駢雅訓纂　叢1-515
　駢雅檢字　經2-14643
75 駢體　叢2-1933
　駢體文集　集4-22443、24823、25320、25826、
　　31835
　駢體文稿　集4-22451、27254　叢2-1441
　駢體文初存　集5-36718
　駢體文存　集4-33133,5-36657、39944
　駢體文畧　集6-42660
　駢體文附錄　集4-28222
　駢體文錄　集5-34720、35250　叢2-1963

駢體文鈔　集4-21933~4、25686,5-34708、
　35244、36190、40857,6-42659　叢2-698
　(12)、1642
駢體藥性便蒙(藥性便蒙)　子2-5793
駢體探珠　集6-42662
駢體分類選晬　集6-42663
駢體類纂四六　集6-42661

7838₆ 驗

00 驗病祕授　子2-9663
　驗方　叢2-1225
　驗方雜抄　子2-10168
　驗方雜錄　子2-10165
　驗方新編　子2-4687、9677、9949
　驗方新編(校正增廣驗方新編)　子2-
　　9672、9678
　驗方新編、痧症全書、咽喉祕集　子2-
　　9673、9676
　驗方新編、補遺　子2-9674
　驗方新編、增補方　子2-9675
　驗方集要　子2-10120
　驗方備用　子2-9988
　驗方傳信　子2-9721
　驗方偶錄　子2-9875
　驗方侯鯖　子2-9918
　驗方急救編　子2-9855
　驗方滙集、續集　子2-9884
　驗方滙輯　子2-9475
　驗方補　子2-4678、9726
　驗方選易　子2-9893
　驗方萃編　子2-9771
　驗方增輯　子2-9513
　驗方摘要　子2-9536、9571、9906
　驗方擇要　子2-9965~6
　驗方輯要　子2-9976
　驗方撮要　子2-10101
　驗方抄　子2-10173
　驗方合抄　子2-9391
　驗方錄　子2-10160
　驗方錄要　子2-9573
　驗方纂要　子2-10034
　驗方類編　子2-9871
　驗方類編(趙翰香居丸散丹全錄)　子2-
　　9870
28 驗收軌制章程　史6-44217
34 驗法新編　子2-9978
37 驗過良方(祕授驗過良方)　子2-9652
　驗過奇方　子2-9989

72 驗所驗、修合回生丹方法　子2-8202
77 驗屍目錄　史6-46107

7844₀ 敎

77 敎學錄　子4-20927

7870₀ 臥

00 臥疴隨筆　子4-19492、21031
　臥病江臯　集7-50634
　臥癡閣彙稿　集2-7069
　臥庵藏書畫目　子3-14772
　臥廬二集　集4-32854
01 臥龍崗志　史7-51468
　臥龍山題名　史8-63944
　臥龍山人集　集3-13843
　臥龍先生志　史2-8504
10 臥雪齋選　集6-42883
　臥雪詩翰　集5-41004
　臥雪山房詩鈔　集4-24998
　臥雪書室隱語　子3-18430
　臥雪軒吟草　集6-41999
　臥雪堂詩集　集5-41003
　臥雪堂詩草　集5-41001
　臥雪堂詩草、文集　集5-41002
　臥雲詩賦　集4-32863
　臥雲珠　叢2-2085
　臥雲子家藏龍經彙解　子3-13300
　臥雲稿　集2-11466
　臥雲山房文稿　集4-23398
　臥雲山房詩草　集4-23397
　臥雲山房集　集4-30603
　臥雲山館詩存　集4-30931
　臥雲草　叢2-1497
　臥雲草堂詩鈔　集3-21719
　臥雲樓詩集　集5-38343
　臥雲樓詩草、補編　集5-38342
　臥雲樓琴譜、指法　子3-17686
　臥雲東遊詩鈔　集5-39747
　臥雲軒詩集　集4-26692
　臥雲軒詩稿　集4-26691
　臥雲居詩鈔、試帖　集4-28498
　臥雲堂詩稿　集3-17342
21 臥虎山人日記(清光緒十五年至二十五年)
　　史2-12925

22 臥山詩鈔　集3-19073
27 臥象山房詩正集　集3-15126　叢2-1332
　臥象山房詩集、文集、艮齋筆記、雜傳　集3-
　　15125
　臥象山志　史7-52511～2
　臥象山人集選　集3-15123
29 臥秋草堂詩鈔　集3-19388
38 臥游集　子5-27349
　臥游錄　子4-23794　叢1-11、22(13)、23
　　(12)、38、108、119
　臥游錄、玉壺水　子4-23795
　臥滄詩草　集4-29234
　臥遊名山圖　叢2-1382
　臥遊太華齋詩稿　集4-33100
　臥遊隨錄　集4-22210　叢2-1519
　臥遊錄　子5-26218、26272、26724　叢1-
　　12、111(3)、120、181、407(2)、2-731(13)、
　　857、859
40 臥南齋小草、集杜　集3-21753
　臥樟書屋集　集5-36091
48 臥松雲舫遺稿　集4-25001
　臥梅廬詩存　集5-34937
60 臥園詩話　集6-46124～6
　臥園詩話、補編　集6-46127　叢2-993
　臥園四種(臥園全集)　叢2-993
77 臥閣日記(清光緒十七年至二十二年、二十
　　五年至二十七年,宣統二年)　史2-
　　12917
　臥風軒集　集5-41573
　臥月軒詩稿　集2-11951
　臥月軒詩鈔　集6-41999
　臥月軒稿　集2-11953　叢2-833
　臥陶軒集　集3-21561
　臥閒詩存　集5-33874
86 臥知齋駢體文初稿　集5-38490
88 臥簾日記吟　集4-28902

7876₆ 臨

00 臨症辨似　子2-5981
　臨症便錄續集　子2-10776
　臨症經驗各種雜病方、摘錄經驗良方　子
　　2-9972
　臨症指南方歌　子2-5145、9806
　臨症易知錄　子2-10900
　臨症醫案筆記　子2-10643
　臨症驗舌新法　子2-6241
　臨症驗舌法　子2-4768、4771(2)
　臨症簡訣　子2-5991

臨病考證　子2-5224
臨産要畧　子2-8244
臨産須知　子2-8297
臨産須知方論、産後諸症方論　子2-8335
臨雍檔册　史6-47376
臨齊客遊草　集5-37049
臨高縣志[康熙]　史8-61479
臨高縣志[光緒]　史8-61480
臨文便覽二種　經2-15130
臨文便覽十一集　經2-15134
臨文幻十集　經2-13122
01 臨証一得方(朱杏村外科醫案)　子2-7841
臨証經驗錄　子2-10071
02 臨證經應錄　子2-10688
臨證經驗方　子2-4684、9667
臨證經驗方(鳳氏醫案)　子2-10699
臨證指南論集　子2-10733
臨證指南醫案　子2-10543
臨證指南醫案、種福堂公選良方兼刻古吳
　名醫精論(種福堂公選良方)　子2-
　10541
臨證指南醫案、種福堂公選溫熱論醫案　子
　2-10542
臨證隨筆　子2-10589
臨證舉隅　子2-10925
臨證醫案　子2-10816
臨證醫案傷寒辨證錄　子2-4945
臨證類編　子2-10799
10 臨平記　叢2-832(4)
臨平記[崇禎]　史7-57159
臨平記[光緒]　史7-57160
臨平記再續[光緒]　史7-57161
臨平記補遺、續　叢2-832(4)
臨平日記　叢1-373(3)
臨天蔡氏宗譜[浙江臨海]　史5-38024
臨晉縣志[康熙]　史7-55933
臨晉縣志[乾隆]　史7-55934
臨晉縣志[民國]　史7-55936
臨晉縣志[光緒]　史7-55935
臨雲亭詩鈔　集4-21978
12 臨水周氏宗譜[浙江臨安]　史4-29908
臨水尊經閣祀典錄　史6-42207
臨水錢氏宗譜[浙江臨安]　史5-40191
13 臨武縣志[康熙]　史8-60649～50
臨武縣志[嘉慶]　史8-60651
臨武縣志[同治]　史8-60652
21 臨潁志[嘉靖]　史8-59902
臨潁縣續志[乾隆]　史8-59904
臨潁縣志[順治]　史8-59903
臨潁縣志[民國]　史8-59905

22 臨川文　集1-2283,6-41804
臨川文集　集1-2268　叢1-223(51)、227
　(9)
臨川文獻　集6-44818
臨川文選　集1-2292,6-44819
臨川詩集　集6-41908
臨川詩選　集6-41903
臨川詩鈔　集6-41900
臨川玉茗堂批評西樓記　集7-50137
臨川王先生文粹　集1-2294
臨川集唐　集3-20377
臨川集補　集1-2277　叢2-2004
臨川集補鈔　集6-41901
臨川集拾遺　集1-2278
臨川集錄　集6-41799
臨川先生文集　叢2-635(8)、698(10)
臨川先生文集(臨川王先生荆公文集、王臨
　川集)　集1-2267
臨川先生文集(臨川王荆公先生文集、新刻
　臨川王介甫先生詩文集、臨川集、臨川文
　集、王臨川文集)、目錄　集1-2266
臨川先生歌曲　集7-46396、46468
臨川先生全集錄　集1-2272,6-41708
臨川吳文正公(澄)年譜　史2-11383
臨川吳文正公集(吳文正集)　集1-4907
臨川吳文正公集、外集、行述、臨川吳文正
　公年譜　集1-4910
臨川吳文正公集、外集、私錄　集1-4906
臨川吳文正公集、道學基統、外集、臨川吳
　文正公年譜　集1-4908
臨川湯若士先生玉茗堂尺牘、絕句選　集
　2-10402
臨川湯顯祖紅泉逸草　集2-10404
臨川十寶　子3-15754
臨川李氏支譜[江西豐城]　史4-27380
臨川夢　集7-49438、49445
臨川縣續志[嘉慶]　史8-58783
臨川縣志[康熙]　史8-58781
臨川縣志[道光]　史8-58784
臨川縣志[乾隆]　史8-58782
臨川縣志[同治]　史8-58785
臨川縣志稿[民國]　史8-58786
臨川縣農工商務分局開辦章程　史6-
　44815
臨川答問　子4-22720　集4-33529　叢1-
　516
臨山衛志[嘉靖]　史7-57453
24 臨㳍醫案　子2-10818
26 臨泉縣志畧[民國]　史7-57799
臨皋文集　集2-9968　叢1 223(66)

中國古籍總目·索引

臨皋先生文集　集2-9967
27 臨終方訣　子7-32528
臨終自喜　叢2-1920
臨終舟楫要語　子7-34585　叢2-681
30 臨淮詩集　集1-1222,6-41878
臨淮縣志[康熙]　史7-57866
臨淮余氏宗譜[浙江淳安]　史4-28539
臨潼山　集7-53610
臨潼縣續志[光緒]　史8-62681~2
臨潼縣志[康熙]　史8-62679
臨潼縣志[順治]　史8-62678
臨潼縣志[萬曆]　史8-62677
臨潼縣志[乾隆]　史8-62680
臨潼縣志[民國]　史8-62683
臨濟宗旨　史2-7115~6　子6-32091(70)
　　叢1-223(46)
臨濟慧照玄公大宗師語錄　子7-34181
臨濠喜　集7-50299
臨濠周氏宗譜[江蘇常州]　史4-29841~2
臨漳縣誌[正德]　史7-55523
臨漳縣漳水圖經　史7-52852
臨漳縣志[雍正]　史7-55524
臨漳縣志[咸豐]　史7-55525
臨漳縣志[光緒]　史7-55527
臨漳縣志畧備考[同治]　史7-55526
臨安府志[雍正]　史8-62586
臨安府志[嘉慶]　史8-62587
臨安府志序言　叢2-1515
臨安集　集2-5845~7　叢1-223(62)
臨安集詩、文　集2-5844
臨安旬制記　史1-3374~5　叢2-1921
臨安旬制記、附錄(臨安旬制紀)　史1-
　　3376
臨安旬制紀　史1-3377　叢1-288、399、
　　411,2-832(6)
臨安志序錄[咸淳]　史7-57136
臨安志抄[咸淳]　史7-57135
臨安縣志[康熙]　史7-57173
臨安縣志[宣統]　史7-57175
臨安縣志[乾隆]　史7-57174
臨安縣志補、志餘、志糾[民國]　史7-
　　57176
臨安縣錢氏墳廟碑記[浙江臨安]　史5-
　　40189
臨安錢氏慶系譜[浙江臨安]　史5-40188
臨宋元十二景　子3-16661
31 臨江府志[康熙]　史8-58569
臨江府志[嘉靖]　史8-58567
臨江府志[隆慶]　史8-58568
臨江府志[同治]　史8-58570
臨江府農工商礦局應辦事宜　史6-44816

臨江玉峽孔公平仲文集　集1-2637
臨江玉峽孔公武仲文集　集1-2654
臨江鄉人詩集　集3-19443
臨江鄉人集拾遺　集3-19444
臨江草　集4-23108
臨江縣鄉土志[民國]　史7-56291
臨江縣志[民國]　史7-56290
臨江驛瀟湘夜雨　集7-48769
臨江驛瀟湘秋夜雨雜劇　集7-48767(4)、
　　48912　叢2-698(14)
臨江驛蕭湘秋夜雨　叢2-720(4)
臨江閣集　集4-22618
臨汀彙考　史7-50552
臨汀考言　集3-15793
臨河郝氏族譜[河北三河]　史4-30681
臨河縣志[民國]　史7-56078
32 臨洮府志[康熙]　史8-63085
臨洮府志[萬曆]　史8-63084
臨洮要覽[民國]　史8-63216
臨洮張氏家譜[甘肅臨洮]　史5-35438
臨沂縣志[民國]　史8-59319~20
臨溪集　集5-36368　叢2-682
臨溪吳氏族譜[安徽休寧]　史4-28064
臨溪蒜坵吳氏譜集[安徽休寧]　史4-
　　28067
臨溪蒜橋吳氏譜集[安徽休寧]　史4-
　　28066
臨濮世葉金淵施氏宗譜　史4-30921~2
臨淄封泥文字敍、目錄　史8-65110
臨淄縣鄉土志[光緒]　史8-59165
臨淄縣志[康熙]　史8-59163
臨淄縣志[民國]　史8-59164
34 臨池瑣語　子3-15183　叢2-1548
臨池心解　子3-15224　叢1-435
臨池管見　子3-15222
臨漪園文集　集3-17772
臨漪園文集、讀經偶錄　集3-17771
臨漪園詩集　集3-17768
臨漪園詩集、後集、偶存、文集、贅言　集3-
　　17770
臨漪園詩後集　集3-17769
臨法記　史1-801
臨漢隱居詩話　集6-45486、45490、45553
　　叢1-19(9)、20(7)、21(8)、22(14)、23(13)、24
　　(10)、195(4)、221、223(71)、244(2)、249(2)、
　　2-617(3)、731(46)、735(4)、873
35 臨清先生詩選　集6-44892~3
臨清寇畧　史1-1879,3729　叢1-202(7)、
　　203(13)、369,2-1581
臨清州志[康熙]　史8-59009
臨清州志[乾隆]　史8-59010

臨清直隸州志[乾隆]　史8-59011

臨清縣志[民國]　史8-59012

36 臨湘張氏家乘[湖南臨湘]　史5-35333～4

臨湘胡氏重修宗譜[湖南臨湘]　史4-30618

臨湘縣志[康熙]　史8-60521

臨湘縣志[同治]　史8-60522

臨澤縣志[民國]　史8-63162

臨澤縣採訪錄[民國]　史8-63161

38 臨汾縣志[雍正]　史7-55823

臨汾縣志[康熙]　史7-55821～2

臨汾縣志[萬曆]　史7-55820

臨汾縣志[乾隆]　史7-55824

臨汾縣志[民國]　史7-55826

臨汾縣志續編[民國]　史7-55825

臨海詩輯　集6-44704

臨海記　史7-50451　叢1-261,2-761、851

臨海水土記　史7-50452　叢1-22(11)、23(11)

臨海郡城林氏宗譜[浙江臨海]　史4-29296

臨海僊巖文信公新祠錄　史7-51828

臨海緱山葉氏宗譜[浙江臨海]　史5-35707

臨海宋氏宗譜[浙江臨海]　史4-29167

臨海洪氏宗譜[浙江臨海]　史4-30971～2

臨海汾川李氏八修族譜[浙江臨海]　史4-27253

臨海逆溪趙氏宗譜[浙江臨海]　史5-38379

臨海志[嘉靖]　史7-57633

臨海桃渚柳氏宗譜[浙江臨海]　史4-30355

臨海黃溪李氏宗譜[浙江臨海]　史4-27252

臨海黃沙張氏宗譜[浙江臨海]　史5-35111

臨海黃氏宗譜[浙江臨海]　史5-33866～7

臨海杜歧戴氏重修宗譜五集[浙江臨海]　史5-40523

臨海異物志　史7-50447～9　叢1-19(3)、21(5)、22(11)、23(11)、24(4)、2-776、851、2230

臨海異物志佚文　叢2-777

臨海縣補志料[乾隆]　史7-57635

臨海縣志[康熙]　史7-57634

臨海縣志稿[咸豐]　史7-57636

臨海縣志稿[民國]　史7-57637

臨海陶氏宗譜[浙江臨海]　史5-33492

臨海屈氏世譜[江蘇常熟]　史4-30295～6

臨海學正署須知　叢2-1442

臨海學須知　叢2-1442

臨海金氏族譜[浙江臨海]　史4-29762

臨海義城山勝黃氏宗譜[浙江臨海]　史5-33869

臨海義城黃氏宗譜[浙江臨海]　史5-33868

臨海善溪甘氏宗譜[浙江臨海]　史4-26044

40 臨幸翰林院禮成恭紀詩　集4-25878

43 臨城柏氏宗譜[安徽青陽]　史4-30336

臨城縣志[康熙]　史7-55452～3

臨城縣志[萬曆]　史7-55451

44 臨孝存周禮難　叢2-2066

臨桂縣志[嘉慶]　史8-61263

臨桂縣志[光緒]　史8-61264

48 臨榆縣志[乾隆]　史7-55174

臨榆縣志[民國]　史7-55176

臨榆縣志[光緒]　史7-55175

50 臨本郭有道碑　子3-15732

臨春閣　集7-48780、49314　叢2-672

60 臨邑石塘程氏宗譜[浙江臨海]　史5-36007

臨邑塗下橋蟾洋金氏宗譜[浙江臨海]　史4-29763

臨邑縣志[康熙]　史8-59118

臨邑縣志[順治]　史8-59117

臨邑縣志[道光]　史8-59119

臨邑縣志[同治]　史8-59120

臨邑縣志[民國]　史8-59121

62 臨縣志[康熙]　史7-56010

臨縣志[民國]　史7-56011

63 臨戰芻範　子1-3438

64 臨時各款總冊　史6-43259

臨時築壘學　子1-3721

67 臨野堂文集、詩集、詩餘、尺牘　集3-16723

臨野堂集　集3-16724

75 臨陣傷科捷要　子7-37894

臨陣傷科捷要、圖　子7-36231(7)

臨陣心法　子1-3380

臨陣管見　子7-36231(2)、36917

臨陣管見、圖　子7-36228(3)、36242(3)

77 臨朐編年錄　史7-50613

臨朐編年錄[雍正]　史8-59227

臨朐續志[民國]　史8-59229

臨朐縣鄉土志[光緒]　史8-59230

臨朐縣志[嘉靖]　史8-59224

臨朐縣志[光緒]　史8-59228

臨朐縣書[康熙]　史8-59226

臨民要署　史6-46427　叢1-435

7922₇ 勝

10 勝天王般若波羅蜜經　子6-32081(1)、
　　32083(2)、32084(1)、32085(2)、32086(1)、
　　32088(2)、32089(2)、32090(1)、32091(1)、
　　32092(1)、32093(13)
　　勝天王般若波羅密經　子7-32133、32323
　　勝西卞氏續修族譜[江蘇常州]　史4-
　　25664
22 勝利的生活　子7-35717
30 勝宮保奏議　史6-48879
　　勝宗十句義論　子6-32081(41)、32082(20)、
　　32083(27)、32084(22)、32085(39)、32086
　　(46)、32088(28)、32089(45)、32090(53)、
　　32091(51)、32092(35)、32093(32)
31 勝福往生淨土經　子6-32085(18)、32090
　　(21)、32092(14)
32 勝溪居士自撰年譜　史2-12080
　　勝溪竹枝詞　史7-50254　叢2-1723
37 勝軍王所問經　子6-32091(38)
　　勝軍不動明王四十八使者祕密成就儀軌
　　子6-32093(40)
　　勝軍化世百喻伽他經　子6-32081(44)、
　　32082(21)、32085(41)、32088(30)、32090
　　(33)、32092(21)、32093(31)、7-32724
　　勝軍化世百喻伽陀經　子6-32083(28)、
　　32086(49)、32091(31)
　　勝軍化世百喻伽陁經　子6-32089(25)
38 勝遊圖　叢2-1920
　　勝遊錄　史7-53071
40 勝境　叢1-176
　　勝幢臂印陀羅尼經　子6-32081(14)、32082
　　(11)、32083(10)、32085(14)、32086(15)、
　　32088(10)、32089(12)、32090(16)、32091
　　(14)、32092(10)、32093(44)
　　勝幢臂印陁羅尼經　子6-32084(9)
42 勝幡瓔珞陀羅尼經　子6-32083(29)
44 勝莊文鈔　集5-38781
　　勝蕭曹遺筆　史6-46398
　　勝蓮社約　叢1-22(25)、2-832(4)
　　勝蓮花室詩鈔　集5-34391
47 勝朝粵東遺民錄、補遺　史2-8259
　　勝朝粵東遺民錄、補遺、附錄　叢2-1011
　　勝朝遺事初編三十二種二編十八種　史1-
　　1933
　　勝朝越郡忠節名賢尺牘　集6-45314
　　勝朝忠節諸臣姓編　史2-7412
　　勝朝肜史拾遺記　史2-7438　叢1-241、
　　242(2)、407(3)、587(2)、2-624(3)、1309

60 勝國文徵　史1-4488　叢1-496(3)
　　勝國傳臮　史2-7419～20
　　勝國宰輔錄　史2-7491～2
　　勝國宮闈詩　叢1-278,2-731(43)
　　勝國遺民錄　史2-7422
　　勝思惟梵天經論　子6-32083(16)
　　勝思惟梵天所問經　子6-32081(6)、32082
　　(6)、32083(5)、32084(6)、32085(7)、32086
　　(7)、32088(5)、32089(6)、32090(9,48)、32091
　　(8,46)、32092(6,32)、32093(8)
　　勝思惟梵天所問經論　子6-32081(23)、
　　32084(13)、32085(22)、32086(25)、32088
　　(16)、32089(42)、32093(28)、7-32131、32728
72 勝鬘師子吼一乘大方便方廣經　子6-
　　32081(3)、32082(3)、32083(3)、32084(3)、
　　32085(3)、32086(3)、32088(3)、32089(3)、
　　32090(4)、32091(3)、32092(2)、32093(4)、7-
　　32190
　　勝鬘師子吼一乘大方便方廣經疏鈔　子7-
　　33082
　　勝鬘經　子7-32143
　　勝鬘經寶窟　子7-33080
　　勝鬘經述記　子7-33081
　　勝鬘夫人會　子7-32144
80 勝金色光明德女經　子6-32093(9)
　　勝義諦　子7-33867　叢1-146
87 勝飲編　子4-18943　叢1-456(4)、2-735
　　(3)
99 勝營記臮　史1-3881　叢2-1926

隩

00 隩言　子4-20788

騰

20 騰香館詞鈔　集7-47886
21 騰衝縣志稿[民國]　史8-62458
43 騰越廳志稿[光緒]　史8-62456
　　騰越鄉土志[光緒]　史8-62457
　　騰越近邊關隘考　史6-45639,7-49319
　　騰越社亂紀實　史1-4047
　　騰越杜亂紀實　叢2-705
50 騰蛟起鳳　叢2-2217
65 騰嘯軒詞鈔　集7-47586
88 騰笑集　集3-15001
　　騰笑軒詩鈔　集4-23437

7923₂ 滕

10 滕王閣　集 7-48780、48784、49320
　　滕王閣集　集 6-44806
　　滕王閣集、滕王閣續集　集 6-44807
　　滕王閣續集　集 6-44808
　　滕王閣填詞　集 7-50369
　　滕王閣印　子 3-17294
　　滕王閣全集、徵彙詩文　集 6-44809
40 滕志[康熙]　史 8-59339
　　滕志[萬曆]　史 8-59338
44 滕村姜氏族譜[江蘇丹陽]　史 4-31046
62 滕縣續志稿[宣統]　史 8-59343
　　滕縣鄉土志[光緒]　史 8-59346
　　滕縣殷微子墓碑考　史 8-63976
　　滕縣志[康熙]　史 8-59340
　　滕縣志[道光]　史 8-59342
　　滕縣志[嘉慶]　史 8-59341
　　滕縣圖志　史 8-59344
72 滕氏宗譜　史 5-39185
　　滕氏宗譜[江蘇無錫]　史 5-39179
77 滕閣新吟　集 3-17379

7925₉ 隣

57 隣邦兵備　子 1-3956

7928₆ 賸

00 賸言　叢 2-1640、2146～7
　　賸言（劉沅）　子 1-1693
　　賸言（陸隴其）　集 3-15156
01 賸語小草　集 3-19930
40 賸有樓詩鈔（子昌詩鈔）　集 5-36381

7929₆ 隙

00 隙亭剩草、雜言　集 5-35402
　　隙亭賸草、襍言　叢 2-1784
90 隙光亭雜識　子 4-21155

8

8000₀　人

00 人文爵里　子4-18792～4
　　人文大觀　集6-43992
08 人譜　子1-1966、2513　叢1-299～300、313、
　　2-1200～1
　　人譜(人譜正篇)　子1-2511
　　人譜、人譜類記　叢1-223(31)
　　人譜、人譜類記增訂　叢2-678
　　人譜正篇、續篇、訟過法、改過說　叢1-206
　　人譜正篇、續篇、三篇　叢1-195(3)、410
　　人譜補正　子1-2521
　　人譜補圖　子1-2520　叢1-197(2)
　　人譜述餘　子1-2522
　　人譜大全(正篇、續篇、三篇)　子1-2510
　　人譜類記　子1-1966、2514～5、2517
　　人譜類記增訂　子1-2516　叢1-410,2-
　　724
　　人譜類記輯要　子1-2518
　　人譜類記圖　子1-2519
10 人元大道九層煉心文終經(循途錄)　子5-
　　29580
　　人元脈影歸指圖說　子2-5998
　　人天樂傳奇　叢2-1269
　　人天清戚樓賦　叢2-2150
　　人天清籟集　集7-48320
　　人天眼目　子6-32091(72),7-34018
　　人天眼目、宗門雜錄　子7-34019
11 人琴集　集6-41941
12 人瑞翁詩集　集2-7857、7859
　　人瑞翁集　集2-7858,6-45016
　　人瑞錄　史2-6587　叢1-201、203(4)
17 人子須知資孝地理心學統宗　子3-13423、
　　13425
　　人子須知資孝書　子3-13425
　　人己關　叢2-1201
20 人爲之獸　子5-27919
21 人虎傳　叢1-56、255(4)
22 人仙雲梯說畧　子5-32052
　　人仙經　子6-32083(31)
　　人變述畧　史1-1937、2999
　　人峯洪氏宗譜[浙江浦江]　史4-30969

23 人外膹史　子5-25149
　　人參考　子2-5925　叢1-524
　　人參圖說　子2-5927
　　人代紀要　史1-1319
　　人代紀要考證　史1-1320
25 人生須知　子4-22044
　　人生樂　集7-50417
　　人生必讀書　子1-2582
26 人鬼夫妻　集7-49256
27 人象賦　子3-14201
　　人身譜　子2-9925
　　人身各部醫理考　子7-36240(5)
　　人身通考　子2-5945
　　人身類釋名　子7-36237
　　人物集　史4-27625
　　人物通考　史2-6227
　　人物志　子4-19788～9,7-36245　叢1-69、
　　71～7、101、182、223(39)、273(5)、274(4)、
　　440～1,2-628、635(5)、698(6)、730(6)、782
　　(2)
　　人物概　史2-6215
　　人物描寫摘抄　子4-23607
　　人物異稱　子5-26011
　　人名辨異　叢2-788
　　人名訓　子7-36332
28 人倫道德講義　叢2-2172
　　人倫大統賦　子3-14200　叢1-223(36)、
　　440～1、465,2-731(16)
　　人倫類字釋名　子7-36237
30 人家冠昏喪祭考　經1-5386　叢2-1678
　　人之初借錢　集7-53251
37 人迎辨　子2-4770、7157
38 人海詩區　集6-44386
　　人海記　子4-23143～4　叢1-203(15)、
　　288、373(4)、386、411、448
　　人海叢談　史1-3558
　　人道須知　叢2-724
　　人道大義錄　子4-23568
40 人境廬詩草　集5-37871～2
　　人境廬詩草箋注、補遺　集5-37873
　　人境結廬詩稿　集4-32937
　　人寸診補證　叢2-2129(3)、2131
　　人難賽　集7-50299
　　人壽金鑑　史2-6585
41 人極衍義　子1-1719　叢2-691(2)、1820
　　人極圖　子1-1235　叢1-151
42 人妖記　史1-1972、4446
44 人葖譜　子2-5926　叢1-202(8)、203(14)、
　　2-1622
　　人權宣言論　子7-36605
46 人相編　子3-14205

50 人中龍傳奇　集7-50256
　　人中畫　子5-27801
　　人事分類考、身體　子4-21591
　　人本欲生經　子6-32083(18)
　　人表考　史1-8、214　叢2-971、1550
　　人表考、補、附錄　史1-10(1)、215　叢2-653(3)
60 人罪至重　子7-35331
65 人蹟板橋霜　集7-51906
75 人體經穴臟腑圖　子2-5953
　　人體大要　子7-36236
　　人體蟲病通考　子2-7255
77 人同錄　子4-24678
　　人月雙清館詩鈔(情田雜俎)　集4-33367
　　人學　子4-21755　叢2-1588
　　人間詞話　叢2-2227～9
　　人間樂　子5-28297
80 人人可觀一枝　集7-51905
　　人鏡　子5-27085、7-32111
　　人鏡集　子5-25404
　　人鏡陽秋　史2-6581
　　人鏡類纂　子5-25979
　　人義　史2-7240
88 人範　子1-2838～9　叢2-653(3)、678、728
　　人範須知　子1-2589

入

00 入高紀程　史7-49317(4)、49318(15)、54583
　　入廣記　史7-49317(9)、49318(15)、54162
　　入註附音司馬溫公資治通鑑　史1-1078
　　入註附音司馬溫公資治通鑑綱目　史1-1079
03 入就瑞白禪師語錄　子6-32091(74)
10 入一切佛境智陪盧遮那藏經　子6-32093(8)
　　入夏錄　集2-7940
　　入晉稿　集2-9561
　　入雲編　集3-16857
　　入不思議解脫境界普賢行願品　子7-32382～4、32389、32391
12 入水衣論　子7-36229、37236
16 入聖功夫字義　叢2-1110
21 入緬路程　史7-49317(9)、49318(16)、54697
22 入川後雜詩　集5-41117
　　入川吟草　集4-30360
　　入山　集7-49457
　　入山十八觀　叢1-371

　　入山小草　集5-36484
24 入告初編、二編、三編、遺編　史6-48618
25 入佛問答　子7-34536
　　入佛問答類編　子7-34537
26 入魏稿　集2-9561
　　入吳集　集3-15431
30 入塞詩　集6-44957
　　入注附音司馬溫公資治通鑑詳節目錄　史1-1103
　　入淮巨川編　史7-49318(9)、52820
　　入定不定印經　子6-32081(6)、32082(6)、32083(5)、32084(5)、32085(6)、32086(7)、32088(5)、32089(6)、32090(7)、32091(6)、32092(4)、32093(12)、7-32251
31 入江巨川編　史7-49318(9)、52808
　　入河巨川編　史7-49318(9)、52781
32 入浙稿　集2-9561
34 入法界體性經　子6-32081(10)、32082(9)、32083(8)、32085(11)、32086(11)、32088(8)、32089(9)、32090(4)、32091(3)、32092(2)、32093(4)、7-32133、32254
　　入滇江路考　史7-49317(8)、49318(13)、51050
　　入滇陸程考　史7-49317(8)、49318(13)、51049
36 入湘記程　史7-49357、54051
37 入祀昭忠祠功臣列傳　史2-7503
40 入大乘論　子6-32083(16)、32084(15)、32085(25)、32086(27)、32088(18)、32089(43)、32090(50)、32091(48)、32092(33)、32093(26)
43 入式運氣論奧　子2-5418
　　入越記　史7-53411　叢1-11～2、22(11)、23(11)、2-857
　　入越吟　集3-15570
44 入地眼全書　子3-13379
　　入塔(數羅漢)　集7-52197
　　入塔數羅漢一枝　集7-52736
　　入塔嘍羅漢子弟書　集7-52085、52105
　　入幕須知　史6-41534
　　入藏程站　史7-49317(6)、49318(3)、51092
　　入華耶穌會士列傳　子7-35890
　　入楚稿　集2-9562
　　入楚稿、入晉稿、入浙稿、入魏稿　集2-9561
　　入楚吟　集2-7716
　　入楚吟箋　集3-20552
　　入藥鏡　子5-29535(4)、29536(4)、29547、29588
　　入藥鏡(入藥鏡註解)　子5-31113
　　入藥鏡注　子5-31115
46 入楞伽經　子6　32081(7)、32082(7)、32083

（6）、32084（6）、32085（7）、32086（8）、32088（5）、32089（6）、32090（8）、32091（8）、32092（5）、32093（7）

入楞伽經遮食肉品　子7-32218

入楞伽心玄義　子7-33100

入楞迦經　子7-32217

47 入聲便記　經2-14207

入聲表　經2-14178、14532～3、14540　叢2-630、1952

入都集　叢2-1685

入都日記　史7-49317（9）、49318（12）

入都日記（清光緒十三年）　史2-12908、13063

60 入蜀文稿　集5-37494

入蜀記　史7-53795～7、53936　叢1-11～2、22（11）、23（11）、107、111（2）、119～20、223（22）、244（2）、296,2-731（58）、735（2）

入蜀集　集3-13791　叢2-698（11）、1685

入蜀稿　集2-10288

入蜀紀見　史7-50954　叢1-22（24）

入蜀日記　史7-54181　叢2-2189

入蜀旱程記　史7-50969

68 入黔日記（清道光二十一年）　史2-12694

71 入阿毘達磨論　子6-32081（38）、32082（17）、32083（25）、32084（21）、32085（36）、32086（41）、32088（26）、32089（45）、32090（52）、32091（50）、32092（34）、32093（30）,7-32782

入長沙記　史1-1937、3475

77 入門二十四劑附生生館濟世二十四方治法　子2-10188

入門要訣　子2-4700、5192

80 入金剛問定意經　子6-32085（17）、32090（19）、32092（12）、32093（9）

92 入剡記初稿　史7-53414

入剡記初稿（入剡日記、剡中草、入剡小記）　集5-38006

八

00 八病說　集6-46196

八座城　集7-51014

八方向化　集7-50434

八音律　集4-22409

八音考畧　經1-6447

八音圖考　經1-6572

01 八龍山人畫譜　子3-16349

03 八識總論頌　子7-33631

八識規矩解　子7-33629

八識規矩補註　子6-32091（64）、32092（43）、

7-33627

八識規矩補註、六離合釋法式　子6-32093（50）

八識規矩補註、大乘百法明門論、唯識三十論　子6-32089（52）、32090（66）

八識規矩補註證義　子7-33628、33642

八識規矩直解　子7-33645

八識規矩摘要　子7-32106

八識規矩頌　子7-33630

八識規矩頌註發明　子7-33643～4

八識規矩頌詮解　叢2-2235

八識規矩頌注　子6-32091（76）

八識規矩頌畧說　子6-32091（69）

八識規矩頌纂、大乘百法明門論　子6-32091（69）

八識規矩頌纂注　子7-33580

07 八部佛名經　子6-32083（14）

08 八旗詩話　集6-46029

八旗詩媛小傳　史2-7716　叢2-683

八旗官兵合操陣圖　子1-3738

八旗滿洲氏族通譜　史2-7439　叢1-223（22）

八旗滿洲氏族瓜爾佳氏嘉滿支譜　史4-26174

八旗通志初集、目錄　史6-45160

八旗軍志　史6-45159　叢1-369

八旗歡十聲　集7-53079

八旗畫錄前編、後編　子3-16123　叢2-685

八旗奉直宦浙同鄉錄　史3-14898、23746

八旗奉直同鄉齒錄　史3-14899

八旗奉直會館章程　史7-49969

八旗書錄　子3-15263

八旗嘆十聲一套　集7-50961

八旗人著述存目　叢2-683

八旗掌故　史1-3574

10 八一老人序存　集4-22623

八一問答　叢2-2039

八正道經　子6-32083（20）

八王故事　史1-2304　叢1-22（10）、23（9）

八五偶譚　子3-13571

八百軒近體詩稿　集5-36163

八石葉氏宗譜［浙江龍游］　史5-35686～8

八面鋒　叢1-223（43）

八函八種（陳仁錫八種）　叢2-1204

15 八磚吟館詩存　集4-28291　叢1-322

17 八瓊室文稿　集4-32925

八瓊室甎專研錄　史8-65215

八瓊室乙卯金石錄目　史8-63774

八瓊室待訪金石錄　史8-63699

八瓊室古專錄　史8-65216

八瓊室專錄初集、後續　史8-65214
八瓊室金石文字　史8-63773
八瓊室金石補正　史8-63701
八瓊室金石補正、袪僞、元金石偶存、目錄、
　札記　史8-63702
八瓊室金石補正續編　史8-63704
八瓊室金石補正目　史8-63700
八瓊室金石補正節錄　史8-63703
八瓊樓詩集(藤村集、日下詠、海上謠、渥城
　草、津門草、槎上吟、園居草、蔗境集、樂
　府詠史)　集3-18884
20 八千卷樓雜著　子4-22678
八千卷樓藏書目　史8-65857～8
21 八儒　集7-49458、49664
八儒慶歲　集7-49700
八儒慶壽　集7-48779、49311、52244
八儒過海　集7-49665
八儒圖　集7-53677
八儒全圖　集7-51080
八行芳規　子4-24005
八行圖說　叢1-132
八行堂集約鈔　集3-14315
八師經　子6-32083(21)
八師經報應記　子7-34635
八經　經1-10
22 八種長養功德經　子6-32091(37)
八種風疾專科手稿　子2-7227
23 八代文遺珠集　叢2-2270(3)
八代文苑　集6-43151
八代文鈔　集6-41794
八代文粹、目錄　集6-43082
八代詩乘、吳詩、總錄、補遺　集6-42363
八代詩淘、目錄　集6-42487
八代詩選　集6-42523　叢2-2106
八代詩截玉首集、次集、三集、末集、附錄集
　外詩　集6-42538
八代詩揆　集6-42537
八代詩揆、補遺　集6-42482
八代詩精華錄箋註　集6-42581
八編類纂、六經圖、八編類纂圖　子5-
　25162
24 八德衍義　叢2-724
八德白話講義　叢2-724
八德心意功過格　叢2-724
八德淺言、三達德淺言、身心性命淺言　叢
　2-724
八德指南　叢2-724
八紘譯史　叢1-249(4)、395,2-624(3)、731
　(59)、1343
八紘繹史(陸雲十雜著)八種附一種　叢2-

1343
八紘荒史　史7-54279　叢1-249(4),2-
　624(4)、731(59)、1343
25 八失注字圖說　集3-18140
八佛名號經　子6-32081(12)、32083(9)、
　32084(8)、32085(12)、32088(9)、32093(6)
八秩壽序壽詩　史2-9453　叢2-1398
八秩壽詩　叢2-1399
26 八線詳草　子3-12734
八線三角術　子3-12641
八線備旨　子7-37550
八線對數表　子3-12537
八線對數簡表　子7-37554
八線對數類編　子3-12351、12364、12638
八線法衍　子3-12394
八線拾級、答案　子7-37551
八線小表　子3-12509
八線類編　子3-12351
27 八角磨盤吟　子4-21622　叢2-2246
八物吟　叢2-1497
八名陀羅尼經　子6-32083(32)
八名普密陀羅尼經　子6-32081(18)、32085
　(18)、32088(13)、32089(15)、32090(21)、
　32091(19)、32092(14)、32093(44)
八名普密陁羅尼經　子6-32083(13)、32086
　(20)
八旬自述百韻詩　史2-12211　集4-32762
　叢2-990、1869
八旬萬壽盛典　史6-42116　叢1-223(27)
28 八佾舞虞庭　子3-17898
30 八家詩選　集6-41961
八家謎語　子3-18393
八家四六文註　集6-44351
八家四六文註、補注　集6-44352
八家閒適詩選　叢2-691(3)
八宅廣嗣明鏡錄　子3-13234
八宅便覽　子3-13245
八宅九星　子3-13249
八宅四書　子3-13158、13179
八宅明鏡　子3-12893、13145、13156、13206
　叢1-161
八穴圖說　子2-10338
八寶鴛釵記(雙玉釵)　集7-53672
八宗綱要　子7-34761
八寨縣志稿[民國]　史8-62281
33 八述奇[航海]　史7-54383
34 八法指南集　子2-7175
八法筌蹄　子3-15217　叢2-1653
37 八洞神僊賀壽　集7-53078
八郎探母　集7-52241～2
八郎別妻　集7 52240

40 八十六朝史綱捷錄　史1-5506
　　八十一處大小輪船價目表　史6-44193
　　八十一家文碧　集6-43998
　　八十一寒詞　集7-47982
　　八十一難　叢1-140
　　八十一難經經絡解　子2-5461
　　八十一株梅花館詩稿　集5-40166
　　八十自述　集4-31412
　　八十自壽　集3-16618,6-41718
　　八十八祖傳贊　子6-32092(43)
　　八十八祖道影傳贊　子6-32091(76)
　　八十年來之江南傳教史　子7-35774
　　八九回憶記　史2-12431
　　八大王開詔救忠臣雜劇　集7-48774(3)、
　　　49046
　　八大靈塔名號經　子6-32083(31)
　　八大靈塔梵讚　子6-32081(49)、32082(26)、
　　　32083(31)、32085(45)、32086(54)、32088
　　　(33)、32089(28)、32090(43)、32091(41)、
　　　32092(28)、32093(47)
　　八大山人工筆應真渡海圖　子3-16645
　　八大山人山水畫冊　子3-16644
　　八大山人書畫集　子3-14992
　　八大山人書畫扇集　子3-14991
　　八大家文選　集6-41802
　　八大家文鈔(新訂八大家文集)　集6-
　　　41806
　　八大家文鈔自怡集　集6-42985
　　八大菩薩經　子6-32083(30)、32091(38)
　　八大菩薩曼荼羅經　子6-32081(55)、32083
　　　(34)、32084(27)、32086(59)、32088(36)、
　　　32089(31)、32091(37)、32093(35),7-32095
　　八大人覺經　子6-32081(21)、32082(13)、
　　　32083(14)、32085(20)、32086(23)、32088
　　　(15)、32089(17)、32090(22)、32091(20)、
　　　32092(14),7-32112、32607
　　八大人覺經疏　子6-32092(44)
　　八大人覺經畧解　子6-32091(69),7-
　　　32113、33483、33488～9
　　八大人覺經畧解、大乘寶讚十首　子7-
　　　33490
　　八士辯　子1-956　叢2-816
　　八吉祥經　子6-32081(12)、32085(12)、32088
　　　(9)、32093(6)
　　八吉祥神咒經　子6-32083(8)、32089(10)
41 八極神樞　子3-13155
43 八卦方位說　經1-1776　叢2-1920
　　八卦方位守傳　經1-85、1346　叢2-1470
　　八卦地理　子3-13688
　　八卦葉子格　叢2-1920
　　八卦觀象解　經1-1332

　　八卦觀象解、卦氣解　經1-120
　　八卦餘生　經1-632
　　八卦餘生(賀景瞻先生八卦餘生)　經1-
　　　867
　　八卦掌訣　子3-13790
44 八花八典一枝　集7-51652
48 八教大意　子6-32089(50)
　　八松庵詩集　集3-20339
　　八松庵詩草　集3-20335
50 八史經籍志　史8-65262
　　八書　叢1-162
　　八表停雲錄　集6-43066
51 八排風土記　史7-49318(14)
　　八指詩存　集5-38015
　　八指頭陀詩集　集5-38455
　　八指頭陀詩集、詩續集、文集、詞　集5-
　　　38453
　　八指頭陀詩集、詞　集5-38456
　　八指頭陀詩集、補遺、詞、雜文　集5-38457
　　八甌吟館刻燭集　集6-44249～50　叢1-
　　　344
60 八星之一總論　子7-37668
　　八甲劉氏四修族譜[湖南]　史5-39693
　　八品經　子5-29535(4)、29536(4)
65 八囀聲鈔　經2-14370
71 八厓集　集2-7899
　　八厓集、緒論　集2-7898
　　八反歌　子1-1964
72 八劉唐人詩　集6-41879～80
75 八陣辯證　子1-3078
　　八陣發明　子1-3718　叢2-1268
　　八陣伍法辯　子1-3078
　　八陣總述　子1-61、3677～8、3680　叢1-
　　　11～2、22(18)、23(17)、29(2)、49、76～7、86、
　　　169、241、242(3)、310,2-730(7)
　　八陣濟世方　子2-10140
　　八陣通記　子1-3684
　　八陣圖　集7-52983
　　八陣圖說　子1-3078
　　八陣合變圖說　子1-3687～8　叢1-268
　　　(3),2-731(19)
　　八陳通記　經1-2311
76 八陽經　子6-32083(9)
77 八閩理學源流　史2-8132
　　八閩通誌[弘治]　史8-58137
　　八閩興頌集　集6-44778
　　八閩人物志　史2-8120
　　八月梅花草堂集　集3-21530
　　八叉集　集1-1588
　　八段錦　子1-3551,2-11181　叢1-37、
　　　119～20

八段錦圖　子1－3552

八段錦圖說　子2－11228

八段錦坐立功法圖訣　子2－11225

八段錦坐功圖　子2－11205　叢1－119～20

八關稿(詩)　叢2－1110

八關齋經　子6－32083(21)、32085(31)、32086
(36)、32088(23)、32089(22)、32090(28)、
32091(27)、32092(18),7－32540

八關齋法　子6－32091(78)

八門演禽　子3－14181

八門祕用　子3－14044

八門禽遁大全、先天禽遁大全　子3－14120

八門禽演碎金書　子3－14139

八賢手札　子3－15761

八賢劉氏桂枝房支譜[福建建陽]　史5－
39350

八賢劉氏桂枝房支譜[福建閩侯]　史5－
39345

80 八分書辨　經2－13179、13586～9

八無暇有暇經　子6－32083(22)

八矢注字說　經2－14354

八矢注字說、注字圖　叢2－811

八矢注字圖　經2－14355

八矢注字圖說　經2－14356

八美圖二集　集7－53674

八義記　集7－49709、49937～8

八公遊戲叢談九種　叢1－154

八公相鶴經　子4－19377　叢2－775(5)

83 八錢詩草　集5－37680

87 八銘堂詩稿　集3－20420

八銘堂塾鈔二集　集3－20422

八銘堂塾鈔初集　集3－20421

88 八箴堂詩課　集4－30312

90 八小套　子3－17879

八省鴻印詩草　集4－31060

96 八怕一枝　集7－51653

8010₁　仝

72 仝氏痘疹摘錦　子2－9086

仝氏家藏幼科指南　子2－8460

企

00 企言詩存　集5－40513

10 企石山房詩存　集4－30934

31 企浯廬文稿、瓢餘小草、晉遊草、粵遊草　集
4－29681

40 企崔山房文集　集4－24308

企南軒集　集3－17083

47 企鶴軒詩鈔　集4－28659

8010₂　並

11 並頭花記　集7－49936

44 並蒂芙蓉館倡酬集　叢1－415

8010₄　全

00 全慶列傳　史2－9959

全唐文紀事　集6－46331

全唐文移篇刪篇補篇篇目錄　史8－66376

全唐文姓氏韻編補　叢2－2170

全唐詩(欽定全唐詩)、目錄　集6－43409

全唐詩、目錄　集6－43408

全唐詩話　集6－45490、45592～5　叢1－169
(2),2－731(46)

全唐詩說　集6－45758　叢1－195(4),2－
731(47)

全唐詩補鈔、秋笳集鈔、元遺山詩註摘錄、
猶賢錄、四子譜、應用雜記　集6－43534

全唐詩逸　集6－43462　叢1－244(6)、370,2
－731(38)

全唐詩選　集6－43311、43537～8

全唐詩未備書目　史8－65249～50、66375
叢1－281、585,2－1695

全唐詩蟠根集　集6－43530

全唐詩人表　史2－7025

全唐詩錄　集6－43413

全唐詩錄補逸　叢1－370

全唐詩錄選　叢1－407(4)

全唐詩鈔、補遺　集6－43495

全唐名家五言排律、五言絕句、詞　集6－
43532

全唐近體詩鈔　集6－43501

全唐近體詩鈔、姚布政傳　集6－43502

全唐七絕分韻集、七律分韻、七排分韻集
集6－43528

全唐風雅、唐詩人姓字爵里　集6－43358

02 全刻祕傳萬法歸宗　子3－14621

04 全謝山文稿　集3－19637

全謝山二種　叢2－1445

全謝山先生(祖望)年譜　史2－11856　叢

2-635(13)
全謝山先生經史問答　子4-22353　集3-19643
全謝山先生鮚埼亭集、外集　集3-19646
全謝山先生句餘土音　集3-19647
全謝山先生遺詩　叢1-529
全謝山遺詩　史7-50409
06 全韻六言詠史詩　集3-20060
全韻詩　集3-17823、19972
全韻梅花詩　集3-19055
10 全五代詩　叢1-282(4)
全五代詩、補遺　集6-43563　叢1-283(4)、2-731(38)
全要理問答　子7-35481
全西廂　集7-52514
12 全水滸人名(水滸全人名)　集7-52442
全形保生藥方　子2-8329
13 全球輿地考畧　子7-37787
21 全上古三代文、全秦文　集6-43101
全上古三代秦漢三國六朝文　集6-43100
全上古三代秦漢三國晉南北朝文編目　史8-66374
全上古至六朝文姓氏韻編、全唐文姓氏韻編補　叢2-2170
全經綱目　經2-8410、8580~2
22 全彩樓　集7-52441
24 全德記　集7-49972
全德志論　史2-6282　叢2-775(4)
全幼心鑑　子2-8375
全幼心鑑(太醫院真傳小兒方全幼心鑑)　子2-8376
全幼心鑑要刪　子2-8377
25 全生集滙抄　子2-8585
全生集醫案　子2-7750、10532
全生指迷方　子2-9143　叢1-223(33)、273(4)、275、377、394、2-731(29)
26 全吳紀畧　史1-1937、1982、2997
全吳籌患預防錄　史6-45630
27 全歸集　集2-6275~6
全像演義皇明英烈志傳　子5-28139
全像才子奇書　子5-28451
全像古今小說　子5-27712
全像東西漢演義二種　子5-27961
全身百穴歌　子2-4672、10292
全身骨圖考正、全片骸骨名異同考、傷科經驗方　子2-7911
全身金剛三昧耶　子6-32093(36)
30 全室集　集2-6011
全室集、補　集2-6010
全室外集　集2-6013~4
全室外集、續(補刊全室外集)　集2-6012
全室外集、續集　叢2-854
全室外集、續篇　叢1-223(63)
全灤紀畧　史1-3324　叢2-825
全宋詩話　集6-45497~8
31 全河備考　史7-49318(9)、52777
全福記　集7-50328
32 全州志[康熙]　史8-61269
全州志[嘉慶]　史8-61271
全州志[乾隆]　史8-61270
全州蔣氏叢刻八種　叢2-1014
全浙詩話　集6-46007
全浙詩話、補遺　集6-46006
全浙詩話刊誤　集6-46167　叢1-288、411、2-1921
全活萬世書　子2-8765
33 全補發微大統曆正通書　子3-14462
34 全漢文　集6-43210
全漢文初藁　集6-43209
全漢三國晉南北朝詩、緒言　集6-42536
全滇形勢論　史7-49317(8)、49318(13)、51042
全滇紀要　史7-51059
全滇紀要[光緒]　史8-62333
全遼備考　史7-49348、49976~7　叢2-785
全遼志、校勘記　叢2-785
全遼志[嘉靖]　史7-56081
36 全邊畧記　史6-45603
40 全臺遊記　史7-53772　叢2-868
全直義倉圖　史7-49895
全套賽韓湘趙昂九嫂看燈龍頭金鈤金釵記　集7-52897
全真集玄祕要　子5-29530(5)、31252
全真清規　子5-29530(23)、29535(6)、29536(6)、30304
全真坐鉢捷法　子5-29530(23)
全校水經酈注水道表　史7-52703~4　叢2-845(4)
43 全城章氏宗譜[浙江淳安]　史5-34532
全城章氏南徐派宗譜[江蘇鎮江]　史5-34511
全城章氏支譜[安徽桐城]　史5-34586
全城章氏世家宗譜[福建浦城]　史5-34598
全城堂章氏會譜[福建浦城]　史5-34596
44 全地五大洲女俗通考十集　子7-38150
全芳備祖　子5-25563、25566
全芳備祖二集　子5-25564
全芳備祖集前集、後集　叢1-223(43)
全芳備祖後集　子5-25565
全芳備祖樂府　集7-48456
全芳備祖前集、後集　子5-25562

全孝心法　經2－8580～2
全孝圖說　經2－8580～2
全英集　子4－24433
全菴記　集2－6264
46 全相說唱師官受妻劉都賽上元十五夜看燈傳（全相說唱包龍圖斷趙皇親孫文儀公案傳）　集7－51069
全相二十四孝詩選　集1－5806
47 全桐紀畧　史1－3317
全椒縣志［康熙］　史7－57856
全椒縣志［泰昌］　史7－57855
全椒縣志［民國］　史7－57858
全椒縣志［光緒］　史7－57857
50 全史韻要　史1－4934
全史論贊　史1－4877
全史一斑　叢2－1590
全史一斑　史1－5795
全史要觀　史1－5796
全史紀要　史1－4930
全史宮詞　史1－6085　集4－32370　叢2－1857
全史演義二集　子5－27920
全史吏鑑　史2－6533～4
全史日至源流　子3－11375　叢1－223(35)、452、586(2)、2－716(2)
全本珍珠衫（三巧救夫、全詞光棍哭妻）　集7－52572
全本失街亭　集7－53244
全本烏盆記　集7－53246
全本禮記體注　經1－5685
全本十里亭餞別　集7－53245
全本春秋遵解　經1－7893
全本春秋體註　經1－7722
全本小上壽　集7－51599
全書新刊校正增補圓機詩韻活法　子5－26123
全春草堂詩集　集5－39036
全秦文　集6－43101
52 全拙庵溫故錄　子4－24645　叢2－2122
57 全掃秦　集7－52491
60 全蜀詩彙　集6－44916
全蜀秋文志　史8－66132
全蜀藝文志　集6－44910、44912　叢1－223(70)
全蜀藝文志、補續　集6－44911
全蜀節孝錄　史2－8282
全國像算暫行章程　史6－43251
全圖足本蕩寇志全傳、結子　子5－28688
62 全縣志十三編［民國］　史8－61272
66 全嬰要覽　子2－8390
全嬰須知　子2－8187

全嬰心法　子2－8440
68 全黔詩萃　集6－44921
75 全體新論　子7－37798、37808　叢1－453
全體說畧　子2－5297
全體須知　子7－36230、37799
全體通考　子7－37796
全體考　子7－36240(5)
全體圖說　子7－37797
全體圖經　子2－5946
全體學　子7－37809
全體學考　子7－36245
全體學問答　子7－37810
全體闡微　子2－5947,7－37803
77 全閩詩話　子4－24258　集6－45937　叢1－223(72)
全閩詩錄　集6－44780
全閩詩慖　集6－46009
全閩道學總纂　史2－8129
全局安墳立宅入式歌　子3－13139、13356
全興分野釋畧　子3－11243
80 全人矩矱摘鈔　子5－30503
全義盡孝一段　集7－51530
全合鉢　集7－52443
全合鉢　集7－53247
90 全憶真妃（清音子弟書）　集7－52104
全省文武同官錄　史3－23732
97 全燬書目　叢2－731(2)
全燬書目、抽燬書目　史8－66216

8010₇ 盆

11 盆玩瑣言　子4－19187、19459
盆玩品　子4－18538、19458　叢1－14(3)、30、111(1)、154、461
盆玩箋　叢1－249(3),2－624(3)、731(33)
50 盆史　子4－18581　叢1－176

益

00 益亭先生楞嚴經法書　子3－15476
益齋詩稿　集3－20208
益齋詩稿、文稿　集3－20209
益齋集、拾遺、集誌　叢2－731(41)
益齋亂稿、拾遺、集誌　叢1－456(6)、457
05 益講會籤　經1－1352
07 益部方物畧記　史7－50951　叢1－22(12)、

23(11)、98、169(3)、223(25)、268(2)、2-731(28)、873

益部談資　史7-50955　叢1-195(7)、223(25)、2-731(58)、873

24 益勉齋重刊座右編　子1-2545

益幼雜字　經2-13534～5

25 益生編　子2-8526

28 益齡單　子2-11031　叢1-86,2-730(7)

32 益州記　史7-50950　叢1-19(2)、21(2)、22(11)、23(10)、24(2)

益州于役記　史7-49317(3)、49318(13)、53887

益州嵩山野竹禪師後錄　子6-32091(77)

益州名畫錄　史2-8288～9　子3-14692、15859、16063　叢1-11、22(15)、23(14)、26～8、223(37)、282(2)、283(2)、2-873

35 益神智室詩　集4-29844

40 益古演段　子3-12364、12396、12435　叢1-223(35)、244(5)、2-731(25)

益古演段代數解　子3-12847

益壽堂醫方總目　子2-10104

44 益藩睿製文集　集2-8738

益蘭祠張氏續修族譜[四川廣漢]　史5-35421

益世經驗方　子2-9554

47 益都耆舊傳　史2-8285～7　叢1-19(4)、21(3)、22(9)、23(9)、24(4)、29(2)、2-776

益都縣志[康熙]　史8-59211

益都縣志[萬曆]　史8-59210

益都縣圖志[光緒]　史8-59212

益都金石記　史8-63977　叢2-823

益都金石畧　史8-63978

53 益戒堂文鈔　集3-17972

益戒堂自訂詩集、詩後集　集3-17971

60 益邑許氏五修族譜[湖南益陽]　史5-34484

益邑樂輸局章程　史6-43496

70 益雅堂叢書二十六種　叢1-440

76 益陽郭氏族譜[湖南益陽]　史4-32358～9

益陽熊氏支譜[湖南益陽]　史5-38949

益陽樂輸局志、續刊　史6-43497

益陽泉峯吳氏家譜[湖南桃江]　史4-28155

益陽湯氏四修家譜[湖南益陽]　史5-36580

益陽冷氏五修族譜[湖南益陽]　史4-28669

益陽蔡氏東宗六修支譜[湖南益陽]　史5-38051

益陽縣鄉土志[光緒]　史8-60506

益陽縣志[嘉慶]　史8-60503

益陽縣志[乾隆]　史8-60502

益陽縣志[同治]　史8-60504

益陽縣志稿[民國]　史8-60505

益陽劉氏族譜[湖南益陽]　史5-39522

益陽劉氏五修族譜[湖南益陽]　史5-39513

益陽周氏三修族譜[湖南益陽]　史4-30153

益陽鍾氏族譜[湖南益陽]　史5-40653

77 益聞散錄　子4-21397　叢1-330～1

益聞錄　子5-26506

80 益翁文稿　集3-18026

益翁存詩　集3-18027

益翁存稿　集3-18028

益公平園續藁鈔　集1-3497

益公題跋　子3-14918　叢1-169(4)、2-731(33)

益公省齋藁集　集1-3498

益公省齋藁鈔　集1-3496

益公省齋藁集　集6-41908

益公省齋藁鈔、益公平園續稿鈔　集6-41900

86 益智新囊　子3-18533

益智新錄　子3-18518

益智編　子4-23979

益智續圖　子3-18501

益智燕几圖、副本　子3-18498

益智圖　子3-18495、18503

益智圖、續圖、益智字圖　子3-18496

益智圖千字文　子3-18499

益智圖節本　子3-18497

益智錄　史2-6655　子5-25857

益智堂增補註釋第六才子西廂　集7-48868

8010₉ 金

00 金童玉女　集7-48772

金瘡祕傳禁方　子2-7890

金瘡跌打接骨藥性祕書　子2-7964

金瘡鐵扇散　子2-7909

金瘡鐵扇散醫案、解救溺縊服毒方　子2-7958

金鹿(潘祖楨)哀詞　史2-10587

金廬山房詩草　集5-40865

金方鎮年表　史1-10(5)、4563、4808～9　叢2-785

金府君(應澍)家傳　史2-10071

金庭王氏族譜[浙江嵊州]　史4-25086

金庭集 集3-13383
金庭山房稿 集4-24028
金文靖集 叢1-223(64)
金文靖公北征前錄、後北征錄 叢1-50
金文靖公北征錄 史1-2783
金文靖公北征錄、後北征錄 叢1-51
金文靖公集(金文靖集) 集2-6476
金文靖公前北征錄 史1-2787 叢2-603
金文靖公前北征錄、後北征錄 史1-1923 叢1-52
金文續考 史8-64246
金文通文集、疏草、詩集、外集 集3-13138
金文選 集6-43639
金文考 經2-13208
金文拾遺 叢2-921
金文最 集6-43640～2
金文最定本目次 集6-43643
金文最拾遺 集6-43644
金文雅、作者考 集6-43645
金文分域編 史8-63515、63789
金文分域續編 史8-63790
金章蘭譜 子4-19218
01 金龍師治跌打方 子2-7916
金龍扇五路寶卷 集7-54271
金龍扇寶卷 集7-54271
金龍四大王祠墓錄 史7-51939 叢2-832(6)
金龍印 集7-50469
04 金詩、姓名爵里 集6-41787
金詩約 集6-41783
金詩選 集6-43636、43638
金詩選、元詩選 集6-43637
金諸帝統系圖 史1-10(5)、4805
10 金一所先生年譜 史2-11473
金二木詩集 集3-19618
金工教範 子7-36231(5)、37137
金正希(聲)年譜 史2-11608
金正希詩 集2-12177,6-41943
金正希稿 集2-12185～6,6-45336
金正希先生文集輯署 集2-12182
金正希先生燕詒閣集 集2-12178
金正希先生全稿 集2-12184
金正希先生年譜 史2-11610
金正希年譜、札記 史2-11609
金玉詩話 集6-45486、45576 叢1-19(8)、20(6)、21(7)、22(14)、23(13)、24(9)
金玉瑣碎 史8-63641 子4-18609 叢1-437,2-1696
金玉瑣碎摘抄 史8-63642
金玉經 子5-29573、31073

金玉寶經 子5-29535(4)、29536(4)、30230
金玉墜 集7-53803
金雪詩存 集4-23004
金元詩選 叢1-373(7)
金元引令選 集7-48551
金元寶卷 集7-54376
金元史緒記 叢2-2270(2)
金元明八大家文選 集6-41807
金霞仙館詞鈔 集7-47560
金石 叢1-460
金石文 史8-63536
金石文字辨異 史8-64405 叢1-516、558
金石文字記 史8-63552、65774 叢1-223(28)、269(2)、270(1)、271、272(4)、2-1274～6
金石文字記、補遺 史8-63553 叢1-353
金石文字跋尾 史8-63710 叢1-424、469、586(3)、2-716(2)、1934
金石文考畧 叢1-223(28)
金石文跋尾 史8-63613
金石文隨錄 史8-63566
金石文錄識餘 史8-63500、63708
金石文鈔、續鈔 史8-63615 叢2-719、1575
金石雜錄 史8-64403
金石訂例 叢1-515,2-731(48)
金石刻墨所見目錄 史8-64782
金石識別 子7-37716
金石識別、中西名目表 子7-36228(2)
金石識別、表 子7-36231(4)、36242(2)
金石識別、金石識別名目表 子7-36248
金石識別表(中西名目對照表) 子7-37717
金石詩所見錄 史8-63717
金石韻府 經2-12823～4
金石記 史8-63633
金石說郛 史8-63756
金石一跋、二跋、三跋 史8-63611 叢2-1553
金石一隅錄 史8-64101
金石三例 集6-46344～5
金石三例續編 史8-63503 叢1-418
金石三編 史8-63736
金石玉銘 史8-63663
金石要例 集6-46343、46346 叢1-202(5)、223(72)、269(6)、416、421,2-617(5)、731(48)、1261、1976
金石要例附論文管見 叢1-203(11)
金石磚瓦遺文 史8-63609 叢1-253
金石衡鑑錄 史8-63648
金石衡鑑錄、補、再補、續、三補 史8-63649

金石紅文　子3-16969

金石經眼錄　史8-63578　叢1-223(29)、229

金石例　集6-46346　叢1-223(72)、388、416

金石例補　史8-63503　集6-46346　叢1-416～8,2-731(48)、1635～6

金石後錄　史8-63562、63598　叢1-448

金石稱例　叢2-1779～80

金石稱例、續　史8-63503　叢1-418

金石臧匜記　史8-63651

金石綜例　史8-63503　集6-46268　叢1-418

金石備考　史8-63546

金石續編　史8-63634～5

金石續編補跋　史8-63636　叢2-2187

金石續錄　史8-63502、63570　叢1-448,2-963

金石彙目分編　史8-63784～5

金石彙目分編、補遺、攈古錄校勘記　史8-63786

金石紀錄、雜錄　子4-24723

金石緣　集7-49536

金石緣全傳　子5-28363～4

金石字樣　經2-13233

金石叢吟　集6-44294

金石補編　史8-63733

金石補編目錄　史8-63617

金石遺文　史8-63535

金石存　史8-63573～4　叢1-282(3)、283(3),2-731(32)

金石存、續　史8-63575

金石存補遺　史8-63577

金石存目錄原稿、後序　史8-63576

金石志　叢1-9,22(11)、23(10)

金石志存　史8-63899　叢2-846

金石古文　史8-63502、63533～4　叢1-282(3)、283(3),2-731(31)

金石古文考　史8-63730

金石索　史8-63646

金石考證分類待檢目　叢2-2170

金石考古類　史8-63493

金石考畧　叢1-373(2)

金石苑　史8-63497

金石苑(三巴骨古志)　史8-64059～60

金石苑補目　叢2-2130

金石苑目　史8-64064

金石苑目錄　史8-64061

金石苑目錄、嵫山晉羊太傅祠石柱考　史8-64062

金石萃編　史8-63581

金石萃編統補稿　史8-63597

金石萃編統補藁　叢2-2188

金石萃編補正　史8-63584、63586

金石萃編補正、澠池縣碑目　史8-63585

金石萃編補遺　史8-63589

金石萃編補目　史8-63587　叢1-558

金石萃編補目、元碑存目　史8-63588

金石萃編補畧　史8-63593

金石萃編補跋　史8-63595～6

金石萃編校字記　史8-63590

金石萃編未刻稿　史8-63582　叢2-602

金石萃編目錄　史8-63583

金石萃編篆隸彙鈔　史8-63594

金石荊　史8-63645

金石著錄考　史8-64418

金石林緒論　叢1-223(37)

金石林時地考　叢1-223(28)

金石史　史8-63502、63537～40　叢1-202(8)、203(14)、223(28)、243、244(2)、330～1、353、470

金石摘　史8-63676

金石書畫雜記　子3-14871

金石書畫草目　史8-63780

金石書畫題跋　集4-33503

金石書目　史8-65260、66285、66287

金石表　子7-37715

金石甄文闕訪目　史8-63914　叢2-670

金石契　史2-6702,8-63607　子5-26219　叢1-13、14(2)、22(24)、30、39、84(3)、119～20、557,2-730(10)

金石目錄分編　史8-63668

金石圖　史8-63579

金石圖說　史8-63580

金石畧　史8-63502

金石品　史8-63605

金石昆蟲草木狀　子4-18545

金石題跋　史8-63709　叢2-2187

金石題跋錄　史8-63747

金石則效　子3-17057

金石影　史8-63688　叢2-1020

金石跋　集4-24828

金石跋尾　叢1-369

金石原起說考補　史8-63495、63622

金石隨筆　史8-64444

金石屑　史8-63711

金石學著述考、補遺、附錄　史8-66289

金石學書目　史8-66288

金石學錄　史2-6703,8-63495、63509　叢1-373(5),2-607、611、625

金石學錄續補、拾遺　史2-6705

金石學錄補　史2-6704,8-63495　叢2-

2004

金石年表　史 8－64132

金石錄　史 8－59756、63503、63528、63669　叢
1－223(28)、352、508、555、578、2－670、731
(2)、1026、1449

金石錄、校勘記　史 8－63530　叢 2－636(2)

金石錄、札記、今存碑目　史 8－63529

金石錄顏碑目　史 8－64712

金石錄後序　史 8－63531　叢 1－168(4)

金石錄補　史 8－63556~8、63560~1　叢 1－
334、2－731(31)

金石錄補、續跋　史 8－63503、63559　叢 1－
336~7、418

金石錄補續跋　叢 2－731(31)

金石簿五九數訣　子 5－29530(18)、30863

金石餘論　史 8－63621　子 4－22569　叢 2－
611

金石鈔　史 8－64764　叢 2－2117

金石小箋　史 8－63563~4　叢 1－203(17)、
321

金石堂詩　集 6－44067、45088

金石類識字法　子 7－36237

金石類稿　史 8－63602　叢 1－295

金石類字釋名　子 7－36237

金吾弛禁　集 7－49700

金吾事例　史 6－45189

金吾事例四編　史 6－45190

金吾事宜　史 6－45191

金雲翹傳　子 5－28281

金雲門事狀　史 2－9880

金函經　子 3－13136、13454、13503

金粟齋先生文集　集 2－8563

金粟庵詩殘稿　集 4－27987

金粟庵詩稿　集 4－27985

金粟庵殘詩草　集 4－27986

金粟庵集　集 4－27984

金粟齋遺集　集 5－39101

金粟齋草　集 4－29492

金粟詩存　集 4－23751

金粟詩存補遺　集 4－23752

金粟詩草　集 3－17540

金粟詞　集 7－46397~400、46926、47659

金粟詞話　集 7－48708、48743　叢 1－320、
334~5、2－731(49)

金粟頭陀青蓮露六牋　子 4－24006

金粟山房詩續鈔　集 5－37410

金粟山房詩草　集 4－33123

金粟山房詩草、駢體文　集 4－33124

金粟山房詩鈔、玉屑詞　集 5－37409

金粟山房吟草　集 4－28713

金粟山樓詩、繭絲集、小石城山房文集　集

4－28417

金粟山樓詩集　集 4－28418~9

金粟清語　叢 2－1062

金粟逸人(張燕昌)逸事　史 2－9557

金粟逸人逸事　子 3－16165　叢 2－611

金粟道人逸詩　集 1－5715

金粟莾集　集 6－41994

金粟如來詩龕集　集 4－28160

金粟書屋詩稿、二知堂試帖偶存　集 4－
27438

金粟園清語　叢 2－1061

金粟影庵詞初稿　集 7－47548

金粟影庵存稿　集 4－25420

金粟影庵存稿、續存稿、隨山書屋詩存　集
4－25421

金粟閨詞　叢 1－319

金粟閨詞百首　集 7－46927　叢 1－587(5)

金粟館存稿　集 4－24057

金粟箋說　子 4－18683　叢 1－203(17)、486、
2－731(31)

金粟箋說(金粟牋說)　子 4－18857

11 金研香文稿、時文續　集 4－27083

12 金水發微　子 3－12389　叢 1－274(4)、453、
2－731(27)

金水橋陳琳抱妝盒　集 7－48767(1)

金水橋陳琳抱粧盒雜劇　集 7－48970　叢
2－698(16)

金水吟草　集 5－39847

金孔雀　集 7－53794

15 金珠寶石細毛綢紗等譜　子 4－18550

金珠寶卷　集 7－54378

16 金聖歎考、羅隱秀才　史 2－9215　叢 2－
2203

金聖嘆全集十種　叢 2－1252

金環記一段　集 7－51472

金環寶卷　集 7－54417

金碧五相類參同契　子 5－29530(18)、30964

金碧山農待焚草　集 4－29775

金碧浮黎鼻祖金藥篇祕旨　子 5－31033

金碧古文龍虎上經　子 5－29535(3)、29536
(3)、29538、29543、29547、29553、31213、
31215、31217

17 金刀山人夏錄奇祕傳槍法　子 1－3645

金弔集　集 4－28341

金子久醫案(金氏門診方案)　子 2－10784

金子有詩集、金子坤詩集　集 2－8188

金子有集　集 2－8189~90、6－41935(4)　叢
2－788

金子坤詩集　集 2－8191

金子坤集　集 2－8192　叢 2－788

金翠寒衣記　集 7－48770、48774(3)、49193

金翠蜻蜓歌　集5-37993
19 金耿庵梅花册　子3-16629
20 金焦集、山蔭集　集3-17438
　金焦遊草　集5-39541
　金雙巖中丞集　集6-48573
　金雞唐氏族譜[湖南平江]　史4-32550、
　　32552
　金雞談薈　史6-47286
　金雞晉陽唐氏重修族譜[湖南平江]　史4-
　　32551
21 金仁山論孟考證輯要　經2-9338　叢2-
　　1575
　金衍慶宮功臣錄　史1-10(5)、4810
　金衛公彙選五子　子1-35
　金衛公彙選權謪祕書(權謪祕書)四種　叢
　　1-167
　金虜圖　史1-2595
　金師子章　子6-32089(50)
　金師子章雲間類解　子6-32090(65)、32091
　　(63)、32093(50)
　金貞祐銅印題詞　史8-65038
　金紫何氏族譜[湖南瀏陽]　史4-28379
22 金川諸蕃圖說　史7-50984
　金川玉屑集　集2-6354～6,6-41934
　金川項氏宗譜[浙江慈溪]　史5-35508
　金川瑣記　史7-49317(6)、49318(14)、
　　50981～2　叢1-241、242(2),2-731(58)
　金川紀畧　史1-3681～2
　金川馮氏宗譜[浙江慈溪]　史5-36433
　金川妖姬志　史1-1995
　金川草　集3-20031
　金川舊事　史7-49338,50983
　金川教案述畧、金川唱和詩　史1-4025
　金豈凡詩選　集6-41970
　金鑾配　集7-50297
　金鑾瑣記　集5-38874
　金鑾密記　叢1-15、19(2)、20(8)、21(2,9)、22
　　(8)、23(8)、24(3,11)、29(3)、255(1)
　金鑾殿輕生　集7-53189
　金鼎詩文稿　集3-18210
　金鼎王氏宗譜[安徽涇縣]　史4-25300
　金鼎題詠彙存　集4-26944
　金巖胡氏重修族譜　史4-30670
　金仙證論　子5-31386
　金仙證論(華陽金仙證論)　子5-31383
　金仙直指性命真源　子5-31455
　金峯西方張氏宗譜[浙江義烏]　史5-
　　35028
　金峯張氏宗譜[浙江義烏]　史5-35029～31
　金峯溪後樓氏宗譜[浙江義烏]　史5-
　　39022～4

　金峯樓氏重修宗譜[浙江諸暨]　史5-
　　38995
　金峯樓氏宗譜[浙江諸暨]　史5-38996～
　　9004
　金山雜志　史7-50487、52238　叢1-14(3)、
　　119～20,2-1064
　金山龍游禪寺志畧　史7-51564
　金山集　史7-52239　集6-43065
　金山衛廟學紀畧　史7-52029
　金山衛廟學紀畧、補金山明清科舉表　史
　　7-52030
　金山衛廟學紀畧、金山衛學　史7-52031
　金山衛志[正德]　史7-56445
　金山倭變小志　史1-1982、2883
　金山剿匪圖記　史1-4248
　金山傅氏仁甫公宗譜[浙江金華]　史5-
　　36233
　金山寶卷(金山法寶)　集7-54373
　金山洪氏宗譜[安徽歙縣]　史4-30979
　金山鴻泥偶存　集6-44436
　金山志　史7-49352、52237、52240～2、52246
　　叢1-19(11)、20(9)、21(10)、24(12)
　金山志、續金山志　史7-52244
　金山志、宸翰　史7-52243
　金山寺水鬥一枝　集7-51788
　金山藝文志　史8-66065
　金山藝文志稿[民國]　史7-56449
　金山黃氏族譜[上海金山]　史5-33724
　金山縣保甲章程、勸戒條款罪名圖說　史
　　6-45434
　金山縣修志體例商榷書[民國]　史7-
　　56450
　金山縣志[乾隆]　史7-56446
　金山縣志[光緒]　史7-56448
　金山縣志稿[咸豐]　史7-56447
　金山雅調南北小令　集7-50604
　金山俞氏宗譜[浙江東陽]　史4-30826～7
　金山公餘摘鈔　集5-39512
　金山錢氏家刻書目　史8-66465
　金山錢氏支莊全案[上海金山]　史5-
　　40127
　金絲蚨蝶全本　集7-52898、53798
　金絲髮　子7-38214
　金絲錄　叢2-970
23 金佗稡編、金佗續編　叢1-223(21)
　金俊明畫梅花册　子3-16627
　金台詩鈔　集6-42007(3)
　金峨山館集(金峨山館詩文集)　集5-
　　34120
　金峨山館叢書(望三益齋叢書)十一種　叢
　　1-487

24 金先生文錄　集2-12183
　金先生講學紀錄　子1-1227
　金德運圖說　史6-41996　叢1-284、452、586(3)、2-716(2)
　金科輯要閨範篇　叢2-724
25 金牛湖漁唱　史7-49354、53353　叢2-832(2)、1563
　金生拜廟　集7-53643
　金生挑盒全本　集7-53190
　金縷酬春詞、詞續　集7-47819
　金縷裙記　叢1-168(2)
　金縷曲廿四疊韻　集7-47972
26 金白嶼集　集2-9578、6-41935(5)
　金牌調　集7-51155
　金牌寶卷(盜金牌)　集7-54372
　金線集　叢2-1544
　金稷山段氏二妙(成己、克己)年譜　史2-11366　叢2-671
27 金鄉潁川陳氏宗譜[浙江蒼南]　史4-33137
　金鄉紀事　史1-3762
　金鄉縣鄉土志[光緒]　史8-59386
　金鄉縣志[康熙]　史8-59381~2
　金鄉縣志[乾隆]　史8-59383
　金鄉縣志[民國]　史8-59385
　金鄉縣志畧[咸豐]　史8-59384
　金鄉鎮志[嘉慶]　史7-57691
　金鄉鎮志[民國]　史7-57444
　金將相大臣年表　史1-10(5)、4806
　金貂記　集7-50094
　金冬心先生自書詩稿墨蹟　子3-15729
　金冬心花果册　子3-16711
　金冬心墨梅册　子3-16712
　金魚緣　集7-53802
　金魚圖譜　子4-19441
　金魚品　叢1-14(3)、30、111(1)、154
　金雞談薈　子1-3947
　金鵝山房詩鈔、補遺　集4-22536
　金鵝山人尺牘　集5-33765
　金名臣奏議選　史6-47769
　金色童子因緣經　子7-32119
　金色童子因緣經　子6-32084(31)、32093(20)
　金色王經　子6-32081(15)、32082(11)、32083(11)、32084(9)、32085(15)、32088(11)、32089(13)、32093(10)
　金叔介畫扇譜　子4-18624
28 金谿詞　叢2-1254
　金谿題跋　子3-16227　叢2-1254
　金谿縣志[康熙]　史8-58818~9
　金谿縣志[道光]　史8-58821~3
　金谿縣志[嘉靖]　史8-58817
　金谿縣志[乾隆]　史8-58820
　金谿縣志[同治]　史8-58824
29 金秋士詩鈔　集4-29297
30 金灘孔氏族譜[湖南瀏陽]　史4-25966
　金漳蘭譜　子4-19219　叢1-5、19(9)、20(7)、21(8)、22(17)、23(16)、24(10)、223(39)、306、569、587(4)、2-721
　金液還丹百問訣　子5-29530(6)、31122
　金液還丹印證圖　子5-29530(4)、31519~20
　金液還丹印證圖詩　子5-29535(5)、29536(5)、31521
　金液大丹詩　子5-29530(21)、29562、30929
　金液大丹口訣　子5-29530(6)、29549、30831
　金宰輔年表　史1-10(5)、4807
　金宮詞　史1-6147　叢2-843
　金宮錄　叢1-407(3)
31 金滙塘姚氏家乘[上海奉賢]　史4-31149
　金汀拾遺　史2-8069　叢2-981
　金潛谷遺書　集4-27695
　金源紀事詩　集4-28698
　金源七家文集補遺　集6-41926
　金源札記　叢1-373(7)、426、2-731(66)
　金源氏族志　史1-4698
　金源又剳　叢2-1569
　金源金石目　史8-64719
　金源剳記　史1-761　叢2-1569
　金源剳記、序例、又札、史論五答、吉貝居暇唱　史1-760
　金福曾列傳　史2-10362
　金福曾行狀、李中堂會奏折稿　史2-10363
32 金州講習會論語講義　經2-9677　叢2-2195
　金淵集　集1-5023　叢1-223(59)、230(5)、2-731(42)
　金溪宗譜[浙江紹興]　史4-29656
33 金梁夢月詞　集7-47416　叢1-509、2-665
34 金斗童氏支譜[安徽合肥]　史5-36507
　金湜生日記(清同治元年、三年至光緒三年)　史2-13061
　金達寶卷　集7-54368
35 金遺民錄　史2-7119
36 金湯借箸十二籌　子1-3082、3471
　金湯借箸十二籌、圖　子1-3473
　金湯十二籌　子1-3083、3090、3472
　金湯輯畧　子1-3487　叢2-729
　金澤史氏家譜[安徽黟縣]　史4-26155
　金澤小志[道光]　史7-56491
　金邊國記　史7-49318(16)、54685
37 金泥石屑、附說　史8-63506、63508、63743　叢2-630

金淑人割臂奉翁　史2-9650
金冠後本無雙傳　集7-53997
38 金塗塔齋詩稿、遺文　集4-25666
金塗銅塔考　史8-64288　叢1-571
金道隱稿　集3-13788,6-45336
39 金沙詠　集4-30512
金沙許氏宗譜[安徽寧國]　史5-34468～9
金沙王氏大成宗譜[江蘇金壇]　史4-
　24857
金沙五葉馮氏宗譜[江蘇金壇]　史5-
　36411
金沙下莊蔣氏家乘[江蘇金壇]　史5-
　38090
金沙孫氏宗譜　史5-33699
金沙集詩草　集3-17565
金沙魏公將軍壯烈志　史2-8897
金沙細唾　史1-3321
金沙侯莊鄒氏宗譜[江蘇金壇]　史5-
　36340
金沙魯莊石氏重修宗譜[江蘇金壇]　史4-
　25993
金沙涑瀆樊氏家乘[江蘇金壇]　史5-
　39163
金沙李墟蔣氏續修宗譜[江蘇金壇]　史5-
　38088
金沙莊氏宗譜[江蘇金壇]　史4-31490
金沙楊莊南湯重修宗譜[江蘇金壇]　史5-
　38089
金沙費氏宗譜[江蘇金壇]　史5-36695
金沙吟　集4-31757
金沙陳氏重修宗譜[江蘇金壇]　史4-
　32768
金沙周氏家乘　史4-30255
金沙劍光閣新刻增訂釋義經書便用通考雜
　字、外　子5-25940
40 金太史集　集2-12179,6-43118
金太史全集　集3-17822
金太史全集(金東山文集)八種　叢2-1397
金臺詩鈔　集4-32685
金臺殘淚記　叢2-683
金臺集　集1-5689～90,3-16305,6-41784、
　41927～8　叢1-223(61)、227(10)、2-672、
　1493
金臺集、補遺　集1-5691
金臺稿　集2-11393
金臺稿翰課集　集2-8518
金臺偶存　集3-18355
金臺夕照一枝　集7-51789
金臺紀聞　子4-20393～4　叢1-13、14(2)、
　22(22)、31、106、111(2)、2-731(53)、1081
金臺紀聞摘抄　叢1-84(3),2-730(10)

金臺紀聞摘鈔　子4-20395
金臺沈氏宗譜　史4-28997　叢2-913
金臺社學志　史7-52086
金臺遊記　叢2-737
金臺隨筆　集3-14973
金臺醫話　子2-10581
金臺答問錄　叢2-1067
金壺記　子3-15066
金壺醉墨　子4-21668　叢1-571,2-735
　(1)、736
金壺戲墨　叢2-735(1)、736
金壺字考　經2-14743～4、14750、15120～1、
　15140　叢1-22(14)、23(14)、125～6、162、
　299～300、330～1、353
金壺字考二集　經2-14745
金壺字考補注　經2-14747
金壺字考補錄　經2-14746
金壺遯墨　史1-4505～6　叢2-735(1)、736
金壺浪墨　史1-4504　子5-26595　叢1-
　537、2-735(1)、736、1716
金壺浪墨、青氈夢　子5-26594
金壺淚墨　叢2-735(1)、736
金壺逸墨　叢2-735(1)、736
金壺七墨　叢2-735(1)、736
金壺七墨六種　子5-26593
金壺精萃、疊文　經2-14752
金壺精粹　子5-25356
金壇守城日記　史1-3917
金壇江氏宗譜[江蘇金壇]　史4-26852
金壇大清涪陳氏重修宗譜[江蘇金壇]　史
　4-32770
金壇獄案　史1-3607　叢1-496(3)
金壇見聞記　史1-3918　叢2-1945
金壇圍城紀事詩　史1-1992、3919　集4-
　32246
金壇縣志[康熙]　史7-56882
金壇縣志[乾隆]　史7-56883
金壇縣志[民國]　史7-56885
金壇縣志[光緒]　史7-56884
金壇岳陽王氏宗譜[江蘇金壇]　史4-
　24855
金壇公是錄　史1-3608
金志　史1-1914、2579　叢1-11、22(9)、56、
　90～1、95、2-730(3,6)、731(66)
金七十論　子6-32081(41)、32082(20)、32083
　(27)、32084(22)、32085(39)、32088(28)、
　32089(47)、32090(53)、32091(51)、32092
　(35)、32093(32)
金七十論(僧佉論)　子6-32086(46)
金匾集　集7-46364、48408
金匾集、補　集7-46353

金木萬靈論 子5-29530(18)、29555、31042
金索印考 叢1-353
金榜山 集7-50338、50340
金榜題名錄 史3-13735、13782
41 金姬(李金兒)傳 史2-8825
金姬傳 叢2-790
金姬傳、別記 子5-27597
金姬傳、金姬傳別記 叢1-269(3)、270(2)
金姬小傳、別記 叢1-587(1)
金樞符應祕文 子3-14271、14583
金櫃玉門經 子3-13976
42 金嬌失帕 集7-52810
43 金卦合璧 子3-13649
金城顏氏家譜[甘肅蘭州] 史5-40989～91
金城川朱氏宗譜[浙江永康] 史4-26553
金城楊氏家譜稿[甘肅皋蘭] 史5-37080
金城劉氏(孔濬)先德錄 史2-9812
金城陳氏族譜[甘肅蘭州] 史4-33442
44 金莖沆瀣 集6-42984
金莖詞 叢2-2227
金莖集 集1-1589
金莖集、別集 集6-41856
金蓋山志、金蓋山志畧 史7-52319
金蓋心燈 史2-6832～3
金地理志圖 史7-49313、49544
金坡遺事 史6-42858 叢1-15、19(11)、20
(8)、21(10)、24(11)
金鼓洞志 史7-51732 叢2-832(3)
金塔考 叢2-1026
金塔縣志[民國] 史8-63153
金塔縣採訪錄[民國] 史8-63154
金薤琳琅 史8-64373 叢1-223(28)
金薤琳琅、補遺 史8-63502、64374
金花記 集7-50095
金花始末 叢2-783
金蘭尹氏宗譜[浙江金華] 史4-25903
金蘭集、續集、畊漁軒遺書 集6-43739
金蘭集、補 集6-43738
金蘭集、補錄 集6-43737
金蘭朱氏續譜[湖南寧鄉] 史4-26708～9
金蘭翰墨評林續集 集6-45427
金藏(趙城金藏、趙城藏) 子6-32084
金蓬頭口授金丹祕旨 子5-29561、31363
金蓮記 集7-49709、49987
金蓮正宗記 史2-6872～3 子5-29530
(4)、29535(7)、29536(7)
金蓮正宗仙源像傳 史2-6881 子5-
29530(4)、29535(7)、29536(7)
金蓮仙史 子5-28918
金孝章梅花册 子3-16628

金華府正堂通飭八邑碑示、本邑革除由單
費碑示稿 史6-47290
金華府志[康熙] 史7-57573 叢1-373
(2)
金華府志[萬曆] 史7-57572
金華府志[成化] 史7-57571
金華唐氏遺書 叢2-860
金華唐氏遺書五種附一種 叢2-1041
金華文統 集6-44710
金華文徵 集6-44711
金華文畧 集6-44713
金華文粹 集6-44714
金華章楓山先生正學編 子1-950 叢2-
1048
金華章氏宗譜[浙江金華] 史5-34574
金華章氏世譜[浙江金華] 史5-34572、
34576
金華詩錄、外集、別集、書後 集6-44706
金華詩粹 集6-44705
金華三洞題名及碑刻考 史8-63911
金華正學編 集6-44707～9
金華正學編、廣編、附編 集6-44712
金華玉液大丹 子5-29530(18)、29555、
30865
金華王魯齋先生傳集 叢2-1048
金華王氏宗譜[浙江金華] 史4-25110
金華王氏世系表[浙江金華] 史4-25112
金華靈峯仇氏宗譜[浙江金華] 史4-
25657
金華天鍾湖上葉宗譜[浙江金華] 史5-
35692
金華天鍾湖葉氏宗譜[浙江金華] 史5-
35691
金華更漏中星表 子3-12351
金華北山雙井黃氏宗譜[浙江金華] 史5-
33828
金華延陵吳氏宗譜[浙江金華] 史4-
27890
金華理學粹編 子1-1642
金華子 子1-20,4-22850 叢1-15、388～
90
金華子雜編 子1-61,4-22851～3 叢1-
19(4)、20(2)、22(8)、23(7)、24(5)、29(3)、223
(44)、246、255(2)、278、282(1)、283(1)、2-
617(4)、731(52)
金華子雜錄 叢1-21(4)
金華子新編 叢1-374
金華雙谿王氏冰壺山館叢書(冰壺山館叢
書) 叢2-858
金華何北山先生正學編 子1-867 叢2-

1048

金華經籍志、外編、存疑、辨誤　史8-66102

金華山樵詩内集　集4-23341

金華山樵詩前集、詩後集、詩内集　集4-23340

金華山陳拾遺亭記　集1-698

金華先民傳　史2-8074　叢2-860

金華白雲曹氏宗譜[浙江金華]　史5-34196

金華徵獻畧　史2-8078　叢2-1048

金華褉識　史7-50443~4

金華宗旨、金華宗旨闡幽問答　子5-29535(4)、29536(4)、31060

金華汪氏宗譜[浙江金華]　史4-28748

金華叢書(退補齋金華叢書)　叢2-859

金華叢書書目提要　史8-66104　叢2-859

金華沖碧丹經祕旨、傳　子5-29530(18)、29555、31194

金華神記　叢1-587(4)

金華洞源蔡氏宗譜[浙江金華]　史5-38012

金華湖溪羅芳橋胡氏宗譜[浙江金華]　史4-30455~6

金華游記　史7-53431

金華游錄　史2-11382,7-53429　叢1-11~2,22(11)、23(11)

金華遊錄　叢1-108、195(7),2-731(58)、857~8

金華遊錄、金華遊錄注、年譜　史7-53430

金華遊錄注　史2-11382,7-53432　叢1-580

金華直指男功二十七條　子5-31459

金華南鄉雅傳傅氏宗譜[浙江金華]　史5-36232

金華南浦呂氏家譜[浙江金華]　史4-26312

金華赤松山志　史7-52352　子5-29530(12)　叢1-525,2-860

金華協和曹氏宗譜[浙江金華]　史5-34194~5、34197

金華夢　集7-49639

金華蓮池張氏宗譜[浙江金華]　史5-34991~5005

金華華山季氏宗譜[浙江金華]　史4-29582

金華耆舊補　史2-8079

金華黃先生文集　集1-5262　叢2-635(11)、860

金華黃先生文集、札記　集1-5263　叢2-635(11)

金華林塘徐氏宗譜[浙江金華]　史4-32016

金華趙氏宗譜[浙江金華]　史5-38351

金華東池黃氏家譜[浙江金華]　史5-33827

金華東池黃氏宗譜[浙江金華]　史5-33826

金華四先生四書正學淵源　經2-10553

金華呂東萊先生正學編　子1-723　叢2-1048

金華固塘方氏宗譜[浙江金華]　史4-25768~9

金華晷漏中星表　子3-12351

金華縣志[康熙]　史7-57576

金華縣志[道光]　史7-57577　叢1-373(8)

金華縣志[萬曆]　史7-57575

金華縣志[光緒]　史7-57578

金華雅畈葉氏宗譜[浙江金華]　史5-35693

金華阮氏宗譜[浙江金華]　史4-26951、26954~5

金華長塘徐氏宗譜[浙江金華]　史4-32014~5

金華陳氏續纂族譜[浙江金華]　史4-32968

金華履湖莊氏宗譜[浙江金華]　史4-31498~9

金華艮溪阮氏宗譜[浙江金華]　史4-26950、26956~7

金華賢達傳　史2-8073　叢2-860

金華姜氏宗譜[浙江金華]　史4-31066

金華會館條例例捐　史7-50446

金華館詩草　集4-33017

金華錄　史7-50445

金華鄭氏家範　子1-2113　叢1-330~1

金苔花館詩　集4-23420

金薯傳習錄　子1-4295

金蕡花館詩　叢2-1611~2

金村小志[民國]　史7-57111

45　金樓子　子1-18、20、61,4-19847~50　叢1-15、22(4)、23(4)、29(2)、223(39)、244(3)、249(3),2-628、731(11)、1168

金樓子藏書考　叢2-775(4)

金樓子著書考　叢2-775(4)

金樓子附校　子4-19851

金樓裙記　叢1-587(2)

46　金如意　集7-53797

金櫻閣詩鈔　集4-25273

47　金鶴沖詩　集2-12840、6-41943

金觳歌　子5-29547

金聲玉振　集7-54688

金聲玉振集　叢1-46

金桐孫詩鈔　集4-29804
金穀經　子5-29580、29586、31451
金穀似稿　集3-16868、6-45336、45340
48 金槍會　集7-53600
50 金史　史1-17　叢1-227(5)
金史、語解　史1-16
金史、考證　史1-15、20、740　叢1-223
(18)、2-698(4)
金史、目錄　史1-12~4、739
金史、欽定金國語解　史1-741
金史詳校　叢2-653(4)
金史詳校(地理志)　史1-749,7-49311
金史詳校、史論五答　史1-759
金史外國傳地理考證　史1-750,7-49310
金史紀事本末　史1-1773、1775、1812~4
金史補　史1-743~4
金史補藝文志　史1-752
金史補闕　史1-745
金史補脫　史1-742　叢1-258,2-731(2)、
847、1466
金史禮志補脫　史1-10(5)、751
金史通輯　史1-4927
金史地理志　史1-747,7-49311
金史菁華錄　史1-5250
金史藝文畧　史1-753~4
金史忠孝編、元史忠孝編　史2-7118
金史氏姓錄　史1-755~6
金史隨手錄　叢2-1906
金史鈔　史1-5251
金丸記　集7-49761
金忠潔(鉉)年譜　史2-11648
金忠潔集　叢2-731(41)
金忠潔集、金忠潔年譜　集2-12589　叢2-
782(3)
金忠潔公文集　叢2-798
金忠潔公集　集2-12587~8,6-43118
金忠節語錄　集2-12188
金忠節公文集　集2-12180~1
金忠節公文集(金忠節集)　集2-12590
金書祕奧　子3-13573
金書壽字冊　子3-15448
金東山文集(金太史全集)　集3-17822
55 金井志　史7-51402
57 金軺籌筆　史6-45027~8,7-49317(3)、
49318(4)、49356
金軺籌筆、和約、陸路通商章程、鄂商前往
中國貿易過界卡倫單　叢1-445
58 金輪王佛頂要畧念誦法　子6-32093(33)
金輪精舍藏古玉印　史8-65046　叢2-688
金鰲山房詩稿(東笙吟草、江上吟)　集4-

27858
金鰲退食筆記　叢2-1354
金鰲退食筆記　史7-51520　叢1-210~1、
223(25)、249(3)、395,2-731(59)
60 金壘子　叢1-31
金星戲寶　集7-52809
金國文具錄　史1-2597　叢1-190
金國琛戰功事蹟出身履歷清冊　史2-
10032
金國南遷總畧　叢1-204
金國志　叢1-19(11)、20(9)、24(12)
金困集　集1-5287　叢2-674
金困吟　集1-5286
金園雜纂　子5-27491　叢1-587(3)
金園雞纂　叢2-624(3)
金愚詩草　集3-19470,6-41978
金田村匪紀畧　叢1-551
金昌六姬志　叢2-619
金昌詩草　集2-10590
金昌集　集2-9810　叢2-1131~5
金晶論　子5-29530(5)、29562、30823
金邑七峯徐氏宗譜[浙江金華]　史4-
32019~20
金邑楊氏宗譜[浙江金華]　史5-36895
金罍子　子4-20522
金罍山人印存　子3-17270
金果毅公家書　集4-29484
62 金縣新志[光緒]　史8-63097
金縣漢氏家譜[甘肅金縣]　史5-38576
金縣志[康熙]　史8-63095
金縣志[道光]　史8-63096
64 金畦詩鈔　集4-26965
金畦詩鈔、續刻　集4-26966
67 金鄂巖詩稿　集4-23230
68 金吟香文稿　集5-38176
71 金鑪精萃、初學題類文法合編　集6-46327
金廠行記　史7-49317(6)、49318(14)、51070
金匱方　子2-5299、6806
金匱方證詳解　子2-6792
金匱方證詳解、素靈精義　子2-4761
金匱方論衍義　子2-6764
金匱方歌　子2-6813~4
金匱方歌括　子2-4648、4651~63、4738、
6809、6812
金匱方解　子2-6807
金匱雜病辨　子2-4736、6801
金匱讀本　子2-4692、6796
金匱講義　子2-6793
金匱論叢　子2-6803
金匱玉函　子2-6767
金匱玉函要畧方論　叢2-698(7)

金匱玉函經　子2-4601、6758、6763
金匱玉函經二注　子2-4771(3)、6765
金匱王氏譜世系傳記［江蘇無錫］　史4-
　24865
金匱要畧　子2-6760～1
金匱要畧方　子2-4575
金匱要畧方論　子2-4564、6290、6292
金匱要畧方論(新編金匱方論、新編金匱要
　畧方論、金匱要畧方)　子2-6759
金匱要畧方論正本　子2-6762
金匱要畧方論本義　子2-6772
金匱要畧方集注　子2-6808
金匱要畧廣注　子2-6770
金匱要畧讀本　子2-6790
金匱要畧論　子2-4575
金匱要畧論註　叢1-223(32)
金匱要畧論注　子2-6768
金匱要畧正義　子2-6783
金匱要畧集解　子2-6785
金匱要畧解　子2-4647、6784
金匱要畧注　子2-4616、4989、6776
金匱要畧心典　子2-4748、4771(3)
金匱要畧淺注　子2-4648、4651～63、6779
金匱要畧淺注方論編　子2-4751
金匱要畧淺注方論合編　子2-6781
金匱要畧淺注補正　子2-4711、4750、6780
金匱要畧淺注摘要　子2-6782
金匱要畧直解　子2-6769
金匱要畧闕疑　子2-6788
金匱要畧闡義　子2-6789
金匱要畧纂要　子2-6794
金匱平脈辨脈彙編　子2-6799
金匱百七十五方解畧　子2-6805
金匱歌訣　子2-4716
金匱歌訣(金匱懸解經注方歌訣)　子2-
　6811
金匱翼　子2-4771(3)、6774
金匱解義　子2-6791
金匱條例解釋　子2-6804
金匱傷寒合刻　子2-4592
金匱心典(金匱要畧心典)　子2-6773
金匱湯頭歌　子2-5145、6810
金匱過氏增訂治疗彙要　子2-7803
金匱啓鑰　子2-5118
金匱華氏行素軒算學叢書　子3-12385
金匱華氏行素軒算學全書十六種　子3-
　12387
金匱甘露柳氏宗譜［江蘇無錫］　史4-
　30342
金匱指髓　子2-4767

金匱懸解　子2-4617～8、6778
金匱懸解初稿　子2-6777
金匱縣安鎮禦寇紀畧　史1-3902
金匱縣志［嘉慶］　史7-56900
金匱縣志［乾隆］　史7-56897
金匱縣志［光緒］　史7-56905
金匱縣圖志［道光］　史7-56903
金匱縣輿地全圖　史7-50185～6
金匱原理論　子2-6802
金匱陶氏支譜［江蘇無錫］　史5-33471
金匱鉤玄　子2-4564、4727、4740、9192　叢
　1-223(33)
金匱鉤玄(丹溪先生金匱鉤玄)　子2-9191
金匱鉤元　子2-4749
金匱節錄注解　子2-6787
72 金剛新眼疏經偈合釋　子7-32109、33203
金剛新眼疏經偈合釋、懸示、大意、金剛般
　若經偈會本　子7-33201
金剛記外別解　子7-33151
金剛論須知　子7-32997
金剛三昧　子6-32091(77)
金剛三昧經　子6-32081(21)、32083(14)、
　32084(12)、32085(20)、32086(23)、32088
　(15)、32089(17)、32090(18)、32091(17)、
　32092(12)、32093(14)、7-32962
金剛三昧經通(彙)［宗］記　子7-33687
金剛三昧本性清淨不壞不滅經　子6-
　32081(20)、32083(14)、32086(22)、32088
　(15)、32091(16)、7-32376
金剛三昧本性清淨不壞不滅經(金剛清淨
　經)　子6-32085(20)、32090(18)、32092
　(12)
金剛三昧本性清淨經　子6-32089(17)
金剛王菩薩祕密念誦儀軌　子6-32081
　(55)、32083(35)、32084(27)、32085(49)、
　32086(59)、32088(37)、32089(36)、32090
　(57)、32091(55)、32092(38)、32093(36)
金剛頂一字頂輪王儀軌音義　子6-32093
　(40)
金剛頂一切如來真實攝大乘現證大教王經
　子6-32081(53)、32082(28)、32083(34)、
　32085(48)、32086(57)、32088(35)、32089
　(30)、32090(41、55)、32091(39、53)、32092
　(27、36)、32093(32)
金剛頂瑜伽護摩儀軌　子6-32081(55)、
　32084(28)、32085(50)、32086(59)、32088
　(37)、32089(36)、32090(59)、32091(57)、
　32092(39)、32093(33、40)
金剛頂瑜伽三十七尊出生義　子6-32093
　(32)
金剛頂瑜伽三十七尊禮　子6-32081(55)、
　32083(35)、32084(28)、32085(50)、32086

（60）、32088（37）、32089（36）、32090（59）、
32091（57）、32092（39）

金剛頂瑜伽理趣般若經　子6-32085（53）、
32086（64）、32088（39）32089（33）、32090
（41）、32091（40）、32092（27）、32093（34）

金剛頂瑜伽千手千眼觀自在菩薩修行儀軌
經　子6-32081（55）、32083（35）、32084
（27）、32085（49）、32086（59）、32088（36）、
32090（56）、32091（54）、32092（37）、32093（35）

金剛頂瑜伽經文殊師利菩薩儀軌供養法
子6-32085（53）、32086（64）、32088（39）、
32089（38）、32090（58）、32091（56）、32092
（38）、32093（35）

金剛頂瑜伽經十八會指歸　子6-32083
（34）、32084（27）、32085（49）、32086（58）、
32088（36）、32089（36）、32090（59）、32091
（57）、32092（39）、32093（32）

金剛頂瑜伽他化自在天理趣會普賢修行念
誦儀軌　子6-32085（52）、32086（62）、32088
（38）、32089（37）、32090（56）、32091（54）、
32092（37）、32093（34）

金剛頂瑜伽修習毘盧遮那三摩地法　子6-
32089（35）

金剛頂瑜伽中發阿耨多羅三藐三菩提心論
子6-32088（40）、32089（46）、32091（52）

金剛頂瑜伽中發阿耨多羅三藐三菩提心論
（瑜伽總持教門說菩提心觀行修持義）
子6-32084（28）、32090（54）、32092（35）、
32093（32）

金剛頂瑜伽中發阿耨多羅三藐三菩提心論
（瑜伽總持教門說菩提心觀行修持義）
子6-32085（55）、32086（65）

金剛頂瑜伽中畧出念誦經　子6-32081
（17）、32084（11）、32085（17）、32086（19）、
32088（13）、32089（15）、32090（23）、32091
（21）、32092（15）、32093（32）、7-32786

金剛頂瑜伽青頸大悲王觀自在念誦儀軌
子6-32093（38）

金剛頂瑜伽畧述三十七尊心要　子6-
32093（32）、7-32791

金剛頂瑜伽降三世成就極深密門　子6-
32084（29）、32085（52）、32086（62）、32088
（38）、32089（37）、32090（56）、32091（54）、
32092（37）、32093（36）

金剛頂瑜伽金剛薩埵儀軌　子6-32085
（52）、32086（62）

金剛頂瑜伽金剛薩埵五祕密修行念誦儀軌
子6-32081（55）、32084（27）、32085（50）、
32086（59）、32088（37）、32089（36）、32090
（57）、32091（55）、32092（38）

金剛頂瑜伽金剛薩埵儀軌　子6-32088
（38）、32089（37）、32090（57）、32091（55）、
32092（37）

金剛頂瑜伽金剛薩埵降五祕密修行念誦儀軌
子6-32093（34）

金剛頂瑜伽念珠經　子6-32081（53）、32083
（34）、32085（48）、32086（58）、32088（35）、
32089（31）、32090（42）、32091（40）、32092
（27）、32093（37）

金剛頂千手千眼觀自在菩薩修行儀軌　子
6-32089（36）

金剛頂經一字頂輪王瑜伽一切時處念誦成
佛儀軌　子6-32084（28）、32093（33）、7-
32119

金剛頂經一切如來真實攝大乘現證大教王
經　子6-32085（54）、32086（65）、32088
（40）、32089（38）

金剛頂經瑜伽文殊師利菩薩法一品　子6-
32081（54）、32083（34）、32086（58）、32088
（36）、32089（36）、32091（57）

金剛頂經瑜伽文殊師利菩薩法一品（五字
咒法）　子6-32085（49）、32090（59）、32092
（39）、32093（35）

金剛頂經瑜伽修習毘盧遮那三摩地法　子
6-32081（53）、32082（27）、32083（33）、32085
（48）、32086（57）、32088（35）、32090（58）、
32091（56）、32092（38）、32093（32）

金剛頂經瑜伽觀自在王如來修行法　子6-
32085（54）、32086（64）、32088（40）、32089
（38）、32090（58）、32091（56）、32092（38）、
32093（33）

金剛頂經多羅菩薩念誦法　子6-32084
（27）、32093（35）

金剛頂經觀自在王如來修行法　子6-
32084（28）、32085（53）、32086（64）、32088
（39）、32090（58）、32091（56）、32092（38）、
32093（33）

金剛頂經曼殊室利菩薩五字心陀羅尼品
子6-32081（19）、32085（19）、32086（21）、
32088（14）、32090（23）、32091（21）、32092
（15）、32093（36）

金剛頂經毘盧遮那一百八尊法身契印　子
6-32093（32）

金剛頂經金剛界大道塲毘盧遮那如來自受
用身內證智眷屬法身異名佛最上乘祕密
三摩地禮懺文（三十七尊禮懺文）　子6-
32093（37）

金剛頂蓮花部心念誦儀　子6-32089（36）

金剛頂蓮花部心念誦儀軌　子6-32081
（55）、32083（35）、32084（27）、32085（49）、
32086（59）、32088（36）、32090（58）、32091
（56）、32092（39）、32093（32）

金剛頂觀自在如來修行法　子6-32089（38）

金剛頂超勝三界文殊五字真言　子6-
32093（38）

金剛頂超勝三界經說文殊五字真言勝相

子6－32084(28)、32085(55)、32086(65)、32088(40)、32090(59)、32091(57)、32092(39)

金剛頂超勝三界經說文殊師利菩薩祕密心真言　子6－32093(35)

金剛頂曼殊室利菩薩五字心陀羅尼品　子6－32089(16)

金剛頂降三世大儀軌法王教中觀自在菩薩心真言一切如來蓮華大曼茶羅品　子6－32084(28)、32093(35)、7－32119

金剛頂勝初瑜伽經中畧出大樂金剛薩埵念誦儀軌　子6－32093(34)

金剛頂勝初瑜伽經中畧出大樂金剛薩埵念誦儀　子6－32084(28)

金剛頂勝初瑜伽普賢菩薩念誦法經　子6－32081(55)、32083(35)、32085(49)、32086(59)、32088(37)、32089(36)、32090(57)、32091(55)、32092(38)、32093(34)

金剛破取著不壞假名論　子7－32131

金剛恐怖集會方廣軌儀觀自在菩薩三世最勝心明王經　子6－32081(53)、32082(28)、32083(34)、32085(48)、32086(57)、32088(35)、32089(30)、32090(42)、32091(40)、32092(27)、32093(35)

金剛恐怖集會方廣軌儀觀自在菩薩三世最勝心明王大威力烏樞瑟摩明王經　子6－32081(53)、32082(27)、32083(33)、32084(26)、32085(48)、32086(57)、32088(35)、32089(30)、32090(42)、32091(40)、32092(27)

金剛恐怖集會方廣軌儀觀自在菩薩三世最勝心明王大威力烏樞瑟麼明王經　子7－32868

金剛瑜伽護摩儀軌　子6－32083(35)

金剛瑜伽金剛薩埵五祕密修行念誦儀軌　子6－32083(35)

金剛手菩薩一百八名梵讚　子6－32083(31)

金剛手菩薩神咒　子7－32094

金剛手菩薩降伏一切部多大教王經　子6－32083(30)、32089(27)

金剛手光明灌頂經最勝立印聖無動尊大威怒王念誦儀軌　子6－32090(58)、32091(56)、32092(38)

金剛手光明灌頂經最勝立印聖無動尊大威怒王念誦儀軌法品　子6－32084(29)、32085(54)、32086(64)、32088(40)、32089(38)、32093(36)

金剛香菩薩大明成就儀軌經　子6－32083(30)

金剛上味陀羅尼經　子6－32081(14)、32083(10)、32085(14)、32086(15)、32088(10)、32090(16)、32091(15)、32092(11)、32093(13)

金剛能斷般若波羅蜜經　子6－32081(1)、

32083(2)、32085(2)、32086(1)、32088(2)、32089(2)、32090(1)、32091(1)、32092(1)、32093(13)、7－32328

金剛能斷般若波羅蜜多經　子7－32349

金剛經　子7－32135、32343、33218、33263、34682

金剛經、心經　子7－32344

金剛經、大悲咒、心經、呂祖師降三十二次偈　子7－33219

金剛經旁解　子7－33241、33264

金剛經註講　子7－33167

金剛經註正訛　子6－32091(77)

金剛經註釋　子7－33262

金剛經註解　子7－33148、33242、33260

金剛經註解、呂祖師偈　子7－33215

金剛經訂義　子7－33256　叢2－1920

金剛經證誤、續集　子7－33198

金剛經詳釋加評、般若波羅密多心經詳釋　子7－33261

金剛經五十三家注解　子7－33157、33161

金剛經疏芥　子7－33184

金剛經石注　子7－33197

金剛經彌陀經地藏經五重玄義　子7－33071

金剛經聯語　子7－33244

金剛經受持感應錄　子6－32091(67)

金剛經集注　子7－33168

金剛經集注、心經注　子7－33165

金剛經參儒證解　子7－33207

金剛經傳燈真解　子7－33208

金剛經傳燈真解、佛祖般若心印經、般若波羅蜜多心經　子7－33209

金剛經多心經讀本、感應圖說　子7－33251

金剛經解　子7－33154、33177

金剛經解義、心經解義　子7－33238、33240

金剛經句解　子7－33178

金剛經句解便蒙　子7－33179

金剛經句解便蒙、心經句解便蒙　子7－33180

金剛經彙纂　子7－33205

金剛經注　子7－33173、33255

金剛經注講　子7－33235

金剛經注解、般若波羅蜜多心經、諸咒　子7－33237

金剛經心經註彙纂　子7－33206

金剛經心經感應圖說　子7－32107

金剛經淺說　子7－33243

金剛經直解　子7－33217、33248

金剛經直解偈　子7－33210

金剛經古今靈驗集　子7－33136

金剛經概論　子7－33172

金剛經標指　子7-32098

金剛經如是解　子6-32091(67),7-33191

金剛經鳩異　子5-26229,7-34677　叢1-22(19)、23(18)、29(4)、255(4)

金剛經感應錄分類輯要　子7-33225　叢1-536

金剛經輯注　子7-32105、33212

金剛經易氏本　子7-33258　叢2-2150

金剛經果報錄　子7-33069

金剛經郢說　子6-32091(77)

金剛經郢說說署　子7-33204

金剛經隨說　子7-33231

金剛經隨說、心經證義、龍樹山珍全心經注　子7-33232

金剛經會解了義　子6-32091(67)

金剛經會解了義、心經解　子7-33192

金剛經頌　子7-33146

金剛經銙銘句解　子7-33182

金剛經纂要刊定記　子6-32089(51)、32090(66)、32091(64)、32092(42)、32093(49),7-33144

金剛仙論、金剛經論本釋對讀表　子7-32734

金剛峯樓閣一切瑜伽瑜祇經　子6-32085(51)、32086(62)、32088(38)、32089(32)、32090(42)、32091(40)、32092(27)、32093(32)

金剛乩釋　子6-32091(67)

金剛山　集7-53599

金剛山志　史7-54591

金剛化度修真寶傳　了7-36191

金剛化渡修真寶傳　子5-31470

金剛般波羅密經註解　子7-33247

金剛般若論　子6-32084(13)、32093(28)

金剛般若經六譯本　子7-32328

金剛般若經論　子6-32083(15)

金剛般若經疏　子6-32088(42)、32089(49)、32090(63)、32091(61)、32092(40)、7-33137

金剛般若經疏論纂要　子6-32089(51)、32090(66)、32091(64)、32092(42)

金剛般若經疏論纂要、科文　子6-32093(49)

金剛般若經疏論纂要刊定記會編　子6-32091(75)

金剛般若經疏論纂要刊定記會本　子7-33145

金剛般若經破取著不壞假名論　子6-32083(15)、32086(25)

金剛般若經贊述　子7-33141

金剛般若經偈會本　子7-33202

金剛般若經偈會本、金剛新眼疏經偈合釋　子7-33200

金剛般若波羅蜜經　子6-32081(1)、32083(2)、32084(1)、32085(2)、32086(1)、32088(2)、32091(1)、32093(13)、7-32094、32096、32112、32114、32129～30、32133～4、32136、32328～30、32333、32336、32346、32348、33069、33147、33155、33158～60、33163～4、33174、33214、33233　叢1-114(3),2-724

金剛般若波羅蜜經(篆書金剛般若波羅蜜經)　子7-32332

金剛般若波羅蜜經、靈應錄　子7-32338

金剛般若波羅蜜經、佛說阿彌陁經、妙法蓮華經觀世音普門品　子7-32126

金剛般若波羅蜜經、解、般若波羅蜜多心經、解、大方廣圓覺修多羅了義經　子7-33067

金剛般若波羅蜜經、般若波羅蜜多心經　子7-32341

金剛般若波羅蜜經、般若波羅蜜多心經、大悲心陀羅尼　子7-32342

金剛般若波羅蜜經、心經、金剛經集注　子7-32335

金剛般若波羅蜜經、心經證義、金剛經隨說　子7-32340

金剛般若波羅蜜經、感應圖說　子7-32339、34680

金剛般若波羅蜜經、金剛般若波羅蜜經、般若波羅蜜多心經　子7-33066

金剛般若波羅蜜經、金剛般若波羅蜜經、金剛般若波羅蜜經　子6-32089(2)、32090(1)、32092(1)

金剛般若波羅蜜經、金剛感應錄　子7-32337

金剛般若波羅蜜經註解　子6-32090(65)、32091(63)、32092(43)、32093(49),7-32113、33068、33156

金剛般若波羅蜜經講義、金剛經受持靈驗記、心經合參　子7-33245

金剛般若波羅蜜經部旨　子6-32091(67)

金剛般若波羅蜜經論　子6-32081(22)、32082(14)、32083(15)、32084(13)、32085(22)、32086(24、25)、32088(16)、32089(41)、32090(47)、32091(45)、32092(31)、32093(28)

金剛般若波羅蜜經論(金剛能斷般若)　子6-32085(22)、32090(47)、32092(31)

金剛般若波羅蜜經論釋懸判　子7-33136

金剛般若波羅蜜經詳解　子7-33259

金剛般若波羅蜜經五十三家集注　子7-33162

金剛般若波羅蜜經疏　子6-32093(49)

金剛般若波羅蜜經疏記懸判　子7-33136

金剛般若波羅蜜經疏記會鈔　子7-33136

金剛般若波羅蜜經石注　子7-33196

金剛般若波羅蜜經破取著不壞假名論　子6-32081(23)、32084(13)、32085(22)、32088(16)、32089(41)、32090(48)、32091(46)、32092(31)、32093(28)，7-32733

金剛般若波羅蜜經破空論、心經釋要、波羅蜜經觀心釋　子6-32091(67)

金剛般若波羅蜜經集解　子7-33149、33170、33266

金剛般若波羅蜜經集注　子7-33171、33267

金剛般若波羅蜜經偈論會鈔　子7-33136

金剛般若波羅蜜經解註　子7-33229

金剛般若波羅蜜經解註、標目、金剛經緒衷、般若波羅蜜多心經淺說、無智無礙說、罪福說、原佛、訟過記、金剛感應續錄　子7-33228

金剛般若波羅蜜經解註、金剛經緒衷、般若波羅蜜多心經淺說、無智無礙說、罪福說、金剛經原佛、金剛經訟過記、金剛感應錄　子7-33227

金剛般若波羅蜜經解義、般若波羅蜜多心經解義　子7-33239

金剛般若波羅蜜經句解　子7-33181

金剛般若波羅蜜經句解易知　子7-33183

金剛般若波羅蜜經注　叢2-1920

金剛般若波羅蜜經注講　子7-33234

金剛般若波羅蜜經注采　子7-33175

金剛般若波羅蜜經心印疏　子7-33193

金剛般若波羅蜜經淺說　子7-33257

金剛般若波羅蜜經直解　子7-33195、33220、33226

金剛般若波羅蜜經七祖注　子7-33152

金剛般若波羅蜜經標目　子7-33230

金剛般若波羅蜜經較證音釋　子7-33136

金剛般若波羅蜜經懸判疏鈔疏　子7-33199

金剛般若波羅蜜經附注　子7-33213

金剛般若波羅蜜經附真言、般若波羅蜜多心經、感應圖說　子7-32308

金剛般若波羅蜜經筆記　子6-32091(66)

金剛般若波羅蜜經節本　子7-32107

金剛般若波羅蜜多經頌論疏記會鈔　子7-33136

金剛般若波羅蜜多心經　子7-32108、32127

金剛般若波羅密經　子5-29579,7-32103、32110、32347、33143、33253、34681

金剛般若波羅密經、般若波羅密多心經　子7-32309

金剛般若波羅密經、太上感應篇續義　子7-33254

金剛般若波羅密經、銷釋金剛科義　子7-32345

金剛般若波羅密經論、金剛般若波羅密經論　子7-32731

金剛般若波羅密經疏　子7-33246

金剛般若波羅密經疏、般若心經疏　子7-33065

金剛般若波羅密經破空論、心經釋要、金剛般若波羅蜜經觀心釋　子7-33189

金剛般若波羅密經宗通　子7-33186~7

金剛般若波羅密經直經(解)　子7-33216

金剛般若波羅密經義疏　子7-33139

金剛般若波羅密多心經　叢1-394

金剛注解鐵□川老頌　子7-33185

金剛宗通　子7-33188

金剛心咒　子7-32094

金剛祕密善門陀羅尼經　子6-32083(10)、32086(16)、32089(12)、32090(16)、32091(15)、32092(11)

金剛祕密善門陀羅尼咒經　子6-32093(43)

金剛祕密善門陁羅尼經　子6-32081(14)、32088(11)

金剛祕密善門陁羅尼咒經　子6-32084(9)

金剛決疑、般若波羅蜜多心經直說　子7-33176

金剛大意、心經大意撮概　子6-32091(66)

金剛直說　子7-33194

金剛直解　子7-33249

金剛壽命真言　子7-32094

金剛壽命陀羅尼經　子6-32093(39)

金剛壽命陀羅尼經法　子6-32093(39)

金剛壽命陀羅尼念誦法　子6-32081(57)、32082(15)、32083(36)、32085(52)、32086(61、62)、32088(38)、32089(37)、32090(56)、32091(54)、32092(37)、32093(34)

金剛薩埵說頻那夜迦天成就儀軌　子6-32083(30)

金剛薩埵說頻那夜迦天成就儀軌經　子6-32081(48)、32082(24)、32084(25)、32085(44)、32086(52)、32088(32)、32089(27)、32090(43)、32091(41)、32092(28)、32093(46)

金剛薩埵說頻那夜迦天成就儀軌經卷　子7-32925

金剛薩埵百字咒　子7-32110

金剛蒙引　子7-33190

金剛藥師觀音三經(佛經三種)　子7-32114

金剛藥叉瞋怒王息災大威神驗念誦儀軌　子6-32093(39)

金剛塲陀羅尼經　子6-32081(14)、32083(10)、32085(14)、32086(15)、32088(10)、32089(12)、32090(16)、32091(15)、32092(11)、32093(13)

金剛塲陁羅尼經　子6-32084(9)

金剛摧碎陀羅尼　子6-32089(33)、32090
(40)、32091(38)、32092(26)、32093(46)

金剛摧碎陁羅尼　子6-32085(54)、32086
(64)、32088(40)

金剛感應錄　子7-34679

金剛感應錄、金剛般若波羅蜜經　子7-
34678

金剛鳳傳奇　集7-50165

金剛愍公(光筋)表忠錄　史2-10141

金剛愍公表忠錄　叢2-784

金剛針論　子6-32081(45)、32082(22)、32083
(29)、32084(24)、32085(42)、32086(49)、
32088(30)、32089(46)、32090(53)、32091
(51)、32092(35)、32093(30)

金剛錍　子6-32084(32)、32088(41)、32089
(50)、32090(64)、32091(62)、32092(42)、
32093(51)

金剛光焰止風雨陀羅尼經　子6-32081
(18)、32083(12)、32085(18)、32086(19)、
32088(13)、32089(14)、32090(22)、32091
(21)、32092(15)、32093(34)

金剛光焰止風雨陁羅尼經　子6-32084(11)

金剛火(大)陀羅尼經　子6-32083(29)

金氏(應奎)世德紀　史2-8947

金氏文集　集1-2170　叢1-223(51)

金氏重修族譜[江蘇吳縣]　史4-29641

金氏重修宗譜　史4-29803

金氏重修宗譜[江蘇武進]　史4-29631

金氏統宗譜[安徽祁門]　史4-29787

金氏續修譜[湖南]　史4-29799

金氏續修宗譜[安徽旌德]　史4-29790～1

金氏家訓　子1-2323

金氏家譜　史4-29802

金氏家譜[上海寶山]　史4-29620

金氏家譜[江蘇崑山]　史4-29644

金氏家譜[浙江臨安]　史4-29648

金氏家譜[貴州長順]　史4-29800

金氏家乘[上海崇明]　史4-29622

金氏宗譜　史4-29804～5

金氏宗譜[上海崇明]　史4-29621

金氏宗譜[安徽祁門]　史4-29788

金氏宗譜[安徽桐城]　史4-29769～71

金氏宗譜[江蘇吳縣]　史4-29642

金氏宗譜[江蘇江陰]　史4-29633

金氏宗譜[江蘇丹徒]　史4-29626

金氏宗譜[江蘇無錫]　史4-29632

金氏宗譜[江蘇常州]　史4-29629

金氏宗譜[浙江永康]　史4-29689

金氏宗譜[浙江杭州]　史4-29647

金氏宗譜[浙江蘭溪]　史4-29683

金氏宗譜[浙江東陽]　史4-29729

金氏宗譜[湖北武漢]　史4-29795

金氏通譜[遼寧]　史4-29617

金氏七門宗譜[浙江金華]　史4-29677～9

金氏世譜[江蘇蘇州]　史4-29634～6

金氏世譜[浙江臨海]　史4-29764～5

金氏世德紀　史2-8948　叢2-832(6)

金氏如心堂譜[浙江嘉興]　史4-29650

金氏書經注　經1-2664

金氏門診方案　子2-4768、10784

金氏尚書注　叢1-452、586(1)、2-716(1)

73　金陀詩鈔　集4-23674

金陀祠事本末錄要　史7-51804

金陀祠事錄　史7-51801～3、51805

金陀吟稿　集3-17317

74　金陵文徵小傳　叢1-564

金陵文徵小傳彙刊　史2-7778

金陵玄觀志　史7-51722

金陵雜詠　史7-50107　集4-22444～5

金陵雜述　史7-50112

金陵雜事詩　集5-37547　叢1-507～8、2-
731(39)

金陵雜咏　集3-21105

金陵雜興　史7-50097　子4-19933

金陵新刻彤管遺編　子4-22972

金陵新刊續文章軌範　集6-42702

金陵新志[至正]　史7-56540

金陵新志[至大]　叢1-223(23)

金陵新鐫皇明史館名公經世宏辭十四集
集6-43959

金陵識小錄　子4-23635

金陵詩文近錄　叢1-564

金陵詩選　叢1-564

金陵詞鈔續編　叢2-795

金陵百詠　史7-50095～6　集5-34149　叢
1-223(56)、540～3、547(4)

金陵百四十八景　史7-51362　叢2-2101

金陵石刻記　史8-63843　叢2-2187

金陵癸甲新樂府、金陵城外新樂府　集4-
28667

金陵癸甲紀事畧　史1-3877

金陵癸甲紀事畧、粤逆名目畧　史1-1992、
3876

金陵癸甲摭談　史1-3878　叢1-580

金陵癸甲摭談、金陵紀事雜咏　史1-3879

金陵癸甲摭談補　史1-1992、3880

金陵瑣志五種續刊二種　史7-49328

金陵瑣事　史7-50102～3　叢2-721

金陵瑣事、續、二續　史7-50101

金陵集　集2-8261

金陵集、遊太湖詩　集2-11274

金陵稿　集2-7811

金陵行紀(清道光十一年、二十年至二十一
　　年)　史 2－12642
金陵歲時記　史 7－50118
金陵山水街道叢考　史 7－49326、50123
金陵先正言行錄　史 2－7779
金陵待徵錄　史 7－50109　叢 1－564
金陵傳記雜文鈔　叢 1－564
金陵朱氏新譜稿[江蘇南京]　史 4－26399
金陵朱氏家譜[江蘇南京]　史 4－26398
金陵冬游記畧　叢 1－22(24)
金陵冬遊紀畧　史 7－53190
金陵物産風土記　史 7－49328
金陵物産風土志　史 7－50117
金陵名賢詠　集 2－10921
金陵名勝　史 7－51359
金陵紀遊　史 7－49358、53193
金陵紀事雜詠　史 7－50108　叢 2－683
金陵紀事雜咏　史 1－3882
金陵紀畧、南征記　史 1－1979、3303
金陵收復志喜一百韻　集 5－35687
金陵叢刻　叢 2－787
金陵叢書五十四種　叢 2－788
金陵被難記　史 1－3402
金陵冢墓遺文　史 8－63844
金陵通傳　叢 2－2108
金陵通傳、補遺、續傳、補傳、姓名韻編　史
　　2－7777
金陵通傳補遺、金陵通傳姓名韻編、續金陵
　　通傳　叢 2－2108
金陵通紀　叢 2－2108
金陵通紀、國朝金陵通紀　史 7－50115
金陵通紀、國朝金陵通紀、金陵通紀補　史
　　7－50116
金陵選勝　史 7－51357
金陵遊記　史 7－53875　集 6－44965　叢 2－
　　619
金陵遊稿　集 2－10390
金陵遊草　史 7－53191　叢 2－1805
金陵志地錄　史 7－49318(12)、50110
金陵古跡詩　集 3－15902
金陵古金石考目　史 8－63841　叢 2－755、
　　1184
金陵古今圖考　史 7－50100　叢 2－795
金陵古今圖考、金陵圖詠、金陵雅游編　史
　　7－50099
金陵校正合併事類夢海全書　子 3－14617
金陵機業瑣記　史 6－44792
金陵梵刹志　史 7－51556　叢 1－373(3)
金陵藏經　子 7－32095
金陵妓品　叢 1－22(28)
金陵韓氏族譜錄[江蘇南京]　史 5－40341

金陵世紀　史 7－50098
金陵舊稿　叢 1－373(5)
金陵黃烈女遺詩　集 5－37869
金陵梅氏支譜[江蘇南京]　史 5－34133
金陵畫品　子 3－15859、16037
金陵按疏　史 6－48491
金陵釐捐總局詳定整頓新章　史 6－43610
金陵四十毘　叢 2－760
金陵四十八詠題景　集 5－41295
金陵四十八景、金陵百詠　史 7－51361
金陵四十八景圖　史 7－51360
金陵四十八景題詠　叢 2－795
金陵圖詠、金陵圖考、雅游編　集 2－10370
金陵賦　史 7－50114　叢 2－731(57)、786～7
金陵野鈔　史 1－1942、3397～9　叢 2－606
金陵野鈔、南都死難紀畧　史 1－3400～1
金陵歷代建置表　史 7－50113　叢 2－731
　　(57)、786～7
金陵歷代紀事年表　集 4－25984
金陵馬鞍山中興律祖事蹟考　子 7－34800
金陵兵事彙畧　史 1－3885
金陵舉義文存　集 4－33369
金陵覽古　史 7－51358
金陵覽古詩　集 3－17026
金陵覽古集　集 3－16295
金陵勝蹟志　史 7－51363
金陵金石志、唐昭陵墨蹟考畧　史 8－63842
金陵金氏族譜[江蘇南京]　史 4－29623
金陵前明雜文鈔　叢 1－564
金陵答問　叢 2－1067
金陵省難紀畧　史 1－3886
金駄子寶卷　集 7－54358
77 金閨傑　集 7－53793
金風亭長書目五種　史 8－65250
金鳳外傳　叢 1－407(3)
金鳳寶卷(龍鳳鎖寶卷)　集 7－54369
金鳳釵記　叢 1－168(2)
金屋夢　子 5－28242
金屋小譜　史 2－7708
金屑詞　集 4－25628
金屑一撮　子 7－34128
金屑編　子 4－20748　叢 1－102
金屑錄　子 5－25398
金殿撰家戒詩注釋　子 1－2230
金眉生都張文稿　集 4－33279
金丹辯惑　子 5－31321
金丹雜法　子 5－31494
金丹就正圖　子 5－29545、31288
金丹就正篇　子 5－31289
金丹就正篇玄膚論　子 5－29564、31291

金丹詩訣　子5-31055　叢1-109、111(4)

金丹正理大全　子5-29538、29557

金丹正理大全周易參同契解　子5-30976

金丹正理大全周易參同契通真義　子5-30968

金丹正理大全悟真篇註疏　子5-31140

金丹正宗　子5-29530(21)、29541、29549、29562、31220

金丹下手訣　子5-29561、31357

金丹要訣　子5-29535(6)、29536(6)、31306

金丹百問　子5-29541、31123

金丹歌　子5-29547

金丹上乘龍虎交併返還口訣　子5-29561、31356

金丹先天纂要　子5-29540

金丹彙錄　子5-31492

金丹密語　子5-29541、31275

金丹心法口訣　子5-31408

金丹祕訣　子5-29561、31353

金丹法藏　子5-31490

金丹九品正信皈真還鄉寶卷　集7-54185

金丹大要　子5-29535(5)、29536(5)、29538、29543、29564、31263、31265、31267

金丹大旨圖　子5-29545、31292

金丹大成　子5-29535(5)、29536(5)、31273

金丹大成集　子5-29530(6)、29565、31271~2

金丹直指　子5-29530(21)、29562、31219

金丹真一論　子5-29530(21)、29562、30922

金丹真傳　子5-31316~20

金丹真指　子5-31324

金丹指真　子5-31487

金丹撮要　子2-4591

金丹四百字　子5-29530(21)、29535(5)、29536(5)、29547、29557、29562、29588、31170~1

金丹四百字(紫陽張平叔金丹四百字)　子5-31169

金丹四百字註釋　子5-29575、31172

金丹四百字註解　子5-29544、29549、31175

金丹四百字解　子5-29550、29567~9、29571~2、31174、31177　叢1-107、111(3)

金丹四百字注釋　子5-29574

金丹四百字內外註解　子5-29538、29543

金丹四百字內外註解(玄學正宗金丹四百字內外註解)　子5-31176

金丹圖論　子5-31493

金丹賦　子5-29530(6)、31232

金開寶卷(得財貝盟)　集7-54371

金關帝君三元真一經　子5-29530(5)、30824

金關攀松集　集3-21433　叢2-731(43)、786~7

金關攀松集、玉井搴蓮集　集3-21429

金母獻環　集7-49699

金母馳旌　集7-49705

金母錢太夫人七旬晉九壽辰徵詩文啓　史2-10612

金閶齋集　集3-14044

金閶稿　集2-10019　叢2-1121

金印合縱記　集7-49710、50056

金門子　子1-18~20、371

金門稿、望廬集句　集3-15645

金門志[同治]　史8-58349

金門戟　集7-48780、49240

金門縣志[民國]　史8-58350

金閶稿　叢2-1123

金興山房稿　集2-9401

78 金鑒傷寒論方　子2-6709

80 金盒春秋二十五本　集7-51150

金鐘山房詩集、文集　集5-39449

金鐘山房詩存　集5-39450

金鐘傳　子5-28528

金鏡舌法　子2-4575

金鏡內臺方議　子2-6694

金鏡錄傷寒驗證舌法圖說　子2-6232

金谷歌註解　子5-31341

金谷瑣言　史6-43186~7

金谷吳氏重修宗譜[浙江衢州]　史4-27879

金谷吳氏宗譜[浙江衢州]　史4-27877~8

金谷遺音　集7-46352、46356~7、46380、46617~9　叢2-698(13)、720(2)

金谷蔣氏宗譜[浙江蘭溪]　史5-38138

金公(梁)年譜　史2-12478

81 金瓶梅　集7-50310

金瓶梅詞話　子5-28232　叢2-720(3)、721

82 金釧記　叢1-587(5)

金鍾山房文集　叢2-977

金鍾山房詩集　叢2-977

83 金鍼詩格　集6-45533

金錢記　集7-48777

金錢寶卷　集7-54589

金錢神數　子3-14677

84 金針詩格　集6-45495　叢1-114(4)

金錯膾鮮　集6-42501

86 金鈿盒傳奇　集7-50000、50038

金鐲記　集7-51157

金鐲記寶卷　集7-54327

金鐲玉環記　集7-51158

金鐲寶卷　集7-54590

金知事手諭錄述要　史6-45350

87 金銀珠寶譜　子4-18605
　金銀樹開花　集7-52811
88 金籙齋三洞讚詠儀　子5-29530(7)、30646
　金籙齋啓壇儀　子5-29530(10)、30630
　金籙齋投簡儀　子5-29530(10)、30645
　金籙齋懺方儀　子5-29530(10)、30635
　金籙設醮儀　子5-29530(10)、30637
　金籙放生儀　子5-29530(10)、30638
　金籙延壽設醮儀　子5-29530(10)、30641
　金籙上壽三獻儀　子5-29530(10)、30640
　金籙御典文集　子5-32004
　金籙解壇儀　子5-29530(10)、30636
　金籙祈壽早朝儀　子5-29530(10)
　金籙祈壽早朝儀、午朝儀、晚朝儀　子5-30639
　金籙祈壽晚朝儀　子5-29530(10)
　金籙祈壽午朝儀　子5-29530(10)
　金籙十迴度人早朝轉經儀　子5-29530(10)
　金籙十迴度人早朝轉經儀、午朝轉經儀、晚朝轉經儀　子5-30644
　金籙十迴度人早朝開收儀　子5-29530(10)
　金籙十迴度人早朝開收儀、午朝開收儀、晚朝開收儀　子5-30643
　金籙十迴度人晚朝轉經儀　子5-29530(10)
　金籙十迴度人晚朝開收儀　子5-29530(10)
　金籙十迴度人午朝轉經儀　子5-29530(10)
　金籙十迴度人午朝開收儀　子5-29530(10)
　金籙大齋宿啓儀　子5-29530(10)、30631
　金籙大齋補職說戒儀　子5-29530(10)、30633
　金籙大齋啓盟儀　子5-29530(10)、30632
　金籙早朝儀　子5-29530(10)
　金籙早朝儀、午朝儀、晚朝儀　子5-30634
　金籙晚朝儀　子5-29530(10)
　金籙午朝儀　子5-29530(10)
　金筴颺言　子4-21520
　金簪記　集7-53804
　金簪寶卷二集　集7-54377
　金箸集　集7-46405、47185
　金笥玄玄　子2-11177,5-31337　叢1-86,2-730(7)
89 金鎖記　集7-49939
　金鎖流珠引　子5-29530(19)、31615
　金鎖寶卷(誅兒救媳、寶娥寶卷、斬寶娥)　集7-54374
90 金小史　史1-2599　叢2-641、785、1064
　金小品傳　叢1-587(2)
　金堂縣續志[民國]　史8-61672
　金堂縣鄉土志[光緒]　史8-61674
　金堂縣志[嘉慶]　史8-61670
　金堂縣志畧[乾隆]　史8-61669
　金少游先生醫案　子2-10493
　金光斗臨經　子3-13473、13475、13477
　金光斗臨經、雙龍出洞式　子3-13474
　金光斗臨經、地理風水　子3-13476
　金光明經　子6-32083(5)、32086(6)、32089(5)、32090(7)、32091(6)、32092(4)、32093(7),7-32491～2　叢1-114(3)
　金光明經文句　子6-32084(32)、32088(42)、32089(49)、32090(63)、32091(61)、32092(40)、32093(47)
　金光明經文句記　子6-32088(42)、32089(49)、32090(63)、32091(61)、32092(40)、32093(47)
　金光明經玄義　子6-32084(32)、32088(42)、32089(49)、32090(63)、32091(61)、32092(40)、32093(47),7-33388
　金光明經玄義拾遺記　子6-32088(42)、32089(49)、32090(63)、32091(61)、32092(40)、32093(47)
　金光明經三身分別品業障滅品　子6-32093(7)
　金光明經疏　子7-33389
　金光明經壽量品　子6-32093(7)
　金光明經銀主陀羅尼品　子6-32093(7)
　金光明經懺悔滅罪傳　子7-34986
　金光明最勝王經　子6-32080、32081(6)、32082(5)、32083(5)、32084(5)、32085(6)、32086(6)、32088(5)、32089(5)、32090(7)、32091(6)、32092(4)、32093(7),7-32493～4
　金光明最勝王經疏　子7-33390～1
　金光明最勝王經大辯才天女品　子6-32093(37)
　金光明最勝懺儀　子6-32089(48)、32090(61)、32091(59)、32092(42)、32093(50)
　金光明懺齋天法儀　子7-34987、35078
　金光明懺法補助儀　子6-32089(48)、32091(59、68)、32092(42)、32093(50)
　金光明懺法補助儀、署法華三昧補助儀　子6-32090(61)
　金雀記　集1-2522,7-49709
　金雀記(新鐫點板金雀記、金雀記定本)　集7-50073
91 金類器皿機器圖說　子7-36229、37202
95 金精廖公祕授地學心法正傳書筴扒砂經、補遺　子3-13353
　金精戲寶一段　集7-51473
　金精直指　子5-31339
97 金耀童子經　子6-32083(28)
99 金變堂方案　子2-10853

釜

12 釜水吟　集3-16110　叢2-886(3)
22 釜山稿(客問詩)　叢2-1110

8011₃ 銃

50 銃車末議　叢1-371

8011₄ 錐

00 錐庵吟稿　集4-32554
26 錐線論　子3-12708
51 錐指分域　經1-3307
77 錐股齋存稿　集5-41642
　錐股齋存稿、秋漁雜唱　集5-41643

鐘

10 鐘石先生文集　集2-7890
22 鐘鼎彝器款識、集聯　史8-64183
　鐘鼎欵識　史8-64148
　鐘鼎字源　經2-13178
　鐘乳髑髏　子7-38267
23 鐘台先生文集　集2-9944
25 鐘律緯　經1-6439
　鐘律通考　經1-6454　叢1-223(14)
　鐘律書　經1-6436　叢2-772(4)、773(4)
　鐘律陳數　經1-6504　集3-18140　叢1-320
47 鐘聲入鏡　子7-32111

8011₆ 鏡

00 鏡亭軼事　史2-9579　叢1-496(5)
　鏡庵詩稿　集3-14557
　鏡庵詩選　集3-14554、14556
01 鏡譚　子1-1367　叢2-886(2)
02 鏡話　史8-64284　叢2-2194

10 鏡西漫稿十四集　集4-23704
　鏡西漫稿四集　集4-23703
　鏡西閣詩選　集4-23227
　鏡西公行述　史2-9623
　鏡吾錄　子4-23420
12 鏡水集　集3-20895
　鏡水堂文鈔　集5-35833
　鏡水堂詩鈔　集5-35831~2
15 鏡珠齋彙刻八種　叢2-2070
20 鏡香剩草　集5-34785,6-42007(4)
　鏡香園毛聲山評第七才子書　集7-49738
　鏡香館詞鈔　集7-48059
22 鏡川吳公(璋)配贈淑人蔡氏行狀墓銘　史2-8935
　鏡川楊氏宗譜[浙江鄞州]　史5-36849~51
　鏡巖樓詩集　集3-14541
　鏡山庵集(初删稿、槎亭稿、山中識遺稿、盧隱稿、郎潛稿、拘幽稿)　集2-11107
　鏡山庵集、十八闋、紹鏡集　集2-11108
　鏡山詩集　集2-7949
　鏡山菴集　集2-11110~1
　鏡山全集　集2-10623
24 鏡倚樓小稿　集4-29548,6-41999
26 鏡泉讀史錄　史1-5687
27 鏡佩樓詩選　集2-12740　叢2-900
31 鏡源遺照集　子5-25896
33 鏡心樓集、補遺、附刊　集2-10503
　鏡心樓集、補遺、附錄　集2-10504
　鏡心堂詩鈔　集5-35564
　鏡心堂七言律詩選　集4-25790
　鏡心堂草　集2-10056
34 鏡池樓吟稿　集5-35431~3
　鏡漪軒詩草　集4-25138
　鏡波祕錄　子2-8473
37 鏡湖遊覽志　史7-52944
　鏡湄長短句　集7-48261
38 鏡海詩稿　集5-35350
　鏡海樓詩集　集5-34534　叢1-491
　鏡海樓詩稿、文稿　集5-34533
40 鏡古　史1-5671
　鏡古集　子4-24136
　鏡古編　史1-5673
　鏡古錄　史1-5672,2-6595　叢2-690、691(2)
　鏡古堂文鈔　集4-23391
　鏡古堂詩　集4-24456
　鏡古類衡　子1-2625
　鏡真山房詩鈔、試帖　集4-32849
42 鏡機子　子1-18~20　集1-290
44 鏡考　叢1-378

鏡花亭　集7-49356
鏡花水月　子5-26518　叢1-496(2)
鏡花水月、續集　子5-26519
鏡花妝閣合稿　集4-27341
鏡花緣　子5-28895～8　叢1-496(7)
鏡華集　集3-14750
鏡芙軒集(近體詩、駢體文、文剩、賦鈔)　集5-35438
鏡世編　子4-24149
47 鏡塴軒詩集　集4-31864
鏡塴軒誦芬錄　集4-31728
鏡塴軒稿　集4-31863
鏡塴軒肉譜　史2-7940
鏡塴軒肉譜、外縣交遊　史2-7939
鏡塴日記(清嘉慶二年)　史2-12639
50 鏡中緣　集7-50426
鏡中夢　集7-53812
鏡中圓五折　集7-49634
鏡中圓傳奇　集7-50366
鏡史　史1-5609　子4-21073
51 鏡虹室詞集　集7-47592
鏡虹書屋吟草　集4-26417
鏡虹吟室詩鈔、詞鈔、經進稿　集4-26416
60 鏡日軒詩存　集5-34954
鏡圓　集7-49706
62 鏡影鐘聲、補、續、蓮修警策　子7-32111
鏡影簫聲二集　史2-7702
77 鏡閣新集　集6-41999
鏡閣新聲　集7-46840
80 鏡人集　子4-22253
鏡鏡詅癡　史6-46579　叢1-359,2-731(27)
90 鏡光緣傳奇　集7-50365
91 鏡煙詩鈔　集3-16504
鏡煙山房集　集6-41969
鏡煙閣紀事詩　集4-30090
96 鏡烟堂十種　叢1-232

8011₉　鑫

60 鑫圃詩集　集4-30684

8012₇　翁

00 翁方綱碑帖題跋論書彙輯　史8-64401
翁文端公(心存)行述、年譜　史2-9849

翁文勤公查辦雷營委員參案摺稿　史6-48911
翁文恭公手劄　集5-35232
翁文恭公軍機處日記(清光緒九年至十年)　史2-12960
翁文恭公日記(清咸豐八年至光緒三十年)　史2-12959
翁襄敏東涯集　集2-8456
02 翁刻天冠山題咏　子3-15662～3
04 翁詩錄腴　集3-21663
10 翁覃谿詩　集3-21650
翁覃谿重宴鹿鳴贈詩　集6-44228
翁覃谿楷書金剛經　子3-15533
翁覃谿書月山詩敍　子3-15534
翁覃溪讀說郛筆記、翁覃谿讀全唐詩筆記卷　子4-22428
翁覃溪手札　集3-21681
翁覃溪手札墨寶　集3-21682
翁晉樂府　集2-10313
17 翁承贊詩　集1-1816,6-41882
翁君(學本)神道碑銘　史2-10372
21 翁比部詩鈔　集4-25183　叢2-670
22 翁山文外　集3-15134～8　叢2-670
翁山文外逸文　集3-15139
翁山文鈔　集3-15140
翁山文鈔、佚文輯　叢2-883
翁山文鈔、翁山佚文二輯　叢2-883
翁山詩外　集3-15132
翁山詩畧　集3-15133
翁山易外　經1-1060
25 翁仲仁先生痘症金鏡賦、痘症雜脫　子2-8645
翁朱痘科湯方合稿　子2-9106
30 翁宜泉比部手稿　集4-25181
31 翁潛虛(咸封)祀海州宦記　史2-9594
翁源縣新志[嘉慶]　史8-60911
翁源縣志[康熙]　史8-60908～9
翁源縣志[嘉靖]　史8-60907
翁源縣志[乾隆]　史8-60910
翁源縣志[民國]　史8-60912
32 翁州紫薇莊墩頭黃氏宗譜[浙江定海]　史5-33759
44 翁莊小築圖題詠　集6-44315
翁蘇齋手刪詩稿　集3-21653
46 翁相國手札第六集　子3-15818
翁相國手札第二集　子3-15814
翁相國手札第三集　子3-15815
翁相國手札第五集　子3-15817
翁相國手札第七集　子3-15819
翁相國手札第四集　子3-15816
翁相國手臨張遷碑　子3-15812

　　翁相國手臨張興祖碑　子3-15812
　　翁相國手臨漢隸三種合册　子3-15812
　　翁相國手臨婁元儒碑　子3-15812
48 翁松禪手劄（常熟翁相國手劄）　集5-
　　35233
　　翁松禪家書、二集　集5-35228
　　翁松禪寫書譜墨蹟　子3-15822
　　翁松禪楷書顧亭林詩　子3-15820
　　翁松禪相國尺牘真迹　集5-35229
50 翁東涯集　集2-8455
58 翁拾遺詩集　集6-41878
　　翁拾遺詩集（晚唐翁承贊詩、翁承贊詩）　集
　　1-1816
72 翁氏廣族名賢譜合鐫　史4-32236
　　翁氏族譜[江蘇常熟]　史4-32238
　　翁氏族譜[湖南湘陰]　史4-32252
　　翁氏譜紀[湖南湘鄉]　史4-32255
　　翁氏名賢錄　叢2-1745
　　翁氏家譜[廣東順德]　史4-32256
　　翁氏家乘[浙江慈溪]　史4-32243
　　翁氏家事畧記　史2-11908
　　翁氏宗譜　史4-32259
　　翁氏宗譜[浙江鄞州]　史4-32241
　　翁氏宗譜[浙江慈溪]　史4-32242
　　翁氏宗譜文獻[浙江餘姚]　史4-32245
　　翁氏世系祖譜[湖南湘潭]　史4-32253
　　翁氏奏稿　史6-48954
77 翁同龢訃告　史2-10408
　　翁同龢日記（清光緒十八年）　史2-12961
　　翁同龢臨篆書石鼓文　子3-15530
　　翁學士翁相國小楷合册　子3-15811
　　翁閣學分書白蓮女史墓表　子3-15433
　　翁賢書思貽先生贊　史6-48558
83 翁鐵庵(叔元)年譜　叢1-269(3)、270(2)
　　翁鐵庵自序年譜　史2-11742
88 翁筠樓集　集4-23103~4
90 翁小海花草蟲魚册　子3-16429
　　翁小海草蟲　子3-16428

　　　　　翁

17 翁羽巢日記　史2-12956
60 翁園詩文存　集5-38645
　　翁園詩存　集4-32857
80 翁益齋詩草　集3-20250

　　　　　翾

10 翾雨樓詩詞鈔　集4-30396
　　翾雨樓詩鈔、詞　集4-30397
22 翾綵　叢2-1191
29 翾綃集　集6-41891　叢2-731(42)
　　翾綃集、梅花衲　集6-41898
48 翾松留影集　集5-40534
　　翾梅詞　集7-47888
79 翾勝野聞　史1-1914、1925、1933　子5-
　　26219、26993　叢1-13、14(2)、22(22)、29
　　(8)、50、84(3)、95~6,2-730(3、10)

　　　　　鐫

00 鐫方孟旋先生輯訂羲經狐白解　經1-802
　　鐫唐韋狀元自製箋筬記　集7-50086
02 鐫新編出像南柯夢記　集7-49910
　　鐫新編全像三桂聯芳記　集7-50045
　　鐫新編全相霞箋記　集7-50106
10 鐫玉茗堂批點殘唐五代史演義傳（殘唐五
　　代史演義傳）　子5-28071
　　鐫玉堂釐正龍頭字林備攷韻海全書　經2-
　　13805
　　鐫王鳳洲先生會纂綱鑑歷朝正史全編　史
　　1-1246
　　鐫五侯鯖　子5-25099
　　鐫于少保萃忠傳　子5-28161
11 鐫張侗初先生評定古文獨賞　集6-42708
　　鐫張蘇兩大家四書講義合參　經2-10516
　　鐫張蘇兩大家四書講義合參論語　經2-
　　9412
　　鐫張蘇兩大家四書講義合參孟子　經2-
　　9901
　　鐫張蘇兩大家四書講義合參大學　經2-
　　8750
　　鐫張蘇兩大家四書講義合參中庸　經2-
　　9016
13 鐫恥集　集4-30104
　　鐫武經節要　子1-3030
20 鐫重訂補註歷朝捷錄史鑑提衡　史1-5444
21 鐫經史彙纂　子5-25770
22 鐫出像楊家府世代忠勇演義志傳　子5-
　　28093
27 鐫侗初張先生評選左傳雋　經1-6861
　　鐫侗初張先生評選史記雋　史1-5107

鐫侗初張先生評選戰國策雋　史1-5065
鐫像古本西遊證道書　子5-28798
鐫彙附百名公叢譚春秋講義會編　經1-7598
鐫彙附百名公帷中紫論書經講義會編　經1-2726
31 鐫顧迴瀾先生合訂歷朝捷錄　史1-5464
33 鐫補雷公炮製藥性解　子2-4566、5568
40 鐫大明龍頭便讀傍訓律法全書　史6-46074
鐫太倉王氏音釋駱丞集　集1-687~8
鐫李及泉參于鱗箋釋唐詩選　集6-43337
鐫李卓吾批點殘唐五代史演義傳　子5-28070
鐫李相國九我先生評選蘇文彙精　集6-45170
鐫古今曠世文淵評林　集6-42908
鐫袁中郎未刻遺稿　集2-11060,6-45048
鐫袁小修集　集2-11345,6-45048
鐫校釋唐四傑文集　集6-43256
42 鐫彭會魁類編古今文髓　子5-25037
44 鐫地理參補評林圖訣全備平沙玉尺經　子3-13381
鐫韓非子神駒　子1-4072
鐫蒼霞草　集2-10700~1
鐫黃離草　集2-10534
46 鐫楊升菴批點隋唐兩朝史傳　子5-28021
鐫楊會元真傳詩經主意冠玉　經1-3780
48 鐫翰林攷正國朝七子詩集註解　集6-43762
49 鐫趙伯雕先生湖心亭四書丹白　經2-10475
50 鐫書八要　子3-16835
60 鐫國朝名公翰藻超奇　集6-45259
鐫圖註王叔和脈訣琮璜　子2-4772,6010
鐫品隋皇明資治紀鈔　史1-1552
67 鐫昭代名公四六類編、補遺　集6-43896
71 鐫歷朝列女詩選名媛璣囊、女論語　集6-42364
75 鐫陳顧二翰林纂訂四書理撢　經2-10362
鐫陳眉公評選秦漢文雋　集6-42894
鐫陳眉公先生批點閒情小品十二種　叢2-1173
77 鐫眉公先生評註屈子離騷經雋　叢1-112
鐫眉公陳先生評選註釋韓子雋　叢1-112
鐫眉公陳先生評選誌釋韓子雋　子1-4068
鐫眉公陳先生評選莊子南華經雋　子5-29342
鐫眉公陳先生評選莊子南華真經內篇　子5-29343　叢1-112
鐫眉公陳先生評選管子雋　子1-3981　叢1-112
82 鐫鍾伯敬先生祕集十五種　子4-24076
83 鐫錢曹兩先生四書千百年眼　經2-10514
87 鐫鄭先生痘經會成保嬰慈錄諸方、首(鐫鄭正吾先生痘經會成)　子2-8661
88 鐫竹浪軒珠淵　子4-24043
鐫篆法辯　子3-16823、17021
鐫管子芟　子1-3988
95 鐫性理精抄　子1-128

8013₂ 鑲

44 鑲藍旗滿洲章佳氏家譜[北京]　史5-34612
鑲藍旗漢軍世管佐領原由家譜清冊　史5-41487
鑲黃旗豐年管領下四等莊頭牛永喜家譜　史4-25562~5
鑲黃旗積廣管理下頭等莊頭李作常家譜　史4-27082~4
鑲黃旗滿洲鈕祜祿氏弘毅公家譜　史5-36749
鑲黃旗滿洲鈕祜祿氏弘毅公家譜、譜圖　史5-36752
鑲黃旗滿洲鈕祜祿氏弘毅公家譜、弘毅公勳績　史5-36750
鑲黃旗全德管領下康大石屯頭等莊頭黃天元家譜　史5-33710
鑲黃旗鈕祜祿氏弘毅公家譜　史5-36746

8014₇ 鍍

30 鍍空集　集7-47209
80 鍍金　子7-36242(3)
鍍金法　子7-36248

8018₂ 羨

40 羨塘詩存(金陵遊草、皖遊草、綠蔭山館吟草、綠蔭山館續錄、尺五遊草、庚戌燕遊六草、癸丑詩錄、乙卯雜著、癸丑詩續綠、東陶漁唱、甲寅詩草)　集4-30857
77 羨門山人詩鈔　集3-21462
羨門吟晷　集3-18918

中國古籍總目書名索引

8018₆ 鑛

18 鑛務章程彙刊　史6-44760
　鑛務電報　史6-44754
　鑛務奏摺　史6-44755

8020₇ 今

00 今齊諧　叢1-584
　今方言溯源　經2-14896
　今方言義證　經2-14910
　今文詩古義證疏凡例　經1-4445　叢2-2129(2)
　今文韻品　集6-43963
　今文偶見　叢1-373(10)
　今文偶見門類　史2-7557
　今文偶見人目　史2-7557
　今文房四譜　子4-18681　叢2-642
　今文溯洄集　集6-44356
　今文選　集6-43940～1、44355
　今文大篇　集6-44367
　今文直解　經2-8409
　今文孝經　經2-8285、8581、8584
　今文孝經直解　經2-8420、8580～2
　今文周易演義　經1-698
　今文短篇　集6-44366
　今文尚書　經1-2513、3410　叢2-774(2)
　今文尚書說　經1-80、2527、2836　叢2-765、1381
　今文尚書要義凡例　經1-3085　叢2-2129(2)
　今文尚書經說考　經1-163(3)、2998
　今文尚書經說考、敍錄　經1-2997
　今文尚書經說考、敍錄、尚書歐陽夏侯遺說考　叢2-1001
　今文尚書考證　經1-3060　叢2-2066
　今文尚書敍錄　經1-2999
　今文尚書纂言(書纂言)　經1-2674
　今文粹編　集6-44373
　今文粹編、二編　集6-44372
　今文類體　集6-43981
　今言　史1-2674、2676　叢1-22(22)、29(7)、84(3)、452、586(2)、2-716(2)、730(11)、1094
　今言類編　史1-1933、2677
　今音古分十七部表　經2-12433、14269

03 今詠物詩　集3-16984,6-41789
04 今詩兼、近詩兼、明詩兼　集6-44186
　今詩粹　集6-44062
06 今韻　經2-14051、14097
　今韻訓辨　經2-14209
　今韻三辨三種　經2-14534
　今韻正義　經2-14222
　今韻古分十七部表　經2-14122　叢1-203(13)
　今韻箋畧、古韻通轉　經2-13851
07 今詞綜　集7-48613　叢1-584
　今詞初集　集7-48563
　今詞苑　集7-48562
10 今雨聯吟集　集5-39165,6-44129
　今雨瑤華　子5-26219　集6-43800　叢1-39、235
　今雨樓詩存　集5-35187
　今雨堂詩墨　集3-19445、19449
　今雨堂詩墨續編　集3-19447～8
　今吾廬雜鈔　集5-36765
　今吾廬詩鈔　集5-36764
　今吾廬自課錄　子4-24518
　今吾廬尺牘　集5-36766
　今吾集　集3-15053
12 今列女傳　史2-7711　叢1-587(2)
　今水經　史7-52736、52738　叢1-387
　今水經、表　史7-52737　叢1-244(3)、386、410,2-731(55)、1260～1
　今水經注　史7-52741～2　叢2-671
　今水經注要覽　史7-52740
　今水學畧例　叢2-1377
17 今勇齋詩稿　集5-39653
22 今樂府　史1-6154～6　叢2-606、611
　今樂府(九九樂府)　史1-6158　叢1-496(5)
23 今獻備遺　史2-7205　叢1-223(22)
　今獻彙言三十九種　叢1-87,2-730(1)
　今獻彙言八集二十五種　叢1-88
26 今白華堂文集　集4-26241　叢2-1654
　今白華堂文集、詩錄、詩錄補、詩集　集4-26240
　今白華堂試帖　叢2-1654
　今白華堂詩詞選　集5-34238
　今白華堂詩集存　集4-26244
　今白華堂詩賸稿　集4-26243
　今白華堂詩錄　集4-26245　叢2-1654
　今白華堂詩錄補　集4-26246
　今白華堂集、遇庭筆記　集4-26242
　今白華堂集六種附一種　叢2-1654
　今白華堂時文　叢2-1654
　今白華堂筆記　子4-21524

中國古籍總目·索引

27 今夕盦詩鈔、雜錄　集5－34494
　今夕盦讀畫絕句　子3－16048
　今夕盦題畫詩　子3－16229
　今夕盦題畫絕句　子3－16230
30 今之石湖集　集3－15383
　今字尚書殘卷　經1－2535～6
40 今有術　子3－12361～2、12364
　今有術申、劉省庵捷法　子3－12719
　今有錄　經1－6554　子3－12365　叢2－1637～8
　今有堂詩集　集3－18192
　今有堂詩後集、茗柯詞　集3－18193
　今存碑目　史8－63529　叢1－555
　今古文對照表　經2－13250
　今古文孝經彙刻十六種　經2－8586
　今古文尚書授受源流　經1－3379
　今古文尚書箋　叢2－2106
　今古寓言　集6－42796
　今古良方　子2－9745
　今古奇觀　子5－27750～1、27753、27756、27767～9、27773
　今古奇觀圖詠　子5－27755
　今古奇聞　子5－27853～5
　今古地理述　史7－49363
　今古四六彙編、目錄　集6－42638
　今古學考　經1－165,2－11927　叢1－568,2－613、2129(1)、2130
　今古輿地圖　史7－49596
　今古鉤玄　子4－24152
　今樵詩存　集4－27636
44 今世說　子5－26407　叢1－456(2),2－731(51)、735(5)、736
　今世說補　子5－26408
　今世歐洲外交史　子7－36830
50 今史　史1－3027,6－47851　叢2－743
　今史存錄　史1－1622
　今畫偶錄　子3－16259
　今本竹書紀年疏證　史1－1011　叢2－630、2227、2229
57 今擬四聲表　經2－14390
60 今日下班兒一枝　集7－51792
　今日何戎(趙止扉日記)(清光緒二十一年)　史2－13000
　今日之西湖　史7－52927
　今日之綏遠[民國]　史7－56046
　今日大喜一枝　集7－51790
　今日歡慶(今日歡樂)一枝　集7－51791
　今易圖學心法釋義　經1－2158
　今園詩鈔(鐵笛仙館集)(宦遊草、從戎草、後從戎草)　集4－31544
　今畧書　史1－3103　子4－23032

今是齋集　集5－39524
　今是齋日鈔　子4－19492、21026
　今是山房吟草　集5－38121
　今是山房吟餘瑣記後編　集5－38123
　今是山房吟餘瑣記初編　集5－38122
　今是園集　集3－15068
72 今兵利弊　子1－3926
75 今體詩　叢2－1438
　今體詩集　叢2－1633
　今體詩類鈔　集6－42515
77 今賢彙說□□種　叢1－58
98 今悔庵文　叢2－2055
　今悔庵文、詩、詞、補錄　集5－37492
　今悔庵詩、補錄　叢2－2055
　今悔庵詞　叢2－2055

8021₁　乍

22 乍川文獻、附　叢2－837
31 乍逛勾欄院一枝　集7－52780
33 乍浦集詠　集6－44605
　乍浦集詠鈔　叢2－639
　乍浦備志[道光]　史7－57341
　乍浦續志[道光]　史7－57342
　乍浦紀事　叢1－373(4)
　乍浦紀事詩　史7－50371
　乍浦九山補志　史7－52317～8
　乍浦志、續纂、題詠續纂　叢2－837
　乍浦志[乾隆]　史7－57340
　乍浦縣[備]志　叢1－373(3)
　乍浦人物備錄　史2－8017
　乍浦竹枝詞　史7－50372～3　集4－28175
　乍浦節祠彙錄　史7－51808
80 乍丫圖說　史7－49318(3)、51115

差

00 差摩婆帝受記經　子6－32081(20)、32085(20)、32086(22)、32088(14)、32089(17)、32091(18),7－32307
　差摩婆帝授記經　子6－32083(14)、32084(12)、32093(11)
37 差次吟草　叢2－2035
80 差分術　子3－12361

羌

41 羌堰王氏宗譜[江蘇蘇州]　史4-24892

龕

22 龕山集　集3-20820
　龕山集、清淮集、清淮續集、帶津詩草　集3-20821
　龕山周氏續修宗譜[浙江蕭山]　史4-29907

8021₄ 羞

01 羞語　叢2-2224
60 羞園詩詞草　集5-37840

8021₆ 兑

00 兑齋集　集1-4732
87 兑鉤　子4-24176　叢1-513

8022₀ 介

00 介立詩集　集2-8187
　介亭文集　集3-21757　叢2-1515
　介亭詩草　集3-21025
　介亭詩餘　集7-47593
　介亭詩鈔　集3-21759　叢2-1515
　介亭外集　集3-21758　叢2-1515
　介亭全集　叢2-1515
　介亭筆記　子4-21259
　介亭筆記、雜記三種　子4-21260
　介亭筆記、筆記存　叢2-1515
　介庵詩鈔　集4-26044
　介庵詞　集7-46356、46380、46568、46570
　介庵函稿　集5-38282
　介庵經說、補　叢2-731(5)
　介庵趙寶文雅詞　集7-46352、46569

　介庵印譜　子3-17002　叢2-886(2)
　介庵公詩　集6-45120
10 介三先生哀輓錄　史2-10791
　介石齋集　集5-37025
　介石文集、詩　叢2-954
　介石文集、詩集　集6-41757
　介石集　集4-26532
　介石稿　集2-6370　叢2-854
　介石山房文集　集4-23885
　介石山房崑譜　集7-54705
　介石山房遺集　集5-35780
　介石園餘草　集4-31061
　介石堂文集　叢2-1420
　介石堂文鈔　集3-21222
　介石堂詩集　叢2-1420
　介石堂水鑑　子4-21778　叢2-1420
　介石堂集詩、古文　集3-18694
　介石堂集三種　叢2-1420
　介石堂近草　集4-29986
12 介烈馮公集　集2-12311
17 介珊遺墨　集5-34218
20 介爲舟禪師語錄　子6-32091(74)
22 介峯札記　子1-1510
　介山文編　集4-28540
　介山記　集7-50293
　介山稿畧　集2-8716
　介山稿畧、補遺　叢2-855
　介山自訂年譜　史2-11817　叢2-1405
　介山自定年譜　叢2-784
　介山遺草　集5-37739
　介山時文　叢2-1405
　介山時文、續　集3-18272
24 介休志、志餘[光緒]　史7-55774
　介休董氏族譜六套[山西介休]　史5-35861
　介休縣志[康熙]　史7-55771
　介休縣志[嘉慶]　史7-55773
　介休縣志[乾隆]　史7-55772
　介休縣志[民國]　史7-55775
26 介白山人近體詩鈔　集4-24630
　介白堂詩集　集5-39400～1,6-41766
　介和堂集　集3-14486
　介和堂全集、補遺　集3-14487
31 介祉詩鈔、補遺、續補遺　集3-20667
40 介存齋文稿　叢2-1686
　介存齋詩　集4-27222～3　叢2-1686
　介存齋詩、文稿、淮鹺問答　集4-27221
　介存齋論詞雜著、詞辨　集7-48728
44 介莊雜詩　集3-16420
　介菴詞　叢1-223(73),2-698(13)、720(2)
　介菴琴趣外篇　集7-46571

介菴經說、補　經2-11646　叢2-782(4)
介菴經說、補遺　叢2-892
介菴進禪師語錄、源流頌　子6-32091(75)
50 介夫日記(清咸豐九年至光緒十七年)　史2-12803
51 介軒文集　集4-30036
介軒詩集　集1-3960,6-41894(3)
介軒詩草　集3-20685
介軒集　集6-41969
介軒存稿　集3-14462
60 介圃詩鈔　集4-25020
介園遺集　集4-32999
77 介卿遺艸　叢2-983
介卿遺草　集5-37738
80 介盦駢體文剩　集5-36874
90 介堂文筆　叢2-2069
介堂詩詞　叢2-2069
介堂詩集　集4-26464
介堂詩稿　集6-45015
介堂經解　經2-11749　叢2-2069
介堂賦錄　集5-38525

8022₁ 俞

10 俞二子集、續集　集6-41935(3)
俞三姑傳　子5-26683　叢1-587(3)
俞天池先生痧痘集解　子2-8810
俞石澗易外別傳　子5-31237
16 俞理初先生(正燮)年譜　叢2-814
俞理初先生(正燮)年譜、譜餘、遺詩、遺文　史2-12042
17 俞子第一書　集3-14937
22 俞觚齋先生詩鈔、觚庵詩刊本目錄　集5-39555
25 俞仲蔚文稿　集2-9048
俞仲蔚集　集2-9045,6-41935(3)
俞仲蔚先生集　集2-9047
俞繡峯集　集2-8817,6-41935(3)
26 俞伯牙摔琴　子7-52470
28 俞以除稿　集6-45336
30 俞寧世文集　集3-16875
俞寧世文集(可儀堂文集)　集3-16874
俞穴指髓　子2-4767
31 俞源俞氏宗譜[浙江武義]　史4-30828
32 俞漸川集　集3-13801
40 俞太孺人行述　史2-10651
44 俞蔭甫文　叢1-492
俞蔭甫先生經濟備考　子1-1890

俞蔭甫先生遺稿九種　叢2-1918
45 俞樓雜纂　叢2-1920
俞樓詩記　史7-52006　叢2-832(3)
俞樓經始　史7-52005　叢2-1920
47 俞鞠陵詩文稿　集3-13925
55 俞曲園先生(樾)年譜　史2-12241
俞曲園先生日記殘稿　叢2-796
60 俞國昌集　集2-7536,6-41935(1)
俞國光集　集2-7537,6-41935(1)
67 俞昭禪師語錄　子7-34162
71 俞長城題各大家稿　集6-46270
72 俞氏族譜[安徽青陽]　史4-30835
俞氏族譜[浙江紹興]　史4-30783
俞氏族譜[浙江臨安]　史4-30778
俞氏西宅世德祠宗譜　史4-30854
俞氏西宅世德祠十四修宗譜[浙江新昌]　史4-30816
俞氏爱園印藪　史8-64940
俞氏集說　經1-574　叢1-227(1)
俞氏統會大宗譜[江西婺源]　史4-30842
俞氏參同契發揮五言註摘錄　子5-30982　叢2-1555
俞氏續修家譜[安徽]　史4-30832
俞氏彙修世譜　史4-30855
俞氏宗譜[上海崇明]　史4-30766
俞氏宗譜[安徽無爲]　史4-30834
俞氏宗譜[江蘇無錫]　史4-30771～2
俞氏宗譜[浙江上虞]　史4-30813
俞氏畫稿　子3-16576
俞氏易集說　經1-77(2)
俞氏醫學經緯　子2-10615
80 俞俞齋文稿　集5-37141
俞俞齋詩稿初集　集5-37139
俞俞齋詩稿初集、文稿初集、詩餘　集5-37138
俞俞齋詩鈔　集5-37140
90 俞少卿集(古樂府、擬古樂府題、近體樂府、爱園詞話、詞餘)　集2-10884

前

00 前塵夢影錄　子4-23408　叢1-524,2-731(33)
前塵夢影錄摘抄　史8-65137
前唐十二家詩　集6-41845
08 前敵須知　子7-36228(6)、36913
前敵須知、圖　子7-36231(6)、36242(3)
前敵須知圖　子7-36940

10 前五十段 子3-13556
　　前五十段、後五十段 子3-13558
11 前北征錄 史1-1923、2787 叢1-46、84
　　(2)、2-730(9)
　　前北征錄、後北征錄 叢1-393
12 前型紀畧 叢2-1857
　　前型紀畧(陰琦) 史2-9602
20 前集、後集 史7-54253
21 前順天府府尹蔣條陳十二策 史6-48956
22 前川詠史詩 集3-21583
　　前川詩稿、詩鈔、菊花分韻詩 集3-21582
　　前川詩稿、彙語 集3-21580
　　前川詩鈔、詠梅詩鈔、梅花三百首 集3-
　　21584
　　前川朱氏宗譜[浙江縉雲] 史4-26618
　　前川樓文集、詩集 集3-14955 叢2-1289
　　前任偏關縣知縣張於荃事實冊 史2-9769
　　前後二十四孝 叢2-724
　　前後三十六天詩合編 集5-37431
　　前後元夕讌集詩 叢2-934
　　前後桃塢百絕 集5-36826
　　前後藏考 史7-49317(6)、49318(3)、51093
　　前後蜀雜事詩 史1-6136 叢2-682
　　前後圓傳 子5-28875
　　前後懷人詩、鴻州天愚集 集4-23339
　　前山徐氏宗譜[廣東廣州] 史4-32179
　　前山東省長沈公墓誌銘 史2-10920
　　前出塞錄 史7-53893
23 前代弈譜目錄 子3-17962、18122
25 前生錄 叢1-312
　　前朱里紀畧[雍正] 史7-57374
27 前衆議院議員遵義蹇公(念益)行狀 史2-
　　10955
　　前身散見集編年詩續鈔 叢2-844
28 前徽錄 史2-7991 叢1-433、2-731(61)、
　　735(5)
30 前涼疆域圖 史7-49313、49455
　　前涼錄 史1-2349 叢2-776
　　前進畧說 子7-35414
　　前守寶錄、後守寶錄 史1-4059
　　前定數 子3-14082
　　前定錄 子5-26222、26225 叢1-4～5、9、
　　19(12)、21(11)、22(12)、24(12)、26～8、29
　　(3)、148、185、255(3)、2-624(1)
　　前定錄、續 叢1-7～8、268(4)
　　前定錄、續前定錄 叢1-2～3、6
　　前定錄、續錄 子5-26873 叢1-20(10)、
　　223(45)
　　前定錄續前定錄 叢1-23(12)
　　前定錄補 叢1-22(23)、29(8)
　　前定錄補遺 叢1-62～4、2-730(4)

31 前江金氏宗譜六集[浙江上虞] 史4-
　　29676
　　前福建水師提督許公(松年)墓表誌傳 史
　　2-9686
32 前洲西里唐氏六修宗譜[江蘇無錫] 史4-
　　32502
　　前洲西里唐氏七修宗譜[江蘇無錫] 史4-
　　32503
　　前浙江巡撫楊公(昌濬)行述 史2-10327
　　前溪集 集3-17383
　　前溪客語 叢1-373(6)
　　前溪逸志 史7-50325
　　前溪劉氏續修族譜[湖南寧鄉] 史5-
　　39484
　　前溪劉氏總譜[江西安福] 史5-39411
　　前溪劉氏支譜[湖南寧鄉] 史5-39485
34 前漢六帖殘 子5-25526
　　前漢樂府 集4-25027
　　前漢匈奴表 史1-10(1)、4643 叢1-502
　　前漢紀 史1-982、1407 叢1-223(18)、227
　　(5)、2-635(3)
　　前漢紀、考 叢2-628
　　前漢紀校釋 史1-1409 叢1-500
　　前漢溝洫志 叢1-379
　　前漢地理志圖 史7-49313、49427
　　前漢書 史1-12～4、16、192
　　前漢書、考證 史1-18、20、195 叢2-698
　　(3)
　　前漢書百官公卿表、王莽官名錄 史1-212
　　前漢書細讀 史1-5277、5863
　　前漢書注考證 叢2-653(3)、1784
　　前漢書注考作證 史1-270
　　前漢書獵俎 史1-5161
　　前漢書藝文志 史1-246、8-65262 叢2-
　　731(1)
　　前漢書藝文志注 史1-10(1)、251 叢2-
　　2041
　　前漢書抄 史1-4838、5149 叢2-1154
　　前漢書食貨志注 史1-10(1)、220 叢2-
　　2041
　　前漢書鈔 史1-5165 叢2-1540
　　前漢異同札記、後漢異同札記 史1-404
　　前漢食貨志 叢1-379
　　前洪吳氏宗譜[浙江義烏] 史4-27923～4
35 前禮部舊印 史8-65092
37 前澗浦氏續修宗譜[江蘇無錫] 史4-
　　32591、32593
　　前澗浦氏宗譜[江蘇無錫] 史4-32590、
　　32592
38 前遊桃花源記 史7-49317(4)、49318(7)、
　　53651

中國古籍總目·索引

40 前志正誤　史7-56746
　前赤壁賦一枝　集7-51870
　前七國孫龐演義(前七國志)　子5-27949
41 前坪張氏族譜[浙江泰順]　史5-35119
43 前城徐氏宗譜[浙江東陽]　史4-32060
44 前花蔣氏宗譜[江蘇溧陽]　史5-38091~2
　前蒙古紀事本末、後蒙古紀事本末　史1-1822
　前藏三十一城考　史7-49318(3)、51113
　前燕疆域圖　史7-49313、49447
　前燕錄　史1-2339　叢2-776
　前世三轉經　子6-32083(8)、32093(10)
48 前翰林院編修洪君遺事述　叢2-1560
49 前趙疆域圖　史7-49313、49445
　前趙錄　史1-2329　叢2-776
50 前秦廣武將軍碑　史8-63501、64650
　前秦疆域圖　史7-49313、49452
　前秦書　史1-560~1
　前秦錄　史1-2362　叢2-776
60 前國務總理伯唐汪公(大燮)行狀　史2-10843
　前國務總理幹臣錢公(能訓)行狀　史2-10918
67 前明鼎甲錄　史3-13463
　前明山東歷科鄉試錄　史3-14454
　前明科場異聞錄　史1-4502　子5-27139
　前明河南道監察御史誠所公文集　集2-10721
　前明太祖新書二帖　子3-15686
　前明中丞五實公奏疏　史6-48400
　前明忠義別傳　史1-1946
68 前贈太常寺卿謚忠節今謚莊介吳公(甘來)墓誌銘　史2-9166
77 前邱吳氏族譜[浙江湖州]　史4-27816
　前風韻　子3-17907
　前岡夏氏宗譜[浙江龍游]　史4-31679
　前聞記　子4-22989　叢1-50~3、55、84(4)、2-730(11)、731(53)
　前學士沈公暨配趙恭人誌銘　史2-9253
　前賢拾遺　集6-41894(4)
　前賢醫案　子2-4942、10508
　前賢小集拾遺　集6-41891~2、41897、41917、43571
80 前令鄭壺陽靖海紀畧　史1-2875　叢2-730(12)、836

8022₇ 侖

26 侖泉傅氏宗譜[浙江磐安]　史5-36253~4

分

00 分方治宜篇　叢2-2129(3)、2130~1
　分章標題南華真經　子5-29243
　分章分節易經(新刻占魁高頭分章分節易經)　經1-762
　分毫字辨　經2-13113、13591
　分毫字樣　經2-12963　叢2-774(8)
06 分韻文選題解擇要　子5-26213
　分韻詩賦題解統編　子5-26174~5　集6-42528
　分韻注釋詩賦權輿大全　子5-26132
　分韻字彙十二集　經2-12881
　分韻字考　經2-14778
　分韻杜句　子5-26153
　分韻杜句摘錄　子5-26152
　分韻指南　經2-13944
　分韻四言對偶啓蒙、音律啓蒙　子5-26133
　分韻長律詩鈔　集6-44229
07 分部配合法　叢1-285
　分部郎中朱君梅石(之樾)傳畧　史2-10803
　分部本草妙用　子2-5573
　分部束韻　經2-12416~7
　分部類文下編　子5-25500
10 分干詩鈔　集3-17302　叢1-547(4)
12 分水縣志[康熙]　史7-57215　叢1-373(2)
　分水縣志[道光]　史7-57216
　分水縣志[民國]　史7-57218
　分水縣志[光緒]　史7-57217
15 分建南滙縣志[雍正]　史7-56502
21 分經方義　子2-7171
　分經外科方　子2-7857
　分經藥性賦　子2-5817
　分經本草四種　子2-5645
22 分利(別)經　子6-32083(21)
　分梨十化集　子5-29535(5)、29536(5)　集1-4699
27 分綠亭詩存、文存　集5-41162
　分綠窗集　集5-37817
　分綠軒詩集　集5-36869
30 分宜縣志[康熙]　史8-58580
　分宜縣志[道光]　史8-58582~3
　分宜縣志[乾隆]　史8-58581
　分宜縣志[同治]　史8-58584
　分宜縣志[民國]　史8-58585

分房變氣論宅法　子3-13196
分房年命砂訣　子3-13152
分字畧解　子7-36745
分宮　集7-52313
分定方正縣界址畧　史7-49357、50033
34 分法　子3-12361~2、12364
37 分湖雜詠　集4-25614
分湖雜咏　史7-50228
分湖志稿　史7-52888
分湖柳氏重修家譜　叢2-1723
分湖柳氏重修家譜[江蘇吳江]　史4-
　30343~4
分湖小識　叢2-1723
分湖小識[道光]　史7-57027
40 分校日記　史2-12701　叢2-1916
44 分藩記　史1-801
分甘餘話　子4-21067~8　叢1-210、223
　(42)、373(3)、2-617(4)、632、948、1336
45 分隷偶存　子3-15155　叢1-223(28)、534、
　2-845(4)
分隷字母總音　經1-4792
分隷存　子3-15193
47 分娩生殖篇　子7-37845
50 分青山房文集　集4-33621
分青山房詞剩稿　集4-33620
分青山房詩鈔　集4-33618
分青山房詩鈔、詞鈔　集4-33619
57 分撰兩戴記章句凡例　經1-165、5793　叢
　1-568、2-2130~1
分撰兩戴記章句凡例、兩戴記分撰凡例　叢
　2-2129(2)
60 分界擬議　叢2-1705
分署承恩　集7-49705
62 分別功德論　子6-32081(38)、32082(17)、
　32083(25)、32084(21)、32085(37)、32086
　(42)、32088(26)、32089(46)、32090(52)、
　32091(50)、32092(34)、32093(30)
分別功德品　子3-15673
分別經　子6-32085(31)、32086(36)、32088
　(22)、32089(22)、32090(28)、32091(27)、
　32092(18)，7-32581
分別緣起初勝法門經　子6-32081(7)、
　32082(7)、32083(6)、32084(6)、32085(7)、
　32086(7)、32088(5)、32089(7)、32090(7)、
　32091(6)、32092(4)、32093(11)、7-32228
分別業報畧經　子6-32093(31)
分別善惡報應經　子6-32081(44)、32082
　(21)、32083(28)、32084(23)、32085(41)、
　32086(48)、32088(29)、32089(24)、32090
　(31)、32091(30)、32092(20)、32093(16)
分別善惡所起經　子6-32083(21)
67 分野說　叢2-811、1268

分野發　叢2-1303
76 分陽珠村王氏宗譜[浙江桐廬]　史4-
　24931
分陽儒橋陳氏宗譜[浙江桐廬]　史4-
　32819
分陽沈氏宗譜[浙江蕭山]　史4-29028
分陽錢氏宗譜[浙江桐廬]　史5-40193
77 分段評註東萊博議　經1-6765
分門辨証　子2-7133
分門瑣碎錄　子1-4099
分門集註杜工部詩　叢2-635(6)
分門集註杜工部詩、年譜　集1-898
分門斷法　子3-13968
分門定類今古名賢尺素天海奇聲　子5-
　25094
分門古今類事　子5-26310　叢1-223(46)、
　465
分門史志通典治原之書　史1-4846
分門纂類唐歌詩　集6-43270
分門纂類唐歌詩存　叢1-265(5)、266
分門纂類唐宋時賢千家詩選　集6-42281~
　2　叢1-265(5)
分門纂類唐宋時賢千家詩選(後村千家詩)
　叢1-205
分門纂類唐宋時賢千家詩選前集、後集　集
　6-42280
80 分金記　集7-49944
87 分釵集　集5-37378
91 分類主治　子2-4682
分類主治藥性土治　子2-5663
分類雜詠摘錄　子5-26033
分類詩腋　子5-25870
分類韻錦　子5-26170
分類詳註六經對語　子5-25777
分類詳註曾文正公雜著　子1-1984
分類天文雜占　子3-14273
分類集左駢珠　子5-25983
分類經濟時務策論、國朝洋務新論　子7-
　37306
分類經進近思錄集解　子1-745
分類緘腋　子5-25266
分類緘腋尺牘新裁　子5-25267
分類彝器目　史8-64310
分類秋崖先生詩稿、秋崖先生小稿別集　集
　1-4227
分類褉抄　子4-23339
分類字錦　子5-25932　叢1-223(44)
分類近思錄集解　子1-746
分類巡捕新編　子7-36619
分類補註李太白詩(李翰林集)、年譜　集1-
　822

分類補註李太白詩(分類補註李太白集)
　　集1-821
分類補註李太白詩、分類編次文　叢2-635
　　(6)
分類補註李太白詩、分類編次李太白文(重
　　刊分類補註李詩全集、重刊分類編次李
　　太白文集)　集1-823
分類補註李太白詩、年譜　集6-41727
分類洋務經濟時事新論　子7-38056
分類古今論方　子2-10123
分類七巧八分圖(七巧八分圖)、補遺　子3-
　　18516
分類草藥性(草藥性)　子2-5685
分類夷堅志甲集　子5-26960～1
分類本草摘要　子2-5727
分類賦鵠　子5-25963
分類賦學、續刻　子5-25291
分類賦學雞跖集　集6-42618
分類時務統編　史6-47539
分類時務通纂　史6-47540
分類歷代通鑑輯覽　子5-25345
分類歷代通鑑輯覽、歷代治亂興亡鏡　史
　　1-5033
分類醫案　子2-10864
分類尺牘新語　集6-45242
分類尺牘新語廣編、補編　集6-45244
分類尺牘新語二編　集6-45243
分類尺牘雲章　集6-45313
分類尺牘備覽　叢1-496(7)
分類駢句精華錄　子5-26082
分類燈謎集成　子3-18456

剪

21 剪紅詞草　集7-48257
　　剪紅軒詩稿　集4-33166
　　剪紅閣詩草　集5-35306
22 剪綵　子4-20857
　　剪綵集　集2-8864
29 剪愁吟　集4-22406
　　剪綃集　集1-4622、4624、6-41745、41892、
　　41897、41909、41917
　　剪綃集、梅花衲　集1-4623、6-41894(4)
38 剪淞錄　子5-25473
47 剪桐載筆　叢2-948、1336
50 剪春詞　集7-46406、47236
60 剪羅衫寶卷　集7-54360
72 剪髮百談初集　子4-22103
79 剪勝野聞　史1-2664　叢1-39、52～3、55、

2-624(2)
92 剪燈新話　子5-27573～6　叢2-672
　　剪燈集、後集　集6-43122
　　剪燈叢話　子5-27582～3
　　剪燈囈語　子5-27584
　　剪燈餘話　子5-27578～80　叢2-672
96 剪燭閑譚　子5-27273
　　剪燭錄　集4-32880　叢2-1923

弟

10 弟一生修梅花館詞　叢2-2155
17 弟子死復生經　子6-32083(22)、32084(18)、
　　32093(13)、7-32982
　　弟子列傳考　史2-8393
　　弟子職　子1-1974、4012～4、4022　叢1-
　　236～7、442～3、2-731(20)
　　弟子職章句訓纂　子1-4026　叢1-560
　　弟子職音誼　子1-4025　叢1-581
　　弟子職詁　經1-148　子1-4024
　　弟子職正音　子1-4021　叢1-416、442～3、
　　2-731(20)、1699～702
　　弟子職集解　經1-156　子1-4017　叢1-
　　416～8、529、2-663、731(20)、1566
　　弟子職集解、考證　叢2-1567
　　弟子職集解、弟子職句讀、考證、補音　子1-
　　4018
　　弟子職集解校補　子1-4019　叢2-1976
　　弟子職解詁　經1-150　子1-4023
　　弟子職注　子1-4015　叢1-426、2-731
　　(20)
　　弟子職補注　叢2-1456
　　弟子職古本考注　子1-4020　叢2-764
　　弟子職箋釋　子1-4016　叢2-1559
　　弟子規　子1-1964、1968～9、1974、2805～7
　　叢1-483、574(4、5)、2-691(2)、964
　　弟子學有三輩經　子6-32085(20)、32090
　　(20)、32092(13)
　　弟子箴言　子1-1965、2418～9　叢1-483、
　　2-691(2)、724

龠

22 龠山畢氏譜畧[江蘇太倉]　史4-31530
80 龠翁詩鈔　集4-31589

8023₇ 兼

00 兼廬隨筆　子4-23583
06 兼韻音義　經2-13950
10 兼三圖　子3-18213　叢1-22(27)
22 兼山詩鈔　集4-28673
　　兼山集　集2-12339
　　兼山續草　集3-16073　叢2-844
　　兼山遺稿、行實　集2-12966
　　兼山易解　經1-442
　　兼山堂文集　叢2-1480
　　兼山堂文集、詩集　叢2-984
　　兼山堂弈譜　子3-18050
　　兼山堂詩集　叢2-1480
　　兼山堂集　集3-15471
　　兼山堂集雜著、詩集、湘夢詞、兼山堂經解
　　　　集3-20922
　　兼山堂集四種　叢2-1480
30 兼濟堂文集　叢1-223(67)
　　兼濟堂文集選(兼濟堂文集)　集3-13905
　　兼濟堂詩集、文集　集3-13903
　　兼濟堂詩選、文選、疏稿　集3-13904
　　兼濟堂集　叢2-782(5)
　　兼濟堂纂刻梅勿庵先生曆算全書　子3-
　　　　11238
34 兼漢滿洲套話　經2-15085
37 兼漱齋雜著存畧　集5-38734
46 兼獨鏡　子7-32111
67 兼明書　子4-22126　叢1-11、17、19(4)、20
　　　　(2)、21(3)、22(2)、23(2)、24(5)、109、111(4)、
　　　　136、223(39)、289、374、569、2-731(6)
80 兼善齋錄存　子4-23616
　　兼善堂文鈔　集5-41421

8024₇ 夔

21 夔行紀程　史7-49318(13)、53940
32 夔州府志[康熙]　史8-61588
　　夔州府志[正德]　史8-61587
　　夔州府志[道光]　史8-61590
　　夔州府志[乾隆]　史8-61589
　　夔州至重慶川江險要詳述　史7-53014
　　夔州臥龍字水禪師語錄、行狀　子6-32091
　　　　(75)
77 夔關則例　史6-43978
80 夔夔堂詩草　集5-38230

夔夔堂詩畧　集5-38231

8025₁ 舞

08 舞譜殘　子3-17945　叢2-750
22 舞綵堂詩稿、宛渠螺詞稿、補瓢先生行畧
　　　　集3-18976
76 舞陽志要[嘉靖]　史8-59898
　　舞陽縣志[順治]　史8-59899
　　舞陽縣志[道光]　史8-59901
　　舞陽縣志[乾隆]　史8-59900
77 舞風堂叢談　叢1-373(3)
80 舞鏡集　集5-35466

8025₃ 羲

20 羲停山館集六種　叢2-1789
21 羲經庭訓　經1-1961
　　羲經鴻寶(新鐫方孟旋先生羲經鴻寶)　經
　　　　1-801
　　羲經十一翼　經1-925
　　羲經考異　經1-2290
　　羲經易簡錄　經1-898
44 羲蒼子　子1-1144
　　羲黃神業　子2-5005
60 羲里睡餘易編　經1-1386
　　羲易注畧　經1-2228
71 羲臣剩稿　集5-35881

8030₇ 令

17 令鞏公牘　叢2-1985
21 令旨解二諦義　子7-34879　叢1-11～2、22
　　　　(2)、23(2)
24 令德堂增定課兒鑑畧妥注善本　史1-5017
28 令儀　子3-18360
40 令布八風　集7-49700
　　令支遊覽集　集4-24175
80 令公回煞一枝　集7-51824

8033₁ 怎

21 怎能無憂一枝　集7 52064

無

00 無競廬叢談　子5-26736
　無競先生詩、雜文　集4-33036
　無底洞傳奇　集7-49660
　無文漫草　集2-8930
　無文印、語錄、讚、偈頌、題跋　集1-4330
　無妄集活法醫書　子2-4742
　無妄集醫論　子2-4742
　無離龕詩拾　集5-41156
　無辯齋詩　集5-38371
　無辯齋稿　集5-38370
　無言童子經　子6-32081(4)、32082(4)、
　　32083(4)、32085(4)、32086(4)、32087、32088
　　(3)、32089(4)、32090(5)、32091(4)、32092(3)
　無言祕訣　經2-14341　集6-41718
01 無顏錄　子4-24139
07 無諍三昧　子6-32089(49)
08 無譜曲　叢2-1430
10 無一是齋詩鈔　集4-28646
　無一是齋叢鈔　子5-26224
　無雪社草　集6-43838
　無弦琴譜　集7-46367、46428
　無弦琴室初稿　集3-21097
　無石獅山房別集　集5-39724
　無可名齋文存　集4-32349
　無雲子遺訓　集7-54168
　無不自得齋詩鈔　集4-32967,6-42008
　無不宜齋續稿、補錄　集3-20364
　無不宜齋未定稿　集3-20363
17 無聊齋雜記　子5-27215
　無聊集　子4-24696
　無瑕璧傳奇　集7-50286～7
20 無住詞　集1-3180、3182,7-46380、46396、
　　46543　叢1-223(73)、265(5)、353,2-635
　　(10)、698(10,14)、720(2)
　無為齋文集、續集、詩集、詞鈔　集4-33454
　無為子小集　集6-41894(1)
　無為集　集1-2888、2890,6-41904　叢1-
　　223(51)
　無為集、校記　集1-2889
　無為朱氏增修世譜[安徽無為]　史4-
　　26655
　無為州雜劇　叢2-702
　無為州鄉土志[光緒]　史7-58046
　無為州志[康熙]　史7-58042
　無為州志[正德]　史7-58041
　無為州志[嘉慶]　史7-58044

無為州志[乾隆]　史7-58043
無為清靜長生真人至真語錄　子5-29530
　(20)、29535(5)、29536(5)、31951
無為縣小志[民國]　史7-58045
無依道人錄　子6-32091(71),7-34099
無雙譜　叢2-689
無雙譜(南陵無雙譜)　子3-16361
無絃琴譜　集7-46767
21 無上玄元三天玉堂大法　子5-29530(5)、
　31531
　無上玄元金書玉璽　子5-31740
　無上三元鎮宅靈籙　子5-29530(13)、31592
　無上三天證果都攢　子5-31765
　無上三天玉堂正宗高奔内景玉書　子5-
　　29530(5)、30817
　無上三天總錄繳聯　子5-31766
　無上三天法師廕育衆生妙經　子5-29530
　　(23)
　無上三天法師說廕育衆生妙經　子5-
　　30110
　無上玉皇心印經　子5-29537、29553、29678
　無上玉皇心印妙經　子5-29674、29679
　無上玉皇心印妙經測疏　子5-29545
　無上依經　子6-32083(8)、32086(11)、32089
　　(9)、32090(12)、32091(11)、32092(8)
　無上處經　子6-32083(22),7-32550
　無上祕要　子5-29530(22)、29595～6
　無上九霄玉清大梵紫微玄都雷霆玉經　子
　　5-29530(1)、29592、29686
　無上大乘要訣妙經　子5-29530(2)、29829
　無上内祕真藏經　子5-29530(1)、29637
　無上赤文洞古真經註　子5-29530(3)、
　　29859
　無上黃籙大齋立成儀　子5-29535(6)、
　　29536(6)、30659
　無上黃籙大齋立成儀、修書本末　子5-
　　29530(10)、30658
　無上妙道文始真經　子1-54,5-29424、
　　29530(13)
　無上圓明通正生蓮寶卷、掃邪歸正論、無雲
　　子遺訓　集7-54168
　無止境初存稿　集4-28575
　無止境初存稿、續存稿　集4-28576
　無能子　叢2-731(11)
　無能有味齋詩存　集4-30909
　無能勝大明心陀羅尼經　子6-32081(45)、
　　32082(22)、32083(29)、32086(49、63)、32088
　　(39)、32089(37)、32090(56)、32091(54)、
　　32092(37)、32093(47)
　無能勝大明心陀羅尼經　子6-32084(24)
　無能勝大明陀羅尼經　子6-32083(29)、

32086(49)、32089(37)、32090(56)、32091(54)、32092(37)、32093(47)

無能勝大明陀羅尼經　子6-32081(45)、32082(22)、32086(63)、32088(39)

無能勝幡王如來莊嚴陀羅尼經　子6-32083(28)

無何集約選　子4-24724

無師自通英語錄　經2-15077

無師自通東語錄　子4-21906

22 無崖際總持法門經　子6-32083(10)

23 無怠懈齋詩稿　集4-27805

無怠懈齋詞稿　集7-47552

無我相齋詩選　集4-26786

無咎題跋　子3-14916

無稽讕語　子5-27247

無稽讕語續編　子5-27248

無稽讕話　子5-27246

無稽錄　集4-31472

24 無化遷流(土木同度、太陽及五星高行交行過節、宇宙大運、算三角法、律呂、五運六氣)　子3-11236

無他技堂遺稿　集2-12649

25 無生訣經　子5-29531、30214

26 無線電報　子7-37635

無線電報、補編　子7-36231(6)

27 無名詩人遺稿　集5-37691

無名氏詩　叢2-706

無名氏詩集　集1-1796,6-41741、41869、41872

無名氏詩稿　集5-35588

無名氏易　經1-939

無名氏筆記　叢2-644

無名居羅青巖手輯範疇圖數裁述　子3-12991

無名公傳　叢1-19(10)、20(8)、21(9)、24(10)

無幻禪師語錄　子6-32091(73),7-34243

無終始齋詩文集　集5-40490　叢2-699～700、1006、1008～9

無縫兒下蛆一枝　集7-51981

29 無倦書屋吟稿　集4-23417

30 無進名齋文鈔　集4-29696

無字寶篋經　子6-32081(9)、32082(8)、32083(7)、32084(7)、32085(9)、32086(10)、32088(7)、32089(7)、32090(10)、32091(9)、32092(7)、32093(8),7-32246

無冤錄　史6-41520、46308、46345～7

無定雲庵詩集、詞集　集5-34923

32 無祇悔齋詩集　集4-26372

無近名齋文鈔、二編、外編、雜著、雜著二編　集4-29698

無近名齋文鈔、二編、外編、雜著、二編、三編　集4-29697

無近名齋詩稿　集4-31875

33 無補集、續集　集4-22495

無補集詞　集7-47287

34 無染秔記　子4-21340

36 無邊甘露神力　子6-32093(36)

37 無逸集　集3-18345

無逸寓日記(清光緒二十五年至三十三年)　史2-13048

無逸道人存稿　集4-32592

無冤錄　史6-41518　叢1-114(2)、382,2-618、867

40 無有菩薩經　子6-32083(12)

無來由一枝　集7-51980

41 無敔詞剩　集7-48108

無極寶三昧經　子6-32083(6)、32093(9)

無極縣續志[光緒]　史7-55080

無極縣志[乾隆]　史7-55079

無極縣志[民國]　史7-55081

42 無垢施菩薩分別應辯經　子6-32093(3)

無垢張狀元心傳錄　子4-22162

無垢優婆夷問經　子6-32081(33)、32083(22)、32084(18)、32085(32)、32086(37)、32088(23)、32090(31)、32091(29)、32092(20)、32093(19),7-32592

無垢稱經　子6-32081(5)、32082(5)

無垢先生橫浦心傳錄　子4-22163

無垢淨光經造寶塔相輪陀羅尼經　子7-32835

無垢淨光大陀羅尼經　子6-32081(14)、32083(10)、32085(15)、32086(16)、32088(11)、32089(12)、32090(17)、32091(15)、32092(11)、32093(40),7-32836

無垢淨光大陀羅尼經　子6-32084(9)

無垢靜室時藝　集4-31432

無垢賢女經　子6-32081(10)、32082(9)、32083(7)、32085(10)、32086(11)、32088(8)、32089(7)

無垢公遺迹　集1-3218

無機化學　子7-37599

無機化學教科書　子7-37614

無機化學第一編　子7-37596

44 無夢軒文集　叢2-1935

無夢軒詩　叢2-1935

無夢軒詩、文集、家書　集5-34071

無夢軒遺書　叢2-1935

無夢園遺集、家乘、小品　集2-11595

無著詞　集7-46418、47528～9

無藥療病法　子2-11107

45 無棣縣志[民國]　史8-59455

46 無如　了5 27039

中國古籍總目書名索引

無如子贅言、贅言續　子4-20582
無相寶卷　子7-36139
無相思塵論　子6-32081(25)、32083(16)、
　32084(15)、32085(25)、32086(28)、32088
　(18)、32089(44)、32090(47)、32091(45)、
　32092(31)、32093(25)
47 無聲詩史　史2-7277　子3-15859　叢1-
　422、424、469、586(3),2-716(3)
無聲戲　子5-27784
無聲戲合集　子5-27785
無聲落葉譜　子3-17770
無聲落葉譜例、後譜例　子3-17769
無聲聲寓齋詩存　集5-35536
無趣老人語錄　子6-32091(72),7-34234
無欺錄　叢2-903
無根樹詞注解　子5-31282
無根樹解　子5-29567～71、31281
50 無事爲福齋隨筆　子4-21920　叢1-420,
　2-731(54)
無事且靜坐齋集　集4-22239
無盡庵遺集　集5-41631
無盡意齋詩鈔　集4-24167
無盡意菩薩經　子6-32081(3)、32083(3)、
　32084(4)、32085(4)、32086(4)、32088(3)、
　32089(4)、32090(5)、32091(4)、32092(3)、
　32093(5),7-32215
無盡藏齋詩鈔　集4-27163
無盡鐙詞　集7-47974　叢2-1798
無盡燈(客邸塵談)　子7-34073　叢1-143
53 無成人傳　叢2-2178
無成錄　史2-12087
60 無量度人上品妙經旁通圖　子5-29530(4)、
　31516
無量功德大陀羅尼經　子6-32083(31)
無量壽三經論　子7-33078
無量壽經　子7-32108、34426　叢1-394
無量壽經論　子6-32083(16)
無量壽經優波提舍　子6-32081(23)、32082
　(14)、32085(22)、32086(25)、32088(16)、
　32089(41)、32090(49)、32091(46)、32092
　(32),7-32726
無量壽經優波提舍願生偈　子6-32093(27)
無量壽經優波提舍願生偈畧釋　子7-
　33556　叢2-2017
無量壽經優婆提舍願生偈註　子7-33555
無量壽經優婆提舍願生偈註、無量壽經優
　婆提舍願生偈、畧論安樂淨土義、讚阿彌
　陀佛偈　子7-34432
無量壽經宗要　子7-33075
無量壽經起信論、觀無量壽佛經約論、阿彌
　陀經約論　子7-33077

無量壽佛經願生偈畧釋　子7-32118
無量壽佛神呪　子7-32096
無量壽佛真言　子7-32094
無量壽大智陀羅尼　子6-32083(31)
無量壽如來修觀行供養儀　子6-32089(36)
無量壽如來修觀行供養儀軌　子6-32081
　(55)、32083(35)、32085(50)、32086(60)、
　32088(37)、32090(57)、32091(55)、32092
　(38)、32093(33)
無量壽如來修觀行供養儀軌、無量壽如來
　心真言、無量壽如來發願陁羅尼　子6-
　32084(27)
無量壽如來根本陀羅尼　子7-32110
無量壽如來念誦修習觀行義軌　子7-
　32816
無量壽如來會　子7-32156
無量門破魔陀羅尼經　子6-32083(10)、
　32093(45)
無量門破魔陁羅尼經　子6-32084(9)
無量門微密持經　子6-32083(10)
無量義經　子6-32081(5)、32082(5)、32083
　(5)、32085(6)、32086(6)、32088(4)、32089
　(5)、32090(7)、32091(6)、32092(4)、32093
　(14),7-32115、32133、32470、32518
無罪先知論　子7-36092
無罪草　子4-20990～2　集6-44984
無界軒詩鈔　集3-20999
無畏三藏受戒懺悔文及禪門要法、治禪病
　祕要經、禪法要解　子7-32139
無畏三藏禪要　子6-32093(32)
無畏德女經　子6-32093(3)
無異堂文集　集3-14896
61 無町詞餘二種(頤情閣五種曲)　集7-
　49455
無題唱和詩　集6-44183
63 無喧廬隨筆　子4-22005
67 無明羅刹集　子6-32084(22)、32093(31)
無明羅刹經　子6-32081(41)、32082(19)、
　32083(26)、32085(39)、32088(28)、32089
　(34)、32090(56)、32091(54)、32092(37)
無明纂義　子7-33870
無暇逸齋說文學四種　經2-12736　叢2-
　2172
無暇逸齋叢書十四種　叢2-2172
71 無長物齋詩存　集5-37730～1
72 無所希望經　子6-32083(7)
無所有菩薩經　子6-32081(17)、32084(11)、
　32085(17)、32086(18)、32088(12)、32089
　(14)、32090(19)、32091(17)、32092(12)、
　32093(8)
無所用心齋瑣語　子4-24267
無隱禪師畧錄　子7-34122

73 無腔村笛　集4-29088～9,7-47761
76 無腸公子除授集　集1-3972
77 無毀我室詩鈔　集5-34844
　　無用閒談　子4-20423　叢1-22(23)
　　無邪思齋詩稿　集4-25711
　　無邪堂答問　子4-22729　叢2-653(2)、
　　　2054
　　無悶居士文稿　集5-34647
　　無悶堂詩集　集3-16440
　　無悶堂集　集3-16437～9
　　無聞子　子4-21619　叢2-1972
　　無聞集　集4-22273、24892　叢2-1538～9
　　無聞集、佚文　集4-22274
　　無聞集詩鈔　集4-24893
　　無聞堂稿　集2-9001
　　無醫方便　子2-9742
80 無益之言　子4-21528
　　無益有益齋讀畫詩　叢2-2154
　　無益有益齋論畫詩　子3-16053　叢1-518
86 無錫先哲遺書目　史8-66075
　　無錫富安鄉志[民國]　史7-56915
　　無錫顧氏宗譜[江蘇無錫]　史5-41377
　　無錫斗門小志[光緒]　史7-56914
　　無錫鴻山楊氏宗譜[江蘇無錫]　史5-
　　　36815
　　無錫南禪寺志　史7-51573
　　無錫志[至正]　史7-56891
　　無錫蓉湖吳氏族譜[江蘇無錫]　史4-
　　　27751
　　無錫藝文志長編　史8-66074
　　無錫杜紫綸讀史論畧　史1-5642
　　無錫楊氏家乘[江蘇無錫]　史5-36823
　　無錫楊氏義莊贍族規條　史6-44745
　　無錫曹村濮氏宗譜[江蘇]　史5-40887
　　無錫縣志　叢1-223(23)
　　無錫縣志[康熙]　史7-56894
　　無錫縣志[弘治]　史7-56892
　　無錫縣志[洪武]　叢2-802
　　無錫縣志[萬曆]　史7-56893
　　無錫縣志[乾隆]　史7-56896
　　無錫縣志補遺　史7-56907
　　無錫縣學筆記　史6-42841
　　無錫陡門秦氏宗譜[江蘇無錫]　史4-
　　　31245
　　無錫周舜卿先生七十壽言彙錄　史2-
　　　10743
　　無錫陶氏家譜[江蘇無錫]　史5-33466
　　無錫開化鄉志[民國]　史7-56912
　　無錫金匱續志[道光]　史7-56901
　　無錫金匱縣志[嘉慶]　史7-56900
　　無錫金匱縣志[光緒]　史7-56905

87 無欲齋詩草　集2-11359～62
　　無欲齋詩鈔　集2-11363
88 無竹居詩存　集5-40391
90 無懷小集　集1-3441,6-41894(3)、41904～
　　　5,41924
　　無懷小集(葛無懷小集)　集1-3469
　　無常經　子6-32083(22)
　　無黨論　子1-1294　叢1-151
91 無類生詩選　集2-10620
　　無類生詩選　集2-833
95 無情癡　子4-24222　叢2-1373
98 無悔齋集　集3-18084～5

8033₂ 念

00 念庵子　子1-104、1041
　　念庵羅先生文集　集2-8662
07 念誦結護法普通諸部　子6-32093(40)
10 念二史詠史詩註　叢1-482
　　念二史詠史詩注　史1-6090
　　念雨堂詩鈔、詞鈔　集5-37079
　　念石齋集　集5-41034
　　念石子　子4-21414　叢2-1716
　　念石子、心言　子4-21415
　　念西堂詩集　集3-14087
12 念孫遺文　集4-22628
15 念珠三昧　叢2-1249
20 念香館遺稿、試帖　集5-34926
24 念先草堂詩　集4-24021
　　念先堂詩稿　集4-31749,6-42007(3)
　　念劬廬叢刊初編八種　叢2-703
25 念佛三要　子7-34510
　　念佛三昧　叢1-197(3)
　　念佛三昧寶王論　子6-32091(69)、7-
　　　34423、34425、34436、34447
　　念佛三昧　子7-34497
　　念佛三昧徑路修行西資寶卷　集7-54593
　　念佛百問　子7-34531
　　念佛往生西方公據　子7-34518、34520
　　念佛往生西方公據(西方公據)　子7-
　　　34519
　　念佛伽陀　子7-34524
　　念佛總持　子7-32110
　　念佛十鏡　子7-32111
　　念佛切要　子7-34538
　　念佛起緣彌陀觀偈直解　子7-34560
　　念佛警策　子7-34522
　　念佛四大要訣　子7-34550

念佛四大要訣、專修法門解謗　子7-34551
念佛開心頌　子7-34552
念佛鏡　子7-34432、34443～5
27 念多情一枝　集7-52713
念修堂詩存　集4-26479
念修堂七言詩選　集6-43891
念魯先生本傳　史2-9386
30 念宛齋文稿、文補、詩集、詞鈔、書牘、官書
　　集4-23317
念宛齋詩、文補、書牘、官書、詞鈔、詞曲　集
　　4-23318
念宛齋詞曲　集7-54815
念宛齋詞鈔　集7-47294　叢1-518
37 念初居筆記　子2-10748
念初堂詩　集4-22232～3
念初堂集　集2-8877～8
44 念萱池館文存　集5-39755
念昔齋寱言圖纂　子4-24553
念護池館文存　叢2-2220
念護吟草　集4-24859
念菴文集　叢1-223(65)
念菴羅先生文要　集2-8665
念菴羅先生文集　集2-8658
念菴羅先生文集(念菴集)　集2-8661
念菴羅先生文集、行狀、墓銘　集2-8663
念菴羅先生文集、外集、別集　集2-8659
念菴羅先生集　集2-8656
45 念樓詩稿　集4-28945
念樓集　集4-28946～8
念樓集、外集　集4-28949～51
念樓全集　集4-28943
47 念鞠齋詩文剩稿　集4-27853
60 念園存稿　集3-13398
76 念陽徐公定蜀記　史1-1937、2978
80 念八翻傳奇　集7-50266
90 念堂詩話　叢2-1670
念堂詩草　集4-25467
念堂詩鈔　集4-25468

愈

00 愈妄闕齋所著書　經1-134
60 愈愚齋詩文集　集5-34405～6
愈愚詩錄　經1-4202
愈愚集　集4-27514,6-45074
愈愚續錄　子4-22634
愈愚蓬舍詩稿　集4-23383　叢2-1670
愈愚錄　子4-22632～3　叢2-653(2)、1990

煎

12 煎水山房詩鈔初編、詩餘　集3-21901
22 煎乳論　子6-32093(50)、7-32119
44 煎茶水記　子4-18978～80　叢1-2～3、6、
　　8、11～2、19(11)、20(9)、21(10)、22(15)、23
　　(15)、24(11)、29(4)、154、223(38)、255(2)、
　　350
煎茶水記(煎茶水日記)　子4-18989
煎茶七類　子4-19020～1　叢1-22(26)、
　　25、30、37、154、173
煎茶聞錄　史6-47336

8033₃ 慈

00 慈意方、慈義方　子2-9218
10 慈王寶卷　集7-54232
慈雲寶卷　集7-54307～8
慈雲大師圓頓觀心十法界圖　子7-33849
慈雲走國　集7-51095～6
慈雲樓藏書志　史8-65747
慈雲樓目錄　史8-65745
慈雲閣詩存　集3-20965
慈雲閣詩鈔　集4-32134
慈雲閣遺稿　集4-32600
11 慈悲三昧水懺(慈悲三昧水懺法)　子7-
　　34972
慈悲三昧水懺起緣　子7-34976
慈悲水懺法　子6-32089(48)、32090(62)、
　　32091(60)、32092(42)、32093(49),7-34971
慈悲血湖懺法　子7-35068
慈悲寶懺　子7-35076
慈悲道場千佛懺法　子7-34991
慈悲道場金剛般若法懺　子7-34994
慈悲道場懺法　子6-32090(61)、32091(59)、
　　32092(40),7-34969～70
慈悲道場懺法(慈悲道場梁皇懺法、慈悲梁
　　皇寶懺、慈悲梁皇懺)　子7-34968
慈悲壽生經懺　子7-35075
慈悲地藏法　子7-35009
慈悲蘭盆目連懺　子7-34995
慈悲蘭盆目連懺法道場　子7-34996
慈悲觀音護道度人寶懺　子5-30771
慈悲普濟天醫寶卷　集7-54172
12 慈水干溪章氏重修宗譜[浙江慈溪]　史5-
　　34542

慈水干溪章氏宗譜［浙江慈溪］ 史5-34541

慈水魏氏宗譜［浙江慈溪］ 史5-40411

慈水淩氏宗譜［浙江慈溪］ 史4-34648

慈水葉氏家乘初稿［浙江慈溪］ 史5-35666

慈水桂氏清芬集、清芬集 集6-45046

慈水秦氏宗譜［浙江慈溪］ 史4-31256~7

慈水義池沈氏宗譜［浙江慈溪］ 史4-29060

20 慈受擬寒山詩 叢2-635(6)

慈航集 子2-6938,7-32109

慈航集三元普濟方(慈航集) 子2-6937

慈航渡人舟 子7-34698

慈航寶卷 集7-54207

慈香詩侶 叢2-2200

21 慈衛室詩草 集5-41508

22 慈峯李氏宗譜［浙江淳安］ 史4-27163~4

慈利縣志［康熙］ 史8-60455

慈利縣志［嘉慶］ 史8-60456

慈利縣志［萬曆］ 史8-60454

慈利縣志［同治］ 史8-60457

慈利縣志［民國］ 史8-60459

慈利縣志［光緒］ 史8-60458

24 慈幼玄機 子2-8404,8459

慈幼新書 子2-4771(3)、8438、8510

慈幼便覽 子2-8505

慈幼便覽、痘疹摘錄 子2-4671

慈幼編 史6-41539

慈幼心傳 子2-8399、8656

慈幼祕訣圖像祕要 子2-8508

慈幼祕傳 子2-8400

慈幼全書 子2-8447、8591

慈幼筏 子2-8437

25 慈生暮鼓詞 集7-51094

26 慈伯山房詩稿 集4-28299

27 慈佩軒詩 集5-38189

28 慈觴文錄 史2-10113

慈谿童柘叟遺著 叢2-2183

慈谿王氏宗譜［浙江慈谿］ 史4-24977、24979

慈谿獅山陳氏宗譜［浙江慈溪］ 史4-32855

慈谿花園王氏宗譜［浙江慈谿］ 史4-24978

慈谿縣志［雍正］ 史7-57438

慈谿縣志［天啓］ 史7-57437

慈谿縣志［光緒］ 史7-57440~1

慈谿縣志稿［同治］ 史7-57439

慈谿縣丈量過田地實總 史6-43471

慈谿嚴氏壽芝山莊公牘章程 史6-47287

慈谿陳氏宗譜［浙江慈溪］ 史4-32857

慈谿鄭氏詩輯殘稿 集6-44305

30 慈濟方 子2-9217

慈容五十三現圖 史2-6830

32 慈溪章橋葛氏家乘［浙江慈溪］ 史5-35831

慈溪石步葉氏宗譜［浙江慈溪］ 史5-35667

慈溪向氏家乘［浙江慈溪］ 史4-26817

慈溪宋氏宗譜［浙江慈溪］ 史4-29154

慈溪馮氏支譜［浙江慈溪］ 史5-36432

慈溪潘氏宗譜［浙江慈溪］ 史5-39796

慈溪鴻莊趙氏宗譜［浙江慈溪］ 史5-38307

慈溪鴻門童氏厚本堂祭田圖霞蔚害屋塾田圖［浙江慈溪］ 史5-36497

慈溪李氏宗譜［浙江慈溪］ 史4-27183

慈溪姚氏宗譜［浙江慈溪］ 史4-31177

慈溪鞍山鄭氏宗譜［浙江慈溪］ 史5-38625

慈溪裘蔗邨太史(璉)年譜 史2-11771

慈溪董氏宗譜［浙江慈溪］ 史5-35879

慈溪赭山鄭氏宗譜［浙江慈溪］ 史5-38622

慈溪黃氏日抄分類 子1-870

慈溪黃氏日鈔分類、古今紀要 子1-871

慈溪杜嶼羅氏宗譜［浙江餘姚］ 史5-41046

慈溪橫山裘氏宗譜［浙江慈谿］ 史5-37172~3

慈溪史氏宗譜［浙江慈溪］ 史4-26147

慈溪秦氏宗譜［浙江慈溪］ 史4-31255

慈溪羅氏家譜［浙江慈溪］ 史5-41043

慈溪鳴鶴葉氏宗譜［浙江慈溪］ 史5-35665

慈溪阮氏宗譜［浙江慈溪］ 史4-26944

慈溪屏山章氏宗譜［浙江慈溪］ 史5-34544

慈溪鄭氏宗譜［浙江慈溪］ 史5-38623~4

慈溪竹江柳氏興孝錄［浙江慈溪］ 史4-30348

33 慈心功德錄 子7-34666

慈心寶鑑 子7-34667

34 慈禧三大功德紀 史2-10478

慈禧及光緒賓天厄 史1-1995、4322

慈禧外記 史2-10477

慈禧七旬萬壽諭詔 史6-47731

慈禧軼事 史2-10476

37 慈湖詩傳 經1-3659 叢1-223(7),2-845(3)

慈湖先生(楊簡)年譜 史2 11348·~9 叢

2-845(3)

慈湖先生遺書　集1-3756、3758

慈湖先生遺書、續集、補編、新增附錄　叢2-845(3)

慈湖先生遺書、續集、補編、新增附錄、慈湖先生年譜、慈湖著述考　集1-3759

慈湖先生遺書、補編、慈湖先生年譜　集1-3757

慈湖先生遺書纂　子1-817

慈湖先生遺書鈔　集1-3761

慈湖家記　子1-985　叢2-754

慈湖遺書　集1-3760　叢1-223(55)

慈湖者舊詩　集6-44652

慈湖春秋傳　經1-7505

慈湖陳瑤圃(邦瑞)侍郎行狀　史2-10833

慈湖箸述考　史8-66027　叢2-845(3)

慈湖小集　集1-3763,6-41894(3)

40　慈南京山興徐氏宗譜[浙江慈溪]　史4-31927

慈南干溪章氏宗譜[浙江慈溪]　史5-34543

慈南汪氏宗譜[浙江餘姚]　史4-28734

慈杏堂母訓　子1-2979

慈壽堂文鈔　集3-19211　叢2-843

慈壽堂集　集3-19210

44　慈蔭堂家訓　子1-2308

慈幛訓典　史4-24979

慈菴應氏宗譜[浙江江山]　史5-40859

50　慈惠小編　子2-9480

慈東童氏宗譜[浙江慈溪]　史5-36496

慈東應氏宗譜[浙江慈溪]　史5-40856

慈東章橋葛氏宗譜[浙江慈溪]　史5-35830

慈東紹家滙吳氏宗譜[浙江慈溪]　史4-27841

慈東洋墅徐氏十修宗譜[浙江慈溪]　史4-31928

慈東費氏宗譜[浙江慈溪]　史5-36701

慈東費氏四修族譜[浙江慈溪]　史5-36702

慈東田湖村胡氏宗譜[浙江慈溪]　史4-30407

60　慈園詩鈔　集5-39632

慈恩玉歷彙錄、續補　子2-9699

慈恩玉曆彙錄　子2-9698

慈恩玉曆良方彙錄　子2-9698

慈恩集　集3-17415

慈邑雙頂山陳氏宗譜[浙江慈溪]　史4-32856

慈邑涇浦樓氏宗譜[浙江慈溪]　史5-38989～90

慈邑陳氏宗譜[浙江慈溪]　史4-32853～4

67　慈暉館詩詞草(詩草、詞草)　集5-35346

慈暉館詩草、詞草(慈暉館詩詞鈔)瑤花夢影錄　叢2-719

慈暉館詞草(慈暉館詞)　集7-48046

72　慈氏菩薩誓願陀羅尼經　子6-32083(31)

慈氏菩薩畧修愈誡念誦法　子6-32093(38)

慈氏菩薩所說大乘緣生稻稈喻經　子6-32081(54)、32082(28)、32083(34)、32084(27)、32085(49)、32086(58)、32088(36)、32089(31)、32090(39)、32091(37)、32092(25)、32093(37)

慈氏菩薩陀羅尼　子6-32083(31)

74　慈陵子天人通　子1-1937

77　慈風雨被老法師示自珍居士法語　子7-34360

慈屋瑣記　子4-21702

慈母堂叢刊　子7-35101

慈闈瑣記　史2-10516

80　慈尊昇度寶懺　子5-29530(11)、30560

慈義方　子2-9218

慈善錄　叢2-2133

88　慈竹軒制藝　叢2-1924

96　慈惺圃庚寅草　集4-23123

8034₆　尊

10　尊王發微　叢1-227(2)

尊天爵齋弈譜　子3-18092

尊西詩話　集6-46102

尊西詩話未定草　集6-46101

尊西詩話未定草(放言樵抄)　集6-46100

12　尊水園集　集3-13082

尊水園集畧、補遺　集3-13083

尊孔大義　叢2-2097

尊孔錄　子1-1193

尊孔篇　叢2-2129(3)

17　尊孟辨　叢1-34

尊孟辨、續辨、別錄　經2-9805　叢1-223(13)、274(3)、2-731(9)

尊孟辨續辨　經2-9806

尊孟辨別錄　經2-9807

尊那經　子6-32083(31)

20　尊重口　子4-23877　叢2-1116～7

21　尊上經　子6-32083(19)

尊師重傳說　子1-2461

尊經齋詩集、外集　集5-35083

尊經書院日課題目、課題　叢2-2130

尊經閣藏書目　史8-65529　叢2-731(1)

尊經閣募捐藏書章程　史8-65344、66194
尊經閣募捐藏書章程、祀典錄　史8-65528
　　叢1-508,2-731(1)
24 尊德堂詩鈔　集3-18776~7
25 尊生齋集　叢2-1132
　　尊生要旨　子2-11027
　　尊生導養編　子2-11080
　　尊生老人自敘　史2-9516
　　尊生圖要　子2-11171
　　尊生閣彙　子5-31333
　　尊生閣集　集4-30729
　　尊生鏡　子4-20723
　　尊生館稿　集2-10656
　　尊生類輯　子2-11220
26 尊白堂集　集1-3650　叢1-223(55)
　　尊卑表　叢2-2131
27 尊鄉錄節要　史2-8086　叢2-851
30 尊宿集　子7-34077
　　尊宗贅議　子1-2073　叢2-2097
31 尊酒草堂詩　集5-39321
34 尊婆須蜜菩薩所集論　子6-32081(38)、
　　32082(17)、32083(25)、32084(20)、32085
　　(36)、32086(41)、32088(26)、32089(45)、
　　32090(52)、32091(50)、32092(34)、32093(30)
38 尊道先生(陸世儀)年譜　史2-11651
　　尊道先生年譜、行狀、行實　叢2-1268
　　尊道堂詩集　集3-16152
　　尊道堂詩鈔　集3-16643,4-22937　叢2-
　　633
　　尊道堂詩鈔、別集　集3-16644,6-44870
40 尊古齋詩鈔　集3-20537
　　尊古齋所見吉金圖　史8-64245
　　尊古堂詩存　集4-24890
42 尊瓠室詩　集5-40007
50 尊攘畧　史1-3412
52 尊拙齋詩集　集3-13850
　　尊拙堂文集　集2-10611
55 尊典閣有用抄　叢2-2270(3)
71 尊腰館壽言(范應龍)　史2-9002
77 尊聞居士集　集3-21693,6-42067
　　尊聞錄　子1-1612~3
　　尊聞堂文集、詩集　集4-30510
　　尊聞堂試帖　子3-15465
　　尊聞堂詩集　集4-30509
　　尊聞堂集　集3-15913
　　尊賢祠諸賢事蹟錄　史2-7836
　　尊賢祠考畧　史7-51776
79 尊勝佛頂修瑜伽法軌儀　子6-32093(37)
　　尊勝大明王經　子6-32083(29)
　　尊勝菩薩所問一切諸法入無量法門經　子
　　6-32083(10)

尊勝菩薩所問一切諸法入無量法門陀羅尼
　　經　子6-32086(15)、32089(12)、32090
　　(16)、32091(15)、32092(11)
　　尊勝菩薩所問一切諸法入無量門陀羅尼經
　　子6-32081(14)、32085(14)、32088(10)、
　　32093(13)
　　尊勝菩薩所問一切諸法入無量門陁羅尼經
　　子6-32084(9)
　　尊勝咒疏　子7-33672
　　尊勝陀羅尼經　子7-32799
80 尊前話舊　子4-21621　叢1-397,2-617
　　(4)
　　尊前集　集7-46348、46352、48417　叢1-
　　223(73)
　　尊前集(樽前集)　集7-48418
87 尊俎餘功　子4-20865　叢1-22(22)
90 尊小學齋集、余孝惠先生年譜　集4-31684
　　尊小學齋家訓　子1-2288

8040₀ 午

00 午亭文編　集3-15914　叢1-223(67)
　　午亭文錄　集3-15917,6-42066
　　午亭文鈔　集3-15916,6-42064
　　午亭詩集　集3-15912,6-45074
　　午亭山人第二集　集3-15915
30 午窗隨筆　子4-23580　叢2-1931
31 午汀詩稿　集3-20751
32 午溪集　集1-5299~300,6-41784　叢1-
　　223(61)
35 午清吟館詩鈔　集5-37367
42 午橋存稿(錦石書屋古文)、駢體　集4-
　　25499
44 午坡文集　集2-8394
　　午夢堂詩鈔　集6-45106
　　午夢堂集　集6-45102~3
　　午夢堂集六種　集6-45105
　　午夢堂集七種　集6-45104
　　午夢堂遺集　集2-11587　叢2-720(6)
　　午夢堂全集十二種　叢2-720(6)
　　午莊詩　集4-23305
　　午樹堂詩集　集4-21957
47 午朝行道儀　子5-30642
　　午朝轉經儀　子5-30644
　　午朝開收儀　子5-30643
60 午日吟　集7-48776、49170　叢2-672
67 午眠乍醒一枝　集7-52760
77 午風堂詩集　叢2-1543
　　午風堂詩集、叢談　集4-22378

午風堂叢談　子4-23299　叢2-798、1543
午風堂全集二種　叢2-1543
78 午陰清舍詩草、試帖　集5-37760
午陰清舍詩草續編　集5-37761

父

17 父子合集經　子6-32084(31)、32093(4)、7-32119
21 父師善誘法　子1-1969、2796,4-21229　集6-46304　叢1-574(5)
45 父執蘭譜　史2-7653
50 父書樓吟稿　集4-24759
77 父母恩難報一段　集7-51431
父母恩難報經　子6-32083(22)

8040₄ 姜

10 姜天敍日記　史2-13239
姜石卿遺稿　集5-36596
姜西溟文稿　集3-14884
姜西溟文鈔　集3-14882
姜西溟先生文稿　集3-14885
姜西溟先生文鈔　集3-14889
姜西溟先生八股文　集3-14891
姜西溟選評歐曾老蘇三家文　集6-43626
17 姜子　子1-19
姜君炳生(忠汾)行述、家傳　史2-10888
姜司寇自訂年譜　叢1-387
21 姜衍澤堂發記丸散膏丹滙集　子2-10024
姜貞毅先生自著年譜　集2-12627
姜貞毅先生自著年譜、續編　史2-11638
姜貞毅先生輓章　史2-9217
24 姜先生全集　集3-14892
26 姜白石詩　集1-3918,6-41785
姜白石詩詞選評　集7-46641
姜白石詩詞合集　集1-3892
姜白石詩詞合集(白石道人詩集、集外詩、詩說、歌曲、別集、附錄)　集1-3890
姜白石詩詞合集(白石道人詩集、集外詩、歌曲、別集)　集1-3891
姜白石集、集外詩　集1-3920
姜白石集輯逸文　集1-3922
姜白石全集(白石道人詩集、詩說、歌曲、別集)　集1-3895
28 姜徵君遺詩、詞　集5-40711

40 姜太公六韜(六韜)　子1-3203
姜太公三畧　子1-3215
姜堯章先生集　集1-3921
姜堯章續書譜　子3-15027
姜堯章續書譜(番易姜堯章續書譜)　子3-15035
姜女尋夫　集7-52377
姜真源詩選　集3-14163,6-41970
41 姜堰市鄉土志[民國]　史7-56789
姜堰鄉土志[民國]　史7-56788
44 姜杜薌先生自訂年譜　史2-11897
姜桂老屋詩存稿　集5-40594
45 姜姓族譜[湖南邵陽]　史4-31082
姜姓族譜[湖南寧鄉]　史4-31075
姜姓重修族譜[湖南寧鄉]　史4-31074
姜姓十修族譜[湖南寧鄉]　史4-31077
姜姓九修族譜[湖南寧鄉]　史4-31076
47 姜胡外傳、九嶷十賛記　子5-27618
50 姜忠肅公(瀉里)祠堂誌、佚事考、藝文考　史7-51814
60 姜是老的辣一枝　集7-51783
72 姜氏雜著　叢1-373(3)
姜氏詩說　集6-45610　叢1-195(4)
姜氏詩說(白石道人詩說)　叢2-731(47)
姜氏族譜[山東萊陽]　史4-31071
姜氏族譜[江蘇泰州]　史4-31044
姜氏族譜[湖南湘陰]　史4-31079
姜氏族譜[湖南岳陽]　史4-31078
姜氏五修世譜十五集[浙江餘姚]　史4-31055
姜氏重修族譜　史4-31083
姜氏重修族譜[湖南寧鄉]　史4-31073
姜氏家譜[遼寧遼陽]　史4-31043
姜氏家乘　史4-31086
姜氏宗譜[浙江淳安]　史4-31049～50、31052、31054
姜氏祕史　史1-2744
姜氏祕史、校勘記　史1-2745　叢2-870(2)
姜氏支譜　史4-31084
姜氏孝子大民公派宗譜　史4-31041
姜氏世譜十集[浙江餘姚]　史4-31056
姜氏四修宗譜[浙江象山]　史4-31057
姜氏醫學叢書　子2-4723
77 姜鳳阿文集　集2-9447～8
姜鳳阿集　集2-9449

8041₄ 雉

27 雉舟酬唱集　叢2-2046
40 雉南敖氏宗譜[浙江長興]　史4-31087
43 雉城偶吟、燕遊草　集3-19620

8042₇ 禽

00 禽言　叢2-1339
21 禽經　子4-19354、19356~7　叢1-4~5、9~
　　10、22(17)、23(17)、26~8、29(3)、76~7、86、
　　223(39)、431,2-617(3)、730(7)、775(5)、
　　1168
　　禽經補錄　叢2-1168、1451
27 禽鳥簡要編　子7-36229、37831
　　禽鳥類字釋名　子7-36237
　　禽紀　叢1-74
38 禽海石　子5-27873
40 禽志　叢1-9、22(11)、23(11)
50 禽蟲述　子4-18535、19345
　　禽蟲述輯注　子4-19346
60 禽星易見　子3-14494　叢1-223(36)
　　禽星年月玄微書　子3-14138
63 禽獸　叢1-86,2-730(7)
　　禽獸決錄　子4-19342　叢1-22(18)、23
　　(17)

8043₀ 矢

00 矢音集　集3-19126　叢2-1398~9
27 矢彝考釋　叢2-2194

美

01 美龍鎮　集7-52550
10 美百年大會記　子7-36229
12 美水師考　子7-36228(3)、36242(3)、36248、
　　36250
16 美理哥國志畧　史7-49318(22)
22 美利加英屬地小志　史7-54875　叢1-528
　　美利堅合衆國地理兵要　史7-54873~4
27 美多情一枝　集7-52708

28 美以美會始立大美國阿省畧說　子7-
　　35753
30 美憲法纂釋、憲法、續增憲法　子7-36231
　　(2)
32 美洲童子萬里尋親記　子7-38225
　　美洲各國志　子7-36245
　　美洲志　子7-36245
40 美女思春一段(姜姑娘聘婆家)　集7-
　　51511
　　美女嘆十聲一套　集7-50969
43 美博物大會記　子7-36229
　　美博物大會圖　子7-36229
44 美芹十論　子1-3771
　　美芹錄　子4-20456
50 美史紀事本末　子7-36377
60 美國京外官制　史6-42795
　　美國記　史7-49317(5)、49318(18)
　　美國百年大會記　子7-37388
　　美國水師考　子7-36955
　　美國刑律　子7-36623、36675
　　美國師船表補　叢2-2056
　　美國種植棉花法　子7-37088
　　美國續增條約　史6-44099
　　美國條約　史6-44101
　　美國條款　史6-44097
　　美國條款、稅則、續增條約、通商章程善後
　　條款　史6-44035
　　美國條款、稅則、續增條約、通商章程善後
　　條款、續修條約　史6-44100
　　美國條款、美國稅則條款　史6-44098
　　美國條款、美國稅則條款、續增條約　史6-
　　44034
　　美國名君言行錄　子7-36465
　　美國憲法　子7-36622
　　美國憲法十五章　子7-36610
　　美國憲法纂釋　子7-36611
　　美國密領事照會　子7-36826
　　美國治法要畧　子7-36612
　　美國漫遊雜記　子7-37699
　　美國汽車　子7-37232
　　美國博物大會圖說　子7-37389
　　美國地理兵要　史7-49318(19)　子7-
　　36925
　　美國華工禁約記　子7-36869
　　美國共和政鑒　子7-36441
　　美國獨立戰史　子7-36378
　　美國教育制度　子7-36696
　　美國教士慕翟先生行述　子7-35873
　　美國教士顯考約翰府行狀　子7-35882
　　美國教會租地契上添寫字樣洋務例冊　史
　　6-44993

美國東方勢力史　子7-36534
美國提煉煤油法　子7-37141
美國陸軍制　子7-36926
美國開設國家銀行條例　史6-41535、44507
美國民主翟斐生傳畧　子7-36487
美國民政考　子7-36535
美國會議銀價大臣條議中國新圜法覺書
　　子7-37382
美國會議銀價大臣精琪上海會議問答　子
　　7-37337
美國養雞法　子7-37092
美國鐵路滙考　子7-37162
65 美味求真　子4-18965
80 美人詩　集7-53634　叢1-104,2-721
美人詩宮詞　集6-42355
美人譜　叢1-197(2)、587(1)
美人香草詞　子7-46431、47321
美人書　子5-27611~2
美人揉碎梅花迴文圖　叢1-197(4)
美人揉碎梅花回文圖讀法　子3-18493
美人長壽盦詞　叢2-995
美人長壽盦詞集　集7-48393
美人關　子5-27907
美人入夢　集7-49700
美人八詠　叢1-319
美人煙草　子7-38168
美人判　叢1-587(2)
美益奇觀孝義傳　子5-28490
美合集　集6-42562
美會紀畧　史7-49317(5)、49318(18)、54872
83 美鐵路滙考　子7-36231(3)

羹

10 羹天閣琴趣　集7-46431、47262
22 羹豐陳氏續譜[湖南湘鄉]　史4-33365
37 羹湖詩選　集3-14895

8044₁ 并

77 并門雙管　集7-48546

幷

32 幷州記　史7-49307、49926　叢2-767

并州承天嵩禪師語　子7-34177

8044₆ 弇

22 弇山詩鈔　集2-9556,4-23551
弇山詩鈔(浙東前七子弇山詩鈔)　集3-
　　18175
弇山詩鈔、歸田集　集3-18176
弇山園十二記　史7-51998
弇山畢公(畢沅)年譜　史2-11894
弇山堂別集　史1-2679　叢1-223(20)
32 弇州集選　集2-9560,6-41950
弇州山人(王世貞)年譜　史2-11020、11509
　　叢2-639、1488~9
弇州山人文抄　集2-9564
弇州山人詩集　集2-9555,6-41953
弇州山人讀書後(讀書後)　集2-9574
弇州山人正續四部稿　集2-9544
弇州山人續稿　集2-9547
弇州山人續稿(弇州續稿)、目錄　集2-
　　9545
弇州山人續稿、目錄　集2-9546
弇州山人續稿選　集2-9550
弇州山人續稿選、目錄　集2-9551
弇州山人藝苑卮言　集6-45754
弇州山人四部稿(弇州四部稿)、目錄　集2-
　　9543
弇州山人四部稿選　集2-9548
弇州山人四部稿十二種　叢2-1111
弇州山人四部稿跋　集2-9549
弇州先生五言律選、七言律選　集2-9559
弇州先生尺牘　集2-9571
弇州史料前集、後集　史1-2680
弇州四部稿、弇州續稿　叢1-223(66)
48 弇榆山房詩畧　集4-26600
70 弇雅堂詩話　集6-45986

8050₀ 年

08 年譜　史2-11713
年譜(劉宗周)、附錄遺　叢2-1201
年譜初本(湯斌)　叢2-1323
年譜圖詩(尤侗)　叢2-1287
21 年齒錄畧　叢2-2170
22 年例捐款廉俸章程　史6-43527、43601
40 年大將軍真蹟　子3-15728

中國古籍總目書名索引

44 年草　集3-14918
　年華錄　子5-25873～4
50 年事紀署、暖香堂筆記　史2-12300
　年表序論圖說　經1-7561
61 年號備考　史1-1375　叢2-1675
　年號官制記署　叢2-1451
　年號分韻錄　史1-7、1373　叢1-352
71 年曆　叢2-774(8)
　年曆考、校勘記　叢2-870(6)
77 年月備要前集、後集　子3-14432
　年月釋論　子3-14271
80 年羹堯將軍兵法　子1-3872

8050₁　羊

10 羊石園演義　子5-27860
20 羊毛瘟疫新論　子2-6955
　羊毛瘟證論　子2-4768、6936
　羊毛瘟論　子2-4771(2)
22 羊山詩鈔　集5-40824
　羊山小山南韓氏家譜[浙江紹興]　史5-40364
27 羊角逸言　集2-12561
40 羊士諤詩集　集1-1467,6-41741、41824、41869、41878
　羊士諤集　集1-1466,6-41743、41819
43 羊城西關紀功錄(黃賢彪)　史2-10124
　羊城古鈔　史7-50877
　羊城古鈔[嘉慶]　史8-60832
44 羊權得豔　集7-49705
48 羊場分縣訪册[民國]　史8-62193
72 羊氏家傳　史2-8183　叢2-776
　羊氏宗譜[江蘇]　史4-26835

8050₂　拿

14 拿破侖　子7-36470
　拿破侖本紀　子7-38227

8050₇　每

60 每日食物卻病考　子2-5881
77 每月統紀傳　史7-49318(22)、54390

8051₃　毓

00 毓文書院志　史7-52069
09 毓麟芝室痘科祕傳玉髓經金鏡錄全書（毓麟芝室痘疹玉髓金鏡）　子2-8784
　毓麟芝室玉髓摘要　子2-8602、8635
　毓麟芝室滙訂疹科治法綱　子2-8785
　毓麟策　子2-4624
20 毓秀堂畫傳　子3-16454
24 毓德堂醫約　子2-4725
44 毓蘭軒訓語　叢2-2170
　毓蘭軒遺著　集5-39734
　毓芝山房詩草　集5-36490
　毓芝堂醫書四種　子2-4639
90 毓堂韻同、補遺　經2-14182

8054₀　羑

40 羑壽廬遺集　集5-35205

8055₃　義

00 義府　子4-22338　叢1-223(40)、272(2)、2-731(7)、814、1649
　義妾存孤　集7-49255
07 義記　子1-535　叢2-775(4)
08 義敦概況資料輯要[民國]　史8-62146
　義敦縣圖志[民國]　史8-62145
12 義烈記　集7-49960
　義烈墓錄　史1-1988,7-51943　叢2-832(5)
　義烈公(班第)列傳　史2-9520
17 義勇武安王集　史2-8472～3、8475
　義勇武安王續集　史2-8476
　義勇辭金　集7-48779、49083、49113
　義勇彙編　史8-61505
21 義虎傳　叢1-22(27)、29(8)
　義虎寶卷　集7-54505
　義貞記　集7-50325
　義貞事跡　史2-6909　叢1-537
22 義川講業錄　子4-21813
　義豐文集(義豐集)　集1-3547

義豐集　叢1－223(55)

義豐集・校勘記　集1－3550　叢2－870(4)

義豐集鈔　集1－3548～9,6－41900、41908

義僕救主　集7－51153

義山文集　集1－1579

義山雜記　叢2－617(2)

義山雜纂　子4－22829　叢1－17、22(4、13)、23(4、12)、29(4)、154、255(2)、461

義利法戒錄　子4－21552

24 義俠記　集7－49709

義俠記(重校義俠記)　集7－49926

25 義牛記　子5－27681

26 義泉僖公陳氏宗譜[江西高安]　史4－33252～3

義和團嘆十聲一套　集7－50979

義和拳教門源流考　史1－4300　叢2－2115

義和拳教門源流考書後　史1－4301　子7－35775

義釋華容　集7－53651

27 義烏高嶺孫氏宗譜[浙江義烏]　史5－33633

義烏應氏宗譜[浙江義烏]　史5－40878

義烏六都蔣氏宗譜[浙江義烏]　史5－38153

義烏龍山葉氏宗譜[浙江義烏]　史5－35696

義烏龍溪金氏宗譜[浙江義烏]　史4－29696

義烏識里陳氏宗譜[浙江義烏]　史4－32976

義烏識里分水陳氏宗譜[浙江義烏]　史4－32978～9

義烏施氏重修宗譜[浙江義烏]　史4－30910

義烏施氏宗譜[浙江義烏]　史4－30908

義烏一都貝氏宗譜[浙江義烏]　史4－28231

義烏丁氏宗譜[浙江義烏]　史4－24644～9

義烏霧溪陳氏宗譜[浙江義烏]　史4－33010

義烏石溪吳氏宗譜[浙江義烏]　史4－27910

義烏西金何氏宗譜[浙江義烏]　史4－28314

義烏雲溪張氏孝思堂宗譜[浙江義烏]　史5－35035～6

義烏孫氏宗譜[浙江義烏]　史5－33630～2

義烏環溪王氏重修宗譜[浙江義烏]　史4－25120～4、25126

義烏倍磊陳氏宗譜[浙江義烏]　史4－32984～9、32992

義烏倍磊陳氏宗譜後集[浙江義烏]　史4－32991

義烏倍磊陳氏宗譜前集[浙江義烏]　史4－32990

義烏香山方氏宗譜[浙江義烏]　史4－25784～6

義烏台門銅塘稠巖傅氏重修宗譜[浙江義烏]　史5－36235～7

義烏先哲遺書三種　叢2－861

義烏先哲遺書五種　叢2－862

義烏朱先生文鈔　集5－37530

義烏朱氏論學遺札　子4－21776　叢1－543、547(4)

義烏繡川陳氏宗譜[浙江義烏]　史4－32993～4

義烏色里陳氏宗譜[浙江義烏]　史4－32977

義烏色里分水陳氏宗譜[浙江義烏]　史4－32980～3

義烏稠巖宗譜[浙江義烏]　史5－36908

義烏稠巖楊氏宗譜[浙江義烏]　史5－36907

義烏派溪趙氏宗譜[浙江義烏]　史5－38358～60

義烏溪後樓氏宗譜[浙江義烏]　史5－39020～1

義烏洪氏宗譜[浙江義烏]　史4－30955～7

義烏澤川金氏宗譜[浙江義烏]　史4－29717

義烏洋川賈氏宗譜[浙江義烏]　史5－37121、37123

義烏洋川趙氏宗譜[浙江義烏]　史5－38361～2

義烏泮山柯山香山何氏宗譜[浙江義烏]　史4－28306

義烏塘西金氏重修宗譜[浙江義烏]　史4－29718

義烏塘灘何氏宗譜[浙江義烏]　史4－28313

義烏南陵王氏宗譜[浙江義烏]　史4－25134～5

義烏柯山何氏宗譜[浙江義烏]　史4－28307～10

義烏葉氏宗譜[浙江義烏]　史5－35697、35699

義烏杜門傅氏重修宗譜[浙江義烏]　史5－36244～6

義烏楂林駱氏宗譜[浙江義烏]　史5－39900～3

義烏梅溪夏演樓氏宗譜[浙江義烏]　史5－39033

義烏中山金氏宗譜[浙江義烏]　史4－

29709

義烏羅氏宗譜[浙江義烏] 史5-41051～2
義烏縣志[雍正] 史7-57599
義烏縣志[康熙] 史7-57598
義烏縣志[崇禎] 史7-57597
義烏縣志[嘉慶] 史7-57600
義烏縣志[萬曆] 史7-57596
義烏縣志稿[民國] 史7-57602
義烏縣採訪錄[民國] 史7-57601
義烏縣前丁氏宗譜[浙江義烏] 史4-24650～2
義烏凰山象山京山陳氏宗譜[浙江義烏] 史4-32997、32999～3004
義烏凰山象山陳氏宗譜[浙江義烏] 史4-33005
義烏鳳林青口王氏宗譜[浙江義烏] 史4-25131
義烏陶氏宗譜[浙江義烏] 史5-33484～5
義烏人物記 史2-8080 叢2-860
義烏八峯周氏宗譜[浙江義烏] 史4-30025
義烏金氏宗譜[浙江義烏] 史4-29714～6
義烏善溪樓氏重修宗譜[浙江義烏] 史5-39026
義烏剡溪朱氏重修宗譜[浙江義烏] 史4-26560、26565

28 義谿世稿 集6-45071
30 義宣詩選 集5-36119
義寧州志[道光] 史8-58510
義寧州志[同治] 史8-58511
義寧縣志[道光] 史8-61265
義迹山房詩稿 集4-22129
義安謝氏宗譜[江蘇宜興] 史5-40698
義竊苗喜鳳事 叢2-695
32 義州鄉土志[光緒] 史7-56204
義州李氏叢刻 叢2-2154
40 義大利商辦鐵路章程 子7-37184
義大利文官制 史6-42794
義大利雜詠 集5-40595
義大利建國三傑傳 子7-36251
義大利稅則 子7-37394
義大利稅則章程 子7-37395
義大利權煙志畧 史6-43597 子7-37394
義大利獨立史 子7-36406
義大利獨立戰史 子7-36407
義大利國債滙編 子7-37394
義大利國債册律章程滙編 子7-37374
義大利國財政滙考 子7-37394
義大利財政書五種 子7-37394
義大利鹽書 子7-36228(5)、37064
義大利興國俠士傳 子7-36500

義大利銀行章程 子7-37394
義士傳 史2-6199、6592
42 義妖全傳 集5-54044～5
義妖前傳 子5-28889
43 義犬記 叢1-409
義城黃氏族譜[湖南寧鄉] 史5-34022
44 義莊記 史5-41431
義莊條規 史2-9807、10143、6-44734、44742
義莊史氏宗譜[江蘇宜興] 史4-26138
義莊規條 史2-9713
義莊規矩 史2-8633 叢1-22(12)、23(12)
義莊規矩(范氏義莊規矩、范文正公建立義莊規矩) 子1-2007
義妓傳 子5-26222 叢1-185
50 義夫倪靜軒傳 史2-9986
51 義軒琴經 子3-17641
55 義井夏氏宗譜[江西婺源] 史4-31699
57 義馚紀程 史7-54103
60 義墨堂宋朝別號錄 史2-13399 子5-25802
義國和約章程 史6-44035、44087 子7-36853
義國條約稅則章程 史6-44034、44086
義國賽會須知 史6-44088
義田圖書 史6-44555
義畧 經1-1537
義邑葉氏宗譜[浙江義烏] 史5-35700
義邑東江橋志 史6-44358
義足經 子6-32083(21)
61 義賑芻言 史6-41539、44626
62 義縣志[民國] 史7-56205
義縣志補遺[民國] 史7-56206
76 義陽金竹塘朱氏宗譜[浙江縉雲] 史4-26615
77 義學正字 經2-13005
義學約、師範 子1-2354
義學删稿 叢2-2235
義舉合祀記 史2-7614
義民包立身事畧 史1-3958,2-10855
義門讀詩記 經1-3982
義門讀書記 子4-22368～9 叢1-223(40)
義門張氏宗譜 史5-35457～8
義門毛氏生卒考[浙江淳安] 史4-25586
義門毛氏家譜[浙江淳安] 史4-25584
義門崇仁裘氏宗譜[浙江嵊州] 史5-37182
義門先生集、義門家書 集3-17192
義門汪氏校正世譜[安徽旌德] 史4-28913
義門李氏上章宗譜 史4-27673
義門李氏宗譜[安徽黃山] 史4-27302

義門裘氏先世族約　子1-2336
義門裘氏宗譜[江蘇無錫]　史5-37168
義門裘氏宗譜[浙江嵊州]　史5-37180~1
義門裘氏宗譜[浙江紹興]　史5-37174
義門書跋　叢2-673
義門規範　子1-2114
義門題跋　叢1-203(15)、336~7、364
義門陳氏六修宗譜[安徽望江]　史4-33167
義門陳氏族譜　史4-33445
義門陳氏族譜[安徽黃山]　史4-33171
義門陳氏族譜[福建寧化]　史4-33206
義門陳氏族譜[湖南]　史4-33398
義門陳氏族譜[湖南平江]　史4-33325~6
義門陳氏族譜[湖南寧鄉]　史4-33299
義門陳氏族譜[湖南沅江]　史4-33308
義門陳氏族譜[湖南湘潭]　史4-33357
義門陳氏族譜[湖南湘陰]　史4-33320
義門陳氏族譜[湖南岳陽]　史4-33314
義門陳氏重修本支譜牒[福建莆田]　史4-33212
義門陳氏續修族譜[湖南安化]　史4-33309~10
義門陳氏續修族譜[湖南岳陽]　史4-33311
義門陳氏宗譜[安徽桐城]　史4-33162~3
義門陳氏宗譜[安徽懷寧]　史4-33166
義門陳氏宗譜[江西德安]　史4-33227
義門陳氏宗譜[江西九江]　史4-33226
義門陳氏宗譜[福建長汀]　史4-33222
義門陳氏宗譜[浙江諸暨]　史4-32926
義門陳氏宗譜[湖北武昌]　史4-33272
義門陳氏宗譜[湖南平江]　史4-33324
義門陳氏支譜[湖南長沙]　史4-33278
義門鍾氏宗譜[浙江桐廬]　史5-40586~7
義門鄭氏奕葉文集　集6-45123
義門鄭氏奕葉吟集　集6-45122
義門鄭氏祭簿[浙江浦江]　史5-38690
義門鄭氏家譜[廣東中山]　史5-38760
義門鄭氏家儀　子1-2115　叢2-860
義門鄭氏宗譜[浙江義烏]　史5-38669~70
義門小集　集3-17195
義興荻溪徐氏家乘[江蘇宜興]　史4-31840~1
義興荻溪徐氏世珍集[江蘇宜興]　史4-31842
80 義倉考　史6-44539、44578　叢1-273(4)、274(4)、360,2-731(19)
義命彙編　史2-6907
義命會編　子4-20866
義公禪師語錄　子6-32091(81)

義氣寶卷　集7-54506
88 義竹園羅氏支譜[江西]　史5-41085
90 義火可握國記　史7-49318(21)、54751
91 義類白文　子5-26083

8060₁　合

00 合意編　子1-1519
合音例證　經2-14462
01 合訂正續註釋羣書備考原本　子5-25041~2
合訂西廂記文機活趣全解　集7-48859
合訂板橋雜記初集、續集、雪鴻小記、補遺　子5-26628
合訂删補大易集義粹言　經1-77(2)、1125　叢1-223(4)
02 合刻諸經　子7-32096
合刻諸名家評點老莊會解　子5-28951
合刻諸名公評點註釋莊子南華副墨會解　子5-28951、29340
合刻諸名公評點註釋老子道德真經會解　子5-28951、29148
合刻讀書鏡　子5-27059
合刻二種醫書　子2-4562
合刻三先生潁濱文滙　集6-45162
合刻三先生老泉文滙　集6-45162
合刻三先生東坡文滙　集6-45162
合刻三志　子5-26222
合刻三志八十種　叢1-185
合刻三賢集跋　子3-15371
合刻五家言　叢1-124
合刻兩張先生集　集6-41711
合刻天花藏才子書(天花藏合刻七才子書)　子5-28264
合刻西崑集　集6-41852
合刻晉楚二史　史1-2235
合刻山海經水經二種　叢1-42
合刻朱壽梅葵軒詩集　叢1-300
合刻名公案斷法林灼見　子5-27748
合刻酒經觴政　子4-19075
合刻浮溪鄂州二集　集6-42038
合刻連珠　子1-44
合刻道德南華二經註疏傳神集　子5-28954
合刻李杜二家鈔評　集6-41829
合刻范文正公忠宣公全集　集6-45038
合刻華州志　史7-54919
合刻楊南峯先生全集十種　叢2-1064
合刻忠武靖節二編　集6-41700

合刻曹陶謝三家詩　集6-41769
合刻陸魯望皮襲美二先生集　集6-41731
合刻周張兩先生全書　子1-98
合刻周秦經書十種　叢1-127
合刻屠氏家藏二集　集6-45084
合刻陰符經　子5-29720
合刻分體李杜全集　集6-41728
合刻鑑紀通攷萬花谷　子5-25763
合刻管韓二子　子1-3964
合刻繁露太玄大戴禮記三種附二種　叢1-152
03 合讖圖　經1-8208　叢2-775(3)
04 合諸名家評註三蘇文定　集6-45160
合諸名家評注左傳文定　經1-6827
合諸名家真評先秦十五種附一種　叢1-140
合諸名家批點諸子全書　子1-44
合諸名家點評諸子鴻藻　子4-23981
合諸名家點評古文鴻藻　集6-42941
07 合部大方等大集經　子6-32093(5)
合部金光明經　子6-32081(6)、32082(5)、32084(5)、32085(6)、32088(5)、32089(5)、32090(7)、32091(6)、32092(4)、32093(7)
12 合水縣志[乾隆]　史8-63172
合水縣志[光緒]　史8-63173
16 合環記　集7-53760
17 合卺五更一套　集7-50847
合卺圖　集7-53759
20 合香方　子2-9341
23 合參四書蒙引存疑定解　經2-10499
27 合修徐氏宗譜[江西豐城]　史4-32147
合衆圖書館叢書十五種　叢2-751
合衆圖書館藏書分目　史8-65263
28 合併字學集韻　經2-13815、15112
合併字學集篇‧拾遺　經2-12828、15112
合併字學篇韻便覽四種　經2-15112
合併黃離草　集2-10535
30 合注詩詞歌賦韻選類通　經2-13884
合家大團圓(張濟春仲狀元夫妻合美)　集7-53164
合字注　經2-13045
31 合江東鄉中瀘支�篆洞園李氏族譜[四川合江]　史4-27659
合江縣志[嘉慶]　史8-61929
合江縣志[乾隆]　史8-61928
合江縣志[同治]　史8-61930
合江縣志[民國]　史8-61931
合河方言　經2-14874
合河政記　史6-43178　叢2-739~40
合河紀聞　史7-49930
32 合州志[萬曆]　史8-61518

合州志[乾隆]　史8-61519~20
合州志[光緒]　史8-61521
合澄任氏宗譜[浙江東陽]　史4-26784~6
合溪黃氏儀一房家譜[浙江浦江]　史5-33855
33 合浦珠　子5-28302
合浦縣志[康熙]　史8-61365~6
合浦縣志[民國]　史8-61367
37 合選文章軌範‧補　集6-42703
合選名文麈　集6-42886
40 合存詩鈔　集3-18057
合古今名公全補標題評注歷朝捷錄定本　史1-5457
47 合歡錘　集7-50248
合聲易字　經2-14459
58 合數述　子3-12867
70 合璧詞　集4-24607
合璧孫子兵法　子1-3159
77 合肥龔氏宗譜[安徽合肥]　史5-41462
合肥三家詩錄　集6-44770　叢1-484
合肥王氏家集　叢2-946
合肥王氏支譜[安徽合肥]　史4-25230
合肥張氏宗譜[安徽合肥]　史5-35126
合肥梁鄉李氏五修宗譜[安徽合肥]　史4-27283
合肥李勤恪公政書　史6-47161、49009
合肥李氏望雲草堂珍藏田黃石章總目　子3-16879
合肥執政(段祺瑞)年譜初稿　史2-12415
合肥相國(李鴻章)七十賜壽圖、壽言　史2-10278
合肥相國壽言　史2-10276　叢1-508,2-731(54)
合肥東鄉劉氏宗譜[安徽合肥]　史5-39320
合肥縣志[雍正]　史7-57763
合肥縣志[康熙]　史7-57761~2
合肥縣志[嘉慶]　史7-57764
合肥縣志[萬曆]　史7-57760
合肥縣志[光緒]　史7-57765
合肥學舍札記　子4-22442
合肥義門王氏重修宗譜[安徽合肥]　史4-25228
合同記(素貞寶卷)　集7-54339
合用藥方並君臣佐使之法　子2-8612
80 合并脈訣難經太素評林　子2-4563
82 合劍記　集7-50058
85 合鉢　集7-52337~8、52675
合鉢子弟書　集7-52336
87 合錄綱鑑通紀今古合錄注斷論策題旨大全　史1-1304

90 合省國說　史7-49345、54867
98 合燦萬氏敦本堂譜存[江西南昌]　史5-
　　35809

善

00 善齋璽印錄　史8-65073
　　善齋彝器圖錄、考釋　史8-64250
　　善齋吉金錄　史8-64243
　　善夜經　子6-32083(13)
　　善章草王魯生(世鏜)墓表　史2-10911
　　善言尤雅　子4-21481
01 善謔集　子5-27379　叢1-19(9)、20(7)、21
　　(8)、22(6)、23(6)、24(7)
02 善誘文　子4-20213　叢1-2～9、19(9)、20
　　(7)、21(9)、22(13)、23(12)、24(10)、154、2-
　　731(55)
10 善一純禪師語錄　子6-32091(83)
　　善惡案證　子5-27242
　　善惡十界業道品　子7-32137、33553
　　善惡報應　集7-54477
　　善惡報罟說　子7-35323
　　善吾廬詩存　集3-21149
　　善吾廬印譜　子3-17109
20 善住意天子所問經　子6-32081(2)、32082
　　(3)、32083(3)、32085(3)、32086(3)、32088
　　(3)、32089(3)、32090(3)、32091(3)、32092
　　(2)、7-32133、32182
22 善後雜鈔　史6-44897
　　善後襍鈔　史6-44909
　　善後奏案備覽　史6-47933
　　善利圖說　子1-1206　叢2-1167
　　善樂儒集、善樂釋集、善樂道集　子4-
　　23848
　　善樂長者經　子6-32083(32)
　　善樂堂音韻清濁鑑、玉鑰匙門法、等韻圖
　　經2-14352
24 善化譚氏續修族譜[湖南長沙]　史5-
　　41256
　　善化雲田劉氏族譜[湖南長沙]　史5-
　　39453
　　善化雲田劉氏續修族譜[湖南長沙]　史5-
　　39454
　　善化鵝洲朱氏族譜[湖南長沙]　史4-
　　26703
　　善化汪君(蕈)家傳　史2-10218
　　善化河西平山楊氏族譜[湖南長沙]　史5-
　　36992
　　善化洞井彭氏四修家譜[湖南長沙]　史5-

　　35575
　　善化大塘龔氏四修宗譜[湖南長沙]　史5-
　　41470
　　善化南村周氏族譜[湖南長沙]　史4-
　　30128
　　善化袁氏三修族譜[湖南長沙]　史4-
　　31382
　　善化城隍廟敬事錄　子5-30502
　　善化莫氏續修族譜[湖南長沙]　史4-
　　31464
　　善化田坪劉氏族譜[湖南長沙]　史5-
　　39460
　　善化縣志[康熙]　史8-60439
　　善化縣志[嘉慶]　史8-60441
　　善化縣志[乾隆]　史8-60440
　　善化縣志[光緒]　史8-60442
　　善化周氏守訓堂藏書目　史8-65919
　　善化館志　史7-49929
25 善生子經　子6-32083(19)
　　善生經　子7-32534
　　善生福終　子7-35315
　　善生福終正路　子7-35314
26 善和程氏仁山門支譜[安徽祁門]　史5-
　　36133～4
　　善和鄉志[光緒]　史7-57999
27 善名堂詩集　集2-10707
28 善俗裨議　子1-2020　叢2-1098
　　善俗書　叢2-1500、1502
　　善牧芳型　子7-35457
31 善潭寧三邑任氏三修族譜[湖南]　史4-
　　26798
　　善潭寧三邑任氏原修族譜[湖南]　史4-
　　26797
　　善潭軍營李氏族譜[湖南]　史4-27430
32 善洲李氏族譜[江西萍鄉]　史4-27348
　　善溪樓氏宗譜[浙江義烏]　史5-39025
34 善法方便陀羅尼經　子6-32083(10)
　　善法方便陀羅尼咒經　子6-32086(16)、
　　32089(12)、32090(16)、32091(15)、
　　32092(10)
　　善法方便陁羅尼咒經　子6-32081(14)、
　　32088(11)
　　善浩齋詩稿　集4-27701
　　善浩齋詩稿、詩續稿　集4-27702
38 善導和尚集　子7-34440
40 善才寶卷　集7-54239
　　善志堂文集　集5-38713
　　善女人傳　史2-6425～6
　　善木山房存稿　集5-39318
44 善恭敬經　子6-32081(11)、32082(10)、32083
　　(8)、32085(11)、32088(8)、32093(23)

善權方便所度無極經　子6-32085(3)、32090(4)、32092(2)
善權位禪師語錄　子6-32091(83)
善權寺古今文錄　集6-44549
47 善根堂詩草　集5-38596
48 善教名臣安定先生(胡瑗)言行錄　史2-8635
善教名臣安定先生言行錄　叢2-1497
善教名臣忠介先生(海瑞)言行錄　史2-8964
善教名臣忠介先生言行錄　叢2-1497
50 善夫先生集　集1-4736～8
善本書室藏書志　史8-65859～60
善本書所見錄　史8-65395
善本簡目　史8-65966
善素園詩　集3-20551
52 善撲營一枝　集7-51916
53 善成堂增訂四體書法　子3-15104
善成堂四書旁音正文　經2-11131
55 善慧大士傳錄　史2-6797　叢2-860
60 善見律　子7-32644
善見律毘婆沙　子6-32093(24)
善見毘婆沙律　子6-32081(36)、32082(15)、32083(24)、32085(35)、32086(40)、32088(25)、32089(40)、32090(45)、32091(43)、32092(30)
善見毘婆沙律(善見律毘婆沙)　子6-32084(19)
善易者言　子4-20957　叢1-143
善思童子經　子6-32081(6)、32082(5)、32083(5)、32084(5)、32085(6)、32086(6)、32088(5)、32089(5)、32090(9)、32091(8)、32092(6)、32093(7)
善思齋文續鈔　叢2-2006
善思齋文鈔、續鈔　叢2-2008
善思齋文鈔、續鈔、詩鈔、續鈔　叢2-2007
善思齋詩續鈔　叢2-2006
善思齋詩鈔、詩餘、詩續鈔、文鈔、文續鈔　集5-37325
善思齋詩鈔、續鈔　叢2-2008
善思齋集　叢2-2007
善恩(思)童子經　子7-32275
善邑唐氏續修支譜[湖南長沙]　史4-32535
善邑皂角樹彭氏四修族譜[湖南長沙]　史5-35577
善邑黃泥塘戴氏續修支譜[湖南長沙]　史5-40553
善邑橫溪彭氏續修族譜[湖南長沙]　史5-35573
64 善財五十三參(圓)[圖]讚　子7-33345
70 善臂菩薩經　子6-32093(3)
80 善念有感　子5-26555
86 善知識苦海回頭　集7-48779、49116
善知苦海回頭　集7-48774(8)
88 善餘堂文集　集3-18274
善餘堂家乘後編　集3-13877
90 善卷堂文集　集3-15545
善卷堂集、集外文　集3-15544
善卷堂四六　集3-15546
97 善鄰國寶記　史6-45106　叢2-606

普

00 普庵至善弘仁圓通智慧寂感妙應慈濟真覺昭眖惠慶護國宣教大德菩薩實錄　子7-34782
普庵至善弘仁圓通智慧寂感妙應慈濟真覺昭眖惠慶護國宣教大德菩薩實錄、語錄、家寶　子7-34196
普庵釋談章音釋　叢2-2269
普度新聲救苦寶卷　子7-36126
08 普敦高氏宗譜[江蘇武進]　史4-32404
10 普天崇拜　子7-35712
普天頌讚　子7-35727
23 普徧光明焰鬘清淨熾盛如意寶印心無能勝大明王大隨求陀羅尼經　子6-32085(52)、32086(63)、32088(39)、32089(32)、32090(42)、32091(40)、32092(27)、32093(35)
27 普奧戰史　子7-36450
普魯士憲法解釋要譯　子7-36624
普魯士地方自治行政說　子7-36513
普魯斯憲法　子7-36642
30 普濟方　子2-9214
普濟方、直音署　子2-9215　叢1-223(33)
普濟方目錄　子2-9216
普濟應驗良方　子2-4690、9538～43、9601
普濟應驗良方、補遺　子2-9537
普濟雜方　子2-9802
普濟良方　子2-9759、9777、9964
普濟內外全書、治痧全編　子2-5073
普濟本事方　子2-9145、9149
普濟本事方補遺　子2-9147
普濟回生草　子2-9773
普濟全書　子2-4680
普濟堂集方　子2-9927
普渡寺靈湫志　史7-51717
普寧南徑羅氏族譜[廣東普寧]　史5-

41158
普寧藏(杭州餘杭縣白雲宗南山大普寧寺
大藏經、杭州藏、元藏)　子6-32086(1)
普寧縣志[乾隆]　史8-60997
普寧縣志稿[光緒]　史8-60998
普寧縣志畧[萬曆]　史8-60996
普安州志[嘉靖]　史8-62305
普安州志二十六卷[乾隆]　史8-62306
普安直隷廳志[光緒]　史8-62307
普安縣志[民國]　史8-62308
31 普洱府志[道光]　史8-62478～9
普洱府志稿[光緒]　史8-62480
33 普遍智藏般若波羅蜜多心經　子6-32081
(53)、32082(27)、32093(14),7-32310
普遍光明清淨熾盛如意寶印心無能勝大明
王大隨求陀羅尼經　子6-32084(28)
34 普法戰紀輯要　史7-54769　子7-36228(5)
叢1-388～90
普法兵事記　史7-54770　叢2-2079、2081
普法義經　子6-32083(19)
普達王經　子6-32083(22)、32093(19)
37 普通新地志本國部十一章　史7-49783
普通新歷史削繁　史1-5035
普通西洋歷史教科書　子7-36762
普通動物學　子7-36234
普通地文學　子7-37711
普通地理　子7-37768
普通地理講義、皇輿統部釋名　史7-54449
普通藥物學教科書續編　子7-37902
普通本書目　史8-65996
普通日本地理　子7-37778
普通體操學教科書　子7-38002
普通學歌訣　子4-21865
普通學生歌　集7-53236
普運十王地獄寶卷　集7-54188
38 普祥峪萬年吉地工程備要　史6-46564
～6
普祥峪萬年吉地工程輯要　史6-46567
44 普勸發心印造經像文　子7-34931　集5-
39666
普勸爲人必修淨土　子7-34736
普勸修行文　子6-32091(69)、7-34541
普勸修淨土三章　子7-32099
普勸念佛說　子7-34933
普勸坐禪儀　子6-32093(53)
47 普超三昧經　子6-32081(8)、32082(7)、
32083(6)、32085(8)、32086(8)、32088(6)、
32089(7)、32090(9)、32091(8)、32092(6)
48 普救神針　子7-32111
52 普靜如來行羅收元寶卷　子7-36153
普靜如來鑰匙寶卷(普靜如來鑰匙通天寶

卷)　子7-36147
普靜如來鑰匙真經寶懺　子7-36150
60 普思沿邊志畧[民國]　史8-62481
67 普曜經　子6-32081(5)、32082(5)、32083(4)、
32086(6)、32088(4)、32089(5)、32091(7)、7-
32678
普曜經(方等本起經)　子6-32085(5)
普明子寒熱虛實表里陰陽辨　子2-4982
普明禪師頌　子7-34422
普明如來無爲了義寶卷　子7-36146
普照禪師修心訣　子7-34035
普照禪師淨業記　子7-34794
普照萬方一枝　集7-51862
普照國師語錄　子6-32093(53)
普照國師法語　子6-32093(53)
73 普陀列祖錄　子7-34326
普陀列祖錄、潮音旭禪師隨錄　子7-34328
普陀山志　史7-52321～4
普陀紀勝　史7-49318(7)、53409
普陀觀音寶卷　集7-54217
普陀全勝　史7-52325
77 普門和尚不像語　子7-34250
普門品經　子7-32515
普門醫品　子2-9312
普門醫品、醫品補遺　子2-9313
普賢行願品　子6-32081(57)、32093(2)、7-
32385～6、32393、32412、34426　叢2-724
普賢菩薩行願讚　子6-32081(54)、32083
(34)、32084(26)、32085(49)、32086(58)、
32088(36)、32089(35)、32091(44)、32092
(30)、32093(37)
普賢菩薩行願讚、速疾滿普賢行願陀羅尼
子6-32090(46)
普賢菩薩行願贊疏　子7-33337
普賢菩薩定意經　子6-32085(5)、32090(6)、
32092(4)、32093(2)
普賢菩薩陀羅尼經　子6-32083(29)
普賢曼拏羅經　子6-32083(29)
普賢金剛薩埵瑜伽念誦儀　子6-32081
(55)、32083(35)、32084(27)、32085(49)、
32086(59)、32088(36)
普賢金剛薩埵瑜伽念誦儀　子6-32089
(36)、32090(59)、32091(57)、32092(39)
普賢金剛薩埵畧瑜伽念誦儀軌　子6-
32093(34)
80 普慈祕要　子2-8570
90 普光坦菴禪師語錄　子6-32091(76)

首

22 首山子　子1-18、20,4-19664
24 首先編　子4-24554
44 首棱嚴經疏　子7-33700
46 首楞嚴三昧經　子6-32083(11)
　首楞嚴經　子7-33045
　首楞嚴經疏　子7-33699
　首楞嚴經標指　子7-32098
　首楞嚴經觀心定解　子6-32091(66)
　首楞嚴經如說　子6-32091(66)
　首楞嚴經指掌疏事義　子7-33759
　首楞嚴經義海　子6-32081(57)、32082(28)、
　　32088(42)、32089(50)、32090(64)、32091
　　(62)、32092(42)、32093(47),7-33704
　首楞嚴神咒灌頂疏、密宗綱要譯釋陀羅尼
　　九章　子7-33773　叢1-394
　首楞嚴神咒灌頂疏、大悲尊勝往生準提正
　　出定咒　子7-33772
　首楞嚴直指　子6-32091(80),7-33747
　首楞嚴咒註釋本、大佛頂如來密因修證了
　　義諸菩薩萬行首楞嚴經　子7-33767
　首楞嚴咒注釋本、梵音本　子7-33768
　首楞嚴義疏註經　子7-33698
　首楞嚴義疏注經　子6-32091(66)
47 首都志[民國]　史7-56550
58 首撫魯魁集署　史1-3675
72 首氏重修族譜[湖南郴州]　史4-31021
76 首陽山記　史7-49317(4)、49318(8)、52676
　首陽錄　史7-52675

8060₄ 舍

11 舍頭諫經　子6-32081(30)、32083(20)、32085
　　(29)、32086(33)、32088(21)、32089(20)、
　　32090(27)、32092(17),7-32709
　舍頭諫太子二十八宿經(虎耳經)　子6-
　　32093(19)
21 舍衛國王夢見十事經　子6-32083(20)、
　　32085(29)、32086(32)、32088(21)、32089
　　(20)、32090(26)、32091(24)、32092(17)、
　　32093(15)
22 舍利塔號署註　史7-51633
　舍利弗摩訶目連遊四衢經　子6-32084
　　(17)、32093(15)
　舍利弗阿毘曇論　子6-32081(38)、32082

(17)、32083(25)、32084(21)、32085(37)、
32086(41)、32088(26)、32089(45)、32090
(51)、32091(49)、32092(34)、32093(29)
　舍利弗陀羅尼經　子6-32081(14)、32083
　　(10)、32085(14)、32086(15)、32088(10)、
　　32093(45)
　舍利弗問經　子6-32081(35)、32083(23)、
　　32084(19)、32086(40)、32088(25)、32089
　　(40)、32090(46)、32091(44)、32092(30)、
　　32093(24)
　舍利弗陁羅尼經　子6-32089(11)、32090
　　(15)、32091(14)、32092(10)
　舍利弗悔過經　子6-32081(22)、32083(15)、
　　32085(21)、32086(24)、32088(16)、32089
　　(39)、32090(44)、32091(43)、32092(29)
33 舍浦童氏宗譜[浙江紹興]　史5-36501
60 舍是集　集4-30570
80 舍人集　叢2-870(5)
　舍人集、校勘記　集1-2598

8060₆ 曾

00 曾廟從祀議薈、鄒縣孟廟祀位考　史6-
　　42168
　曾庭聞詩　集3-14299,6-44067、45088
　曾庭聞詩、文集(曾庭聞集、金石堂集)　集
　　3-14300
　曾文正聖哲畫像記附傳畧　史2-6229
　曾文正公(國藩)六十壽言　史2-10054
　曾文正公(國藩)年譜　史2-11005、12188～
　　9　叢1-496(3)、2-1839
　曾文正公文集　集4-32014、32017
　曾文正公文集、詩集　集4-32011
　曾文正公文鈔　集4-32019、32022
　曾文正公六種彙刻　叢2-1840
　曾文正公雜著　子1-1982～4　叢2-1839～
　　40
　曾文正公雜著鈔　子1-1985　叢1-514
　曾文正公詩集　集4-32012
　曾文正公詩集、文集　叢2-635(13)、698
　　(12)、1839
　曾文正公詩稿　集4-32013
　曾文正公三種　叢2-1841
　曾文正公水陸行軍練兵志　子1-3919
　曾文正公手札　叢2-1840
　曾文正公手書日記(清道光二十一年至同
　　治十一年)　史2-12825
　曾文正公集　集4-32015
　曾文正公集(曾文正公詩集、文集、雜著、書
　　札)　集4-32010

曾文正公集外文　集4-32016　叢2-2202
曾文正公家訓　子1-2274　叢1-494、2-1839~40
曾文正公家訓摘抄　子1-2275
曾文正公家書　叢2-1839~41
曾文正公大事記　史2-10061、12190~1　叢1-496(1)、2-1840~1
曾文正公相人日記抄　子3-14220
曾文正公史漢劄記　史1-406
曾文正公事畧、曾文正公祠雅集圖記　史2-10060
曾文正公奏議　史6-48021、48919、48921~2
曾文正公奏議、補編　史6-48917
曾文正公奏議、補遺　史6-48020、48918
曾文正公奏議抄　史6-48928
曾文正公奏稿　史6-48920　叢2-1839
曾文正公書牘　集4-32026
曾文正公書札　叢2-1839
曾文正公書札摘記　子4-23276
曾文正公批牘　史6-47145~6　集4-32027　叢2-1839
曾文正公日記　叢2-1840
曾文正公全集十五種　叢2-1839
曾文正公榮哀錄　史2-10057~8　叢2-1841
曾文定公(鞏)年譜　史2-11005、11009~10、11012、11229
曾文定公文集　集6-41803
曾文定公全集　集1-2214~5
曾文選　集1-2231、6-41805
曾文忠公(櫻)行狀　史2-9182
曾文昭公曲阜集　集6-48123　集1-2740
曾襄愍公復套議　集6-48262
04 曾詁訓堂書目　史8-65810
09 曾麟綬書劄　集5-37499
10 曾一川自序年譜　集3-16394
曾王二翰林存稿　集6-41945
曾王父宣三公年譜　史2-12133
曾西墅先生文集　集2-6510
曾西墅先生集　集2-6509
曾晉錫詩稿　集3-16719
11 曾麗天詩　集3-15829、6-44067、45088
14 曾確菴三種　叢2-1120
17 曾子　子1-93、260~1、263~4　叢1-19(8)、20(6)、21(7)、24(9)、236~7
曾子(參)年譜　史2-11061
曾子章句　子1-272　叢2-1201
曾子微　子1-273
曾子宣(布)年譜稿　史2-11016、11252
曾子注釋　經1-111(3)　子1-270
曾子注釋、敍錄　叢1-344

曾子家語　子1-276
曾子十二篇　叢2-702
曾子十二篇讀本　子1-267
曾子十篇　子1-269
曾子十篇、敍錄　叢2-731(10)
曾子十篇注釋　子1-271　叢2-702
曾子大孝　經2-8361
曾子大孝編註　經2-8453
曾子大孝編注　叢2-1836
曾子古本輯註　子1-274
曾子古本輯注　子1-94
曾子孝實　經2-8574、8578、8580~1
曾子孝實附錄　經2-8576、8582
曾子荔支譜畧　子4-19317
曾子書　子1-95、265
曾子固(鞏)年譜稿　史2-11016、11230
曾子固文　集1-2228~9、6-41806
曾子固文鈔　集6-41794
曾子固詩選　集1-2222
曾子固古詩選　集6-41774
曾子點註　子1-275　叢1-574(4)
曾子學的　叢1-375
曾子開(肇)年譜稿　史2-11016、11266
曾子問講錄　子1-268　叢2-702、1309
曾子全書　子1-92、258、262　叢1-223(30)
曾子節要　子1-266
曾鞏謚識稿　集1-4180
20 曾季衡傳　叢1-56
曾爵相奏疏　史6-48930
21 曾止山文集　集3-14732
22 曾樂軒稿　集1-3350
曾樂軒稿、復古編　集1-3349
曾樂軒吟稿　集1-3351
23 曾(參)誌　史2-8426
曾參年譜　史2-11063
曾狀元集　集2-6507、6-41935(3)
25 曾仲材詩稿　集4-30242
27 曾侯日記　史7-54136　叢1-496(6)
曾紀澤張樹聲等書札　子3-15473
曾紀澤洪鈞李垣何璟郭嵩燾丁日昌等致李瀚章書札□□通　子3-15474
30 曾家世譜　史5-36686
37 曾滌生文鈔　集6-41809
曾祖澹如府君(秦緗業)年譜　史2-12202
40 曾太僕左夫人合稿(冷吟仙館詩稿、詩餘、文存、附錄)　集5-35201
曾太傅毅勇侯傳畧　史2-10059
曾南豐文評注讀本　集1-2234
曾南豐文集　集1-2224
曾南豐文選　集1-2230、6-41689、41802

曾南豐集　集1-2210
曾南豐先生文粹　集1-2232～3
曾南豐先生年譜　史2-11231
曾南豐尺牘　集1-2235
曾南豐年譜　史2-11228
曾女士醫學全書　子2-4744
曾梓雲詩　集5-38212
44 曾恭肅公奏議、公移　史6-48268
曾劼剛手劄詩稿　集5-36553
曾茶山詩集　集6-41779～80
45 曾埭呂氏宗譜[福建晉江]　史4-26345
46 曾如齋先生行狀墓誌墓表　史2-8899
曾相六十壽文散體　史2-10055
50 曾青藜文鈔　集3-14734,6-42065
曾青藜詩　集3-14735,6-44067、45088
曾青藜初集、曾止山文集、壬癸集、甲子詩、
　三度嶺南詩　集3-14732
曾惠敏公文集　叢2-2026
曾惠敏公文集、歸樸齋詩鈔戊集、巳集　集
　5-36554
曾惠敏公使西日記　叢2-2026
曾惠敏公祭文輓章　史2-10547
曾惠敏公遺集　叢2-2026
曾惠敏公奏疏　史6-49109　叢2-2026
曾惠敏公奏疏手札　史6-49110
曾惠敏公書譜摹本　子3-15759
曾惠敏公榮哀錄　史2-10546
曾忠襄公(國荃)年譜　史2-12256　叢2-
　1943
曾忠襄公(國荃)榮哀錄　史2-10298
曾忠襄公文集　集5-34323　叢2-1943
曾忠襄公奏議　史6-49024　叢2-1943
曾忠襄公書札　集5-34324　叢2-1943
曾忠襄公批牘　史6-47167　叢2-1943
曾忠襄公全集、附　叢2-1943
曾忠襄公榮哀錄　叢2-1943
55 曾費人鄭蘇年文集合選　集6-44002
60 曾國荃剿匪摺奏祕稿　史6-49025
曾國荃判牘菁華　史6-46489
曾國藩訃告　史2-10056
曾國藩函稿　集4-32029
曾國藩致李次青函　集4-32040
曾國藩制藝　集4-32024
曾國藩家信　集4-32033
曾國藩家信稿　集4-32034
曾國藩家書　集4-32030
曾國藩軍情文牘　集4-32025
曾國藩李鴻章函稿　史6-47187
曾國藩奏議摘鈔　史6-48929
曾國藩奏議公牘　史6-48924

曾國藩書信　集4-32039
曾國藩書信稿　集4-32035～8
曾國藩拾遺集　集4-32018
曾國藩等聯名奏請派員驗放摺　史6-
　47952
曾國藩等致胡林翼手札　集4-32031
曾國藩等致閻敬銘函稿　子3-15469
曾國藩等書信　集4-32032
曾國藩判牘菁華　史6-46488
曾思二子全書　子1-92
70 曾璧光奏稿　史6-48877
72 曾氏六修族譜[江西南昌]　史5-36621
曾氏龍水經校(青囊經序)　子3-13139
曾氏課鈐　子3-14656
曾氏族譜　史5-36601
曾氏族譜[福建上杭]　史5-36619
曾氏族譜[湖南湘鄉]　史5-36667
曾氏三修族譜　史5-36687
曾氏水龍經校(青囊經序)　子3-13340
曾氏重修族譜[湖南湘鄉]　史5-36668
曾氏毛詩異同辨　叢1-312
曾氏家訓　子1-2290
曾氏家譜[福建南安]　史5-36617
曾氏家乘畧[山東濟南]　史5-36636
曾氏宗譜[江西南豐]　史5-36631
曾氏宗譜[浙江平陽]　史5-36610
曾氏宗譜[四川簡陽]　史5-36685
曾氏遺書續錄　經2-11590　叢2-1022
曾氏女訓　子1-3001
曾氏支譜齒錄[湖南湘鄉]　史5-36673
曾氏世傳喉科　子2-7594
曾氏四修族譜[湖南湘鄉]　史5-36672
曾氏四修族譜[湖南益陽]　史5-36656
曾氏醫書四種　子2-4640
80 曾益齋詩鈔　集4-26837
曾公(世儀)崇祀名宦鄉賢錄　史2-9808
曾公平逆紀　子5-27894
曾公遺錄殘　史1-2470
曾公遺錄存　叢1-511

會

00 會意字　經2-12529
01 會語　子1-1238　叢2-1200
會語、外編　叢2-1219
會語續集　叢2-1102
03 會試硃卷　集2-10918　叢2-2130～1
會試墨卷　集2-10446、11417

　　會試墨卷、鄉試墨卷　集2-11433
04 會計司旗下園頭家譜　史5-41488
　　會計全書六集　史6-43372
　　會諸佛前經　子6-32084(17)、32085(31)、
　　　32090(28)、32092(18)、32093(20)
05 會講百八箴　集2-11618
　　會講申言　叢2-1201
07 會訊船貨入官章程　史6-43979
08 會議廳會議細則　史6-41821
　　會議旗地章程　史6-47075
　　會議江蘇徐州土藥稅釐摺　史6-43578
　　會議埠章往來函件彙鈔　史6-47415
　　會議銀價說帖　史6-44447
　　會議銀價大臣精琪續送銀價條議　子7-
　　　37332
10 會玉摔玉　集7-52349
11 會頭嘆一枝　集7-51761
16 會理州續志[光緒]　史8-62164
　　會理州鄉土志[光緒]　史8-62165
　　會理州志[乾隆]　史8-62161~2
　　會理州志[同治]　史8-62163
22 會仙女誌　叢1-108,2-731(55)
23 會稽高車頭鮑氏五思堂宗譜[浙江紹興]
　　　史5-40254
　　會稽高車頭鮑氏宗譜[浙江紹興]　史5-
　　　40255
　　會稽章氏家乘[浙江紹興]　史5-34554
　　會稽龔氏宗譜[浙江紹興]　史5-41452
　　會稽記　史2-6210、7-50413、50415~6、
　　　50418　叢1-19(2)、21(2)、22(11)、23(10)、
　　　24(2)
　　會稽記佚文　史7-50419　叢2-777
　　會稽旗收嶺董氏族譜[浙江紹興]　史5-
　　　35889
　　會稽三賦　史7-50421~3、50425~7　集1-
　　　3335~6　叢1-223(25)、301,2-687
　　會稽三賦註　叢1-347
　　會稽三賦注　集1-3334
　　會稽三賦校註(會稽三賦)　集1-3333
　　會稽三賦校注　史7-50424
　　會稽王烈婦孫宜人(衣)哀辭　史2-10617
　　會稽王烈婦孫宜人哀辭　史2-10645
　　會稽王衍梅笠舫稿　集4-26566
　　會稽王顧馮氏宗譜[浙江紹興]　史5-
　　　36438
　　會稽王氏宗譜[浙江紹興]　史4-25022
　　會稽王氏清芬錄　史2-10729
　　會稽王氏銀管錄　史2-10618
　　會稽五雲鄉徐氏宗譜[浙江紹興]　史4-
　　　31953~4
　　會稽平水陳氏宗譜[浙江紹興]　史4-

　　　32877~8
　　會稽石氏宗譜[浙江紹興]　史4-25998
　　會稽雷峯鄭氏宗譜[浙江紹興]　史5-
　　　38634
　　會稽雲門湛然澄禪師語錄、塔銘行狀　子
　　　6-32091(73)
　　會稽雲門李氏宗譜[浙江紹興]　史4-
　　　27190
　　會稽張家瀝柳氏宗譜[浙江紹興]　史4-
　　　30349
　　會稽延陵吳氏宗譜[浙江紹興]　史4-
　　　27848
　　會稽孫氏宗譜[浙江紹興]　史5-33609
　　會稽孫氏宗譜十四編[浙江紹興]　史5-
　　　33610
　　會稽孟葑謝氏宗乘、校補[浙江紹興]　史5-
　　　40715
　　會稽孟葑謝氏宗乘[江蘇吳縣]　史5-
　　　40699
　　會稽酈氏宗譜[浙江紹興]　史5-41340~1
　　會稽郡故書雜集　史2-6210
　　會稽仁瀆施氏宗譜[浙江紹興]　史4-
　　　30895
　　會稽何家溇何氏宗譜[浙江紹興]　史4-
　　　28274
　　會稽任氏宗譜[浙江紹興]　史4-26773
　　會稽偁山章氏家乘正集[浙江紹興]　史5-
　　　34549
　　會稽偁山章氏家乘初集、正集[浙江紹興]
　　　史5-34548
　　會稽偁山章氏第三支長四十房支譜稿[浙
　　　江紹興]　史5-34550
　　會稽後賢傳記　史2-6210、8055
　　會稽後桑沈氏族譜[浙江紹興]　史4-
　　　29077
　　會稽山齋文、詩、詞　叢2-1781
　　會稽山齋文續、詩續　叢2-1781
　　會稽山齋文鈔　集4-29635
　　會稽山齋詞　集7-47750
　　會稽山齋經義　經2-11700　叢2-1781
　　會稽山齋全集(會稽山齋文集、文續集、詩
　　　集、詩續、經義、詞、蒙泉子)　集4-29634
　　會稽山齋全集四種附一種　叢2-1781
　　會稽山人詩存　集5-40715
　　會稽外史集　集1-5336
　　會稽傳家塢章氏宗譜[浙江紹興]　史5-
　　　34552
　　會稽先賢傳　史2-6210、8048~50　叢1-22
　　　(9)、23(9)、29(2)
　　會稽先賢像贊　史2-6210、8056
　　會稽先賢祠傳贊　史2-8057
　　會稽續志[寶慶]　史7-57482

會稽朱太守(買臣)事實 史2-8448
會稽吳融鍾氏宗譜[浙江紹興] 史5-40596
會稽吳氏宗譜[浙江紹興] 史4-27844
會稽名勝賦 史7-51408
會稽徐家埠徐氏宗譜[浙江紹興] 史4-31947
會稽徐氏初學堂羣書輯錄十七種 叢1-480
會稽徐氏鑄學齋叢書(鑄學齋叢書) 叢1-479
會稽官揚江夏黃氏分譜[浙江紹興] 史5-33788
會稽宋氏宗譜[浙江紹興] 史4-29159
會稽江左邵氏家譜[浙江紹興] 史4-29227
會稽馮氏宗譜[浙江紹興] 史5-36437
會稽沈嶴張氏宗譜[浙江紹興] 史5-34933
會稽淩氏家譜[浙江紹興] 史4-34650
會稽達郭毛氏家譜[浙江紹興] 史4-25596～7、25601
會稽達郭毛氏宗譜[浙江紹興] 史4-25600
會稽漁渡董氏族譜[浙江紹興] 史5-35886
會稽漁渡董氏宗譜[浙江紹興] 史5-35887
會稽土地記 史2-6210,7-50414
會稽塘南楊氏宗譜[浙江紹興] 史5-36863
會稽志、會稽續志 叢1-223(23)
會稽董氏宗譜[浙江紹興] 史5-35882～5
會稽地志 史2-6210,7-50420
會稽花岩尉氏宗譜[浙江紹興] 史5-35469
會稽茹氏遺書(茹三樵著書)十四種 叢2-1470
會稽苞徐世譜[浙江紹興] 史4-31945
會稽薛氏族譜[浙江紹興] 史5-39934～5
會稽杜氏家譜[浙江紹興] 史4-26990
會稽杜氏宗譜[浙江紹興] 史4-26987
會稽橫溪顏氏宗譜[浙江紹興] 史5-40964
會稽橫路李氏宗譜[浙江紹興] 史4-27193
會稽塚斜余氏家譜[浙江紹興] 史4-28552
會稽中望坊沈氏家譜[浙江紹興] 史4-29078
會稽屯頭甘氏宗譜[浙江紹興] 史4-26043
會稽秦太常公(金鑑)年譜 史2-12167
會稽秦氏宗譜[浙江紹興] 史4-31259
會稽東浦前村杜氏家譜[浙江紹興] 史4-26986、26988
會稽曹衙衖曹氏家譜[浙江紹興] 史5-34187
會稽曹氏族譜[浙江紹興] 史5-34188～9
會稽典錄 史2-8051～3 叢1-19(2)、20(1)、21(2)、22(10)、23(9)、24(2),2-617(1)、775(4)
會稽典錄、存疑 史2-6210、8054 叢2-845(4)
會稽掇英總集 集6-44658 叢1-223(68)
會稽掇英總集、校正會稽掇英總集札記 集6-44659
會稽掇英總集校 集6-44661 叢2-2004
會稽日鑄丁氏宗譜[浙江紹興] 史4-24635
會稽日鑄宋氏宗譜[浙江紹興] 史4-29155～7
會稽田𡼖唐氏宗譜[浙江紹興] 史4-32516
會稽縣志[康熙] 史7-54918、57523～4
會稽縣志[萬曆] 史7-57522
會稽縣志稿[道光] 史7-57525
會稽阮氏宗譜[浙江紹興] 史4-26945
會稽馬氏家乘[浙江紹興] 史4-31594
會稽馬氏宗譜[浙江紹興] 史4-31593
會稽陸忠烈公自著年譜 史2-11551
會稽陳村黃氏宗譜[浙江紹興] 史5-33784～5
會稽陳氏宗譜[浙江紹興] 史4-32891
會稽邱氏宗譜[浙江紹興] 史4-28460
會稽周氏二修家譜[浙江紹興] 史4-29953
會稽陶氏族譜[浙江紹興] 史5-33476、33478～80、33482
會稽陶氏五修族譜[浙江紹興] 史5-33477
會稽陶氏東長房分譜[浙江紹興] 史5-33481
會稽貫珠樓高氏家譜[浙江紹興] 史4-32420
會稽金魚墺張氏宗譜[浙江紹興] 史5-34939
會稽姜氏家集九種 叢2-987
會稽義門裘氏宗譜[浙江紹興] 史5-37175～6
會稽余氏支譜[浙江紹興] 史4-28553
會稽錢武肅王祠堂志、心湖息肩錄 史7-51816
會稽錢肅王祠堂 史5-40209

會稽鈕氏世學樓珍藏圖書目　史8-65563
會稽鄭氏宗譜[浙江紹興]　史5-38639
會稽小江董氏家譜[浙江紹興]　史5-
35880
會稽小塢徐氏宗譜[浙江紹興]　史4-
31951～2
會稽懷古詩　史7-50428　集2-6323
27 會歸要語　子7-35979
會多情一枝　集7-52681
會修尹氏宗譜[浙江]　史4-25896
會侯先生文鈔　集3-15377
30 會寧縣志[康熙]　史8-63110
會寧縣志[道光]　史8-63111～2
會寧縣志續編[民國]　史8-63113
會適堂稿　集4-31512
會定運磚運灰等項做工則例　史6-45770
33 會心言　子4-20783
會心言、雜篇　子4-20782
會心集　集6-43084
會心集內集、外集　集4-24326
會心外集　子5-29569～71、31402
會心編　子4-20612～3、20842
會心內集　子5-29569、29571、31401
會心草堂集、詞　集3-18616
會心堂綱鑑鈔畧　史1-5023　叢1-300
36 會澤李氏宗譜[浙江龍游]　史4-27209
37 會湖雜文、筆餘　叢1-496(7)
會通河水道記　史6-46686,7-49318(10)
會通館校正音釋書經　經1-3391
會通館印正文苑英華纂要　集6-42171
會通館印正文苑英華纂要、會通館印正文
苑英華辨證　集6-42172
會通館印正緝補古今合璧事類前集、後集、
續集、別集、外集　子5-24853
40 會真六才子書　集7-48870
會真記　子5-26224、27510　集7-48806、
48811、48814、48819～20、48822、48826～7、
48829～31、48834、48836、48856　叢1-22
(19)、23(18)、29(4)、249(2)、255(3)
會真記詩詞跋序辨證年譜碑文　集7-
48825
會真記詩詞跋序辯證年譜碑文附後　子5-
27512
會真集　子5-29530(5)、31230
會真別趣　叢2-1382
44 會萃一集、二集、三集、四集、會萃補編　子
5-30498
會老堂詩　集6-41987
會勘黑龍江省中俄國界案　子7-36886
50 會奏請停科舉摺　史6-42288
會奏酌擬各省法官變通迴避辦法摺　史6-

46020
會奏酌擬切實考驗外官章程摺　史6-
42752
會奏遵旨籌劃川粵漢幹路收回詳細辦法原
摺　史6-44211、44354
會奏核議各直省土藥稅釐數目辦法摺、刊
會議江蘇徐州土藥稅釐摺、四川稅釐摺
史6-43578
55 會典摘記　叢2-1980
會典學十要　史6-41702　叢2-2129(2)
會典簡明錄　史6-41701　集6-41765　叢
1-280、508、2-731(18)、1709
56 會規集成　子7-35634
60 會里程氏慶源家乘[安徽休寧]　史5-
36105
會昌一品集　集1-1475
會昌一品集、李衛公別集、李衛公外集　叢
1-223(49)、227(9)
會昌解頤錄　叢1-22(8)、23(8)
會昌進士詩集　集6-41741、41818、41824、
41863
會昌進士詩集(晚唐馬戴詩、馬戴詩)　集1-
1685
會昌進士詩集、補遺　集1-1686,6-41878
會昌縣志[康熙]　史8-58682
會昌縣志[道光]　史8-58684
會昌縣志[同治]　史8-58685
會昌縣志稿[乾隆]　史8-58683
會邑纂峯蔣氏宗譜[浙江紹興]　史5-
38128
71 會長要規　子7-35632
會長規條　子7-35631
77 會同寶章　子3-11609
會同縣鄉土志擬編[光緒]　史8-60765
會同縣志[康熙]　史8-60761
會同縣志[嘉慶]　史8-60763、61464
會同縣志[乾隆]　史8-60762、61463
會同縣志[光緒]　史8-60764
會殿試閱卷日記　叢2-2061
88 會篇　子2-7127
會篇記畧　子2-7123
會餘錄　集3-13213
會纂大宋岳鄂武穆王精忠錄　史2-8744

8060₇ 倉

00 倉庚集　叢1-143
倉庚傳　叢1-22(27)、168(1)
倉卒救人醫術　子1-2536

10 倉下余氏族譜[江西萬載]　史 4-28600
22 倉山詩鈔、詩餘　集 4-22479
38 倉海君庚戌羅浮遊草　集 5-39993
　　倉海先生丘公逢甲年譜後誌　史 2-12409
41 倉頡論　經 2-13575
　　倉頡解詁　經 2-13268～9、15116、15137　叢 2-773(2)
　　倉頡篇　經 2-13253、13259～60、13262、15137　叢 1-338、498、2-731(21)、772(2)、773(2)
　　倉頡篇、倉頡訓詁　經 2-15116
　　倉頡篇、倉頡訓詁倉頡解詁　經 2-13252　叢 1-495、2-716(1)
　　倉頡篇、倉頡訓詁倉頡解詁三倉、三倉訓詁三倉解詁　叢 1-586(2)
　　倉頡篇、倉頡篇續本、倉頡篇補本　經 2-13254
　　倉頡篇、倉頡篇續本、倉頡篇補本、倉頡篇補本續　經 2-13257
　　倉頡篇證　經 2-13276
　　倉頡篇殘簡考釋　經 2-13275　叢 2-630
　　倉頡篇續本　經 2-13255
　　倉頡篇補本　經 2-13256
　　倉頡篇補本續　經 2-13258、13265　叢 1-500
　　倉頡篇校證、補遺　經 2-13270
　　倉頡篇校義　經 2-13272
　　倉頡篇輯補斠證　經 2-13274
　　倉頡篇義證、校義、箋釋　經 2-13271
　　倉頡篇箋釋　經 2-13273
60 倉田通法　子 3-12351
　　倉田通法續編　子 3-12351、12630～1
70 倉雅室雜誌　叢 2-2168
　　倉雅室著述九種　叢 2-2168
71 倉廠總圖十二幅　史 6-44608
80 倉公診籍(齊太倉公脈案)　子 2-10462
　　倉公傳　子 2-4575
88 倉籥心法　子 3-16949

含

00 含齋詩剩　集 5-36286
　　含章閣詩鈔　集 3-15863
　　含章舘詩集　集 3-13324
　　含言解　叢 2-1191
　　含玄齋遺編、別編、附錄　集 2-10890
　　含玄子　子 4-20574
10 含元子道書　子 5-29613
17 含翠樓小集　集 3-18476
　　含翠軒詩鈔　集 3-17729

　　含翠軒印存　子 3-17047
20 含香書屋集稿　集 4-33286
21 含經堂碑目　史 8-64732
　　含經堂集、別集、附錄　集 3-15463
　　含經堂書目　史 8-65660
22 含山邑乘[嘉靖]　史 7-58047
　　含山縣鄉土志[光緒]　史 7-58051
　　含山縣志[康熙]　史 7-58049
　　含山縣志[順治]　史 7-58048
　　含山縣志[乾隆]　史 7-58050
32 含溪詩草　集 3-21282
35 含清堂詩存　集 4-33645～6
40 含嘉室文存　集 5-40509
　　含嘉室詩集　集 5-40508
　　含嘉室自訂年譜　史 2-12434
　　含真草閣詩鈔　集 4-29683
　　含真堂詩稿　集 3-13919
44 含芳館詩草　集 5-36745
　　含薰詩　集 3-19749
　　含薰室集　集 4-25429
　　含英詩稿　集 4-25653
　　含英軒文集(學堂芻言、經世曝言、中史辨論、外史論要、記傳雜著)　集 5-37366
　　含英咀華　子 4-21687
　　含英閣詩草　集 3-16395
　　含英閣詩餘　集 7-47004
50 含中集、含中睫巢兩集校錄　叢 2-785
　　含青閣詩草　集 5-37925
　　含青閣詩餘　集 7-48168
　　含春堂稿　集 2-7690
　　含春堂藁、恩記詩集　集 2-7688
　　含春堂藁　集 2-7426
60 含星集　集 3-15629～30
62 含影詞　集 7-46403～4、47018　叢 2-698(14)
67 含暉堂遺稿　集 4-30241
83 含飴堂課孫草　集 4-26085
　　含飴堂重遊璧水詩集　集 4-26084
　　含飴堂知醫必辨(知醫必辨)　子 2-5116
90 含少論畧　叢 1-142
　　含光石室詩草　集 4-33157～8
　　含光堂詩存　集 5-38380
91 含煙閣詩、詞　集 3-15183
97 含輝錄　史 2-7713

8060₈ 谷

00 谷齋集　集 3-19390

谷音　集6-41782、43646　叢1-223(69)、456
(1),2-635(14)、731(38)
谷音集　叢1-468
12 谷水集　集3-14432
谷水舊聞、補　子4-21482
17 谷盈子十二篇　子4-21809
20 谷受齋詩集　集4-26053
谷香文集、文補遺、詩集、詩補遺　集5-
40686
22 谷山陳氏宗譜[浙江義烏]　史4-32972
27 谷響集　集1-5229～32　叢1-223(59)
28 谷儉集　史7-49309　集1-363
30 谷濂先生遺書　集2-12496,6-43118
35 谷神歌　子5-29547
谷神賦　子5-29530(6)、31206
谷神篇　子5-29530(5)、31255
37 谷湖聯吟　集6-41985
44 谷艾園文稿　集3-18151　叢2-866
47 谷聲　集3-13649
50 谷春堂剩稿　集4-25376
60 谷口集　集3-13234
谷口山房詩集、文集　集3-14925
谷園文鈔　集3-16349
谷園集　集6-41969
谷園稿　集3-21047
谷園續集　集3-16350
谷園印譜　子3-16961～2
谷園印存　子3-16963
谷愚學吟草、詩餘　集4-31079
80 谷盦燹剩、續集、補遺、皖中大水紀事　集5-
33782
88 谷簾先生遺書　子4-20935
谷簾先生遺書五種　叢2-1223
谷簾學吟　集2-12481、12493　叢2-1221

8060₉ 畬

20 畬香草存　叢2-1594
畬香草存、續刻　集4-23184～5　叢2-
1593
21 畬經館遺集(畬經館詩鈔、文鈔、駢體文鈔、
聯語)　集5-36086
畬經堂文集　集3-20394
畬經堂詩三集、畬經堂詩後集、研北詩餘
集3-20393
畬經堂詩集　集3-20391
畬經堂詩續集　集3-20392
畬經堂小稿、詞　集4-23047
22 畬川牟氏族譜[浙江黃巖]　史4-26973～4

畬山詩鈔　集3-20772
30 畬客風俗　史7-50554

8061₇ 氜

80 氜氤釦　集7-49630、50426

8062₇ 命

00 命度盤說　子3-14148
命度盤說、外補度數表　子3-12525
命玄詩曆　子3-14176
16 命理選粹　子3-14175
命理支中藏干釋例　子2-2129(4)
命理擇要　子3-14179
46 命相指迷三種　子3-14228
50 命書　子3-14163

8071₇ 乞

00 乞言引　史2-9619
11 乞巧　集7-50515
27 乞歸疏　集1-1545　叢1-168(4)

瓷

23 瓷牖閒評　叢1-223(40)

8073₂ 公

00 公文稿　史6-47186
公文緣起　史6-42199　叢2-985
公文成語　經2-15062
08 公議中國銀行大概章程　史6-44473
公議印結條款章程　史6-42736
11 公非集　集1-2305,6-41894(1)、41895、
45112
公非先生集　集1-2304
12 公孫龍子　子1-11～4、16～21、23、33、37～
40、42、44、47、50、54、58、61、83,4-19511～2、

19599～605,5－29530(22) 叢1－19(8)、20
(6)、21(7)、24(9)、167、223(39)、273(5)、274
(4)、522,2－698(6)、730(6)
公孫龍子注 子4－19606 集4－24349 叢
2－869
公孫龍子達辭 集2－11555
公孫弘書 子1－376
公孫子 子1－41
公孫宏書 叢2－774(8)
公孫尼子 子1－279～80 叢1－261,2－
761、774(8)
17 公子戲襞 集7－52324
公子牟子 子5－29510 叢2－774(9)
公子寶卷 集7－54507
公子回家歡拾聲 集7－53151
公司註冊章程 史6－43956
公司律 史6－43955、47082
22 公私雜稿 史6－48558
24 公牘文集 集5－37670
公牘偶鈔 史6－47203
公牘存稿 史6－47306
公他先生(傅山)年譜署 史2－11640
25 公債論 子7－37266
27 公歸集 集6－44033
公侯鑒 史6－43094
公侯鑑 史2－6517～8
30 公濟堂保節卹嫠章程、廣求採訪啓并章程
史6－44654
公瀍導源 子4－21793 叢2－2067
公安縣鄉土志[光緒] 史8－60329
公安縣志[康熙] 史8－60327
公安縣志[成化] 史8－60324
公安縣志[同治] 史8－60328
公安縣志書[康熙] 史8－60326
公宴 集7－49534
公案初編 集5－35409
33 公冶長聽鳥語綱常 史5－27610
34 公法新編 子7－36802
公法便覽、總論、續 子7－36808
公法總論 子7－36228(5)、36231(6)、36233、
36242(2)、36248～50、36803 叢1－568
公法紀要 史6－45110
公法通義 史6－45113 子7－36814
公法導源 史6－45112
公法考 子7－36240(1)
公法會通 子7－36798
46 公槐集 集2－11543
47 公穀 經1－56
公穀札記 經1－136、7772
公穀附記 經1－8079
公穀駁語 經1－7848、8120

公穀合評 叢2－1360
公穀合刊 經1－7756
公穀精語 經1－7998 叢2－1726
48 公教經文袖珍 子7－35555
50 公車詞譜、秣陵删 集7－46894
公車稿 集2－12267
公車上書記 史6－49173
公車徵士小錄 史2－7493 叢1－512
公車見聞錄 史6－42340 叢2－1678
公車前草、後草 集5－37811 叢2－2071
公忠堂文集 集3－13512
51 公振集 集1－5673
60 公是集 集1－2085、2087～9,6－41894(1)、
41895、41904、45112 叢1－223(51),2－731
(39)
公是集、拾遺、續拾遺 集1－2086 叢1－
230(4)
公是先生集(公是集) 集1－2090
公是先生集(公是先生文集) 集1－2093
公是先生集錄 集1－2094
公是先生七經小傳 經1－77(4)、93,2－
11455 叢1－341、447,2－636(2)
公是先生極沒要緊 子4－19931
公是先生弟子記 子1－557、559 叢1－244
(1)、388～90,2－731(11)
公是遺書 經1－37
公是七經小傳 叢1－223(12)
公是弟子記 子1－558 叢1－223(30)、230
(3),2－754
67 公暇墨餘錄存稿 集4－28655
71 公歷一千九百一年諸國國債考 子7－
36240(2)
77 公民自治篇 子7－36251
公民必讀初編 史6－46042
公民必讀初編、二編 史6－46043
公門不費錢功德錄 史6－41541、43174 叢
1－442～3,2－731(19)
公門懲勸錄 史6－43173 叢1－535～6
80 公羊 經1－7260、7264
公羊方言疏箋 經1－7332
公羊方言箋疏 叢2－1720
公羊證經異句 經1－153
公羊何注考訂 經1－7326
公羊何氏解詁註箋 叢1－312
公羊經傳異文集解 經1－7302
公羊傳 經1－50、7279、7281～2、7284、8114
公羊傳評 經1－7288 叢2－1360
公羊傳佚文 經1－7223 叢2－777
公羊傳補注 經1－7276 叢1－439,2－1504
公羊傳初學讀本 經1－7224
公羊傳選 經1－7283、7286～7 集6－41689

叢1-297～8
公羊傳鈔　經1-7291　叢2-1540
公羊釋例　叢1-460
公羊約解　經1-7315　叢2-956
公羊注疏　叢1-227(2)
公羊注疏校勘記補正　經1-7307　叢2-
1795
公羊治獄　經1-7228　叢2-772(4)、773(4)
公羊禮說　經1-111(4)、118,7296
公羊禮疏　經1-163(3)、7295
公羊逸禮考徵　經1-156,163(3)、7303　叢
1-418～9,2-731(21)
公羊通義　叢1-460
公羊古義　經1-7290　叢1-203(3)
公羊舊疏考證　叢2-2170
公羊穀梁　經1-7788
公羊穀梁春秋合編附註疏纂　經1-7639
公羊穀梁異同合評　經1-7875　叢2-1552
公羊春秋　經1-7220
公羊春秋、穀梁春秋　經1-8112
公羊春秋何氏解詁箋　經1-111(4)、7298
公羊春秋經傳驗推補證　叢2-2131
公羊春秋經傳驗推補證、擬大統春秋條例
經1-7321　叢2-2130
公羊春秋經傳驗推補證、擬大統春秋條例、
皇帝大同學革弊興利百目　叢2-2129
(2)
公羊春秋傳例序　叢2-2129(4)
公羊春秋補證凡例　經1-7323　叢2-2129
(2)
公羊折諸　經1-7289、8119　叢1-223(11)
公羊墨守　經1-7253　叢2-765～6
公羊墨史　經1-7285　叢2-1228
公羊嚴氏春秋　經1-7232　叢2-774(4)
公羊臆　經1-7314
公羊問答　經1-118、163(3)、7294　叢1-
433,2-731(63)
公羊義疏　經1-163(3)、7309～10　叢2-
698(3)
公羊箋　經1-7317
88 公餘雜俎　子4-23332
公餘證可　子1-1474　叢2-1236
公餘瑣言　子1-1725
公餘手存　叢2-1610
公餘集　集3-16418,21876～7
公餘偶談　史1-5716
公餘偶筆　叢1-250
公餘寄詠詩鈔　集5-33891,6-42007(3)
公餘漫稿　集2-9177
公餘存見　經2-10468
公餘草就　集2-10601

公餘草就、淑艾齋尺牘　集2-10600
公餘拾唾　史6-43053　集4-28896
公餘日錄　子4-20427～8　叢1-22(22)、
31,2-799～801
公餘隨錄　史6-43025　子4-21505,21718
公餘閒詠詩鈔　集4-33120
公餘閒吟　集5-37200
公餘醫錄六種(陳修園醫書六種)　子2-
4650
公餘醫錄五種　子2-4649
公餘醫錄抄　子2-10787
公餘閑詠詩草　集6-42007(1)
公餘錄　集3-13282
公餘筆記　子1-1572
90 公堂秋闈報　集7-53579
公堂寫本龍骨扇　集7-53150
公堂寫本十畫圖　集7-53580

玆

26 玆泉集　集4-26361

裘

62 裘影錄　叢2-1368

食

00 食療本草　子2-5847　叢2-604
08 食施獲五福報經　子6-32081(29)、32083
(19)、32086(32)、32088(20)、32089(19)
食施獲五福報經(佛說施色力經)　子6-
32085(28)、32090(26)、32092(17)
食譜　子4-18908,18960　叢1-22(16)、23
(15)、29(4)、176、255(2)、350、367～8
14 食破硯齋詩存、惜餘春館讀畫集　集5-
40923
食破硯齋賦草　集5-35889
16 食硯漱經唾餘錄　叢2-2039
18 食珍錄　子4-18907　叢1-22(16)、23(15)、
2-617(2)
21 食經　子4-18913　叢1-22(16)、23(15)、378
23 食我實館幼草、卻塤山巢集、詞　集4-
29575
食我實館吟稿　集4-29576

食我實館吟草　集 4-29577
食編　子 4-18955
24 食貨志　史 1-1936
食貨書　史 7-50492　叢 2-1914～5
27 食物須知　子 2-4591、5869
食物本草　子 2-5850、5853～5、5859、5862～4
食物本草、急救蟲毒良方　子 2-5852
食物本草、救荒野譜　子 2-5851
食物本草、日用本草　子 2-5849
食物本草會纂　子 2-5868
食物輯要　子 4-18932
食物小錄　子 4-18945
食物類釋名　子 7-36237
食色紳言　子 4-23874　叢 1-83、114(5)、2-731(30)
28 食傷解治表　子 2-5884
30 食憲鴻祕　子 4-18944、18946　叢 1-373(6)
食字齋文集、詩　集 4-28742
31 食酒糕訴牌(新編平講曲食酒糕)　集 7-50781
33 食治祕方　子 2-5867
食治養老方　子 2-5857、11006
40 食古齋文集　集 4-31301
食古齋文錄、詩錄、詩餘　集 5-35947
食古研齋詩三集　集 4-27463
食古研齋詩初集、集蘇詩　集 4-27462
食古研齋集蘇詩　集 1-2472
食古錄　叢 2-2025
食吉齋鳴秋草　集 3-17744
44 食蔗軒詩草　集 5-38717～8
食舊德齋雜著　集 5-38029～30
食舊德齋後集　集 4-27792
食舊惪齋雜箸　子 4-22700
食舊堂叢書(舊德堂叢書)　叢 2-665
46 食觀酒鑒　叢 1-173
50 食史　叢 1-295
60 食蹠軒史記鈔　史 1-5131
食品集　子 4-18926
65 食味雜詠　集 3-20527
77 食醫心鑑　子 2-5848　叢 2-604
78 食鑒本草　子 2-4770、5873、5879　叢 1-114(6)
80 食愈方　子 2-4604、9404
食養療法　子 2-5879
88 食鑑　子 4-18930
食鑑本草　子 2-4604、5856
食筍齋遺稿　集 5-37999

養

00 養疴集　集 4-27788
養疴客談　叢 1-406、2-790～3
養疴漫記、閒錄　子 4-21357
養疴漫筆　叢 1-11～2、22(8)、23(7)、27、195(5)
養疴囑語　子 4-21441
養疴三編　子 4-21616　叢 2-1735
養疴漫筆　叢 1-56
養病庸言　子 2-11090
養疾唱和詩　集 6-43890
養亭府君(張元直)行述　史 2-9706
養齋詩集、詩話　集 5-33841
養齋集　集 4-28734
養方寸齋課本　集 4-23618
養畜篇　子 7-37097
02 養新堂醫論讀本　子 2-5128
06 養親須知　叢 2-1806
10 養一齋文集、文補遺、文續編、詩集、校字　集 4-25678
養一齋文集、詩集、詩餘　集 4-25679
養一齋文集、李養一先生詩集、賦、詩餘　叢 2-698(12)
養一齋文集外編　集 4-27975
養一齋文錄　集 6-42067　叢 2-1716
養一齋試帖　集 4-27974
養一齋詩話　集 6-46108
養一齋詩集　集 4-25682　叢 2-1716
養一齋詞　集 7-47725　叢 2-1716
養一齋五種　叢 2-1717
養一齋集　集 4-27967～9、27971
養一齋集、鄉賢錄、行狀　集 4-27970
養一齋集、劄記、詞、詩話、李杜詩話　集 4-27972
養一齋外集　集 4-27973
養一齋四書文　集 4-27976
養一齋尺牘　集 6-45195
養一齋全集　集 4-27966　叢 2-1716
養一齋金壺浪墨　叢 2-1716
養一齋劄記　子 4-24485
養一齋劄記、養一齋五種　子 4-24486
養正詩歌初集、二集　集 5-40472
養正集　集 5-33715
養正編　子 1-2909　叢 2-1014
養正彙編　子 1-2867
養正叢編十八種　叢 1-574(4)

養正心鑑　子4-21887
養正遺規　子1-2305　叢1-300,2-663、690、691(3)、1388
養正遺規、補編　子1-1956～8、2822　叢2-691(2)、698(7)
養正遺規、補篇　叢2-1387
養正遺規約抄　子1-2823
養正遺規摘鈔、補鈔　子1-2824
養正遺規摘鈔、養正遺規補鈔　子1-1960
養正遺規輯要　子1-1959
養正樓福祿壽印存　子3-17211
養正書屋全集定本、目錄　集4-27391
養正圖說初編　子1-2899
養正圖解　子1-2787～8　叢1-265(4)
養正圖解、御題養正圖詩、御題養正圖讚　子1-2790
養正圖解、圖讚　子1-2789
養正義塾章程　子1-2482
養正錄　子1-1194
養正錄、先哲格言詩　叢2-724
養正錄、復性圖　子1-1799　叢2-813
養正篇　子1-2794　叢2-1282
養正類編　子1-2810～1　叢1-214,2-731(20)
養靈根堂遺集　集4-27835
養吾齋詩餘　集7-46373、46759
養吾齋集　集1-4991　叢1-223(59)
養吾齋叢著六種　叢2-2255
養吾齋叢鈔　子4-23653
養雲主人自編年譜、續記　史2-12340
養雲亭吟稿　集3-18986
養雲廬詩草、詞草　集5-37694
養雲山房詩存　集5-39112
養雲山莊文集、續、詩集　叢2-1964
養雲山莊文集、續文集、詩集　集5-34751
養雲山莊詩草刪存　集5-34752
養雲山莊遺稿三種　叢2-1964
養雲山館詩、養　集4-29402
養雲樓詩鈔　集4-32697
養雲樓詩鈔、年譜　集4-23267
養雲樓集　集4-32696
養雲樓古文鈔、駢文鈔　集4-32698
養雲樓軼詩　集5-40503
養雲軒詩稿　集4-23412
養雲堂試帖　集4-30544
16 養碧齋詩集　集5-40688
22 養片雲齋詩集　集5-38359
養利州志[康熙]　史8-61382
25 養生　叢2-1117
養生主　叢2-1061～2

養生辯疑訣　子2-10955,5-29530(17)
養生雜錄　子2-11055
養生雜纂　子2-11045
養生詠玄集　子5-29530(17)、30901
養生訣　子2-11096
養生論一折　子2-10950
養生三要　子2-11120
養生至論　子2-9505
養生兩種　子2-11037
養生要言　子2-11134
養生要括　子2-5861
養生醒醐　子2-11032　叢2-1116
養生君子編　子2-11040
養生集覽五種　子2-11023
養生膚語　子2-11033　叢1-195(7)
養生便方　子2-11072
養生須知　子2-4591　叢2-724
養生經驗集　子2-11101
養生經驗補遺　子2-9496～7、9499、9503
養生經驗合集　子2-9496
養生編　子5-31377
養生保命錄　子2-11099　叢2-724
養生祕要活人心訣　子2-11189
養生祕旨　子2-11100
養生祕錄　子2-10964,5-29530(12)
養生導引法　子2-4556、11023～4、11026、11185　叢1-115
養生十三則闡微　子5-29574
養生攬要　子2-11074
養生四要　子2-4567、11001
養生四印齋文三集、詩五集　集4-31837
養生圖說　子2-11178
養生月覽　子2-10963　叢1-114(6)
養生月錄　子2-10966　叢1-22(13)、23(12)
養生鏡　子2-4659、4661～3
養生鏡(挑疔瘡祕訣)　子2-7813
養生鏡七章　子2-11058
養生食鑒、圖考　子2-5870
養生錄　子2-11111
養生簡要　子4-20713
養生類要前集、後集　子2-11003
養生類纂　子2-10961～2　叢1-114(5)
26 養自然齋詩話　集6-46140
養自然齋詩鈔　集5-35330
養自然齋印存　子3-17286
養泉齋詩集　集4-25548～9
養泉遺詩　集4-26360
養和齋筆記附名宦錄　史2-9704
養和山館詩文集輯存　集4-31805

養和山館吟稿　集4-33033
養和堂叢書八種　叢1-251
養和堂遺集　集4-29907
27 養魚經　子1-4522～3　叢1-13、14(4)、19
(5)、20(3)、21(4)、22(18)、23(17)、24(5)、
61～4、119～20、173、2-617(2)、730(4)、774
(9)
養魚經(魚經)　子1-4524
養魚法　叢1-530～1
養魚人工孵化術　子7-37102
養魚堂制藝　集4-29351
養身考　子7-36240(5)
31 養源山房詩鈔　集5-37938
養福齋殘稿、漱潤廬殘稿　集5-36720
養福齋續存稿　集4-30665
養福齋日札(清光緒二十五年至光緒二十
六年)　史2-12955
32 養淵堂古文　叢2-1788
養淵堂駢體文　叢2-1788
33 養心亭集　叢2-845(5)
養心保天集　子2-11222
養心閑集　集2-6929
養心錄　叢2-1212
養心錄集要　子1-1276
養心小圃喉科　子2-7469
養心堂詩鈔　集4-33071
養心光室詩稿　集5-36517
34 養浩齋詩稿、詩評　叢2-1698
養浩齋詩續稿　叢2-1698
養浩然齋文存　集5-41420
養浩然齋詩存　集5-41419
養浩樓詩鈔　集4-27207
養浩居行役篇、燕遊隨筆　集5-38432
35 養清庵詩草、年譜　集4-22000
養清書屋存悔詞　集7-48387
37 養初堂詩集、詞鈔　集4-24754
40 養志書屋詩存　集4-32462
養志書屋詩鈔　集4-32463,6-42007(3)
養志居文稿彙存、詩殘稿　集4-30041　叢
2-922
養志居文稿存、詩殘稿　叢2-1786
養志居僅存稿　子4-23526
養志居僅存稾十種　叢2-922
養志居僅存稾七種　叢2-1786
養志堂集(東道集、玉犧館詩集、紫薇閣詩
集、綸音堂詩集)　集5-33999
養志堂吟草　集4-29863
養吉齋叢錄、餘錄　史1-3567
養壽園奏議輯要　史6-49181
養真齋詩集　集4-31903

養真齋詩稿　集5-38725
養真齋長物記　子4-18562
養真文集　叢2-1790
養真集　子5-29535(6)、29536(6)、31378
養真山人遺詩　集4-33416
養真室文存、文乙編、詩存、蟄庵詞　集5-
39663
養真室詩存　集5-39661～2
養真室集(養真室詩存、詩後集、文存、文後
集、文乙編、詞)　集5-39660
養真祕笈　子5-31360
養真草廬詩集　集5-39416
養真居詩稿　集4-28057
養真館百篇草　集4-28990
養真堂集　集5-36865
44 養花軒詩集　集5-38065
養花軒詩鈔　集4-29795,6-41999
養花館書畫目　子3-14885
養蘭說　子1-4501
養猿書屋唐詩選　集6-43531
養蒙文集　叢1-223(59)
養蒙詩　集6-42386
養蒙先生文集(養蒙文集、養蒙集)　集1-
4848
養蒙先生集　集1-4847
養蒙彝訓　子1-2286
養蒙初基　子1-2894
養蒙大訓　子1-2767　叢1-452、586(3),2-
716(2)
養蒙書九種　子1-1968
養蒙書九種附二種　叢1-574(4)
養蒙圖說　史2-6373　叢2-886(2)
養蒙金鑑　子1-2852
養蒙針度　經2-13447　子1-2817
養菊說　叢1-551
養菊法　子4-19280　叢2-642
47 養鶴堂詩集　集4-30734
養根齋小稿　集5-36640
養根集　集6-43011
48 養松堂遺詩　集5-39029
50 養中之塾文集　集4-25737,6-44976
養中之塾文集、續集　集4-25736
養春齋詩鈔　集4-23595
養春奇方　子2-11059
養素齋詩稿　集5-35669
養素樓吟稿　集4-22002
養素軒叢錄二十六種　叢1-490
養素園詩　叢2-832(2)
養素居詩集　集4-29921
養素居詩初編、二編　集4-29922

養素居詩草　集4-29920
養素居畫學　子3-15860、15993
養素居畫學鉤深　子3-15994　叢1-423
養素堂文集　集3-13782～3、17829,4-27238
養素堂文集、續集　叢2-1685
養素堂雜文　叢2-1685
養素堂詩集　集4-27237,6-44970　叢2-1685
養素堂藏書目錄、續目　史8-65680
52 養拙齋詩　集4-31556,5-33705
養拙齋詩存　集4-31555,5-36322　叢2-944
養拙齋詩存、外集　集4-31554
養拙齋詩鈔　集5-34633,38486,6-42007(3)
養拙齋小草　集4-33161
養拙山莊試帖　集4-31929
養拙山莊試藝　集4-31930
養拙窩詩鈔　集5-37665
養拙書屋詩選　集4-28535
養拙軒詩稿　集3-17212
養拙軒筆記　子4-23460
養拙明禪師語錄、大潙四記　子6-32091(73)
養拙居詩稿、文稿、尺牘　集4-28434
養拙居剩稿　集4-33150
養拙堂詞　集7-46352、46367、46369、46580
養靜公詩集、文集　集2-6409
60 養園詩稿　集3-21749
養園剩稿　集5-38816
養園漫稿　叢2-2039
養園隨筆　子4-21572
養園賸藁　叢2-845(4)
養思齋初集　集5-37326
養愚村農吟稿　集3-21403
養愚書屋詩草　集5-35773
63 養默山房詩韻　經2-13940
養默山房詩稿　集4-27742～8、27750～1、27755
養默山房詩錄　集4-27752
養默山房詩錄、續存　集4-27754
養默山房詩錄續存　集4-27753
養默山房詩餘　集7-47534
養默山房詩鈔　集4-27749
養默山房散套　集7-50674
64 養時軒詩稿甲編、乙編　集5-40483
67 養明儲郡制義　集2-10736
68 養晦齋詩稿　集4-32433
養晦軒遺稿　集5-36489
養晦堂文集　集4-32955　叢2-1881
養晦堂詩集　叢2-1881

養晦堂集(劉中丞集)五種　叢2-1881
養晦堂遺集　集4-32957
養晦堂初稿　集4-32953
養晦堂奏議、文集、詩集　集4-32954
71 養蠶新論　子1-4434
養蠶要術　子1-4426
養蠶歌括　叢2-2041
養蠶經　叢1-119～20
養蠶祕訣　子1-4427　叢1-530～1
養蠶成法　子1-4349,4422
養蠶簡明捷要法　子1-4428
77 養兒寶　子2-8487
養閒齋詩集　集3-18087
養閒草堂圖記　叢2-908
養閒草堂隨筆　叢2-2220
養閒餘錄　叢2-947
養騷蘭館詩存　集5-37624
養民新說　子7-36254
養民月宜　子1-4255
養閑齋詩集　集6-45091
養閑瑣語　子5-27325
80 養年別墅圖卷題詠　集5-34748
養羊法　子1-4518　叢2-774(9)
養命機關金丹真訣　子5-29530(12)、30843
養氣齋詩集　集5-37495～6
82 養穌軒續筆　子4-21991
養穌軒隨筆　子4-21992　叢2-731(7)、786～7
86 養知書屋詩集　集4-33213～4　叢1-445
養知書屋函牘　集4-33217
養知書屋集(養知書屋詩稿、文集、郭侍郎奏疏)　集4-33212
養知書屋日記(清咸豐五年至光緒十七年)　史2-12860
養知錄　子1-2554
88 養竹齋詩鈔　集3-18254
養竹山房題贈　集6-44319
養餘齋詩集　集4-28220
養餘齋詩初刻　集4-28219
養餘齋初集、二集、三集　叢2-1723
養餘齋書畫目錄　史8-66303
養餘齋全集四種附三種　叢2-1723
養餘山房雜著　子4-19116
養餘外集　集5-40725
養餘室集(雜著、吟草、試帖、十二銅鼓軒詞稿)　集4-29464
養餘叢稿　集5-40724
養餘軒吟草　集4-30358
養餘月令　史6-49262
90 養小錄　子4-18948　叢1-195(7),2-731

(30)

92 養恬齋筆記　史7-49873　叢2-1776
養恬書屋偶存稿　集3-17989,6-41990
93 養怡草堂樂府　集7-49643
95 養性齋詩存、詩續　集5-41627
養性齋經訓　經2-11694　叢2-1873
養性齋經說　叢2-1002
養性讀書齋詩存　集5-39732
養性延命錄　子2-10951,5-29530(17)
養性山房驗方　子2-9930
養性書屋集　集4-24380
養性軒爨餘小草、雜著拾遺　集4-30662
養性軒集　集5-40397
養性軒晚定稿　集5-41628
養性軒臨證醫案　子2-10865
養性軒爐餘雜稿　集5-41629
養性居士日記　史2-13250
養性間筆語錄次集、續集、摘要　子4-21485
養性閑筆語錄續集　叢2-1644
養性閑筆語錄次集　叢2-1644
養性閑筆語錄摘要、偶吟摘要　叢2-1644

8077₂ 岔

21 岔處劉堂艮草坪石纂祿列傳　史1-1929
55 岔曲　集7-51647
岔曲六十九種　集7-51643
岔曲三十九種　集7-51644
岔曲集錦　集7-51646
岔曲目錄　集7-54880
岔曲長岔琴腔趕板牌子蓮花落目錄　集7-54882
岔曲八十六枝　集7-51642

盉

22 盉山集、續集、再續集　集3-13652

缶

00 缶廬詩集、別存　集5-37252
缶廬詩稿、詩緒、題畫詩　集5-37251
缶廬別存　集5-37253

缶廬印集　子3-17340
44 缶林文集　集3-15844
67 缶鳴集　集2-6241～2
90 缶堂學詩　集3-15160

8080₆ 貧

30 貧窮老公經　子6-32083(21)
貧富寶卷　集7-54411
40 貧士傳　史2-6491　叢1-13、14(2)、22(24)、105、111(1)、119～20,2-731(61)
43 貧卦　叢1-197(4)

貪

28 貪僧化鳥　子7-34699
30 貪官污吏傳　史1-1994～5,2-7521
32 貪淫白虎一枝　集7-51037
貪淫的飛虎一枝　集7-52752
47 貪歡報　子5-27762～3
64 貪瞋癡註　子7-34575
貪瞋癡注　子7-34881

8088₆ 斂

30 斂憲王端節公墓誌銘　史2-9064
47 斂都御史陸公傳　史2-9206
50 斂事月魯詩　集1-5795

8090₁ 佘

22 佘山詩話　集6-45829　叢1-195(4),2-731(47)
佘山三日記　史7-54185
佘山小志　史7-56484
31 佘潛滄四書解　經2-10578　叢2-1857

8090₄ 余

00 余文敏公文集　集2-9589～90

余襄公武溪集　集1-1976
余襄公奏議　史6-48115　叢2-883
余京兆集　集3-18046～7
10 余元遴行述　史2-9527
17 余子說史　史1-5584
余子疇先生雜著(玄丘素話、山居瑣談、訪道日錄、賦草、山中吟草、詩草)　集2-12913
余子疇先生雜著六種　叢2-1217
21 余仁仲萬卷堂穀梁傳考異　經1-169、7363
余比部臺灣日記　史2-13200
22 余川王氏宗譜[浙江江山]　史4-25104
24 余先生詩鈔　集3-19701
余德甫先生集　集2-9086
25 余健光先生(祥輝)傳、遺箸、榮哀錄　史2-10994
27 余紹賢堂族譜[安徽休寧]　史4-28586
30 余注傷寒論翼　子2-6549
余憲副集　集2-9483,6-41935(5)
44 余孝惠(治)先生年譜　史2-12179　集4-31684
45 余棲書屋詩稿　集4-23314
余棲書屋詞藁　集7-47684
47 余鶴池詩集　集2-10141
50 余肅敏公經畧公牘　史6-47097
余肅敏公奏議　史6-48166～7
余青園詩集、補遺　集4-22527
余忠宣集　集1-5606
余忠宣青陽山房集　集1-5603,6-41717
余忠宣青陽山房集(青陽先生文集、余忠宣青陽集)　集1-5602
余忠宣公集　集1-5601、5604
余忠宣公青陽山房集　集6-41716
余忠宣公全集(青陽集、余忠宣公青陽文集、余忠宣公青陽集)　集1-5608
余忠節公遺文　集2-11782　叢2-848
72 余氏諸証析疑　子2-7116
余氏族譜　史4-28510、28639、28641～3
余氏族譜[廣東乳源]　史4-28632～3
余氏族譜[廣東曲江]　史4-28631
余氏族譜[重慶涪陵]　史4-28634
余氏族譜[安徽]　史4-28589～90
余氏族譜[安徽休寧]　史4-28585
余氏族譜[湖南平江]　史4-28623～7
余氏族譜[湖南湘陰]　史4-28618
余氏族譜[湖南岳陽]　史4-28616
余氏族譜[四川富順]　史4-28636
余氏族譜二集[安徽休寧]　史4-28584
余氏三修族譜[湖南寧鄉]　史4-28613
余氏重修族譜　史4-28509

余氏重修族譜[福建永定]　史4-28593
余氏統譜[江西婺源]　史4-28596
余氏續修族譜[湖南寧鄉]　史4-28612
余氏宗譜　史4-28508
余氏宗譜[安徽休寧]　史4-28582～3
余氏宗譜[安徽潛山]　史4-28574～5
余氏宗譜[安徽桐城]　史4-28571～3
余氏宗譜[安徽歙縣]　史4-28579
余氏宗譜[江西婺源]　史4-28597
余氏宗譜[江蘇]　史4-28511
余氏宗譜[浙江淳安]　史4-28547
余氏宗譜[浙江慈溪]　史4-28550
余氏宗譜[湖北]　史4-28602、28606
余氏宗譜[湖北大冶]　史4-28604～5
余氏宗譜[湖北黃岡]　史4-28603
余氏宗譜[湖南瀏陽]　史4-28608
余氏宗譜[湖南臨湘]　史4-28617
余氏宗譜[四川儀隴]　史4-28635
余氏叢抄　史4-28626
余氏支譜[湖南瀏陽]　史4-28607、28609
余氏醫案　子2-10913
77 余陶仙(汝修)行述　史2-10293
余學士集、續集　集2-10493
86 余知古渚宮舊事　叢2-771(3)
88 余竹窓詩集　集1-5598～9,6-41780
90 余光倬墓誌行狀　史2-10164

8091₇　氣

10 氣一枝　集7-51867
13 氣球考　子7-36254
14 氣聽齋詩鈔　集5-40523
氣聽齋駢文零拾　集5-40526
27 氣向吉凶圖　子3-13129
氣候備考　子3-12352
34 氣法要妙至訣　子2-11158,5-29530(16)、29556
37 氣運摘要　子2-4620
42 氣機諸力考　子7-36240(4)
氣機諸器考　子7-36240(4)
氣機制用考　子7-36240(4)
氣機製造修補考　子7-36240(4)
72 氣質考　子7-36240(4)
77 氣學試驗考　子7-36240(4)
氣學須知　子7-36230、37655
氣學條論　子7-36254
氣學叢談　子7-37654
氣學考　子7-36240(4)、36245

氣學書目考　子7-36240(4)
氣學器圓說　子7-37666
氣學兼漅學水學考　子7-36240(4)
90 氣光樂多一枝　集7-51868

8111₇ 鉅

00 鉅鹿魏氏宗譜[福建建陽]　史5-40428
鉅鹿東觀集　集6-41715　叢1-559
鉅鹿東觀集(東觀集)　集1-1865
鉅鹿東觀集、補遺　集1-1867
鉅鹿東觀集、補遺、附錄　集1-1866　叢2-
638
鉅鹿顯承堂莫氏重修家譜[廣東南海]　史
4-31472
鉅鹿縣志[順治]　史7-55476
鉅鹿縣志[光緒]　史7-55477
鉅文　集6-42827
30 鉅宋廣韻　經2-13673
32 鉅溪陳氏家乘[浙江東陽]　史4-33025
鉅業堂遺稿　集4-33234
67 鉅野縣志[康熙]　史8-59500～1
鉅野縣志[道光]　史8-59502
鉅野縣志[萬曆]　史8-59499
鉅野縣志[民國]　史8-59503

鑪

10 鑪霍縣圖志[民國]　史8-62130
44 鑪藏道里新記　史7-51120　叢2-746
鑪藏道里最新考　史7-49746

8114₀ 鈃

60 鈃園集　集2-11691

8114₆ 鐔

35 鐔津文集　子6-32089(52)、32090(66)、32091
(64)、32093(52)　集1-2002～3、2005、6-
41746、41923　叢2-637(3)
鐔津文集(鐔津集)　集1-2004

鐔津集　叢1-223(51)
41 鐔墟堂摘稿　集2-8696

8126₁ 鶛

47 鶛聲部分篇、通合篇、餘論　經2-14142
鶛聲通合篇　經2-14144
鶛聲餘論　經2-14146

8128₆ 頒

12 頒發條例　史6-42732～3
21 頒行詔書　史1-1990、4174
頒行報律新章洋務章程　史6-45952

8138₆ 領

16 領聖體要理　子7-35287
29 領秋軒雜著五種　叢2-1944
領秋軒雜錄　叢2-1944
領秋軒吟草　叢2-1944
領秋軒隱書　叢2-1944
領秋軒隨筆　叢2-1944

8141₇ 瓶

00 瓶庵居士詩鈔、文鈔、使粵日記、使蜀日記
集3-21380
瓶廬雜稿　叢2-1980
瓶廬詩文鈔　集5-35223
瓶廬詩稿　集5-35224
瓶廬詩補遺、校異、詞　集5-35226
瓶廬詩鈔、詞鈔、文鈔　集5-35225
瓶廬叢稿　集5-35234
瓶廬叢稿二十六種　叢2-1980
瓶廬書劄　集5-35230
瓶廬日記(清道光十九年至同治元年)　史
2-12958
瓶廬日記(道光十九年至同治六年)　史2-
12820
08 瓶譜　子4-18583
12 瓶水齋詩集、別集　叢2-782(5)

瓶水齋論詩絕句　集6-41763
瓶水閒情秋波小影　子3-16731
20 瓶香室函牘存稿　集5-40064
22 瓶山詩集　集5-38213
　瓶山草堂詩鈔　集4-27088
　瓶山草堂集　集4-27089
30 瓶室詩卷　集4-31866
　瓶守齋集鈔　集4-30415
43 瓶城山館詩鈔　集4-32630～2
44 瓶花廬詩鈔、詞鈔(虞山張氏三集)　集4-
　　26390
　瓶花廬詞鈔　集7-48314
　瓶花齋雜錄　叢1-195(5)
　瓶花齋集　集2-11049、11051、11059
　瓶花齋集、敝篋集、廣莊　集2-11050
　瓶花譜　子4-19463　叢1-37、181、371
　瓶花供　子4-24100
　瓶花史　叢1-176
　瓶花書屋醫書　子2-4667
　瓶花館詩剩、詩餘哀榮錄　集5-37439
　瓶華書屋叢書十四種　叢1-360
50 瓶史　子4-19461～2　集2-11049　叢1-
　　13、14(3)、22(27)、25、37、111(1)、119～20、
　　170～1、269(5)、270(4)，2-721、731(33)
　瓶史月表　子4-19460　叢1-22(27)
51 瓶軒詩鈔　集5-41442
72 瓶隱庵詩　集4-28551
　瓶隱廬遺劄　集5-35231
　瓶隱山房詩鈔、詞鈔　集4-32290
　瓶隱山房詞　集7-46411、47436～7
　瓶隱偶鈔　集4-25453
88 瓶笙館修簫譜　集7-49538　叢2-688

矩

00 矩亭遺集　史6-48989
　矩庵詩質、附錄卷末　集3-15539
　矩齋雜記　子5-27084　叢1-202(3)、203
　　(9)、320，2-1288
　矩齋先生傳　史2-11693
　矩齋籌算六種　子3-12392
　矩齋尚書手寫奏稿　史6-49125
22 矩山存稿　集1-4184　叢1-223(57)
23 矩綫原本　子3-12349
27 矩象測繪　子3-12775
32 矩洲詩集、槜亭集　集2-7617
90 矩堂語錄　集4-24342

8141₈ 短

48 短檠集　叢2-1358
56 短拍　子3-17920
71 短長　史1-2227～8、5397　叢2-1111
　短長、國事　史1-2229
88 短笛吟草　集4-28720

8161₇ 甂

00 甂塵紀畧　集4-22013
　甂塵紀畧、同調編　子5-27666
22 甂峯先生遺稿　叢2-1555
　甂峯遺稿　集3-18280
　甂山趙氏宗譜[浙江上虞]　史5-38337

8171₈ 餰

81 餰釘家言　子4-23260

8172₀ 釘

00 釘座梨　子4-23623
81 釘餰吟　集4-31282
　釘餰吟詞　叢2-885

8174₇ 飯

15 飯珠軒遺集、遺稿　集3-21811
20 飯香詩存　集4-28443
　飯香道人醫案　子2-10635
22 飯山堂詩集　集4-27292
40 飯有十二合說　子4-18939～40　叢1-201、
　　203(5)、494～5，2-678、748
61 飯顆山人詩　集4-22339
80 飯會　集7-52308

8178₆　頌

00 頌主詩歌四百首　子7-35724
　頌主詩集　子7-35728
　頌主聖詩　子7-35720
　頌齋吉金續錄、考釋　史8-64249
　頌齋吉金圖錄　史8-64248
　頌言　史2-8856　叢2-1055
04 頌詩錄　集6-42431
　頌詩堂詩稿　集4-24085
10 頌天臚筆　史1-3035
16 頌聖詩經進詩稿　集4-22742
17 頌帚二集　集2-11569
　頌帚三集　集2-11570
　頌帚居士戒草　集2-11568
23 頌獻椒花　集7-49700
31 頌酒雜約　子4-19112　叢1-128~9
34 頌禱歌詩　子7-35723
40 頌古合響集　子6-32091(75)、7-34420
　頌古鉤鉅　子6-32091(75)
51 頌軒問答　子1-1769
56 頌揚真神歌　子7-35721
80 頌盦詩稿　集5-41208

8190₄　椠

00 椠庵集　集1-4960~2
44 椠菴集　叢1-223(60)

8194₇　敍

10 敍天齋學約　叢1-332
22 敍樂園集　集4-27608
24 敍德書情集　史2-9845
30 敍永廳志[康熙]　史8-61932
　敍永廳志[嘉慶]　史8-61933
　敍永縣志[民國]　史8-61935
32 敍州府志[康熙]　史8-61940
　敍州府志[光緒]　史8-61941
　敍州雷波廳通判補用隸直州稟稿　史6-47346
　敍州張氏宗譜[四川宜賓]　史5-35427
　敍州集　集5-39603~4

38 敍道德經旨意總論　子5-29135、29535(2)
　敍道德經旨總論　子5-29536(2)
40 敍古千文　經2-13401~3　子1-1964　叢1-276、456(2)
　敍古啓明讀禪宗正脈法　子7-34731
44 敍鼓　經2-13590　史8-63521、64484
　敍舊齋詩稿　集5-34525
60 敍異齋文集　集5-40613
　敍異齋文草　集5-40612
63 敍戰金針　子1-3425　叢1-371
77 敍閣　集7-52533
87 敍錄　經1-27~8、31　叢1-301
　敍錄敍目　經1-174

8210₀　釗

80 釗美案　集7-53065

8211₄　鍾

00 鍾離意別傳　史2-8454　叢2-775(4)
　鍾離春智勇定齊雜劇　集7-48774(3)、48940
01 鍾譚詩選　集6-43887
10 鍾一士遺稿　集3-13778
　鍾玉堂藍氏重修宗譜[浙江雲和]　史5-40449
　鍾西耘詩鈔　集5-36821
　鍾雲亭制府奏牘　史6-48841
12 鍾水堂詩　集3-17651
17 鍾子劵甍　子4-19800　叢2-775(4)
20 鍾季子文錄　集5-41481　叢2-2252
　鍾秉文烏槎幕府記　史1-2877　叢2-730(12)、731(68)、836
22 鍾川胡氏宗譜[浙江]　史4-30501~2
　鍾山獻、續、再續　集2-11928
　鍾山獻、續、再續、三續　集2-11927
　鍾山吳氏宗譜[浙江桐廬]　史4-27808
　鍾山札記　經1-111(2)、2-11858　叢1-258、312、416~7、2-731(7)
　鍾山札記、龍城札記　子4-22416
　鍾山考　史7-52215
　鍾山草堂詩集、武林遊記　集3-13991
　鍾山草堂遺稿　集4-26941~3
　鍾山書院志　史7-52033
　鍾山書院規約　子1-2400　叢1-202(7)、203(13)

中國古籍總目·索引

鍾山縣志[民國]　史8-61438
鍾山周氏宗譜[安徽宣州]　史4-30075
鍾山公行述　叢2-1915
鍾山劄記　子1-52
24 鍾馗送妹　集7-53071
25 鍾生　集7-52573
鍾律緯　叢2-774(4)
鍾律書　叢2-765～6
26 鍾伯敬文鈔　集6-41794、42047
鍾伯敬評註唐詩選　集6-43345
鍾伯敬評公羊穀梁二傳合刻　經1-8114
鍾伯敬詩集　集2-11248
鍾伯敬集鈔　集2-11250
鍾伯敬先生詩　集6-41948
鍾伯敬先生硃評詞府靈蛇　集6-45824
鍾伯敬先生補訂千家詩　集6-42299
鍾伯敬先生遺稿　集2-11251
鍾伯敬先生批評三國志　子5-27990
鍾伯敬先生批評漢書　史1-204
鍾伯敬批點蕭伯玉自定稿八種　叢2-1206
鍾伯敬批點世說新語補　子4-22801
鍾伯敬合集(隱秀軒集)　叢2-720(5)
29 鍾嶸詩品　子5-26218　叢1-38
30 鍾宿堂文存　集5-37813
31 鍾潭鍾氏宗譜[浙江鄞縣]　史5-40594
38 鍾祥列女傳　史2-8232
鍾祥先民傳　史2-8231
鍾祥藝文考　史8-66126
鍾祥奏稿、硃批上諭　史6-48840
鍾祥縣志[康熙]　史8-60173
鍾祥縣志[乾隆]　史8-60174～5
鍾祥縣志[同治]　史8-60176
鍾祥縣志[民國]　史8-60177
40 鍾士季集　集1-311
鍾南淮北區域志　史7-49328、50121～2
鍾奇氏附錄人鏡經　子2-5937
41 鍾墟傅氏宗譜[浙江浦江]　史5-36250
45 鍾妹慶壽　集7-49354
48 鍾馗嫁妹　集7-52574
50 鍾貴溪先生四體詩藁　集2-10226
60 鍾呂二仙采真問答　子2-8312
鍾呂二仙傳　史2-6899　叢1-109、111(4)、
　2-731(61)
鍾呂二仙傳道　子5-29547
鍾呂二仙傳道集　子5-29549、31090
鍾呂二仙傳道集(鍾呂傳道集)　子5-
　31089
鍾呂二仙修真傳道集　子5-29543
鍾呂傳道集　子5-29530(6)、29535(4)、
　29536(4)

鍾呂傳道集(鍾呂二仙修真傳道集)　子5-
　31088
72 鍾氏族譜　史5-40585、40671～2
鍾氏族譜[江西萬載]　史5-40623
鍾氏族譜[江西銅鼓]　史5-40633
鍾氏族譜[福建長樂]　史5-40610～1
鍾氏族譜[湖南]　史5-40637～8、40664
鍾氏族譜[湖南資興]　史5-40660～1
鍾氏族譜[湖南常德]　史5-40652
鍾氏族譜[四川成都]　史5-40668
鍾氏族譜十輯[湖南平江]　史5-40656
鍾氏二種附一種　叢2-1989
鍾氏三修族譜[湖南醴陵]　史5-40657
鍾氏三修族譜[湖南邵陽]　史5-40662
鍾氏三修族譜[湖南湘鄉]　史5-40658
鍾氏重修族譜[江西]　史5-40635
鍾氏重修族譜[湖南]　史5-40636、40639、
　40663
鍾氏重修族譜[湖南瀏陽]　史5-40641
鍾氏重修支譜[江西宜春]　史5-40622
鍾氏續修支譜[湖南岳陽]　史5-40654
鍾氏續修七輯族譜[湖南平江]　史5-
　40655
鍾氏家譜[浙江紹興]　史5-40595
鍾氏宗譜[江西]　史5-40634
鍾氏宗譜[浙江上虞]　史5-40600
鍾氏宗譜[浙江海寧]　史5-40588
鍾氏宗譜[湖南瀏陽]　史5-40640
鍾氏祠志[湖南瀏陽]　史5-40642
鍾氏支譜[福建]　史5-40612
鍾氏四修族譜[湖南湘鄉]　史5-40659
鍾氏醫書歌訣　子2-4716
74 鍾陵賸草　集5-35585
80 鍾金子　叢2-1175
88 鍾筠谿集　集2-7670
鍾筠溪集　叢2-884
95 鍾情傳　集7-54071
鍾情緣　集7-50501
鍾情緣傳奇　集7-50500
鍾情志痛編　叢2-966
鍾情錄　子5-28592

8211₈ 鐙

09 鐙謎新編　子3-18431
10 鐙下閒談　叢2-615(3)
30 鐙窗瑣語　叢1-373(6)
鐙窗瑣話　集6-46308　叢2-1903

鐙窗叢錄、補遺　叢2-674
44 鐙華館詩稿　集4-22695
62 鐙影錄　子3-18452
77 鐙月閒情十七種　集7-49390
　　鐙月閒情十四種　集7-49391

8217₂ 鈾

80 鈾斧草　集3-14336

8220₀ 剃

00 剃度沙彌正範　子7-33959

8242₇ 矯

00 矯亭續稿　集2-7442
　　矯亭存稿　集2-7441
44 矯世惑脈論　叢1-223(33)
72 矯氏族譜[山東即墨]　史5-40580

8244₄ 矮

42 矮梳居文存　集5-36681

8260₀ 創

00 創辦京師第一蒙養院啓附章程　史6-44632
　　創辦織工塲辦法問答　史6-44762
　　創辦造幣總廠全案備存　史6-44462
　　創辦留學生會館啓　史7-49882
　　創辦銀行奏摺　史6-44474
　　創辦簡章　史6-44875
07 創設海軍條議　子7-36965
15 創建穆民總教院表　子7-36075
27 創修紅水縣志[民國]　史8-63114
　　創修渭源縣志[民國]　史8-63221
　　創修茅氏宗譜[江蘇海門]　史4-29497
　　創修鎮西鄉土志[光緒]　史8-63424

28 創傷療法　子7-37896
32 創業難勸世文　集7-53100
34 創造慶雲橋碑記　叢2-2215
44 創世記　子7-35121

刲

07 刲記　子4-23528　叢2-1624
　　刲記外篇　叢2-1111
　　刲記内篇　叢2-1111
20 刲稿内集　集2-12742

8275₃ 饞

27 饞豹存稿　集2-9312
44 饞荒記　集7-50752

8280₀ 劍

00 劍亭詩鈔　集3-21138
　　劍亭初稿、花灣詞　集3-20502
　　劍底鴛鴦　子7-38211
01 劍龍吟館雜存　集4-32611
10 劍霜龕遺詩、詩餘、詩詞補遺、鴻影樓詩記
　　　集5-41606
21 劍僊遊戲　集7-49700
22 劍川州土官百戶趙元將歷代履歷宗圖結報
　　　[雲南]　史5-38445
　　劍川州志[康熙]　史8-62528
　　劍川州志[光緒]　史8-62529
　　劍川羅楊二子遺詩合鈔　叢2-886(5)
　　劍仙傳演義前編、後編、前後圓傳　子5-28875
　　劍峯詩鈔(沐日浴月庵集)　集4-31036
　　劍山詩鈔　集3-19730
24 劍俠傳　子5-26793、27587　叢1-22(18)、23(18)、29(3)、90～3、249(2)、255(3)、395、2-624(2)、730(5)、731(49)
　　劍俠傳、續劍俠傳　子3-16352
　　劍犢山房尚書文　集3-21608
25 劍生遺草　集5-35403,6-42007(2)
26 劍泉詩草　集4-27370
27 劍舟律賦　集4-21932～4
28 劍谿漫語　子4-20876

29 劍秋閣吟草　集5－35748
　劍秋印書　子3－17291
30 劍客駢文稿、詩稿、詞稿　集5－41483
31 劍江倡和詩　集6－43810
　劍江錄稿、虔州錄稿　集2－9645
　劍河縣志[民國]　史8－62273
　劍潭詩鈔　集4－23028
　劍潭遺詩(芋香館詩集)　集4－32055
　劍潭吟稿　集6－41895
32 劍州志[雍正]　史8－61707
　劍州志[同治]　史8－61708
　劍溪文畧　集3－18840
　劍溪文畧、燕石碎編　集3－18839
　劍溪說詩、又編　集6－46066
　劍溪外集　集3－18838
34 劍法真傳　子1－3614
35 劍津集　集2－11684
　劍津名勝　史7－51428
37 劍湖詩草　集5－37320
39 劍沙三元鄧氏家譜[福建沙縣]　史5－38810
　劍沙夏茂羅氏敬愛堂族譜[福建沙縣]　史5－41059～60
40 劍南雜詩　集3－13281,6－44580
　劍南詩稿　集1－3436～7　叢1－223(55)、227(9),2－1037
　劍南詩稿、放翁逸稿　叢2－698(10)
　劍南詩續稿　集1－3438
　劍南詩選　集1－3454,6－41903
　劍南詩鈔　集1－3443～4、3446、3464,6－41900
　劍南集鈔　集1－3448,6－41908
　劍南閒適詩選　集1－3460　叢2－691(3)
44 劍花洞二集　子5－27883
　劍花龕詩影　集4－31237
　劍芝閣詩鈔　集5－40967
　劍芝閣續選　集5－40968
　劍華堂續罪言　子4－21703
50 劍青室隨筆　叢2－795
　劍囊續草　集4－21956
　劍囊草　集4－21955
51 劍虹齋集　集3－19510
　劍虹居文集、詩集　集4－33210
　劍虹閣詞存　集5－38172
　劍虹盦詞　集7－46421、48246
55 劍慧草堂醫案　子2－10901
62 劍影琴聲室詩剩　集5－39626
65 劍嘯閣鸚鵡裘記　集7－50139
67 劍吹樓詩、尺牘、筆記　集2－11579
68 劍吟樓小草　集5－37306

71 劍厓詩鈔　集6－43799
　劍匣集　集3－16133
77 劍閒齋遺集　集5－38821
　劍膽琴心室詞　集7－48183
　劍學法要新編　子1－3613
　劍閣芳華集　集6－44918
　劍閣芳華集、原目　集6－44919
　劍閣縣續志[民國]　史8－61709
　劍閑齋師門答問、手札　子4－22726
80 劍鏡齋舊存稿三篇　子2－10930
　劍氣　子1－3849　叢1－197(4),2－617(2)
90 劍懷堂詩草(劍懷堂詩內編、詩外編、燈昏曉鏡詞)　集5－36578
　劍堂遺集、文集　集5－34232
　劍光樓詩鈔、文鈔　集4－29321
　劍光樓詩鈔、文鈔、詞鈔　集4－29322
　劍光樓詞　集7－47505

8312₇ 鋪

44 鋪地錦(進蘭房)一套　集7－50858

8315₀ 鍼

00 鍼方六集　子2－10247
17 鍼鸝山館詩草　集4－33064
21 鍼經摘英集　子2－10228　叢2－730(1)
　鍼經節要　子2－10214　叢2－730(1)
24 鍼科全書妙訣　子2－10396
27 鍼灸六賦　子2－10245
　鍼灸雜說　子2－10226～7
　鍼灸要訣　子2－10263
　鍼灸要法　子2－10262
　鍼灸要畧　子2－10270～1
　鍼灸聚英發揮　子2－10241
　鍼灸集要　子2－10264
　鍼灸便用圖考(鍼灸便用)、本草說約　子2－10255
　鍼灸便覽　子2－4670、10254
　鍼灸穴法　子2－10275
　鍼灸穴道圖　子2－10341
　鍼灸穴圖治腿疼　子2－10337
　鍼灸治法　子2－10268
　鍼灸祕傳　子2－10274
　鍼灸祕本　子2－10282
　鍼灸神書大成　子2－10253

鍼灸逢源　子2-10251

鍼灸資生經　子2-4623　叢1-223(33)

鍼灸資生經、目錄　子2-10223

鍼灸大成　子2-10234

鍼灸大成、生理圖　子2-10235

鍼灸内篇　子2-10326

鍼灸七十二痧辨證刺穴　子2-10403

鍼灸摘要　子2-10273

鍼灸摘粹　子2-10279

鍼灸素難要旨　子2-4771(4)、10242~3

鍼灸指元　子2-10283

鍼灸擇日編集、備急灸法　子2-10238

鍼灸擇日編集、騎竹馬灸法、竹閣經驗備急
　藥方、備急灸法　子2-10239

鍼灸輯要　子2-10281

鍼灸拾錄　子2-10276

鍼灸四書　子2-10227

鍼灸易學　子2-10250

鍼灸甲乙經　子2-4564、4771(2)　叢1-223
　(32)、418

鍼灸甲乙經(黄帝鍼灸甲乙經)　子2-
　10212

鍼灸圖注　子2-10348

鍼灸問對　子2-10244　叢1-223(34)

鍼灸問答　子2-10248

鍼灸全生　子2-10252

鍼灸全書　子2-10246、10280

鍼灸會要　子2-10272

鍼灸錄要　子2-10277

鍼灸節要、鍼灸聚英　子2-10240

30 鍼家靈法　子2-10267

鍼家要旨　子2-10265

34 鍼法偶鈔　子2-10402

鍼法穴道記　子2-10340

鍼法圖說　子2-10397

40 鍼左氏膏肓　經1-31

47 鍼胡編　叢2-974、976

鍼胡編叢書　叢2-975

88 鍼餘集殘稿　集5-35939

鐵

44 鐵華館藏集部善本書目　史8-63510

鐵

00 鐵立文起前編、後編　集6-46276

鐵庵文集　集3-15388

鐵庵文錄　集5-39169

鐵庵詩　集2-11616

鐵庵古文全集　集3-15387

鐵廬集、外集　叢1-223(67)

鐵廬印存　子3-16944、17256~7

08 鐵旗陣　集7-49706

鐵旗陣十五本　集7-50510

10 鐵工天詩稿、詩餘、文稿　集4-24218

鐵盃齋詩鈔　集4-26033

鐵盃居士詩稿　集4-26031~2

鐵盃居士存稿　集4-26030、6-42006

鐵石亭詩鈔　集5-37321~2

鐵石齋紀事　集5-36334

鐵雲詩存　集5-39102

鐵雲論詩絕句　叢2-2270(3)

鐵雲藏龜　史8-65150

鐵雲藏龜零拾、考釋　史8-65153

鐵雲藏龜之餘　史8-63505、65151

鐵雲藏龜拾遺、考釋　史8-65152

鐵雲藏封泥　史8-65103

鐵雲藏陶　史8-65230

鐵雲藏印續集　子3-17412

鐵雲藏印初集　史8-65043　子3-17411

鐵雲軒詩選　集5-38560

鐵函齋書跋　史8-63567~9　子3-15146、
　15284~6　叢1-203(15)、336~7、373(7)、
　2-662、731(34)

鐵函齋書跋補　子3-15287

鐵函心史　集1-4498

11 鐵琴山小草　集5-37214

鐵琴書室全集　集4-29241

鐵琴銅劍樓詞草　集7-48332

鐵琴銅劍樓集古印譜　史8-64978

鐵琴銅劍樓宋元本書目　史8-65253、65780

鐵琴銅劍樓宋金元本書影、識語　史8-
　66491

鐵琴銅劍樓叢書十三種　叢2-661

鐵琴銅劍樓藏書目錄　史8-65781~2　叢
　2-661

鐵琴銅劍樓藏書目錄注　史8-65783

鐵研叀叢書五種　叢2-2152

12 鐵孫徐公(榮)崇祀名宦錄　史2-9862

16 鐵彈子地理元機　子3-13507

鐵硯齋詩　集4-22245、6-45111

鐵硯齋詩草　集5-36567

鐵硯齋詩鈔、補遺　集5-36308

鐵硯齋存稿　集6-42006

鐵硯山房稿　集4-22585

鐵硯宰詩稿　集4-24263

17 鐵珊齋學荃　子1-2615
　　鐵珊小草　集5-34660
20 鐵備旅寓碑帖隨記　史8-64428
　　鐵香室叢刻初集、續集　叢1-562
　　鐵香遺詩　集5-36886
　　鐵香鴻臚遺詩　集5-36887
22 鐵崖文集　集1-5513
　　鐵崖詠史　叢1-330
　　鐵崖詩集三種(鐵崖樂府註、鐵崖咏史註、
　　　鐵崖逸編註)　集1-5493
　　鐵崖先生文集　集1-5518
　　鐵崖先生文集鈔　集1-5519
　　鐵崖先生詩集　集1-5504　叢2-672
　　鐵崖先生集　集1-5503、5509
　　鐵崖先生古樂府　集1-5500
　　鐵崖先生古樂府(鐵崖古樂府)、補、復古詩
　　　集、麗則遺音、附錄　集1-5497
　　鐵崖先生古樂府、復古詩集　集1-5494～5
　　　叢2-672
　　鐵崖先生古樂府、復古詩集、附錄　集1-
　　　5496
　　鐵崖先生古樂府、鐵崖先生復古詩集　叢
　　　2-635(11)
　　鐵崖先生古樂府抄、鐵崖詩集抄　集1-
　　　5507
　　鐵崖復古詩　集1-5502
　　鐵崖漫藁　集1-5508
　　鐵崖古樂府　集1-5501
　　鐵崖古樂府、樂府補　叢1-223(62)、227(10)
　　鐵崖楊先生復古詩集　集1-5505
　　鐵崖賦藁　集1-5523
　　鐵嶺鄉土志[光緒]　史7-56135
　　鐵嶺李氏近房宗譜[遼寧鐵嶺]　史4-
　　　27089
　　鐵嶺申君(金申祐)傳　史2-10326
　　鐵嶺縣續志[民國]　史7-56134
　　鐵嶺縣志、補[康熙]　史7-56130
　　鐵嶺縣志[康熙]　史7-56129　叢2-785
　　鐵嶺縣志[宣統]　史7-56131
　　鐵嶺縣志[民國]　史7-56132～3
　　鐵峯詩集　集3-18380
　　鐵峯集　集3-21088
　　鐵山園詩稿　集4-28204～8
　　鐵山情響、情籟　集4-24874
25 鐵牛翁遺稿　集1-5149　叢1-223(58)
　　鐵牛翁遺稿、校記　集1-5150
　　鐵佛集　集3-17170
26 鐵保自訂年譜　史2-11956
27 鐵血痕　子7-38246
　　鐵血宰相十八章　子7-36485
　　鐵舟海禪師語錄　子7-34320

鐵船文集　集5-39788
鐵船詩鈔、樂府、試律　集4-23566
鐵船針向　子7-36228(3)、36248、36973
鐵網珊瑚　子3-14740～2
鐵網珊瑚三集　子3-14745
鐵網珊瑚集　子3-14746
鐵網珊瑚初集、二集、三集　子3-14743～4
鐵網珊瑚畫品　子3-16034
鐵網珊瑚書法　子3-15268
鐵網珊瑚書法、畫品、石刻　子3-14737
鐵網珊瑚書品　子3-15269
鐵網珊瑚書品、畫品　子3-14738～9
30 鐵扇散方　子2-7722
　　鐵窗吟草　集5-41405
　　鐵官圖崇禎上煤山　集7-53038
　　鐵案心傳　子3-13701
31 鐵潭劉氏重修族譜[湖南耒陽]　史5-
　　　39650
36 鐵禪四書說剩　經2-10953
37 鐵冠道人推箕圖　子3-13690
　　鐵冠圖　子5-28203　集7-49718、50281、
　　　50433
　　鐵冠圖忠烈全傳　子5-28201～2
41 鐵板數　子3-14091
42 鐵橋詩悔　集4-24829　叢2-1623
　　鐵橋集　集3-13424
　　鐵橋漫稿　集4-24830～2　叢1-373(5)、
　　　463～4,2-1623
　　鐵橋漫稿、金石跋　集4-24828
　　鐵橋志書　史7-51074
　　鐵橋題跋　叢2-673
　　鐵橋金石跋　史8-63620　叢1-558
43 鐵城記　史7-49317(3)
　　鐵城泥犁經　子6-32083(19)
44 鐵花仙史　子5-28310
　　鐵花仙館吟草　集4-32547,5-34234
　　鐵花山館詩稿、試帖詩、紅薔吟館詩稿、八
　　　十自述　集4-31412
　　鐵莊文集　集3-16485
　　鐵莊文集、疏快軒詩、詩餘　集3-16484
　　鐵華詩鈔　集5-41471
　　鐵華仙館集　集4-31425
　　鐵華盦印譜　子3-17192
　　鐵華館集部善本書目　史8-65881
　　鐵華館叢書(鐵華仙館叢書)六種　叢1-
　　　444
　　鐵華館藏書目錄　史8-65879
　　鐵若筆談　子5-26448
　　鐵老人遺稿　集4-29057
　　鐵菴集　集1-4115,6-41784　叢1-223(57)

鐵樹堂詩鈔　集4-24983～4
鐵樹堂詩鈔、附鈔　集4-24985
鐵模圖說　史6-46581
鐵模圖說、火箭搖車圖說　子1-3582
46 鐵如意庵詩稿　集4-24793
鐵如意齋印存　子3-17346
鐵如意詩稿　集4-22335
鐵如意室題畫雜綴　子3-16241
鐵如意軒醫書四種　子2-4733
47 鐵匏樓詩　集4-26844
48 鐵槎詩存　集4-27999～8000
鐵槎山房蛙鳴集　集4-28001
鐵槎山房見聞錄　子5-27344　叢1-373
　(4)
鐵梅庵劫餘拾燼默存集　集5-33730
鐵梅花館集(懷古集、悶翠集、北風集)　集
　5-40782
50 鐵史詩存　集5-40395
鐵畫樓詩續鈔(荷戈集)　集5-36263
鐵畫樓詩鈔、駢文　集5-36262
鐵畫銀鉤　子2-7198
55 鐵井文稿　集6-45015
鐵耕齋印存　子3-17429
鐵耕小築印集　子3-17272
56 鐵拐李　集7-48778
鐵拐李度金童玉女　集7-48774(5)、49076
鐵拐李度金童玉女雜劇　集7-48767(4)
　叢2-698(16)
60 鐵□朝元　集7-49705
鐵園詩徵　集5-40949
鐵園集(前蜀遊詩、後蜀遊詩、西湖吟)　集
　4-28689
鐵園集(鐵簫詞)　集7-48101
鐵甲山人詩鈔　集5-33884
鐵甲叢譚　子7-36974
鐵甲叢譚、圖　子7-36231(6)
鐵圍山叢談　史1-1914　子4-20051～2,
　5-26224　叢1-11～2、17、19(5)、20(3)、21
　(5)、22(8)、23(8)、24(6)、29(5)、56、95～6、
　195(5)、223(45)、244(3)、2-624(2)、730(2)
67 鐵路章程　史6-44997
鐵路章程要覽　史6-44214
鐵路記要　子7-36250
鐵路工程　子7-36229、37155
鐵路工程考　子7-36240(3)
鐵路利益論　子7-36254
鐵路估工法　史6-41535、44208
鐵路總表　子7-36228(6)
鐵路總公司造送淞滬鐵路購地造路造車養
　路等項收支細數四柱清冊　史6-44257
鐵路芻言　叢1-459

鐵路紀要　子7-36228(6)、36231(3)、37164
鐵路紀畧、中國創設鐵路利弊論　子7-
　36241
鐵路法例考　子7-36240(3)
鐵路運價改革芻議　史6-44218
鐵路運送論　子7-37165
鐵路考　子7-36240(3)
鐵路奏議論說　子7-36240(3)
鐵路奏稿　史6-44205
鐵路撮要　子7-37154
鐵路國有案　史1-1995
鐵路學堂章程　史6-42382
鐵路會議條款　史6-44215
鐵路簡要新法、附編　子7-37156
鐵路簡明章程　史6-44213
71 鐵厓詠史　史1-6045　叢1-461
鐵厓詠史注　史1-6046
鐵厓樂府　叢1-461
鐵厓樂府注、詠史註、逸編註　叢2-698(11)
鐵厓小樂府　史1-6048
72 鐵氏女花院全貞　集7-49308
77 鐵眉三巴掌禪師語錄　子6-32091(76),7-
　34268
鐵門詩草　集4-28858,6-45079
80 鐵盦詞乙稿　集7-47578
鐵盦詞甲藁　集7-47577
鐵龕詩存、詩餘　集5-40890
鐵龕詩草三集　集5-40892
鐵龕詩草初集、二集　集5-40891
鐵龕自傳　叢2-2217
鐵龕醫學輯要　叢2-2217
81 鐵瓶詩鈔　集4-33001
鐵瓶詩鈔、雜存　集4-33002
84 鐵鑄斜溜礮臺全圖　子1-3616
鐵錨手　子7-38245
87 鐵欽差奏覆兩淮鹽務彙編　史6-43859
88 鐵簫庵文集　集4-24493
鐵簫庵詩鈔　集4-24491
鐵簫庵集　集4-24490
鐵簫詩稿　集4-26110～1
鐵簫詞　集7-48101
鐵笛詞　集7-46424、48139、48278　叢2-
　2067
鐵笛清江引　集1-5514
鐵笛樓詩　集5-34947
鐵笛樓詩鈔、補遺　集4-24908
90 鐵懷詩集　集5-38237
鐵堂詩存　集3-13535
鐵堂詩草　集3-13532
鐵堂詩草、補逸　集3-13534

鐵堂詩鈔　集3-13533
鐵券作歌　史8-64155
鐵券考　叢1-571,2-1026
鐵券詩　子4-18642
鐵券銅塔考　子4-22543

8315₃ 錢

00 錢唐西湖百咏、楊公濟原唱　史7-49354、
　　53313
　　錢唐瑣記　叢1-199
　　錢唐遺事　叢1-19(4)、24(4)
　　錢唐湖山勝概詩文　史7-49354
　　錢唐湖山勝概記　史7-49354
　　錢唐韋先生文集　叢2-833
　　錢文端公(陳羣)行述　史2-9474
　　錢文端公進呈詩　集3-18558
　　錢文敏公全集(鳴春小草、茶山詩鈔、茶山
　　　文鈔)　集3-20581
　　錢辛楣(大昕)年譜　史2-11005
　　錢辛楣先生(大昕)年譜、續編　史2-11886
08 錢譜　史8-64799、64847　叢1-19(11)、20
　　(9)、21(10)、22(16)、23(15)、24(12)、353、
　　469、495、586(3)、2-716(3)
　　錢譜(題明董遹撰)　史8-64800
10 錢二愚求嗣說二則　子2-8286
11 錢孺人訃告　史2-10566
12 錢烈婦(舜華)慘死記　史2-10947
16 錢硯齋存稿　集4-31900
17 錢羽士集　集2-9540,6-41935(5)
　　錢子語測　子4-20314　叢1-62、195(2),2-
　　　731(8)
　　錢子語測法語篇　叢1-64,2-730(4)
　　錢子語測異語篇　叢1-64,2-730(4)
　　錢子久遺文畧　集5-37577
　　錢子測語　子4-20316
　　錢子存笥稿　子1-1302
　　錢乙傳　史2-8671
20 錢季梁稿　集2-10613～4,6-45336、45340
21 錢盧兩先生讀杜合刻(讀杜詩寄盧小箋、讀
　　　杜二箋、讀杜私言)　集1-1041
　　錢盧兩先生讀杜合刻本　集6-45487
　　錢衎石集外文　集4-27582
　　錢虜爰書　史1-3972
　　錢紫雲遺著　集3-14080
22 錢山人集　集2-7112,6-41935(3)
24 錢先生詩　集6-41971
　　錢幼光先生所知錄附錄、詩　史1-3293

25 錢仲文集　集1-867　叢1-223(48)、527
　　錢仲文七律鈔　集1-871
　　錢仲子初集　集2-12713
27 錢名世詩選　集3-17154,6-44441
　　錢叔蓋先生印譜　子3-16943、17254～5
28 錢儀吉手稿　集4-27571
　　錢儀吉書稿　集4-27572
　　錢牧齋先生文鈔、詩集、晚年家乘文　集3-
　　　13058
　　錢牧齋先生譜　史2-11572
　　錢牧齋先生列朝詩集小傳　史2-7269～70
　　錢牧齋先生集外詩、集外文　集3-13052
　　錢牧齋先生尺牘　集3-13059
　　錢牧齋先生尺牘、補遺　集3-13060
31 錢源備考　史8-64823
32 錢溪胡氏族譜[江西吉安]　史4-30582
34 錢法記　史1-801
　　錢法纂要　史6-44417　叢1-195(3)、351,
　　　2-731(17)
35 錢漕雜鈔　史6-44425
　　錢神論　子4-19814　叢2-776
　　錢神志　子4-24563
36 錢湘靈先生詩集　集3-13675～6
37 錢逸人集　集2-8513,6-41935(4)
　　錢通　史6-44421　叢1-223(27)
38 錢遵王(曾)年譜　史2-11726
　　錢遵王詩稿　集3-15055
　　錢遵王讀書敏求記校證、佚文、序跋題記、
　　　校證補遺　史8-65642
　　錢遵王述古堂藏書目錄　史8-65629
　　錢啓新集　集2-9941
40 錢十蘭說文斠詮　經2-12185
　　錢左才集　集5-36993　叢1-477
　　錢大尹智寵謝天香　集7-48774(8)　叢2-
　　　720(3)
　　錢大尹智寵謝天香、帝妃春遊　集7-48797
　　錢大尹智寵謝天香雜劇　集7-48767(3)、
　　　48796　叢2-698(14)
　　錢大尹智勘誹衣夢　集7-48769
　　錢大尹智勘緋衣夢　集7-48770、48774(4)、
　　　48795　叢2-720(3)
　　錢大昕殿試策　集3-21168
　　錢太守集　集2-7413,6-41935(4)
　　錢太史崔灘稿、紀事、遺事　集2-7296
　　錢太常海石子內篇、外篇　子1-1016　叢
　　　2-730(12)、836
　　錢士青先生(文選)編年事畧　史2-12465
　　錢士青先生年譜　史2-12466
　　錢士青都轉六十自述詩　集5-41144
　　錢士青都轉吳越紀事詩　集5-41145
　　錢塘記　史7-50268　叢2-775(4)

錢塘許氏家譜[浙江杭州]　史5-34389
錢塘許氏支譜[浙江杭州]　史5-34387
錢塘百詠　史7-50326　叢2-832(6)
錢塘西湖百詠　集1-2342　叢2-832(1)
錢塘張氏新舊墳圖記　史5-34961
錢塘孫氏重修宗譜[浙江義烏]　史5-
　33625～6
錢塘孫氏宗譜[浙江義烏]　史5-33624、
　33627～9
錢塘瑣記　史7-50287　叢1-22(12)、23
　(11)、29(6)
錢塘集　集1-2374　叢1-223(51)
錢塘集補　集1-2375　叢2-2004
錢塘集鈔　集3-20280,6-41756
錢塘先賢贊　叢1-295
錢塘先賢傳贊　史2-7976～7　叢1-223
　(22)、244(4),2-832(1)
錢塘紳記　子4-22922
錢塘沈氏家乘[浙江餘杭]　史4-29023
錢塘遺事　史1-4387～8　叢1-17,20(2)、
　21(3)、22(8)、23(8)、157、223(20),2-617
　(4)、832(4)
錢塘遺事校　史1-4389　叢1-337,2-731
　(3)
錢塘湖山勝概詩文　集2-6622
錢塘湖山勝槩詩文　史7-53316　叢2-832
　(2)
錢塘湖山勝槩記　史7-52916　叢2-832
　(2)
錢塘湖隱濟顛禪師語錄　子5-27698
錢塘潮觀　史7-52914
錢塘遊覽志　史7-53312
錢塘韋先生文集　集1-2371～3
錢塘獄　子5-27879
錢塘夢　集7-48805、48820、48823、48829、
　48831
錢塘楊茂五哀冊　史2-10978
錢塘縣志[康熙]　史7-57146
錢塘縣志[萬曆]　叢2-832(4)
錢塘縣志補[嘉慶]　史7-57147
錢塘縣志十紀[萬曆]　史7-57145
錢塘懷古詩　史7-53339　叢2-832(5)
錢萑灘稿　集2-7297～8
錢萑灘藁　集2-7299
錢南園先生(灃)年譜　史2-11917　叢2-
　888
錢南園先生守株圖題詞錄　叢2-886(5)
錢南園先生遺集　集4-22295
錢南園先生遺集、補遺　叢2-886(3)
錢南園遺集　集4-22296
錢南園遺集、補遺　集4-22297

錢志新編　史8-64835
錢吉生先生人物畫譜　子3-16548
錢吉士稿　集2-12090～1,6-45336、45340
錢吉士先生全稿　集2-12089
錢校補遺　史1-674　叢2-731(65)
43 錢式圖　史8-64831～2　叢2-1696
44 錢考功詩集　集1-868
錢考功詩集、補遺　集1-870,6-41878
錢考功集　集6-41743　叢2-635(7)
錢考功集(唐錢起詩集、錢起詩集、錢仲文
　集)　集1-867
錢麓屏評註午未二三場卓冠詞林　集6-
　45412
錢勘生詩　集4-30361
錢芥舟詩集　集3-15417
錢孝子寶卷　集7-54489
錢楚殷詩文稿　集3-16500
47 錢鶴灘稿　集6-45336、45340
錢胡兩先生印存　子3-17258
錢胡兩家印輯　子3-17259
錢馨室雜錄　子4-20497
錢起詩集　集1-867、869
錢穀刑名便覽　史6-46117
錢穀須知　史6-43189
錢穀備要　史6-43182
錢穀津梁　史6-43188
錢穀視成　史6-43183～4
錢穀摘要　史6-43190
錢穀指掌　史6-46118
錢穀金針　史6-43185
48 錢翰撰集　集2-6158,6-41935(1)
錢警齋公(世銘)年譜　史2-12209
50 錢本草　子5-27372
錢忠介公(肅樂)年譜　史2-11637　叢2-
　845(2)
錢忠介公集　叢2-845(2)
錢忠介公集、錢忠介公年譜　集2-12533
錢忠介公遺集、錢忠介公年譜　集2-12530
錢東皋(枚)傳　史2-9649
51 錢振鍠雜著六種　叢2-2224
60 錢日庵詩選　集3-14698,6-41970
錢國祥日記(清咸豐四年至十一年,光緒十
　五年、二十二年至二十三年)　史2-
　13017
錢思復詩補　集1-5801
錢�'t　子4-20479　叢1-142
錢果順回文寶傳(回文寶傳)　集7-54418
71 錢頤壽中丞全集正編、續編　叢2-1714
72 錢隱叟遺集、詩　集5-37733
錢氏文滙　集6-45132

錢氏文林公支宗譜[江蘇無錫]　史5-40151、40160

錢氏文林公支宗譜上編[江蘇無錫]　史5-40160

錢氏詩滙　集6-45131

錢氏族譜　叢2-888

錢氏族譜[雲南昆明]　史5-40243

錢氏族譜言行紀畧[雲南昆明]　史5-40244

錢氏譜牒[江蘇常熟]　史5-40180

錢氏三種　叢1-571,2-932

錢氏三修族譜[湖南]　史5-40238

錢氏三修族譜[湖南湘潭]　史5-40241

錢氏正宗譜[浙江慈溪]　史5-40203

錢氏五修族譜[湖南湘潭]　史5-40242

錢氏疏草　史6-47819

錢氏西河派宗塋圖[浙江臨安]　史5-40190

錢氏融堂書解　叢1-312

錢氏重修世譜[江蘇靖江]　史5-40129

錢氏私誌　子4-22876　叢1-5、9、19(8)、20(6)、21(7)、22(7)、23(7)、24(8)、29(4)、56、95~6、195(2)、199,2-624(2)、730(2)

錢氏私志　史1-1914　叢1-4、223(44)

錢氏續修族譜[湖南]　史5-40239

錢氏家語　叢2-2223

錢氏家乘[江蘇宜興]　史5-40164

錢氏家乘[江蘇常熟]　史5-40174

錢氏家乘[浙江杭州]　史5-40187

錢氏家乘[浙江桐鄉]　史5-40196

錢氏家變錄　史1-1937,2-9277

錢氏家變錄[江蘇常熟]　史5-40175

錢氏宗譜　史5-40247

錢氏宗譜[江蘇武進]　史5-40146

錢氏宗譜[江蘇吳縣]　史5-40167

錢氏宗譜[江蘇句容]　史5-40139

錢氏宗譜[江蘇江陰]　史5-40163

錢氏宗譜[江蘇南通]　史5-40133~4

錢氏宗譜[江蘇無錫]　史5-40152、40158~9

錢氏宗譜[江蘇常州]　史5-40141~2、40144

錢氏宗譜[浙江奉化]　史5-40206

錢氏宗譜[浙江慈溪]　史5-40202

錢氏湖頭宗譜上[江蘇無錫]　史5-40154

錢氏湖頭宗譜上編[江蘇無錫]　史5-40153

錢氏湖頭馬橋支遺芳畧末[江蘇無錫]　史5-40155

錢氏在茲集　集6-45133

錢氏爻辰論　叢1-312

錢氏考古錄、補遺　史2-7763　叢1-491

錢氏菱溪族譜[江蘇武進]　史5-40148

錢氏世譜[江蘇無錫]　史5-40149、40162

錢氏本草　子2-5744

錢氏四種　經1-117

錢氏所藏堪輿書提要　史8-66313

錢氏分房支譜[江西宜豐]　史5-40236

錢氏小兒直訣　子2-4559~61

錢氏小兒直訣(錢氏小兒直訣校註)　子2-8358

錢氏小兒藥證直訣　子2-4601、8355~6、8359

錢氏小兒藥證直訣、附方　子2-4704

錢氏小學盦遺藁　子4-22350

77 錢開少先生(邦芑)年譜　史2-11618

錢母蒯太淑人傳　史2-10118

錢民鑑自述　史2-10416

錢門塘鄉志[民國]　史7-56443

78 錢臨江先生集　集2-7415

80 錢兼山稿　集2-9425

錢公(錦孫)行狀　史2-10961

錢公良測語　叢2-730(12)、731(8)、836

錢公良測譜　子4-20315

87 錢錄　史8-64150、64805~6　叢1-223(38)、227(6),2-731(17)

錢錄續編　史8-64861

錢錄補遺　史8-64860

88 錢竹江詩鈔　集4-24643

錢竹汀(大昕)行述　史2-9537

錢竹汀日記(清乾隆四十三年)　史2-12610

錢敏肅公奏疏　史6-49021

錢籜石(載)行述　史2-9499

98 錢幣　叢1-460

錢幣譜　史6-44416　叢1-207

錢幣芻言、續刻、再續、鈔貫說　史6-44431

錢幣芻議　史6-44430

錢幣考　史6-44423,8-64808、64905　子7-36240(5)　叢1-242(5),2-731(17)

錢幣考殘稿　史8-64829

錢幣考摘要　史8-64906

8316₈ 鎔

21 鎔經室集　集5-37166

鎔經類典　子5-26036

24 鎔化考　子7-36240(3)

80 鎔金類罐　子7-36228(3)

鎔金類罐(西藝知新卷六)　子7-36242(3)

8362₇ 舖

50 舖夫額設　史6-45321

8365₀ 醎

77 醎闥小史　史1-3180　叢2-741

8367₇ 舘

06 舘課集　集6-42432

8375₀ 餓

00 餓方朔　集7-49301
26 餓鬼報應經　子6-32081(30)、32083(20)、
　　32084(17)、32085(29)、32086(34)、32088
　　(21)、32089(21)、32090(28)、32091(26)、
　　32092(18)、32093(19)，7-32717　叢1-
　　543、547(4)

8375₃ 餞

38 餞送白陽畢大司農師里詩　集6-43814
77 餞月樓詩鈔　集5-36336　叢1-496(5)

8376₀ 飴

00 飴庵遺著　經1-6541
22 飴山文集　集3-17270　叢2-1379
　　飴山文集、詩集、禮俗權衡、聲調譜、談龍錄
　　　集3-17271
　　飴山文錄　集3-17272,6-42067
　　飴山詩集　集3-17261,17269　叢2-1379
　　飴山詩集、文集、附錄　叢2-698(11)
　　飴山詩餘　集7-46427、47054
　　飴山全集　叢2-1379

8377₇ 館

06 館課詩　集5-38773
　　館課詩律存　集4-27946
　　館課詩別卷　集5-38773
　　館課偶存　集4-24249、25311
　　館課存稿　集3-20841,4-22801、27081
　　館課存鎬　叢1-232
　　館課擬文　叢2-1309
　　館課賦　集5-38773
　　館課賦稿　集4-27870
　　館課時賦稿　叢2-1745
37 館選朱子古文讀本　集1-3615
　　館選錄分韻　史3-13491
50 館本十七帖(唐拓十七帖、宋拓館本十七
　　　帖)　子3-15295
77 館陶縣鄉土志[光緒]　史7-55579
　　館陶縣志[雍正]　史7-55577
　　館陶縣志[康熙]　史7-55576
　　館陶縣志[萬曆]　史7-55575
　　館陶縣志[民國]　史7-55578
　　館閣漫錄　史6-42898
　　館閣舊事　史6-42899
　　館閣類錄　史1-2687

8410₀ 針

27 針灸指髓　子2-4767
　　針灸甲乙經　子2-4568
　　針灸問對　子2-4557~8
88 針餘吟稿　集4-23118　叢2-1539

8411₁ 銑

32 銑溪周氏宗譜[浙江開化]　史4-30015

8412₁ 錡

00 錡齋詩集　集5-34188　叢2-729

8412₇ 鋤

10 鋤雪草堂詩草(遊戲集)　集 5 - 37934
21 鋤經草堂試帖　集 4 - 28083
　鋤經書舍零墨　子 4 - 23524　叢 1 - 496(4),
　　2 - 617(5)、735(2)
　鋤經軒雜體詩草　集 5 - 37770
　鋤經閣學規　子 1 - 2436
　鋤經餘草、續草　集 3 - 18810
　鋤經堂經說　經 2 - 11704
33 鋤心齋卻病錦囊　子 2 - 5110
44 鋤茅遺稿　集 6 - 44475
48 鋤梅餘事　叢 2 - 1756
77 鋤月山房文稿　集 4 - 31899
　鋤月山房文鈔　集 4 - 31958
　鋤月山房遺稿　集 4 - 33613,5 - 40553
　鋤月山房吟草　集 4 - 32748
　鋤月野廬詩集　集 4 - 33696

8414₁ 鑄

00 鑄瘦佛齋詩稿　集 4 - 30883
　鑄亭山人詩鈔、續鈔　集 4 - 24716
　鑄廬詩剩、蕉竹山房詞剩　集 4 - 30124
10 鑄雪齋集　集 3 - 18673
　鑄雪齋集、年譜　集 3 - 18674
22 鑄鼎餘聞　子 5 - 31474
44 鑄夢詞　集 4 - 29559
　鑄菴隨筆二編　子 5 - 26471
　鑄菴筆記　子 5 - 26470
50 鑄史駢言　子 5 - 25448　叢 1 - 496(8)
77 鑄陶詩　集 3 - 19384
80 鑄金論署　子 7 - 37213
83 鑄鐵齋詩稿　集 4 - 33481
　鑄鐵齋詩遺稿　集 4 - 33480
　鑄鐵詞　集 7 - 48308
　鑄鐵工藝、圖　子 7 - 36228(6)
　鑄鐵硯齋詩、續編　叢 2 - 1788
　鑄鐵盦隨筆(清光緒十八年至二十年)　史
　　2 - 13193
　鑄錢工藝、總論、圖　子 7 - 36231(7)
　鑄錢工藝、圖　子 7 - 37214
　鑄錢述署上編、下編、銅表　史 6 - 44461
84 鑄錯山房筆記　子 4 - 23440
　鑄錯草堂詩鈔　集 3 - 17629
　鑄錯軒詩葺　叢 2 - 934
87 鑄銅幣問答　史 6 - 41535、44464

8416₁ 錯

07 錯詞合璧　集 7 - 49252
25 錯傳輪　集 7 - 49237
44 錯夢　集 7 - 53559
46 錯姻緣　集 7 - 50396
50 錯中錯　集 7 - 50387
55 錯轉輪　集 7 - 48776　叢 2 - 672
84 錯錯認錦疑團小傳　子 5 - 28298
　錯錯軒詩輯　集 3 - 16149

8418₁ 鎮

00 鎮亭山房詩集　集 5 - 36962
　鎮亭山房詩集、文集　集 5 - 36961
　鎮康縣志初稿[民國]　史 8 - 62497
01 鎮龍趙氏家譜[浙江上虞]　史 5 - 38338～9
10 鎮平黃族總譜[廣東蕉嶺]　史 5 - 34099
　鎮平縣志[康熙]　史 8 - 59956、60967
　鎮平縣志[道光]　史 8 - 60969
　鎮平縣志[乾隆]　史 8 - 60968
　鎮平縣志[光緒]　史 8 - 59957
　鎮平縣金沙鄉林氏族譜[廣東蕉嶺]　史 4 -
　　29390
　鎮天助順赤文洞兵法　子 3 - 13839
　鎮石齋詩稿鈔存　集 6 - 42000
　鎮石齋稿　集 4 - 24752
　鎮石齋稿詩鈔　集 4 - 24753
　鎮西蛟河村倪氏宗譜[浙江鎮海]　史 4 -
　　31733
　鎮西蛟河村陳氏宗譜[浙江鎮海]　史 4 -
　　32841
　鎮西吟草　集 5 - 39514
11 鎮北龍山鄭氏宗譜[浙江寧波]　史 5 -
　　38616
20 鎮番縣誌　史 7 - 54920
　鎮番縣誌[乾隆]　史 8 - 63135
　鎮番縣鄉土志[光緒]　史 8 - 63139
　鎮番縣志[宣統]　史 8 - 63137
　鎮番縣志[道光]　史 8 - 63136
　鎮番縣志[民國]　史 8 - 63138
21 鎮虞奏疏　史 6 - 48636
22 鎮巖石氏宗譜[浙江東陽]　史 4 - 26005～6

30 鎮寧州志[光緒]　史8-62225
　　鎮寧縣志[民國]　史8-62226
　　鎮守荊南奏稿、督師三楚奏稿　史6-48931
　　鎮安廖氏宗譜[浙江江山]　史5-38520
　　鎮安府志[乾隆]　史8-61403
　　鎮安府志[光緒]　史8-61404
　　鎮安府屬土州縣司譯語　經2-14981、14986
　　鎮安縣鄉土志[光緒]　史7-56199,8-63078
　　鎮安縣志[雍正]　史8-63075
　　鎮安縣志[乾隆]　史8-63076
　　鎮安縣志[民國]　史8-63077
31 鎮江府志　叢1-373(2)
　　鎮江府志[康熙]　史7-56840
　　鎮江府志[萬曆]　史7-56839
　　鎮江府志[乾隆]　史7-56841
　　鎮江府均賦辨　集2-11545
　　鎮江府金壇縣採訪册[崇禎]　史7-56881
　　鎮江孔氏合修宗譜[江蘇鎮江]　史4-
　　25933~4
　　鎮江破城記　史1-4018
　　鎮江破城日記　史1-4018
　　鎮江志[至順]　史7-56838
　　鎮江志[嘉定]　史7-56836~7
　　鎮江李氏家乘[江蘇鎮江]　史4-27110~1
　　鎮江李氏支譜[江蘇鎮江]　史4-27113
　　鎮江城東上林馬墅席氏重修宗譜[江蘇鎮
　　江]　史4-32473
　　鎮江揚州李氏合譜[江蘇鎮江]　史4-
　　27108
　　鎮江公濟丸散膏丹全集　子2-10031
　　鎮江竹枝詞　集4-28263
　　鎮江小輪船期　史6-44199
　　鎮沅紀畧　史6-47094　叢2-1144
　　鎮沅懷德錄　叢2-1144
　　鎮沅懷德錄(江東之)　史2-8984
32 鎮州臨濟慧照禪師語錄　子7-34180
34 鎮遠府志[乾隆]　史8-62265
36 鎮邊縣志[民國]　史8-61400
38 鎮洋縣志[乾隆]　史7-57056
　　鎮洋縣志[民國]　史7-57057
　　鎮海龍頭西廟孫氏世譜[浙江寧波]　史5-
　　33590
　　鎮海五里牌王氏重修族譜[浙江鎮海]　史
　　4-24959
　　鎮海柏墅方氏族譜[浙江鎮海]　史4-
　　25754
　　鎮海春秋　子5-28188
　　鎮海東管王氏宗譜[浙江鎮海]　史4-
　　24957
　　鎮海虹橋朱氏重修族譜[浙江寧波]　史4-
　　26511

　　鎮海縣新志備稿[民國]　史7-57427
　　鎮海縣海塘圖畧　史6-46856
　　鎮海縣志[乾隆]　史7-57422
　　鎮海縣志[民國]　史7-57426
　　鎮海縣志[光緒]　史7-57425
　　鎮海縣志備修[嘉慶]　史7-57424
　　鎮海嚴氏宗譜[浙江寧波]　史5-41209
40 鎮南雜詠　集5-38068
　　鎮南州志[康熙]　史8-62556
　　鎮南州志[咸豐]　史8-62557
　　鎮南州志稿[民國]　史8-62559
　　鎮南州志畧[光緒]　史8-62558
　　鎮南浦開埠記　史7-49318(21)
　　鎮雄州志[乾隆]　史8-62470
　　鎮雄州志[光緒]　史8-62471
41 鎮坪縣鄉土志[民國]　史8-63054
　　鎮坪縣志畧[民國]　史8-63053
43 鎮城劉氏宗譜[浙江鎮海]　史5-39252
　　鎮城竹枝詞　史1-3806　叢2-804~5
　　鎮越縣志[民國]　史8-62615
50 鎮東縣志[民國]　史7-56239
56 鎮揚紀遊雜詠　集5-39089
　　鎮揚遊記　史7-53251　叢2-705
71 鎮原縣鄉土志[光緒]　史8-63180
　　鎮原縣志[康熙]　史8-63176
　　鎮原縣志[道光]　史8-63178
　　鎮原縣志[嘉慶]　史8-63177
　　鎮原縣志[民國]　史8-63179
77 鎮閩議稿　集2-8630~1、8633
　　鎮閩疏稿　史6-48753

8463₂ 弦

44 弦林館詩集　集4-24116

8471₁ 饒

00 饒應祺奏稿　史6-49077
　　饒應祺公牘　史6-47192
10 饒平縣志[康熙]　史8-60980
　　饒平縣志[光緒]　史8-60981
12 饒副使三溪集　集2-8721
20 饒雙峯講義　經2-11958
24 饒壯勇公遺書　集4-31028
32 饒州府志[康熙]　史8-58701
　　饒州府志[正德]　史8-58700

饒州府志稿[同治]　史8-58702
40 饒南九三府圖說　叢1-84(4),2-730(11)、731(57)、1136
72 饒氏族譜[福建建寧]　史5-41323
　饒氏族譜[湖南宜章]　史5-41330
　饒氏宗譜[安徽旌德]　史5-41321
　饒氏宗譜[湖北大冶]　史5-41326~9
76 饒陽縣後志[順治]　史7-55414
　饒陽縣志、續志[萬曆]　史7-55413
　饒陽縣志[乾隆]　史7-55415

8471₄ 罐

18 罐塾山人詞集　集7-47260

8471₇ 饈

44 饈蕷室詩草　集5-37893　叢2-821

8474₇ 餝

84 餝餝名一枝　集7-51663
　餝餝陣一枝　集7-50946

8490₀ 斜

12 斜弧三邊求角補術　子3-12357、12388,7-36228(1)、36231(7)、36241、36242(1)、36248　叢2-917、1744
22 斜川詩集　集1-2986~7、3882
　斜川集　集1-2988,2991,2993,3885　叢1-265(5)
　斜川集(龍川集)　集1-2992
　斜川集、訂誤　集1-2989　叢1-244(6),2-698(10)、731(40)
　斜川集、訂誤、補遺、續鈔　集1-2990
24 斜倚欄杆一套　集7-50976
31 斜河孫氏宗譜[江蘇江陰]　史5-33564
40 斜塘竹枝詞　史7-50384~5　集4-28218、29211
76 斜陽集　集3-13526
77 斜月杏花書屋詩鈔　集4-30692

8511₇ 鈍

00 鈍庵前後類稿　集3-14561
　鈍庵管見、補遺　史2-6636
　鈍廬詩集、文集　集5-39772
　鈍齋詩集　集3-19765　叢2-1478
　鈍齋詩稿　集3-20962
　鈍齋詩選　集3-14014
　鈍齋詩錄　集4-32148
　鈍齋詩鈔　集5-34393
　鈍齋東遊日記　史7-54197
　鈍齋類稿、續稿、別稿　集3-13644
10 鈍石齋詩稿　集4-27441
16 鈍硯廬文集　集4-29934
　鈍硯卮言　子4-21323
30 鈍安文　叢2-2244
　鈍安雜著　叢2-2244
　鈍安詩　集5-41589~90
　鈍安詩、詞　集5-41591
　鈍安詩、補遺　叢2-2244
　鈍安詞　叢2-2244
　鈍安遺集　集5-41588
　鈍安遺集五種　叢2-2244
44 鈍菴先生文集　集2-9541
68 鈍吟雜錄　子4-20956　集6-45496　叢1-223(42)、269(5)、270(4)、271、272(4),2-731(4)
　鈍吟雜錄、詩紀匡謬　子4-20960
　鈍吟誡子帖、社約四則　叢1-321
　鈍吟集　集3-13330　叢2-612、1242
　鈍吟集、餘集、別集　叢1-325
　鈍吟集詩箋注　集3-13336
　鈍吟樂府　集7-50641　叢2-1242
　鈍吟老人文稿　集3-13335　叢2-1242
　鈍吟老人雜錄　子4-20955　叢2-1242
　鈍吟老人雜錄(鈍吟雜錄)　子4-20954
　鈍吟老人集外詩　叢2-1242
　鈍吟老人集外詩、鈍吟樂府　集3-13334
　鈍吟老人遺稿　集3-13337
　鈍吟老人遺稿　叢2-1242
　鈍吟書要　子3-15138　叢1-202(8)、203(14)、353
　鈍吟日記　叢1-321
　鈍吟別集　叢2-1242
　鈍吟別集(落花詩)　集3-13331
　鈍吟全集(鈍吟老人遺稿)　集3-13328
　鈍吟餘集　集3-13333　叢2-1242

77 鈍叟文鈔　集3-18124,6-42064
　　鈍叟存稿　集3-18123
80 鈍盦紀年　史2-12417
　　鈍盦脞錄　叢2-2244
　　鈍翁(汪琬)年譜　史2-11707
　　鈍翁續稿　集3-14562　叢2-904
　　鈍翁遺稿　集5-34502
　　鈍翁吟草　集4-32598
　　鈍翁類稿　叢2-904

8513₀　鈌

40 鈌壺編文　集3-13816

　　　　　鉢

20 鉢香行草　集3-20054
22 鉢山存稿　集3-19296
34 鉢池山志、志餘　史7-52224　叢2-934
44 鉢花館詩鈔　集4-29687
　　鉢蘭那賖嚩哩大陀羅尼經　子6-32083(31)
50 鉢中草　集4-26392
　　鉢囊遊草　集5-34300

8513₂　鉳

44 鉳華館售書目　史8-66486
77 鉳鳳稿(詩)　叢2-1110

8514₄　鏤

32 鏤冰詩集　集4-30953
　　鏤冰詩鈔(艾溪集、環洲前集、朝天集、環洲
　　　後集、武林集、歸田集)　集3-19786
　　鏤冰詞　集4-27622
　　鏤冰詞鈔、樂府　集7-47616
　　鏤冰集　集3-19688
44 鏤花小草　集4-26037

8519₀　銖

40 銖寸錄　子1-1764～5　叢1-483,2-886(2)

8519₆　鍊

00 鍊庵駢體文選　叢1-584
29 鍊秋室詩稿　集4-24294
77 鍊閲火器陣記　叢1-201
87 鍊銅各法　叢1-530～1

8573₀　缺

00 缺齋遺稿　集5-40249
45 缺樓文集　集5-41252

　　　　　缽

50 缽囊草　集5-34300

8578₆　饙

10 饙石齋印存　子3-17376
51 饙蟬草　集4-22752
80 饙貧糧　子4-21747　叢1-496(5)

8610₀　鈿

80 鈿盒奇煙　集7-49258

8611₄　鑼

21 鑼經摘要　子3-17857
44 鑼鼓詩　子3-17854
　　鑼鼓譜　子3-17848

8612₇ 躅

44 躅荒始末　史6-44573

錦

00 錦文堂書目　史8-66483
　　錦衣歸　集7-50215
　　錦衣志　史1-1933,6-42824　叢1-22(21)、
　　　84(4),2-730(11)、731(18)
10 錦霞閣集　集5-40962～3
　　錦石唐氏四修族譜[湖南湘潭]　史4-
　　　32565
　　錦石書屋古文　集4-25499
　　錦石軒射說　子3-18178
　　錦西廳鄉土志[宣統]　史7-56193
　　錦西縣鄉土志[宣統]　史7-56195
　　錦西縣志[民國]　史7-56194
　　錦雲家集　集3-16889
　　錦雲堂暗定連環計雜劇　集7-48767(2)
　　　叢2-698(16)
　　錦雲堂美女連環記雜劇　集7-48774(4)、
　　　48973
11 錦瑟詞　集7-46397～400,46981～2,48361
　　錦瑟詞話　集7-48754
20 錦秀食齋　集7-52812
　　錦香亭　子5-28329～30　集7-50300
　　錦香樓詩稿　集4-25019
21 錦上花　集7-53805、54699
22 錦川王氏宗譜[浙江江山]　史4-25102
　　錦川集　集3-16476、19865
　　錦川歐陽氏宗譜[江西]　史5-39078
　　錦峯詩稿　集3-20606
　　錦山初筆　子3-13612
25 錦繡旗　集7-50499
　　錦繡幡　集7-50498
　　錦繡莊氏世譜[福建]　史4-31503
　　錦繡萬花谷　子5-24823
　　錦繡萬花谷、後集、續集　子5-24822
　　錦繡萬花谷續集　子5-24820
　　錦繡萬花谷別集　子5-24821
　　錦繡萬花谷前集、後集、續集　子5-24825
　　　叢1-223(43)
　　錦繡萬花谷前集、後集、續集、別集　子5-
　　　24824
　　錦繡萬花谷前集、後集、別集　子5-24819

　　錦繡食齋全本　集7-53191
　　錦繡策　集1-3542
27 錦盤奇勢　集6-45809　叢2-1191
　　錦身機要　子2-4556、11182　叢1-117
　　錦身機要、大道修真捷要選仙指源篇　子
　　　2-11023
30 錦字書　叢1-168(3)
　　錦字箋　子5-25878～9
　　錦官雜著　叢2-1674
　　錦官堂試帖　集5-37434
　　錦官堂詩續集　集5-37428
　　錦官堂詩草　集5-37427
　　錦官堂詩鈔五十述懷　集5-37422
　　錦官堂七十二候試律詩　集5-37432
　　錦官堂賦鈔　集5-37433
31 錦江詩集　集4-22319
　　錦江集　集4-22318
　　錦江寓懷錄　集4-26534
　　錦江禪燈　子6-32091(81)
　　錦江志畧[康熙]　史8-60767
　　錦江書院紀畧　史7-52131
　　錦江胜記　史7-50579　子4-23244
32 錦州府政治報告書　史6-41843
　　錦州府鄉土志[光緒]　史7-56188
　　錦州府志[康熙]　史7-56187　叢2-785
　　錦溪張氏宗譜　史5-35449
　　錦溪盧氏重修宗譜[浙江東陽]　史5-
　　　40072～4
　　錦溪盧氏宗譜[浙江東陽]　史5-40071
　　錦溪朱氏宗譜[浙江麗水]　史4-26613
　　錦溪李氏宗譜[浙江麗水]　史4-27271
　　錦溪小集　集3-17246
37 錦裙記　子4-18861　叢1-29(4)、255(3)
39 錦沙陸氏宗譜[安徽歙縣]　史4-32683
40 錦塘王氏支譜[福建福州]　史4-25308
43 錦城吟　叢2-1924
44 錦地花天一枝　集7-51793
　　錦帶連珠　史6-49267　叢1-197(1)
　　錦帶書　史6-49218　叢1-22(13)、23(12)、
　　　154、169(4)、181、268(4)、353,2-731(54)
　　錦芳太史醫案求真初編、戒子八則　子2-
　　　10591
　　錦樹集　集2-6159　叢1-223(70)
　　錦樹堂詩鑑　集6-42460
47 錦帆集　集2-11049、11054
48 錦槎軒詩稿　集6-41999
50 錦囊癍疹論　子2-9085
　　錦囊痘疹麻症　子2-8620
　　錦囊詩餘　集7-46834
　　錦囊集　集3-17634　叢1-373(9)

錦囊集、外集　叢2-696

錦囊佳什詩鈔　集4-32275

錦囊祕錄　子2-9728

錦囊藥性賦　子2-4674、5808

錦囊印林　子3-17031

錦囊小史四十一種　叢1-25

60 錦里新編　史2-8290,7-50976

錦里新聞　史7-50973　叢1-22(6)、23(6)

錦里詩錄　叢2-2150

錦里柴氏宗譜[浙江鄞州]　史4-31520

錦里耆舊傳　叢1-223(22)、278,2-731(66)

錦里耆舊傳(成都理亂記)　史1-2434

錦里黃氏家譜[浙江鄞州]　史5-33761

62 錦縣鄉土志[光緒]　史7-56192

錦縣志[康熙]　史7-56189　叢2-785

錦縣志拾遺[民國]　史7-56191

錦縣志畧[民國]　史7-56190

77 錦屏破石卓禪師雜著　子6-32091(78)

80 錦谷詩集　集4-33284

錦谷程氏宗譜[安徽績溪]　史5-36146

錦谷程氏世宗譜[安徽績溪]　史5-36145

錦谷程氏惇庸祠譜[安徽績溪]　史5-36144

83 錦錢餘笑　集1-4493　叢1-244(5)、580,2-731(42)

錦錢餘笑二十四首　叢2-636(4)

88 錦箋記　集7-49709

90 錦堂自訂年譜　史2-12038

錦堂萱壽集　史2-10351

錦堂歡　集7-53806

99 錦營鄭氏宗譜[安徽祁門]　史5-38730

錫

00 錫席卿先生遺稿十六種　叢2-2061

錫席卿遺稿十四種　集5-37734

錫慶堂詩集　集3-19992

09 錫麟寶訓摘要　子2-4704、8509

10 錫晉齋四種　叢2-2238

17 錫珊文稿　集5-39375

22 錫崑筆記　子5-26650

錫山文集　集6-44545~6

錫山謝氏宗譜[江蘇無錫]　史5-40695

錫山施氏統譜[江蘇無錫]　史4-30868

錫山施氏宗譜[江蘇無錫]　史4-30867

錫山許氏宗譜[江蘇無錫]　史5-34373~4

錫山王氏宗譜[江蘇無錫]　史4-24867

錫山五牧周氏宗譜[江蘇無錫]　史4-29861

錫山靈丘張氏宗譜[江蘇無錫]　史5-34839

錫山丁氏宗譜[江蘇無錫]　史4-24611

錫山平氏宗譜[江蘇無錫]　史4-26062

錫山張氏宗譜[江蘇無錫]　史5-34840~1

錫山延陵宗譜[江蘇無錫]　史4-27748

錫山鄧氏宗譜[江蘇無錫]　史5-38803

錫山衛氏宗譜[江蘇無錫]　史5-39153

錫山先哲叢刊　叢2-802

錫山朱氏宗譜[江蘇無錫]　史4-26438

錫山吳氏世譜[江蘇無錫]　史4-27750

錫山殷氏家譜[江蘇無錫]　史4-32214

錫山鄔氏宗譜[江蘇無錫]　史5-36296

錫山鄒氏西南莊支譜[江蘇無錫]　史5-36342

錫山鄒氏支譜[江蘇無錫]　史5-36341

錫山名人象贊　史2-7833

錫山徐氏宗譜[江蘇無錫]　史4-31834~5

錫山徐氏支譜[江蘇無錫]　史4-31832

錫山安國重校鶴山先生大全文集原目　叢2-1046

錫山宅基周氏纂修宗譜[江蘇無錫]　史4-29859

錫山寶氏宗譜[江蘇無錫]　史5-41335

錫山馮氏宗譜[江蘇無錫]　史5-36412

錫山浮舟村顧氏宗譜[江蘇無錫]　史5-41384

錫山浦氏續修大統宗譜[江蘇無錫]　史4-32595

錫山浦氏宗譜[江蘇無錫]　史4-32594

錫山補誌　叢2-802

錫山補志[嘉慶]　史7-56899

錫山遺響　集6-44541

錫山祝氏宗譜[江蘇無錫]　史4-31092~3

錫山過氏重修世譜[江蘇無錫]　史5-34345

錫山過氏宗譜[江蘇無錫]　史5-34348

錫山過氏宗譜續衍集十二集[江蘇無錫]　史5-34346

錫山過氏宗譜十五集[江蘇無錫]　史5-34347

錫山游庠錄、錫金游庠錄　集3-14915

錫山南河顧氏宗譜[江蘇無錫]　史5-41381

錫山李氏世譜[江蘇無錫]　史4-27137~9

錫山李閣學政續錄　史2-10452

錫山古今藝文考　史8-66072

錫山袁氏宗譜[江蘇無錫]　史4-31312

錫山尤氏文存、詩存　叢2-916

錫山尤氏叢刊甲集　叢2-916

錫山戴氏宗譜[江蘇無錫]　史5-40496～7
錫山荒政存稿　史6-44676
錫山蔣氏宗譜[江蘇無錫]　史5-38095、38097
錫山蓮溪嚴氏宗譜[江蘇無錫]　史5-41186
錫山薛氏支譜[江蘇無錫]　史5-39926
錫山杜氏宗譜[江蘇無錫]　史4-26984
錫山林敬堂印譜　子3-17292
錫山槽坊周氏宗譜[江蘇無錫]　史4-29868
錫山楊氏宗譜[江蘇無錫]　史5-36820
錫山趙氏宗譜[江蘇無錫]　史5-38280～1
錫山奉氏宗譜[江蘇無錫]　史4-29276
錫山書屋詩鈔、詞鈔　集5-34909
錫山秦氏宗譜[江蘇無錫]　史4-31239～40、31242～3
錫山秦氏宗譜澹如公支家譜[江蘇無錫]　史4-31248
錫山秦氏東里世系[江蘇無錫]　史4-31247
錫山東里侯氏六修宗譜[江蘇無錫]　史4-30715
錫山東里侯氏七修宗譜[江蘇無錫]　史4-30716
錫山曹氏宗譜[江蘇無錫]　史5-34162
錫山費氏續修宗譜[江蘇無錫]　史5-36696
錫山畢氏宗譜[江蘇無錫]　史4-31529
錫山呂氏宗譜[江蘇無錫]　史4-26280
錫山景物畧　史7-50172
錫山單氏宗譜[江蘇無錫]　史5-35959
錫山歷朝著述書目考正編、續編、補編、雜錄　史8-66073
錫山厲氏宗譜[江蘇無錫]　史5-38464
錫山馬氏統譜[江蘇無錫]　史4-31569
錫山馬氏宗譜[江蘇無錫]　史4-31567～8
錫山匡氏宗譜[江蘇無錫]　史4-26259
錫山劉氏宗譜[江蘇無錫]　史5-39240
錫山陡門秦氏宗譜[江蘇無錫]　史4-31246
錫山陳氏家乘[江蘇無錫]　史4-32773、32775
錫山周氏家乘[江蘇無錫]　史4-29863
錫山周氏宗譜[江蘇無錫]　史4-29851、29853、29860、29866
錫山周氏世譜[江蘇無錫]　史4-29852、29854～6、29858、29862、29864
錫山周氏光霽祠大統宗譜[江蘇無錫]　史4-29870
錫山臨袂集　集4-32443

錫山俞氏宗譜[江蘇無錫]　史4-30770
錫山余氏續修宗譜[江蘇無錫]　史4-28516
錫山錢王祠復建志畧　史7-51775
錫山錢武肅王祠志　史7-51774
30 錫良遺稿　史6-47209
31 錫福呈祥附譜　集7-49677
44 錫老堂詩鈔　集3-17189
45 錫杖經　子6-32081(31)
47 錫嘏堂壽言　史2-10838
錫穀堂詩　集3-18139
錫穀堂集　集4-30777
57 錫蝦堂家範　子1-2328
80 錫金識小錄[乾隆]　史7-56898
錫金識小錄[民國]　史7-56908
錫金二縣勸學所詳章　史6-42507
錫金科第考　史3-14919
錫金鄉土地理[宣統]　史7-56910
錫金鄉土地理[光緒]　史7-56909
錫金游庠續錄　史3-14916
錫金游庠錄　史3-14915
錫金泮宮題名錄(清康熙二十八年至同治五年)　史3-14918
錫金泮宮題名錄(清康熙二十八年至同治四年)　史3-14917
錫金志外[道光]　史7-56902
錫金志補[雍正]　史7-56895
錫金考乘[道光]　史7-56904
錫金考畧　史7-49318(3)、54707
錫金四喆事實彙存　史2-7837
錫金團練始末記　史1-3900
88 錫餘詩稿　集6-45097
91 錫類法檀　子7-34252

8614₁ 鐸

00 鐸音　子7-35792
01 鐸語　子1-2588
24 鐸德要理　子7-35485
38 鐸遊草　集4-31447
72 鐸隱誠齋賦鈔　集5-37887
88 鐸餘集古今體詩　集5-36639
鐸餘逸韻　子4-24614　集5-35943　叢1-496(2)
90 鐸堂詩選　集3-14559,6-41961

8614₇ 鑮

11 鑮頭吟 集4-23098

8640₀ 知

00 知府須知 史6-43059
　知言 子1-718,4-20726 叢1-223(30)
　知音共賞 子3-17926
02 知新後語 叢2-1067
　知新鈐記 子3-13705
03 知誠勤齋存稿二十四種 叢2-1985
　知識五門 子7-36228(4)、37451
10 知一齋日記(清光緒十二年) 史2-13198
　知至編 叢1-194
　知天要鑒 子3-11320
　知不可齋詠史詩 史1-6093
　知不可翁遺稿(詠史詩、詩文) 集4-33526
　知不可翁遺稿(知不可齋詠史詩) 集4-33525
　知不足齋詩稿 集5-35395
　知不足齋詩草 集4-26303,6-42007(2)
　知不足齋宋元文集書目 史8-66380
　知不足齋叢書一百九十六種 叢1-244
　知不足齋叢書目 史8-66157
　知不足齋隨筆 子4-24644
　知不足軒詩草 集5-35302
　知不足軒刪存 集5-35303
11 知北遊草 史7-53128
　知北遊品 子5-29241
　知非亭詩稿 集3-17728
　知非齋文錄 集5-39805
　知非齋詩續鈔 集5-34321~2
　知非齋詩鈔 集5-34320
　知非齋謎稿 子3-18367、18396
　知非齋稿 集4-24298
　知非齋存稿 集1-5807
　知非齋易釋 經1-1832
　知非齋易注 經1-1831
　知非齋咽喉集方 子2-7501
　知非唐詩集 集5-40953
　知非集 集3-18697,4-22275,5-39792、41282 叢2-1539
　知非軒詩文鈔 集5-41260 叢2-887
　知非日札 子4-22496 叢1-538,2-1529

知非錄 史2-12058、12242 叢1-365
知非堂集三種 叢2-1052
知非堂稿 集1-5043~5 叢1-223(60)
知非堂稿、文獻外錄、外編、通書問、通鑑綱目測海 集1-5042
知非堂稿、文獻外錄、知非堂外稿 集1-5041
知非堂稿、外稿、文獻外錄 叢2-1052
知非堂未定稿(有不爲齋稿) 集4-32100
13 知恥齋文集 集4-23666~7
　知恥齋文集、詩集、崇祀鄉賢錄 集4-23664
　知恥齋文集、詩集、補遺 集4-23663
　知恥齋文錄 集4-23668,6-42066
16 知聖道齋讀書跋 叢1-416~7,2-662、731(2)
　知聖道齋讀書跋尾 史8-65700 集3-21419
　知聖道齋讀書跋尾、金石跋尾 叢1-369
　知聖道齋書目 史8-65698~9 叢2-593~4
　知聖道齋未刻文鈔 集3-21421
　知聖道齋策問存課考署 子4-22321
　知聖篇 子1-1945 叢2-2129(3)、2130~1
17 知了義齋詩鈔 集4-25791
21 知止齋文稿 叢2-1745
　知止齋文賸稿 叢2-1745
　知止齋詩 集4-28546
　知止齋詩集 集4-28930,5-36660
　知止齋詩藁 叢2-1745
　知止齋詩鈔 叢2-1745
　知止齋遺集二十二種 集4-28929 叢2-1745
　知止齋遺編、外編 集5-34612
　知止齋奏議 叢2-1745
　知止齋摺稿偶存 叢2-1745
　知止齋日記(清道光五年至同治元年) 史2-12709
　知止齋筆記 史1-4964
　知止山莊詩鈔 集4-23531
　知止軒文草 集5-36139
　知止軒文草、辛壬雜筆 集5-36138
　知止軒吟草 集5-36137
　知止盦文集、補遺 集5-36107
　知止盦詩錄 集5-36106
　知止盦筆記 子5-27289
　知止堂詩錄 叢1-373(6)
　知止堂詩錄、文集、文補遺、詞錄 集4-28580
　知止堂詞錄 集7-47465
　知止堂集、續集、外集、飛鴻集詩、飛鴻餘集、秋聲辭、飛鴻集文 集4-30522

知行記立集　子4-21592
知儒編　子7-34907
22 知樂圜壽言　史2-9451
23 知我軒詩鈔　集4-33647
知我錄　史2-7495　叢1-201、203(6)
知稼集補鈔　集1-3324
知稼軒詩　集3-18273,5-39023
知稼軒詩稿(洞庭集、蘭臺集、遼東集)　集5-39022
知稼軒詩鈔　集4-29494,6-42007(1)
知稼翁詞　集7-46352、46357、46371、46379～80、46558　叢1-223(73)、2-698(14)、720(2)
知稼翁集　集1-3320　叢1-223(54)
知稼翁集補鈔　集6-41901
知稼翁集鈔　集1-3322～3,6-41900、41908
知稼堂集　集3-21092
24 知德軒詩鈔、文鈔　集4-27679
25 知生或問　子1-1290　叢2-937
知生錄　子5-27011
26 知白齋雜文　集4-30122
知白齋詩　集5-33969
知白齋詩草　集4-30118
知白齋詩草、續草　集4-30119
知白齋詩草、續草、別草、吟草　集4-30121
知白齋詩鈔　集5-34068
知白齋詩鈔、附存　集5-34069
知白軒遺稿　集4-30249
27 知魚樂齋存稿　集3-13773,6-42006
30 知空蘊禪師語錄　子6-32091(80)
知漳罪罨署、又刻　史6-43113
知守齋詩初集、二集、文集、硯銘　集4-28269
知守齋詩初集、二集、別集　集4-28268
33 知心集　集5-39150
36 知還草　叢2-1563
知還書屋詩鈔　集4-22965
知還堂集　集3-13092
37 知鴻堂文集　集2-12936
知過齋詩文集　集5-35155
知過軒隨錄　史1-1995,4526
知退齋詩　集4-25489
知退齋稿、古文補刊　集5-34128
知退軒文稿　集5-40116
40 知希齋詩　集6-43823
知希菴稿　集2-11218～9
知有神錄　子5-31711
知存恕堂各體詩鈔　集4-29244
知古錄　子1-3913
知奮齋日記(清光緒三十一年至三十二年)

史2-13203
44 知蔬味齋詩鈔　叢2-888
知蔬味齋詩鈔(蜀遊草)　集4-30034　叢2-886(4)
47 知好好學錄　史3-13285
48 知松堂詩鈔　集3-17010
50 知本提綱　子1-4146
知本堂讀杜詩　集1-986
58 知數識文考　子4-22538
60 知罪錄　子4-20448
知見傳本書目　叢2-1019
知畏齋文稿　集4-29599
知畏齋稿　集4-29598
知畏堂文存、詩存　集2-12126
知畏堂雜著、景行錄　集5-38191
知畏堂詩集(鐵峯詩集)、詩餘　集3-18380
知足齋文集　集3-21374　叢2-731(46)
知足齋文集、進呈文藁　叢2-782(5)
知足齋詩集、詩續集、文集、進呈文稿　集3-21373
知足齋詩草　集4-33400
知足齋集稧序楹帖　子5-25961
知足齋進呈文稿　叢2-731(46)
知足齋叢書六十六種　叢2-771(1)
知足齋叢書十三種　叢1-338
知足齋省遇錄　子4-23625
知足語　叢2-2209
知足不辱齋爨餘遺稿　集4-28127
知足知不足齋文存　集5-37786
知足知不足齋文存、補　集5-37787
知足知不足齋詩存　集4-24786、28386
知足知不足齋詩草　集5-34585
知足知不足齋遺詩　集4-30887
知足知止齋館課詩賦鈔　集4-28917
知困齋詩存　集5-41377
62 知縣序次補缺大輪子圖　史6-42767
知縣序次補缺小輪子圖　史6-42768
65 知味齋鄉墨(乙亥、己卯、庚辰)　叢2-2093
知味齋時文賸稿　叢2-2093
知味軒文稿　集5-36095
71 知陋軒迂談　子1-1793　叢2-886(2)
72 知所止齋自訂年譜、補述　史2-12063
77 知覺禪師心賦　子7-34006
知服齋叢書三十種　叢1-525
知醫必辨　子2-4771(4)、5116
知醫捷徑　子2-10822
80 知命錄　子5-27063　叢1-56、106,2-1081
知養恬齋詩集　集4-29331
知養恬齋時文、賦鈔　集4-29333
知養恬齋全集(蘇溪全集,知養恬齋時文

鈔、試帖、詩集、賦鈔、題解、蜀槎小草）
集4-29330
90 知常先生雲山集　集1-4719、4721
96 知愧軒尺牘　集3-21044
98 知悔齋文、晴漪閣詩、紅豆簾琴意　叢2-
922
知悔齋文集　集5-34579
知悔齋詩文鈔　經2-11779　集5-40614
知悔齋詩稿　集4-31138
知悔齋詩續稿　集4-31139～40
知悔齋詩草　集4-32856

8652₇ 羯

00 羯磨　子6-32081（36）、32083（23）、32084
（19）、32085（34）、32086（40）、32088（25）、
32089（40）、32090（46）、32091（44）、32092
（30）、32093（23）
羯磨指南　子7-33522
44 羯鼓錄　子3-17949　叢1-11～2、15、19
（9）、20（7）、21（8）、22（17）、23（16）、24（10）、29
（4）、37、107、111（2）、223（38）、255（2）、273
（4）、274（4）、407（2）,2-731（36）

8660₀ 智

00 智度論　子6-32083（15）
02 智證傳　子7-34008
智證傳、寶鏡三昧　子7-34009
10 智覃正禪師語錄　子6-32091（78）
12 智水編　子4-24078
22 智利政要　史7-49318（19）、54896
24 智化寺音樂腔譜　子3-17931
智化寺古抄本樂譜　子3-17933
智化寺晚出音樂譜　子3-17932
27 智侯遺集　集3-16129
40 智布羅他城地說　子7-37713
44 智勘魔合羅　集7-48765、48771、48778
50 智囊（智囊全集）　子4-24056
智囊補　子4-21612
智囊補（增廣智囊補、新增智囊補）　子4-
24057
55 智慧真言注　子5-29574、31446
60 智因閣詩集　集5-39395　叢2-700、1005～9
智品　子4-24002～3
智果園詩選　集3-17631
68 智賺還珠　集7-49251

77 智覺定慧相資歌　子6-32092（42）
智覺禪師定慧相資歌　子6-32089（52）、
32090（67）,7-33974
智門祚禪師語錄　子7-34177
79 智勝居士詩鈔　集5-36623
90 智光滅業障陀羅尼經　子6-32083（29）
智賞金線池　集7-48769～70、48774（6）、
48777
91 智炬陀羅尼經　子6-32081（19）、32082（12）、
32083（13）、32093（42）

8664₇ 縵

84 縵龕亭文稿　集4-29282～4
縵龕亭雜鈔　子4-23252
縵龕亭詩文稿　集4-29268
縵龕亭詩集　集4-29277
縵龕亭詩草　集4-29278
縵龕亭詩草、詞草、東巡扈從詩草、使吳吟
草　集4-29279
縵龕亭集　集4-29269
縵龕亭集、後集　集4-29271
縵龕亭後集　集4-29270

8672₇ 錫

20 錫香館詩鈔初集　集5-35767

8710₄ 塑

70 塑壁殘影改定稿　叢2-2162

8711₀ 鉏

21 鉏經摭記　子4-22577
鉏經堂文鈔　叢2-1648
鉏經堂詩稿　集4-29551
鉏經堂金石跋、伯右甫吉金文釋　史8-
64170
44 鉏茅集　集3-18224
鉏茅遺稿　集3-18223
60 鉏園詩鈔　集3-16789

77 鉏月館日記(清光緒三年至二十七年)　史
　2-13159

8711₄ 鈕

11 鈕非石遺文　叢1-419
30 鈕寅身先生遺著　叢2-2185
　鈕寅身遺著　集5-40359
34 鈕祜祿氏弘毅公第十房家譜　史5-36751
　鈕祜祿氏家譜　史5-36753
71 鈕匪石遺文　集4-24532
90 鈕少雅格正牡丹亭　集7-49901

鏗

87 鏗鏗齋易郵　經1-872

8712₀ 卸

13 卸殘妝燈兒下聞敥一枝　集7-52010
17 卸了車一枝　集7-50930

釣

10 釣雲軒詩鈔　集3-20805
11 釣琴軒詩鈔　集5-34283
12 釣磯立談　史1-2414～5　叢1-22(5)、23
　(5)、175、205、223(22)、244(2)、388～90,2-
　614、731(66)、735(4)
　釣磯文集　集1-1812～3　叢1-265(5)、425
　釣磯詩集　集1-4606
　釣磯先生詩集(釣磯詩集)　集1-4605
14 釣璜堂存稿、交行摘稿、徐闇公先生遺文
　集2-12242
27 釣魚　集7-52298
　釣魚船　集7-50167
　釣魚人行打茶圍　集7-49509
　釣魚篷山館集、寓杭日記、瞻雲錄　集4-
　27728
　釣魚篷山館外集三種　叢2-1697
　釣魚篷山館筆記　叢2-1697
　釣船笛譜　集4-27526～8,7-47410　叢2-
　1693

32 釣業　叢2-658
　釣業(敬修堂釣業)　集3-13244
　釣業、粵遊雜詠　集3-13243
34 釣渚詩鈔、外集、玉情詞鈔　集4-27181
　釣渚小志[道光]　史7-57098
36 釣渭間襪膽、附　叢2-1467
37 釣漁人彳亍打茶圍　集7-49490
40 釣臺集　史2-8453　集6-44733～6
　釣臺拾遺集　集6-44732
44 釣者風　集4-31098
55 釣蚌圖一枝　集7-50910
77 釣月詞　集7-46368、46707
80 釣金龜　集7-53567
　釣翁詩鈔、續鈔　集4-27182

鈞

10 鈞天樂　集7-49330、49640　叢2-1287
　鈞天樂(繪圖新桃花扇)　集7-50235
　鈞天清樂　子3-17874
　鈞天妙樂　子3-17862、17865
　鈞天雅奏　集7-54730
　鈞石文集　集5-40507
32 鈞州志[嘉靖]　史8-59869

鉤

44 鉤墓碑字　叢2-1020
67 鉤喙錄　叢1-330

銅

02 銅刻困學紀聞注　子4-22188
10 銅弦詞　集7-47245
12 銅發貢圖　叢2-1792
18 銅政便覽　史6-44846
　銅政條議　史6-44847　叢2-1400
　銅政鈔案　史6-47895
20 銅絃詞　集3-20946、20953
21 銅仁府志[道光]　史8-62241～2
　銅仁府志[萬曆]　史8-62240
　銅仁公牘　史6-47118
　銅仁公牌　叢2-1358
　銅僊傳　史8-64278　叢2-644、1682

22 銅仙殘淚　史1-4489　叢1-584
　銅仙逸史六種　史1-1960
　銅峯王阡樓氏宗譜　史5-39070
　銅山志[乾隆]　史8-58384
　銅山縣志[道光]　史7-56611
　銅山縣志[乾隆]　史7-56610
　銅山縣志[民國]　史7-56612
27 銅貓館尥書　叢2-1725
　銅貓館尥書、補、老學究語　叢2-728
28 銅似軒詩　集4-28640
　銅似軒詩、拜雲閣樂府　集4-28639
30 銅官山礦案記署　史6-44809
　銅官感舊集(章壽麟)　史2-10439
31 銅江詩集　叢2-1358
33 銅梁詩人詩集、詞、芸簏偶存　集4-22358
　銅梁王氏收藏魏齊隋唐墓誌目錄　史8-64760
　銅梁山人詩集、詩餘　集4-22357
　銅梁山人詞　集7-47798
　銅梁縣鄉土志[光緒]　史8-61541
　銅梁縣志[道光]　史8-61538　叢1-373(8)
　銅梁縣志[光緒]　史8-61539
　銅梁縣地理志八編[民國]　史8-61540
34 銅斗詞　集3-19836
37 銅運陞官訣　史6-43056
40 銅壺漏箭制度　子3-11295
　銅塘施氏重修宗譜[浙江義烏]　史4-30907、30909、30911
44 銅鼓考　史8-64295
　銅鼓書堂詞話　叢2-784
　銅鼓書堂遺稿　集3-20225
　銅鼓書堂藏印　史8-64964
　銅鼓書堂藏印譜　子3-17064
　銅鼓軒詩鈔　集5-37902
55 銅井文房專錄　史8-65231
　銅井文房書跋　史8-66016
　銅井山房詩稿　集5-35293
　銅井山房詩類稿　集5-35294
　銅井山房書目後編　史8-66017
　銅井日錄(清同治十二年至光緒五年)　史2-13057
71 銅馬編　集2-11462　叢2-845(4)
74 銅陵江壩錄　史6-46862
　銅陵縣志[順治]　史7-57897
　銅陵縣志[嘉靖]　史7-57895
　銅陵縣志[萬曆]　史7-57896
　銅陵縣志[乾隆]　史7-57898~9
　銅熨斗齋隨筆　子4-22603　叢1-416~7
80 銅人新圖　子2-4613、10289

　銅人徐氏鍼灸合刻　子2-10237
　銅人圖經絡纂要　子2-10319
　銅人圖考正穴法　子2-10368
　銅人明堂之圖四幅　子2-10297
　銅人腧穴鍼灸圖經　子2-10220、10222、10237　叢1-559
　銅人腧穴鍼灸圖經、穴腧都數　子2-10221
　銅人鍼灸經　子2-4556、10217　叢1-223(32)
　銅人鍼灸經、校勘記　子2-10218
　銅鉉詞　集7-46411、47246
82 銅劍讚　子4-18568　叢1-98
　銅劍堂詩集(銅劍堂存稿、詩續稿、斑箱唱和詩)　集5-37845
88 銅竹齋雜體文集　集4-31597
　銅符鐵券　子5-29535(4)、29536(4)、29547~8、31038
　銅符鐵券遺文　子5-31039

鋼

22 鋼山路口方氏支譜[安徽歙縣]　史4-25833

錒

34 錒對棒　集7-52996

8712₇ 錭

40 錭大缸四本　集7-52612

8713₂ 銀

08 銀譜　史6-44449
10 銀礦指南　子7-36228(2)、36242(2)、36248
　銀礦指南、圖　子7-36231(5)、37140
　銀票暫行章程及銀行通行則例　史6-44441
12 銀水總論　史6-44508
　銀礫詞　集6-42017、7-47606
17 銀子名兒一枝　集7-52035
21 銀行釋義　史6-44472

銀行之賊　子7-38295
銀行考　子7-36240(2)
銀行畧說　史6-41535、44471
銀價駁議　史6-44448
22 銀川小志[乾隆]　史8-63318
銀山鐵壁謾談　史7-49904　叢1-22(25)
銀絲鈕西良月　集7-53634
27 銀色女經　子6-32081(10)、32082(10)、32083(8)、32084(7)、32085(11)、32088(8)、32093(10)
31 銀河棹(銀河棹全集、大六壬銀河棹全書、大六壬銀河棹正集)　子3-13884
34 銀澍王氏族譜[江西上高]　史4-25364
銀澍五子王氏宗族[江西上高]　史4-25363
銀漢槎傳奇　集7-50347、50373
38 銀海指南　子2-4771(3)、7329、7384
銀海精微　子2-7295、7384　叢1-223(32)
銀海精微(銀海祕傳)　子2-7294
40 銀臺社詩存　集4-31465
銀臺周氏家乘[陝西涇陽]　史4-30252
銀塘洪氏宗譜[浙江淳安]　史4-30941
44 銀花藤館詩集　集4-22191
銀藤花館詞　集7-47635
銀藤花館吟草　集4-28940
銀藤館遺稿(銀藤館集)　集4-29210
銀黃小史　子3-16928
48 銀槎詩集　集4-25840
76 銀陽王氏宗譜[江西德興]　史4-25328
77 銀月山房詩草　集4-30897,6-42007(3)
銀月山房詩草、續　集4-30898
81 銀瓶徵　史2-8754　叢1-437、587(6),2-832(2)、1920
88 銀簡考　史8-64290　叢1-571,2-1026
銀管錄(張悟音)　史2-10941
98 銀幣考　史6-44451　叢2-2184

錄

10 錄二程先生語　子1-673　叢2-1035
21 錄何義門評孫退谷庚子銷夏記　子3-14777
23 錄我朝會元三及第名氏便覽　史1-1189、1545
26 錄鬼簿　史8-66396　集7-54871　叢1-175、220
錄鬼簿、續編　集7-54870
37 錄運期讖　經1-171　叢1-273(3)、274(3),2-731(15)

40 錄存不入章抉擇記　子7-33790
錄存杜姓家譜[湖南平江]　史4-27033
50 錄事詩集　集2-9311
55 錄曲餘談　叢2-2227、2229
60 錄呈江西糧臺第一案報銷各款清册　史6-47458
錄異記　子5-26836、26899～900、29530(12)　叢1-15、22(19)、23(19)、98、169(4)、249(2)、2-624(2)
77 錄醫鑒方　子2-10126
90 錄粹　子1-895　叢2-1054

8713₄　鍥

00 鍥旁註事類捷錄　子5-25132
鍥旁訓古事鏡　子5-25136
鍥旁釋雞肋集　集2-10131～2
鍥旁注事類捷錄　子5-25133
鍥唐代呂純陽得道飛劍記　子5-28829
鍥音註藝林晉(唐)故事白眉　子5-25130
鍥註釋得愚集、鍥旁釋雞肋集　集2-10131
鍥註釋增補書言魚倉故事　子5-25627
01 鍥評釋湖州弄丸集翰墨　集6-44615
04 鍥詩經辯俗晤言　經1-3901
08 鍥許先生輯注四書闡旨合喙主意　經2-10458
10 鍥二王分類批點註釋國朝名儒垂世臚言　集6-43926～7
鍥王氏祕傳叔和圖註釋義脈訣評林捷徑統宗　子2-4563、6005
鍥王氏祕傳圖註八十一難經評林捷徑統宗　子2-4563、5468
鍥王氏祕傳知人風鑑源理相法全書　子3-14206
鍥五代薩真人得道呪棗記　子5-28830
鍥兩狀元編次皇明要考　史2-7220
鍥不舍齋文集　集4-31810～1
鍥不舍齋文集、詩　集4-31809
20 鍥重訂出像註釋節孝記題評　集7-49859
21 鍥便蒙二十四孝日記故事、新鍥徽郡原板校正繪像註釋魁字便蒙日記故事　子5-25722
26 鍥吳會元史記要删評林　史1-5104
40 鍥九我李先生續選諸子玄言評苑　子1-47
鍥太上天寶太素張神仙脈訣玄微綱領宗統　子2-6269
鍥南華真經三註大全　子5-29314
鍥古今名公詩調連腴　集6-42368

45 鍊棲霞明止齋易經疑棗　經1-874
77 鍊熙朝名公書啓連牋　集6-45271

8714₀ 釱

82 釱釧記　集7-50079〜80
90 釱小志　子5-27370　叢1-22(13)、23(13)、168(3)、587(2)

8714₇ 釵

85 釵鏤稿　集2-12972,6-44961

鋧

26 鋧吳會元兩漢要刪評林　史1-5186
31 鋧顧太史續選諸子史漢國策舉業玄珠　集6-45353
60 鋧圖註八十一難經、鐫圖註王叔和脈訣琮璜　子2-4772

鍛

00 鍛亭集　集3-17169

8715₄ 鋒

82 鋒劍春秋　子5-27947
　　鋒劍春秋四十五本　集7-51119

8716₀ 銘

10 銘夏詩鈔　集4-32289
22 銘山集　集2-12665
33 銘心書屋詩鈔　集4-31252
44 銘蒼軒詩選　集5-34015
88 銘篇　叢2-1920
90 銘雀硯齋印存　子3-17355

8716₁ 鉛

10 鉛汞甲庚至寶集成　子5-29530(18)、30871
17 鉛刀集　集4-32115
22 鉛峯章氏宗譜[福建浦城]　史5-34599
　　鉛山縣鄉土志[光緒]　史8-58737
　　鉛山縣志[康熙]　史8-58731
　　鉛山縣志[道光]　史8-58735
　　鉛山縣志[嘉慶]　史8-58734
　　鉛山縣志[嘉靖]　史8-58729
　　鉛山縣志[乾隆]　史8-58732〜3
　　鉛山縣志[同治]　史8-58736
　　鉛山公牘　史6-47307
30 鉛字拚法集全　子7-37262
50 鉛書[萬曆]　史8-58730
80 鉛差日記(清道光二十三年至道光二十四年)　史2-12695

8716₂ 鎦

17 鎦子政左氏說　叢2-2206

8718₂ 欽

00 欽主孝親禮義　子7-35540
　　欽齋文稿　集4-30559
　　欽齋詩稿、文　集4-30557
　　欽齋詩稿、文稿　集4-30558
02 欽訓堂文存　集3-19054
　　欽訓堂祕笈六種　叢1-279
08 欽㫌雲間孝悌錄　史2-7767
　　欽㫌上海縣孝貞節烈婦女姓氏錄　史2-7759
　　欽㫌九邑孝子悌弟順孫義夫清冊　史2-7882
　　欽㫌太鎮孝子等事實錄　史2-7922
　　欽㫌蘇屬孝子悌弟順孫義夫清冊　史2-7883
　　欽㫌孝子順孫義夫節婦清冊　史2-7881
　　欽㫌孝子伯寧趙公傳　史2-9335
　　欽㫌姓氏事實錄　史2-7880
　　欽㫌長洲元和吳縣孝子義夫清冊　史2-7884

中國古籍總目·索引

欽旌節烈樓母李太宜人家傳題詞　史2-10173

欽旌節孝錄　史4-24762

10 欽天監新選風永正論　子3-13633

欽天監則例　史6-47032

欽天監明傳祕指日用通書　子3-14468

欽天監監正元統　子3-13094

15 欽建護國萬壽寺皇戒戒壇同戒錄　子7-34805

27 欽修廣西賦役全書　史6-43737

28 欽徽二帝被難記　史1-2532

30 欽定廓爾喀紀畧　史1-1888

欽定方輿路程考畧　史7-49654

欽定方輿路程考異　史7-49674

欽定康濟錄　史6-44590～1　叢1-223(28)、360

欽定府廳州縣地方自治章程暨選舉章程　史6-41798

欽定磨勘條例、續條例　史6-46982

欽定廣西賦役全書　史6-43735

欽定文淵閣四庫全書目錄　史8-65258、65478

欽定辛酉工賑紀事　史6-44589

欽定音韻述微　經2-13878　叢1-223(16)

欽定音韻闡微(音韻闡微)、韻譜　經2-13834

欽定六部則例　史6-46924

欽定訓飭州縣規條　史6-42994

欽定新疆識畧[道光]　史8-63359

欽定詩經樂譜全書　經1-6520

欽定詩經樂譜全書、樂律正俗　叢1-230(2)

欽定詩經樂譜全書、欽定樂律正俗　叢1-223(15)

欽定詩經傳說彙纂、詩序　經1-78、3967

欽定詩經傳說彙纂、朱子詩序辨說　叢1-223(7)、227(2)

欽定詩經傳說舉要　經1-4323

欽定詞館儀式　史6-42219

欽定工部續增則例、保固則例　史6-47000

欽定工部軍器則例　史6-45244

欽定工部則例　史6-46996～9、47001

欽定三禮義疏　經1-78

欽定三通考證　史6-41497

欽定王公處分則例　史6-47011～2

欽定五軍道里表　史6-45174～7

欽定元史語解　史1-782、796　叢1-223(18)

欽定平定雲南回匪方畧　史1-1908

欽定平定雲南回匪方畧、欽定平定貴州苗匪紀畧　史1-1910

欽定平定臺灣紀畧　史1-1884　叢1-223(19)

欽定平定教匪紀畧　史1-1893～4

欽定平定貴州苗匪紀畧　史1-1909

欽定平定回疆剿捦逆裔方畧　史1-1896

欽定平定陝甘新疆回匪方畧　史1-1904～6

欽定平定金川方畧　叢1-223(19)

欽定平苗紀畧　史1-1889

欽定天文正義　子3-11433

欽定天祿琳琅書目　史8-65499　叢1-223(28)、227(6)

欽定天祿琳琅書目、後編　史8-65500

欽定天祿琳琅書目後編　史8-65501

欽定石經改正字樣　經2-11343

欽定石經考文提要舉正、目錄　經2-11342

欽定石經目錄　史8-65258、66236

欽定石峯堡紀畧　史1-1883

欽定石峯堡紀畧、天章　叢1-223(19)

欽定石渠寶笈三編總目　子3-14812　叢2-602

欽定石渠寶笈續編、目錄　子3-14805

欽定西清硯譜　子4-18703

欽定西清硯譜、目錄　叢1-223(38)

欽定西清古鑑　叢1-223(38)、227(6)

欽定西域同文志　經2-15009　叢1-223(16)、227(5)

欽定武英殿聚珍版程式　史6-46551　叢1-223(28)、227(8)、230(3)、231

欽定武英殿聚珍版書目錄　史8-66428

欽定武塲條例　史6-42327

欽定職官總目　史6-41702　叢2-2129(2)

欽定理藩部則例、通例　史6-47007

欽定理藩院則例、通例　史6-47006

欽定理藩院則例、目錄、通例　史6-47005

欽定酌歸簡易條款　史6-41730

欽定硝磺鉛斤價值則例　史6-46547

欽定重訂大金國志　叢1-223(19)

欽定重訂契丹國志　叢1-223(19)

欽定重刻淳化閣帖　子3-15397　叢2-1530

欽定重刻淳化閣帖釋文　叢1-223(28)、230(3)

欽定重修六部處分則例　史6-46928

欽定千叟宴詩　集6-44258　叢1-223(71)

欽定行政綱目　史6-41751

欽定剿平三省邪匪方畧正編、續編、附編、表文　史1-1890

欽定剿平粤匪方畧　史1-1900～1、1988　叢2-832(5)

欽定剿平捻匪方畧　史1-1903

欽定剿捕臨清逆匪紀畧　史1-1878　叢1-

223(19)

欽定剿捕臨清逆匪紀畧、臨清寇畧　史1-1879

欽定樂律正俗　經1-6521

欽定繙譯五經四書　叢1-223(12)

欽定繙譯考試條例　史6-42307

欽定外藩蒙古回部王公表傳、目錄　叢1-223(22)

欽定外藩蒙古回部公表傳　史1-911～2

欽定科場條例　史6-42306、42309～11、42314～5

欽定科場條例、續增科場條例　史6-42308

欽定續文獻通考　史6-41508～9、41514、41586　叢1-223(27)

欽定續文獻通考輯要　史6-41500、41578

欽定續通志　史6-41508～9、41514　史6-41551　叢1-223(20)

欽定續通志輯要　史1-21　史6-41552

欽定續通典　史6-41508～9、41514、41546　叢1-223(27)

欽定續通典輯要　史6-41498、41547

欽定續纂外藩蒙古回部王公表、傳　史1-914

欽定皇朝文獻通考　叢1-223(27)

欽定皇朝通志　叢1-223(27)

欽定皇朝通典　叢1-223(27)

欽定皇輿西域圖志、天章　叢1-223(23)

欽定皇輿西域圖志[乾隆]　史8-63341

欽定皇輿全覽　史7-49656

欽定總管內務府現行則例　史6-47033、47037～40

欽定總管內務府現行則例、續纂　史6-47035

欽定總管內務府則例　史6-47036

欽定盤山志　叢1-223(25)

欽定佩文齋書畫雅集　子3-14784

欽定修正逐年籌備事宜清單　史6-41753

欽定修造吉方立成　子3-14595

欽定各郊壇廟樂章　史6-42135

欽定各項儀注便覽　叢1-114(2)

欽定督捕則例　史6-46993

欽定儀象考成　子3-11237、11379、11382

欽定儀象考成、奏議　叢1-223(34)、227(7)

欽定儀象考成續編　子3-11383

欽定儀禮義疏　經1-78、5269　叢1-223(8)、227(3)

欽定從賊案　史1-1952、3046

欽定懲治陸軍漏洩機密等項章程　史6-45234

欽定淳化閣帖釋文　叢1-227(8)

欽定避暑山莊圖　史7-51341

欽定安南紀畧　史1-1887

欽定宮中現行則例　史6-46908～14

欽定宗室王公功績表傳　史1-904～6　叢1-223(22)

欽定宗室覺羅律例　史6-47072

欽定宗人府則例　史6-46900～7

欽定河源紀畧　史7-52782　叢1-223(24)

欽定浙江賦役全書　史6-43679

欽定祕殿珠林三編　子3-14808

欽定祕殿珠林石渠寶笈三編　子3-14811

欽定祕殿珠林石渠寶笈續編　子3-14807

欽定補繪離騷圖　叢2-689

欽定補繪離騷全圖　集1-154

欽定補繪蕭雲從離騷全圖　叢1-223(47)、229

欽定滿洲祭神祭天典禮　史6-42122　叢1-223(27)、2-785

欽定滿洲祭祀條例　史6-42123

欽定滿洲源流考　史7-49962～3　叢1-223(23)

欽定法院編制法　史6-46009

欽定違警律詳章　史6-45331

欽定遼史語解　史1-735、796　叢1-223(18)

欽定遼金元三史國語解　叢1-223(18)

欽定清文鑑　經2-14998、15001

欽定清語　經2-15022

欽定清涼山志　史7-52209

欽定清漢對音字式(清漢對音字式)　經2-15021

欽定禮記義疏　經1-78、5698　叢1-223(9)、227(3)

欽定禮部則例　史6-46977～81

欽定禮部則例、圖　史6-46976

欽定通永道徵收板木船窯稅則例　史6-43588

欽定通志考證　史6-41497

欽定通考考證　史6-41497

欽定通典考證　史6-41497

欽定選擇曆書　子3-14498

欽定軍衛道里表　史6-45173

欽定軍次實錄　史1-4203　叢2-883

欽定軍器則例　史6-45241～3、45245

欽定滁陽王廟碑歲祀册　叢1-52、55

欽定滁陽王廟碑歲祀册、敕賜滁陽王廟碑　史7-51844　叢1-50～1

欽定逆案　史1-1946、1952、3040　叢1-209、411

欽定逆案分款全錄　史1-3041　叢1-209

欽定大清商律　史6-45947

欽定大清商律摘抄(公司律)　史6-45919

中國古籍總目·索引

欽定大清一統志、目錄　叢1-223(23)
欽定大清刑律　史6-45912
欽定大清通禮　叢1-227(6)
欽定大清通禮、目錄　叢1-223(27)
欽定大清通禮官民各條　史6-42091
欽定大清典、坿會典學十要、內閣要義、六部總義、欽定官職總目、職官增減裁併及堂屬簡明表、附錄　叢2-2130
欽定大清會典　史6-41686、41690、41695　叢1-223(27)、227(6)
欽定大清會典武備圖目錄清單　史6-41698
欽定大清會典事例、目錄　史6-41691
欽定大清會典事例、目錄　史6-41696
欽定大清會典圖　史6-41692、41697
欽定大清會典圖目錄清單　史6-41699
欽定大清會典則例　史6-41687　叢1-223(27)
欽定太常寺則例　史6-47023
欽定太常寺則例、另輯　史6-47021、47025
欽定士階條例　史1-1991、4201
欽定臺規　史6-42099～102
欽定內閣官制　史6-42744
欽定南巡盛典　史6-42108　叢1-223(27)
欽定古香齋袖珍(古香齋鑒賞袖珍叢書)十種　叢1-217
欽定古今儲貳金鑑　史1-5666～7　叢1-223(29)
欽定古今圖書集成一萬卷目錄　子5-25336
欽定古今圖書集成引用書目　史8-65442
欽定古今圖書集成考證　子5-25340
欽定古今圖書集成目錄　史8-65440～1
欽定七經綱領、奏定學堂章程摘錄　經2-11900
欽定校正補刻通志堂經解目錄　史8-65258、66155
欽定協紀辨方書(協紀辨方)　子3-14501
欽定協紀辨方書、奏議　叢1-223(36)
欽定梵音大悲咒　子7-32891
欽定蘭州紀畧　史1-1880～1
欽定蘭州紀畧、天章　叢1-223(19)
欽定蒙古王公功績表傳　史1-913
欽定蒙古源流　史1-2638　叢1-223(20)
欽定蒙學堂章程四章　子1-2473
欽定萬年書　子3-11712
欽定英傑歸真　史1-1991、4202
欽定熱河志[乾隆]　史7-55144　叢1-223(23)
欽定執中成憲　子1-2000　叢1-223(31)、227(7)

欽定報律　史6-45953
欽定增修六部處分則例　史6-46926～7
欽定中樞政考　史6-45165～8
欽定中樞政考續纂　史6-45172
欽定中樞政考八旗、綠營　史6-45169、45171
欽定中樞政考八旗、綠營、續中樞政考　史6-45170
欽定吏部文選司章程　史6-46953
欽定吏部處分章程　史6-42715～6
欽定吏部處分則例　史6-42714
欽定吏部稽勳司則例　史6-46948～9
欽定吏部滿洲銓選則例　史6-42677
欽定吏部則例　史6-46939～42、46944～7
欽定吏部驗封司章程　史6-46952
欽定吏部驗封司則例　史6-46951
欽定吏部銓選滿洲官員則例　史6-42678、42682
欽定吏部銓選漢官則例　史6-42688
欽定書經序　經1-3364
欽定書經傳說彙纂、書序　經1-78、2828　叢1-223(6)、227(2)
欽定書經圖說、繪圖五百七十幅　經1-3025
欽定春秋傳說彙纂　經1-78、7732　叢1-223(11)、227(3)
欽定春秋左傳讀本　經1-131、7014
欽定授衣廣訓　叢2-689
欽定授衣廣訓(授衣廣訓)　子1-4298
欽定授時通考　子1-4259　叢1-223(32)、227(7)
欽定授時通考勸課耕織圖　子1-4139
欽定盛京通志[乾隆]　叢1-223(24)
欽定日下舊聞考　史7-49828
欽定日下舊聞考、譯語總目　叢1-223(23)
欽定星命萬年書　子3-11245
欽定國語解　史1-15
欽定國子監志　史6-42833～4　叢1-223(26)
欽定國子監則例　史6-47065～6、47068
欽定國子監則例、擬刪舊例　史6-47067
欽定國朝詩別裁集　集6-41778、44106
欽定國朝詩別裁集詩人小傳　史2-7549
欽定國史逆臣傳　史1-976
欽定國史大臣列傳　史1-909
欽定國史貳臣表傳　史1-965
欽定國史貳臣表傳、逆臣傳　史1-966
欽定國史貳臣表傳甲編　史1-963
欽定國史忠義傳　史1-956
欽定國史館循吏傳　史1-938～9
欽定四庫全書總目　史8-65443～5　叢1-

230(3)

欽定四庫全書總目、四庫抽燬書提要　叢
　1-223(73)

欽定四庫全書總目提要四部類敍　史8-
　65269　叢1-524

欽定四庫全書字詁　經2-14758

欽定四庫全書考證　史8-65446　叢1-223
　(73)、230(3)

欽定四庫全書薈要排架圖　史8-65493

欽定四庫全書薈要分架圖　史8-65494

欽定四庫全書排架目錄　史8-65489

欽定四庫全書提要序錄　史8-65268

欽定四庫全書目錄韻編　史8-65447

欽定四庫全書附存目錄　史8-65457

欽定四庫全書簡明目錄　史8-65449～52
　叢1-223(2)

欽定四庫全書簡明目錄、補遺　叢1-223
　(73)

欽定四庫全書簡明目錄板本考　史8-
　65454

欽定四書文　集6-43043　叢1-223(71)

欽定回疆則例　史6-47010

欽定叶韻彙輯　經2-13865～6　叢1-223
　(16)、227(8)

欽定嚴禁鴉片章程　史6-45962

欽定明鑑　史1-1588

欽定歷代職官表　史6-42597　叢1-223
　(26)、2-653(5)、698(5)

欽定戶部旗務則例　史6-46970

欽定戶部續纂則例　史6-46961～2、46965

欽定戶部漕運全書　史6-44143～5

欽定戶部軍需則例　史6-46972

欽定戶部軍需則例、續增、欽定兵部軍需則
　例、欽定工部軍需則例　史6-46971

欽定戶部鼓鑄則例　史6-44459

欽定戶部則例　史6-46957～9、46963～4、
　46966～8

欽定戶部閩海關稅釐則例　史6-43561

欽定兵部處分則例八旗、綠營　史6-45179

欽定兵部續纂處分則例　史6-45180

欽定同文韻統　經2-13864、14540　叢1-
　223(16)、227(5)

欽定周官義疏　經1-78、5023　叢1-223
　(8)、227(3)

欽定服色肩輿永例　史6-42076

欽定服色肩輿永例(順治九年)　史1-1984

欽定熙朝雅頌集、首集、餘集　集6-44134

欽定學政全書　史6-42301、42303～4

欽定學政全書、續增學政全書　史6-42302

欽定學堂章程　史6-42357

欽定學堂章程、女學堂章程　史6　42358

欽定學堂章程奏摺　史6-42356

欽定巴勒布紀畧　史1-1886

欽定勝朝殉節諸臣錄　史2-7417　叢1-
　223(22)

欽定八旗滿洲氏族通譜　史2-7439

欽定八旗通志、目錄　史6-45161　叢1-
　223(28)

欽定八旗通志藝文志　史8-66062

欽定八旗則例　史6-47073～4

欽定全唐文　集6-43557

欽定全唐文、序例職名、目錄　集6-43558

欽定全唐文、目錄　集6-43556

欽定全唐文校檔　集6-43555

欽定全唐詩　集6-43409

欽定金史語解　史1-757、796　叢1-223
　(18)

欽定金國語解　史1-741、758　叢2-698(4)

欽定錢錄　叢1-223(38)、273(4)

欽定篆文四書　經2-10132

欽定光祿寺則例　史6-47028～9

欽定光祿寺則例、喪儀　史6-47030

32　欽州志[雍正]　史8-61352

欽州志[康熙]　史8-61351

欽州志[道光]　史8-61353

欽州志[嘉靖]　史8-61350

欽派拈香廟宇及蹕路經由禁城附近門座處
　所工程　史6-46575

50　欽奉懿旨申明取士之法章程　史6-42328

62　欽縣縣志[民國]　史8-61354

66　欽賜瑚旺濟雅爾氏譜系[遼寧瀋陽]　史5-
　36754

72　欽氏宗譜　史5-36328

欽氏遺譜[江蘇蘇州]　史5-36329

欽氏世系考[江蘇蘇州]　史5-36330

80　欽差大臣伊耆在廣東奏辦夷務通商事宜
　史6-47955

欽差大臣伊里布耆英在浙江奏辦夷務事宜
　史6-47954

欽差大臣太子太保協辦大學士一等肅毅伯
　直隸總督李公(鴻章)五十壽序　史2-
　10275

欽命文衡正總裁精忠軍師干王寶製　史1-
　4204

81　欽頒文瀾閣四庫全書經部書目清冊　史8-
　65484

欽頒文瀾閣四庫全書書目清冊、清理書籍
　核對不符謹請存案清冊　史8-65483

欽頒州縣事宜　史6-41526、41533、42996

欽頒服色條例　史6-42077

87　欽錄　史6-47612～3

97　欽恤錄　史6-42977、47092

歙

02 歙新館著存堂鮑氏宗譜［安徽歙縣］　史5-40266

10 歙西王充東源洪氏宗譜［安徽歙縣］　史4-30976～7

歙西王干王氏新修家譜［安徽歙縣］　史4-25273

歙西聯野巖鎮信行陳村方氏宗譜［安徽歙縣］　史4-25831

歙西巖鎮百忍程氏本宗信譜［安徽歙縣］　史5-36071

歙西仙源汪氏族譜［安徽歙縣］　史4-28854

歙西吳氏家譜［安徽歙縣］　史4-28033

歙西稠墅許氏宗譜［安徽歙縣］　史5-34450

歙西汪氏遷婁支譜［江蘇太倉］　史4-28696

歙西溪南吳氏唐始祖光公傳至元十二世祖如川公派下家譜［安徽歙縣］　史4-28024

歙西溪南吳氏先塋志　史7-51954

歙西柘源方氏宗譜［安徽歙縣］　史4-25832

歙西堨田程氏本宗譜［安徽歙縣］　史5-36060

歙西堨田汪氏家譜［安徽歙縣］　史4-28829

歙西東源洪氏統宗譜［安徽歙縣］　史4-30975

歙西金山宋村宋氏族譜［安徽歙縣］　史4-29168

11 歙北高陽許氏統宗世譜［安徽歙縣］　史5-34456

歙北皇呈徐氏族譜［安徽歙縣］　史4-32116

歙北江村濟陽江氏族譜［安徽歙縣］　史4-26889

歙北江村濟陽江氏續修合譜［安徽歙縣］　史4-26888

16 歙硯說　子4-18748　叢1-2～4、6、10、22（16）、353,2-731（31）

歙硯說、辨歙石說　叢1-5、9、223（38）、268（4）

歙硯說辨歙石說　叢1-23（15）

歙硯譜　叢1-4

歙硯輯考　子4-18750

21 歙行日記　史2-12876　叢2-1934

30 歙淳方氏柳山真應廟會宗統譜　史4-25718

31 歙潭渡黃氏先德錄　叢2-2182

32 歙州硯譜　子4-18747　叢1-8～10、22（16）、23（15）、223（38）、268（4）、353,2-731（31）

歙州硯譜、歙硯說、辨歙石說　叢1-2～3、6

歙州乘川范氏宗譜［安徽歙縣］　史4-29474

38 歙遊草　集3-19707

40 歙南吳氏族譜［安徽歙縣］　史4-28026、28028～30

歙南梅口汪氏續修統宗正脈譜［安徽歙縣］　史4-28852

歙志［天啓］　史7-57965

歙志［順治］　史7-57966

歙志［萬曆］　史7-57964

43 歙城汪氏家乘［安徽歙縣］　史4-28856

50 歙東牌鎮程氏族譜［安徽歙縣］　史5-36059

52 歙托山程氏族譜［安徽歙縣］　史5-36064

62 歙縣項氏族譜［安徽歙縣］　史5-35526

歙縣雙橋鄭氏宗譜［安徽歙縣］　史5-38719

歙縣傅溪徐氏族譜［安徽歙縣］　史4-32115

歙縣結林蕭江氏支譜［安徽歙縣］　史4-26880

歙縣鄉土志［民國］　史7-57972

歙縣志［康熙］　史7-57967

歙縣志［宣統］　史7-57971

歙縣志［道光］　史7-57969

歙縣志［乾隆］　史7-57968

歙縣槐塘松崖眼科家傳祕本（古歙槐塘程松崖眼科）　子2-7299

歙縣敬興劉氏世譜［安徽歙縣］　史5-39328、39331～2

歙縣採訪册［同治］　史7-57970

歙縣金石志　史8-63926

歙縣金村周氏族譜［安徽歙縣］　史4-30070

歙縣館錄　史6-42536

77 歙問　史7-50496　叢1-201、203（2）

8722₇ 郶

43 郶城剩稿　集3-18828

邠

32 邠州石室錄　史8-63514、64105　叢2-2119
　邠州志[順治]　史8-62880
　邠州志[嘉靖]　史8-62879
　邠州回書　集7-53651
44 邠老小集　集6-41894(1)
62 邠縣新志稿[民國]　史8-62882
　邠縣鄉土志[光緒]　史8-62883

8728₂ 歎

17 歎歌望小姐　集7-50766
50 歎夫文稿、時體詩、古詩稿、雜稿　集3-21760
　歎夫文稿、時體詩、冊子、粵東詩　集3-21762
　歎夫詩文稿　集3-21761

歙

25 歙生館選鈔古近體詩　集4-32418

8732₀ 翎

20 翎毛譜(十竹齋翎毛譜)　子3-14976

8732₇ 郵

00 郵齋叢書二十種　叢1-517
　郵齋鐘鼎文字　史8-64210
17 郵君(許慎)事跡考、考附　史2-11108
　郵君年表　史2-11109
45 郵樓燼餘稿　集5-40820
50 郵書部首、北京通行謎語　經2-12567
　郵書微　經2-12710
87 郵鄭學廬地理叢刊　史7-49320

鴒

71 鴒原錄　集5-38873

8733₈ 慾

38 慾海慈航　子5-29576、30486

8742₀ 朔

00 朔方廣武志[康熙]　史8-63319
　朔方新志[萬曆]　史8-63315
　朔方備乘　史6-45717
　朔方備乘札記　史6-45718,7-49320　叢1-512、524、530~1,2-731(60)、2005
　朔方道志[民國]　史8-63317
10 朔雪北征記　史7-53840　叢1-22(25)
　朔平府志[雍正]　史7-55633
32 朔州志[雍正]　史7-55632
　朔州志[順治]　史7-55631
　朔巡讞書　集2-6636
44 朔塏山人集　集2-7860
77 朔風吟署　集5-34031~2
80 朔食九服里差　子3-11455、12360、12364　叢1-433,2-731(26)
88 朔餘考　子3-11583

8742₇ 鄭

00 鄭庵詩文存　集5-35253
　鄭庵書劄　集5-35255
　鄭齋剳論　史6-47511　集5-40340
　鄭齋漢學文編　子4-22758
　鄭齋漢學文編(師鄭堂集)　集5-40338
　鄭齋壽言存稿　集5-40334
　鄭齋感逝詩甲集、乙集　集5-40333
　鄭齋類稿　集5-40330
　鄭康成(玄)年譜　史2-11115　叢1-203(15)
　鄭康成集　集1-214,6-41699
　鄭康成周易注、補遺　經1 2321

鄭文　集2-8018

鄭文、鄭詩、附錄　集2-8011

鄭文恪公賸稿　集2-11174

鄭註論語　經2-9226

鄭註爾雅　叢1-330

鄭玄列傳　史2-8460

鄭玄注公羊　經2-15142

鄭玄別傳　史2-8461　叢1-261,2-761

鄭襄敏公赤牘　集2-12999

鄭京兆文集、外集　集2-10734

02 鄭端簡公(曉)年譜　史2-11485　叢2-1094

鄭端簡公文集　叢2-1094

鄭端簡公吾學編餘　史1-2673　叢2-730(12)、731(51)、836

鄭端簡公徵吾錄　史1-2678

鄭端簡公古言類編　叢2-730(12)、836

鄭端簡公奏議　史6-48251　叢2-1094

鄭端簡公全集　叢2-1094

鄭端簡公今言類編　史1-2675　叢2-730(12)、836

鄭端簡公今言類編(今言)　叢2-731(51)

04 鄭詩　集2-8011～2、8015

07 鄭記　經1-26,2-11429

鄭記攷證　經2-11430

鄭記考證　經1-151

08 鄭旌廿一公祭簿[浙江浦江]　史5-38692

鄭許字義異同評　經2-12014　叢2-2070

鄭許字義同評　經2-14239

10 鄭雪舫吟稿　集5-36349

鄭元慶遺集三種　叢2-1377

鄭平子先生六十壽序　叢1-263

鄭石南集　集2-9400,6-41935(3)

鄭雲西祖房譜牒[廣東中山]　史5-38763

11 鄭冀野詩集　集3-17974

12 鄭弘佑印譜　子3-16929

鄭延平(成功)年譜　史2-11021、11705

鄭廷玉雜劇五種　叢2-720(3)

鄭孔肩先生家傳纂序周易說約本義　經1-820

鄭孔目風雪酷寒亭　集7-48770、48913　叢2-720(4)

鄭孔目風雪酷寒亭雜劇　集7-48767(4)　叢2-698(15)

14 鄭確庵遺稿八種　集3-13224

17 鄭子尹先生(珍)年譜　史2-12161　叢2-1814

鄭子尹遺書　叢2-1813

鄭子尹轉注說　經2-12499、12597

鄭君(玄)紀年　史2-11116

鄭君[鄭玄]粹言　子1-461～2

鄭君紀年　經1-26

鄭君別傳　史2-8462　叢2-775(4)

鄭君駁正三禮考　經1-163(4)

鄭君駁正三禮考　經1-6106　叢2-1920

鄭君舉詩集(鄭先生遺稿)　集1-5331

鄭君粹言　經1-167　叢2-1734

鄭司農(玄)年譜　史2-11117～9　叢2-772(5)、773(6)

鄭司農集　叢1-219

鄭司農集(鄭康成集)　集1-214

21 鄭仁公祭簿[浙江浦江]　史5-38694

鄭虎臣　集7-49463、49466

鄭虔公恭公祭簿[浙江浦江]　史5-38691

鄭貞女(玉釵)輓詩、續集　史2-10982

鄭柴翁詩稿　集4-31321

22 鄭崟陽辨誣錄　史2-9147

鄭崟陽冤獄辨　史2-9146

鄭崟陽冤獄辨　叢2-644

鄭制府詩　集2-12998

鄭山齋先生文集(山齋集)　集2-7395

鄭巢詩　集6-41872

鄭巢詩集　集1-1750,6-41739、41818、41824　叢2-833

鄭巢詩集(鄭巢詩)　集1-1751

24 鄭先生遺稿　集1-5331

鄭德璘傳　叢1-56

鄭德輝雜劇四種附一種　叢2-720(5)

鄭贊臣遺詩　集5-41366

25 鄭仲賢遺集　叢1-223(44)

26 鄭伯更雜著二種　叢2-1990

鄭緝之永嘉記　史7-49307、50473　叢2-767

27 鄭侯升集　集2-10739

鄭叔問先生(文焯)年譜　史2-12383

鄭叔問尺牘　史5-38961

28 鄭徵君(珍)行述　史2-9993

30 鄭注論語　經2-15142

鄭守愚文集　集1-1778　叢1-447

鄭守愚文集(雲臺編)、校勘記　叢2-636(3)

鄭賓先津陽門詩　叢1-407(3)

31 鄭福蘭堂丸藥滙集　子2-9833

32 鄭州志[康熙]　史8-59526

鄭州志[嘉靖]　史8-59525

鄭州志[乾隆]　史8-59527

33 鄭浣香遺稿　集4-27117

鄭冶亭(士範)年譜　史2-12119

35 鄭禮七十二公祭簿[浙江浦江]　史5-38693

37 鄭澹泉集　集2-8483

鄭郎中詩集、補遺　集1-1776

40 鄭大誠殿試卷　史3-15237
　鄭大司農蔡中郎年譜合表　史2-11122
　　叢1-413
　鄭太崖祖房譜[廣東中山]　史5-38762
　鄭太宜人遺詩、遺文　集4-29563
　鄭太初遺稿　集2-10978
　鄭夾漈先生六經奧論　經2-11461
　鄭志　經1-26～9、31,2-11422～5　叢1-
　　223(12)、264、338、448、456(3)、468、515,2-
　　731(5)、773(6)
　鄭志,補遺　經1-33,2-11421　叢1-260～
　　1,2-665、731(5)
　鄭志,拾遺　經2-11418
　鄭志,拾遺、校勘記　經2-11419　叢1-230
　　(2)
　鄭志疏證　經2-11427
　鄭志疏證,補遺　經2-11428
　鄭志疏證、鄭記考證　經1-151
　鄭志疏證、答鄭記考證、臨孝存周禮難　叢
　　2-2066
　鄭志攷證　經2-11426
　鄭志校勘記　經2-11420
　鄭志考證　叢1-439
　鄭杏林軒經驗良方　子2-10114
41 鄭板橋(燮)年表　史2-11837
　鄭板橋集　集3-18908～11
　鄭板橋書畫合冊　子3-14993
　鄭板橋四子書真蹟　子3-15731
　鄭板橋題高南阜畫冊　子3-16707
43 鄭博士詩　集2-6342
44 鄭莆田淫奔詩辨　經1-4292
　鄭芝龍始末　史2-9199
　鄭恭介公(世威)恩榮錄　史2-8946
　鄭蘇戡書南唐集字　子3-15846
　鄭孝廉遺稿　集5-40931
　鄭孝胥詩鈔　集5-39591
　鄭華亭考選處分始末　史1-3141
　鄭者長書　子4-19597
　鄭村鄭氏宗譜[浙江江山]　史5-38657
45 鄭姓三修族譜[湖南寧鄉]　史5-38751
　鄭姓續修族譜[湖南寧鄉]　史5-38750
47 鄭都官集　集1-1775
　鄭桐庵筆記補逸　叢2-647
　鄭桐菴(敷教)先生年譜　史2-11605　叢
　　2-644
　鄭桐菴筆記　子4-23105　叢2-645、753
48 鄭敬中摘語　子4-20474　叢2-730(12)、
　　731(8)、836
　鄭松蓮詩　集3-19036
　鄭松菴漫稿　集2-9592
50 鄭中承公益樓集、鄭氏家乘、三代遺真錄

　　集2-12227
　鄭本大學說　經2-8852
　鄭忠穆公(穀)事實　史2-8721
　鄭忠肅奏議遺集　叢1-223(54)
　鄭忠肅公(興裔)年譜　史2-11286
　鄭忠肅公奏議遺集、鄭忠肅公年譜　史6-
　　48148
　鄭忠愍公北山文集　集1-3165
　鄭忠愍公北山文集(北山集)　集1-3164
　鄭素圃先生醫案五種　子2-4596
　鄭素圃先生醫案集　子2-10520
　鄭東甫說經稿　經2-11748
　鄭東父雜箸　子4-21891
　鄭東父遺書　叢1-561
　鄭東父遺書(東甫遺書)　子4-21889
　鄭東父筆記　子4-21890
　鄭東谷存笥集　集6-45121
52 鄭靜菴先生文錄　集3-15107,6-42066
　鄭靜菴先生詩集、文集、蓉渚別集、醒世格
　　言　集3-15106
53 鄭成功傳　史2-9308　叢2-1261
　鄭成功傳、鄭成功逸事　史2-9307
　鄭成公紀畧　史1-1939
55 鄭典　史8-63500
58 鄭敷文書說　經1-2632　叢1-241、242(2)
60 鄭四其詩　集5-35761
　鄭易京氏學　經1-1853　叢2-2045
　鄭易馬氏學　經1-1852　叢1-570,2-645、
　　2045
　鄭易小學　經1-1854　叢2-2045
62 鄭縣志[民國]　史8-59528
67 鄭鄤事蹟　史2-9145　叢2-611
71 鄭厂所藏泥封　史8-65101
　鄭長者書　子5-29528　叢2-774(9)
　鄭長公確園集　集3-15291
72 鄭所南文集　叢1-580
　鄭所南先生(思肖)卓行傳　史2-8802
　鄭所南先生文集　集1-4493、4495　叢1-
　　244(5)、2-636(4)
　鄭所南先生文集,補遺　叢2-731(45)
　鄭所南先生祭煉議畧、祭煉祕說　子5-
　　31565
　鄭所南先生太極祭煉內法、祭煉議畧　子
　　5-31564
　鄭彤園醫書四種　子2-4631
　鄭氏瘄科保赤金丹　子2-8806
　鄭氏瘄畧　子2-8807
　鄭氏產科補亡　子2-8050
　鄭氏六藝論　叢1-517
　鄭氏詩譜　經1-3557、4705　史7-49307～8
　　叢1-223(6)、227(2)、2-765、767

鄭氏詩譜補亡　經1-77(2)、3610、4714　叢2-637(1)

鄭氏詩譜考正　經1-127、4718　叢1-462、478,2-1766

鄭氏詩集　集6-45127

鄭氏詩箋禮注異義考　經1-150、4266

鄭氏族譜　史5-38768、38771

鄭氏族譜[安徽黃山]　史5-38714

鄭氏族譜[安徽歙縣]　史5-38715、38717~8、38722、38724

鄭氏族譜[湖南瀏陽]　史5-38747

鄭氏譜[廣東寶安]　史5-38759

鄭氏一家言　集6-45124

鄭氏二修族譜[四川隆昌]　史5-38766

鄭氏三修族譜[湖南瀏陽]　史5-38749

鄭氏三禮目錄　經1-6235　叢1-517

鄭氏經學考　經2-11723　叢2-1948

鄭氏續修族譜[湖南瀏陽]　史5-38748

鄭氏續修宗譜[安徽懷寧]　史5-38711

鄭氏佚書　經1-26

鄭氏釋經例　經1-5757

鄭氏紀喜　叢1-256

鄭氏儀禮目錄校證　經1-163(1)、5302

鄭氏注韓居七種　叢1-234

鄭氏家言　子1-2248

鄭氏家乘　集2-12227

鄭氏家集　集6-45120

鄭氏家範　子1-2116　叢1-22(12)、23(12)、34、173,2-959

鄭氏家範(金華鄭氏家範)　子1-2113

鄭氏宗譜[上海]　史5-38588

鄭氏宗譜[安徽桐城]　史5-38708~10

鄭氏宗譜[安徽歙縣]　史5-38721、38723

鄭氏宗譜[安徽懷寧]　史5-38712

鄭氏宗譜[江西浮梁]　史5-38743

鄭氏宗譜[江蘇江寧]　史5-38590

鄭氏宗譜[江蘇如皋]　史5-38591

鄭氏宗譜[江蘇常州]　史5-38594

鄭氏宗譜[浙江上虞]　史5-38651

鄭氏宗譜[浙江嵊州]　史5-38653

鄭氏宗譜[浙江紹興]　史5-38636~8

鄭氏宗譜[浙江淳安]　史5-38613

鄭氏宗譜[浙江開化]　史5-38664

鄭氏宗譜[湖南臨湘]　史5-38753

鄭氏禮記箋　經1-5744

鄭氏遺書　叢1-260~1、515

鄭氏大宗系[福建莆田]　史5-38736

鄭氏大成宗譜[安徽祁門]　史5-38729

鄭氏大成宗譜[江西修水]　史5-38741

鄭氏大全宗譜[江西浮梁]　史5-38742

鄭氏女科　子2-8310

鄭氏女科要領　子2-8218

鄭氏女科集義　子2-8188

鄭氏女科家傳祕方　子2-8076

鄭氏女孝經　子1-1976、2933　叢1-34

鄭氏爻辰補　經1-1675

鄭氏爻辰補、圖　經1-1676

鄭氏爻辰補、錢氏爻辰論　叢1-312

鄭氏支譜[浙江寧波]　史5-38615

鄭氏支譜[湖南沅江]　史5-38752

鄭氏古文尚書　經1-2566

鄭氏古文尚書證訛　叢1-282(1)、283(3)

鄭氏喪服變除　經1-5409　叢2-774(3)

鄭氏婚禮　經1-5376　叢2-774(3)

鄭氏薛氏醫產科　子2-8129

鄭氏增修宗譜　史5-38583

鄭氏書目考　叢1-369、372

鄭氏規範　叢1-195(3)、2-731(20)

鄭氏規範(義門規範)　子1-2114

鄭氏四種　叢2-1986

鄭氏四修族譜　史5-38770

鄭氏易譜　經1-913

鄭氏影園扇冊目　子3-16268

鄭氏原本禮記存義　經1-5754

鄭氏周易(增補鄭氏周易)　經1-239

鄭氏周易、周易爻辰圖　叢1-219

鄭氏周易注、補遺　經1-33　叢2-731(8)

鄭氏箋考徵　經1-163(3)、4187

鄭氏尚書注　經1-2569

77 鄭風考辨　經1-4537　叢2-1645

鄭鳳超文集　集3-14467

鄭月蓮秋夜雲窗夢　集7-48774(6)、48978

鄭學齋文存甲集　集5-40337

鄭學五種　經1-29

鄭學彙函　經1-32

鄭學十八種　經1-28

鄭學書目　叢1-429

鄭學四種　經1-30

鄭學錄　史2-8463　叢2-1813~4

鄭開陽雜著　史7-49334　叢1-223(25)

80 鄭盦詩存、文存　叢2-908

鄭美人詩　集6-41939

鄭谷詩　集6-41882

鄭谷詩(晚唐鄭谷詩)　集1-1777

鄭谷詩存　集4-32690　叢1-574(5)

鄭公集　集6-41894(1)

鄭公鄉會路費紀喜　史6-42287

鄭公蒼濂奏議鈔　叢2-856

鄭公國泰傳喜　史2-8596

88 鄭箋詩用漢制考證　經1-4427

中國古籍總目書名索引

鄭節度殘唐再創　集7-48778、49233
鄭節度殘唐再創(英雄成敗)　集7-48781、49231~2
90 鄭小谷文集　集4-30543
　鄭小谷先生全集六種　叢2-1803
　鄭堂讀書記　史8-65749　叢2-843
　鄭堂札記　子4-21729　叢1-426,2-731(7)
　鄭少白詩集　集2-8291
　鄭少卿文集　集6-45121
　鄭少谷集　集2-8014、8016~7,6-41935(1)、41940
　鄭少谷先生全集　集2-8009
　鄭少谷先生全集(少谷集)　集2-8008
　鄭少谷全集　集2-8010
　鄭省齋蜩笑偶言　子4-20362　叢1-106

8752₀ 翔

27 翔鵠錄(清同治八年至九年)　史2-12873
37 翔鴻集　集2-8865
77 翔風傳　叢1-168(3)

8762₀ 鎩

80 鎩谷亭日記(民國二十年)　史2-13265

卻

00 卻病延年述　叢2-724
　卻病延年法　子2-11063
　卻病了衙　子2-11123
　卻病坐運法則　子2-11231
32 卻浮集　集3-16564
44 卻老編　子4-24715
47 卻埽山巢集　集4-29575、29578
57 卻掃庵存稿　集4-26256
　卻掃庵存稿、補遺　集4-26257
　卻掃齋詩鈔(卻掃齋學詩草)　集4-27352
　卻掃編　子4-20060~1　叢1-19(5)、21(4)、22(6)、24(5)、223(41)、2-731(51)
　卻掃篇　叢1-388~90

8762₂ 舒

00 舒文靖集　叢1-223(55)
　舒文靖集(文靖集)　集1-3766
　舒文靖集、事實冊、校勘記　集1-3767
　舒文靖公類稿　集1-3765
　舒文靖公類藁　叢2-845(3)
　舒文節公全集(梓溪文鈔內集、外集)　集2-7991
16 舒碣石稿　集2-10672
24 舒待制詩集　集6-41895
32 舒州龍門佛眼和尚上堂語錄　子7-34190
　舒州白雲山海會演和尚語錄　子7-34177
　舒州法華山舉和尚語要　子7-34177
　舒州遺草　集5-41502
　舒溪李氏族譜[安徽石臺]　史4-27311
40 舒梓溪先生集、舒梓溪先生傳　集2-7992
　舒梓溪先生全集　集2-7990
43 舒城縣志[雍正]　史7-58024
　舒城縣志[康熙]　史7-58022~3
　舒城縣志[嘉慶]　史7-58025
　舒城縣志[萬曆]　史7-58021
　舒城縣志[光緒]　史7-58026
44 舒夢蘭雜著七種　叢2-1598
　舒芝田詩鈔　集4-30132
　舒藝室雜存　叢2-1823
　舒藝室雜著甲編、乙編、剩稿、鼠壤餘蔬、隨筆、續筆、餘筆、詩存、詩續存、索笑詞　集4-31548
　舒藝室雜著甲編、乙編、賸稿　叢2-1823
　舒藝室詩　集6-42003
　舒藝室詩續存　子4-22646　叢2-1823
　舒藝室詩存、索笑詞　叢2-1823
　舒藝室詩錄、餘稿　集4-31549
　舒藝室日記(清同治三年至九年)　史2-12807
　舒藝室隨筆、續筆、餘集　叢2-1823
　舒藝室隨筆、續筆、餘筆　子4-22644
　舒藝室尺牘偶存　集6-45195　叢2-1823
　舒藝室餘筆詩說　經1-4236
45 舒摯甫集　集5-40608
47 舒嬾堂詩文存、補遺、附錄　叢2-845(5)
50 舒東岡集　集2-7706,6-41935(4)
65 舒嘯齋詩稿　集3-17863
　舒嘯樓詩集　集6-42003
　舒嘯樓詩稿、詞稿　集4-31813
　舒嘯樓詞稿　集7-47184

舒嘯閣詩集　集3-17606
72 舒氏六種　叢2-1599
　舒氏續修族譜　史5-36327
　舒氏續修族譜附舒氏另譜[湖南長沙]　史5-36322
　舒氏大房續修族譜[湖南]　史5-36326
　舒氏醫論　子2-5010
83 舒鐵雲(位)先生年譜　史2-12011
92 舒恬軒周禮讀本　經1-5102

8762₇ 邵

76 邵陽雜詠　史7-51155　叢2-829
　邵陽記畧[乾隆]　史8-62826
　邵陽縣新志材料[民國]　史8-62827
　邵陽縣鄉土志[民國]　史8-62828
　邵陽縣志[順治]　史8-62823
　邵陽縣志[嘉靖]　史8-62822
　邵陽縣全志[乾隆]　史8-62825

鄯

80 鄯善縣鄉土志[光緒]　史8-63421

鴿

21 鴿經　子4-19383　叢1-197(4)
22 鴿峯草堂叢鈔七種　叢1-573

8768₂ 欲

10 欲王忿怒咒　子7-32094
26 欲自得齋詩文集　集5-38621
　欲自得齋詩草　集5-38622
30 欲寡過齋文集　集4-33153
　欲寡過齋雜筆　子4-21455
　欲寡過齋詩存　集4-33151~2
　欲寡過齋剩稿　集5-39338
　欲寡過齋存稿　集5-34458
　欲寡過齋詩集　集5-37352
38 欲海回狂　子4-21113　叢2-724
　欲海回狂集　子4-21114

欲海回狂集(欲海回狂)　子5-30501
　欲海回狂集、内典字義譯注　子4-21112
44 欲焚草　史6-48414
47 欲起竹間樓存稿　集4-26603~4
50 欲未能齋詩存、十國宮詞　集5-36945
77 欲覺聞鐘、墨鶯書畫　子5-30514
90 欲黨聞鐘　子4-24580

8771₀ 飢

77 飢鳳集　集3-17633

8771₂ 飽

50 飽蠹軒文集、外編　集5-39519
60 飽墨堂吟草　集3-14929,6-44580
　飽墨堂吟草鈔　叢2-834
77 飽卿談叢　子4-19492、21020

8771₃ 饞

47 饞奶奶一本　集7-52601
97 饞懶老婆一套　集7-50938

8772₀ 飼

47 飼鳩記畧　史6-44612　叢2-811
　飼鶴亭集方　子2-4729
　飼鶴亭集方(歸安淩氏飼鶴亭集方)　子2-9934
71 飼蠶新法　子1-4425
　飼蠶記　集7-49695
　飼蠶法　子1-4430
　飼蠶法、種桑法、種藍法、種茶法、種竹法　子1-4186

餉

58 餉撫疏草　史6-48419

餶

88 餶餅集　集 3－13235

8774₇ 餿

77 餿聞齋編號書目　叢 2－673

8778₁ 饌

30 饌客約　子 4－18962　叢 1－30、119～20、
　173、181
50 饌史　子 4－18923　叢 1－195(6)

8778₂ 飲

10 飲露詞　集 7－48277
　飲雪軒詩集　集 5－34588、36711
　飲醇堂文集　集 3－15212
12 飲水詩集　集 3－16851,6－41889　叢 1－
　280,2－666、731(43)
　飲水詩集、詞集　集 3－16850,6－41765　叢
　1－456(2)、2－1709
　飲水詞　集 7－46397～400
　飲水詞(飲水詞集)　集 7－46992
　飲水詞集　叢 1－280
　飲水詞鈔　集 7－46993　叢 2－1459～
　60
15 飲醴閣讀書擷瑜　子 4－23578
17 飲瓊漿館詞　集 7－48380　叢 1－584
　飲翠山房詩草　集 4－30138
20 飲香讀畫齋詩集　集 4－26825
　飲香樓小稿　集 4－25750
　飲香書屋琴譜八曲　子 3－17683
　飲香閣詩鈔　集 5－34397
26 飲和堂詩存　集 4－27624
　飲和堂集　集 3－14536
27 飲綠山堂詩集　集 4－23995～7
31 飲河集　集 2－10572、10576

飲酒詩　集 2－10320
飲酒讀騷圖　集 7－49559
飲源集　集 5－39930
32 飲冰詩集　集 1－4492,6－41896
　飲冰子詞存　叢 2－671
　飲冰集　集 4－23541
　飲冰室文集　集 5－41020、41025
　飲冰室文集、補遺　集 5－41018
　飲冰室文集癸卯集　集 5－41019
　飲冰室詩話　子 7－36251
　飲冰室壬寅文集　集 5－41023
　飲冰室全集　集 5－41016
37 飲淥軒隨筆　子 4－21290　叢 2－798
44 飲蘭露館詩鈔、詞鈔、試帖　集 4－30900
　飲杜集　集 4－25641
50 飲中偶　集 7－49378～9、49382
　飲中八仙令　子 3－18338　叢 1－197(4)
　飲中半士詩鈔、詞　集 4－26439
51 飲虹五種　叢 2－702
　飲虹堂詩稿　集 4－27847
77 飲月軒詩鈔、雜體文鈔　集 4－29600
78 飲膳　子 4－18906
　飲膳正要　子 4－18920　叢 2－636(3)
　飲膳修製　子 4－18927
80 飲食辨錄　子 4－18954
　飲食辯諸方緘線　子 2－5876
　飲食譜　子 2－4645　叢 1－373(9)
　飲食須知　子 2－4589,4－18921、18941～2
　叢 1－195(6)、2－731(30)
　飲食紳言　叢 1－107、111(3)
　飲食紳言、男女紳言　叢 1－113
　飲食大全　子 4－18970
　飲食考、簋籃、戲具　叢 2－1092
　飲食篇　叢 1－223(40)
83 飲餞詩　史 7－52135
87 飲饌譜　子 2－5872
　飲饌服食箋　子 4－18933

8781₀ 俎

10 俎豆集　史 2－6285　叢 2－998、1455

8782₀ 劒

65 劒嘯閣批評祕本出像隋史遺文　子5-28030

8788₂ 歆

00 歆齋詩稿　集4-27815
歆齋存稿　集5-36307
31 歆福錫氏　集7-49705
80 歆谷集　集3-21084

8810₁ 竺

22 竺山詩鈔、補編　集4-26391
44 竺蔭樓詩鈔　集3-19129
50 竺書璿禪師語錄　子7-34365
60 竺國紀遊　史7-53945　叢1-373(4)
竺嵒詩存　集3-21265,4-29692
72 竺氏宗譜[浙江嵊州]　史4-29599～600

箜

88 箜篌集、拔劍集、嘮嗌存　集2-7694

8810₄ 坐

00 坐塵轉語　叢1-131
坐忘論　子5-29530(20)、29535(5)、29536
(5)、31097　叢2-724
14 坐功圖說　子2-11146
20 坐看雲起樓詩草　集4-32119
29 坐秋軒集　集3-14098
36 坐禪三昧經　子6-32085(37)、32088(27)、
32093(27)
坐禪三昧法門經　子6-32081(39)、32082
(18)、32083(25)、32086(43)、32089(34)、
32090(55)、32091(53)、32092(36)、7-32783
坐禪用心記　子6-32093(53)
坐禪箴　子6-32093(53)

44 坐花誌果　子5-27172～3　叢2-724
坐花書屋詩錄、行狀　集4-29767
坐花軒詩集　集5-37612
坐花軒集　集3-15954
坐花閣詩餘　集7-47104
坐花精舍筆記　子5-26612
45 坐樓殺惜　集7-52583
72 坐隱齋先生自訂棋譜全集　子3-18018
坐隱先生訂碁譜、題贈　子3-18016　叢2-
1142
坐隱先生集　集2-11221　叢2-1142
坐隱先生棋譜　子3-18017
坐隱先生全集三種　叢2-1142
坐隱先生精訂王西樓樂府　集7-50533
坐隱先生精訂可雪齋稿　集7-50586
坐隱先生精訂梨雲寄傲　集7-50586
坐隱先生精訂納錦郎傳奇　集7-50586
坐隱先生精訂秋碧軒稿　集7-50586
坐隱先生精訂馮海浮山堂詞稿　集7-
50533、50590
坐隱先生精訂梁少白江東白苧　集7-
50533
坐隱先生精訂太平樂事　集7-50586
坐隱先生精訂草堂餘意　集7-48486、50586
坐隱先生精訂陳大聲樂府全集七種　集7-
50586
坐隱先生精訂月香亭稿　集7-50586
坐隱先生精訂金白嶼蕭爽齋樂府　集7-
50533
坐隱園戲墨　子3-18480　叢2-1142

笙

01 笙諧室賦稿　叢2-1980
04 笙詩補亡　集1-345　叢1-349
06 笙韻閣古韻　經2-14256
44 笙華書屋試帖稿　集5-35227
45 笙樓文鈔、擷情草、落葉編　集4-28983
47 笙均室筆記　子4-23251
笙磬同音集　集5-40524
70 笙雅堂文集、詩集　叢2-1471
笙雅堂集　集3-20640
笙雅堂全集四種　叢2-1471
77 笙月詞　集7-48123　叢1-486,2-731(49)
88 笙簧鑒史　集7-53909

篁

06 篁韻庵詩鈔(昭蘇小草、淹楚旅吟、轉蓬類稿、瞻岵初編、止甌臾草、望雲飛稿)　集5-36892
　篁韻庵未刻稿　集5-36896
　篁韻庵駢文稿　集5-36895
　篁韻庵駢文草稿　集5-36894
21 篁嶸詞　集7-46379、46395、46675
22 篁仙詩與楊彝珍八哀詩　叢2-1020
26 篁程堂草稿譜圖[安徽歙縣]　史5-36079
32 篁溪山房四種　子4-24608
　篁溪歸釣圖題詞　叢2-715
　篁溪家譜　叢2-715
　篁溪存稿　集5-41361
44 篁村詩集　集3-21785
　篁村詩草　集4-29811
　篁村餘集　集3-21784
48 篁墩文集、拾遺　叢1-223(64)
　篁墩程先生文集　集2-7115～6
　篁墩程先生文集(篁墩文集)、拾遺　集2-7113
　篁墩程先生文集、外集、別集　集2-7114
　篁墩程先生文粹　集2-7117～8
　篁墩程朱闕里祠志　史7-51835

8810₆　筥

20 筥重光詩稿　集3-14512
31 筥江上先生畫筌　子3-15944
　筥江上先生書筏　子3-15140
　筥江上先生書筏、畫筌　子3-14711

8810₇　簋

43 簋貳約　叢1-197(4)

簹

00 簹齋訪碑拓碑筆札　叢2-824～5
　簹齋傳古別錄　史8-64203　叢1-419、443、
　2-731(33)
　簹齋泉范目　史8-65212
　簹齋漢量文字　史8-65213
　簹齋古泥封目　史8-65212
　簹齋古陶文字考釋　史8-65224
　簹齋吉金目　史8-64317
　簹齋吉金錄　史8-64202
　簹齋藏玉印　史8-65016
　簹齋藏古目　史8-63772
　簹齋藏古冊目並題記　史8-64316
　簹齋藏器目　史8-64314　叢1-524,2-731(32)
　簹齋藏器目第二本　史8-64315　叢1-524,2-731(32)
　簹齋藏鏡　史8-64281
　簹齋賜寄自藏金石拓本錄目　史8-63695
　簹齋印集　史8-64990～3
　簹齋尺牘　集4-32401
　簹齋金文考釋　史8-64199
　簹齋金石文考釋　史8-63692　叢2-598
30 簹室殷契徵文十二編考釋十二編　史8-65184
44 簹莊詩草　集4-28422

8810₈　笠

00 笠亭詩集(楓江集、瀛洲集、湖樓集、桐花集、桐花後集、書畫船集、書畫船後集、鸝鸞集、妙門集、章江集、先庚集、小冰壺集)　集3-20239
　笠亭詩選　集6-44593
10 笠雲山房詩集　集5-34284
　笠雲遺文　集5-34285
　笠雲槐里遺文　集5-38042
20 笠舫詩文集　集4-26565
　笠舫詩稿　集4-23066～7,6-41984
　笠舫集(會稽王衍梅笠舫稿)　集4-26566
22 笠川自撰年譜　史2-11795
　笠峯詩集　集3-21230
　笠山詩選　集3-15331
　笠山詩草　集5-35393,6-42007(4)
　笠山詩鈔　集4-22329
26 笠泉詩集　集4-22429
30 笠寫壺金　子3-11243,12363
31 笠江先生近稿　集2-8390
32 笠州文集　集3-17132
　笠州詩鈔、儷體駢文　集3-17131
36 笠澤詩鈔、蓴香詞　集3-16472

笠澤褉說　叢1−136
笠澤叢書　集1−1662〜3
笠澤叢書(陸魯望先生笠澤叢書)　集1−1666
笠澤叢書、補遺、續補遺　集1−1665
笠澤叢書、附攷　集1−1668
笠澤叢書、附考　叢2−658
笠澤遊記　史7−53072
笠澤橐書　集1−1664　叢1−223(50)
笠澤堂書目　史8−65602
44 笠芸詩瓢　集4−22564
45 笠杖集　集4−33125
50 笠夫雜錄　子4−21234　叢1−496(5)
笠夫韻語　集5−38250
笠東草堂集　集4−28924
笠東草堂遺稿　集4−28923
笠東草堂遺稿、文集補遺　集4−28918
77 笠閣叢書三種　叢2−1430
80 笠人詩稿　集4−23710
笠翁詞韻　集7−46901、48673
笠翁一家言初集(文集、詩集)　集3−13608
笠翁一家言全集　集3−13609
笠翁香豔叢錄　子5−27312
笠翁傳奇十二種曲　集7−50187
笠翁傳奇十種　集7−50186
笠翁偶集摘錄　叢1−587(6)
笠翁偶集頤養部　集7−46902
笠翁對韻　集6−42285、42288、42296〜7
90 笠堂詩草　集3−18377

笯

24 笯仕金鑑　史6−43015　叢2−811
28 笯儀　子3−13761
笯儀象解　子3−13748
30 笯宗　經1−77(2)、540、2368
34 笯法輯要　經1−2405
40 笯吉肘後經　子3−14442、14597
88 笯策訂誤　經1−1474
笯策洞虛錄、初　經1−1309

8811₂ 范

00 范亭詩初草　集4−33202

8811₄ 銓

07 銓部王先生文集、詩集、修縣誌小序　集2−7781
銓部題奏摘要　集2−7348
21 銓衡便覽　史6−42817
33 銓補新章　史6−45535
37 銓選滿洲則例　史6−42675
55 銓曹儀注　史6−42032

8811₆ 銳

44 銳菴集　集6−41715

8811₇ 筑

77 筑間籟　集3−18551

鑑

00 鑑齋詩草　集3−16877
鑑辨小言　叢2−886(5)
01 鑑評別錄、兩漢史斷、三國書法　史1−5720
鑑語經世編　史1−5582
03 鑑誡錄　叢1−195(1)、223(44)、410,2−731(52)
10 鑑要、補遺　史1−5024
20 鑑雋　叢2−1168
21 鑑止水齋文錄　集6−42067
鑑止水齋集　經1−111(4),2−11883　集4−25558
鑑止水齋書目　史8−65750
26 鑑泉詩草　集4−28277
27 鑑綱詠署　子4−24484
鑑綱詠署、讀史論署補、甲子考　史1−5686
31 鑑江全集(鑑江集四六彙輯、鑑江初集)　集2−9927
37 鑑湖詩說　經1−3866
鑑湖詩草　集3−20595
鑑湖逸客吟稿　集4−29732
鑑湖逸客吟稿、補遺　集4−29733

鑑湖女俠　史2-10944
鑑湖櫂歌　集5-36492
鑑湖隱　集7-49357
鑑初集　集5-33817
40 鑑塘詩鈔　集3-19874
鑑古齋詩草　集4-23772
鑑古齋墨藪　子4-18827
鑑古齋墨藪(汪氏鑑古齋墨藪)　子4-
　18826
鑑古瑣譚　史1-5490　叢1-142
鑑古輯覽　史2-7132
41 鑑敔書屋遺草　集5-35724
44 鑑藻集　集3-18578
48 鑑梅齋分體詩錄　集5-36956
50 鑑史摘錄　史1-4989
鑑史輯要、清史輯要　史1-5003
鑑史提綱　史1-5649
鑑摘典要、前附錄讀史論畧　史1-5025
53 鑑戒錄　叢1-19(4)、20(2)、21(4)、22(5)、23
　(5)、24(5)、29(6)、374
56 鑑撮、奉使紀勝、讀史論畧　史1-4957
60 鑑畧　史1-4948
鑑畧四字書　史1-4947
鑑畧四字書、新鐫鑑畧釋義、提綱釋義歷代
　國號歌、歷代羣英歌　史1-4950
鑑畧四字書、新鐫鑑畧釋義、歷代國號歌、
　歷代羣英歌　史1-4951

8812₇ 筠

00 筠亭集　集3-15807
筠庵文選　集3-15622
筠庵集文草　集3-15621
筠齋詩稿、詞　集3-18037
筠齋詩錄　集4-25814
筠齋漫錄、續集、別集　子4-20597
筠廊二筆　子5-26406　叢1-210、373(5)、
　2-632
筠廊偶筆　集3-15515　叢1-211、373(8)、
　2-617(5)、624(3)、632
筠廊偶筆、二筆　叢1-210
筠廊偶筆、怪石贊、雪堂墨品　子5-26405
10 筠石山房詩話抄　集6-46116
12 筠孫詩鈔(叢雲精舍詩)　集4-33082
16 筠碧山房詩集　集4-26170　叢2-1002
17 筠翠軒吟草　集5-33840
22 筠仙詩存　集4-31411
筠仙山館古今體詩草　集5-41253

筠峯語錄　叢2-958
27 筠綠山房詩鈔、詞　集4-28789
筠綠剩稿　集3-15603
28 筠谿文集　集2-7669
筠谿集、樂府　叢1-223(53)
筠谿集、樂府、筠谿李公家傳　集1-3116
筠谿樂府　叢1-223(72)
筠谿樂府(筠溪詞)　集7-46540
筠谿先生文集　集1-3115
筠谿先生文集、樂府、附錄　集1-3114
筠谿李公家傳　叢1-223(53)
30 筠窗詩錄　集4-28676
32 筠州大愚芝和尚語錄　子7-34177
筠州黃蘗山斷際禪師傳心法要　子7-
　34057
筠州黃蘗山斷際禪師傳心法要、宛陵錄　子
　7-34058
筠州黃蘗山斷際禪師傳心法要　子6-
　32081(50)
筠溪詩草　集4-24388,6-41984
筠溪詞　集7-46369、46540
筠溪先生集　集2-6401、6404
筠溪牧潛集　集1-4975~6
筠溪牧潛集(牧潛集)　集1-4974
筠溪劉氏宗譜[江西南豐]　史5-39390
筠溪劉氏支譜[江西南豐]　史5-39391
33 筠心集　集4-27559
筠心遺稿　集5-36669
筠心書屋詩鈔　集3-21160
筠心閣集　集4-27560
筠心閣吟稿　集4-24872
筠心堂文集　叢2-884
筠心堂集　集4-26239
筠心堂存稿　集3-16272
35 筠沖居刪刪集　集3-21000
筠清館石文輯存　史8-64412
筠清館法帖　子3-15756
筠清館金石文字　史8-64171
筠清館金石記目　史8-64301
筠清館金石記目、續　史8-64300
筠連縣志[康熙]　史8-61966
筠連縣志[乾隆]　史8-61967~8
筠連縣志[同治]　史8-61969
筠連縣志[民國]　史8-61970
37 筠瀾詩草、補編、和蘇、風月餘談　集3-
　21706
筠郎二筆　叢1-212
40 筠樵詩草(筠樵詩鈔)　集4-25253
筠樵書屋小草　集4-25254
44 筠菴文選　叢2-848

45 筠樓雜詠及賦　集4-23110
　筠樓詩草四種　集4-23105
50 筠青閣吟稿　集4-33674
51 筠軒文鈔　集4-25175　叢2-712
　筠軒文鈔、詩鈔　集4-25174　叢2-1632
　筠軒詩稿、文稿　集6-45041
　筠軒集　集1-5070,6-41784　叢1-223(60)
　筠軒集(詩稿、文稿)　集1-5069
　筠軒先生詩　集1-5791
　筠軒清閟錄　子4-23706　叢1-195(6),2-
　　731(33)
　筠軒遺詩　集4-24055
60 筠圃詩鈔　集4-27012
　筠園稿　叢2-1535
　筠園稿、刪詩　集3-19915
　筠園刪稿　叢2-1535
　筠園全集十種　叢2-1535
77 筠閣詩鈔　集4-23546
　筠門詩存　集4-24979
80 筠谷詩(筠谷詩集)　集2-5970
　筠谷詩集　叢1-223(63),2-833
　筠谷詩畧　集3-20909～10
　筠谷詩鈔、別集　集3-18349
87 筠錄山房詞草　集7-47562

簱

21 簱紅詞、聽香室賦鈔、試帖　集7-47778
26 簱岷山房詩鈔　集4-23926
46 簱帽山人詩草　集3-20344
60 簱園日札　子4-22566
　簱園日札初稿、續　子4-22565
　簱園日札七種　子4-22567
80 簱盦畫塵　子3-15864

鈐

22 鈐山堂詩選　集2-7846～7
　鈐山堂詩鈔　集2-7845
　鈐山堂集　集2-7848～53
　鈐山堂書畫記　史1-1933、1982　叢1-244
　　(4),2-731(34)
　鈐山堂書畫記(嚴氏書畫記)　子3-14749
70 鈐雅　子5-25364

8813₂　錄

61 錄題句解兵書七種　子1-3060

8813₇　鎌

22 鎌山草堂詩合鈔　集3-13396　叢1-241、
　242(4),2-731(43)

8815₃　籛

22 籛後老人八十以後詩　集3-13671

籤

55 籤軸彙餘　子5-25359

8816₄　簵

44 簵村詩集(曉山草堂詩集)　集3-18541

8816₇　鎗

10 鎗礮考　子7-36240(3)

8821₁　筦

17 筦子按　子1-3999
32 筦測　子4-23334

簾

00 簾底焚餘　集4-23706

中國古籍總目書名索引

籠

22 籠川先生詩鈔　叢 2 - 624(4)
23 籠鵞館集　集 2 - 12591～2
50 籠春堂詩稿　集 5 - 40714

8822₀ 竹

00 竹瘦山房詩鈔　集 3 - 21702
　竹亭文畧　集 4 - 27802
　竹亭詩鈔　集 4 - 25815
　竹亭摹勒　子 3 - 17129
　竹亭醫案　子 2 - 10897
　竹庵詩鈔　集 4 - 25436、25438
　竹廬詩集　集 2 - 7222
　竹廬詩存　集 5 - 41086
　竹廬詩草　集 4 - 28381、30782
　竹廬詩鈔　集 4 - 23309
　竹廬自娛草　叢 2 - 1297～8
　竹廬自娛草壁札寱語抄合函三種　叢 2 - 1298
　竹廬自娛草壁札合函二種　叢 2 - 1297
　竹廬家聒　子 1 - 2207　叢 2 - 1824
　竹齋詩集　集 1 - 3955,2 - 6201～4,6 - 41889、41894(3)、41895　叢 1 - 223(56)
　竹齋詩集(竹齋集)、續集、補遺、附錄　集 2 - 6200
　竹齋詩集、文　叢 1 - 478
　竹齋詩集、續集、附錄　集 2 - 6205
　竹齋詩餘　集 7 - 46352、46380、46658　叢 1 - 223(73)、2 - 698(13)、720(2)、857、860
　竹齋詞　集 7 - 46351～2、46357、46362、46374、46383、46589
　竹齋集　集 2 - 6199
　竹齋集、續集、附錄　叢 1 - 223(63)
　竹齋集鈔　集 1 - 3958,6 - 41901、41914
　竹齋先生詩集　集 1 - 3956～7,6 - 41916
　竹齋先生詩集(竹齋集、裘竹齋詩集)、附錄　集 1 - 3954
　竹廣詩集　集 3 - 13628
06 竹韻樓詩鈔、琴趣　集 4 - 26735
　竹韻軒寱歌集　集 4 - 29550
08 竹譜　子 3 - 14982～3、16437、16442、16570,4 - 18535、18540、19116、19243、19245～6　叢 1 - 2～6、9～10、19(9)、20(7)、21(8)、22(17)、23(17)、24(10)、29(3)、74～7、101、201、203(5)、223(37、39)、249(1)、456(6)、465、566,2 - 726、731(6、28)、873
　竹譜(高松竹譜、明高遯山竹譜)　子 3 - 16294
　竹譜(十竹齋竹譜)　子 3 - 14977
　竹譜、蘭譜　子 3 - 16344
　竹譜詳錄　子 3 - 14692、15858～9　叢 1 - 244(6)
　竹譜詳錄(畫竹譜)　叢 2 - 731(35)
09 竹坳小識、竹妙軒麗澤錄　子 4 - 23183
10 竹雪亭詩　集 5 - 38586
　竹雪軒印集　子 3 - 17360～1
　竹雨亭詩集　集 3 - 16619
　竹雨齋詩鈔　集 4 - 33682
　竹雨吟鈔　集 4 - 31633
　竹下寱言　子 4 - 20308～9　叢 1 - 62～4、87～9,2 - 730(1、4)、731(12)
　竹平安館詩詞鈔　集 5 - 39622
　竹石山房全集　集 5 - 40697、40946
　竹石山樵六十自壽百韻　集 4 - 32185
　竹石草堂成方要　子 2 - 9792
　竹石居文草、詩草、詞草　集 4 - 33225
　竹石居雜錄　子 4 - 24357
　竹石居詠物詩　集 3 - 19833
　竹石居詞草、川雲集　集 7 - 47906
　竹石居稿　集 4 - 23448～9
　竹西亭稿　集 3 - 18395
　竹西齋詩　集 4 - 27000
　竹西詞　集 7 - 46399～400、46427、46966
　竹西客隱草堂集　集 4 - 26497
　竹西花事　叢 2 - 752
　竹西花事小錄　子 5 - 26232、26636　叢 1 - 496(1)、587(5)、2 - 721
　竹西花事小錄、燕臺花事小錄　子 5 - 26635
　竹西吟　集 3 - 16634
　竹西吟草、唐史樂府　集 4 - 26738
　竹雲題跋　子 3 - 16163　叢 1 - 223(29)、373(6)、453、461
　竹雲題跋、虛舟題跋、虛舟題跋補原　子 3 - 16166
　竹雲題跋、金粟逸人逸事　子 3 - 16165
　竹雲題跋補鈔　叢 1 - 373(6)
　竹雲題跋初藁　子 3 - 16164
　竹雲題跋節抄、虛舟題跋節抄　子 3 - 16167
　竹雲堂稿　集 3 - 13597～8
12 竹瑞堂文鈔　集 4 - 30402～3
　竹瑞堂詩續集　集 4 - 30401
　竹瑞堂詩鈔　集 4 - 30400
　竹瑞堂詩鈔、文鈔　集 4 - 30398～9
16 竹聖齋吟草　集 2 - 11491
17 竹翠軒遺稿　集 4 - 27007

20 竹受齋詩鈔　集4-22619
　　竹舫小草　集4-29704
　　竹香亭詩餘　集7-46398～400、46868
　　竹香齋文錄　集6-42067
　　竹香齋詩鈔　集3-20565
　　竹香齋象戲譜初集、二集、三集　子3-18086
　　竹香齋叢抄　子1-2321
　　竹香齋叢纂　子4-24555
　　竹香齋遺草　集3-18453
　　竹香齋古文　經1-85　集3-20564　叢2-1470
　　竹香齋類書　史1-4919
　　竹香詩集　集3-18993
　　竹香詞　集7-47192
　　竹香樓詩集(竹香樓初集、二集、粤遊吟、豫裝草、式矩草)　集3-20417
　　竹香樓詩草　集4-27371
21 竹虛逸篇　集4-24878
　　竹虛小題鈔　集4-28368
22 竹岑札記　子4-23228
　　竹巖詩草　集3-19097
　　竹巖詩鈔　集3-21125　叢2-834
　　竹巖集　集3-15172
　　竹巖集、補遺　集2-6842
　　竹巖集、補遺、續補遺、附錄　集2-6843
　　竹巖集、補遺、附錄　叢1-223(64)
　　竹巖先生文集　集2-6844
　　竹崦傳鈔書目　史8-65257　叢1-540～1、547(3)
　　竹山詩稿　集5-35670
　　竹山詞　集7-46352、46357、46380、46389、46722　叢1-223(73)、2-698(13)、720(2)
　　竹山縣志[康熙]　史8-60118
　　竹山縣志[嘉慶]　史8-60120
　　竹山縣志[乾隆]　史8-60119
　　竹山縣志[同治]　史8-60121
　　竹山隨筆　子4-23456
　　竹山堂文賸、詩補　集5-35065
　　竹山堂詩稿、詞稿　集5-35064
　　竹山堂聯語　叢2-908
23 竹外山房詩文集　集4-22567
24 竹崦盦傳鈔書目　史8-65711
　　竹崦盦金石目錄　史8-63496、63768～9　叢2-665
　　竹崦盦金石錄　叢1-259
25 竹生吟館詩草　集4-27140～1
　　竹生吟館墨竹詩草　集4-27142
26 竹牕續錄　子4-20886
　　竹佃詩畧、竹佃閒話錄　集4-23281
　　竹泉詩存前集　集4-30725

竹泉詩鈔　集4-30726
　　竹泉集　史2-8931
　　竹泉山房集　集4-30728
　　竹泉生初芽集　集4-33010～1
27 竹嶨朱氏宗譜[浙江臨海]　史4-26610
　　竹嶼詩選　集6-42019
　　竹嶼詩草、文稿　集3-21021
　　竹嶼集　集3-16978
　　竹嶼山房雜部　子4-23696　叢1-223(42)
28 竹谿集　集6-41894(2)、41904
　　竹谿縣志[康熙]　史8-60129
　　竹谿縣志[道光]　史8-60130
　　竹谿縣志[同治]　史8-60131
30 竹室內集、外集　集2-6923
　　竹室吟草　集3-21568
　　竹房先生文集補　史7-52104
　　竹房遺詩　集4-24953
　　竹窩琴譜　子3-17799
　　竹窓詞　叢2-1353
　　竹窓隨筆、二筆、三筆　子7-34913
　　竹窓隨筆、竹窓二筆、竹窓三筆　子7-32099
　　竹窗雜詠　集3-18302
　　竹窗詞　集7-46351、46781
　　竹窗詞、蔬香詞　集7-47061　叢2-1354
　　竹窗集　集3-16841
　　竹窗剩稿、遊臺雜詠　集4-25702
　　竹窗解頤雜錄　子5-27416
　　竹窗解頤錄　叢1-373(3)
　　竹窗解頤錄補鈔　叢1-373(9)
　　竹窗秋籟　集7-48115
　　竹窗存稿　集2-6685　叢2-853
　　竹窗吟　集4-22389
　　竹窗吟草　集5-37457
　　竹窗隨筆　子5-26229,7-34914、34916　叢2-2085
　　竹窗隨筆、二筆、三筆　子6-32091(76)
　　竹窗隨筆、二筆、三筆、直道錄、正訛集、雲棲大師遺稿　子7-34912
　　竹窗合筆　子7-34915　叢1-142
　　竹窗筆記　史1-4514　叢2-2035
　　竹窗情話　子4-23166
　　竹寨詩本　集5-40825
31 竹江袁氏宗譜[浙江慈溪]　史4-31337
　　竹汀先生日記鈔　史8-65292～4　叢1-416～7、429、553,2-673、731(2)
　　竹汀日記　叢1-373(9)、511
　　竹汀日記抄　子4-22444
32 竹洲文集　集1-3426～7
　　竹洲詩文集、友梅堂詩卷　集6-42205、

43566

竹洲詩集　集1-3432,6-41908

竹洲詩鈔　集1-3431,6-41900

竹洲詞　集7-46351~2、46357、46360~1、46370、46383、46581　叢1-579,2-799~800

竹洲集、棣華雜著　集1-3428　叢1-223(54)

竹洲集、竹洲秀衍集、續集　集1-3430

竹洲集補鈔　集1-3433,6-41901

竹洲歸田稿　集1-5650

竹洲歸田藁　集1-5651、5659

竹灣未定稿　集4-26310

竹派　子3-15859　叢1-13、14(3)、22(26)

竹派(陳眉公訂正文湖州竹派)　子3-16077

竹溪雜述　子4-22330　叢1-201

竹溪詩詞鈔　集5-39343

竹溪詩集　集1-4280,6-41904

竹溪詩草　集4-22537,5-34039

竹溪詩畧　集3-17753

竹溪集　集1-3117,3-19902,6-41748、41895、41922

竹溪稿　集1-4973　叢2-860

竹溪鬳齋十一稿續稿　集4-31198

竹溪鬳齋十一藁續集　集1-4277　叢1-223(57)

竹溪任氏宗譜[浙江義烏]　史4-26775~8

竹溪襍述　叢1-203(2)

竹溪沈氏家乘[浙江湖州]　史4-29036~8

竹溪社易門詩鈔　集3-20799

竹溪十一稿　集1-4279,6-41917

竹溪十一稿詩選　集6-41891、41895、41924

竹溪十一藁詩選　集1-4278

竹溪十一藁　集6-41894(4)、41897

竹溪十一藁詩選　集6-41744~5、41888、41892~3、41898、41913

竹溪見聞志　子5-26649

竹溪陳氏墓祀錄　史3-24576

竹溪陳氏墓祀錄[安徽祁門]　史4-33177

竹溪陶氏宗譜[安徽寧國]　史5-33499

竹淨軒詩選　集4-28468

33 竹滬漁唱　集4-23410

竹浪亭集補梅花集句　集2-7226

竹浪生禪師語錄　子6-32091(81)

竹浪軒珠淵　子4-24044

34 竹波軒詩鈔　集4-24422

竹渚曹氏族譜[湖南宜章]　史5-34254

35 竹連珠　叢1-197(4)、202(7)、203(13)、319,2-617(2)

36 竹邊詞　集4-27541

37 竹湖堂詩稿　集3-15415

竹澗集、奏議、附錄　叢1-223(65)

竹澗先生文集(竹澗集)、奏議、附錄　集2-7667

竹澗先生文集、奏議　集2-860

竹澗奏疏　史6-48247

竹渦兩宋泉類　史8-64876

竹深處集　集3-16912

竹冠道人陽宅修方實跡　子3-13250

竹初詩鈔　集4-22203

竹初詩鈔、文鈔　集4-22204

竹初詞樂府　集7-47278

竹初山房札記　叢1-373(4)

竹逸軒詩鈔　集5-33829

38 竹裕園筆語集　子4-21196

40 竹友詞　集7-46357~8、46374、46511

竹友集　集1-2874、2876~7,6-41894(1)、41895、41904　叢1-223(53)、227(9)、2-731(40)

竹南賦畧　叢2-1471

竹南居士年譜　史2-11995

竹南精舍試帖詩鈔　集4-33080

竹南精舍詩鈔　集4-33079

竹南精舍駢體文稿　集4-33081

竹右一稿　集3-21684

41 竹坪言懷　集3-20188

竹坪詩草　集4-32272,6-42007(3)

竹坪先生(陳煦元)百歲仙壽啓、行狀、傳　史2-10240

竹梧書屋詩稿、外集　集3-18469

42 竹埵山樓詩稿　集5-40049

竹橋詩鈔　集6-41988

竹橋十詠　史7-50441　集6-45096

竹橋黃氏誥敕　史2-8045

竹橋黃氏世德傳贊、竹橋黃氏誥敕、新建竹橋黃氏忠獻義塾記　叢2-1869

43 竹垞府君行述　叢2-646

竹垞文鈔　集6-42064

竹垞文類　集3-15014~5

竹垞詩選　集3-15007

竹垞詩鈔　集3-15016,6-41979

竹垞行笈書目　史8-65644　叢1-585

竹垞道古錄　子4-21058

竹垞古今體詩　集3-15017

竹垞老人晚年手牘　叢2-611

竹垞小志　史7-52011　叢2-617(5)、633

竹垞小志續纂　史7-52012

44 竹坡詩話　集6-45490　叢1-4、19(11)、20(9)、24(12)、31、169(3)、223(72)、2-731(46)

竹坡詩集　集2-6696

竹坡詩草　集5-36743

竹坡詞　集7-46380、46522　叢1-223(73)、2-698(13)、720(2)

竹坡先生遺文　子1-1856　叢2-967

竹坡侍郎奏議　史6-49161

竹坡老人詩話　集6-45483、45486、45582　叢1-2～3、5～6、8～10、22(14)、23(13)、2-617(3)

竹坡老人詩話(竹坡詩話)　集6-45583

竹坡老人詞　集7-46352、46356～7、46363、46523

竹坡呂氏宗譜[江西廣豐]　史4-26348～9

竹坡小草　集3-21828

竹坡類藁　集1-4189

竹莊詩話　集6-45665　叢1-223(72)

竹莊小藁　集1-4300,6-41895、41919、41921、41924

竹莊小藁　集6-41744～6、41888、41891～3、41894(3)、41897～8、41904、41917、41923

竹蔭齋主人印譜　子3-17472

竹蔭軒吟草　叢2-888

竹樊山莊詞　集5-36279

竹薈　子4-19247

竹苞集　集6-44028

竹榭詞稿　集7-48335

竹葉亭雜記　子4-19501、21442～3　叢1-373(3)、565

竹葉庵文集　集3-21411～4

竹葉舟傳奇(夢香堂新錄竹葉舟)　集7-50241

竹林産科　子2-8145

竹林詩評　集6-45486、45681　叢1-22(13)、23(13)

竹林洪氏宗譜[湖南攸縣]　史4-31014

竹林寺祕傳産科　子2-8151

竹林寺祕傳女科切要　子2-8149

竹林寺女科　子2-8098、8138

竹林寺女科産前産後祕方　子2-8150

竹林寺女科祕方(竹林寺女科祕書)　子2-8137

竹林寺女科祕傳　子2-8135

竹林寺婦科胎産摘要　子2-8148

竹林寺胎前産後癥治　子2-8146

竹林女科證治　子2-8140

竹林七賢一枝　集7-52069

竹林草堂詩鈔　集4-32968

竹林老屋詩鈔　集4-31250

竹林愚隱集　集1-4122,6-43118　叢2-870(4)

竹林唱和詩集　集6-44192

竹林吟稿　集3-21727

竹林問答　集6-46318

竹林八圩志[民國]　史7-57325～6

竹林答問　叢1-487,2-1728

45　竹樓詩集　集4-26057

竹樓詩鈔　集3-18811

46　竹如意　子5-27360　叢2-1770

竹如意齋唱和集　集5-35332

竹如意館遺集　集5-36653

竹嬋娟室詞　集4-28169

竹柏山房稿十種　叢2-1659

竹柏山房遺集　集4-26433

竹柏山房十五種附刻八種　叢2-1660

47　竹塢詞稿　集7-48187

竹塢聽琴　集7-48769、48777、48924

竹嬾畫媵　子3-15859、16134　叢1-373(9)

竹嬾畫媵、續畫媵　子3-16133　叢2-721、1181

竹椰草堂詞草　集4-33585

竹根齋詩草　集4-24184

竹根齋詩鈔　集4-24185

48　竹墩朱氏族譜[浙江湖州]　史4-26472～3

49　竹妙軒麗澤錄　子4-23183

50　竹中記　史1-3110　叢2-876、1286

竹夫人傳　叢1-587(3)

竹書統箋　史1-1003　叢1-223(18)

竹書佚文　史1-993　叢2-777

竹書紀年　經2-9755　史1-992、994～9、1015　子1-69　叢1-47、70、74～7、79、90～3、125、162、223(18)、237、303～5、558、2-635(3)、698(4)、730(5)、731(63)、772(4)、773(4)、1568

竹書紀年、竹書紀年辨誤、竹書紀年考證、紀年年表、紀年曆法天象圖、紀年地形都邑圖、紀年世系名號圖　史1-1000

竹書紀年[考訂]　叢2-892

竹書紀年辨證　史1-1008

竹書紀年辨證、補遺辨證　史1-1004　叢2-843

竹書紀年六國年表　史1-1012

竹書紀年雋句　史1-1019　子5-25832

竹書紀年集證　史1-1014　叢2-929

竹書紀年集成、集說　史1-1013

竹書紀年統箋、前編、雜述　史1-1002　子1-62、64～5、67～8　叢2-1385

竹書紀年補證、本末、後案　史1-1009　叢2-1659～60

竹書紀年校記　叢2-757

竹書紀年校正、通考　史1-1007　叢2-1596

竹書紀年校補　叢2-1575

竹書紀年校補、原委　史1-1006

竹書紀年考證　史1-1005　叢2-1471
竹書紀年足本　叢1-126
竹書紀年義證　史1-1016～7
竹書校注　叢2-1521
竹素齋遺稿(姚鏡塘先生全集)　集4-
　25305
竹素詩鈔　集4-27502
竹素山房詩　集1-5133
竹素山房詩集　叢1-223(59)
竹素山房詩集(竹素山房集)　集1-5134
竹素山房詩集(竹素山房集)、補遺、附錄
　集1-5135
竹素山房集、補遺、附錄　叢2-833
竹素園詩選　集6-44477
竹素園詩草　集4-27029,6-41997
竹素園詩草、日下集　集3-20716
竹素園詩畧、詩草、北征集、宣武集、續集、
　建陵叢集、南部集　集3-18014
竹素園詩鈔　集3-18015,4-28460、33303,
　6-42007(2)
竹素園詩鈔、詩餘、集句　集4-33138
竹素園集(燕臺游草、北游續草、公車別錄、
　金陵遊草、據梧集、端居集、郊居集、園居
　集、閒居集)　集2-10605
竹素園叢談　叢2-685
竹素居詩存　集4-29664
竹素堂續稿　集2-10554
竹素堂藏稿、續稿　集2-10553
竹素堂合併全集　集2-10552
51 竹軒雜著　集1-3172～3　叢1-223(54),2-
　864～6
竹軒雜著、吳越遊草　集3-21256
竹軒雜鈔　集5-34968
竹軒詩集　集4-24044
竹軒詩稿、述職集、公餘集　集3-21877
竹軒詩存、學古堂遺詩鈔、小蕙女弟遺稿
　集5-36271
竹軒詩草　集3-20110
竹軒詩鈔　集4-31782
竹軒稿　集2-11042,6-44961
竹軒剩稿　集3-16674
竹軒遺稿　集4-29810
竹軒摭錄　子4-22757
57 竹搖松擺一枝　集7-52070
60 竹里文畧　叢2-845(3)
竹里詩集　叢2-845(3)
竹里詩存　集4-27762
竹里王氏宗譜[浙江東陽]　史4-25164
竹里述畧[同治]　史7-57324
竹里草堂日記　叢2-1882
竹里者舊詩　集4-25569

竹里樓詩集　集3-15480
竹里畫者詩　史2-7669
竹里秦漢瓦當文存　史8-65199
竹里八字王氏宗譜[浙江東陽]　史4-
　25165
竹里全稿　集5-38303
竹里全稿六種　叢2-1882
竹里館詩說　集6-45811
竹里館草　集2-12894,6-44961
竹園文集　集5-37795
竹園詩集　集3-17462
竹園詩稿(盾頭草、蓬轉草、符水公餘草)
　集5-33822
竹園詩鈔　集4-30596
竹園孫氏宗譜[江蘇常州]　史5-33554
竹園燕源城東三族嚴氏家乘[浙江淳安]
　史5-41194
竹田樂府　集7-47442
62 竹影集印　子3-17444
竹影樓筆叢　子4-23137　叢1-373(5)
65 竹嘯軒詩鈔　集3-17873　叢2-1399
竹嘯餘音　集3-18503
67 竹眠詞鈔　集4-23156,7-47594
68 竹吟館詩草　集4-31363
70 竹雅詩鈔　集4-33355
竹雅堂雜文　集4-33356
72 竹所詩鈔、詩餘　集4-25116
竹所詞稿　集6-41993,7-47685
竹所吟稿　集1-4147,6-41744、41891、41894
　(3)、41895、41917
竹所吟藁　集1-4146
竹所吟藁　集6-41745～6、41888、41892～3、
　41897～8、41904、41911、41923
竹隱廬隨筆　子5-26569
竹隱樓詩草　集6-41999
竹隱畸士集　集1-2961　叢1-223(53)
竹氏家譜[四川蘆山]　史4-26841
竹岳樓草　集3-17712
77 竹屋癡語　集7-46357、46371、46380、46651
　叢1-223(73),2-698(13)、720(2)
竹屋詩鈔　集5-34518
竹屋詞　集7-46352、46652
竹屋寒衾圖　叢2-1591
竹岡齋九種附三種　叢2-1591
竹岡雜綴、續　叢2-1591
竹岡詩話　集6-46091
竹岡詩草、哀周渭川詩、竹岡小草、雜綴、續
　集4-24002
竹岡詩草、詩話　叢2-1591
竹岡鴻爪錄　史2-9631、11972　叢2-1591
竹岡同學錄　史2-8161　叢2-1591

中國古籍總目·索引

竹岡小草　叢2-1591
竹閒道人自述年譜　史2-12264　叢2-1956
竹閒十日話　史7-50516　叢2-1868
竹閒吟榭集　集5-41261
竹陽詞續稿　集7-48188
竹居詩集　集2-6296
竹居外錄　集5-39074
竹居小牘　集5-39073
竹閣經驗備急藥方　子2-10239
竹間詩話　集6-46064
竹卿女史遺詩　集4-31468
79 竹塍府君(齊清阿)年譜、哀輓錄　史2-12062
80 竹人錄　子4-18632
竹翁自訂年譜　史2-12460
81 竹鑪圖詠、前集、補　叢2-802
84 竹鎮紀畧　叢2-795
竹鎮紀畧[道光]　史7-56562
88 竹筠山房詩鈔　集5-34020
竹筠書屋詩鈔　集6-42007(2)
竹筠書屋詩鈔(竹筠書屋吟草)　集4-32145
竹箭編　集2-9826～7　叢2-1132～5
竹笂軒謎存　子3-18458
竹簡遺文　史8-65248
竹簾詞　集7-48252
竹簾館詞　集7-48251
竹笑軒詩草　集3-13880
竹笑軒詩鈔　集3-13881
90 竹堂文類　集4-23972、23974
竹堂詩文稿　集4-31485,5-35447
竹堂寺志、陽山景福庵紀畧　史7-51582
竹堂寺志補、陽山景福庵紀畧補　史7-51583
竹堂類稿　集4-23973
竹光樓稿　集4-25451
91 竹煙蘭雪齋詩鈔　集4-31196
竹爐圖詠、駐蹕惠山詩　集6-44543
竹爐圖咏補輯　史7-51574
97 竹懶山房吟稿　集5-33777
竹鄰詞　集7-47450　叢1-509
竹鄰遺詞　集7-47451
竹鄰遺稿　集3-17009
竹鄰遺稿、雜文、詞　集4-26331
竹鄰遺藁　叢1-314

8822₁ 箭

22 箭嶺王氏家譜[浙江奉化]　史4-24988
箭嶺王氏家乘[浙江奉化]　史4-24989
箭嶺王氏竹溪先生家譜[浙江奉化]　史4-24987
45 箭樓劉氏續修族譜[湖南湘鄉]　史5-39629
54 箭攢羅成　集7-52201
68 箭喻經　子6-32083(19)

8822₇ 笂

00 笂庵詩稿　集4-28087
笂庵詩鈔　集4-28091～3
笂庵詩鈔、試帖詩鈔　集4-28089～90
笂庵詩鈔、讀通鑑綱目　集4-28088
笂庵集　集5-38025
笂齋吟草　集4-23193
10 笂石齋文稿　集5-34016
17 笂珊年譜　史2-12342
22 笂巖詩鈔　集4-22660　叢2-799～800
笂山詩集　集3-19693
笂山詩草　集4-26371
28 笂谿草　集2-10084
32 笂溪草堂詩稿　集4-28035
50 笂東草堂詩錄　集4-33506
80 笂盦集詩、詞　叢2-908
笂盦叢鈔　子4-23723

第

00 第六弦溪文鈔　叢1-515
第六水村居稿　集5-40139　叢2-1993
第六絃溪文鈔　叢2-731(45)
第六才子書　集7-48840～2、48844、48850～1、48853～4、48863、49739
第六才子書西廂記(槐蔭堂第六才子書)　集7-48843
第六鉉溪文鈔　集4-23502
第六鉉溪文鈔、詩鈔　集4-23501
10 第一香筆記　子4-19241
第一生修梅花館詞　集7-48381～2

第一次統計表册並擬規畫司法大署例册
  史6-46006
第一次教育統計圖表 史6-42393
第一次中俄密約 史1-1995,6-45042
第一才子書 子5-27995～6,27999,28001
第一奇女傳 集7-53916
第一奇書野叟曝言 子5-28443～4
第一樓叢書 叢2-1920
第一樓叢書九種 叢2-1919
第一樓叢書附考 經2-12285 叢1-487
第一春風集 集5-38344
第一鳳傳、第一人傳、第一品傳 集6-
  43974
第一義法勝經 子6-32081(8)、32082(8)、
  32083(7)、32084(6)、32085(9)、32086(10)、
  32088(7)、32089(7)、32093(9)
第二碑 集7-49438、49453
第二次保和會文件彙編 史6-45098
第二次保和會條約文件、病院船條約、救卹
  出征軍隊之傷者病者條約 史6-45097
第二次教育統計圖表 史6-42394
第二槎亭吟草 集4-28887
第二層算學 子7-36237
第五才子書 子5-28663
第五才子書施耐庵水滸傳 子5-28669
第五才子書水滸傳、續 叢1-496(7)
第五才子書水滸全傳 子5-28672、28674
第五居士文集 集4-26836
40 第十一段錦 集1-201、203(4)
第十一段錦詞話 集7-48732 叢1-203
  (18)、350
第十才子書 子5-28439
第十才子書綠雲緣 子5-28440
第九才子書二荷花史 集7-52882、53234
第九才子書平鬼傳 子5-27823
第九才子書斬鬼傳 子5-27822
第七泉山館詩集 集4-32258
第七泉居士年譜 史2-11864
第七才子書(琵琶記) 集7-49741
80 第八才子書白圭志 子5-28450
第八才子書白圭志四集 子5-28452
第八才子書花箋記 子5-27168 集7-
  52896

箐

00 箐庵遺稿 集3-16085
箐齋讀書錄 子4-22213

篇

06 篇韻貫珠集 經2-13736、14301
38 篇海類編 經2-12819～20

簡

00 簡亭詩草 集3-21824
簡齋文選 集6-45114
簡齋詩集 集1-3180、3184
簡齋詩外集 集1-3185 叢2-635(10)
簡齋詩選 集6-45114
簡齋詩箋正誤 集1-3180
簡齋詩鈔 集1-3188～9,6-41900
簡齋詩鈔、二刻秋水謠、劍映 集2-12453
簡齋詞 集6-41713,7-46352、46357、46383、
  46542
簡齋集 集1-3187,2-6415～6 叢1-223
  (53)、227(9)、230(5),2-731(40)
簡齋集補鈔 集1-3190,6-41901
簡齋先生(陳與義)年譜 史2-11294 集
  1-3180、3182 叢2-635(10)、698(10)
簡齋先生文選 集2-12456
簡齋先生詩選 集2-12455
簡齋先生詩選、文選、雲麓詩文稿 集2-
  12454
簡齋小草 集4-32635
簡摩集四集 叢2-2270(3)
簡言早晚課不二字 子7-35565
簡言問答不二字 子7-35458
02 簡端錄 經2-11479 叢1-223(12)
08 簡效方錄 子2-10192
10 簡要良方 子2-9945
簡平子集、補遺 集2-12051
簡平儀 叢2-938
簡平儀說 子3-12389、12709 叢1-135、
  223(34)、274(4),2-731(26)
21 簡便應驗奇方 子2-9635、10111
簡便諸方 子2-9265
簡便至寶 子2-9389
簡便良方 子2-9600、9995
簡便國民教育法 子7-36232
簡便單方俗論、經驗奇方 子2-9254
簡便驗方 子2-9389
23 簡編字典稿本 經2-12934
24 簡牘檢署考 叢2-598、2227、2229

　　簡先生(朝亮)年譜　史2-12361
25 簡練集　子1-3910
27 簡侯詩　集4-32323
　　簡緣詩草　集4-24266
30 簡字譜錄五種　經2-13592
　　簡字叢錄　經2-13238、13592
　　簡字叢錄續編　經2-13239
　　簡字全譜　經2-13240、13592
32 簡州施氏家譜[四川簡陽]　史4-30920
　　簡州張氏蜀譜[四川簡陽]　史5-35429
　　簡州傅氏譜[四川簡陽]　史5-36290
　　簡州續志[光緒]　史8-62025
　　簡州志[乾隆]　史8-62023
　　簡州志[咸豐]　史8-62024
　　簡州樊氏宗譜[四川簡陽]　史5-39177
　　簡州東鄉張家嘴陳氏族譜[四川簡陽]　史
　　　4-33438
　　簡州東鄉柳家溝王氏族譜[四川簡陽]　史
　　　4-25519
34 簡遠堂輯選名公四六金聲、補遺　集6-
　　43919
37 簡通錄　子1-1900　叢2-731(8)、782(5)
44 簡勤公年譜　叢2-2061
　　簡莊文鈔、續編、河莊詩鈔　叢2-834～5
　　簡莊文鈔、續鈔、河莊詩鈔　集4-23621
　　簡莊疏記　經2-11592～3　叢2-615(3)
　　簡莊集三種　叢2-1583
　　簡莊綴文　集4-23624
　　簡莊綴文(陳仲魚集)　叢2-719
　　簡莊對策、綴文　集4-23622
　　簡莊隨筆　史8-65296　叢1-512
48 簡松草堂文集　集4-22955　叢2-1563
　　簡松草堂文集、補遺　集4-22956
　　簡松草堂文稿　集4-22954
　　簡松草堂詩集　集4-22952～3　叢2-1563
　　簡松草堂續集　集4-22957
　　簡松草堂全集　集4-22950
　　簡松草堂全集(三影閣叢書)九種　叢2-
　　　1563
50 簡惠公(周葵)年譜　史2-11296
　　簡書有赫　史6-47626
55 簡捷良方　子2-9902
60 簡易庵算稿　子3-12829,7-36231(7)
　　簡易識字課本　經2-13520
　　簡易識字學塾心算課本　子3-12730
　　簡易百方附徵信錄　子2-9913
　　簡易良方　子2-9585、9599
　　簡易祕傳　子3-13751
　　簡易草藥方圖說　子2-5642
　　簡易圖解　子3-13452

　　簡易明經通譜各行省優貢全錄(宣統己酉
　　　科)　史3-14883
　　簡易體操法　子7-36237
　　簡易醫訣　子2-5200
　　簡易普濟良方　子2-9255
　　簡易筆算數學　子3-12830
　　簡園日記存鈔(清光緒十三年至十九年)
　　　史2-13039
61 簡題補　叢2-1643
67 簡明勾股　子3-12798
　　簡明做法　史6-41729
　　簡明軍律草案　史6-45188
　　簡明軍紀　史6-45187
　　簡明藥性　子2-5688
　　簡明捕蝗法　子1-4282
　　簡明單級教授法　史6-42436
　　簡明限期表　史6-46938　叢1-554
　　簡明醫要、補遺　子2-9299
　　簡明醫彀(新刊簡明醫彀)　子2-4901
　　簡明小學校管理法　子7-36685
72 簡氏族譜[湖南益陽]　史5-40943
　　簡氏琴譜　子3-17751
　　簡氏續修族譜[湖南安化]　史5-40944
　　簡氏世系族譜[福建南靖]　史5-40942
76 簡陽詩文存　史8-62026
　　簡陽詩文存又續　史8-62027
　　簡陽縣續志[民國]　史8-62027
　　簡陽縣志[民國]　史8-62026
77 簡學齋試律續鈔　集6-42514
　　簡學齋詩(白石山館詩)　集4-27942
　　簡學齋詩律續鈔　集4-27947
　　簡學齋詩存　集4-27943,6-42511～2、42514
　　簡學齋詩存、詩删　集4-27945
　　簡學齋賦鈔　集6-42070
　　簡學齋館課試律存　集6-42514
　　簡學齋館課賦續鈔　集4-27948
　　簡學齋館課賦存、館課詩律存　集4-27946
78 簡驗方府　子2-9774
　　簡驗良方集要　子2-9358
80 簡兮堂文賸　叢2-934
90 簡堂集　集2-11439～41

　　　　　　簫

08 簫譜　子3-17830
33 簫心劍氣樓詩存、辛未集、簫心劍氣樓聯語
　　　集5-41522
　　簫心劍氣樓詩存、詩餘　集5-41521

簫心劍氣樓記事詩　集5-41523
40 簫臺詩　集6-41892
　簫臺公餘詞　集6-41746、41923,7-46367、46428
　簫臺公餘詞、詩　集6-41917
44 簫材琴德廬詞稿　集7-47808
45 簫樓詩稿　集4-25957

籋

10 籋雲集試帖　集5-33949
　籋雲仙館詩詞集　集5-36510～1
　籋雲仙館詩集　集5-36509
　籋雲仙館詩餘偶存　集7-47874
　籋雲書屋文　集5-36803
　籋雲書屋詩鈔、紅蕪詞鈔　集4-31392

籓

40 籓吉指原　子3-14594
80 籓盦東遊日記　史7-54183
　籓翁日記(清嘉慶十三年至咸豐八年)　史2-12790

8823₂ 篆

00 篆文辨訣　經2-13004
　篆文六經　經1-14
　篆文六經四書　經1-15
　篆文論語　經2-9199～200
　篆文爾雅　經2-11147
　篆文孟子　經2-9767
　篆文便于搜檢　子5-25814
　篆文大觀　經2-13124
　篆文大學　經2-8658
　篆文大學附古銘解　叢2-707
　篆文孝經　經2-8293～4
　篆文中庸　叢2-707
　篆文四書　子3-15807
　篆文周易　經1-188～9
　篆文纂要　經2-13165
　篆文纂要全宗、提綱、篆體須知　經2-13164
　篆文小戴禮記四十七篇　叢2-707

篆文尚書　經1-2520～1
02 篆刻十三略　子3-16776、16820　叢1-515
　篆刻鍼度　子3-16848　叢1-435、485
　篆刻針度　叢1-408
05 篆訣辯釋　經2-13155～6　叢1-440～1
　篆訣分韻　經2-13159
06 篆韻　經2-13787
　篆韻譜校補　叢2-707
　篆韻統編　經2-13176
10 篆雲樓詩鈔　集5-38180
　篆雲樓金石稿　史8-63761
30 篆瀋偏旁正譌歌　經2-13022
　篆瀋偏旁點畫辯　經2-13002～3
　篆字千字文　子3-15491
　篆字彙十二集　經2-13177
　篆字滙　子3-15382
31 篆滙十集　子3-15409
34 篆法辨訣　子3-16870
　篆法正宗　子3-15504
　篆法偏旁正訛歌　經2-13440　子3-15210
　篆法偏旁正偽歌　子3-15045
　篆法偏旁點畫辨　經2-13249
　篆法探源、習篆要訣、摹印要訣　子3-16802
　篆法點畫辨訣　子3-16839
41 篆楷考異　經2-13187
　篆楷考異、字式、楷書訂譌　經2-13186
44 篆林肆考　經2-13158
45 篆勢　子3-15004　叢2-775(3)
　篆隸辯從　經2-13162
　篆隸攷異　經2-13168～70
　篆隸考異　叢1-223(16)
48 篆枚堂詩存　集4-29742
　篆枚堂詩存、詞存　集4-29743
50 篆書正　經2-13160～1
　篆書緣起　集3-19961
　篆書老子夏小正　叢2-707
　篆書目錄偏旁字源五百四十部　經2-12552　叢1-449
　篆書陶公廟碑　子3-15794
　篆書金剛般若波羅蜜經　集7-32332
60 篆墨集詁　經2-13206
75 篆體偏旁點畫辨訣　經2-13026～7
77 篆學一隅　子3-16862
　篆學三書三種　經2-13586、13588
　篆學瑣著(篆學叢書)　子3-16776
　篆學測解、聲韻表　子3-16811
　篆學指南　子3-16776、16803　叢1-195(6),2-731(32)
　篆學四書四種　經2-13587、13589

　　篆學入門　子3-16871
　　篆印發微　子3-16776、16827
　　篆印心法　子3-14690、16821　叢2-1364
85 篆鏤心得　子3-16846
88 篆籀奇字表　經2-13215

籐

26 籐牌陣圖說起營號令　子1-3730
78 籐陰客贄　子4-19498、21632　叢2-1883

8823₄ 笨

00 笨庵吟　集2-11173
50 笨夫詩鈔　集3-20013　叢1-250
52 笨拙俚言　集4-32618

8823₇ 簾

20 簾舫先生事蹟　史2-9747
23 簾外秋光　集7-49533～4
　　簾外人　子7-38220
34 簾波閣詩鈔　集4-24723
66 簾曝偶談　叢2-624(3)
87 簾鉤倡和詩　集6-44243

8824₃ 符

10 符王寶卷　集7-54262
17 符子　子1-18、20,4-19783、19839～40　叢2-775(5)
　　符君詩存　集4-28153
22 符山洪氏續修支譜[湖南寧鄉]　史4-31013
31 符江詩存　叢2-2053
40 符臺稿　集2-8668
　　符臺外集　集2-6568～9　叢2-845(5)
44 符夢堂集　集3-18240
72 符氏族譜[湖南沅陵]　史5-34359
　　符氏族譜[湖南益陽]　史5-34355
　　符氏續修族譜[湖南長沙]　史5-34353
　　符氏續修家譜[湖南益陽]　史5-34357

　　符氏續修通譜[湖南益陽]　史5-34356
　　符氏續修支譜[湖南寧鄉]　史5-34354
　　符氏續修支譜[湖南益陽]　史5-34358

8824₇ 笈

10 笈雲文集　集3-13238
　　笈雲草詩集　集3-16892
　　笈雲樓詩鈔　集5-36644
20 笈雋十種　叢2-1174

篗

60 篗園叢書(張淑威著述)九種　叢2-2055

8824₈ 筱

10 筱雲詩集　集4-24264　叢2-1459～60
　　筱雲徐公(用儀)家傳　史2-10329
21 筱上塪　集7-53050
32 筱沃劉氏族譜[福建連江]　史5-39346
44 筱榭詩鈔　集4-23262
51 筱軒遺文錄、遺詩、哀挽錄　集5-38780
60 筱園詩話　集6-46150　叢2-886(5)
87 筱飲齋稿　集3-20507～8

8825₃ 箴

00 箴膏肓　經1-26、29～30、6644～5、6647　叢1-260～1、448、515,2-665、731(63)
　　箴膏肓、起廢疾、發墨守　叢1-223(9)、242(2)
　　箴膏肓評　經1-111(4)、7020、7066　叢2-1936
　　箴膏肓起廢疾發墨守　叢1-241、388～90
　　箴言書院志　史7-52114
01 箴譚　子4-20707
40 箴左氏膏肓　經1-27～8、6646、6648　叢2-773(5)
　　箴友言　子1-1594　叢2-731(8)、816
87 箴銘錄要　子1-1638　叢2-1593～4
88 箴箴何篇　經1-7327

中國古籍總目書名索引

8826₁ 簷

00 簷庵詩鈔　集4-28708
10 簷醉雜記　史1-4545　叢2-685
20 簷香書屋詩稿　集4-22476
66 簷曝雜記　史7-49339、54773　子4-
　23207～8　叢1-373(3)、2-1486
　簷曝偶談　子4-20795,5-26219　叢1-22
　(23)、29(7)、39、58、88～9

8829₄ 篠

22 篠岑古文鈔　集4-22164
77 篠風閣隨筆　叢2-887
80 篠盦書跋　集4-31235

8830₃ 籢

21 籢步集　集3-14619

8830₄ 篷

00 篷底浮談　子4-20530
10 篷霜輪雪集　集5-36721
11 篷背吟　叢2-1924
30 篷窗續錄　叢1-29(7)
　篷窗蜕語　子4-23157
　篷窗附錄　叢2-784
　篷窗翦燭集　集7-47675
41 篷櫳夜話　史7-53843　叢1-29(8),2-
　721、1181
47 篷聲樓詩集　集4-32980
51 篷軒別記　叢1-22(23)、29(7)
　篷軒類紀　叢1-58
68 篷吟集　集5-37688

8832₇ 篤

08 篤論　了4 19799　叢2 774(10)

25 篤生集　集5-39498
30 篤實堂文集　集5-36909
40 篤志齋經解　經1-142
　篤志齋春秋解　經1-142、7962
　篤志齋周易解　經1-142、1711
　篤志堂文稿　集4-32318
　篤志堂古文存稿　集4-31773
50 篤素堂文集　集3-15679～80　叢1-494、
　496(6),2-939、1340～1
　篤素堂文集、詩集、存誠堂詩集　集3-
　15672
　篤素堂文集、澄懷園語　集3-15677～8
　篤素堂雜著　子4-21529
　篤素堂詩集　集3-15673　叢2-1340～1
　篤素堂集鈔　集3-15681　叢1-514
　篤素堂全集四種　叢2-939
94 篤慎堂爐餘詩稿　集4-27507
　篤慎堂爐餘詩稿、文稿　集4-27506　叢2-
　799～801

8833₆ 蒕

88 蒕莠山人詩集　集4-30585

8834₁ 等

00 等音　經2-14332　集6-45496
　等音新集前編、後編　經2-14379
　等音聲位合彙　經2-14335　叢2-886(1)
06 等韻詳解　經2-14442
　等韻一得補篇　經2-14458
　等韻一得内篇、外篇、補篇　經2-14457
　等韻兩種　經2-14467
　等韻叢說　經2-14406、14532～3、14540
　等韻通轉圖證　叢2-2269
　等韻真傳　經2-14428
　等韻切音便讀　經2-14449
　等韻切音指南　經2-14456
　等韻輯畧　經2-14408、14535
　等韻易簡　經2-14413
　等韻圖　經2-14352
　等韻學　經2-14426
　等韻簡明指掌圖　集4-24611
　等韻簡明指掌圖、論　經2-14404　叢2-
　1910
　等韻精要　經2-14389

10 等不等觀雜錄　子7-32118、34923　叢2-2017

17 等子述　經1-2323,2-14397

20 等集衆德三昧經　子6-32081(6)、32082(6)、32083(5)、32085(6)、32086(7)、32088(5)、32089(6)、32090(7)、32091(6)、32092(4)、32093(14)

27 等御諸法經　子6-32090(9)、32092(6)

37 等郎五更想思　集7-50746

47 等切元聲　經2-14353
　　等切南針　經2-14464

60 等目菩薩所問三昧[眛]經　子7-32403
　　等目菩薩所問三昧經　子6-32081(5)、32086(5)、32088(4)、32089(5)、32091(5)
　　等目菩薩所問三昧經(普賢菩薩定意經)　子6-32084(4)、32085(5)、32090(6)、32092(4)、32093(2)

77 等閒集詩鈔　集4-33659

8840₁ 筵

77 筵開上林苑　集7-49703
　　筵開柏酒　集7-49700

8840₆ 篁

32 篁溪集　集2-12458　叢2-845(2)
　　篁溪自課　叢2-845(2)

8841₄ 籬

10 籬下放言　子4-19260

27 籬角閑吟　集7-48189

72 籬隱園刪存詩　集3-15953

8842₇ 篛

72 篛鬌致美　子7-36228(3)

8843₀ 笑

00 笑庵存稿　集5-37117
　　笑府五十三則　子5-27426
　　笑府選　子5-27427
　　笑言一則　子5-27371

02 笑話奇譚　子5-27494

04 笑讀軒詩稿　集3-15996,6-45091

10 笑雲隨筆　叢2-2085

14 笑破口　集3-19740

22 笑巖寶祖語錄　子7-34236
　　笑山詩鈔　集5-40226～7
　　笑山姑存草　集5-35557

24 笑贊　子5-27417～8　叢2-1155～7、1160

26 笑得好　子5-27472

27 笑鄉詩稿　集4-29904
　　笑鄉詩稿初集、二集　集4-29903

36 笑禪錄　子5-27419　叢1-22(28)、29(9)

38 笑海千金十三則　子5-27437
　　笑道論　子7-34937

44 笑林　叢1-177,2-774(10)、776
　　笑林、雅謔　子5-27411
　　笑林二則　子5-27365
　　笑林十則　子5-27364
　　笑林九十四則　子5-27413
　　笑林擇雅　子5-27499
　　笑林四則　子5-27436

50 笑史　子5-27492　叢1-496(6)

68 笑吟軒稿　集4-32103,6-41998

72 笑隱訴禪師語錄、行道記　子6-32091(73)
　　笑隱和尚語錄　集1-5394

77 笑門詩集　集3-13994

88 笑竹集　集4-22328
　　笑笑詞　集7-46352、46356～7、46643
　　笑笑錄　子5-27481～2　叢1-496(7),2-735(2)

90 笑堂和尚語錄　子6-32091(74)

8844₁ 笄

22 笄山周氏兆四派宗譜[浙江紹興]　史4-29956

筭

21 筭經　叢1-22(18)、23(17)
34 筭法全能集　子3-12444
38 筭海說詳　子3-12502

簳

22 簳山何氏方案　子2-10610
　　簳山草堂續稿　集4-26323、26325
　　簳山草堂小稿　集4-26324、26326

8844₆　算

12 算引、濮籛生摘錄中西提要　子3-12836
16 算理紬奇初編　子3-12761
21 算術條目及教授法　子7-36232
　　算術述　經1-2323　子3-12560
　　算術駕說　子3-12790
　　算術隨錄　叢2-1564
　　算術問答　叢1-203(15)
　　算經(周髀算經)　叢1-26
　　算經二書　子3-11259
　　算經十書　叢1-238～9
　　算經十書十種附刻一種　子3-11250
22 算例　子3-12613
23 算牖　子3-12627
25 算律便讀　子3-12753
27 算盤注講　子3-12628
34 算法正宗　子3-12559
　　算法天生法指南、定則　子3-12396
　　算法統宗、釋義、廣法　子3-12463
　　算法術數　叢2-698(7)
　　算法須知　子3-12385～6、12388
　　算法通變本末　叢2-731(26)
　　算法九章摘要備覽　子3-12801
　　算法大成上編　子3-12695
　　算法大成上編、下編　子3-12696
　　算法指掌大全　子3-12561
　　算法捷訣八種　子3-12370
　　算法圓理括囊　子3-12528
　　算法原本　子3-12484～5
　　算法全能集　子3-12501　叢2-743

算法纂要總綱　子3-12527
算法纂要總綱、數表、數表用法、地平線離
地球圓面表、測量儀器用法、比例規解
　　子3-12522
35 算迪　子3-12526　叢2-731(26)、881
39 算沙室全藏目錄　史8-66347
40 算七政交食淩犯法　子3-11637
42 算橋　子3-12766
43 算式集要　子3-12388,7-36228(1)、36231
　　(3)、36242(1)、36248、37571
　　算式解法　子7-36231(3)、37572
44 算草　子3-12752
　　算草叢存　子3-12386、12810～1
　　算黃道十二宮次宿度鈐　子3-11585
　　算林必法　子3-12679
50 算書二十一種　子3-12361
　　算書廿一種　子3-12364
　　算表合璧　子3-12697
60 算罟　叢2-731(26)、881
61 算題核對分明錄　子3-12383,7-36260
66 算器考　子7-36240(4)
　　算器圖說　子7-36229、37570
70 算雅、學算識別　子3-12765
77 算學　子7-36237
　　算學立法考　子7-36240(3)
　　算學雜識　子3-12789
　　算學新說　經1-6584～6　子3-12474
　　算學課藝　子3-12771
　　算學論說序跋　子7-36240(4)
　　算學一隅　子3-12737
　　算學五種　子3-12348
　　算學歌訣　子7-36235
　　算學瑣解　叢2-2047
　　算學集要畧解　子3-12770
　　算學結構　子7-37478
　　算學釋例　子7-36247
　　算學條目及教授法　子7-37474
　　算學各法引蒙　子3-12375～6
　　算學流源考　子7-36240(3)
　　算學源流　子3-12413
　　算學叢話　子3-12434
　　算學心悟　子3-12359
　　算學演圖　叢2-2047
　　算學初集　子3-12362
　　算學啟蒙　子3-12353、12388
　　算學啟蒙述義、總括、後記、望海島術　子3-
　　12443
　　算學啟蒙通釋、總括、望海島術、釋代數記
　　號　子3-12442
　　算學難題問答　子7-36229、37479

算學奇論　子7-36229、37480
算學奇題圖解　子7-36229
算學奇題答問　子7-36229、37501
算學考　子7-36240(3)、36245
算學棵藝　子3-12822
算學報　叢2-1010
算學書目考　子7-36240(3)
算學書目提要　史8-66301
算學揭要　子3-12813
算學四種　叢2-2172
算學號志考　子7-36240(3)
算學闢邪崇正說　子3-11243
算學開方　子7-36237
算學答問　子3-12371、12865
算學策　子7-36240(4)
算學策要　子3-12812
79 算賸　子3-12389　叢1-274(4)、453、2-731
　　(27)
算賸初編、續編　子3-12681
算賸初編、續編、餘稿　叢2-1792～3
算賸餘稿　子3-12680
80 算義探奧　子3-12503
算命　集7-52858
88 算算舉隅　子3-12785
90 算小學　子3-12764
96 算糧登殿　集7-53036

8844₇　笅

00 笅音集　集5-37356

籌

92 籌燈碎語　子4-20899
籌燈約旨　叢1-223(5)

8846₃　笳

67 笳吹　子3-17870
77 笳騷　集7-49390

8850₃　箋

00 箋註唐賢絕句三體詩法(箋注唐賢三體詩
　　法)　集6-43271
箋註評點李長吉歌詩、外集　叢1-223(49)
箋註集解　子5-31019
箋註繪像第六才子釋解　集7-48857
箋註莊子南華經　子5-29380
箋註陶淵明集　集1-426　叢1-559
箋註陶淵明集、總論　集1-420
箋註陶淵明集、總論、和陶、律陶、律陶纂
　　集1-429
箋註劍南詩鈔　集1-3464
08 箋譜銘　子4-18854　叢1-22(26)
21 箋經瑣說　經1-8094
箋經室叢書三種　叢2-2180
箋經室叢書四種　叢2-2181
箋經室遺集　集5-40145
箋經室古書題跋　史8-65393
箋經室藏書目錄　史8-65951
箋經室輯佚書五種　叢2-781
箋經室所見宋元書題跋　史8-65394　叢
　　2-796
箋經室所見宋元書題跋、箋經室文錄　史
　　8-65392
26 箋釋梅亭先生四六標準、目錄　集1-4066
30 箋注唐賢三體詩法　集6-43271
箋注集解　叢1-169(2)
箋注繪像第六才子西廂釋解　集7-48863
箋注陶淵明集　集1-419　叢2-635(6)
40 箋卉　子4-19175　叢1-201、203(5)
60 箋易注元室文集、茗柯詩、詞、擬名家制義
　　集4-24670

8850₆　箪

12 箪瓢樂　子4-18536

8850₇　筆

00 筆塵　子4-20508、20620　叢1-221、2-684、
　　731(53)
筆玄要旨　子3-15096
筆玄要旨、筆道通會　子3-15097

03 筆識 叢2-2090
05 筆諫 子1-2600
　筆諫、末編、百孝圖 子1-2601
　筆諫堂文牘草稿 集5-39825
　筆諫堂全集十四種附二種 叢2-1852
07 筆記 子4-20509、20669、21824 叢1-4、17、
　19(3)、20(2)、21(3)、24(3)、111(5)、561,2-
　731(54)、816、1171、1174、1647、2160
　筆記(程漢舒筆記) 子1-1587
　筆記、手訓 子4-21567
　筆記法(畫山水錄) 叢1-353
　筆記小說大觀二百二十二種 叢2-735(1)
08 筆說 子4-19964 叢2-635(8)、698(9)、
　1029
09 筆談 子2-4593、10514
10 筆正齋詩草 集4-27790
　筆露艸堂類腴 叢2-760
　筆露草堂古諺抄 叢2-760
　筆雲集 集3-15054
11 筆彄偶述 經2-11634 叢2-746
17 筆歌墨舞 集4-25339
20 筆乘 叢1-312
21 筆經 子4-18843 叢1-22(16)、23(16)、29
　(2),2-617(3)
22 筆峯詩草 集2-9257
　筆峯吟草 集4-22940
　筆山崔先生文集 集2-8672
　筆山書屋集 集4-25744
　筆山堂詩集 集3-16626
　筆梨園 子5-27805
25 筆生花 集7-53699 叢1-496(8)
27 筆峒集 集2-10760
32 筆叢 子4-20686 叢2-1163
　筆叢正集、續集 子4-20683
　筆叢正集、續集、甲乙剩言 子4-20684
34 筆法記 子3-14692、15857、15859、15879~80
　叢1-223(37)
　筆法源流 叢1-353
　筆法源流、字學心傳 子3-15134
　筆法精解、點畫全圖、配合法、全字結構舉
　例 經2-15134
37 筆洞集三集 子1-1234
　筆洞山房新著知新錄 經2-10376
　筆洞生後悟 經2-10380
38 筆道通會 子3-15097、15100
40 筆志 叢2-622、2232
44 筆夢 子4-23555 叢2-789~93
　筆夢清談 子5-27338 叢1-496(7)
　筆夢敍 叢2-624(3)
　筆夢敍、顧仲恭討錢岱檄 叢1-587(1)
　筆花齋詩鈔 集5-37351

筆花片石合刻 子2-4728
筆花樓新聲 集7-50593
筆花書屋詩鈔 集4-30695
筆花軒 子5-27468
筆花軒詩稿 集4-31637
筆花園李氏族譜[湖南湘陰] 史4-27520
筆花醫鏡 子2-4687、4728、5058~9
筆花醫鏡、片石居瘍科治法輯要 子2-
　5060
筆花醫鏡藥要便蒙合刻 子2-4781
筆花醫鏡增補 子2-5061
筆花閣文草 集5-35112
筆花閣詩草 集5-35111
筆花閣詩草、文草 集5-35110
筆花閣說薈 子4-24470
45 筆勢論畧 叢1-22(14)、23(14)、27
　筆勢論畧(晉王右軍筆勢論畧) 子3-
　15010
47 筆媚牋 集6-45201
50 筆史 子4-18845、18848 叢1-486,2-622、
　731(31)、971、1474
　筆未齋訂定二奇緣傳奇 集7-50053
55 筆耕齋存稿 集4-32820
　筆耕集 集4-22916
　筆耕山房弁而釵 子5-27725
　筆耕錄 叢2-944
60 筆墨法 子3-15006 叢2-775(3)
61 筆貼式歟拾聲 集7-53085
62 筆則 子3-15074
64 筆疇 子4-20290~1 叢1-22(20)、31、105、
　111(1)、130、208,2-689、731(8)
　筆疇、補 子4-20292
65 筆嘯軒書畫錄 子3-14838
71 筆區 叢2-1168
74 筆隨醫案 子2-10622
　筆髓論 子3-15001、15019 叢1-22(14)、
　23(14)、27、322
75 筆陣圖 子3-15009 叢1-11~2、22(14)、
　23(14)、27、168(4)、181
　筆陣錄 子1-3892
79 筆賸 叢2-1645
85 筆鍊閣編述五色石 子5-27832
　筆鍊閣編述八洞天 子5-27835
87 筆錄 子4-18844 叢1-4、195(6),2-731
　(33)
88 筆算 子3-11238~9、12361~2、12364
　筆算說畧、籌算說畧 子3-12804
　筆算一得十種 子3-12383
　筆算便覽 子3-12388、12579 叢2-1555~6
　筆算初階 子3-12383、12616
　筆算教科書 子3-12617

筆算數學、筆算數學簡本　子 7 - 37482
筆算數學詳草　子 3 - 12618
筆算數學白話解　子 3 - 12857
筆算數學細草、二十四章　子 3 - 12740
筆算數學題草圖解　子 3 - 12612
筆算數學全草　子 3 - 12611
筆箋　子 4 - 18538　叢 1 - 14(3)、25、111(1)、
　　249(3)、461,2 - 624(3)、731(33)
筆籌　叢 1 - 34
93 筆懺　子 7 - 35080

箏

04 箏詩譜　子 3 - 17828
27 箏船詞　集 4 - 24822～3,7 - 46411、47379～80
　　叢 2 - 1459～60

8851₂ 範

12 範孫自定年譜、補　史 2 - 12401
21 範行恆言　子 1 - 2162
範衍　子 3 - 12981
27 範身集畧　子 1 - 2526
範身錄　子 1 - 2585
30 範家集畧　子 1 - 1981
50 範東文集　集 2 - 8141
51 範軒集　集 2 - 6188
60 範園客話　叢 2 - 2209
範圍數　子 3 - 14113～4
範圍易數明斷精義　子 3 - 13743

8853₇ 羚

80 羚羊角辨　子 2 - 4769

8854₀ 敉

00 敉病集　集 5 - 40036

敏

00 敏齋詩草　集 4 - 23217
敏齋稿　叢 2 - 860
21 敏行錄　史 2 - 8804
27 敏修雜錄　子 4 - 23473
敏修剩稿　集 3 - 20597
43 敏求齋雜著　叢 2 - 2239
敏求齋詩集　集 4 - 25852,6 - 41999
敏求齋詩抄　叢 2 - 2239
敏求齋經說　叢 2 - 2239
敏求齋禮考　叢 2 - 2239
敏求齋遺書　集 5 - 39735
敏求齋遺書四種　叢 2 - 2239
敏求南詩集　集 4 - 29440
敏求機要　子 5 - 24927
敏求軒述記　史 2 - 7563
敏求軒印存　子 3 - 17451
44 敏樹禪師語錄　子 6 - 32091(82)
60 敏果齋七種　叢 1 - 361

8854₁ 鐸

00 鐸廊璏記　子 4 - 21464
鐸廊瑣記　子 5 - 26501
10 鐸石齋文集　集 3 - 19822
鐸石齋詩　集 5 - 34350
鐸石齋詩集　集 3 - 19818、19820
鐸石齋詩集(鐸石齋詩)　集 3 - 19821
鐸石齋詩集、文集　集 3 - 19819
22 鐸仙詞稿　集 7 - 47672

8856₂ 籟

00 籟高述林　子 4 - 22706～7
籟廎詩詞　集 5 - 37861
籟廎述林　集 5 - 37863
籟廎遺文　集 5 - 37862
08 籟許誃讀碑記　叢 2 - 2187
籟許類稿　子 4 - 24697
21 籟經堂詩集　集 4 - 29624
籟經堂詩鈔、文鈔　集 4 - 33208
籟經堂集、補遺　集 4 - 29621

籀經堂鐘鼎文釋題跋尾　史8-63509、64191
籀經堂類稿　集4-29622～3
42 籀斯遺意印譜　子3-17105
44 籀莊雜稿　集4-26599
50 籀史　史8-63527　叢1-223(28)、274(4)、
　　578,2-633、731(31)
　籀書文集内篇、外篇、續篇　叢2-1798
　籀書詩詞集　叢2-1798
　籀書詩詞集(蟬蛻集)　叢2-1798
　籀書詞集　集7-47973
　籀書詞集(無盡鐙詞)　叢2-1798
60 籀□詩詞　叢2-623
　籀園筆記　叢2-737
87 籀鄦誃雜著十種　叢2-2188
　籀鄦誃讀碑記　史8-64451
　籀鄦誃賦笙　集5-40292　叢2-2188

8857₅ 笋

08 笋譜　叢1-2、19(10)

8860₁ 笉

07 笉誃日記　史2-13033

答

00 答卞夫人書　集1-269　叢1-168(4)
　答庚亮問宗議　史6-41968　叢2-775(2)
08 答論神丹書　子5-29547
10 答三辨文　子4-23175　叢2-1309
　答西王母書　集1-263　叢1-168(4)
　答雷竹卿書　叢2-1668
11 答張秀才論詩書　集6-45491
17 答尹鐵橋說文問　經2-12709　叢2-1985
21 答順宗心要法門　子7-33072、33343、33890
25 答佛學問　子7-34767
26 答粵督書　叢2-2104
27 答疑孟　經2-10042　叢2-1941
30 答客詙言　子7-35405
　答客問　子7-35311
32 答淨土四十八問　子7-32099、33373
37 答通學諸友論優免書　叢2-1137、1139
40 答李崧毓先生問日食書　叢2-1188

44 答薄氏駮穀梁義　經1-7367　叢2-765～6
　答莊滋圃中丞論推命書　叢2-771(1)
47 答朝鮮醫問　叢2-1188
49 答趙象書　集1-1741　叢1-168(4)
50 答夫許邁書　集1-466　叢1-168(4)
　答夫秦嘉書　集1-234　叢1-168(4)
58 答數備質　子7-37579
　答數界限　子3-12386
77 答周禮難　經1-27、4904
　答朋友書罍　集2-7533
　答問　子1-1343、1353
　答問語要　叢2-706
　答問草　集2-11929
　答問擔粥廠章程書　史6-44615
　答問錄存　子7-35395
78 答臨碩難禮　經1-26、4905
　答臨碩周禮難　經1-4907　叢2-775(2)
　答臨孝存周禮難　經1-28、31、4906　叢2-
　　772(5)、773(5)
　答臨孝存周禮難疏證　經1-151、5124
87 答鄭記考證　叢2-2066

籧

10 籧雲樓雜說　叢1-210～1、312,2-617(5)、
　　624(4)、632
　籧雲樓雜說、談助　子5-27166
　籧雲樓集　集3-17121
26 籧纓盛事錄　史2-7210,7-49841　叢1-
　　322
44 籧花軒詩鈔　集3-20546
　籧花髻　集7-48775、49225　叢2-672
　籧花閣詩集、遺稿　集4-29900
　籧花閣詩鈔　集4-29899,6-41999、42007(4)
　籧花閣詩鈔、詩餘　集4-33443
　籧華閣詩餘　集7-47999

8860₃ 笛

24 笛倚樓詩草　集5-34354～5
30 笛家詞　集4-24033,7-47676
37 笛漁小稿　集3-16650　叢2-635(12)、698
　　(11)
45 笛樓遺稿　集5-36476
47 笛椽詞　集7-47623～4
60 笛園小草　集4-30932

箇

44 箇舊縣志[民國]　史8-62578～9

8860₄ 箬

28 箬谿疏草　史6-48254
32 箬溪中街王氏宗譜[浙江雲和]　史4-25213
　　箬溪邱氏宗譜　史4-28504
44 箬繭室詩集　集3-14442　叢2-739～40
　　箬菴和尚語錄、南澗箬菴問禪師塔銘　子7-34275
80 箬盦畫塵、補遺　子3-15865

8862₇ 笥

31 笥河文集　集3-21213　叢2-731(46)、782(5)
　　笥河文稿　集3-21209
　　笥河文鈔　集3-21211
　　笥河詩集、古文鈔　集3-21212
40 笥存偶刻　集6-43711

筍

08 筍譜　子4-18535、19249　叢1-3～4、6、8～10、22(17)、23(17)、24(10)、26～8、223(39)、456(6)、465,2-731(6)
22 筍山堂詩稿　集5-40564
44 筍花詩草　集4-25023
　　筍莊詩鈔　集3-15349
77 筍興吟　叢2-1924

8864₁ 籌

00 籌辦粵匪軍需日記　史1-4122
　　籌辦伊犁要政六條詳錄　史6-41933
　　籌辦浙江全省州縣巡警章程　史6-45368
　　籌辦湖北練兵酌議餉章　史6-45286
　　籌辦萍鄉鐵路公牘　史6-44308
　　籌辦萍鄉鐵路公牘、浙江鐵路條呈　史6-44309
　　籌辦四川票鹽文稿　史6-43922
　　籌辦陸行區各學堂案牘並歷年收支彙錄附收支統計表公產一覽表　史6-42482
08 籌議海防文稿　史6-45508
　　籌議臺灣事祖奏摺　史6-41935
17 籌瓊紀畧　史6-47342
24 籌備設立農會啓事　史6-47594
　　籌備經費事例　史6-43211
　　籌備經費事例、酌增常例　史6-43212
30 籌濟編　史6-44596
　　籌守策　叢2-2012
31 籌河論　子4-21937
33 籌治黃河商榷書　史6-46670
34 籌遼碩畫　史6-48469　叢2-727
36 籌邊記　史7-49356
　　籌邊議　史6-45590,7-49318(20)
　　籌邊一得　史6-45577
　　籌邊芻議　史6-45593
　　籌邊圖說　史6-45581
　　籌邊纂議　史6-45578
37 籌運篇　史6-46685,7-49318(20)
38 籌洋三策　史6-44915
　　籌洋芻議　史6-41495、47519　叢1-562,2-2021
　　籌海二編　史6-45528
　　籌海重編　史6-45484
　　籌海蠡言、黜邪編　史6-45517
　　籌海初集、傳　史6-45502
　　籌海軍芻議　史6-45248
　　籌海圖編　史6-45483　叢1-223(25)
　　籌海策畧　史6-45509
44 籌蒙芻議　史6-45705
　　籌藏芻義　史6-45664
　　籌華芻言　子7-38067
　　籌世芻議　子1-1825　叢2-2086
50 籌表開諸乘方捷法　子3-12355
52 籌劃新疆邊防論　史6-45694,7-49357
57 籌擬振興商務條欵　史6-43942
60 籌蜀篇　史6-45635
61 籌賑事畧　史6-44614　叢2-1645
64 籌時要畧三集　史6-47888
67 籌瞻疏奏　史6-49076
　　籌鄂龜鑑、俄事新書　史6-45033
70 籌防檔案　史6-45588
　　籌防摺片　史6-48892
　　籌防策　子1-3445
72 籌兵三畧　子1-3289、3300

　　籌兵藥言　子1-3299
74 籌陸軍芻議　史6-45205
80 籌金論畧、圖　子7-36231(5)
87 籌餉現行新例　史6-43521
　　籌餉滬局全案　史6-43524
　　籌餉事例　史6-43513、43516、43519、45533
　　籌餉事例、現行常例　史6-43515
　　籌餉事例、現存常例、海防事例、海防事例
　　　銓補章程　史6-43522
　　籌餉事例條款、原奏、章程　史6-43512
　　籌餉事例接展三卯推廣條欵　史6-43514
　　籌餉卮言　史6-43511　叢1-203(8)
　　籌餉全案　史6-43523
88 籌算　子3-11234、11238~9、11581、12736、
　　12748~50
　　籌算說畧　子3-12804
　　籌算我法　子3-12751
　　籌算淺識　子3-12392
　　籌算淺釋　子3-12741~2
　　籌算補編　子3-11243
　　籌算法　子3-12885　叢2-886(2)
　　籌算蒙課　子3-12392、12746
　　籌算指　子3-11234
　　籌算易知初編　子3-12677
　　籌算舉隅　子3-12383
　　籌算分法淺識　子3-12392
　　籌算分法淺釋　子3-12743
　　籌筆編(清光緒二十九年至三十年)　史2-
　　13025
　　籌筆津梁　叢2-1588
　　籌筆初梯　子3-11243、12363
　　籌筆會通　子3-11244

8871₃ 篋

21 篋衍集　集6-44077~8
22 篋山詩草　集4-33681
23 篋外錄　子4-21368　叢2-1880
40 篋存詩稿　集3-19047
50 篋中詞、續　集7-48523　叢1-484
　　篋中詞、復堂詞　集7-48524
　　篋中集　集6-41840~1、41853、43236　叢1-
　　223(68)
　　篋中集、剳記　集6-43238　叢1-519
　　篋中集選　集6-41876　叢2-948
　　篋中集選(篋中集)　集6-43237
　　篋中草　集4-25126
88 篋餘　集2-11368　叢2-783、1193

　　篋餘集　集2-12558

8872₇ 節

00 節庵詩　集5-39381
　　節庵集　集5-39380
　　節庵先生遺詩　集5-39382
　　節庵先生遺詩續編　集5-39383
　　節序日考　史6-49284
　　節序同風錄　史6-49303
　　節齋公集　集1-2378,6-45118
　　節齋公胎産醫案　子2-8007
04 節讀分課經書教案四編　經2-11786
10 節要篇　子5-32022
12 節烈詩　集3-15970
　　節烈冰霜　集7-51468、53186
　　節烈事實錄　史2-7721
24 節俠記　集7-49709
　　節俠記定本　集7-49970
27 節物出典　史6-49273
30 節安堂遺詩　集4-23900
　　節定燕射禮儀　叢2-1067
　　節穴身鏡　子2-10342
33 節必居稿　叢1-365
　　節述津浦鐵路北段辦事情形　史6-44239
37 節潛公年譜　史4-31430
44 節孝語錄　子1-693　叢1-223(30)
　　節孝詩集　集1-2331,6-41908
　　節孝詩鈔　集1-2330,6-41900
　　節孝集　集1-2329　叢1-223(51)
　　節孝集補鈔　集1-2332,6-41901
　　節孝先生文集(節孝先生集)、事實　集1-
　　2328
　　節孝先生文集、語錄、事實　集1-2326
　　節孝先生文集、語錄、事實、本朝名臣言行
　　　錄、皇朝東都事畧卓行傳序、諸君子帖
　　　集1-2325
　　節孝先生文集、語錄、事實、附載　集1-
　　2327
　　節孝先生語、事實、附載、附錄　子1-694
　　節孝先生集、語錄、事實、附載　叢2-807
　　節孝朱母胡太君旌門錄　史2-9456
　　節孝祁縣渠母秦孺人墓誌　史2-10862
　　節孝荼薇記銀嬌全　集7-52932
　　節孝賀母張宜人家傳　史2-10353
　　節孝楊母江太恭人頌　叢1-276
　　節孝趙恭人李氏家傳　史2-10368
　　節孝錄　史2-7968、9432、9917

節菴集、續薼　集2-6348　叢2-833
節菴存稿　集2-6714
46 節相壯遊日錄(清光緒二十二年)　史2-12879
47 節婦唐周氏唐洪氏事畧　史2-9599
節婦唐周氏公舉鄉飲事實　史2-9600
節婦傳　史2-7719
節婦蔣氏存稿　集2-9450
50 節本王陽明集(陽明先生傳習錄、文錄、別錄、外集、文錄續編、年譜)　集2-7482
節本泰西新史攬要　子7-36247
節本明儒學案　史2-7254
53 節甫老人雜著五種　叢2-1618
59 節抄雜書　叢2-2270(5)
節抄燕下鄉脞錄　子4-23485
60 節□詩　集3-19914
節足語題畫　子3-16235
節足語題畫詩　集5-41137
78 節愍公遺集　集2-12072
80 節義緣前集、後集　集7-53790
節義寶卷　集7-54434、54456
節義錄　史2-7368
節義錄、補遺　史2-7369
節氣名兒一枝　集7-51785
87 節錄辨證要畧　子2-6863
節錄元周達觀真臘風土記　叢1-587(6)
節錄巖下放言　叢1-56,99～100、195(5),2-735(4)
節錄身世金箴　子4-21982　叢2-691(1)
節錄紀慎齋家訓　子4-23414
節錄彭剛直公長江百條　叢2-2081
節錄妙法蓮華經譬喻品　子7-32130
節錄奏疏　史6-45462
節錄餘杭縣南湖事畧　史7-52938
節飲集說　子2-11130
88 節節好音　集7-49700
94 節慎齋制義　集4-25727

飭

21 飭行保甲稿　史6-45428
44 飭華館詩　集4-29559
飭華館詞　集4-29559
飭華館詞乙亥編　集4-29559

飾

95 飾性齋遺稿　集4-32818

8873₂ 筤

67 筤墅說書　經2-10688
71 筤厂筆記　子5-26697

籛

40 籛喜廬叢書五種　叢1-466
籛喜廬金石錄　史8-63722

8874₁ 鉼

12 鉼水齋雜俎　集4-25188～9
鉼水齋詩集　叢1-373(5),2-731(43)
鉼水齋詩集、別集　集4-25190、25192
鉼水齋詩集、別集、詩話、附錄　集4-25191
鉼水齋詩別集　叢2-731(43)
44 鉼花譜　子4-18536　叢1-13、14(3)、22(27)、107、111(3)、113,2-617(3)、731(33)
鉼菴居士文鈔　叢2-1506
鉼菴居士詩鈔　叢2-1506
47 鉼罄微吟　叢2-1544
72 鉼隱詞　集4-28151
88 鉼笙館修簫譜　子3-17831

餅

42 餅桃花館詞　集4-27916
44 餅藥造法　子7-36228(6)、36231(3)、36250、37014

8877₇ 管

00 管庭芬叢鈔十九種　叢1-372
　　管言　叢1-194
02 管刻洋務抉要易言　史6-47514
08 管論雲(紀勛)夫婦行述　史2-10109
10 管弦記　叢1-22(16)、23(16)
　　管天筆記外編　子4-20771　叢2-845(2)
　　管礦法程　子7-36258、36982
11 管斑集　集4-32158
　　管斑錄　子1-3419
16 管理杭州織造兼管南北新關稅務明勳報銷
　　　冊　史6-43556
17 管子　子1-18～20、24～5、27、30、50、55、61～
　　　5、67～70、3964、3966～8、3970、3974～7、
　　　3979～80、3987、3989、3991　叢1-19(3)、21
　　　(5)、24(3)、140、223(32)、227(7)、236～7、2-
　　　635(4)、697、698(5)、873
　　管子(批點管子全集)　子1-3972
　　管子(管子補注)　子1-3973
　　管子雜誌　叢2-923
　　管子評補　叢2-2248
　　管子識誤　子1-3993、4007　叢2-2063
　　管子誤文勘　子1-4001
　　管子正誤　子1-4002
　　管子平議　子1-82、3996　叢2-1920
　　管子集注　子1-4009　叢2-737
　　管子約鈔　子1-3969
　　管子注釋評林　子1-28
　　管子憲章餘集　集2-9870
　　管子案殘稿　子1-4000
　　管子治畧徵言　子1-3985
　　管子治畧真本　子1-3986
　　管子補注　叢1-223(32)
　　管子通　子1-3995
　　管子校　子1-3994　叢1-337,2-731(3)
　　管子校議　子1-3998
　　管子校正　子1-4003　叢2-667、843
　　管子校本　子1-3997
　　管子析疑　子1-4005
　　管子地員篇注　子1-4011
　　管子考證　子1-4010
　　管子權　子1-3978
　　管子增註　子1-22
　　管子隱義　叢2-2265
　　管子刪評(管子)　子1-3983
　　管子閱　子1-71

　　管子學　子1-4006
　　管子今編　子1-3971
　　管子弟子職、說例　叢2-2148
　　管子義證　子1-3992　叢1-516,2-1632
　　管子鉤玄　子1-3990
　　管子餘義　叢2-2206
　　管子纂　子1-3965、3982　叢1-138
　　管子小匡篇節評　叢2-2041
　　管子惕若齋集、續集　集2-9869
20 管稿畧選　子4-24223
　　管絃記　子3-17950
22 管樂元音譜　叢2-2018
23 管緘若稿　集4-22121
25 管仲姬畫竹留清韻(管仲姬)　集7-49358
27 管蠡集　集3-19857,5-35609
　　管蠡彚占　子3-14059
　　管色攷　經1-6539
　　管色考　叢1-411、493,2-1604
30 管窺　子4-22635
　　管窺雜錄　子4-23728
　　管窺外編　子1-885
　　管窺外篇　子1-886　叢2-867
　　管窺編　子5-29574～5、31436
　　管窺述粹錄　子2-5293
　　管窺樓詩鈔　集3-20966
　　管窺圖說　子3-11546
　　管窺附餘　子2-5974
　　管窺小識　子4-20918
32 管涔子　子4-20727
　　管涔集　集2-10164
　　管溪徐氏宗譜　叢1-480
　　管溪徐氏宗譜[浙江上虞]　史4-31975～8、
　　　31983
37 管通羣奏稿　史6-48838
43 管城碩記　子4-22387　叢1-223(40),2-
　　　1385
　　管城顧氏重修家譜[江蘇武進]　史5-
　　　41374
　　管城日記(民國五年至六年)　史2-13262
44 管地齋尺牘　集5-38024
　　管莊臧氏宗譜[江蘇常州]　史5-38476
　　管芝生(貽葄)司馬五旬事畧　史2-9823
　　管韓合刻(合刻管韓二子)　子1-3964
　　管韓合纂　子1-3965
　　管村文稿　集3-15783
　　管村文鈔內編　集3-15784～5
　　管村詩稿　集3-15782
　　管村編年詩　集3-15781
　　管林孫氏家乘[江蘇宜興]　史5-33566
48 管檜詩選　集6-44441

管松崖詩　集3-21792
52 管靜山全稿　集4-33021
管靜溪詩稿　集4-24634
57 管輅課書　叢1-256
管輅占法　子3-13872
管輅先生祕訣、圓光祕法　子3-14042
管輅神卜仙書　子3-14041
管邨文鈔内編　叢2-845(3)
管邨詩稿　叢2-980
60 管見理話　子1-1844　叢2-2047
管見理畫　子1-1845　叢2-2047
管見集　子2-10559
管見編　史6-47502
管見所及、補遺　史1-4495　叢2-1900～1
管見隨錄　子4-21568
管見舉隅、讀書緖論　子4-22491
管見醫案　子2-10712
管見錄　子4-21126　叢2-724
72 管氏族譜[湖南武陵]　史5-38510
管氏外科十三方　子2-7762
管氏宗譜[安徽涇縣]　史5-38506
管氏宗譜[江蘇吳縣]　史5-38504
管氏宗譜[江蘇無錫]　史5-38502～3
管氏宗譜[湖北黃岡]　史5-38509
管氏地理指蒙　子3-13255
管氏指蒙　子3-13165
管氏指蒙正義　子3-13144、13166
管氏兒女至寶　子2-8538
管氏弟子職　經2-10646　叢1-34
管氏弟子職(弟子職)　子1-4012
77 管學大臣奏牘　史6-42355
95 管情三義　集4-26418
管情三義賦、詩、詞、濁泉編　叢2-1662

8879₄ 餘

00 餘癡生詩集　集5-39909、40039
餘癡初稿　集5-40038
餘庵雜錄　子5-25481
餘齋詩鈔　集3-20410
餘齋存稿　集3-18239
餘廉堂集　集2-11819
餘慶山房詩稿　集5-36432
餘慶縣志[康熙]　史8-62212
餘慶縣志[民國]　史8-62214
餘慶縣志[光緖]　史8-62213
餘慶錄　子4-23938　叢2-718
餘慶堂詩文集　集3-15641

餘慶堂十二戒　子1-2541　叢1-197(1)、
198
餘辛集(悔餘庵尺牘)　集4-32902
餘辛集(悔餘菴尺牘)　叢2-1877
餘言　叢2-1153
04 餘詩偶存　集4-33568
餘諸國主詩　集6-43390
10 餘霞集　集4-22524、30524
餘干縣志[康熙]　史8-58750～1
餘干縣志[道光]　史8-58752
餘干縣志[同治]　史8-58753
餘干縣志稿[民國]　史8-58754
餘不軒詩集　集3-15582
20 餘香草　集3-17003
餘香草堂集　集4-25406
餘集剩筆　集4-33583
21 餘上兩邑農工學會初議　史6-47589
餘師錄　集6-45634　叢1-196、223(72)、
273(5)、274(5)，2-731(48)
餘師錄後集、續集　史2-6643
餘師錄前集、後集、續集　史2-6642　子4-
24663
餘經集　集5-35440
22 餘山先生遺書、餘山先生行狀　子1-1458
餘山遺書　集3-16856
25 餘生詩稿　集3-14330
餘生詩稿、不盡詩稿　集3-14329
餘生集　集4-30957
餘生稿　集5-36520
餘生偶筆　叢2-795
餘生紀畧　史1-4521，2-10652
餘生漫錄　子4-23654
餘生隨詠　集3-13592
餘生隨詠、醉禪草　叢2-886(3)
餘生錄　史1-3428　集2-9215　叢1-426、
580，2-1643
餘生錄、塘報稿　史1-3092
27 餘冬序錄　子4-20384～6　叢1-31、65
餘冬序錄摘抄　叢2-730(11)、731(7)
餘冬詩話　集6-45735　叢1-195(4)，2-
731(47)
餘冬璅錄　史2-11861　叢2-751
餘冬緖錄摘抄　叢1-84(3)
餘冬緖錄摘鈔　子4-20387
餘冬敘錄内篇、外篇、閏　叢2-1076
餘冬錄、何燕泉先生行述　子4-20390
餘冬錄選　叢1-153
34 餘波詞　集3-16522
35 餘清館詩稿　集2-11789
38 餘裕軒遺稿　集5-35328
40 餘力稿　集2-6919

餘力草 集3-13820
餘力吟草 集4-32978
餘力錄 叢2-2270(2)
餘存詩稿 集4-24640
餘支湖圖志 史7-52941
餘杭三槐王氏宗譜[浙江餘杭] 史4-24914
餘杭吳氏宗譜[浙江餘杭] 史4-27797
餘杭褚氏家乘[浙江餘杭] 史5-37943～4
餘杭大獄記 叢2-706
餘杭南湖圖考 史7-52937
餘杭縣新志[康熙] 史7-57154、57156
餘杭縣改訂巡章程 史6-45380
餘杭縣志[康熙] 史7-57155
餘杭縣志[嘉慶] 史7-57157
餘杭縣志[萬曆] 史7-57153
餘杭閑林盛氏宗譜[浙江餘杭] 史5-34281～3
餘杭覽古詞 集7-47373
42 餘姚童氏宗譜[浙江餘姚] 史5-36499
餘姚廊廈顧氏草譜[浙江餘姚] 史5-41413
餘姚六倉志[民國] 史7-57452
餘姚龍山施氏家譜[浙江餘姚] 史4-30889
餘姚新河呂氏家乘[浙江餘姚] 史4-26292
餘姚施氏宗譜[浙江餘姚] 史4-30888
餘姚三山王氏族譜[浙江餘姚] 史4-24983
餘姚兩孝子萬里尋親記 史2-8044 叢1-244(6),2-731(49)
餘姚天華符氏族譜[浙江餘姚] 史5-34350～1
餘姚雲樓沈氏宗譜[浙江餘姚] 史4-29069
餘姚雲樓楊氏宗譜[浙江餘姚] 史5-36857
餘姚北城鄒氏宗譜[浙江餘姚] 史5-36349
餘姚張氏宗譜[浙江餘姚] 史5-34925
餘姚孫境宗譜[浙江餘姚] 史5-33599
餘姚孫境世系圖[浙江餘姚] 史5-33593
餘姚邵氏宗譜[浙江餘姚] 史4-29222
餘姚雙橋楊氏宗譜[浙江餘姚] 史5-36854
餘姚岑氏章慶堂宗譜二十集[浙江餘姚] 史4-28222
餘姚岑氏章慶堂宗譜□集[浙江餘姚] 史4-28223
餘姚朱氏宗譜[浙江餘姚] 史4-26514～6
餘姚鄉土地理歷史合編[光緒] 史7-57451
餘姚烏山胡氏宗譜[浙江餘姚] 史4-30414
餘姚烏山胡氏河東譜[浙江餘姚] 史4-30417
餘姚魯指南研究 子3-13713
餘姚房氏宗譜[浙江餘姚] 史4-30281
餘姚滙頭楊氏宗譜[浙江餘姚] 史5-36859
餘姚洪氏宗譜[浙江餘姚] 史4-30943～5
餘姚海隄集 集6-44677
餘姚祥墅施氏宗譜[浙江餘姚] 史4-30892
餘姚道塘曹氏宗譜[浙江餘姚] 史5-34186
餘姚志[乾隆] 史7-57448 叢1-373(7)
餘姚彭橋黃氏宗譜[浙江餘姚] 史5-33776
餘姚樸樹下孫氏宗譜[浙江餘姚] 史5-33600
餘姚城北李氏草譜[浙江餘姚] 史4-27187
餘姚孝義傅氏宗譜[浙江餘姚] 史5-36204
餘姚孝義虹橋葉氏宗譜[浙江餘姚] 史5-35671
餘姚萬石孫氏宗譜[浙江餘姚] 史5-33598
餘姚韓氏東嶴支宗譜[浙江餘姚] 史5-40363
餘姚茹墟徐氏宗譜[浙江餘姚] 史4-31940
餘姚黃忠端公集、集六種(五緯捷算、測地志要、黃忠端公年譜、黃黎洲先生年譜、誦芬詩畧、自述百韻) 集2-11667
餘姚黃氏宗譜[浙江餘姚] 史5-33768
餘姚黃氏支譜[浙江餘姚] 史5-33778
餘姚黃氏支譜[湖北漢陽] 史5-33988
餘姚樓氏宗譜[浙江餘姚] 史5-38992
餘姚楊氏宗譜[浙江餘姚] 史5-36853
餘姚胡稑薌先生哀輓錄 史2-10909
餘姚梅川盧氏宗譜[浙江餘姚] 史5-40066
餘姚梅川徐氏宗譜[浙江餘姚] 史4-31939
餘姚梅川葉氏宗譜[浙江餘姚] 史5-35669～70
餘姚史氏宗譜[浙江餘姚] 史4-26150
餘姚東蒲周氏宗譜[浙江餘姚] 史4-29945
餘姚東門翁氏家乘[浙江餘姚] 史4-

中國古籍總目・索引

32244

餘姚戚氏宗譜［浙江餘姚］　史5-34307～9

餘姚呂氏宗譜［浙江餘姚］　史4-26293

餘姚縣志［康熙］　史7-57447

餘姚縣志［嘉靖］　史7-57445

餘姚縣志［萬曆］　史7-57446

餘姚縣志［光緒］　史7-57449～50

餘姚馬渚葉氏宗譜［浙江餘姚］　史5-35668

餘姚長泠魏氏宗譜［浙江餘姚］　史5-40416～7

餘姚聞人氏宗譜［浙江餘姚］　史5-38795

餘姚開元劉氏家譜［浙江餘姚］　史5-39254

餘姚開原劉氏宗譜五編［浙江餘姚］　史5-39255

餘姚谷氏宗譜［浙江餘姚］　史4-28646

餘姚竹橋黃氏宗譜［浙江餘姚］　史5-33766～7

餘姚符氏族譜［浙江餘姚］　史5-34349

餘姚半霖史氏小宗支譜［浙江餘姚］　史4-26148～9

餘姚剡湖陸氏世譜［浙江餘姚］　史4-32669

餘姚燭溪胡氏宗譜［浙江餘姚］　史4-30411

44 餘蔭堂詩稿　集4-23073

餘菴雜錄　子4-20928～9　叢1-195(5)、220,2-731(7)

餘菴碎錄　叢2-731(7)

餘甘軒詩鈔　集4-29293

餘葉方氏續修世譜［浙江淳安］　史4-25741

45 餘樓書屋詞稿　集6-41993

50 餘事齋文稿、詩稿　集3-20885

餘事雜錄　子5-29259、29530(15)　叢1-272(4)

餘事集　集3-15497、16109、21118,4-24401

餘事偶存　集5-34151

餘事學詩室吟鈔　集5-38173

餘事錄　叢1-373(7)

餘事小草　集5-39752

51 餘軒雜記　子4-24257

60 餘墨　叢2-2232

餘墨偶談、續集　集6-46312　叢2-629

餘墨偶談節錄　集6-46313　叢1-587(3)

餘園詩稿　集5-40058

餘園詩稿、詞稿　集5-35736

餘園詩鈔　集3-17842

餘園詩精選　集3-17843

餘園叢刻　史8-63515

餘邑黃湖鎮施氏宗譜［浙江餘姚］　史4-30891

餘邑四明汪氏續修宗譜［浙江餘姚］　史4-28735

餘邑周氏三修宗譜［浙江餘姚］　史4-29938

餘邑周氏宗譜［浙江餘姚］　史4-29939～40

67 餘暇集　集4-30460

餘暉樓遺稿　集4-30577

71 餘暨叢書　集3-20099

77 餘閒集　集3-15730

餘閒草堂集　集3-19412

餘閒園詩鈔　集4-33684

餘閒堂詩草、文集　集5-38232

餘學集　集3-15651

80 餘人遺稿　集6-44966

餘人遺稿、別號八十一說　集3-20415

餘年功課纂要、外集　集3-16072

餘年閒話　子4-21185

90 餘堂詩集　集3-17862

8880₁ 箕

17 箕子紀實　史7-54558

箕子附錄　史2-8338

27 箕颿論　子3-13854　叢1-22(18)、23(17)

43 箕城雜綴　史7-49931

60 箕田考　叢1-333～5,2-731(17)

64 箕疇五福　集7-49715

76 箕陽彭氏族譜［福建莆田］　史5-35553

8880₆ 箅

00 箅亭抄畧　子1-3819

30 箅窻筆記　子4-20575

箅窻集　叢1-223(57)

箅窻集、補遺　叢2-852

箅窻集　集1-4097

箅窻集補遺　集1-4098

44 箅林詩鈔　集5-35584

80 箅谷詩選　集3-17423

箅谷詩鈔　叢1-373(7)

箅谷詩鈔、箅谷文鈔　集4-25825

簣

00 簣齋雜著　子4-20494　叢1-195(5)、220、
　　2-731(7)
　　簣齋雜著、澹齋内言、外言　子4-20495
22 簣山集　集3-14407
　　簣山田先生逸德軒詩　集3-14867
　　簣山堂詩草　集5-36430
　　簣山堂詩鈔　集4-24768~71

8888₆　簽

50 簽本　子3-14676

8890₂　策

00 策府統宗　子5-25433~4
　　策府統宗、目錄　子5-25432
　　策府統宗續編　子5-25435
　　策言會覽　子5-25649
08 策論準繩　子4-24612
10 策要　子4-20253　叢1-265(4)、266
22 策倭要畧　史6-45596
23 策怠神鞭　子7-35466
30 策準　集6-42718
38 策海　子4-24604
　　策海全書　子5-24903
41 策樞　子1-1254　叢1-62、64、2-730(4)、
　　731(16)
48 策塲備監　子5-25630
51 策軒文編　集5-40821
58 策熬雜摭　子4-23591
　　策簍雜摭　史7-54612
60 策目　子5-25438
　　策畧　子1-1557,4-22550　叢2-1421
　　策畧謏聞　子4-21293
61 策題　子1-3048
　　策題紺珠　子5-24889
77 策學集要　子5-25224
　　策學例言　史6-42339　叢1-366~8
　　策學備纂　子5-25425
　　策學備纂、目錄　子5-25424
　　策學備纂續集　子5-25426~7、25429

策學備纂續集、目錄　子5-25428
策學總纂大成、目錄　子5-25420
策學淵萃、目錄　子5-25423
策學輯要　子5-25223
策學輯畧　子5-25222
策學曾粹　子5-25816
策學纂要　子5-25417~8
策問存課　集3-21419
策貫　子4-22637
88 策算　子3-11250、12565　叢1-238~9,2-
　　814
　　策算記遺　子3-12802
94 策料　子4-20888

8890₃　繁

10 繁露詞　集5-40119
　　繁露書帷文集　集5-34236
　　繁露園集　集2-11001
24 繁峙縣志[道光]　史7-55744
　　繁峙縣志[光緒]　史7-55745
28 繁繪園詩草　集5-40885
　　繁繪園自紀詩　集5-40886
44 繁華夢傳奇　集7-50327
60 繁昌古拙和尚勸念阿彌陀佛圖公據　子7-
　　34479
　　繁昌縣志[康熙]　史7-57887
　　繁昌縣志[道光]　史7-57889
　　繁昌縣志[乾隆]　史7-57888
76 繁陽汪氏宗譜[安徽繁昌]　史4-28795

纂

00 纂序詩經說約集注　經1-3817
　　纂序四書說約合參大全(四書集註闡微直
　　　解大學中庸、四書集註闡微直解論語、四
　　　書集註闡微直解孟子)　經2-10574
　　纂文　經2-14610~6、15116、15119、15137、
　　　15142　叢1-495、586(2),2-716(2)、766、
　　　773(2)、774(8)、775(3)
　　纂言内篇、外篇　子4-20986　叢2-1414
　　纂註堪輿析髓經、堪輿管見二十四辨、石渠
　　　閣精訂地理析髓經　子3-13405
　　纂註堪輿析髓經、堪輿管見二十四辨、地理
　　　三十六問　子3-13404
01 纂訂名公四書礕路講意孟子　經2-9878

纂評註漢書奇編　史1－5157
06 纂譯天方性理本經註釋　子7－35969
纂韻　經2－13607、15142
10 纂要　經2－14618、14620～5、15116、15137、
15142　叢1－495、500、586(2)、2－716(2)、
773(2)、774(8)、775(3)
纂要痘疹治訣便覽　子2－8735
纂要解　經2－14619　叢1－500
20 纂喬氏族譜[河南洛陽]　史5－36189
纂集仁壽全志[乾隆]　史8－62043
纂集各家乘城要法　子1－3488
纂集通覽湘山志　史7－52568～70
纂集九日神工　子7－35442
纂集星中諸家口訣　子3－14170
24 纂續王氏族譜[河北寧晉]　史4－24764
27 纂修廣西府志[康熙]　史8－62600
纂修吳氏家乘[江蘇金壇]　史4－27746
纂修峴北周氏宗譜[浙江東陽]　史4－30026
纂修條例　史6－45887
纂修落葉無聲譜　子3－17876
纂修陳氏宗譜[浙江義烏]　史4－32971
纂修醫學入門　子2－5019
纂修即墨縣志[康熙]　史8－59298
28 纂微手鈔　子5－29081
30 纂定海角遺編　叢2－791
纂定古今大全　經2－10378
33 纂補春秋諸名臣傳　史2－6296
40 纂喜廬文初集、二集、三集　集5－39147
纂喜廬詩初集、觀海贈言　集5－39146
纂喜堂詩稿　集5－35053　叢2－731(44)
41 纂標孟子集註　經2－9819
56 纂輯地理造福至祕　子3－13561
纂輯禁書目錄　史8－66230
纂輯書籍　叢1－223(37)、227(8)
60 纂圖音訓明本古今通畧句解　史1－5907
纂圖互註六子(六子全書、重刊京本纂圖互
註標題六子全書)　子1－6
纂圖互註五子　子1－2～4
纂圖互註禮記　叢2－635(2)
纂圖互註南華真經　子1－1～2、4、6、5－
29244
纂圖互註荀子　子1－1～3、6、299
纂圖互註老子　子1－1
纂圖互註老子道德經　子1－2～4、6、5－28984
纂圖互註揚子法言　子1－1～4、6、425
纂圖互註四子(纂圖互註四子書)　子1－1
纂圖互注五子　子1－5
纂圖互注禮記、舉要圖　經1－5550
纂圖互注南華真經　子1－5
纂圖互注荀子　子1－5

纂圖互注老子章句　子1－5
纂圖互注春秋經傳集解、春秋名號歸一圖、
春秋年表　經1－6688
纂圖互注揚子法言　子1－5
纂圖互注周禮、圖說　經1－4894
纂圖元亨療馬集、療駝全集　子1－4534
纂圖元亨療馬集、牛經大全　子1－4532
纂圖集注文公家禮　經1－6293、6297
纂圖增新羣書類要事林廣記十集　子5－
24860
纂圖增新羣書類要事林廣記前集、後集　子
5－24861
纂圖檃括　子2－5460
纂圖附音集註千字文　經2－13373
纂圖附音增廣古註千字文　經2－13374
纂圖附釋文重言互註老子道德經　子5－
28983
纂圖分門類題註荀子　子1－298
纂圖分門類題五臣註揚子法言、新增麗澤
編次揚子事實品題、新刊揚子門類題目
子1－423
纂圖類聚天下至寶全補事林廣記　子5－
24864
纂異記　子5－26930　叢1－22(19)、23(19)
72 纂丘瓊山先生大學衍義補英華　子1－852
81 纂敍朱子大全精言　經2－11067
88 纂籀移古鈐選　史8－65062

8890₄ 築

22 築巖詩集　集3－21743
築巖詩鈔　集3－19827
30 築寨圖說附事宜　子1－3496
41 築圩圖說　子1－4233
44 築樊文鈔　集3－13093
60 築圍說　史6－46596　叢2－811
80 築善堂文集、二集　集3－13408

8896₁ 籍

22 籍川笑林十則　子5－27391

8898₆ 籟

00 籟庵剳記　叢1－373(4)

27 籟紀　叢 1 - 22(16)、23(16)、26～8、29(3)、74、
　　86、244(4)、2 - 730(6)
55 籟典　子 5 - 25997
67 籟鳴詩鈔　集 3 - 20744
　　籟鳴集　集 2 - 12209、6 - 45128

8899₄　篍

44 篍菽館詩鈔　集 4 - 22798

8912₀　鈔

04 鈔詩姓氏　史 2 - 7553　叢 2 - 1359
30 鈔案述畧等雜鈔　集 6 - 44099
32 鈔業畧論　子 7 - 37339
50 鈔本詩　集 1 - 2920
　　鈔本遺詩　集 3 - 21578
　　鈔本目、刻本所有鈔本所無目　叢 2 - 731
　　（3）
　　鈔書偶記　子 4 - 21831
77 鈔貫說　史 6 - 44431
87 鈔錄眼科　子 2 - 7380
　　鈔鄭樵通志六書畧平議　經 2 - 12442
98 鈔幣論　史 6 - 41495、44432
　　鈔幣芻言　史 6 - 44429

8912₇　銷

10 銷夏　子 5 - 25012　叢 1 - 106、350
　　銷夏部　叢 1 - 111(2)、2 - 731(54)
　　銷夏彙存　集 6 - 41992
　　銷夏灣周氏重輯宗譜［江蘇蘇州］　史 4 -
　　29884
　　銷夏隨筆　叢 2 - 1874
　　銷夏錄　子 3 - 14778
　　銷夏錄舊　叢 1 - 370
16 銷魂集　集 4 - 32988
26 銷繹印空實際寶卷　集 7 - 54135
　　銷釋童子保命寶卷　集 7 - 54134
　　銷釋孟姜忠烈貞節賢良寶卷　集 7 - 54487
　　銷釋科意正宗註解　集 7 - 54157
　　銷釋科意正宗寶卷（正宗寶卷）　集 7 -
　　54162
　　銷釋白衣觀音菩薩送嬰兒下生寶卷（銷釋

白衣觀音送嬰兒下生卷）　集 7 - 54140
　　銷釋歸依弘陽覺願中華妙道玄懽真經　子
　　7 - 36176
　　銷釋歸家報恩寶卷　集 7 - 54160
　　銷釋收圓行覺寶卷　子 7 - 36125
　　銷釋混元弘陽大法祖明經（混元弘陽大法
　　祖明經）　子 7 - 36175
　　銷釋混元弘陽救苦升天寶懺　子 7 - 36171
　　銷釋混元弘陽拔罪地獄寶懺　子 7 - 36170
　　銷釋混元無上大道玄妙真經　子 7 - 36167
　　銷釋混元無上拔罪救苦真經　子 7 - 36169
　　銷釋混元無上普化慈悲真經　子 7 - 36168
　　銷釋大乘寶卷　子 7 - 36120～1
　　銷釋真空寶卷　集 7 - 54132
　　銷釋真空掃心寶卷（銷釋真空寶卷）　集 7 -
　　54133
　　銷釋木人開山寶卷　集 7 - 54152
　　銷釋萬靈護國了意至聖伽藍寶卷　集 7 -
　　54199
　　銷釋接續蓮宗寶卷　集 7 - 54151
　　銷釋圓通寶卷　子 7 - 36123
　　銷釋圓覺寶卷　子 7 - 36124
　　銷釋顯性寶卷　子 7 - 36122
　　銷釋明證地獄寶卷　集 7 - 54155～6
　　銷釋同悟濟本還源寶卷　子 7 - 36136
　　銷釋開宗寶卷　集 7 - 54197
　　銷釋開心結果寶卷　集 7 - 54161
　　銷釋金剛科儀　子 7 - 32129
　　銷釋金剛科儀錄說記　子 7 - 35001
　　銷釋金剛科義　子 7 - 32345
　　銷釋普賢菩薩度華亭寶卷　集 7 - 54198
　　銷釋悟性還源寶卷　子 7 - 36134
48 銷場稅新章　史 6 - 43564
97 銷燬書目　史 8 - 66219、66221
　　銷燬抽燬書目　史 8 - 66214　叢 1 - 433、580

8918₆　鎖

10 鎖五龍　集 7 - 53433
60 鎖園嚴氏宗譜　史 5 - 41243
76 鎖陽關　集 7 - 50506
77 鎖闈雜詠　集 3 - 16808　叢 2 - 1368
　　鎖闈偶記（清道光三十年）　史 2 - 12795

9

9000_0　小

00 小瘦紅闇詩存　集5-41126

小癡齋詩草　集5-36605

小亭信口吟　集4-25560　叢2-962

小亭初集　集4-31657

小亨集　集1-4712~4,6-41784　叢1-223(59)

小鹿柴遺稿　集4-27601

小廬詩存　集4-31679

小序　經1-4815

小方壺齋文存、詩存、帖體詩存　集5-38770

小方壺齋詩存　集5-38771

小方壺齋叢書三十六種　叢1-537

小方壺齋叢鈔　史7-49316

小方壺齋存稿　集5-38769

小方壺齋輿地叢抄本目錄　史8-66162

小方壺齋輿地叢鈔三補編九十二種　史7-49319

小方壺齋輿地叢鈔五百三十七種再補編二十六種　史7-49317(1)

小方壺齋輿地叢鈔十二帙補編十二帙再補編十二帙　史7-49318(1)

小方壺文鈔　集3-16748

小方壺試律詩　集4-33442　叢1-328

小方壺叢稿　集5-38768

小方壺存稿　集3-16747

小高齋吟稿　集5-37359

小庚詩存　集4-27025

小庚詞存　集7-46437、47619~22

小摩圍閣詩鈔　集5-36312,6-42007(2)

小庫村王氏族譜[江西萍鄉]　史4-25324

小辨齋偶存　集2-10531~2　叢1-223(66),2-798,1162

小辨齋偶存、事定錄　集2-10530

小言　叢2-2255

小言集　集4-26767~73

小言集詩賸四種　叢2-1679

小言集五種　叢2-1679

小言錄　子1-4152

小畜集　集1-1856　叢1-223(50)、227(9)

小畜集、外集、拾遺　叢1-230(5)

小畜集補鈔　集1-1863,6-41901

小畜集鈔　集1-1861~2,6-41900、41908

小畜外集　集1-1857,6-41715

小註辯署　經2-10568

小註釋義　經2-10568

小誰園剩稿　集3-20509

小玄空說　子3-13142

小袤川祕笈　子4-24624

小六子掛招牌一段　集7-51597

01 小顏家詩　集3-20449,6-45142

03 小詠樓印存　子3-17293

小試異聞錄　史1-4502

04 小謝詞存　集7-47726

小謨觴詩存　集4-29095

小謨觴居詩存　集4-29391

小謨觴館文集　集4-25699

小謨觴館文集、續集　集4-25698

小謨觴館文集注　叢2-845(5)

小謨觴館詩集　集4-25697　叢1-373(6)

小謨觴館詩集、詩續集、詩餘、詩餘續、文集、續集　集4-25694

小謨觴館詩集、詩餘、詩續集、文集、文續集　集4-25692

小謨觴館詩集、詩餘附錄、文集、續集、詩餘附錄　集4-25693

小謨觴館詩集、續集、詩餘、續、文集、續集　叢2-1641

小謨觴館詩集注、詩餘注、詩續集注、續集詩餘注、文集注、文續集注　集4-25695

小謨觴館遺文　集4-25700、26567

小謨觴館全集三種　叢2-1641

小詩譜　子7-38252

小詩航雜著　子4-24316

小詩航詩鈔、雜著　集4-28882

小詩龕詩集　集4-26029

07 小調器樂譜　子3-17886

08 小放牛一枝　集7-51048

小放牛一段　集7-51584

小說　叢1-17,19(6)、20(4)、24(6),2-771(1)

小說經驗方　子2-9335

小說佚文　叢2-777

小說考證　叢2-622

小說世界詩存　集4-28699

小說舊聞記　叢1-19(8)、20(6)、21(8)、22(7)、23(7)、24(9)、29(3)、255(2)

小說撰論　叢2-2270(4)

小說題跋　叢2-2203

小說閒話　叢2-622

10 小三吾亭文甲集、詩、詞　叢2-934

小三吾亭詩　集5-40997～8
小三吾亭詞　集7-48402
小三吾亭詞話　集7-48752　叢1-584
小三吾亭集(小三吾亭文甲集、詩、詞、詞附)　集5-40996
小三松堂雜著　集5-40546
小三松堂詩集　集5-40545
小玉京樓詩草　集4-23942
小王和琴　集7-52845
小五更　集7-50802、53653
小五更一套　集7-50875
小五義　子5-28742
小五義、續　叢1-496(7)
小亞細亞志　史7-54464
小豆棚　子5-27254　叢1-496(7)
小琉球漫志　史7-54526　叢2-1535
小疏香閣初學稿　集4-29558
小疏小令　叢2-748
小丁卯集、梅花百詠、茹荼百詠　集3-20265
小丁卯集摘本、梅花百詠　集3-20264
小元池仙館詩　集4-33419
小爾雅　經2-11144、14543～4、14546～7　子5-26218　叢1-11～2、22(1)、23(1)、38、46、74～7、90～1、93、236～7、249(1)、371、395,2-726、730(5)、731(23)
小爾雅廣注　經2-14548
小爾雅訓纂　經1-163(2),2-14552　叢2-628、653(2)、1668
小爾雅疏　經2-14549　叢1-478
小爾雅疏證　經2-14553　叢1-433,2-731(23)
小爾雅衍義　經2-14556
小爾雅佚文　經2-14545　叢2-777
小爾雅約注　經2-14554　叢2-1730
小爾雅補義、正誤　經1-148,2-14557
小爾雅義證　經2-14551
小爾雅義證、補遺　經2-14550　叢1-558,2-698(3)、1669
小于舟詩存　集5-35275
小于舟屋詩存　集5-41378
小天集　子1-1541　叢2-845(4)
小孩子語一枝　集7-52007
小孩兒耍錢一枝　集7-52767
小百宋一廛書影　史8-66501
小石廬館集帖、春江意釣圖　子3-15531
小石詩鈔、補編、詩餘　集4-33063
小石帚生詞　集7-47811
小石帚生詞、小石帚生和姜詞　集7-47812
小石山房文集　集4-22717
小石山房詩集　集3-18392

小石山房詩存　集4-31631
小石山房名印傳真　子3-17173
小石山房叢書三十八種　叢1-364
小石山房遺草　集3-18393
小石山房遺草、剩草　集4-23748
小石山房印譜　子3-17171～2
小石山房印譜、歸去來辭、集名刻　子3-17169
小石山房印譜、歸去來辭、集名刻、集金玉晶石銅牙瓷竹木類印　子3-17170
小石山房印譜、別集、附集　子3-17168
小石山房印苑　子3-17174
小石山房墜簡拾遺六種　叢1-363
小石渠閣文集　集4-30812
小石梁山館稿　集4-25038
小石城山房文集　集4-28417、28421
小石林詩集、詩二集、古文、文外　集3-18288
小石帆亭五言詩續鈔　集6-42506　叢1-456(2),2-731(38)
小石帆亭著錄　集6-45492、45992～3　叢1-442～3、534,2-1513～4
小西洋記　史7-49317(3)、49318(18)、54287
小西園詩鈔、文鈔　集4-29533
小酉詩稿　集5-37753
小酉山房集、外集　集4-29026
小酉山房剩草　集4-26750
小酉山房遺詩　集4-25860
小西室遺稿　集2-10709
小酉腴山館主人自著年譜　史2-12259
小酉腴山館文鈔、詩鈔、詩補錄、詩續編、詩三編、詩四編、集外文　集5-34431
小酉腴山館文鈔、集外文　叢2-1951
小酉腴山館文鈔續編　集5-34434
小酉腴山館詩集、文集　集5-34432
小酉腴山館詩鈔　集5-34433
小酉腴山館詩鈔、補錄、續編、三編、四編　叢2-1951
小酉腴山館集五種　叢2-1951
小醉經室詩集　集5-36610
小醉山草堂文集　集5-41079～80
小雲廬詩稿刪存　集4-27067
小雲廬晚學文稿　集4-27068
小雲廬吟稿　集4-27065～6
小雲詞賸　集7-47810
小雲液草　集4-31650,6-42006
小雲樓放生錄　叢2-832(4)
小雲谷文集　集4-24293
小雲谷文集、詩鈔、名帖紀聞　集4-24291
小雲谷詩鈔　集4-24292
小不其山房集　集4-33547～8

小栗山房詩鈔、花隖樵唱　集 4－27500
小栗山房詩鈔二集　集 4－27501
小栗山房初稿　集 4－27499
11 小麗農山館詩鈔　集 4－28885
12 小飛文館印存　子 3－17210
13 小琅玕山館詩鈔、詩餘　集 4－30561
小琅玕館詩集　集 4－28315
小琅玕館學稿（完顏文勤公詩集）　集 4－33517
小琅嬛僊館敔錄書三種　叢 1－262
小琅嬛叢記　子 4－22420～1　叢 1－344
小琅嬛園詩錄、集句、詩餘　集 5－35505
16 小環山館詩賸　集 4－30660
17 小瑯嬛詩品　叢 2－1961
小鄧尉梅花園集　集 4－33022
小瓊海初集、二集、三集、四集　集 4－27643
小瓊華僊館稿　集 4－27121,6－41998
小刀子一枝　集 7－52766
小尋暢樓文鈔、詩鈔　集 5－38907
小翠微館文集　集 5－40185
小司馬草　史 6－48326
18 小玲瓏閣詞　集 7－48103　叢 2－2042
20 小重山房詩續錄（朝天集、關中集、肆觀集、藍橋集、北山之什、南山集、老鈍集、鶴在集、來京集、畿輔輶軒集、怡園集、福祿鴛鴦集）　集 4－27938
小重山房叢書　集 6－41765
小重山房初稿　集 4－27930～1
小住爲佳軒遺稿、竹軒遺稿　集 4－29810
小禿閙房　集 7－53325
小停雲詩集　集 3－19612
小停雲館詩稿　集 4－23284
小停雲館詩鈔　集 4－26468
小秀野詩集　集 3－17437
小信天巢詩草　集 4－23714
小信天巢詩鈔、續鈔　集 4－23713
小千樓詩集　集 4－26970
小千園全集　集 2－12164
小雙寂庵文稿、詩集　集 5－41585
小雙寂庵文稿、詩稿　叢 2－2247
小雙寂庵瑣談　子 4－22009　叢 2－2247
小雙寂庵叢書十九種　叢 2－2247
小雙寂庵勘書圖題詞　史 8－65334
小航文存　集 5－39351　叢 2－2157
小舫奏議　史 6－48969
小看戲　集 7－53323
小香髓詞　集 7－48357
小毛子傳　子 5－27910
小毛子傳五節　子 5－28626
小種字林試帖偶存　叢 1－521

小種字林集字偶語　經 2－13207
小種字林叢刻　叢 1－521
小維摩詩稿　集 4－25035
小稿　叢 2－1222
21 小上壽一段　集 7－51598
小止觀　子 6－32090（62）、32092（40）、7－33838～9
小止觀、止觀義例　子 7－33840
小衡箕說　子 3－12825
小倆口爭燈一段　集 7－51594
小倆口上廟　集 7－51049,51596
小倆口拜年全段（新出怕媳婦）　集 7－51593
小倆口變臉（新出阿哥下班）　集 7－51595
小柴桑喃喃錄　子 4－20774
小紅詞集　集 3－17474
小紅泉山莊詩稿　集 4－27129
小紅娘閙書房一段　集 7－51592
小紅薇館拾餘詩鈔　集 6－42001
小紅薇館吟草　集 6－42001
小紅薇館吟草、拾餘詩草　集 4－29353
小紅葉館附刻　集 5－37255
小紅樓詞　集 7－47799
22 小巖雜俎　集 5－36937
小巖詩文稿　集 5－38090
小仙都諸山記　史 7－49318（7）、52386
小嶺曹氏宗譜［安徽涇縣］　史 5－34220
小山詩草　集 5－39921
小山詩餘　集 7－47787
小山詩餘、分秀閣集句詩餘　集 7－47788
小山詩鈔　集 3－17742
小山詩鈔（庋索軒詩、懷西集、金臺錄、粵遊草、筑籟集、琯吹集、凝華集、孚缶集、賡載集、鳴和集、修初集）　集 3－18552
小山詞　集 7－46352、46380、46382、46469～70　叢 1－223（72）,2－698（13）、720（2）
小山詞鈔、補鈔　集 7－46471
小山乙稿　集 3－18681
小山集　集 1－3769,6－41744～6、41888～9、41891～3、41894（4）、41895、41897～8、41904、41912、41917、41923～4
小山山房詩存　集 4－25435
小山樂府　集 7－50561
小山泉閣詩存　集 4－24906
小山叢桂　集 7－48784
小山草　集 2－10688　叢 2－1169
小山畫譜　子 3－15859～61、16359　叢 1－202（3）、203（8）、223（38）、269（5）、270（3）、271、272（5）、353、435、456（6）、457、469、495、586（3）,2－716（3）、731（35）
小山園吟草　集 4－32452,6－42007（2）

小山居稿、續稿　集 3 - 21255

小山全稿　集 3 - 17960

小山姜集　集 3 - 18080

小山堂藏書目錄　史 8 - 65683

小山堂藏書目錄備覽　史 8 - 65684

小山類稿　集 2 - 8237　叢 1 - 223(65)

小山類稿選　集 2 - 8239

小山類稿選、張襄惠公輯署　集 2 - 8238

小幽篁館附刻　集 5 - 36889

小巢湖詩　集 3 - 17501

小巢壺詩　集 3 - 17502　叢 2 - 941

小種字林隨筆　集 5 - 37247

小稱集　集 3 - 19183~4

23 小黛軒詩集(陳孝女遺詩)　集 5 - 41623

小黛軒論詩詩　集 6 - 46183

小峨嵋山館詩稿　集 4 - 22346

小峨嵋山館詩稿、續稿、詞稿　集 4 - 22347

小峨嵋山館五種　集 6 - 45050

24 小牆東齋文鈔　集 5 - 36377

小牆東齋詩、文鈔　集 5 - 36375

小牆東齋詩鈔　集 5 - 36376

小休息塲詩鈔　集 4 - 22145

25 小傳補正　集 6 - 45957

26 小白華山人文鈔　集 4 - 24919

小白華山人文鈔、詩鈔、續編　集 4 - 24921

小白華山人詩鈔　集 4 - 24920

小自立齋文　叢 2 - 968

小自立奇文　集 5 - 40659

小自帆集鈔　集 4 - 30088

小泉詩草　集 6 - 42007(3)

小息舫詩草　集 4 - 23001~2

小吳山館詩稿　集 4 - 28919

小吳山館少作詩存　集 4 - 28921

小峴山房詩稿　集 5 - 35103

小峴山人詩集　集 4 - 22571

小峴山人詩集、文集、文續集　集 4 - 22568

小峴山人詩集、文集、文續集、文補編　集 4 - 22569~70

27 小觶元詩稿　集 5 - 34645

小忽雷室詩餘　集 4 - 31634

小忽雷室集　集 4 - 31634

小鄒魯居詩集　集 5 - 37336

小名補錄　史 2 - 13380

小名錄　史 2 - 13372~4、13381　叢 1 - 11~2、22(13)、23(13)、29(4)、99~101、223(42)、255(2)、2 - 731(60)

小綠天庵文稿、楹聯、詩草、詞稿　集 5 - 37736

小綠天庵詩文補遺　集 5 - 37737

小綠天庵遺詩、六舟山野紀事詩　集 4 - 28937

小綠天庵吟草、六舟山野紀事詩　集 4 - 28936

小綠天庵簡明竹譜　子 3 - 16425

小綠石齋詩存　集 4 - 28172

小綠筠堂詩存　集 5 - 35879

29 小倦遊閣文稿　集 4 - 26423~4

小倦遊閣集　集 4 - 26419、26422

小倦遊閣墨稿　集 4 - 26425

小秋蘭館詩草　集 4 - 26881

30 小瀛州續社詩　集 6 - 44239

小瀛洲十老社詩、瀛洲社十老小傳　集 6 - 43785

小瀛洲吟稿　集 4 - 25798

小瀛壺詩存　集 5 - 38625

小瀛壺詩鈔、文鈔、文鈔補　集 5 - 38626

小瀛壺仙館叢刊十種　叢 2 - 2267

小宛集　集 3 - 15472

小寡婦上墳一段　集 7 - 51591

小寡婦逛燈(新出十三月代出閣)　集 7 - 53322

小寡婦嘆十聲一套　集 7 - 50975

小窩遺稿　集 4 - 28023

小家語　子 4 - 21708　叢 1 - 496(1)、2 - 629

小家語、梟林小史　子 5 - 26507

小進宮　集 7 - 53447

小寒山子集(客椒自刪、客椒再刪、山椒戲筆、青未了、客還草〔司馬悔〕、罌存〔閉戶吟〕、題紅〔東園公草〕、年評社集、牽豆社約、家山遊〔結盧草〕、香奩限韻、刪社和草、客心草〔秣陵秋〕)　集 2 - 11845

小寒山自序年譜(孤忠遺稿)　史 2 - 11591　叢 2 - 851

小安樂窩文集　集 4 - 27419

小安樂窩文集、詩存、南池唱和詩　集 4 - 27418

小安樂窩文存　集 4 - 27420

小安樂窩詩鈔　集 3 - 19553，4 - 25621

小安樂窩日記(清嘉慶十九年)　史 2 - 12676

小安養齋剩稿、鈔本遺詩　集 3 - 21578

小字錄　叢 1 - 223(43)、2 - 637(3)

小字錄、小字錄補　史 2 - 13378

小字錄補　史 2 - 13379

小容齋詩稿　集 4 - 32105

小容齋詩鈔　集 4 - 24789

小容膝樓詩鈔　集 4 - 25730

小窗詩鈔、詩續　集 3 - 21106

小窗香雪詩鈔　集 3 - 19128

小窗幽記　子 5 - 27306　叢 2 - 721

小窗豔紀　集 6 - 42391~2

小窗自紀　子4-23953
小窗自紀雜著　子4-23954　叢2-617(2)
小窗清紀　子4-23949～51
小窗清箋　子4-23952　集6-45230
小窗遺稿　集4-26386
小窗遺稿四種　叢2-1608
小窗四紀四種　子4-23947
小窗別紀　子4-23948
小寄園詩鈔　集4-31905
31 小江詩鈔　集3-21746
小江東　集7-50249
小酒令　子3-18310　叢1-22(26)
小潛樓集　集5-34368
小迂詩稿　集3-20405
32 小浮山齋詩　集6-42007(4)
小浮山人年譜　史2-12102　叢2-907
小浮梅閒話　子4-21537　叢2-735(2)、
　736、1920
小祇陀盦詩鈔、詞鈔　集5-34073
33 小心齋劄記　子1-1122～3　叢1-194,2-
　1161～2
小演雅　經2-14681
小演雅、續錄、別錄、附錄　經2-14680
小演雅續錄　經2-14683
小演雅別錄　經2-14682
小演雅附錄　經2-14684
小補蘿屋吟稿　集4-29340
小梁山　集7-54010
34 小港記　史7-49317(8)、49318(11)、50314
小漪詩屋吟稿　集4-23675
小波詞鈔　集7-47194
35 小津逮遠樓詩鈔　集5-34478
小清凉館主人自壽詩　集5-34882
小清容山館詞鈔　集4-28592
小清祕閣詩鈔　集4-26998
小清華園詩　集4-29349
小清閟閣詩鈔　叢2-886(3)
36 小迦陵山館文集　集5-36265
小迦陵山館雜錄　集5-36266
37 小洞山房詩草　集4-31744
小湖田樂府　集7-47362
小湖田樂府、續集　集7-47363
小淥天叢鈔五十二種　叢2-673
小漁先生遺稿　集2-9052
小瀨草堂詩集　集4-24720
小瀨草堂古文集　集4-24722
小瀨草堂古今詩合刻　集4-24721
小溟詩鈔　集4-25710
小初詩稿　集5-34471～4
小通津山館稿　集4-22461

38 小汽車　子7-37206
小海山房詩　集4-28426
小海山房詩集　集4-28427　叢2-1733
小海自定詩、黝山紀遊　集4-22813
小海塲新志[乾隆]　史7-56698
小滄峴山房詩存　集5-38156　叢2-1857
小滄洲詩集　集3-20967,4-27768
小滄洲詩草　集5-37067
小滄浪詩話　集6-46092　叢2-1988
小滄浪館詩集摘鈔　集5-38636
小滄浪筆記　子4-23282
小滄浪筆談　叢1-344、373(5),2-731(47)
小滄溟館集　集4-30960
小滄桑　叢2-1467
小滄桑記(清咸豐九年至同治二年)　史2-
　12992
小遊集　集4-23565
小遊僊詞　集7-47748
小遊仙集　集3-17276
小遊仙館詩文稿　集5-35092
小遊仙館詞鈔　集7-47846
小遊船詩　集5-36676
小道地經　子6-32081(41)、32082(19)、32083
　(26)、32085(38)、32086(45)、32088(28)、
　32089(35)、32090(54)、32091(52)、32092
　(36)、32093(27)
39 小沙子史畧　史1-5607
40 小乂杆打忘捌　集7-53326
小十誦寮詩存　集4-24991　叢1-373(5)
小十誦寮詩存(海漚集、學製集、笳音集、歸
　田集)　集4-24990
小十三經　叢1-49
小十番全譜　集7-54819
小大姐偷杏一段　集7-51586
小壺天課子草　集5-34181
小壺天集　集5-35508
小南海集詩鈔　集4-31370
小南海遺文、杭月吟社詩鈔　集4-31371
小南邨集　集6-41975
小有亭集　集2-10162～3
小有齋自娛集　集3-21348　叢2-1426
小有天園雜著　集5-35412　叢2-854
小有山房詩集　集4-32997
小有山房詩鈔　集4-26883
小赤城霞仙館詩鈔　集5-41099
小女子告狀　集7-53633
小女滿月一枝　集7-52008
小奢摩詞　集7-47528
小奢摩館脞錄　史1-1995、4559
小杏山房詩草　集4-25318

小袁山房詩集　集 4 - 24999
小袁幼稿　叢 2 - 721
小袁幼稿近遊草　集 2 - 11342、12307
小木子詩三刻(梓廬舊稿、壺山自吟稿、侯寧居偶詠)　集 3 - 21523
小來禽館詩稿　集 5 - 40846
小檀欒山館詩草　集 5 - 34192
小檀欒室彙刻閨秀詞　集 7 - 46425
小檀欒室題詞　集 6 - 41992
小檀欒室閨秀詞詞人姓氏　史 2 - 6421
小檀欒室鏡影　史 8 - 64286
小樵李亭詩錄　集 4 - 27534　叢 2 - 1693
小校經閣金文拓本　史 8 - 64244
41 小柯亭詩集　集 4 - 29992
42 小札簡　集 6 - 41750
小桃源詩鈔　集 4 - 25509
小桃溪館文鈔、詩鈔　集 4 - 32852
小桃溪館詩鈔、文鈔　集 4 - 32853
小桃李園文鈔　集 4 - 33093
小桃李園詩鈔　集 4 - 33091~2
43 小娥傳　叢 1 - 249(3)
小戴記　叢 2 - 1748
小戴禮記平議　經 1 - 145、163(4)、5767　叢 2 - 1920
小戴禮記解　經 1 - 149、5764
小戴禮記注　經 1 - 5532　叢 2 - 765
44 小坡識小錄　子 4 - 21203　叢 2 - 966
小莊詩鈔　集 4 - 23780
小蘆中集　集 4 - 24126
小蘭雪堂詩集　集 4 - 25341
小蘭琴譜　子 3 - 17713
小蘭山房稿　集 4 - 22243
小蘭陔詩集　集 3 - 18803
小獲楊氏六修房譜[江西興國]　史 5 - 36959
小藏園詩　集 4 - 24883
小蘋花漁樹遺詩　集 5 - 35297
小蓬亭詩草　集 3 - 18832
小蓬廬雜綴　集 4 - 30727
小蓬廬劄記　子 4 - 22615
小蓬山館吟草　集 4 - 29069
小蓬海遺詩　叢 2 - 731(44)
小蓬海遺詩、屑屑集　集 4 - 28776　叢 1 - 335
小蓬壺仙館雜著　子 4 - 24694
小蓬壺仙館賦鈔　集 4 - 32283
小蓬萊謠　集 5 - 33745　叢 2 - 1920
小蓬萊山館方鈔　子 2 - 9639
小蓬萊山館女科方抄　子 2 - 8139
小蓬萊剩稿　集 4 - 22657

小蓬萊閣詩存　集 4 - 31948
小蓬萊閣傳奇十種　集 7 - 50426
小蓬萊閣畫鑒　子 3 - 15866
小蓬萊閣印存　子 3 - 16944、16946、17082
小蓬萊閣金石文字　史 8 - 63517~8
小蓬萊閣金石目　史 8 - 63767
小蓬萊騰藻　叢 1 - 342
小蓮記　叢 1 - 168(2)
小蓮花室遺稿　集 4 - 22739
小芝閣詩集　集 5 - 37497
小蕙女弟遺稿　集 5 - 36271、36634
小蘇齋詩鈔　集 5 - 34033
小蘇齋隨筆　史 7 - 50233
小蘇文選　集 1 - 2626,6 - 41805
小蘇譚詞　集 7 - 48356
小蘇潭詞　集 7 - 47540~2
小芋香館遺集　集 5 - 33712
小草　集 3 - 20454
小草庵詩鈔　集 4 - 31001　叢 1 - 419,2 - 731(44)
小草廬叢談　子 4 - 21420
小草齋文集、續　集 2 - 11019
小草齋詩話　集 6 - 45827
小草齋集、續集　集 2 - 11018
小草齋集、烏衣集　集 2 - 11015
小草集　叢 2 - 1358
小草山房詩鈔　集 4 - 26501
小草續鈔　集 4 - 28880
小草拾遺　集 4 - 30678
小草吟草　集 4 - 24306
小萬柳堂書蘇詩　子 3 - 15833
小萬柳堂明清兩朝書畫扇存目錄　史 8 - 66302　子 3 - 14903
小萬柳堂臨董書孝經　子 3 - 15831
小萬柳堂臨夢樓詩册　子 3 - 15834
小萬竹王氏宗譜[浙江奉化]　史 4 - 24995
小萬卷齋詩稿、詩續稿、文稿、經進稿　集 4 - 25673
小萬卷齋十齡課草　集 5 - 40643
小萬卷樓叢書十七種　叢 1 - 380
小樊川詩鈔　集 5 - 35651
小妓女一套　集 7 - 50905
小姑不賢一段　集 7 - 51587
小姑受氣一段　集 7 - 51590
小姑出閣一段　集 7 - 51588
小姑娘別情　集 7 - 50830
小姑狠一段　集 7 - 51589
小姑賢(王登雲休妻)一段　集 7 - 51572
小姑賢影詞　集 7 - 51573
小華山樵剩稿　集 4 - 28706

小鞋擺八卦一段　集7-51600
小芙蓉館遺稿　集5-37472
小著身(喜樂談心)　集7-53633
小茗山房詩存　集5-37349
小茗柯館詩詞稿　集5-40327　叢2-1993
小蒼翠軒詩集　集4-32168
小荀子　子1-14、16、18、20、33、37～8、47、466、469　叢1-380,2-730(6)、731(10)
小老媽做夢五更　集7-53324
小菴羅集　集2-9658,6-44424
小鬱林詩鈔　集4-23686
小樹軒詩集　集3-18281
小萊子　集7-50244
小蘿櫳館詩鈔　集5-33942
小林詩稿　集4-27243
小林壑詩鈔　集5-34276～7
小林屋詩文稿　集3-18974
45 小樓詩集　集3-16191、21649、21837
小樓吟稿　集3-20826
46 小獨秀齋詩　集3-18835
小獨秀齋詩、補遺、附錄　集3-18834
小獨秀齋近草　集3-18833
小幔亭詩集、月中簫譜　集3-17413
小如詩存　集6-42006
小媳婦歎五更　集7-50819
小槐簃吟稿　集5-38097
47 小帆詩集　集5-37824
小匏庵雜錄　子4-21544
小匏庵詩存　集5-33723～4
小狗名兒一枝　集7-52006
小姐想郎　集7-53633
小嬭嬭詞話　叢2-1493
小嬭嬭山館彙刊類書(羣玉館彙刊類書、嬭嬭獵祭)十二種　子5-25449
小嬭嬭福地隨筆　子5-26637
小嬭嬭吟稿　集4-24648
小嬭嬭館詞草　集5-34220
小桐廬詩草　集3-20845
小桐溪雜詠　叢1-556
小桐溪隨筆　子4-21251
48 小松麟書屋詩　集5-41141
小松石齋詩集、文集　集4-29139
小松函稿　集4-33023
小松圓閣雜著　集4-29763
小松圓閣雜著　子4-23318
小松圓閣書畫跋、硯銘雜器銘　子3-14970
小松吹讀書堂題詠　叢2-832(5)
小梅詩存　集4-31039
小梅花館詩集、詞集　集4-33609
小梅花館詞集　集7-47605

50 小畫山房詩遺　集4-23456
小畫山房詩鈔　集4-23455
小青集、閏稿　集2-12092
小青傳　子5-27682　叢1-168(3)
小青娘挑燈閑看牡丹亭　集7-49309
小青娘風流院傳奇、小青傳小青焚餘　集7-50039
小青焚餘集　集2-12094
小青焚餘藁、小青傳　集2-12093
小書巢詩　叢2-1679
小書巢詩課續存　集4-26648
小書巢詩課偶存、續存、存稿　集4-26646
小書巢詩課偶存注畧　集4-26647
小書巢詩賸　叢2-1679
小書巢叢刊二種　叢2-693
小書舟樂府　集7-47789
小春浮遺稿　集4-24353
小東山房詩集　集5-35459
小東山草堂文鈔　集4-27813
小東山草堂詩草　集4-27812
小東山草堂駢體文鈔　集4-27814
小東園詩集　集2-11142
小東關劉氏重修族譜[江西寧都]　史5-39379
51 小軒墨浪　集5-41687
小軒吟草　集5-37952
53 小捄錄(明崇禎十四年)　史2-12550
55 小農詩剩　集4-29000
小慧集、續集　子4-23712
小曲三種　叢2-603
小耕石齋醫書四種(金氏醫書四種)　子2-4693
56 小螺齋臘盡春迴傳奇　集7-49654
小螺峯膡藁　叢2-1612
小螺菴病榻憶語　子5-26577　叢1-587(3)
小螺盦病榻憶語　叢1-496(4)
小螺盦病榻憶語(孫芳祖)　史2-10769
57 小輞川詩鈔　集3-21332
小輞川書屋詩集、竹廬詩草　集4-28381
小輞川書屋詩初集　集4-28380
小輞川吟草　集4-28623
小招隱山館後甲子詩編　集5-39964
小蝸廬文存、詩鈔　集4-30446
58 小輪老人(薛韞)年譜　史2-11825
小搭雲程　子4-24735
小數　子7-36237
小數除法　子7-36237
60 小墨莊贈言詩　集6-41987
小墨林詩鈔　集4-30046

小星衍嗣記　史2-9059

小星志　子5-27454　叢1-197(3)、587(1)

小國春秋　史1-2264　叢1-241、242(4)

小四夢　集7-49552

小四書　叢1-32～3

小易　子4-20212　叢1-146

小園詩稿　集4-27001

小園詩草、文草　集4-28477

小園詩鈔　集4-29198、31762

小園剩稿　集4-30813

小園紀年　史2-12106

小品　叢1-179

小品般若波羅蜜經　子6-32081(1)、32083
(2)、32084(1)、32085(1)、32086(1)、32087、
32088(1)、32089(2)、32090(1)、32091(1)、
32092(1)

小品般若波羅密經　子7-32320

小品叢鈔　叢1-378

小品類聚　子5-25998

小羅浮集　集4-30056

小羅浮山館詩鈔　集4-23834

小羅浮草堂文集　集4-22961

小羅浮草堂詩鈔　集4-22960

小羅浮草堂集　集4-22959

小羅浮館雜曲　集7-50669

小羅浮館詩　集4-30057

小羅浮館詩稿　集5-36276

小羅浮館詞、雜曲　集7-47646

小羅浮館集　集4-30055

小羅浮館別錄　集4-30058

小羅萬氏廷瑞房譜［湖南湘鄉］　史5-
35818

61 小題文稿　叢2-906

小題襟集　集4-29809

小題清新　集6-45479

小題八法　子1-2411

小題銳峯初集　集4-28685

小題怡贈　集2-11422

62 小睡足寮詩錄、補錄、續錄、散叟倦稿　集5-
34886

小睡足寮二友詩錄　集5-34820

小影圖　叢2-1611～2

小影圖贊　叢2-1287

63 小賦寸錦三編　集6-42612

66 小唱、家書　集7-52594

67 小鳴稿　集2-7253　叢1-223(65)

小眼觀世　子5-27903

小眠齋讀書日札　史8-65291　叢1-373
(2)

小眠齋詞　集7-47285　叢2-1452

小鄂不館初存草　集4-29673

小鄂跗堂詩集　集5-41551

70 小雅釋　經2-14925

小雅述　經1-4541

小雅樓詩集、遺文　集5-41440

小雅樓湖海咸事詩　史6-41489　子7-
36257

小雅堂詩稿　集2-9886

小雅堂集　集2-9889

小辟疆園詩存　集5-39754　叢2-2220

71 小斅答問　經2-15107

小匡文鈔　叢2-1301

小長工　集7-50817

小長綺堂喉科　子2-7544

小長蘆叢錄　叢1-196

小長蘆漁唱　集7-47251～2

小長蘆館集帖　子3-15829

72 小脈望館詩草　集5-38086

小隱齋文集　集4-31401

小隱齋詩文稿、二續詩文稿　集5-39616

小隱齋制藝　集4-31402

小隱詩草　集5-39928

小隱詩鈔　集4-30758

小隱三經書　子4-23926

小隱集　集6-45035

小隱巖詩稿　集4-33160

小隱山房詩鈔(香園詩鈔、兩山刪餘、浮航
閒吟、蘿莊剩稿)　集4-29427

小隱山房詩鈔、詩續鈔、新樂府、駢體文、文
續鈔　集5-34841

小隱山樵文存　集4-30866

小隱山樵詩草、續刻小隱山樵詩草、文存
集4-30865

小隱山樵集　集4-30867

小隱窩爽言　子4-23091

小隱書　史2-6968　叢2-731(61)

小隱書全帖　史2-6969　叢1-233、496(5)、
2-617(3)

小隱園詩　集6-45111

小隱園詩集未定草　集5-34526

小隱園二集詩　叢2-2101

小隱園初集詩、文集雜俎、詞鈔　叢2-2101

小隱園尺牘　叢2-2101

小隱堂文稿　集3-13568

74 小尉遲將鬥將認父歸朝雜劇　集7-48767
(1)

小尉遲將鬥將將鞭認父雜劇　集7-48774
(8)、48999

小尉遲將鬥將認父歸朝雜劇　叢2-698(15)

75 小腆紀傳　史1-3256

小腆紀傳、補遺　史1-3257

小腆紀年附考　史1-3255　叢2-1834

小腆紀敍　史1-1981、3203～4
77 小尼僧下山　集7-50818、53633
小尼姑下山　集7-50878
小尼姑自歎　集7-50831
小尼姑思凡　集7-50876
小尼思凡　集7-50877
小兒痘疹方論　子2-8598
小兒痘疹方論別集　子2-8373、8614
小兒痘疹要訣(東園痘症要訣)　子2-8669
小兒痘疹雷公集　子2-8754
小兒痘疹經驗良方　子2-4699、8604
小兒痘疹纂要　子2-8731
小兒痘瘡八十論方　子2-8599
小兒痘證備方　子2-8977
小兒病叢談　子2-4769
小兒産婦跌打雜症内外科藥方　子2-7959
小兒雜病痘疹方　子2-9099
小兒語　子1-1955、1964、1970、1974、2774～5
　叢1-241、242(4)、483、2-634、731(20)、1140
小兒語、演、續、女小兒語　叢2-1138
小兒語三種合編　叢2-724
小兒語續小兒語老學究語　子7-36235
小兒語淺解　子1-2781
小兒語述義(呂近溪小兒語述義)　子1-2783
小兒諸証補遺　子2-8408
小兒諸經等症　子2-8402
小兒諸熱辨　子2-8464～5
小兒斑疹備急方論　子2-4601、4727、8594
小兒研悅方　子2-4576
小兒形症　子2-4576
小兒司命　子2-8689
小兒衛生總微論方　子2-4771(3)、8364
　叢1-223(33)
小兒幼科　子2-8550
小兒科　子2-8431
小兒科治方　子2-8572
小兒急驚治驗　子2-4715
小兒急慢驚風証治　子2-7972
小兒急慢驚風証治(慢驚風)　子2-8493
小兒藥證直訣　子2-4601、4678、4727、8356
小兒藥證真訣　叢1-230(3)、347、2-731(29)
小兒推拏仙術祕訣(小兒科推拿祕訣仙術)　子2-10409
小兒推拿　子2-4576、10432、10445
小兒推拿廣意　子2-10412
小兒推拿廣義　子2-8425
小兒推拿祕訣　子2-10407、10449
小兒推拿祕旨　子2-10405
小兒推拿法　子2-10440

小兒推拿直錄　子2-10416
小兒推拿輯要(推拿輯要)　子2-10419
小兒推拿全書附治療諸症方藥　子2-10436
小兒書輯八種　子1-1964
小兒按摩術　子2-10411、10438
小兒則　子2-4907
小兒則、小兒則古方　子2-8410
小兒則古方　子2-4907
小兒原病賦　子2-8579
小兒附遺方論　子2-9173～4
小兒月内種痘神方　子2-9006
小兒全科　子2-8550
小兒範　子2-5297
小兒性質述　子1-2891
小腳文　叢1-587(3)
小眉山館詩稿、酬和詩、壽朋集　集4-24993
小學　經1-12、2-14742　子1-1973、2647、2649、2668、2678、2716～7　叢1-414、483、2-772(2)、773(2)、2148
小學、文公朱夫子年譜、小學總論　子1-2701
小學、朱子年譜　子1-2703
小學、考異　子1-2648　叢1-574(1)
小學、小學題辭、小學書題、小學總論　子1-2666
小學庵遺稿　集4-23132～3
小學商兌　子4-22725
小學文抄　叢2-2270(3)
小學辨正訓蒙　經2-13080
小學註　子1-2671
小學註鈔　子1-2722　集6-44274
小學新編摘畧　子1-2723
小學識餘　經2-15098、15143
小學詩禮　子1-1964
小學詩體　子1-2655
小學讀本　子1-2731
小學講義　經2-12716
小學韻語　子1-1964、2729　叢1-534、574(4)、2-724、1820
小學韻補攷　經2-13701
小學部首韻表啓蒙三種　經2-15144
小學說　經2-14773　叢2-653(2)
小學詳解、孝經詳解　子1-2684
小學弦歌　子1-2854
小學弦歌約選　子1-2855　叢2-691(3)
小學弦歌節鈔　子1-2856
小學發微補　經2-12701　叢2-2248
小學發明　子1-2691
小學理科　子7-37425

小學理科新編　子7-36237
小學理科新書　子7-36236～7
小學理科新篇　子7-36236
小學理科教科書　子7-36236～7
小學理科教科書外篇　子7-36237
小學理科教材　子7-37426
小學千家詩　子1-2847
小學手工教授指針　子7-37219
小學集註　子1-2669、2673　叢1-223(30)、
　227(6),2-698(7)
小學集註、校語　子1-2713
小學集註、小學校語　子1-2672
小學集註增删講義　子1-2674
小學集說　子1-2679
小學集解　子1-2665、2692、2694　叢1-
　214,2-653(3)、731(20)
小學集解、小學輯說　子1-2693
小學集注　子1-2704
小學集注校勘記、校語　子1-2714
小學集注指南大全　叢1-150
小學集畧、補　經2-13449
小學衍義　子1-2683、2689
小學經傳　子1-2682
小學後編　子1-2706、2710
小學稽業　子1-2814　叢2-731(20)、782
　(3)
小學紺珠　子5-24880、24886、24888　叢1-
　114(3)、169(2)、223(43),2-731(4)
小學紺珠、六經天文篇、通鑑答問　子5-
　24887
小學釋文　子1-2706、2712
小學句讀　子1-2667、2675、2697
小學句讀記　子1-2676　叢1-414、574(3)
小學彙函　經1-33
小學彙函十四種　經2-15127
小學紀韻急就章　子5-26188
小學字課講義　經2-13543
小學字解　經2-13557　叢1-203(13)
小學定律　經2-15109
小學淵源　子1-2654
小學叢殘四種　經2-15141　叢2-630
小學近思理話　子1-1841　叢2-2047
小學近思理畫　叢2-2047
小學必覽　經2-15103
小學淺說　子1-2720　叢1-483,2-1858
小學淺解　子1-2718～9
小學補　子1-2727　叢2-845(4)、1771
小學達詁錄　經2-14819
小學初告　經2-15099
小學初等讀本書　子7-36237
小學初等修身書　子7-36237

小學大全、孝經詳解、忠經詳解　子1-2681
小學大義　子1-2662　叢2-1053
小學古訓　子1-2725　叢2-881
小學校制度　子7-36717
小學札記　叢1-300
小學截言合併太極衍圖續解、末篇　子1-
　2688
小學考　史8-66251　叢1-373(2)
小學考證　子1-2706,2711
小學考補目　叢2-986
小學考目錄　史8-66252
小學蒐逸、補、總目考、正誤表　叢2-2136
小學蒐逸、九十八種　經2-15142
小學萬國地理教科書　子7-37742
小學格致新編　子7-36237
小學格致新篇　子7-36236
小學教育改良芻議案　史6-42418
小學教材博物編　子7-37424
小學教授法　子7-36232
小學教授法要義　子7-36715
小學史斷　史1-5368～70、5372,5376
小學史斷、資治通鑑總要通論　史1-5371、
　5373
小學史斷、前編、續編　史1-5374
小學史斷補刻　史1-5375
小學本註　子1-2652
小學書　經2-13438　子1-1972
小學書集成　子1-2660
小學書綱領　子1-1973、2646、2654
小學書之綱領　子1-1972
小學書之綱領(小學書綱領)　子1-2650
小學書圖　子1-1972、2657
小學書圖檃括纂要　子1-1973、2654、2658
小學或問　子1-2706、2708～9、2715　叢2-
　830～1
小學農業教科書　子7-37036
小學日本地理　子7-36237
小學駢支　叢2-809
小學駢支、校勘記　經2-14675
小學人譜日課編　子1-2869
小學盦遺書　子4-22349　叢1-491
小學盦札記　子4-23113～4
小學義疏　子1-2706～7
小學合璧　子1-2726
小學剳記　叢1-299
小學鉤沈　經2-15118、15126　叢1-495、
　586(2),2-716(1)
小學鉤沈三十九種附六種　經2-15116
小學鉤沈三十九種附六種附字林攷逸、新
　字林　經2-15117

小學鉤沈續編四十八種、補遺　經2-15137
小學篇　經2-14717～9、15116、15119、15137、15142　叢1-495、586(2),2-716(2)
小學節本　子1-2730
小學餘論　經2-14119　叢2-1496
小學纂註　子1-2695～6、2698
小學纂註、爲學大指　子1-2702
小學纂註、朱子年譜　子1-2699
小學纂註、總論、文公朱夫子年譜　子1-2700
小學纂注　經2-8478
小學劣等生救濟法　子7-36716
小學類編六種附三種　經2-15126
小丹丘詩稿　集6-41963
小丹丘詩存、新樂府　集3-16871
小丹丘詞　集7-47225
小丹邱詩稿　集3-17416
小留仙館筆繇、心太平室詩　子4-18846
小留徐氏宗譜[江蘇武進]　史4-31828～9
小留徐氏八修宗譜[江蘇武進]　史4-31827
小鷗波館文鈔　集4-31582　叢2-1821
小鷗波館文鈔(賜錦堂經進文鈔)　集4-31583
小鷗波館文鈔、詩鈔　集4-27356
小鷗波館詩鈔　集4-31575～6、31579,6-41999
小鷗波館詩鈔(紅蕉館詩鈔)、詞鈔　集4-31578
小鷗波館詩鈔、詞鈔　集4-31577
小鷗波館詞　集7-47691
小鷗波館詞鈔　集7-47690
小鷗波館集(小鷗波館文鈔、駢體文鈔、詩鈔、詩補鈔、詞鈔)　集4-31573
小鷗波館集　叢2-1821
小鷗波館畫識、畫寄　子3-16212　叢2-662
小鷗波館日記(清道光十九年至光緒四年)　史2-12793
小鷗波館題畫詩　子3-16213
小鷗波館隨筆　子4-21507
小鷗波館駢體文鈔　叢2-1821
小桑園詩草　集5-35603
78 小敩答問　叢2-2206
80 小金傳　叢1-56
小金華山房詩鈔　集4-27009
小鏡湖莊詩集　集5-34035
小舞鄉樂譜　經1-6584～6
小弇山堂詩草　集4-28700
小倉山房文集　叢2-1459～60
小倉山房文集補遺　集3-20313
小倉山房文錄　集6-42067
小倉山房詩集、文集、外集　集3-20307
小倉山房詩集、詩補遺、文集、外集　集3-20306、20309
小倉山房詩集、補遺　集3-20308　叢2-1459～60
小倉山房詩集、補遺、文集、外集　叢2-698(12)
小倉山房詩鈔、補遺　集3-20310
小倉山房集注　集3-20320
小倉山房外集　集6-42074　叢2-1459～60
小倉山房外集摘句　集3-20311
小倉山房續詩品　集6-45975　叢1-311
小倉山房尺牘　集3-20323　叢1-496(7)、2-1459～60
小倉選集　叢1-282(4)
小谷山房雜記　子4-23539
小谷口詩存、體物草　集4-27727
小谷口詩鈔、續鈔　集4-27725
小谷口詩鈔、紀事書行　集4-27726
小谷口紀事畫引(鄭祖琛)　史2-9798
小谷口著述緣起　史8-65290　叢2-1377
81 小瓶華齋詩集　集5-34490
84 小斜川室初存詩　集4-30028
85 小鈍居士集　集3-20435
86 小知錄　子5-25264
88 小竹莊詩鈔　集4-26182
小竹里館示兒編　叢2-1882
小竹里館集　集5-36433
小竹里館吟草、樂靜詞　集5-40317
小竹園詩鈔　集5-37659
小簇園新編、續編　叢2-1417
小餘香館詩鈔　集4-22351
小繁露　叢2-1920
小築邇言　集2-12054～6
小築邇言、徐公經濟錄　集2-12053
90 小堂四種附一種　叢2-1477
小半斤謠　子5-27441　叢1-197(4),2-617(2)
小眷西堂詩鈔　集5-39955
小眷西堂近體詩鈔　集5-39954
小炷錄　子2-11112
93 小怡紅初稿　集4-30560

9001₀　忙

80 忙人閒事　子4-24222　叢2-1373

9001₄ 惟

20 惟雒齋詩鈔　集4-26695,6-41996
30 惟實集　集1-5458～62,6-41784、43118　叢1-223(60)
33 惟心集　集2-12917
35 惟清齋全集　集4-23524～5
40 惟憙堂五種　叢1-405
47 惟馨室雜著　集4-28177
56 惟揚志[嘉靖]　史7-56704
60 惟日雜難經　子6-32081(39)、32082(18)、32083(25)、32086(43)、32088(27)、32089(33)、32090(54)、32091(52)、32092(36)、32093(27)

惟園尺牘　集3-19354

憧

42 憧橋詩稿　集4-32919

9002₇ 慵

00 慵庵遺稿　集5-39745
22 慵巖詩稿　集4-23429
慵巖詩選　集4-23430
25 慵儂詩集　集4-24132
44 慵菴小集　集1-4610,6-41889

9003₂ 懷

00 懷亭詩續錄　集5-37459
懷亭詩錄、詞錄　集5-37458
懷亭詩錄、續錄、三錄　集5-37460
懷亭瑣記　子4-22456
懷庭府君(陳錘英)年狀　史2-12253
懷慶府志[康熙]　史8-59643
懷慶府志[正德]　史8-59640
懷慶府志[順治]　史8-59642
懷慶府志[嘉靖]　史8-59641
懷慶府志[乾隆]　史8-59645
懷慶府八縣水道圖說　史6-46876

懷慶守城日誌、附錄(清咸豐三年)　史2-12858
懷辛齋書目初稿　史8-66018
02 懷新閣雜鈔　子4-23426
04 懷謝軒遺詠、沈母宋太孺人旌節錄　集3-13190
10 懷玉童氏宗譜[江西玉山]　史5-36512
懷玉張氏宗譜[江西玉山]　史5-35201
懷玉經註　子3-13141
懷玉山房詩稿、文稿、試帖　集5-36015
懷玉山志　史7-52491
懷玉山人詩集　集4-22607
懷玉吳氏宗譜[江西玉山]　史4-28108
懷玉尤氏宗譜[江西玉山]　史4-25554～5
懷玉董氏族譜[江西玉山]　史5-35906
懷玉藏(漚泥集)　集2-11172
懷玉陳氏宗譜[江西玉山]　史4-33239～40
懷玉賢堂韓氏宗譜[江西玉山]　史5-40371～3
懷雨集　集6-44271
11 懷研齋文稿、吟草　集4-33335
懷研齋吟草　集4-33334
16 懷硯圖　子4-18715
17 懷孟草　集3-15081
懷珉精舍金石跋尾　史8-63712　叢1-584
懷瓊詞　集5-40446
懷柔縣新志[康熙]　史7-54967
懷柔縣志[萬曆]　史7-54966
18 懷珍集　集3-19199
20 懷舫詞、續、別集　集7-47193
懷舫集　集3-17699
懷舫自述　史2-9500
懷香記　史7-49709、49787
懷香集　集3-15671
懷集縣志[乾隆]　史8-61126
懷集縣志[同治]　史8-61127
懷集縣志[民國]　史8-61128
21 懷仁縣新志[光緒]　史7-55643
懷仁縣鄉土志[光緒]　史7-56147
懷仁縣志[宣統]　史7-56148
懷仁縣志[萬曆]　史7-55642
懷仁縣裁改舊政各項事宜　史6-41836
懷仁堂遺稿徵存　集3-14640
懷師友詩　叢1-278,2-731(43)
22 懷嵩堂贈言　集6-44024
懷仙閣詩鈔　集5-40388
懷山閣詩稿　集3-18525
懷薗雜爼十二種　叢1-518
24 懷德縣鄉土志[光緒]　史7-56256
懷德縣鄉土志續補[光緒]　史7-56257

懷德縣志[民國]　史7-56254～5
懷德堂女山人詩稿　集3-17673
懷幼書　子2-10999
懷續堂文集　集3-20682
26 懷白軒詩初稿　集4-31433
27 懷歸草堂詩、守閒堂詩、課耕樓詩　集3-13751
懷岷精舍金石跋尾　叢2-603
30 懷寧高河埠馬氏宗譜[安徽懷寧]　史4-31620
懷寧任氏宗譜[安徽懷寧]　史4-26789
懷寧汪氏三修宗譜[安徽懷寧]　史4-28806
懷寧汪氏支譜[安徽懷寧]　史4-28804
懷寧淥水任氏宗譜[安徽懷寧]　史4-26790
懷寧坨埠方氏宗譜[安徽懷寧]　史4-25817
懷寧曹氏藏曲草目　史8-66392
懷寧曹氏藏曲曲譜　集7-54761
懷寧縣志[康熙]　史7-57905
懷寧縣志[道光]　史7-57914
懷寧縣志[同治]　史7-57915
懷寧縣志[民國]　史7-57916
懷寧縣志補[民國]　史7-57917
懷寧縣志畧[民國]　史7-57918
懷寧馬鍾山遺書　經1-160
懷寧鄭氏重修宗譜[安徽懷寧]　史5-38713
懷永堂詩存　集3-18785
懷安縣志[乾隆]　史7-55132
懷安縣志[民國]　史7-55135
懷安縣志[光緒]　史7-55133
懷安縣志材料[民國]　史7-55134
31 懷汀山館詩集　集5-39872
32 懷州集　集4-24208
懷淨土詩　子6-32091(69、79)、7-34579
34 懷遠白露村易氏喉科　子2-7527
懷遠偶記　史7-49318(12)、50490
懷遠縣志[雍正]　史7-57829
懷遠縣志[道光]　史8-63006
懷遠縣志[嘉慶]　史7-57830
懷遠縣志[嘉靖]　史7-57827
懷遠縣志[萬曆]　史7-57828
懷遠縣志[乾隆]　史8-63005
懷遠堂詩文賦稿　集4-30504
懷遠堂批點燕子箋　史7-50065
35 懷清樓詩草　集4-26654、5-40478
懷清書屋吟稿　集4-29065
懷清閣詩鈔　集4-33464
懷清堂詩稿　集3-16853

懷清堂集　集3-16855　叢1-223(68)
36 懷湘閣詩鈔、詞　集5-35901
37 懷潞園叢刊　叢1-554
39 懷沙記　集7-50298
40 懷友詩　集3-20672　叢1-551
懷友詩集　集3-13288
懷南草　集6-44957
懷古集　集2-12870,3-16578,6-44751
懷古内編　子5-25344
懷古田舍詩節鈔　集4-29107
懷古田舍詩鈔　集6-42007(1)
懷古田舍詩鈔(什一集、松芥集、辛壬集、禽言集、橙船集、癸酼集、蕙城集、丙櫟集、平昌集、杭嘉集、石嬋娟集、銅瓦集、車甌集、北調集、草橋集、榕西集、學海集、從戎集、乙北集、乙南集、玉環集、吳山集、越州集)　集4-29106
懷古田舍梅統　史2-6762　子3-16094
懷古錄　集6-45632　叢1-175,2-797、912
懷古錄(顧榮)　史2-8517
懷古堂文集　集3-13923
懷古堂詩　集4-30534
懷古堂詩集　集3-14397,16682,5-35437
懷古堂詩集、補遺　集3-14398,6-44591
懷古堂詩選(楊明遠詩選)、遊黃山記　集3-13958
懷古堂詩選、文選　集3-13959
懷古堂偶存文稿　叢2-1427
懷古堂偶存文稿、詩稿　集3-19016
懷古堂偶存詩稿　叢2-1427
懷古堂初集　集3-16131
懷古堂印薮　子3-16936
懷來縣志[康熙]　史7-55140
懷來縣志[光緒]　史7-55141
42 懷荊堂詩稿　集4-23332
44 懷荃室詩存　集5-37695　叢2-773(6)
懷荃室詩餘　集7-47738
懷夢詞　集7-47417　叢1-509,2-665
懷尊樓日記(清咸豐八年至九年)　史2-12683
懷麓堂文後薬、講讀錄、東祀錄、集句錄、集句後錄、哭子錄、求退錄　集2-7141
懷麓堂詩話　叢1-223(72)
懷麓堂詩續稿　集2-7146
懷麓堂詩續薬、文續薬、補遺　集2-7140
懷麓堂詩薬、文薬、詩後薬、文後薬　集2-7142
懷麓堂集　叢1-223(64)、227(10)
懷麓堂集(懷麓堂詩稿、文稿、詩後稿、文後稿、文續稿、雜記)、李文正公年譜　集2-

7136

懷麓堂集(懷麓堂詩稿、文稿、詩後稿、文後
　稿、詩續稿、文續稿、補遺、雜記)　集2-
　7139

懷麓堂集、明李文正公年譜　集2-7138

懷麓堂稿　集2-7143

懷麓堂全集(懷麓堂詩稿、文稿、詩後稿、文
　後稿、文續稿)、李文正公年譜　集2-
　7137

懷麓堂全集(懷麓堂集,懷麓堂詩稿、文稿、
　詩後稿、文後稿、雜記)　集2-7135

懷芬館詩鈔　集4-30597

懷芬館賦鈔　集4-30598

懷芳記　史2-7693　叢1-587(6),2-721

懷芳記、補遺　史2-7694　叢2-617(5)

懷燕齋吟草、詩餘　集4-29956

懷蘇堂集　集3-16811

懷葛堂文集　集3-15997

懷葛堂集、外集附錄、校勘記　叢2-870(5)

懷舊雜記　史2-7649

懷舊雜記、楹聯偶記　史2-10028

懷舊雜記、撰聯偶記　子4-24321

懷舊新咏　集4-33016

懷舊百一詩　集4-25845

懷舊瑣言　子4-23215

懷舊集　集3-14730,6-43888~9,44220　叢
　1-419,2-731(38)、753

懷舊集、續集、女士詩錄　集6-44125

懷舊集、續集、又續集、女士詩錄　集6-
　44126

懷舊褉記　叢2-1823

懷舊志序　史2-6281　叢2-775(4)

懷舊樓雜抄　子4-24718

懷舊吟　叢2-1372

46 懷柏先生詩集　集2-7323

47 懷椒糈館雜著　叢2-706

50 懷青盦詞　集7-47791

懷忠錄(湯貽汾)　史2-9767

懷春集小草　集3-17915

懷素千金帖聖母帖合册　子3-15618

懷素草書千字文祝枝山小楷合璧　子3-
　15347

51 懷軒遺稿　集3-17087,6-45142

53 懷戎詩草　集4-27034

60 懷星堂集　叢1-223(65)

懷星堂全集(懷星堂集)　集2-7271

懷園詩鈔　集5-36972

懷園集李詩　集1-829,6-41832

懷園集杜詩　集1-979,6-41832

懷邑程氏宗譜[安徽懷寧]　史5-36053

懷邑李氏宗譜[安徽懷寧]　史4-27293

70 懷雅堂詩存　集5-37505

72 懷隱盦剩稿　集4-24575

懷岳堂詩集　集3-18709~10

73 懷胎寶卷　集7-54170

74 懷陵流寇始終錄　史1-3082　叢2-742

75 懷陳編　叢1-373(3)

77 懷胸山房詩稿　集5-40728

懷賢錄　史2-8773　叢2-745

懷賢錄(劉過)、龍洲詞　史2-8772

80 懷人詩(修慧堂懷人詩、修慧堂詩草)　集4-
　28012

懷人館詞　集7-47528

懷人堂繪像第六才子書西廂記附西廂文
　集7-48846

懷曾詩　集4-28010

懷茲堂集　集2-12338

86 懷知詩　集5-40694

90 懷小編　子4-22602　叢1-373(5),2-1751

懷堂家禮訂疑　經1-6349

懷少集　子2-8457

懷米山房吉金圖　史8-64181

懷米山房藏器目　史8-64303　叢1-524,
　2-731(32)

9003₆　憶

07 憶記　史1-1948,3047,6-48500

10 憶雪樓詩集　集3-15712~3

憶雪樓詩集(王侍御集)　集3-15714

憶雲詞甲藁、乙藁、丙藁、丁藁、刪存　叢1-
　486　叢2-731(49)

憶雲詞甲稿、乙稿、丙稿、丁稿、刪存、遺補
　集7-47666~8

憶雲集試帖　集5-33948

11 憶琴書屋存稿　集4-32217

17 憶子　集7-52432

20 憶往編　史2-9486,11841

憶往編、行狀墓誌　叢2-1427

22 憶嶺南草木詩　集5-36248

憶山書屋詩稿、文稿　集4-29316

憶山堂詩錄　集4-26575　叢2-1667~8

26 憶得　叢2-1293

27 憶多情一枝　集7-52776

憶佩居詞　集7-48109~10

29 憶秋軒詩鈔、續鈔、補遺、詩餘、尺牘　集5-
　35213

31 憶江南館詞、集外詞　集7-47987

36 憶漫庵賸稿　集4-22089

37 憶洞庭詩倡和集　集6-44965

40 憶南濠詞、續　集7－47988
　憶存齋詩稿、文稿　集4－28142
　憶存草　集4－24190、29130
　憶存草、蠹餘　集4－28065
　憶真妃子弟書　集7－52088
44 憶蘭軒印存　子3－17245
　憶蘭隨筆(光緒十三年閏四月初一至五月
　　三十日)　子4－23585
　憶菱小補　子4－21437
　憶蓉室詩草　集5－40856　叢2－706
　憶舊詩鈔　集4－31455
48 憶梅詞存　集5－36969
50 憶書　子4－21424　叢1－426,2－731(54)
60 憶園詩鈔　集4－25646～8
67 憶昭樓奏疏鈔　史6－47970
　憶鵑詞　集7－48148

9004₇ 惇

38 惇裕堂文集　集4－27703　叢2－1698
　惇裕堂集　集3－15488
　惇裕堂全集五種　叢2－1698

9010₄ 堂

00 堂廡箴銘　子1－2150
60 堂里徐氏家譜[江蘇吳縣]　史4－31857
　堂邑縣鄉土志[光緒]　史8－59008
　堂邑縣志[康熙]　史8－59006～7
　堂邑縣志[順治]　史8－59005
71 堂匪總錄、廣西道里表　史1－4062

9020₀ 少

00 少廣正負術內篇　子3－12396
　少廣正負術內篇、外篇　子3－12571　叢1－
　　272(5)、424、469,2－1580
　少廣縋鑿　子3－11252、12364、12368、12807,7
　　－36241　叢2－1896
　少廣補遺　子3－12815　叢1－223(35)
　少廣拾遺　子3－11238～9、12389
10 少霞詩鈔(少霞詩鈔、此宜閣詩鈔、拾遺、無
　　題詩、落花詩、落葉詩)　集3－21528
　少石集　集2－7013

17 少鬻詩草　集5－39466
　少鬻日記(清光緒十七年)　史2－12916
　少子　子4－19846　叢2－774(9)
　少尹詩　集5－34509
　少司徒王公(重光)傳　史2－8940
　少司徒王公平蠻督木傳　史2－8943
　少司徒王公重光忠勤錄　史2－8941
　少司徒述齋王公榮哀錄　史2－8944
　少司空主一徐公奏議　史6－48180
　少司馬谷公文集　集2－9303～4
20 少舫家藏喉科　子2－7620
21 少師張先生批評莊子義　子5－29286
　少師朱襄毅公督蜀疏草、督黔疏草、蜀事紀
　　署　史6－48433
22 少嶽詩集　集2－8524
　少峯草堂集　集2－9254,6－45016
　少山雜體文鈔　集4－27216
　少山詩鈔　集4－27215
　少山詩鈔、續鈔、詩餘　集4－27214
23 少傅野亭劉公遺藁　集2－7198
　少岱子歲稿　集6－41934
24 少侍衛歡子弟書　集7－52143
　少侍衛嘆　集7－52212
26 少白詩初稿、存稿、續稿　集4－24997
　少伯公遺稿　集4－31291
　少泉詩集　集2－8601～2
　少泉詩選、文選、文續選　集2－8600
　少泉詩鈔　集4－29075
　少得佳趣　集7－50708
　少保于公奏議　史6－48156　叢2－833
　少保李公奏議　史6－48316～7
　少保胡端敏公奏議　史6－48198
　少保曾公集　集2－9752
　少保鑑川王公督府奏議　史6－48278
27 少詹事楊公奏疏　史6－48575
　少鵠詩稿　集2－9676
　少岷先生拾存稿　集2－7828
28 少微先生資治通鑑節要、外紀節要、四明先
　　生續資治通鑑節要　史1－1088
　少微家塾點校附音通鑑節要　史1－
　　1082
　少微家塾點校附音通鑑節要、外紀　史1－
　　1081、1083
　少微家塾點校附音通鑑節要、增注附音資
　　治通鑑外紀增義　史1－1085
　少微通鑑節要、外紀、資治通鑑節要續編
　　史1－1084
　少儀外傳　子1－2645　叢1－223(30)、273
　　(4)、274(4),2－731(20)、857、859
30 少室仙姝傳　叢1－56

少室山房集　叢1－223(66)，2－653(3)
少室山房稿(寓燕集、還越集、計偕集、巖棲
　集、邯鄲稿、華陽集、養痾集、婺江集、湖
　上稿、白榆集)　集2－10458
少室山房全稿(少室山房四集、少室山房四
　部)四種　叢2－1163
少室山房筆叢　叢2－653(3)
少室山房筆叢(筆叢)　子4－20686
少室山房筆叢、續集、甲乙剩言　子4－
　20685
少室山房筆叢正集　叢1－223(42)
少室山房筆叢正集、續集　叢2－857
少室山房類稿(少室山房集)　集2－10457
少室山房類藁　叢2－860，1163
少室山人集　集2－8273
少宰王公奏議　史6－48887～90
少宰奏疏　史6－48519
少宗伯關雲嚴先生(槐)年譜　史2－11942
少寨洞記　史7－49317(3)、49318(9)、53733
31 少河札記　子4－22734
少渠文鈔　集6－42064
32 少溪詩草　集6－41763
37 少湖先生文集　集2－8644
少湖徐先生學則辨　集1－3725，3727
少漁讀易記　經1－1949
38 少游詩餘　集7－46348，46376，46495
40 少南先生文集　集2－9291
少有軒近體詩鈔　集5－39144
少有園圖詠　集4－25505
41 少墟集　集2－10596　叢1－223(66)
44 少坡遺詩　集4－29713，30937
少蒙詩存　集4－31067
少芝山房遺稿　集4－29193
少華山人文集、詩集　集2－8154
少華山人文集、詩集、前集、後集、續集　集
　2－8152
少華山人文集、前集、後集　集2－8153
少茗詩稿　集4－28665
少村漫稿　集2－8523
少村漫稿詩、少村漫稿文　集2－8522
少林傷科治要集要　子2－7952
少林寺武術源流　子1－3663
少林寺傷科　子2－7919
少林寺志　史7－51688
少林寺跌打損傷奇驗全方　子2－7914
少林寺拳經　子1－3664
少林寺拳棍刀槍譜　子1－3586
少林真傳　子1－3665
少林真傳傷科祕方、内傷接骨入骱全書　子
　2－7926

少林棍、註解、雙手刀　子1－3652
少林棍法闡宗　子1－3067，3530～1
少林拳術精義、服氣圖說　子1－3518
少林拳棍刀槍譜　子1－3651
47 少鶴詩抄(少鶴内集、鶴再南飛集、龍城集、
　賓山續集)　集4－23701
少鶴内集　集4－23702
少桐山房詩鈔　集5－34388
48 少梅詩鈔(十六硯齋詩鈔)　集4－29504
53 少輔詩鈔　集4－33426
少甫遺詩　集4－28179
55 少耕草堂印草　子3－17233
60 少見錄　叢1－373(8)，2－1541
少嵒文稿初刻　集4－32656
少嵒詩文稿　集4－32651
少嵒詩稿　集4－32652
少嵒賦草　集4－32653～4
少嵒賦草箋注、續集　集4－32655
74 少陵新譜　史2－11177
少陵詩集　集1－887
少陵詩選　集1－888，6－41777
少陵詩鈔　集1－888
少陵集　集1－888
少陵先生年譜　史2－11172
少陵祕傳　子2－7953
少陵閒適詩選　叢2－691(3)
76 少陽集　集1－3156，3161　叢1－223(54)、
　525
少陽公文集(少陽集)　集1－3159
77 少學　子1－2798　叢1－197(2)、198
80 少年進德錄　叢2－627
少年之模範　叢2－627
少年軍　集7－53907
少年遊　集7－50335
少年世界　子7－36237
少年中國新叢書　子7－36238
少年中國說　子7－36251
少年性質　子7－36251
少谷詩集、青壁詩鈔　集2－8013
少谷集　集2－8008　叢1－223(65)
少谷山房雜著　集2－8019
91 少悟齋詩集　集4－24469
少悟齋詩集、試帖　集4－24468

9021₁ 光

00 光庭詩集(圃筠詩稿簡存)　集4－22052
04 光讚經　了6－32084(1)，32093(13)

中國古籍總目書名索引

光讚般若波羅蜜經　子6-32083(2)、32086
　　(1)、32089(2)、32090(1)、32091(1)、32092
　　(1)、7-32312
08 光論　子7-37648　叢1-524,2-731(27)
10 光霽廎詞　集7-48044
　　光霽閣詩草　集3-20600
16 光碧堂稿　集3-13452
22 光嶽英華　集6-42337
　　光嶽英華、補遺　集6-42338
　　光山縣志[康熙]　史8-59992
　　光山縣志[順治]　史8-59991
　　光山縣志[嘉靖]　史8-59990
　　光山縣志[乾隆]　史8-59993
　　光山縣志約稿[民國]　史8-59994
24 光化縣志[正德]　史8-60161
　　光化縣志[光緒]　史8-60162
　　光緒帝大婚妝奩單　叢2-683
　　光緒帝大婚粧奩單　史6-42179
　　光緒應城志　史8-60189
　　光緒庚子辛丑日記(光緒二十六至二十七
　　　年)　史2-13050
　　光緒庚子歲華洋通書大成　子3-12295
　　光緒庚子以前息借洋款每年應還本息表
　　　史6-44509
　　光緒庚子年近稿　叢2-2006
　　光緒庚寅六次閱卷記　叢2-1980
　　光緒庚辰科授職官錄　史3-23708
　　光緒府廳州縣歌　子7-49755
　　光緒辛卯壬辰科鄉會聯捷硃卷　史3-
　　　16482
　　光緒六年庚辰科武會試硃卷　史3-16070～1
　　光緒六年庚辰科浙江歲貢卷　史3-23430～2
　　光緒六年庚辰科浙江恩貢卷　史3-23628、
　　　23630～2
　　光緒六年庚辰科補行同治十一年壬申恩科
　　　江蘇恩貢卷　史3-23576
　　光緒六年庚辰科殿試錄　史3-13811
　　光緒六年庚辰科會試硃卷　史3-15992～3、
　　　15995、15997～6008、16010～22、16024～34、
　　　16036～7、16039、16042～9、16051～4、16056、
　　　16059～66、16068～9
　　光緒六年庚辰科會試硃卷、光緒五年己卯
　　　科廣西鄉試硃卷　史3-15996
　　光緒六年庚辰科會試硃卷、光緒五年己卯
　　　科順天鄉試硃卷　史3-16050、16055、
　　　16057
　　光緒六年庚辰科會試硃卷、光緒五年己卯
　　　科順天鄉試硃卷、光緒五年己卯科順天
　　　鄉試覆試卷　史3-15994
　　光緒六年庚辰科會試硃卷、光緒五年己卯
　　　科山東鄉試硃卷　史3-16009

光緒六年庚辰科會試硃卷、光緒五年己卯
　　科江南鄉試硃卷　史3-16035
光緒六年庚辰科會試硃卷、光緒五年己卯
　　科河南鄉試硃卷　史3-16038
光緒六年庚辰科會試硃卷、光緒六年庚辰
　　科會試覆試卷　史3-16067
光緒六年庚辰科會試硃卷、光緒六年庚辰
　　科會試覆試卷、光緒六年庚辰科朝考卷、
　　光緒六年庚辰科殿試卷、光緒五年己卯
　　科順天鄉試覆試卷、光緒五年己卯科順
　　天鄉試硃卷、同治十二年癸酉科順天鄉
　　試硃卷　史3-16040
光緒六年庚辰科會試硃卷、光緒六年庚辰
　　科會試覆試卷、光緒五年己卯科順天鄉
　　試覆試卷、同治十二年癸酉科順天鄉試
　　朱卷、光緒二十年甲午大考翰詹一等卷
　　史3-16041
光緒六年庚辰科會試同年齒錄　史3-
　　13812
光緒六年庚辰補行二年丙子科江蘇歲貢卷
　　史3-23349
光緒六年庚辰懋修弟啓賢省墓記　史2-
　　12857
光緒稟啓要稿　史6-48883　叢2-1831
光緒二十六年庚子辛丑恩正併科山東鄉試
　　錄　史3-14493
光緒二十六年庚子二十七年辛丑恩正併科
　　順天鄉試墨卷　史3-17676～82
光緒二十六年庚子二十七年辛丑恩正併科
　　順天闈墨　史3-17675
光緒二十六年庚子科江蘇優貢卷　史3-
　　22556
光緒二十六年庚子科江蘇恩貢卷　史3-
　　23606
光緒二十六年庚子科浙江歲貢卷　史3-
　　23458
光緒二十六年庚子科浙江恩貢卷　史3-
　　23640
光緒二十六年庚子科湖南恩貢卷　史3-
　　23658
光緒二十六年通商各關華洋貿易總册　子
　　7-37362
光緒二十六年教堂合同　叢2-1016
光緒二十一年乙未科登科錄　史3-13836
光緒二十一年乙未科江蘇歲貢卷　史3-
　　23391
光緒二十一年乙未科殿試題名錄　史3-
　　13837
光緒二十一年乙未科金榜題名錄　史3-
　　13838
光緒二十一年乙未科會試硃卷　史3-

16659～68、16670～81、16683～8、16690、16692～3、16695～700、16702～3、16705

光緒二十一年乙未科會試硃卷、光緒二十一年乙未科會試覆試卷、光緒二十年甲午科順天鄉試硃卷、光緒二十年甲午科順天鄉試覆試卷　史3-16701

光緒二十一年乙未科會試硃卷、光緒二十年甲午科順天鄉試硃卷　史3-16689、16691

光緒二十一年乙未科會試硃卷、光緒二十年甲午科山西鄉試硃卷　史3-16669、16694

光緒二十一年乙未科會試硃卷、光緒二十年甲午科江西鄉試硃卷　史3-16682

光緒二十一年乙未科會試同年齒錄　史3-13835

光緒二十一年乙未科會試錄　史3-13834

光緒二十一年乙未科會試第十六房同門姓氏朱卷　史3-16658

光緒二十一年乙未補行十八年壬辰科江蘇歲貢卷　史3-23387～9

光緒二十一年乙未補行七年辛巳恩科江蘇恩貢卷　史3-23591～2

光緒二十二年丙申科浙江養正齋歲貢卷　史3-23456

光緒二十二年丙申補行二十年甲午科浙江歲貢卷　史3-23453

光緒二十二年丙申補行十五年己丑恩科江蘇恩貢卷　史3-23594～8

光緒二十三年丁酉正科江西鄉試硃卷　史3-21129

光緒二十三年丁酉正科浙江鄉試題名錄　史3-14298

光緒二十三年丁酉科廣西優貢卷　史3-22696

光緒二十三年丁酉科廣西鄉試硃卷　史3-22024～5

光緒二十三年丁酉科廣東鄉試朱卷　史3-21942

光緒二十三年丁酉科廣東選拔貢卷　史3-23266

光緒二十三年丁酉科順天鄉試副貢卷　史3-22227

光緒二十三年丁酉科順天鄉試硃卷　史3-17650～63、17665～74

光緒二十三年丁酉科順天鄉試硃卷、光緒二十三年丁酉科覆試卷　史3-17664

光緒二十三年丁酉科順天鄉試同年錄　史3-14024

光緒二十三年丁酉科順天鄉試闈墨　史3-17640

光緒二十三年丁酉科山西選拔貢卷　史3-

22714

光緒二十三年丁酉科山東優貢卷　史3-22669

光緒二十三年丁酉科山東優貢卷、光緒二十三年丁酉科山東拔貢卷　史3-22670

光緒二十三年丁酉科山東鄉試硃卷　史3-21397

光緒二十三年丁酉科山東鄉試同年齒錄　史3-14492

光緒二十三年丁酉科山東選拔貢卷　史3-23224～5

光緒二十三年丁酉科各省選拔同年明經通譜　史3-14872

光緒二十三年丁酉科安徽優行貢卷　史3-22555

光緒二十三年丁酉科安徽選拔貢卷　史3-22892、22895～7

光緒二十三年丁酉科安徽拔貢卷　史3-22894

光緒二十三年丁酉科江西鄉試硃卷　史3-21130～2

光緒二十三年丁酉科江西鄉試闈墨　史3-21128

光緒二十三年丁酉科江西鄉試第四房同門姓氏錄　史3-14415

光緒二十三年丁酉科江西選拔試卷　史3-23218

光緒二十三年丁酉科江西選拔貢卷　史3-23215～7

光緒二十三年丁酉科江南武鄉試題名錄　史3-14176

光緒二十三年丁酉科江南鄉試副貢硃卷　史3-22324～30

光緒二十三年丁酉科江南鄉試硃卷　史3-19168～221

光緒二十三年丁酉科江南鄉試題名錄　史3-14175

光緒二十三年丁酉科江南鄉試同年齒錄　史3-14174

光緒二十三年丁酉科江南鄉試闈墨　史3-19167

光緒二十三年丁酉科江南安徽拔貢卷　史3-22898

光緒二十三年丁酉科江南選拔貢卷　史3-22866、22893

光緒二十三年丁酉科江蘇優貢卷　史3-22551～3

光緒二十三年丁酉科江蘇優行選拔卷　史3-22874

光緒二十三年丁酉科江蘇選優貢卷　史3-22554

光緒二十三年丁酉科江蘇選拔貢卷　史3-

22860～5、22867～72、22875～84、22886～91

光緒二十三年丁酉科江蘇選拔卷　史3-22873

光緒二十三年丁酉科河南硃卷、光緒二十三年丁酉科河南拔貢卷　史3-21528

光緒二十三年丁酉科河南鄉試硃卷　史3-21525～6、21529～36

光緒二十三年丁酉科河南鄉試硃卷、光緒二十三年丁酉科河南拔貢卷　史3-21527

光緒二十三年丁酉科河南選拔貢卷　史3-23232

光緒二十三年丁酉科福建鄉試朱卷　史3-20907～8

光緒二十三年丁酉科福建鄉試同年齒錄　史3-14359

光緒二十三年丁酉科福建鄉試闈墨　史3-20906

光緒二十三年丁酉科福建鄉試錄　史3-14358

光緒二十三年丁酉科浙江武鄉試硃卷　史3-20696

光緒二十三年丁酉科浙江武鄉試闈卷　史3-20695、20697

光緒二十三年丁酉科浙江優貢卷　史3-22627～8、22630

光緒二十三年丁酉科浙江鄉試副貢硃卷　史3-22435～8

光緒二十三年丁酉科浙江鄉試硃卷　史3-20620～94

光緒二十三年丁酉科浙江鄉試闈墨　史3-20619

光緒二十三年丁酉科浙江選優貢卷　史3-22629

光緒二十三年丁酉科浙江選拔貢卷　史3-23101～38

光緒二十三年丁酉科浙江拔貢卷　史3-23100

光緒二十三年丁酉科湖北優選貢卷　史3-22680

光緒二十三年丁酉科湖北鄉試副貢硃卷　史3-22475

光緒二十三年丁酉科湖北鄉試硃卷　史3-21624～9

光緒二十三年丁酉科湖北選拔貢卷　史3-23239～42

光緒二十三年丁酉科湖南鄉試硃卷　史3-21812～9、21822～32、21834～44、21846、21848～52

光緒二十三年丁酉科湖南鄉試硃卷、光緒二十三年丁酉科湖南選拔貢卷　史3-21833、21845、21847

光緒二十三年丁酉科湖南鄉試硃卷、光緒二十三年丁酉科湖南拔貢卷　史3-21821

光緒二十三年丁酉科湖南鄉試硃卷、光緒二十三年丁酉科湖南常德府學選拔貢卷　史3-21820

光緒二十三年丁酉科湖南選拔貢卷　史3-23257～8

光緒二十三年丁酉科湖南拔貢同門齒錄　史3-15002

光緒二十三年丁酉科十八省鄉試同年全錄　史3-13923

光緒二十三年丁酉科十八省選拔貢同年錄　史3-14873

光緒二十三年丁酉科甘肅鄉試硃卷　史3-22188

光緒二十三年丁酉科甘肅鄉試同年齒錄　史3-14816

光緒二十三年丁酉科甘肅選拔貢卷　史3-23284

光緒二十三年丁酉科貴州鄉試硃卷　史3-22139～40

光緒二十三年丁酉科四川鄉試硃卷　史3-22128～9

光緒二十三年丁酉科四川鄉試題名錄　史3-14725

光緒二十三年丁酉科四川鄉試錄　史3-14724

光緒二十三年丁酉科四川選拔齒錄　史3-15012

光緒二十三年丁酉科同年齒錄　史3-13839

光緒二十三年丁酉補行二十二年丙申科江蘇歲貢卷　史3-23392

光緒二十三年通商各關華洋貿易總册　子7-37360

光緒二十三年舉行丁酉正科浙江鄉試錄　史3-14297

光緒二十五年通商各關華洋貿易總册論署　子7-37361

光緒二十九年辛丑壬寅恩正併科進士登科錄　史3-13846

光緒二十九年癸卯科順天鄉試第十五房薦卷簿　史3-17691

光緒二十九年癸卯科江西鄉試錄　史3-14419

光緒二十九年癸卯科江蘇優貢卷　史3-22559～61

光緒二十九年癸卯科福建選優貢卷、光緒二十九年癸卯恩科福建鄉試闈卷　史3-22657

光緒二十九年癸卯科浙江優貢卷　史3-

22635

光緒二十九年癸卯科浙江選優貢卷　史3-22636

光緒二十九年癸卯科十八省優貢同年全錄　史3-14874

光緒二十九年癸卯補行二十七年辛丑二十八年壬寅恩正併科會試硃卷　史3-16799、16810

光緒二十九年癸卯補行二十七年辛丑二十八年壬寅恩正併科會試墨卷　史3-16795、16797、16802～8

光緒二十九年癸卯補行二十七年辛丑二十八年壬寅恩正併科會試闈藝　史3-16796

光緒二十九年癸卯補行二十七年辛丑二十八年壬寅恩正併科會試闈卷　史3-16800

光緒二十九年癸卯補行二十七年辛丑二十八年壬寅恩正併科會試卷　史3-16798、16801

光緒二十九年癸卯恩科廣西鄉試闈墨　史3-22030

光緒二十九年癸卯恩科順天府鄉試墨卷　史3-17690

光緒二十九年癸卯恩科順天鄉試卷　史3-17695

光緒二十九年癸卯恩科順天鄉試墨卷　史3-17694、17696～7

光緒二十九年癸卯恩科順天鄉試硃卷　史3-17692

光緒二十九年癸卯恩科順天鄉試錄　史3-14030

光緒二十九年癸卯恩科順天鄉試闈卷　史3-17693

光緒二十九年癸卯恩科順天鄉試闈墨　史3-17689

光緒二十九年癸卯恩科山東鄉試同年齒錄　史3-14494

光緒二十九年癸卯恩科山東鄉試墨卷　史3-21400

光緒二十九年癸卯恩科江西鄉試卷　史3-21142～3、21145

光緒二十九年癸卯恩科江西鄉試墨卷　史3-21144

光緒二十九年癸卯恩科江西鄉試闈墨　史3-21141

光緒二十九年癸卯恩科江南鄉試中卷　史3-19344

光緒二十九年癸卯恩科江南鄉試中式卷　史3-19318

光緒二十九年癸卯恩科江南鄉試副貢闈藝　史3-22336

光緒二十九年癸卯恩科江南鄉試副貢卷　史3-22335

光緒二十九年癸卯恩科江南鄉試卷　史3-19295、19297、19300、19303、19309、19312、19315～6、19319～20、19323、19332、19336、19346

光緒二十九年癸卯恩科江南鄉試原卷　史3-19350

光緒二十九年癸卯恩科江南鄉試同年錄　史3-14179

光緒二十九年癸卯恩科江南鄉試墨卷　史3-19293、19299、19301、19304～5、19307～8、19314、19321～2、19325、19328、19340

光緒二十九年癸卯恩科江南鄉試行卷　史3-19324

光緒二十九年癸卯恩科江南鄉試錄　史3-14178

光緒二十九年癸卯恩科江南鄉試闈卷　史3-19337

光緒二十九年癸卯恩科江南鄉試闈墨　史3-19338、19354

光緒二十九年癸卯恩科江南鄉試闈藝　史3-19290～2、19294、19296、19298、19306、19310～1、19313、19317、19326～7、19329～31、19333～5、19339、19341～3、19345、19347～9、19351～3、19355～6

光緒二十九年癸卯恩科江南鄉試闈藝、光緒二十九年癸卯科江蘇優貢卷　史3-19302

光緒二十九年癸卯恩科江南闈藝　史3-19289

光緒二十九年癸卯恩科河南鄉試墨卷　史3-21540

光緒二十九年癸卯恩科浙江鄉試副貢墨卷　史3-22453

光緒二十九年癸卯恩科浙江鄉試副貢卷　史3-22450～2

光緒二十九年癸卯恩科浙江鄉試卷　史3-20805～10、20813～6、20818、20820～2、20825～32、20834～7、20839

光緒二十九年癸卯恩科浙江鄉試卷、光緒二十九年癸卯恩科浙江優貢卷　史3-20824

光緒二十九年癸卯恩科浙江鄉試同懷卷、光緒癸卯二十九年恩科浙江優貢卷　史3-20838

光緒二十九年癸卯恩科浙江鄉試墨卷　史3-20812、20819

光緒二十九年癸卯恩科浙江鄉試硃卷　史3-20811

光緒二十九年癸卯恩科浙江鄉試錄　史3-14304

光緒二十九年癸卯恩科浙江鄉試闈卷　史

3-20823

光緒二十九年癸卯恩科浙江鄉試闈藝　史3-20817

光緒二十九年癸卯恩科浙江鄉試題名錄　史3-14305

光緒二十九年癸卯恩科湖北鄉試硃卷　史3-21644

光緒二十九年癸卯恩科湖北鄉試行卷　史3-21645~6

光緒二十九年癸卯恩科湖北鄉試錄　史3-14576

光緒二十九年癸卯恩科湖北鄉試題名錄　史3-14577

光緒二十九年癸卯恩科湖南鄉試副貢卷　史3-22481

光緒二十九年癸卯恩科湖南鄉試卷　史3-21855~8

光緒二十九年癸卯恩科湖南鄉試墨卷　史3-21859~60

光緒二十九年癸卯恩科湖南鄉試題名錄　史3-14594

光緒二十九年癸卯恩科十八省正副榜同年全錄　史3-13926

光緒二十九年癸卯恩科十八省鄉試同年錄　史3-13927

光緒二十九年癸卯恩科甘肅鄉試卷　史3-22192

光緒二十九年癸卯恩科甘肅闈墨　史3-22191

光緒二十九年癸卯恩科四川鄉試同年齒錄　史3-14728

光緒二十九年癸卯恩科會試墨卷　史3-16809

光緒二十九年癸卯年補行二十七年辛丑二十八年壬寅恩正並科會試墨卷　史3-16794

光緒二十九年湖北全省出入財政豫計表附注說　史6-43347

光緒二十九年舉行癸卯恩科廣東鄉試　史3-14644

光緒二十七年庚子辛丑恩正併科廣東鄉試題名錄　史3-14642

光緒二十七年庚子辛丑恩正併科廣東鄉試同年齒錄　史3-14643

光緒二十七年庚子辛丑恩正併科廣東鄉試錄　史3-14641

光緒二十七年辛丑二十八年壬寅恩正併科會試墨卷　史3-16777~8、16780~1、16783~6、16788、16791

光緒二十七年辛丑二十八年壬寅恩正併科會試墨卷、光緒二十六年庚子二十七年辛丑恩正併科河南鄉試卷　史3-16789

光緒二十七年辛丑二十八年壬寅恩正併科會試闈墨　史3-16776、16793

光緒二十七年辛丑二十八年壬寅恩正併科會試闈卷　史3-16787

光緒二十七年辛丑二十八年壬寅恩正併科會試卷、光緒二十年甲午科鄉試卷、光緒二十年甲午科補行二十七年辛卯科優貢卷　史3-16782

光緒二十七年辛丑二十八年壬寅恩正並科會試墨卷　史3-16790、16792

光緒二十七年辛丑科浙江鄉試錄　史3-14300

光緒二十七年辛丑科並補行二十六年庚子恩科廣西鄉試硃卷　史3-22027~9

光緒二十七年辛丑科並補行二十六年庚子恩科廣西闈墨　史3-22026

光緒二十七年辛丑補行庚子恩科各省鄉試同年全錄　史3-13924

光緒二十七年辛丑補行二十六年庚子恩正科甘肅闈墨　史3-22189~90

光緒二十七年辛丑舉行二十六年庚子恩正兩科廣東鄉試硃卷　史3-21944

光緒二十七年辛丑舉行二十六年庚子恩正兩科廣東闈墨　史3-21943

光緒二十七年辛丑舉行二十六年庚子恩正併科廣東鄉試硃卷　史3-21945

光緒二十七年設立外務部衙門論奏始末　史6-41786

光緒二十七年至二十八年通商各關華洋貿易總册　子7-37363

光緒二十七年原續提漕米盈餘未已解目　史6-43299

光緒二十四年正月初一日乙酉朔日食圖　子3-11566

光緒二十四年戊戌科浙江歲貢卷　史3-23457

光緒二十四年戊戌科會試硃卷　史3-16709~31、16733~6、16738~41、16743~6、16748~55、16757~74

光緒二十四年戊戌科會試硃卷、光緒二十三年丁酉科江南鄉試硃卷　史3-16708

光緒二十四年戊戌科會試硃卷、光緒二十年甲午科江南鄉試硃卷　史3-16747

光緒二十四年戊戌科會試硃卷、光緒十七年丁酉科順天鄉試硃卷　史3-16732、16737

光緒二十四年戊戌科會試同年齒錄　史3-13841

光緒二十四年戊戌科會試謄錄朱卷　史3-16756

光緒二十四年戊戌科會墨　史3-16707

光緒二十四年四川布政使司昭信川實收存
　　查　史6-47345

光緒二十四年邸抄奏議合編　史6-47243

光緒二十八年辛丑壬寅恩正併科會試錄
　　史3-13843

光緒二十八年壬寅科江西貢卷　史3-
　　23505

光緒二十八年壬寅科浙江歲貢卷　史3-
　　23459、23462

光緒二十八年壬寅科補行二十六年庚子二
　　十七年辛丑恩正併科湖南鄉試硃卷　史
　　3-21854

光緒二十八年壬寅科補行二十六年庚子二
　　十七年辛丑恩正併科湖南闈墨　史3-
　　21853

光緒二十八年壬寅併行二十六年庚子二十
　　七年辛丑恩正兩科江南鄉試闈卷　史3-
　　19270

光緒二十八年壬寅併行二十六年庚子二十
　　七年辛丑恩正兩科江南鄉試闈藝卷　史
　　3-19263

光緒二十八年壬寅併行二十六年庚子二十
　　七年辛丑恩正科江南鄉試中式卷　史3-
　　19254

光緒二十八年壬寅併行二十六年庚子二十
　　七年辛丑恩正科江南鄉試墨卷　史3-
　　19287

光緒二十八年壬寅補行庚子辛丑恩正併科
　　順天鄉試題名錄　史3-14026

光緒二十八年壬寅補行庚子辛丑恩正併科
　　山西鄉試題名錄　史3-14072

光緒二十八年壬寅補行庚子辛丑恩正併科
　　湖北鄉試錄　史3-14575

光緒二十八年壬寅補行庚子恩科並辛丑正
　　科江西鄉試錄　史3-14417

光緒二十八年壬寅補行庚子陝西鄉試題名
　　錄　史3-14808

光緒二十八年壬寅補行二十六年庚子二十
　　七年辛丑科鄉試闈藝　史3-19268

光緒二十八年壬寅補行二十六年庚子二十
　　七年辛丑科江南鄉試卷　史3-19231

光緒二十八年壬寅補行二十六年庚子二十
　　七年辛丑併科福建鄉試闈藝　史3-
　　20909

光緒二十八年壬寅補行二十六年庚子二十
　　七年辛丑恩正兩科江南鄉試闈藝　史3-
　　19283

光緒二十八年壬寅補行二十六年庚子二十
　　七年辛丑恩正兩科江南鄉試中卷　史3-
　　19278

光緒二十八年壬寅補行二十六年庚子二十

七年辛丑恩正科江南鄉試硃卷　史3-
　　19253

光緒二十八年壬寅補行二十六年庚子二十
　　七年辛丑恩正科江南鄉試闈卷　史3-
　　19234、19282

光緒二十八年壬寅補行二十六年庚子二十
　　七年辛丑恩正科江南鄉試闈墨　史3-
　　19232

光緒二十八年壬寅補行二十六年庚子二十
　　七年辛丑恩正科江南鄉試卷、光緒十一
　　年乙酉科江南優貢卷　史3-19250

光緒二十八年壬寅補行二十六年庚子二十
　　七年辛丑恩正科江南鄉試闈藝　史3-
　　19229～30、19235、19237、19240、19251、
　　19256、19258、19271、19273～5、19279～81、
　　19285

光緒二十八年壬寅補行二十六年庚子二十
　　七年辛丑恩正科江南鄉試行卷　史3-
　　19233

光緒二十八年壬寅補行二十六年庚子二十
　　七年辛丑恩正科江南鄉試中式卷　史3-
　　19242～3、19277

光緒二十八年壬寅補行二十六年庚子二十
　　七年辛丑恩正科江南鄉試墨卷　史3-
　　19245、19252、19259、19272

光緒二十八年壬寅補行二十六年庚子二十
　　七年辛丑恩正科江南鄉試卷　史3-
　　19227、19246、19249、19260～2、19264

光緒二十八年壬寅補行二十六年庚子二十
　　七年辛丑恩正科江南鄉試副貢闈藝　史
　　3-22331

光緒二十八年壬寅補行二十六年庚子二十
　　七年辛丑恩正科江南鄉試中式卷、光緒
　　二十八年壬寅補行二十六年庚子科江蘇
　　優貢卷　史3-19224

光緒二十八年壬寅補行二十六年庚子二十
　　七年辛丑恩正科浙江鄉試中式卷　史3-
　　20769

光緒二十八年壬寅補行二十六年庚子二十
　　七年辛丑恩正併科順天鄉試墨卷、江南
　　鄉試墨卷　史3-17687

光緒二十八年壬寅補行二十六年庚子二十
　　七年辛丑恩正併科順天鄉試闈墨　史3-
　　17683

光緒二十八年壬寅補行二十六年庚子二十
　　七年辛丑恩正併科順天鄉試墨卷　史3-
　　17685～6

光緒二十八年壬寅補行二十六年庚子二十
　　七年辛丑恩正併科順天鄉試副貢行卷
　　史3-22228

光緒二十八年壬寅補行二十六年庚子二十

七年辛丑恩正併科山東鄉試卷　史3-21398

光緒二十八年壬寅補行二十六年庚子二十七年辛丑恩正併科山東鄉試墨卷　史3-21399

光緒二十八年壬寅補行二十六年庚子二十七年辛丑恩正併科江南鄉試卷　史3-19236、19238、19241、19265、19267、19288

光緒二十八年壬寅補行二十六年庚子二十七年辛丑恩正併科江南鄉試闈卷　史3-19276

光緒二十八年壬寅補行二十六年庚子二十七年辛丑恩正併科江南鄉試副貢闈卷　史3-22332

光緒二十八年壬寅補行二十六年庚子二十七年辛丑恩正併科江南鄉試闈藝　史3-19228、19239、19257、19266

光緒二十八年壬寅補行二十六年庚子二十七年辛丑恩正併科江南鄉試闈墨　史3-19244

光緒二十八年壬寅補行二十六年庚子二十七年辛丑恩正併科江南鄉試墨卷　史3-19255、19286

光緒二十八年壬寅補行二十六年庚子二十七年辛丑恩正併科江南鄉試闈藝、光緒二十八年壬寅補行二十六年庚子科安徽優貢卷　史3-19223

光緒二十八年壬寅補行二十六年庚子二十七年辛丑恩正併科江南鄉試副貢硃卷　史3-22333~4

光緒二十八年壬寅補行二十六年庚子二十七年辛丑恩正併科江南鄉試闈稿　史3-19225

光緒二十八年壬寅補行二十六年庚子二十七年辛丑恩正併科河南鄉試卷　史3-21539

光緒二十八年壬寅補行二十六年庚子二十七年辛丑恩正併科河南鄉試墨卷　史3-21537~8

光緒二十八年壬寅補行二十六年庚子二十七年辛丑恩正併科福建鄉試闈卷　史3-20911

光緒二十八年壬寅補行二十六年庚子二十七年辛丑恩正併科福建鄉試硃卷　史3-20910

光緒二十八年壬寅補行二十六年庚子二十七年辛丑恩正併科浙江鄉試卷　史3-20698~9、20702~3、20705、20707、20709~15、20717~21、20724~35、20738、20741~5、20747~9、20751~68、20771~2、20774~9、20781~9、20791~7、20799、20802

光緒二十八年壬寅補行二十六年庚子二十

七年辛丑恩正併科浙江鄉試闈卷　史3-20706、20739 ~ 40、20750、20770、20780、20790、20800

光緒二十八年壬寅補行二十六年庚子二十七年辛丑恩正併科浙江鄉試副貢卷　史3-22439~42、22444~9

光緒二十八年壬寅補行二十六年庚子二十七年辛丑恩正併科浙江鄉試行卷　史3-20722~3、20736、20773、20801

光緒二十八年壬寅補行二十六年庚子二十七年辛丑恩正併科浙江鄉試墨卷　史3-20700、20704、20737、20746、20798

光緒二十八年壬寅補行二十六年庚子二十七年辛丑恩正併科浙江鄉試硃卷　史3-20803~4

光緒二十八年壬寅補行二十六年庚子二十七年辛丑恩正併科浙江鄉闈試卷　史3-20716

光緒二十八年壬寅補行二十六年庚子二十七年辛丑恩正併科浙江鄉試卷、光緒二十六年庚子科浙江優貢卷　史3-20701

光緒二十八年壬寅補行二十六年庚子二十七年辛丑恩正併科浙江鄉試卷、光緒二十八年壬寅補行二十六年庚子科浙江優貢卷　史3-20708

光緒二十八年壬寅補行二十六年庚子二十七年辛丑恩正併科浙江鄉試副貢行卷　史3-22443

光緒二十八年壬寅補行二十六年庚子二十七年辛丑恩正併科湖北鄉舉行卷　史3-21632、21641

光緒二十八年壬寅補行二十六年庚子二十七年辛丑恩正併科湖北鄉試卷　史3-21637~8

光緒二十八年壬寅補行二十六年庚子二十七年辛丑恩正併科湖北鄉試行卷　史3-21634、21640、21643

光緒二十八年壬寅補行二十六年庚子二十七年辛丑恩正併科湖北鄉試墨卷　史3-21636、21639、21642

光緒二十八年壬寅補行二十六年庚子二十七年辛丑恩正併科湖北鄉試硃卷　史3-21633

光緒二十八年壬寅補行二十六年庚子二十七年辛丑恩正併科湖北闈墨　史3-21630

光緒二十八年壬寅補行二十六年庚子正科並二十七年辛丑恩科江南鄉試卷　史3-19226

光緒二十八年壬寅補行二十六年庚子科安徽優貢卷　史3-22558

光緒二十八年壬寅補行二十六年庚子科江蘇優貢卷　史3-22557

光緒二十八年壬寅補行二十六年庚子科浙江優貢卷　史3-22631～4

光緒二十八年壬寅補行二十六年庚子恩正科順天鄉試卷　史3-17684

光緒二十八年壬寅補行二十六年庚子恩正併科山西鄉試闈墨　史3-17725

光緒二十八年壬寅補行二十六年庚子恩科並二十七年辛丑正科江西鄉試副貢卷　史3-22470

光緒二十八年壬寅補行二十七年辛丑恩正併科會試墨卷　史3-16779

光緒二十八年壬寅補行併行二十六年庚子二十七年辛丑恩正科江南鄉試闈卷　史3-19247

光緒二十八年壬寅補行補行二十六年庚子二十七年辛丑恩正兩科江南鄉試同懷中卷　史3-19248

光緒二十八年壬寅考取同治十三年甲戌歲浙江歲貢卷　史3-23419

光緒二十八年壬寅恩正併科湖北鄉試墨卷　史3-21635

光緒二十八年壬寅年補行庚子辛丑恩正併科順天鄉試同年齒錄　史3-14027

光緒二十八年壬寅年補行二十六年庚子二十七年辛丑恩正科江南鄉試卷　史3-19269、19284

光緒二十八年壬寅年補行二十六年庚子二十七年辛丑恩正併科湖北鄉試行卷　史3-21631

光緒二十八年壬寅年補行二十六年庚子恩科並二十七年辛丑正科江西鄉試卷　史3-21133～40

光緒二十八年補行庚子辛丑兩科順天鄉試薦士錄　史3-14029

光緒二十八年補行庚子辛丑恩正併科江南鄉試題名錄　史3-14177

光緒二十八年補行庚子辛丑恩正併科浙江鄉試題名錄　史3-14302

光緒二十八年補行庚子辛丑恩正併科浙江鄉試同年齒錄　史3-14303

光緒二十八年補行庚子辛丑恩正併科浙江鄉試錄　史3-14301

光緒二十八年補行庚子恩正科四川鄉試同門錄　史3-14726

光緒二十八年補行庚子恩科並辛丑正科江西鄉試題名錄　史3-14418

光緒二十八年舉行庚子辛丑恩正併科河南鄉試錄　史3-14540

光緒二十年浙省錢糧册　史6-43310

光緒二十年十八省正副榜同年全錄　史3-13921

光緒二十年甲午二十一年乙未科會試聯捷朱卷　史3-16704

光緒二十年甲午正科江西鄉試硃卷　史3-21124

光緒二十年甲午正科浙江武鄉試硃卷　史3-20615～6

光緒二十年甲午正科浙江鄉試題名錄　史3-14294

光緒二十年甲午正科浙江鄉試錄　史3-14293

光緒二十年甲午科廣西鄉試硃卷　史3-22023

光緒二十年甲午科廣西鄉試題名錄　史3-14687

光緒二十年甲午科廣東鄉試硃卷　史3-21938～40

光緒二十年甲午科廣東鄉試墨卷　史3-21941

光緒二十年甲午科廣東鄉試同年齒錄　史3-14640

光緒二十年甲午科雲南鄉試同年齒錄　史3-14771

光緒二十年甲午科順天鄉試副貢硃卷　史3-22226

光緒二十年甲午科順天鄉試硃卷　史3-17623、17625～42、17644～8

光緒二十年甲午科順天鄉試硃卷、光緒二十年甲午科覆試卷　史3-17624、17643

光緒二十年甲午科順天鄉試硃卷、光緒二十年甲午科優貢卷　史3-17622

光緒二十年甲午科順天鄉試朱卷　史3-17620

光緒二十年甲午科順天鄉試同年齒錄　史3-14023

光緒二十年甲午科順天鄉試闈墨　史3-17621

光緒二十年甲午科順天彙考優貢卷、光緒二十年甲午科朝考卷、光緒二十年甲午科春暉閣試草　史3-22489

光緒二十年甲午科山西鄉試硃卷　史3-17724

光緒二十年甲午科山東鄉試硃卷　史3-21393～6

光緒二十年甲午科安徽優貢卷　史3-22550

光緒二十年甲午科江西鄉試副貢硃卷　史3-22469

光緒二十年甲午科江西鄉試硃卷　史3-21125～7

光緒二十年甲午科江西鄉試錄　史3-

14414

光緒二十年甲午科江南武鄉試題名錄 史
3-14173

光緒二十年甲午科江南鄉試副貢硃卷 史
3-22321~3

光緒二十年甲午科江南鄉試硃卷 史3-
19060~166

光緒二十年甲午科江南鄉試朱卷 史3-
19059

光緒二十年甲午科江南鄉試闈墨 史3-
19058

光緒二十年甲午科江蘇優貢卷 史3-
22549

光緒二十年甲午科河南鄉試硃卷 史3-
21518~21

光緒二十年甲午科河南鄉試硃卷、光緒十
九年癸巳恩科河南鄉試硃卷 史3-
21522

光緒二十年甲午科河南鄉試朱卷 史3-
21523~4

光緒二十年甲午科河南鄉試錄 史3-
14537

光緒二十年甲午科福建鄉試副貢硃卷 史
3-22454

光緒二十年甲午科福建鄉試硃卷 史3-
20902~5

光緒二十年甲午科福建鄉試題名錄 史3-
14357

光緒二十年甲午科福建鄉試錄 史3-
14356

光緒二十年甲午科福建選優貢卷 史3-
22656

光緒二十年甲午科浙江武鄉試闈卷 史3-
20617~8

光緒二十年甲午科浙江歲貢卷 史3-
23454~5

光緒二十年甲午科浙江鄉試副貢硃卷 史
3-22431~4

光緒二十年甲午科浙江鄉試硃卷 史3-
20561~85、20587~614

光緒二十年甲午科浙江鄉試闈卷 史3-
20586

光緒二十年甲午科浙江選優貢卷 史3-
22626

光緒二十年甲午科補行十四年戊子科江蘇
歲貢卷 史3-23377

光緒二十年甲午科湖北優選貢卷 史3-
22679

光緒二十年甲午科湖北鄉試硃卷 史3-
21621~3

光緒二十年甲午科湖南鄉試朱卷 史3-
21810~1

光緒二十年甲午科十八省優貢同年全錄
史3-14871

光緒二十年甲午科甘肅鄉試硃卷 史3-
22187

光緒二十年甲午科甘肅鄉試題名錄 史3-
14815

光緒二十年甲午科甘肅鄉試錄 史3-
14814

光緒二十年甲午科貴州鄉試硃卷 史3-
22138

光緒二十年甲午科四川鄉試硃卷 史3-
22125~7

光緒二十年甲午科四川鄉試同年齒錄 史
3-14723

光緒二十年甲午科四川闈墨 史3-22124

光緒二十年甲午科陝西鄉試題名錄 史3-
14807

光緒二十年甲午科陝西鄉試錄 史3-
14806

光緒二十年甲午科會試闈墨 史3-16574

光緒二十年甲午湖南闈墨 史3-21809

光緒二十年甲午恩科廣東會試朱卷 史3-
16576

光緒二十年甲午恩科武會試硃卷 史3-
16657

光緒二十年甲午恩科會試硃卷 史3-
16577~8、16581~5、16587~9、16591~5、
16597~605、16607~9、16611~3、16615、
16617、16620~55

光緒二十年甲午恩科會試硃卷(伯珩公)
史3-16656

光緒二十年甲午恩科會試硃卷、光緒二十
年甲午恩科覆試卷 史3-16590

光緒二十年甲午恩科會試硃卷、光緒十九
年癸巳恩科廣西鄉試硃卷 史3-16606

光緒二十年甲午恩科會試硃卷、光緒十九
年癸巳恩科順天鄉試硃卷 史3-16586、
16596、16616

光緒二十年甲午恩科會試硃卷、光緒十九
年癸巳恩科順天鄉試硃卷、光緒十四年
戊子科江南鄉試薦卷 史3-16579

光緒二十年甲午恩科會試硃卷、光緒十九
年癸巳恩科江西鄉試硃卷 史3-16619

光緒二十年甲午恩科會試硃卷、光緒十九
年癸巳恩科河南鄉試硃卷 史3-16618

光緒二十年甲午恩科會試硃卷、光緒十七
年辛卯科順天鄉試硃卷 史3-16610

光緒二十年甲午恩科會試同年齒錄 史3-
13833

光緒二十年甲午恩科會試第六房同門朱卷
史3-16575

光緒二十年甲午同年齒錄 史3-13922

光緒二十年甲午年補行十九年癸巳科江蘇
　歲貢卷　史3-23390

光緒二十年甲午年補行十八年壬辰科江蘇
　歲貢卷　史3-23385～6

光緒二十年舉行甲午正科浙江武鄉試錄
　史3-14296

光緒二十年舉行甲午正科浙江鄉試題　史
　3-20560

光緒二年丙子正科江西鄉試硃卷　史3-
　21045

光緒二年丙子正科浙江鄉試題名錄　史3-
　14267

光緒二年丙子正科湖北鄉試題名錄　史3-
　14564

光緒二年丙子科廣東鄉試硃卷　史3-
　21903～14

光緒二年丙子科順天鄉試硃卷　史3-
　17332～5、17337～45、17347～68、17370～5

光緒二年丙子科順天鄉試硃卷、光緒二年
　丙子科覆試卷　史3-17369

光緒二年丙子科順天鄉試硃卷、光緒二年
　丙子科覆試卷、同治十二年癸酉科順天
　鄉試硃卷　史3-17336

光緒二年丙子科順天鄉試硃卷、光緒元年
　乙亥恩科順天鄉試硃卷　史3-17346

光緒二年丙子科順天鄉試同年齒錄　史3-
　14007

光緒二年丙子科山東鄉試硃卷　史3-
　21368～9

光緒二年丙子科安徽優行貢卷　史3-
　22522

光緒二年丙子科江西鄉試硃卷　史3-
　21046～50

光緒二年丙子科江西選優貢卷　史3-
　22662

光緒二年丙子科江南鄉試副貢硃卷　史3-
　22288～9

光緒二年丙子科江南鄉試硃卷　史3-
　18522～40、18542～88、18590～600、18602～
　18

光緒二年丙子科江南鄉試硃卷、同治十二
　年癸酉科備卷江南鄉試硃卷　史3-
　18601

光緒二年丙子科江南鄉試硃卷、同治九年
　庚午科並補元年壬戌恩科　史3-18589

光緒二年丙子科江南鄉試硃卷、安徽優貢
　卷　史3-18541

光緒二年丙子科江南鄉試題名錄　史3-
　14146

光緒二年丙子科江南鄉試題目　史3-
　18521

光緒二年丙子科江南鄉試錄　史3-14145

光緒二年丙子科江南安徽優貢卷　史3-
　22521

光緒二年丙子科江南選拔優貢卷　史3-
　22519

光緒二年丙子科江蘇優貢卷　史3-22518、
　22520

光緒二年丙子科河南鄉試硃卷　史3-
　21489～94

光緒二年丙子科河南鄉試題名錄　史3-
　14528

光緒二年丙子科福建優選貢卷　史3-
　22653

光緒二年丙子科福建鄉試硃卷　史3-
　20883、20885～6

光緒二年丙子科福建鄉試硃卷、光緒二年
　丙子科福建選優貢卷　史3-20884

光緒二年丙子科福建鄉試題名錄　史3-
　14349

光緒二年丙子科福建闈墨　史3-20882

光緒二年丙子科浙江武鄉試闈卷　史3-
　20191

光緒二年丙子科浙江優貢卷　史3-22610

光緒二年丙子科浙江歲貢卷　史3-23424

光緒二年丙子科浙江鄉試副貢硃卷　史3-
　22393～400

光緒二年丙子科浙江鄉試硃卷　史3-
　20142～90

光緒二年丙子科浙江恩貢卷　史3-23624～7

光緒二年丙子科補行元年乙亥恩科江蘇恩
　貢卷　史3-23580

光緒二年丙子科湖北鄉試硃卷　史3-
　21597

光緒二年丙子科湖北鄉試硃卷、同治十二
　年癸酉科湖北選拔貢卷　史3-21598

光緒二年丙子科湖北闈墨　史3-21596

光緒二年丙子科湖南鄉試硃卷　史3-
　21728～69

光緒二年丙子科湖南鄉試錄　史3-14585

光緒二年丙子科十八省鄉試同年錄　史3-
　13911

光緒二年丙子科帶補甲子科甘肅鄉試題名
　錄　史3-14811

光緒二年丙子科帶補同治三年甲子科雲南
　鄉試硃卷　史3-22149

光緒二年丙子科帶補同治三年甲子科甘肅
　鄉試硃卷　史3-22181

光緒二年丙子科四川鄉試硃卷　史3-
　22060～4、22066

光緒二年丙子科四川鄉試硃卷、同治十二
　年癸酉科四川選拔硃卷　史3-22065

光緒二年丙子科四川鄉試題名錄　史3-

14718

光緒二年丙子科陝西鄉試硃卷　史3-22163

光緒二年丙子補行同治十一年壬申科江南歲貢卷　史3-23340～1

光緒二年丙子補行同治十一年壬申科江蘇歲貢卷　史3-23339

光緒二年丙子補行同治十二年癸酉科江蘇松江府華亭縣歲貢卷　史3-23342

光緒二年丙子恩科金榜題名錄　史3-13806

光緒二年丙子恩科會試硃卷　史3-15858～76、15878、15880～5、15887～912、15915～28

光緒二年丙子恩科會試硃卷、同治十二年癸酉科廣西鄉試硃卷　史3-15914

光緒二年丙子恩科會試硃卷、光緒元年乙亥恩科山西鄉試硃卷　史3-15877、15886

光緒二年丙子恩科會試硃卷、光緒元年乙亥恩科山東鄉試硃卷　史3-15913

光緒二年丙子恩科會試同年齒錄　史3-13804

光緒二年丙子恩科會試同年錄　史3-13803

光緒二年丙子恩科會試錄　史3-13802

光緒二年殿試策　史3-15879

光緒二年舉行丙子科廣西鄉試題名錄　史3-14680

光緒三修石曲方氏宗譜[浙江黃巖]　史4-25803

光緒三十一年部庫出入款目表　史6-43230

光緒三十一年乙巳預行三十二年丙午科江蘇歲貢卷　史3-23397

光緒三十一年乙巳科考取浙江歲貢卷　史3-23463

光緒三十一年乙巳補行三十年甲辰科江蘇歲貢卷　史3-23394

光緒三十一年曆本　子3-12309

光緒三十二年三十四年通商各關華洋貿易論畧　子7-37364

光緒三十二年丙午科廣西優貢卷　史3-22697

光緒三十二年丙午科三十三年丁未年補考湖南優貢卷　史3-22691

光緒三十二年丙午科優貢同年齒錄　史3-14877

光緒三十二年丙午科江南優貢彙考卷　史3-22563

光緒三十二年丙午科江南優行貢卷　史3-22567

光緒三十二年丙午科江蘇優貢卷　史3-

22562、22564～6

光緒三十二年丙午科浙江優貢試卷　史3-22638

光緒三十二年丙午科浙江優貢卷　史3-22640

光緒三十二年丙午科浙江選優貢卷　史3-22637、22639

光緒三十二年丙午科陝西考優貢卷　史3-22700

光緒三十二年丙午補行三十年甲辰科江蘇歲貢卷　史3-23395～6

光緒三十二年刑部司員保送京察原稿　史6-47408

光緒三十二年秋季大操閱兵處細則　史6-45197

光緒三十三年丁未科浙江歲貢卷　史3-23468

光緒三十三年丁未科直省舉貢考職齒錄　史3-14879

光緒三十三年丁未科舉貢考職同年齒錄　史3-14878

光緒三十三年丁未併三十二年丙午科浙江選取歲貢士卷　史3-23467

光緒三十三年丁未補行三十二年丙午正科安徽優貢卷　史3-22569

光緒三十三年丁未補行三十二年丙午科安徽優貢卷　史3-22568

光緒三十三年丁未補行三十二年丙午科浙江歲貢卷　史3-23464～6、23469

光緒三十三年丁未補行三十二年丙午科湖南優貢卷　史3-22692

光緒三十三年順天鄉試題名錄　史3-14032

光緒三十四年潤東周氏十二次纂修族譜[江蘇鎮江]　史4-29835

光緒三十四年通商各關華洋貿易論畧　史6-44022

光緒三十四年戊申正科浙江歲貢卷　史3-23472

光緒三十四年戊申科浙江歲貢卷　史3-23470～1、23473～7

光緒三十年三十一年部庫出入款目比較表　史6-43229

光緒三十年通商各關華洋貿易總册　子7-37365

光緒三十年甲辰科江西正貢部卷　史3-23506

光緒三十年甲辰科江西同年齒錄　史3-14420

光緒三十年甲辰科浙江歲貢卷　史3-23460～1

光緒三十年甲辰補行二十六年庚子科江蘇

　　歲貢卷　史3-23393

光緒三十年甲辰恩科湖南恩貢卷　史3-23659

光緒三十年甲辰恩科會試進士登科錄　史3-13849

光緒三十年甲辰恩科會試墨卷　史3-16818～21、16824～8、16830～1、16833～7、16839～44、16846～8

光緒三十年甲辰恩科會試墨卷、光緒二十九年癸卯恩科順天借闈河南鄉試卷　史3-16829

光緒三十年甲辰恩科會試墨卷、光緒二十九年癸卯恩科會試薦卷　史3-16823

光緒三十年甲辰恩科會試墨卷、光緒十九年癸卯恩科順天鄉試墨卷　史3-16832

光緒三十年甲辰恩科會試題名錄　史3-13847

光緒三十年甲辰恩科會試同年齒錄　史3-13848

光緒三十年甲辰恩科會試闈墨　史3-16813、16816～7

光緒三十年甲辰恩科會試欽命題目　史3-16812

光緒三十年甲辰恩科會試第十三房同門姓氏墨卷　史3-16814～5

光緒三十年甲辰恩科會試卷　史3-16838、16845

光緒三十年甲辰恩科會試卷、光緒三十年甲辰恩科會試朝考卷　史3-16822

光緒三十年甲辰年考取漢中書同年齒錄　史3-14875

光緒三年丁丑科浙江歲貢卷　史3-23425～6

光緒三年丁丑科並補行同治十三年甲戌科江蘇歲貢卷　史3-23343

光緒三年丁丑科會試硃卷　史3-15929～42、15944～50、15952～75、15977～91

光緒三年丁丑科會試硃卷、光緒二年丙子科順天鄉試硃卷　史3-15951、15976

光緒三年丁丑科會試硃卷、光緒二年丙子科鄉試硃卷　史3-15943

光緒三年丁丑科會試題名錄　史3-13808

光緒三年丁丑科會試同年齒錄　史3-13810

光緒三年丁丑科會試同年錄　史3-13809

光緒三年丁丑科會試錄　史3-13807

光緒五年己卯正科浙江鄉試題名錄　史3-14271

光緒五年己卯正科浙江鄉試錄　史3-14270

光緒五年己卯正科甘肅鄉試題名錄　史3-14812

光緒五年己卯正科並補帶同治甲子科江南

武鄉試錄　史3-14152

光緒五年己卯科廣西鄉試錄　史3-14681

光緒五年己卯科廣東鄉試硃卷　史3-21915～9

光緒五年己卯科廣東鄉試錄　史3-14635

光緒五年己卯科順天鄉試硃卷　史3-17376～7、17379、17381、17383～91、17393～4、17396

光緒五年己卯科順天鄉試硃卷、光緒五年己卯科六年庚辰年覆試覆試卷　史3-17395

光緒五年己卯科順天鄉試硃卷、光緒五年己卯科覆試卷　史3-17380、17382、17392

光緒五年己卯科順天鄉試硃卷、光緒五年己卯科優選試卷　史3-17378

光緒五年己卯科順天鄉試同年齒錄　史3-14008

光緒五年己卯科山西鄉試硃卷　史3-17718

光緒五年己卯科山西鄉試題名錄　史3-14069

光緒五年己卯科山東鄉試硃卷　史3-21370～4

光緒五年己卯科山東鄉試朱卷　史3-21375、22176

光緒五年己卯科山東鄉試題名錄　史3-14486

光緒五年己卯科安徽優貢卷　史3-22524

光緒五年己卯科江西鄉試硃卷　史3-21051～6

光緒五年己卯科江西鄉試錄　史3-14406

光緒五年己卯科江南優貢卷　史3-22526

光緒五年己卯科江南優行貢卷　史3-22525

光緒五年己卯科江南鄉試副貢硃卷　史3-22290～6

光緒五年己卯科江南鄉試硃卷　史3-18619～47、18650～3

光緒五年己卯科江南鄉試題名錄　史3-14150

光緒五年己卯科江南鄉試同懷朱卷　史3-18648～9

光緒五年己卯科江蘇優貢卷　史3-22523

光緒五年己卯科河南鄉試硃卷　史3-21495

光緒五年己卯科河南鄉試題名錄　史3-14529

光緒五年己卯科福建鄉試硃卷　史3-20887

光緒五年己卯科浙江優貢卷　史3-22611～4

光緒五年己卯科浙江鄉試副貢硃卷　史3-22401～3

光緒五年己卯科浙江鄉試硃卷　史 3-20194～244

光緒五年己卯科浙江鄉試御覽硃卷　史 3-20245

光緒五年己卯科浙江鄉試第拾叁房同門硃卷　史 3-20193

光緒五年己卯科湖北鄉試硃卷　史 3-21599

光緒五年己卯科湖北鄉試錄　史 3-14565

光緒五年己卯科湖南鄉試硃卷　史 3-21771～3

光緒五年己卯科湖南鄉試題名錄　史 3-14587

光緒五年己卯科湖南鄉試錄　史 3-14586

光緒五年己卯科湖南恩貢卷　史 3-23656

光緒五年己卯科湖南闈墨　史 3-21770

光緒五年己卯科十八省鄉試同年錄　史 3-13912

光緒五年己卯科直省同年齒錄　史 3-13913

光緒五年己卯科考取浙江歲貢卷　史 3-23429

光緒五年己卯科甘肅鄉試同闈錄　史 3-14813

光緒五年己卯科四川鄉試硃卷　史 3-22067～9

光緒五年己卯科陝西優貢卷　史 3-22699

光緒五年己卯科陝西鄉試硃卷　史 3-22164～75

光緒五年己卯科陝西鄉試題名錄　史 3-14801

光緒五年己卯科並補同治三年甲子科江南武鄉試中卷　史 3-18654

光緒五年己卯補行二年丙子科江蘇歲貢卷　史 3-23344～8

光緒五年己卯補行同治元年壬戌科浙江歲貢卷　史 3-23406

光緒五年己卯懋修省墓記　史 2-12857

光緒五年己卯年補行三年丁丑科江蘇歲貢卷　史 3-23350

光緒五年己卯年補行四年戊寅科江蘇歲貢卷　史 3-23351

光緒五年十二月籌餉八十一卯掣簽簿　史 6-46950

光緒五年舉行己卯正科浙江鄉試題目　史 3-20192

光緒五年舉行己卯科廣西鄉試題名錄　史 3-14682

光緒五年八月籌餉八十卯掣簽簿　史 6-46950

光緒丁酉科浙江鄉試同年齒錄　史 3-14299

光緒丁酉戊戌科鄉會聯捷朱卷　史 3-16742

光緒丁未交涉要覽二編　子 7-36843

光緒丁未年交涉要覽上編、下編　史 6-44929

光緒丁末闔族重刊陳氏家譜［廣東肇慶］　史 4-33422

光緒元年乙亥科山西鄉試朱卷　史 3-17717

光緒元年乙亥科江南闈墨　史 3-18467

光緒元年乙亥科浙江恩貢卷　史 3-23622～3

光緒元年乙亥科湖南歲貢卷　史 3-23514

光緒元年乙亥科同年齒錄　史 3-13801

光緒元年乙亥恩科廣東鄉試硃卷　史 3-21901～2

光緒元年乙亥恩科順天鄉試副貢硃卷　史 3-22218～9

光緒元年乙亥恩科順天鄉試硃卷　史 3-17301～3、17305～19、17321～31

光緒元年乙亥恩科順天鄉試硃卷、光緒元年乙亥恩科覆試卷　史 3-17304

光緒元年乙亥恩科順天鄉試硃卷、光緒乙亥恩科覆試卷　史 3-17320

光緒元年乙亥恩科順天鄉試同年齒錄　史 3-14006

光緒元年乙亥恩科山東鄉試硃卷　史 3-21364～6

光緒元年乙亥恩科山東鄉試朱卷　史 3-21367

光緒元年乙亥恩科山東鄉試題名錄　史 3-14485

光緒元年乙亥恩科江西鄉試硃卷　史 3-21036～44

光緒元年乙亥恩科江西鄉試錄　史 3-14405

光緒元年乙亥恩科江南鄉試副貢硃卷　史 3-22286～7

光緒元年乙亥恩科江南鄉試硃卷　史 3-18468～81、18483～519

光緒元年乙亥恩科江南鄉試硃卷、同治九年庚午科順天鄉試硃卷　史 3-18482

光緒元年乙亥恩科江南鄉試題名錄　史 3-14142

光緒元年乙亥恩科江南鄉試題目　史 3-18466

光緒元年乙亥恩科江南鄉試同年齒錄　史 3-14143

光緒元年乙亥恩科河南鄉試硃卷　史 3-21483～5、21487～8

光緒元年乙亥恩科河南鄉試硃卷、鄉試謄錄卷　史 3-21486

光緒元年乙亥恩科福建鄉試硃卷　史 3-

20877～81

光緒元年乙亥恩科福建鄉試錄　史3-14348

光緒元年乙亥恩科福建闈墨　史3-20876

光緒元年乙亥恩科浙江武鄉試硃卷　史3-20141

光緒元年乙亥恩科浙江鄉試副貢硃卷　史3-22390～2

光緒元年乙亥恩科浙江鄉試硃卷　史3-20080～140

光緒元年乙亥恩科湖北鄉試硃卷　史3-21595

光緒元年乙亥恩科湖北闈墨　史3-21594

光緒元年乙亥恩科湖南鄉試硃卷　史3-21721～7

光緒元年乙亥恩科十八省鄉試同年錄　史3-13910

光緒元年乙亥恩科帶補壬戌恩科甘肅鄉試題名錄　史3-14809

光緒元年乙亥恩科帶補壬戌恩科雲南鄉試錄　史3-14762

光緒元年乙亥恩科甘肅鄉試朱卷　史3-22180

光緒元年乙亥恩科甘肅鄉試同闈錄　史3-14810

光緒元年乙亥恩科四川鄉試硃卷　史3-22058～9

光緒元年乙亥恩科並補行咸豐十一年辛酉正科江南武鄉試卷　史3-18520

光緒元年乙亥恩科並補同治元年壬戌恩科雲南鄉試副貢硃卷　史3-22484

光緒元年乙亥年補行同治十一年壬申科江蘇歲貢卷　史3-23338

光緒元年乙亥年恩賜蔭生同年齒錄　史3-14862

光緒元年舉行乙亥恩科廣西武鄉試題名錄　史3-14679

光緒丙子正科並補帶壬戌恩科江南武鄉試題名錄　史3-14148

光緒丙子科浙江鄉試同年齒錄　史3-14268

光緒丙子清河縣志　史7-56673

光緒丙子年杭湖掃墓日記　史2-12857

光緒丙申年交涉要覽上篇、下篇　子7-36841

光緒丙午年交涉要覽　子7-36842

光緒丙午年交涉要覽上篇、中篇、下篇　史6-44928

光緒丙午年三編　子7-36845

光緒要錄　史1-1726

光緒西巡大事記　史1-4292,6-48076

光緒癸未路氏重纂宗譜[江蘇武進]　史5-37231

光緒癸巳恩科浙江鄉試同年齒錄　史3-14292

光緒癸卯恩科浙江鄉試同懷卷　史3-20833

光緒建元以來總督年表補稿、巡撫年表補稿　史3-23706

光緒建元以來總督年表初稿、巡撫年表初稿　史1-4831

光緒乙亥恩科並補帶辛酉正科江南武鄉試題名錄　史3-14144

光緒乙巳年交涉要覽上篇、下篇　史6-44927

光緒乙巳年三編　子7-36845

光緒己丑恩科浙江鄉試同年齒錄　史3-14284

光緒己丑年王氏纂修宗譜[安徽祁門]　史4-25286

光緒己卯科江西鄉試同年齒錄　史3-14407

光緒政要　史6-41743

光緒重修海寧州志藝文分類稿、碑目　史8-66093

光緒上諭　史6-47712

光緒仙居志、仙居集　史7-57647

光緒山東地方奏章　史6-48073

光緒外交電稿　史6-44980

光緒條約　史6-44949～51

光緒條約補遺　史6-44953

光緒以來軍機題名表、于香草先生傳、漠遊隨筆　史3-23705

光緒徵要錄、續　史6-47711

光緒河運保案鈔存　史6-47413

光緒滿漢奏摺檔　史6-48069

光緒湖北輿地記　史7-50687

光緒通商列表　史6-44012

光緒通商綜覈表　史6-44930

光緒通商綜覈類要　史6-44013

光緒通商綜核續表　史6-44016

光緒通商綜核表　子7-36249

光緒通商綜表　子7-36863

光緒通商綜□表　子7-36259

光緒十六年庚寅歲湖南歲貢卷　史3-23520

光緒十六年庚寅歲湖南恩貢卷　史3-23657

光緒十六年庚寅科浙江歲貢卷　史3-23448～50

光緒十六年庚寅科浙江恩貢卷　史3-23638

光緒十六年庚寅科國子監學正學錄同年齒

錄　史 3 - 13829

光緒十六年庚寅科會試錄、金榜題名錄　史
　3 - 13826

光緒十六年庚寅補行十四年戊子科江蘇歲
　貢卷　史 3 - 23378

光緒十六年庚寅恩科進士登科錄　史 3 -
　13828

光緒十六年庚寅恩科江蘇恩貢卷　史 3 -
　23599～604

光緒十六年庚寅恩科浙江恩貢卷　史 3 -
　23637、23639

光緒十六年庚寅恩科會試硃卷　史 3 -
　16375～82、16384～92、16394～407、16409～
　51、16453～5、16458～66、16468～75

光緒十六年庚寅恩科會試硃卷、光緒十六
　年庚寅恩科覆試卷　史 3 - 16393

光緒十六年庚寅恩科會試硃卷、光緒十五
　年己丑恩科順天鄉試硃卷　史 3 - 16383、
　16408、16452、16457

光緒十六年庚寅恩科會試硃卷、光緒十五
　年己丑恩科山西鄉試硃卷　史 3 - 16456

光緒十六年庚寅恩科會試硃卷、光緒十五
　年己丑恩科鄉試硃卷　史 3 - 16467

光緒十六年庚寅恩科會試同年齒錄　史 3 -
　13827

光緒十六年庚寅恩科會試闈墨　史 3 -
　16374

光緒十一年乙酉正科江南武鄉試題名錄
　史 3 - 14158

光緒十一年乙酉正科浙江武鄉試錄　史 3 -
　14277

光緒十一年乙酉正科浙江鄉試題名錄　史
　3 - 14276

光緒十一年乙酉科廣西鄉試硃卷　史 3 -
　21962

光緒十一年乙酉科廣西選拔貢卷　史 3 -
　23268

光緒十一年乙酉科廣東鄉試硃卷　史 3 -
　21924～5

光緒十一年乙酉科廣東選拔貢卷　史 3 -
　23263～5

光緒十一年乙酉科順天鄉試硃卷　史 3 -
　17426～31、17433～6、17439～74

光緒十一年乙酉科順天鄉試硃卷、光緒十
　一年乙酉科覆試卷　史 3 - 17432、17438

光緒十一年乙酉科順天鄉試硃卷、光緒十
　八年壬辰科會試謄錄硃卷　史 3 - 17437

光緒十一年乙酉科順天鄉試同年齒錄　史
　3 - 14012

光緒十一年乙酉科順天鄉試闈墨　史 3 -
　17424

光緒十一年乙酉科順天鄉試闈墨樣本　史

3 - 17425

光緒十一年乙酉科順天鄉試錄　史 3 -
　14011

光緒十一年乙酉科順天選拔貢卷　史 3 -
　22710～1

光緒十一年乙酉科優貢同年齒錄　史 3 -
　14867

光緒十一年乙酉科山西選拔貢卷　史 3 -
　22713

光緒十一年乙酉科山東鄉試硃卷　史 3 -
　21378～80

光緒十一年乙酉科山東鄉試朱卷　史 3 -
　21381

光緒十一年乙酉科山東鄉試題名錄　史 3 -
　14489

光緒十一年乙酉科各省選拔同年明經通譜
　史 3 - 14865

光緒十一年乙酉科各省選拔全錄　史 3 -
　14866

光緒十一年乙酉科安徽優貢卷　史 3 -
　22532

光緒十一年乙酉科安徽選拔貢卷　史 3 -
　22850～7

光緒十一年乙酉科江西鄉試副貢硃卷　史
　3 - 22467

光緒十一年乙酉科江西鄉試硃卷　史 3 -
　21060～70

光緒十一年乙酉科江西鄉試錄　史 3 -
　14409

光緒十一年乙酉科江西選拔貢卷　史 3 -
　23214

光緒十一年乙酉科江南優選貢卷　史 3 -
　22531

光緒十一年乙酉科江南鄉試副貢硃卷　史
　3 - 22303～6

光緒十一年乙酉科江南鄉試硃卷　史 3 -
　18724～9、18731～8、18740～86

光緒十一年乙酉科江南鄉試硃卷、光緒十
　一年乙酉科江蘇選拔貢卷　史 3 - 18739

光緒十一年乙酉科江南鄉試題名錄　史 3 -
　14156

光緒十一年乙酉科江南鄉試同懷硃卷　史
　3 - 18730

光緒十一年乙酉科江南安徽選拔貢卷　史
　3 - 22858

光緒十一年乙酉科江南選拔貢卷　史 3 -
　22836～9、22842、22848、22859

光緒十一年乙酉科江蘇優貢卷　史 3 -
　22530

光緒十一年乙酉科江蘇歲貢卷　史 3 -
　23372～3

光緒十一年乙酉科江蘇選拔貢卷　史 3 -

22824～33、22840～1、22843～7、22849

光緒十一年乙酉科江蘇選拔卷　史 3-22834～5

光緒十一年乙酉科河南鄉試硃卷　史 3-21499

光緒十一年乙酉科河南鄉試錄　史 3-14532

光緒十一年乙酉科河南選優貢卷　史 3-22674

光緒十一年乙酉科河南選拔貢卷　史 3-23231

光緒十一年乙酉科福建選拔貢卷　史 3-23197

光緒十一年乙酉科浙江武鄉試闈卷　史 3-20340

光緒十一年乙酉科浙江優貢卷　史 3-22617～9

光緒十一年乙酉科浙江歲貢卷　史 3-23439

光緒十一年乙酉科浙江鄉試副貢硃卷　史 3-22408～11

光緒十一年乙酉科浙江鄉試硃卷　史 3-20290～309、20311～21、20323～39

光緒十一年乙酉科浙江鄉試硃卷、光緒十一年乙酉科浙江優貢卷　史 3-20322

光緒十一年乙酉科浙江鄉試硃卷、光緒十一年乙酉科浙江選拔貢卷　史 3-20310

光緒十一年乙酉科浙江選拔貢卷　史 3-23064～99

光緒十一年乙酉科浙江選拔貢卷、光緒十一年乙酉科選拔會考卷　史 3-23062

光緒十一年乙酉科浙江選拔貢卷、光緒十年甲申年科試卷、光緒十一年乙酉科浙江會覆拔貢卷　史 3-23063

光緒十一年乙酉科湖北鄉試硃卷　史 3-21602

光緒十一年乙酉科湖北鄉試題名錄　史 3-14566

光緒十一年乙酉科湖南武鄉試硃卷　史 3-21789

光緒十一年乙酉科湖南鄉試硃卷　史 3-21782～4、21786～8

光緒十一年乙酉科湖南鄉試硃卷、光緒十一年乙酉科湖南選拔貢卷　史 3-21785

光緒十一年乙酉科湖南鄉試題名錄　史 3-14588

光緒十一年乙酉科湖南選拔貢卷　史 3-23254～6

光緒十一年乙酉科湖南闈墨　史 3-21781

光緒十一年乙酉科十八省優貢同年齒錄　史 3 14864

光緒十一年乙酉科十八省鄉試同年錄　史

3-13915

光緒十一年乙酉科十八省拔貢同年全錄　史 3-14863

光緒十一年乙酉科甘肅鄉試朱卷　史 3-22182

光緒十一年乙酉科貴州選拔貢卷　史 3-23280～1

光緒十一年乙酉科四川鄉試硃卷　史 3-22071

光緒十一年乙酉科四川選拔貢卷　史 3-23275～6

光緒十一年乙酉科四川選拔硃卷　史 3-23277

光緒十一年乙酉科陝西鄉試硃卷　史 3-22178

光緒十一年乙酉科陝西闈墨　史 3-22177

光緒十一年乙酉科八旗拔貢同年錄　史 3-14901

光緒十一年乙酉科會考題名錄　史 3-13816

光緒十一年乙酉補行元年乙亥恩科江蘇恩貢卷　史 3-23577

光緒十一年乙酉補行十年甲申科江蘇歲貢卷　史 3-23366

光緒十一年中法新約十條　史 6-45080

光緒十一年舉行乙酉正科浙江鄉試錄　史 3-14275

光緒十一年舉行乙酉科廣西鄉試題名錄　史 3-14683

光緒十二年丙戌歲湖南歲貢卷　史 3-23516

光緒十二年丙戌科浙江歲貢卷　史 3-23440～4

光緒十二年丙戌科教習同年全錄　史 3-14868

光緒十二年丙戌科會試聯捷硃卷　史 3-16225

光緒十二年丙戌科會試硃卷　史 3-16180～89、16191～5、16197～201、16203～13、16215～20、16222～3、16226～35、16237～44、16246～51、16253、16255～66

光緒十二年丙戌科會試硃卷、覆試卷　史 3-16214

光緒十二年丙戌科會試硃卷、墨筆抄錄年譜　史 3-16236

光緒十二年丙戌科會試硃卷、光緒二年丙子科帶補同治三年甲子科雲南鄉試硃卷　史 3-16254

光緒十二年丙戌科會試硃卷、光緒十一年乙酉科廣東鄉試硃卷　史 3-16221

光緒十二年丙戌科會試硃卷、光緒十一年乙酉科順天鄉試硃卷　史 3-16196、

16202、16245、16252

光緒十二年丙戌科會試硃卷、光緒十一年乙酉科江西鄉試硃卷、光緒八年壬午科江西選優貢卷　史3-16190

光緒十二年丙戌科會試硃卷、光緒十一年乙酉科河南鄉試硃卷　史3-16224

光緒十二年丙戌科會試同年齒錄　史3-13819

光緒十二年丙戌科會試闈墨　史3-16178

光緒十二年丙戌科會試第一房同門姓氏朱卷　史3-16179

光緒十三年丁亥科浙江歲貢卷　史3-23445

光緒十三年丁亥年補行五年己卯恩科江蘇恩貢卷　史3-23582

光緒十五年乙丑恩科福建鄉試硃卷　史3-20891～4

光緒十五年己丑庚寅科會試題名錄　史3-13821

光緒十五年己丑歲湖南歲貢卷　史3-23518

光緒十五年己丑科進士登科錄　史3-13823

光緒十五年己丑科江西武鄉試墨卷　史3-21092

光緒十五年己丑科江西恩貢卷　史3-23654

光緒十五年己丑科湖南正貢卷　史3-23519

光緒十五年己丑科湖南歲貢卷　史3-23517

光緒十五年己丑科內閣中書同年齒錄　史3-13825

光緒十五年己丑科金榜題名錄　史3-13824

光緒十五年己丑科會試硃卷　史3-16269～89、16291～3、16296～303、16305～7、16309～33、16335～8、16340、16342～6、16348、16350～68、16370～3

光緒十五年己丑科會試硃卷、光緒十五年己丑科覆試卷　史3-16304、16339

光緒十五年己丑科會試硃卷、光緒十四年戊子科廣西鄉試硃卷　史3-16334

光緒十五年己丑科會試硃卷、光緒十四年戊子科雲南鄉試硃卷　史3-16369

光緒十五年己丑科會試硃卷、光緒十四年戊子科順天鄉試硃卷　史3-16295

光緒十五年己丑科會試硃卷、光緒十四年戊子科順天鄉試硃卷、咸豐九年己未恩科鄉試謄錄卷　史3-16308

光緒十五年己丑科會試硃卷、光緒十四年戊子科順天鄉試硃卷、光緒十四年戊子

科覆試卷　史3-16349

光緒十五年己丑科會試硃卷、光緒十四年戊子科江西鄉試硃卷　史3-16341

光緒十五年己丑科會試同年齒錄　史3-13822

光緒十五年己丑科會試闈墨　史3-16267

光緒十五年己丑科會試第十七房同門朱卷　史3-16268

光緒十五年己丑恩科廣西鄉試硃卷　史3-21966～7、21969～70、21972～3、21975～86、21988～9、21991～4、21996～2009、22011～5、22017～20

光緒十五年己丑恩科廣東鄉試硃卷　史3-21928、21930

光緒十五年己丑恩科廣東鄉試硃卷、光緒十一年乙酉科廣東優貢卷　史3-21929

光緒十五年己丑恩科廣東鄉試錄　史3-14637

光緒十五年己丑恩科雲南鄉試題名錄　史3-14766

光緒十五年己丑恩科順天鄉試副貢硃卷　史3-22223

光緒十五年己丑恩科順天鄉試硃卷　史3-17504～10、17512～4、17516～23、17525

光緒十五年己丑恩科順天鄉試硃卷、光緒十四年戊子科順天鄉試硃卷　史3-17524

光緒十五年己丑恩科順天鄉試同年齒錄　史3-14017

光緒十五年己丑恩科順天鄉試同懷硃卷　史3-17511、17515

光緒十五年己丑恩科順天闈墨　史3-17503

光緒十五年己丑恩科山西鄉試硃卷　史3-17721

光緒十五年己丑恩科山東鄉試硃卷　史3-21385～6

光緒十五年己丑恩科山東鄉試朱卷　史3-21387～8

光緒十五年己丑恩科江西鄉試副貢硃卷　史3-22468

光緒十五年己丑恩科江西鄉試硃卷　史3-21077～91

光緒十五年己丑恩科江西鄉試錄　史3-14411

光緒十五年己丑恩科江西闈墨　史3-21076

光緒十五年己丑恩科江南武鄉試闈卷　史3-18917

光緒十五年己丑恩科江南武鄉試題名錄　史3-14165

光緒十五年己丑恩科江南鄉試副貢硃卷

史 3－22313～4

光緒十五年己丑恩科江南鄉試硃卷　史 3－18849～914

光緒十五年己丑恩科江南鄉試朱卷　史 3－18916

光緒十五年己丑恩科江南鄉試同年齒錄　史 3－14164

光緒十五年己丑恩科江南鄉試錄　史 3－14162

光緒十五年己丑恩科江南闈墨　史 3－18915

光緒十五年己丑恩科河南鄉試硃卷　史 3－21506～9

光緒十五年己丑恩科河南鄉試朱卷　史 3－21510

光緒十五年己丑恩科河南鄉試錄　史 3－14533

光緒十五年己丑恩科福建鄉試錄　史 3－14352

光緒十五年己丑恩科浙江武鄉試硃卷　史 3－20470

光緒十五年己丑恩科浙江武鄉試錄　史 3－14285

光緒十五年己丑恩科浙江鄉試副貢硃卷　史 3－22415～20

光緒十五年己丑恩科浙江鄉試硃卷　史 3－20397～469

光緒十五年己丑恩科浙江鄉試題　史 3－20396

光緒十五年己丑恩科浙江鄉試題名錄　史 3－14283

光緒十五年己丑恩科湖北鄉試硃卷　史 3－21603～5

光緒十五年己丑恩科湖北鄉試同年齒錄　史 3－14569

光緒十五年己丑恩科湖南鄉試硃卷　史 3－21793～8

光緒十五年己丑恩科湖南鄉試題名錄　史 3－14589

光緒十五年己丑恩科十八省鄉試同年錄　史 3－13918

光緒十五年己丑恩科甘肅鄉試硃卷　史 3－22183

光緒十五年己丑恩科甘肅鄉試朱卷　史 3－22184

光緒十五年己丑恩科四川鄉試硃卷　史 3－22075

光緒十五年己丑恩科四川鄉試同年錄　史 3－14721

光緒十五年己丑恩科陝西鄉試同年齒錄　史 3－14804

光緒十五年己丑恩科陝西鄉試錄　史 3－14803

光緒十五年己丑年恩賜蔭生同年齒錄　史 3－14869

光緒十五年舉行己丑恩科廣西鄉試硃卷　史 3－21965、21968、21971、21974、21987、21990、21995、22010、22016

光緒十五年舉行己丑恩科浙江鄉試錄　史 3－14282

光緒十五年八月邸抄　叢 2－1016

光緒十九年癸巳科雲南鄉試錄　史 3－14769

光緒十九年癸巳補行十八年庚寅科浙江歲貢卷　史 3－23447

光緒十九年癸巳恩科廣西鄉試朱卷　史 3－22022

光緒十九年癸巳恩科廣西鄉試題名錄　史 3－14686

光緒十九年癸巳恩科廣東五魁文章　史 3－21933

光緒十九年癸巳恩科廣東鄉試硃卷　史 3－21934～7

光緒十九年癸巳恩科廣東鄉試題名錄　史 3－14639

光緒十九年癸巳恩科廣東鄉試錄　史 3－14638

光緒十九年癸巳恩科順天鄉試副貢硃卷　史 3－22225

光緒十九年癸巳恩科順天鄉試硃卷　史 3－17593～4、17596～606、17608～19

光緒十九年癸巳恩科順天鄉試硃卷、光緒十九年癸巳恩科覆試卷　史 3－17607

光緒十九年癸巳恩科順天鄉試同年錄　史 3－14021

光緒十九年癸巳恩科順天鄉試同懷硃卷　史 3－17595

光緒十九年癸巳恩科順天闈墨　史 3－17592

光緒十九年癸巳恩科山西鄉試硃卷　史 3－17723

光緒十九年癸巳恩科山西鄉試題名錄　史 3－14070

光緒十九年癸巳恩科山西鄉試同年齒錄　史 3－14071

光緒十九年癸巳恩科山東鄉試硃卷　史 3－21391～2

光緒十九年癸巳恩科山東鄉試題名錄　史 3－14491

光緒十九年癸巳恩科江西鄉試硃卷　史 3－21100～23

光緒十九年癸巳恩科江西鄉試同年齒錄　史 3－14413

光緒十九年癸巳恩科江南武鄉試題名錄　史 3－14172

光緒十九年癸巳恩科江南鄉試副貢硃卷
　史 3-22319～20
光緒十九年癸巳恩科江南鄉試硃卷　史 3-
　18993～9016、19018～57
光緒十九年癸巳恩科江南鄉試硃卷、光緒
　五年己卯科江南鄉試硃卷、光緒十五年
　己丑科江南鄉試硃卷　史 3-19017
光緒十九年癸巳恩科江南鄉試齒錄　史 3-
　14170
光緒十九年癸巳恩科江南鄉試題名錄　史
　3-14169
光緒十九年癸巳恩科江南鄉試同年齒錄
　史 3-14171
光緒十九年癸巳恩科河南鄉試硃卷　史 3-
　21514～6
光緒十九年癸巳恩科河南鄉試朱卷　史 3-
　21517
光緒十九年癸巳恩科河南鄉試同年齒錄
　史 3-14536
光緒十九年癸巳恩科福建鄉試硃卷　史 3-
　20897～901
光緒十九年癸巳恩科福建同年齒錄　史 3-
　14355
光緒十九年癸巳恩科浙江武鄉試闈卷　史
　3-20558～9
光緒十九年癸巳恩科浙江鄉試副貢硃卷
　史 3-22427～30
光緒十九年癸巳恩科浙江鄉試硃卷　史 3-
　20523～55、20557
光緒十九年癸巳恩科浙江鄉試題名錄　史
　3-14291
光緒十九年癸巳恩科浙江闈墨　史 3-
　20522
光緒十九年癸巳恩科湖北文鄉試錄　史 3-
　14573
光緒十九年癸巳恩科湖北鄉試硃卷　史 3-
　21610～1、21613～20
光緒十九年癸巳恩科湖北鄉試硃卷、光緒
　十七年辛卯科湖北鄉試硃卷、光緒十七
　年辛卯科湖北擬取優選貢卷、刻光緒十
　七年辛卯科江漢書院甄別卷　史 3-
　21612
光緒十九年癸巳恩科湖北鄉試題名錄　史
　3-14574
光緒十九年癸巳恩科湖南鄉試朱卷　史 3-
　21806～8
光緒十九年癸巳恩科湖南鄉試題名錄　史
　3-14592
光緒十九年癸巳恩科湖南闈墨　史 3-
　21805
光緒十九年癸巳恩科十八省正副榜同年全
　錄　史 3-13920

光緒十九年癸巳恩科甘肅鄉試題　史 3-
　22185
光緒十九年癸巳恩科貴州鄉試朱卷　史 3-
　22137
光緒十九年癸巳恩科四川鄉試硃卷　史 3-
　22118～23
光緒十九年癸巳恩科四川鄉試題名錄　史
　3-14722
光緒十九年癸巳恩科欽賜舉人卷　史 3-
　20556
光緒十七年辛卯正科順天鄉試硃卷　史 3-
　17528～34、17536～91
光緒十七年辛卯正科順天鄉試硃卷、光緒
　十九年癸巳恩科順天鄉試硃卷　史 3-
　17535
光緒十七年辛卯正科江西鄉試錄　史 3-
　14412
光緒十七年辛卯正科江南武鄉試題名錄
　史 3-14168
光緒十七年辛卯正科浙江鄉試題名錄　史
　3-14287
光緒十七年辛卯科廣西鄉試硃卷　史 3-
　22021
光緒十七年辛卯科廣東鄉試硃卷　史 3-
　21931
光緒十七年辛卯科廣東鄉試朱卷　史 3-
　21932
光緒十七年辛卯科雲南鄉試同年齒錄　史
　3-14768
光緒十七年辛卯科雲南鄉試錄　史 3-
　14767
光緒十七年辛卯科順天優行貢卷　史 3-
　22488
光緒十七年辛卯科順天鄉試副貢硃卷　史
　3-22224
光緒十七年辛卯科順天鄉試同年齒錄　史
　3-14018
光緒十七年辛卯科順天鄉試第十一房同門
　朱卷　史 3-17526
光緒十七年辛卯科順天闈墨　史 3-17527
光緒十七年辛卯科山西鄉試硃卷　史 3-
　17722
光緒十七年辛卯科山東鄉試硃卷　史 3-
　21389
光緒十七年辛卯科山東鄉試硃卷、光緒十
　八年各直省鄉試覆試卷　史 3-21390
光緒十七年辛卯科安徽優貢卷　史 3-
　22548
光緒十七年辛卯科江西優貢卷　史 3-
　22665
光緒十七年辛卯科江西鄉試硃卷　史 3-
　21094～9

中國古籍總目·索引

光緒十七年辛卯科江西闈墨　史3-21093

光緒十七年辛卯科江南鄉試副貢硃卷　史3-22315～8

光緒十七年辛卯科江南鄉試硃卷　史3-18919～92

光緒十七年辛卯科江南鄉試朱卷　史3-18918

光緒十七年辛卯科江南鄉試題名錄　史3-14167

光緒十七年辛卯科江蘇優貢卷　史3-22545～7

光緒十七年辛卯科江蘇歲貢卷　史3-23382

光緒十七年辛卯科河南鄉試硃卷　史3-21511

光緒十七年辛卯科河南鄉試同年全錄　史3-14535

光緒十七年辛卯科河南鄉試同懷硃卷　史3-21512

光緒十七年辛卯科河南鄉試錄　史3-14534

光緒十七年辛卯科福建鄉試硃卷　史3-20896

光緒十七年辛卯科福建鄉試題名錄　史3-14353

光緒十七年辛卯科福建選優貢卷　史3-22655

光緒十七年辛卯科福建闈墨　史3-20895

光緒十七年辛卯科浙江武鄉試闈卷　史3-20521

光緒十七年辛卯科浙江優貢卷　史3-22624

光緒十七年辛卯科浙江歲貢卷　史3-23451

光緒十七年辛卯科浙江鄉試副貢硃卷　史3-22421～6

光緒十七年辛卯科浙江鄉試硃卷　史3-20471、20473～520

光緒十七年辛卯科浙江鄉試同年齒錄　史3-14288

光緒十七年辛卯科浙江鄉試同懷硃卷　史3-20472

光緒十七年辛卯科浙江選優貢卷　史3-22625

光緒十七年辛卯科浙江原取優貢卷　史3-22623

光緒十七年辛卯科湖北優選貢卷　史3-22678

光緒十七年辛卯科湖北鄉試硃卷　史3-21606、21608～9

光緒十七年辛卯科湖北鄉試題名錄　史3-14572

光緒十七年辛卯科湖南鄉試朱卷　史3-21799～803

光緒十七年辛卯科湖南鄉試題名錄　史3-14590

光緒十七年辛卯科湖南闈墨　史3-21804

光緒十七年辛卯科湖南等七省鄉試同年齒錄　史3-14591

光緒十七年辛卯科十五年己丑恩科榜併湖北鄉試硃卷　史3-21607

光緒十七年辛卯科十八省鄉試同年全錄　史3-13919

光緒十七年辛卯科四川鄉試硃卷　史3-22076～89、22091～117

光緒十七年辛卯科四川鄉試硃卷、光緒十七年辛卯科四川優行貢卷　史3-22090

光緒十七年辛卯科陝西鄉試題名錄　史3-14805

光緒十七年辛卯科同年齒錄　史3-13830

光緒十七年辛卯補行十六年庚寅科安徽歲貢卷　史3-23381

光緒十七年辛卯年補行十六年庚寅科江蘇歲貢卷　史3-23380

光緒十七年辛卯年補行十五年己丑科江蘇歲貢卷　史3-23379

光緒十七年丁酉二十四年戊戌科鄉會連捷朱卷　史3-16775

光緒十七年舉行辛卯正科浙江鄉試錄　史3-14286

光緒十四年戊子正科江南武鄉試題名錄　史3-14161

光緒十四年戊子正科江南鄉試副貢硃卷　史3-22307～12

光緒十四年戊子正科浙江鄉試題名錄　史3-14279

光緒十四年戊子正科湖北文鄉試錄　史3-14567

光緒十四年戊子科廣西鄉試硃卷　史3-21964

光緒十四年戊子科廣西鄉試錄　史3-14684

光緒十四年戊子科廣西同年齒錄　史3-14685

光緒十四年戊子科廣東鄉試硃卷　史3-21926～7

光緒十四年戊子科雲南鄉試硃卷　史3-22151

光緒十四年戊子科順天鄉試副貢硃卷　史3-22220～2

光緒十四年戊子科順天鄉試硃卷　史3-17476～98、17500～2

光緒十四年戊子科順天鄉試硃卷、光緒十四年戊子科總理各國事務衙門錄科卷

史 3 - 17499

光緒十四年戊子科順天鄉試題目　史 3 -
17475

光緒十四年戊子科順天鄉試同年齒錄　史
3 - 14014

光緒十四年戊子科順天鄉試錄　史 3 -
14013

光緒十四年戊子科山西鄉試朱卷　史 3 -
17720

光緒十四年戊子科山東鄉試硃卷　史 3 -
21382

光緒十四年戊子科山東鄉試朱卷　史 3 -
21383～4

光緒十四年戊子科安徽優貢卷　史 3 -
22539、22543

光緒十四年戊子科安徽優行貢卷　史 3 -
22544

光緒十四年戊子科安徽優選貢卷　史 3 -
22540～2

光緒十四年戊子科江西部卷　史 3 - 23504

光緒十四年戊子科江西鄉試硃卷　史 3 -
21071～5

光緒十四年戊子科江西鄉試錄　史 3 -
14410

光緒十四年戊子科江西選優貢卷　史 3 -
22664

光緒十四年戊子科江南鄉試硃卷　史 3 -
18788～810、18813～48

光緒十四年戊子科江南鄉試硃卷、光緒十
五年己丑科會試謄錄卷　史 3 - 18812

光緒十四年戊子科江南鄉試題名錄　史 3 -
14159

光緒十四年戊子科江南鄉試同里硃卷　史
3 - 18811

光緒十四年戊子科江南闈墨　史 3 - 18787

光緒十四年戊子科江蘇優貢卷　史 3 -
22533～7

光緒十四年戊子科江蘇歲貢卷　史 3 -
23374～6

光緒十四年戊子科江蘇彙考優貢卷　史 3 -
22538

光緒十四年戊子科河南鄉試硃卷　史 3 -
21500～5

光緒十四年戊子科福建鄉試硃卷　史 3 -
20888～90

光緒十四年戊子科福建鄉試題名錄　史 3 -
14351

光緒十四年戊子科福建選優貢卷　史 3 -
22654

光緒十四年戊子科浙江武鄉試硃卷　史 3 -
20394～5

光緒十四年戊子科浙江優貢卷　史 3 -

22620～2

光緒十四年戊子科浙江歲貢卷　史 3 -
23446

光緒十四年戊子科浙江鄉試副貢硃卷　史
3 - 22412～4

光緒十四年戊子科浙江鄉試硃卷　史 3 -
20341～93

光緒十四年戊子科浙江鄉試錄　史 3 -
14278

光緒十四年戊子科湖北鄉試題名錄　史 3 -
14568

光緒十四年戊子科湖南優貢試卷　史 3 -
22690

光緒十四年戊子科湖南優貢卷　史 3 -
22688～9

光緒十四年戊子科湖南鄉試硃卷　史 3 -
21791～2

光緒十四年戊子科湖南闈墨　史 3 - 21790

光緒十四年戊子科十八省正副榜同年全錄
史 3 - 13916

光緒十四年戊子科貴州鄉試硃卷　史 3 -
22136

光緒十四年戊子科貴州鄉試題名錄　史 3 -
14747

光緒十四年戊子科四川鄉試副貢硃卷　史
3 - 22483

光緒十四年戊子科四川鄉試硃卷　史 3 -
22073

光緒十四年戊子科四川鄉試朱卷　史 3 -
22074

光緒十四年戊子科四川鄉試同年齒錄　史
3 - 14720

光緒十四年戊子科四川鄉試闈墨　史 3 -
22072

光緒十四年戊子科同年齒錄　史 3 - 13917

光緒十四年戊子補行五年己卯恩科江蘇恩
貢卷　史 3 - 23581、23583～7

光緒十四年戊子補行九年癸未科浙江歲貢
卷　史 3 - 23436

光緒十四年舉行戊子科廣西鄉試硃卷　史
3 - 21963

光緒十八年壬辰科江蘇歲貢卷　史 3 -
23383～4

光緒十八年壬辰科江蘇恩貢卷　史 3 -
23605

光緒十八年壬辰科浙江歲貢卷　史 3 -
23452

光緒十八年壬辰科會試硃卷　史 3 - 16477～
81、16483～4、16486～94、16496～7、16499～
513、16515～21、16523～9、16531～3、16535、
16537、16539～40、16542～7、16550～5、
16557～9、16563～73

光緒十八年壬辰科會試硃卷、山西鄉試朱
　卷　史3-16485

光緒十八年壬辰科會試硃卷、光緒元年乙
　亥恩科順天鄉試硃卷　史3-16522

光緒十八年壬辰科會試硃卷、光緒十五年
　己丑恩科順天鄉試硃卷　史3-16530

光緒十八年壬辰科會試硃卷、光緒十七年
　辛卯科順天鄉試硃卷　史3-16498、
　16536、16556

光緒十八年壬辰科會試硃卷、光緒十七年
　辛卯科江南鄉試硃卷　史3-16538

光緒十八年壬辰科會試硃卷、光緒十七年
　辛卯科河南鄉試硃卷　史3-16534、
　16548～9

光緒十八年壬辰科會試硃卷、光緒十八年
　壬辰正科殿試策　史3-16514

光緒十八年壬辰科會試硃卷、光緒十八年
　壬辰科覆試卷　史3-16541

光緒十八年壬辰科會試墨卷　史3-16560～1

光緒十八年壬辰科會試墨卷、光緒十四年
　戊子科鄉試墨卷　史3-16562

光緒十八年壬辰科會試同年齒錄　史3-
　13831

光緒十八年壬辰科會試第十五號房同門朱
　卷　史3-16476

光緒十八年壬辰補行七年辛巳科江蘇恩貢
　卷　史3-23588

光緒十八年壬辰補行七年辛巳恩貢科江蘇
　恩貢卷　史3-23589

光緒十八年壬辰年補行七年辛巳恩科江蘇
　恩貢卷　史3-23590

光緒十八年進士登科錄　史3-13832

光緒十年酌定釐金章程　史6-43599

光緒十年各省兵數册　史6-45184

光緒十年中法失和往來照會第二册　史6-
　45078

光緒十年四月中法天津立約原條文附往來
　照會　史6-45079

光緒十年甲申歲試補行七年辛巳科浙江恩
　貢卷　史3-23633

光緒十年甲申科浙江歲貢卷　史3-23437～8

光緒十年甲申科補行六年庚辰歲江蘇歲貢
　卷　史3-23360

光緒十年甲申科補行六年庚辰科七年辛巳
　考准江蘇歲貢卷　史3-23361

光緒十年甲申科補行六年庚辰科江蘇歲貢
　卷　史3-23355～7、23359

光緒十年甲申科補行五年己卯預行六年庚
　辰科江蘇歲貢卷　史3 23358

光緒十年甲申科補行元年乙亥恩科江蘇恩

貢卷　史3-23579

光緒十年甲申科十一年乙酉考准江蘇歲貢
　卷　史3-23369

光緒十年甲申科十一年乙酉年考准江蘇歲
　貢卷　史3-23368

光緒十年甲申十一年乙酉科安徽考歲貢卷
　史3-23371

光緒十年甲申十一年乙酉科江蘇歲貢卷
　史3-23367、23370

光緒十年甲申年補行元年乙亥科江蘇恩貢
　卷　史3-23578

光緒九年癸未科湖北會試硃卷　史3-
　16177

光緒九年癸未科會試硃卷　史3-16076、
　16078～84、16086～8、16090～3、16095～9、
　16101～9、16111～2、16114～6、16118～28、
　16130～46、16148～68、16170、16173～4、
　16176

光緒九年癸未科會試硃卷、光緒九年癸未
　科覆試卷　史3-16085、16094、16147

光緒九年癸未科會試硃卷、光緒九年癸未
　科順天鄉試朱卷　史3-16175

光緒九年癸未科會試硃卷、光緒五年己卯
　科順天鄉試硃卷　史3-16100

光緒九年癸未科會試硃卷、光緒五年己卯
　科鄉試硃卷　史3-16110

光緒九年癸未科會試硃卷、光緒元年乙亥
　恩科順天鄉試硃卷　史3-16089

光緒九年癸未科會試硃卷、光緒八年壬午
　科順天鄉試硃卷　史3-16129

光緒九年癸未科會試硃卷、光緒八年壬午
　科山西鄉試硃卷　史3-16117、16169

光緒九年癸未科會試硃卷、光緒八年壬午
　科河南鄉試硃卷　史3-16113

光緒九年癸未科會試朱卷　史3-16171～2

光緒九年癸未科會試同年齒錄　史3-
　13814

光緒九年癸未科會試同懷硃卷　史3-
　16077

光緒九年癸未科會試第七房同門朱卷　史
　3-16075

光緒九年癸未會墨　史3-16074

光緒九年癸未科進士登科錄　史3-13815

光緒九年癸未科會試錄　史3-13813

光緒大婚禮節　史6-42178

光緒大事彙鑑　史1-4227　叢2-2225

光緒直隸省地糧徵信册　史6-43420

光緒七年育嬰堂增補章程八條　史6-
　44629

光緒七年辛巳歲湖北歲貢卷　史3-23508

光緒七年辛巳歲湖南歲貢卷　史3-23515

光緒七年辛巳科浙江歲貢卷　史3-23433
光緒七年辛巳科湖北歲貢卷　史3-23507
光緒七年辛巳補行六年庚辰科江蘇歲貢卷　史3-23354
光緒七年辛巳補行五年己卯科江蘇歲貢卷　史3-23353
光緒七年辛巳考行六年庚辰科浙江恩貢卷　史3-23629
光緒七年辛巳恩科江蘇恩貢卷　史3-23593
光緒七年中俄改定條約　子7-36844
光緒杭州府志稿　史7-57142
光緒貳拾年舉行甲午正科雲南武鄉試錄　史3-14770
光緒蘭谿縣志、補遺　史7-57589
光緒勘定西北邊界俄文譯漢圖例言　史6-45677
光緒朝新編條約　史6-44952
光緒朝海關大宗進出貨價表　史6-44018
光緒朝奏摺雜抄　史6-48086
光緒朝曲譜十種　集7-54759
光緒增改郡縣表、續輯　史7-49777
光緒中法界約　史6-45082
光緒奏牘　史6-48051
光緒奏摺檔　史6-48068
光緒束鹿鄉土志　史7-54912
光緒戊子己丑科鄉會聯捷硃卷、光緒十四年戊子科江南鄉試同里硃卷、光緒十四年戊子科江蘇優貢卷　史3-16290
光緒戊子科丁酉科浙江鄉試同年齒錄　史3-14280
光緒戊戌科會試第十四房同門姓氏硃卷　集6-45471
光緒戊戌年列國歲計表　子7-36228(2)
光緒井研志　史8-61895
光緒拾貳年分沂州府蘭山縣賦役全書　史6-43716
光緒四年戊寅科江蘇歲貢卷　史3-23352
光緒四年戊寅科浙江部卷　史3-23428
光緒四年戊寅科浙江歲貢卷　史3-23427
光緒甲辰日記(清光緒三十年)　史2-13229
光緒甲午科河南鄉試題名錄　史3-14538
光緒甲午科河南鄉試同年全錄　史3-14539
光緒甲午科浙江鄉試同年齒錄　史3-14295
光緒甲午奏稿　史6-48047
光緒財政通纂　史6-43197
光緒戶部官單　叢2-1980
光緒興地韻編　史7-49760　叢1-491

光緒八年壬午正科江南武鄉試錄　史3-14155
光緒八年壬午正科浙江鄉試錄　史3-14272
光緒八年壬午科廣西鄉試硃卷　史3-21961
光緒八年壬午科廣東武鄉試墨卷　史3-21922～3
光緒八年壬午科廣東鄉試硃卷　史3-21920～1
光緒八年壬午科雲南鄉試硃卷　史3-22150
光緒八年壬午科順天文鄉試錄　史3-14009
光緒八年壬午科順天鄉試硃卷　史3-17398～402、17404～12、17415～23
光緒八年壬午科順天鄉試硃卷、光緒二年丙子科順天鄉試硃卷　史3-17403
光緒八年壬午科順天鄉試同年齒錄　史3-14010
光緒八年壬午科順天鄉試同懷硃卷　史3-17413
光緒八年壬午科順天鄉試父子同榜硃卷　史3-17414
光緒八年壬午科山西鄉試硃卷　史3-17719
光緒八年壬午科山東鄉試硃卷　史3-21376
光緒八年壬午科山東鄉試硃卷、山東優選貢卷　史3-21377
光緒八年壬午科山東鄉試題名錄　史3-14487
光緒八年壬午科山東鄉試同年齒錄　史3-14488
光緒八年壬午科安徽優貢卷　史3-22529
光緒八年壬午科安徽歲貢卷　史3-23365
光緒八年壬午科江西部卷　史3-23653
光緒八年壬午科江西鄉試硃卷　史3-21057～9
光緒八年壬午科江西鄉試錄　史3-14408
光緒八年壬午科江西選優貢卷　史3-22663
光緒八年壬午科江南歲貢卷　史3-23364
光緒八年壬午科江南鄉試副貢硃卷　史3-22297～302
光緒八年壬午科江南鄉試硃卷　史3-18656～719、18721～3
光緒八年壬午科江南鄉試題名錄　史3-14153
光緒八年壬午科江南鄉試同年齒錄　史3-14154
光緒八年壬午科江南闈墨　史3-18720

光緒八年壬午科江蘇優貢卷　史3-22527

光緒八年壬午科江蘇優行貢卷　史3-22528

光緒八年壬午科河南鄉試硃卷　史3-21496

光緒八年壬午科河南鄉試朱卷　史3-21497～8

光緒八年壬午科河南鄉試題名錄　史3-14531

光緒八年壬午科河南鄉試錄　史3-14530

光緒八年壬午科福建鄉試錄　史3-14350

光緒八年壬午科福建舉貢同年齒錄　史3-14981

光緒八年壬午科浙江武鄉試墨卷　史3-20289

光緒八年壬午科浙江優貢卷　史3-22615～6

光緒八年壬午科浙江歲貢卷　史3-23434～5

光緒八年壬午科浙江鄉試副貢硃卷　史3-22404～7

光緒八年壬午科浙江鄉試硃卷　史3-20246、20248～88

光緒八年壬午科浙江鄉試題名錄　史3-14273

光緒八年壬午科浙江鄉試同年齒錄　史3-14274

光緒八年壬午科浙江鄉試第拾叄房同門朱卷　史3-20247

光緒八年壬午科浙江恩貢卷　史3-23634

光緒八年壬午科湖北優選貢卷　史3-22676

光緒八年壬午科湖北鄉試硃卷　史3-21601

光緒八年壬午科湖北鄉試硃卷、光緒八年壬午科湖北擬取優貢卷　史3-21600

光緒八年壬午科湖南鄉試硃卷　史3-21775～80

光緒八年壬午科湖南闈墨　史3-21774

光緒八年壬午科四川優行貢卷　史3-22698

光緒八年壬午科四川鄉試硃卷　史3-22070

光緒八年壬午科陝西鄉試題名錄　史3-14802

光緒八年壬午科會試朱卷　史3-16073

光緒八年壬午補行七年辛巳科江蘇歲貢卷　史3-23362～3

光緒八年壬午考行元年乙亥歲科浙江歲貢卷　史3-23423

光緒八年壬午恩科浙江恩貢卷　史3-23636

光緒八年壬午年恩貢浙江恩貢卷　史3-23635

光緒金華縣志　史7-57578

光緒年各司奏稿　史6-48017

光緒年各科鄉試摘錄及同門錄　史3-13909

光緒會計表　史6-43371

光緒會計錄　史6-41535、43369～70

光緒會典　叢2-2131

光緒會典(周禮今證)、會典學十要、內閣要義、六部總義、欽定職官總目、職官增減裁併及堂屬簡明表　叢2-2129(2)

光緒會典、會典學十要、內閣要義、六部總義、欽定職官總目、職官增減裁併及堂屬簡明表　史6-41702

光緒餘杭縣志稿　史7-57158

光緒餘姚豐山毛氏譜[浙江餘姚]　史4-25595

光緒恆春縣志　史8-63483

光緒二十九年癸卯補行二十七年辛丑二十八年壬寅恩正科會試卷　史3-16811

光緒二十九年癸卯恩科順天鄉試同年齒錄　史3-14031

光緒二十九年癸卯恩科江南鄉試題名錄　史3-14180

光緒二十九年癸卯恩科福建闈墨　史3-20912

光緒二十九年癸卯恩科四川文闈鄉試錄　史3-14727

光緒二十九年癸卯年恩科鄉試順天闈墨　史3-17688

光緒二十四年進士登科錄　史3-13840

光緒二十八年辛丑壬寅恩正併科會試題名錄　史3-13844

光緒二十八年辛丑壬寅恩正併科會試同年齒錄　史3-13845

光緒二十八年壬寅補行庚子辛丑恩正併科順天鄉試同年錄　史3-14028

光緒二十八年壬寅補行庚子辛丑恩正併科順天鄉試錄　史3-14025

光緒二十八年壬寅補行庚子辛丑恩正併科各省鄉試同年全錄　史3-13925

光緒二十年甲午科湖南鄉試題名錄　史3-14593

光緒二年丙子正科浙江鄉試錄　史3-14266

光緒二年丙子科江南鄉試同年齒錄　史3-14147

光緒二年丙子恩科進士登科錄　史3-13805

光緒二年丙子恩科會試闈墨　史3-15857

光緒五年己卯正科並帶補丁卯科雲南省鄉試錄　史3-14763

光緒五年己卯科江南鄉試同年齒錄　史3-14151

光緒五年己卯科江南鄉試錄　史3-14149

光緒五年己卯科並補行丁卯科雲南鄉試同年齒錄　史3-14764

光緒元年乙亥恩科浙江鄉試題名錄　史3-14265

光緒壬寅江南闈藝　史3-19222

光緒十一年乙酉科雲南省鄉試　史3-14765

光緒十一年乙酉科江南鄉試同年齒錄　史3-14157

光緒十一年乙酉科八旗同年全錄　史3-14900

光緒十二年丙戌科進士登科錄　史3-13820

光緒十二年丙戌科會試同年錄　史3-13818

光緒十二年丙戌科會試錄　史3-13817

光緒十五年己丑恩科順天鄉試錄　史3-14016

光緒十五年己丑恩科江南鄉試題名錄　史3-14163

光緒十五年己丑恩科湖北武闈鄉試錄　史3-14570

光緒十五年己丑恩科內閣中書同年齒錄　史3-14870

光緒十九年癸巳恩科順天鄉試同年齒錄　史3-14020

光緒十九年癸巳恩科山東鄉試錄　史3-14490

光緒十九年癸巳恩科河南鄉試薦卷簿　史3-21513

光緒十九年癸巳恩科福建鄉試題名錄　史3-14354

光緒十九年癸巳恩科浙江鄉試錄　史3-14290

光緒十七年辛卯科順天鄉試同年全錄　史3-14019

光緒十七年辛卯科江南鄉試錄　史3-14166

光緒十七年辛卯科湖北鄉試錄　史3-14571

光緒十七年舉行辛卯科浙江武鄉試錄　史3-14289

光緒十四年戊子科廣東鄉試錄　史3-14636

光緒十四年戊子科江南鄉試同年齒錄　史3-14160

光緒十四年舉行戊子正科浙江武鄉試錄　史3-14281

光緒八年壬午科十八省鄉試同年錄　史3-13914

光緒八年壬午科四川鄉試題名錄　史3-14719

27　光色考　子7-36240(4)

28　光復堂詩稿　集3-20015

30　光宣荊續志[民國]　史7-56934

光宣華婁縣志[民國]　史7-56476

光宣僉載　史1-4228　叢2-626、2146~7

光寵集續編　叢2-888

31　光福諸山記　史7-56989

光福許氏貯書樓收藏碑版目、宋金元石刻　史8-64762

光福志[道光]　史7-56983

光福志[光緒]　史7-56984

32　光州鄉土志[光緒]　史8-59989

光州志[康熙]　史8-59985

光州志[順治]　史8-59984

光州志[乾隆]　史8-59986~7

光州志[光緒]　史8-59988

光溪鮑氏宗譜[浙江鄞州]　史5-40253

光溪楊氏宗譜[浙江鄞州]　史5-36852

光溪鍾氏宗譜[浙江鄞縣]　史5-40591~3

36　光澤縣續志[康熙]　史8-58242

光澤縣鄉土志畧[光緒]　史8-58246

光澤縣志[康熙]　史8-58241

光澤縣志[道光]　史8-58244

光澤縣志[乾隆]　史8-58243

光澤縣志[光緒]　史8-58245

37　光祿集　集2-9004、9844,6-45094

光祿大夫建威將軍張公集　集5-37719

光祿寺進康熙六十一年四月分內用豬鴨果品等項錢糧數目黃冊　史1-1985,6-47365

光祿寺則例　史6-47027~8

光祿公賦稿　集4-30015

38　光裕堂詩集　集5-36642

光裕堂琴譜　子3-17688

光啓堂文集　集3-14015

44　光孝集(朱瑋)　史2-9633

光孝寺志　史7-51704

光菴集　集2-6118~20

46　光棍哭妻一套　集7-50953

60　光羅密鏡　子7-32111

62　光影光視及光行速率考　子7-36240(4)

66　光器考　子7-36240(4)

67　光明一心地藏寶懺　子7-32111

光明藏(醒言)　子4-20843　叢1-142

光明眼科　子2-7344

71　光原考　子7-36240(4)

77　光學　子7-36228(2)、36237、36241

光學、視學諸器圖說　子7-36231(5)、37642
光學新理　子7-36254
光學新法圖論　子7-36254
光學須知　子7-36230、37644
光學釋器遠鏡說　子7-36254
光學釋器顯微鏡說　子7-36254
光學述墨　子7-37649
光學考　子7-36240(4)、36245
光學書目考　子7-36240(4)
光學揭要　子7-36250、37647
光學圖說　子7-36228(4)、37643
光學入門　子7-36254
光學策　子7-36236

9021₄ 雀

11 雀研齋文錄　集6-42067
16 雀硯齋文集　集4-24436
　雀硯齋集　集4-24435

9022₇ 券

60 券易苞、校勘記、校勘續記　經1-2154　叢2-870(2)

尚

01 尚顏詩集　集1-1763,6-41872
04 尚詩徵名、敍錄　經1-4326
08 尚論文抄　叢2-2270(3)
　尚論張仲景傷寒論、後篇、校勘記、校勘續記　叢2-870(3)
　尚論張仲景傷寒論重論　子2-6651
　尚論翼　子2-6569
　尚論編　史1-5527、5539　子4-23834
　尚論持平　子4-19491、21146
　尚論錄四錄　子4-22432
　尚論篇　子2-6340、6346
　尚論篇(尚論張仲景傷寒論重編)　子2-6339
　尚論篇、後篇　子2-4584　叢1-223(34)
　尚論篇、尚論後篇　子2-6341
25 尚仲賢雜劇四種附三種　叢2-720(4)
26 尚白齋鐫陳眉公訂正祕笈二十一種　叢1-105
　尚白齋鐫陳眉公家藏祕笈續函(寶顏堂續祕笈)五十種　叢1-106
　尚白齋鐫陳眉公寶顏堂祕笈(眉公雜著)十七種　叢1-110
　尚白齋鍥讀書十六觀附書畫金湯　叢2-1172
27 尚約文鈔　集2-6729～30
　尚約居士集　集2-6728
　尚絅廬詩存　集4-30809
　尚絅齋詩集、文集　集2-6059
　尚絅齋集　集2-6060　叢1-223(62)、2-860
　尚絅生小語　子4-23096
　尚絅堂詩集　集4-24820
　尚絅堂詩集、文集、駢文　集4-24821
　尚絅堂詩集、詞集、駢體文　集4-24819
　尚絅堂詩集、箏船詞、駢文　集4-24822
　尚絅堂詩集、箏船詞、駢體文集、律賦、試帖、制藝　集4-24823
　尚絅堂詞集　集7-47381
　尚絅堂尺牘　集6-45195
　尚絅堂駢體文　叢1-462
28 尚儉堂詩存　集5-41388
40 尚友記　史2-7640、7647　叢2-712
　尚友集、續集　史1-1308
　尚友編　集6-42990
　尚友約編　叢1-375
　尚友叢書七種　叢1-192
　尚友書塾程作　叢2-2270(4)
　尚友書塾大課目　叢2-2270(4)
　尚友書塾少學目　叢2-2270(4)
　尚友吟　集5-35816
　尚友錄　史1-5797,2-6217　子4-23033,5-25176
　尚友錄、補遺　史2-6218　子5-25177
　尚友錄統編　子5-25485
　尚友錄續集　史2-6219　子5-25486
　尚友篇　叢2-2270(3)
　尚友堂文集　集2-9868,4-22574　叢2-1539
　尚友堂文稿　集5-36335
　尚友堂詩集　集2-9867
　尚友堂說詩　叢2-1539
　尚友堂醫案　子2-10653
　尚直編　子7-34065
　尚志廬摘集經驗方　子2-9832
　尚志齋慎思記、訟過記　子1-1868　叢2-886(2)
　尚志書屋算草　子3-12777
　尚志居讀書記　子1-1891

尚志居集　集4-31166
尚志居集、補遺、讀書記　集4-31167
尚志居稿　集4-31168
尚志居日誌　史2-12867
尚志館文述、補　集3-16042
尚志堂文集　集5-37819
尚志堂詩集　集3-21069
尚志堂詩稿　集5-35582
尚志堂詩草　集5-35964
尚古類氏　史2-13410
尚古類氏集　子5-24983
48 尚幹鄉土志[光緒]　史8-58173
50 尚史　史1-175　叢1-223(20)
尚書　經1-1、4～5、10～1、13～5、18、50、59、
　63、166、2511、2516～9、2556、2620、2692～3、
　2784　叢1-217、2-697、698(1)、1092、
　1443、1747、1985
尚書,考證　經1-16、2604
尚書序目決疑　經1-3376、3411
尚書序錄　經1-3367　叢1-419、2-731
　(63)
尚書商誼　經1-3091　叢2-2127
尚書帝驗期　經1-171、3445～6　叢1-273
　(2)、274(2)、2-731(13)、821、1872
尚書帝命期　經1-176、3443～4　叢1-22
　(1)、23(1)、330～1
尚書帝命驗　經1-171、174、3438～9、3441～
　2、3504　叢1-273(2)、274(2)、2-731(13)、
　771(2)、772(3)、773(3)、821、1872
尚書帝命驗(尚書帝命期、尚書帝驗期、尚
　書帝命驗期、尚書令命驗)　經1-172
尚書帝命驗宋注　經1-3447　叢2-775(3)
尚書方氏宗譜[江西婺源]　史4-25862～5
尚書廣聽錄　叢1-223(6)、2-1309
尚書廣聽錄定論(尚書廣聽錄)　經1-2811
尚書文義　史1-5839
尚書章句　經1-2529　叢2-772(1)、773(1)
尚書章句內篇、外篇　經1-2842　叢2-
　1390
尚書離句　經1-2867
尚書辨偽　經1-2943
尚書辨解　經1-2743　叢2-872
尚書辨解、別解　經1-46
尚書辨疑　經1-2864　叢2-963
尚書音釋　經1-3389
尚書註疏、校勘記　叢2-616
尚書註考　叢1-404、452～3、2-731(63)
尚書玄璣鈴　經1-3413
尚書評注　經1-2868
尚書訓解　經1-3141
尚書證經異句　經1-153

尚書證義　經1-2956
尚書誼詁　經1-3093
尚書誼署　經1-3099
尚書誼署、敍錄　叢1-561
尚書誼署敍錄　經1-3100
尚書詁要　經1-2873
尚書諸家引經異字同聲考　經1-3407
尚書讀記　經1-2891　叢2-1478
尚書讀法　經1-2917、2968
尚書讀本　經1-3045
尚書讀本、逸文　經1-169
尚書讀異　經1-3408　叢2-2078
尚書講稿思問錄　經1-2958
尚書講義　經1-2627、3032、3098　叢1-223
　(5)、2-845(3)、1747、1971
尚書課程　經1-3105～6
尚書記　經1-2922～3
尚書記、校逸　叢1-509
尚書記校逸　經1-2924
尚書旋璣鈴　經1-176、3417、3419　叢1-22
　(1)、23(1)、330～1
尚書旋機鈴　經1-3415
尚書旋機鈴、補遺　經1-3504
尚書旋機鈴補遺　經1-3416
尚書說　經1-77(2)、120、2638、2876、3075
　叢1-223(5)、227(2)、2-1614
尚書說、行狀　經1-2639
尚書說要　經1-45　叢1-347
尚書說統　經1-2752
尚書說斷　經1-2640
尚書詳解　經1-77(2)、2635、2656、2662　叢
　1-223(5)、227(2)、230(1)、2-731(63)
尚書譜　經1-163(2)、2710、2802、3370
尚書正解　經1-3139
尚書正義　經1-2605、2609　叢2-637(1)
尚書正義、校勘記　叢2-670
尚書正義、尚書單疏校勘記　經1-2606
尚書正義定本校勘記　經1-2608
尚書王氏注　經1-2593、3410　叢2-774(2)
尚書五行傳　經1-171、3502　叢1-273(2)、
　274(2)、2-664、731(13)
尚書五行傳注　經1-26、3503
尚書疏衍　經1-2732　叢1-223(6)、2-
　1147～8
尚書疏義　經1-2684
尚書要、序說　經1-2658
尚書要旨　經1-2739、3104
尚書要義　經1-35、2657、3050　叢1-223
　(5)、265(2)
尚書平議　經1-145、163(4)、3020　叢2-
　1920

尚書百兩篇　經1-2534　叢2-772(5)、773(4)

尚書百家彙解　經1-2733

尚書可解輯粹　經1-2872　叢2-998、1455

尚書璿璣鈴　經1-171～2

尚書引義　經1-2807　叢2-1291～3、1295

尚書刑德放　經1-171～2、3431～2、3435～6　叢1-273(2)、274(2)、2-731(13)、771(2)、772(3)、773(3)、821、1872

尚書刑德放、補遺　經1-174、3504

尚書刑德放補遺　經1-3433

尚書孔傳參正　經1-3046

尚書孔傳參正序例　經1-3047

尚書孔傳參正異同表　經1-3048

尚書副墨　經1-2778

尚書砭蔡編　叢1-223(6)

尚書職官考畧　經1-3041　叢2-2030

尚書職官考畧表　經1-3042

尚書殘卷　經1-2545、2549　叢2-732

尚書琁機鈴、補遺　經1-174

尚書璇璣鈴　經1-3412、3414、3420　叢1-19(1)、21(1)、273(2)、274(2)、2-731(13)、771(2)、772(3)、773(3)、821、1872

尚書璇機鈴　叢1-24(1)

尚書矜式　叢1-223(6)

尚書瑣記　經1-3128～9

尚書禹貢　叢1-162

尚書禹貢篇注　經1-3294

尚書集說　經1-3007

尚書集說補遺　經1-3008

尚書集解　經1-2731、2796、2970、3064

尚書集注　經1-2595　叢2-775(1)

尚書集注、答問　經1-168

尚書集注音疏、外編　經1-3395

尚書集注音疏、尚書經師系表　經1-111(2)

尚書集注述疏　經1-3082

尚書集義　經1-144、3011　叢2-1865

尚書衍義　經1-3115

尚書便解　經1-3010

尚書經師系表　經1-3377

尚書經解雕玉　經1-3068

尚書經解答問六篇　經1-3069

尚書經字異同集證　經1-3404

尚書制義獨斷　經1-2786

尚書後辨　經1-2889

尚書後案　經1-111(2)

尚書後案、後辨　經1-2888

尚書後案駁正　經1-2993

尚書私說　經1-2910

尚書私學　經1-2870

尚書外傳　經1-2818　叢2-1373

尚書伏氏本經　經1-2526

尚書伏氏本經音釋　經1-3400

尚書備擬　經1-3138

尚書緯　經1-172、177、3495、3498　叢1-273(2)、274(1)、2-731(13)、771(2)、773(3)、821、1872

尚書緯帝命驗　經1-3440　叢1-441,2-774(7)

尚書緯六種　經1-3504

尚書緯刑德放　經1-3434、3437　叢1-441,2-774(7)、775(3)

尚書緯璇璣鈴　經1-3418　叢2-774(7)

尚書緯璇機鈴　叢1-441

尚書緯運期授　經1-3452　叢1-441,2-774(7)

尚書緯考靈曜　經1-3427　叢1-441,2-774(7)、775(3)

尚書緯附錄　經1-3496

尚書緯附錄補遺　經1-3497

尚書緯附錄附補遺　經1-174

尚書續補誼　經1-2882

尚書伸孔篇　經1-2972　叢1-516,2-653(1)

尚書佚文　經1-3514

尚書佚文、補遺　叢2-777

尚書佚文補遺　經1-3515

尚書傳翼　經1-2757

尚書傳授同異考　經1-3378　叢2-1836

尚書傳箋　經1-3090

尚書偶記　經1-94、122、2919

尚書稗疏　經1-71、2804　叢1-203(16)、223(6)

尚書繹聞　經1-146、3033

尚書釋文殘　經1-3382　叢2-600

尚書釋文殘、校語　叢2-674

尚書釋音　叢1-446,2-731(63)

尚書釋天　經1-111(2)、2877

尚書釋天圖解　經1-2878

尚書蠡　經1-2755

尚書倪文正公傳　史2-9150

尚書解　叢2-1804

尚書解意　經1-2775

尚書解詩經　經1-4271

尚書解詁　經1-3405　叢2-1804

尚書疑問　經1-2750

尚書疑義　經1-2713　叢1-223(6)

尚書句讀　經1-3119

尚書句解　經1-77(2)、2689　叢1-223(6)、227(2)

尚書句解考正　經1-3110

尚書彙纂　經1-2813～4
尚書彙纂必讀　經1-2816
尚書彙纂輯要　經1-3072
尚書彙纂類句　經1-2815
尚書紀疑　經1-2985、3066
尚書約旨　經1-84、2857、3067
尚書約注　經1-169、2841、3052　叢2-956、
　1390
尚書微　經1-3051　叢2-829、2041
尚書徵名　叢2-897
尚書注　經1-27、2563　叢2-765
尚書注(觀稼樓本)　經1-26
尚書注疏　經1-21、23～5、2610、2617　叢1-
　227(2)
尚書注疏、序、考證　經1-2612
尚書注疏、新雕尚書纂圖　經1-2619
尚書注疏、考證　經1-19　叢1-223(5)
尚書注疏釋文校勘記　經1-3390
尚書注疏校正　經1-2616　叢1-258、2-
　731(2)、847、1466
尚書注疏校勘記　經1-2614、2618
尚書注疏校勘記、釋文校勘記　經1-20
尚書注疏考證　經1-111(2)
尚書注孔　經1-2986
尚書注考　經1-2760　叢1-223(6)、586
　(1)、2-716(1)
尚書房入直諸臣考畧　叢2-1995
尚書家訓　經1-2835
尚書字詁　經1-3403
尚書定解　經1-3078
尚書賽刪正　經1-2782
尚書宗印　經1-2776
尚書涉傳　經1-2895　叢2-1481
尚書源流考　經1-3117　叢2-2248
尚書顧氏疏　經1-2601、3410　叢2-774(2)
尚書顧命解　經1-3359
尚書淺注　經1-3037
尚書治要　經1-2621
尚書補誼　經1-2881
尚書補疏　經1-111(4)、2944　叢2-1625～6
尚書補缺　經1-2991
尚書述　經1-2987　叢1-310
尚書述義　經1-2599、3410　叢2-774(2)
尚書洪公遺芳錄　史2-8887
尚書洪範記　經1-3500　叢2-821、1872
尚書決疑二種　經1-3411
尚書沿革表　經1-3380　叢2-1800
尚書逸文　叢2-731(63)
尚書逸湯誓考　經1-3510～1
尚書逸湯誓考、校勘　叢2-1862

尚書逸湯誓考校勘　經1-3512
尚書逸篇　叢1-237、371
尚書通考　經1-77(2)、2683、2966　叢1-
　223(6)
尚書通典畧　經1-84、2858
尚書通義　經1-3003
尚書通義殘稿　叢1-533
尚書通義殘帙　叢2-1835
尚書通義存　叢2-1836
尚書運期授　經1-171～2、3448～50、3453～
　4　叢1-273(2)、274(2)、2-731(13)、771
　(2)、772(3)、773(3)、821、1872
尚書運期授補遺　經1-3451
尚書運期授附補遺　經1-174
尚書運期授附補遺、尚書緯附錄附補遺
　(合)　經1-3504
尚書選注正義讀本　經1-2859
尚書啓懞　經1-2977　叢2-1734
尚書大夏侯章句　經1-2531、3410　叢2-
　774(2)
尚書大統集解　經1-3087
尚書大傳　經1-2572～3、2582、2584　叢1-
　21(1)、24(1)、236～7、524、2-664、765～6
尚書大傳(尚書大傳補注)　經1-3035
尚書大傳、序錄、辨譌　經1-33、2586～7
　叢2-635(2)、731(62)、1001
尚書大傳、備考、源委、補遺　經1-2883
尚書大傳、補遺　叢1-223(6)、2-1313
尚書大傳、補遺、續補遺　經1-2578　叢1-
　388～90
尚書大傳、補遺、續補遺、考異　經1-2577
　叢1-219、410
尚書大傳、補遺、考異、續補遺　叢1-330
尚書大傳、考異　叢1-379
尚書大傳序錄　經1-2589
尚書大傳辨譌　經1-2590
尚書大傳疏證　經1-3056　叢2-2066
尚書大傳備考　經1-2884
尚書大傳續補遺　經1-2580
尚書大傳佚文、補遺　叢2-777
尚書大傳佚文補遺　經1-2592
尚書大傳注　經1-26～7、31、2575、2583、
　2585、2591　叢2-772(5)、773(5)
尚書大傳注補　經1-2576
尚書大傳源委　經1-2885
尚書大傳補注　叢2-2105～6
尚書大傳補遺　經1-2574、2579、2886
尚書大傳禮徵　經1-3123
尚書大傳考異　經1-2581
尚書大傳輯校　經1-163(2)、2588
尚書大義　經1-3111～2

尚書大義三十六節　經1-3092

尚書大義附錄上周書四篇上古彝器銘四篇　經1-3114

尚書存　叢2-598、601、750

尚書存、校勘記、隸古文尚書顧命殘本補考　叢1-589

尚書古文辨　叢1-195(1)、366～8,2-731(63)

尚書古文辨(古文尚書辨)　經1-2819

尚書古文辨惑、目錄　經1-3040

尚書古文證疑　經1-2929

尚書古文疏證　經1-163(1)　叢1-223(6)

尚書古文疏證、朱子古文書疑　經1-2822～3

尚書古文疏證辨正　經1-3059

尚書古文注　經1-31,2571　叢2-773(5)

尚書古文考　經1-3394　叢1-282(3),2-731(63)

尚書古文考實　經1-3057

尚書古文同異　經1-2560　叢2-775(1)

尚書古注便讀　經1-2975～6

尚書古字辨異　經1-3398　叢1-283(3)

尚書古義　經1-2860～1　叢1-203(3)

尚書七篇解義　經1-2827　叢1-223(6)、2-1346～7

尚書校勘記(尚書注疏校勘記)、釋文校勘記　經1-2615

尚書校勘記、釋文校勘記　經1-111(3)

尚書札記　經1-136,2838　集3-15254　叢2-1392、1600

尚書協異　經1-2893～4　叢2-1481

尚書地說　經1-2920　史7-49307～8　叢2-767

尚書地理今釋　經1-111(2)、2840　叢1-223(6)、269(2)、270(1)、271、272(2),2-731(56)

尚書地名今釋　經1-3079

尚書考　經1-2897,3049　叢2-1487

尚書考辨　經1-2874　叢2-821

尚書考靈曜　經1-171,3421～4、3426、3428～30　叢1-273(2)、274(1),2-731(13)、771(2)、773(3)、821、1872

尚書考靈曜、補遺　經1-174,3504

尚書考靈曜補遺　經1-3425

尚書考靈耀　經1-172,176　叢1-22(1)、23(1)、330～1

尚書考疑　經1-2989　叢1-310

尚書考異　經1-2708～9、2959　叢1-223(6)、303～5,2-731(63)、1658

尚書考異補　經1-2800

尚書蒙引句解　經1-2834

尚書葦禽　經1-2780

尚書舊疏考正　經1-163(4)、3013

尚書蔡註考誤　叢1-195(1)、424

尚書蔡註考誤(尚書砭蔡編)　叢1-242(4)

尚書蔡傳音釋辨誤　經1-2673

尚書蔡傳正訛　經1-2939～40

尚書蔡傳拾遺　經1-95

尚書蔡注考誤　叢1-469、586(1),2-716(1)

尚書蔡注考誤(尚書砭蔡編)　經1-2712

尚書隸古定經文　經1-2509　叢1-557～8

尚書隸古定釋文　經1-2510　叢1-557～8

尚書埤傳　經1-2797

尚書埤傳、書經考異、古文尚書逸篇　叢1-223(6)

尚書埤傳補　經1-2799

尚書故　經1-158,3043,3125　叢2-2033

尚書故訓是正文字　經1-3397

尚書故訓別錄　經1-2931

尚書故實　子5-26257　叢1-4～5、9、22(6)、23(6)、29(3)、31、106、111(1)、223(40)、255(1),2-624(1)、731(50)、782(2)

尚書中候　經1-31、171、176,3456～9,3464～6　叢1-22(1)、23(1)、273(2)、274(2)、330～1,441,2-731(13)、765～6、773(3)、774(7)、775(3)、821、1872

尚書中候疏證　經1-151,3468　叢2-2066

尚書中候注　經1-27,3463

尚書中候注(觀稼樓本)　經1-26

尚書中候馬注　經1-3455　叢2-775(3)

尚書中候鄭注　經1-3460～2,3467　叢1-268(1),2-775(3)

尚書摘錄　經1-3142

尚書表注　經1-77(2)、2665　叢1-223(5)、2-731(63)、859、1048

尚書未定稿　經1-85、2879　叢2-1470

尚書揆　經1-2754

尚書軌範撮要圖　經1-3132

尚書口義　經1-2824

尚書日記　經1-2717　叢1-223(6)

尚書日辰考證　經1-3065

尚書易檢　經1-3017

尚書因　經1-2748

尚書因文、首末　經1-2942

尚書圖　經1-3077

尚書晷說　經1-163(2)、2964　叢2-664

尚書晷說注　經1-26、2570

尚書晷考　經1-2961

尚書異讀考　經1-3396　叢2-1484～5

尚書異義、尚書故訓別錄　經1-2930

尚書題炬　經1-2852

尚書別解　經1-2744

尚書嚴公(震直)流芳録、續　史2-8830
尚書單疏校勘記　經1-2607
尚書晚訂　經1-2773
尚書曆譜　經1-163(4)、3012
尚書麻譜　叢2-1866〜7
尚書馬氏傳　經1-2564、3410　叢2-774(2)
尚書既見　經1-120、2875
尚書劉氏義疏　經1-2598、3410　叢2-774(2)
尚書删補　經1-2769
尚書兵事　經1-3140
尚書質疑　經1-2832、2847〜8、2896、3053　叢2-1484〜5
尚書附義　經1-2851
尚書隨筆　經1-96
尚書體要　經1-2808
尚書周誥考辨　經1-3349　叢2-1645
尚書周禮皇帝疆域圖表　叢2-2130〜1
尚書學　經1-2974
尚書舉要　經1-3095　叢2-2140
尚書舉要總說　經1-3096
尚書印　經1-3073
尚書歐陽章句　經1-2528、3410　叢2-774(2)
尚書歐陽夏侯遺說考　經1-163(3)、3000　叢2-1001
尚書駢枝　經1-3055
尚書全解　經1-2628〜30　叢1-223(5)、227(2)、336
尚書全解存　叢1-337,2-731(3)
尚書今文新義　經1-3084　叢2-2129(2)、2130〜1
尚書今文二十八篇解　經1-2957
尚書今古文五藏說　經1-3002　叢1-455
尚書今古文集解　經1-2962
尚書今古文集解、校勘記　經1-163(2)
尚書今古文集解校勘記　經1-2963
尚書今古文注　經1-2934
尚書今古文注疏　經1-111(3)、2932〜3　叢1-304〜5、460,2-698(1)、731(63)
尚書今古文考證　經1-2921　叢2-1566
尚書無逸集說辨證　經1-3353
尚書無逸考異　經1-3354
尚書義　經1-3131
尚書義疏　經1-2602　叢2-772(1)、773(1)
尚書義考　經1-2890　叢1-558,2-814
尚書義粹　經1-2666
尚書會解　經1-2722
尚書公遺稿録存　集5-37170
尚書公養素堂詩集　集6-44970
尚書劄記　經1-83、2850、3023

尚書鄭注　經1-32、2568　叢1-268(1),2-731(63)
尚書篇誼正蒙　經1-160、3019　叢2-1914〜5
尚書篇目表　經1-2935
尚書篇第　經1-2898　叢2-1487
尚書箋　經1-3034　叢2-2105
尚書管窺　經1-2967
尚書餘論　經1-156、163(3)、2984　叢1-418,2-1766
尚書纂傳　經1-77(2)、2688　叢1-223(6)、227(2)
尚書纂注　經1-2742
尚書纂義　經1-2965
尚書小疏　經1-111(2)、2853　叢2-1413
尚書小夏侯章句　經1-2532、3410　叢2-774(2)
尚書小札　叢2-1931
尚書小剳　經1-2892
尚書精義　經1-121、2654　叢1-223(5),2-731(63)
72 尚氏宗譜[安徽望江]　史4-29519
尚氏宗譜[遼寧海城]　史4-29516、29518
77 尚卿居函稿　集4-33670
尚賢堂章程　子7-35740
88 尚簡堂詩稿　集4-31021

常

00 常康奏疏　史6-48515
常言道(富翁傳)　子5-28468
01 常評事集　集2-8234〜5,6-41935(1)　叢2-821
常評事集、寫情集　集2-8233
常評事寫情集　集7-50596　叢2-821
常語筆存　子1-1388　叢1-195(2),2-731(13)
05 常熟席氏族譜[江蘇常熟]　史4-32482
常熟新莊鄉小志[民國]　史7-57113
常熟記變始末　叢2-793
常熟三峯清涼禪寺志　史7-51590
常熟三峯清涼寺志　史7-51592
常熟丁氏叢書　史1-29
常熟水論　史6-46792　叢1-195(4),2-731(55)
常熟孫氏宗譜[江蘇常熟]　史5-33570
常熟衛氏家乘[江蘇常熟]　史5-39154
常熟虞山邵氏宗譜[江蘇常熟]　史4-29213

常熟科名錄、歲考優劣等案　史3-14938
常熟紀變始末　史1-3913　叢1-496(4)
常熟藝文志　史8-66082
常熟楊濠叟書文字建首五百四十部　經2-12556
常熟田莊楊氏世譜[江蘇常熟]　史5-36832
常熟縣辛亥忙漕徵信册　史6-44169
常熟縣討叛公檄　叢1-406
常熟縣水利全書　史6-46791
常熟縣破山興福寺志　史7-51587～8
常熟縣破山興福寺志、續志　史7-51589
常熟縣儒學志　史6-42842
常熟縣虞山三峯清涼禪寺志　史7-51591
常熟縣私志[萬曆]　史7-57073
常熟縣福山鎮大慈教寺誌　史7-51593
常熟縣志[康熙]　史7-57076～7
常熟縣志[弘治]　史7-57069
常熟縣志[崇禎]　史7-57075
常熟縣志[嘉靖]　史7-57070
常熟氏族志　史2-13415
常熟人物志　史2-7934
常熟翁相國手札　子3-15813
常熟翁相國手劄　集5-35233
常熟翁氏入泮同登錄　史3-14942
常熟曾氏家譜[江蘇常熟]　史5-36607
09 常談　史6-42289　子4-20089　叢1-223
(41)、246、282(2)、283(2)、2-731(6、18)、
869、1757
常談叢錄　子5-26575
常談搜　子4-21542
10 常平權法　史6-44574　叢2-1268
常平倉考　史6-44539、44577　叢1-273
(4)、274(4)、360、2-731(19)
15 常建詩　叢1-223(48)
常建詩集　集1-1083、1085、6-41735、41739、
41824、41833～4、41847～8、41859、41866
叢2-708
常建詩集(常建詩)　集1-1084
常建詩集(常建集)　集1-1082
常建集　集6-41743、41838、41869
16 常理齋遺稿(愛吟草、前草)　集3-21156
常理齋遺稿二種　集3-21155
17 常郡新刻李會元先生性理書抄　子1-169
常郡宦浙同官錄　史3-23749～50
常郡八邑藝文志　史8-66071
22 常豐十甲李氏族譜[湖南長沙]　史4-27434
常豐十甲李氏四修族譜[湖南安化]　史4-27499
常任調查員調查報告書　史6-47582

常山龍溪樊氏世譜[浙江常山]　史5-39168
常山貞石志　史8-63824
常山貞石志造象目　史8-63825　叢2-2162
常山夾崗揭氏宗譜[浙江常山]　史5-35925
常山博龍溪續修樊氏宗譜[浙江常山]　史5-39167
常山縣志[雍正]　史7-57557
常山縣志[康熙]　史7-57556
常山縣志[嘉慶]　史7-57558
常山縣志[萬曆]　史7-57555
常山縣志[光緒]　史7-57559
24 常德府志[康熙]　史8-60466
常德府志[嘉慶]　史8-60467
常德府志[嘉靖]　史8-60465
常德圖經　史7-49309、50761
常德防務鹽釐案檔　史6-47324
常侍言旨　叢1-17、19(3)、20(2)、21(6)、22
(8)、23(8)、24(3)、29(3)、255(2)、407(2)
28 常稅則例　史6-43563
30 常寧文獻四輯[民國]　史8-60592
常寧縣續志[嘉慶]　史8-60590
常寧縣志[雍正]　史8-60588
常寧縣志[康熙]　史8-60587
常寧縣志[嘉慶]　史8-60589
常寧縣志[同治]　史8-60591
常字雙千編韻　經2-14002
32 常州育志小學堂章程　史6-42500
常州府志[康熙]　史7-56871～2
常州府志[洪武]　史7-56867
常州府志[萬曆]　史7-56870
常州府志續集[正德]　史7-56869
常州府中學堂辛亥年常年費收支四柱清册　史6-42502
常州府中學堂工程清册　史6-42501
常州府屬科試新進同登全錄　史3-14914
常州府人物志　叢2-1560
常州府義田總記　史6-44880
常州文成里張氏宗譜[江蘇常州]　史5-34822
常州天寧淨德月禪師語錄　子7-34372
常州天寧寺淨德禪師塔銘　子7-34791
常州武陽水利書　史6-46781
常州武陽初等小學堂暫定章程附師範傳習所章程　史6-42504
常州卜氏宗譜[江蘇常州]　史4-24699
常州先哲遺書七十二種　叢2-798
常州白洋橋沈氏宗譜[江蘇常州]　史4-28992

常州被陷始末　史1-3897
常州左氏宗譜[江蘇常州]　史4-26030
常州萬壽清涼禪寺同戒錄　史7-51570
常州觀莊趙氏支譜[江蘇常州]　史5-38274
常州賦　史7-50170
常州馬氏宗譜前編[江蘇常州]　史4-31565
常州錢烈婦絕命述冤篇　史2-10948
常州篁村陳氏宗譜[江蘇常州]　史4-32755
34 常達詩　叢1-306
35 常清集　集2-6414
常清靜經　子5-29573、29997~8　叢1-134
常禮雜說　經1-5390、6359
40 常大淳日記(清咸豐四年至同治十三年)　史2-12724
44 常華館經說　經2-11768
56 常捐例章　史6-44623
61 常旰眙集　集1-1081
64 常曉和尚請來目錄　子6-32093(39)
67 常昭合志[乾隆]　史7-57079
常昭合志[民國]　史7-57088
常昭合志稿[光緒]　史7-57085、57087
常昭合志採訪錄[光緒]　史7-57086
72 常氏詩集　集5-36110
常氏遺草　集4-31772
77 常用字辨　經2-13105
常用藥物　子2-5657
常用藥物食物　子2-4671
79 常勝軍案畧　史6-47248
88 常竹隖修海鹽澉水誌　叢2-836
常竹隖海鹽澉水誌　叢2-730(12)
90 常棠澉水志　史7-54916
96 常惺惺齋文集　集4-29365、31269
常惺惺齋詩　集4-24543
常惺惺齋詩集(自證編、述古編、歲心編、一貫編)　集4-31268
常惺惺齋集(常惺惺齋古文、詩集)　集4-29364
常惺惺齋書畫題跋　子3-14960~1
常惺惺齋日記　史2-12647
常惺惺室時文初集、二集　集4-29037
98 常慊慊齋文集　集5-36672

肖

00 肖音集　集5-39319
22 肖巖詩鈔　集4-22666

肖巖詩鈔、文鈔　集4-22665

9023₂ 豢

01 豢龍子　子4-20352　集2-8006　叢1-22(20)、62~4,2-730(4)、731(11)
豢龍小乘[浙江蘭溪]　史5-39288

9033₁ 黨

40 黨太尉　集7-52293
60 黨目記　史1-4540　叢2-2146~7
80 黨人碑　集7-50203、52292

9042₇ 劣

44 劣繭制棉法　子7-36228(5)

9043₀ 尖

17 尖刀寶卷　集7-54359
22 尖山李氏宗譜[湖南長沙]　史4-27432
尖山李氏四房支譜[湖南長沙]　史4-27433
76 尖陽叢筆　子4-21249　叢1-373(4)、573,2-613
尖陽叢筆、續筆　子4-21250
尖陽叢筆補鈔　叢1-373(6)
80 尖錐術解　子3-12394
尖錐曲線考　子3-12394

9050₀ 半

00 半亭詩稿　集3-13901
半庵笑政　子5-27456　叢2-617(2)
半廬文稿　集2-12316
半廬文稿、詩稿　集2-12315　叢2-870(5)
半齋篆草　子3-17108
半夜雷轟薦福碑　集7-48774(8)、48890　叢2-720(3)

半夜雷轟薦福碑雜劇　集7-48767(4)　叢 2-698(15)

02 半氈齋題跋　子4-22657　叢1-420,2-731 (2)

04 半讀齋詩鈔　集5-34562、35690
半讀齋剩稿、雜著　集5-35689
半讀齋遺稿　叢2-673
半讀書屋詩鈴、筆談　集4-27282

07 半畝山房詩存　集4-23128
半畝園叢書三十種　叢1-394

10 半雨樓雜鈔　子4-24700
半霞樓近稿　集3-18326
半吾堂文鈔　集4-26997
半可集　集3-14082～3
半可集備存　集3-14084
半醉半醒吟　集4-33610
半不軒留事　叢1-580,2-720(5)

11 半研居題詠　集6-44205

16 半硯冷雲集、贈行倡和詩　集3-18217
半硯閣詩存　集4-23947
半醒軒詩稿　集4-28554

17 半弓居文集　集5-35034

18 半憨集　集2-9528,4-28129

20 半千畫訣　子3-15860、15942
半舫齋詩集　集3-17393
半舫齋集　集3-19122
半舫齋編年詩　集3-19120
半舫齋古文　集3-19121
半舫詩存　集5-34651
半舫印存　子3-17320
半舫館剩稿　集4-30290
半舫館剩稿填詞　集7-47843

21 半行庵詩存稿　集4-31815
半處士詩集　集3-16150
半紅樓詩鈔(半紅山房集)　集3-20398

22 半巖廬文稿　集4-31830
半巖廬詩　集4-31822
半巖廬詩册　集4-31825
半巖廬集外詩草　集4-31827
半巖廬遺文、補、遺詩、補、附錄　叢2-1836
半巖廬遺詩　集4-31826、31829　叢1-392, 2-1835
半巖廬遺集　集4-31818～21　叢2-1837
半巖廬遺著六種　叢2-1835
半巖廬遺著三種　叢2-1837
半巖廬書劄　集4-31832
半巖廬日記　叢2-1836
半巖廬日記(清光緒二十九年)　史2- 12811
半巖廬所箸書九種　叢2-1836

半嶺方氏家譜[浙江遂昌]　史4-25808
半峯錄　叢1-103
半山亭詩集　集6-44555
半山詩稿　集4-22758
半山詩鈔　集6-41773
半山詞　集7-46358、46362、46395、46467
半山先生集　集2-7765,6-45096
半山藏稿　集2-9238　叢2-867
半崧集　集4-24019

25 半生亭集　叢1-263
半生自紀　史2-9168　叢1-571

27 半角山房曲譜　集7-54704
半解集詩選　集4-27008
半船集　集3-19118
半緣詞　集3-18152,7-47581

30 半完圓詩稿　集3-14081
半字集　集4-26074　叢2-1650、1652
半窗史畧　史1-4938

31 半江詩草、詩餘　集4-23671
半江樓詩　集3-19369,6-45142
半江趙先生文集　集2-7240～1

32 半洲詩集　集2-8252
半洲稿(北寓稿、南行稿、西征稿、東巡稿)　集2-8251
半溪詩草　集3-16501
半溪草堂詩稿、文稿　集5-34667

33 半浦鄭氏宗譜[浙江慈溪]　史5-38620

34 半衲庵筆語　集2-10958
半遠山房詩集　集4-22041

36 半邏隨筆　集3-15148

37 半逸山人詩草、文集　集5-40082

38 半塗集　集4-27606
半淞詩存　集3-17889　叢1-571
半海張氏宗譜[浙江海寧]　史5-34902

40 半九亭集　集2-12144
半奎樓集　集3-15710
半壇齋書跋　叢2-673
半塘詞　集7-48236
半塘詞稿　集7-48234
半塘丁稿　集7-48238
半塘丙稿　集7-48237
半塘乙稿、己稿　集7-48233
半塘續稿　集7-48235
半塘定稿、賸稿　集7-48241
半塘七稿　集7-48240
半塘書屋詩集　集4-33020
半塘戊稿　集7-48239
半塘小志　史7-51548　叢1-22(24)
半有堂集　集5-39107
半存吟　集4-29969

半古樓集　集3-18661
41 半梧樓吟草　集4-28552
44 半繭集　集4-24313　叢2-1023
半芥山房吟稿初編　集4-25649
半蕉園集　集3-15871
半蒼居存稿　集4-33149
半菴笑政　叢1-197(4)
半村詩稿(拾餘偶存、漁亭小草、桐石山房詩、谷湖聯吟)　集3-21927
半村草堂文鈔　集5-34261
半村草堂遺集　集5-35577
半村草堂賦鈔　集5-35578
半村野人閑談　叢1-241、242(2)、490,2-617(4)、731(54)、1128
半村野人閑談　子4-20466
半村居詩鈔　集4-26329
半村居詩鈔、詞鈔　集3-17904
半樹齋文集　集4-25154
半樹詩鈔　集4-22772
45 半樓詩存　集3-17802
46 半榻閑抄崑曲雜齣　集7-54640
47 半帆亭稿　集4-23414
半帆樓叢書(鄔氏家集)二十七種　叢2-1008
50 半春唱和詩、雪泥記遊稿、紅椒山館詩稿　集6-44213
51 半軒詞　集7-46364～5、46373、46798
半軒集　集2-6153、6156～7
半軒集、補遺　集2-6152
半軒集、補遺、方外補遺　集2-6154
半軒集、補遺、楮園草　集2-6150
半軒集、補遺、附錄　集2-6155
半軒集、半軒集補遺、方外補遺　叢1-223(63)
54 半掩紗窗一枝　集7-51660
55 半農詩集　集4-32782
半農詩集(釋耒草、橫塘漁唱、集外詩)、半農公家傳、半農年譜　集4-32783
半農集　集3-17773
半農先生春秋說　經1-125、7792
半農草舍詩選　集5-38347
半農小稿　集4-25890
56 半螺山房稿　集4-24965
半螺龕詩存　集4-29671
60 半日村詩稿　集5-34783
半日閒齋詩存　集4-24523
半園詩文遺稿　集3-18185
半園詩錄、詞　集4-30535
半園詩鈔　集5-39572
半園集　集3-16480～1,5-35735、39573

半園偶集　集6-44966
半園志　史2-10105
半園吟草　集4-32789
半園尺牘、補遺　集4-33417
半甲乙詞草　集7-48342
半是齋詩草　集5-34595
67 半野草堂詩集　集4-23626
半野居士詩集　集3-18637
半野居士詩集、塞遊草　集3-18638
半野居士焚餘集、西征集　集3-18639
半野堂詩鈔　集3-18255
70 半壁山水戰圖　子1-3720
半壁山房詩集　集3-19352～3,6-44409
半臂寒　集7-49303
71 半厂叢書初編十種　叢1-484
72 半隱廬詩草　集5-41269
半隱廬叢稿　集5-37019
半隱山房詩鈔　集5-38215
半隱先生花甲紀畧、華鄂堂文鈔　史2-12309
半隱園詩集　集4-26862
半隱閒情　叢2-1357
77 半月誦菩薩戒儀式注　子7-33955
半月誦戒儀式　子7-32099
半學庵　集3-16986
半閣詩選　集3-19039
半閣偶存　集3-21448
半間雲詩　集4-24792,6-42001
半間花屋草　集4-23373
半間梅花吟　集3-21126
半關詩藏稿　集3-16257
86 半知錄　經2-11003
90 半半集　子2-9858
半半山莊農言著實　子1-1969、4162　叢1-574(5)
95 半情居遺集　集5-34049

9050₂ 拳

00 拳意述真　子1-3659
08 拳譜　子1-3620、3668
10 拳石山房雜著　集4-26103
拳石山房詩草　集5-36318
拳石山房詩鈔　集4-31243
拳石山房集　集3-20547,6-41980
拳石山房遺集　集5-36053
拳石山房遺集、雜著　叢2-1656
拳石山房遺稿　集5-37181

拳石山房畫說　子3-16012
　拳石吟草　集5-40221
21 拳術家傷科　子2-7941
　拳經　子1-3653
　拳經、拳法備要　叢2-746
22 拳變餘聞　史1-1982、1995
　拳變餘聞、庚子國變紀聞　史1-4295
　拳峯館詩　集4-31989
　拳峯館詩、詞　集4-31990
　拳峯館癸丑以後詩　集4-31992
27 拳勻軒詩鈔　集4-32254
　拳勻園小刻、續錄　集2-9910
30 拳案雜存　史1-4298　叢2-2115
　拳案三種　叢2-2115
34 拳法備要　叢2-746
44 拳莊詩鈔　集4-24061
48 拳教析疑說、義和拳教門源流考書後　史
　　1-4301　子7-35775
71 拳匪紀事　史1-4297
　拳匪報勸世文　集7-50835
　拳匪聞見錄　史1-4280　叢1-472,2-683

掌

07 掌記　子4-23084　叢2-1196
21 掌衛疏稿　史6-47853
28 掌儀司現行則例　史6-47044
38 掌道告神文　叢2-1316~8
48 掌故　子7-36252
　掌故叢編七種　叢1-565
　掌故叢編四種　子4-19501
　掌故演義　子5-27888
50 掌中論　子6-32081(26)、32083(18)、32085
　　(25)、32086(28)、32088(18)、32089(44)、
　　32090(51)、32091(49)、32092(33)、32093(26)
　掌中珠　子2-10942
　掌中宇宙　子4-20517
87 掌錄　子4-24087、24169　叢2-653(2)
　掌錄、文集、詩集　叢2-1401
88 掌銓題稿　叢2-1100
　掌銓題藁　叢2-1101
　掌銓題藁　史6-48276　叢2-1099

9060₁ 嘗

03 嘗試語　史6-43005　叢2-1409

96 嘗惺先生書經補說　集2-9299~300

9060₂ 省

00 省疚齋吟稿　集5-38983
　省庵棄餘稿二集　集4-30605
　省庵詩草　集4-30082
　省庵發菩提心文　子7-34503
　省庵法師語錄　子7-34344~5
　省庵法師不淨觀頌四念處頌　子7-34380
　省庵法師遺書　集3-18167
　省庵初稿　集5-35593
　省齋文稿　叢2-1038
　省齋文藁　集1-3492、3502~3
　省齋詩稿　集5-40689
　省齋詩存　集5-34235、37131
　省齋詩草　集5-38883
　省齋詩餘　集7-46351~2、46357、46363、
　　46367、46374、46601
　省齋詩鈔　集4-25658~9、5-37741
　省齋集　集1-3805~6、4-29073、6-41784
　省齋集、附原跋、附錄　叢1-223(56)
　省齋集補鈔　集1-3499
　省齋集補鈔、平園集補鈔　集6-41901
　省齋自存草　集3-19062
　省齋別稿　叢2-1038
　省言　子1-1929、2614
10 省元林公集註資治通鑑詳節　史1-1102
　省吾齋文集　集3-20586、4-29783
　省吾齋文稿　集3-20587
　省吾齋稿　集3-20585
　省吾齋進呈稿　集3-20583
　省吾齋古文集、詩賦集　集3-20582
　省吾齋學易外編　經1-1742
　省吾集　子1-2570
　省吾林公文集　史6-48207
　省吾錄二篇　子1-2584
　省吾小憩見聞時事雜志　子5-26527
　省吾堂四種　經1-157
11 省非齋詩稿　集4-28423
　省非軒詩稿　集4-28925
20 省香齋詩集　集4-31344
21 省愆集　集2-6474　叢1-223(64),2-867
　省愆錄　史6-47098
27 省躬錄初集、二集、三集、四集　子5-32057
　省身雜錄　子1-2593、2618　叢2-1845
　省身要言　子1-2607
　省身集要　子4-23927,5-25694

省身藥石　子4－21510　叢1－571
省身格　子1－1963、2508
省身指掌　子7－37805
省身錄　子1－1298、1652、1758　叢2－811、1826
33 省心雜言　子1－719　叢1－223(30)、282(2)、283(2)
省心雜錄　子1－1481　叢2－959
省心詮要　子1－720　叢1－19(7)、24(7)
省心集　子4－24353
省心紀　子1－1176　叢2－1138～9、1826
省心紀過名　叢2－1137
省心圖說　子5－30354
省心短語　子1－1420　叢2－731(8)、782(3)
省心錄　子1－721～2、4－23320　集1－1877～8　叢1－11～2、22(12)、23(12)、31、106、111(2)、119、195(2)、330～1、2－731(7)、1655
省心銓要　叢1－20(5)
省心堂雜著　集5－38318
37 省過齋詩草　集4－32267
39 省迷真原　子7－35954
省迷錄　子7－35939
40 省克編　叢2－1357
省克捷訣　子1－1795　叢2－828
43 省城鄞縣試館里區屋宇圖、鄉試鄞縣會館重議條規、國朝鄞縣舉人題名區、立案公牘　史6－42526
44 省藩考　史6－41653
省菴法師語錄、西方發願文注、東海若解　子7－34346
省菴漫稿、目錄　集2－8073
50 省中稿　集2－8668
省事錄　叢2－1110
省書　叢2－1985
51 省軒文鈔　集3－13893　叢2－1285
省軒文鈔續　叢2－1285
省軒考古類編　子5－25376
52 省括編　子4－23998
55 省耕詩圖　集3－19797
59 省抄摘錄　子4－24559
60 省思開方法　子3－12652
61 省題詩　叢1－223(50)
77 省覺錄　叢2－1110
省闈日記　史7－49317(6)、49318(12)、53971
80 省盦養痾日記(清光緒六年)　史2－13153
省慈編　子7－35528
省會黃祠主譜[江西]　史5－33935～6
省會黃祠四修主譜[江西]　史5－33937
88 省餘遊草　叢1－317
90 省堂筆記　經2－12007　子4－23336　叢1－

496(3)
91 省悟遺唱　集5－41251

9060₃　眷

10 眷西草堂詩　集3－15625
22 眷仙樓遺稿、刻翠集　集5－37487
77 眷闕草　集4－30494

9060₆　當

00 當奕集　集2－8261
08 當譜　子4－18640～1
10 當下繹　子1－1133　叢2－1162
11 當頭棒　子4－21976、5－27875
17 當翠樓集唐　集3－14173
21 當行嘆一套　集7－50916
23 當代詩鈔　集6－44097
當代名人畧　史1－1994、2－7528
26 當得異書齋詩錄　集5－39722
27 當歸草堂叢書八種　叢1－391
當歸草堂醫學叢書初編　子2－4703
30 當官日鏡　史6－41520、42955
31 當江沙梁氏重修族譜[江蘇鎮江]　史5－34674
當福劉氏三修族譜[湖南衡陽]　史5－39644
37 當湖王氏家譜[浙江平湖]　史4－24953
當湖百詠　史7－50391
當湖外志　史2－8013
當湖外志、續、忠義紀畧　史2－8014
當湖倪氏宗譜[浙江湖州]　史4－31730
當湖陸稼書先生師弟子答問　經2－10141
當湖陸氏義門家譜[浙江平湖]　史4－32664
當湖弟子傳　史2－8015
當湖竹枝詞　史7－50388
38 當塗吳熙伯先生遺訓、遺訓箋釋　子1－2165
當塗吳熙伯先生遺訓、遺訓箋釋、遺訓跋言、遺訓箋釋跋言　子1－2166
當塗縣鄉土志[光緒]　史7－57881
當塗縣志[康熙]　史7－57876、57878
當塗縣志[乾隆]　史7－57879
當塗縣志稿[民國]　史7－57880
當塗縣志補遺[康熙]　史7－57877
41 當壚集　集2－9921　叢2－1105

當壚豔　集7-49620
當壚豔(茂陵絃)　集7-49611
42 當機別署　史1-3103
當機錄署　史1-3103
45 當樓詞　集7-46399~400、47035
當樓集　集3-14485
46 當恕軒偶筆　子4-21110
54 當擡寶卷　集7-54503
57 當招寶卷　集7-54313
67 當夥計嘆十聲一套　集7-50962
76 當陽避難記　史1-3766
當陽縣補續志[光緒]　史8-60353
當陽縣志[康熙]　史8-60350
當陽縣志[乾隆]　史8-60351
當陽縣志[同治]　史8-60352
80 當今法會　子7-32102
當差紀署　史1-4471　叢2-2002
87 當鋼賣馬一枝　集7-51700

9071₂ 卷

08 卷施草堂詩文集　集5-37905
卷施閣文乙集　集6-42074
卷施閣文甲集、乙集、詩　叢2-698(12)
卷施閣文甲集、乙集、詩、鮚軒詩　叢2-1557
卷施閣文甲集、續、補遺、乙集、續編、詩　叢2-1559
卷施閣文甲集續、補遺、文乙集續編　集4-22869
卷施閣詩集、文甲集、文乙集、鮚軒詩　集4-22867~8
卷施閣近詩　集4-22861
10 卷石齋語錄　子1-1478　叢2-966
卷石山房詩鈔　集3-20190,4-28152
卷石阿印草　子3-17358
27 卷勺園集　集4-24641、27041
29 卷秋亭詞鈔　叢2-2103
45 卷樓詩草　集5-34654
卷樓詩草、文草　集5-34653
46 卷柏山房詩稿　集4-26105
60 卷園書牘　集5-36200

9073₂ 裳

44 裳村詞　集7-46404

9080₀ 火

01 火龍經　子1-3068,3510、3514
火龍經、二集、三集　子1-3509
火龍經二集　子1-3068,3512
火龍經三集　子1-3068,3513
火龍經全集　子1-3068
火龍祕書　子1-3676
火龍神書　子1-3641~2
火龍神器　子1-3520
火龍神器兵法　子1-3521
火龍神器陣法　子1-3519
火龍陣圖陰符說　子1-3555
10 火雲洞　集7-52352
15 火珠林　子3-12894、14045~6　叢1-115、430
火珠林卦爻精究集　子3-14047
18 火攻要署　子1-3092,3548
火攻備要　子1-3511　叢1-548
火攻心法　子1-3549　叢2-1028
火攻祕要　子1-3630
火攻神祕陣法授法　子1-3747
火攻挈要　子1-3103　叢2-731(31)
火攻挈要、圖　子1-3544　叢1-453
火攻挈要、火攻祕要　子1-3545
火攻圖式　子1-3082,3905
火攻陣法　子1-3540
火攻答　子1-3900~1
23 火戲署　史6-46580　子3-18491~2　叢1-202(8)、203(14、18)
30 火流星　子5-31868
32 火祆教入中國考　子7-36214
34 火法　子1-3648
44 火蓮經　子5-29547
火樹星橋　子3-17882
火藥問答　叢1-530~1
50 火車直達盛京路程　史6-44226
火車鐵路論　子7-36229、37153
58 火輪赤鏡一枝　集7-51763
60 火星本法　子3-11238
火星本法圓說　子3-11239
65 火吽軌別錄　子6-32093(38)
66 火器真訣　子1-3588,3-12356
火器真訣釋例　子1-3591
火器真訣解證　子1-3590
火器真訣淺說　子1-3666
火器署說　子1-3807,7-36241

火器全書　子1-3554
火器命中　子1-3597
72 火氏家譜[浙江慈溪]　史4-25883
85 火饼供養儀軌　子6-32093(38)
88 火箭搖車圖說　子1-3582
94 火燒綿山　集7-53592
火燒塘魚欄　集7-53180
火燒南京飯店　集7-53634
火燒棉山一段　集7-51459
97 火焰山　集7-50442、51458

9080₁ 糞

33 糞心錄　子4-24397

9080₆ 賞

00 賞廬雜錄　子4-23586、23627
賞音閣杜詩問津　集1-999
04 賞詩閣集　集3-18786
10 賞雨茅屋詩集　集4-24374
賞雨茅屋詩集、外集　集4-24371～3、24375～7
賞雨茅屋詩鈔　集4-21950
賞雨茅屋外集　集4-24378　叢1-487,2-665
賞雨茅屋遺稿　集4-31969
賞雨草堂詩稿、文稿　集5-39458
賞雨茆屋小稿　集3-18631
12 賞延素心錄　子4-18622　叢1-202(4)、203(10)、486,2-631、731(33)
33 賞心集　集6-43114
賞心山房詩草　集5-39880
賞心樂事　史6-49234　叢1-22(25)、30、37、119～20、154、181、195(6)、220,2-731(27)
賞心樂事弋劇曲譜　集7-54773
40 賞奇樓蠹魚稿　集4-23685
賞奇軒集　集3-15982
賞奇軒四種合編　子3-14983
賞奇軒合編　子3-14982
賞奇堂尺牘　集6-45247～9
42 賞析齋類稿　集5-40170
44 賞花幽趣錄　子1-4493
50 賞春歌　集7-50714
77 賞月光　集7-53255
賞眉齋自喜集　集4-23964

88 賞鑑雜說　子3-14794　叢1-369

9080₉ 炎

00 炎症論署　子7-37877
10 炎天雪(斬竇娥)　集7-52225
28 炎徼瑣言　史7-51032　叢2-742
炎徼紀聞　史1-1841～2、1914　叢1-84(2)、95、223(19)、269(2)、270(2)、271、272(2),2-670、730(3、10)、731(67)
30 炎涼岸　子5-27813
炎涼寶卷　集7-54356
炎涼券　集7-49628、50426
32 炎州草　集3-18102
74 炎陵志　史7-51962～4

9084₈ 焠

90 焠掌齋遺稿　集4-23463
焠掌錄　子4-22422

9090₄ 棠

04 棠譏曲　集7-49534
10 棠雲館殘稿　集5-36059
22 棠峯毛氏宗譜[浙江江山]　史4-25615～6
32 棠溪文鈔　集5-36442
棠溪集　集3-20566
棠溪吳氏宗譜[浙江嵊州]　史4-27873～5
棠溪江氏宗譜[浙江奉化]　史4-26859
37 棠湖詩　集6-41888
棠湖詩稿　叢1-291、294、433,2-731(42)
棠湖詩稿(玉楮集)　集1-4036
棠湖詩藁　集6-41922
棠湖塤譜　子3-17834
40 棠志拾遺[民國]　史7-56560～1
43 棠樾鮑氏宣忠堂支譜[安徽歙縣]　史5-40265、40268
44 棠夢詞　集7-47947
棠苻書屋詩稿　集4-31889
棠蔭彙編　史6-43132
棠蔭軒遺稿、補遺、雜著　集5-38277
棠蔭會編(馬得禎)　史2-9287
棠蔭錄　史2-7600

棠蔭錄(周中鈜)　史 2-9461
棠華書屋詩集、詩餘　集 4-24941
棠村詞　集 7-46397、46399～400、46855～6
棠村詞二集　集 7-46857
棠村樂府　集 7-50640
51 棠軒詩存　集 3-20697
57 棠邨詞　叢 2-698(14)
72 棠隱樓未定稿　集 5-37369
74 棠陵文集　集 2-8479
78 棠陰比事　史 6-46381～3　叢 1-223(32)、
　　2-636(3)、845(3)
棠陰比事續編、補編　史 6-46384　叢 2-
　　731(17)
棠陰比事原編　叢 2-731(17)
棠陰比事原編、續編、補編　叢 1-195(3)
棠陰遙祝　集 6-43793
棠陰書屋詩集　集 4-31619
棠陰羅氏永二公三修房譜[江西宜黃]　史
　　5-41078

米

00 米庵鑒古百一詩　子 3-14769
米襄陽(芾)志林、米襄陽遺集、海岳名言、
　　寶章待訪錄、研史　史 2-8697
米襄陽譚史　叢 1-184
米襄陽詩集　集 1-2781,6-41779～80
米襄陽外紀　史 2-6205、8699
米襄陽遺集　集 1-2779　叢 2-1034
米襄陽遺集、海嶽名言、寶章待訪錄、研史、
　　米襄陽志林　集 1-2780
米襄陽志林　史 2-8698　叢 2-1034
米襄陽志林五種　叢 2-1034
10 米元章　史 2-7083　子 5-27071
米元章集　集 1-2785
米元章行草書易說帖　子 3-15655
米元章寶晉齋集　子 4-23777
米元章書史　子 3-14732、15265　叢 1-2～
　　3、6、8
米元章書畫史(米元章書史、畫史)　子 3-
　　14731
米而撒德經釋義歸真要道　子 7-35948
22 米峯任氏重修宗譜[浙江東陽]　史 4-
　　26782
米峯任氏宗譜[浙江東陽]　史 4-26783
米山堂詩稿　集 3-17570
米利堅志　子 7-36374～5
30 米家四奇詩　集 6-44971
38 米海嶽畫史　子 3-14692、16250～1

米海嶽書史　子 3-14692、15265
米海岳(芾)年譜　史 2-11005、11269　叢 1-
　　456(4)
40 米友堂詩集　集 3-14437
米友堂詩集、文集、雜著　集 3-14439
米友堂詩集補遺　集 3-14441
米堆山人集　集 3-18755
米南宮評紙帖　子 3-15656
41 米顛小史　史 2-8701
44 米董齋詩稿　集 5-39473
米村詩鈔　集 4-27460
45 米樓詩餘四種　集 7-47475
71 米脂縣志[康熙]　史 8-63015
米脂縣志[民國]　史 8-63017
米脂縣志[光緒]　史 8-63016
80 米毓瑞詩文　集 5-39614

9091₄ 粧

00 粧襄記　子 5-27367
40 粧臺記　叢 1-22(13)、23(13)、587(2)
45 粧樓記　集 7-50074　叢 1-23(13)、29(3)、
　　407(2)
粧樓摘豔　子 5-27345

9094₈ 粹

00 粹廬自訂年譜　史 2-12467
粹言　子 1-658,3-13140
粹言精錄　子 4-20942
01 粹語合刊　子 1-109
08 粹論　子 4-22060
40 粹臺童氏房譜[福建泰寧]　史 5-36509
50 粹史節署　史 2-6645

9096₇ 糖

10 糖霜譜　子 4-18974～5　叢 1-22(16)、23
　　(15)、223(39)、268(4)、2-731(30)

9101₁ 悱

17 悱子讀史記　史 1-5843　叢 1-254

9101₃ 愜

33 愜心集　集3-21116

9101₄ 慨

23 慨然集　集5-36560
80 慨翁詩錄　集5-41211

9101₇ 恆

00 恆產瑣言　子1-1964　叢1-203(9)、241、
　　242(3)、483、494〜5、514,2-678、731(20)、
　　748
　恆產瑣言(張文端公恆產瑣言)　子1-2206
　恆產錄　叢2-1378
　恆齋文集　經1-147　集3-17685
　恆齋詩集　集3-16296
　恆齋日記　子1-1866　叢1-483
　恆言　子1-1694、1785　叢2-1640、1961
　恆言錄　叢1-344,2-731(24)、1489
10 恆一堂文稿　集3-21428
　恆一堂集　集3-21427
　恆西游草　集2-11237
12 恆水經　子6-32083(18)
22 恆嶽記　史7-49318(4)、52202
　恆峯文鈔　集3-19149
　恆山記　史7-49318(4)、52201
　恆山集　集3-17813
　恆山遊、和韻詩　集2-11982
　恆山志　史7-52199
　恆山志、圖　史7-52198
　恆山志、圖、續志　史7-52200
　恆山蹟志　史7-49318(20)、52203
23 恆代遊記　史7-53134
24 恆升車說　子4-18658
　恆贊如禪師語錄　子7-34378
27 恆象紀聞　子3-11508
31 恆河沙館草　子3-12386
　恆河沙館算草　子3-12778
32 恆州偶紀　史7-49927
33 恆心守道　子7-35651
38 恆遊草、燕游草　集2-12560

40 恆南稿　集2-11226、11228
50 恆春吟館詩集　集4-24540
　恆春閣泉圖　史8-64866
51 恆軒詩　集3-13735
　恆軒詩稿　集3-13734
　恆軒詩存　史8-63718
　恆軒遺稿　集2-6448
　恆軒日記(清同治六年至九年)　史2-
　　13014
　恆軒所見所藏吉金錄　史8-64218
52 恆靜齋詩鈔　集6-41981
　恆靜南詩鈔　集3-20412
55 恆農冢墓遺文　史8-65234
　恆農專錄　史8-63524、65235　叢2-602
　恆農堂文集　集3-18790
60 恆星說　子3-11241、11506　叢1-203(17)
　恆星出沒表　子3-11234
　恆星紀要　子3-11239
　恆星赤道經緯度圖　子3-11404
　恆星表　子3-11234、11403
　恆星圖　子3-11405
　恆星歷指　子3-11234、11507
　恆星餘論　叢2-811
72 恆岳志　史7-52197
76 恆陽王氏家乘[河北正定]　史4-24758
　恆陽集　集2-7317
80 恆公署記四種　集4-26633
　恆氣註曆辯　叢1-274(4)、453,2-731(27)
　恆氣注歷辨　子3-12389

9104₆ 悼

00 悼亡詩　集2-11871,3-16156、20040,4-
　　25920　叢2-918
　悼亡詞　集7-48196　叢1-587(4)
　悼亡百韻詩　叢2-2153
　悼亡百首　集4-23924
　悼亡錄(包令媜)　史2-10014
10 悼雲草　集4-29245
20 悼往詩　集3-15747
21 悼儷集(沈貞婉)　集2-9953
　悼紅吟　集5-38023
29 悼秋編、題辭　史2-10186
44 悼花　集7-49457〜8
　悼蕙軒雜著　子4-24717
57 悼挽梅川祁公(司員)詩詞　史2-8890

9106₁ 悟

00 悟玄篇 子5-29530(20)、29535(5)、29536(5)、31218
01 悟語 叢1-201、203(2、17)
10 悟雪齋文集 集1-2223
　悟雪山房琴譜 子3-17723
　悟雪樓詩存 集4-26598
　悟雪堂詩鈔 集4-31040,6-41999
　悟石齋詩文鈔 集3-16608
　悟石軒石頭記集評 子5-28424
　悟雲詩存 集4-24602
　悟雲軒全集 集5-40463
20 悟香集 集2-10767
22 悟山稿(賦詩) 叢2-1110
25 悟生遺稿 集5-36030
28 悟復室全集(自怡室詩草、自怡室稿、燈窗塵談、奏摺、雜稿、自怡室崇敬錄、詩屏折枝、春謎、拯危芻言) 集5-37826
29 悟秋草堂詩集 集2-12827
32 悟透浮生一枝 集7-51985
38 悟道錄 子5-29567、29569、29571、32042
40 悟真註疏直指詳說三乘祕要 子5-29543、31142
　悟真集 子5-29530(22)、31957
　悟真外篇 子5-29565、31135
　悟真直指 子5-29567、29569～71、31159～61
　悟真指南 子2-4591、11193
　悟真篇 子5-29530(6)、29535(5)、29536(4、5)、29547、29550、29553、31130～1、31133、31146、31154、31162 叢1-115,2-1555
　悟真篇註疏 子5-29530(3)、29538、29543、31139～40 叢1-223(47)
　悟真篇三註 子5-29530(3)、29549、31145
　悟真篇三註、外集 子5-31147
　悟真篇正文、雜著、拾遺 子5-31132
　悟真篇正義 子5-29565、31157
　悟真篇集注 子5-31158
　悟真篇外集 子5-31134 叢1-114(5)
　悟真篇約註 子5-29564、31155
　悟真篇注釋 子5-29530(4)、31137
　悟真篇直指詳說 子5-29535(5)、29536(5)、29549 叢1-223(47)
　悟真篇直指詳說(直指詳說) 子5-31143
　悟真篇拾遺 子5-29530(4)、29535(5)、29536(5)、29549
　悟真篇拾遺(紫陽真人悟真篇拾遺) 子5-31136

　悟真篇四註 子5-31148～9
　悟真篇闡幽 子5-31156
44 悟薌亭畫稿、六法管見 子3-16392
50 悟書 叢2-1985
51 悟拈詩存 集3-16064
60 悟園叢刻 集5-38183
　悟園老人所著書 子5-29570
　悟因居士年譜 史2-11889
77 悟閒吟草 集4-29826
91 悟悟 子4-21003
95 悟性論 子7-33975
　悟性窮原 子5-32049

9148₆ 類

00 類症增注傷寒百問歌 子2-4743
　類症普濟本事方 子2-9145
　類方 子2-9522
　類音 經2-14503～4、14540
　類音備用 經2-14505
　類音檢字 經2-14502
02 類證註釋錢氏小兒方訣 子2-8357、8663
　類證活人書 子2-4564、6291、7130
　類證活人書、釋音、辨誤、傷寒藥性 叢2-731(28)
　類證治裁 子2-5090
　類證增註傷寒百問歌 子2-6726
　類證陳氏小兒痘疹方論 子2-8597
　類證普濟本事方 叢1-223(33)
　類證普濟本事方(本事方釋義) 子2-9148
　類證普濟本事方(類症普濟本事方、普濟本事方) 子2-9145
　類證普濟本事方續集 子2-4768、9146
06 類韻箋異 經2-14263
08 類說 子4-23782～4 叢1-223(42)
　類說□□種 叢1-15～6
10 類函駢語 子5-25296
12 類聯集古 子5-25962
15 類珠 子5-25342
17 類聚方 子2-9375
　類聚音韻 經2-13788
　類聚名賢樂府羣玉 集7-50529
　類聚古今韻府續編 子5-26094～5
　類聚古今韻府續編羣玉 子5-26096
　類聚古今羣賢詠物詩集 集6-42411
　類聚數考 史1-6055
20 類雋 子5-25008
　類集試驗良方 子2-9293

類集本草　子2-5730
類集雅音　子5-25999
類集今古閑評客座清談陶情集　子4-24160
21 類經、圖翼、附翼　子2-5333
類經、類經圖翼、類經附翼　叢1-223(34)
類經證治本草　子2-5643
類經纂要　子2-4689、5353
22 類觚吟稿　集5-37108
23 類編唐詩七言絶句　集6-43312
類編諸儒性理文錦　集6-42665
類編殘本　子5-25803
類編朱氏集驗醫方　子2-9176　叢1-265(3)、266
類編皇朝大事記講義　史1-5904
類編皇朝大事記講義、中興講義　史1-5905
類編皇朝中興大事記講義　史1-5906
類編名公四六啓劄雲錦續集　子5-24928
類編傷寒活人書括指掌圖論、續　子2-6727
類編十一種　叢2-2147
類編古賦　集6-42602
類編古今名賢彙語二十二種　叢1-57
類編古今事林羣書一覽　史7-49539
類編古今畫史　子3-16076
類編標註文公先生經濟文衡前集、後集、續集　子1-771
類編草堂詩餘　集7-48422～3、48425～7、48435、48440
類編草堂詩餘、續　集7-48424
類編草堂詩餘、續編草堂詩餘、詞韻括畧、詞學論畧　集7-48439
類編藥性脈法方論　子2-5721
類編增廣潁濱先生大全文集　集1-2601
類編增廣老蘇先生大全文集　集1-2104
類編增廣黃先生大全文集　集1-2679
類編圖經集註衍義本草　子2-5522
類編曆法通書大全　子3-14450、14463
類編長安志[元貞]　史8-62674
類編層瀾文選前集、後集、續集、別集　集6-42712
類編陰陽備用差穀書　子3-14568
類編敍目　叢2-1361
類編箋釋國朝詩餘　集7-48436
27 類修要訣、續附　子5-31310
類物　子2-4585、5866
28 類傷寒辨　子2-4695、4769、6594、6643
類傷寒集補　子2-4633、4695、6837　叢2-1611～2
類傷寒四言　子2-6717
30 類字蒙求　經2-13481～2
類字畧　經2-12896
34 類對集材　子5-25968～9
37 類澹語　子4-21908
類次書肆說鈴　子4-20760　叢1-567
類選唐詩助道微機、助道微機或問記　集6-43356
類選唐宋四時絶句　集6-42235
類選註釋駱丞全集　集1-678
類選大成　子5-24946
類選苑詩秀句　子5-25673
類選杜詩五言律　集1-941
類選箋釋草堂詩餘、續選草堂詩餘、類編箋釋國朝詩餘　集7-48436
38 類海清源總畧　子5-25450
41 類帖雜考　子3-15509
43 類博雜言　子4-20377　叢1-22(20)、61～4、174、195(2)、2-730(3)
類博稿　集2-6774～6　叢1-223(64)
44 類藻引注　子5-25891　叢2-1014
類苑儷語　子5-25355
類苑菁華　子5-25354
類林　叢2-776
類林新詠　子5-25341
類林索隱　子5-25388
類林探賾　子5-25085
類林炳燭　子5-25396
45 類姓登科考　史3-13500
50 類書　子5-26069
類書雜抄　子5-26044
類書讀　子5-24794
類書殘卷　叢2-601
類書殘卷三種　子5-24774
類書纂要　子5-25385～6
53 類成堂集　史7-51874
55 類典　子5-25397
56 類輯姚江學脈、諸賢小傳　子1-185
59 類抄　子4-22539
63 類賦、續類賦　子5-24793
類賦玉盆珠　子5-25292
70 類腋　子5-26208
88 類篇　經2-12811～2、15114、15124　叢1-223(15)
類篇索隱　經2-12813
類箋唐王右丞詩集、文集、外集、年譜、唐諸家同詠集、贈題集、歷朝諸家評王右丞詩畫鈔　集1-802
類餘　子5-25466
類纂古文字玫　經2-13153
類纂精華　子5-25384

9154₇ 叛

72 叛兵王禮董承恩張鎖兒張勝豪列傳　史1-1929

　　叛兵陸文緒傳胎子列傳　史1-1929

9158₆ 頪

30 頪宮禮樂疏　史6-42042　叢1-223(27)

　　頪宮禮樂全書　史6-42073

9181₄ 煙

01 煙語　史7-53096
02 煙話　子4-21840　叢1-496(4)
08 煙譜　子4-18549、19334　叢1-202(3)、203(8)、322
10 煙霞嶺遊記　史7-49317(2)、49318(8)、53372

　　煙霞外集　集2-12771

　　煙霞俱　子4-18618

　　煙霞草堂(劉光蕡)從學記　史2-10622

　　煙霞草堂文集　集5-37185

　　煙霞草堂從學記　叢2-2041

　　煙霞草堂遺書十七種續刻四種附一種　叢2-2041

　　煙霞萬古樓文集　集4-24480　叢2-731(46)

　　煙霞萬古樓文集、詩選　叢1-457

　　煙霞萬古樓文集、詩選、仲瞿詩錄　叢1-456(7)

　　煙霞萬古樓文集注　集4-24479

　　煙霞萬古樓詩殘稿　集4-24475

　　煙霞萬古樓詩集　集4-24476

　　煙霞萬古樓詩集、詞集　集4-24473

　　煙霞萬古樓詩集、仲瞿詩錄　集4-24478

　　煙霞萬古樓詩選　集4-24471　叢1-401、2-731(44)

　　煙霞萬古樓詩選、文集　集4-24470

　　煙霞萬古樓詩選、仲瞿詩錄　集4-24472

　　煙霞萬古樓詩未刻佚稿　集4-24477

　　煙霞萬古樓詩錄　集4-24474

　　煙霞閣詩鈔　集4-24307

　　煙霞閣續詩草　集5-36405

　　煙霞小說十三種　叢1-60

　　煙霞小說□□種　叢1-59

　　煙雲供養錄　子3-14798

　　煙雲閣曲譜　集7-54787
20 煙舫集　集3-15470
22 煙艇永懷　史2-7321～2　叢1-269(3)、270(2)、2-794
26 煙鬼歎十聲　集7-53362

　　煙鬼顯魂　集7-53363

　　煙鬼顯魂托夢　集7-53061

　　煙鬼嘆一枝　集7-52772

　　煙鬼嘆十聲一套　集7-50977
27 煙嶼樓文集、詩集　叢2-1862

　　煙嶼樓詩集　集4-32537

　　煙嶼樓詩初稿　集4-32536

　　煙嶼樓讀書志、煙嶼樓筆記　子4-21928

　　煙嶼樓集(煙嶼樓詩集、文集)、遊杭合集　集4-32533

　　煙嶼樓集四種　叢2-1862

　　煙嶼樓編年詩集　集4-32538

　　煙嶼樓書目　史8-65805
32 煙溪汪氏支譜[安徽歙縣]　史4-28850
34 煙波漁唱　集4-28782

　　煙波漁唱、續鈔、又續、鈔　集7-47544

　　煙波閣詩　集6-41763

　　煙波釣叟歌解　子3-14289

　　煙波釣叟歌直解　叢2-1255
38 煙海新談　子4-21839
40 煙臺條款　史6-44035、44060
41 煙坪詩鈔　集3-14545　叢2-886(3)
44 煙花債　集7-49394

　　煙花債傳奇　集7-49392～3

　　煙花女子歎十聲　集7-53634

　　煙花女子嘆十聲一套　集7-50978

　　煙花夢　集7-48779

　　煙花樓　集7-52230

　　煙花姐(新刻玉簪記)　集7-50841

　　煙花小史八種　叢1-104

　　煙草亭詩畧　集3-20289,6-45142

　　煙草譜　子4-19330

　　煙草錄　子4-19333　叢1-315

　　煙村集　集4-31532
50 煙畫東堂小品二十三種　叢1-512
72 煙饢子集　集2-10449
88 煙餘草　集2-12079

　　煙籮子體殼歌　子5-29561、31354
90 煙火譜　子1-3643

9181₇ 爐

16 爐硯說　子1-72,4-18542
20 爐香在鏡　子7-32111
22 爐峯陳氏宗譜[浙江浦江]　史4-33081～5
75 爐陳新坦周氏宗譜[浙江江山]　史4-30009
90 爐火心箋　子5-29578
　　爐火監戒錄　子5-31239
　　爐火鑒戒錄　叢1-195(6)

9182₇ 炳

96 炳燭齋文集(顧仲恭文集)初刻、續刻、隨筆
　　集2-11408
　　炳燭齋雜著　叢2-751
　　炳燭齋雜著四種　叢2-1620
　　炳燭齋詩集　集4-24265
　　炳燭齋詩草　集5-33961
　　炳燭齋稿、隨筆　集2-11407
　　炳燭齋隨筆　子4-20835　叢1-425
　　炳燭話舊　叢2-632
　　炳燭編　子4-22259,22530　叢1-419
　　炳燭室雜文　集4-24650　叢1-419、516,
　　　2-731(46)
　　炳燭草　集4-30913
　　炳燭書　子4-23138
　　炳燭軒詩集　集2-9696,6-45189
　　炳燭里談　子4-21993～4
　　炳燭居訂正周易口義　經1-1104
　　炳燭錄　子3-11423,4-21673　叢2-1734
　　炳燭篇　叢2-731(7)
97 炳燭偶鈔　史1-5987　叢1-241、242(2),2-
　　731(7)

9196₀ 粘

62 粘影詞　集7-46405、47135

9202₁ 忻

32 忻州志[萬曆]　史7-55724

忻州志[乾隆]　史7-55725
　　忻州志[光緒]　史7-55726
72 忻氏兩世旌節事畧　史2-7906

9206₄ 恬

00 恬庵詩稿　集4-28976
　　恬齋詩集　集3-21532
18 恬致堂詩話　集6-45834　叢1-195(4),2-
　　731(47)
38 恬海詩鈔(怡然談)　集5-36651
　　恬裕齋碑目　史8-64753
　　恬裕齋藏書記　史8-65778～9
44 恬莊小識　史7-50252
56 恬暢齋瑣述　子4-20712
60 恬園文鈔　集4-25204
　　恬園詩集　集5-40569
68 恬吟庵日記(清同治十一年)　史2-12887
80 恬翁集　集3-17443
　　恬養齋文稿　集4-30430
　　恬養齋文抄、補遺　集4-30432
　　恬養齋文鈔、補遺　叢2-751
　　恬養齋詩　集4-33657
　　恬養齋詩集　集4-30429
　　恬養知室詩存　集4-24593

9220₀ 削

22 削觚廬印存　子3-17339
38 削道冠　集7-53005
　　削道冠兒　集7-52522

9250₀ 判

01 判語全書　史6-46473
　　判語錄存　史6-46480
24 判牘精華　史6-47213
30 判案須知　史6-46221
35 判決錄　叢1-22(4)、23(4)
44 判花軒集　集4-32970
　　判花軒吟稿　集4-32972
47 判橘客　集7-53876
88 判餘隨錄　集5-34627　叢1-415

9280。剡

10 剡西章氏宗譜[浙江嵊州]　史5-34570
　剡西郭氏宗譜[浙江嵊州]　史4-32302
　剡西丁氏宗譜[浙江嵊州]　史4-24639
　剡西玨芝張氏宗譜[浙江嵊州]　史5-34965～7
　剡西張氏宗譜[浙江嵊州]　史5-34968～9
　剡西珠溪義門鄭氏宗譜[浙江嵊州]　史5-38652
　剡西邢氏宗譜[浙江嵊州]　史4-26230～1
　剡西尹氏宗譜[浙江嵊州]　史4-25901
　剡西任氏宗譜[浙江嵊州]　史4-26774
　剡西崇安蔡墅黃氏宗譜[浙江嵊州]　史5-33818
　剡西富潤張氏宗譜[浙江嵊州]　史5-34975
　剡西清化俞氏宗譜[浙江嵊州]　史4-30814
　剡西蔣氏宗譜[浙江嵊州]　史5-38136
　剡西杜墓黃氏宗譜[浙江嵊州]　史5-33821
　剡西相氏宗譜[浙江嵊州]　史4-30333～5
　剡西楊氏宗譜[浙江嵊州]　史5-36885
　剡西趙氏宗譜[浙江嵊州]　史5-38347
　剡西秦氏宗譜[浙江嵊州]　史4-31260～1
　剡西雅堂張氏續修宗譜[浙江嵊州]　史5-34976
　剡西馬氏宗譜[浙江嵊州]　史4-31603
　剡西陳氏宗譜[浙江嵊州]　史4-32950
　剡西周氏宗譜[浙江嵊州]　史4-30000～1
　剡西開元周氏宗譜[浙江嵊州]　史4-29999
　剡西錢氏宗譜[浙江嵊州]　史5-40224
11 剡北鹿山屠氏重修宗譜[浙江嵊州]　史5-35478
　剡北龍山莫氏宗譜[浙江嵊州]　史4-31461
　剡北靈芝鄉王氏續修宗譜[浙江嵊州]　史4-25077～8
　剡北于氏正大宗譜[浙江嵊州]　史4-24722
　剡北石床嶠麓沈氏宗譜[浙江嵊州]　史4-29087
　剡北石床沈氏宗譜[浙江嵊州]　史4-29088～9
　剡北粟宅喻氏宗譜[浙江嵊州]　史5-35926
　剡北張氏六修宗譜[浙江嵊州]　史5-34971
　剡北張氏宗譜[浙江嵊州]　史5-34970、34972～4
　剡北德政鄉陳氏家譜[浙江嵊州]　史4-32944～6、32948～9
　剡北德政鄉陳氏宗譜[浙江嵊州]　史4-32947
　剡北徐氏宗譜[浙江嵊州]　史4-31989～90
　剡北房氏宗譜[浙江嵊州]　史4-30282～3
　剡北沈氏宗譜[浙江嵊州]　史4-29090～1
　剡北黃氏宗譜[浙江嵊州]　史5-33812～4
　剡北杜氏宗譜[浙江嵊州]　史4-26992～5
　剡北胡氏宗譜[浙江嵊州]　史4-30446
　剡北桐亭李氏宗譜[浙江嵊州]　史4-27201～2
　剡北趙氏宗譜[浙江嵊州]　史5-38346
　剡北棗樹灣王氏宗譜[浙江嵊州]　史4-25085
　剡北喻宅喻氏宗譜[浙江嵊州]　史5-35930
　剡北喻氏宗譜[浙江嵊州]　史5-35927～9
　剡北閭氏家譜[浙江嵊州]　史5-38796
22 剡川詩鈔　集6-44653～5
31 剡源文集　集1-4870　叢1-223(59)
　剡源文集、佚文　集1-4869
　剡源文鈔　集1-4874　叢2-845(2)
　剡源文鈔(剡源文集、剡源先生文鈔)　集1-4872
　剡源文鈔、佚文　集1-4873
　剡源詩集、文集　集1-4859
　剡源三石趙氏宗譜[浙江嵊州]　史5-38348
　剡源集　集1-4860
　剡源集、重刻札記　集1-4863
　剡源集、佚詩、佚文　集1-4856
　剡源集、札記　叢1-343,2-731(40)
　剡源集逸文　集1-4875
　剡源集校　集1-4876
　剡源集校、逸文　叢2-2118
　剡源先正祠全錄　史7-51825
　剡源先生文　集1-4867
　剡源先生文集　集1-4861、4868
　剡源佚文、佚詩　集1-4855
　剡源佚詩文集　集1-4858
　剡源鄉志[光緒]　史7-57462
　剡源逸稿　集1-4877
　剡源戴先生文集　叢2-635(11)
　剡源戴先生文集(戴剡源先生文集)　集1-4866
　剡源戴先生文集(剡源文集)　集1-4862

剡源戴先生文集、補遺　集1-4864
剡源戴先生文集、剡源文集　集1-4865
32 剡溪詩話　集6-45618
剡溪王氏宗譜[浙江嵊州]　史4-25083～4
剡溪聯桂周氏宗譜[浙江嵊州]　史4-30006
剡溪朱氏重修宗譜[浙江義烏]　史4-26560～1
剡溪朱氏宗譜[浙江義烏]　史4-26558～9、26562～4
剡溪朱氏神主簿　史4-26562
剡溪徐氏族譜[浙江嵊州]　史4-31985
剡溪漫筆　子4-20776
剡溪趙氏宗譜[浙江嵊州]　史5-38342
剡溪野語　叢1-22(5)、23(5)
38 剡遊草(蘭雪齋詩集)　集4-25733
40 剡南方山王氏宗譜[浙江嵊州]　史4-25082
剡南王氏宗譜[浙江嵊州]　史4-25080～1
43 剡城丁氏宗譜[浙江嵊州]　史4-24640
剡城袁氏宗譜[浙江嵊州]　史4-31348
剡城趙氏宗譜[浙江嵊州]　史5-38344～5
50 剡中集　集6-44275
剡東許氏宗譜[浙江嵊州]　史5-34418
剡東徐氏宗譜[浙江嵊州]　史4-31986～8
剡東李氏宗譜[浙江嵊州]　史4-27203
剡東呂氏宗譜[浙江嵊州]　史4-26306
60 剡邑王氏宗譜[浙江嵊州]　史4-25073～5
剡邑永富黃氏宗譜[浙江嵊州]　史5-33809～11
87 剡錄　叢1-223(23)、478
剡錄[嘉定]　史7-57507

9281₈　燈

00 燈庵遺詩、補遺　集3-21096
燈庵未定稿　集3-21095
燈市宸遊　集7-49705
09 燈謎　子3-18374、18411、18444　叢1-197(4)
燈謎新編　子3-18407、18410
燈謎釋格　子3-18449
燈謎源流攷　子3-18459
燈謎源流考　叢2-619、622
燈謎叢錄　子3-18385
燈謎心裁新編　子3-18426
燈謎會　集7-52297
10 燈下勸夫一枝　集7-52659
燈下閒談　叢1-19(4)、20(2)、21(4)、22(7)、
23(6)、24(5)、374,2-617(2)
燈下閒談　子5-26939　叢2-652
21 燈虎　集7-53118
燈虎談餘　子3-18434
25 燈傳集　集6-41790
30 燈窗末藝　叢2-1064～5
34 燈社嬉春集　子3-18413　叢2-2046
39 燈迷會一枝　集7-51701
44 燈花占　叢1-397,2-617(4)
燈草和尚　集7-52296
50 燈青茶嫩草　集5-34183
51 燈指因緣經　子6-32083(22)、32084(18)、32093(20)
62 燈影錄　叢2-795
燈影錄(鐙影錄)　子3-18452
63 燈賦　集7-49375
65 燈味齋詩存　集4-29409
燈味書堂詩稿　集4-26596
燈味軒文稿、駢體文稿、賦、試帖詩　叢2-1746
燈味軒詩稿、古今體詩稿、詞稿　叢2-1746
燈味軒遺稿四種　叢2-1746
燈昧軒遺稿　集4-28910
72 燈昏鏡曉詞　集7-48216
77 燈月傳(燈月醉世傳)　集7-53720
燈月緣(評定燈月緣彈詞新譜)　集7-53719
87 燈錄滙海　子7-34729
88 燈籠寶卷　集7-54544
燈餘筆錄　子5-26616
93 燈燃法界　集7-49696
94 燈燏瑞塔　集7-49701

9284₆　燨

90 燨火錄　史1-1981,3252
燨火錄、讀史論畧　史1-3251
燨火錄、記、讀史論畧、歷代紀元續表　史1-3250

9284₇　煨

20 煨香樓雜劇　集7-50428

9289₄ 烋

00 烋瘦閣詞　集7-47824
88 烋笷詞　集7-47823

9301₂ 惋

50 惋春遺稿　集5-36305

9302₂ 惨

40 惨女界　子5-28582

9305₀ 懺

00 懺摩錄　子1-1653,4-22587　叢1-299~
　　300、364、435、533、2-689、728、811~2、1641
　懺磨法要　子7-35079
21 懺愆年譜稿　史2-12347
　懺紅碎語　叢2-2150
27 懺船娘張潤金疏　叢1-587(3)
34 懺法大觀　子5-29535(6)、29536(6)、30573
44 懺花庵文存　集5-37915
　懺花庵詩鈔　集5-37914
　懺花盦詩鈔　集6-42007(3)
　懺花盦叢書三十種　叢1-461
　懺昔樓詩存　集5-39307
50 懺春詞　集4-30742
55 懺慧詞、度針樓遺稿　集7-48407
80 懺盦詩鈔、詞鈔、詞話　集5-38569
　懺盦日記(清光緒廿三年至二十四年)
　　史2-13166
　懺盦隨筆　子4-22046~7
88 懺餘綺語　叢1-486,2-698(12)、731(49)、
　　1635~6

9306₀ 怡

00 怡立煤礦股份有限公司礦埸辦事細則　史

6-44778
怡亭文集　集4-26160
怡亭詩集　集4-26159
怡亭詩草　集4-23923
怡庵文集　集2-6495
怡庵喉科治効方　子2-7553
怡廬詩草　集5-38220
怡廬詩鈔　集5-38111
怡齋詩集　集2-8445~6
怡齋存稿　集4-30513
怡府藏石谷精品　子3-16667
怡府書目　史8-65691
10 怡石齋詩稿　集4-29260
怡雲廬詩文鈔　集4-31750
怡雲詩集(江上怡雲集)　集3-18454
怡雲詩集、蓼溪文集、續編　集3-16177
怡雲詩草　集4-25771
怡雲詞(遠堂集)　集7-47937
怡雲集　集3-17305,6-41962
怡雲仙館藏書目錄　史8-65922
怡雲仙館藏書目錄三編　史8-65923
怡雲山房文鈔　集4-31473
怡雲山莊詩鈔、詞鈔　集5-36313
怡雲山人南溟集　集3-18773
怡雲山館詩存　集4-31313
怡雲山館詩存(桑梓慕雲集、萬里瞻雲集、
　玉壘浮雲集、□首飛雲集、蜀棧停雲集、
　蒼洱歸雲集、湖□閒雲集、試中試草)
　集4-31312
怡雲山館詩鈔　集4-23507
怡雲山館駢體文　集5-38236
怡雲室文集　集5-40224
怡雲草　集3-13150
怡雲草堂詩存　集4-23774
怡雲草堂詩鈔　集5-36383
怡雲軒詩集　集1-3251,6-41896
怡雲閣詩草　集5-36502
怡雲閣西樓記　集7-50135
怡雲閣浣紗記　集7-49814
怡雲閣遺箋　集4-29782
怡雲館詩詞鈔　集4-28484
怡雲館詩鈔　集5-35566
怡雲堂雜文　叢2-1966
怡雲堂詩集　叢2-1966
怡雲堂詩存　集5-40411
怡雲堂詩草　集3-17805,5-34876
怡雲堂集　集4-30447,5-34874~5
怡雲堂內集　叢2-1966
怡雲堂戊子集　叢2-1966
怡雲堂全集　叢2-1966

11 怡琴閣詩鈔、詩餘　集4-31247
21 怡虛集　集4-25525
22 怡山館文稿　集4-26027
　　怡山館詩鈔、詞　集4-26026
　　怡山堂集　集4-22148
23 怡然詩鈔　集3-16179
　　怡然談　集5-36651
　　怡然閣詩鈔　集5-35965
26 怡白堂編年詩　集3-14549
29 怡秋軒初稿　集5-39063
　　怡秋館詩鈔　集5-34842
30 怡寄館詩稿、續稿　集2-11150
40 怡志堂文集、詩集　集4-30801
　　怡志堂文初編　集4-30803
　　怡志堂文鈔　叢1-529
　　怡志堂詩初編　集4-30802
　　怡志堂詩鈔　集6-42008
　　怡古堂文鈔　集4-28613
41 怡柯草堂詩鈔　集4-30980
44 怡芬書屋詩草(麴塵集、拙廬集、岫雲集、松
　　　寮集、徵車集、隴西集、無咎集、清湘集、
　　　唾餘集、詩餘)　集4-29483
　　怡蘭堂叢書四種　叢2-657
　　怡蘭堂叢書八種　叢2-656
　　怡若日記(清光緒三十四年至宣統二年)
　　　史2-13172
　　怡老篇　集3-13762
　　怡桂堂詩集　集5-37602
46 怡如日記(清光緒三十三年)　史2-13235
48 怡松軒金石偶記　史8-63754　叢2-643
50 怡青堂文集　集5-34340
　　怡青堂詩二刻　集5-34339
　　怡青堂詩集　集5-34338
52 怡靜齋詩鈔　集5-34042
60 怡園詩集　集4-23921
　　怡園詩集、冬碧樓樂府　集4-23922
　　怡園詩稿　集4-24746
　　怡園詩草　集5-38730
　　怡園詩鈔　集4-27128
　　怡園剩稿　集5-40761
　　怡園初刊三種續刊三種　集6-41989
　　怡園同人吟鈔　集6-41989
　　怡園同懷吟草　集4-29985
77 怡閒小稿　集3-20879
　　怡賢親王疏抄　史6-48729
　　怡賢親王疏鈔　史6-46584、46725～6、46713
　　怡賢親王奏議　史6-48730　叢1-483
80 怡盦詩草　集4-24026
　　怡善堂文剩稿　集5-34889
　　怡養齋詩鈔、制義　集5-39043

90 怡懷集　集3-15504
　　怡堂六草　集4-24077～9
　　怡堂詩草　集4-24076
　　怡堂集　集3-15718
　　怡堂散記　子2-8464、10583
93 怡怡室詩詞　集5-34521
　　怡怡樓遺稿　集4-33047
　　怡怡錄　史2-7623
　　怡怡堂文集　集4-30752
　　怡怡堂文稿　集4-30751
　　怡怡堂郭氏家譜[天津]　史4-32265
　　怡怡堂圍碁新譜　子3-18094
95 怡性養情齋詩存　集4-28518
　　怡性堂善通　子5-29583
　　怡情集　集3-20009、21493,4-25418
　　怡情適性曲譜　集7-54775
　　怡情書室詩鈔　集4-22004
　　怡情軒詩草　集4-26204
　　怡情軒詩鈔　集4-23536
　　怡情小草　集4-23436
　　怡情小品　叢1-584
　　怡情小錄　子4-20437　叢1-195(7),2-
　　　731(13)

9313₆　蠶

00 蠶音　史2-9323　叢2-1331

9383₃　燃

40 燃灰文鈔、詩鈔　集4-24337
44 燃藜閣詩鈔　集4-29240
　　燃藜閣易極　經1-932
　　燃桂稿　集2-11093
48 燃松閣詩鈔　集4-27991～3
　　燃松閣詩鈔、續編　集4-27994
　　燃松閣存稿　集4-27988～9,6-42006
　　燃松閣賦鈔、詩鈔、存稿　集4-27990
71 燃脂集、引用書目、宮閨氏籍藝文考署　集
　　　6-43003
　　燃脂集發凡　集6-44965
　　燃脂集例　叢1-201
77 燃犀集　子3-13533

9385₀ 熾

53 熾盛光佛頂儀軌　子6-32093(38)
　　熾盛光道塲念誦儀　子6-32089(48)、32090
　　　(61)、32091(60)、32092(42)、32093(47)
　　熾盛光大威德消災吉祥陀羅尼經　子6-
　　　32091(39)

9386₈ 熔

80 熔金類罐　子7-37235

9401₂ 忱

21 忱行錄　子1-1727　叢1-391,2-1835、1837

9401₄ 懽

40 懽喜無量軒隨筆　子4-23277

9402₇ 惰

30 惰窳庵文集　集4-31481

9403₆ 憏

00 憏庵草　集6-44961
44 憏菴草　集2-8287

9406₁ 惜

00 惜齋文錄　集5-40046
　惜齋吟稿、別存　集5-40077
　惜齋吟草、詞草、吟草別存　叢2 1000
　惜裒先生尺牘　叢1-381

10 惜五穀文　叢2-771(1)
16 惜硯樓叢刊　叢2-868
20 惜香樂府　集7-46380　叢1-223(73),2-
　　698(13)、720(2)
　　惜香樂府(仙源居士惜香樂府)　集7-
　　46600
21 惜紅吟館詩草　集5-41250
27 惜物命文　叢2-771(1)
30 惜字文　叢2-771(1)
　　惜字三宜　叢2-981
　　惜字律　子4-20827
　　惜字徵信錄　子4-24512
　　惜字福祿全書、續　子4-24341
　　惜字公志　子5-30492
33 惜心書屋雜存艱貞集　集4-30164
　　惜心書屋詩鈔　集4-30162~3　叢1-554
　　惜心書屋補鈔文集　集4-30166
38 惜道味齋集(惜道味齋文編、詩編)　集5-
　　39557
　　惜道味齋劄記　經2-12901
40 惜寸陰齋叢鈔八集一百二十五種　叢1-
　　374
44 惜花報　集7-49317　叢2-1269
　　惜花散人初集　集4-23949
　　惜花軒詞稿　集7-48163
　　惜花軒稿　集5-37685
47 惜穀免災寶卷(惜穀寶卷)　集7-54478
50 惜春詞　集7-48143
　　惜春山房遺詩　集5-39151　叢2-886(5)
51 惜軒詞　集7-46405、46429
57 惜抱先生尺牘　集3-21393
　　惜抱先生尺牘補編　叢2-1505
　　惜抱軒文集　集3-21386
　　惜抱軒文集、文後集、詩集、詩後集、詩外集
　　　叢2-1504
　　惜抱軒文集、文後集、詩集、詩後集、詩外
　　　集、法帖題跋、筆記　叢2-698(12)
　　惜抱軒文集、詩集　叢2-635(13)
　　惜抱軒文集、後集　叢2-1503
　　惜抱軒文集、後集、法帖題跋　集3-21387
　　惜抱軒文後集　集3-21390
　　惜抱軒文鈔　集3-21389
　　惜抱軒詩　集3-21385
　　惜抱軒詩說　經1-4077
　　惜抱軒詩集　集3-21384
　　惜抱軒詩集、後集、外集　叢2-1503
　　惜抱軒詩筆記　經1-4078
　　惜抱軒集　集3-21388
　　惜抱軒集七種　叢2-1503
　　惜抱軒稿　集3-21391
　　惜抱軒先生文選　集6-42066

惜抱軒法帖題跋　子 3 - 15290　叢 2 -
1503～4
惜抱軒漢書平點　史 1 - 5861　叢 2 - 1864
惜抱軒遺書　叢 2 - 1505
惜抱軒九經說　經 2 - 11563　叢 2 - 1503～4
惜抱軒史論　史 1 - 5279
惜抱軒書錄　史 8 - 65470　叢 2 - 815、1505
惜抱軒四庫館校錄書題　史 8 - 65469
惜抱軒題跋　集 3 - 21392
惜抱軒全集　叢 2 - 1504
惜抱軒今體詩選　集 6 - 42489
惜抱軒筆記　子 4 - 21285　叢 2 - 1503～4
惜抱尺牘補編　集 3 - 21394
60 惜曠軒詩集　集 5 - 34849
62 惜唾編　子 4 - 21761
65 惜味齋存稿　集 4 - 29043
78 惜陰瑣記　子 4 - 21917
惜陰樓印存　子 3 - 17094
惜陰書院緒言　子 1 - 1103　叢 2 - 731(12)、
816
惜陰書屋詩集（縉雲山人詩集）　集 5 -
35541
惜陰書屋遺稿　集 5 - 39266
惜陰軒詩稿　集 4 - 31071
惜陰軒詩草　集 5 - 35586,6 - 42007(3)
惜陰軒叢書、續編　叢 1 - 347
惜陰軒遺詩　集 5 - 37540
惜陰日記（原闕卷一至四）　經 2 - 11556
惜陰日記存　叢 2 - 746
惜陰隨筆　子 4 - 23516
惜陰居瑣語　子 5 - 27341
惜陰居稿　集 4 - 27410
惜陰居叢著四種　叢 2 - 1690
惜陰居日鈔、外編　叢 2 - 1690
惜陰餘事　子 3 - 18490
惜陰堂集　集 3 - 21363
80 惜分詞　集 7 - 47770
惜分軒詩鈔　集 4 - 22437
惜分陰齋詩稿　集 5 - 34823
惜分陰齋詩鈔　集 4 - 22492
惜分陰齋遺稿　集 5 - 39392
惜分陰室日記（清同治六年至七年）　史 2 -
13075
惜分陰書屋學吟草　集 4 - 32153
惜分陰軒主人述畧　史 2 - 12359
惜分陰館詩草　集 4 - 31967
88 惜餘詩草　集 4 - 23958
惜餘存稿　集 3 - 18838
惜餘芳館稿　集 5 - 39424
惜餘芳館稿、雙芝室駢文剩稿　集 5 - 39425

惜餘春館讀畫集　集 5 - 40923
惜餘軒集四鈔　集 5 - 35746
惜餘軒全集　集 5 - 35745
惜餘饕賦　集 3 - 14116
惜餘小舍醫案　子 2 - 10809

9408₁　慎

00 慎疾芻言　子 2 - 4608～10、4612、4646、4698、
4709、4714、4771(4)、4782、5013　叢 1 - 423、
433、435、461、520,2 - 731(28)
慎疾格言　子 2 - 4705、10739
慎亭詩選　集 4 - 22049
慎庵遺稿（古近體詩、試帖詩、詞稿、賦稿）
集 4 - 31839
慎齋文集、別集文、別集詩　集 5 - 37896
慎齋詩存、敬義堂贈言　集 3 - 15304
慎齋集　集 2 - 6973　叢 1 - 265(5)、266
慎齋先生年譜　子 7 - 34687
慎齋遺書　子 2 - 4771(3)、4856
慎齋遇集　集 3 - 14007
慎言　子 1 - 1000～1　集 2 - 7601、7605　叢
2 - 1077～8
慎言齋文鈔　集 5 - 36222
慎言集訓　子 1 - 1036～7　叢 1 - 106、111
(2)、391,2 - 731(8)、870(3)
慎六生齋剩稿　集 4 - 31643
03 慎誠堂詩鈔　集 4 - 26193,6 - 42007(1)
慎誠堂集　集 4 - 26192
慎詒堂先世錄　史 4 - 27284
08 慎旃二集　集 3 - 16529
慎旃初集　集 3 - 16528
10 慎一齋詩集　集 4 - 22315
慎一堂日記（清光緒三年）　史 2 - 12883
慎五堂治驗錄　子 2 - 10747
12 慎刑說　史 6 - 45776
慎刑便覽　史 6 - 41540、46279、46430
慎刑錄　史 6 - 46388
17 慎子　子 1 - 16～20、23、39～42、58、61,4 -
19512、19572、19584、19586、19588　叢 1 - 19
(3、7)、20(5)、21(5、7)、24(4、8)、223(39)、273
(5)、490,2 - 730(6)
慎子、逸文　子 4 - 19587　叢 1 - 274(4),2 -
698(5)、731(11)
慎子佚文　子 4 - 19590　叢 2 - 777
慎子內篇、外篇、傳補　子 4 - 19585
慎子內篇、外篇、補遺、逸文、內篇校文　叢
2 - 635(4)
慎子內篇、外篇、逸文　子 4 - 19589

　　性禾善米軒詩稿　集4-33363
　　性禾善米軒小草、思怡居偶吟稿　集4-
　　　33362
30 性空禪師語錄　子6-32091(82)
　　性安廬畫稿　子3-16581
31 性源詩存　集4-29716
33 性述　子1-1803　叢2-1827
34 性法學要　子7-35403
46 性相通說　子6-32091(69)、32092(44)、7-
　　　33866
50 性中天遺訓後集　叢2-1644
　　性史快論　史1-5488
62 性影詩草　集4-33309
　　性影集　集3-16838
71 性原廣嗣　子2-8078
77 性學發蒙　子1-1605
　　性學編　子1-953　叢1-300
　　性學恦述　子7-35283
　　性學李先生古今文章精義(文章精義)　集
　　　6-46221
　　性學指南　子1-1606
　　性學圖說　子1-1791　叢2-1789
　　性學開蒙　子6-32091(70)
　　性學閑筆語錄　叢2-1644
　　性學閑筆語錄後集　叢2-1644
　　性學閑筆語錄次集　叢2-1644
　　性學荃蹄　子5-29565、31382
80 性善惡論　子7-33856
　　性善繹　子1-1140　叢2-937
　　性善圖說　子1-1329　叢2-811、1268
　　性善堂稿　集1-3864~5、6-41784　叢1-
　　　223(56)
　　性命雙修　子5-31370
　　性命雙修萬神圭旨　子5-31327
　　性命雙修慧命正旨　子5-31391　叢1-405
　　性命微言　子5-32048
　　性命宗旨　子7-35980
　　性命宗指　子5-31331
　　性命道統　子2-4591
　　性命圭旨　子5-31225、31227、31328、31498
　　性命圭旨約說　子2-4588
　　性命真詮、續　子5-31332
　　性氣先生熊廷弼傳　史2-9052
　　性氣先生傳　史1-1948
95 性情集　集1-5341　叢1-223(62)

9502₇ 情

02 情話記　子4-19492、21028

10 情天外史正續册　子5-26606
　　情天外史正册、續册　史2-7700
　　情天債　子5-27865
　　情天寶鑑　子5-27068
　　情天劫　子5-27892
　　情天恨　子5-28568
20 情采編、目錄　集6-42367
22 情種、秋士選詩　子4-24150
　　情種筆剗　集5-36365
27 情郵傳奇　集7-50020
36 情禪讔語　集4-25926
44 情夢柝　子5-28323~4
50 情中幻　集7-49395
　　情中幻傳奇　集7-49392~3、49396
　　情中夢一枝　集7-52732
　　情史百詠　集4-27683
　　情史類畧　子5-27069
　　情史類畧(情天寶鑑)　子5-27068
60 情田雜組　集4-33367
　　情田詩稿　集4-24407
　　情田詞　集7-46991
62 情影集存稿　集6-42006
　　情影軒存稿　集4-28053
65 情味集　集3-15874
88 情籟　集4-24874、7-48483

9503₀ 快

08 快說續紀　叢1-201、203(3、18)、2-1339
10 快雪齋集　集1-5366
　　快雪齋集、補　集1-5367　叢2-806
　　快雪齋小集　集6-41932
　　快雪軒文鈔　集5-41243
　　快雪軒詩草　集5-41236
　　快雪堂集　集2-10362
　　快雪堂樂毅論跋　叢2-771(2)
　　快雪堂法書(初拓快雪堂帖)　子3-15554
　　快雪堂漫錄　子5-26367　叢1-22(22)、29
　　　(8)、221、373(5)、2-624(3)
　　快雪堂日記(明萬曆十八年至二十四年)
　　　史2-12521
　　快雪堂尺牘　集2-10363
　　快雨堂詩稿　子3-15748
　　快雨堂題跋　子3-15289
22 快山堂詩集　集3-15150
　　快樂酒令　子3-18342
　　快樂畫題　子3-16162
　　快樂吟餘天香集、快樂真機　集7-50686

30 快字全書　經2－14497
32 快活　集7－50164
　快活庵稿(齋居目四禁詩)　叢2－1110
　快活庵批評紅梨花記　集7－50090
　快活歌　子5－29547
　快活山樵歌九轉　集7－49397～8、49403
　快活風光　叢1－154
33 快心編初集、二集、三集　子5－28299　叢1－496(2)
40 快士傳　子5－28349
　快南堂題跋　子3－14955
44 快世忠言　史6－47850
48 快槍打靶通法　子7－36986
50 快書　子5－26223
　快書六種　叢2－1060
　快書五種　集7－52982
　快書五十種　叢1－142
　快書小品　子4－20787
53 快戒洋煙一套　集7－50966
60 快園詩話　集6－46075
　快回頭　子7－35711
65 快晴室駢體文　集5－36529
　快晴小築詞　集7－47300
72 快隱堂詩鈔、文鈔　集5－38436
77 快閣師石山房叢書　史8－65256
　快閣師石山房叢鈔(師石山房叢鈔)三種　叢1－570
　快閣叢書　史8－65255
　快閣藏書十一種　叢1－144

9509₆　悚

00 悚齋詩存　集5－36372
　悚齋家傳　史2－8177　叢2－2023
　悚齋遺書(于中丞遺書)(奏議、日記)　集5－36371
　悚齋奏議　史6－49115　叢2－2023
　悚齋日記　叢2－2023

9581₇　爐

22 爐後錄　集4－26202
30 爐宮遺錄　史1－3039　叢2－615(1)、624(3)
88 爐餘文集　集2－12946
　爐餘詩文存　集5－39342
　爐餘詩稿　集5－35870

爐餘詩存　集4－30712
爐餘詩草　集4－31845、5－35094、36303
爐餘詞草　子4－24502
爐餘集　集4－29637、5－40481　叢2－2272
爐餘集古文　集5－34187
爐餘稿　集2－8077
爐餘編　子4－23596
爐餘紀聞　史1－4445
爐餘滙鈔　子4－24669
爐餘遺稿　集5－38580
爐餘志過錄、續刻　叢2－966
爐餘志畧　子3－14690　叢2－1364
爐餘草　集4－25151
爐餘草(辛亥集、丙辰集、復然編)　集5－33834
爐餘草、復然編　集5－33833
爐餘拾草　集4－27846
爐餘別稿　集5－39468～9
爐餘吟　集4－30912
爐餘錄　史1－4391、7－49332、50222　叢1－580

9589₆　煉

10 煉五石館喉科　子2－7622
　煉靈聖月　子7－35538
　煉石編　子7－36254
　煉石編、圖　子7－36228(2)、36231(7)、36242(2)
　煉石樓剩稿　集4－27475
12 煉形內旨　子2－11175、5－31314　叢1－86、2－730(6)
40 煉真指南　子5－31495
43 煉獄考　子7－35388
　煉獄畧說　子7－35101、35387
80 煉金新語　子7－37127
　煉金新語、圖　子7－36231(7)
　煉金新編、圖　子7－37126
　煉鋅要法　子7－37132
83 煉鐵論　子7－37129
86 煉錫要法　子7－37131
87 煉銅要法　子7－37130
　煉鋼新說　子7－36254
　煉鋼說　子7－36229、37125
　煉鋼要言　子7－36228(2)、36248
　煉鋼要言、圖　子7－36231(5)、36242(2)
　煉銀要法　子7－37133
　煉鉛觀華記　子5－29540、31362

9592₇　精

01 精訂天文異寶纂要　子3-11366
　　精訂綱鑑廿四史通俗衍義　子5-27922
　　精訂綱鑑二十一史通俗衍義　子5-27921
　　精訂攝生種子祕剖　子2-11052
　　精訂易經意旨　經1-926
　　精訂時興酒令　子3-18312～3
02 精刻張翰林重訂京本排韻增廣事類氏族大
　　　全　史2-13409
　　精刻看命一掌金　子3-14088
　　精刻編集陽宅真傳祕訣　子3-13183
　　精刻徐陳二先生評選歷代名文則、續選熙
　　　朝明文則　集6-42917
　　精刻滙編新聲雅雜樂府大明天下春　集7-
　　　54604
　　精刻海若湯先生校訂音釋五侯鯖字海　經
　　　2-12847
　　精刻海若湯先生校訂音釋五侯鯖字海、四
　　　書五經難字　經2-12846
　　精刻大學衍義補摘粹　子1-851
　　精刻古今女史　史2-6398
　　精刻古今女史、詩集、姓氏字里詳節　史2-
　　　6399
　　精刻花夜記　子7-35699
　　精刻芸窗天霞絢錦百家巧聯　子5-25703
　　精刻卯辰註釋二三塲青雲得筏程策　集6-
　　　45404
10 精一堂丹丸集錄　子2-9555
　　精疏錄　叢2-2270(4)
12 精刊張氏適園叢書預約章程　史8-66166
24 精備講意易經鯨音本義　經1-796
25 精繡通俗全像梁武帝西來演義　子5-
　　　28020
27 精修　子4-23797
31 精河廳鄉土志[光緒]　史8-63425
35 精神之教育　子7-36695
　　精神降鬼傳　子5-27848
37 精選痘疹祕要　子2-8991
　　精選唐詩筋類評釋繩尺、要語　集6-43367
　　精選文虎大觀　子3-18419
　　精選詩林廣記(歷朝詩林廣記)　集6-
　　　45671
　　精選二三塲程墨分類註釋學府祕寶　集6-
　　　45354
　　精選天下時尚新調秋夜月　集7-54624
　　精選百家古髓　集6-42884
　　精選耶穌聖教對聯英華　子7-35670

　　精選集驗良方　子2-9900　叢1-479
　　精選伏敔堂詩錄　集4-33193
　　精選幼學對類讀本五種　叢1-285
　　精選皇宋策學繩尺　集6-43616
　　精選名儒草堂詩餘　集7-46349　叢1-
　　　278、456(4)、2-731(48)
　　精選名儒草堂詩餘(元草堂詩餘)　集7-
　　　48429
　　精選名賢詞話草堂詩餘　集7-48428
　　精選各國政治考　史6-47555
　　精選繩尺論　集6-43937
　　精選空策　子5-25929
　　精選良方　子2-9753
　　精選宋論　史1-5924
　　精選治生要覽　子5-25108
　　精選海內名公札啓合璧、四六合璧　集6-
　　　45295
　　精選十二經絡本草經緯　子2-5725
　　精選左傳神駒　經1-6850
　　精選古今詩餘醉　集7-48481
　　精選古今詩餘醉、國朝詩餘卷首　集7-
　　　48482
　　精選古今名賢叢話詩林廣記(詩林廣記)、
　　　後集　集6-45670
　　精選古今四六會編　集6-42640
　　精選七律耐吟集、精選五律耐吟集　集6-
　　　42505
　　精選姓源珠璣　子5-25595
　　精選故事黃眉　子5-25131
　　精選史記神駒、秦漢文神駒　史1-5109
　　精選東萊先生左氏博議　經1-6757
　　精選東萊先生左氏博議句解　經1-6776
　　精選東萊先生博議句解　經1-6775
　　精選東萊呂先生左氏博議句解　經1-6777
　　精選國朝諸先生手翰　集6-45207
　　精選點板崑調十部集樂府先春　集7-
　　　50550
　　精選哼調時尚歌曲　集7-53635
　　精選時論彙編　子4-21913
　　精選明水啓明葯齋近藝　集2-11614
　　精選喉科祕要諸方　子2-7610、7612
　　精選雅笑三十四則　子5-27435
　　精選歷科鄉會墨卷　集6-45474
　　精選舉業切要諸子粹言分類評林文源宗海
　　　子5-25677
　　精選舉業切要書史粹言分類評林諸子狐白
　　　子5-25678
　　精選分註當代名公啓牘琅函　集6-45278
　　精選當代各名公短札字字珠　集6-45277
40 精大臣續送銀價修議　子7-37335
　　精奇　子4-23769

精校經驗奇方　子2-10019
精校古文析義　集6-43006
44 精勤堂吟稿　集4-25152
精華錄　叢1-223(67)
精華錄箋注、補注、年譜　子4-23136
50 精摘古史粹語舉業前茅　史1-4897
精本酒令祕書　子3-18363
精忠記　集7-49709
精忠記定本　集7-49764
精忠貫日　史2-7413
精忠錄(吳熊)　史2-9977
精忠錄、圖　史2-8741
56 精輯時興雅謎　子3-18366
60 精圖老殘遊記二十章　子5-28598
66 精嚴禪寺同戒錄　史7-51630
74 精騎錄　子4-20576　叢2-1116
77 精印果報錄　集7-53995
精印曾文正公日記手蹟樣本　史2-12824
80 精鐫海若湯先生校訂音釋海篇統滙　經2-12848
精鐫古今麗賦　集6-42598
精鐫尚書笥中利試題旨祕訣　經1-2764
精禽填海記　子5-27872
精義聯珠摘錄　子5-26076
87 精鋟星卿瞿先生彙拔舉業文航　子5-25701
88 精篆集腋　子3-17477

9600₀ 怕

12 怕到黃昏一枝　集7-51854
24 怕倚紗廚一枝　集7-51855
27 怕多情一枝　集7-52715
34 怕婆子一段　集7-51522
44 怕老婆一枝　集7-52716
怕老婆頂燈一段　集7-51521
怕老婆發財　集7-53233
50 怕妻寶卷　集7-54444

9601₃ 愧

00 愧瘩集　集2-7999
愧庵琴譜　子3-17646
愧庵稿　集6-45128
愧庵遺集　集3-17468
愧庵遺集五種　叢2-1365

愧庵遺集八種　叢2-1366
愧庵遺著集要　集3-17469
愧廬文鈔、詩鈔、聯稿　集5-39768
愧齋文粹　集2-7038
愧齋集　集2-7036
愧齋集畧　集3-17218
愧齋先生文粹　集2-7037
愧齋遺詩　集4-28162
愧齋遺稿　集5-36299
04 愧訥集　叢1-483
10 愧不學齋詩　集5-39290
30 愧室先生(高鳳岐)事畧　史2-10813
愧室先生哀輓錄　史2-10814
37 愧漏書屋文集　集4-30639,6-45107
44 愧菴稿　集2-11893
愧林吟稿　集3-13366
97 愧郯錄　子4-22931~2　叢1-22(9)、23(9)、195(3)、223(41)、244(2)、2-636(3)、735(4)
愧郯錄、校勘記、闕文補錄　叢2-731(17)

9601₄ 惺

00 惺庵雜著偶存　集5-37615
惺庵詩稿　集5-41289
惺庵遺詩　集5-38564
惺齋文抄　叢2-1456
惺齋新曲六種　集7-50286
惺齋詩課　叢2-607
惺齋詩課(惺齋詩稿)　集4-22545
惺齋詩存　集4-27277,6-42006
惺齋詩草　集4-27187
惺齋論文　集6-46286　叢2-1456
惺齋先生雜著九種　叢2-1456
惺齋偶存詩集、惺齋帖體詩　集3-21534
惺齋遺詩(畫戟清香樓集、村居集、草堂集)　集5-38563
惺齋吟草　集4-22777
惺齋所著七種　集3-17040
惺齋答問　子1-1776　叢2-964
06 惺諟齋初稿　集5-40247
28 惺傖詩稿　集5-37800~1
32 惺淵齋詩集　集4-23826
33 惺心錄　子1-1908
44 惺夢集　集7-53657
惺村雜草　集3-19673
60 惺園易說　經1-1367
63 惺默齋文　集5-40189

惺默齋詩、文、詞　集 5 - 40187
惺默齋詩、莨楚軒詩集　集 5 - 40186
80 惺盦焚餘稿　集 4 - 24528

懼

00 懼庵擬存　集 3 - 13574
04 懼謀錄　子 1 - 3860
40 懼内　集 7 - 49296
　懼内供狀　叢 1 - 587(3)
　懼内河東獅吼寶卷　集 7 - 54444
50 懼妻成偈(寶卷)　集 7 - 54592

9602_7 惕

00 惕庵詩存　集 4 - 25285
　惕庵遺書　集 2 - 12626
　惕齋文集　集 4 - 31030
　惕齋放言　叢 2 - 1378
　惕齋經說　經 2 - 11651
　惕齋先生放言　子 4 - 20480
　惕齋遺集、前、續集、補遺、首末　集 5 - 40427
　惕齋遺書(惕庵遺書)　集 2 - 12626
　惕齋見聞錄　史 1 - 1981、4478　叢 2 - 647、753
21 惕慮集句　子 5 - 32044
　惕慮集句、惕慮續集句　子 5 - 32055
40 惕吉錄　子 4 - 21797
44 惕菴石譜　子 4 - 19476　叢 1 - 197(2)
　惕菴印譜　子 3 - 17056
50 惕夫詩鈔　集 4 - 28459
53 惕甫文外集　集 4 - 23802
　惕甫未定稿　集 4 - 23801、23808
　惕甫時文稿　集 4 - 23811
60 惕園(陳庚煥)歲紀　史 2 - 11976
　惕園詩稿　叢 2 - 1595
　惕園外稿　叢 2 - 1595
　惕園初稿　叢 2 - 1595
　惕園初稿、外稿　集 4 - 24108
　惕園初藁文　集 6 - 42066
　惕園全集十一種　叢 2 - 1595
80 惕盦雜錄　子 4 - 24371　叢 2 - 1611～2
　惕盦詩抄　集 4 - 33519
　惕盦草　集 4 - 24503　叢 2 - 1611～2
　惕盦年譜　集 4 - 33518

惕盦年譜(完顏文勤公年譜)、適齋詩集　史 2 - 12230

9604_7 慢

34 慢法經　子 6 - 32081(30)、32083(20)、32085(29)、32086(34)、32088(21)、32089(21)、32090(26)、32091(25)、32092(17)
44 慢坡詩鈔　集 3 - 14314
48 慢驚祕訣　子 2 - 4725
　慢驚風　子 2 - 8493

9680_0 烟

10 烟雨樓志　史 7 - 51400
38 烟海庚辛錄　史 1 - 3795
　烟海紀聞　史 1 - 3796
44 烟草譜　子 4 - 19331
　烟草譜(煙草譜)　子 4 - 19330

9682_7 煬

00 煬帝海山記　史 1 - 1914　叢 1 - 56、95、2 - 730(2)
　煬帝迷樓記　史 1 - 1914　叢 1 - 56、95、2 - 730(2)
　煬帝開河記　史 1 - 1914　叢 1 - 19(8)、20(6)、21(7)、24(8)、56、95、2 - 730(2)
10 煬王江上錄　史 1 - 1920～1、2546

燭

00 燭夜仙酒法　子 4 - 18906、19091
32 燭溪施氏宗譜[浙江餘姚]　史 4 - 30893
　燭溪胡氏宗譜[浙江餘姚]　史 4 - 30410、30412
37 燭湖集、附編　集 1 - 3875　叢 1 - 223(56)
60 燭口寶鏡　子 2 - 7597
62 燭影搖紅一枝　集 7 - 52071
77 燭門詩　集 3 - 17854
　燭門詩集　集 3 - 17855

9683₂ 煨

42 煨柚閒談　叢2-1901
　煨柚閑談　叢2-1900
44 煨芋巖居文集　集4-22634
　煨芋巖居詩集　集4-22632
　煨芋巖居詩續集　集4-22633
　煨芋巖居詩存、文集　集4-22631

爆

44 爆藥記要　子7-36231(3)、36241、37022
88 爆竹遺風　集7-49700

9689₄ 燥

80 燥氣總論　子2-7166

9691₄ 糧

27 糧船起運事宜　史6-44146

9701₀ 恤

07 恤誦　史2-8158　叢2-2010
12 恤刑疏草　史6-48231
　恤刑題稿　史6-48297、48334
24 恤緯齋詩　集3-17811,6-45142
44 恤蒿廬文初稿　集5-37346
52 恤援朝鮮倭患考　史1-2928
60 恤囚編　史6-41819、46456

9701₄ 怪

00 怪症奇方　子2-9280
　怪疴單　子2-10465　叢1-86,2-730(7)、
　731(30)

怪疴錄　叢1-371
怪病奇方　子2-9837
怪病奇方、彙集經驗方　子2-9547
怪疾奇方　子2-9548　叢2-1461、1463
10 怪石譜　叢1-202(8)
　怪石贊　子4-19481,5-26405　集3-15515
　　叢1-197(2)
　怪石錄　子3-14691,4-19483　叢1-203
　　(14)、369
38 怪道士傳　子5-26222　叢1-185
60 怪男子傳　子5-26222
　怪異小說繪圖新聊齋　子5-27647

9702₀ 恂

27 恂叔隨筆　子4-23165
60 恂愚詩剩　集4-25246

憫

37 憫冤錄　史2-9357
50 憫忠草　集4-27983
55 憫耕書　子1-1463
88 憫笑不計　子3-12399、12779

9703₂ 恨

10 恨不讀書齋集　集4-30316
24 恨綺愁羅記　子7-38200
27 恨多情一枝　集7-52676
47 恨塚銘　子5-26671　叢1-587(3)

9703₄ 懊

25 懊儂詞　集7-46900
　懊儂詞、屑玉詞、擊缶詞　集7-48174

9703₆ 懺

77 懺母傳　叢1-587(4)

9705₂ 懈

23 懈怠耕者經　子 6 - 32083(22)

9705₆ 惲

10 惲王吳題畫集錄　子 3 - 16193
　　惲王合璧　子 3 - 16677
　　惲西園痧麻痘三科定論　子 2 - 8883
17 惲子　子 4 - 22010
　　惲子居文鈔　集 4 - 24114
32 惲遜菴文稿　集 3 - 13253
　　惲遜菴先生遺集　集 3 - 13252
40 惲南田詩稿　集 3 - 15393
　　惲南田倣古山水册　子 3 - 16684
　　惲南田花卉册　子 3 - 16683
　　惲南田畫跋　叢 1 - 469、495
　　惲杏耘(祖貽)行述　史 2 - 10438
44 惲世臨奏摺　史 6 - 48961
50 惲中丞官書摘鈔、鼎州治績紀畧、常德防務
　　　鹽釐案檔　史 6 - 47324
63 惲畹薌(光業)行述　史 2 - 10111
72 惲氏譜抄[江蘇常州]　史 5 - 36531
　　惲氏家乘[江蘇常州]　史 5 - 36528~9
　　惲氏家集　集 6 - 45086
　　惲氏世譜[江蘇常州]　史 5 - 36530
　　惲氏義莊緣起　史 6 - 44743
　　惲氏義莊規條　史 6 - 44744
77 惲母高太夫人(惲祖翼妻)行述　史 2 -
　　10513
80 惲毓鼎小楷墓誌銘　子 3 - 15841

9706₁ 憺

00 憺忘齋稿　集 4 - 22162
　　憺忘齋稿、續稿　集 4 - 22163
60 憺園文集　集 3 - 15217　叢 1 - 492
　　憺園文錄　集 3 - 15219,6 - 42067
　　憺園集、補遺　集 3 - 20664
80 憺盦印存　子 3 - 17471
88 憺餘尺牘　集 4 - 23286

9706₄ 恪

00 恪齋詩集　集 3 - 17925~6
　　恪齋詩鈔　集 5 - 41263
05 恪靖疏稿　史 6 - 48946
　　恪靖侯盾鼻餘瀋　集 4 - 32354
38 恪遵憲度　子 3 - 11494
44 恪勤陳公(鵬年)墓誌銘、陳恪勤公家傳、行
　　述　史 2 - 9442

9708₆ 懶

00 懶庵先生經史論存、補　經 1 - 125
　　懶庵偶存稿、續稿、又續、三續　集 4 - 25368
10 懶雪窩詩草外集、後集　集 5 - 40092
　　懶雪窩詩草別集　集 5 - 40093
　　懶雪草堂詩鈔　集 4 - 28030
　　懶雪樓詩草　集 4 - 24271
　　懶石聆禪師語錄　子 6 - 32091(75)
　　懶雲詩鈔　集 4 - 24453
　　懶雲詞舍初稿　集 4 - 29718
　　懶雲山莊詩鈔　集 4 - 28824　叢 1 - 554
　　懶雲道人詩稿　集 5 - 40576
　　懶雲樓詩集　集 4 - 24270
　　懶雲樓詩草　集 4 - 24272
　　懶雲樓詩鈔　集 5 - 37837
13 懶殘集　集 3 - 18030
22 懶仙竹林漫錄　集 2 - 6807
25 懶牛詩鈔　集 4 - 24083
40 懶真子　叢 1 - 490
　　懶真得句　集 3 - 20154
　　懶真初集詩選(張誠庵詩集)　集 3 - 18475
44 懶芋遺稿　集 4 - 31212
　　懶菴先生經史論存　叢 1 - 290
　　懶菴畢奇居士別傳錄　史 2 - 9385　子 7 -
　　34120
60 懶園觴政　叢 1 - 201、203(3)
　　懶園觴政(嬾園觴政)　子 3 - 18336
67 懶眠集　集 4 - 24798
68 懶吃國家奉一枝　集 7 - 51810
71 懶鼉居士遺稿　集 3 - 13988
72 懶髯集　集 3 - 18219
77 懶閑天籟　集 7 - 49638
80 懶人詩集　集 3 - 16637
　　懶翁集　集 5 - 37713

懶翁隨筆錄　叢1-373(3)
88 懶餘吟草　集5-34451

9721₄ 耀

00 耀塵集　集3-19999
32 耀州志[嘉慶]　史8-62757
　耀州志[嘉靖]　史8-62754〜5
　耀州喉科　子2-7573

9722₇ 鄔

32 鄔冰壑先生雜著　子1-1412,2-1283
　鄔冰壑先生全書十三種　叢2-1283

鄰

10 鄰雲友月之居詩初稿　集4-30404
　鄰雲館詩鈔、心太平庵奠翁餘唱　集3-20431
12 鄰水李氏戀熙堂族譜[四川鄰水]　史4-27657
　鄰水縣續志志[光緒]　史8-61832
　鄰水縣志[康熙]　史8-61828
　鄰水縣志[道光]　史8-61830〜1
　鄰水縣志[乾隆]　史8-61829
　鄰水縣知縣稟帖　史6-47343
22 鄰幾雜志　叢1-11〜2、22(5)、23(5)、223(44)
　鄰幾雜志(一題嘉祐雜志)　叢1-27
30 鄰滓閣詩集　集4-24757
40 鄰女語　子5-28649
44 鄰蘇老人書劄　集5-36557
　鄰蘇老人年譜、續　史2-12314
　鄰蘇園藏書目　史8-65888
47 鄰鶴齋詩稿　集4-26522
　鄰鶴齋琴譜　子3-17721
70 鄰璧齋集　集4-21991〜2
77 鄰鷗詩鈔　集4-23723

9725₆ 輝

12 輝發薩克達氏家譜[遼寧瀋陽]　史5-40041

22 輝山存藁　集1-5569
37 輝洛邵氏家譜[河南]　史4-29259
40 輝南縣志[民國]　史7-56286
62 輝縣志[康熙]　史8-59681
　輝縣志[天啓]　史8-59680
　輝縣志[道光]　史8-59683
　輝縣志[嘉靖]　史8-59678
　輝縣志[萬曆]　史8-59679
　輝縣志[乾隆]　史8-59682

9781₂ 炮

27 炮炙大法　子2-5888、9315
51 炮打輪船　集7-53001
78 炮隊戰法　子7-36907

9781₄ 爠

40 爠真集　集3-16299

9782₀ 灼

44 灼艾集、新集　子4-23862
　灼艾集、續集、別集、餘集　子4-23860
　灼艾集、續集、別集、餘集、新集　子4-23861
　灼艾集、續集、餘集、別集　叢2-845(5)
　灼薪劇談　子4-20429

爛

32 爛溪草堂詩選　集3-15866
40 爛存詩鈔　集4-32952　叢2-908
41 爛柯山　集7-49718
　爛柯山記　史7-49318(20)、52350
　爛柯山傳奇　集7-50509
　爛柯山志　史7-52347、52349
　爛柯山志、補錄　史7-52348
　爛柯神機　叢2-681
67 爛喉痧集記附喉痧滙論　子2-4695、7648
　爛喉痧　子2-7453
　爛喉痧痧輯要　子2-4661、4693、7260、7537

爛喉痧痧輯要、白喉痧痧驗要方　子2-
　7538

9782₇ 郊

31 郊源集逸文　叢2-2116
　郊源集校　叢2-2116
43 郊城縣志[康熙]　史8-59321
　郊城縣志[嘉慶]　史8-59323
　郊城縣志[乾隆]　史8-59322
　郊城公舉鄉賢呈稿　史6-47313

9787₇ 焰

60 焰羅王供行法次第　子6-32093(39)

9788₂ 炊

20 炊香詞　集3-16101
21 炊經酌史閣集(河洛集、東游集、周甲集、思
　歸集、感悼集)　集4-29596
44 炊菰亭詩　集4-22220,6-44996
　炊萸子集(松風集)　集5-38793
77 炊聞詞　集7-46402、46404、46427、46911　叢
　2-698(14)
　炊臼集　集3-17671
88 炊餘錄、寄感篇　集4-28817

9791₀ 粗

27 粗解刑統賦　史6-45757　叢2-618
40 粗才集　叢2-2088

9792₀ 糊

38 糊塗世界　子5-27867

9794₇ 籽

90 籽粒本末、代族貼軍記　叢2-783

9801₆ 悅

00 悅亭詩稿初集　集3-19540
　悅庵詩剩　集5-40837
　悅庵詩草　集5-40838
　悅齋文鈔　集1-3678　叢2-1041
　悅齋文鈔、補　集1-3679　叢2-860
　悅齋小集　集1-3677
　悅慶　集7-49531
06 悅親樓賡雲初集　集4-22507
　悅親樓詩集、外集　集4-22508
10 悅雲集　集3-19767
　悅雲山房詩存、附存、詞存、文存　集4-
　26403
　悅雲山房詩存、風泉館詞存　集4-26405
　悅雲山房初存文集、詩集、詞集　集4-
　26404
　悅雲山房駢體文存　集4-26406
25 悅生所藏書畫別錄　子3-14734
　悅生隨抄　叢1-17、19(4)、20(2)、21(4)、22
　(3)、23(3)、24(5)、29(6)、374
30 悅容編　叢1-168(1)、176、202(4)、203(9、
　18)、319、587(1)
　悅容編評林　子5-27404　叢1-184
33 悅心集　子4-22325　叢1-230(6)、2-731
　(37)
36 悅禪師初住翠巖語錄　子7-34183
43 悅城龍母廟志　史7-51876
44 悅坳遺詩　叢2-1017
47 悅柳軒近詩　集6-45114
51 悅軒文鈔、史席閒話　集3-19582
60 悅目益心　叢1-373(4)
77 悅學彙編　叢1-530～1

9802₁ 愉

47 愉穀詩稿　集5-39474

9803₇ 慊

00 慊齋文錄　叢2-1607
　慊齋詩集　叢2-1607
　慊齋詩鈔、文鈔　集4-33386
　慊齋學習錄　子1-1710　叢2-1607

9805₇ 悔

00 悔亭翁會川集　集3-17019
　悔庵(尤侗)年譜　史2-11690　叢2-1287
　悔庵文稿　集4-22803
　悔庵詩文集　集5-40220
　悔庵詩詞鈔　集5-40881
　悔庵詩集　集3-20296,5-35093
　悔庵詩存　集5-37886
　悔庵手澤猶存集　集5-37888
　悔庵先生(王錫康)年譜　史2-11936
　悔庵遺集　集5-35424
　悔庵遺稿　集3-18257
　悔庵學文　集4-26265
　悔庵學文、遺詩、文補遺二篇　集4-26263
　悔庵學詩　集4-26264
　悔廬文鈔、文補　叢2-2088
　悔廬文鈔、詩鈔、夢溪棹謳、多暇日齋試帖
　　集4-29905
　悔廬詩存　集4-33586
　悔廬遺集　集5-38624
　悔廬全集(悔廬文鈔、悔廬文補、悔廬詩鈔、
　　夢溪棹謳、多暇日齋試帖)　集4-29906
　悔廬全集、附　叢2-2088
　悔齋雜識　子4-22013
　悔齋詩　集3-15610　叢2-1320
　悔齋詩集　集3-13759
　悔齋詩稿　集4-33564,5-38739　叢2-886
　　(4)
　悔齋詩存　集5-40810
　悔齋集　集3-15611
　悔齋集八種　叢2-1320
　悔言　子1-1946　叢2-967
　悔言辨正　子1-1947　叢2-967
10 悔不讀齋詩集　集5-35876
　悔不讀書齋謎稿　子3-18424
　悔不如葭楚齋吟稿　集5-41127
20 悔稿　集1-3556

22 悔岸齋詩文集　集3-13947
　悔後集　集2-12556
24 悔綺堂詩集　集4-22223
25 悔生文集、詩鈔　集4-23471
　悔生詩鈔　集4-23474
　悔生堂集十種(瘞香館詞集自序、瘞香館詩
　　集、石虎草堂詩集、悔生堂文鈔初集、二
　　集、三集、外集、外集摭遺草、青燈課餘
　　草、待月山房詩草)　集5-38658
28 悔復堂詩　集5-40936～7
37 悔初廬詩稿　集5-34802
　悔初廬詩稿、南北宋樂府、明史雜詠　集5-
　　34801
　悔初詩稿選　集5-34800
　悔初日記(同治元年至二年)　史2-12711
　悔逸齋筆乘　史1-1995、4532
　悔過齋文集　集4-30254,30257　叢2-1785
　悔過齋文續稿、補遺、劄記、詩稿　集4-
　　30256
　悔過齋集外文　集4-30258
　悔過齋續集、補遺　集4-30255　叢2-1785
　悔過齋未定稿(悔過齋文稿)　集4-30253
　悔過齋劄記　子1-1789
　悔遲齋印存　子3-17465
　悔遲自敍年譜　史2-11756
40 悔存詩餘　集7-47370
　悔存詩鈔　集4-23153
　悔存詞選　集7-46412、47596
　悔存詞鈔　集4-23155,7-47368、47595
　悔存詞鈔(悔存詞選)　集7-47369
　悔木山房詩稿　集4-24631～2
44 悔菴學文、補遺　叢2-841
47 悔朽堂集　集4-27310
48 悔榆齋雜著　叢2-706
60 悔罪經解　子7-35571
　悔園小集　集4-25480
68 悔昨齋詩錄　集4-27235～6,6-42007(3)
　悔晦(吳恭亨)稱觴記　史2-10811
　悔晦堂文集、尺牘、新樂府　集5-39067
　悔晦堂詩集　集5-39065～6
　悔蹉跎齋試帖詩　集5-37773
77 悔學堂集　集4-24486
80 悔翁雜鈔　子4-23362
　悔翁詩餘　集7-47753
　悔翁詩鈔、補遺　集4-30675
　悔翁集　集4-30672
　悔翁先生(汪士鐸)行狀　史2-9964
　悔翁筆記　子4-23363
　悔龕詞　叢2-2142
　悔無聞寓廬詩聽　集3-20075

88 悔餘庵詩稿、文稿、樂府　集4－32901
　　悔餘庵集(江風集、寒灰集、劍光集、焦桐
　　　集、真氣集、餘辛集〔魴頳集、悔餘庵尺
　　　牘〕、文波集、我媿之集、衲蘇集〔悔餘庵
　　　集句楹聯〕)　集4－32899
　　悔餘庵集(悔餘庵文稿、詩稿、樂府、餘辛
　　　集、衲蘇集)　集4－32900
　　悔餘庵尺牘　集4－32902
　　悔餘詞　集7－48115
　　悔餘詞續刊　集5－35490
　　悔餘樂府　叢1－407(2)
　　悔餘生詩集　集5－37852
　　悔餘菴文稿、詩稿、樂府　叢2－1877
　　悔餘菴集三種　叢2－1877
　　悔餘菴集句楹聯　叢2－1877
　　悔餘菴尺牘　叢2－1877
90 悔堂手鈔二十種　叢1－254
　　悔堂印外　子3－17037
　　悔少詩編　叢2－1361
　　悔少集　集3－18852

9806₁　恰

10 恰雲草堂詩存、詞鈔、呈稿　集4－31562

9822₇　幣

18 幣政考　子7－36240(2)
22 幣制說帖及簡明總要並度支部說帖　史6－
　　　44438
　　幣制奏摺　史6－44437
　　幣制問答　史6－44433

9824₀　敝

17 敝帚齋主人(徐鼒)年譜、補　史2－12184
　　敝帚齋主人年譜　叢2－1834
　　敝帚齋詩集　集4－27874
　　敝帚齋遺書四種　叢2－1834
　　敝帚齋餘談　子5－27049　叢1－233、496
　　　(5)、2－838
　　敝帚齋餘談節錄　子5－27050　叢1－587
　　　(2)
　　敝帚文存　集4－32124

　　敝帚享金編　叢2－2071
　　敝帚詩文存　集4－32123
　　敝帚集　集2－6019、3－14034、18573、4－
　　　29406、32658、5－39680　叢2－885、2175
　　敝帚集初稿　集4－32659
　　敝帚稿署、補遺　集1－4110
　　敝帚藁署　集1－4109　叢1－223(57)
　　敝帚軒剩語、補遺　子5－27051　叢1－195
　　　(5)、2－731(54)
88 敝篋集　集2－11050

敞

88 敞罷肋言　子4－22069

9844₄　弊

00 弊魔試目連經　子6－32083(19)
　　弊魔試目連經(魔嬈亂經)　子6－32093(16)

9860₄　瞥

07 瞥記　經1－111(4)、2－11861　子4－22478
　　　叢2－665、971、1550

9884₀　燉

96 燉煌新錄　叢1－22(10)、23(10)
　　燉煌郡洪氏家譜[江西婺源]　史4－31005
　　燉煌郡洪氏宗譜[江西婺源]　史4－31006～7
　　燉煌郡洪氏通宗譜[江西樂平]　史4－
　　　30996
　　燉煌郡洪氏虹鍾坦崇睦堂族譜[江西樂平]
　　　史4－30997
　　燉煌郡清塘洪氏支譜[安徽涇縣]　史4－
　　　30994
　　燉煌實錄　叢2－653(6)、731(65)
　　燉煌洪氏支譜[安徽涇縣]　史4－30993
　　燉煌錄殘　史7－51174　叢2－604

9892₇ 粉

00 粉廊剩稿　集4-30311
21 粉紅女一段　集7-51429
27 粉槳錄　叢2-795
41 粉麭品　叢1-173
　　粉麵品　子4-18937
60 粉墨叢談　叢1-496(8)、587(6)
88 粉飾江山一枝　集7-51717

9905₉ 憐

20 憐香新詠　集4-33412
　　憐香伴　集7-50186
　　憐香伴傳奇　集7-50187、50200
50 憐眩室詩錄　集5-41300

9910₃ 瑩

22 瑩山示兒語　子1-2303
33 瑩心堂詩　集3-16364
　　瑩心堂詩二集　集3-16365
40 瑩幢吟草　叢2-639

9910₄ 塋

71 塋原總錄　子3-13400

9913₆ 螢

10 螢雪窗具草　子5-27501
　　螢雪叢說　子4-20138　叢1-1～3、6～8、
　　11～2,19(10)、20(7)、22(3)、23(3)、24(10)、
　　99～101,2-731(52)、857、859
　　螢雪叢談　子4-22154
　　螢雪叢書　叢1-21(9)
30 螢窗雜說、螢窗率筆吟詩集　子4-21547
　　螢窗遺稿搜存　集4-31490
　　螢窗草堂集　集3-19835

　　螢窗異草初稿、二編、三編　叢1-496(2)
　　螢窗異草初編、二編、三編　叢2-735(1)
　　螢窗異草初編、二編、三編、四編　子5-
　　27651
　　螢窗異草四編　子5-27652
44 螢芝全集　集2-11638～9
　　螢草文存　叢2-2266
56 螢蟬叢考　史1-5996　叢2-2039
67 螢照閣集　集3-18767
92 螢燈(贅言)　子4-20845　叢1-142

9923₂ 滎

21 滎經縣鄉土志[光緒]　史8-62080
　　滎經縣志[乾隆]　史8-62078
　　滎經縣志[民國]　史8-62079
36 滎澤縣志[康熙]　史8-59554
　　滎澤縣志[順治]　史8-59553
　　滎澤縣志[乾隆]　史8-59555
76 滎陽雜俎八種　叢2-959
　　滎陽詩抄合選　集6-44859
　　滎陽外史集　集2-6142～3　叢1-223(63)
　　滎陽潘氏五修族譜[湖南寧鄉]　史5-
　　39853
　　滎陽潘氏水南饒祖支譜[湖南寧鄉]　史5-
　　39852
　　滎陽潘氏重修族譜[湖南]　史5-39862
　　滎陽潘氏重修族譜[湖南寧鄉]　史5-
　　39851
　　滎陽潘氏重修宗譜[浙江東陽]　史5-
　　39807
　　滎陽潘氏統宗譜[安徽涇縣]　史5-39839～
　　40
　　滎陽潘氏統宗世譜[安徽涇縣]　史5-
　　39838
　　滎陽潘氏家譜[江蘇崑山]　史5-39780
　　滎陽潘氏家乘[廣東番禺]　史5-39864
　　滎陽潘氏宗譜[浙江]　史5-39783
　　滎陽黃氏族譜[河南滎陽]　史5-33987
　　滎陽縣志[康熙]　史8-59550
　　滎陽縣志[嘉靖]　史8-59549
　　滎陽縣志[乾隆]　史8-59551
　　滎陽鄭氏統宗譜[安徽歙縣]　史5-38716
　　滎陽鄭氏宗譜　史5-38585、38769
　　滎陽鄭氏宗譜[浙江紹興]　史5-38635
　　滎陽鄭氏宗譜[浙江浦江]　史5-38685
　　滎陽鄭氏宗譜[浙江金華]　史5-38665
　　滎陽鄭氏宗譜[湖南平江]　史5-38755～6

9932₇　鶯

20 鶯喬集　集5-33995
36 鶯邊詞　集4-24309　叢2-640
44 鶯花館遺稿　集5-38057
71 鶯脰湖莊詩集　集3-18873
　　鶯脰湖櫂歌　叢2-2029
80 鶯谷山房藏稿詩集、文集　集2-8959
99 鶯鶯傳　子5-27511　叢1-168(2)
　　鶯鶯降香　集7-52548

9940₇　變

00 變庵遺書十一種　叢2-1524
10 變雲璣禪師國清無畏堂語錄　子6-32091
　　(77)
90 變堂醫案　子2-10625

9942₇　勞

00 勞文毅公書札　集4-30688
08 勞謙室文集　集5-40872
　　勞謙室詩集　集5-40871
　　勞謙室易說四種　經1-2334
22 勞山記　史7-52510
　　勞山遺書　叢1-312
　　勞山甲錄　集5-39075
28 勞傷濕腫七言歌　子2-7290
44 勞薪集　集4-25763
　　勞薪錄　子4-21766
72 勞氏族譜[廣東南海]　史5-36540
　　勞氏碎金　史8-65784~5　叢2-647
　　勞氏家寶附宋氏傷科驗方　子2-7893
　　勞氏草譜[江蘇蘇州]　史5-36533
77 勞母榮哀錄　史2-8955
80 勞全錄　叢1-45
99 勞勞語　集2-11747

9960₀　嶜

20 嶜辭　史6-46403

9960₆　營

10 營工要覽　子7-36231(6)、36944
　　營平二州地名記　史7-49902　叢1-223
　　(25)、418,2-1275
　　營平二州史事記　史7-49903
13 營武約編　子1-3409
15 營建輿地全圖　史7-50171
21 營伍指要　子1-3378
　　營衛運行楊注補證　叢2-2129(3)、2130
　　營衛運行楊注補正　叢2-2131
22 營山縣志[萬曆]　史8-61803
　　營山縣志[乾隆]　史8-61804
　　營山縣志[同治]　史8-61805
34 營造法式　史6-46503、46505　叢1-456
　　(6)、465,2-731(6)
　　營造法式、看詳　史6-46504
　　營造法式、補遺　叢1-223(28)
35 營津算法總錄　子3-12855
43 營城揭要　子7-36231(2)、36943
　　營城揭要、圖　子7-36228(3)、36242(3)
44 營英公牘　叢2-1985
56 營規　史6-45141
60 營口雜誌　史7-49317(7)、49318(14)、50000
　　營口雜記　史7-49316、49317(7)、49318(14)、
　　49999　叢1-496(4)
　　營口縣志[民國]　史7-56177
　　營壘從新　子7-36942
　　營壘考　子7-36240(3)
　　營壘圖說　子7-36231(2)、36241
　　營壘圖說、圖　子7-36945
　　營田輯要內篇、外篇　史6-44858　子1-
　　4209　叢2-1015
　　營田四局摘要　子1-4202
69 營哨緝匪利弊條說　叢2-1985
75 營陣圖說　子1-3705
80 營前鄭氏家譜[安徽祁門]　史5-38727

9980₉　熒

53 熒惑新解　子3-12614

中國古籍總目・索引

9982₀ 炒

44 炒花花大列傳　史1－1929

9985₉ 燐

27 燐血叢鈔　史1－3906

9990₃ 縈

35 縈清樓集　集5－36647
90 縈懷集　集6－43125

9990₄ 榮

00 榮文忠公集　集5－37180
　　榮哀彙存（龔世清）　史2－10798
　　榮哀錄　集2－9758
　　榮哀錄（丁壽昌）　史2－10294
　　榮哀錄（洪遠）　史2－8886
　　榮哀錄（姜桂題）　史2－10624
09 榮麟試帖詩稿　集4－24451
13 榮武佛傳　史2－10929　叢2－715
　　榮武佛開光說法錄　史2－10930　叢2－715
17 榮及甫先生遺詩　集4－33479
27 榮歸一枝　集7－50925
　　榮祭酒遺文　集1－4789　叢1－334、336～7、
　　　2－645、673、731(45)
30 榮進集　集2－6178　叢1－223(63)
　　榮寶齋製詩箋譜　子3－16554
　　榮寶續集　集7－47281
　　榮寶堂詩鈔　集5－34930,6－42007(3)
31 榮河縣志[康熙]　史7－55948
　　榮河縣志[嘉靖]　史7－55947
　　榮河縣志[乾隆]　史7－55949

榮河縣志[民國]　史7－55951
　　榮河縣志[光緒]　史7－55950
37 榮祿公遺稿、槶柚談屑　集4－31588
40 榮古堂集　集3－17568
　　榮壽錄　集2－6892
　　榮壽堂詩集（張玄九詩集）　集3－17662
　　榮賁錄　史2－9029
　　榮木堂文集　集2－12417
　　榮木堂詩集　集2－12414
　　榮木堂詩集、文集、陶密菴先生年譜　集2－
　　　12413
　　榮木堂集　集2－12415
　　榮木堂集賦、詩集　集2－12411
　　榮木堂集嚱古、賦、詩集、詩集續編、文集
　　　集2－12412
44 榮基書屋遺集　集5－39340
　　榮華夢　集7－52451
　　榮華夢子弟書　集7－52153
　　榮護集　叢2－2030
50 榮忠錄　史2－8930
53 榮成鄉土地理[光緒]　史8－59284
　　榮成紀畧[光緒]　史8－59283
　　榮成縣志[道光]　史8－59282
　　榮成縣志殘稿[民國]　史8－59285
60 榮國府十二金釵一枝　集7－52735
　　榮昌縣志[乾隆]　史8－61547
　　榮昌縣志[同治]　史8－61548
　　榮昌縣志[光緒]　史8－61549
62 榮縣志[道光]　史8－61908
　　榮縣志[嘉慶]　史8－61907
　　榮縣志[乾隆]　史8－61906
　　榮縣志[民國]　史8－61909
70 榮雅堂詩　集5－39523
72 榮氏族譜[山東寧津]　史5－38575
　　榮氏二奇女傳　史2－8812
　　榮氏宗譜[江蘇無錫]　史5－38571～4
77 榮門瑣記　子4－22091
95 榮性堂詩集、文集　集4－22645

9999₄ 㮾

60 㮾園詩存　集4－23796